Wolfgang Emmerich (Hrsg.)

DER BREMER LITERATURPREIS 1954-1998

Eine Dokumentation

edition **die horen**

Rudolf Alexander Schröder.
Ölgemälde von
Adolf Heller,
Schiller-Nationalmuseum
Marbach

„Bewundert viel und viel gescholten … “

DER BREMER LITERATURPREIS 1954-1998

Reden der Preisträger
und andere Texte.

Eine Dokumentation der
Rudolf-Alexander-Schröder-Stiftung.
Herausgegeben von
Wolfgang Emmerich.

edition **die horen** 23 · Herausgegeben von Johann P. Tammen

Herausgegeben von Wolfgang Emmerich in Zusammenarbeit mit der Rudolf-Alexander-Schröder-Stiftung, unter Mitwirkung von Katrin Geyer und Hildegard Koineke; verantwortlich: Dieter Opper (1954-1987) sowie Donate Fink für die erweiterte Neuauflage 1954-1998; Redaktion: Johann P. Tammen.
Mit Förderung und Unterstützung des Senators für Bildung, Wissenschaft, Kunst und Sport, Bremen, und der Waldemar Koch Stiftung, Bremen.
Umschlaggestaltung, Gesamtkonzeption und Typographie: Jope Thomas. Titelmotiv: Christoph Meckel, Manuskriptbild (23.9.81), aus: C. M., Zeichnungen und Bilder, hrsg. von Albert Baumgarten, Charlottenpresse, Berlin 1983 – unter Verwendung eines Manuskriptblattes aus dem Nachlaß von Reinhard Lettau (Faksimile) © Dawn Lettau.
Satz, Lithographie und Textgestaltung: Wesermünder Druck- und Verlags-GmbH, Driftsethe (Axel Wüst, Rolf Wernet). Druck und Fertigung: Druckerei Ditzen GmbH & Co. KG, Bremerhaven. Gesamtherstellung: Wirtschaftsverlag NW Verlag für neue Wissenschaft GmbH, Bremerhaven.
1. Auflage 1999. Printed in Germany. ISBN 3-89701-259-6.

INHALT

INHALT

Wolfgang Emmerich

Bewundert viel und viel gescholten

Die Geschichte des Bremer Literaturpreises in 11 Kapiteln

1 Bremen, die Literatur und Rudolf Alexander Schröder

Bremen und die Literatur gehen nicht zusammen: das ist eine feststehende Behauptung von altersher. Gewiß, Bremen kommt dann und wann in der Literatur als Sujet vor. Wir freuen uns an Wilhelm Hauffs „Phantasien im Bremer Ratskeller" oder auch an Heinrich Heines ‚Ratskellergedicht' „Im Hafen" und natürlich an den "Bremer Stadtmusikanten" (obgleich die ja bekanntlich Bremen nie erreichten). Und es gibt einige wenige Bremer Autoren von Rang, aus Bremen gebürtig oder zugezogen. Adolf Freiherr von Knigge hat hier sechs wichtige Jahre seines Lebens verbracht, aus jüngerer Zeit fallen einem Heinrich Vogeler, Anton Kippenberg, Rudolf Alexander Schröder, Friedo Lampe und Felix Hartlaub ein, manch Jüngerem inzwischen auch Peter Weiss. Doch ein Musenhof à la Weimar, eine Stadt der Wissenschaften wie Tübingen oder eine literarische Metropole vom Schlage Berlins oder Münchens: das ist Bremen nie gewesen und konnte es, von seiner sozialen Struktur her, auch gar nicht sein.
Es war der gerade 22 Jahre alte kaufmännnische Volontär Friedrich Engels — er arbeitete in einem Kontor in der Martinistr. 11 und wohnte im Haus des Martini-Pastors Treviranus —, der die notwendige Distanz der Bremer zur Literatur im Jahre 1840 mit ein paar klugen Bemerkungen erhellt hat:

Im übrigen ist das hiesige Leben ziemlich einförmig und kleinstädtisch; die haute volée, d. h. die Familien der Patrizier und Geldaristokraten, sind den Sommer über auf ihren Landgütern, die Damen der mittlern Stände können sich auch in der schönen Jahreszeit nicht von ihren Teekränzchen, wo Karten gespielt und die Zunge geübt wird, losreißen, und die Kaufleute besuchen Tag für Tag das Museum, die Börsenhalle oder die Union, um über Kaffee- oder Tabakspreise und den Stand der Unterhandlungen mit dem Zollverband zu sprechen; das Theater wird wenig besucht. — Eine Teilnahme an der fortlaufenden Literatur des Gesamtvaterlandes findet hier nicht statt; man ist so ziemlich der Ansicht, daß mit Goethe und Schiller die Schlußsteine in das Gewölbe der deutschen Literatur gelegt seien, und läßt allenfalls die Romantiker noch für später angebrachte Verzierungen gelten. Man ist in einem Lesezirkel abonniert, teils der Mode halber, teils um bei einem Journal bequemer Sieste halten zu können, aber Interesse erregt nur der Skandal und alles, was etwa über Bremen in den Blättern gesagt wird. Bei vielen der Gebildeten mag diese Apathie freilich in dem Mangel an Muße begründet sein, denn besonders der Kaufmann ist hier gezwungen, sein Geschäft stets im Kopf zu behalten, und den etwaigen Rest der Zeit nimmt die Etikette unter der meist sehr zahlreichen Verwandtschaft, Besuche etc. in Anspruch.[1]

Eine in Engels' Artikel für das Stuttgarter „Morgenblatt für gebildete Leser" anschließend gegebene bremische Zeitschriftenschau belegt, daß die Bremer der Zeit durchaus lasen, aber fast nur, was unmittelbar oder mittelbar ihren Handel und Wandel, ihre (protestantische) Ethik, ihre lokalen Interessen betraf. Die Gründe dafür waren einleuchtend, und Engels nennt sie präzise: Die Bürger einer so umfassend vom Kaufmännischen geprägten Stadt mußten ihr „Geschäft stets im Kopf" behalten und sich der „Etikette" widmen, was einen eklatanten „Mangel an Muße" zur Folge hatte. Und Muße ist nun einmal die Voraussetzung für den Umgang mit der sogenannten schönen Literatur, die sich weder in das Korsett der Etikette noch in das Kalkül der Geschäfte einzwängen läßt und doch zumindest teilweise etwas mit dem berühmten „interesselosen Wohlgefallen" zu tun hat, von dem Immanuel Kant einst sprach.
Möglicherweise hätten sich die bremischen Verhältnisse in Sachen Literatur bis heute erhalten, wäre nicht ein Rudolf Alexander Schröder auf den Plan getreten. In dem 1878 in der Ellhornstraße im Herzen Bremens als Kaufmannssohn geborenen Schröder erwuchs der Stadt ein universal gebildeter und tätiger Dichter und Künstler, den man gegen Ende seines Lebens in stillschweigendem Einverständnis nur noch den „großen alten Mann der deutschen Literatur" zu nennen pflegte und der zudem — für Bremen wichtig — immer mehr mit seiner Vaterstadt identifiziert wurde, auch wenn er schon seit 1935 überwiegend in Oberbayern lebte. Nach 1945 hatte er u. a. den Hamburger Lessingpreis erhalten, war 1949 Ehrenpräsident der neugegründeten

Deutschen Akademie für Sprache und Dichtung in Darmstadt und schließlich auch zu der Zeit einziger Ehrenbürger Bremens geworden.
R. A. Schröders Selbstverständnis der schönen Literatur war, zumindest in jungen Jahren, im Grunde die seitenverkehrte Wiederholung dessen, was der bremische Bürger in ihr sah: ein dem Lebensalltag abgekehrtes Eiland der Schönheit und Harmonie. Exemplarisch zeigt das die Gründung der literarischen Monatsschrift mit dem so sprechenden Titel „Die Insel" im Jahre 1899 (gemeinsam mit Otto Julius Bierbaum und Alfred Walter Heymel), aus der drei Jahre später der Inselverlag hervorging. Hier wie dort begegnet man (ganz anders als beim Innenarchitekten Schröder) einem ästhetizistischen Programm par excellence, einer Verweigerung der Vereinigung von Kunst und Leben, wie sie wenige Jahre später die Avantgardisten aufs Panier schrieben. Ob als Lyriker, Erzähler, Essayist oder Übersetzer, Schröder verwandelte sich, fern allem Experimentieren in einer Zeit grandioser Experimente, die humanistische und christliche Tradition umfassend an, verband sie mit der schönen Form (beispielhaft in der 1911 gegründeten Bremer Presse) — und gewann aus dieser Synthese des bewahrten Bewährten und des Schönen eine für ihn selbst unversiegliche Kraftquelle, die ihn auch die Nazizeit unbeschadet an Leib und Seele überstehen ließ: fürwahr ein staunenswerter Fall, zu dem sich Vergleichbares kaum finden läßt.
Schröders Verhältnis zum Nationalsozialismus ist gerade darin so bemerkenswert, daß ihm ‚nichts passiert' ist, obwohl (oder eben weil) er überwiegend abseits stand. Gewiß, er gehörte (trotz seiner enthusiastischen Vaterlandsgesänge vom Beginn des 1. Weltkrieges) zu den von Anfang an Angegriffenen. So hielt ihm Will Vesper in einem Artikel vom April 1933 unter dem Titel „Judas ‚Literatur'. Hier ist Schutt abzufahren!" den sympathischen Satz vor: „Niemand ist mir unverständlicher als der, der einen anderen um Fragen der Meinung willen verketzern und diffamieren möchte."[2] Und als die Stadt Bremen am 26. 1. 1938 Schröder an seinem 60. Geburtstag als ersten mit einer neugeschaffenen Plakette für um die Vaterstadt verdiente Söhne (sic!) ehrte, war die Reichsschrifttumskammer nicht vertreten. Entscheidend war, daß der Christ Schröder sich den Deutschen Christen verweigert hatte und stattdessen der Bekennenden Kirche anschloß. Auf der anderen Seite steht beispielhaft, daß Schröder sich in diesen Jahren in einem Dichterkreis einfand (und mit ihm weitgehend identifizierte), der in seiner Mehrheit alles andere als christlich-pazifistisch eingestellt war. Gemeint sind die Lippoldsberger Dichtertagungen bei Hans Grimm, an denen Schröder viermal von 1936 bis 1939 teilnahm.[3] Um ihn herum, als „eine Art natürlichen Mittelpunkt des Kreises"[4], waren nicht nur Binding und Carossa, sondern auch Börries Freiherr von Münchhausen, Paul Alverdes, August Winnig, Hermann Claudius, Edwin Erich Dwinger und eben Hans Grimm versammelt, also Männer, die sich nicht ohne weiteres mit den Nazis identifizieren ließen, aber jedenfalls Propagandisten des Nationalismus und Militarismus geblieben waren.
Warum diese Reminiszenzen? Nun, sie mögen andeuten, daß der Freien Hansestadt Bremen mit ihrem Sohn Rudolf Alexander Schröder bei allem Ruhm auch ein eminent zwiespältiges Erbe zuwuchs, das nicht allein literarisch zu fassen ist, sondern auch als Politikum gelten muß. Ob in der Weimarer Republik, unter dem NS-Regime oder in der Nachkriegszeit: Rudolf Alexander Schröder ist stets der Repräsentant einer Literatur der Inneren Emigration (und dies also schon vor 1933), die sich durch „die konsequente Flucht in die unvergänglichen Werte der abendländischen Kultur"[5] auszeichnete. Als dieser Repräsentant hat er, zweifellos nach bestem Wissen und Gewissen, auch die Inaugurierung des Literaturpreises der Freien Hansestadt Bremen und seine frühe Phase mitgesteuert, ja regelrecht verkörpert. Fraglos ging diese Favorisierung der Literatur der Inneren Emigration zulasten der beiden anderen Segmente der Nachkriegsliteratur, deren Förderung ebenfalls denkbar (und wünschbar) gewesen wäre: der von den Nazis vertriebenen Exilliteratur und der jüngeren deutschsprachigen Literatur, die sich vor allem in der Gruppe 47 versammelte. Die Frühphase des Bremer Literaturpreises mit Rudolf Alexander Schröder als Schlüsselfigur hat hier geradezu den Stellenwert eines Paradigmas für die allgemeine Entwicklung der „Literatur der Adenauerzeit", mit Elisabeth Endres' treffendem Titel zu sprechen.[6] Wie in einem Brennspiegel vereinigen sich in dieser Anfangsgeschichte die Widersprüche der Restaurationsperiode.

2 Ein Literaturpreis wird geboren (1952/53)

Die Schaffung des Bremer Literaturpreises geht auf die Initiative dreier Bremer zurück, von denen zwei der FDP angehörten — das festzuhalten gebietet die historische Gerechtigkeit. Die erste Anregung, „die Hansestadt Bremen möchte einen Literaturpreis stiften — als neuen Beweis für die Unsinnigkeit der Legende, daß Bremen eine amusische Stadt der Pfeffersäcke sei"[(7)], kam von Wirtschaftssenator Gustav Harmssen (FDP). Aufgegriffen wurde sie von dem sozialdemokratischen Journalisten und Mitglied der Deputation für Kunst und Wissenschaft (sowie späterem langjährigem Jurymitglied) Erich Traumann, der in der Bremer Volkszeitung vom 1. 11. 1952 schrieb, die Stadt solle „nicht lange zögern", dieses „neue Zeichen einer echten Kulturwilligkeit zu geben".[(8)] Der bevorstehende 75. Geburtstag R. A. Schröders biete sich dazu an, einen „Rudolf-Alexander-Schröder-Preis" zu stiften. Wenig später pilgerte Traumann zum damaligen Finanzsenator Dr. Wilhelm Nolting-Hauff (FDP), der sein Placet gab und die zu vergebende Preissumme auf DM 5.000,— festlegte. Am 5. 12. 1952 beschloß die Deputation für Kunst und Wissenschaft, nachdem Bildungssenator Dehnkamp (SPD) die Idee bereitwillig aufgegriffen hatte, beim Senat „die Stiftung eines Kultur- oder Literaturpreises" zu beantragen[(9)], und am 26. 1. 1953, dem 75. Geburtstag Schröders, veröffentliche der Senat schließlich die „Urkunde über die Stiftung eines Literaturpreises der Freien Hansestadt Bremen"[(10)], die in fünf Punkten wichtige Festlegungen traf, von denen die meisten noch heute Geltung haben: so das heute dem Förderpreis zugewiesene Ziel der „Förderung des literarischen Nachwuchses", die Beschränkung auf

Rudolf Alexander Schröder um 1953 in seiner Bibliothek im Haus Sonnleiten in Bergen/Oberbayern. Foto: dpa

im Druck (oder als Bühnenmanuskript) erschienene deutschsprachige Werke und die Konzentration auf „ein einzelnes Werk" eines Autors. Auch die hälftige Zusammensetzung der Jury aus Bremern und Nichtbremern findet sich schon hier. Daß der schlichte Satz „[Der Preis] wird alljährlich möglichst ungeteilt auf Vorschlag des Preisrichterkollegiums am 26. Januar vom Senat verliehen" sich knapp sieben Jahre später als entschieden auslegbar erweisen sollte, nämlich in der Affäre um „Die Blechtrommel", ahnte 1953 wohl noch niemand.

Mit dieser Stiftungsurkunde hatte sich Bremen also, wie schon so manche Stadt oder Institution vor ihr, einen Literaturpreis geschaffen und ihn, damals gewiß naheliegend und ohne Zweifel herauszufordern, fest mit dem klingenden Namen R. A. Schröders verknüpft. Was noch fehlte, war eine hochkarätige Jury. Daß Schröder ihr vorstehen sollte, stand von vornherein fest. Auch die bremischen Mitglieder, der Regierungsdirektor beim Senator für das Bildungswesen Dr. Eberhard Lutze, der bei der Preisstiftung so tätige Erich Traumann, Bibliotheksdirektor Dr. Hans Wegener und der Chefdramaturg des Bremer Theaters Conrad Heinemann waren bald gefunden. Mit den Auswärtigen tat man sich schwerer. Als der Vorschlag aufkam, eine Frau in die Jury zu berufen — genannt wurden u. a. Gertrud von Le Fort, Oda Schäfer und Luise Rinser —, waren sich die bereits nominierten Bremer Juroren rasch einig, „daß keine der genannten Frauen in wünschenswerter Weise den Erfordernissen des Preisgerichts entsprechen dürfte."(11) Schließlich wurden die Autoren Frank Thiess und Bernt von Heiseler sowie der Verleger Bermann-Fischer kooptiert, nachdem Gottfried Benn die „ganz besondere Auszeichnung", Juror in Bremen zu werden, abgelehnt hatte, weil er „seine Zeit und seine Kräfte einteilen" müsse.(12)

Dieser ersten Bremer Jury (die so nie amtierte, weil der verhinderte Bernt von Heiseler einmalig durch den Bertelsmann-Lektor Wolfgang Strauß ersetzt wurde) die literarische Kompetenz absprechen zu wollen, wäre verfehlt. Was freilich auffallen muß, ist das Übergewicht von Vertretern der Inneren Emigration im Verhältnis zu anderen literarischen Gruppierungen, also namentlich: Schröder, Thiess und der Intention nach Benn und von Heiseler. Gewiß, Bermann-Fischer, der Eigentümer des S. Fischer-Verlags in Frankfurt und einer der bedeutendsten Exilverleger, der den Bermann-Fischer-Verlag in

R. A. Schröder mit seiner Schwester Dora und C. J. Burckhardt 1959 in der Bayerischen Akademie der Schönen Künste. Foto: Felicitas

Wien und Stockholm aufgebaut hatte, stand gleichsam für die Exilliteratur ein. Doch er nahm an der ersten Jurysitzung nicht teil und gab bald darauf seine Mitgliedschaft zurück (immerhin wurde er durch den gewichtigen Cheflektor des Hauses, Dr. Rudolf Hirsch, ersetzt, der noch eine wichtige Rolle spielen sollte). Als symptomatische Vorgabe für die gesamte Jury wirkte vielmehr das Votum, das der (an der Jury-Sitzung schließlich verhinderte) Frank Thiess am 10. 9. 1953 brieflich abgab:

Heute werden fast nur noch junge *Dichter mit Preisen ausgezeichnet. Hans-Werner Richter, Heinrich Böll, Warsinsky, Zand.* [...] *das ist schön und gut, wenn man nicht darüber nachdenkt, was inzwischen mit jenen geschehen ist, die unter dem Hakenkreuz gerade wegen ihrer tapferen Werke in ständiger Bedrohung lebten oder lieber Grubenarbeiter wurden und sich weiß Gott wohin verkrochen, nur um nicht ihre Gesinnung verkaufen zu müssen. Sie haben diese Jahre verloren, und nicht nur diese, sondern von 1945 bis 1949 stand die deutsche Literatur vollkommen im Schatten des Auslands und der Emigrantenbücher. Auch diese Jahre konnten sie streichen. Und nun, nachdem man wieder den Mut hat, deutsche Dichter zu entdecken, sagt man, jene Generation, die um 1930 herum jung war, sei jetzt zu alt, man müsse nur die Jungen fördern.*(13)

Daß Thiess diese Meinung auch noch 1953 vertrat, ist nicht überraschend. Man kannte sie schon aus seiner so fragwürdigen Polemik um Exil und Innere Emigration, mit der er sich im Herbst 1945, neben Walter von Molo, gegen Thomas Mann als den Repräsentanten der ‚äußeren Emigration' wandte.(14) Bedeutsam ist, daß diese Position in die erste Jury des Bremer Literaturpreises massiv hineinwirkte und schon vorhandene Dispositionen bei einzelnen Juroren bekräftigte. Parallelen zur ersten Phase des Büchner-Preises sind dabei unübersehbar, darauf wird zurückzukommen sein.

3 Die frühen Jahre 1954-1959: lauter Widersprüche und ein Glanzpunkt

Die Jurorenvorschläge für den ersten Bremer Literaturpreis (wie der Literaturpreis der Freien Hansestadt Bremen hier abkürzend genannt wird) gingen tatsächlich fast ausnahmslos in die durch Thiess' Votum favorisierte Richtung: Kasimir Edschmid, Karl Krolow, Martin Kessel, Edzard Schaper, Bernt von Heiseler, Peter Bamm und Erhart Kästner — allesamt Vertreter der in Deutschland verbliebenen nichtfaschistischen Literatur von vor 1945 — standen im Zentrum der Debatte. Hinzu kam mit Wolfgang Koeppen ein weiterer Autor, der schon vor 1945 in Deutschland veröffentlicht hatte, dessen Roman „Tauben im Gras" freilich keinen allgemeinen Beifall fand. R. A. Schröder, der an der Sitzung nicht teilnahm, schrieb den Jurykollegen:

Wolfgang Koeppens „Tauben im Gras" möchte ich nicht preisgekrönt sehen trotz aller Achtung vor dem Talent und der Verve des Autors. In dem pausenlosen Wirrwarr des Geschehens gewinnt man zu keiner der skizzierten Figurinen ein Verhältnis resoluten Abscheus oder entschiedener Teilnahme. Man atmet auf, wenn man aus dieser kalten, stinkenden Hölle entlassen wird, das ist alles. (15)

Welche Riesenchance bot sich hier der Jury, dem Bremer Literaturpreis mit dem ersten Preisträger Koeppen Profil zu geben! Doch sie wurde vergeben, Schröders Votum benennt die Gründe dafür klar genug. Die vergebliche Tucholsky-Frage „Wo bleibt das Positive?" sollte im Verlauf der weiteren Preisgeschichte noch öfter an die literarischen Werke gestellt werden. Daß sie keine befriedigende Antwort fand, wurde immer wieder den Dichtern angelastet.

R. A. Schröder 1957 mit Peter Suhrkamp (rechts) und Siegfried Unseld in Bergen/Oberbayern Foto: Schiller-Nationalmuseum Marbach

So hatte denn die Jury die kaum lösbare Aufgabe zu erfüllen, unter mehreren älteren, teilweise betagten Herren einen Preisträger auszumachen, den man glaubwürdig als zu fördernden „literarischen Nachwuchs" präsentieren konnte. Der Erwählte hieß schließlich Heinrich Schmidt-Barrien, war 52 Jahre alt und gehörte im Grunde auch zur Inneren Emigration, publizierte er doch bereits seit 1932 allem Politischen abholde, der bremisch-niederdeutschen Heimat gewidmete Schauspiele und Erzählungen. Freilich, ein Krösus war er nicht, und die Preissumme stellte in der Tat eine handfeste „Förderung" dar, so daß sich Schmidt-Barrien in seiner Dankrede vom 26. 1. 1954 denn auch gleich dreimal für die erwiesene „Hilfe" bedankte. (16)

Mit der von Schröder favorisierten Wahl Schmidt-Barriens hatte man sich gleich zum Start des Preises mehrere Probleme auf einmal eingehandelt. Das Nachwuchskriterium war in Frage gestellt, und außerdem hatte man einen Bremer Autor gekürt, der zudem noch regional gebundene Literatur schrieb. Die bösen Worte „Provinz" und „Provinzialismus" geisterten, doch wohl nicht ganz zu Unrecht, durch die Gazetten, und auch der Senat war recht ernüchtert. Die Jurybegründung, in der es hieß, Schmidt-Barrien schreibe „keine Heimatdichtung im üblichen Sinne. Der Horizont ist weit", vermochte solche Einwände nicht recht zu entkräften.

So erklärt sich denn die Preisträgerfindung des Folgejahres 1955, an der statt Thiess und von Heiseler bzw. Strauß jetzt der Wolfenbütteler Bibliotheksdirektor Erhart Kästner und der Münsteraner Germanist Benno von Wiese mitwirkten, vor allem als Korrektur der ersten Entscheidung, und zwar als eine gleich zweifache. Zum einen fand man in dem 25jährigen Schweizer Herbert Meier und der 33jährigen Österreicherin Ilse Aichinger tatsächlich „literarischen Nachwuchs" und wurde somit dem Förderauftrag gerecht, zum andern wurde durch den doppelten Ausgriff an die Peripherie der deutschsprachigen Literatur, in die Schweiz und nach Österreich, nachdrücklich deutlich gemacht, daß man sich nicht dauerhaft auf die niederdeutsche Region beschränken wolle und auch kein Preis speziell für Mundartliteratur zur Verhandlung stünde. Die (übrigens satzungswidrige) Teilung der Auszeichnung brachte mit Ilse Aichinger immerhin erstmals einer auch aus dem historischen Abstand von 30 Jahren als bedeutend geltenden Autorin, die zur Gruppe 47 zu rechnen war, den Preis, mit ihr einem Theaterautor, dessen gepriesenes Stück interessante Züge trägt: „Die Barke von Gawdos" ist neoexpressionistisch in der Sprache (man ist an Borchert erinnert) und verkündet Botschaften, die in ihrem Räsonnement von Schuld und Sühne, Haß und Liebe und der Verantwortung des einzelnen gewissermaßen deutsch-existentialistisch anmuten und auch in der Auslassung der politischen Dimension zeittypisch sind. — Anzumerken ist für den Durchgang 1954/55 noch, daß zum ersten Mal Heinrich Böll und Paul Celan, vorgeschlagen von R. Hirsch, in den Beratungen der Jury eine Rolle spielten. Mit letzterem sollte sich die Jury nunmehr über vier Jahre hin beschäftigen, bis die Preisvergabe an ihn endlich nicht mehr aufzuhalten war. Immerhin, die wesentlichen Ergebnisse des zweiten Preisjahres waren die Entprovinzialisierung des Preises und seine Bestätigung als Fördermaßnahme für Nachwuchsautoren.

Die Entscheidung für Ernst Jünger als Bremer Literaturpreisträger 1956 stellte dies alles mit einem Schlag wieder in Frage. Den Stein brachte — was er später eher bedauerte — zunächst Erhart Kästner ins Rollen. Aus dem Bestreben, sich nicht an Preisvergaben zu beteiligen, die den Charakter von „moralischer Wohlfahrt [...], Trostpreisen, Ermunterungen, Schulterklopfereien, Reihum-Spielen" hätten, kam ihm der 60jährige Jünger als bisher von Literaturpreisjurys Gemiedener in den Sinn, und damit — so Kästner — der „größte lebende Dichter, ein Dichter dieses Jahrhunderts, nicht des 19., wie Thomas Mann [...]".[17] Als Hauptkonkurrent stellte sich bald Paul Celan heraus, und damit ein 35jähriger Lyriker, dessen erste drei Gedichtbände „Der Sand aus den Urnen", „Mohn und Gedächtnis" und „Von Schwelle zu Schwelle" die Leiderfahrung und Trauerarbeit eines vom Holocaust zufällig verschonten Bukowiner Juden spiegeln.

Freilich konnte man diese Gedichte auch anders lesen: als esoterisch-hermetische Kunstgebilde in der Nachfolge Mallarmés und des Ästhetizismus, deren empirische Dimension vernachlässigbar war. So (miß-) verstand ihn denn auch R. A. Schröder, der in einem Brief an Kästner (der inzwischen Celan favorisierte) vom 20. 12. 1955 u. a. schrieb:

Wer Gedichte schreibt, wie Celan, verzichtet im Grunde auf das Soziale der dichterischen Funktion. Er schreibt „hermetische" Verse, ein Verfahren, das eine innere Haltung voraussetzt, über die man urteilen mag, wie man will, und die zu verurteilen gerade in seinem Fall mir gewiß nicht einfällt. Wohl aber scheint mir die Kluft zwischen dem Hermes Trismegistos und dem Psychopompos, dem „hermeneutischen" Gott der „homines mercuriales" eine im Grunde unüberbrückbar große zu sein. — M. a. W.: die Verse des Herrn C. dünken mich, soweit sie etwas sind (und ich leugne, wie gesagt, dies „etwas" in keiner Weise), die Angelegenheit eines kleinen Kreises von „Kennern".
Mutet man nun — und das würde doch mit der Zuerkennung eines Preises aus öffentlichen Mitteln ohne weiteres verbunden sein — einer breiten Öffentlichkeit solche Kennerschaft, genauer gesagt, solches Verständnis *zu, so tut man im Grunde doch etwas recht Willkürliches und eigentlich nicht voll zu Verantwortendes.*
Für das Publikum, das doch nun einmal — nolens volens — bei all diesen Preisverteilungen (denn was ist „die Stadt" oder „der Staat"?) die Rolle des Mäzenaten spielt, kommt doch auch heute noch das alte horazische „et doceri, et delectari", das und nichts anderes in Frage [...]
Nun aber: was soll gedachter Mäzen an den Versen des Dichters Celan loben, was tadeln? Beides muß in diesem besonderen Fall grundsätzlich *über seine Befugnisse gehen.* [...]
Nun glaube ich schon, zu gewahren, daß dieser Paul Celan zu seiner „poésie pure" aus Nötigungen gekommen ist, die wieder ihren sehr dringenden, bitteren und zwingenden Anlaß hinter sich haben. Aber das einseitige *Losungswort führt in einen impasse. Die Flucht aus der geschichtlichen Gemeinsamkeit führt in einen Substanzverlust, der auf keine Weise wettzumachen ist. Denn diese Puristen werden aus dem Rufer* in *der Wüste zum Rufer* in *die Wüste des eigenen Innern. Und die gibt nichts anderes her als Steine, wofür grade Celan wörtliche Belege genug bietet; auch der Versucher von Matth. 4,3 kann ihr nichts anderes entnehmen. Das mögen nun meinetwegen geschliffene Diamanten sein, Brot sind sie nicht, und genau auf diesem Punkt setzen meine Bedenken wegen unsres Mäzens ein. Ist der arme Wicht imstand, einen Korund von einem geschliffenen Stück Glas zu unterscheiden, und das bei knurrendem Magen?* [...]
In summa: ich erkenne das poetische Fluidum der Celanschen Gedichte, halte es aber weder für durchgehends dicht noch für sehr tief. Es rührt durch den Ton einer Klage, hinter der das unaussprechlich Grauenvolle steht,

von dem wir alle wissen. Aber ob das genügt, um einen Preis zuzuerkennen, der doch schließlich dem literarischen Verdienst (Dienst!) „als solchem" gelten soll?[18]

Man sieht, Schröder, (der im Jahr zuvor der beeindruckten Jury Celan-Gedichte vorgelesen hatte) macht sich die Ablehnung des ihm so fremden jungen Kollegen nicht leicht. Überraschenderweise bemüht er, dessen eigene Lyrik ja nun der der gar nicht volkstümlichen Freunde Borchardt und Hofmannsthal nahesteht, die Verantwortung vor dem 'Mäzen Volk'. Ja, er schlägt Kästner sogar eine private Spende für den unbemittelteten Autor in Paris vor. Entscheidend ist aber, daß Schröder in Celans Gedichten die Stimme einer poetischen Konzeption (Celan hat sie Jahre später in seiner Büchner-Preis-Rede expliziert) vernimmt, die er auf gar keinen Fall öffentlich mit seinem Namen assoziiert sehen möchte. Die Berührungsangst ist so massiv, daß Schröder nun sogar Jünger auf den Schild hebt, obwohl er über dessen sardinisches Reisetagebuch „Am Sarazenenturm" — gewiß nur ein Nebenwerk — kaum zitierfähige, wenig schmeichelhafte Worte findet. Da auch der Sozialdemokrat Erich Traumann (er hatte zuerst Heißenbüttel vorgeschlagen) am Ende in den für ihn sauren Apfel Jünger beißt[19] (Hirsch und von Wiese sind bei der entscheidenden Sitzung am 31. 12. 1955 abwesend), ist der neue Preisträger gefunden und die Alternative Celan — endgültig, so scheint es zu diesem Zeitpunkt — verworfen. Die tagende Jury hat sich Schröders Bedenken gegenüber Celan — „Selbstisolierung und die Flucht aus und vor der Welt, die sich in vielen Versen verbirgt"[20] — zueigen gemacht.

War der Senat der Freien Hansestadt Bremen, insbesondere seine sozialdemokratischen Mitglieder, schon

R. A. Schröder (2. v. l.) 1958 während der Verleihung des Bremer Literaturpreises an Paul Celan (5. v. l.). Foto: Rosemarie Rospeck

durch das Votum für Jünger deutlich irritiert, so mehr noch durch Jüngers Auftritt bei der Preisverleihung. Die Bremer Zeitungen hatten sich am Tag der Preisvergabe sehr kritisch zu Person und Werk des Preisträgers geäußert, aber Jünger dachte gar nicht daran, irgendetwas zurückzunehmen. Den Pour le mérite-Orden aus dem 1. Weltkrieg an die Brust geheftet, trat er vor die Festversammlung und bekannte seine allseitige Zufriedenheit:

[...] *im Kriege mit meiner Mannschaft, im Frieden mit meiner Leserschaft. Eine Hand, die in Ehren die Waffe hält, eine Hand, die die Feder in Ehren hält — sie ist stärker als alle Atombomben, als jede Rotationspresse.*[21]

Die Toleranz des SPD-geführten Senats wurde durch Wahl und Auftreten Jüngers auf eine harte Probe gestellt; man bestand sie diesem Mann der Rechten gegenüber, anders als vier Jahre später, als es um Grass ging. Daß linke Zeitungen den Senat dafür schalten — der Ost-Berliner „Sonntag" schrieb unter Anspielung auf Balzac bissig: „Der Bankrott heiratet die Pleite"[22] —, ertrug er unter Schmerzen.

Die Preisvergabe des Jahres 1956/57 mutet wie eine Wiederholung des Pendelschlags zur anderen Seite von 1954/55 an, und das mit guten Gründen. Wiederum war ein Votum zu korrigieren, das, partiell dem Fall Schmidt-Barrien ähnlich, einen älteren und zudem entschieden konservativen Autor favorisiert hatte. Und wiederum war die Korrektur halbherzig und zwiespältig. Zum einen erwählte man die knapp 30jährige Ingeborg Bachmann, und damit zum zweiten Mal eine Autorin der Gruppe 47 (Hirsch, Kästner und von Wiese traten energisch für sie ein), zum andern sprach man dem gleichaltrigen Hörspiel- und Bühnenautor Gerd Oelschlegel eine Preishälfte zu (der

Theatermann Heinemann, Wegener und Schröder rühmten ihn). Dem Satzungsauftrag der Nachwuchsförderung war damit Genüge getan. Bedenklich stimmt, daß Schröder, indem er sich für Oelschlegel als einen ihm durchaus nicht nahen Autor „warm einsetzte"(23), sein eigentliches Ziel erreichte, die ihm noch fremdere Lyrik der Ingeborg Bachmann nicht zu ungeteilten Preiswürden gelangen zu lassen. So deutete es auch der gut unterrichtete Theaterkritiker der „ZEIT", Johannes Jacobi.(24)

Dennoch verstand sich Schröder zum vierten (und letzten) Mal dazu, die Laudatio auf beide Preisträger zu halten. Aber während er in öffentlicher Rede für Bachmann eher bedenkliche, väterlich besorgte Worte fand, lobte er Oelschlegels brandaktuelle Version der Romeo-und-Julia — Fabel aus dem geteilten, aber noch halbwegs offenen Berlin über den grünen Klee. Daß den Ästheten Schröder die veristische, reißerische Machart und die kunstlose Sprache dieses Ost-West-Stücks (eines über die Maßen kurzlebigen Genres der fünfziger Jahre) nicht störten, ist noch heute verwunderlich. — Wie sehr ein Literaturpreis eine soziale Funktion erfüllen kann, machte danach beispielhaft Ingeborg Bachmann deutlich. Im Gespräch mit Gustav René Hocke bekannte sie, daß „wahrscheinlich [...] selten ein Preis so gelegen gekommen" sei(25), nachdem sie vorher schon verlegen „ungeschickte praktische Erwägungen" hatte anstellen müssen (so schrieb sie dem Sekretär Dr. Lutze), ob sie denn das Reisegeld aufbringen könne.

Nach lauter Widersprüchen, um nicht zu sagen Ungereimtheiten, brachte das Jahr 1958 dem Bremer Literaturpreis einen Glanzpunkt, von dem vermutlich auch sein nie wieder ganz geschwundenes beträchtliches Renommé seinen Ausgang nahm. Auf

Festakt in der Oberen Rathaushalle Bremen aus Anlaß des 80. Geburtstages von R. A. Schröder (unten: mit Siegfried Unseld) am 26. Januar 1958. Fotos (2): Rosemarie Rospeck

neuerlichen Vorschlag Kästners entschied sich die unveränderte Jury in Abwesenheit Schröders für Paul Celan, u. a. gegen die Konkurrenz von Heimito von Doderer und Alfred Anderschs „Sansibar oder der letzte Grund". Auch Günter Grass wurde zum ersten Mal genannt. Kästner hatte schon in einem Brief an Dr. Lutze vom 20. 12. 1955 sehr überzeugende Gründe für die Nominierung Celans genannt, indem er den „tiefen künstlerischen Ernst seiner lyrischen Bemühung" rühmte und ihn vom Vorwurf des „artistischen Manierismus" freisprach, und er betonte, „daß Celan vielmehr aus echten persönlichen und politischen Leiden Gedichte entstehen zu lassen vermag".(26)

Solche von Kästner erneut vorgetragenen Argumente pro Celan verstimmten Rudolf Alexander Schröder tiefgehend. Hatte er sich schon „mit allen mir verfügbaren Mitteln" einer Nominierung von Ingeborg Bachmann widersetzt (so resümierte er jetzt, ein Jahr später), weil er sie „für eine harmlose Anrainerin unseres gegenwärtig dünn besiedelten Parnasses" hielt(27), so grenzte er sich nunmehr ein weiteres Mal von Celan ab, bei dem er „einen Unterschied der 'Haltung' und zwar einer vitalen" diagnostizierte, den er freilich nicht geneigt war, genauer zu erläutern. Aus „Gewissensgründen" verweigerte er seine Beteiligung an der Nominierung in irgendeiner Form.(28)

Besonders ärgerlich war Schröder, wie er schrieb, die Vorstellung, die Bremer Ehrungen zu seinem eigenen 80. Geburtstag gemeinsam mit der Preisverleihung an Celan entgegennehmen zu sollen — so ärgerlich, daß er zunächst den (ultimativen) „Vorschlag" äußerte, „die Nominierung Celans um ein Jahr" zu verschieben.(29) Daß dies nicht geschah und auch Schröder am Ende sich vom „Schreck über die mir zugemutete Wahl Celans" erholte(30), ehrt beide Seiten. So kam es denn am 26. 1. 1958 zur denkwürdigen Doppelfeier: dem 80. Geburtstag eines Hauptvertreters der humanistisch-christlichen Inneren Emigration und der fünften Vergabe der gemeinhin 'Rudolf Alexander Schröder-Preis' genannten Bremer Auszeichnung an einen jüngeren Lyriker, der aus dem Judentum kam und sich doch partiell auf die gleichen abendländisch-humanen Traditionen bezog wie Schröder. Celans liebevoller Hinweis in seiner Dankrede auf die von Schröder inaugurierte Bremer Presse, seine bereitwillige Benennung eines Lieblingsgedichts von Schröder für eine Art Festschrift(31), endlich sein so verehrungsvolles Aufblicken zum Namenspatron seines Preises[32] — all das macht deutlich, daß, überraschend vielleicht, Ablehnung nicht von der Seite des jungen Autors ausging, sondern das Umgekehrte zutrifft. Schröder hat diese Ablehnung in seiner Dankrede beim ihm und Celan gemeinsam gewidmeten Festakt am 26. 1. 1958 noch einmal, gewiß liebenswürdig, bestätigt:

Lieber Herr Celan, mir kam in diesen Tagen der Gedanke, als seien wir wie zwei Schiffe, die sich auf der Fahrt begegnen — mein Kurs weise streng nach Norden, der Ihre nach Süden.[33]

Ein Glanzpunkt war auch die Laudatio von Kästner auf Celans Lyrik. Erstmals sah der Laudator seine Aufgabe darin, fraglos schwierige Texte dem Publikum behutsam zugänglich zu machen — und gleichzeitig zu erklären, warum sie 'einfacher' nicht sein konnten. Auch Erhart Kästner, den man inzwischen nicht mehr mit Namensvetter Erich verwechselte, war ein Konservativer, aber doch mit einer Souveränität der menschlichen und ästhetischen Wahrnehmung ausgestattet, die ihn nicht nur die Begabung, sondern auch die Förderungswürdigkeit eines Paul Celan erkennen ließ. Aus dieser Souveränität heraus stellte er auch an den Anfang seiner Laudatio einen zwar ein wenig hinkenden, aber doch sinnfälligen Vergleich: Indem er daran erinnerte, daß Fontane den jugendlichen Gerhart Hauptmann hoch schätzte und nach Kräften förderte, freilich ihm nur ja nicht persönlich begegnen wollte, verwies er auf das prekäre Verhältnis Schröder—Celan.

Für das Jahr 1958/59 ist eine verkleinerte und gleichzeitig entscheidend veränderte Jury zu konstatieren: Rudolf Alexander Schröder erklärte im Frühjahr 1958 seinen Rücktritt — offiziell aus Altersgründen, aber die gegebenen Hinweise haben ja schon deutlich genug gemacht, daß er sich nicht nur des Alters wegen zurückziehen wollte. Die verbliebene Jury entband ihn von der aktiven Mitwirkung und kürte, u. a. gegen die Konkurrenz von Andersch, Enzensbergers „verteidigung der wölfe" und Gaisers „Schlußball", in Rolf Schroers prompt ein weiteres Mal einen Mann der Gruppe 47 zum Bremer Literaturpreisträger (freilich hatte er sich aus der gerade verabschiedet, weil sie ihm nicht politisch genug war). Gewiß spielten die Bremer Kindheitsjahre von Schroers (sein Vater war lange Jahre Polizeipräsident von Bremen und lebte noch dort) eine Rolle bei seiner Wahl, aber doch nicht nur. In der Jurybegründung heißt es, man erblicke in Schroers einen Schriftsteller, „der nach dem Zusammenbruch zu schreiben begann, und der mit großem Ernst, oft unbequem, immer im Gericht mit sich selbst, Menschen und Konflikte unserer Zeit darstellt."[34] Freilich, der ausgezeichnete Kriminalroman „In fremder Sache", nach dem Urteil der Jury eine „entzückende Gaunergeschichte", war nicht mehr mit der Radikalität der frühen Kahlschlag-Texte von Schroers geschrieben. Dennoch, Schroers, der dem Vorstand der Bewegung „Kampf dem Atomtod" angehörte und in den sechziger Jahren einer der Köpfe der FDP wurde, u. a. als Direktor der Theodor-Heuß-Akademie, war ein wichtiger, ein kritischer Autor, dessen Werk (vor allem das publizistische) eine Wiederentdeckung verdient.

Der Vorwurf des Provinzialismus (Schroers selbst schrieb, er betrachte Bremen als seine „heimliche Heimat")[35] wurde diesmal zurecht nicht laut.

Schroers war der erste Preisträger, der für das Folgejahr als Juror berufen wurde. Die Begründung, die zu dieser Veränderung der Satzung führte, war frappierend. Wolf von Niebelschütz, den Schröder als seinen Nachfolger in der Jury vorgeschlagen hatte, lehnte die Mitgliedschaft mit entwaffnender Offenheit ab, da er nämlich „um ehrlich zu sein, als Autor gerade auf diesen Preis reflektiere."[36] Weil man über den Einzelfall hinaus den Autoren beides ermöglichen wollte — Preisträger *und* Juror zu sein —, fand man die bis heute gültige Version, die von der Deputation für Kunst und Wissenschaft gutgeheißen wurde.

4 Der Streit um „Die Blechtrommel" (1959/60)

Als sich die Jury am 5. Dezember 1959 in Bremen traf, war die Lage eigentlich nicht so viel anders als in den Jahren zuvor. Schröder, der schon mehrfach nicht hatte teilnehmen können, fehlte nun endgültig, sein mittlerweile nominierter Nachfolger Manfred Hausmann war erkrankt und nahm also auch nicht teil. Nur Schroers war neu dabei. Aus den ca. 20 vorgeschlagenen Werken, u. a. von Martin Kessel, Wolf von Niebelschütz (sic!), Hans Erich Nossack und Siegfried Lenz, kristallisierte sich bald ein hochkarätiges Duo heraus: Uwe Johnsons „Mutmaßungen über Jakob" und Günter Grass' „Die Blechtrommel". Dieser Verlauf stellt der Jury, so darf man aus dem Abstand von 28 Jahren sagen, ein vortreffliches Zeugnis aus, zählen doch inzwischen beide Romane zu den bedeutendsten Werken der neueren deutschen Literatur, ja, der Weltliteratur. Aufgrund eben dieser Romane, denen — mit gehörigem Abstand — Bölls „Billard um halb zehn" und Martin Walsers „Halbzeit" an die Seite zu stellen sind, ragen die Jahre 1959/60 aus der Literaturgeschichte seit 1945 heraus. — Gab es am Anfang zwei etwa gleich große Gruppen in der Jury, so einigte man sich doch bald auf Grass, da bekannt wurde, daß Johnson bereits der Fontanepreis zugesprochen worden war. Daß das am Ende einstimmig für den Preis vorgeschlagene Buch ein „Ärgernis" war (aber eben doch ein fulminantes, „weltliterarisches") — das war der Jury durchaus bewußt, wie der Jurybegründung für den Senat zu entnehmen ist.(37) Und doch wäre es ihren Mitgliedern wohl nicht im Traum eingefallen, daß der Bremer Senat sich einem Buch verweigern würde, das bereits (für das erste Kapitel) den Preis der Gruppe 47 bekommen hatte und Buch des Monats (erkoren von der nicht gerade avantgardistischen Darmstädter Akademie) geworden war; zumal deshalb nicht, weil man den (staatlichen) Akt der Verleihung durch den Senat für eine reine Formsache hielt. Was Hans Magnus Enzensberger in einer Radiorezension prophezeit hatte, bewahrheitete sich: Dieser Autor wurde nicht nur vom notorischen 'kleinen Mann auf der Straße', sondern auch von seinen politischen Repräsentanten bis weit in die Arbeiterpartei SPD hinein als „Störenfried" empfunden und löste „Empörung" aus, weil er der literarischen Beschreibung eine Sphäre zugänglich machte, in der „sich Ekel und Sexualität, Tod und Blasphemie begegnen".(38) Am 22. 12. 1959 wurde der Vorschlag der Jury, Grass den Bremer Literaturpreis für „Die Blechtrommel" zu verleihen, vom Senat abgelehnt. Der gleiche Leitende Regierungsdirektor Dr. Lutze, der wenig früher noch für Grass votiert hatte, war dazu ausersehen, seinen Jurykollegen diesen Beschluß mitzuteilen und sie dazu zu bewegen, einen „anderen Vorschlag" (sprich: Johnson) einzubringen; andernfalls wollte „der Senat von der Verleihung dieses Preises 1959 absehen".(39)

Dieses nicht anders als ultimativ zu verstehende Ansinnen — und daß Dr. Lutze es war, der es vortrug — löste bei mehreren Jurymitgliedern Empörung aus. Rudolf Hirsch erklärte noch am 24. 12. telegraphisch seinen Rücktritt, Benno von Wiese und Erhart Kästner folgten am 28. 12. bzw. am 29. 12., nachdem beide sich in Briefen vom 24. 12. bzw. 27. 12. schon schockiert gezeigt hatten. Schroers und Traumann waren verärgert, aber für die ihnen nahegelegte Preisvergabe an Johnson zunächst noch aufgeschlossen. Doch zu einer weiteren Zusammenkunft der Restjury sollte es nicht mehr kommen. Am 29. 12. veröffentlichte die „FAZ" unter der Überschrift „Ein Trauerspiel" einen Artikel von Hans Schwab-Felisch über die Bremer Vorgänge, der ausgesprochen gut informiert war. Das war kein Wunder, konnte Schwab-Felisch sich doch auf Informationen aus erster Hand, nämlich von Rudolf Hirsch, stützen. Bekannt wurde durch diesen Artikel nun auch die Begründung des Senatsbeschlusses, die den Juroren im Brief Dr. Lutzes vom 23. 12. mitgeteilt worden war. Sie stellt eine Merkwürdigkeit für sich dar. Denn gestand man einerseits der „Blechtrommel" einen „unbestrittenen literarischen Rang" zu (wer eigentlich hatte das Buch gelesen bzw. konnte das beurteilen?!), so meinte man andererseits, eine öffentliche Diskussion über „weite Bereiche des Inhalts nach außerkünstlerischen Gesichtspunkten", die aus der Preisvergabe folgern würde, verhindern zu müssen.(40)

Damit nahm eine Instanz der politischen Exekutive für sich in Anspruch, zu bestimmen, worüber in der Bevölkerung diskutiert werden solle und worüber nicht — wobei das 'Worüber' obendrein noch nicht einmal beim Namen genannt wurde. Und natürlich waren diese namenlosen „weiten Bereiche des Inhalts" nichts anderes als Sexualität und moralisch-sittliche Normen, wie der Weser-Kurier vom 30. 12. zutreffend zu berichten wußte.(41)

Hier ist nicht der Ort zu analysieren, warum sowohl 'freisinnige' als auch sozialdemokratische Senatsmitglieder — Bildungssenator Dehnkamp war die rühmliche Ausnahme — sich ausgesprochen prüde Vorstellungen von Sitte und Moral zueigen machten und sich selbst mit einem entsprechenden volkspädagogischen Auftrag ausstatteten: Genug, daß sie es taten und auch zu einer Revision sich unfähig zeigten. Weder ein vielfältiges, überwiegend gegenüber der Senatsentscheidung vom 22. 12. 1959 kritisches Presseecho, noch Proteste der früheren Preisträger Celan und Bachmann[42], mittelbar auch Schroers', konnten daran etwas ändern. Der Senat konnte sich durch Männer wie Manfred Hausmann — er warf Grass' Roman u. a. die „Zerstörung der menschlichen Seele" vor[43] — und R. A. Schröder[44] bestätigt fühlen und entschied am 12. Januar 1960 endgültig, den Bremer Literaturpreis „1959 [recte: 1960] nicht zu verleihen".[45]

Der 26. Januar 1960 hätte zu einer Sternstunde liberaler und demokratischer Kulturpolitik werden können: er wurde es nicht. Die Senatsmehrheit hatte aus dem Text der Stiftungsurkunde des Preises herausgelesen, daß die Jury nur ein Vorschlagsrecht habe und der Senat letztlich den Preisträger bestimme, kurz: daß es sich beim Bremer Literaturpreis um einen *Staatspreis* handle. — Doch das ist nur der eine Aspekt des Bremer Streits um „Die Blechtrommel". Der andere liegt darin, daß die Auseinandersetzung zwischen zwei Richtungen der deutschen Nachkriegsliteratur, die die gesamte Frühphase der Preisgeschichte kennzeichnet, hier zu einem Endpunkt kommt, und dieser Endpunkt ist nichts anderes als ein Pyrrhussieg für die konservativen Kräfte, die Richtung, die sich aus den Männern und Kräften der Inneren Emigration speiste. Nicht zufällig stehen hier Autoren wie Hausmann und Schröder in einer Linie mit Senatoren wie Harmssen und Nolting-Hauff. Ihnen gegenüber erkennt man ein breites Spektrum von Autoren, Juroren, Kritikern und (noch wenigen) Politikern, das eine wirklich souveräne, kritische — und sei's provokative, ja: destruktive — Literatur will, wenn sie nur künstlerisch erheblich und der Wahrheit verpflichtet ist. Kein Zweifel, ihr gehörte die Zukunft, wie die weitere Preisgeschichte belegt.

Günter Grass 1965 anläßlich der Verleihung des Georg-Büchner-Preises in Darmstadt im Gespräch mit Demonstranten. Foto: dpa; Die Blechtrommel: Schutzumschlag der Erstausgabe.

5 Vom Staatspreis zum Stiftungspreis (1960 - 1962)

Nur einen Tag nach dem Senatsbeschluß, den Bremer Literaturpreis 1960 endgültig nicht zu vergeben, am 13. Januar 1960, war über Radio Bremen ein Kommentar des Senatspressesprechers Alfred Faust zu hören, der zwei bemerkenswert gegensätzliche Stoßrichtungen aufwies. Einerseits bekräftigte Faust, daß der Preis ein „Staatspreis" sei, für den der Steuerzahler in Anspruch genommen werde, und daß folglich das „Vorschlagsrecht" der Jury vom „Entscheidungs- und Verleihungsrecht" des Senats übertroffen werde. Insofern habe der Senat nur recht gehandelt. Andererseits erinnerte Faust an internationale Preise wie den Prix Goncourt und den Prix Fémina, die von unabhängigen Jurys vergeben würden und fragte sodann:

Warum soll der Bremer Literaturpreis nicht aus der Hand des Senats einem ähnlichen Gremium überantwortet werden können?! Jeglicher Konflikt zwischen den freien Experten und dem staatlichen Preisstifter würde dadurch ausgeschlossen! [...] Hier ist also der Weg und ein Ausweg![46]

Zahlreiche Empfehlungen der überregionalen Presse, selbst in der „Welt" vom 2. 2. 1960, zielten in die gleiche Richtung. Doch der Senat ging durchaus nicht sofort auf diese gut gemeinten Ratschläge ein. Manche Senatoren fühlten sich unter Druck gesetzt, zumal wenn ein Autor wie Uwe Johnson verlauten ließ, ein „Schriftsteller von Rang" könne künftig den Bremer Preis nicht annehmen, „solange nicht Günter Grass Genugtuung gegeben worden sei".[47] Sie neigten, konservativ oder bockig oder beides, dazu, bei der Konstruktion des Staatspreises zu bleiben, die sich im Falle Grass doch gerade so prächtig bewährt hatte.

Lange gelang es weder Deputation noch Senat, den „gordischen Knoten"[48] zu lösen, erst 14 Monate nach der Ablehnung von Grass war es endlich soweit. Am 11. April 1961 beschloß der Senat die Errichtung einer Rudolf-Alexander-Schröder-Stiftung, die auf der Grundlage einer neuen Satzung in voller Souveränität den Literaturpreis (weiterhin wie seit 1958 mit DM 8.000,— dotiert) vergeben sollte. Die Alternativen eines allgemeinen Kulturpreises oder einer Auszeichnung für junge Wissenschaftler hatte man wieder verworfen. Der „Literaturpreis der Rudolf-Alexander-Schröder-Stiftung", wie er nun offiziell hieß, wurde nicht mehr von einem Senatsmitglied, sondern vom Vorsitzenden der Stiftung vergeben, der dabei an das Votum der Jury gebunden war, der zwei weitere Vorstandsmitglieder, vier Juroren sowie der jeweilige Preisträger des Vorjahres angehörten. Die auf fünf Jahre berufene Jury sollte völlig unabhängig urteilen können, ein Vetorecht versagte sich der Senat. Da sie mit Dreiviertelmehrheit zu entscheiden hatte, war sie einem hochgradigen Einigungszwang ausgesetzt, was sich oft, bis heute hin, als erhebliche Hürde für eine profilierte Preisträgerkür erweisen sollte. — Erhalten blieb die Auszeichnung eines Einzelwerks (als bewährtes besonderes Merkmal des Bremer Preises) und die Auflage, den literarischen Nachwuchs zu fördern.[49]

Nach der Verabschiedung der Satzung berief der Senat einen Stiftungsvorstand aus drei Bremern: Gustav Harmssen, FDP-Wirtschaftssenator a. D., als Vorsitzenden, dazu Dr. Günter Schulz, den Direktor der Volkshochschule, und Dr. Karl Bachler, den Chefredakteur des Weser-Kurier. Dieser Vorstand wurde um Manfred Hausmann und drei auswärtige Juroren ergänzt: den Regisseur Claus Helmut Drese (Wiesbaden), den Rundfunkjournalisten Dr. Gerd Kadelbach (Frankfurt) und den Schriftsteller und Universitätslektor Dr. Heinrich Ringleb (Heidelberg). Die Beständigkeit dieser Jury ist, verglichen mit den anderen Phasen der Preisgeschichte und der anderer Literaturpreise, ganz erstaunlich. Vier Jahre blieb sie völlig unverändert, dann schied Gustav Harmssen aus und wurde Ende 1966 durch Dr. Günter Giefer von Radio Bremen ersetzt. 1967 trat der ohnehin nicht sehr engagierte Manfred Hausmann zurück, für den Dr. Max Plaut aus Hamburg nachrückte. Ansonsten blieb die Jury zehn Jahre lang beieinander, und selbst danach blieben der Schröder-Stiftung noch vier der sieben Juroren weitere fünf Jahre erhalten. Gewiß war die Kontinuität sinnvoll, möglich wurde sie vermutlich dadurch, daß der Jury keine berühmten oder auch auf Profilierung bedachten Herren angehörten. (Damen fehlten ja weiterhin, von einzelnen Preisträgerinnen abgesehen.)

Der Anfang des 'neuen' Preises, der gleichwohl seine Verbindung mit dem 'alten' von 1954 bis 1960 nicht verleugnen wollte, war mit Siegfried Lenz jedenfalls ein ordentlicher, ein seriöser Anfang, der nahezu allen Beteiligten wohlgefällig war, darunter auch Rudolf Alexander Schröder, der Lenz persönlich begeistert gratulierte und sein „hintergründig gedankenvolles Bühnenstück" pries.[50] Nur einer war gar nicht einverstanden: Günter Grass. Er machte dem Kollegen von der Gruppe 47 den Vorwurf, den Preis „korrekt, bescheiden und preiswürdig" angenommen zu haben und schimpfte ihn deshalb einen „Winkelried der deutschen Nachkriegsliteratur". Humorig unterstellte er Lenz sodann, dies alles nur stellvertretend, aus solidarischer List für ihn, den zu kurz Gekommenen, getan zu haben, und machte ihm den launigen Vorschlag, *ihm* nun die 8000

„hanseatischen DM" auf sein Konto zu überweisen. — Lenz, der nicht Grass direkt, sondern der „ZEIT"-Redaktion, die dessen Brief veröffentlicht hatte, antwortete, verwies kühl auf die völlig veränderte Preiskonstruktion, die es ihm möglich gemacht habe, den Preis guten Gewissens anzunehmen.[51] Und auch heute noch wird man sagen müssen, daß Grass damals in seinem Drängen auf Solidarität zu weit ging; alle Autoren, die nach Lenz den neustrukturierten Preis annahmen, haben das mittelbar bestätigt.

6 Jahre der Konsolidierung und ein Autor, der nicht will (1963- 1976)

Zwischen 1962 und 1969 verläuft, entgegen den allgemeinen politischen Zeitläuften in der Bundesrepublik und der Welt, die Geschichte des Bremer Literaturpreises in ruhigeren Bahnen, wenn auch bei genauerem Hinschauen nicht so ganz. Es wurden ohne Ausnahme gute Preisträger gefunden, die man auch noch reinen Gewissens zum 'Nachwuchs' zählen konnte, standen sie doch in ihren Dreißigern oder hatten allenfalls gerade die Vierzig erreicht. Stärker als vorher kamen Autoren der Gruppe 47 zum Zuge. Und doch darf die Frage erlaubt sein, ob nicht hier und da wagemutigere Entscheidungen hätten getroffen werden können. Immerhin waren auch vorgeschlagen: Alexander Kluge mit den „Lebensläufen" (für 1963), Peter Weiss mit dem Marat-Sade-Stück (für 1966), Heiner Müller mit „Philoktet", Heißenbüttel mit dem „Textbuch 5" (1967) und Peter Handke mit „Kaspar" (für 1969). Doch das sind, zugestanden, müßige Fragen.

Thomas Bernhard und Wolfgang Hildesheimer können als die herausragenden Preisträger dieser Jahre gelten — und gerade sie waren es, die Ärger verursachten. Am 24. 12. 1965 wußten die Bremer Nachrichten zu berichten, Senator a. d. Harmssen finde

angeblich die heute von jüngeren Autoren [...] vorgelegte Literatur deprimierend. Er hat dem jüngst nominierten Preisträger sein Votum versagt. In den letzten zwei Jahren hatte Harmssen von seinem Vorschlagsrecht schon keinen Gebrauch mehr gemacht.[52]

Nachdem Hildesheimer dann am 26. Januar 1966 seine provokative Dankrede gehalten hatte, beschwerte sich auch ein anderer Politiker, und zwar massiver, was hier leider aus urheberrechtlichen Gründen nicht mit Zitaten belegt werden kann. Im November 1967 schließlich kehrte Manfred Hausmann der Jury den Rücken. Gründe wurden nicht bekannt, doch man geht wohl nicht fehl in der Annahme, daß auch ihm 'die ganze Richtung' nicht recht paßte. Die Literatur war zu negativ, und die Autoren waren aufsässig.

In der Tat, Thomas Bernhards Roman „Frost" war ein Manifest des Lebens in der (auch gesellschaftlichen, intersubjektiven) Kälte, und seine Dankrede, die von der von den Menschen und ihrer Wissenschaft heraufbeschworenen „Kälte" handelte, vertiefte diesen Eindruck noch.[53] Bei diesem Autor war nichts irgend Positives, Erbauliches auszumachen, und das ist bekanntlich bis heute so geblieben. — Auch Hildesheimer enttäuschte sowohl mit seinem Roman „Tynset" als auch mit seiner Preisrede all jene, die den Schriftsteller gern als Jasager oder doch wenigstens als hehren Poeten haben wollten. Hildesheimer ersuchte geradezu darum, nachdem er seine Autoritätenbeschimpfung vollzogen hatte, auch „einen Platz im Zwinger jener Hunderasse" gesichert zu bekommen, „deren Namen ich nicht mehr auszusprechen wage".[54] Das spielte natürlich auf Bundeskanzler Ludwig Erhards böses Wort von den „Pinschern" an, als welche er die unbequemen Literaten der Bundesrepublik beschimpft hatte.

Ein Thema hatte in den preisgekrönten Texten der fünfziger Jahre, außer bei Celan, fast völlig gefehlt, das in zwei in den Sechzigern ausgezeichneten Theaterstücken eine wichtige Rolle spielte: die unterschwellige Erbschaft des NS-Regimes oder dessen, was man den 'gewöhnlichen Faschismus' nennt. Herbert Meier, Preisträger von 1955, hatte die

Schuldproblematik und Gewaltfrage noch pur individuell und existentialistisch behandelt; Siegfried Lenz tat dann mit seinem Stück „Zeit der Schuldlosen" einen wichtigen Schritt, indem er vorführte, wie Menschen — im Faschismus und anderswo — sich zu allem, Gewalt und Mord inbegriffen, bereitfinden, wenn ihre Existenz, vielleicht auch nur ihr Vorteil, auf dem Spiel steht. Hans Günter Michelsens Stück „Helm" von 1966, für das er den Preis erhielt, zeigt Schuldige aus dem 2. Weltkrieg, die nichts gelernt haben — Zeitgenossen von damals und heute also. Ihr Opfer von einst, Helm, wird zum blutigen Rächer — man muß es jedenfalls vermuten. „Helm" war ein wichtiges Stück; seine Wiederentdeckung durch die Theater von heute wäre zu wünschen.

Und noch ein bedeutsames Novum brachten die sechziger Jahre, auch dies symptomatisch für den Ausgang der Adenauer-Ära: Die DDR-Literatur wurde für Bremen entdeckt und gleich mehrfach preisgekrönt. Nachdem Österreich und die Schweiz schon früh in den Blick gekommen waren, geschah dies nun also auch mit der DDR. Mancher mag dabei vom ideologischen Diktum der unverbrüchlich '*einen* deutschen Literatur' ausgegangen sein, doch das tut wenig zur Sache. Richtig war es allemal, den Bremer Literaturpreis grundsätzlich für alle in deutscher Sprache schreibenden Autoren offenzuhalten. Der erste in Bremen preisgekrönte DDR-Autor war eine Autorin, und es war eine gute Wahl: Christa Reinig. Erstmals überhaupt kam ein(e) Brechtschüler(in) zum Zuge, noch dazu proletarischer Herkunft, die freilich aus sich und ihren (politischen) Beschwerden nicht viel Wesens machte; „eine Mischung zwischen Zille und Fontane: nüchtern, herzlich, kritisch und doch nicht verbittert", so hat sie Herbert Heckmann beschrieben.[55] Daß sie die Reiseerlaubnis zur Preisverteilung nutzte, um nicht wieder hinter die Mauer zurückzukehren, wird ihr keiner vorwerfen. Aber notwendig machte diese Entscheidung Christa Reinigs die Preisvergabe von 1964 zu einem überregional beachteten Politikum.

Als Helga M. Novak 1968 den Bremer Literaturpreis erhielt, war sie schon seit zwei Jahren keine Staatsbürgerin der DDR mehr, sondern lebte „als Saisonarbeiter", wie sie telegraphierte, auf Island, wie schon von 1961-65. Dennoch ist in ihren pointierten Gedichten immer noch von Zwangsverhältnissen in der DDR die Rede — so wie ihre späteren Gedichte aus der Zeit, als sie in der Bundesrepublik lebte, Gewalt und Unrecht in diesem Land ebenso schonungslos aufs Korn nehmen. — Horst Bienek schließlich war ebenfalls DDR-Bürger und -Autor gewesen, und schon mit 21 Jahren Meisterschüler Bertolt Brechts. Doch dann folgten vier Jahre „unbesonnter Vergangenheit", mit Günter Kunert zu sprechen[56]: vier Jahre Haft bzw. Zwangsarbeit in einem sibirischen Lager aufgrund abstruser Vorwürfe. Seit seiner Amnestierung 1955 lebte Bienek in der Bundesrepublik, doch das Trauma des Arbeitslagers wirkte fort. Das in Bremen 1969 preisgekrönte Buch „Die Zelle" erzählt auch davon. Wo Autoren wie Lenz oder Michelsen die Erinnerung an die unbewältigbare Nazizeit wachzuhalten suchten, versuchte ein Autor wie Bienek notwendig das Umgekehrte: sie von sich wegzuschreiben, sie loszuwerden. Gerd Kadelbach nannte seine Laudatio auf „Die Zelle" denn auch treffend „Der Kampf gegen die Erinnerung".[57]

Die späteren sechziger Jahre sind die Zeit der studentischen Protestbewegung und mit ihr einer fast ausnahmslosen Politisierung der Literatur bis dahin, daß ihr, als schöner Literatur, die Sterbeglocken geläutet wurden. Das Kursbuch 15 (1970) versammelte die einschlägigen Pamphlete. Davon merkte man in Bremen zunächst wenig. Hildesheimer hielt eine respektlose Rede, und Helga M. Novak, zweifellos schon damals eine linke Autorin, verließ „unmutig [...] den Kreis der Lauschenden" bei einem Festvortrag Hausmanns über R. A. Schröder [58] (den die neueren Preisträger bis auf Lenz ohnehin einfach ignoriert hatten). Alle anderen Preisträger verhielten sich wohlanständig in den Grenzen des traditionellen Literaturbetriebs. Erst Christian Enzensberger, des großen Hans jüngerer Bruder, sorgte für einen (eher kleinen) Eklat, indem er den Preis für 1970 ablehnte und sich damit gewissermaßen auf der Höhe der marxistischen Kritik des kapitalistischen Kulturbetriebs bewegte.

Enzensberger wollte sich gegen die „ganze merkwürdige Maschine für Literaturpreise überhaupt" abgrenzen, denn:

Diese Maschine arbeitet so, daß sie den Literaturpreisträger, zum Gegenwert von mehreren tausend Mark, in diesem Fall zehn, aufbläst zu einem riesigen Fesselballon über der kulturellen Landschaft, und auf diesen Fesselballon wird dann im Bedarfsfall hingewiesen mit dem Ausruf, was habt ihr eigentlich, ihr seht doch, wie unser Geistesleben blüht. Demgegenüber hatte ich die Regung, lieber nicht aufgeblasen zu werden und abzuwarten, ob ich mich nicht auch verkaufe im natürlichen kompakten Zustand. [...][59]

Enzensberger spielte also, ganz im Sinne der skrupulösen asketischen Haltung der radikalen Linken gegenüber dem Literaturbetrieb, die Rolle dessen, der geistlosen kapitalistischen Zuständen nicht als Alibi dienen will. Doch diese Rolle war gar nicht glaubwürdig durchzuhalten. Enzensbergers „Kulturballontheorie", wie sie Heinz Ludwig Arnold apostrophierte, war nicht stichhaltig. Durch seine Ablehnung des Preises schwebte er in der Tat „doppelt aufgeblasen über der bundesrepublikanischen Kulturlandschaft". Enzensberger hatte „eine sehr viel wirksamere Publizität erzielt, als sie ihm dieser Preis allein gebracht hätte".(60) So sah es auch der Satiriker Wolfgang Ebert, in dessen „ZEIT"-Kolumne zum Thema „Liberale Party" ein besonders exclusiver Gast auftritt: ein „Literaturpreisträger, der gerade die Annahme seines Preises unter spektakulären Umständen mit eleganter, literaturpreiswürdiger Geste abgelehnt hat".(61) Vielleicht ist der Vorwurf des linken Snobismus gegenüber Christian Enzensberger, mit dem übrigens erstmals ein Essayist Bremer Literaturpreisträger werden sollte, zu hart — tauglich war sein Versuch, seine Integrität gegenüber der Literaturverwertungsmaschinerie zu bewahren, jedenfalls nicht.

C. Enzensbergers Verweigerung irritierte die Schröder-Stiftung durchaus nicht so, daß sie nunmehr betroffen und bekehrt ihre Arbeit eingestellt hätte. Zwar gab es 1970/71 Veränderungen in Vorstand und Jury — Rudolf Hirsch vom S. Fischer-Verlag, bereits von 1953-59 Zeichen setzendes Jurymitglied, wurde Vorstandsmitglied, und statt Plaut und Ringleb traten der Bremer Dr. Eckart Heimendahl und Dr. Gotthart Wunberg von der Universität Tübingen — als Hofmannsthalforscher der Schröder-Stiftung nahe — in die Jury ein. Nach Heimendahls Rücktritt 1973 stieß der damalige Bremer Theaterintendant Dr. Peter Stoltzenberg zur Jury und wurde Vorstandsmitglied für Bachler, der sich überlastet fühlte. All das waren durchaus keine spektakulären Veränderungen. Und dazu passen auch die Preisvergaben der Jahre 1971 bis 1976. Man kam, von Gabriele Wohmann einmal abgesehen, dem Auftrag der Nachwuchsförderung nach und ging auch gewisse Risiken ein, indem man bis dato unbekannte Autoren wie den Schweizer Jürg Acklin und den Österreicher Franz Innerhofer auszeichnete. Man akzeptierte einen Linken wie Günter Herburger, der aus seiner Mitgliedschaft in der DKP keinen Hehl machte, ebenso wie den DDR-Autor Jurek Becker, der im Gegensatz zu Christa Reinig zehn Jahre zuvor wieder in seine Heimat DDR zurückkehrte (die er dann drei Jahre später, nach der Biermann-Ausbürgerung, doch noch in Richtung West-Berlin verließ, mit einem langfristigen Visum versehen).

Die Jury verhielt sich entschieden pluralistisch, indem sie einmal eine schwer festlegbare Erfolgsautorin wie Gabriele Wohmann (für ein freilich unbequemes Buch) auszeichnete, das andere Mal einen Autor der sozialkritischen Authentizität wie den Bergbauernsohn Innerhofer und ein drittes Mal den Schweizer Paul Nizon, dessen „Stolz" als eines der ersten Manifeste der sogenannten Neuen Sensibilität oder Subjektivität gelesen werden kann. Freilich, gewichtige Autoren wie Erich Fried, Uwe Johnson („Jahrestage 1"), Dorst („Toller"), Handke oder Kroetz blieben in diesen Jahren auf der Strecke. Ihre Auszeichnung wäre auch mit guten Gründen zu vertreten gewesen.

So läßt sich sagen, daß die Abfolge der Bremer Literaturpreisträger, wie schon seit nunmehr 20 Jahren, der eher ungeordneten Vielfalt der schönen Literatur in den vier deutschsprachigen Ländern insgesamt entspricht. Es fragt sich, ob eine striktere „Linie" machbar, ja: ob sie überhaupt wünschenwert gewesen wäre. *Ein* Bruch mit der frühen Preisgeschichte war freilich unübersehbar: Der Namenspatron Rudolf Alexander Schröder war in weite Ferne gerückt, und das gilt eigentlich für alle Preisträger nach Siegfried Lenz. Wenn er einmal auftauchte wie in Günter Herburgers Preisrede von 1973, dann als „ehrenwerte", aber doch fragwürdige Gestalt, über die man sich mokieren konnte.(62) Diese Spannung zwischen der Leitgestalt der Bremer Literaturstiftung und jüngeren Autorgenerationen — beginnend mit der Gruppe 47 — war konstant, und sie schwand auch in den Jahren seit 1977 nicht.

7 Eine neue Jury und ein Förderpreis (1976 ff.)

Zum Jahresbeginn 1976 hatten die meisten Vorstandsmitglieder und Juroren der Schröder-Stiftung zehn, teilweise sogar schon 15 Jahre amtiert. Das war dankenswert und hatte für Kontinuität bei der Preisvergabe gesorgt, aber es bestand Einigkeit, wohl auch unter den Juroren, daß eine neue Jury mit jüngeren Leuten gebildet werden sollte. Vom Senator für Wissenschaft und Kunst Horst-Werner Franke und Senatsrat Dr. Volker Plagemann ging der Impuls aus, an die frühen Juryzeiten anzuknüpfen und überregional renommierte Autoren und Kritiker zu verpflichten — eine zweischneidige Initiative, weil sie, wie sich bald herausstellte, zu mehreren kurzfristigen Juroren-Gastspielen und damit zu Diskontinuität führte.
In den Vorstand wurden Martha Höhl, die Leiterin der Stadtbibliothek Bremen (die erste Dame in der Jury überhaupt, von den Preisträgerinnen abgesehen), Senatsrat Plagemann und als Vorsitzender der „Landlehrer" (so sein Briefkopf) und Erzähler Walter Kempowski berufen, in dessen gastlichem Haus in Nartum die Jury dann auch 1976 bis 1978 tagte. Als Juroren kamen Dr. Klaus Kuntze von Radio Bremen, Dieter E. Zimmer von der „ZEIT" und der Verfasser dieser Einleitung — als Vertreter der Literaturwissenschaft an der Universität Bremen — hinzu. Der eigentliche Coup der Juryneubildung war, daß man Günter Grass herzlich bat, in die Jury einzutreten. War der einst verschmähte Autor doch inzwischen längst zum geschätzten Wahlhelfer der SPD und Freund des Altkanzlers geworden, und überhaupt: Welcher deutschsprachige Autor konnte mit Grass' seriösem Engagement an gesellschaftlichen und politischen Problemen mithalten? Aus dem vermeintlich perversen Asozialen in „Blechtrommel"-Zeiten war geradezu ein Ausbund an Gemeinsinn und sozialer Verantwortung geworden. — Grass antwortete dem Vorstand der Schröder-Stiftung:

Ich habe doch ein wenig auf den Stockzähnen lächeln müssen, als ich über diese Bremer Form von 'Wiedergutmachung' las und, zugegeben: viel Lust habe ich nicht.(63)

Der schriftliche Vorschlag von Günter Grass für 1977, nämlich Nicolas Born, war dann auch (halb) erfolgreich, im Juni 1978 trat er trotzdem, aus Gründen der Überlastung, zurück. Ob Grass auch darüber verstimmt war, daß Kipphardt die Hälfte des Preises von 1977 bekommen hatte, ist bisher nicht aufgeklärt. Möglich wäre es, wenn man bedenkt, wie sich Grass und Kipphardt 1971 verfeindet hatten, nachdem Grass den Kollegen aufgrund eines von ihm als Chefdramaturgen verantworteten Programmhefts zu Wolf Biermanns „DraDra" an den Münchner Kammerspielen als verantwortungslosen Propagandisten der Gewalt verunglimpft hatte und dieser schließlich seinen Hut nehmen mußte. Im Spätherbst 1977 wären sich Grass und Kipphardt (einmalig Mitglied als Preisträger) bei der Jurysitzung begegnet, was nicht geschah, da Grass absagte. Die Ironie des Schicksals — und eine solche war es, da die meisten Mitjuroren die Vorgänge von 1971 nicht kannten oder nicht mehr präsent hatten — wollte es, daß der Vorstand nach Grass' Rücktritt im Herbst 1978 Heinar Kipphardt als ordentlichen Juror für drei Jahre berief. — Abgesehen davon blieb die Jury immerhin für vier Jahre konstant.
Eine entscheidende Neuerung dieser Ägide war die Einführung eines Förderpreises, zunächst mit 5.000,— DM dotiert, für den literarischen Nachwuchs, der den ‚eigentlichen' Bremer Literaturpreis (seit 1963 dotiert mit 10.000,— DM) naturgemäß aufwertete, indem seine Vergabe nicht mehr an das Kriterium der Nachwuchsförderung gebunden war.(64) Dies war eine höchst problematische Entscheidung, so will mir nach zehnjähriger Erfahrung scheinen. Denn damit bewahrheitete sich immer häufiger, was Marcel Reich-Ranicki einmal treffend formuliert hat: Preisgekrönt wird, wer preisgekrönt ist. Das Ingenium der Jury, hochbegabte, aber noch nicht als solche (an-)erkannte Autorinnen und Autoren ausfindig zu machen, beschränkte sich notwendig auf die Vergabe des Förderpreises. Für den sog. „Hauptpreis" (diese Bezeichnung bürgerte sich ein) fand Senator Horst-Werner Franke in seiner Eröffnungsrede der Preisvergabe 1977 interessante Formulierungen:

Der Bremer Literaturpreis sollte eigentlich für noch nicht etablierte, aber doch schon ausgewiesene Schriftsteller bestimmt sein. Mit diesem Preis wollen wir gleichsam die Schwelle markieren zwischen Nachwuchstalent und weithin anerkannten Literaten. Der Bremer Literaturpreis sollte also so etwas wie die letzte Weihe sein, die einer noch nötig hat, bevor alle Welt ihn als Großen der deutschen Gegenwartsliteratur preist. [...]. *Wie sich inzwischen gezeigt hat, ist es äußerst schwierig, diese Preisträger zu finden, die sich in einem solchen Zwischenstadium befinden.* [...](65)

Sieht man einmal von der religiösen Metaphorik ab: Mit diesen Feststellungen hatte der Senator zweifellos recht, und sie bezeichnen die Crux der Jury in den letzten zehn Jahren. Ohne die Folgen einkalkuliert zu haben, hatte man sich in die Nähe des anerkannt ersten Literaturpreises im

Lande, des Büchner-Preises, begeben (wollen). Immerhin geschah es bislang dreimal, daß ein(e) Bremer Literaturpreisträger(in) bald darauf den Büchner-Preis bekam (Peter Weiss, Christa Wolf, Erich Fried) — als allerhöchste Weihe, um Frankes Metapher aufzugreifen. Doch wieder und wieder war die Jury mit der mißlichen Situation konfrontiert, daß die Autoren „im Zwischenstadium" (Franke) rar waren oder wurden und folglich bereits Etablierte einen weiteren Preis bekamen. Ausnahmen waren nur Paul Wühr und (für die Bundesrepublik) Volker Braun.

In den Jahren 1976/77 bis 1980 gelang es, vom Etablierten-Dilemma einmal abgesehen, interessante, ja bedeutende und dabei oft kontroverse Bremer Literaturpreisträger und Förderpreisträger zu finden, in deren Texten sich fast durchweg akute zeitgenössische Probleme spiegelten (auch wenn das Erzählte oder Reflektierte weiter zurückliegen konnte). Als sich die Jury gleich 1976 nicht einigen, sprich: keine Dreiviertelmehrheit herstellen konnte und der Preis zwischen Nicolas Born und Heinar Kipphardt geteilt wurde, schien das symptomatisch für den Umbruch der literarischen wie politischen Landschaft zu sein: Hier, in „Die erdabgewandte Seite der Geschichte", das sensible, schwierige Individuum Born, das sich mit seinem Ich-Erzähler vom Protest und aus den politischen Querelen überhaupt verabschiedet und auf seine Innerlichkeit zurückzieht, dort der reflektierte Marxist Kipphardt, der mittels seiner dokumentarischen Technik Institutionenkritik, hier: der Schulpsychiatrie, übt und damit die radikale Veränderung solcher Verhältnisse einfordert. Doch diese Lesart (und damit Deutung der Juryentscheidung) ist zu simpel. Eine genauere Lektüre von Borns Roman wie von seiner schönen Bremer Dankrede zeigt, ebenso wie seine letzten Lebensjahre insgesamt, daß bei diesem im besten Sinne radikalen Mann von 'Rückzug auf die Innerlichkeit' keine Rede sein konnte, und ebenso hat Heinar Kipphardt immer wieder unter Beweis gestellt, daß es ihm bei aller nüchternen Kritik der Verhältnisse um nichts anderes als das Unglück und Glück des Einzelnen ging. Deshalb hat er die Figur des Alexander März nach der Wirklichkeit entworfen, deshalb hat er sich für die Autorin Maria Erlenberger, ein reales Opfer der Institution Irrenhaus, eingesetzt, deshalb hat er Ende 1979 Peter-Paul Zahl als Förderpreisträger vorgeschlagen. Doch dazu gleich. Ein Ereignis war es jedenfalls, auch für viele jugendliche Zuhörer, mit anzuhören, wie Kipphardt auf Borns provokative Dankrede spontan und überlegt zugleich antwortete — und den Kollegen dennoch teilweise mißverstand.

Eine wichtige Nominierung war auch die von Christa Wolf (die bereits 1969 mit „Nachdenken über Christa T." im Gespräch war) und ihrem autobiographischen Roman „Kindheitsmuster" Ende 1977, wobei heute, zehn Jahre später, verraten werden darf, daß lange Zeit Heiner Müller mit seinen Stücken „Germania Tod in Berlin" und „Leben Gundlings Friedrich von Preußen Lessings Schlaf Traum Schrei" im Zentrum der Debatte stand, für den sich freilich keine Dreiviertelmehrheit finden wollte. Christa Wolfs Buch hatte sowohl in der DDR als auch in der Bundesrepublik hohe Wellen der Kritik geschlagen — dort mehr politische, hier mehr solche der ästhetischen Kontroverse. Bedeutsam war, daß ein hochreflektierter, hochartifizieller Roman ausgezeichnet wurde, der das gemeinsame deutschdeutsche Erbe des 'gewöhnlichen Faschismus' in Erinnerung rief, einer Vergangenheit, die, bei Strafe der Wiederholung der Verbrechen von damals, nicht verdrängt werden durfte. Mit Christoph Meckels „Suchbild. Bericht über meinen Vater" wurde 1981 nochmals ein Autor ausgezeichnet, der sich diesem Thema autobiographisch genähert hatte. Freilich: In ihrer Dankrede sprach die Autorin nicht über solche Gemeinsamkeiten, sondern über die Fremdheit zwischen Deutschen (Ost) und Deutschen (West), die schon einen einfachen Satz wie „Ich danke Ihnen" (für den Preis) bodenlos machte. Übrigens war die Verleihung des Preises an eine DDR-Autorin mittlerweise kein großes Problem mehr, weder für die Autorin, noch für die beiden deutschen Staaten. Noch 1972 war das anders gewesen, als Christa Wolf den Wilhelm-Raabe-Preis der Stadt Braunschweig abgelehnt hatte, weil — eine besondere Pointe im Blick auf den Bremer Juryvorsitzenden von 1978/79 — Walter Kempowski, der bekanntlich von 1948-56 aus politischen Gründen in der DDR im Zuchthaus gesessen hatte, gleichzeitig die andere Hälfte dieses Preises bekommen sollte.

In gewisser Weise schloß die Vergabe des Hauptpreises 1979 an Alexander Kluge für seine sperrigen „Neuen Geschichten" an die Auszeichnung von Christa Wolf an. Auch in seinen Geschichten (wie in seinen Filmen) ging es u.a. um die 'Herstellung', die Zurichtung der Menschen zu Wesen, die ihre geistigen und sinnlichen Vermögen, ihre Phantasie nicht produktiv und menschenfreundlich einsetzen, sondern destruktiv und gewalttätig, zumal im Krieg. Kluges (frei gesprochene) Dankrede und Hans-Dieter Müllers Laudatio belegen das in schöner Weise, zumal, wie Kluge mit dem Pfunde dessen wuchert, was er bei seinen Frankfurter Lehrern Max Horkheimer und Theodor W. Adorno gelernt hatte.

8 Ist ein Straftäter preiswürdig? Der Fall P.-P. Zahl (1979/80)

Am 16. Dezember 1979 erschien die Bremer Sonntagspostille „Weser-Report" mit dem Aufmacher „Gewaltverbrecher erhält den Bremer Literatur-Förderungspreis".(66) Was war geschehen? Auf ihrer Sitzung am 7. Dezember hatten die versammelten Juroren — Kempowski, Kluge und Zimmer waren verhindert — nicht nur Peter Rühmkorf den Hauptpreis zugesprochen, sondern auf Vorschlag Kipphardts auch den Förderpreis einstimmig an Peter-Paul Zahl für seinen Schelmenroman „Die Glücklichen" vergeben.
Damit war die Wahl auf einen bereits ausgewiesenen Lyriker und Romancier, aus der Dortmunder Gruppe 61 hervorgegangen, gefallen, der freilich noch eine Besonderheit aufwies: Als er 1972, als radikaler Gegner des Staates Bundesrepublik versteckt lebend, von der Polizei gestellt wurde, verletzte er zwei Polizisten, einen davon durch einen Schuß schwer. Für diese Straftat war Zahl zunächst zu vier Jahren, 1976 wegen der gleichen Vergehen zu fünfzehn Jahren Haft verurteilt worden, die er derzeit in Werl absaß. Diese gravierende Urteilsverschärfung, die laut Gericht „abschrecken" sollte, hatte zu zahlreichen Protesten geführt.
Daß die Bremer Jury diesem Mann einen Preis, aus Steuermitteln finanziert, zusprach, löste einen Sturm der Empörung aus. Die Vorgänge dieser drei Monate Dezember 1979 bis Februar 1980 sind in diesem Band einigermaßen breit (beileibe nicht vollständig) dokumentiert und können hier deshalb knapp zusammengefaßt werden. Man kann das Drama in fünf Akten „Zahl und Bremen" (das freilich der klassischen Dramaturgie nicht so ganz folgt) als Tragödie oder Komödie oder Tragikkomödie lesen, das hängt vom Standpunkt ab.

Erster Akt:
Die Jury hatte einen *literarischen Text,* ein *Buch* ausgezeichnet. Sie fand den Roman „Die Glücklichen" stofflich interessant (es ging Zahl laut Vorspruch um „Schwänke und Geschichten, die man in Schenken und Kommunen, Heimen, Straßenbahnen, Klein- und Großfamilien und Gefängnissen erzählen kann") und sprachlich innovativ, schätzte vor allem auch Zahls Versuch, nicht noch einen weiteren 'originellen' Individualstil zu entwickeln, sondern aus der lebendigen Sprache von Kollektiven am Rande der Gesellschaft heraus zu sprechen. Daß dies und anderes nicht durchweg gelungen sei, darin war sich die Jury einig mit der Literaturkritik der großen bundesdeutschen Zeitungen. Aber ebenso wie diese Literaturkritik fand man es selbstverständlich, über ein *Buch* zu urteilen und nicht über den Lebenswandel des Autors. Freilich: Die Jury zeigte sich mit vollem Bewußtsein politisch engagiert in dem Punkt, daß sie in der Tat einen Straftäter für literaturpreiswürdig hielt wie jeden anderen Zeitgenossen auch. Das für 'normal' zu halten, daran waren die Literaturexperten gewissermaßen von Berufs wegen gewöhnt. Denn sie hätten es absurd gefunden, alle diejenigen Autoren aus der Literaturgeschichte auszugrenzen, die Gewaltdelikte begangen oder propagiert hatten, von Villon bis Céline und Genet, von Forster und Büchner bis zu Johannes R. Becher und Hans Fallada. Doch der Teil der Öffentlichkeit, der sich zunächst zu Wort meldete, sah das anders.

Zweiter Akt:
Zuerst der „Weser-Report", wenig später auch die anderen Bremer Zeitungen veröffentlichten Leserbriefe Bremer Bürger, die sich explizit als Stimmen von „Otto Normalverbraucher" verstanden. „Instinktlosigkeit", „Empörend", „schlägt dem Faß den Boden aus" usw. hießen die Signalwörter. Einer vermutete gar, „Schröder würde sich im Grabe umdrehen". Im Zentrum der Polemik stand immer der Vorwurf, Steuergelder verschleudert zu haben — an einen Verbrecher, der ebenfalls aus Steuergeldern bezahlte Hüter von Recht und Ordnung beschossen habe. Da war am Ende die Unterstellung nicht weit, die Jury wolle sich „mit diesem Vorgehen" Zahls „identifizieren".(67) — Der stereotype Steuermittelvorwurf belegt übrigens am Rande, wie wenig sich der Bremer Literaturpreis von dem Ruf hatte befreien können, ein *Staatspreis* zu sein. Das bekamen auch Bürgermeister Hans Koschnick und Senator Horst-Werner Franke zu spüren, die mit entrüsteten Briefen förmlich überschüttet wurden. Es ist auch heute noch anzuerkennen, daß und wie die bremische Exekutive die ‚Kröte' Zahl schluckte. Eindeutig gilt: Man hatte aus dem Fall Grass gelernt und wiederholte unermüdlich, daß die Jury laut Satzung „weisungsungebunden" sei. Auch die Bremer Tageszeitungen, namentlich Detlev Wolff und Imke Gehl, verdienen Respekt dafür, daß sie die Meinungsmache des „Weser-Report" (bei dem damals ein Reiner Pfeiffer das Sagen hatte) konterten bzw. ignorierten.(68)

Dritter Akt:
(In diesem Drama noch nicht der Höhepunkt): Kommt er oder kommt er nicht? Die spannende Frage war, ob Zahl für die Entgegennahme des Preises Hafturlaub bekommen würde. Die Justizvollzugsanstalt Werl sagte aufgrund des „hohen Strafrestes" Nein, auch sah sie „unzumutbare Probleme" für „die begleitenden Bediensteten" voraus.(69) Anders das zuständige Landgericht Arnsberg: Es verpflichtet den Leiter der JVA Werl, Zahl zur Entgegennahme des Förder-

preises am 26. Januar 1980 „nach Bremen ausführen zu lassen", da die individuellen Rechte des Autors ernstzunehmen seien und zudem „befreiungsaktionen dritter" oder eine sonstige „sicherheitsgefährdung" durch die Ausführung nicht sehr wahrscheinlich seien.(70)

Vierter Akt:
Den Vermutungen der Richter sollte der Ablauf der Preisvergabe dann auch entsprechen. Zahl kam wohlbewacht „vom Hochsicherheitstrakt in die Kammerspiele", wie die „Bremer Nachrichten" vom 28. 1. 1980 schrieben, und Senator Franke setzte sich, nur durch die Mutter vom Straftäter getrennt, in die erste Reihe, weil er — wie er später sagte — dem Hauptpreisträger Rühmkorf die Ehre erweisen wollte. Keine Frage, daß Horst-Werner Franke, auch wenn er sich in seiner Rede um den „Ruf" des Bremer Literaturpreises besorgt zeigte, mit dieser Haltung Mut bewies, zumal Zahl eine Rede hielt, in der er nicht nur die „Huren des Staatsschutzjournalismus" „Welt" und „Bayern-Kurier" höhnte, sondern auch „Minister und Senatoren, die wider besseres (Ge)Wissen foltern lassen".(71)
Denn nach der Preisverleihung brach nun erst recht ein publizistisches und postalisches Donnerwetter über Horst-Werner Franke herein, das ja eigentlich — wenn schon — die Jury hätte treffen müssen.

Fünfter und letzter Akt:
Doch das gehört schon zum Nachspiel der Preisverleihung, das auf mehreren Niveaus stattfand, auch unterhalb der Gürtellinie. Zu letzterem rechne ich einen gefälschten Brief (in dem der Name des SPD-nahen Künstlers Horst Janssen mißbraucht wurde) und anonyme Postkarten, in denen Franke und seinesgleichen u. a. als „Kulturbolshewist" tituliert wur-

Der Leiter
der Justizvollzugsanstalt Werl

4760 Werl,
den 17.1.1980
Fernruf (02922) 6031-6040

Geschäfts-Nr.: 920/76
Bitte bei allen Schreiben angeben!

- per Eilboten -

An den
Vorstand der
Rudolf Alexander Schröder-Stiftung
Domshof 14/15

2800 Bremen

EINGANG: 21. Jan. 1980

Betr.: Urlaubsgesuch für Peter Paul Z a h l
Bezug: a) Dort. Schreiben v. 13.12.1979
b) Fernmdl. Rücksprachen mit Frau Dr. Siwotha

Eine Beurlaubung von Herrn Zahl zur persönlichen Entgegennahme des Literaturförderpreises der Freien Hansestadt Bremen ist nicht möglich. Auch eine Ausführung kommt nicht in Betracht.

Ich bitte um Verständnis für diese mit meinen Mitarbeitern und der Aufsichtsbehörde eingehend erörterten Entscheidung. Bei Herrn Zahl handelt es sich indessen um einen doch erheblich bestraften Mann mit einem hohen Strafrest. Außerdem lassen die festgestellten Umstände bei der Preisverleihung nicht absehbare Situationen möglich erscheinen, die die begleitenden Bediensteten meiner Behörde vor unzumutbare Probleme stellen könnten; daher vermochte ich auch einer Ausführung nicht näher zu treten.

Mit vorzüglicher Hochachtung
In Vertretung
Kühn
Reg.-Direktor

Beglaubigt

Verw.-Angest.

den.[72] Aber auch Teile der Presse (an der Spitze wiederum der „Weser-Report"), der WEISSE RING, der Bund der Steuerzahler und zahlreiche Privatleute — u. a. Ärzte, Unternehmer und Steuerberater —, schließlich die Bremer CDU in einer Großen Anfrage an die Bürgerschaft entrüsteten sich neuerlich. Am Rande gehört auch hierher, daß ein Herr Dr. Schäfer vom Landeskriminalamt um die Übermittlung sämtlicher Personalien der Jurymitglieder auf dem Amtswege nachsuchte — warum und wozu?, fragt man sich, ganz abgesehen davon, daß Datenschutz für diesen Herrn ein Fremdwort zu sein schien. Der Mechanismus war über drei Monate hin immer wieder der gleiche: Die Zahls Literatur förderungswürdig fanden, wurden mit dessen politischer Position und konkretem Verhalten pauschal identifiziert und entsprechend moralisch diffamiert. Mindestens die Autonomie der Kunst blieb dabei auf der Strecke.

Einem Protest kann ich mein Verständnis nicht entziehen, auch wenn er sich hochtrabend „im Sinne des großen und hochverehrten Dichters Rudolf Alexander Schröder" (wer denn hatte ihn gelesen?) artikulierte: dem Protest seitens der Gewerkschaft der Polizei.[73] Für die Angehörigen dieser Berufsgruppe bedeutete die Ausführung und Lobpreisung Zahls in der Tat eine Zumutung, die Zahl gewiß hätte mildern können, wenn er bei seinem Auftritt „ein Wort für seine Opfer" gefunden hätte, wie es Helmut Lamprecht in Radio Bremen forderte.[74] Zahls absolutes Rechtsbewußtsein, dem Leben und Leiden der anderen, ‚feindlichen' Seite nicht erkennbar ins Blickfeld gerieten, hat damals auch mich sehr gestört und stört es heute noch. Und dennoch: Die Frage, ob die Preisvergabe an ihn erlaubt war oder nicht, konnte trotzdem nicht anders beantwortet werden, als sie beantwortet wurde.

Nachzutragen bleibt noch, daß die Juroren Zimmer und Kempowski, an der Entscheidung für Zahl unbeteiligt, im Juni bzw. im September 1980 zurücktraten. Kempowski war gewiß nicht glücklich über den Preisträger Zahl gewesen, lobte aber nobel die Preisvergabe an einen Straftäter als „Zeichen ungewöhnlicher Liberalität" in der Bundesrepublik.[75] Er trat wegen „akuter Überlastung" zurück.[76] Auch Zimmer, der die unökonomische Arbeitsweise der Jury mißbilligte, betonte, daß er sich mit seinem Rücktritt als Juror nicht von der Entscheidung für Zahl distanzieren wolle.[77]

9 Langsame Heimkehr: Peter Weiss und Bremen (1981/82)

Die Affäre um die Verleihung des Förderpreises an Peter-Paul Zahl warf noch lange ihre Schatten, ja, sie drohte eine künftige engagierte und zugleich nüchterne Arbeit der Jury zu erschweren. Von sieben festen Jurymitgliedern mußten zudem drei ersetzt werden. Für Volker Plagemann, der ins Kultusressort Hamburg wechselte, kam Senatsrat Dieter Opper in den Vorstand, für Kempowski der inzwischen bei Itzehoe ansässige Günter Kunert, für Zimmer wurde Marcel Reich-Ranicki in die Jury gebeten, deren Amtszeit ohnehin nur noch ein Jahr dauerte. — Der neu konstituierten Jury des Herbstes 1981 gehörten dann erstmals Dr. Jürgen Manthey (Rowohlt-Lektor und Literaturwissenschaftler in Essen) als Vorstandsmitglied und Prof. Dr. Herbert Heckmann, Bremer Literaturpreisträger 1963 und seit 1982 Präsident der Darmstädter Akademie, sowie Dr. Karl-Heinz Bohrer, FAZ-Korrespondent in London, bald darauf Professor in Bielefeld, an. Günter Kunert war im Februar 1981 zurückgetreten (ohne an einer Sitzung teilgenommen zu haben), Reich-Ranicki, der turnusmäßig ausgeschieden war, wurde — der Wahrheit die Ehre — nicht gerade vermißt.

Als die Jury sich Anfang Dezember 1981 fast vollzählig traf — nur Bohrer war verhindert —, war der neue Preisträger so schnell wie vielleicht noch nie gefunden. Es war Peter Weiss, und das preiszukrönende Werk die Romantrilogie „Ästhetik des Widerstands", deren letzter Band einige Monate vorher erschienen war. Schon am 12. November 1978 hatte Christa Wolf, damals an der Jurysitzung verhinderte einmalige Preisrichterin, ihr Votum für Peter Weiss abgegeben:

Ich weiß, das Buch von Peter Weiss hat in der Bundesrepublik kein großes

Publikum, vielleicht hätte es bei uns ein größeres, aber hier erscheint es nicht. Es ist ein sprödes Buch, schwer einzuordnen und, wie mir scheint, sehr wichtig; ich glaube, seine Wirkung wird mit der Zeit zunehmen. [...][78]. (Nach dem Tod von Peter Weiss ist das Werk inzwischen auch in der DDR erschienen.)

Wolf hob besonders die erstmals geleistete „Analyse der kommunistischen Bewegung der letzten vierzig, fünfzig Jahre" hervor; Weiss zeige „das Kunsterlebnis als einen wesentlichen Teil, als Voraussetzung" der Emanzipation der dieser Bewegung angehörenden Individuen. — Damit waren wichtige Züge des Jahrhundertwerks skizziert, andere hat die Kritik seitdem erörtert, so auch Christoph Meckel in seiner schönen Laudatio auf Weiss' „Großen Gesang", eine „politische Odyssee", die „ganze Epochen in Bewegung setzt".[79]

Doch die Nominierung von Weiss, der ja schon 1965 erstmals für den Bremer Preis vorgeschlagen worden war, hatte noch einen anderen wesentlichen Aspekt. Sie leitete eine Art „langsame Heimkehr" des bislang fast ungepriesenen Exilautors nach Bremen ein, eine Heimkehr in eine Stadt, die immerhin am ehesten seine Heimatstadt genannt werden kann, insofern Weiss hier von 1918 bis 1929 elf wichtige Kindheitsjahre verbrachte. Die Kaufmannsfamilie wohnte nacheinander in der Neustadt, in der Marcusallee und Außer der Schleifmühle. In diesen Gegenden Bremens fand Peter Weiss seine ersten Spielgefährten, hier besuchte er Bremer Schulen. Bremen war ihm später ferngerückt, so wie dem exilierten Halbjuden Peter Weiss ganz Deutschland zur Fremde geworden war. 1947 hatte er die zerstörte Stadt wiedergesehen, seine in dem Band „Die Besiegten" gesammelten Berichte der Zeit zeugen eindrücklich davon. Dieser Besuch ist auch in den autobiographischen Prosatext „Abschied von den Eltern" eingegangen. Weitere Besuche stattete Weiss Bremen 1971 und 1975 ab, die „Notizbücher 1971 - 1980" berichten davon.[80] (Der Besuch von 1975 war eine hochgradige persönliche Kränkung, insofern damals die Uraufführung seines Stückes „Der Prozeß" nach Franz Kafka am Bremer Theater durchfiel.) Nun also kehrte Peter Weiss ein letztes Mal (wie man bald wußte) nach Bremen zurück, und es war eine versöhnliche, ja: eine freudige Begegnung. Der „verlorene Sohn dieser Stadt", wie er sich selbst nannte, hielt, stockend, in freier Rede, eine zu Herzen gehende Ansprache. Ihr Leitmotiv war nicht zufällig jener „bedrohliche Ritter" Roland vor dem Rathaus, der gerade „diesen merkwürdigen Zwerg" zertritt, der Weiss an den „kleinen zertretenen, gekuschten Menschen" erinnerte. Ein weiteres Mal war Weiss von einem der großen Themen seines Lebens, nämlich dem weltweiten unerträglichen Herr-Knecht-Verhältnis, gefesselt.

Bremen als aus den Trümmern neugebaute Stadt blieb Weiss eher fremd, wie er bekannte. Aber daß er in dieser Stadt verständnisvolle, ja begeisterte Aufnahme vor allem unter jüngeren Lesern für seinen so schwierigen Roman fand, freute ihn ungemein. Bekanntlich ziert ein Preis nicht nur den Gepriesenen, sondern auch der Spender schmückt sich gern mit ihm (wenn denn die Preisträger nicht gerade Grass oder Zahl heißen). Im Falle von Peter Weiss wäre dazu zu ermuntern, sich nicht nur mit diesem Menschen und seinem bedeutenden Werk zu schmücken, sondern es sich zueigen zu machen. Peter Weiss könnte, ja: sollte zur zweiten „Portalfigur" bremischen Traditionsbewußtseins in Sachen Literatur werden. Wer schon den Geist der christlichen Inneren Emigration in der Person R. A. Schröders als bremisches Erbe beschwört, der sollte auch dem Geist der Äußeren Emigration, des Exils in Gestalt von Peter Weiss sich nicht verschließen. Das wäre das mindeste.

Seit Peter Weiss sind schon wieder fünf Jahre Preisgeschichte vergangen; über eine neuerlich zurechtgerüttelte Jury und weitere zehn Haupt- und Förderpreisträger — wer sie sind und wofür sie stehen — wäre zu berichten. Das zu tun, sei dem Chronisten vorläufig erlassen, allzu wenig Distanz ist gegeben. Die hier veröffentlichten Dokumente dieser Jahre sprechen zudem für sich selbst. Versucht sei stattdessen eine kurze Bilanz.

Foto/Quelle: Irene Eklund-Weiss

10 Vom Nutzen und Nachteil eines Literaturpreises

Ich will zuerst nach dem Standort des Bremer Literaturpreises im Kontext von fast 35 Jahren Literatur- und Preisgeschichte der Bundesrepublik fragen und dann noch einige grundsätzliche Bemerkungen zum Phänomen Literaturpreis anknüpfen.

Die wichtigste Frage ist eigentlich, ob der Bremer Literaturpreis der ihm aufgegebenen Förderung des literarischen Nachwuchses gerecht geworden sei. Die Anwort lautet — in den gegebenen strukturellen und finanziellen Grenzen — ja, mit einigen Einschränkungen. Am Anfang war dies auch leichter, mit der Preisvergabe an einen noch ungepriesenen Autor ein bekanntheitsförderndes Zeichen zu setzen, einfach weil es noch weniger Preise gab. 1954 waren es erst knapp 50, 1960 dann bereits über 100.

Heute ist es überraschend zu hören, daß nicht nur Schmidt-Barrien, sondern auch der 60jährige Ernst Jünger mit dem Bremer Preis seinen ersten Preis überhaupt zugesprochen bekam. Das änderte sich natürlich rapide mit der schon erwähnten Preis-Hausse, die von den sechziger über die siebziger bis in die achtziger Jahre hinein weiter anhielt.

Allein in Bremen waren seit 1977 aus einem schon zwei Preise geworden; hinzu kommt hier ein regionaler Förderpreis für Bremer Autoren. Ein Dilemma stellte sich mit der Einführung des Förderpreises 1976/77 ein, wie schon angedeutet. Die freien Optionen für den Hauptpreis wurden von Jahr zu Jahr kleiner, wenn man einerseits den Hauptpreis deutlich vom Förderpreis unterscheiden und andererseits nicht nur preisen wollte, wer schon mehrfach gepriesen war. Für die letzten Jahre muß man regelrecht von einer permanenten Befürchtung in der Jury reden, dieser oder jener attraktive Kandidat für einen der beiden Preise könne einem in letzter Minute 'weggeschnappt' werden, indem ihm (ihr) Wochen oder Tage vor der Bremer Entscheidung ein anderer Literaturpreis zugesprochen würde. Merkwürdige Sorgen waren das, in der Tat.

Interessant ist es, der Frage nachzugehen, inwieweit die 'Linie' der insgesamt 47 Bremer Preisträger (Grass mitgezählt) der Entwicklung der westdeutschen respektive deutschsprachigen Literatur seit Anfang der fünfziger Jahre entspricht. Hier gibt es bemerkenswerte Übereinstimmungen. Dominierten am Anfang, wie skizziert, die älteren Jahrgänge der Inneren Emigration, so gewann die junge Generation und mit ihr die Gruppe 47 rasch an Boden. Ich habe 19 Bremer Preisträger gezählt, die in der Gruppe 47 gelesen haben. Das ist, wenn man bedenkt, wie viele Autoren DDR-Bürger, Österreicher und Schweizer waren, die überwiegend von Hans Werner Richter nicht eingeladen wurden, eine hohe Zahl, zumal ja die Gruppe 47 seit knapp 20 Jahren zu bestehen aufgehört hat. — Sehr viel schwächer ist das Exil vertreten, vom Alter der Autoren her natürlich zunehmend verständlich, denn *junge* Autoren, die aus dem Exil zurückkamen, waren selten. Einmal wurde übrigens sogar Elias Canettis „Die Blendung" (von 1935!) vorgeschlagen. Der Bremer Preis erreichte immerhin die Exilierten Hildesheimer — sowie spät, aber nicht zu spät —, Peter Weiss und Erich Fried; auch Celan gehört im weiteren Sinne hierher. Fraglich ist, ob das literarische Exil stärker vertreten gewesen wäre, hätte der Auftrag der Nachwuchsförderung nicht bestanden. Die fast zeitgleiche Geschichte des Büchnerpreises, der diesen speziellen Auftrag nie hatte, weist hier beträchtliche Parallelen auf. In den fünfziger Jahren dominierte die Innere Emigration absolut, und erst allzu spät, in den siebziger und achtziger Jahren, kam hier der Durchbruch der altgewordenen Exilautoren (1968 Golo Mann, 1972 Canetti, 1974 Kesten, 1975 Sperber, 1982 Weiss, 1987 Fried).

Auch über die proportionale Repräsentanz der drei Hauptgruppen der Literatur seit 1945 hinaus ist der Bremer Preis literarhistorisch aufschlußreich. Im Kleinen spiegelt er zuweilen, was später in größeren Dimensionen geschah. So ist die Kontroverse um Ernst Jünger von 1955/56 eine Art Vorwegnahme der militanten Auseinandersetzungen um Jüngers Auszeichnung mit dem Frankfurter Goethe-Preis 1982. Die Polemik gegen Celans Poesie als „Jungfernzeugung des Manierismus, dessen Verhältnis zur Welt im Grunde beides ist, Mißachtung und Ohnmacht" (R. A. Schröder)[81] nimmt vorweg, was später noch mancher andere, u. a. Johannnes Bobrowski, gegen Celan vorbrachte. Die Bremer Affäre um „Die Blechtrommel" fand eine variierte Fortsetzung in den Darmstädter Manifestationen des Volkszorns bei der Verleihung des Büchner-Preises an Grass 1965. Auch die (höchst unterschiedlichen) ‚Fälle' C. Enzensberger (1970) und P.-P. Zahl (1980) haben exemplarischen Charakter für die Zustände von Literatur und Gesellschaft in der Bundesrepublik.

Schließlich: Man kann die Bremer Preise für Weiss und Fried als (erfolgreiche) Signale verstehen, diese Autoren doch endlich für den Büchner-Preis zu nominieren. — Daß übrigens bislang acht Bremer Literaturpreisträger (Grass mitgezählt) den Büchner-Preis bekamen — selbstverständlich immer *nach* dem Bremer Literaturpreis —, ist keine schlechte Bilanz.

Aber man kann auch umgekehrt — zugegeben etwas bösartig — fragen: An welchen bedeutenden Autoren deutscher Sprache ist der Bremer

Literaturpreis vorbeigegangen? Die Liste der großen Vergessenen liest sich ernüchternderweise mindestens genauso gewichtig wie die der Preisträger: Arno Schmidt, Koeppen, Andersch, Walser, H. M. Enzensberger, Heißenbüttel, Johnson, Kroetz, B. Strauß aus der Bundesrepublik; Frisch, Dürrenmatt, Muschg aus der Schweiz; Jandl, mehrere Autoren der Wiener Gruppe, Mayröcker, Handke, aus Österreich; Arendt, Fühmann, Heiner Müller, Sarah Kirsch, Wolf Biermann, Christoph Hein aus der DDR — wären sie nicht allesamt würdige Preisträger gewesen? Nota bene: Manche(r) kann es ja noch werden. Daß diese und andere wichtige Autoren in der Preisträgerliste fehlen, hat dem nicht unbeträchtlichen Renommé des Preises übrigens keinen Abbruch getan. Thomas Bernhard nannte ihn z. B. „eine der hervorragendsten (Auszeichnungen) in ganz Deutschland", Horst Bienek sah in ihm die „ehrenvollste Auszeichnung, die heute ein jüngerer Schriftsteller in Deutschland erhalten kann"(82), und selbst Christian Enzensberger lobte den Preis 'an sich' als einen „guten Preis".(83) Viele andere Preisträger, Autoren und Kritiker haben sich ähnlich geäußert. Auch die Skandale waren schließlich kein Bremer Privileg; man denke an den Literaturpreis „Junge Generation", den der Regierende Bürgermeister von Berlin, Klaus Schütz, 1969 an Peter Schneider überreichen mußte (der anschließend das Geld „zur Förderung der revolutionären Bewegung" stiftete); man denke an Wolf Biermann, der seinen Fontane-Preis (10.000 DM) 1969 der ApO stiftete; oder Günter Wallraff, dem Ministerpräsident Heinz Kühn den Staatspreis von Nordrhein-Westfalen verweigerte.

Doch mit der Feststellung der Repräsentanz- und Signalfunktion des Bremer Literaturpreises und der Behauptung, er sei 'bedeutend', ist noch nicht das geringste darüber ausgesagt, welchen Nutzen die preisgekrönten Autoren aus ihm zogen. 1985 schrieb „DER SPIEGEL" in einem Artikel über (Literatur-)Preise, daß die „Preis- und Lobbranche boomt", aber leider doch „die Richtigen, keine Armen" treffe.(84) Diese Unterstellung ist im Falle des Bremer Literaturpreises nachweislich fast durchgehend falsch. Von Schmidt-Barrien über Herbert Meier, die Bachmann, Celan, Christa Reinig, Helga M. Novak, Herburger, Innerhofer und Born bis zu allen Förderpreisträgern hin bedeutete der Bremer Preis spürbare, oft dringende finanzielle Entlastung und materielle Hilfe, was mehrere Autoren auch aussprachen, Herburger und Innerhofer stellten explizit fest, daß das Preisgeld geschenkte Arbeitszeit für die literarische Produktion bedeute. Und Born schließlich bedankte sich zu Ende seiner Dankrede schlicht „für das Geld". Was manche als Zynismus verstanden, war doch nur die Beschreibung der wirklichen Lage. Und einer, der das Geld nicht so dringend brauchte, Volker Braun, spendete es 1986 für den Afrikanischen Nationalkongreß, womit das Preisgeld bestimmt auch recht nützlich angelegt war. Daß obendrein jeder Literaturpreis 'Marktwert' hat, indem er die Verkaufschancen für die Bücher des betreffenden Autors erhöht, ist ohnehin klar. — Immerhin betonten auch manche Preisträger die nicht finanziell verwertbare Freude und Genugtuung, die die Auszeichnung ihnen bedeutete: Lustgewinn und Ansporn weiterzuschreiben. Christoph Meckel stellte 1981 fest, für Bücher sei Zustimmung „in Form einer glaubhaften Ehrung" wichtig, „weil sie Literatur in der Zeit festigt". Und selbst der des Idealismus unverdächtige Alexander Kluge vertrat in seiner Dankrede 1979 die Meinung, Literaturpreise seien wichtig, weil durch sie die „Kooperative aller Schreibenden" geehrt werde.(85) Daß die Lust am Preis sich übrigens auch katastrophal auswirken konnte, bewies Paul Wühr: Als er die freudige Botschaft vom Bremer Literaturpreis erfuhr, erlitt er einen Herzinfarkt.

So wären denn, von dem Wühr widerfahrenen Unglück abgesehen, Literaturpreise und der Bremer speziell uneingeschränkt nützlich? Nein, auch über Nachteile wäre zu reden, z. B. über das Rituelle auch der Bremer Preisverleihung. Am 5. Januar 1966 hatte Regierungsdirektor Dr. Lutze an Ernst Jünger geschrieben: „Der Akt [sic!] hat den Charakter einer festlichen Sitzung, ohne Beiwerk wie Musik usw. dunkler Straßenanzug".(86) Ganz so festlich läuft der „Akt" in Bremen mittlerweile nicht mehr ab. Nicht nur die Musik, auch die Gummipalme fehlt zum Glück. Und wenn ein Autor will, wie z.B. 1987 Daniel Grolle, dann kann er sogar in knallgelber Pluderhose statt im „dunklen Straßenanzug" auftreten. Trotzdem: Ein Hauch der „letzten Weihe", von der Senator Franke 1979 sprach, liegt immer noch über den Preisverleihungen. Das müßte nicht so bleiben.

Ein weiterer Nachteil ist das Bremer Verfahren der Preisfindung in der Jury. Der Einigungszwang, den die geforderte Dreiviertelmehrheit nach sich zieht, ist beträchtlich; er verhindert eher interessante, pointierte Entscheidungen und fördert gediegene, um nicht zu sagen: brave. Und das war ja gewiß auch das Kalkül bei der Einführung dieser Bestimmung. Wohl jeder Bremer Juror hat sich schon einmal nach dem Verfahren des Kleist-Preises gesehnt, der durch eine(n) einzelne(n) Vertrauensfrau (mann) vergeben wurde und neuerdings wieder vergeben wird. Sich mit sich selbst zu einigen, ist schon schwer genug, um wieviel schwerer ist es für eine neunköpfige Jury!

Kurz: Die einfache Mehrheit für einen Kandidaten täte es auch.
Schließlich der gravierendste Nachteil: Auch der Bremer Literaturpreis, obwohl er von einer Stiftung vergeben wird, hat noch oft den Ruf, 'eigentlich' ein Staatspreis zu sein, da er doch aus Steuermitteln finanziert werde, die Exekutive in die Jury hineinrage und zumeist auch ein Senatsvertreter die Verleihungszeremonie eröffne. Diese Konstruktion muß immer wieder zu Konflikten führen. Gewiß, die Zeiten des Römers Gaius Maecenas, der seinem Vergil oder Horaz ein Landgut schenken konnte, sind vorbei, der moderne Staat hat hier über Jahrhunderte hin Aufgaben der Kulturförderung an sich gezogen, die er nun auch erfüllen muß. Doch den Künsten, der Literatur, täte gut dabei, wenn er sich mit seiner Autorität vollkommen zurückhielte. Mißliche Situationen wie im Januar 1980 blieben Senatoren und Bürgermeistern übrigens dann auch erspart.
Und ein ganz persönlicher Vorschlag am Ende — übrigens der Vorschlag eines Jurors, der nach zehn Jahren Mitarbeit ohne Eifer und Zorn auf eigenen Wunsch ausgeschieden ist: Der Bremer Literaturpreis sollte wieder *ausschließlich* ein Preis zur Förderung des literarischen Nachwuchses werden, ausgestattet mit der gleichen (oder einer höheren) Gesamtsumme wie bisher, die an einen oder zwei Autoren zu vergeben wäre. Das würde die Jury aus dem mehrfach genannten Dilemma befreien, die Preisvergabe spannender machen und vor allem: den Autoren zugutekommen, die es wirklich nötig haben. Ich schließe, unvermutet für mich selbst, mit einem Zitat Benno von Wieses von 1970 aus einem Radiogespräch, der nicht nur Großordinarius, sondern auch ein weise gewordener Juror war: *Wichtiger als die großen autoritären Staatspreise — sehen Sie, das Wort 'autoritär' ist mir entrutscht, so aus dem Unbewußten halb, denn sie haben etwas autoritären Charakter –, wichtiger als die großen Staatspreise sind, glaube ich, die Nachwuchspreise.* [87] (1987)

11 ... elf Jahre später (1988-1998)

Seitdem 1987/88 die erste Fassung dieser Dokumentation herauskam, sind elf Jahre vergangen – Jahre, die, als ein Viertel seiner zeitlichen Dauer von 1954 bis 1998, natürlich auch für die Geschichte dieses Preises, bedeutsam gewesen sind.
22 neue Preisträger hat es – ganz regulär, ohne geteilte Preisvergabe oder Verweigerungen seitens eines der Nominierten – gegeben, elf Haupt- und elf Förderpreisträger. Mit dieser Zahl ist dem Bremer Literaturpreis fast ein Drittel der Preisträgerzahl von insgesamt stattlichen 69 zugewachsen. Dieser oder jener Juror verließ das Auswahlgremium, kluge neue Köpfe kamen hinzu, 1991 wurde Rolf Michaelis neuer Vorsitzender der Jury – alles im Rahmen des Üblichen.
Die Juroren, unter ihnen nach wie vor die Preisträger des vergangenen Jahres einmalig dabei, sofern sie es wollten, haben wiederum fleißig und kundig gearbeitet. So manches „500-Seiten-Ding" war innerhalb weniger Wochen zu verdauen, und so konnten auch die Bremer Juroren kaum vermeiden, gelegentlich als „literarisches Schnellgericht" zu tagen. Immerhin kamen sie nicht in Versuchung, sich als die „Aufsichtsräte des Literaturbetriebs" zu gebärden, wie es ihnen das Literarische Quartett beim ZDF, frei von jeglichen Selbstzweifeln, so häufig vormachte.[88]
Erfreulicherweise wurden 1992 die Preissummen aufgestockt: 30.000 DM für den Hauptpreis und 10.000 DM für den Förderpreis. So konnte der Bremer Preis weiterhin der „materiell-immateriellen Doppelnatur" von Literaturpreisen gerecht werden und zumindest gelegentlich als bescheidene „Ausgleichszahlung" für allzu geringe Honorare wirken.[89]
Dürfen sich die Bremer tatsächlich noch in dem Glauben wiegen, daß der Bremer Literaturpreis nach dem unangefochtenen Büchner-Preis „der renommierteste" in Deutschland sei, wie Rudolf Walter Leonhardt 1993 in der „Zeit" liebenswürdigerweise verlauten ließ? [90] Läßt sich bei 365 literarischen Preisen und Auszeichnungen, die Leonhardt damals zählte, noch eine Rangfolge angegeben, zumal einige Preise deutlich höher als der Bremer Hauptpreis dotiert sind? Darauf eine Antwort zu geben, fällt nicht leicht. Jedenfalls hat sich die Bremer Jury in den letzten elf Jahren keinmal folgenschwer geirrt, zumindest dann nicht, wenn man rein literarische Maßstäbe anlegt.
Die Preise wurden in höchst unterschiedliche ästhetische Himmelsrichtungen vergeben, an den Welt- und Wortessentialisten Peter Handke ebenso wie an muntere Sprachspieler vom Schlage Ingomar von Kieseritzkys und Ror Wolfs; an den melancholisch-altersweisen Reinhard Lettau ebenso wie an ambitionierte, hochintellektuelle, wissenschaftlich versierte Junge wie Durs Grünbein, Michael Roes und Brigitte Oleschinski; an radikale Ver- und Zerstörer wie Elfriede Jelinek, Thomas Strittmatter oder Einar Schleef ebenso wie an den subtilen Gedächtniskünstler Georges-Arthur Goldschmidt.
Proporz wurde auch in anderer Hinsicht gewahrt. Die Mehrzahl der neuen Preisträger stammt zwar aus der Alt-Bundesrepublik, aber immer mehr Autoren aus der DDR resp. den neuen Bundesländern kamen hinzu. Auch Österreich ist angemessen vertreten – nur die Schweiz mußte sich in elf Jahren mit einem einzigen Förderpreisträger (Peter Weber) zufriedengeben (und auch um die Frauenquote

war es, nebenbei gesagt, nicht befriedigend bestellt). Hinzu kamen ein Exilierter wie Goldschmidt, der nicht nur deutsch, sondern auch französisch dichten kann (was einen Bremer Journalisten beckmessernd räsonnieren ließ, ob der denn eigentlich den Preis bekommen dürfe), ein Weltbürger wie Reinhard Lettau und ein Wanderer zwischen den Welten wie Einar Schleef.

Kurz, provinziell ist der Bremer Literaturpreis im letzten Jahrzehnt gewiß nicht geworden. Liest man in den Sitzungsprotokollen der Jury nach, welche anderen Namen in dieser Zeitspanne ernsthaft diskutiert wurden (z.B. A. Endler, H.M. Enzensberger, H. Fichte, G. Grass [!], L. Harig, C. Hein, T. Kling, B. Kronauer, F. Mayröcker, Heiner Müller – zum xten Mal, F. Mon, O. Pastior, C. Ransmayr, H.J. Schädlich, G. Vesper, M. Walser – um nur einige zu nennen), dann wird man auch unter diesen kaum einen Unwürdigen finden.

Allerdings garantiert solche seriöse Ausgewogenheit, die dem Bremer Literaturpreis mehr denn je zu bescheinigen ist, alles andere als eine ästhetische oder andersgeartete Vorreiterfunktion, wie er sie in den 50er Jahren mit den Preisträgern Aichinger, Bachmann, Celan und Grass zweifellos einmal hatte und wie sie in den sehr unterschiedlichen „Skandalen" des Preiszuspruchs an Günter Grass 1959/60 und an Peter-Paul Zahl 1979/80 sichtbar wurde. 1988 war sogar die Entscheidung mehrheitsfähig, einen ehemaligen Büchnerpreisträger zum Bremer Preisträger zu machen (übrigens war seine Rede bei der Preisverleihung wohl für fast jedermann eindrucksvoll). Hier wurde zum erstenmal überhaupt gegen eine Art ungeschriebenes Gesetz verstoßen, das sich alle früheren Juries zu eigen gemacht hatten: den Bremer Preis keinem Autor zu verleihen, der bereits den Büchner-Preis bekommen hatte. Der umgekehrte Fall – Durs Grünbein, der nur wenige Jahre nach dem Bremer Förderpreis den Büchner-Preis bekam – war jedenfalls origineller.

Vielleicht ist der Bremer Literaturpreis auch in dieser letzten Dekade mit seinen ins Weite und Bunte gehenden Tendenzen immer noch ein Abbild der jüngsten Geschichte der deutschsprachigen Literatur, freilich gerade im Sinne des Verlusts an Spezifik: indem er das ganze literarische Panorama, „ein weites Feld", ausgeleuchtet hat, in seiner Vielfalt wahrnehmen ließ und eben auch diese Vielfalt honorierte, ohne Akzente in eine bestimmte Richtung zu setzen.

Diese Intention der Preisvergabe, diese ‚Preispolitik' muß man nicht teilen, aber sie ist allemal legitim. Zur Folge hat sie – dessen muß man sich bewußt sein –, daß umgekehrt auch kein Dichter mehr vor irgendeinem Preis sicher ist, weil keiner der Preise mehr unverwechselbares Profil hat. So hat z.B. Wolf Biermann nicht nur den Büchner-, sondern auch den Mörike-Preis bekommen; ein Faktum unserer neudeutschen Kulturszene, das für sich selbst spricht. (91)

Die Preisgeschichte des letzten Jahrzehnts, zumal natürlich die der Förderpreisträger, deutet an, daß in der deutschsprachigen Literatur ein vehementer Generationswechsel vonstatten geht. Durs Grünbein, Norbert Gstrein, Stefanie Menzinger, Michael Roes, Thomas Strittmatter und Peter Weber sind jenseits des Jahres 1960 geboren, einige andere Preisträger in den 50er Jahren. Inzwischen hat sich herumgesprochen, daß sich die Angehörigen dieser Generation von Weltbild und Schreibintention ihrer Väter und Mütter mit Vehemenz abgwandt haben: keine Utopie, nirgends; keine Verführbarkeit, was Metaerzählungen angeht; nichts mehr von dem Glauben, man könne, wenn man sich nur strebend bemühe, ‚authentisch' schreiben. So kommen von den Jungen auch keine Schmähreden mehr gegen die „die Bücher Besprechenden", die „Lektores" als „Liktores" mit „Rutenbündeln" in der Hand, wenn auch nur noch aus Stroh, wie es bei Peter Handke 1988 noch der Fall war. (92) Die Jungen reagieren eher pragmatisch und schmiegsam auf den Literaturbetrieb; sie nutzen ihn gern, wo es ohne allzu große Selbstverleugnung geht. Auch in ihren hier versammelten Dankesreden finden sich, neben Glossen zum Literaturbetrieb, ernsthafte poetologische Selbstverständigungen, Ästhetiken in der Nußschale. Aber kaum einer von ihnen würde noch, wie Peter Handke, sagen wollen: „wagt den Glanz." (93)

Einer – der entscheidenden – historischen Tendenz des vergangenen Jahrzehnts haben auch die Juroren des Bremer Literaturpreises erkennbar Rechnung getragen: dem atemberaubenden Wandel der deutschen Dinge, sprich: dem Untergang der DDR und der Wiedervereinigung der beiden deutschen Landesteile. Fritz Rudolf Fries, Durs Grünbein, Wolfgang Hilbig, Irina Liebmann, Einar Schleef, Jens Sparschuh, Marion Titze – also sieben von 22 Preisträgern – waren ihr Leben lang, oder den größten Teil davon, DDR-Bürger, zum Teil „hineingeborene" Kinder dieses Staates, so lange dieser dauerte.

Die meisten der preisgekrönten Werke dieser Autoren reflektieren diese Lebensgeschichten bis 1989 und durch die Wende hindurch, wobei nicht wenige einen „Unbekannten Verlust" (Marion Titze) in und an sich spüren, auch und gerade wenn sie mit der SED-Herrschaft nichts im Sinne hatten. Zuweilen sind es auch bekannte, benennbare Verluste an Prestige, an Einfluß, an Auflagezahlen und Einkünften, die zu beklagen waren und teilweise noch sind. Oder es kam zu Enthüllungen über Lebensläufe aus vierzig Jahren DDR, die zeitweise in

allzu große Nähe zur „Stasi“ geführt hatten.
Der Bremer Literaturpreis der letzten Dekade manifestiert dieses Phänomen ganz souverän auf zwei Ebenen, sowohl als Tragödie als auch als Farce: in der Person des Preisträgers von 1991, Fritz Rudolf Fries (dessen Informelle Mitarbeit beim Ministerium für Staatssicherheit der DDR 1996 publik wurde), und, als literarisches Sujet, in raffinierter Brechung, im Roman „‚Ich‘“ des Preisträgers von 1994, Wolfgang Hilbig.

*

Der letzte Absatz dieser Bilanz soll in der Ich-Form geschrieben sein. Mich hat bei der wiederholten Durchsicht der ersten Fassung dieser Dokumentation erschreckt, wie viele Male der Tod inzwischen Beute gemacht hat, unter den Preisträgern und unter den Juroren. Bis 1987 waren bereits die Preisträger Paul Celan, Ingeborg Bachmann, Rolf Schroers, Thomas Bernhard, Nicolas Born, Heinar Kipphardt und Peter Weiss verstorben – ausnahmslos alle vor der Zeit. In den letzten elf Jahren sind Erich Fried, Wolfgang Hildesheimer, Hans Günter Michelsen, Horst Bienek, Thomas Strittmatter, Heinrich Schmidt-Barrien, Jurek Becker, Ernst Jünger und Gerd Oelschlegel dazugekommen.
Auf Seite 295 dieser Dokumentation fand sich, und findet sich wieder, ein Foto aus dem Jahre 1983, auf dem gleich drei inzwischen Verstorbene abgebildet sind: Erich Fried, der damalige Juror Helmut Heißenbüttel und Senatsrat Dieter Opper, der auch lange Jahre engagiertes Jurymitglied war und zudem viele kulturelle und literarische Initiativen im Lande Bremen angestoßen und unermüdlich gefördert hat.
Seinem Andenken sei die erweiterte Fassung dieses Bandes in Hochachtung und Zuneigung gewidmet. ■

■ Editorische Hinweise

Dieses Buch will keine Festschrift zum Ruhm der Rudolf-Alexander-Schröder-Stiftung, sondern eine kritische Dokumentation sein, aus der auch das Widersprüchliche und Schiefe, ja Falsche mancher Vorgänge ersichtlich werden soll. Sie soll auch analytischen Ansprüchen standhalten, aber man kann in ihr natürlich auch einfach ‚herumlesen‘: in chronologischer Reihenfolge werden 69 (vorgeschlagene) Preisträger vorgestellt, deren Unterschiede doch noch einmal in Erinnerung gerufen seien.
Es sind
— die acht Preisträger, die von 1954-59 den Literaturpreis der Freien Hansestadt Bremen erhalten haben
— Günter Grass, dem entgegen dem Vorschlag der Jury der Preis vom Senat nicht verliehen wurde (1959/60)
— die 14 Preisträger, die von 1962-76 den Literaturpreis der Rudolf-Alexander-Schröder-Stiftung erhalten haben
— Christian Enzensberger, der diesen Preis ablehnte (1969/70)
— die 23 Preisträger, die zwischen 1977 und 1998 den Literaturpreis der Schröder-Stiftung nunmehr ohne die Auflage der Nachwuchsförderung erhielten
— die 22 Förderpreisträger der Jahre 1977-98.

Jedes Autorenkapitel hat in der Regel die folgende Struktur: Foto der Preisübergabe resp. Autorfoto; Auszug aus der Laudatio; Rede des Preisträgers; Textauszug aus dem preisgekrönten Werk; Vita und Werkverzeichnis. Dieses Gerüst wird häufig ergänzt durch Briefpassagen, Dokumentenfaksimiles, Pressestimmen, weitere Fotos u. a. m. — Herzlich zu danken ist Fritz Schönborn (der in Wahrheit ein Bremer Literaturpreisträger ist), daß er einige seiner Beobachtungen der „Deutschen Dichterflora“ für dieses Buch zur Verfügung gestellt hat.
Während die oft überlangen Laudationes durchweg gekürzt werden mußten (in der Regel auf Passagen, die sich auf die prämiierten Texte beziehen), sind die Reden der Preisträger — Herzstück des Bandes — ungekürzt abgedruckt. Leider gibt es hier eine Anzahl von Fehlstellen. *Keine* Reden haben gehalten: I. Bachmann, G. Grass (naturgemäß), H. M. Novak (sie las zwei Gedichte, die hier abgedruckt sind), C. Enzensberger (naturgemäß), K. Kiwus, M. Erlenberger und U. Timm. Die Rede R. Schroers war trotz erheblicher Recherchen nicht auffindbar, und Jurek Becker hat seine frei gehaltene Rede nicht zum Abdruck freigegeben.
Ohne Manuskript sprachen übrigens auch I. Aichinger, H. Meier, E. Jünger (mutmaßlich), G. Oelschlegel, J. Acklin, F. Innerhofer, P. Nizon (der anschließend das letzte Kapitel aus „Stolz“ las), H. Kipphardt, A. Kluge, P. Weiss und E. Schleef; dieser Umstand sollte bei der Lektüre bedacht werden. Den Preisträgern sei für ihre Bereitschaft zum Abdruck besonders gedankt. Die bereits gedruckt vorliegenden Reden wurden in ihrer Textgestalt übernommen, die anderen nach Tonbandaufnahmen von Radio Bremen transkribiert, wofür Jürgen Dierking zu danken ist.
Seit 1983 lagen für jedes Jahr Broschüren der Rudolf-Alexander-Schröder -Stiftung mit den Reden der Preisträger und den Laudationes vor, auf die hier zurückgegriffen werden konnte. Die meisten der hier abgedruckten Titel der Preisträgerreden, Laudationes-Auszüge usw. stammen vom Herausgeber. Manche Überschriften wurden aus Zeitungsabdrukken übernommen, stammen also häufig auch nicht von den Autoren. Das im einzelnen auszuweisen hätte diese

Dokumentation überfordert — folglich ist es unterblieben.
Sowohl in der Dokumentation als auch in der Einleitung werden Zitate aus Briefen u. ä., die sich im Besitz der Schröder-Stiftung befinden, verwendet. Zum großen Teil sind sie schon (ohne Rechtsgrundlage) von einem Dritten in einer Sendung für Radio Bremen von 1984 verwendet worden. Stiftung und Herausgeber danken den Inhabern der Rechte für die Abdruckgenehmigung. — Aus Niederschriften der Jury, Protokollen des Senats u. ä. Dokumenten wurde nur dann zitiert, wenn die Schutzfrist von 30 Jahren abgelaufen war.
Der vorliegende Band ist eine *Dokumentation.* Weder der Herausgeber noch die Rudolf-Alexander-Schröder-Stiftung identifizieren sich mit bestimmten Texten, indem sie sie abdrucken. Sie stellen sie dem interessierten Leser zur eigenen Urteilsbildung zur Verfügung.
Mein Dank für die engagierte Mitarbeit am Zustandekommen dieses Buches galt 1987 Katrin Geyer und Hildegard Koineke, dem Vorstand der Rudolf-Alexander-Schröder-Stiftung und Johann P. Tammen von der „edition die horen". (94)
Elf Jahre später gilt er wiederum und von Herzen dem Herausgeber der „edition die horen", Johann P. Tammen, dessen Einsatz für dieses Buch gar nicht genug zu loben ist. Ebenso danke ich Donate Fink (Rudolf-Alexander-Schröder-Stifung) und den studentischen Helfern Nicole Bernhardt und Carsten Meyer. ■

Wolfgang Emmerich

Bremen, im November 1998

Anmerkungen:

1 Karl Marx/Friedrich Engels: Werke. Ergänzungsband. 2. Teil. Berlin/DDR 1967, S. 77 f.
2 Berliner Warte vom 9. April 1933.
3 Vgl. dazu: Rudolf Borchardt, Alfred Walter Heymel, Rudolf Alexander Schröder. Eine Ausstellung des deutschen Literaturarchivs im Schiller-Nationalmuseum Marbach am Nekkar 1978, S. 407-410.
4 Paul Fechter: An der Wende der Zeit. Gütersloh [2]1949, S. 418f.
5 Bernd Lutz in: Metzler Autoren Lexikon. Stuttgart 1986, S. 560.
6 Vgl. Elisabeth Endres: Die Literatur der Adenauerzeit. München 1983.
7 T. [d. i. Erich Traumann] in: Bremer Volkszeitung vom 1. 11. 1952 (Titel: Um eine Legende).
8 Ebd.
9 Vgl. die Sitzungsniederschrift der Deputation für Kunst und Wissenschaft; hier im Anhang S. 357.
10 Vgl. hier im Anhang S 357.
11 Protokoll der Sitzung der bremischen Jurymitglieder Heinemann, Lutze, Traumann und Wegener vom 11. 4. 53 (Archiv der Rudolf-Alexander-Schröder-Stiftung; künftig „Archiv" genannt).
12 Brief von G. Benn an E. Lutze vom 18. 4. 53 (Archiv).
13 Brief von F. Thiess an E. Lutze vom 10. 9. 53 (Archiv).
14 Vgl. den Nachdruck der einschlägigen Dokumente in: Heinz Ludwig Arnold (Hrsg.): Deutsche Literatur im Exil 1933-1945. Bd. I. Frankfurt 1974, S. 245-268.
15 R. A. Schröder: zu den mir vorliegenden Büchern. Undatiert (etwa vom 20. 11. 53) (Archiv).
16 Vgl. in diesem Band S. 38f.
17 Brief von Erhart Kästner an E. Lutze vom 19. 8. 55 (Archiv).
18 Brief von R. A. Schröder an Erhart Kästner vom 20. 12. 55 (Archiv).
19 Vgl. E. Traumanns Brief an E. Lutze vom 28. 12. 55 (Archiv).
20 Vertrauliche Niederschrift der Jurysitzung vom 31. 12. 55 (Archiv).
21 Vgl. in diesem Band S. 52.
22 Sonntag vom 5. 2. 56 (hier S. 54).
23 Vertrauliche Niederschrift der Jurysitzung vom 8. 1. 57 (Archiv).
24 DIE ZEIT vom 28. 2. 57; hier S. 67.
25 Hamburger Anzeiger vom 31. 1. 57; hier S. 62.
26 Brief an E. Lutze vom 20. 12. 55 (Archiv).
27 Brief an Erhardt Kästner vom 30. 12. 57 (Archiv).
28 Ebd.
29 Ebd.
30 Brief R. A. Schröders an E. Lutze vom 31. 10. 57 (Archiv).
31 Vgl. Morgenblatt. Für Freunde der Literatur. Nr. 12. Zum 80. Geburtstag von R. A. Schröder am 26. Januar 1958. Hrsg. vom Suhrkamp Verlag Frankfurt. Vgl. dazu auch den Marbacher Katalog (Anm. 3), S. 549f.
32 Vgl. das Foto von Schröder und Celan in diesem Band S. 69.
33 R. A. Schröder, Geburtstagsrede vom 16. 1. 58 (Archiv).
34 Jurybegründung (Schroers) vom 15. 12. 58 (Archiv).
35 Brief von R. Schroers an E. Lutze vom 24. 12. 58 (Archiv).
36 Brief von W. von Niebelschütz an E. Lutze vom 5. 7. 58 (Archiv).
37 Vgl. Vorlage für den Senat vom 8. 12. 59; hier S. 86 (Archiv).
38 H. M. Enzensberger: Wilhelm Meister, auf Blech getrommelt. In: Ders.: Einzelheiten. Frankfurt 1962, S. 221 ff.; hier S. 83.
39 Beschluß des Senats vom 22. 12. 59; hier S. 85 (Archiv).
40 Zitiert nach H. Schwab-Felisch: Ein Trauerspiel. In FAZ vom 29. 12. 59; hier S. 87/88.
41 Vgl. hier S. 89.
42 Vgl. hier S. 88 (Archiv).
43 Weser-Kurier vom 30. 12. 59; hier S. 90.
44 Vgl. Schröders Brief an Senator Dehnkamp vom 1. 2. 60; hier S. 94 (Archiv).
45 Beschluß des Senats vom 12. 1. 60; (Archiv).
46 Alfred Faust: Lehren aus einer Krise. Kommentar in Radio Bremen vom 13. 1. 60; hier S. 93 (Archiv).
47 U. Johnson zitiert nach der Bremer Bürger-Zeitung vom 17. 6. 60.
48 E. Traumann in der Bremer Bürgerzeitung vom 14. 1. 61.
49 Vgl. die Satzung der Stiftung; hier im Anhang S. 358 f.

50 Brief R. A. Schröders an S. Lenz vom 23. 1. 62 (Archiv).
51 Vgl. beide Briefe in DIE ZEIT vom 16. 2. 62; hier S. 104f.
52 Bremer Nachrichten vom 24. 12. 65
53 Vgl. Th. Bernhards Preisrede; hier S. 123.
54 Vgl. W. Hildesheimers Preisrede; hier S. 128.
55 Brief von H. Heckmann an G. Schulz vom 10. 12. 63 (Archiv).
56 Vgl. G. Kunert: Unbesonnte Vergangenheit. In: Bienek lesen. Materialien zu seinem Werk. München/Wien o. J. (1980), S. 145 f.; hier S. 152.
57 Vgl. einen Auszug aus G. Kadelbachs Laudatio hier S. 147f.
58 Vgl. Helmut Lamprecht: Die Preisträgerin ging davon. In FAZ vom 29. 1. 68; hier S. 143.
59 C. Enzensberger; hier vollständig mit Quellenangabe S. 155.
60 H. L. Arnold: Gratismut. In: Die Tat vom 29. 12. 69; hier S. 158.
61 DIE ZEIT vom 13. 2. 70.
62 Vgl. G. Herburgers Preisrede; hier S. 172.
63 Brief von G. Grass an V. Plagemann vom 18. 8. 76; hier S. 362. (Archiv).
64 Vgl. die rev. Satzung; hier S. 359.
65 Eröffnungsrede von H.-W. Franke am 26. 1. 79 (Mitteilungen der Pressestelle des Senats Nr. 309).
66 Vgl. hier S. 246f.
67 Vgl. Auszüge aus diesen Leserbriefen hier S. 247f.
68 Vgl. die Artikel des Weser-Kurier vom 18. 12. 79 und der Bremer Nachrichten vom 23. 1. 80.
69 Vgl. den Eilbrief an die Schröder-Stiftung; hier S. 25 (Archiv).
70 Vgl. den telegrafisch übermittelten Beschluß des Landgerichts Arnsberg vom 25. 1. 80; hier S. 253 (Archiv).
71 P.-P. Zahl: Über die Stille und das Grelle; hier S. 255f.
72 Das Original befindet sich im Archiv.
73 Vgl. deren Brief vom 28. 1. 80; hier S. 263f. (Archiv).
74 Vgl. H. Lamprechts Kommentar in Radio Bremen vom 4. 2. 80; hier (gekürzt) S. 260f. (Archiv).
75 Leserbrief von W. Kempowski in DER SPIEGEL vom 25. 2. 80; hier S. 262.
76 Brief von W. Kempowski an V. Plagemann vom 13. 9. 80 (Archiv).
77 Brief von D. E. Zimmer an V. Plagemann (Archiv).
78 Brief von C. Wolf an V. Plagemann vom 12. 11. 78; Auszug hier S. 287 (Archiv).
79 Auszüge aus C. Meckels Laudatio; hier S. 279f.
80 Vgl. den Auszug aus den Notizbüchern 1971-1980 sowie kurze Passagen aus Die Besiegten; hier S. 284f.
81 Brief an Erhart Kästne vom 20. 12. 55 (Archiv).
82 Zitate aus dem Artikel „Bremer Literaturpreis kam zu Ehren", in: Weser-Kurier vom 3./4. 1. 76.
83 Vgl. C. Enzensbergers Stellungnahme zur Ablehnung des Preises; hier S. 155.
84 Vgl. DER SPIEGEL vom 24. 6. 85, S. 154.
85 Vgl. die Dankreden der genannten Autoren in diesem Band.
86 (Archiv).
87 B. von Wiese in einem Gespräch des Deutschlandfunks vom 6. 1. 70 mit H. Kühn, G. Grass, C. Enzensberger und P. Sager, Rundfunkmanuskript.
88 H. Spiegel: Die Jury. Das Schnellgericht tagt. Wie Literaturpreise vergeben werden. In: FAZ vom 4. 6. 1997.
89 Hans Altenhain: Dichters Preis & Lohn. Ein Plädoyer für Literaturpreise. In: Frankfurter Rundschau vom 19. 12. 1987.
90 Vgl. R. W. Leonhardt: Krähen bei der Arbeit. In: DIE ZEIT vom 16. 7. 1993.
91 Vgl. dazu Gert Sautermeister: Der Preis ist heiß. Gespräch mit dem Bremer Literaturwissenschaftler. In: GrauZone Nr. 13 (1997), S. VII-IX.
92 Vgl. S. 357-359 in diesem Band.
93 Ebd.
94 Einzelne Hinweise zur Geschichte des Bremer Literaturpreises verdanke ich Sabine Henkel: Literatursoziologische Untersuchung der Frühphase des Bremer Literaturpreises 1954-1959. Hausarbeit für das Erste Staatsexamen. Universität Bremen 1987; Wolfgang Schömel: Der Bremer Literaturpreis in den fünfziger Jahren. In: Karl-Ludwig Sommer (Hrsg.): Bremen in den fünfziger Jahren. Bremen 1988; Manfred Lamping: Von dichterischen Lorbeeren und demokratischen Literaturspielen — Bremer Literaturpreisgeschichten aus 30 Jahren. Rundfunkmanuskript für Radio Bremen 1984. — Zur allgemeinen Problematik von Literaturpreisen verweise ich auf Karla Fohrbeck/Andreas Johannes Wiesand: Handbuch der Kulturpreise und der individuellen Künsterförderung in der Bundesrepublik Deutschland 1978. Köln 1978. Erweiterte Ausgabe Köln 1985, sowie die dort verarbeitete Literatur.

DIE PREISTRÄGER 1954 - 1998

Heinrich Schmidt-Barrien *(1954)*
Herbert Meier *(1955)*
Ilse Aichinger *(1955)*
Ernst Jünger *(1956)*
Ingeborg Bachmann *(1957)*
Gerd Oelschlegel *(1957)*
Paul Celan *(1958)*
Rolf Schroers *(1959)*
Günter Grass *(1960; vom Senat abgelehnt)*
Siegfried Lenz *(1962)*
Herbert Heckmann *(1963)*
Christa Reinig *(1964)*
Thomas Bernhard *(1965)*
Wolfgang Hildesheimer *(1966)*
Hans Günter Michelsen *(1967)*
Helga M. Novak *(1968)*
Horst Bienek *(1969)*
Christian Enzensberger *(1970; vom Autor abgelehnt)*
Gabriele Wohmann *(1971)*
Jürg Acklin *1972)*
Günter Herburger *(1973)*
Jurek Becker *(1974)*
Franz Innerhofer *(1975)*
Paul Nizon *(1976)*
Nicolas Born *(1977)*
Heinar Kipphardt *(1977)*
Karin Kiwus / *Förderpreis (1977)*
Christa Wolf *(1978)*
Maria Erlenberger / *Förderpreis (1978)*
Alexander Kluge *(1979)*
Uwe Timm / *Förderpreis (1979)*
Peter Rühmkorf *(1980)*
Peter-Paul Zahl / *Förderpreis (1980)*
Christoph Meckel *(1981)*
Werner Kofler / *Förderpreis (1981)*

(1982) Peter Weiss
(1982) Franz Böni / *Förderpreis*
(1983) Erich Fried
(1983) Clemens Mettler / *Förderpreis*
(1984) Paul Wühr
(1984) Bodo Morshäuser / *Förderpreis*
(1985) Rolf Haufs
(1985) Herta Müller / *Förderpreis*
(1986) Volker Braun
(1986) Eva Schmidt / *Förderpreis*
(1987) Jürgen Becker
(1987) Daniel Grolle / *Förderpreis*
(1988) Peter Handke
(1988) Evelyn Schlag / *Förderpreis*
(1989) Ingomar von Kieseritzky
(1989) Norbert Gstrein / *Förderpreis*
(1990) Wilhelm Genazino
(1990) Irina Liebmann / *Förderpreis*
(1991) Fritz Rudolf Fries
(1991) Thomas Strittmatter / *Förderpreis*
(1992) Ror Wolf
(1992) Durs Grünbein / *Förderpreis*
(1993) Georges-Arthur Goldschmidt
(1993) Hans-Ulrich Treichel / *Förderpreis*
(1994) Wolfgang Hilbig
(1994) Peter Weber / *Förderpreis*
(1995) Reinhard Lettau
(1995) Marion Titze / *Förderpreis*
(1996) Elfriede Jelinek
(1996) Jens Sparschuh / *Förderpreis*
(1997) Michael Roes
(1997) Stefanie Menzinger / *Förderpreis*
(1998) Einar Schleef
(1998) Brigitte Oleschinski / *Förderpreis*

Heinrich Schmidt-Barrien. Foto: Klaus Sander

Bremer Literaturpreis 1954 für „Tanzgeschichten. Ein Reigen aus dem Leben", C. Bertelsmann, Gütersloh 1950

Der Horizont ist weit

In den Geschichten des preisgekrönten Bandes ist eine balladenartige Folge geschaffen, die durch die geheimnisvolle Bindung des Tanzes eine Einheit aus Mensch und Landschaft darstellt. Die Stille und Schlichtheit, wie sie sich in den Wünschen und Sehnsüchten, den guten und bösen Gedanken der Menschen spiegelt, ist sprachlich einfach und voller Kraft erzählt. Die Handlung spielt meist im niederdeutschen Raum, doch ist sie keine Heimatdichtung im üblichen Sinne. Der Horizont ist weit, und das Thema bleibt immer der Mensch an der Hand des berufenen Dichters, der sich vor allem auch in dem Reichtum treffend beobachteter Einzelzüge verrät.
In Heinrich Schmidt-Barrien, der durch erzählende Werke, durch Hörspiele und kraftvolle dramatische Gestaltungen in niederdeutscher Sprache hervorgetreten ist, sieht das Preisgericht einen Dichter, der dem Wunsche der Stiftung nach Förderung einer jüngeren Persönlichkeit, die noch nicht den Ruhm allgemeiner Anerkennung genießt, in hohem Maße gerecht wird.

Aus der Jurybegründung.

R. A. Schröder mit Heinrich Schmidt-Barrien während des Festaktes zur erstmaligen Verleihung des Bremer Literaturpreises am 26. Januar 1954. Foto: Lohrisch-Achilles

Rudolf Alexander Schröder

Wie ein Naturereignis

Getanzt wird in all diesen Begebenheiten auf dem Boden der Heimat, der allerengsten, in den Dörfern Barrien, Uthlede, Sagehorn und einigen anderen unserer Marsch-, Moor- und Heidegegend, mit deren Wiesen und Wäldern, deren Äckern und Wüstungen, deren langen und farbigen Dämmerungen Sie von Kindheit auf vertraut sind. Aber wie das Symbol des Tanzes hier nur der Faden ist, an dem eine Anzahl denkwürdiger Gestalten aufgereiht erscheint, so ist auch der heimische Tanzboden nur die Schwelle zu jener rätselvollen Oberwelt der Wahrnehmungen und Empfindungen, von der wir hier nun doch sagen wollen, daß sie beides ist, Welt der Freiheit und Welt der Verantwortung, wie denn diese beiden Begriffe immer und überall so eng zueinander gehören, daß einer ohne den andern nicht zu denken wäre.
Unsere gesamte geistige Welt ist ja in sehr weitgehendem Maße eine Welt scheinbar gegensätzlicher Begriffspaare. — Da reden wir z. B. vom Humor, und weil wir mit dem Wort etwas mehr meinen als bloße, lachlu-

stige Albernheit, so werden wir alsbald von dem Ernst reden, mit dem er Hand in Hand geht [...].
Dieser verantwortungsschwere Ernst ist es vom ersten Beginn an gewesen, der mich zu Ihnen und Ihrem Werk hingezogen hat, und der mir auch heute noch aus allem entgegenblickt, das Sie schreiben. Die Humanität solches umfassenden Verantwortungsbewußtseins ist es, die einen Fritz Reuter, einen Wilhelm Raabe, einen Jeremias Gotthelf und Adalbert Stifter über die landschaftlichen Schranken hinausgehoben und ihr Werk in den Besitz des gesamten deutschen Volkes überführt hat und darüber hinaus in das Eigentum aller, die irgendwo in der weiten Welt sich an deutscher Dichtung teilnehmend erfreuen. Und wenn auch eine solche Feststellung noch nichts über den endgültigen Rang Ihres Schaffens innerhalb so erlauchter Gemeinschaft aussagen darf — welcher Lebende könnte und dürfte derlei für den Mitlebenden im voraus bestimmen? — So meine ich doch, sie gehöre zu dem Besten und Schönsten, das ich Ihnen in dieser Feierstunde zu sagen vermöchte. So darf ich hier wiederholen, was ich schon im engeren Kreis ausgesprochen habe: unsere Stadt darf stolz darauf sein, einen Dichter Ihres Ranges zu den ihrigen zu zählen, und braucht mit diesem Stolz nicht hinterm Berge zu halten. [...] Wir haben Sie gewählt, trotzdem Sie ein Dichter unserer engeren Heimat sind, und haben Sie wiederum gewählt, weil Sie's sind.
Noch ein Wort von Ihrer Kunst. Sie wirkt, obwohl man überall die kundige und wählende Hand spürt, mit ihrem unmittelbaren Zugriff nicht wie ein mühsam Erarbeitetes oder gar Erkünsteltes, sondern wie ein Naturereignis [...]

Aus der Laudatio vom 26. Januar 1954

Heinrich Schmidt-Barrien

Das Dach über dem Haupte

Herr Bürgermeister, sehr geehrter Herr Senator, lieber Rudolf Alexander Schröder, meine Damen und Herren!
Sie wissen, daß ich inzwischen Zeit hatte, mich wieder auf mich selber zu besinnen. Das Gefühl der Überraschung und der leisen Beschämung konnte sich allmählich in ein Gefühl des Dankes wandeln für eine große Hilfe. Ich wage zwar nicht zu behaupten, daß ich der einzige bin, der die Herren Preisrichter in ihrer Entscheidung hätte erschüttern können. Aber wenn man mich gefragt hätte, so wäre doch Etliches einzuwenden gewesen. Bei Einigem nämlich, was von mir erschienen ist, war ich gewissermaßen bloß ein Medium, das aufschrieb, was klar und auch ziemlich übersichtlich geordnet vor ihm stand. Bei Anderem wiederum wäre nur von qualvollem Bemühen zu sprechen, bis endlich die gewünschte Form, die angestrebte Klarheit, die Stufe der plausiblen Aussage erreicht war. Wo bleibt da das Verdienst? Übrigens gilt das auch für die „Tanzgeschichten", die ja in großen Abständen entstanden sind.
Meine erste hochdeutsche Erzählung — „Der erlösende Tanz", vor mehr als 20 Jahren geschrieben — ist in dem Bändchen der erste tastende Versuch ins hochdeutsche Erzählen hinein, nachdem vorher „Der Windmüller" nicht weniger tastend in Platt zu Papier gebracht worden war. Und wenn ich verrate, daß zum Beispiel „Gestörter Ehrentanz" erst nach immer wiederholten Anläufen halbwegs gelang; daß ich ihn nach Jahren aus der Schublade wieder hervorgeholt habe, um ihm den vorletzten und endlich auch den letzten Schliff zu geben, so mag das als Beispiel gelten für alle Fälle, wo der Autor sich an das Thema, an den Stoff, an die Umwelt schwer heranzuarbeiten hatte. Wenn auch „Die siebzehn Seelen" wiederum ziemlich glatt und aus klarer Schau hingeschrieben werden konnten, so bleibt doch zu beklagen, daß man ähnliche gute Augenblicke nur allzu oft ungenützt hat vorübergehen lassen.
Deshalb noch einmal: Wo bleibt das Verdienst? Und doch darf ich's nun auch noch einmal aussprechen, daß sich das Gefühl der Beschämung gewandelt hat in das Gefühl des Dankes für eine große Hilfe. Denn wenn ich es recht überlege, so muß ich doch wohl bekennen, daß in den letzten Jahren, vom Funk abgesehen, eigentlich niemand da war, der auf meine Arbeit wartete, daß ein richtiges Dach über dem Haupte mir fehlte; daß ich ziemlich allein stand. Aber welcher Schriftsteller, welcher Künstler in dieser Welt könnte viel anderes von sich sagen?
Des Lebens Strom zieht an einem vorbei, man selber steht bekanntlich davor wie ein Außenstehender, wie eine Art Müßiggänger und Nichtstuer; das Leben zieht vorbei und trotz gelegentlichen heftigen Aufbegehrens und Verlangens wird man selber nicht allzu sehr mit hineingezogen. Nur hin und wieder packt es einen, man greift auch zu, man hat einen Zipfel zu fassen, man möchte sich ganz in den Strudel werfen, aber — schon steht man in allem Lärm nachdenklich gestimmt da, schon rückt man ab von dem, was eben noch in seiner Fülle lockend und anziehend war, schon sieht man eine andere Welt und beginnt, sie in Gedanken zu formen, während das Leben selbst nur wie ein befremdendes und andersartiges Drü-

ben und Jenseits weiter dahinwogt. Und dann? Ja, dann ist man wieder mit sich selber allein und natürlich — doch nicht mehr allein. Abseits stehen, anders sein, allein sein: Das sind schwere Worte. Gehören sie aber nicht zu dem Gesetz, wonach man angetreten?

Der Junge, der unter vielen ach so begabten Geschwistern aufwuchs, hat er nicht früh erfahren, daß er anders war als diese Geschwister, auffallender in seinem Gehaben, unausgeglichener, heftiger, ungemein zufassend allem gegenüber, was Leben hieß und doch so, daß er schwerer in die gegebenen Ordnungen sich einfügen konnte? Das Alte Gymnasium in Bremen hat es feststellen müssen, und die Sorge der Pfarreltern um den Ruf ihres Hauses mag auch manchmal groß genug gewesen sein. Und doch war das alles wohl wichtig für den, der heute hier vor Ihnen steht. Denn — das Gedächtnis, sagt man wohl, macht den Erzähler; und zwar ein Gedächtnis, das in die tieferen Schichten unserer Herkunft zurückreicht. Das meiste will erlitten sein, und wie sollte man sich erinnern, wenn es nicht mit Schmerzen eingebrannt wäre? Dabei verbarg sich doch alles hinter einer sehr rauhen Schale — alle Draufgängerei, alles laute Wesen und auch das kecke und alberne Getue der Jünglingszeit. Das war ja alles nur Versteckspiel, sollte verdecken, was unsicher war, was sich nicht einfügen konnte, was anders war und wohl auch verletzlicher als bei den anderen. Meine Geschwister werden es mir nicht verargen, wenn ich in diesem Zusammenhang davon spreche, daß das Verhältnis zum Vater ein wenig herzliches war und sehr von Furcht und Scheu durchsetzt.

Ein Ausspruch des an Scharlach schwer erkrankten Vierjährigen beleuchtet schon dies Verhältnis: „Nun mag Vater mir auch so gerne leiden!" Ja, das klingt halbwegs lustig, und doch geht daraus hervor, daß schon die erste, noch ganz unentwickelte Anlage des Knaben dem Wesen des Vaters fremd und tadelnswert erschienen sein muß, und das blieb so bis kurz vor der letzten Verklärung. Es wäre eine dichterische Untersuchung wert, wie weit das Verhältnis zum himmlischen Vater von einem solchen irdischen gefördert oder gehemmt zu werden vermag.

Mit all dem soll hier aber nur angedeutet sein, daß die Unsicherheit gegenüber der Umgebung — oder, wie man seit längerem zu sagen gewohnt ist: daß das Minderwertigkeitsgefühl nicht so bald und nicht leicht zu überwinden war; dies auch im Aufblick nach oben. Und wenn ich das hier ausspreche, so nur, um meinen Dank zu vertiefen. Es heißt sonst: „Der Prophet gilt nirgends weniger denn in seinem Vaterlande." Es sind in der Tat nicht viele gewesen, die mir Mut gemacht haben. Irgend jemand glaubte, Suhrkamp sogar vor mir warnen zu müssen. Aber einige wenige haben treu zu mir gehalten, auch in den letzten Jahren, und welchen Namen ich da zuerst zu nennen habe, werden Sie sich denken können. Aber das alles hat nun und heute und im engsten Vaterlande seine Krönung gefunden. Und wenn ich auch einschränkend wieder sagen muß, daß es seine Gefahren hat, einen Schriftsteller aus der Stille seiner Abgeschiedenheit und seines halb beklagten und doch gesuchten Alleinseins ins grellere Licht der öffentlichen Anerkennung zu rufen; wenn auch die Naivität nun manchmal in Gefahr sein wird und man sie vielleicht hin und wieder wird zur Ordnung zu rufen haben, so ist der Dank doch groß und kommt aus vollem Herzen.

Ich weiß, daß die Hilfe sich erst noch auswirken wird, und so danke ich dem Senat und in erster Linie Herrn Senator Dehnkamp für den mir verliehenen Literaturpreis der Freien Hansestadt Bremen. Ich danke den Herren Preisrichtern, unter ihnen nicht zuletzt denjenigen, welche die Idee verwirklichten und ausführten. Ich danke aber auch Herrn Senator Dr. Nolting-Hauff, der ebenso wie Senator Dehnkamp dem Plan dieses Wohlwollen gezeigt hat.

Wenn ich jetzt noch einen Gedanken über die Aufgabe des Schriftstellers auszusprechen versuche, so möchte ich auf ein Gespräch mit Peter Suhrkamp zurückkommen. Es geht darin um die Frage, ob Dichtung schön sein müsse. Ich stand damals stark unter dem Eindruck von Friedrich Bischof, dessen Roman „Die goldenen Schlösser" sprachlich ja etwas ungemein Blühendes. Reiches und Üppiges hat. Suhrkamp sprach sich zwar nicht deutlich dagegen aus, meinte aber doch so ungefähr, daß es nicht auf blühende Schönheit ankomme, sondern auf die Wahrheit. Ich habe an dieses Gespräch und überhaupt an die gute Begegnung mit Suhrkamp oft denken müssen. Ist es nicht eine Gefahr, sich von der Phantasie hinreißen zu lassen, dies und das im Schwung des Erzählens aufzubauschen oder gar etwas mit aufzunehmen, was entweder nicht zur Fabel gehört oder nicht zu den darzustellenden Menschen und ihrer Welt paßt? Und hier, meine ich, kommt es ebenso auf die Haltung des Erzählers an wie auf die Stellung, die er einnimmt. Was oberflächlich gesehen wie ein Kunstkniff wirken könnte, ist in Wirklichkeit der Zwang zur Wahrheit, zur Ehrlichkeit, zum Echten; der Zwang, sich zu bescheiden, im Rahmen zu bleiben und in seiner Haut. Es ist ein Unterschied, ob Schmidt-Barrien eine fremde Frau schildert oder der Weichensteller Tietjen. Schmidt-Barrien könnte dies und das leicht aus seiner Welt dazutun, was bei Tietjen kaum möglich sein dürfte. So gesehen, meine ich, ist die Frage auch gar nicht so wichtig,

Heinrich Schmidt-Barrien zuhause in Frankenburg im Teufelsmoor bei Bremen. Foto: Erwin Duwe

ob eine Erzählung in Hoch oder Platt geschrieben, ob sie breit ausgemalt worden ist oder nach dem modernen Rezept des Kahlschlages hingehauen. Wichtig ist nur, daß eine gültige Welt entsteht. Hierzu gehört, wie schon angedeutet, daß der Erzähler in der Welt bleibt, die er kennt; oder anders ausgedrückt, in dem Teil des Lebens, den er darstellen kann, den er nach den Gesetzen seiner eigenen Innenwelt auf sich zu ziehen fähig ist.
Es gibt die sogenannten großen Um-Romane — schreckliches Deutsch! — Romane um große Gestalten der Welt- oder Geistesgeschichte. Wo bliebe die Ehrlichkeit, wo die Ehrfurcht vor dem wahren Sein, wenn ein Mann wie ich sich etwa über Paula Becker-Modersohn, über Ernst Barlach stellen oder gar einen Van Gogh-, einen Brahms-Roman schreiben wollte? Nein: Da gilt es, sich zu bescheiden und im Kleinen das Größere zu sehen. Und hier muß ich nun endlich Ihnen, lieber und verehrter Rudolf Alexander Schröder, meinen Dank aussprechen. Sie haben sich früh und als einer der ersten zu meiner Welt und zu meinen Versuchen bekannt; und heute wieder, und nicht zum erstenmal, haben Sie's auch öffentlich getan. Ihre Welt ist sonst die große Welt, ist das ganze geistige Vaterland, und doch haben Sie damals von meinem „plattdütschen Krippenspeel", von dem „Windmüller" und den „Kleinmütigen" nicht nur Kenntnis genommen, sondern sich auch einmal bemüht, das Dach über dem Haupte mir zu verschaffen. Darüber hinaus aber haben Sie keine Sekunde gescheut, die alte „Moderspraak" und ihre Literatur anzuerkennen und gleichberechtigt neben die große Weltdichtung zu stellen. Sie werden es zwar ablehnen, wenn ich sage, daß Sie heute, und auch als Vorsitzender des Preisgerichts, ein Bekenntnis zu unserer niederdeutschen Heimat und zur bremisch-niederdeutschen Art abgelegt hätten. Aber wenn ich sage, daß Sie das *auch* getan haben, so lassen Sie's vielleicht gelten, und ich weiß, daß es für viele, die hier sind, etwas Beglückendes ist. Ihr Urteil hebt ja die Beiträge, die zur Erhöhung und Verklärung unserer niederdeutschen Welt geleistet werden, ins Gültige; es sei denn, die Zeit, die strenge Richterin, bräche darüber zur gegebenen Stunde den Stab. Jedenfalls habe ich Ihnen sehr zu danken. Ihnen aber an diesem Tage, also an Ihrem 76. Geburtstage, die besten Glückwünsche zu sagen und uns selbst zu wünschen, daß Sie mit Ihren Geisteskräften noch lange bei uns und über uns sind, das ist nicht mein Anliegen allein, sondern das dieser ganzen festlichen Versammlung.

Obwohl und weil

Es war eine Stunde schöner Erfüllung, der Akt der Preisverleihung an Heinrich Schmidt-Barrien. Der 51jährige Preisträger nannte in der schlichten Anschaulichkeit seiner Sprache die Zuerkennung „ein Dach über dem Kopf". Es war der Dank eines Mannes, der sich nun geborgen fühlt, nach viel schwankender Fahrt und viel Einsamkeit [...]
Wenn Dr. Schröder zum Schluß sagte, Schmidt-Barrien habe den Preis erhalten, obwohl und weil er ein Künder der niederdeutschen Art sei, so läßt sich über das „weil" ein wenig streiten.
Denn: nur das „obwohl" spielte eine Rolle, als die Jury sich endgültig entscheiden mußte. Dabei ging es nicht um dichterische Qualität dieses Erzählers, seine elementare Begabung stand außer der Debatte. Umstritten war nur die Frage, ob damit, mit der Entscheidung für einen Sohn und Sprecher unserer Landschaft, nicht dem Bremer Literaturpreis eine Tradition gegeben werde, die zu seinen nicht-raumgebundenen Absichten im Widerspruch stehe.
Aber man kam überein, diese erste Verleihung nicht als einen Präzedenzfall anzusehen. Vielleicht wird im nächsten Jahre ein Österreicher der Preisträger sein — niemand weiß das; wir wollen nur andeuten, daß nicht das Vorhaben besteht, den Bremer Literaturpreis entgegen den Statuten auf die Dichter aus heimischer Landschaft zu beschränken. Daß Rundfunk und Presse von einer Ehrung des „Heimatdichters" Schmidt-Barrien berichtet haben, steht auf einem anderen Blatt. [...]

Bremer Volkszeitung vom 30. Januar 1954

Zeichnung: Christian Modersohn

Heinrich Schmidt-Barrien

Tanz im Gewitter

[...] Das Wetter war an diesen Sommertagen von einer Stille gewesen, die schließlich schwül und lauernd bis tief in die Häuser eindrang. In den niedrigen Tanzzelten war es stickig, der Lärm nahm dem Durst entsprechend zu, und schon zu Anfang hatte die Blechmusik beinahe Mühe, sich durchzusetzen.
Er saß schweigend da, gedankenvoll das Gewicht der kommenden Tage und seine Hoffnungen abwägend, starrte in das Gewirr der Tanzenden und sah leeren Auges doch nur ein Gewoge vor sich, sah Licht und Schatten unter matten Lampen, eine flutende Menschenmasse, die immer wieder dunkle Schluchten aufklaffen ließ, um sie unentwegt wieder zu schließen. Und auch Beta Huning war zwiegeteilt in eine wache und in eine träumende Beobachtung; über allen Lärm hinweg lauschte sie nach draußen, in die Stille der nächtlichen Umwelt, als sei ein Teil von ihr dort in Angst noch unter den Bäumen, und doch kostete sie zugleich dankbar seine Ruhe, gab sich der ruhigen Wirkung seiner Gestalt hin, die in der Schützenjoppe so recht gerade, kantig und aufrecht wirkte.
Endlich forderte er sie in der üblichen Art zum Tanze auf, indem er aufstand und gleichgültig auf sie wartete, und sie tanzten wie abwesende Menschen, bis die Trommel unter den schmetternden Fanfaren plötzlich um ein Vielfaches vertieft dröhnte — oder war es gewichtigeres Geräusch, das von weither kam? — und beide davon angerufen wurden. Für sie war es Antwort auf die fragenden Sinne, Antwort, die ihr das Lächeln nahm. Er aber fühlte, wie es in ihren Händen zuckte, fühlte Leben in seiner breiten Hand, das ihn an junges Nestgetier, an den Frühling erinnerte, und er ward wieder wach und ein Mensch der Gegenwart.
Als sie dann mit einem anderen tanzte, geschah es, daß das Tanzzelt jählings in einen Raum gelber Düsternis verwandelt wurde, während in Höhen und Weiten darüber eine Riesenflamme bläulichen Lichtes aufzuckte, und daß sie zusammenschreckend ihren Tänzer fahren ließ. Bei dem dann folgenden prasselnden Donnerschlag eilte sie fort durch die Reihen der Paare, die, von der zürnenden Stimme des Himmels angerufen, zwei, drei Schritte lang anhielten, um sich dann von dem emsigen Taktstock der Musik wieder hin- und herrucken zu lassen. Sie fand aber den, der alleine ihrer Unruhe begegnen konnte, nicht an seinem Platz und suchte ihn unter den Tanzenden. Da, als sie eben in nächster Nähe der Musikanten war, schlugen Blitz und Donner zum zweiten Male über dem Fest zusammen, und sie erstarrte im Anblick der gelb glänzenden Musikinstrumente, als erblicke sie den Tod. Unter heftigem Erzittern kam sie wieder zu sich, und nun suchte sie immer atemloser, zusammengeduckt zwischen den Tanzenden hinhuschend — ein gehetztes Herz unter einem ungeheuer verwandelten Himmel, dazu schutzlos unter einem dünnen Leinendache und verlassen von dem einzigen Kameraden. [...]

Aus: Tanzgeschichten. Werke. Bd. 1. Verlag Heinrich Döll, Bremen 1975, S. 78 f.

Heinrich Schmidt-Barrien

(d. i. Heinrich Adolf Schmidt)
19. 1. 1902 Uthlede/Wesermarsch
– 9. 12. 1996 Lilienthal bei Bremen

Sohn eines Pastors. Besuch des Alten Gymnasiums in Bremen; anschließend Lehre als Großhandelskaufmann. 1923-1925 kaufmännischer Angestellter in Waldenburg/Schlesien. 1926-29 Tätigkeit als Buchhändler in Breslau. 1932-41 Leiter der Kulturabteilung der Böttcherstraße in Bremen. Anschließend bis zum Kriegsende Soldat. H. S.-B. arbeitete seither als freier Schriftsteller und Rundfunksprecher sowie als Dramaturg am Niederdeutschen Theater Bremen. Er lebte zuletzt in Frankenburg/Lilienthal bei Bremen.
Preise: Literaturpreis der Freien Hansestadt Bremen (1954); Hörspielpreis der Stiftung F.V.S. (1960); Stipendium der Villa Massimo (1965); Medaille für Kunst und Wissenschaft Bremen (1972); Bundesverdienstkreuz (1982).
Werkauswahl: Barrien 1632. Schauspiel. 1932. – Dat plattdütsche Krippenspeel. Schauspiel. 1934. – Nachtvagels. Schauspiel. 1938. – Swigen un Swögen. Schauspiel. 1938. – Dat Speel von't Swigen. Schauspiel. 1938. – Krach up'n Pulteravend. Schauspiel. 1938. – Scheeßeler Hochtied. Schauspiel. 1939. – De Windmüller. Erzählung. 1939. – Inkognito oder En Herren-Eten. Schauspiel. 1939. – Oold-Bremen. Erzählungen, 1940. – Ihr Kleinmütigen. Roman. 1943. – Der Mann ohne Gesicht. Erzählung. 1949. – Tanzgeschichten. Ein Reigen aus dem Leben. Erzählungen. 1950. – De fremde Fro. Erzählung. 1952. – Und bauen den Bienen ein Haus. Erzählung. 1958. – Wi armen Armen. Schauspiel. 1958. – De Spaaßmaker. Erzählung. 1960. – Besök von gistern. Hörspiel. 1960. – Dat Rosenbeet. Hörspiel. 1960. – Ulenspeegel 61. Schauspiel. 1961. – 17 Tage Hurrikan. Erzählung. 1963. – Lessing im Walde. Erzählung. 1965. – Geliebte Biene. Erzählung. 1968. – De Moorkerl. Erzählung. 1968. – Remlinckradt. Schauspiel. 1968. – Sneewittchen. Schauspiel. 1970. - De Sommerdeern. Erzählung. 1970. – Strandgut. Erzählung. 1980. – Werkausgabe 1984. Not oder Brot. Roman. 1986. – Worpsweder Begegnungen. 1989. – De Vagelfänger. Plattdeutsche Novelle. 1990. Ut de ole Tiet. Geschichten und Döntjes. 1991. – Aus meinen Jungensjahren. 1992. – Aus dunklen Tagen. Bremische Novelle. 1994. – Jann Kiewitt. Plattdeutsche Geschichten. 1994.

Foto: Jochen Stoss

Über H. S.-B.: Manfred Brauneck (Hg.): Autorenlexikon deutschsprachiger Literatur des 20. Jahrhunderts. Hamburg 1984. S.525 f.

Bremer Literaturpreis 1955 für „Die Barke von Gawdos. Stück in 3 Akten", H. R. Stauffacher Verlag, Zürich 1954

Leuchtende Bilder

Herbert Meiers „Barke von Gawdos" wurde 1954 im Schauspielhaus Zürich uraufgeführt. Ihre gemeinsame deutsche Erstaufführung fand im gleichen Jahre in den Kammerspielen der Theater der Freien Hansestadt Bremen anläßlich der Wiedereröffnung der Böttcherstraße und vom Contrakreis in Bonn statt. Inzwischen haben weitere deutsche Bühnen das Werk angenommen. Welchen Weg Herbert Meier als Dramatiker gehen wird, muß die Zukunft erweisen; daß er ein Dichter ist, dessen Sprache farbig und dessen Bilder leuchtend sind, hat das Stück „Die Barke von Gawdos" erwiesen.

Aus der Jurybegründung

* *Gemeinsam mit Ilse Aichinger*

R. A. Schröder mit den Preisträgern Herbert Meier und Ilse Aichinger: 1955 wurde der Preis erstmals zu gleichen Teilen vergeben. Foto: Lorisch-Achilles

Rudolf Alexander Schröder

Traum-Rumänien und Traum-Wien

[...] Schon Eure Kindertage hat der Schrecken verschattet und bedrückt, der diese Weltzeit heimsucht, so allgemein, so gnadenlos wie keine früher, der Schrecken der Vernichtung und der noch ärgere der Furcht vor ihr. Von ihm ist jeder geschlagen, der Verursacher wie der Erleidende, der Täter wie der Getroffene, Kain und Abel. Da wird es Sie nicht wundern, wenn ich meine, das hippokratische Gesicht dieses Schreckens und dieser Furcht in fast allen Erzeugnissen unseres jüngsten Schrifttums zu gewahren, vor allen in denen, die um Ernsthafteres und Wesentlicheres bemüht sind, als um bloße Täuschung, Beschönigung oder Betäubung.
Auch in dem Werk unserer beiden Preisträger meine ich Züge dieses Gesichtes zu finden. Ich finde sie in dem von den Gespenstern des Mordhasses, der Vergeltung und der Gewissensangst beherrschten Traum-Rumänien der „Barke von Gawdos", ich finde sie in dem Traum-Wien und den anderen geträumten Örtlichkeiten

des großen Romans und der kleinen Erzählungen, auch in dem Traum-Amerika der meisterhaft dialogisierten Schreckensmär von den Knöpfen, als deren Verfasserin Frau Ilse Aichinger zeichnet. — Von Traumländern habe ich gesprochen und damit angedeutet, daß auch unsere beiden Preisträger den Weg einer Flucht aus dem Grauen ihrer Gegenwart gewählt haben, Flucht in eine Welt hinter der Welt, deren unmögliche Möglichkeiten den möglich gewordenen Unmöglichkeiten der Wirklichkeit den Spiegel vorhalten, um in ihm die Gorgo gleichsam selbst zu versteinern und zu entmächtigen. [...]

Wenn ich an Dichtung denke und an den, dessen Beruf es ist, sie hervorzubringen, so steht jedesmal im Vordergrund meiner Gedanken das Jesaiaswort: „Tröstet, tröstet mein Volk." Dichtung mag allerlei Ämter und Aufträge haben, ihr heiligster, ihr ehrwürdigster ist, ob auch in tausendfacher Verhüllung und Verkleidung, das Trostamt. — Ich brauchte es eigentlich nicht zu sagen, und sage es nur, um einem möglichen Mißverständnis vorzubeugen, daß ich hier nicht an irgendwelche billigen Verschleierungen denke, also auch nicht etwa an die jenes Hymnus an die Natur, sondern im Gegenteil an den kostbarsten Trost, kostbar schon, weil er am mühsamsten errungen, am mühsamsten mitgeteilt, am mühevollsten angeeignet wird, den Trost, hinter und über dem das Trotzdem und das Dennoch in seiner ganzen Schwere und seinem ganzen Ernst bestehen bleibt.

Und da meine ich nun wahrhaftig nicht zu irren, wenn ich sage, ich habe das Wissen, das heimliche, um dieses Trostamt in den Schriften unserer beiden Preisträger gefunden, das Wissen um den Trost, den einzig unanfechtbaren, den einzigen, der den Strich macht durch die Scheinrechnung des Null und Nichts, und der hinter ihr um den verborgenen Haushalt einer unerschütterlichen Gewißheit und Geborgenheit weiß. Wie anders hätten sonst Sie, liebe, verehrte Ilse Aichinger, über den dunklen Roman Ihrer eigenen Kindheit und Jugend das Titelwort setzen können: „Die größere Hoffnung", wie anders hätten Sie, lieber Herbert Meier, in Ihrem dramatischen Gedicht und seiner Vorrede Ort und Art dieser Gewißheit mit so deutlichen Worten zu kennzeichnen vermocht. [...]

Aus der Laudatio vom 26. Januar 1955

Herbert Meier

Anarchische Zeit

Herr Bürgermeister, Herr Senator, verehrter Herr Dr. Schröder, meine Damen und Herren!

Wir danken: Innig und aufrichtig danken Frau Ilse Aichinger und ich dem Senat der Freien Hansestadt Bremen für die große Ehre und die Hilfe, die uns heute zuteil wird. Wir danken Ihnen, Herr Dr. Rudolf Alexander Schröder, für Ihre Worte und beglückwünschen Sie zu Ihrem Geburtstag. Im gleichen nehme der Senat unseren Dank für seine Gastfreundschaft entgegen, die wir in Bremen genießen dürfen. Wir sind Gäste Ihrer vornehmen Stadt und werden mit ihrem Literaturpreis beschenkt. Der großen lebenden deutschen Dichter sind wenige, und einer spricht zu uns diese ergreifenden und ermahnenden Worte — wie sollen wir da danken? Alle Gefühle der Dankbarkeit, die wir Ihnen entgegenbringen, reichen nicht hin. Unser Dank sei ein Versprechen: Wir wollen in allem, was wir schreiben, um die Wahrheit, Schönheit und Reinheit des Wortes bemüht sein; wir wollen das Geheimnis unserer Sprache immerzu neu auffinden und bewahren, wie immer wir es vermögen. Wir sind in eine anarchische Zeit hineingeboren. Was anders kann uns da denn aufgetragen sein als dies: Bilder der Ordnung zu schaffen, das Wort aus dem Geist des Glaubens, der Hoffnung und der Liebe wiederzuentdecken? Denn nur so werden wir — im Menschen — das Gleichbild Gottes wiederfinden, und nur so zählt das, was wir schreiben. Ihr Leben und Ihr Werk, verehrter Herr Dr. Schröder, sind uns ein beispielhaftes und lebendiges Zeichen dieses Geistes. Daß Sie und Ihre Stadt uns Ihren Literaturpreis zuerkennen, ist für uns eine Ehre — doch eine Ehre, die verpflichtet.

Foto: Archiv Stauffacher

Herbert Meier

Du bist tot, wo du nicht liebst

Istras Vater Iorgu Koruga, dessen Ankunft sich ankündigt, hat Ions Vater Ilie Onu getötet. Der nachstehende Szenenauszug (2. Akt, 3. Szene) erörtert die Hauptfragen von Meiers Stück: Schuld und Sühne, Haß und Liebe, Töten und Lebenlassen.

[...] ION: Sie gehen über die Föhrennadeln. Ich höre ihre Füße. Sie werden kommen und dann —
ISTRA: Dann töte ihn nicht, Ion!
Setz ihn gefangen. Die Stricke hole ich dir. Sie hangen drinnen im Haus. Er schläft unter ihnen. Von der Mauer herab hangen sie ihm ins Gesicht.
Setz ihn gefangen und liefre ihn aus, Ion! Du siehst, sein Karren steht bereit. Wenn das Feuer auslischt, ist er da und macht sich davon. Vergiß nicht, er geht auf Panthersohlen und weiß Verstecke, die du nicht kennst.
Beeil dich. Er entwischt dir sonst. Verbirg dich hinterm Findling.
Ion, was zauderst du?
Ruf sie her, deine Mitgerechten aus Fantana! Wasche vor ihnen deine Hände und stell ihnen Koruga hin und sage:
«Der hat Ilie Onu getötet, nicht ich. Ein Glück, daß ich eine Nacht lang diese Istra geliebt. Durch sie verriet er sich. Da nehmt ihn, führt ihn ins Gericht!»
Und Istra wird das bezeugen, Ion, alles wie du willst. Sie sollen ihn richten, wenn sie können. Sie richten sich selbst. Denn keiner hat ihn gesehen.
ION: Aber einer weiß, wer er ist, einer hat ihn erkannt. Un an dem ists, ihn zu richten.
Sein Gericht bin ich. Nicht sie. Ich brauche nicht sie. Ich brauche nicht dich.
Ich bin allein und lebe zu Ende, was ich hasse:
dieses Leben, in das er mich gestürzt.
Ich werde ihn töten, Istra!
ISTRA *(schreit auf):* Nein, du wirst ihn nicht töten, Ion! Das nicht, das nicht!
ION: Ich töte oder ich liebe.
Nun hasse ich diese Liebe, weil sie das Gericht an dem nicht will, der mich und dich gemordet hat.
Wir sind Tote, Istra. Er hat dich und mich mit Ilie Onu mitgemordet.
Die Liebe lag erschlagen, ehe wir uns liebten.
Ich bin in mein Grab gekommen, als ich zu dir kam. Wie eine Eisblume bist du vor mir aus dem Weißdorn gewachsen. Der Weißdorn war unser Totenstrauch.
Die Eisblume, die aus ihm wuchs, ist in meinen Händen zerklirrt und zerbrochen.
Nun bin ich allein. Meine Hände sind leer und wollen töten.
ISTRA: Ich bin bei dir. Meine Hände nehmen dich und wollen lieben.
(Sie will ihn umfangen).
ION *(stößt sie von sich):* Weg von mir!
Ich hasse deine Hände, deine kalten Hände, die wie Eismesser in mich schneiden.
ISTA: Wenn sie nur den in dir töten könnten, der nicht lieben will!
Du bist tot, wo du nicht liebst. Doch liebe ich selbst diesen Toten in dir. [...]

Aus: die Barke von Gawdos. H. R. Stauffacher Verlag, Zürich 1954, S. 47 f.

Herbert Meier

29.8.1928 Solothurn

Studium der Germanistik und Philosophie in Basel, Wien, Paris und Freiburg. 1955 Dissertation über Ernst Barlach. Anschließend Tätigkeit als Lehrer und Lektor in Frankreich; Schauspieler, Dramaturg und Redakteur. M. schrieb Dramen, Hörspiele, Prosa, Lyrik und Essays und übersetzte moderne französische Literatur (Claudel, Giraudoux). Er lebt heute in Zürich und ist Mitglied der westeuropäischen Autorenvereinigung Die Kogge sowie der Gruppe Olten.

Preise: Literaturpreis der Freien Hansestadt Bremen (1955); C.F. Meyer-Preis (1964); Preis der Schillerstiftung (1965); Welti-Preis für das Drama (1970); Ehrengabe des Kantons Zürich (1969); Literaturpreis Zürich (1970); Solothurner Kunstpreis (1975).

Werkauswahl: Ejawanoko. Südsee-Erzählungen. 1953. – Die Barke von Gawdos. Schauspiel. 1954. – Jonas und der Nerz. in: Theater 1. 1959. – Ende September. Roman. 1959. – Verwandschaften. Roman. 1963. – Der neue Mensch steht weder rechts noch links, er geht. Manifest und Reden. 1968. – Sequenzen. Ein Gedichtbuch. 1969. – Stiefelchen. Ein Fall. Roman, 1970. – Wohin geht es denn jetzt? Reden an Etablierte und ihre Verächter. 1971. – Von der Kultur. Eine Rede. 1973. – Anatomische Geschichten. 1974. – Stauffer-Bern. Schauspiel. 1975. – Die Göttlichen. Schauspiel. 1980. – Schlagt die Laute, schlagt sie gegen alles. Schauspiel. 1982. – Mythenspiel. Ein großes Landschaftstheater mit Musik. 1991. – Theater. 1993. – Winterball. Roman. 1996.

Über H. M.: Sabine Doering in: Kritisches Lexikon zur deutschsprachigen Gegenwartsliteratur. München 1978 ff.

Foto: Leonard Zubler

ILSE AICHINGER *

Bremer Literaturpreis 1955 für „Der Gefesselte. Erzählungen", S. Fischer Verlag, Frankfurt/Main 1953

Novellen von Rang

In den 10 Erzählungen des Buches „Der Gefesselte" befestigt Ilse Aichinger ihren Ruf als Dichterin, den ihr der 1948 erschienene Roman „Die größere Hoffnung" eingebracht hatte. Die Schilderung realer Geschehnisse, Personen und Zustände erfährt in manchen dieser Geschichten („Spiegelgeschichte") eine visionäre Überhöhung und dichterische Kraft, die sie zu Novellen von Rang erheben.

Aus der Jurybegründung

Ilse Aichinger, Herbert Meier und R. A. Schröder. Foto: Lohrisch-Achilles

Ilse Aichinger

Ein Ort auf dem Märchenatlas

Herr Meier hat gesagt, was auch ich sagen wollte, und ich möchte aber noch dazu sagen, wie sehr wir uns freuen. Es ist in jedem Augenblick merkwürdig, auf der Welt zu sein: Das vergißt man ziemlich oft, und ein Augenblick wie der heutige macht's wieder sehr deutlich. Es ist mir schon so merkwürdig, hier zu stehen im Kaminsaal der Stadt Bremen und bei der Überreichung des Preises durch den Herrn Senator und bei den wunderbaren Worten, die Rudolf Alexander Schröder gefunden hat und für die man vielleicht erst noch Jahre braucht, um richtig darauf antworten zu können — es ist mir immer märchenhaft vorgekommen. Nun komm' ich von sehr weit her, und Bremen ist für mich, obwohl wir in der Schule viel davon gelernt haben, immer mehr auf einem Märchenatlas gelegen als auf dem wirklichen; ich war auch schlecht in Geographie. Und heute scheint es mir — nun liegt es zwar auf dem wirklichen Atlas, weil ich ja hier stehe — aber der Ort auf dem Märchenatlas hat sich vertieft, und Worte reichen ja auch gar nicht hin. [...] Ich möchte nur sagen, wie ich mich freue, daß wir jetzt auch zu den Bremer Stadtmusikanten gehören.

* *Gemeinsam mit Herbert Meier*

Foto: Renate von Mangoldt

Ilse Aichinger

Spiegelgeschichte

Wenn einer dein Bett aus dem Saal schiebt, wenn du siehst, daß der Himmel grün wird, und wenn du dem Vikar die Leichenrede ersparen willst, so ist es Zeit für dich, aufzustehen, leise, wie Kinder aufstehen, wenn am Morgen Licht durch die Läden schimmert, heimlich, daß es die Schwester nicht sieht — und schnell! Aber da hat er schon begonnen, der Vikar, da hörst du seine Stimme, jung und eifrig und unaufhaltsam, da hörst du ihn schon reden. Laß es geschehen! Laß seine guten Worte untertauchen in dem blinden Regen. Dein Grab ist offen. Laß seine schnelle Zuversicht erst hilflos werden, daß ihr geholfen wird. Wenn du ihn läßt, wird er am Ende nicht mehr wissen, ob er schon begonnen hat. Und weil er es nicht weiß, gibt er den Trägern das Zeichen. Und die Träger fragen nicht viel und holen deinen Sarg wieder herauf. Und sie nehmen den Kranz vom Deckel und geben ihn dem jungen Mann zurück, der mit gesenktem Kopf am Rand des Grabes steht. Der junge Mann nimmt seinen Kranz und streicht verlegen alle Bänder glatt, er hebt für einen Augenblick die Stirne, und da wirft ihm der Regen ein paar Tränen über die Wangen. Dann bewegt sich der Zug die Mauern entlang wieder zurück. Die Kerzen in der kleinen häßlichen Kapelle werden noch einmal angezündet und der Vikar sagt die Totengebete, damit du leben kannst. Er schüttelt dem jungen Mann heftig die Hand und wünscht ihm vor Verlegenheit viel Glück. Es ist sein erstes Begräbnis, und er errötet bis zum Hals hinunter. Und ehe er sich verbessern kann, ist auch der junge Mann verschwunden. Was bleibt jetzt zu tun? Wenn einer einem Trauernden viel Glück gewünscht hat, bleibt ihm nichts übrig, als den Toten wieder heimzuschicken.
Gleich darauf fährt der Wagen mit deinem Sarg die lange Straße wieder hinauf. Links und rechts sind Häuser, und an allen Fenstern stehen gelbe Narzissen, wie sie ja auch in alle Kränze gewunden sind, dagegen ist nichts zu machen. Kinder pressen ihre Gesichter an die verschlossenen Scheiben, es regnet, aber eins davon wird trotzdem aus der Haustür laufen. Es hängt sich hinten an den Leichenwagen, wird abgeworfen und bleibt zurück. Das Kind legt beide Hände über die Augen und schaut euch böse nach. Wo soll denn eins sich aufschwingen, solang es auf der Friedhofstraße wohnt?
Dein Wagen wartet an der Kreuzung auf das grüne Licht. Es regnet schwächer. Die Tropfen tanzen auf dem Wagendach. Das Heu riecht aus der Ferne. Die Straßen sind frisch getauft, und der Himmel legt seine Hand auf alle Dächer. Dein Wagen fährt aus reiner Höflichkeit ein Stück neben der Trambahn her. Zwei kleine Jungen am Straßenrand wetten um ihre Ehre. Aber der auf die Trambahn gesetzt hat, wird verlieren. Du hättest ihn warnen können, aber um dieser Ehre willen ist noch keiner aus dem Sarg gestiegen.
Sei geduldig. Es ist ja Frühsommer. Da reicht der Morgen noch lange in die Nacht hinein. Ihr kommt zurecht. Bevor es dunkel wird und alle Kinder von den Straßenrändern verschwunden sind, biegt auch der Wagen schon in den Spitalshof ein, ein Streifen Mond fällt zugleich in die Einfahrt. Gleich kommen die Männer und heben deinen Sarg vom Leichenwagen. Und der Leichenwagen fährt fröhlich nach Hause.
Sie tragen deinen Sarg durch die zweite Einfahrt über den Hof in die Leichenhalle. Dort wartet der leere Sockel schwarz und schief und erhöht, und sie setzen

Einem Denkspiel entsprungen

[...] Die Titelerzählung gehört mit ihren nur 23 Seiten zu den gültigsten Spiegelungen unsrer Zeit in der Dichtkunst. Einem Denkspiel entsprungen, ist sie doch völlig Bild geworden und verrät ihre Reife in der gelassenen Art des Erzählens, als würde hier nur unter der Hand ein denkwürdiger Vorfall berichtet. Ein Mann erwacht. Räuber haben ihn so nachlässig gefesselt, daß er sich an der Fessel noch fortbewegen kann. So sieht ihn an der Straße ein Tierbändiger und ist überwältigt von der Anmut seiner Bewegungen. Der Gefesselte tritt fortan im Zirkus auf und erregt überall Staunen durch die Schönheit seines Ganges. Er könnte sich seiner Fessel jederzeit entledigen, aber im Kampf mit einem Wolf spürt er seine Freiheit, jede Beugung seiner Glieder der Fessel anzugleichen, die Freiheit der Panther [...] „und er wußte jetzt sicher, daß Fliegen nur in einer ganz bestimmten Art der Fesselung möglich war". Bei einem Tumult im Zirkus zerschneidet die Frau des Tierbändigers ihm die Fessel. Und er geht traurig davon. — Man soll nicht nachholen, was Ilse Aichinger so beispielhaft vermied, soll nicht nach tieferen Bedeutungen dieser fast klassisch gestalteten Novelle gründeln. Sie gleicht einem Baggerloch am Wege, in dem sich klares Wasser sammelte, und in dem Wasser kann man sich spiegeln. *H. B.*

Rheinischer Merkur vom 16. November 1953

den Sarg darauf und öffnen ihn wieder, und einer von ihnen flucht, weil die Nägel zu fest eingeschlagen sind. Diese verdammte Gründlichkeit!
Gleich darauf kommt auch der junge Mann und bringt den Kranz zurück, es war schon hohe Zeit. Die Männer ordnen die Schleifen und legen ihn vorne hin, da kannst du ruhig sein, der Kranz liegt gut. Bis morgen sind die welken Blüten frisch und schließen sich zu Knospen. Die Nacht über bleibst du allein, das Kreuz zwischen den Händen, und auch den Tag über wirst du viel Ruhe haben. Du wirst es später lange nicht mehr fertig bringen, so still zu liegen. [...]

Aus: Spiegelgeschichte, in: Der Gefesselte. Erzählungen. S. Fischer Verlag, Frankfurt/Main 1953, S. 61-63

Foto: Isolde Ohlbaum

Ilse Aichinger

1. 11. 1921 Wien

Foto: dpa

Tochter einer Ärztin und eines Lehrers. Besuch der Mittelschule, anschließend wurde Ilse Aichinger als Halbjüdin (die Mutter war Jüdin) nicht zum Studium zugelassen. Der (inzwischen geschiedene) 'arische' Ehemann bewahrte die Familie vor der Deportation. Nach dem Krieg Studium der Medizin, das sie nach fünf Semestern aufgab, um ihren Roman „Die größere Hoffnung" fertigzuschreiben. 1950 Umzug von Wien nach Frankfurt, dort Lektorin beim S. Fischer Verlag. Arbeit an der Hochschule für Gestaltung in Ulm. 1953 Heirat mit Günter Eich. 1954 Geburt des Sohns Clemens, 1957 Geburt der Tochter Mirjam. Seit 1963 lebt A. in Groß Gmain bei Salzburg, wo G. Eich 1972 starb. 1984 Übersiedlung nach Frankfurt/M., 1989 nach Wien. A. ist Mitglied der Deutschen Akademie für Sprache und Dichtung, Darmstadt, der Akademie der Künste, Berlin, und der Bayrischen Akademie der Schönen Künste.

Preise: Preis der Gruppe 47 (1952); Immermann-Preis der Stadt Düsseldorf (1955); Literaturpreis der Freien Hansestadt Bremen (1955); Literaturpreis der Bayerischen Akademie (1961); Anton-Wildgans-Preis (1968); Nelly-Sachs-Preis (1971); Preis der Stadt Wien für Literatur (1974); Würdigungspreis innerhalb des österreichischen Staatspreises (1974); Roswitha-Medaille der Stadt Bad Gandersheim (1975); Franz-Nabl-Preis der Stadt Graz (1979); Georg-Trakl-Preis (1979); Petrarca-Preis (1982); Kafka-Preis (1983); Europalia-Literaturpreis der EG (1987); Großer Preis der Bayerischen Akademie (1991); Großer Österreichischer Staatspreis (1995).

Werkauswahl: Die größere Hoffnung. Roman. 1948. – Rede unter dem Galgen. Erzählungen. 1952. Neuausgabe: Der Gefesselte. Erzählungen. 1953. – Zu keiner Stunde. Szenen und Dialoge. 1957. – Besuch im Pfarrhaus. Ein Hörspiel. Drei Dialoge 1961. – Knöpfe. Hörspiel. 1961. - Wo ich wohne. Erzählungen, Gedichte, Dialoge. 1963. – Eliza Eliza. Erzählungen. 1965. – Auckland. 4 Hörspiele. 1969 - Der letzte Tag. Hörspiel, gemeinsam mit Günter Eich geschrieben. in: Günter Eich, Gesammelte Werke, Bd. III 1973. – Dialoge. Erzählungen. Gedichte. 1971. – schlechte Wörter. Erzählungen und Hörspiel. 1976. – verschenkter Rat. Gedichte. 1978. – Meine Sprache und ich. Erzählungen. 1978. – Zu keiner Stunde. 1980. – Kleist, Moos. Fasane, 1987. – Werke: 8 Bde. 1991. – Aufzeichnungen 1950-1985. 1992.

Über I. A.: Samuel Moser: I. A. Materialien zu Leben und Werk. 1995.

Bremer Literaturpreis 1956 für „Am Sarazenenturm", Verlag Vittorio Klostermann, Frankfurt/Main 1955

Erhart Kästner

Friedens-Pour-le-mérite

Mir scheint es das Rechte, das neue Buch von Ernst Jünger zu preisen. Ich kenne nur einen Sonderdruck für Freunde, ein Stück aus dem Manuskript. Es soll zu Weihnachten erscheinen und heißt „Am Sarazenenturm", sardinische Capriccios. Die Öffentlichkeit, so finde ich, hat Jünger gegenüber etwas gutzumachen. Bei allem Ruhm: das offizielle Deutschland hat sich, soviel ich weiß, noch niemals zu ihm bekannt. Warum kommt niemand auf die Idee, ihm, dem größten lebenden Dichter, einem Dichter dieses Jahrhunderts, nicht des 19., wie Thomas Mann, den Pour le Mérite zu geben? Warum läßt man sich die Chance entgehen, dem, der den Kriegs-Pour-le-mérite mit zwanzig Jahren bekam, den Friedens-Pour-le-merite mit sechzig zu geben? Noch immer verlebt er in einer Art Untergrund, noch niemand kam auf die Idee, ihm den Goethe-Preis zu verleihen. Anstatt dessen lassen sich die Verleihungsgremien immer wieder und immer mehr in eine Art moralischer Wohlfahrt abdrängen, Trostpreise, Ermunterungen, Schulterklopfereien, Reihum-Spiele.

Brief an Dr. Lutze vom 19. August 1955

Von R. A. Schröder als „geistige Landnahme" gepriesen: das Werk Ernst Jüngers. Foto: Lohrisch-Achilles

Sinnbild historischen Bewußtseins

In dem neuen Buch Ernst Jüngers erblickt das Preisgericht ein Meisterwerk des Dichters, den Thomas Mann zu den größten lebenden deutschen Stilisten gerechnet hat.
In der Form einer Reiseerinnerung an Sardinien dargeboten, ist die Aufzeichnung der Erlebnisse, Eindrücke abseits des Touristenverkehrs und der großen Sehenswürdigkeiten, nur der äußere, heiter strahlende Rahmen. Er ist durchleuchtet von bedeutenden Bezügen und erschließt Raumtiefen, wie sie dem Leser aus älteren Büchern des Dichters vertraut sind. Der an den Rändern zwischen Abend- und Morgenland gelegene Sarazenenturm wird zum Sinnbild des historischen Bewußtseins — „daher hat, wenn man auf solchen Horsten weilt, die Phantasie Spielraum". Diese Phantasie hat Ernst Jünger in strenge, eherne Bilder gefaßt, deren Palette bereichert ist durch heitere, scherzhafte Töne.
So ehrt die Auszeichnung des Buches „Am Sarazenenturm" einen Meister der deutschen Sprache. Seine Form und der Reichtum des dichterischen Gehaltes weisen dem schmalen Band einen hohen Rang innerhalb der deutschen Gegenwartsliteratur zu.

Aus der Jurybegründung

Rudolf Alexander Schröder

Souplesse und Désinvolture

[...] Nicht als ob ich alles, was damals in Ihren früheren Schriften sich zum Wort meldete, als Evangelium hingenommen hätte. Das sei ferne, wie ja auch Sie selber zu mancher Ihrer anfänglichen Positionen die Distanz gewonnen haben, die ein Gradmesser der Fruchtbarkeit und der vitalen Kraft unseres Denkens und Empfindens ist. Distanz gewinnen heißt ja nicht verlieren, heißt Raum und Fülle um sich her vertiefen und erweitern. Man redet gern von der Weitherzigkeit der Jugend und der Enge des Alters, aber wo recht gelebt wird, sollte das Urteil umgekehrt fallen.

Ihre Tagebücher aus den Jahren des letzten Krieges geben Zeugnis von solchem inneren Raumgewinn. Ich muß es mir versagen, auf Einzelheiten einzugehen, so nahe gerade mir hier die Versuchung läge. Aber ich darf doch wohl aussprechen, daß mir auch dieser Gewinn nach Ihren eigenen Hinweisen als das immer noch wandelbare Ergebnis eines in sich selber wandelbaren Mischungsverhältnisses erscheinen will, dessen beide Komponenten Sie mit den Namen der souplesse und der désinvolture kennzeichnen. — Sie haben recht, wenn Sie den ersteren für unübersetzbar erklären. „Souplesse", das bedeutet nicht nur Wendigkeit oder Findigkeit. Es ist dem „esprit de finesse" des Pascal nahe benachbart und bezeichnet doch wohl letztlich die Fähigkeit, sich mit den widersprüchlichsten äußeren oder inneren Gegebenheiten ohne Einbuße an eigener Substanz ins gleiche zu setzen. — Den Begriff der desinvoltura würde ich dagegen ohne Bedenken mit dem deutschen „Unbefangenheit" wiedergeben. Man kann ihn durch das Synonymon der „Unerschrockenheit" ergänzen, es bleibt im Grunde dasselbe.

Überblicke ich Ihr Werk von seinen Anfängen bis zu dem in sich gesammelten und gesättigten Büchlein, dem die Bremer Zensoren dies Jahr den Lorbeer zugesprochen haben, so möchte ich ein Anwachsen der „souplesse" bei unvermindertem Bestehen der désinvolture feststellen. — Das stetige und organische Wachstum des esprit de finesse und seiner geistigen Landnahmen verbürgt Ihrem Werk den dauernden, im Blick auf die lebendige Vielfalt seiner Äußerungen unerschöpflichen Reichtum. [...]

Aus der Laudatio vom 26. Januar 1956

Ernst Jünger

Niemandsland

Verehrte Anwesende!

Zu den mannigfachen Kräften, die heute zusammenwirken, um die bescheidene Denkhütte eines deutschen Autors in ein Büro zu verwandeln, gehören auch Unmengen von Post. Ich halte darauf, daß wenigstens zu Silvester mein Schreibtisch sauber ist. Aber bereits zu Neujahr setzen die Brieftauben wieder ihre ersten Spuren darauf ab. Zu ihnen gehört die Umsatzsteuer, die mit der Frage beginnt: «Wieviel Angestellte beschäftigen Sie in Ihrem Betrieb?!»

An diesem Neujahrstage war auch der Brief unseres von mir seit langem hochverehrten Rudolf Alexander Schröder in der bewußten Angelegenheit dabei. Ich studierte seinen Inhalt, halb mit Erstaunen und halb mit dem Gefühl: «Jetzt haben sie dich endlich erwischt.» Dann dachte ich mir: «Der muß bei seinem Alter noch Mut haben, daß er so ein heißes Eisen anrührt, oder sollte das ein Zeichen dafür sein, daß das Eisen kälter geworden ist?»

Ich hatte mich schon in der Hoffnung gewiegt, ganz ungepriesen von dannen zu gehen. Von jeher habe ich der Ehrung gegenüber eine besondere Allergie gehabt. Daß dem so ist, verdanke ich vielleicht dem Feldmarschall von Hindenburg. Der sagte mir einmal um 1920 in Hannover mit seiner sonoren Stimme: «Wissen Sie, das ist gar nicht günstig, daß der König von Preußen Ihnen als einem so jungen Menschen seinen höchsten Orden verliehen hat. Aus meinen Kameraden, die 1864, 1866 und 1870 den Pour le mérite bekommen haben, ist allen nicht viel geworden.» Da hatte er recht gehabt. Ich habe es in zwei Weltkriegen ja auch nur bis zum Hauptmann gebracht. Und konnte froh sein, daß es mir nicht wie Rommel und anderen meiner Ordensbrüder noch den Kopf gekostet hat.

Hier könnte ich noch die Erfahrungen anknüpfen, die ich in einem anderen undankbaren Bereich nämlich dem eines deutschen Autors, gemacht habe, aber ich will Sie nicht langweilen. Das Vaterland gehört zu unserem Schicksalskostüm. Man kann es nicht umtauschen.

Ich habe die Erfahrung gemacht, daß man im Niemandslande die besten Kameraden trifft, und bin immer zufrieden gewesen, im Kriege mit meiner Mannschaft, im Frieden mit meiner Leserschaft. Eine Hand, die in Ehren die Waffe hält, eine Hand, die die Feder in Ehren hält — sie ist stärker als alle Atombomben, als jede Rotationspresse.

Was die Ehrungen betrifft, so gibt es auch Ausnahmen. Hierzu rechne ich diesen Preis, der den Namen des verehrten Mannes trägt, dessen 78. Geburtstag wir heute begehen. Ihm, seinem Kollegium und der Freien Hansestadt Bremen meinen herzlichsten Dank.

Der Sarazenenturm von Villasimius. Foto /Repro: Sammlung des Coudres

Ernst Jünger

Am Sarazenenturm

Bei Sonnenaufgang war ich unterwegs. An diesen Küsten empfiehlt es sich, die mittelalterlichen Türme aufzusuchen, die auf den Vorgebirgen errichtet sind. Sie säumen alle christlichen Länder und Inseln des Mittelmeers. Auch hier liegt eines dieser Werke im näheren Umkreis; es leuchtet weithin von einer mit Macchia überwachsenen Klippe und erinnert in seiner Form, die sich von einem Sockel aufschwingt und mit einer gekerbten Zinne abschließt, an den weißen Turm eines Schachspieles. Es wird nach seinen Erbauern als Torre Pisano oder nach der Gefahr, die es zu bannen hatte, als Sarazenenturm bezeichnet, und immer noch wittert ein Hauch von nackter Macht, von bleicher Wachsamkeit um sein ausgeglühtes Gestein. Diese Festen sind an Punkten errichtet, von denen man das Meer und seine Buchten besonders deutlich überblicken kann. Das war ihre Aufgabe, und daher kommen sie noch heute den Reisenden zugut.

Ich begab mich dorthin, indem ich auf dem schmalen Streifen entlangschritt, der Meer und Lagune trennt. Der Strand war blendend weiß. Das Band, das die Woge bespülte, war mit zarten Rosastreifen überzeichnet, die sich zu Mustern anordneten. Es waren Netze, Lineamente von großer Harmonie. Jede Woge wischte sie hinweg, und jede folgende schuf einen neuen Entwurf. Ob solche unerhörte Verschwendung von Kompositionen sich vollzieht, ohne daß sie ein Auge genießt, sich ein Bewußtsein ihrer freut?

Und woraus bestanden diese feinen Schriftzüge? Ich nahm ein wenig Sand auf und erkannte, daß es sich um Körner zermahlener Herzmuscheln handelte, die leichter als der Meerkies wogen und sich daher auch anders anlagerten. Der Unterschied der Farbe machte den Vorgang den Augen offenbar. Herzmuschelstaub. Mit Rosentinte schrieb er seine Botschaft ein. Das schien mir wunderbar. Ein Wunder ist auch die Herzmuschel selbst. Sie taucht schon in den ältesten Schichten der belebten Erde auf, und heute noch sind alle Meere von ihr besiedelt, alle Küsten mit ihren Schalen bestreut. Ein großer Wurf wird ohne Unterlaß und ohne Grenzen wiederholt, und wir erraten die Absicht nicht. ein Schöpfungszeichen wird nicht müde, uns durch stete Wiederholung zu erinnern, indem es sich an unsere Sinne und unser Sinnen wendet, wie oft wir es auch achtlos in den Staub treten.

Was überrascht, bestürzt denn an dieser Herzmuschelform, an dieser Bildung, die jeder kennt? Zunächst schon, daß so ein Formenwunder von einem formlosen Leib geschaffen werden kann, und doch nur ein Totes ist, das er als seine Hülle, zu seinem Schutze ausscheidet. Ein wenig Schleim, ein wenig Gallert prägt solche Münzen aus. Wir müssen sie in Zahlung nehmen als Anweisung auf Schatz- und Prägekammern, die unseren Augen verschlossen sind.

Sodann ist zu bewundern das Auskristallisierte, das Maß an mathematischem Bewußtsein, das sich hier offenbart. Ein unsichtbarer Taktstock wird erhoben, und ein Fingerhut voll Kalksteinmolekülen ordnet sich zu Motiven, denen die Woge das Muster gibt. Man sieht die Welle strahlig niederstürzen, sieht ihre Rundungen und Kämme, die Rippen und Riffelungen, die sie im Sande hinterläßt. Die Form scheint einfach, als ob ein Kind sie erdacht hätte. Doch wird kein Rechenmeister jemals ihre Formel ausrechnen. [...]

Aus: Am Sarazenenturm. Verlag V. Klostermann, Frankfurt/Main 1955, S. 42 f.

Pressestimmen zur Preisverleihung

[...] Unzweifelhaft vergibt man den Preis an einen Autor von anerkannter Bedeutung. Doch zielen die Bestimmungen des Bremer Preises ausdrücklich auf Förderung ab, so wie er zuvor mehr heimatbeflissen Heinrich Schmidt-Barrien, dann mehr experimentiell den Nachwuchshoffnungen Ilse Aichinger und Herbert Meier zugesprochen wurde. Ernst Jünger hingegen ist kein Junger mehr, hat das 60. Lebensjahr überschritten, in mehr denn zwanzig Werken seine Stimme führend und verführend zur Geltung gebracht, in vielen hunderttausend Exemplaren den Buchmarkt des In- und Auslandes längst erobert und nur durch die Besonderheit seines unbequemen Geistes sich selbst, seine Gefolgschaft und seine Gegner in immer neue Fatalitäten der Beurteilung gebracht, so daß denn noch heute wie vor dreißig Jahren des Diskutierens über ihn kein Ende ist: Zeichen dafür, daß da einer, verwirkt in das deutsche Verhängnis, teils willentlich, teils wider Willen als Prototyp spezifisch deutscher Unruhe in der Welt gewertet wird.
Merkwürdig wird das Phänomen dieser Auszeichnung, wenn man sich überlegt, daß gerade Bremen sich die Ehre dieser Ehrung zumutet, einen Denker von elementar antibürgerlicher, ja von Grund auf undemokratischer Prägung, einen sublim soldatischen Geist, der für Kaufmannschaft und Merkurisches Wesen wenig übrig hat und dem Sozialismus insbesondere von Natur aus wie gedanklich weltfern steht, mit Ruhm an seine hansische Tradition zu binden. [...]

Werner Wien, in: Bremer Nachrichten vom 26. Januar 1956

Was man auch tut: alles zieht Kreise. Auch die kürzlich erfolgte Überreichung des Bremer Literaturpreises an Ernst Jünger zieht kleine und größere, und nicht bloß solche im Wasserglas, mit deren rascher Vergänglichkeit man rechnen dürfte.
Nun las man's rasch zur Annonce gemacht, im Börsenblatt für den Deutschen Buchhandel, der jetzt in zweiter Auflage gedruckte „Sarazenenturm", das Bremer Preis-Opus also, sei „mit dem Literaturpreis der Freien Hansestadt Bremen ausgezeichnet *als beste Erzählung* des Jahres 1955". Die Sperrung „als beste Erzählung" stammt von uns; im Börsenblatt ist natürlich alles unterstrichen. Fürwahr eine übertüchtige Reklame des Vittorio-Klostermann-Verlags in Frankfurt. Zwar sind die literarischen Gattungsbegriffe seit einiger Zeit schwankend geworden; aber — eine „Erzählung" ist der „Sarazenenturm" drum noch lange nicht. (Es handelt sich bloß um Tagebuch-Splitter-Gebäck.) Er kann also auch nicht die „beste" Erzählung des Jahres 1955 sein, und die Bremer Preisrichter haben ein solches Urteil nicht abgegeben und weder abgeben wollen noch dürfen.
Im Bremer Preisgericht saß auch ein Mann, der Ernst Jünger und seinem Kreis seit langem verschworen ist: Dr. Erhart Kästner, Leiter der Ernst-August-Bibliothek in Wolfenbüttel. Möglicherweise verdanken wir's in Wahrheit ihm, daß Bremen und Ernst Jünger plötzlich so dicht aneinandergeraten sind? Von ihm zitiert Herr Klostermann: „... Es sind mindestens drei längere Stellen in diesem Band, deren Strahlkraft zu dem Schönsten, Lichtesten und Bewegendsten gezählt werden wird, was es auf deutsch gibt." Das ist kein übermäßig schönes Deutsch, und es ist viel Qualm dabei, was das Lichteste und Bewegendste und die berühmte Jüngersche Strahlkraft angeht. Aber wir wissen endlich ungefähr, warum wir die Ehre hatten, es mit Herrn Jünger zu tun zu haben.

Weser-Kurier vom 7. Februar 1956

In *Stahlgewittern,* wenn das Höllenfeuer der Schlachten wütet, empfindet der ehemalige Fremdenlegionär und Frontsoldat Ernst *Jünger* den höchsten Sinn des Daseins. Das Stahlbad als Läuterung, der Krieg als Romantik, der Tod als „Zauberstück", das ist die unheilige Dreieinigkeit, die er seit eh und je verkündet hat. Er verherrlicht. Ihm gilt nur eine esoterische Elite, die sich diesem Nihilismus verschrieben hat. Kein Wunder, daß er wie Spengler und Dwinger zu den geistigen Schrittmachern des zwölfjährigen Reiches gehörte und seine Schriften deswegen nach 1945 verboten waren. Heute verleiht ihm der Senat von Bremen, dem der sozialdemokratische Präsident Kaisen vorsteht, den Literaturpreis der Hansestadt. Der Bankrott heiratet die Pleite, sagt Balzac in „M. Mercadet".

Sonntag (Berlin/DDR) vom 5. Februar 1956

Pro und Contra Ernst Jünger 1936-1985

Ernst Jünger. Gemälde von A. Paul Weber

Eugen Gottlob Winkler 1936:

[...] Hervorstechendes Merkmal dieses Geistes ist die Fähigkeit, Distanz zu sich selbst zu gewinnen. Jünger ist begabt mit einem anderen, zweiten Ich, das, passiv und rationalen Charakters, dem einen, emotional bestimmten, dem das Handeln und Fühlen überlassen bleibt, unbewegt zusieht und dessen Empfindungen registriert, um aus ihnen die Folgerungen und gedanklichen Schlüsse zu ziehen. [...]

Aus „Ernst Jünger und das Unheil des Denkens". In: Deutsche Zeitschrift 49/1936, S. 335 f.

Alfred Andersch 1975:

In der laufenden Literatur-Diskussion kommt sein Name niemals vor. Gelegentlich wendet ein Herr aus dem germanistischen Betrieb noch einige Mühe an eine neue Abwertung, die aber bereits als überflüssig empfunden wird. Jüngere Semester wissen schon gar nicht mehr, wovon da eigentlich die Rede geht. Die Akte ist geschlossen. Wir können uns das also leisten. Wir können es uns leisten, einen Schriftsteller glatt abzuschreiben, der „Das abenteuerliche Herz", „Blätter und Steine", „Auf den Marmorklippen", „Gärten und Straßen", „Strahlungen", die „Friedensschrift", „Der Waldgang", „Über die Linie", „Subtile Jagden", „Annäherungen", „Die Zwille" geschrieben hat. Wir sind ja so reich. Das Land quillt über von Meisterwerken der Literatur. Da können wir es uns leisten, den letzten aus der großen Reihe Mann (1875), Kafka (1883), Benn (1885), Brecht (1898) ad acta zu legen. Ernst Jünger (1895). Und wir leisten es uns. Brecht: „Laßt mir den Jünger in Ruhe!", so hatte der Mann aus Augsburg das nicht gemeint. [...]

Deutsche Zeitung/Christ und Welt vom 27. März 1975

Fritz J. Raddatz 1982:

Gottfried Benn nannte Ernst Jüngers Literatur „Kitsch". „Was er als Angriff gesehen haben möchte, ist mehr Vorwölbung und Blähung als Front." Thomas Mann zählte ihn zu den „Schindern und Henkern". Adorno seufzte „widerlicher Kerl, träumt meine Träume", Walter Benjamin taufte ihn „Kriegsingenieur der Herrscherklasse". Hannah Arendt sah

Foto: Horst Tappe

in seiner Dichtung „wilde Reinheit" und Siegfried Kracauer einen „Heroismus aus Langerweile".
Von den zeitgenössischen Autoren der deutschen Literatur (die Ernst Jünger nicht zur Kenntnis nahm) bewunderte ihn Alfred Andersch, schätzte ihn Heinrich Böll, widerlegte ihn Heißenbüttel (der Enzensberger einen frühen Jünger-Adepten nannte). Hildesheimer ekelte sich. Ist Ernst Jünger, Jahrgang 1895, letzter lebender Träger des Pour le mérite, vierzehnmal verwundeter Frontoffizier, elitärer Verächter der Weimarer Republik und aristokratischer Gegner des Nationalsozialismus, der „Fall" Richard Wagner der deutschen Literatur des zwanzigsten Jahrhunderts? [...]

DIE ZEIT vom 27. August 1982

Günther Anders 1985:

Mit dem hier auszugsweise veröffentlichten Brief an den *Merkur*-Herausgeber Karl Heinz Bohrer begründete der zweiundachtzigjährige Günther Anders, Adorno-Preisträger 1983, seine Ablehnung einer Mitarbeit an der Zeitschrift *Merkur*.

Mit Herrn Jünger, der noch immer, oder schon wieder, im *Merkur* erscheint, wünsche ich keine Wohnung oder Herberge zu teilen. Mit ihm die Paulskirche und das Lob durch Bürgermeister Wallmann geteilt zu haben, das reicht mir.
Ich spreche hier weder von Jüngers frühen Büchern wie den „Stahlgewittern" oder „Der Arbeiter". Auch nicht davon, daß er uns soeben in besagtem *Merkur*heft philosophisch dilettantische *petits riens* als Kleinodien vorsetzt. Vielmehr davon — Zerstörungsfreude ist offenbar unstörbar und unzerstörbar —, daß Jünger unlängst — im Fernsehen durfte man das ja mitgenießen — durch sein Haus führend auf den wie ein Kunstobjekt aufgestellten Stahlhelm eines britischen Soldaten aufmerksam gemacht hat. Ein Engländer, so erklärte der Museumsführer, habe sich während des 1. Weltkriegs unvorsichtig über den Rand des gegenüberliegenden Schützengrabens zu weit herausgetraut, was ihm „nicht gut bekommen sei", „Nicht gut", *Vis à vis de la mort* gibt es nichts Gemeineres als das Neckische. Er, Jünger, hat also damals, vor etwa 70 Jahren, auf diesen zu weit herausragenden Kopf angelegt und geschossen — das mag damals das unter diesen Umständen Normale gewesen sein. Dann aber — und da hört das Normale auf — hat er den so untadelig getroffenen und durchlochten Helm des Erlegten als Trophäe an sich genommen und beim nächsten Urlaub heimgebracht. Und seit damals ist er also aufbewahrt worden. Mithin seit sechzig oder siebzig Jahren. Vermutlich wird er auch täglich abgestaubt. Ein so lang konserviertes Souvenir verdient ja Pflege, und sich von einem so lieb und gemütlich gewordenen Stück Leben zu trennen, das wäre ja eine Roheit, die kein kultivierter Mensch übers Herz bringen könnte, und die man keinem zumuten dürfte.
Töten ist schlimm genug. Tötungslust oder -stolz unmittelbar nach der Tötung schlimmer. Am schlimmsten aber, Herr Dr. Bohrer: noch nach sechs Jahrzehnten das Zeugnis der Tötung, den Helm mit dem hübschen Durchschußlöchlein als Schmuckgegenstand aufzustellen und Besuchern und Fernsehmillionen als Exponat vorzuzeigen. Der Besucher hat daran keinen Anstoß genommen. *Tant pis pour lui.* Trivial und barbarisch gesellt sich gern. [...]

DIE ZEIT vom 10. Mai 1985

Der Käfersammler, um 1948. Foto: Ullstein/Sammlung des Coudres

Ernst Jünger

29.3.1895 Heideberg — 17. 2. 1998 Wilfingen

Sohn eines Apothekers. 1907 Umzug der Familie nach Rehburg/Hannover. 1911 Mitgliedschaft im Wandervogel. November 1913 Flucht aus dem Elternhaus in die Fremdenlegion, im Dezember vom Vater heimgeholt. 1914 Notabitur; Kriegsfreiwilliger. 1914-18 Leutnant und Stoßtruppführer an der Westfront, mehrmals verwundet. 1918 Verleihung des Pour le mérite. 1919-23 Dienst in der Reichswehr. 1923-25 kurzes Studium der Zoologie in Leipzig und Neapel. 1925 Heirat mit Gretha von Jeinsen, 1926 Geburt des Sohnes Ernst (gefallen 1943). 1925-30 Übersiedlung nach Berlin, dort Umgang mit Vertretern der rechten und linken nationalistischen Bewegung, u. a. mit Ernst Niekisch, Ernst von Salomon, Otto Strasser, Josef Goebbels, aber auch mit Bertolt Brecht, Arnolt Bronnen und Erich Mühsam. Reisen nach Dalmatien, Italien und Spanien. 1927 lehnte J. einen Reichstagssitz der NSDAP und 1933 die Wahl in die gleichgeschaltete Preußische Akademie der Künste ab. 1933-36 Wohnsitz Goslar, dann Überlingen/Bodensee, ab 1939 Kirchhorst/Hannover. Reisen nach Norwegen, Brasilien und Marokko. 1934 Geburt des zweiten Sohnes Alexander. 1939-44 als Hauptmann im besetzten Frankreich, befreundet mit den französischen Schriftstellern Cocteau, Léautaud, Paulhan; Umgang mit der Haute-Collaboration, Paul Morand, Bénoist-Méchin, Bonnard; Bekanntschaft mit Braque und Picasso. 1942-43 Inspektionsreise an die russische Front in den Kaukasus. 1944 nach dem Attentat des 20. Juli als „wehrunwürdig" aus dem Heer entlassen, obwohl nicht unmittelbar an der Verschwörung beteiligt. 1945-49 Publikationsverbot für J. in Deutschland nach seiner Weigerung, den „Fragebogen" der Alliierten zu beantworten. 1948-50 Wohnsitz in Ravensburg; erste Frankreichreise nach dem Krieg. Kontakte zu Heidegger. Experimente mit Meskalin und LSD. Seit 1950 lebt Jünger in Wilfingen/Schwäbische Alb. 1960 Tod Gretha Jüngers. 1962 Heirat mit Liselotte Lohrer. Auch in den 70er und 80er Jahren noch große Reisen. Viele Ehrungen zum 100. Geburtstag.

Preise und Auszeichnungen: Kulturpreis der Stadt Goslar (1955); Literaturpreis der Freien Hansestadt Bremen (1956); Großes Bundesverdienstkreuz (1959); Ehrenbürger der Gemeinde Wilfingen (1960); Ehrenbürger der Stadt Rehburg (1964); Immermann-Preis der Stadt Düsseldorf (1965); Straßburg-Preis der Stiftung FVS (1968); Aigle d'or de la ville de Nice (1974); Komtur des Bundesverdienstkreuzes (1977); Prix Mondial der Fondation Simone et Cino del Duca, Paris (1981); Europa-Preis (1981); Goldene Medaille der Humboldt-Gesellschaft (1981); Goethe-Preis der Stadt Frankfurt (1982); Honorary Member of the International Nomenclature Committee; Médaille und Diplôme d'Honneur de la Ville de Montpellier (1983). Premio Circeo der Associazione per l'Amicizia Italo-Germanica (1983), Ehrenpräsident der Société Allemande-Togolaise (1985), Schulterband zum Großen Bundesverdienstkreuz mit Stern (1985), Premio Mediterraneo des Centro di Cultura Mediterranea, Palermo (1986), Bayerischer Maximiliansorden für Wissenschaft und Kunst (1986), Premio Internazionale Dante Alighieri (1987), Premio Internazionale Tevere, Rom (1987), Ehrendoktor der Universität del Pais Vasco Bilbao (1989), Oberschwäbischer Kunstpreis (1990), Robert-Schumann-Preis der Stiftung F.V.S. (1993), Gran Premio Punti Cardinali dell'Arte der 45. Kunst-Biennale Venedig (1993), Membre d'Honneur de la Société des Études Bloyennes (1993), Honorary Member of the Order of Alexander the Great (1994), Ehrenmitglied der Deutschen Gesellschaft für allgemeine und angewandte Entomologie (1995), Ehrendoktor der Universität Complutense Madrid (1995), Medaille des spanischen Senats (1995).

Werkauswahl: In Stahlgewittern. Tagebuch. 1920. – Der Kampf als inneres Erlebnis. Essays. 1922. – Feuer und Blut. Tagebuch. 1925. – Das abenteuerliche Herz. 1. Fassung. 1929. – Die totale Mobilmachung. Essays. 1931. – Der Arbeiter, Essays. 1932. – Afrikanische Spiele. Erzählung. 1936. – Das abenteuerliche Herz. Figuren und Capriccios. Essays. 2. Fassung. 1938. – Auf den Marmorklippen. Erzählung. 1939. – Gärten und Straßen. Aus den Tagebüchern von 1939 und 1940. 1940. – Myrdun. Briefe aus Norwegen, 1943. – Der Friede, Essay. 1945. – Sprache und Körperbau. Essays. 1947. – Strahlungen. Tagebücher. 1949. – Heliopolis. Rückblick auf eine Stadt. Erzählung. 1949. – Über die Linie. Essay. 1950. – Am Sarazenenturm. Reisetagebuch. 1955. – Rivarol. Essays. 1956. - Gläserne Bienen. Erzählung. 1957. – Jahre der Okkupation. Essay. 1958. – Subtile Jagden. Essays. 1967. – Ad hoc. Essays. 1970. – Annäherungen. Drogen und Rausch. Essays. 1970. – Sinn und Bedeutung. Essay. 1971. – Die Zwille. 1973. – Siebzig verweht I. Tagebuch. 1980. – Siebzig verweht II. Tagebuch. 1981. – Aladins Problem. Erzählung. 1983. – Aus der goldenen Muschel. Gänge am Mittelmeer. Reisetagebuch. 1984. – Autor und Autorschaft. Essay. 1984. – Eine gefährliche Begegnung. Erzählung. 1985. – Ausgewählte Erzählungen. 1985. – Sgraffiti. Essays. 1985. – Der Waldgang. Essays. 1986. – Werke. 10 Bände. 1960-1965. – Sämtliche Werke in 18 Bänden, 1978-1982. – Siebzig verweht III, IV, V. Tagebücher. 1993, 1995, 1997.

Über E. J.: Uwe Knödler in: Kritisches Lexikon zur deutschsprachigen Gegenwartsliteratur. München 1978 ff.

Ingeborg Bachmann.
Foto: Leonore Mau

Bremer Literaturpreis 1957 für „anrufung des großen bären. gedichte", R. Piper Verlag, München 1956

Rudolf Alexander Schröder

Anrufung als Beschwörung

[...] Vor zwei Jahren hat auf ihrem [Ingeborg Bachmanns] Platz eine Landsmännin von ihr gesessen, in der Person der Frau Ilse Aichinger. Sie ist also die zweite Angehörige des Landes Österreich, der wir innerhalb vier Jahren hier in Bremen ex officio sagen und bezeugen dürfen, daß wir uns ihres dichterischen Wirkens und Daseins innerhalb der großen deutschen Sprachgemeinschaft freuen und ihr die mit solcher Freude verbundene Dankbarkeit und Ehrerbietung zollen. Ich darf vielleicht gleich hier einer Tatsache gedenken, die mir anläßlich unserer Feier besonders eindrücklich vor die Seele getreten ist. Es ist zum Erstaunen, wie viele Vertreterinnen hoher Dichtung das kleine deutschsprachige Österreich während der letzten Dezennien ins deutsche Geistesleben entsandt hat. [...]

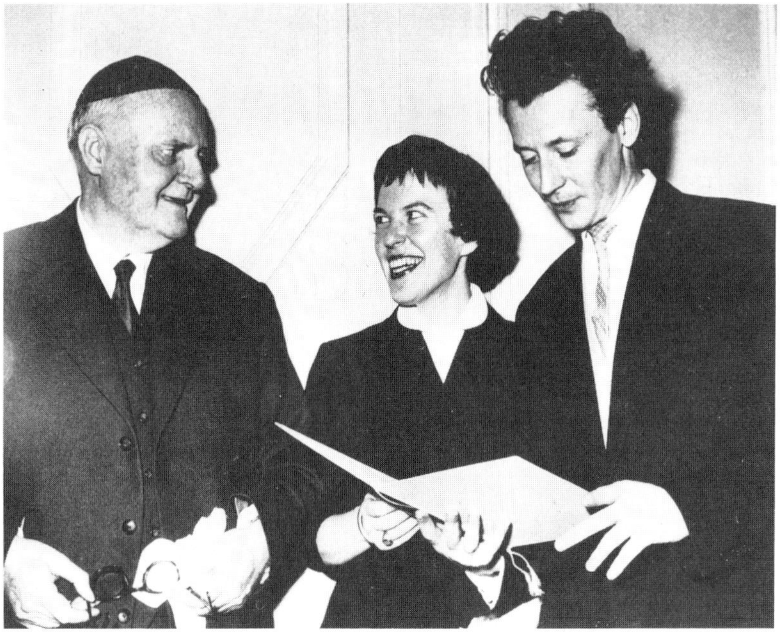

Sie, verehrte Frau Dr. Bachmann, werden es gewiß begreifen, wenn dem Doktor der Theologie in mir angesichts des Titels Ihres zweiten Gedichtbandes bedenklich zumute war. »Die gestundete Zeit«, das war ein Leitwort, das gemeinchristlichen Vorstellungen durchaus entsprach. Bei der »anrufung des großen bären« habe ich zwar keinen Augenblick an das aussterbende Völklein im äußersten Nordosten unserer Welt gedacht, das den Bären zugleich anruft und verspeist, aber mir fielen — schlechte Gewohnheit meinerseits — gleich Verse aus »Faust II« ein.

In der klassischen Walpurgisnacht singen die Sirenen: »Wir sind gewohnt, wo es auch thront, in Sonn' und Mond, hinzubeten. Es lohnt.« Sie sehen: Ich stelle meine Torheit nackt zur Schau. Jeder Mensch hat seine Schusterdaumen. Ich habe dann aber doch gleich gesehen, daß Ihr großer Bär ein sehr reales, ein sehr bedrohliches Nachtwesen sei, und seine Anrufung den Charakter der Beschwörung trage.

Ihr Ausgang? Da darf ich die Dichterin selbst zitieren: »'s könnt' sein, daß dieser Bär/ sich losreißt, nicht mehr droht/ und alle Zapfen jagt, die von den Tannen/ gefallen sind, den großen, den geflügelten,/ die aus dem Paradiese stürzten.« Der Sturz aus dem Paradies, von dem diese Verse reden, ist meiner Meinung nach ein Politikum allererster Ordnung. Als ich von »politischer Linie« sprach, habe ich ja nicht an den Stadtbürger — »zoon politikon« des Aristoteles — gedacht; auch nicht an den Staatsbürger, der heute mehr denn je zum Rechenpfennig in der Trugbilanz fragwürdiger Mächte und zum Spielstein auf ihren taktischen und strategischen Schachbrettern geworden ist. Nicht an sie oder andere Politiker, Bürger oder Anti-Bürger habe ich gedacht, sondern an den Weltbürger Mensch. Er steht als »zoon politikon«

R. A. Schröder, Ingeborg Bachmann und Gerd Oelschlegel. Foto: Rosemarie Rospeck

* *Gemeinsam mit Gerd Oelschlegel*

erster Ordnung hinter allen seinen einzelnen Spezies und Varietäten, deren Vielfalt uns Heutigen angesichts der allgemeinen Bedrohung in ihrer Buntheit so einförmig, in der Gespanntheit ihrer aktiven und passiven Gefährdung so wesenlos erscheinen will. Für diesen Weltbürger und seine Weltbürgerschaft ist und bleibt der seit alters bezeugte und seit alters immer von neuem wiederholte Sturz aus dem Paradies das weltpolitische Ereignis erster Ordnung.[...]

Aus der Laudatio vom 26. Januar 1957

Foto: Renate von Mangoldt

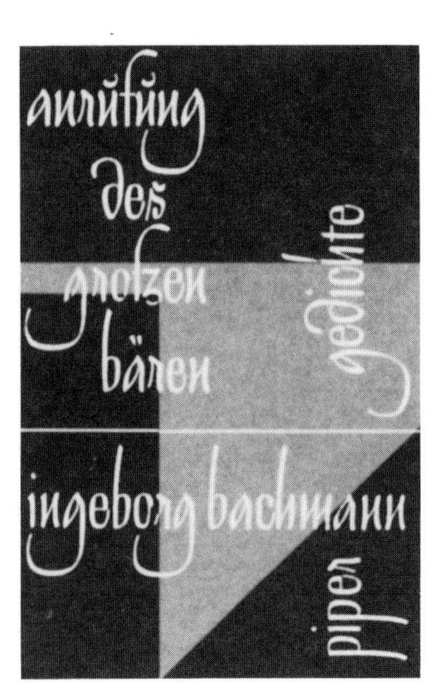

Ingeborg Bachmann

Praktische Erwägungen

[...] Gerne käme ich zur Preisverleihung nach Bremen. Auch zeitlich wäre es mir gut möglich. In Verlegenheit bringt mich leider die finanzielle Seite, die diese unverhoffte, weite Reise für mich auch hat. Sie waren so freundlich, mir zu schreiben, daß ich Gast des Senates wäre; aber ich kann nicht annehmen, daß sich die Einladung auch auf die Hinreise erstreckt. (Die Rückreise wäre ja kein Problem mehr.) — Verzeihen Sie bitte diese ungeschickten praktischen Erwägungen und geben Sie mir bitte Nachricht in jedem Fall. —

Aus einem Brief an Dr. Lutze vom 14. Januar 1957 aus Rom

Ingeborg Bachmann

ANRUFUNG DES GROSSEN BÄREN

Großer Bär, komm herab, zottige Nacht,
Wolkenpelztier mit den alten Augen,
Sternenaugen,
durch das Dickicht brechen schimmernd
deine Pfoten mit den Krallen,
Sternenkrallen,
wachsam halten wir die Herden,
doch gebannt von dir, und mißtrauen
deinen müden Flanken und den scharfen
halbentblößten Zähnen,
alter Bär.

Ein Zapfen: eure Welt.
Ihr: die Schuppen dran.
Ich treib sie, roll sie
von den Tannen im Anfang
zu den Tannen am Ende,
schnaub sie an, prüf sie im Maul
und pack zu mit den Tatzen.

Fürchtet euch oder fürchtet euch nicht!
Zahlt in den Klingelbeutel und gebt
dem blinden Mann ein gutes Wort,
daß er den Bären an der Leine hält.

Und würzt die Lämmer gut.
's könnt sein, daß dieser Bär
sich losreißt, nicht mehr droht
und alle Zapfen jagt, die von den Tannen
gefallen sind, den großen, geflügelten,
die aus dem Paradiese stürzten.

Aus: anrufung des großen bären. R. Piper Verlag, München 1956, S. 22 f.

Mit Paul Celan, 1952. Foto: Hans Müller

Ingeborg Bachmann

Wozu Gedichte?

Einem Dramatiker oder Erzähler wird die Frage, welche seiner Arbeiten ihm die liebste sei, nicht viel Unbehagen machen; es wird ihm hoffentlich einfallen, daß die eine oder die andere einigen Menschen Freude bereitet, Einsicht gebracht oder sie unterhalten hat — sei's auch nur ein paar Stunden lang. Ich habe noch nie gehört, daß jemand einem Gedicht einen fruchtbaren Nachmittag oder Abend verdankt, obwohl es zweifellos noch immer Liebhaber von Lyrik gibt und Leute, die sich dran zu erbauen vermögen. Dann gibt es noch die Kinder, die Gedichte auswendig lernen müssen, weil Gedichte — so heißt es — das Gedächtnis schärfen.

In einem Gedicht ist also wenig Glück. Für den, der es schreibt, nahezu keins, daß es gelingt, und dann nochmals keins, daß es jemand erreicht. Es ist einsam, hat keine Funktion und kümmert mit Recht niemand. Ein Gedicht verherrlicht heute ja nichts mehr, und auch die Gläubigen haben es längst außer Kraft gesetzt. Ruhm und Glaube fallen auf es selbst zurück.

Man hört heute so oft — profaniert — die Hölderlinsche Frage: und wozu Dichter in dürftiger Zeit? Eine andere Frage, nicht weniger berechtigt, wäre: und wozu Gedichte? Was ist zu beweisen und wem ist etwas zu beweisen? Wenn Gedichte ein Beweis zu nichts sein sollten, müßten wir uns dran halten, daß sie das Gedächtnis schärfen.

Ich glaube, daß Gedichte dies vermögen und daß, wer Gedichte schreibt, Formeln in ein Gedächtnis legt, wunderbare alte Worte für einen Stein und ein Blatt, verbunden oder gesprengt durch neue Worte, neue Zeichen für Wirklichkeit, und ich glaube, daß wer die Formeln prägt, auch in sie entrückt mit seinem Atem, den er als unverlangten Beweis für die Wahrheit dieser Formeln gibt.

Wie lange ist es her, daß man uns sagte: bilde ein Wort, bilde einen Satz! Man quälte uns mit Gedichten; die Kerben schmerzen noch im Gedächtnis. Eines dieser Gedichte begann: »Ich stand an meines Landes Grenzen …« Von welchem Ich war die Rede und von welchem Land? Was die Grenzen bedeuteten, ergab sich freilich aus dem Zusammenhang. Denn wer die Regeln gutheißt und in das Spiel eintritt, wirft den Ball nicht übers Spielfeld hinaus. Das Spielfeld ist die Sprache, und seine Grenzen sind die Grenzen der fraglos geschauten, der enthüllt und genau gedachten, der im Schmerz erfahrenen und im Glück gelobten und gerühmten Welt.

Aus: Werke, Bd. 4. R. Piper Verlag, München/Zürich 1978, S. 303 f.

Ingeborg Bachmann

»Rom schenkt mir ein Heimatgefühl«

Nach einem Zeitraum von eineinhalb Jahren hat sich Ingeborg Bachmann, die Verfasserin der Gedichtbücher »Die gestundete Zeit« und »anrufung des großen bären«, wieder in Rom niedergelassen. Erneut im Renaissance-Viertel, unweit von Santa Maria della Pace mit dem berühmten Cortile von Bramante, fand sie eine kleine Wohnung, wieder einmal in einem Palazzo aus dem 16. Jahrhundert.
»Meine Wohnung ist denkbar bescheiden«, sagte sie, »aber ich liebe gerade dieses Viertel. Mein Arbeitszimmer... Das war früher ein Wachlokal. Ist das nicht seltsam? Auch meine frühere römische Wohnung in der Nähe des Palazzo Spada befand sich im einstigen Wachraum eines Palazzo aus dieser Zeit.«
»Sie meinen seltsam, weil Ihr Amt mehr das Träumen als das Wachen ist.«
Sie lacht flüchtig, wird aber sofort wieder ernst, so ernst, fast verschlossen, wie man sie früher in Rom hin und wieder sah, in Konzerten, bei Vorträgen im Freundeskreis. »Seltsam, weil es wie eine Mahnung ist, ausharren zu müssen. Wachen heißt wohl auch Konzentriertsein. An einem Ort zu verweilen. Ein langes Wanderjahr liegt hinter mir: Amerika, Deutschland, Österreich, Frankreich. Ich bin froh, wieder in Rom zu sein. Was sagen Sie zu dem unvorstellbaren Glück?! Kaum war ich hierher zurückgekehrt, erhielt ich die Nachricht, daß mir die Hälfte des Literaturpreises von Bremen verliehen worden ist.«
Sie sagt es mit einem fast erschrockenen Lächeln und fügt hinzu: »Wahrscheinlich ist selten ein Preis so gelegen gekommen, denn...«
Sie zögert. »Sie wissen, Rom ist teuer.«
»Trotzdem kamen Sie hierher zurück? Was ist es also? Was bedeutet Rom für Sie?«
»Mit einem Bild kann ich es Ihnen vielleicht erklären«, sagt sie. »Man sagt, Bernini habe den Kolonnaden von St. Peter den Umriß von zwei Armen geben wollen, von zwei Armen, welche die Menschheit umfassen... In anderen Großstädten Europas oder Amerikas vereinsamt man leicht... Zur Faszination Roms gehört für mich jedenfalls die Tatsache, daß sie als die letzte Großstadt unter den mir bekannten erscheint, wo man ein geistiges Heimatgefühl haben kann...«
»Rom kann aber Fremden gegenüber abweisend sein. Man spürt es vielleicht erst nach längerer Zeit. Haben Sie einen Freundeskreis hier, Bekannte, Kollegen?«
»Ja, Rom kann gewiß abweisend wirken. Gerade das stört mich hier am wenigsten. Ja, ich habe einige Freunde und Bekannte hier: Marie Luise Kaschnitz, die leider jetzt abwesend ist, ferner die Herausgeberin der römischen Anthologien zeitgenössischer Dichtungen, »Bottegha Oscure«, Marguerite Caetani und andere. In den »Bottegha Oscure« werden übrigens einige neue Gedichte erscheinen.«
»Sie werden also längere Zeit hierbleiben, um zu arbeiten? Haben Sie neue Pläne?«
»Ich arbeite an einem Hörspiel, das »Manhattan-Ballade« heißen soll. Eine balladeske Liebesgeschichte. Das geheimnisvolle Dasein Manhattans wie aller Großstädte, aber dort eben in besonderer Weise... Dann bereite ich einen Band mit Prosaschriften vor. Keine Erzählungen im engeren Sinn. Eher Versuche. Versuche, einen eigenen Weg zu finden... Für Prosa... Einen für mich neuen Weg. Ja, Sie sehen, arbeiten will ich hier, vor allem, und mich konzentrieren.«
»In einem Italien-Gedicht Ihres letzten Buches schrieben Sie einmal: »Da fiel mir Leben zu«.«
»Ich hoffe, es wird wieder Leben sein.« *Gustav René Hocke*

Hamburger Anzeiger vom 31. Januar 1957

Fotos (2): Renate von Mangoldt

Christa Wolf

Sehend werden, sehend machen

Sehend werden, sehend machen: ein Grundmotiv in den Werken der Ingeborg Bachmann. Das Gedicht „An die Sonne", ihre Rede „Die Wahrheit ist dem Menschen zumutbar" und das Prosastück „Was ich in Rom sah und hörte" gehören zusammen. Man sieht, wie sie zu sehen beginnt; wie ihr die Augen aufgehen, wie ihr Hören und Sehen vergeht. Wie sie Stolz zieht aus dem, was sie sehen konnte („der Stolz dessen, der in der Dunkelhaft der Welt nicht aufgibt und nicht aufhört, nach dem Rechten zu sehen"), Beglückung („Nichts Schönres unter der Sonne als unter der Sonne zu sein...") und Einsicht: „Ich hörte, daß es in der Welt mehr Zeit als Verstand gibt, aber daß uns die Augen zum Sehen gegeben sind."

Sehen, einsehen, durchschauen: „Denn es ist Zeit, ein Einsehen zu haben mit der Stimme des Menschen, dieser Stimme eines gefesselten Geschöpfs, das nicht ganz zu sagen fähig ist, was es leidet..." Das Klassische: „...gab mir ein Gott, zu sagen, was ich leide", wird aufgehoben, bezweifelt, unpolemisch bestritten. „Nicht ganz" — Fixierung einer anderen, späteren Erfahrung. Ein Grunderlebnis der Ingeborg Bachmann: Sie hat als Dichter der Summe von Erfahrung, die in der Welt ist, redlich ihre eigene hinzuzufügen. Ihre Sache ist es, den Mut zur eigenen Erfahrung immer neu in sich zu erzeugen und ihn gegen die wahrhaft überwältigende Masse und die entmutigende Herrschaft leerer, nichts sagender und nichts bewirkender Phrasen zu behaupten. Selbstbehauptung ist ein Grundantrieb ihrer Dichtungen — nicht schwächlich als Selbstverteidigung, sondern aktiv: Selbstausdehnung, auf ein Ziel gerichtete Bewegung. Auch: sich stellen, das Eigene, auch die eigene Schwäche, vorweisen, getroffen werden, wieder hochkommen, das Zentrum des Gegners erneut angreifen, andauernd selbst im Lebenskern gefährdet sein... Selbstbehauptung als Prozeß. Rein dargestellt in dem Prosastück „Was ich in Rom sah und hörte", das sie, seltsam genug, unter die Essays einreiht. Ein Versuch — aber so könnte man alles nennen. Versuch, sich eine Stadt anzueignen. Eine Souveränität wiederzugewinnen, die durch Unterwerfung verlorengegangen war. Ihrer Herr zu werden durch Benennung. Den Zauber des genauen, sinnlichen Wortes wieder einmal zu probieren — ob es denn wirklich noch die Kraft hat, zu binden und zu lösen. [...]

Aus: Die zumutbare Wahrheit. Die Prosa der Ingeborg Bachmann. In: Die Dimension des Autors. Luchterhand Verlag, Darmstadt/Neuwied 1987, S. 88 f.

Ingeborg Bachmann / **AN DIE SONNE**

Schöner als der beachtliche Mond und sein geadeltes Licht,
Schöner als die Sterne, die berühmten Orden der Nacht,
Viel schöner als der feurige Auftritt eines Kometen
Und zu weit Schönrem berufen als jedes andre Gestirn,
Weil dein und mein Leben jeden Tag an ihr hängt, ist die Sonne.

Schöne Sonne, die aufgeht, ihr Werk nicht vergessen hat
Und beendet, am schönsten im Sommer, wenn ein Tag
An den Küsten verdampft und ohne Kraft gespiegelt die Segel
Über dein Aug ziehn, bis du müde wirst und das letzte verkürzt.

Ohne die Sonne nimmt auch die Kunst wieder den Schleier,
Du erscheinst mir nicht mehr, und die See und der Sand,
Von Schatten gepeitscht, fliehen unter mein Lid.

Schönes Licht, das uns warm hält, bewahrt und wunderbar sorgt,
Daß ich wieder sehe und daß ich dich wiederseh!

Nichts Schönres unter der Sonne als unter der Sonne zu sein...

Nichts Schönres als den Stab im Wasser zu sehn und den Vogel oben,
Der seinen Flug überlegt, und unten die Fische im Schwarm,
Gefärbt, geformt, in die Welt gekommen mit einer Sendung von Licht,
Und den Umkreis zu sehn, das Geviert eines Felds, das Tausendeck meines Lands
Und das Kleid, das du angetan hast. Und dein Kleid, glockig und blau!

Schönes Blau, in dem die Pfauen spazieren und sich verneigen,
Blau der Fernen, der Zonen des Glücks mit den Wettern für mein Gefühl,
Blauer Zufall am Horizont! Und meine begeisterten Augen
Weiten sich wieder und blinken und brennen sich wund.

Schöne Sonne, der vom Staub noch die größte Bewundrung gebührt,
Drum werde ich nicht wegen dem Mond und den Sternen und nicht,
Weil die Nacht mit Kometen prahlt und in mir einen Narren sucht,
Sondern deinetwegen und bald endlos und wie um nichts sonst
Klage führen über den unabwendbaren Verlust meiner Augen.

Aus: anrufung des großen bären. R. Piper Verlag, München 1956, S. 70 f.

Ingeborg Bachmann

25.6.1926 Klagenfurt – 17.10.1973 Rom

Tochter eines Lehrers. Matura 1944; ab 1945 Studium der Philosophie, Germanistik und Psychologie; Promotion 1950 mit einer Arbeit über die Heidegger-Rezeption. 1950/51 Reise nach London und Paris. Bis 1953 Redakteurin am Sender Rot-Weiß-Rot in Wien. 1953-57 freie Schriftstellerin in Rom. 1957/58 Redakteurin beim Bayerischen Rundfunk. 1958-62 abwechselnd in Rom und Zürich.
1959/60 erste Gastdozentin für Poetik an der Universität Frankfurt/M. 1963-65 freie Schriftstellerin in Berlin. Seit Ende 1965 wieder in Rom. 1973 Reise nach Polen. I. B. starb an den Folgen eines Brandunfalles.
Preise: Preis der Gruppe 47 (1953); Fördergabe des Kulturkreises im Bundesverband der Deutschen Industrie (1955); Literaturpreis der Freien Hansestadt Bremen (1957); Hörspielpreis der Kriegsblinden (1958); Kritikerpreis (1961); Georg-Büchner-Preis (1964); Großer Österreichischer Staatspreis für Literatur; Anton-Wildgans-Preis der Vereinigung Österreichischer Industrieller (1971).
Werkauswahl: Die kritische Aufnahme der Existentialphilosophie Martin Heideggers. Diss. masch. Wien 1950. – Die gestundete Zeit. Gedichte 1953. – Die Zikaden. in: Hörspielbuch 1955. – Der Idiot. Ballett. Musik von Hans Werner Henze. 1955. – anrufung des großen bären. gedichte. 1956. – Der gute Gott von Manhattan. Hörspiel 1958. – Der Prinz von Homburg. Oper nach Kleist. Musik: H. W. Henze. 1960. – Das dreißigste Jahr. Erzählungen. 1961. – Malina, Roman. 1971. – Simultan. Neue Erzählungen. 1972. – Werke. In 4 Bänden. Hg. von C. Koschel, I. v. Weidenbaum, C. Münster. 1978. – Der Fall Franza. Requiem für Fanny Goldmann. 1979. – Wir müssen wahre Sätze finden. Gespräche und Interviews. 1991. – Todesarten-Projekt. Kritische Ausgabe. 4 Bde. 1995.
Über I. B.: Kein objektives Urteil - nur ein lebendiges. Texte zum Werk von I. B. Hrsg. v. C. Koschel / I. v. Weidenbaum. 1989.

Foto: Leonore Mau

GERD OELSCHLEGEL *

Bremer Literaturpreis 1957 für „Romeo und Julia in Berlin. Schauspiel", Rowohlt Theater-Verlag, Reinbek 1956

Rudolf Alexander Schröder

Berliner Vorstadtdrama

[...] Ich denke aus dem Zauberkreis ihrer [I. Bachmann, W. E.] Töne und Bilder hinüber in die mit innerer Notwendigkeit amorphere Sprach- und Gefühlssphäre des Berliner Vorstadtdramas, innerhalb derer Gerd Oelschlegels Liebespaar zusamt seinen Komparsen Repräsentant einer zwar nicht im Sinne der faustischen Helena, aber in jenem gängigen Sinne unmündigen Welt dumpfen, rat- und hilflosen Tuns, Erlebens und Erleidens ist und sein muß, um durch die unbehebbare Auswegslosigkeit seiner aus eigenem und fremdem Irrtum erflossenen Lebens- und Sterbensnot uns das „tat twam asi" entgegenzuhalten, das „tua res agitur", das „Du bist's und um Dich selbst und Deine eigne Sache geht's". Und nun frage ich mich: Was ist es, das uns aus jener lichten Oberwelt des wechselvollen geistbeschwingten Anrufs [I. Bachmanns, W. E.] und aus der tonlosen Trübsalsnacht jener Berliner Montecchi und Capuletti, ihrer Helfershelfer und ihrer Opfer mit der einhelligen Gewalt anrührt, die wir seit je gewohnt sind, dichterisch zu nennen, weil sie — und solcherart nur sie — uns zwingt, ein uns in der Gestalt des Gleichnisses vor die Seele Gerufenes in unserem eigenen Inneren nach- und mitzuerleben und uns ihm in irgendeiner Art — sei es für den Moment, sei es für ganze Lebenszeiten — anzuverwandeln. Formale Gesichtspunkte scheiden aus, die Verbindungslinien laufen anders. Ich wüßte ihrer eine ganze Reihe, habe aber nicht die Absicht, hier ein literarisches Seminar zu halten oder uns alle in die Gefahr eines angebrannten Mittagessens zu bringen. So nenne ich für viele nur eine und nenne sie aus vielen Gründen mit dem kältesten, dem nüchternsten, dem unerfreulichsten Namen, der mir zur Verfügung steht: Die politische Linie. [...]

R. A. Schröder mit den Preisträgern 1957: Gerd Oelschlegel und Ingeborg Bachmann. Foto: Lohrisch-Achilles

Daß im übrigen in Inge Bachmanns sehr persönlich konzipierter und intendierter Dichtung das im engeren Sinn Politische sich hinter dem rein erlebnishaft Erfaßten und Geäußerten mehr verbirgt als zeigt, begreift sich ohne weiteres. Anders das Drama Gerd Oelschlegels; es gehorcht dem Gesetz seiner Gattung, die da, wo sie streng — und das heißt: nicht mit gelegentlichen Lyrismen verbrämt — sich in den ihr eigentümlichen Grenzen hält, nicht die Hereinnahme der von außen her zuströmenden Erlebnisfülle und Erlebnissymbolik in das eigene Innere und damit ihre subjektive Identifikation betreibt, sondern das Objektwerden einer inneren Gesamtschau durch ihre Aufgliederung und ihre Zuteilung an eine Anzahl Handelnder und die durch ihr Tun heraufbeschworenen gleichnishaften Situationen. Symbolkraft auf beiden Seiten, nur von entgegengesetzten Enden her gewonnen. [...]
Von innen her führt die Handlung uns aus der Enge des bürgerlichen, des

* *Gemeinsam mit Ingeborg Bachmann*

politischen Terrors, seiner Folterkammern und seiner Mordregeln, in die unauslotbare Tiefe des menschlichen Herzens und Gewissens. Es geht ja im Grunde nicht um den einen Fall unglücklich verlaufener Flucht über den Grenzstrich. Es geht — oder sagen wir besser: es ginge, wenn es gehen wollte — um die Flucht nicht nur ein paar armseliger Kleinbürger, sondern des Weltbürgers Mensch aus dem Gefängnis, in dem seit Adams und Kains Tagen Gewalt und Unrecht zugefügt und erlitten werden. Wenn der Kneipwirt Lünig angesichts der Katastrophe, die er ausgelöst hat und die er doch zuletzt gern verhindert hätte, sagt — „Wir müssen jetzt die Tür aufmachen", so denkt er neben dem im Moment Gegebenen in seinem unmündigen Herzen auch an die Tür des großen Gefängnisses. [...]

Aus der Laudatio vom 26. Januar 1957

Gerd Oelschlegel

Angerührt

Lieber, sehr verehrter Herr Rudolf Alexander Schröder, ich möchte mich — zugleich im Namen von Frau Ingeborg Bachmann — bedanken für die guten und schönen Worte, die Sie uns gesagt haben und, ich glaube, die uns beide sehr getroffen haben und uns beide dort angerührt haben, wo ich Sie jetzt gern erreichen möchte mit meinem Dank, mit meinem herzlichen Dank; und ich danke zugleich dem Senat der Hansestadt Bremen, und ich danke Herrn Senator für die Überreichung des Preises.

Gerd Oelschlegel

Romeo und Julia in Berlin

Aus dem 6. Bild

Judith: Vater, hör mich an . . .
Lünig: Was ist denn, mach schnell.
Judith: Du mußt mich jetzt anhören, Vater. Ohne zu schreien und ohne . . .
Lünig: Was willst Du von mir? Jetzt?
Judith: Vater, ich . . . Karl und ich . . .
Lünig: Karl?
Judith: Er ist hier.
Lünig: Karl? Der junge Brink?
Judith: Vater . . . Karl und ich . . . mein Gott, wir haben uns jeden Tag getroffen, seit damals, seit der Feier hier . . . der Verlobungsfeier . . . Mein Gott, versteh mich doch, Vater. Du hast doch selbst gesagt . . . zu mir gesagt . . .
Lünig: Was habe ich gesagt?
Judith: Du hast doch selbst gesagt, daß ich immer allein bin und daß ich . . .
Lünig: Das ist nicht wahr . . . daß Du und der Brink, der Sohn von dem Brink . . . daß er hier bei mir . . . daß Du ihn hier versteckst . . . Hier in meinem Lokal.
Judith: So versteh mich doch, Vater.
Lünig: Nichts versteh ich . . . jetzt sind sie in der Wohnung . . . jetzt kommen sie zu mir . . .
Judith: Vater, ich konnte es Dir doch nicht sagen . . . ich habe es ja versucht . . .
Lünig: Was ist das, was meine Tochter mir nicht sagen kann . . . antworte?
(Klopfen und Schlagen an die Tür vom Flur der Wohnung zur Kneipe.)
Judith: Wir haben . . .
Lünig: Ihr habt?
(Trommeln an die Tür)
Polizist (durch die geschlossene Tür vom Flur): Aufmachen, Aufmachen! Hören Sie Lünig: Aufmachen!
Judith: Wir haben geheiratet, Vater.
Lünig: Das ist nicht wahr?
Polizist: Machen Sie auf, Lünig! Der junge Brink muß bei Ihnen sein! Hören Sie, Lünig, machen Sie keine Dummheiten!
[...]
Lünig: Ich habe nichts damit zu tun. Ich will nichts mit ihm zu tun haben . . . nichts! Verstehtst Du. Wenn es wahr ist, dann ist es Deine Sache.
Polizist: Lünig! Öffnen Sie! Wir schlagen sonst die Scheiben ein.
Judith: Vater . . . *(leise und eindringlich)* . . . Du hast heute abend etwas gesagt. Erinnerst Du Dich? Es ist doch nicht wahr, daß es für Dich zu spät ist. Es ist doch nie zu spät. Hör mich doch, Vater. Es ist doch nicht wahr, daß Du dann umsonst gelebt hast. Vater, tu es für mich. Für mich, Vater. Du weißt wie kein anderer, was sie mit ihm tun werden . . . Vater . . .

Aus: Romeo und Julia in Berlin. Rowohlt Theater-Verlag, Reinbek 1956, S. 104 f.

Johannes Jacobi

Fähnleinführer der Verzweifelten

Herbei holte man, da sich gerade drei Uraufführungen an den Bühnen der Hansestadt häuften, den dreißigjährigen Dramatiker *Gerd Oelschlegel.* Sein gleichzeitig an vier Bühnen gestartetes Stück bot mit dem Titel „Romeo und Julia in Berlin" wenigstens dem Shakespeare-Übersetzer R. A. Schröder eine — wenn auch dichterisch nicht tragfähige — Verständnisbrücke. Der berühmte Nestor scheint sich an Werktiteln zu orientieren. Begriffe strapazierend, mühte er sich als pflichtmäßiger Lobredner, „eine politische Linie" als geistiges Band zwischen Oelschlegel und der Bachmann zu spinnen.

Der Bremer Kompromiß wäre weniger peinlich verlaufen, hätte man Schröder darauf hingewiesen, daß gleichzeitig mit den Städtischen Bühnen in Essen die Bremer Kammerspiele ein Stück von *Hermann Gressieker* zur Uraufführung vorbereitet hatten: „Heinrich VIII. und seine sechs Frauen". Geist und Form dieses Werkes hatten schon die Jury des Berliner Gerhart-Hauptmann-Preises der Freien Volksbühne zu einer Auszeichnung außer der Reihe bewogen. Doch auch das christliche Gewissen des Bremer Literatur-Patriziers hätte beruhigt in diesem Faust-Drama der „Neuzeit" die Abrechnung mit dem Zweifel und das Ende des Rationalismus quittieren dürfen. Statt dessen erlag Schröder einem Scheinappell Oelschlegels an das nationale Gewissen.

Wiederholt auf sich als „Dr. theol." hinweisend, hatte der greise Glaubenshüter in Literaturbezirken gar nicht bemerkt, daß er aus Bedenklichkeit gegen unchristliche Anwandlungen der Bachmann prompt einem den Glauben verschmähenden Nihilisten auf den Leim gegangen war. [...]

„Das Weltbild des heutigen Menschen ist das Weltbild eines Nihilisten." So schreibt Oelschlegel. „Darüber vermögen auch die Institutionen nicht hinwegzutäuschen, die mit ihren Lehren, Dogmen und Programmen einen ehrlichen und verzweifelten Kampf führen, diese Entwicklung aufzuhalten [...] Während die Älteren vor diesem aus der Verzweiflung, ‚aus dem nicht mehr glauben können', geborenen Nichts noch zurückschrecken, ist es den Jungen bereits selbstverständlich geworden." Nach „erhaltenden Kräften" sucht freilich auch dieser Fähnleinführer der Verzweifelten. In dieser Situation entdeckt er das Theater und empfiehlt es, genau besehen, als eine Art Kirchenersatz — eine typische Idee des 19. Jahrhunderts. Zwar verlangt Oelschlegel vom Verzweifelten, der das Nichts fruchtbar machen soll, „die Entscheidung zwischen Gut und Böse", weiß als Kriterium auch nichts anderes als „die Liebe zum Nächsten", also ein christliches Relikt, anzugeben. Doch nach dieser Koketterie mit einem sich selbst ad absurdum führenden Nihilismus, kneift nun der „Dramatiker" Oelschlegel. Er bekennt sich zu einem Theater, „in dem wir den Menschen wiederfinden, seine Sorge, seine Not, seine Verlorenheit, seine Angst, seine Liebe, seine Lüge — nur eins nicht, seine Antwort." Die Antwort will Oelschlegel freundlicherweise den Zuschauern überlassen. Wir fürchten, mit dieser Ausflucht wird der Autor gerade bei seinen Generationsgenossen wenig Gegenliebe finden. Junge Menschen verlangen mehr denn je nach Symbolen, nach Wegweisung. Oelschlegel tauft seine Theorie der geistigen Enthaltsamkeit „objektives Theater".

Was das ist, zeigt sein Stück. Breit schildert es einen „Krach im Hinterhaus", Wohnungsstreitigkeiten in einer Berliner Kneipe zwischen dem Pächter Lünig und dem Hausbesitzer Brink, der jenem ein Zimmer streitig macht. Auf dieses hundertmal und besser dagewesene soziale Milieustück werden politische Etiketts geklebt: Der Kneipenwirt ist Kommunist, dreißig Jahre Parteimitglied, der Hausbesitzer „Reaktionär" und CDU-Mitglied. Das Haus steht im Ostsektor Berlins, dicht am Grenzstrich, Zeit 1953. Der CDU-Sohn und die KP-Tochter lernen sich lieben, nachdem „Romeo" aus dem Uranbergbau geflohen ist und, von „Julia" vor dem SSD geschützt, den rettenden Westsektor erreicht hat.

Brüchig ist auch die zweite Lackschicht auf der Revolverschnulze: der Titelbezug auf Shakespeare. Würden nach den tödlichen Voposchüssen auf „Romeo" Brink nun wenigstens KP-Denunziant Lünig und der bockige CDU-Vater versöhnt wie Montague und Capulet! Der Wohnungskniest und das Parteiabzeichen der Alten ist doch durch die Liebe der Jungen überspielt worden. Statt dessen bleibt der Reaktionär ohne Reaktion, und der Kommunist, dem Oelschlegel die bessere Rolle geschrieben hat, spricht das pseudosymbolische, weil falsch gezielte Schlußwort: „Wir müssen jetzt die Tür aufmachen." Rudolf Alexander Schröder meint, „der Kneipwirt Lünig denkt... in seinem unmündigen Herzen auch an die Tür des großen Gefängnisses". Weit gefehlt: Vor der Tür, die da symbolisch aufgetan werden soll, steht — die Polizei. [...]

DIE ZEIT vom 28. Februar 1957

Gerd Oelschlegel

28. 10. 1926 Leipzig
– 15. 7. 1998 Herrsching

Als Soldat im 2. Weltkrieg, danach Studium an der Kunstakademie in Leipzig. 1948 Umzug nach Westdeutschland. Studium der Bildhauerei bei Gerhard Marcks an der Landeskunstschule in Hamburg. Danach als freier Schriftsteller tätig. O. galt bald als Vertreter des neorealistischen „objektiven Theaters" und Spezialist des kurzlebigen neuen Genres „Ost-West-Stück". In den 50er und 60er Jahren zahlreiche Hör- und Fernsehspiele zu dieser Thematik, seither überwiegend Autor von Serien im Werberahmenprogramm des Fernsehens. Sein jüngstes Stück wurde vom Ernst-Deutsch-Theater in Hamburg uraufgeführt. Lebte lange Zeit in Hamburg, zuletzt in Herrsching am Ammersee, wo er 1998 verstarb.

Preise: Lessingpreis-Stipendium der Freien Hansestadt Hamburg (1956); Literaturpreis der Freien Hansestadt Bremen (1957).

Werkauswahl: (Dramen, Hör- und Fernsehspiele): Romeo und Julia 1953. 1953. – Verlorene Söhne. 1955. – Die tödliche Lüge. 1956. – Staub auf dem Paradies. 1957. – Einer von sieben. 1960. – Strips. 1961. – Ein Lebenswerk. 1961. – Der Flüchtling. 1961. – Sonderurlaub. 1963. – Die Entscheidung. 1963. – Die Bürgermeister. 1964. – Die Gardine. 1964. – Das Haus. 1965. – Das Experiment. 1966. – In aller Stille. 1967. – Hochspannung. 1967. – Die Kinder von Gelnhausen. 1968. – Die Tauben. 1969. – Die letzte Selektion. 1986.

Über G. O.: M. Brauneck (Hrsg.): Autorenlexikon deutschsprachiger Literatur des 20. Jahrhunderts. Hamburg 1984. S. 460f.

Foto: dpa

Bremer Literaturpreis 1958 für „Mohn und Gedächtnis" / „Von Schwelle zu Schwelle", Deutsche Verlags-Anstalt, Stuttgart 1952/1955

Erhart Kästner

Rede für Paul Celan

R. A. Schröder und Paul Celan. Foto: Rosemarie Rospeck

[...]Es gibt unter den Gedichten Paul Celans einige, die im Verzicht auf Verständlichkeit, auf gewohnte Logik weitergehen als alles, was bisher in Deutschland gewagt worden ist. So das Gedicht, das ich (auch dieser Augenblick ist mir gut in Erinnerung geblieben) als zweites las: vom Kirschbaum und dem Knirschen von eisernen Schuhen, das offenbar rein lautverbindlich daraus folgt, dem demantenen Sporn, dem Schild und der Halbzeile: »Aus Helmen schäumt dir der Sommer [...]« — einem halb panisch-bukolischen, halb heraldischen, ritterspornig-eisenhutigen Gartenstück von großer Genauigkeit und unvergeßlicher Wahrheit; die Existenz dieses unbeschuhten Sommerphantoms, dieser Lufterscheinung ist ganz gewiß. Dabei ist alles vielleicht bloß aus Anklängen, aus Bilderketten und wörtlichen Wahlverwandtschaften gemacht, eine Sache der Worte unter sich sozusagen, eine Angelegenheit, die sie unter sich ausmachen sollen.

Indessen, ich glaube, man sollte sich mit der Annahme eines so in sich gekehrten, in sich versunkenen Wortspiels nicht zu schnell begnügen. Rätselworte, Schlüsselworte: man wird sich wohl hüten, sie aufzulösen, weil sie dann sofort ihr Geheimnis verlören. Man wird sich aber auch hüten müssen, sie *nicht* aufzulösen und sie bloß so, ohne Rechenschaft, am Ohr vorbei- und vorübertriefen zu lassen. Ich glaube, das tut man nur allzu willig in den modernen Galerien, Ausstellungen und literarischen Stuben, wo es sich eingeführt hat, so zu tun, als ob man natürlich verstünde —: im Vertrauen darauf, daß es den anderen ebenso geht, eine stille gegenseitige Abmachung. Aber so ist das ja gar nicht, so will die Kunst unserer Tage sich doch gar nicht verstehen, das würde schlecht passen zu ihrem intellektuellen Charakter, zu ihrem oft festgestellten Laboratoriums- und Alchemistencharakter, zu ihrer Neigung zur Feinmechanik, zur Präzision; schlecht passen auch zu ihrem Arbeitscharakter in diesem Jahrhundert des Arbeiters, zu der ganz und gar anderen Beziehung des Dichters zur Muse — wenn er mit dieser schwer mitgenommenen mythischen Figur überhaupt noch zu rechnen gewillt ist, aber sofern er Dichter ist, muß er.

Ich denke also, das kann der Sinn der schweren Verschlüsselung und Verrätselung nicht sein, die doch so bezeichnend ist für die Kunst unserer Tage und auf die zu verzichten, sich kaum einer ringsum entschließt. Es kann nicht ihr Sinn sein, daß man sich vor verschlossenen Toren vergnügt. Ich meine, wo Verschlüsselung ist, ist auch Aufschluß: das Wort sagt es, und das Wort kann nicht lügen, das tun höchstens wir mit dem Wort, indem wir abfallen. Wo Verschlüsselung ist, da ist Aufschluß, wo Rätsel ist, da ist Rat, das Wort sagt es. Ich bin durch-

EIN Knirschen von eisernen Schuhn ist im Kirschbaum.
Aus Helmen schäumt dir der Sommer. Der schwärzliche Kuckuck
malt mit demantenem Sporn sein Bild an die Tore des Himmels.

Barhaupt ragt aus dem Blattwerk der Reiter.
Im Schild trägt er dämmernd dein Lächeln,
genagelt ans stählerne Schweißtuch des Feindes.
Es ward ihm verheißen der Garten der Träumer,
und Speere hält er bereit, daß die Rose sich ranke . . .

Unbeschuht aber kommt durch die Luft, der am meisten dir gleichet:
eiserne Schuhe geschnallt an die schmächtigen Hände,
verschläft er die Schlacht und den Sommer. Die Kirsche blutet für ihn.

Aus: Gesammelte Werke. Bd. 3. Suhrkamp Verlag, Frankfurt/Main 1983, S. 48

aus so gelehrt und ich glaube mit vielen, daß das Wort wissender ist als ich, der es im Mund führt; es ist dies der Glaube Mallarmés und Valérys und nach ihnen der gesamten Moderne: ein Theologicum ohne Zweifel, vielleicht ein Kryptotheologicum, also doch eins.
Also, wo Rätsel ist, da ist Rat, wo Verschlüsselung, da ist Aufschluß: es wäre denn Afferei und Geschwätz, was als Rätsel auftritt und was als Schlüssel sich gibt. Rebus: so wird seit alters eine gewissen Form des Rätsels genannt, rebus, durch Dinge, durch Bilder. Das Wort, wörtlich genommen, gibt Rat. Im Süddeutschen, also mundartlich, wird auch heut noch das Wort »Rätsel« schlechthin für »Gedicht« oder »Traum, Traumgesicht, Traumbild« verwandt: eben das, was ins Leben als Fragendes tritt, zwingt, nachzusinnen, nicht losläßt, woraus aber, wenn man nachsinnt und nur genug nachsinnt, schon Rat wächst. Rätsel: was Rat gibt, woraus alsdann Rettendes wächst. So ist Wort eben Rätsel, Wort und Gedicht. Bloß in der ganz entzauberten Sprache der neuen Wissenschaft, da ist Ratlosigkeit. Da ist natürlich kein Rat. Da ist das Wort bloß Vokabel.
Also, wo Verschlüsselung ist, da ist Aufschluß, wo Rätsel, da Rat. Wäre man sich dessen nicht so sicher im Falle dieser Gedichte, so würde man weit geringer über sie denken, als wir es in der Tat tun. Dann könnte man wenig mehr hinter ihnen erblicken als eben, wie so oft, ein Studio, ein Atelier; dann würde ihr Verfasser nichts weiter sein als eben ein weiteres jener nicht gerade seltenen neuen Talente mit einer neuen, einer sogenannten persönlichen Note, einer eigenen Vokabelsammlung, die eine Zeitlang ein bißchen neu ist, einer Marottensammlung, einer Spezialität, einer neuen Montage, oder etwa einer besonderen Botanik oder einer besonderen Grammatik oder, was immer forthilft, einer besonderen Exotik oder, unstreitig am besten, einer besonderen Dämonik —: glaubten wir, in Paul Celan bloß einen Meister solcher Kunstgriffe gefunden zu haben, wir liebten seine Gedichte nicht so, wie wir sie in der Tat lieben. Denn so war es doch, als vor fünf oder sechs Jahren in Literaturzeitschriften und Jahrbüchern einige dieser Gedichte auftraten, dann in die beiden schwarzen Bändchen gesammelt, die jetzt zu denen gehören, die man als ein Erkennungszeichen betrachtet, wenn man sie in einem fremden Bücherschrank oder auf dem Tisch einer Wohnung bemerkt, die man zum ersten Male betritt, als ein freundliches Einverständnis mit dem Besitzer und eine Gewähr —: so war es doch, daß gleich viele den Zauber dieser Stimme, dieser Verse wahrnahmen. Und eben nicht bloß den Zauber; Zauber ist Netz, Zauber ist, womit Verse und Bilder einfangen; so kommt es, daß wir, gefangen, ein Bild, einen Vers forttragen und erst nach Jahren und Jahren verstehn: jeder kennt das aus Jugendtagen, aus früher Begegnung mit Dichtung. Indessen, Zauber ist doppelwertig, Magie kann auch leer, Faszination kann auch trügerisch sein; Kunst hat in jedem Fall Zauber, aber was den Zauber hat, braucht nicht in jedem Fall Kunst sein. Ich glaube indessen, für viele Freunde von Celan zu sprechen, wenn ich sage: diese Gedichte wurden von Anfang an deshalb geliebt und bewundert, weil größer als ihr Zauber, der groß ist, die Kraft ist, die in ihnen und über ihnen gespürt wird: Liebeskraft, Leidenskraft, also Lebenskraft, das ists.
In den genauen Bildern, die sich beim Lesen und Hören dieser Gedichte einstellen (ich bemerke übrigens, daß für mich das zweite, spätere Bändchen die vollendeteren, ausgeglühteren, einfacheren Gedichte enthält), teilt sich dem Leser etwas von jener Zuversicht mit, die sich einstellt, wenn man einen einsamen Künstler ausharren, bestehen und unbeirrt fortschreiten sieht. Lyrik ist Lebenskampf, alle Kunst ist nichts anderes, natürlich. Gedicht, das ist Kampf um eine Wirklichkeit, um die Gewinnung von Wirklichkeit: jedes Bild eine Breite gewonnener Heimat, jedes

Gedicht eine Hufe zurückgewonnenen Lands, jeder Satz, der diesen Namen verdient, eine erschlossene, wiedererschlossene Fremde. Wirklichkeit, in der wirklich und eigentlich gelebt werden kann, wird einzig auf solche Weise erstritten; ist sie von einzelnen wahr und wirklich gemacht, so leben die Hunderttausend davon, auch solche, denen im Schlaf nicht einfällt, man könne von so etwas leben. Aber doch, es fällt ihnen schon ein. Auch den härter Verpackten begann es zu dämmern, daß das, was so Realität im Sinne der neueren Wissenschaften genannt wird, das Sinnloseste, Verzweifeltste und gespenstisch Unwirklichste auf der weiten Welt ist. Und dann finde ich auch (neben vielem, das ich jetzt nicht alles sagen und rühmen kann, denn meine Rede- und Lobezeit ist bemessen), finde ich auch, daß diese Gedichte Schicksal tragen und haben. Ich meine jetzt nicht, daß sie Biographie haben, von der ich nichts weiß, die wohl dasein kann, aber ich kann es nicht wissen, sie ist in jedem Falle weit weg, außer Ruf-, außer Hörweite. Ich meine also nicht einen Lebensstoff, den ich nicht kenne, aber ich spüre, daß so etwas da ist, ich spüre eine Last, ein Gewicht, einen Mut, eine Trauer, spüre Überwindung und Drängen und Treiben. Es kann gut sein, daß ich dieses und jenes Gedicht falsch verstehe, in der Weise, wie ich es zu hören, zu lesen, mir auszulegen versuche; kann sein, daß ich es ziemlich anders verstehe als es gemeint ist, und so wird es auch Anderen gehen. Aber das macht nichts, das ist nicht so wichtig im Vergleich zu dem Umstand, daß diese Gedichte bedrängen, daß sie überfallen, daß sie zu einer wie immer gearteten Vorstellung zwingen. Wer schreibt, kann nicht wissen, welche Bilder er in Seelen erzeugt; aber Bilder, wie immer geartete Bilder muß er, *muß* er erzwingen. Welche es sind, und daß es wohl immer andere sind, das kann er bloß ahnen, darüber hat er nicht Macht. Das muß er schon dem Geschriebenen überlassen.
So ist es überhaupt, und mir scheint, im Fall dieser Verse besonders. Offenbar haben sich einige dieser Gedichte von ihrem Dichter gelöst, sind abgeschwebt, ziehen eigene Bahn, arbeiten, erleben auf eigene Faust, und einige sind ganz weggelaufen und haben sich trotzig selbständig gemacht. Weiß der Himmel, was alles so ein zartes und zähes, energisch-widerständiges Geschöpf dann erlebt. Wem es wohl so erscheint? Was es dem zuspricht? Weiß es der Himmel. Nicht selten wird das ziemlich verschieden von dem sein, was man ihm auftrug, mindestens eine zweite Kontur, eine Mehrlinigkeit, eine Schwingung. Da muß sich manchmal der eigene Erzeuger sehr wundern. Doch dann muß er sich sagen: Verständnis ist Mißverständnis, immer und immer, wie Umwege Wege. So läßt er sie machen. Sagen sie auch ein bißchen was anderes als er ihnen gesagt hat, das macht nichts. Das ist eingerechnet, dafür sind sie ja Rätsel und Schlüssel. Dafür sind sie ja Boten. Irdische? Himmlische? wie immer: ein bißchen Freiheit muß man Boten bei ihrer Ausrichtung auch lassen.

Aus der Laudatio vom 26. Januar 1958

Paul Celan signiert. Foto: Rosemarie Rospeck

Paul Celan

Beglückender Brief

Sehr verehrter Herr Regierungsdirektor!
Soeben erreicht mich, auf dem Umweg über meine frühere Adresse, Ihr so ungemein freundlicher, Ihr so beglückender Brief. Daß ich am achtzigsten Geburtstag Rudolf Alexander Schröders den Preis der Freien Hansestadt Bremen empfangen soll: Diese Nachricht gehört für mich zu den schönsten, die mich je erreicht haben! Und so muß ich mir, da solches mir zuteil wird, auch die Frage stellen: Hast du's auch verdient! Und mir sagen: du mußt es dir verdienen, morgen und später.
Ich bitte Sie, sehr verehrter Herr Regierungsdirektor, auch dem Herrn Senator für Bildungswesen und den anderen Mitgliedern Ihres Preisrichter-Kollegiums meinen herzlichen Dank zu vermitteln.
Ich freue mich auf die Gelegenheit, anläßlich der Ehrung Rudolf Alexander Schröders in Bremen sagen zu dürfen, was ich empfinde.
Mit dem Ausdruck meiner aufrichtigen Dankbarkeit und meinen sehr ergebenen Grüßen,
Ihr Paul Celan

Aus einem Brief an Dr. Lutze (siehe Faksimile/Auszug) vom 17. Dezember 1957 aus Paris

Soeben erreicht mich, auf dem Umweg über meine frühere Adresse, Ihr so ungemein freundlicher, Ihr so beglückender Brief. Daß ich am achtzigsten Geburtstag Rudolf Alexander Schröders den Preis der Freien Hansestadt Bremen empfangen soll: Diese Nachricht gehört für mich zu den schönsten, die mich je erreicht haben! Und so muß ich mir, da solches mir zuteil wird, auch die Frage stellen: Hast du's auch verdient? Und mir sagen: du mußt es dir verdienen, morgen und später.

Ich bitte Sie, sehr verehrter Herr Regierungsdirektor, auch dem Herrn Senator für Bildungswesen und den anderen Mitgliedern Ihres Preisrichter-Kollegiums meinen herzlichen Dank zu vermitteln.

Ich freue mich auf die Gelegenheit, anläßlich der Ehrung Rudolf Alexander Schröders in Bremen sagen zu dürfen, was ich empfinde.

Paul Celan

Maßstäbe

Hochverehrter Herr Bürgermeister!
Bremen ist jetzt wieder fern, entrückt — entrückt ins Nahe und Nächste. Ich werde die Ehrung, die mir dort zuteil geworden ist, nicht vergessen; ich werde nicht vergessen, daß ich sie in einer Stadt entgegennehmen durfte, die von Ihnen regiert wird, in Ihrem Geiste.
Ich glaube, hier sagen zu dürfen, daß die Werte und Maßstäbe, an denen ich mich in meiner Jugend zu orientieren versuchte, wohl zu jenen gehören, die Sie verkörpern.
In aufrichtiger Dankbarkeit, Ihr sehr ergebener Paul Celan

Aus einem Brief an Bürgermeister Wilhelm Kaisen (siehe Faksimile/S. 73) vom 31. Januar 1958 aus Paris

Paul Celan

INS NEBELHORN

Mund im verborgenen Spiegel,
Knie vor der Säule des Hochmuts,
Hand mit dem Gitterstab:

reicht euch das Dunkel,
nennt meinen Namen,
führt mich vor ihn.

Aus: Gesammelte Werke. Bd. 1. Suhrkamp Verlag, Frankfurt/Main 1983, S. 47

Mit dem Ausdruck meiner aufrichtigen
Dankbarkeit und meinen sehr ergebenen Grüßen
Ihr
Paul Celan

Paris, den 31. Januar 1958.

Hochverehrter Herr Bürgermeister!

Bremen ist jetzt wieder fern, entrückt — entrückt ins Nahe und Nächste.

Ich werde die Ehrung, die mir dort zuteil geworden ist, nicht vergessen; ich werde nicht vergessen, daß ich sie in einer Stadt entgegennehmen durfte, die von Ihnen regiert wird, in Ihrem Geiste.

Ich glaube, hier sagen zu dürfen, daß die Werte und Maßstäbe, an denen ich mich in meiner Jugend zu orientieren versuchte, wohl zu jenen gehören, die Sie verkörpern.

In aufrichtiger Dankbarkeit
Ihr sehr ergebener
Paul Celan

Andenken

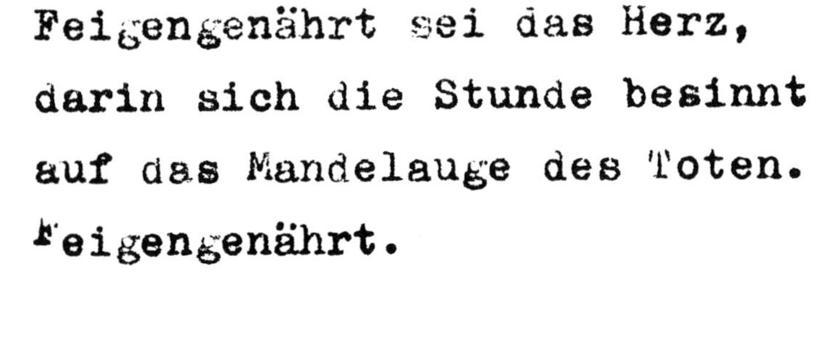

Feigengenährt sei das Herz,
darin sich die Stunde besinnt
auf das Mandelauge des Toten.
Feigengenährt.

Schroff,
im Anhauch des Meers,
die gescheiterte
Stirne,
die Klippenschwester.

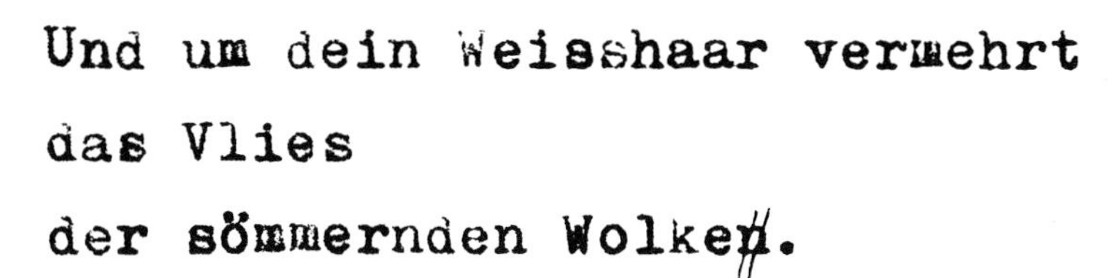

Und um dein Weisshaar vermehrt
das Vlies
der sömmernden Wolke.

Faksimile des Gedichts „Andenken". Aus: Gesammelte Werke. Bd. 1. Suhrkamp Verlag, Frankfurt/Main 1983, S. IX

Paul Celan 1941 in Czernowitz (oben); 1947/48 in Wien

Paul Celan

Denken und Danken

Hochverehrter Herr Bürgermeister der Freien Hansestadt Bremen, meine hochverehrten Herren Senatoren, hochverehrter, lieber Rudolf Alexander Schröder, meine sehr verehrten Damen und Herren!

Denken und Danken sind in unserer Sprache Worte ein und desselben Ursprungs. Wer ihrem Sinn folgt, begibt sich in den Bedeutungsbereich von: „gedenken", „eingedenk sein", „Andenken", „Andacht". Erlauben Sie mir, Ihnen von hier aus zu danken.

Die Landschaft, aus der ich — auf welchen Umwegen! aber gibt es das denn: Umwege? —, die Landschaft, aus der ich zu Ihnen komme, dürfte den meisten von Ihnen unbekannt sein. Es ist die Landschaft, in der ein nicht unbeträchtlicher Teil jener chassidischen Geschichten zu Hause war, die Martin Buber uns allen auf deutsch wiedererzählt hat. Es war, wenn ich diese topographische Skizze noch um einiges ergänzen darf, das mir, von sehr weit her, jetzt vor Augen tritt, — es war eine Gegend, in der Menschen und Bücher lebten. Dort, in dieser nun der Geschichtslosigkeit anheimgefallenen ehemaligen Provinz der Habsburgermonarchie, kam zum erstenmal der Name Rudolf Alexander Schröder auf mich zu: beim Lesen von Rudolf Borchardts „Ode mit dem Granatapfel". Und dort gewann Bremen auch so Umriß für mich: in der Gestalt der Veröffentlichungen der Bremer Presse.

Aber Bremen, nähergebracht durch Bücher und die Namen derer, die Bücher schrieben und Bücher herausgaben, behielt den Klang des Unerreichbaren.

Das Erreichbare, fern genug, das zu Erreichende hieß Wien. Sie wissen, wie es dann durch Jahre auch um diese Erreichbarkeit bestellt war.

Erreichbar, nah und unverloren blieb inmitten der Verluste dies eine: die Sprache.

Sie, die Sprache, blieb unverloren, ja, trotz allem. Aber sie mußte nun hindurchgehen durch ihre eigenen Antwortlosigkeiten, hindurchgehen durch furchtbares Verstummen, hindurchgehen durch die tausend Finsternisse todbringender Rede. Sie ging hindurch und gab keine Worte her für das, was geschah; aber sie ging durch dieses Geschehen. Ging hindurch und durfte wieder zutagetreten, „angereichert" von all dem.

In dieser Sprache habe ich, in jenen Jahren und in den Jahren nachher, Gedichte zu schreiben versucht: um zu sprechen, um mich zu orientieren, um zu erkunden, wo ich mich befand und wohin es mit mir wollte, um mir Wirklichkeit zu entwerfen.

Es war, Sie sehen es, Ereignis, Bewegung, Unterwegssein, es war der Versuch, Richtung zu gewinnen. Und wenn ich es nach seinem Sinn befrage, so glaube ich, mir sagen zu müssen, daß in dieser Frage auch die Frage nach dem Uhrzeigersinn mitspricht.

Denn das Gedicht ist nicht zeitlos. Gewiß, es erhebt einen Unendlichkeitsanspruch, es sucht, durch die Zeit hindurchzugreifen — durch sie hindurch, nicht über sie hinweg.

Das Gedicht kann, da es ja eine Erscheinungsform der Sprache und damit seinem Wesen nach dialogisch ist, eine Flaschenpost sein, aufgegeben in dem — gewiß nicht immer hoffnungsstarken — Glauben, sie könnte irgendwo und irgendwann an Land gespült werden, an Herzland

Die historischen und gegenwärtigen Grenzen in der Bukowina

vielleicht. Gedichte sind auch in dieser Weise unterwegs: sie halten auf etwas zu.

Worauf? Auf etwas Offenstehendes, Besetzbares, auf ein ansprechbares Du vielleicht, auf eine ansprechbare Wirklichkeit.

Um solche Wirklichkeiten geht es, so denke ich, dem Gedicht.

Und ich glaube auch, daß Gedankengänge wie diese nicht nur meine eigenen Bemühungen begleiten, sondern auch diejenigen anderer Lyriker der jüngeren Generation. Es sind die Bemühungen dessen, der, überflogen von Sternen, die Menschenwerk sind, der zeltlos auch in diesem bisher ungeahnten Sinne und damit auf das unheimlichste im Freien, mit seinem Dasein zur Sprache geht, wirklichkeitswund und Wirklichkeit suchend.

Paul Celan

(d. i. Paul Antschel)

23. 11. 1920 Czernowitz (Bukowina) – vermutlich 20. 4. 1970 Paris

Einziges Kind deutschsprachiger Juden, der Vater war Bautechniker. 1938 Abitur am Staatsgymnasium von Czernowitz. Anschließend Medizinstudium in Tours, Frankreich. 1939 Rückkehr nach Czernowitz und Beginn eines Romanistikstudiums an der dortigen Universität. 1940 Besetzung der Bukowina durch sowjetische und Juli 1941 durch deutsche und rumänische Truppen; ab Oktober 1941 mußte die Familie im jüdischen Ghetto von Czernowitz leben. 1942 Deportation der Eltern in ein Konzentrationslager am Bug, wo sie im Herbst desselben Jahres ermordet wurden. C. entging der Deportation und kam später in ein rumänisches Arbeitslager, wo er Zwangsarbeit im Straßenbau zu verrichten hatte. 1944 Rückkehr nach Czernowitz und Wiederaufnahme des Studiums. 1945 Ausreise nach Bukarest, dort Tätigkeit als Verlagsdirektor und Übersetzer. 1947 erste Veröffentlichung von Gedichten in der rumänischen Zeitschrift „Agora"; benutzte zum erstenmal das Anagramm des Familiennamens Antschel/Ancel: Celan. 1947 Umzug nach Wien. Seit 1948 in Paris Studium der Germanistik und Sprachwissenschaft. 1952 Heirat mit der Graphikerin Gisele Lestrange. 1955 Geburt des Sohnes Eric. Ab 1959 Lektor für deutsche Sprache und Literatur an der École Normale Supérieure. Seit 1968 Mitherausgeber der Zeitschrift „L'Ephémère". 1970 Freitod in der Seine.
Preise: Literaturpreis der Freien Hansestadt Bremen (1958); Georg-Büchner-Preis (1960); Großer Kunstpreis des Landes Nordrhein-Westfalen (1964).
Werkauswahl: Der Sand aus den Urnen. Gedichte. 1948. – Mohn und Gedächtnis. Gedichte. 1952. – Von Schwelle zu Schwelle. Gedichte. 1955. – Sprachgitter. Gedichte. 1959. – Gespräch im Gebirg. Prosatext. 1959. – Der Meridian. Rede anläßlich der Verleihung des Georg-Büchner-Preises. 1960. – Gedichte. Eine Auswahl. 1962. – Die Niemandsrose. Gedichte. 1963. – Atemwende. Gedichte. 1968. – Lichtzwang. Gedichte. 1970. – Schneepart. Gedichte. 1971. – Zeitgehöft. Späte Gedichte aus dem Nachlaß. 1976. – Gesammelte Werke. 5 Bde. (einschließlich Übertragungen). 1983. – Das Frühwerk. 1989. – Werke. Historisch-Kritische Ausgabe. 1990 ff. (bisher 4 Doppelbde.). – Werke. Tübinger Ausgabe. 1996 ff. (bisher 2 Bde.). – Die Gedichte aus dem Nachlaß. 1997.
Über P. C.: Israel Chalfen: P.C. Eine Biographie seiner Jugend. Frankfurt 1979. – P. C. Hrsg. v. Werner Hamacker / Winfried Menninghaus. Frankfurt 1988. – John Felstiner: P. C. Eine Biographie. München 1997. – Celan-Jahrbuch 1 (1988) ff.

Fotos (3): Renate von Mangoldt

SCHIBBOLETH

Mitsamt meinen Steinen,
den großgeweinten
hinter den Gittern,

schleiften sie mich
in die Mitte des Marktes,
dorthin,
wo die Fahne sich aufrollt, der ich
keinerlei Eid schwor.

Flöte,
Doppelflöte der Nacht:
denke der dunklen
Zwillingsröte
in Wien und Madrid.

Setz deine Fahne auf Halbmast,
Erinnrung.
Auf Halbmast
für heute und immer.

Herz:
gib dich auch hier zu erkennen,
hier, in der Mitte des Marktes.
Ruf's, das Schibboleth, hinaus
in die Fremde der Heimat:
Februar. No pasaran.

Einhorn:
du weißt um die Steine,
du weißt um die Wasser,
komm,
ich führ dich hinweg
zu den Stimmen
von Estremadura.

Aus: Gesammelte Werke. Bd. 1. Suhrkanp Verlag, Frankfurt/Main 1983, S. 131

ROLF SCHROERS

Bremer Literaturpreis 1959 für „In fremder Sache. Erzählung", Verlag Kiepenheuer & Witsch, Köln/Berlin 1957

„Dichten heißt, sich selbst ermorden"

Zum sechsten Male wurde gestern im Kaminsaal des Rathauses der Bremer Literaturpreis einem Autoren der jüngeren Generation überreicht. Zum ersten Male fehlte unter der Festgemeinde der Ehrenbürger der Freien Hansestadt, der greise Dichter Rudolf Alexander Schröder, zu dessen 75. Geburtstag vor sechs Jahren der mit 8000 Mark dotierte Preis gestiftet worden ist und der gestern seinen 81. Geburtstag feiern konnte — im fernen Allgäu. Daran erinnerte auch der Senator für das Bildungswesen, Willy Dehnkamp, in seiner Eröffnungsansprache. Er lobte das besondere Geschick des Nestors unter den deutschen Dichtern, mit dem er in vielen Jahren den Vorsitz der Jury geführt hat.

Rolf Schroers erhält die Preisurkunde aus der Hand von Senator Willy Dehnkamp. Foto: dpa

Senator Dehnkamp setzte sich dann mit Stimmen der Kritik auseinander, die sich gegen die Vielzahl der augenblicklichen Literaturpreise gewandt und dafür einen einzigen repräsentativen Preis gefordert haben. Der Senator beurteilte indes den heutigen Zustand viel positiver als einen Einheitspreis. Könnten doch dabei landsmännische und persönliche Gesichtspunkte berücksichtigt werden. Bei der Wahl des diesjährigen Preisträgers Rolf Schroers seien zwar seine persönlichen Bindungen an Bremen nicht entscheidend, aber auch nicht unwesentlich gewesen. Es folgte die Überreichung der Urkunde an Schroers zusammen mit einer Glückwunschadresse Rudolf Alexander Schröders: „Dem diesjährigen Preisträger herzliche Glückwünsche."

Die Laudatio hielt der Bonner Literaturwissenschaftler Benno v. Wiese und Kaiserswaldau. Die Laudatio für einen lebenden deutschen Autoren zu halten, sei mehr Gunst als Verpflichtung. Doch wolle er nicht als wohlbestallter Professor, sondern als Liebhaber und Freund der Dichtung sprechen. Was ihn indes nicht daran hinderte, eine kleine Anekdote aus seiner Lehrtätigkeit auszupacken.

Es war kurz nach dem Kriege. Benno von Wiese lehrte an der Universität Münster. Da meldete sich Rolf Schroers bei ihm als Mitglied eines germanistischen Seminars. Der junge Student lieferte dann — wie vorgeschrieben — nach Schluß des Semesters eine Seminararbeit ab. Unter sie setzte sein Lehrer dieses wenig ermunternde Resümee: „Die Arbeit kann, so wie sie vorliegt, mit keiner Note versehen werden." Schroers seinerseits veranlaßte das „vernichtende wissenschaftliche Urteil", seine Studien an den Nagel zu hängen und sich fortan als freier Schriftsteller zu betätigen. Lehrer und Schüler durften jetzt auf diese nicht ganz gewöhnliche Weise Wiederbegegnung feiern.

Dem Flüchtling von einst galt das Lob des Zensors von einst. Dabei sei keiner so wenig für das preisende Wort geschaffen wie gerade Schroers, konstatierte Benno von Wiese mit feinem Humor. Nicht weil seine Werke so wenig preiswürdig seien, sondern weil er beim Schreiben seiner unbe-

Foto: Archiv Kiepenheuer & Witsch

quemen Bücher kaum auf die Resonanz der Öffentlichkeit habe rechnen können. Vielmehr zeige sich in ihnen die Herausforderung eines Nichtkonformisten, dem es keinesfalls angenehm sein könne, auch noch öffentlich belobigt zu werden.
Benno von Wiese sagte weiter: „In Schroers' Büchern zeigt sich die Analyse eines denkenden Gewissens. Wer so schreibt, dem muß Auszeichnung verdächtig sein." Dichter wie Schroers ziehen sich selbst mit hinein in die Abrechnung mit ihrer Welt. Das macht sie unbequem. Ein Wort Hebbels drängt sich auf: „Dichten heißt sich selbst ermorden." Schroers ist ein moralischer Autor. Aber nicht im landläufigen Sinne.
Sein Moralismus hat etwas Aufdeckendes. Er füttert nicht die leeren Bäuche des Gemüts. Selbstabrechnung findet statt. In dem preisgekrönten Buch „In fremder Sache" zeigt sich, was in seinen früheren Büchern anklingt, konzentriert und gestrafft. Man spürt das Streben nach Distanz, nach intellektueller Analyse. Scheint es beim ersten Lesen nur spannend, eine abenteuerliche, kriminalistische Fabel, für seriöse Schriftsteller also ein höchst verdächtiger Vorwurf („In Deutschland herrscht das Vorurteil, daß Spannung auch Minderwertigkeit beweist. Man vergißt, daß Dichtung immer auch Spiel ist."), so zeigt sich bei einer zweiten Lektüre die künstlerische Architektonik des Werkes.
Moralist nun, das bedeutet für Schroers, es wird Gericht gehalten. Darum auch ist der Titel „In fremder Sache" ironisch gemeint. Die fremde Sache rückt dem Autor auf den Leib: Tua res agitur, deine Sache wird hier verhandelt. Schroers' Bücher bringen stets Enthüllungen. Die Welt der Winkelzüge und Verstellungen wird aufgedeckt. Wir alle werden genötigt, uns ihr zu stellen. Wir alle sind mitgemeint, die wir nicht einmal den kleinen Finger heben, die Unschuld zu bewahren.
Der also „Sezierte" erinnerte in einer knappen Rede an die Ansprache des vorjährigen Preisträgers Celan und seines Gedankens, daß Denken und Danken Worte ein und desselben Ursprungs seien und daß sich zu Danken Eingedenk-Sein geselle. Dem fühle er sich, da er so viele persönliche und verwandtschaftliche Beziehungen in Bremen pflege, in dieser Stunde ganz besonders verbunden. (Ein Bruder Schoers', 1944 gefallen, hat hier als Maler gewirkt, sein Vater lebt noch in den Mauern unserer Stadt.) Ein Preis zeige an, daß sein Dichter Gehör finde, daß er beginne, sich geistigen Raum zu gewinnen. Während in unseren modern durchorganisierten Staaten alles zweckbestimmt verwendet sein wolle, der Mensch zur Funktion und zum Funktionär werde, sei es Wesen der Dichtung, nutzlos zu sein.
Der Dichter schreite vom Traum zur Wirklichkeit. Mehr und mehr werde das Traumbegehren der Dichter vom Massenkonsum erstickt, immer kleiner werde die Gemeinde der stillen Leser. Rolf Schroers sprach hier den Wunsch aus, daß der Preis ihm von Menschen verliehen worden sei, die von ihm nicht Anpassung, sondern die Verwirklichung seines Lebensraumes erwarteten. *dree*

Bremer Nachrichten vom 27. Januar 1959

Zeichnung: H.-M. Brockmann

Rolf Schroers

In fremder Sache

Der Mann ist blond, schmal, schlank, es ist fast ein weißes Blond. Er ist mein Nachbar. Es war nicht schwer, seinen Namen zu erfahren. Meine Putzfrau, die dicke Ella, wußte ihn: Konrad Arndt heißt er. Die dicke Ella sagte, er sei verhaftet worden. Sie fegte aufgeregt in meinem Zimmer, und ihr Besen stieß an die Möbelstücke. Sie verhält sich sonst leise und stört mich nicht bei meiner Arbeit; aber wie viele dicke Menschen ist sie leicht nervös. Ich gehöre zu dem mehr phlegmatischen Typ, was nicht heißen soll, daß ich sorglos in den Tag hinein lebe.

Ob sie Ärger gehabt habe, fragte ich sie, nicht sosehr, um eine Auskunft zu erhalten, als vielmehr, um sie zu beschwichtigen: sie sollte sich's vom Herzen reden, und ich dachte, sie würde eine ihrer Klagen über die Tochter, die ein etwas leichtfertiges Leben zu führen scheint, mit etlichen Tränen zu Gehör bringen. Doch sie berichtete von der Verhaftung meines Nachbarn.

„Er soll ein Mörder sein!" sagte sie, und das Wort *Mörder* hatte einen erschreckenden und zugleich vorwurfsvollen Klang. „Da sieht man sich jeden Tag, und ein feiner Herr ist er auch, und auf einmal holt ihn die Polizei! Man kann ja keinem Menschen mehr trauen!"

Und wie um solches Urteil zu bekräftigen, sah die dicke Ella mich mißtrauisch an. Mir war unbehaglich zumute, denn ich wußte, wie berechtigt ihr Mißtrauen war.

Die Verhaftung erfolgte, weil die Kriminalpolizei einen Strohhalm und Blutspuren in Konrad Arndts Wagen fand. Er hat mit dem, was man ihm vorwirft, nichts zu tun. Er ist nur ein weiteres Opfer.

Ich habe Angst wegen Konrad Arndt. Vielleicht habe auch ich etwas an mir, was mich zum Opfer bestimmt; vielleicht werden sie mich eines Tages zum Opfer machen! An Gelegenheiten fehlt es weniger denn je. Es wird nützlich sein, wenn ich Vergleiche anstelle zwischen dem blonden schmalen Mann und mir, der ich ihm äußerlich durchaus nicht gleiche, denn ich bin dick und kurz. Aber was will das bedeuten? Man kennt seine Gegner nicht mehr, das ist der Unterschied von vergangenen Zeiten, wenn richtig ist, was man über sie liest. Die dicke Ella hat recht, man will keinem Menschen mehr trauen und finanziert die Polizei. Die packt dann zu. Alle anderen tauschen nur Worte aus — eine biegsame, wendige Sache! Schon den Namen weiß man sowenig, wie ich den meines Nachbarn kannte. Und wenn man ihn erfahren hat, vergißt man ihn schnell, wer will sich schon festlegen! Es ist nicht das Ärgste, wenn einem der Name aufgehoben wird, wie das ja heute oft geschieht. Viel schlimmer, wenn er plötzlich auf einen zukommt, zusammen mit dem, was man getan hat, zum Beispiel einem Mord! Alle die Leute, die Bücher über sich schreiben, tun das, um hinter sich her zu radieren. Weiße Bögen hinterlassen sie. Und wird es mit mir anders sein, wenn dieser Bericht vorliegt? Ich scheue mich ja jetzt schon, mein Geheimnis zu verraten, und es ist sehr fraglich, ob ich je den Mut dazu finden werde. Aber ich schweife ab, weil ich etwas verschweigen will. [...]

Aus: In fremder Sache. Verlag Kiepenheuer & Witsch, Köln 1957, S. 7-9

Helmut Peitsch

Randfigur oder Repräsentant?

[...] Schroers war alles andere als eine Randfigur des literarischen Prozesses der Nachkriegszeit. Eher war er ein Repräsentant, nicht im Sinne einer öffentlichen Figur, sondern in den Stoffen und Themen, die er bearbeitete, und in den Techniken, die er wählte. Das Grunderlebnis, das er mit den Angehörigen seiner literarischen Generation teilte, die in der Gruppe 47 anfingen, waren der Nationalsozialismus und der Krieg.

Im Unterschied zu einigen Autoren der Gruppe war Schroers ein echter Debütant. Deshalb reagierte er auch empfindlich auf die Verleugnung der literarischen Vergangenheit einiger Mitglieder. »Wer zur Gruppe gehörte, war dadurch ›entnazifiziert‹, was sich in einer Anzahl von Fällen belegen läßt«, stellte er einmal bitter fest. Schroers gehörte nicht zum engeren Kreis der Gründer. Er schrieb nicht für den »Ruf«. Der Ort seines Debüts war allerdings bemerkenswert genug. Auf einem Höhepunkt des Kalten Krieges publizierte er im damals schon sowjetisch lizenzierten »Ulenspiegel« vier kurze Prosastücke. Der Literaturredakteur des »Ulenspiegel« war in diesem Herbst 1948 noch Wolfgang Weyrauch, und in seiner Serie »Wir stellen vor« versammelte er nicht zu viele junge Autoren, denen er eine Zukunft bereiten wollte. Schroers gehörte zu denen, die Weyrauch in seine berühmte Kurzgeschichten-Anthologie »Tausend Gramm« aufnahm.[...]

Parabel, Reportage und Pathos, diese drei Schreibweisen von Schroers' Frühwerk sind in der Verbindung zum »Nüchternheitspathos« und »Magischen Realismus« der Nachkriegsliteratur durchaus typisch. Auch mit der Vorliebe für Ernst Jünger stand er unter den Autoren der Gruppe 47 keineswegs allein. Alfred Andersch setzte in der einzigen literaturtheoretischen Schrift, die je auf Tagungen der Gruppe 47 gelesen wurde, in »Deutsche Literatur in der Entscheidung« (1948), nicht zufällig diesem Autor ein Denkmal. Aber auch experimentelle Autoren wie Helmut Heißenbüttel bekannten sich zur literarischen »Erweckung« durch »Auf den Marmorklippen«. Rolf Schroers schrieb später über diese Identifikationsfigur der Debütanten: »Der Kunstgriff des Autors Ernst Jünger besteht nun darin, sich selbst und den eigenen Erfahrungen gegenüber auf die Distanz zwischen LEBEN und Leben zu gehen, vom LEBEN her über das Leben zu sprechen«. »LEBEN« meinte eine vom Autor, wie Schroers definiert, »aus metaphysischen und mythologischen Eigenschaften« »kombinatorisch aufzubauende« »jenseitige Welt«. Das mythologische und metaphysische Modell Jüngers war für Schroers nur eins neben anderen, wichtig war ihm die Figur: der Zwang zur Verarbeitung autobiographischer Erfahrung. [...]

Wie ein Versuch, die hohen Ansprüche der Fiktion zu senken, um einfach zu erzählen, kann auf den ersten Blick der Kriminalroman wirken, den Rolf Schroers 1957 publizierte: »In fremder Sache«. Hatte man auf den Gruppentagungen zunächst die autobiographischen Stoffe und Themen der faschistischen Vergangenheit getadelt, so sparte die Kritik dann nicht mit Lob für eine »entzückende Gaunergeschichte«, die Schroers 1955 in Bebenhausen las. Der aus der Perspektive des Täters erzählte Kriminalroman erweist sich aber doch als anspruchsvoll und in dem Maße parabolisch, wie die Themen der Schuld und der Unzuständigkeit der Justiz wiederkehren. Aufklärerisch ist er vor allem darin, daß er den Leser in die Position des Detektivs versetzte, der Indizien zu suchen hat. Die moralische Optik auf den dicht reportierten Alltag der 50er Jahre unterscheidet den Roman von einem Versuch der antimilitaristischen Politisierung der Unterhaltungsliteratur, die der ebenfalls an den Rand der Gruppe 47 gedrängte Walter Kolbenhoff damals unternahm. Während dessen Kriminalroman »Die Kopfjäger« erst 1960 einen Verlag fand, war Schroers' als »Reißer« gelobtes Buch relativ erfolgreich. Ein Zeitungsreporter, der Held und Erzähler ist, wird als Subjekt einer moralischen Wandlung vorgeführt, in der die fremde Sache zur eigenen wird.[...]

Aus: 1949, Beruf: Schriftsteller — Rolf Schroers und die deutsche Nachkriegsliteratur. In: M. Fassbender / K. Hansen (Hrsg.): Feuilleton und Realpolitik. R. S.: Schriftsteller, Intellektueller, Liberaler. Nomos Verlagsgesellschaft, Baden-Baden 1984, S. 51 f., 53/56

[...] Was war Schroers zuerst? Ein Intellektueller, der — nach Benns Forderung — die Lage erkannte, der seiner Zeit die Diagnose stellte? Ein Schriftsteller, der Erlebtes und damit wiederum: die Zeit in eine Form brachte? Ein Politiker, dessen Rat die Handelnden suchten und der dazu beitrug, den Dingen eine Richtung zu geben? Schwer zu sagen. Er war alles zugleich [...].

Hans Schwab-Felisch: Zum Tod von Rolf Schroers. In: Merkur, Heft 7/1981, S. 761 f.

Rolf Schroers

10. 10. 1919 Neuß/Rhein
— 8. 5. 1981 Altenberge bei Münster/Westf.

Sohn eines preußischen Polizeioffiziers (später Polizeipräsident von Bremen). 1937 Abitur in Berlin. Studium der Germanistik, Geschichte und Philosophie in München und Berlin. Wehrdienst bei der Kavallerie bis 1945. Fortsetzung des Studiums in Münster (ohne Abschluß). 1947 Beginn der publizistischen Tätigkeit (u.a. bei „FAZ", „Merkur", „Frankfurter Hefte"). 1950-58 Zugehörigkeit zur Gruppe 47. 1955-57 Lektor im Verlag Kiepenheuer & Witsch, danach wieder freier Publizist. 1958 im Vorstand der Bewegung „Kampf dem Atomtod"; Gründung und Redaktion der Zeitschrift „Atomzeitalter". Ab 1965 Chefredakteur der Zeitschrift „liberal", 1967 Eintritt in die FDP. 1968-81 Direktor der Theodor-Heuß-Akademie der Friedrich-Naumann-Stiftung in Gummersbach. 1972 und 1976 Direktkandidat der FDP für den Bundestag. Seit 1964 aktiv im PEN-Zentrum der Bundesrepublik.

Preise: Teilbetrag des Goethe-Preises für deutsche Schriftsteller von Thomas Mann (1949); Stipendium der Mainzer Akademie (1949); Immermann-Förderpreis der Stadt Düsseldorf (1956); Stipendium der Villa Massimo (1957); Literaturpreis der Freien Hansestadt Bremen (1959); Bundesverdienstkreuz Erster Klasse (1979).

Werkauswahl: T. E. Lawrence. Schicksal und Gestalt. Biographische Studie. 1949. — Die Feuerschwelle. Roman. 1952. — Der Trödler mit den Drahtfiguren. Roman. 1952. — Jacob und die Sehnsucht. Roman. 1953. — In fremder Sache. Erzählung. 1958. — Der Partisan. Ein Beitrag zur politischen Anthropologie. 1961. — Auswahl der Opfer. Hörspiel. 1962. — Kreuzverhör. Hörspiel. 1963. — Im Laufe eines Jahres. Aufzeichnungen eines Schriftstellers. 1963. — Aus gegebenem Anlaß. Glossen. 1964. —Meine deutsche Frage. Politische und literarische Vermessungen. 1979. —Der Hauptmann verläßt Venedig. Erzählungen. 1980.

Über R. S.: Monika Fassbender / Klaus Hansen (Hrsg.): Feuilleton und Realpolitik. R. S.: Schriftsteller, Intellektueller, Liberaler. Baden-Baden 1984.

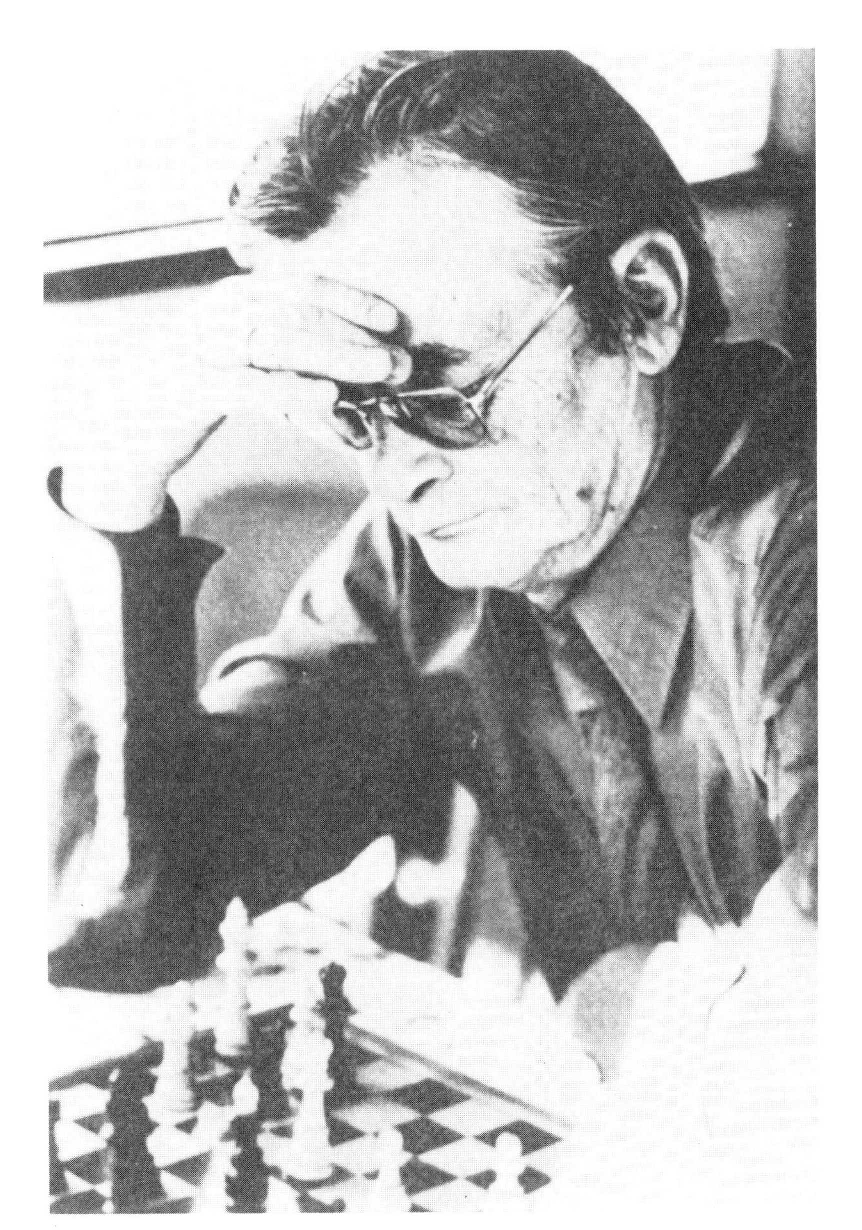

Foto: Nomos

Günter Grass.
Foto: Isolde Ohlbaum

1960 wurde der Bremer Literaturpreis nicht vergeben: Der Vorschlag der Jury (Günter Grass, „Die Blechtrommel", Luchterhand Verlag, Darmstadt/Neuwied 1959) wurde vom Senat der Freien Hansestadt Bremen abgelehnt

Hans Magnus Enzensberger

Um jeden Preis

Wenn es noch Kritiker in Deutschland gibt, wird „Die Blechtrommel" [...] Schreie der Freude und der Empörung hervorrufen. Dieser Mann ist ein Störenfried, ein Hai im Sardinentümpel, ein wilder Einzelgänger in unserer domestizierten Literatur, und sein Buch ist ein Brocken wie Döblins „Alexanderplatz", wie Brechts „Baal", ein Brocken, an dem Rezensenten und Philologen mindestens ein Jahrzehnt lang zu würgen haben. [...] Gewalttätig wirkt dieser Roman, weil er alles berührt, als wäre es antastbar. Immer wieder tritt die Erzählung in jene Sphäre ein, wo sich Ekel und Sexualität, Tod und Blasphemie begegnen. Was Grass in dieser Hinsicht einerseits von aller Pornographie trennt, andererseits von dem sogenannten „schonungslosen Realismus" der amerikanischen Schule unterscheidet, was seine brüsken Eingriffe legitimiert, ja zu künstlerischen Ruhmestaten macht, das ist die vollkommene Unbefangenheit, mit der er sie vornimmt. [...] Zu Unrecht wird man ihn der Provokation verdächtigen. Dieser Autor greift nichts an, beweist nichts, demonstriert nichts, er hat keine andere Absicht, als seine Geschichte mit der größten Genauigkeit zu erzählen. Diese Absicht setzt er freilich um jeden Preis und ohne die geringste Rücksicht durch.

Willhelm Meister, auf Blech getrommelt. Süddt. Rundfunk, Stuttgart 18. 11. 1959. Auch in H. M. E.: Einzelheiten. Suhrkamp Verlag, Frankfurt/Main 1962, S. 221 ff.

Foto: Jochen Stoss

Günter Grass

Glas, Glas, Gläschen

Foto: Isolde Ohlbaum

[...] Um nicht allzuviel Schaden anzurichten, denn ich liebte und liebe heute noch schöngeformte Glasprodukte, zermürbte ich, wenn man mir abends meine Blechtrommel nehmen wollte, die ja zu mir ins Bettchen gehörte, eine oder mehrere Glühbirnen unserer viermal sich Mühe gebenden Wohnzimmerhängelampe. So versetzte ich an meinem vierten Geburtstag, Anfang September achtundzwanzig, die versammelte Geburtstagsgesellschaft, die Eltern, die Bronskis, die Großmutter Koljaiczek, Schefflers und Greffs, die mir alles mögliche geschenkt hatten, Bleisoldaten, ein Segelschiff, ein Feuerwehrauto — nur keine Blechtrommel; sie alle, die da haben wollten, daß ich mich mit Bleisoldaten abgäbe, daß ich den Irrsinn einer Feuerwehr spielenswert fände, die mir meine zerschlagene, aber brave Trommel nicht gönnten, die mir das Blech nehmen und dafür das alberne, obendrein unsachgemäß mit Segeln besetzte Schiffchen in die Hände drücken wollten, alle die da Augen hatten, um mich und meine Wünsche zu übersehen, versetzte ich mit einem rundlaufenden, alle vier Glühbirnen unserer Hängelampe tötenden Schrei in vorweltliche Finsternis.

Wie nun Erwachsene einmal sind: nach den ersten Schreckensrufen, fast inbrünstigem Verlangen nach Wiederkehr des Lichtes, gewöhnten sie sich an die Dunkelheit, und als meine Großmutter Koljaiczek, die als einzige außer dem kleinen Stephan Bronski der Finsternis nichts abgewinnen konnte, mit dem plärrenden Stephan am Rock Talgkerzen aus dem Laden holte und mit brennenden Kerzen, das Zimmer aufhellend, zurückkam, zeigte sich die restliche, stark angetrunkene Geburtstagsgesellschaft in merkwürdiger Paarung.

Wie zu erwarten war, hockte Mama mit verrutschter Bluse auf Jan Bronskis Schoß. Unappetitlich war es, den kurzbeinigen Bäckermeister Alexander Scheffler fast in der Greffschen verschwinden zu sehen. Matzerath leckte an Gretchen Schefflers Gold- und Pferdezähnen. Nur Hedwig Bronski saß mit im Kerzenlicht frommen Kuhaugen, die Hände im Schoß haltend, nahe aber nicht zu nahe dem Gemüsehändler Greff, der nichts getrunken hatte und dennoch sang, süß sang, melancholisch, Wehmut mitschleppend sang, Hedwig Bronski zum Mitsingen auffordernd sang. Ein zweistimmig Pfadfinderlied sangen sie, nach dessen Text ein gewisser Rübezahl durchs Riesengebirge zu geistern hatte.

Mich hatte man vergessen. Unter dem Tisch saß Oskar mit dem Fragment seiner Trommel, holte noch etwas Rhythmus aus dem Blech heraus, und es mochte sich ergeben haben, daß die sparsamen, aber gleichmäßigen Trommelgeräusche jenen, die da vertauscht und verzückt im Zimmer lagen oder saßen, nur angenehm sein konnten. Denn wie Firnis verdeckte die Trommelei Schmatz- und Saugtöne, die jenen bei all den fieberhaften und angestrengten Beweisen ihres Fleißes unterliefen.

Ich blieb auch unter dem Tisch, als meine Großmutter kam, mit den Kerzen einem zornigen Erzengel glich, im Kerzenschein Sodom besichtigte, Gomorrha erkannte, mit zitternden Kerzen Krach schlug, das alles eine Sauerei nannte und die Idylle wie Rübezahls Spaziergänge durch das Riesengebirge beendete, indem sie die Kerzen auf Untertassen stellte, Skatkarten vom Büfett langte, auf den Tisch warf und, den immer noch greinenden Stephan tröstend, den zweiten Teil der Geburtstagsfeier ankündigte. Bald darauf schraubte Matzerath neue Glühbirnen in die alten Fassungen unserer Hängelampe, Stühle wurden gerückt, Bierfla-

Die Begründung der Ablehnung durch den Bremer Senat, niedergelegt in einem Brief an die Juroren vom 22. Dezember 1959:

Der nach eingehender Beratung getroffene negative Beschluß findet insbesondere darin seine Begründung, daß eine Auszeichnung durch die Landesregierung, wie sie der Literaturpreis der Freien Hansestadt Bremen darstellt, eine Diskussion in der Öffentlichkeit hervorrufen würde, welche nicht den unbestrittenen literarischen Rang des Buches, wohl aber weite Bereiche des Inhalts nach außer-künstlerischen Gesichtspunkten kritisieren würde.

Frankfurter Allgemeine Zeitung vom 29. Dezember 1959

schen schnalzten aufspringend; man begann über mir einen Zehntelpfennigskat zu kloppen. Mama schlug gleich zu Anfang einen Viertelpfennigskat vor, aber das war dem Onkel Jan zu riskant, und wenn nicht Bockrunden und ein gelegentlicher Grand mit Viern den Einsatz dann und wann beträchtlich erhöht hätten, wäre es bei der Zehntelpfennigfuchserei geblieben.
Ich fühlte mich wohl unter der Tischplatte, im Windschatten des herabhängenden Tischtuches. Leichthin trommelnd begegnete ich den über mir Karten dreschenden Fäusten, ordnete mich dem Verlauf der Spiele unter und meldete mir nach einer knappen Stunde Skat: Jan Bronski verlor. Er hatte gute Karten, verlor aber trotzdem. Kein Wunder, da er nicht aufpaßte. Hatte ganz andere Dinge im Kopf als seinen Karo ohne Zweien. Hatte sich gleich zu Anfang des Spiels, noch mit seiner Tante redend, die kleine Orgie von vorher banalisierend, den schwarzen Halbschuh vom linken Fuß gestreift und mit graubesocktem linken Fuß am meinem Kopf vorbei das Knie meiner Mama, die ihm gegenüber saß, gesucht und auch gefunden. Kaum berührt, rückte Mama näher an den Tisch heran, so daß Jan, der gerade von Matzerath gereizt wurde und bei dreiunddreißig paßte, den Saum ihres Kleides lüpfend erst mit der Fußspitze, dann mit dem ganzen gefüllten Socken, der allerdings vom selbem Tage und beinah frisch war, zwischen ihren Schenkeln wandern konnte. Alle Bewunderung für meine Mama, die trotz dieser wollenen Belästigung unter der Tischplatte oben auf strammem Tischtuch die gewagtesten Spiele, darunter einen Kreuz ohne Viern, sicher und von humorigster Rede begleitet, gewann, während Jan mehrere Spiele, die selbst Oskar mit schlafwandlerischer Sicherheit nach Hause gebracht hätte, unten immer forscher werdend, oben verlor. [...]

Aus: Die Blechtrommel. Fischer Taschenbuch-Verlag, Frankfurt/Hamburg 1962, S. 53-55

21 03 39

Beschluß des Senats 23. DEZ. 1959

vom 22.Dezember 1959 (6)

(Der Beschluß wird vorbehaltlich der Genehmigung des Sitzungsprotokolls mitgeteilt)

Verleihung des Literaturpreises der Freien Hansestadt Bremen 1959.

Der Senat lehnte den Vorschlag des Preisrichterkollegiums, Herrn Günter Grass für dessen Roman "Die Blechtrommel" den Literaturpreis der Freien Hansestadt Bremen 1959 zu verleihen, ab und beauftragte Herrn Ltd.Regierungsdirektor Dr.Lutze, diese Entscheidung dem Preisrichterkollegium mitzuteilen.

Falls die Jury dem Senat keinen anderen Vorschlag für die Verleihung des Literaturpreises unterbreitet, will der Senat von der Verleihung dieses Preises 1959 absehen.

Für die Richtigkeit:

Senator für das Bildungswesen,
Senatskanzlei,
Herrn Ltd.Reg.Dir.Dr. L u t z e .

Der Senator
für das Bildungswesen
Az.: 230-21-03/3

Bremen, d. 8. 12. 1959

Vorlage für den Senat

Betr.: Verleihung des Literaturpreises der Freien Hansestadt Bremen 1959

Am 5. 12. 1959 ist das vom Senat berufene Preisrichter-Kollegium für den Literaturpreis der Freien Hansestadt Bremen zusammengetreten, nachdem seit dem Sommer d. J. die Lektüre und Prüfung von ca. 20 Autoren und Werken erfolgt war.
Das Preisrichter-Kollegium schlägt nach ausführlicher Beratung dem Senat für die Verleihung am 26. Januar 1960 vor, den Preis in Höhe von 8.000,- DM dem Schriftsteller

GÜNTER GRASS

für seinen Roman

„Die Blechtrommel"

Verlag Hermann Luchterhand, Neuwied, Berlin, Darmstadt, 1959, zuzuerkennen.
Günter Grass ist 1927 in Ostpreußen geboren, lebt zur Zeit als Übersetzer in Paris und beabsichtigt, nach Berlin überzusiedeln. Der Zweiunddreißigjährige hat ein bewegtes Leben hinter sich als Flüchtling, Landarbeiter, Steinmetz, Bildhauer, Maler und Jazzmusiker. Das Buch ist mit seinen 736 Seiten ein Erstlingswerk, wenn auch Gedichte und kleinere Gelegenheitsarbeiten in der Fachwelt die Begabung von Günter Grass ahnen ließen. Im Schillertheater zu Berlin wird soeben ein Einakter von ihm uraufgeführt. Die Gruppe 49 [sic!] hat ihm auf Grund weniger im Jahre 1958 vorliegender Kapitel aus der „Blechtrommel" ihren mit 1.000,- DM dotierten Preis zuerkannt.
Das Abenteuer seiner Jugend ist in dem Buch „Die Blechtrommel" zu einer grandiosen barocken Lebensfülle gestaltet. Die Wortgewalt und Schreibbegabung dieses jungen Autors ist wie ein vehementer Ausbruch. Mit vielen Zeugnissen der Presse steht das Preisgericht unter dem Eindruck einer Begabung, die wie ein Naturereignis, wie eine Quelle strömt. Das Buch ist schon heute ein Erfolg; es ist auch ein Ärgernis. Ein solches Werk auszuzeichnen, bedeutet — und dies ist in der Verleihung des Bremer Literaturpreises bisher nicht der Fall gewesen — wahrscheinlich, einen Beitrag zur Weltliteratur der Gegenwart zu preisen.
Im Mittelpunkt steht der Held Oskar, der an seinem 3. Geburtstag eine Blechtrommel geschenkt erhält und beschließt, fortan nicht mehr zu wachsen. Die Blechtrommel wird dem Gnomen immer wieder erneuert. Sie ist Eingebung und Ausdruck seines abenteuerlichen Lebens in der weiteren kaschubischen Landschaft bei Danzig. Sie begleitet ihn auf weiteren abenteuerlichen Phasen innerhalb der Jahre 1924 und 1954 und ist eine Art Narrenkappe, die diesen neuen Eulenspiegel verbirgt oder aber Anlaß ist, den Klang der Welt in der seltsamen Verzerrung dieses zwischen Bewußtsein und Trieb, zwischen Ernst, Ironie, Unflätigkeit und Herzlichkeit einhertaumelnden Wesens einzufangen. Parallelen zu Schelmenromanen der Literatur, zum Simplizissimus des Grimmelshausen oder zum Schelmuffsky von Christian Reuter stellen sich ein. Dabei sind Namen der jüngsten deutschen Geschichte, ihre Umgebung, ihr Wirken präzise genannt, nur immer wieder in dem verkleinernden Brennspiegel dieses durch die Zeit trommelnden Gnomen gesehen. Dies ist in unzähligen phantastischen Anekdoten und Begebenheiten der Fall, die aber nicht als Selbstzweck oder beziehungslos aneinander gereiht sind: vielmehr werden die nur dem Anschein nach höchst zufällig fabulierten Gestalten und Scenen im Verlauf des Buches immer wieder aufgegriffen oder erhalten in der Rückblende ihren Standort.
So stellt sich die „Belchtrommel" als das Werk eines ungewöhnlich begabten Nachwuchskünstlers vor, das in seiner vielfältig schillernden Palette ebenso unbequem ist wie bald bestürzend, bald skurril oder makaber und furchtbar.
Nach Auffassung des Preisgerichtes ist die stilistische Einordnung des aus Karikatur, Weltschau und Märchen geformten Buches, das ungehemmt vor keinem Tabu des bürgerlichen Lebens halt macht, kaum möglich.
Das Preisgericht ist der Meinung, daß aus der Fülle der Neuerscheinungen dieses Jahres kein der Satzung des Bremer Literaturpreises würdiger entsprechendes Buch empfohlen werden kann. Es schlägt vor, daß das Mitglied des Preisrichter-Kollegiums, Herr Dr. Rudolf Hirsch, die würdigende Rede auf den Preisträger hält.
i. V. gez. Dr. L.

Hans Schwab-Felisch

Ein Trauerspiel

Diesmal wollen wir nicht viel Federkauens machen; der Fall, von dem hier zu berichten und gegen den Protest zu erheben ist, liegt leider eindeutig klar. Es gibt für ihn keine Entschuldigung und keine mildernden Umstände. Der Senat der Freien Hansestadt Bremen hat mit einer nicht mehr diskutablen Entscheidung ein Präjudiz geschaffen, das der Freiheit der Literatur einen empfindlichen Schlag versetzen müßte, würde es jemals Schule machen. Doch schon der einmalige Fall ist nicht nur beschämend. Er ist deprimierend.

Die Freie Hansestadt Bremen vergibt, was löblich ist, in jedem Jahre einen Literaturpreis; unter den bisherigen Preisträgern befinden sich Ernst Jünger, Paul Celan, Ingeborg Bachmann, Ilse Aichinger und Rolf Schroers. Die Wahl des Preisträgers hat die Freie Stadt, wie allgemein üblich, einer von ihr eingesetzten Jury übertragen, zu der sich stets der preisgekrönte Autor des Vorjahres gesellt — ein Beispiel, das nachahmenswert ist. Dieses Gastmitglied der Jury war in diesem Jahre Rolf Schroers. Ihre anderen Mitglieder sind: Manfred Hausmann; Conrad Heinemann, Dramaturg in Bremen; Rudolf Hirsch vom S. Fischer Verlag, Frankfurt; Erhart Kästner, Direktor der Herzog-August-Bibliothek in Wolfenbüttel; Erich Traumann, Redakteur in Bremen; Professor Benno von Wiese und, als Vertreter des Senats von Bremen, der Regierungsdirektor Lutze. Diese Jury, der niemand wird anhängen können, sie sei jemals auf die avantgardistischen Barrikaden zu bringen, hat einstimmig, freilich in Abwesenheit von Manfred Hausmann, entschieden, den diesjährigen Literaturpreis der Freien Hansestadt Bremen dem Autor der „Blechtrommel", Günter Grass, zu verleihen.

Es mußte daher die Angehörigen der Jury in basses Erstaunen vesetzen, als sie am Heiligabend einen Brief vom Senator für das Bildungswesen von Bremen erhielten, in dem zu lesen stand, der Senat sei dem vom Senator Dehnkamp gestellten Antrag, nach dem Vorschlag des Preisgerichtes den Roman „Die Blechtrommel" auszuzeichnen, nicht gefolgt. Um den Hohn auf die von der Freien Stadt selbst bestellten Jury voll zu machen, war der Brief von eben jenem Regierungsdirektor Lutze unterschrieben, der bei der Abstimmung auch seine Stimme dem Grass gegeben hatte. In eine derart fatale Lage kann sich also ein Mann versetzt sehen, dem von Amts wegen nicht anderes übrigbleibt, als der Staatsräson zu folgen. Doch nicht genug damit. Die Absage mußte ja auch begründet werden. Sie wurde es auch. Zunächst erkennt der Senat der Freien Stadt an, und zwar wie?, „im vollen Umfang", daß „das Preisgericht in seinem nach 'rein künstlerischen Gesichtspunkten' getroffenen Vorschlag durchaus (sic!) nach dem vom Senat erlassenen Statut gearbeitet hat". Dann aber folgt die Begründung. Sie ist kaum anders als jämmerlich zu nennen. In dem Brief steht: „Der nach eingehender Beratung getroffene negative Beschluß findet insbesondere darin seine Begründung, daß eine Auszeichnung durch die Landesregierung, wie sie der Literaturpreis der Freien Hansestadt Bremen darstellt, eine Diskussion in der Öffentlichkeit hervorrufen würde, welche nicht den unbestrittenen literarischen Rang des Buches, wohl aber weite Bereiche des Inhalts nach außerkünstlerischen Gesichtspunkten kritisieren würde."

Diese Hypothese nimmt der hohe Senat der Freien Stadt nun gleich als „Tatsache". Und in Erkenntins dieser angeblichen Tatsache, deren hypothetische Folgen zu tragen der Senat der Freien Stadt also nicht die Courage hat, schlägt er den Jurymitgliedern vor, sie sollten noch einmal beraten oder sie sollten das (ebenfalls preiswürdige) Buch von Uwe Johnson „Mutmaßungen über Jakob", das auch zur Debatte stand, auszeichnen, oder sie sollten den Preis in diesem Jahre überhaupt nicht vergeben.

Dahin dürfte es wohl auch kommen. Aber nicht, weil der Senat der Freien Stadt dies vorgeschlagen hat, sondern weil er mit seinem Beschluß und mit seinem Brief Porzellan zerschlagen hat, das nicht mehr zu kitten ist. Dr. Hirsch hat bereits seinen sofortigen und nicht mehr widerrufbaren Austritt aus der Jury für alle Zeiten erklärt. Ihm sind Erhart Kästner und Benno von Wiese gefolgt. Sie haben ihr Amt niedergelegt. Schroers, als vorjährigem Preisträger und als nur einmal amtierenden Mitglied der Jury sind die Hände gebunden. Der Verleger von Johnson hat erklärt, er würde ihm, unter diesen Umständen, nicht geraten haben, an Stelle von Grass den Preis anzunehmen. Das sind die herben Folgen, denen sich der Bremer Senat nun gegenübersieht.

Aus seinem Ultimatum — und es ist eines — folgt, denkt man die Angelegenheit zu Ende durch, daß jemand, der preiswürdig sein soll, zunächst „richtig" zu schreiben habe, „richtig" natürlich im Sinne jeder gerade die Macht ausübenden Partei oder sonstigen politischen Konstellation. Das Alibi in Sachen Kunst ist, auch das folgt daraus, von dieser Behörde seiner moralischen Grundlage enthoben worden. Da ist am Ende die „Staatskunst" nicht mehr weit.

Wir wissen, daß Preisverteilungen in den deutschen Landen allerlei Konzessionen und taktischen Überlegungen ausgesetzt sind. Dagegen kann niemand etwas tun, es ist natürlich. Doch gibt es Grenzen, die nicht über-

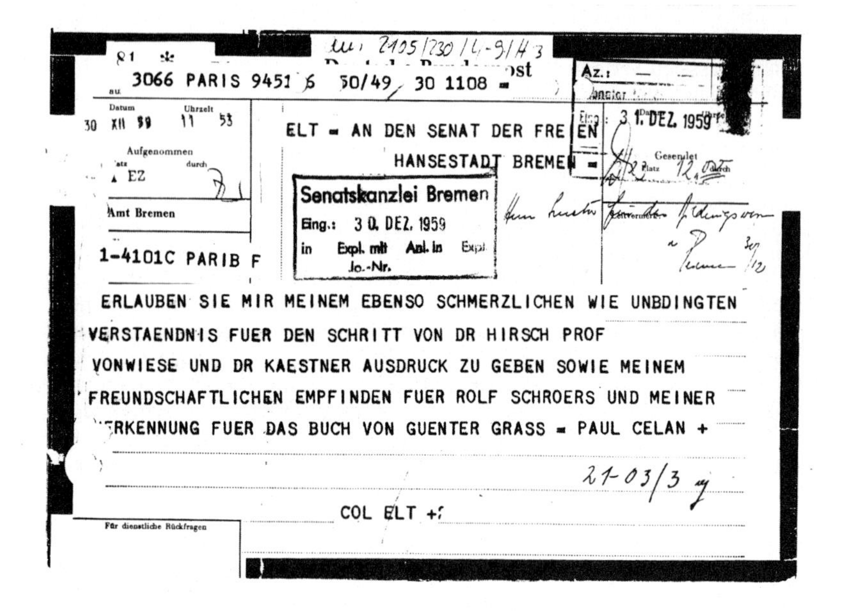
3066 PARIS 9451 6 50/49 30 1108

ELT = AN DEN SENAT DER FREIEN HANSESTADT BREMEN =

Senatskanzlei Bremen
Eing.: 30. DEZ. 1959

1-4101C PARIB F

ERLAUBEN SIE MIR MEINEM EBENSO SCHMERZLICHEN WIE UNBDINGTEN VERSTAENDNIS FUER DEN SCHRITT VON DR HIRSCH PROF VONWIESE UND DR KAESTNER AUSDRUCK ZU GEBEN SOWIE MEINEM FREUNDSCHAFTLICHEN EMPFINDEN FUER ROLF SCHROERS UND MEINER ANERKENNUNG FUER DAS BUCH VON GUENTER GRASS = PAUL CELAN +

COL ELT +

schritten werden dürfen. Als Albert Vigoleis Thelen für sein Buch „Die Insel des zweiten Gesichts" der Fontanepreis der Stadt Berlin von einer ebenfalls von der Stadt berufenen Jury zuerkannt wurde, da zögerte Senator Tiburtius nicht, dem Vorschlag seines Preisgerichts zu folgen, obschon ihm das Buch erklärtermaßen sehr, aber auch schon sehr gegen den persönlichen literarischen Strich ging. Die Übung, sich loyal gegenüber der eigenen Jury zu verhalten, ist, jedenfalls was Literaturpreise angeht, bisher stets geübt worden. Auch vom Senat der Freien Stadt Bremen, der wahrscheinlich mit manchen Entscheidungen aus den Vorjahren ebenfalls nicht ganz einverstanden war.

Das Buch von Grass ist in dieser Zeitung sehr herbe und negativ besprochen worden. Der Angriff gegen das Buch und seinen Autor wurde von einer vornehmlich moralischen Plattform vorgetragen. Es gibt, wie nicht nur das Beispiel Bremen zeigt, auch andere Meinungen zu dem Buch von Grass. Hier geht es indessen gar nicht mehr um „Die Blechtrommel", es geht um das Prinzip und um eine Begründung, die trostlos bleibt. Jedem anderen Buch, dem das Gleiche geschehen wäre wie dem Roman von Grass, wäre an dieser Stelle gleichermaßen die Stange gehalten worden.

Offen bleibt die Frage, wie der Senat von Bremen sich in Zukunft verhalten wird, einer anderen, wiederum von ihm berufenen Jury gegenüber. Man kann nur hoffen, daß er sich selbst eine Liberalität zurückgewinnt, mit der er in späteren Jahren das Beschämende dieses Vorganges vergessen macht. Und daß niemand seinem Beispiel folgt. Vestigia terrent!

Frankfurter Allgemeine Zeitung vom 29. Dezember 1959

An den Senat der Freien Hansestadt Bremen Staatskanzlei - B r e m e n

Sehr geehrte Herren,
erlauben Sie mir, da ich die Ehre hatte, vor drei Jahren den Literaturpreis der Freien Hansestadt Bremen zu erhalten, Ihnen mein Befremden über Ihr Veto gegen die diesjährige Entscheidung der Jury mitzuteilen. Ich glaube, daß das Urteil einer angesehenen Jury, der, soviel ich weiß, unter anderem die Herren Professor von Wiese und Dr. Rudolf Hirsch angehören, nicht desavouiert werden darf und die Wahl nicht zunichte gemacht werden kann — oder es ist jede vorangegangene zur opportunen traurigen Farce erklärt.
Darum hoffe ich, daß die Jury auf ihrem Spruch beharrt und daß Sie, sehr geehrter Herr Senator, und Sie, sehr geehrte Herren vom Senat, den Weg finden, der für keinen von uns ungangbar ist — den der Umkehr aus Einsicht in eine verfehlte Handlung von solch grundsätzlicher Konsequenz, daß sie mich, und wohl jeden Schriftsteller, den jene Ehrung erfreute, mitbetreffen und alarmieren muß.

Mit vorzüglicher Hochachtung

Ingeborg Bachmann
Kirchgasse 33 / Zürich
den 29. Dezember 1959

Die Bremer-Literaturpreis-Jury ist zerfallen

Der Schlag auf die „Blechtrommel"

Der Senat erhob Einspruch

[...] Der Senat will sich in seiner nächsten Zusammenkunft am 5. Januar mit der ernsten Lage befassen, die bei den Beratungen über die Vergabe des Literaturpreises für 1960 entstanden ist. Dabei sollen nach unseren Informationen auch die möglichen Folgen der jüngsten Entwicklungen geprüft werden. In unterrichteten Kreisen wird es für unwahrscheinlich gehalten, daß der Senat überhaupt am 26. Januar 1960 den mit 8000 DM dotierten Preis verleiht.

Wie inzwischen bekannt wurde, hat der Senator für das Bildungswesen, Willy Dehnkamp, den Vorschlag des Preisgerichtes, den Bremer Literaturpreis 1960 an Günter Grass zu vergeben, in der ersten Sitzung des neugewählten Senats am 22. Dezember unterbreitet und zur Annahme empfohlen. Der Leiter der Behörde für Kunst und Wissenschaft, Leitender Regierungsdirektor Dr. Eberhard Lutze, übrigens selbst Mitglied der Jury, erläuterte in dieser Sitzung die Entscheidung des Preisgerichtes. Er hatte bereits am 8. Dezember allen Mitgliedern des Senates eine zweiseitige, ausführliche Begründung zugeleitet, die eine literarische Wertung des vorgeschlagenen Romans einschloß.

Von den neun anwesenden Senatoren sprach sich nach ausführlicher Diskussion nur Senator Dehnkamp dafür aus, Grass den Preis zu verleihen. Von den übrigen acht Kabinettsmitgliedern sollen vier gegen die Auszeichnung dieses Autors gestimmt haben. Weitere vier sollen sich der Stimme enthalten haben, da sie den Roman nicht selbst gelesen hatten.

Zur Begründung ihrer ablehnenden Haltung sollen mehrere Senatoren die Ansicht geäußert haben, der Roman könne moralisch-sittlich nicht voll vertreten werden. Jugendsenatorin Mevissen habe unter anderem darauf hingewiesen, daß nach ihrer Meinung zumindest einige Kapitel des Werkes in den Index jugendgefährdender Schriften aufgenommen werden müßten. So könne sie sich eines Tages in dem Dilemma befinden, als Jugendsenatorin ein Werk verbieten zu müssen, dessen Auszeichnung mit dem Bremer Literaturpreis sie vorher gebilligt habe.

In Kreisen des Senats wird nachdrücklich hervorgehoben, man habe mit der Ablehnung dieses Werkes keinesfalls eine künstlerisch-literarische Wertung vornehmen wollen. Die Gründe lägen ausschließlich auf außerkünstlerischem Gebiet. Dabei gehe es in jedem Einzelfall um die subjektive Auffassung eines Senatsmitgliedes. Auch enthalte die Urkunde über die Stiftung des Literaturpreises für den Senat keine zwingende Verpflichtung, dem Vorschlag des Preisgerichtes zu folgen. Der Senat sei letztlich für die Verleihung des Preises verantwortlich.

Die Aussichten, bis zum 26. Januar einen neuen Autor zu finden, der mit dem Literaturpreis der Freien Hansestadt Bremen ausgezeichnet werden könnte, werden als gering bezeichnet. Nach nahezu einmütiger Auffassung unterrichteter Kreise dürfte es unmöglich sein, das Peisgericht in so kurzer Frist zu ergänzen. Darüber hinaus mehren sich die Zweifel, ob sich nach dem jetzigen Ausgang der Beratungen überhaupt noch prominente Kenner der deutschen Literatur bereit finden werden, in diesem Preisgericht mitzuarbeiten. In diesem Zusammenhang klingt die Befürchtung an, Bremen werde künftig kaum noch in der Lage sein, den Bremer Literaturpreis zu verleihen.

Bei so bestellter Sache erhebt sich die Frage, ob der Senat überhaupt berechtigt war, gegen das Buch, das die Jury als preiswürdig erkannt hatte, ihr Veto einzulegen. Die Urkunde über die Stiftung des Bremer Literaturpreises ist in diesem Punkt nicht eindeutig. Im Paragraph 2 heißt es dort lediglich: „Der Preis... wird alljährlich, möglichst ungeteilt, auf Vorschlag des Preisgerichtes am 26. Januar vom Senat verliehen."

Man könnte auf Grund dieser Formulierung zu der Ansicht kommen, es sei allein Sache der Jury, den jeweiligen Preisträger auszuwählen. Der Senat nehme dann lediglich die Verleihung vor; er habe also im wesentlichen eine ausführende und repräsentative Funktion. Der betreffende Passus erlaubt aber auch den Schluß, dem Preisgericht stehe eben nur ein Vorschlagsrecht zu, die endgültige Entscheidung liege beim Senat. Welche der beiden Auslegungen die richtige ist, müssen die zuständigen Instanzen entscheiden. Es scheint allerdings festzustehen, daß auch die Juroren dem Senat das Einspruchsrecht grundsätzlich nicht bestritten haben. [...]

Weser-Kurier vom 30. Dezember 1959

Manfred Hausmann:

An der entscheidenden Sitzung des Preisgerichts habe ich nicht teilgenommen, weil ich krank war. Da bei der Abstimmung satzungsgemäß nur die Stimmen der Anwesenden zählen, könnte ich meine Hände in Unschuld waschen. Ich mache aber kein Hehl daraus, daß ich das Preisgericht habe wissen lassen, ich sei ganz entschieden dagegen, dem Roman von Günter Grass den Bremer Literaturpreis zu verleihen. Dabei habe ich auch an den Mann gedacht, mit dessen verehrungswürdigem Namen der Preis aufs engste verbunden war und ist, an den bremischen Ehrenbürger Rudolf Alexander Schröder.

Kunstwerke, und besonders literarische Kunstwerke, stehen nicht beziehungslos im leeren Raum, den es übrigens gar nicht gibt, sie sind vielmehr für den Menschen da. Weshalb würden sie sonst mit allen Mitteln unter die Menschen gebracht?

Der Roman „Die Blechtrommel", der von einem zweifellos hochbegabten Autor stammt, gehört meiner Meinung nach zu den Werken, die nicht der Aufrüttelung und Aufschreckung, sondern der Gefährdung, wenn nicht Zerstörung der menschlichen Seele und des menschlichen Geistes dienen. Von solchen Werken sind nachgerade mehr als genug im Umlauf.

Nicht, als hielte ich dafür, der Künstler dürfe sich nicht mit den dunklen und grauenvollen Mächten befassen, die in der Welt herrschen. Er darf es nicht nur, er soll und muß es sogar. Denn ein Werk, in dem nicht wenigstens mittelbar etwas von der nichtenden Gewalt dieser diabolischen Mächte zu spüren ist, kann nicht beanspruchen, ein wirkliches Kunstwerk zu sein.

Es kommt vielmehr auf die Absicht an, die hinter dem Werk steht. Und hinter jedem Kunstwerk steht eine Absicht. Das Märchen von der notwendigen Absichtslosigkeit des Kunstwerkes ist eben ein Märchen. Die Absicht aber, die in der „Blechtrommel" deutlich wird, widerspricht — vorausgesetzt, daß ich sie richtig erkannt habe — meinen Vorstellungen von einem Kunstwerk durchaus.

Deshalb habe ich mich gegen die „Blechtrommel" entschieden. Welche (mir vorläufig noch unbekannten) Gründe auch den Senat bewogen haben mögen, den Vorschlag des Preisgerichts abzulehnen: im Ergebnis sind wir uns einig. Vielleicht, wahrscheinlich nur im Ergebnis.

Weser-Kurier vom 30. Dezember 1959

Erhart Kästner:

Der aus der Jury ausgetretene Direktor der Herzog-August-Bibliothek in Wolfenbüttel, Dr. Erhart Kästner, erklärte gestern abend, der Bremer Senat habe zugegeben, daß in dem Roman „Die Blechtrommel" eine preiswürdige künstlerische Leistung vorliege. Er lasse damit also das Urteil der Jury, die er selbst ernannt habe, ausdrücklich gelten.

Dennoch weigere er sich jetzt, das Gerede „Herrn Jedermanns" abzufangen. Er fürchte die Kritik nach „außerkünstlerischen Gesichtspunkten" in der breiten Öffentlichkeit. Das anders als einen kläglichen Mangel an Mut zu nennen, werde schwerhalten. Wenn man schon eine Kulturpolitik überhaupt wolle, meinte Erhart Kästner, so sei diese eine im „finstersten Sinne reaktionäre". Die Arbeit einer Jury werde damit natürlich zu einer Farce.

Weser-Kurier vom 30. Dezember 1959

Der abgelehnte Autor:

Wir haben über die Vorgänge sofort ein Telefongespräch mit Günter Grass geführt, der zur Zeit seinen Weihnachtsurlaub in der Schweiz verbringt. Der Autor zeigte sich über die Entscheidung des Senates genauso überrascht wie ein Sprecher des Luchterhand-Verlages. Beide hatten zwar „vertraulich" gehört, daß die Jury „Die Blechtrommel" mit dem Bremer Literaturpreis bedenken wolle. Das „Verdammungsurteil" in letzter Minute erfuhren sie jedoch erst durch unseren Anruf.

Günter Grass vermochte daher keine grundsätzliche Stellungnahme zu formulieren. In dem — wegen der großen Entfernung häufig gestörten — Gespräch äußerte er aber etwa folgende Gedanken: Ich bin mit Paul Celan befreundet, der vor zwei Jahren den Bremer Preis erhalten hat. Als ich erfuhr, daß 1960 mein Roman ausgezeichnet werden sollte, habe ich mich sehr gefreut. Ich sah ein Zeichen von Mut darin, daß die Jury in der Hansestadt eigenwillige junge Autoren zu stützen entschlossen ist. Nun bin ich natürlich enttäuscht, daß in Bremen — wie in den meisten anderen Städten — die Entscheidung offenbar „wohldosiert" und unter dem Motto „Nur nicht anecken!" getroffen wird.

Weser-Kurier vom 30. Dezember 1959

[...] Wir empfehlen der Stadt Bremen, ihren Literaturpreis aufzugeben. Denn welcher Dichter, der auf sich hält, könnte sich nach diesem beschämenden staatspolitischen Beschluß, der die Freiheit der Jury und damit die Freiheit der Kunst so brüskiert, noch dazu hergeben, einen Bremer Literaturpreis anzunehmen? *h. n.*

Die Welt vom 30. Dezember 1959

Joachim Kaiser:

[...] Nun ist Günter Grass' »Blechtrommel«-Roman in der Tat ein ebenso glänzendes wie aufregendes, schockierendes, empörendes Buch (vergleiche unsere Besprechung vom 31. Oktober). Es ist u.a. das Buch eines physiologischen Protestes gegen die Umwelt. Oskar, der zwergenhafte Held, bleibt klein, weil er nicht mitmachen, nicht eingesetzt werden, kein gut funktionierendes Rädchen in einem sonst verbrecherisch gut funktionierenden gesellschaftlichen Mechanismus sein will.

Und diesem Buch versagt man nun in Bremen den Preis, der ihm nach sorgfältigen Vorüberlegungen zuerkannt werden sollte. Dr. Rudolf Hirsch (Verlagsdirektor bei S. Fischer) ist sofort aus der Jury ausgetreten, Professor Benno von Wiese und der Schriftsteller und Bibliotheksdirektor Erhart Kästner, gleichfalls Jurymitglieder, sind seinem Protestschritt gefolgt. Denn der Beschluß der Jury war einstimmig gewesen. Für Grass hatte übrigens auch jener bremische Regierungsdirektor Lutze gestimmt, der groteskerweise später den Ablehnungsbrief des Bremer Senates unterzeichnete. Wir haben zwei der bisher mit dem Literaturpreis der Hansestadt ausgezeichneten Autoren gefragt, wie sie sich zu dem Vorgang stellen. Der eine von ihnen, Rolf Schroers, erklärte sich mit dem Protest der austretenden Jurymitglieder solidarisch. Der andere, Paul Celan, sagte, er sei »fassungslos«. Manfred Hausmann aber, der aus Krankheitsgründen nicht an den Jury-Beratungen teilnahm (obwohl er zur Jury gehört), teilt die Ansicht des Bremer Senats. Er stellte sich auf den Standpunkt, das Preisgericht habe gegenüber dem Senat nur ein Vorschlagsrecht. An der Einstimmigkeit des von der Jury gefaßten Beschlusses freilich, der Preis möge an Grass fallen, kann Manfred Hausmanns Protest nichts ändern.

Süddeutsche Zeitung vom 31. Dezember 1959

Günter Grass 1966 während der Dreharbeiten zu „Katz und Maus". v. l. n. r.: Lars Brandt, Claudia Bremer, Peter Brandt und Hans Jürgen Pohland. Foto: Heinz Köster

[...] Bremen ist eine eigenartige Stadt: Sie ist ebenso freizügig wie provinziell. Was dort konservativ genannt wird, liegt vielleicht schon unter fingerdickem Staub. Ingeborg Bachmann, Paul Celan, Rolf Schroers haben den Preis bekommen. Der Blechtrommler soll ihn nicht haben. Spielen da nur literarische Erwägungen eine Rolle? Wenn, dann wäre es uns nicht klar, welcher Art sie sind. Warum, fragen wir, dieser Trommel-Wirbel? Und wir fragen auch: Wer von den Herren Senatoren hat das Buch und wer hat nur darüber gelesen? Sie bemängeln den Inhalt, nicht die literarische Form des Romans. Der Inhalt schildert die Jahre, die hinter uns liegen. Ein winzig-verkrüppelter Trommler höhnt die Zeit. Sein Hohn ist Kritik, und nun trifft seine Kritik auch die Herren Senatoren, die sie hätte gar nicht treffen sollen.

Deutsche Zeitung (Stuttgart) vom 30. Dezember 1959

[...] Wer „Die Blechtrommel" kennt und wer Bremen kennt, wird die Scheu der Bremer Senatoren, diesen rüden Geniestreich von Roman [...], dieses genialische Monstrum eines Buches öffentlich zu ehren, vielleicht verstehen, wenn auch nicht verzeihen. [...]

Die Unterscheidung, die der Bremer Senat zwischen einer rangvollen staatspreiswürdigen und einer zwar auch rangvollen, aber eben nicht staatspreiswürdigen Literatur macht, ist an sich absurd, aber sie wirft doch auch ein Licht auf gewisse, gewiß nicht nur in Bremen herrschende Vorstellungen von der Art, wie Literatur, wie Kunst beschaffen zu sein habe, damit sie der Weihen und Würden des Offiziellen teilhaftig werden könne. [...]

Kölner Stadtanzeiger vom 29. Dezember 1959

Aus dem Bremer Senat:

Der Bremer Senat hat in seiner Sitzung am Dienstag keinen Beschluß über die Kontroverse gefaßt, die bei den Beratungen über die Vergabe des mit 8000 Mark dotierten Bremer Literaturpreises für 1960 entstanden ist. Die neue Bremer Landesregierung hatte bekanntlich den Vorschlag der Jury, Günter Graß für seine „Blechtrommel" preiszukrönen, abgelehnt. Der Bremer Senat stellte am 5. Januar lakonisch fest, das Problem des Bremer Literaturpreises werde in einer späteren Senatssitzung besprochen. Ein Sprecher der Landesregierung kommentierte diese Senatsentscheidung dahingehend, daß bis zum 26. Januar, dem mit dem Geburtstag von Rudolf Alexander Schröder gekoppelten Tag der Preisverteilung, eine diesjährige Preiskrönung kaum mehr möglich sein werde. Es darf somit angenommen werden, daß der Bremer Literaturpreis in diesem Jahr nicht verliehen werden wird, zumal es auch unmöglich sein dürfe, die nach dem Rücktritt von drei Mitgliedern verbliebene Rumpfjury entsprechend zu ergänzen.

Aus gut unterrichteten Kreisen ist zu erfahren, daß man in Bremen nicht die Absicht hegt, den Bremer Literaturpreis völlig einzustellen. Der Senat will sich vielmehr in absehbarer Zeit mit Vorschlägen über eine Änderung der Statuten der Jury und über eine Neuregelung des Literaturpreises befassen. Grundsätzlich wird in Kreisen des Senats die Meinung vertreten, daß mit der Ablehnung der Entscheidung der Jury keinesfalls ein Präjudiz geschaffen worden sei, weil die Mitglieder der Landesregierung satzungsgemäß das Recht gehabt hätten, Vorschläge der Jury anzunehmen oder abzulehnen. Begründet wurde die Ablehnung der „Blechtrommel" mit dem Argument, der umstrittene Roman könne moralisch-sittlich nicht voll vertreten werden. Es war insbesondere Frau Mevissen, Senatorin für das Jugendwesen, die gegen die Verleihung polemisierte, da ihrer Ansicht nach einige Kapitel der „Blechtrommel" in den Index jugendgefährdender Schriften aufgenommen werden müßten.

Ein Sprecher des Bremer Senats wies darauf hin, daß die vom Senat getroffene Ablehnung nicht einer Literaturzensur gleichzustellen sei. Es habe sich ausschließlich um die subjektive Auffassung der Senatsmitglieder gehandelt. Schließlich sei der Senat in letzter Instanz gemäß dem Wortlaut der Stiftungsurkunde für die Verleihung des Literaturpreises verantwortlich.

Die „Vereinigung deutscher Schriftstellerverbände e. V. Berlin und Hamburg" hat gegen die Entscheidung des Bremer Senats protestiert, den Literaturpreis der Freien Hansestadt Bremen dem Autor der „Blechtrommel" nicht zuzuerkennen, obwohl eine von der Bremer Landesregierung bestellte Jury den in der Schweiz lebenden Schriftsteller für diese Auszeichnung ausgewählt hatte. Im Namen aller zwölf Mitgliederverbände fordern die beiden Präsidenten der „Vereinigung deutscher Schriftstellerverbände", Gerhart Pohl und Walther Karsch, die Bremer Entscheidung zu widerrufen. Erst wenn dies geschehen sei, stehe das im Grundgesetz der Bundesrepublik verankerte Recht auf öffentliche Kritik selbstverständlich auch dem Bremer Senat zu. *dr.*

Frankfurter Allgemeine Zeitung vom 6. Januar 1960

Angst vor der Öffentlichkeit

In jedem Januar pflegt die Stadt Bremen einen Literaturpreis, der den Namen ihres Ehrenbürgers *Rudolf Alexander Schröder* trägt, zu vergeben, und eine Jury wird eingesetzt, den Herren des Senats das preiswürdige Werk vorzuschlagen. Diesmal fiel ihre Wahl einstimmig (nur *Manfred Hausmann* war bei dem Beschluß nicht zugegen) auf *Günter Grass'* Roman *„Die Blechtrommel".* Der Senat jedoch war mit seiner Jury nicht zufrieden: Grass könne den Preis nicht erhalten, da die Öffentlichkeit „nicht den unbestrittenen literarischen Rang des Buches, wohl aber weite Bereiche des Inhalts nach außerkünstlerischen Gesichtspunkten kritisieren würde".

Eine nicht nur verwaschene, sondern auch doppelt fadenscheinige Begründung. Einmal ist der literarische Rang der „Blechtrommel" keineswegs „unbestritten", und es ist nur allzu bequem, wenn der Senat auf diese Weise versucht, sich gegen den möglichen Vorwurf des Banausentums zu sichern. Zweitens sollte, wer Kunstpreise verteilt, ja zunächst und einzig Dinge wie „unbestrittenen literarischen Rang" berücksichtigen, aber nicht die möglichen Mißverständnisse einer vagen Öffentlichkeit. Obwohl die zuständigen Beamten, wenn sie auch juristisch korrekt gehandelt haben mögen, ihren Preis also unwiderruflich kompromittiert haben (drei Mitglieder, nämlich *Rudolf Hirsch, Erhart Kästner* und *Benno von Wiese* sind aus der Jury ausgeschieden, die „Vereinigung deutscher Schriftstellerverbände e. V. Berlin und Hamburg" hat einen Protestbrief geschrieben) und obwohl sie einen dazu zwingen, ihnen entweder (wenn sie nämlich Grass doch schlecht finden) Unaufrichtigkeit oder (wenn sie Grass gut finden, aber aus Furcht vor Kritik nicht wagen, ihn auszuzeichnen) Feigheit vorzuwerfen, enthält die peinliche Geschichte doch einen Trost: daß ein deutscher Autor es heute noch fertigbringt, ein Buch zu schreiben, das der Obrigkeit mißfällt. Unsere Dichter, sie gaben sich so brav — es schien ja schon nicht mehr mit rechten Dingen zuzugehen. *D.E.Z.*

DIE ZEIT vom 8. Januar 1960

Alfred Faust

Lehren aus einer Krise

Ich weiß nicht, wieviel Phone die disharmonischen Bremer Stadtmusikanten vor der Räuberhöhle im Märchenwald der Gebrüder Grimm zu produzieren vermochten. Ich weiß aber, daß sie das Geschrei der Feuilletonisten im bundesrepublikanischen Blätterwald nicht zu übertönen vermocht hätten, als diese vernahmen, daß der Bremer Senat den mit 8000 Mark dotierten Literaturpreis für „Die Blechtrommel" von Günter Grass abgelehnt hatte. Diese Ablehnung wurde den Mitgliedern der Jury mit einer plausiblen Begründung des Senatsressorts für Kunst und Wissenschaft brieflich mitgeteilt.

Kaum lag dieser Brief in Frankfurt vor, lief der Cheflektor eines Frankfurter Verlages, der ein wichtiges Mitglied der Jury war, zur Feuilletonredaktion der Frankfurter Allgemeinen Zeitung, die tags darauf gar kräftig auf die Trommel donnerte und den Bremer Senat wegen dieser Ablehnung am Boden vernichtete! Es war die gleiche Zeitung, die vier Wochen vorher die allerschärfste Kritik gegen die „Blechtrommel" veröffentlicht und das Werk als „eine totale Existenzkarikatur mit konsequent inhumanem Klima und einen willentlichen Affront gegen Natur und Menschenpflicht" gekennzeichnet hatte.

Von Frankfurt aus lärmte nun in allen Kraalen und Pfaden des Urwaldes die Alarmtrommel der Gralshüter der „literarischen Freiheit". Man forderte, selbst im Namen der Verfassung, daß der Senat seine „reaktionäre Entscheidung" rückgängig mache und der Blechtrommel nachträglich doch noch den Preis zuteile. Der Senat tat nichts dergleichen und beschloß gestern, den Preis in diesem Jahr nicht zu vergeben und die verantwortliche Deputation für Kunst und Wissenschaft zu beauftragen, Vorschläge auszuarbeiten, durch die ein ähnlicher Konflikt künftighin vermieden werden könne.

Für den Senat dürfen nicht nur literarische Werte, die sicher vorhanden sind, ausschlaggebend sein, sondern vor der Verfassung und der Bevölkerung gelten für ihn auch politische, sittliche, kulturelle und erzieherische Gründe. Der Preis ist kein privater, sondern ein Staatspreis, für den die Steuerzahler in Anspruch genommen werden —, ganz abgesehen davon, daß laut Stiftungsurkunde die Rechtslage eindeutig ist, und der Senat dem Vorschlagsrecht der Jury sein Entscheidungs- und Verleihungsrecht entgegensetzen kann. Dies wurde vor zwei Jahren schon bestätigt, als anläßlich eines früheren Preises der Senat beschloß, daß das zu prämierende Werk auch ihm zur eigenen Urteilsbildung vorzulegen sei. Dieser Beschluß involviert auch das Recht der Ablehnung eines Votums der Jury. [...]

Der Konflikt um den Bremer Literaturpreis hat die schon lange schwelende Krise der Literaturpreise der Länder und Städte deutlich gemacht. Jede Stadt kann in einen ähnlichen Konflikt geraten, wenn höhere Gesichtspunkte dem Prämiierungsvorschlag eines Expertenkomitees entgegenstehen. — Die Lösung des Problems liegt also in der Richtung, die Städte von der Verantwortung für Literaturpreise zu befreien. Neben der Freiheit einer Jury gibt es wohl auch noch die Freiheit einer Regierung oder eines Parlamentes. Oder sollen Experten, etwa nach einem kollektiven Führerprinzip, beiden diktieren dürfen?

In meinem letzten Kommentar über den tragischen Tod des französischen Schriftstellers Albert Camus flocht ich einen Satz über die Handhabung der Literaturpreise in Frankreich ein. Frankreich ist das Land par excellence der literarischen Wettbewerbe. Es verleiht jährlich rund 150 private Literaturpreise. Aus Stiftungen von Verlagen, Vereinigungen oder Schriftstellergruppen werden die nicht sehr hohen Preise zur Verfügung gestellt. Der Hauptgewinn der Autoren liegt im Verkauf des preisgekrönten Werkes, was oft einen Mehrumsatz von 100000 Exemplaren bedeuten kann.

Wenn einer der populären Preise — wie der hochliterarische Prix Goncourt, der Prix Theophraste Renaudot (ein Journalistenpreis) oder der Prix Fémina (von einer weiblichen Jury für Schriftstellerinnen gedacht) — verliehen wird, werden Wetten abgeschlossen wie bei einem Pferderennen, und eine dichte Menschenmenge umlagert das Restaurant Drouant, in dem die Preisrichter tagen und bei Speise und Trank stundenlang unter sich diskutieren und abstimmen. Das geht so seit 1903, dem Jahr der ersten Verleihung des Prix Goncourt.

Warum soll der Bremer Literaturpreis nicht aus der Hand des Senats einem ähnlichen Gremium überantwortet werden können?! Jeglicher Konflikt zwischen den freien Experten und dem staatlichem Preisstifter würde dadurch ausgeschlossen!

Übrigens, vor wenigen Wochen hat in Bremen der Vorstand der Philharmonischen Gesellschaft den von einer Jury vorgeschlagenen Musikpreis verworfen. Keine Zeitung brachte auch nur eine einzige Zeile der Kritik darüber! — Und der private Kunstpreis der Böttcherstraße hat ebenfalls noch nie eine Krise ausgelöst.

Hier ist also der Weg und ein Ausweg!

Radio Bremen am 13. Januar 1960

Rudolf Alexander Schröder

Gebärden

[…] Über Herrn Grass kann ich mich schon deswegen nicht aufregen, weil die zunehmende Schwäche meiner Augen mir das Lesen seines Buches unmöglich macht. Ich habe mich aber eigentlich darüber gefreut, daß einmal eine kräftige Reaktion seitens der Preisstifter erfolgt ist. Wir leben seit längerem in einer Zeit, in der die Dichter, Musiker und Maler usw. sich gebärden als hätten sie allein das Sagen in der Welt, was doch eben nun nicht stimmt. Sie werden, denk ich, in Ruhe abwarten bis die Wogen sich verlaufen haben. Was dann weiter werden soll? Ich persönlich bin ohnehin zu alt, um praktisch mit zu tun, kann also nur meinen herzlichen Wünschen für eine nach beiden Seiten befriedigende Lösung Ausdruck geben. […]

Aus einem Brief an Senator Willy Dehnkamp vom 1. Februar 1960

„Blechtrommel"-Autor kam gern

Günter Grass: Was sagen die Bremer zur „Preis-Geschichte"?

Das Auftreten des „Blechtrommel"-Autoren Günter G r a s s entspricht weder seinem Schnurrbart noch seinem seit dem verhinderten Bremer Literaturpreis leicht skandalumwitterten Roman. Er wirkt in sympathischer Weise selbstsicher, aber zurückhaltend. Bei unserer Begegnung vor der Lesung seiner Werke, die die Volkshochschule in der „Glocke" veranstaltete, meinte er: „Ich weiß wohl einen Unterschied zwischen den Bremern und dem Bremer Senat zu machen. Was mich interessiert, ist die Stellungnahme der Bremer zu der „Preis-Geschichte."
Rückhaltlos spricht er jedem das Recht zur eigenen Meinung zu, auch dem Bremer Senat. Merkwürdig habe er es nur gefunden, daß man es „nicht für nötig gehalten habe", ihn von der Ablehnung des Preises in Kenntnis zu setzen. „Schließlich handelt es sich doch um einen Menschen. So aber kommt man sich vor wie eine Drüse, die Literatur von sich gegeben hat."
„Als gebürtiger Hansestädter aber komme ich trotz schlechter Erfahrungen gern hierher", lächelt er versöhnlich. Der 32jährige Danziger wurde noch 1944 Soldat. Dann kennzeichnen Landwirtschaft, Schwarzhandel, Kalibergbau, Steinmetz- und Bildhauerlehre, Jazzmusik und Hochschulstudium seinen weiteren Weg. Auslandsreisen folgen. Der bildende Künstler entdeckt literarische Ambitionen, die ersten echten „Werke" kristallisieren sich. „Um Abstand vom Berliner Jargon zu kriegen und „Die Blechtrommel" zu schreiben, ging ich schließlich nach Paris", erzählt er. Seit fünf Wochen lebt Grass mit seiner Familie in Berlin. Zum eigenen Erstaunen muß er feststellen, daß die meisten Zustimmungen zu seinem umstrittenen Roman „Die Blechtrommel" von Zwanzig- und Siebzigjährigen kommen. „Bei der Jugend sind es durchaus nicht jene ‚besonderen Motive' ", meint er, „sondern einfach die Zeit, die sie nicht erlebt haben. Die Alten besitzen die Liberalität der Jahrhundertwende und lesen mein Buch aus ‚literarischem Spaß'. "
In Berlin bereitet Günter Grass einen Gedichtband „Gleisdreieck" mit eigenen Zeichnungen vor, der im Herbst erscheinen wird. Im übrigen beschäftigt ihn schon seit Jahren ein neuer Romanstoff, über den er jedoch nichts verrät.

Bremer Nachrichten vom 17. März 1960

Uwe J o h n s o n, am vorigen Dienstag zu Gast bei Radio Bremen und im „neuen forum", äußerte zur Situation des Bremer Literaturpreises, es sei völlig unwahrscheinlich, daß ein Schriftsteller von Rang künftig diesen Preis annehmen könnte, solange nicht Günter Grass Genugtuung gegeben worden sei. Mit dieser solidarischen Haltung sollte man in Bremen rechnen. […]

Bremer Bürgerzeitung vom 17. Juni 1960

Günter Grass

16. 10. 1927 Danzig

Foto: Isolde Ohlbaum

Sohn eines Lebensmittelhändlers. Besuch des Danziger Gymnasiums Conradinum. Im Krieg zunächst Flakhelfer, dann Einberufung zum Arbeitsdienst, anschließend zum Kriegsdienst als Panzerschütze. 1945 verwundet, amerikanischer Kriegsgefangener. 1946/47 Arbeit im Bergwerk, Praktikum als Steinmetz. Von 1948-52 Studium der Bildhauerei und Graphik in Düsseldorf. 1953-56 Fortsetzung des Studiums in Berlin bei Karl Hartung, daneben erste schriftstellerische Arbeit. Seit 1955 in der Gruppe 47. 1954 Heirat mit der Schweizerin Anna Schwarz. 1956-59 Aufenthalt in Paris. Aufgabe der bildhauerischen zugunsten der schriftstellerischen Arbeit. 1960 Umzug nach Berlin, seither Wohnsitz von G., daneben seit 1972 Wewelsfleth in Schleswig-Holstein. Im Wahlkampf 1961 erstes persönliches Engagement für Willy Brandt. In den Wahlkämpfen der kommenden Jahre zahlreiche Wahlveranstaltungen für die SPD. 1978 stiftete G. den Alfred-Döblin-Preis. Scheidung von Anna Grass. 1979 Heirat mit der Organistin Ute Grunert. 1982 Eintritt in die SPD. Mitglied der Akademie der Künste, Berlin; 1983-86 deren Präsident, 1989 Austritt. 1986/87 Aufenthalte in Indien und Portugal. Seit 1987 Wohnsitz in Behlendorff bei Mölln. 1992 Austritt aus der SPD aus Protest gegen ihre Asylpolitik.

Preise: Förderpreis des Kulturkreises im Bundesverband der Deutschen Industrie (1958); Preis der Gruppe 47 (1958); Literaturpreis der Freien Hansestadt Bremen (nicht vergeben, da der Senat die Zustimmung versagte) (1960); Kritikerpreis des Verbandes der deutschen Kritiker e.V. (1960); „Die Blechtrommel“: „Le meilleur livre étranger“ (1962); Georg-Büchner- Preis (1965); Carl von Ossietzky-Medaille (1968); Fontane-Preis (1968); Theodor- Heuss-Preis (1969); Premio Internationale Mondello, Italien (1977); Premio Letterario Viareggio, Italien (1978); Alexander Majkowski-Medaille, Danzig (1979); die Verfilmung der „Blechtrommel“ (Regie: Volker Schlöndorff, unter Mitarbeit von G. G.) erhielt: die Goldene Schale des Bundesfilmpreises (1979); die Goldene Palme der Filmfestspiele Cannes (1979); den Academy Award (Oscar) für den besten fremdsprachigen Film (1980); – Weinpreis für Literatur (1980). Internatinaler Antonio-Feltrinelli-Preis für erzählende Prosa (1982); Leonhard-Frank-Ring der Stadt Würzburg (1988); „Der kleine Studentennobelpreis“ des Germanistischen Instituts der Universität Szczezin (1988); Premio Grinzane Cavour, Italien (1992); Hidalgo-Preis der spanischen Zigeunervereinigung (1992); Premio Comites Berlin (1992); Großer Literaturpreis der Bayerischen Akademie der Schönen Künste (1994); Ehrendoktor der Universitäten Kenyon College, Harvard, Poznan und Gdańsk (1993); Großer Literaturpreis der Bayerischen Akademie der Schönen Künste (1994); Karel-Čapek-Preis (1995).

Werkauswahl: Die Vorzüge der Windhühner. Gedichte. Prosa. Zeichnungen. 1956.- Zweiunddreißig Zähne. Eine Farce in fünf Akten. 1958. – Die Blechtrommel. Roman. 1959. – Gleisdreieck. Gedichte mit Zeichnungen des Verfassers. 1960. – Katz und Maus. Novelle. 1961. – Hundejahre. Roman. 1963. – Die Plebejer proben den Aufstand. Ein deutsches Trauerspiel. 1966. – Ausgefragt. Gedichte und Zeichnungen. 1967. – Über das Selbstverständliche. Reden, Aufsätze, Offene Briefe, Kommentare. 1968. – Briefe über die Grenze. Versuch eines Ost-West-Dialogs. Zusammen mit Pavel Kohout. 1968. – örtlich betäubt. Roman. 1978. – Theaterspiele. 1970. – Gesammelte Gedichte. 1971. – Aus dem Tagebuch einer Schnecke. Roman. 1972. – Der Bürger und seine Stimme. Reden. Aufsätze. Kommentare. 1974. – Liebe geprüft. Gedichte. 1974. – Der Butt. Roman. 1977. – Denkzettel. Politische Reden und Aufsätze 1965 – 1976. 1978. – Das Treffen in Telgte. Eine Erzählung. 1979. – Kopfgeburten oder Die Deutschen sterben aus. Roman. 1980. – Aufsätze zur Literatur 1957 – 1979. 1980. – Widerstand lernen. Politische Gegenreden. 1980 – 1983. 1984. – Geschenkte Freiheit. Rede zum 8. Mai 1945. 1985. – Die Rättin. Roman. 1986. – Werkausgabe in 10 Bdn. 1987. – Zunge zeigen. Ein Tagebuch in Zeichnungen, Prosa und einem Gedicht. 1988. – Schreiben nach Auschwitz. Frankfurter Poetik – Vorlesung. 1990. – Totes Holz. Ein Nachruf. 1990. – Gegen die verstreichende Zeit. Reden, Aufsätze und Gespräche 1989 - 1991 - 1991. – Unkenrufe. Erzählung. 1992. – Novemberland. 13 Sonette. 1993. – Ein weites Feld. Roman 1995. – Fundsachen für Nichtleser. 1997. – Werkausgabe in 16 Bdn. 1997.

Über G. G.: Schreiben gegen die verstreichende Zeit. Zu Leben und Werk von G. G. Hrsg. v. Volker Neuhaus. München 1997.

1961: Bremer Literaturpreis nicht vergeben

Die Rudolf-Alexander-Schröder-Stiftung wird errichtet

[...] Über 15 Monate lang ist inzwischen Gras über die Affäre Grass gewachsen. 1960 und 1961 konnte der Bremer Literaturpreis nicht vergeben werden. In der Stille aber haben die Verantwortlichen über eine Umwandlung dieser Prämie beraten. Gestern nun hat der Senat der Freien Hansestadt einem Vorschlag des Senators für das Bildungswesen, Willy Dehnkamp, zugestimmt. Er wird eine „Rudolf - Alexander - Schröder - Stiftung" errichten. In deren Satzungen heißt es: „Der Preis dient der Förderung des literarischen Nachwuchses. Er wird nur deutschsprachigen Dichtern und Schriftstellern verliehen. Bei der Auswahl ist ein einzelnes Werk und nicht das Gesamtschaffen zu bewerten."

Die Stiftung wird von einem Vorstand verwaltet. Dieser besteht aus drei Personen, die der Senat für die Dauer von fünf Jahren beruft. Für jede Aufgabe setzt der Vorstand ein Kollegium von fünf Mitgliedern ein. Zu dem Kollegium (Jury) gehören vier berufene Mitglieder und der jeweils letzte Preisträger. In jedem Jahr wird einer der Preisrichter durch einen neuen ersetzt. Der einzelne amtiert also nur vier Jahre lang.

Die fünf „Fachrichter" können Beschlüsse nur dann fassen, wenn mehr als die Hälfte von ihnen anwesend ist. Beschlüsse über Förderungsmaßnahmen bedürfen der Zustimmung von drei Viertel der Anwesenden. Der Preis wird weiterhin mit 8000 DM dotiert.

Die neuen Satzungen weichen wenig von den bisherigen ab. So ist auch der Plan aufgegeben worden, in Zukunft keinen Schriftsteller, sondern einen jungen Wissenschaftler zu fördern. Ein wesentlicher Punkt der Umwandlung aber muß hervorgehoben werden: Der Senat verzichtet nunmehr auf sein Einspruchsrecht. Es kann zu Diskussionen innerhalb des Kollegiums oder zwischen Kollegium und Vorstand kommen. Die Wiederholung eines „Blechtrommel"-Skandals sollte jedoch durch die Neuordnung ausgeschlossen sein.

Dr. Eberhard Lutze, leitender Regierungsdirektor beim Senator für das Bildungswesen, der gestern vor der Presse die „Rudolf-Alexander-Schröder-Stiftung" erläuterte, sieht voller Zuversicht in die Zukunft. Er hofft, am 28. [sic!] Januar 1962 (dem 84. Geburtstag des Bremer Dichters Rudolf Alexander Schröder) die Auszeichnung nach zweijähriger Pause wieder vergeben zu können.

Ein Problem wird allerdings zuvor gelöst werden müssen. Die Mehrzahl der bisherigen Jurymitglieder hat ja im Zorn ihre Posten niedergelegt. Sie dürfte kaum zu einer neuerlichen Übernahme der gewiß nicht leichten Aufgabe zu bewegen sein. Nur wenn es gelingt, bedeutende Vertreter des deutschen Geisteslebens als Mitglieder des Preisrichter-Kollegiums zu gewinnen, wird der Literaturpreis der Stadt Bremen in der ganzen deutschsprachigen Welt Ansehen genießen.

Hermann Kasack, der Präsident der Deutschen Akademie für Sprache und Dichtung, hat noch jüngst auf einer Diskussion über die Flut der Literaturpreise die Bremer Auszeichnung zu den angesehenen im deutschen Sprachraum gezählt. Im Interesse der Hansestadt und der förderungswürdigen jungen Autoren wäre zu wünschen, daß jetzt endgültig Gras über die Affäre Grass wüchse, daß in Zukunft namhafte Fachleute unabhängig ihr künstlerisches Urteil fällen werden. [...] *-dt*

Weser-Kurier vom 12. April 1961

Senator a.D. G. W. Harmssen am 26. Januar 1962:

Die Rudolf-Alexander-Schröder-Stiftung tritt heute zum ersten Male vor Sie hin, nachdem vor nahezu einem Jahr der Senat die Verleihung des Literaturpreises der Freien Hansestadt Bremen in ihre Hände gelegt hat.

Im Gegensatz zu der früher amtierenden Jury ist sie als eine völlig unabhängige, sich allein verantwortliche Einrichtung geschaffen worden, die auch die Zusammensetzung ihres Kuratoriums selbst bestimmt und der der Senat die für die Preisverteilung bereitgestellten Mittel zu freier Verfügung überläßt. Ohne sie also in sachlicher oder personeller Beziehung zu beschränken oder ihre Funktion, wie in derlei Fällen allzu üblich, durch amtliche Richtlinien abzustecken, hat der Senat ihr aus eigenem Antrieb kraft Satzung völlige Eigenständigkeit gewährleistet, was nach den Erfahrungen der Vergangenheit gerade an dieser Stelle einmal gewürdigt zu werden verdient. [...]

Bremer Literaturpreis 1962 für „Zeit der Schuldlosen", Verlag Kiepenheuer & Witsch, Köln 1962

Claus Helmut Drese

Bestehende Schuld?

Siegfried Lenz mit seiner Frau Liselotte und Senator a. D. Harmssen. Foto: Lohrisch-Achilles

[...] Es ist notwendig, das Jahr 1945 zum Ausgangspunkt zu nehmen, wenn man ein Bühnenstück wie „Zeit der Schuldlosen" und den moralischen Imperativ seines Autors verstehen will. Dieses Stück, wenn wir es richtig entfremden, erstrebt nicht mehr und nicht weniger als die Analyse unseres Verhaltens vor und nach jenem Einschnitt der jüngsten Geschichte. Zwar werden da keine Namen und Daten genannt, auch können keine konkreten Fakten belegt werden, die den historischen Hintergrund bilden — aber jeder spürt durch die Abstraktion hindurch: gemeint bist Du! Es geht nicht um die Darstellung der politischen Kriminalität, um die Verurteilung jener mit den Namen Höß oder Eichmann verbundenen ungeheuerlichen Verbrechen — es geht auch andererseits nicht um ein Denkmal für die Opfer dieses beispiellosen ideologischen Wahns oder um die Verherrlichung von Widerstandskämpfern — sondern um die Erforschung der Ursachen, die zu solchen Ereignissen geführt haben und immer wieder führen können. Wir müssen dem Virus der menschlichen Unzulänglichkeit auf die Spur kommen; dieser Virus hat unser Jahrhundert verpestet. Er ist am einfachsten auffindbar in einem Bereich, der noch nicht geschichtlich fixiert ist, bei Menschen, die keine mehr als private Existenz führen. Also sind es nicht besondere Charaktere, die uns interessieren, sondern *Situationen,* in die wir alle geraten können; Situationen, in denen sich erweist, wie widerstandsstark unsere moralische Kraft ist. Das ist es, was uns an dem Stück von Siegfried Lenz anrührt: wir werden gezwungen, uns mit den Figuren auf der Bühne zu identifizieren: wir fühlen uns betroffen und denken nach: wie würdest Du in der gleichen Situation handeln... wie hast Du gehandelt? Und, fast noch wichtiger: wie denkst Du *heute* über Dein Verhalten? Ist alles vergeben und vergessen — oder bleibt da ein Bodensatz zurück, ein Gefühl der Scham, die Erkenntnis einer Schuld, von der sich niemand freisprechen kann. Im Stück heißt es: „Wir haben keine Wahl, als bestehende Schuld zu unserer eigenen Schuld zu machen; dann erst kann sie uns ändern." Bestehende Schuld?... Und dabei ist mit keinem Wort die Rede von jenen Taten und Untaten, Parolen und Endlösungen, Über- und Untermenschen, die die deutsche Geschichte in unserem Jahrhundert kennzeichnen. Lenz weiß es: man kann heute das Problem nur noch erreichen, wenn man Plakate vermeidet.

Gewiß, es gibt heute Theaterstücke und Dichtungen, die vom poetischen Einfall her, in der psychologischen Dimension, an komödiantischer Agilität oder Sprachgewalt das Werk von Siegfried Lenz übertreffen — über eines jedoch läßt sich wohl nicht streiten: es ist ein *notwendiges* Stück, ein Stück, das unsere deutsche Theaterliteratur rehabilitiert. [...]

Aus der Laudatio vom 26. Januar 1962

Siegfried Lenz

Der Künstler als Mitwisser

Foto: Isolde Ohlbaum

Ich danke der Jury der Rudolf-Alexander-Schröder-Stiftung für die Zuerkennung des Bremer Literaturpreises, und ich danke Ihnen persönlich für die Gelegenheit, hier vor Ihnen sprechen zu können. Ich habe nicht vor, die Empfehlung eines Kollegen aufzunehmen, der dem Schriftsteller riet, bei jeder aussichtsreichen Gelegenheit aus Herzensgrund bösartig zu sein und die Wonnen der Brüskierung auszukosten. Ich schätze nun einmal die Kunst herauszufordern nicht so hoch ein wie die Kunst, einen wirkungsvollen Pakt mit dem Leser herzustellen, um die bestehenden Übel zu verringern. Wer darauf aus ist zu provozieren, braucht nichts anderes zu tun, als starrsinnig die Wahrheit mitzuteilen: Es wird immer jemanden geben, der an der bescheidensten Wahrheit Anstoß nimmt.

Auch Brüskieren will gelernt sein, doch da ich dies nicht als die Aufgabe des Schriftstellern ansehe, erlauben Sie mir, kurz auf die Vorstellung einzugehen, die ich mir vom Schriftsteller mache; ich möchte Ihnen ganz bekenntnishaft sagen, welch einen Anspruch ich an ihn stelle, welche Entscheidungen ich von ihm erwarte und zwar in einem bestimmten Fall, in einer gewissen Lage: dann nämlich, wenn die Macht die Sprache zu beeinflussen, zu bedrohen, zu zerstören beginnt.

Sprache und Macht — für ihre schamlose Beziehung haben wir gerade bei uns zahlreiche Zeugen. Im Prisma unserer Sprache finden wir aufschlußreiche Schatten und Unreinheiten. Unser eigener Wortschatz enthält immer noch Beispiele solidester Nötigung und erschreckenden Zwangs — Rückstände aus einer Zeit, in der eine tobsüchtige Macht die Sprache mißbrauchte, verletzte, veränderte. Es ist offenbar eine zwangsläufige Erscheinung: Macht verändert die Sprache, zumindest läßt sie ein anderes Verhältnis zu ihr aufkommen. Was aber ist es, das sich verändert?

Hobbes, der Autor des „Leviathan", bemerkte einmal, daß die „größte Wohltat der Sprache darin besteht, daß wir befehlen und Befehle verstehen können". Für ihn war die Sprache ein Mittel der Mächtigen, das ihnen zur Selbstbehauptung und zum Selbstgenuß diente. Wer einen Denkzwang ausüben will, muß beim Sprachzwang beginnen: eine Erfahrung, die von den Mächtigen erbarmungslos beherzigt wird. Jeder Sprachzwang aber legt zunächst eine Überprüfung des Wortschatzes nahe; was unliebsam, was vieldeutig, geheimnisvoll ist, wird geächtet oder denunziert; was erwünscht und brauchbar erscheint, wird hervorgehoben, gepflegt und mit neuen probaten Schöpfungen angereichert.

Die erste Veränderung, die die Macht an der Sprache vornimmt, betrifft also unmittelbar den Wortschatz; das allerdings ist nur Bedingung und Vorstufe, um etwas anderes zu ändern; das allgemeine Bewußtsein. Da dies allgemeine Bewußtsein für die Stabilität der Macht entscheidend ist, muß sie es mit Hilfe der Sprache lenken und notfalls verwandeln. Das „Gewand der Gedanken", das die Sprache darstellt, muß dem Anspruch der Mächtigen genügen, und das heißt: durchsichtig sein.

Seien wir nicht allzu zuversichtlich; auch für die Sprache gibt es Katastrophenzeiten, sie ist keineswegs ungefährdet, und wir erinnern uns mit Beklommenheit, was alles eine Sprache mitmachen kann, wenn sie von der Macht beschlagnahmt wird.

Talleyrand, der der Meinung war, die Sprache sei dazu da, die Gedanken des Diplomaten zu verbergen, übersah etwas Entscheidendes: nämlich, daß die Sprache die Eigenschaft hat, sowohl das Gesagte wie das Nichtgesagte preiszugeben, die Wahrheit wie die Unwahrheit, die Reinheit wie die Entstellung. Sprache sagt ja nicht nur sich selbst aus, sondern auch ebensoviel über den, der sie gebraucht.

Und in diesem Sinne gab bereits die Sprache zu erkennen, was von den Meistern der Gewalt zu erwarten war, die von „arthafter Lebensschau" und „völkischer Macht" sprachen, von „Garanten des Staatsdenkens" und „im Blut verwurzelter Kultur". Die Sprache kündigte desgleichen schon die Schrecken an, als Worte wie „bindungsloser Intellekt", „zersetzende Kritik" oder „tödliche Entwurzelung" nicht nur gelegentlich benutzt

wurden, sondern zum täglichen Sprachhaushalt gehörten — was zur Folge hatte, daß der Haß der Meinungslosen hervorgerufen wurde, die sich über ihre Gefühle nicht im klaren waren.
Die Sprache enthüllte weiterhin die Absicht der Herrschenden, die Graz zur „Stadt der Volkserhebung" machten, Stuttgart zur „Stadt der Auslandsdeutschen" und das arglose Celle zur „Stadt des Reichserbhofgerichts". Und schließlich brachte die Sprache es an den Tag, welche Forderung die Mächtigen selbst an den Raucher stellten, dem sie Tabakerzeugnisse unter Titeln wie „Wehrsport", „Sportbanner" oder „Sportstudent" verkaufen ließen. Um ein Schiller-Distichon abzuwandeln: die Macht schuf sich die Sprache, die für sie dichtet und denkt.
Doch ich fürchte, daß Sie sich verwundert zu fragen beginnen, warum ich mich, den heute auszuzeichnen Sie die Freundlichkeit und das Vertrauen hatten, gleich zu Beginn mit dem düsteren Verhältnis zwischen Sprache und Macht beschäftige, Sie an eine Niederlage der Sprache durch die Macht erinnere. Das hat einen einfachen Grund: Ich teile die Ansicht der Herrschenden, daß bereits ein einziges Wort eine Gefahr darstellen, eine Krise hervorrufen kann: ich bin überzeugt, daß sich nirgendwo eine größere Wachsamkeit empfiehlt als da, wo Sprache in fremdem oder eigenem Auftrag gebraucht wird.
Die Großinquisitoren wußten und wissen, daß jedes Wort seine Geschichte hat, daß es mit Leiden und Träumen beschwert ist, daß es Sehnsucht auslöst und die Lüge enthüllt: Darum gilt ihre Aufmerksamkeit denen, die sich aus Berufsgründen mit der Sprache befassen: dem Journalisten und Schriftsteller. Mir schien es wichtig, zunächst die Risiken anzudeuten, denen die Sprache durch die Macht ausgesetzt ist — lediglich um den Konflikt zu erwähnen, den jeder Schriftsteller vorfindet und in dem er sich entscheiden muß.
Solch eine grundsätzliche Entscheidung gehört zu der Vorstellung, die ich mir vom Schriftsteller mache. Ein Schriftsteller ist ein Mensch, den niemand zwingt, das zu sein, was er ist; zum Schriftsteller wird man weder bestellt noch berufen wie etwa ein Richter. Er entschließt sich vielmehr freiwillig dazu, mit Hilfe des schärfsten und gefährlichsten, des wirksamsten und geheimnisvollsten Werkzeugs — mit Hilfe der Sprache die Welt zu entblößen, und zwar so, daß niemand sich in ihr unschuldig nennen kann. Der Schriftsteller handelt, indem er etwas aufdeckt: eine gemeinsame Not, gemeinsame Leidenschaften, Hoffnungen, Freuden, eine Bedrohung, die alle betrifft.
Das allerdings kann er nicht mit jenem absichtslosen Entzücken tun, mit dem man blaue Schatten auf dem Schnee zur Kenntnis nimmt oder den Flug einer Libelle. Wenn er seine Wahl getroffen hat, sollte er wissen, daß Wörter, wie Brice-Parain sagte, „geladene Pistolen" sind oder sein können, und darum erwarte ich vom Schriftsteller, daß er, da er keine äußere Verpflichtung anerkennt, zumindest sich selbst ein Versprechen gibt, ein Versprechen, das er in seiner Einsamkeit ständig erneuert: Es läuft auf die stillschweigende Verpflichtung hinaus, die Sprache zu verteidigen und mit den Machtlosen solidarisch zu sein, mit den vielen, die Geschichte nur erdulden müssen und denen sogar Hoffnungen verweigert werden.
Darin liegt für mich das selbstverständliche Engagement des Schriftstellers, was soviel heißt, daß man sich nicht nur für einen bevorzugten Stil entscheidet, sondern daß man sich auch dafür erklärt, die Seufzer und die Erwartungen der anderen zu seinen eigenen Seufzern und Erwartungen zu machen. Der Einwand, jede Bindung der Literatur sei ja bereits eine Schwäche, schließe die Möglichkeit zum Kunstwerk aus, ist ebenso oft erhoben wie widerlegt worden. Wer die Äußerungen eines Schriftstellers als Kommentar zur Welt ansieht, wird in jedem Kunstwerk irgendein Engagement entdecken können, bei Aristophanes, bei Cervantes, bei Jean Paul ebenso wie bei Günter Grass.

Foto: Isolde Ohlbaum

Mein Anspruch an den Schriftsteller besteht nicht darin, daß er, verschont von der Welt, mit einer Schere schöne Dinge aus Silberpapier schneidet, vielmehr hoffe ich, daß er mit dem Mittel der Sprache den Augenblicken unserer Verzweiflung und den Augenblicken eines schwierigen Glücks Widerhall verschafft. In unserer Welt wird auch der Künstler zum Mitwisser — zum Mitwisser von Rechtlosigkeit, von Hunger, von Verfolgung und riskanten Träumen —, und darum fällt es mir schwer einzusehen, warum

ausgerechnet er den „Luxus der Unschuld" für sich fordern sollte.
Es scheint mir, daß seine Arbeit ihn erst dann rechtfertigt, wenn er seine Mitwisserschaft zu erkennen gibt, wenn er das Schweigen nicht übergeht, zu dem andere verurteilt sind.
Das gehört gleichsam noch zu dem Versprechen, das er sich selbst gibt, zu dem Auftrag, den er von sich aus übernimmt; denn darüber besteht wohl Einmütigkeit: der Schriftsteller erhält den Auftrag keineswegs von der Gesellschaft, in der er lebt. Die Gesellschaft ermächtigt ihn nicht, sie delegiert ihn nicht, sie ermutigt ihn im allgemeinen nicht einmal; statt dessen verlangt sie das Recht, dem Schriftsteller zu mißtrauen, da sie gewärtig sein muß, daß er ihre Lebensweise zu ändern versucht. Doch obwohl die Gesellschaft zu keiner Rückendeckung bereit ist, besteht sie darauf, den Schriftsteller zu verurteilen, sobald er sie schwerwiegend enttäuscht hat.
Ein Fabrikant, der sich der Macht verdingt hat, braucht nicht für sein Leben zu fürchten, wenn man ihn zur Rechenschaft zieht: wir kennen Beispiele genug. Ein Schriftsteller hingegen, der der Macht gedient hat, der die Wehrlosen verriet und die Wahrheit nicht aussprach, obzwar er sie kannte, wird von der Gesellschaft erbarmungslos verfolgt werden. Er gab den kostbarsten und gefährlichsten Besitz preis: die Sprache. Er lieferte den Mächtigen das Wort aus, in dem die Machtlosen ihre letzte Freiheit, ihre letzte Hoffnung und vielleicht auch Trost fanden.
Das Verbrechen eines Schriftstellers wird von der Gesellschaft immer unnachsichtiger geahndet als das Verbrechen eines Waffenfabrikanten, und das scheint mir zu zeigen, daß die Gesellschaft, die dem Schriftsteller aus guten Gründen mißtraut, gleichzeitig unbewußte Erwartungen in ihn setzt — Erwartungen, die so bestimmt sind, daß sie im Falle einer Enttäuschung leidenschaftlichen Haß herausfordern.
Ein Haß von solch instinktiver Art ist aber nur da möglich, wo ein instinktives Einvernehmen besteht: Was uns gleichgültig ist, kann uns nicht entsetzen.
Für dieses instinktive, widersprüchliche Einvernehmen zwischen Gesellschaft und Schriftsteller hatten die Mächtigen schon immer einen besonderen Sinn, sie hatten einen Gaumen für die Gefahr, die ihnen von der Sprache drohte und von denen, für die die Arbeit mit der Sprache zum Beruf gehört.
Es gibt zwar Leute, die der Meinung sind, daß die Macht den Schriftsteller und die Bedeutung des Wortes überschätzt, daß sie die Bedrohung zu hoch veranschlagt: Diese Meinung wird indes von Leuten geäußert, die selber keinen Grund haben, sich bedroht zu fühlen. Die Großinquisitoren jedenfalls hat diese Meinung nicht beeindruckt, sie „überschätzten" den Schriftsteller, und wen die Macht überschätzt, der hat nichts zu lachen.
Überall da, wo die Macht den freien Ausdruck fürchtet, werden Schriftsteller verfolgt, unterdrückt, in Gefängnisse geworfen; man entzieht ihnen das Wort und richtet eine Mauer des Schweigens auf zwischen ihnen und den andern. Und überall, wo Macht sich bedroht fühlt, schlägt uns das Schweigen des unterdrückten Schriftstellers entgegen, ein Schweigen, das mittlerweile zum Kennzeichen geworden ist, das man wahrnimmt und erfährt und in dem man liest wie in einem Kommentar, den die Macht sich selbst geschrieben hat. Ein Schweigen, das in geknebelter Sprache besteht, ist keineswegs stimmlos und nichtssagend; es ist eine Fortsetzung der Rede mit anderen Mitteln.
Das wissen die Mächtigen nur zu gut: ein gewisses Schweigen denunziert sie, klagt sie an, und darum sind sie darauf aus, sich gemietete Schriftsteller zu halten, schönsprechende Vögel, die den Herrschenden ein gutes Gewissen verschaffen sollen.
Meine Damen und Herren. Vieles kann man von der Literatur verlangen aber unter keinen Umständen dies: daß sie irgend jemandem zu einem guten Gewissen verhilft. Wo Herrschende ein gutes Gewissen zur Schau stellen, da geschieht es auf dem Grab einer freien Literatur. Ein von der Macht gedungener Schriftsteller, der nicht nur sich selbst, sondern auch die Sprache zum Opfer bringt, wird nicht das begründete Mißtrauen der Gesellschaft erfahren: er wird ihre Verachtung erfahren. Und wieviel die Mächtigen insgeheim von ihren gemieteten Zungen halten, kann man an der Art sehen, in der diese an ihre Pflichten erinnert werden.
Doch wie Camus sagte, sollte der Schriftsteller sich berufen fühlen, zu verstehen, nicht zu richten, und wer das Verhalten der Schreibenden zu verstehen sucht, die sich der Macht verbinden, wird eine seltsame Entdeckung machen: Es gibt allem Anschein nach ein Gedächtnis der Sprache. Die Sprache vergißt offenbar nicht, was ihr geschehen ist, und eines Tages beginnt sie sich denen zu widersetzen, die sie unter Gewaltanwendung mißbraucht haben.
Ein Schriftsteller, der einmal dem Sprachzwang huldigte, wird dies Vergehen wie ein Stigma zu tragen haben, er wird — und es gibt auch in dieser Hinsicht Beispiele — kaum noch zum Wagnis des freien Worts zurückfinden. Wenn die Sprache beschädigt ist, dann fällt Dunkelheit auf unser Denken, ein Denken aber, das seine Klarheit eingebüßt hat, ist nicht mehr in der Lage, uns bei der Suche nach der Wahrheit zu helfen.
Das mag vielleicht alles selbstverständlich sein — ein Schriftsteller kann leider nichts für selbstverständ-

lich halten. Auf die Gefahr hin, sich zu wiederholen, muß er schon aus beruflichen Gründen zweifeln, und das heißt ja auch: immer von neuem Fragen stellen. Wir können zwar Probleme erben, die Lösung dieser Probleme jedoch nicht: um die Lösung muß jede Zeit für sich bemüht sein. Und manchmal bedarf es nur eines bestimmten Anlasses, um eine Frage zu stellen, die längst überfällig war. Solch ein Anlaß ergab sich für mich, als ich mir darüber klarzuwerden versuchte, welche Entscheidung ich, ich persönlich vom Schriftsteller erwarte, der sich im Konflikt zwischen Sprache und Macht befindet. Dabei wunderte ich mich über etwas, was mir bis dahin nicht allzuviel zu denken gegeben hatte: über meine Berufsbezeichnung, die ich selbst hundertmal sorglos gebraucht hatte und die in all meinen biographischen Angaben steht: freier Schriftsteller.

Es ist übrigens eine eingeführte Bezeichnung, die auch vor Gericht gebraucht wird. Sie, meine Damen und Herren, denen ich diese ehrenvolle Auszeichnung verdanke, haben im Briefkopf Ihrer Stadt das gleiche Adjektiv, das zu führen, wie ich mir vorstellen kann, Ihre Senatoren einst beharrlich und wohl auch unerschrocken einkamen. Was mich betrifft, so handelt es sich um kein Verdienst, wenn ich dies Adjektiv vor meiner Berufsbezeichnung nenne, ich lebe nicht gefährlich dabei, ich laufe kein Risiko — wie der Schriftsteller im Westen heute überhaupt weniger Risiken läuft als der Fensterputzer in mehrgeschossigen Bürohäusern.

Aber da ich schon diesen Vergleich gewagt habe, erlauben Sie mir noch zu sagen, daß ich diese Ehre, die eine freie Stadt einem freien Schriftsteller zuteil werden läßt, als eine Auszeichnung des freien Schriftstellers schlechthin ansehe. Weil das Schreiben für mich unter anderem auch eine Möglichkeit zur Selbstbefragung ist,

Foto: Brigitte Friedrich

wobei man sich zwangsläufig einigermaßen kennenlernt, glaube ich meine Grenzen mittlerweile festgestellt zu haben; und deshalb möchte ich in diese Ehrung meine Kollegen und Freunde einbeziehen, die wie ich freie Schriftsteller sind. Für diese Ermutigung danke ich Ihnen und danke Ihnen dafür, daß Sie mir Ihre Aufmerksamkeit geschenkt haben.

Siegfried Lenz

Neun Unschuldige und ein Terrorist

Der Ingenieur tritt an die Pritsche und blickt entschlossen auf Sason herab.
INGENIEUR *heiser, befehlend:* Stehen Sie auf!
ARZT: Dieser Mann kann nicht aufstehen, er hat Schmerzen.
INGENIEUR: Wir haben andere Schmerzen.
SASON: Es geht schon, Doktor.
Sason erhebt sich mühsam, geht zur Wand und lehnt sich an.
INGENIEUR *überrascht, zögernd zunächst:* Sie haben es gehört: wir müssen jetzt zu einer Lösung kommen. Bitte, verstehen Sie uns doch. Hier sind neun unschuldige Männer, die auf Ihre Entscheidung warten, die ein Recht haben auf Ihre Entscheidung.
SASON: Welche Entscheidung meinen Sie?
INGENIEUR: Nennen Sie uns die Namen Ihrer Komplicen, die bei dem Attentat dabei waren. Außer Ihnen waren doch noch einige dabei?
SASON: Ja, es waren noch vier dabei. Einer warf von einem Dach eine Bombe, aber sie ging nicht los. Die andern drei warteten an der Hauptstraße. Sie warteten umsonst. Nachdem ich geschossen hatte, fuhr das Auto durch Nebenstraßen zum Hafen.
INGENIEUR: Nennen Sie ihre Namen, und ich verpflichte mich, Ihre Freunde zu warnen, sobald wir draußen sind. Ich schwöre es, daß sie entkommen werden. Nur — sagen Sie etwas, damit das hier aufhört!
SASON: Ich kann nichts sagen. Ich habe die Namen für die Folterung vergessen. Sie werden mir nie mehr einfallen, um keinen Preis.
INGENIEUR *auffahrend:* Und wir? Ist die Freiheit von neun unschuldigen Männern nichts?
SASON: Man kann kein Leben mit einem anderen Leben aufwiegen.
INGENIEUR *höhnisch:* Sie nicht, ich weiß. Sie haben Ihre Überzeugung, Ihre allmächtige Überzeugung. Aber die ist nicht mehr als der brutalste Egoismus, den ich kenne. Solche Überzeugungen sind unmenschlich, denn sie kennen keinen Verzicht.
SASON: Sie irren sich. Unsere Überzeugung fordert nichts als Verzichte. Einer meiner Freunde promovierte mit einundzwanzig Jahren zum Doktor der Naturwissenschaft. Er hatte eine glänzende wissenschaftliche Karriere vor sich. Er hatte ein großes Erbe zu erwarten. Er verzichtete auf alles, als das Los ihn traf, und er ging hin und tötete in einer Nacht einen Kurier des Gouverneurs, weil wir die Papiere brauchten. Er verzichtete auf alles und tat es.
INGENIEUR *schroff:* Ich brauche von Ihnen keine Belehrung und schon gar keine Einweihung in Ihre Praktiken.
KONSUL: Es fehlt nicht viel, und er wird uns beweisen, daß der Terror eine Religion ist...
INGENIEUR: Ich verlange — im Namen dieser unschuldigen Männer verlange ich, daß Sie die menschliche Konsequenz ziehen, die sich aus unserer Lage ergibt.
HOTELIER: Wir sind ja bereit, uns dafür zu revanchieren. Ich habe gute Verbindungen. Der Gouverneur war oft Gast in meinem Hotel. Sie dürfen sicher sein, daß Sie es nicht umsonst tun.
SASON: Wofür wollen Sie mich bezahlen? Für meinen Verrat oder für mein »menschliches« Verhalten!

Aus: Zeit der Schuldlosen. In: Drei Stücke. Hoffmann und Campe Verlag, Hamburg 1980, S. 30-32

Lenzsiegfried,

Foto: Wulf Harder

der (Immertreu, Fleißiges Lieschen, Das goldene Mittelchen, Jedermann) ausdauernd, zuverlässig. Familie der commonsensiblen Importanzeen. Heilkraut. *Blüten hellrot, als Geschenkbouquet angeordnet, vasenbeständig. Obere Blätter bis fast zum Grund treuherzig. Aufrechter Stengel. Blattzipfel abgerundet. Die Pflanze wird wegweisergroß und tritt massenhaft auf. Bestäubt wird sie von Schulklassen und Mitgliedern von Buchgemeinschaften.*
Wächst an Knotenpunkten des Interesses, als Humusbereiter des Vergangenen und vor allem in der Mitte, wo er eine ebenso heitere wie ernste Figur macht. Letzteres verleiht ihm eine Zuverlässigkeit, nach der Lehrer geradezu ihren Unterricht einrichten können sowie Väter ihre Lebensermahnungen. Die Pflanze hat von jeher große Aufmerksamkeit auf sich gezogen. So sagt man von ihr, daß sie den Geschmack der Milch der frommen Denkungsart abrunde und harte Kost bekömmlicher mache. Eine Abkochung des Krauts, der zur Hälfte Wein beigefügt ist, fördert den gesunden Menschenverstand. Auch bewirkt sie eine Befreiung von extremen Gefühlslagen, unterstützt das tiefe Atemholen, macht jedoch auf die Dauer selbstzufrieden und führt in den Schlaf des Gerechten. Der wirksamste Bestandteil des Lenzsiegfrieds ist ein ätherisches Öl, das eine stark ausgleichende Kraft hat und jede Links- und Rechtslastigkeit der Körperhaltung nach der Mitte hin reguliert. Walter Jens bemerkt in seinem Buch *Rhetorik der Blüten:* »Der Lenzsiegfried bewirkt eine körperliche Ausgeglichenheit par excellence, die man nicht unbedingt Langeweile nennen muß. Ein prickelndes Gefühl, wie es das Anhören harmloser Witze mit sich bringt, schafft gute Laune für alle Lebenssituationen. Die Pflanze hat aus ihrem Talent einen kleinen Bezirk gemacht — und ist da nie herausgegangen.« Und Marcel Reich-Ranicki schreibt in seinem schon grundsätzlich zu nennenden Buch *Kraut und Unkraut:* »Beim Lenzsiegfried weiß man, woran man ist — und nicht mehr.«
Allgemein wird der Tee aus den getrockneten Lenzsiegfriedblättern zur Magenstärkung und inneren Erwärmung für das Nächstliegende getrunken. Die Pflanze gibt übrigens auch ein zuverlässiges Kraftfutter für das Vieh ab. Wegen ihrer Standorttreue ist sie leicht zu kultivieren. Sie soll sogar schon den Gummibaum in den Vorzimmern von Politikern verdrängt haben.

Fritz Schönborn: Deutsche Dichterflora. Carl Hanser Verlag, München/Wien 1980, S. 91 f.

Sollte dieser Preis zurückgewiesen werden?

Eine Herausforderung von Günter Graß und eine Antwort von Siegfried Lenz

Foto: Isolde Ohlbaum

Berlin, am 7. Februar 1962

Lieber Preisträger Siegfried Lenz, recht handelten Sie, als Sie den Bremer Literaturpreis annahmen: ergab sich doch so Gelegenheit, den Leuten dort etwas über „Sprache und Macht" zu erzählen. Und wenn Sie nicht recht handelten, so handelten Sie versöhnlich, zumal das „Brüskieren" nicht Ihre Sache ist oder sein konnte oder sein durfte. Warum schreib ich erst jetzt, da der Preis schon am 26. Januar verliehen, Ihre schöne Rede am 27. Januar in der Tageszeitung „Die Welt" veröffentlicht wurde?

Es war mir unmöglich, vor der Großen Planetenkonjunktion des 4. und 5. Februar den Blick vom unheilschwangeren Sternenzelt wegzuziehen und banal Irdisches, wie Bremen und seinen Preis, zu beachten; nun aber, da die Welt nicht untergegangen ist — nur bei Ilse-Bergbau ergaben sich Schwierigkeiten, und der ehemalige Reichspostminister Ohnesorge verstarb kurz vor den kritischen Tagen — nun, da die Erde mich wieder hat, werden mir die Stadt Bremen, ihr Literaturpreis und dessen jüngster Preisträger einen Brief lang wichtig. Wie mutig und geschickt zugleich Sie es verstanden haben, meinen unbescholtenen Namen in Ihre Preisträgerrede zu flechten: *Wer die Äußerungen eines Schriftstellers als Kommentar zur Welt ansieht, wird in jedem Kunstwerk irgendein Engagement entdecken können, bei Aristophanes, bei Cervantes, bei Jean Paul ebenso wie bei Günter Grass."* Wie vorurteilslos Sie alles sehen, lieber Preisträger! Und besonders dankbar bin ich Ihnen, weil Sie meinen Vornamen — für den ich nichts kann — richtig und nicht, wie es allzuoft vorkommt, mit „th" geschrieben haben. Aber Sie handelten nicht nur korrekt; Sie gaben sich auch bescheiden, indem Sie in Bremen, der freien Stadt, um Erlaubnis baten: „... *erlauben Sie mir noch zu sagen, daß ich diese Ehre, die eine freie Stadt einem freien Schriftsteller zuteil werden läßt, als eine Auszeichnung des freien Schriftstellers schlechthin ansehe."*

Und dann waren Sie so frei und nahmen einen Preis an, der mir, just vor zwei Jahren, von ehrenwerter Jury zugesprochen und aus hanseatischen Gründen verweigert wurde. Denn es kann nicht sein, daß Bremens Senatoren moralischer Bedenken wegen diesen unhanseatischen Schritt in die Öffentlichkeit getan haben; vielmehr war es alter hanseatischer Streit zwischen der Hansestadt Bremen und der Hansestadt Danzig — dort stand meine Wiege — der mich um den Preis und achttausend hanseatische DM brachte. Zur Information: Weil Johann Ferber, Ratsherr und Bürgermeister zu Danzig — das Wappen der Familie Ferber, drei Schweineköpfe, ist heute noch auf den Steinfliesen der Marienkirche zu erkennen —, seinen ältesten Sohn Eberhard Ferber, der später Ratsschöffe und Bürgermeister wurde, im Jahre 1481 nicht ins bürgerliche Bremen schickte, sondern den hochbegabten Sohn, der einst die Flotte Danzigs ergebnislos gegen Dänemark führen sollte, am Hof der Herzöge von Mecklenburg höfisch erziehen ließ, bekam ich, als Danziger und Hanseat, nicht den Literaturpreis der im Jahre 1960 immer noch verschnupften Stadt. Nun muß ich einräumen, gäbe es heute noch eine freie Hansestadt Danzig, niemals bekäme ein Schriftsteller von Bremer Herkommen einen Danziger Literaturpreis. Die Sache steht also *fifty-fifty,* die Hansen haben sich gleichviel vorzuwerfen; aber Sie, als unbelasteter Ostpreuße, taten gut, sich über hanseatische, aus dem fünfzehnten Jahrhundert konservierte Quisquilien hinwegzusetzen.

Auch taktisch handelten Sie richtig, denn hätten Sie den Preis, aus Gründen der Solidarität, abgelehnt, ojemine! wie hätten die Herren Sieburg, Siedler, Süskind —, man verzeihe mir die drei großen S — spaltenlang frohlockt: „Da seht Ihr's! Die Vetternwirtschaft der Linksintellektuellen. Beide in der „Gruppe 47". Beide heimatlos, verheiratet und aus dem Osten."

So aber wurde, indem Sie den Preis annahmen, einer von rechts geführten Polemik die Spitze abgebrochen. Für alle Zeiten steht nun fest, daß die gefürchtete Solidarität oder Vetternwirtschaft der Linksintellektuellen ein Buschgespenst, ein tibetanischer Schneemensch, eine Ente ist, wie die Große Sternenkonjunktion vom 4. Februar im Zeichen Wassermann.

Darf ich Sie deshalb einen Winkelried der deutschen Nachkriegsliteratur nennen. Ihr Sempach hieß Bremen. Ihr Nonkonformismus wird hoffentlich Schule machen. Zwar werden auf den beliebten Öffentlichen Diskussionen junge, unwissende Menschen für und wider den Preisträger Siegfried Lenz sprechen; aber was bedeuten Öffentliche Diskussionen in Wirklichkeit für die Öffentlichkeit!

Um zur Sache zu kommen: natürlich habe ich Ihren freundlich listigen Trick, der dem Köpfchen eines Odysseus hätte entspringen können, sofort durchschaut; für mich nahmen Sie den Bremer Literaturpreis an; stellvertretend lasen Sie Ihre Rede vom Blatt; an meiner Stelle waren Sie mutig, korrekt, bescheiden und preiswürdig. Ich bitte Sie deshalb, der Einfachheit halber — ich komme selten nach Hamburg — die 8000 (achttausend) hanseatische DM auf mein Konto überweisen zu lassen: Berliner Bank, Kontonummer 999/63.

Ihr

Günter Grass

Hamburg, am 11. Februar 1962

Lieber Herr Dr. Leonhardt,
ich habe den Brief von Herrn Graß, der an Ihre Redaktion adressiert war, erhalten und entspreche hiermit Ihrer Bitte, darauf zu antworten. Mir war bekannt, daß eine Jury im Jahre 1960 den Bremer Preis Herrn Graß zuerkannt, daß der Bremer Senat jedoch der Verleihung nicht zugestimmt hatte. Um ein Veto des Senats gegen die Wahl einer Jury künftighin auszuschließen, wurde im Jahre 1961 eine vollkommen neue, unabhängige Stiftung für den Bremer Literatur-Preis gegründet. Diese neue Stiftung berief eine neue Jury ein, in der der Senat keinen Sitz hat und keine Stimme. Welche Entscheidungen die neue Jury auch trifft: sie braucht weder die Billigung des Senats einzuholen, noch hat sie seinen eventuellen Protest zu kalkulieren. Die unabhängige Jury einer unabhängigen, im Jahre 1961 gegründeten Stiftung erkannte mir ihren Literatur-Preis zu; ich nahm diesen Preis an, nachdem ich die Bedingungen der Annehmbarkeit, die durch das Verhalten des Senats nach der Wahl von Herrn Graß schwierig geworden waren, geprüft hatte.

Dies ist meine Antwort.

Mit herzlichen Grüßen Ihr

Siegfried Lenz

DIE ZEIT vom 16. Februar 1962

Foto: Isolde Ohlbaum

Siegfried Lenz

17. 3. 1926 Lyck (Ostpreußen)

Als 13jähriger in die Hitlerjugend aufgenommen und in Wehrertüchtigungslagern ausgebildet. 1943 zur Marine, das Abitur wurde L. erlassen. Nach viermonatiger Ausbildung erhielt er sein erstes Bordkommando, das Schiff wurde versenkt, L. konnte sich retten. Er dersertierte, wurde verfolgt, entkam jedoch unerkannt. 1945 englische Kriegsgefangenschaft, dort kurze Tätigkeit als Dolmetscher. Im gleichen Jahr Aufnahme des Studiums der Philosophie, Anglistik und Literaturwissenschaft an der Universität Hamburg. Zunächst Arbeit als Nachrichten- und Feuilletonredakteur, ab 1951 freier Schriftsteller. 1952 Anschluß an die Gruppe 47. 1968/69 Vortragsreisen nach Australien und in die USA. Zwischen 1965 und 1975 Engagement in den Wahlkämpfen für die SPD. 1970 auf Einladung Willy Brandts Reise nach Warschau zur Unterzeichnung des deutsch-polnischen Vertrages. L. lebt seit 1945 in Hamburg, zeitweilig (bis in die 80er Jahre) auch auf der dänischen Insel Ålsen ~ und seitdem abwechselnd in Hamburg und Tetenhusen/Schleswig-Holstein. Mitglied der Akademie für Sprache und Dichtung in Darmstadt und der Freien Akademie der Künste Hamburg.

Preise: René-Schickele-Preis (1952); Stipendium des Hamburger Lessing-Preises (1953); Gerhart-Hauptmann-Preis (1961); Ostdeutscher Literaturpreis (1961); Georg-Mackensen-Literaturpreis (1961); Literaturpreis der Freien Hansestadt Bremen (1962); Großer Kunstpreis des Landes Nordrhein-Westfalen (1966); Hamburger Lesepreis (1966); Literaturpreis der deutschen Freimaurer, Lessing-Ring (1970); Kulturpreis der Stadt Goslar (1978); Andreas-Gryphius-Preis (1979); Thomas-Mann-Preis der Stadt Lübeck (1984); Manès-Sperber-Preis Wien (1985); DAG-Fernsehpreis (1985); Wilhelm-Raabe-Preis (1987); Friedenspreis des deutschen Buchhandels (1988); Literaturpreis der Heinz-Galinski-Stiftung (1989); Ehrendoktor der Ben Gurion Universität Beer Sheva/Israel (1993); Bayerischer Literaturpreis (1995).

Werkauswahl: Es waren Habichte in der Luft. Roman, 1951. – Duell mit dem Schatten. Roman, 1953. – So zärtlich war Suleyken. Erzählungen, 1955. – Das Kabinett der Konterbande. Roman. 1956. – Der Mann im Strom. Roman. 1956. – Jäger des Spotts. Roman. 1958. – Brot und Spiele. Roman. 1959. – Das Feuerschiff. Erzählung 1960. – Wippchens charmante Scharmützel, erträumt von Julius Stettenheim, in Erinnerung gebracht von Siegfried Lenz und Egon Schramm. Satiren. 1960. – Zeit der Schuldlosen. Zeit der Schuldigen. Schauspiel. 1961. – Stimmungen der See. Erzählungen. 1966. – Der Hafen ist voller Geheimnisse. Ein Feature in Erzählungen und zwei masurische Gedichte. 1963. – Stadtgespräch. Roman, 1963. – Lehmanns Erzählungen oder So schön war mein Markt. Aus den Bekenntnissen eines Schwarzhändlers. 1964. – Das Gesicht. Schauspiel. 1964. – Deutschstunde. Roman. 1968. – Leute von Hamburg. Erzählungen. 1968. – Der Spielverderber. Roman. 1969. – Gesammelte Erzählungen. 1970. – Beziehungen. Ansichten und Bekenntnisse zur Literatur. 1970. – Lukas, sanftmütiger Knecht. Erzählung. 1970. – Die Augenbinde. Schauspiel. Nicht alle Förster sind froh. Dialog. 1970. – So war das mit dem Zirkus. 5 Geschichten aus Suleyken. Ein Kinderbuch mit Illustrationen von Klaus Warwas. 1971. – Ein Haus aus lauter Liebe. Erzählungen 1973. – Das Vorbild. Roman. 1973. – Der Geist der Mirabelle. Geschichten aus Bollerup. Erzählungen. 1975. – Einstein überquert die Elbe bei Hamburg. Erzählungen. 1975. – Die Kunstradfahrer und andere Geschichten, Erzählungen. 1976. – Elfenbeinturm und Barrikade. Schriftsteller zwischen Literatur und Politik. Essays. 1976. – Die Wracks von Hamburg. Erzählungen. 1978. – Heimatmuseum. Roman. 1978. – Der Verlust. Roman. 1981. – Ein Kriegsende. Roman. 1984. – Exerzierplatz. Roman. 1985. – Die Erzählungen. 1949-1984.3 Bde. 1986. – Das serbische Mädchen. Erzählungen. 1987. – Die Klangprobe. Roman. 1990. – Über das Gedächtnis – Reden und Aufsätze. 1992. – Die Auflehnung. Roman. 1994. – Werkausgabe. 20 Bde. 1996-1999. Ludmilla. Erzählungen. 1996.

Über S. L.: Julia Kabierske/Konrad Kenkel in: Kritisches Lexikon zur deutschsprachigen Gegenwartsliteratur. München 1978 ff.

Zeit der Schuldlosen: Inszenierung der Bühnen der Stadt Kiel, 1961. Foto/Repro: Theatermuseum der Universität Köln.

HERBERT HECKMANN

Bremer Literaturpreis 1963 für „Benjamin und seine Väter. Roman", S. Fischer Verlag, Frankfurt/Main 1962

Heinrich Ringleb

Körperwelt von Leib und Raum

Foto: Isolde Ohlbaum

[...] Wenn Sie nach der Lektüre des Buches versuchen wollten, irgendeine seiner Gestalten mit einem Bleistift auch nur annähernd nachzuzeichnen, so werden Sie bald darauf kommen, daß Sie nur Allgemeinstes wie Größe und Dicke, Proportionen der Gliedmaßen, oder gerade die besonderen Charakteristika der Bewegungen, das Behende oder Ruckweise, das träge Fürsichsein, das Jähe oder Traumhafte abbilden könnten und daran scheitern müßten. Wir erfahren nicht das Aussehen der Gestalten als Bild, sondern als körperlich akzentuierte Wirksamkeit, und das wieder in dem Augenblick, in dem das Sehen mächtig wird durch Gesehenes, das Hören durch Gehörtes. Jonas, der Adoptivvater Benjamins, hat große Augen, aber wir erfahren nur von denen, die Benjamin in einem bestimmten Augenblick ihres Ausdrucks wahrnimmt. Josepha wird nicht beschrieben, aber wozu auch? Ihr Boudoir und die in ihm vorgehende Szene beschreiben Josepha nicht, sie sind ihre Wirkungen. Es ist ein Dialog des jeweiligen Wahrnehmens zwischen Mensch und Mensch, und zwischen Mensch und Räumlichkeit. Benjamins mit anatomischen Bildern behängtes Zimmer spricht so zu ihm wie er zu den Darstellungen, das Sofa, auf dem Jonas' Klienten sitzen, heißt auch „der Klient", Hinterhof und Markthalle sind nicht Gemälde, sondern Wirkungsräume im Wechselspiel mit den Gestalten. Jede dieser Gestalten wiederum ist gefangen in ihrer Körperlichkeit als so und nicht anders beschaffen, mehr oder weniger auf dem Recht dieses Geschaffenseins in der oder jener Art bestehend, darum zankend, verteidigend, oder auch durchdringend und bemüht um das, was man ist, und worin man dennoch nicht aufgeht, oder sich im Einklang damit findend oder im Gegensatz dazu. Aber wie immer Körper und Mensch sich gegenseitig bestimmen: in dem Zusammentreffen mit anderen wird ihre Besonderheit auch Einseitigkeit, skurril, komisch aus dem eigenen Sosein heraus verbogen an dem eines anderen. Gewiß weiß der Autor auch seine Menschen anschaulich zu machen, aber nur sozusagen. Mit wenigen Strichen wird meistens nicht der ganze Mensch, sondern ein Teil von ihm nicht gezeichnet, sondern zum Sprechen gebracht. Aber auch diese Art Sichtbarkeit, die pointierend und charakterisierend für das Ganze steht, wird überdeckt von den Sinnen der Nähe, den Sinnen, die auf der Grenze zwischen Unbewußtem und Bewußtem beheimatet sind und jede optische Distanz verwehren, den Sinnen des Schmeckens, Tastens und Riechens. Was sichtbar wird, erscheint aus einer Aura von Geruch und Haut, Falte und Schroffe, Rötung und Blässe, so und nicht anders bewegt im Augenblick des Erscheinens, als der Augenblick es fordert. Wir können uns von dieser tastbaren, hautnahen, riechenden Körperlichkeit angezogen oder abgestoßen fühlen: aber ihrer Tatsächlichkeit und Nähe können wir nicht entgehen. Diese Sinne des körperlich Nahen als eines eigenen Machtbereichs des Körpers werden nun wiederum Themen: das mondsüchtige Schlafwandeln, das Vertrauen zu Wünschelruten, der Ehrgeiz körperlicher Geschicklichkeit wie des Balancierens hoch über dem Hof, die magische Beschwörung der Warzen und die Kasteiung: mit Körperkräften im engsten Sinn des Wortes werden die Räume durchmessen, die nun mehr als Lokalitäten sind. Die Körperwelt von Leib und Raum, angesehen mit den vergrößernden Blicken des Jungen, des Heranwachsenden, entfaltet sich zu einer überdimensionalen Animalität, magisch und skurril aus dem je eigenen, am Körper dargestellten und mit ihm besiegelten Sosein, schließt wiederum den Menschen ein, der in seinem Körper nicht aufzugehen vermag, sobald er Mensch ist. [...]

Aus der Laudatio vom 26. Januar 1963

Herbert Heckmann mit dem Vorjahres-Preisträger Siegfried Lenz und Cheflektor Rauschning (S. Fischer). Foto: Lohrisch-Achilles

Herbert Heckmann

„Mit der Zeit wird alles Gemeinplatz ..."

Meinen Dank möchte ich nicht als bloße Floskel verstanden wissen, mit der man von der Bühne abtritt — einige Verbeugungen, Lächeln, Vorhang. Lassen Sie mich noch ein wenig verweilen, um meinen Dank zu begründen.
Diese Feier ermuntert zweifellos, über die Rolle des Künstlers in der Gesellschaft nachzudenken — ein Thema, meine verehrten Damen und Herren, das nicht problematisch genug gedacht werden kann. Es ist nun einmal nicht so, daß Dichter der Welt, in der sie leben, applaudieren — wenn man von der gegängelten Literatur absehen will — sie sind auch keine Gefährten der Illusion oder der schönen Lüge, die das Häßliche und Triviale mit der Tarnkappe der Phantasie verhüllen. Diese Weisheit ist alt, so jugendlich sie auch immer wieder hervorgebracht wird.
„Das Wort! Ist denn nicht Kritik in sich selbst, — vom Bogen des Apoll ein Pfeil, der schwirrt und trifft und bebend im Schwarzen sitzt? Noch als Gesang, ja gerade als Gesang, ist es Kritik, Kritik des Lebens, und als solche der Welt nie recht bequem."
So sah es Thomas Mann. Nichts hat sich geändert. Bleiben wir bei dem Bild des Pfeils. Daß er trifft, meint zweierlei: er erreicht den Gegenstand und verwundet ihn. Wort ist Glück und Schmerz zugleich. Aber so recht glücklich werden wir bei dieser Feststellung nicht. Worauf zielt denn das Wort? Trifft das Wort die Sache?
Eine Orgie von Fragen, die unsere Zeit zu Orgien von Systemen, Theo-

rien und Geschwätz verführt hat. Ein abendländischer Schauder überkommt einen, eine metaphysische Gänsehaut. Wir neigen zur Tiefe einer Grube, in der wir die Klarheit des Himmels nicht mehr erkennen können.

Eins ist sicher: das Wort trägt größte Verantwortung. Wir wissen seit Aristoteles, daß Dichtung Wirklichkeit nachahmt, wir wissen, daß die schöpferische Phantasie, so vexierbildhaft sie auch sein mag, um Wahrscheinlichkeit buhlt, also eine Welt schafft, die die Maße unserer Welt hat, ohne in ihr aufzugehen.

Die Abweichung markiert das Maß der dichterischen Kritik, die Abweichung nämlich, daß die erschriebene Welt keine bloße Wiederholung der Welt ist, in der wir leben. So trifft also der Pfeil, indem er am Ziel vorbeigeht: das Wort gewinnt eine neue Bedeutung auf den Trümmern der alten. Es zielt nicht auf ein ihm Äußeres mehr, es ist die neue Sache selbst: Pfeil und Bogen zugleich. Ich muß nicht betonen, daß ich das dichterische Wort meine.

Dieses Neue jedoch, meine verehrten Damen und Herren, ist nicht zur Mode gewordene Beliebigkeit, pompöses Gestammel, oder zu einem gähnenden Buchstaben geronnene Überempfindlichkeit von Autoren, die glauben, die beste Dichtung sei die Jungfräulichkeit des Unartikulierten.

Das Neue lebt aus dem Wissen und der Erfahrung des Gegebenen. Es ist Replik als Korrektur und Utopie, eine neue Welt auf den Babeltrümmern der gegebenen. Gerade die seismographische Aufmerksamkeit des Dichters, den Erschütterungen nachzuspüren, die Konsequenzen von Ereignissen zu fassen, die ziellos in die Zukunft zu münden scheinen, bestimmt das Neue. Doch ist die Einzigartigkeit des Kunstwerks, wie Walter Benjamin sagte, „identisch mit seinem Eingebettetsein in den Zusammenhang der Tradition". In diesem einmaligen Balanceakt zwischen Vergangenheit und Zukunft gewinnt das Kunstwerk seine Bedeutung.

Die künstlerische Phantasie wird zur Lehrmeisterin der Wirklichkeit, nicht Gouvernante, die dem Publikum mit parfümierten Händen die Augen verschließt: sie entzündet sich an dem Ungenügen, das sie an der Wirklichkeit hat, ohne damit dem Ungenügen entgehen zu wollen. Sie erhebt, um weiter blicken zu können, nicht um friedlich einzuschlafen.

„Dichtung", so sagt Rudolf Alexander Schröder, dessen wir in dieser Stunde gedenken, einmal, „Dichtung als eine gewordene, eine fertige Sache, Gegenstand, wird ein reales, ein dingliches Dasein nur so lange mit Recht ihr eigen nennen, als sie selber noch wirksam mit- wesend und -webend an dem allgemeinen Werden und Wandel der ewigen, fortwirkenden, fortzeugenden Wirklichkeit teil hat."

Gerade darin bekundet sich die Verantwortung des Wortes, offenbart sich seine Jugend, daß es immer wieder neu formuliert und in neue Zusammenhänge gerückt wird, um nicht als abgegriffene Münze oder Tauschmittel der Platitüde, oder gar als bombastische Phrase zu verstummen.

Mit der Zeit wird alles Gemeinplatz in der Literatur. Große Gefühle werden zu Ladenhütern. Das dichterische Wort verteidigt sich gegen die Reproduktionsmanie unserer Zeit, indem es in immer neuen Metamorphosen auftritt. Es verbirgt sich, um nicht von dem Vielfraß feiler Lektüre verschlungen zu werden, es wird absurd, um nicht dem Tarif zum Opfer zu fallen. Es dreht dem Publikum eine lange Nase, auf daß es nicht an ihm vergreist. Das Modische ist die Mördergrube des Neuen.

Das führt zu einer absoluten Empfindlichkeit des dichterischen Wortes, aber auch zu seiner Tapferkeit. Am Wort wird der Dichter zum Clown, selbst wenn sich einige in diesem Gewand zu ernst dünken. Unsere heutige Literatur, die gern das Gelächter als Seitensprung des Ernstes denunziert, hat die Pritsche des Clowns nötiger als die Schlafmittel der Grübelei. Ich weiß mich mit Günter Grass einig, der seinen Oskar das Publikum aus dem Schlaf der Selbstgerechtigkeit heraustrommeln läßt, nicht um die einträgliche Leiter der Sensation zu erklimmen, sondern um der Fratze unserer Zeit mit Gelächter zu begegnen.

Je hellhöriger man ist, meine verehrten Damen und Herren, umso mehr wird man zur Komik geradezu verführt, die allein die Gegensätze unserer Welt versöhnen kann — wie sie auch die hochgespielten Ereignisse und falschen Erwartungen, die verlogenen Paradiese und die Mechanik unserer Gefühle und die Selbstgefälligkeit unseres windigen Glücks demaskiert.

„Bringt die Kunst die Menschen zum Lachen," notiert Thomas Mann, „so ist es kein Hohngelächter, das sie bringt, sondern eine Heiterkeit, in der Haß und Dummheit sich lösen, die befreit und vereinigt."

Der Clown wird zum Veitstanz seiner tollen Einfälle getrieben, ihm gelingt eine Art überlegener Mimikry, in der er alles um sich herum derart nachahmt, bis sich in der überdrehten Pose die Lächerlichkeit offenbart. Daß die Gesellschaft den Dichter als Hofnarren aushält, mag manchen verstimmen: aber ihr kann nichts besseres widerfahren, als daß der Clown es ihr mit den Nierenschlägen seiner Einfälle heimzahlt. Denn das allein ist seine Verantwortung, die Wahrheit zu sagen und die Phrase wie die Pose zu liquidieren — selbst wenn man ihn dafür bezahlt.

Sie sehen, meine verehrten Damen und Herren, ich verteidige den Clown und seine Folgen. Er ist der Geburts-

Foto: Peter Peitsch

helfer der Zukunft, in dem er den Menschen zu ihr freimacht. Ich verteidige die Hygiene der Komik, um den falschen Brustton der Überzeugung auf den reinen Kammerton des Gelächters zurückzustimmen.
„Der Humor", so sagt Jean Paul, „als das umgekehrt Erhabene, vernichtet nicht das Einzelne, sondern das Endliche durch den Kontrast mit der Idee. Es gibt für ihn keine einzelne Thorheit, keine Thoren, sondern Thorheit und eine tolle Welt, er hebt keine einzelne Narrheit heraus, sondern erniedrigt das Große, um ihm das Kleine, und erhöhet das Kleine, um ihm das Große an die Seite zu setzen und so beide zu vernichten, weil vor der Unendlichkeit alles gleich ist und Nichts." Sie erlauben mir, mit der fast therapeutischen Bemerkung Abschied zu nehmen, daß das Gelächter die Verjüngung ist, die uns nottut.

Herbert Heckmann

Lachen

Die Vermutung, Benjamins Vater sei auf dem Felde der Ehre geblieben, bestärkte die Hausbewohner in ihrem Mitleid: besonders Frau Wiegel aus dem ersten Stock links, ebenfalls Witwe und Mutter einer sehr heiratslustigen Tochter, konnte sich an dem Kind nicht satt sehen.
»Der Vater muß sehr schön gewesen sein.«
Sie beugte sich über das Körbchen, streckte ihren Zeigefinger aus und bewegte ihn hin und her. Das Zimmer war honiggelb von den Vorhängen und roch nach Milch und Seife. Frau Wiegel stand groß und üppig da, übertupft vom lehmigen Braun der Sommersprossen. Sie lachte. Lachen war der grundsätzliche Ton ihrer Unterhaltung. Für alles hatte sie ein Lachen bereit. Benjamin lag mit rudernden Armen auf seinem Kissen. Manchmal griffen seine Händchen einen Stoffzipfel und zerrten ihn zum Mund, den er mit allen Dingen in Berührung zu bringen trachtete. Besonders die goldene Uhr von Jonas an der glitzernden Kette, die eine Hand breit über dem Näschen pendelte, forderte allerhand Griffe heraus.
Jonas war ein Meister dieser Tastspiele. Seine Finger, mit feinen schwarzen Härchen überwachsen, von denen ein süßbitterer Zigarrengeruch ausging, krochen über die Decke. Benjamin folgte ihnen mit sehnsüchtigen Blicken. Über sein Antlitz huschten zahllose Grimassen und Fratzen.
In der fünften Woche bestand kein Zweifel, daß Benjamin lachte. Jonas führte es auf ein wachsendes Weltverständnis zurück, aber Anna, die sich zuweilen wieder ihrer trostlosen Lage bewußt wurde, sagte, daß er nur deshalb lache, weil er die Welt noch gar nicht kenne. Schön und nicht schön! Anna ließ sich nur schwer von Jonas überzeugen.
»Wie stellst du dir unsere Zukunft vor?« fragte sie Jonas.
»Ihr bleibt hier wohnen«, entgegnete er und tat so, als wäre das die einfachste Sache der Welt.
»Weißt du denn nicht, daß es mich erniedrigt, von deiner Güte zu leben?«
Jonas kannte die Algebra des Ehrgefühls nicht zur Genüge. Er erhob sich von seinem Stuhl und marschierte auf und ab.
»Du erlaubst mir doch«, begann er, obwohl er diese Erklärungen haßte, die Beteuerungen, eine Seele zu haben. »Du erlaubst mir doch, daß ich als Pate« — er konnte eine gewisse Würde nicht verhehlen — »für Benjamin sorge.«
»Ach hättest du dich doch nie um mich gekümmert!«
Anna sollte vorerst von dem eilig ausgezahlten Erbe ihrer Eltern leben. »Dann wird sich schon etwas finden, und wenn es ein Mann ist«, verkündete Jonas und tröstete sich mit einer Zigarre. Was das Lachen anbetraf, so fand Jonas mit der Zeit heraus, daß Benjamin ein wahres Genie des Gelächters war, ein Lacher, der sein Handwerk verstand. Tatsächlich sollen bei einem richtigen Gelächter fünfundvierzig Gesichtsmuskeln beteiligt sein. Dazu bedarf es freilich eines Grundes — und Benjamin mußte einen großen andauernden Grund haben. Er war ein Grübchenlächler, Schmunzler, Lacher, Grinser und Blöker, und jeder, der ihn lachen sah, fühlte sich, wer er auch immer war, als Kumpan dieser Freude. [...]

Aus: Benjamin und seine Väter. S. Fischer Verlag, Frankfurt/Main 1965, S. 21 f.

Heckmännchen,

das (Salatschmock, Fettauge, Putterich, Wartemaleinweilchen) zweijährig, jedoch sehr zögernd und oft ausbleibend. Küchenkraut.
Blaßrote Blüten in traubig-ährig angeordneten kleinen Eßkörbchen. Fruchtknoten mit starker Haarkrone. Blätter in Suppenlöffelform, oberseits grün, unterseits schmalzweiß, aromatisch riechend. Stengel aufrecht, ästig ausartend, oft rötlich überlaufen.
Das Heckmännchen, das ebenso hoch wie breit werden kann, wächst mit Vorliebe in fettem, nahrhaftem Boden, zwischen Küchenabfällen aus Dreisternerestaurants; in Antiquariaten und alten Bibliotheken dagegen wuchert er. Der Samen ist, im Mörser zerstoßen, ein sicher wirkendes Mittel gegen Appetitlosigkeit, freilich besteht die Gefahr, daß diese dann leicht in Freßsucht übergeht, wofür es im Barock zahllose Beispiele gibt. Davon zehrt das Heckmännchen heute noch. In der Küche ist die Pflanze nicht mehr wegzudenken. Sie findet dort die vielfältigste Verwendung. Das frische Kraut, fein gewiegt, gibt dem grünen und dem gemischten Salat die abschließende Würze, vor allem jedoch auch dem Bildungssalat. In zu großen Mengen genossen wirkt es stark entleerend, weswegen es wohl in der seit Goethe berühmten »Frankfurter Griene Soos« fehlt. Auch gute Würste und Pasteten erreichen ihre Vollkommenheit erst durch das Heckmännchen, eine Vollkommenheit, die der Verdauung das Letzte abverlangt. »Fast keine Speise ohne Küchenkraut!« schrieb die Zeitschrift »Konkret« in einem Sonderheft (1972) *Die Gastronomie, eine Alternative zur Literatur?* und fügte hinzu: »In einer Zeit, in der den Schriftstellern nichts mehr einfällt, gehen sie in die Küche.« Beachtenswert ist die Wirkung des Heckmännchen auf den Blutdruck, beziehungsweise auf die Aderverkalkung. Er macht den Puls langsamer und ruhiger, und eine heitere Apathie stellt sich ein, die nur zu oft als pure Lebensfreude mißverstanden wird. In Hessen wird die Pflanze kultiviert, soll sie doch das Aussprechen der S-C-H-Laute erleichtern.
Nicht jeder schätzt jedoch die Küchenqualität des Heckmännchens. So schreibt Hans Egon Holthusen in seinem grundsätzlichen Buch *Pflanzen als Weghindernisse:* »Das Überhandnehmen der Küchenkräuter in der abendländischen Flora beunruhigt mich. Wieviel lieber würde ich doch das Heckmännchen in einer bauchigen Vase sehen — als melancholische Schönheit, die ihrer Kindheit nachtrauert.«

Fritz Schönborn: Deutsche Dichterflora. Carl Hanser Verlag, München/Wien 1980, S. 54 f.

Lizenzausgabe der Büchergilde Gutenberg

Herbert Heckmann

25. 9.1930 Frankfurt/Main

Schulbesuch und Abitur in Gelnhausen Studium der Germanistik und Philosophie in Frankfurt/M. 1957 Dissertation über das barocke Trauerspiel. 1958-63 Assistent an den Universitäten Münster und Heidelberg. 1965-67 Gastdozent in den USA. Seit 1963 Mitherausgeber der „Neuen Rundschau". 1980 Mitbegründer der alternativen literarischen Zeitschrift „BrennGlas". H. lebt als freier Schriftsteller in Gronau bei Bad Vilbel in Hessen. 1984 bis 1996 war er Präsident der Deutschen Akademie für Sprache und Dichtung in Darmstadt.

Preise: Stipendium der Villa Massimo (1958); Förderpreis des Kulturkreises im BDI (1959); Literaturpreis der Freien Hansestadt Bremen (1963).

Werkauswahl: Das Porträt. Erzählung. 1958. – Elemente des barocken Trauerspiels. Diss. Frankfurt 1959. – Benjamin und seine Väter. Roman. 1962. – Schwarze Geschichten. Erzählungen. 1964. – Die sieben Todsünden. Erzählung. 1964. – Der kleine Fritz. Kinderbuch. 1968. – Geschichten vom Löffelchen. Kinderbuch. 1970. – Der große Knock-out in sieben Runden. Roman. 1972. – Ubuville, die Stadt des großen Ei's. Kinderbuch. 1973. – Hessisch auf deutsch. 1973. – Der Junge aus dem 10. Stock. Kinderbuch. 1974. – Chiron. Erzählung. 1975. – Der große O. Kinderbuch. 1977. – Knolle auf der Litfaßsäule. Kinderbuch. 1979. – Stehaufgeschichten. Kinderbuch. 1980. – Ein Bauer wechselt die Kleidung und verliert sein Leben. Erzählung. 1980. – Deutsche Dichterflora. Anweisungen zum Bestimmen von Stilblüten, poetischem Kraut und Unkraut. 1980 (unter dem Pseudonym Fritz Schönborn). – Diese lebhafte sinnliche Welt. Frankfurt mit den Augen Goethes. (Mit W. Michel). 1982. – Die andere Schöpfung. Geschichte der frühen Automaten in Wirklichkeit und Dichtung. 1982. – Für alles ein Gewürz. Zwei Erzählungen. 1983. – Die Blechbüchse. Kinderbuch. 1985. – Die Trauer meines Großvaters – Bilder einer Kindheit. 1994.

Über H.H.: Manfred Brauneck (Hrsg.): Autorenlexikon deutschsprachiger Literatur des 20. Jahrhunderts. Hamburg 1984. S.242 f.

Foto: Archiv Landesbildstelle Bremen

CHRISTA REINIG

Bremer Literaturpreis 1964 für „gedichte", S. Fischer Verlag, Frankfurt/Main 1963

Manfred Hausmann

Doppelbödige Sprache

Christa Reinig, ihr Laudator Manfred Hausmann und der Vorjahrespreisträger Herbert Heckmann. Foto: Lohrisch-Achilles

[...] In Berlin wird eine Sprache gesprochen, die das Gegenteil von dem ist, was man gemeinhin unter einem lyrischen Idiom versteht, eine unterkühlte Sprache. Peter Huchel sagt:

> „Unter der Wurzel der Distel
> Wohnt nun die Sprache,
> Nicht abgewandt,
> Im steinigen Grund."

Gerade mit einer solchen Sprache geht die Lyrikerin Christa Reinig um, und sie weiß, was sie tut, denn mit dieser Sprache hat es schon von Haus aus eine Bewandtnis, die der Dichter ihr sonst erst mitteilen muß - die Doppelbödigkeit. Der ihr innewohnende Widerspruch zwischen dem vordergründigen Ausdruck und der hintergründigen Meinung wird in Christa Reinigs Mund zu einer künstlerischen Chiffre. Die Kühle meint in Wirklichkeit das seltsam Warme da innen, das nicht unmittelbar gesagt werden will und auch nicht unmittelbar gesagt werden kann. Der Witz meint die Schwermut, die Sicherheit meint das Verlorensein, die Kraßheit das Zarte, der Realismus die Schönheit. „Die Tiefe muß man verstecken. Wo? An der Oberfläche", ein Ausspruch von Hugo von Hofmannsthal. Es handelt sich beim Verstecken - beim Verschlüsseln, wie man heute sagt - um einen dialektischen Vorgang; der Dichter macht etwas offenbar, indem er es versteckt. Die Tiefe, von der die Rede ist, kann auf keine andere Weise entschleiert werden, als durch Verschleierung. Das erfordert ein hohes Künstlertum; ein ebenso hohes, wenn nicht ein noch höheres erfordert das Verstecken der tiefen Dinge in ihren Gegensätzen und nun gar in ihren oberflächlichen Gegensätzen: Da ist vollends eine doppelte Dialektik im Spiel. Und eben auf diese atemraubende Kunst und Kunstfertigkeit versteht sich Christa Reinig wie wenige. Kaum ein Gedicht, in dem sie nicht zum Zuge käme, diese Kunst; nicht um ihrer selbst, sondern um der Wahrheit willen.

Ursprünglich hat Christa Reinig das Blumenbinden gelernt, aber sie ist nicht dabei geblieben, nein, wahrhaftig nicht. Man sollte meinen, vom Blumenbinden zur Lyrik sei es nicht weit, aber für Christa Reinig war es entsetzlich weit. Sie ist nicht den kurzen, direkten, bürgerlichen, sondern den weiten Weg gegangen, den Weg andersherum, den ihr aufgezwungenen Umweg durch ein ganzes Weltall von Verzweiflung, Qual, Dreck, Verlorenheit, Blut und Tod. Welche Bereiche des Entsetzens, aber auch der Tapferkeit sie dabei durchschritten hat, läßt das Gedicht „Die prüfung des lächlers" ahnen. Es trägt die Widmung: „Für meine mutter, die dem lächler das haupt gehalten hat." Die letzte Strophe lautet: *Doch als man ihm nach einem wuchtigen tritt / die lippen rundum von den zähnen schnitt / sah man ihn an, erst ratlos, dann erstarrt / wie er im lächeln unentwegt verharrt.*

Als Christa Reinig schließlich bei der Lyrik ankam, hielt sie etwas anderes in Händen als Blumen. Da wußte sie Bescheid und da sagte sie Bescheid: da redete sie wie die Irren reden. Da gehörte sie zu denen, die in diesem Leben nicht mehr nach Hause finden, da sprach sie zu ihnen und für sie; nur für sie und nur zu ihnen. Also nicht zu uns? Doch, auch zu uns, zu einigen von uns; zu denen, die den verzweifelten Mut haben, zu wissen und zuzugeben, wie es in Wahrheit in ihnen aussieht. Wer von uns ist denn nicht im Grunde seines Wesens ein Heimatloser oder ein Blinder oder ein Stromer oder ein Träumer oder ein Sternzertrampler oder ein Liebestoller oder ein Zigeuner oder ein Irrer oder ein Mörder oder etwas noch Schlimmeres? An diesen eigentlichen Menschen im Menschen, an den schrecklich wirklichen, an den hilflosen, verlassenen und verlorenen, an den in seiner Verlorenheit aufweinenden oder um sich schlagenden Menschen wendet sich Christa Reinig, und nicht an den Schein-Menschen, an den wohlanständigen Menschen, an den Fassade-Menschen, an den schönen Menschen, an den frommen Menschen, an den sicheren Menschen, an den heldenhaften Menschen. Sie wendet sich dahin, wo Hunger und Leben, und nicht dahin, wo Sattheit und Dürre ist. Aber ihre Hinwendung hat, weil sie von einer Dichterin vollzogen wird, eine schöpfungsträchtige Macht. [...]

Aus der Laudatio vom 26. Januar 1964

Christa Reinig

DIE PRÜFUNG DES LÄCHLERS

Für meine mutter,
die dem lächler das haupt gehalten hat.

Als ihm die luft wegblieb, hat er gelächelt
da hat sein feind ihm kühlung zugefächelt
er lächelte, als er zu eis gefror
der feind rückt ihm die bank ans ofenrohr

er lächelte auch, als man ihn bespuckte
und als er brei aus kuhmist schluckte
er lächelte, als man ihn fester schnürte
und er am hals die klinge spürte

doch als man ihm nach einem wuchtigen tritt
die lippen rundum von den zähnen schnitt
sah man ihn an, erst ratlos, dann erstarrt
wie er im lächeln unentwegt verharrt

DIE GERECHTEN

Als schuster Baruch schon im sterben lag
stach er die letzten nähte an den schäften
beschloß noch hier und da mit zwirn zu heften
sein atem stand - und weiter ging der tag

hätt er gelesen daß die schöpfung ruht
auf acht erwählten die gerecht und wahr sind
die niemand kennt und niemals offenbar sind
vielleicht hätt er uns sorgloser beschuht

jedoch die sage war ihm nicht bekannt
nicht auf erwählte warf er seine plagen
und was er trug hat er allein getragen
jetzt rollte ihn ein fuhrwerk über sand

und nur der fuhrknecht bog den nacken tief
er hörte plötzlich auf den gaul zu prügeln
stieg ab und hielt die hand leicht in den zügeln
und fortan sah man wie er bergwärts lief

Aus: Sämtliche Gedichte. Verlag Eremiten-Presse, Düsseldorf 1984, S. 29/33

Christa Reinig

Ein großes, zukünftiges Land

An die Herren der Rudolf-Alexander-Schröder-Stiftung,
An den Senat der Freien Hansestadt Bremen!

Der 26. Januar ist nahe und ich weiß zur Stunde noch nicht, ob ich mit eigenen Händen den Preis entgegennehmen werde, den Sie mir verliehen haben, und ob ich mit eigenem Mund Ihnen danken darf. Darum bereite ich mich darauf vor, daß ich fern sein werde und suche auf der Skala die Stelle des Senders Bremen, damit ich Sie hören kann, wenn es soweit ist.
Denn was bedeutet eine Mauer im Zeitalter der Radiowellen, des Films und Fernsehens, des Telstar und der Weltraumfahrt. Was bedeutet diese Mauer, außer, daß sie für die Betroffenen Leiden und oft auch Sterben bedeutet für den Weg der Menschheit. Es ist, als haben die Menschen des XX. Jahrhunderts einen kühnen Schritt in einen neuen Kontinent getan. Ein großes, zukünftiges Land liegt allen offen da. Und plötzlich springt uns die Schlammflut der alten Zeit an: Grenzstriche, Drähte, Warntafeln, Bannflüche, Verdikte. Man kann mit Augen sehen: Die Menschen ändern sich nie, die Welt ist immer dieselbe. Alles scheint still zu stehen. Das Alte scheint ewig bis zum Untergang. Aber es ist nur seine letzte zusammengekrampfte Kraft kurz vor dem erschöpften Ausatmen.
Zu was war die chinesische Mauer gut und was nützte der Limes dem Römischen Weltreich: Daß das jammervolle Nichtleben und Nichtsterben können eines abgelebten Zeitalters um einige Generationen verzögert wurde. Dann kam der Mauersturz. Die Füße der Menschen eilten über die Niederbrüche hinweg und traten die Steinbrocken zu einer Straße fest. Die Mauer, um die es hier geht, ist nicht von Römern erbaut. Das heißt, sie hat keine Aussicht, ihren eigenen Sturz 1 1/2 Jahrtausende als Denkmal zu überdauern. Sie wird sehr schnell zu Staub. Ein Enkel stampft im Kellergeschoß eines Wolkenkratzers mit dem Fuß auf und sagt: Hier soll einmal eine Mauer gestanden haben oder so etwas ähnliches. Keiner weiß mehr davon, und das wird alles sein, was davon blieb.
In einem Augenblick tiefer Betrübnis und Niedergeschlagenheit im Angesicht dessen, daß ein Wort gegen ein elendes und anachronistisches Bauwerk erbarmungslos bestraft wird, als Gotteslästerung bei alten Völkern bestraft wurde, haben Sie selbst mir bewiesen, daß diese Mauer, die man zum Götzen erheben will, ein Scheinbild ist, das in einer unwirklichen Welt vor sich hindämmert - und haben mich aufgerichtet. Ich danke Ihnen dafür.

Berlin, den 16. 1. 1964

Christa Reinig

Mit dem Gesicht zur Wand

Als Bertolt Brecht gestorben war - und ich erhielt die Nachricht, da wollte ich denken - so: „Jetzt ist er tot, der uns das alles eingebrockt hat, hat sich verkniffen und läßt uns in dem Dreck sitzen, den er selbst mit eingepantscht hat.'' So wollte ich denken. Aber bei aller Mühe, ich konnte nicht, ich konnte nur denken:

Als er siebzig war und war gebrechlich ,
drängte es den Lehrer doch nach Ruh,
denn die Güte war im Lande wieder einmal schwächlich,
und die Bosheit nahm an Kräften wieder einmal zu -
und er gürtete den Schuh

Ich erstaunte über mich selbst. Nie hätte ich von mir vermutet, daß ich ein Gedicht von Brecht auswendig kennte, ich hatte immer geglaubt, daß ich ihn hasse, und nun wußte ich, ich hatte ihn geliebt:

Und er packte ein was er so brauchte
wenig, doch es wurde dies und das
So die Pfeife, die er abends immer rauchte
und das Büchlein drin er immer las
Weißbrot nach dem Augenmaß.

Ich griff zu, den Augenblick festzuhalten, und auf dies wundervolle und einzigartige Gedicht machte ich die Paraphrase und setzte die erste Strophe so:

Als schuster Baruch schon im sterben lag,
stach er die letzten nähte an den schäften,
beschloß noch hier und da mit zwirn zu heften
sein atem stand - und weiter ging der tag

Plötzlich hatte ich wieder die Klinke in der Hand und ließ sie nicht mehr los, ich würde wieder an meine Arbeit gehen, nach so vielen Jahren des Schweigens, Verdorrens und sich wie erwürgt Fühlens.
Das Jahr, in dem das Große Schweigen begann, war 1951. Jeder bekam es auf seine Weise vor den Kopf geschossen. Ich bekam es so: Ich spazierte auf dem S-Bahnhof Oranienburger Straße und um den Zeitungskiosk herum und wußte: Da in dieser Zeitung ist eine Geschichte von mir drin, sie läuft in

Fortsetzungen, heute müßte es die vierte Fortsetzung sein. Ich kaufte mir die Zeitung und schlug sie auf. Da stand Puschkin: „Die Hauptmannstochter", erste Fortsetzung. Vorzüglich, dachte ich, lieber guter Puschkin, aber wo bin ich? Mich gab es nicht mehr. Es war aus.
Zwölf Jahre später sprach ich mit einem Freund über die Gedichte, die von mir erscheinen würden. Ich sagte: „Zwölf Jahre habe ich gestanden wie mit dem Gesicht zur Wand, wenn ich die Augen schloß, konnte ich sie richtig vor mir sehn. Es schien eine rote Ziegelmauer zu sein. Ich mußte mit unendlicher Geduld mit Feilen und Fingernägeln eine Fuge herauskratzen, dann gibt es einen lockeren Stein, dann breche ich den Stein heraus, und wenn ich einen Stein geschafft habe, dann ist das Loch bald so groß, daß ich durchkann - und sehen Sie", sagte ich, „hier sind die Fahnenabzüge, ein Stein ist locker -"
Er antwortete mir: „Da haben Sie aber eine lange Vorübung gehabt für das, was wir jetzt alle erdulden -"
„Ja", sagte ich, „meine Mauer dauerte zwölf Jahre lang. Jetzt ist sie reif zu fallen."
Nun bin ich hier, Ihnen zu danken, daß Sie mir mit Ihrer großen Ehrung geholfen haben, weiterzuleben und weiterzuarbeiten.

Christa Reinig

DIE BALLADE VOM BLUTIGEN BOMME

hochverehrtes publikum
werft uns nicht die bude um
wenn wir albernes berichten
denn die albernsten geschichten
macht der liebe gott persönlich
ich verbleibe ganz gewöhnlich
wenn ich auf den tod von Bomme
meinem freund zu sprechen komme

möge Ihnen nie geschehn
was Sie hier in bildern sehn

zur beweisaufnahme hatte
man die blutige krawatte
keine spur mehr von der beute
auf dem flur sogar die leute
horchen was nach außen dringt
denn der angeklagte bringt
das gericht zum männchenmachen
und das publikum zum lachen

seht die herren vom gericht
schätzt man offensichtlich nicht

eisentür und eisenbett
dicht daneben das klosett
und der wärter freut sich sehr
kennt den mann von früher her
Bomme fühlt sich gleich zuhaus
ruht von seiner arbeit aus
auch ein reicher mann hat ruh
hält den sarg von innen zu

jetzt geht Bomme dieser mann
und sein reichtum nichts mehr an

sagt der wärter: grüß dich mann
laß dirs gut gehn - denk daran
wärter sieht auch mal vorbei
mach mir keine schererei
essen kriegst du nicht zu knapp
Bomme denn dein kopf muß ab
Bomme ist schon sehr gespannt
und malt männchen an die wand

nein hier hilft kein daumenfalten
Bomme muß den Kopf hinhalten

Bomme ist noch nicht bereit
für abendmahl und ewigkeit
kommt der pastor und erzählt
wie sich ein verdammter quält
wie er große tränen weint
und sich wälzet - Bomme meint:
das ist alles interessant
und mir irgendwie bekannt

denn was weiß ein frommer christ
wie dem mann zumute ist

auf dem hof wird holz gehauen
Bomme hilft das fallbeil bauen
und er läßt sich dabei zeit
schließlich ist es doch soweit
daß es hoch und heilig ragt
Bomme sieht es an und sagt:
das ist schärfer als faschismus
und probiert den mechanismus

wenn die schwere klinge fällt
spürt er daß sie recht behält

aufstehn kurz vor morgengrauen
das schlägt Bomme ins verdauen
und da friert er - reibt die hände
konzentriert sich auf das ende
möchte gar nicht so sehr beten
lieber schnell aufs klo austreten
doch dann denkt er: einerlei
das geht sowieso vorbei

von zwei peinlichen verfahren
kann er eins am andern sparen

wäre mutter noch am leben
würde es auch tränen geben
aber so bleibt alles sachlich
Bomme wird ganz amtlich-fachlich
ausgestrichen aus der liste
und gelegt in eine kiste
nur ein sträfling seufzt dazwischen
denn er muß das blut aufwischen

bitte herrschaften verzeiht
solche unanständigkeit

doch wer meint das stück war gut
legt ein groschen in den hut

Aus: Sämtliche Gedichte. Verlag Eremiten-Presse, Düsseldorf 1984, S. 43

Marcel Reich-Ranicki

Man kann darüber offen reden

In einem Gruß an Christa Reinig in der *Frankfurter Allgemeinen Zeitung* vom 30. Januar liest man: „Sie sind im Westen, keiner von uns kann sich von Ihrem Aufatmen wohl den rechten Begriff machen, jeder aber wird Sie herzlich willkommen heißen." Gewiß: jedermann heißt die Dichterin, die nach Ostberlin nicht zurückkehrt, hier willkommen. Zugleich hat jedoch ihr Schritt auch besorgte Kommentare der literarischen Welt hervorgerufen.

Welche Folgen — fragten sich manche — kann diese Entscheidung für jene Schriftsteller zeitigen, die in der DDR leben und an Kontakten mit dem Westen interessiert sind? Das *Neue Deutschland* betont am 30. Januar, Christa Reinig habe sich zur Entgegennahme des ihr verliehenen Preises nach Bremen mit Zustimmung der Staatsorgane der DDR begeben; diese „großzügige Handlungsweise" hätte „reaktionären Kreisen der Bundesrepublik" und „kalten Kriegern... nicht in den Kram" gepaßt. Manche der hiesigen Beobachter befürchten jetzt, die neueste Erfahrung könnte die Behörden der DDR veranlassen, Schriftsteller, die künftig ebenfalls aus diesen oder jenen Gründen ein westliches Land besuchen möchten, weniger „großzügig" zu behandeln.

Davon wird zur Zeit viel gemunkelt. Aber wir können und sollten, meine ich, hierüber offen reden. Warum wurde eigentlich der Christa Reinig die Ausreise erlaubt? Sie hat im literarischen Leben der DDR niemals auch nur die geringste Rolle gespielt. Nie sind ihre Gedichte in *Sinn und Form* oder in der *Neuen Deutschen Literatur* gedruckt worden - und im *Aufbau* ein einziges Mal (September 1949). In weniger wichtigen Blättern durften ihre Arbeiten auch nur bis 1951 publiziert werden. Eine Buchveröffentlichung kam also in der DDR erst recht nicht in Betracht.

Natürlich konnte die SED diese Lyrik nicht akzeptieren. Mit einigen dialektischen Kunststücken kann man, wenn man will, die Definition des sozialistischen Realismus so sehr ausweiten, daß die Grenzen verschwimmen und auf diese Weise Platz gemacht wird beispielsweise für Erich Arendt und Johannes Bobrowski, für Peter Hacks und Günter Kunert, ja sogar für die meisten Verse von Peter Huchel. Hingegen hätte es sich als unmöglich erwiesen, mit derartigen theoretischen Manipulationen die Lyrik der Christa Reinig für die Literatur der DDR zu retten - selbst wenn die Kulturpolitiker einigermaßen tolerant und überdies bereit wären, ein Auge zuzudrücken.

Denn eine Dichterin, die das Leben besingt, „das langsam auseinander bricht", und zu deren Personal der „stummgeschlagene Bruder", der Henker, der zum Tode Verurteilte und ein Robinson gehören, dem „die worte still in seiner kehle stehn" und der es lernt, „schweigend mit sich umzugehn", eine Dichterin, die verkündet: „kein wort soll mehr von aufbau sein / kein wort mehr von arbeit und altersrente" und die programmatisch erklärt, sie „rede allein / für asoziale elemente / für arbeiter, die nicht mehr arbeiten wollen" - eine solche Lyrikerin läßt sich beim besten Willen mit einem noch so liberal und weitherzig aufgefaßten sozialistischen Realismus nicht in Einklang bringen.

Indes bereitete ihre Dichtung den Literaturfunktionären zunächst keinen Kummer: Verboten in der DDR, blieb sie auch in der Bundesrepublik unbekannt — trotz gelegentlicher Veröffentlichungen in Zeitschriften und Anthologien, trotz der beiden 1960 und 1961 (nur in minimaler Auflage) erschienenen kleinen Hefte mit einigen Proben ihrer Kunst. Erst die im Frühjahr 1963 vom S. Fischer Verlag edierten „gedichte" brachten der Ostberliner Lyrikerin die ihr längst gebührende Anerkennung der Kritik und letztens den Bremer Literaturpreis.

Die Behörden der DDR, die 1962 und noch im Herbst 1963 der Christa Reinig die Ausreisegenehmigung strikt verweigert hatten, hätten dies jetzt wiederum tun können: Die unfreundlichen Kommentare der bundesrepublikanischen Presse hätte man dort, an derartiges schließlich gewöhnt, leicht in Kauf genommen. Aber die Kulturpolitiker mußten zugleich mit einer anderen Konsequenz rechnen: Es war anzunehmen, daß die im Westen gerühmte und gefeierte, zu Hause jedoch beharrlich totgeschwiegene Autorin, deren Verse von Anspielungen strotzen, in den intellektuellen Kreisen der DDR rasch zum Geheimtip würde und — sollte man ihr nicht einmal die Entgegennahme der Preise gestatten — plötzlich im Ruf fast einer literarischen Märtyrerin stehen könnte. Und dies wäre für die SED viel bedenklicher als das unliebsame westdeutsche Presse-Echo.

Allein, es gab ja für die Kulturpolitiker noch eine andere Möglichkeit: der Preisträgerin die Reise nach Bremen zu erlauben. Christa Reinig hat keine Angehörigen in der DDR, wohl aber in Westberlin. Hierüber waren die zuständigen Behörden der DDR bestens informiert: Wir wissen genau, daß ihnen in dieser Hinsicht kein Irrtum unterlaufen ist. Warum, frage ich jetzt, sollten in einer solchen Situation die Kulturpolitiker auch nur einen Augenblick vermuten, die von

ihnen seit zwölf Jahren systematisch unterdrückte Dichterin, die auch jetzt nichts Besseres in der DDR zu erwarten hätte, würde zurückkehren und nicht dort bleiben, wo ihre Bücher erscheinen dürfen?
Mehr noch: warum sollten sie diesen Schritt verhindern? Der Schaden, den er — vom Standpunkt der SED betrachtet — anrichtet, ist lächerlich gering im Vergleich zu dem Gewinn, den die Partei, die sich überdies auf ihre „großzügige Handlungsweise" berufen kann, jetzt erzielt hat: Der Fall Christa Reinig, der manche Unahnnehmlichkeiten verursachen konnte, wurde liquidiert, noch bevor er innerhalb der DDR entstanden oder jedenfalls in den an der Literatur interessierten Kreisen dieses Landes bekannt geworden war.
Die verantwortlichen Kulturpolitiker der DDR haben in den letzten Jahren begriffen, daß es für sie auf die Dauer praktischer und klüger ist, unbequeme Schriftsteller loszuwerden und den üblichen, meist doch kurzen Wirbel der westlichen Presse hinzunehmen, als ein ständiges Ärgernis im Lande zu dulden. Den Kulturpolitikern mußte es auffallen, daß Ernst Bloch oder der um ein halbes Jahrhundert jüngere Uwe Johnson, nachdem sie die DDR verlassen hatten, nicht eben Bonn-Propagandisten geworden sind. Die DDR-Instanzen, die im vergangenen Sommer eine Reise Hans Mayers nach der Bundesrepublik genehmigt haben, brauchen nun seinen Einfluß auf die Studenten der Leipziger Universität nicht mehr zu befürchten. [...]
Und Christa Reinig? Sie schrieb: „Ich habe mich entschlossen, in der Bundesrepublik zu bleiben. Ich wünsche keine weitere Erklärung abzugeben." Diese lakonische Verlautbarung wird in Ostberlin aufmerksam gelesen und richtig verstanden werden.

DIE ZEIT vom 7. Februar 1964

Christa Reinigs Mauer

Die Schriftstellerin Christa Reinig, die aus Ostberlin gekommen war, um in unserer Stadt am 26. Januar den Bremer Literaturpreis entgegenzunehmen, hat sich entschlossen, nicht nach „drüben" zurückzukehren, sondern fortan in München zu leben und zu arbeiten.
In einem ihrer Gedichte heißt es:

heute nacht habe ich unentwegt
vom gärtner Namenlos geträumt
wie er auf der roten stadtmauer
von Perleberg das gras absichelt

Ein Alptraumsinnbild, das erweist, wie diese Frau unter „ihrer" Mauer, die ein Teil der großen Mauer war, gelitten hat.
Im Bremer Rathaus hatte Christa Reinig gesagt: „Zwölf Jahre habe ich gestanden wie mit dem Gesicht zur Wand; wenn ich die Augen schloß, konnte ich sie richtig vor mir sehn: Es schien eine rote Ziegelmauer zu sein. Ich mußte mit unendlicher Geduld, mit Feilen und Fingernägeln, eine Fuge herauskratzen; dann gibt es einen lockeren Stein, dann breche ich den Stein heraus, und wenn ich einen Stein geschafft habe, dann ist das Loch bald so groß, daß ich durchkann... meine Mauer dauerte zwölf Jahre lang. Jetzt ist sie reif zu fallen." Wer aufmerksam zugehört hatte, spitzte die Ohren. Das war ungewöhnlich, das war gewagt. Am Schluß der Feier sagte sie noch freundlich unverbindlich: „Nun bin ich hier, Ihnen zu danken, daß Sie mir geholfen haben, mit Ihrer großen Ehrung weiterzuleben und weiterzuarbeiten." Sie hatte aber, was nur wenige wußten, während ihrer Rede den Text geändert, der im Manuskript so lautete: „... daß Sie mir geholfen haben, diesen Stein herauszunehmen und mir die Möglichkeit geben, weiterzuleben und weiterzuarbeiten." Das bedeutet etwas ganz anderes, das bedeutet weit mehr. Wir wissen nicht, ob Christa Reinig schon mit einem halben oder ganzen Vorsatz, nicht zurückzureisen, nach Bremen gekommen ist; diese Textänderung während ihrer kurzen Ansprache zeigt, wie sehr der Entschluß in ihr noch arbeitete und reifte.
Nun hat Christa Reinig „ihre Mauer" zerbrochen. Sie hat die Bremer Preisverleihung zum Anlaß genommen, ihren Rückreisetermin verstreichen zu lassen und im Westen zu bleiben. Unsere literarische Feier, die nichts weiter sein wollte denn eine solche, hat eine für uns unerwartete subjektive, nicht ganz unpolitische Entscheidung nach sich gezogen. Ganz gewiß ist es eine private Entscheidung, die Christa Reinig getroffen hat, aber sie steht natürlich, ein Signal mehr, vor einem allgemeineren Hintergrunde. Christa Reinigs Mauer war ein Widerspiel und Spiegelbild der größeren und weitaus widerstandsfähigeren Mauer, die durch unser Land und unser Herz geht.

Weser-Kurier vom 30. Januar 1964

Christa Reinig 1976:

Bis zum heutigen Tag ist der Begriff „Bremen" bei mir mit dem bedingten Reflex aller Annehmlichkeiten verbunden: Freiheit, gutes Essen und 10000 Mark. Das wird nie wieder auszulöschen sein.

Bremer Nachrichten vom 24. Dezember 1976

Christa Reinig

6. 8. 1926 Berlin

Kindheit in ärmlichen Verhältnissen in Berlin. Während des 2. Weltkrieges Fabrikarbeiterin, dann Blumenbinderin am Alexanderplatz. Nach dem Abend-Abitur Studium an der Arbeiter- und Bauernfakultät von 1950-53.1953-57 Studium der Kunstgeschichte und christlichen Archäologie an der Humboldt-Universität. 1957-63 Arbeit als wissenschaftliche Assistentin am Märkischen Museum in Ost-Berlin. Anläßlich der Verleihung des Bremer Literaturpreises Ausreise in die Bundesrepublik, seitdem wohnhaft in München. R. ist Mitglied des PEN-Clubs der Bundesrepublik und der Bayerischen Akademie der Schönen Künste.

Preise: Literaturpreis der Freien Hansestadt Bremen (1964); Stipendium der Villa Massimo (1965); Hörspielpreis der Kriegsblinden (1967); Tukan-Preis der Stadt München (1969); Kritikerpreis für Literatur (1975); Bundesverdienstkreuz (1976); Literaturstipendium der Stadt München (1980); Preis des SWF-Literaturmagazins (1984); Literaturpreis Bad Gandersheim (1993).

Werkauswahl: Die Steine von Finisterre. Gedichte. 1960. – Der Traum meiner Verkommenheit. Erzählung. 1961.– gedichte. 1963. – Drei Schiffe. Prosa. 1965. – Orion trat aus dem Haus. Erzählungen. 1969. – Schwalbe von Olevano. Gedichte. 1969. – Das Aquarium. Hörspiel. 1969. – Das große Bechterew-Tantra. Prosa. 1970. – Papantscha-Vielerlei. Gedichte. 1971. – Hantipanti. Kinderbuch. Prosa. 1971. – Die himmlische und die irdische Geometrie. Roman. 1975. – Entmannung. Roman. 1976. – Müßiggang ist aller Liebe Anfang. Gedichte. 1979. – die prüfung des lächlers. Drei Gedichtsammlungen. 1980. – Der Wolf und die Witwen. Erzählungen und Aufsätze. 1980. – Sämtliche Gedichte. 1984. Die Frau im Brunnen. Roman. 1984. – Feuergefährlich. Gedichte und Erzählungen über Frauen und Männer. 1985. – Gesammelte Erzählungen. 1986. – Nobody und andere Geschichten. 1989. – Glück und Glas. Erzählungen. 1991. – Ein Wogenzug von wilden Schwänen. 1991. – Der Frosch im Glas. Neue Sprüche. 1994.

Über C. R.: Karl Riha in: Kritisches Lexikon zur deutschsprachigen Gegenwartsliteratur. München 1978 ff.

Fotos (2): Renate von Mangoldt

Thomas Bernhard.
Foto: Renate von Mangoldt

Bremer Literaturpreis 1965 für „Frost. Roman", Insel Verlag, Frankfurt/Main 1963

Gerd Kadelbach

In die Leere schreiendes Denken

Senator a.D. Gustav Harmssen gratuliert Thomas Bernhard. Foto: Klaus Sander

[...] Die „pathologisch" anmutende Komponente in der modernen Literatur, die abstrakte Malerei, die atonale Musik, die nur schwer zugängliche Formenstruktur der zeitgenössischen Plastik — : hier haben sie ihr ehrliches und entscheidendes Motiv. Noch einmal versucht der homo ludens, die Elemente seiner Welt und die Bausteine von Gottes Schöpfung neu zu ordnen. Gleichsam spielerisch geht er mit den atomisierten Bestandteilen seiner zerschlagenen Welt um, spielerisch oder grüblerisch, intuitiv oder intellektuell, analytisch oder synthetisch. Hier fallen beide Spielarten menschlicher Möglichkeiten in eins zusammen. Da gibt es, um Rilke abzuwandeln, Werkleute, Knappen, Jünger, Meister, auch wenn kein hohes Mittelschiff, kein gotischer Dom mehr gebaut wird. Wir sind bescheiden geworden, Gott sei Dank, und bei den Spielereien des homo ludens, der jetzt mit der Akribie und mit der Skepsis des homo faber zu Werke geht, gibt es viel Abraum und Schutt. Er muß in Kauf genommen werden. Doch auch das ist richtig: „Und manchmal kommt ein ernster Hergereister, geht wie ein Glanz durch unsere tausend Geister und zeigt uns zitternd einen neuen Griff." Thomas Bernhard ist solch ein „ernster Hergereister": sein „Griff" besteht in der Überwindung des Schmerzes und des Todes durch Denken. Die Schmerzempfindlichkeit des Malers Strauch, die jede andere Lebensempfindung verdrängt, und ihre Bewältigung durch in die Leere schreiendes Denken sind das große Thema seines Romanes „Frost".
Im Gespräch mit einem Medizinstudenten, der in der chirurgischen Abteilung eines Provinz-Spitals seine klinischen Semester absolviert und in einem einsamen Gebirgsdorf einen Patienten, den Bruder seines Chefs, beobachten soll, wird der ganz und gar krankhafte Zustand des Malers Strauch offenbar, ein Zustand, den der Student im Bericht an seinen Assistenzarzt als „Expeditionen in Urwälder des Alleinseins" bezeichnet: der Maler schildert den Ort der Begegnung mit dem Studenten und damit zugleich seine schmerzhafte Situation so: „Sie brauchen keine Angst zu haben, entdeckt zu werden ... Alles ist gänzlich ausgestorben ... Die Natur ist unbelästigt vom Menschen ... es ist wie der Gang durch ein vormenschenwürdiges Jahrtausend." — „Sehen Sie", sagt er, „wie nichts mehr da ist, wie aus den Religionen und aus den A-Religionen ... nichts geworden ist." „Hören Sie", sagt er, „hören Sie: alles ist nur mehr Luft, alle Begriffe sind Luft, alle Anhaltspunkte sind Luft, und er sagte: gefrorene Luft, alles ist nur mehr gefrorene Luft. Verstehen Sie: ich will aus dem Weg dieser alles zersetzenden, alles zerfleischenden Lüge."
„Er sah aus wie ein Mensch, für den

alles ein kurzes Kinderspiel ist, das tödlich ausgeht. Wortfetzen und verschobene Satzgefüge waren es dann nur noch", referiert der Medizinstudent im Bericht an seinen Vorgesetzten. Und er notiert dieses Malers Klagen über Schmerzen, die er durch seinen Kopf erleidet: „Ich habe das Gefühl, daß mein Kopf mein Körper ist und umgekehrt. Dieser dämmebrechende Irrsinn, der wortlos Wörter zermalmt, ununterbrochen."

Es ist, als befänden wir uns in der Vorhölle, und die Landschaft der oberen Salzach mit ihren finsteren, schluchtartig eingeschnittenen Seitentälern unterstreicht diesen Eindruck. Weng, in dessen näherer Umgebung Gespräche zwischen dem Maler und dem Medizinstudenten stattfinden, die dieser dann nachts im Zimmer eines drittklassigen Gasthofes in Fieberschauern notiert, ist eine jener Inzest-Siedlungen, in denen man nicht die Straße überqueren kann, ohne einem Dorftrottel zu begegnen, der einen böse anglotzt. „Der düsterste Ort, den ich jemals gesehen habe", schreibt der Student. „Ganz kleine, ausgewachsene Menschen, die man ruhig schwachsinnig nennen kann, nicht größer als ein Meter 40 im Durchschnitt... alle haben sie da versoffene, bis zum hohen C hinaufgeschliffene Kinderstimmen, mit denen sie, wenn man an ihnen vorbeigeht, in einen hineinstechen." Die meisten Vorgänge und Personen treten hauptsächlich in der Brechung durch die Worte des Malers auf, der sie in seinen quälenden Gesprächen mit dem Studenten charakterisiert, Menschen, die von Krankheiten, Trunksucht und dumpfer Geschlechtlichkeit gekennzeichnet sind. Sie vegetieren dahin: „die meisten gehen mit 30 ins Sexuelle verloren. Sie sind dann nur noch Essensempfänger." Hunde kläffen und heulen, man sieht sie nicht, aber man hört sie ständig, aber: „Was könnte das Gekläff noch ankündigen, wo wir alles schon kennen, wo wir alles schon wissen, es sei denn, den wirklichen Weltuntergang." Welche Absurdität: der einzig annähernd normale und blutvolle Mensch in dieser Wüste des Irrsinns ist ein „Wasenmeister", Totengräber, Kadaververwerter und dunkler Ehrenmann mit animalischen Begierden, in einer Person, der die gefundenen Tierkadaver der Wirtin für ihre Suppenküche abliefert.

Mit einer nahezu beängstigenden Begabung für das düstere Detail, mit bewundernswertem Spürsinn für das Auffinden landschaftlicher und menschlicher Monstrositäten beschreibt Bernhard dieses Übermaß an Schrecken, Trübsinn, Häßlichkeit und Furcht. Die Landschaft wird zu einem Teil des Geschehens, sie ist ganz und gar kreatürlich gesehen und gedeutet, mit einer Sprachkraft, wie man sie heute nur selten findet. Man wird an Breughel erinnert, an Bosch, Kubin und Munch, und es ist nicht von ungefähr, daß Thomas Bernhard seinen Patienten als Maler schildert, als einen gescheiterten natürlich, der seine Bilder verheizt hat, der aber noch immer vom Übermaß und von der Intensität des Visuellen geleitet wird, geleitet auf eine Weise, die völlig neue Dimensionen des Sehens erschließt.

Mir ist es bei der ersten Lektüre des Romans und erst recht bei der gründlichen Beschäftigung mit diesem Buch so ergangen, daß ich mich in der Gefahr befand, mich mit der Figur des Malers Strauch zu identifizieren.

Der Beobachtende — und das ist der Leser ebenso wie der Medizinstudent des Romans — wird zum Mitleidenden, und, statt schockiert zu sein — das ist man freilich auch —, gerät man fast unablässig selbst in die Versuchung, den mancherlei Elementen einer gefährlichen Neurose zu erliegen.

„Für mich ist der Maler ein großes Problem... ich bin ihm ausgeliefert... Tatsache ist, daß ich von den Gedanken Ihres Herrn Bruders durchsetzt bin", schreibt der Famulus.

Hans von Uslar hat Recht: eine geheimnisvolle Wechselidentifizierung übt sich ein. Der Autor selber scheint es zu sein, der sich gespalten hat. Das Autor-Ich hat ein Strauch-Ich aus sich entlassen und ist zugleich als das Ich des Medizinstudenten der Beobachter seiner selbst, ist Forscher und Forschungsobjekt seiner selbst geworden. Dem Leser des Buches aber widerfährt nichts anderes. Carl Zuckmayer, der den Roman als „ein Sinnbild der großen Kälte" bezeichnet hat, spricht von einer Endstation, an die man gelangt ist, und von einem Verließ, in das sich einer selbst eingeschlossen und den Schlüssel durchs vergitterte Fenster hinausgeworden hat, aus Angst vor allem, was ihm draußen widerfahren würde.

Frost wird hier zu mehr als nur einem klimatologischen und klinischen Problem. Alles und alle leben, so heißt es, „in der erbarmungslosen Welt des Frostes", erliegen „der ungeheueren Verführung zum Frost", dieser „überall fortschreitende Frost... hat die größte, immer wieder die allergrößte Bedeutung". [...]

Aus der Laudatio vom 26. Januar 1965

Thomas Bernhard

Mit der Klarheit nimmt die Kälte zu

Verehrte Anwesende,
ich kann mich nicht an das Märchen von Ihren Stadtmusikanten halten; ich will nichts erzählen; ich will nicht singen; ich will nicht predigen; aber das ist wahr: die Märchen sind vorbei, die Märchen von den Städten und von den Staaten und die ganzen wissenschaftlichen Märchen; auch die philosophischen; es gibt keine *Geisterwelt* mehr, das Universum selbst ist kein Märchen mehr; Europa, das schönste, ist tot; das ist die Wahrheit und die Wirklichkeit. Die Wirklichkeit ist, wie die Wahrheit, kein Märchen, und Wahrheit ist niemals ein Märchen gewesen.

Vor fünfzig Jahren noch ist Europa ein einziges Märchen gewesen, die ganze Welt eine Märchenwelt. Heute gibt es viele, die in dieser Märchenwelt leben, aber die leben in einer toten Welt und es handelt sich auch um Tote. Wer nicht tot ist, lebt, und *nicht in den Märchen; der ist kein Märchen.*

Ich selber bin auch kein Märchen, aus keiner Märchenwelt; ich habe in einem langen Krieg leben müssen und ich habe Hunderttausende sterben gesehen und andere, die über sie weggegangen sind, weiter; alles ist weitergegangen, in der Wirklichkeit; alles hat sich verändert, in Wahrheit; in fünf Jahrzehnten, in welchen alles revoltiert und in welchen sich alles verändert hat, in welchen aus einem jahrtausendealten Märchen *die* Wirklichkeit und *die* Wahrheit geworden sind, fühle ich, wie mir immer noch kälter wird, während aus einer alten, eine neue Welt, aus einer alten Natur eine neue Natur geworden ist.

Ohne Märchen zu leben, ist schwieriger, darum ist es so schwierig im zwanzigsten Jahrhundert zu leben; wir *existieren* auch nurmehr noch; wir leben nicht, keiner lebt mehr; aber es ist schön, im zwanzigsten Jahrhundert zu *existieren;* sich fortzubringen; *wohin fort?* Ich bin, das weiß ich, aus keinem Märchen hervorgegangen und ich werde in kein Märchen hineingehen, das ist schon ein Fortschritt und das ist schon ein Unterschied zwischen vorher und heute.

Wir stehn auf dem fürchterlichsten Territorium der ganzen Geschichte. Wir sind erschrocken, und *zwar erschrocken als ein so ungeheueres Material der neuen Menschen* — und der neuen Naturerkenntnis und der Natur*erneuerung;* alle zusammen sind wir in dem letzten halben Jahrhundert nichts als ein einziger Schmerz gewesen; dieser Schmerz heute, das sind *wir;* dieser Schmerz ist jetzt unser Geisteszustand.

Foto: Interpress/Schmied

Wir haben ganz neue Systeme, wir haben eine ganz neue Anschauung von der Welt und eine ganz neue, tatsächlich die hervorragendste Anschauung von der Umwelt der Welt und wir haben eine ganz neue Moral und wir haben ganz neue Wissenschaften und Künste. Es ist uns schwindelig und es ist uns kalt. Wir haben geglaubt, daß wir, weil wir ja Menschen sind, unser Gleichgewicht verlieren werden, aber wir haben unser Gleichgewicht nicht verloren; wir haben auch alles getan, um nicht erfrieren zu müssen.

Alles hat sich verändert, weil *wir* es verändert haben, die äußere Geographie hat sich genauso verändert wie die innere.

Wir stellen jetzt hohe Ansprüche, wir können gar nicht genug hohe Ansprüche stellen; keine Zeit hat so hohe Ansprüche gestellt wie die unsrige; wir existieren schon größenwahnsinnig; weil wir aber wissen, daß wir nicht abstürzen und auch nicht erfrieren *können,* getrauen wir uns zu tun, was wir tun.

Das Leben ist nur noch Wissenschaft, Wissenschaft aus den Wissenschaften. Jetzt sind wir plötzlich in der Natur aufgegangen. Wir sind mit den Elementen vertraut geworden. *Wir* haben die Realität auf die Probe gestellt. Die Realität hat *uns* auf die Probe gestellt. Wir kennen jetzt die Naturgesetze, die unendlichen Hohen Naturgesetze und wir können sie in der Wirklichkeit und in Wahrheit stu-

dieren. Wir sind jetzt nicht mehr auf Vermutungen angewiesen. Wir sehen, wenn wir in die Natur hineinschauen, keine Gespenster mehr. Wir haben das kühnste Kapitel des Weltgeschichtsbuchs geschrieben; und zwar jeder von uns *für sich* unter Schrecken und in der Todesfurcht und keiner nach seinem Willen, noch nach seinem Geschmack, sondern nach dem Gesetz der Natur, und wir haben dieses Kapitel hinter den Rücken unserer blinden Väter und blöden Lehrer geschrieben; hinter unseren eigenen Rücken; nach so vielen unendlich langen und faden, das kürzeste, wichtigste.
Wir sind von der Klarheit, *aus welcher uns unsere Welt plötzlich ist,* unsere Wissenschafswelt, erschrokken; wir frieren in dieser Klarheit; aber wir haben diese Klarheit haben wollen, heraufbeschworen, wir dürfen uns also über die Kälte, die jetzt herrscht, nicht beklagen. Mit der Klarheit nimmt die Kälte zu. Diese Klarheit und diese Kälte werden von jetzt an herrschen. Die Wissenschaft von der Natur wird uns eine höhere Klarheit und eine viel grimmigere Kälte sein, als wir uns vorstellen können.
Alles wird klar sein, von einer immer höheren und immer tieferen Klarheit und alles wird kalt sein, von einer immer entsetzlicheren Kälte. Wir werden in Zukunft den Eindruck von einem immer klaren und immer kalten Tag haben.
Ich danke Ihnen für Ihre Aufmerksamkeit. Ich danke Ihnen für die Ehre, die Sie mir heute erwiesen haben.

Thomas Bernhard

Zweiter Tag

[...] Der Abend kommt hier ganz plötzlich, wie auf einen Donnerschlag. Wie wenn auf Kommando ein riesiger eiserner Vorhang heruntergelassen würde, die eine Hälfte der Welt abtrennend von der andern, durch und durch. Jedenfalls: die Nacht kommt zwischen zwei Schritten. Die heillosen stumpfen Farben erlöschen. Alles erlischt. Kein Übergang. Daß es in der Finsternis gar nicht kälter wird, macht der Föhn. Eine Atmosphäre, die die Herzmuskulatur zumindest einschränkt, wenn nicht abstellt. Die Krankenhäuser können ein Lied von dieser Luftströmung singen: gesund geglaubte Patienten, in welche die medizinische Kunst bis zum Exzeß hineingestopft worden ist, bis wieder Hoffnung war, fallen in Ohnmacht und können durch keine wie auch immer geschickt gehandhabte Menschentheorie mehr lebendig werden. Emboliefördernde Witterungseinflüsse. Rätselhafte Wolkenzusammensetzungen, irgendwo weit weg. Die Hunde jagen sinnlos durch Gassen und Höfe und fallen auch Menschen an, Flüsse atmen den Geruch der Verwesung ihres ganzen Flußlaufes aus. Die Berge sind Gehirngefüge, an die man stoßen kann, sind bei Tag überdeutlich, bei Nacht überhaupt nicht wahrnehmbar. Fremde reden sich plötzlich an Wegkreuzungen an, stellen Fragen, geben Antworten, nach denen nie gefragt worden ist. Als sei im Augenblick alles geschwisterlich: das Häßliche wagt sich an das Schöne heran und umgekehrt, das Rücksichtslose an das Schwache, Uhrschläge tropfen auf Friedhof und Dachabstufungen. Der Tod lenkt sich geschickt in das Leben herein. Unvermittelt fallen auch Kinder in Schwächezustände. Schreien nicht, aber laufen in einen Personenzug. In Gasthäusern und auf Bahnstationen in der Nähe von Wasserfällen werden Beziehungen angeknüpft, die keinen Augenblick halten. Freundschaften geschlossen, die nicht einmal erwachen; das Du wird bis zur Tötungsabsicht hinauf gefoltert und dann rasch erstickt in einer kleinen Gemeinheit.
Weng liegt in einer Grube, von riesigen Eisblöcken jahrmillionenlang gegraben. Die Wegränder verführen zur Unzucht. [...]

Aus: Frost. Suhrkamp Verlag, Frankfurt/Main 1972, S. 14 f.

Carl Zuckmayer

Abgrund Mensch

[...] Ich halte das Buch für eine der stärksten Talentproben, für eines der aufwühlendsten und eindringlichsten Prosawerke, die seit Peter Weiss von einem Autor der jüngeren Generation vorgelegt worden sind. Wenn ich an die Lektüre zurückdenke, höre ich ein merkwürdiges Poltern, wie wenn Eisbrocken, durch einen nächtlichen Föhneinbruch von der Dachrinne abgeschmolzen, auf der Schneekruste vorm Haus zerschellen. Dieses unheimliche, bedrohliche, traumhaft erregende Gepolter, in dem sich das Zerfallen aller menschlichen Zusammenhänge bis zur völligen Entblößung eines letzten Seelenrestes andeutet, spielt sich im Hintergrund einer klaren, zuchtvollen, bildkräftigen Sprache ab — es wird nicht von den Worten selber hervorgebracht, sondern man erlauscht es, tief erschreckt und betroffen, unter und zwischen ihnen. Es wird da etwas zum Anklang gebracht, was wir nicht kennen und wissen, was wir mit Erlebtem, Erfahrenem, auch mit literarischen Vorbildern, kaum vergleichen können und was dem »Abgrund« Mensch, von dem Büchner sprach, neue Perspektiven erschließt. [...]

DIE ZEIT vom 21. Juni 1963

Bernharddistel,

die graue (Wiesenfrost, Totenblume, Nichterl, Bleichdistel, Trauerling) ausdauernd bis austrocknend. Familie der Tristizeen. Friedhofsblume.
Die graublauen Blüten einzeln, hängend bis herablassend, langgestielt. Die handförmigen, gezinkten Blätter ballen sich bei Kritik leicht zur Faust. Blattstiele ranken.
Die zierliche Pflanze, die immer ein wenig so wirkt, als würde sie sich ihrer Eloquenz schämen, wächst auf Friedhöfen, in alten Urnen, in angereicherten Beziehungslosigkeiten, in Österreich und im Nichts. Sie blüht im Nebel auf und trägt noch im Frost Blüten, die von Dissertationen und Kulturkritikern bestäubt werden. Sie ist selbst in 1000 Meter Höhe noch anzutreffen, behauptet sich jedoch auch in Niederungen und auf den Brettern, die nicht immer die Welt bedeuten. Ihre Widerstandskraft ist sprichwörtlich, ebenso ihre Blütefreudigkeit. Fritz J. Raddatz schreibt in seinem von ihm selbst als fundamental eingestuften Werk *In der Natur geblättert:* »Die graue Bernharddistel überrascht mich immer wieder. Ihre augenfällige Gebrechlichkeit steht in einem krassen Gegensatz zu ihrem Behauptungswillen. Sie macht das Nichts direkt heimisch.«
Als Viehfutter taugt die Pflanze wenig. Sie ist zäh und nachgerade unverdaulich. Der Duft der Blüten soll den Tränenfluß erleichtern, weswegen sie wohl von Klageweibern als Trauerelixier gesammelt wird. In der Homöopathie wird der Saft der grauen Bernharddistel als ein sicheres Mittel gegen ins Kraut schießende Lebensfreude benutzt. Rolf Michaelis schreibt in seinem Aufsatz *Was uns noch im Winter blüht* (In: *Zeitschrift für Pflanzenfreunde* I, 1; mehr nicht erschienen): »Die Bernharddistel vollendet sich im Frost. Ihre amethystblauen Blüten werden zur Chiffre des Winters: der Triumph der Form über das Verwelken.« Chemische Untersuchungen haben ergeben, daß Kälte bei der Pflanze einen verschönernden Mumifizierungsprozeß auslöst. Sie kann dann geradezu mit den Eisblumen am Fenster der Innerlichkeit konkurrieren.

Die Suhrkamp-Universalgärtnerei hat sich diesen Umstand zunutze gemacht und verkauft tiefgefrorene graue Bernharddistelblüten an Sammler und anderweilig Verzweifelte. »Was dem einen schöne Trauer, füllte den anderen die Kasse«, sagte schon Heinrich Heine.

Fritz Schönborn: Deutsche Dichterflora. Carl Hanser Verlag, München/Wien 1980, S. 25 f.

Thomas Bernhard

9. 2. 1931 Heerlen (Holland)
– 12. 2. 1989 Gmünden (Ober-Österreich)

Foto: Renate von Mangoldt

Sohn österreichischer Eltern. Der Vater war Bauernsohn aus Henndorf (Salzburg), die Mutter Tochter des Schriftstellers Johannes Freumbichler. B. wuchs bei den Großeltern mütterlicherseits auf. Nach der Heirat der Mutter folgte die Familie dem Ehemann, Bernhards Vormund, nach Traunstein (Oberbayern), dort bis 1943. 1943/44 Internatsaufenthalt in Salzburg. 1944/45 Arbeit in einer Gärtnerei. Seit Sommer 1945 Schüler des Johanneum in Salzburg. 1947 Abbruch der Gymnasialausbildung, Lehre bei einem Lebensmittelhändler. 1948-51 schwere Lungenerkrankung, Aufenthalt in der Lungenheilstätte Grafenhof; dort erste dichterische Versuche. 1949 Tod des Großvaters, 1950 Tod der Mutter. 1952-57 Studium der Musik und des Schauspiels an der Akademie Mozarteum in Salzburg, Abschluß mit einer Arbeit über Artaud und Brecht. Während des Studiums Gerichtsreportagen für das „Demokratische Volksblatt" in Salzburg. Ab 1957 freier Schriftsteller; längere Aufenthalte in Polen und England. Seit 1965 lebt B. auf einem Bauernhof in Ohlsdorf (Osterreich), in den 80er Jahren auch in Wien.

Preise: Julius-Campe-Preis (1964); Literaturpreis der Freien Hansestadt Bremen (1965); Ehrengabe des Kulturkreises im Bundesverband der Deutschen Industrie (1967); Österreichischer Staatspreis für Literatur (1968); Anton-Wildgans-Preis der österreichischen Industrie (1968); Georg-Büchner-Preis (1970); Franz-Theodor-Csokor-Preis (1972); Adolf-Grimme-Preis (1972); Grillparzer-Preis (1972); Hannoverscher Dramatikerpreis (1974); Prix Séguier (1974); Literaturpreis der österreichischen Bundeswirtschaftskammer (1976); Premio Mondello (1983); Prix Medicus (1988); Feltrinelli-Preis (1988; abgelehnt).

Werkauswahl: Auf der Erde und in der Hölle. Gedichte. 1957. – In hora morti. Gedichte. 1958. – Unter dem Eisen des Mondes. Gedichte. 1958. – die rosen der einöde. fünf sätze für ballet, stimmen und orchester. 1959. – Amras. Erzählung. 1964. – Frost. Roman. 1965. – Zerstörung. Roman, 1967. – Prosa. 1967. – Ungenach. Erzählung 1968. – Watten. Ein Nachlaß. Erzählung. 1969. – Ereignisse. Kurzprosa. 1969. – An der Baumgrenze. Erzählungen. 1969. – Das Kalkwerk. Roman. 1970. – Ein Fest für Boris. Schauspiel. 1970. – Midland in Stilfs. Erzählungen. 1971. – Gehen. Erzählungen. 1971. – Der Italiener. Erzählung. 1971. – Der Ignorant und der Wahnsinnige. Schauspiel. 1972. – Die Jagdgesellschaft. Schauspiel. 1974. – Die Macht der Gewohnheit. Schauspiel. 1974. – Der Kulterer. Erzählung. 1974. – Der Präsident. Schauspiel. 1975. – Korrektur. Roman. 1975. – Die Ursache. Eine Andeutung, Autobiographie. 1975. – Die Berühmten. Schauspiel. 1976. – Der Wetterfleck. Erzählungen. 1976. – Der Keller. Eine Entziehung. Autobiographie. 1976. – Minetti. Schauspiel. 1977. – Der Atem. Eine Entscheidung. Autobiographie. 1978. – Immanuel Kant. Schauspiel. 1978. – Ja. Schauspiel. 1978. – Der Stimmenimitator. Schauspiel. 1978. – Vor dem Ruhestand. Eine Komödie von deutscher Seele. 1979. – Die Billigesser. Erzählung. 1980. – Die Kälte. Eine Isolation. Autobiographie. 1981. – Über allen Gipfeln ist Ruh. Schauspiel. 1981. – Am Ziel. Schauspiel. 1981. – Ave Vergil. Gedicht. 1981. – Ein Kind. Autobiographie. 1982. – Beton. Erzählung. 1982. – Wittgensteins Neffe. Erzählung. 1982. – Der Schein trügt. Schauspiel. 1983. – Der Untergeher. Roman. 1983. – Der Theatermacher. Schauspiel. 1984. – Holzfällen – Eine Erregung. Roman. 1984. – Ritter, Dene, Voss. Schauspiel. 1984. – Alte Meister. Schauspiel. 1985. – Auslöschung. Ein Zerfall. Roman. 1986. – Einfach kompliziert. 1986. – Elisabeth II. Keine Komödie. 1987. – Der deutsche Mittagstisch. Dramolette. 1988. – Heldenplatz. 1988. – Erzählungen. 1988. – Stücke 1-4. 1988. – Der Italiener. 1989. – In der Höhe – Rettungsversuch, Unsinn. 1990. – Claus Peymann kauft sich eine Hose [...]. Drei Dramolette. 1990. – Ereignisse. 1991. – Gesammelte Gedichte. 1991. – Ein Lesebuch. 1993.

Über T. B.: Bernhard Sorg in: Kritisches Lexikon zur deutschsprachigen Gegenwartsliteratur. München 1978 ff. – Manfred Mittermayer: T. B. Stuttgart 1995. – Kurt Hoffmann: Aus Gesprächen mit T. B. München 1991.

Bremer Literaturpreis 1966 für „Tynset. Roman", Suhrkamp Verlag, Frankfurt/Main 1965

Heinrich Ringleb

Traum-Ort außerhalb der Wirklichkeit

Wolfgang Hildesheimer mit Dr. Günter Schulz. Foto: Wilhelm Kuhlmann

[...] Der Gegensatz zwischen der öffentlichen Wirklichkeit und der privaten Wirklichkeit des Erzählers ist einer der auffallendsten Züge des Buches. Der Autor sagt nicht nur, daß er kein Freund der öffentlichen Ordnung sei und sein werde — wie sollte er auch angesichts der in ihr sich manifestierenden Wirklichkeit! — er skizziert auch in kleinen Szenen wie etwa der von der in Hamar geborenen Sängerin oder in dem ironischen Satz, Schönheit lasse sich mit dem Allgemeinen besser verteilen, diesen Gegensatz, der mehr als das heute Übliche an Zeitkritik und damit auch an „Entlarvung" meint.

Tynset heißt ein Ort in Norwegen. Vor hundert Jahren hätte dieses Tynset in der Dichtung noch Orplid geheißen wie bei Mörike oder weiter zurück bei E.T.A. Hoffmann Atlantis oder Dschinistan und bei Schiller Elysium und bei anderen Arkadien oder Hesperien oder Paradies. Allen diesen Namen ist zu eigen, daß sie einen Traum-Ort außerhalb der Wirklichkeit meinen als Sinnbild für ein von Innen, von der Seele her bestimmtes vollendetes Dasein, das wohl einmal in der Dichtung wirklich werden kann, — wie eben Dichtung eine eigene Art Wirklichkeit zu schaffen vermag — während diese Innerlichkeit doch nicht darzuleben, nicht *als* Wirklichkeit *in* der Wirklichkeit zu erfüllen ist. Tynset aber ist ein Ort der wirklichen Welt, hier auf der Erde gelegen, kein un- oder überwirklicher außerhalb der Erde, deshalb auch kein „idyllischer" Ort. Es wurde als „realer Fluchtpunkt vor einer konkreten gesellschaftlichen Situation" in jener ostdeutschen Kritik* bezeichnet. Aber anders, als in diesem Satz gemeint ist, verstehen wir Fluchtpunkt als den Endpunkt einer Perspektive, und wenn alle Linien darauf zulaufen, so laufen sie auch von dort aus in die „gesellschaftliche Situation" zurück: Sie bringen das Erflüchtete in diese Wirklichkeit, daß es als Riß und Leerstelle inmitten eines nur scheinbar lückenlos geordneten Gefüges liegt. Eine andere Kritik von den beiden, die mir zu Gesicht gekommen sind, meinte, man wisse allen Überlegungen des Erzählers zum Trotz von Anfang an, daß er niemals nach Tynset reisen werde. Natürlich wissen wir das. Wir erwarten auch gar nicht, daß hier, im Bereich des wirklichen Ortes Tynset in Norwegen oder einer Reise dorthin, die Absicht des Erzählers gelegen sei. Und wenn dem Autor am Schluß dieser Kritik der Wunsch angetragen wird, er möge sich wieder der Gegenwart und dem Tage zuwenden, so ist es ja gerade das: die Gegenwart, der Tag, der Alltag, das alltägliche Entsetzen ist es, die Wirklichkeit dessen, was eben nur da ist, die der Autor in Frage stellt und von

* Gemeint ist Hermann Kähler: Hildesheimers Flucht nach Tynset. In: Sinn und Form, Heft 5/1965. S. 792

der er sich abstößt in die andere Wirklichkeit Tynsets, die des Namens, in dem zugleich als in dem eines wirklichen Ortes der Anspruch auf Wirklichkeit enthalten ist. Nicht der Erzähler sucht Tynset auf, sondern Tynset den Erzähler. Er flieht nicht in die andere Wirklichkeit Tynsets, sondern Tynset kommt zu ihm als eine andere Wirklichkeit. [...]
So sind zwei Wirklichkeiten in der einen: jene, die auf unserem Wege liegt und die wir um unserer Selbsterhaltung willen zur Kenntnis nehmen müssen, und mehr, in ihr tätig sein. Aber neben dieser zu handhabenden, fordernden Wirklichkeit steht eine zweite, die Wirklichkeit hier an den Schläfen, hier an den Augenwinkeln, die uns nötigt, zu ihr hinzublicken als Antwort auf ihren Blick. Eine Wirklichkeit also des Tages, meßbar nach der Uhr und zu durchmessen nach Fahrplänen, und eine der Nacht, in der sich die wenigen Grundfiguren unseres und damit allen Lebens zusammenordnen vor dem Tod, herausgehoben aus dem Stundengang der Zeit. Auch dem Erzähler, der sich seiner Jahre bewußt wird, bietet sich nun das Leben als ein Totentanz, und nichts anderes meinen ja die Geschichten vom Sommer- und Winterbett als einen Totentanz in den Verschlingungen seiner Labyrinthe wie in den Gestalten der Wirklichkeit, einem Mörder Kabasta und seinen Helfern; so finden sich wohl auch nicht zufällig auf der Zeichnung, die dem Hildesheimer-Heft vorangestellt ist, die Embleme wieder, die Dürers Stich Melancholia I zeigt: der schwere, kantige Stein, die rollende Erdkugel, Baum und Bett: Allegorien jener Melancholie, die einmal in der Renaissance illa heroica, die heroische Melancholie genannt wurde. [...]

Aus der Laudatio vom 26. Januar 1966

Wolfgang Hildesheimer

Demonstrationen der Vergeblichkeit

Meine Damen und Herren,
lassen Sie mich zuerst für den Preis danken. Ich bin nicht erhaben über die Freude an seiner materiellen Seite, denn ich gehöre nicht zu jenen, denen es auf zehntausend Mark mehr oder weniger nicht ankommt. Damit soll nicht gesagt sein, daß ich den Wert des Preises im Geldgeschenk sehe. Mehr als dies freut mich die Anerkennung meiner Arbeit durch Vertreter einer Stadt, die sich einer guten Vergangenheit rühmen darf. Mit Vergangenheit meine ich hier nicht die hanseatische, sondern vielmehr jene Vergangenheit, die man noch immer als »die Jüngste« bezeichnet, obgleich sie ziemlich alt ist, wenn auch leider noch nicht vom Tode durch Bewältigung gezeichnet. Hier in dieser Stadt aber hat sich Hitler nicht wohl gefühlt, und er hat sie daher kaum je besucht. Möge der Glanz einer solchen Abwesenheit niemals stumpf werden.
Dies ist indessen vor allem die Gelegenheit, der Stadt Bremen für den Preis als Institution zu danken. Es bieten sich verschiedene Möglichkeiten der Deutung einer solchen Institution. Ich wähle die beste: ein alljährlicher Akt der Reverenz vor der schöpferischen Arbeit und ihrer Kritik durch den Intellekt. Somit wäre denn dieser Akt das Gegenteil jenes sinnlosen Pflichtpensums der Anerkennung, zu dessen Entledigung sich hierzulande hin und wieder ein Regierungsmitglied verpflichtet fühlt, entweder um den Ruf des Banausen abzustreifen oder um den bellenden Hund als Haustier zu gewinnen, bevor er beißt.
Diese Bemühungen sind Demonstrationen der Vergeblichkeit. Nicht etwa deshalb, weil Schriftsteller sich auf die Rolle des Gegners als ein althergebrachtes Privileg versteifen, sondern weil die gemeinsame Sprache fehlt. Politiker wollen sich durchsetzen und reden von Politik, Schriftsteller wollen ein wenig tiefer an der Wurzel ansetzen und sprechen von moralischen Grundlagen der Politik, einem Gebiet also, das den regierenden Politikern bei uns wenig geläufig ist, weil es sie nicht interessiert, weil es ihnen als wirklichkeitsfremd erscheint. Und wenn es doch einmal einem führenden Politiker einfällt, seinen Drang zur Expansion auf das Feld der Gedanken zu übertragen, so öffnet sich vor seinen Hörern ein Panorama leerer Gemeinplätze, von nichts belebt als hier und dort von einer Stilblüte.
Da wird denn selten etwas gesagt, was nicht schon immer gesagt wurde. Schablone schiebt sich über Schablone. Der Atem des Geistes weht schwach auf den Höhen unserer Regierung; die Worte, ihn zu fassen, sind dürftig. Es ist meines Wissens in unserem politischen Leben selten ein Satz gesagt worden, der vor geistiger Subtilität geleuchtet, geschweige denn in seinem Schliff geglitzert hätte, kein Wort ist gefallen, das wiederholenswert gewesen wäre, außer als unfreiwilliger Witz, keines, das genug Gewicht hätte, um als Zitat weiterzuleben.
Nichts, das in unserem Hohlraum stehenbliebe wie ein Stern, anstatt zu zerbröckeln oder zu verdunsten. In unserer politischen Rede finden wir bestenfalls die Bemühung, den Gegenstand redlich zu umreißen, meist aber finden wir bestürzende Banalität, wenn nicht gar die kläg-

liche Floskel, bedenkenlos oder zynisch angewandt. Nur nach unten reicht die Skala weit. Hinab nämlich zur dumpfen und militanten Lautmalerei, dorthin, wo der Affekt der Unbelehrbaren sein widerliches Wesen treibt, wo jedes Wort der Vernunft als Zumutung zurückgewiesen wird. Ein erleuchtendes Wort ist seit den Tagen des Theodor Heuss nicht mehr gesagt worden, ein bedeutendes wohl kaum mehr seit Bismarck. Ja, meine Damen und Herren, ich meine Bismarck. »Geistiges Format« ist von politischer Überzeugung weder bestimmt noch abhängig, solange diese Überzeugung nicht Terror und Unterdrückung in sich einschließt. Konservativsein braucht nicht unbedingt den Wunsch zu bedeuten, die Gewalt zu konservieren. Im übrigen ist auch der Reaktionär nicht mehr das, was er einmal war — im vorigen Jahrhundert. Eher schon trägt er beängstigende Züge dessen, was er vor einem Vierteljahrhundert einmal war. Bei der Rede bleibt es nicht, nicht bei ihrem unheilkündenden Unterton. Aus Implikation wird Forderung, aus ihr Wirklichkeit.

Es ist mancher hoffnungsvoller Tage Spätnachmittag geworden, alles wird dunkler — außer der Rede Sinn; der ist nur allzu klar. Portugals politisches System sei beherzigenswert, die Russen seien zu Tieren degeneriert — Meinungen wie diese fallen wie faule Äpfel. Die eine ist die eines Ministers, die andere die eines Kardinals. (Beide heißen übrigens Jaeger, aber daran — wenigstens! — sind sie schuldlos.) Geleitet von solcherlei Rede treiben wir einem Gebiet entgegen, wo unsere Freiheit langsam gelähmt wird, dorthin, wo der Faschismus auf uns wartet, um uns wieder aufzunehmen. Franco, Salazar und Verwoerd sind unsere Bundesgenossen.

Das ist eine schwere Belastung für jeden, dem Worte wie Gerechtigkeit und Freiheit und Moral eine genauere Vorstellung vermitteln als unseren Politikern; für jeden, der mehr in ihnen hört als Töne, die eine Wahlrede oder eine Predigt oder eine Jubiläumsansprache in edles Schwingen versetzen. Mancher möchte sich mit Recht fragen, ob dieser Westen denn überhaupt noch der seine sei, hätte er nicht Angst vor der Antwort. Denn, meine Damen und Herren, täuschen wir uns nicht: die Entscheidungen der Welt fallen nicht zwischen links und einer wohltemperierten Mitte. Sie fallen zwischen links und rechts. Ein Extrem hält nur dem anderen Extrem die Waage, nicht aber dem Zünglein. Die linke Position ist vergeben. Links, das sind die »anderen«, die im Osten, der potentielle Feind. Die rechte Position wird soeben eingenommen, und zwar von uns. So will es unsere Politik.

Ich wünsche mir, meine Damen und Herren, daß sie diesen minimalen Exkurs in die politische Spekulation angesichts einer Preisverleihung nicht als befremdlich empfinden. Aber die Gelegenheit zu einer öffentlichen Ansprache ungenutzt vorbeiziehen zu lassen oder sie gar in einer ästhetischen Abschweifung zu vergeuden, wäre mir als ein Akt lebensfremden Leichtsinns erschienen. Zudem — das gestehe ich ein — wollte ich mir damit auch einen Platz im Zwinger jener Hunderasse sichern, deren Namen ich nicht mehr auszusprechen wage, denn er ist geflügeltes Wort geworden; eine Frucht des Zorns ist als Pegasus entfleucht, auf dem so mancher Unbefugte gern reiten möchte. Ob ich selbst zu diesem Ritt befugt bin, das mögen die potentiellen Dresseure am Zwinger entscheiden.

Kehren wir zum Sinn unserer Zusammenkunft zurück! Wir wollten feiern, und ich feiere sehr gern. Nehmen wir also für den kurzen Augenblick dieser Stunde an, ich sähe — wie man so schön sagt — die Dinge zu schwarz.

Foto: Renate von Mangoldt

In der Tat hege ich keinen sehnlicheren Wunsch als den: Unrecht zu haben. Für den ehrlichen und überzeugten Pessimisten kann es nichts Herrlicheres geben, als sich selbst endgültig widerlegt zu sehen. Wohlgemerkt: es ist zwar noch kein Pessimist widerlegt worden, keiner hat unrecht behalten. Dennoch: das Streben danach bleibt seine Lebensaufgabe. So betrachte ich es auch als die meine. Ich arbeite an dieser Aufgabe auf meine Weise, und der Preis, über den ich mich freue, soll mich darin bestätigen.

Wolfgang Hildesheimer

Tynset

Tynset. Das klingt nach.
Es klingt hell, gläsern, — nein, das nicht, es klingt metallen. Die Buchstaben sind gut gewählt, sie passen zueinander. Oder scheint es mir nur so? Nein, sie passen zueinander, ich habe Lust, irgend etwas so zu nennen, etwas außerhalb des Ortes in Norwegen, dieser Station an der Nebenlinie von Hamar nach Stören. Aber ich habe nichts zum Benennen, alles hat einen Namen, und was keinen Namen hat, das gibt es nicht. Im Gegenteil: es gibt viele Namen für Dinge, die es nicht gibt.
Tynset, daran bin ich im Vorbeigehen haften geblieben, dieses Wort umkreisen meine Gedanken, sie kreisen es ein. Dieses Ypsilon! Indem es schräg nach links unter die Zeile ragt und daher zwischen den Zeilen steht, hat es einen Fang ausgestreckt, an dem die Fetzen der Gedanken, müde und in wachsendem Maße bereit, ein Hindernis wahrzunehmen, ja es sogar willkommen zu heißen, sich weit aufgerissen haben und hängen geblieben sind.
Dabei ist dieses Ypsilon noch nicht einmal recht aussprechbar. Oder zumindest: es ist Sache des Zufalls, ob dem Mund die Stellung gelingt, um der Stimme den Laut zu erlauben. Das neben seiner Schräge, hebt das Ypsilon von allen anderen Buchstaben ab, macht es zu einer trügerischen Komponente inmitten lapidarer Tatsachen. Da liegt es denn, auf dem Weg zwischen I und Ü, liegt genau auf der Mitte, aber das Ü selbst liegt auf der Mitte eines Weges, es liegt auf der Hälfte des doppelt so langen Weges von I zu U. Die zweite Hälfte dieses Weges, die Strecke von Ü zu U hat keine Mitte, hat kein Zeichen, das sie markiert. Hier liegt nichts, liegt Schweigen, liegt, im wahren Sinne des Wortes, das Unaussprechliche, hier beginnt es, in diesen unscheinbaren Dingen tritt es plötzlich hervor, um dann in den scheinbaren ins Unermeßliche anzuwachsen, ins Entsetzliche.
Indessen, wenn ich es mir recht überlege — richte ich mich ein in diesen Überlegungen — wenn ich mir den Namen Tynset nicht nur von unten sondern von allen Seiten betrachte, so stelle ich fest, daß sich seine Anziehungskraft bei weitem nicht in seinem Buchstaben erschöpft, das Ypsilon ist nur der Blickfang, und die anderen sind nur die Gitterstäbe, hinter denen das Geheimnis sich verbirgt. Aber es ist damit nicht bloßgelegt, geschweige denn gelöst. Zerlege ich das Wort in seine beiden Silben, so habe ich zuerst das »Tyn«, einen hohen Gongschlag, Beginn eines Rituals in einem Tempel, leer bis auf die Gegenwart des einzigen, in sich selbst versunkenen Zelebrierenden, sehr fern, ferner als Griechenland, wo man allerdings noch Leute findet, die das Ypsilon aussprechen können —, habe also das »Tyn«, das sich alsbald, jäh aus seinen Vibrationen gerissen, mit dem »set« setzt, als sei das Schwingen des tynneren Beckens von einer kurzen, schnellenden Bewegung eines einzigen flinken Fingers zum Stillstand gebracht und damit seinem Dröhnen ein strenges Ende gesetzt: Tynnn-Settt.

Aus: Tynset. Fischer-Taschenbuchverlag, Frankfurt/Main 1967, S. 14 f.

Erich Emigholz:

[...] „Tynset" (1965 erschienen) ist nach den „Falschen Vögeln" Wolfgang Hildesheimers zweite größere Prosaarbeit. Wenn er für sie gleich mit dem Bremer Literaturpreis verwöhnt wird, so muß das innerhalb seines dramatisch bestimmten Gesamtwerkes falsche Akzente setzen. Wir glauben nicht an den Romancier Hildesheimer, nicht an seinen „Tynset". Jede Eigenwilligkeit ist hier von breitwucherndem Eklektizismus gestört. Der „Tynset" bietet weder künstlerisch noch weltanschaulich neue Aspekte. Man ist bei seiner Lektüre ständig versucht, die Ahnenreihe zu memorieren, und es fallen einem viele Namen ein. Das vielleicht brauchte den Wert des Werkes nicht in Frage zu stellen, aber Hildesheimer kommt über keines seiner Vorbilder hinaus. Schlimmer noch, er kommt über seine private Situation des Schreibens nicht hinaus. Behelligt uns mit ihrer Problematik. Sie aber ist so fesselnd nicht, als das er uns für sie durchgängig interessieren könnte. [...]

Bremer Nachrichten vom 17. November 1965

Solidarität der „Pinscher"

Hildesheimer auf den Spuren von Grass

Als Günter Grass in Darmstadt für die „Hundejahre" preisgekrönt war, war sein Dank eine provokante Rede, die sich eindeutig auf politischen Geleisen bewegte. Dieses Beispiel hat nun in Bremen Schule gemacht. Bildungssenator Moritz Thape gab — wohl ohne Absicht — das Stichwort, als er in seiner Ansprache, die den Festakt der Literaturpreisverleihung eröffnete, über Wolfgang Hildesheimer sagte: „Er gehört zu jenen Dichtern und Künstlern, die Fragen des politischen und sittlichen Umganges aufwerfen und durchsichtig machen."
Als nach der — unverhältnismäßig hochgestochenen — Laudatio von Dr. Heinrich Ringleb und der Preisübergabe durch Dr. Günter Schulz der Autor des preisgekrönten Romans „Tynset" an das Rednerpult trat, hatte er ein Manuskript in der Hand, das Probleme literarischer Observanz völlig ausklammerte und mutig in das Labyrinth unserer politischen und gesellschaftlichen Existenz einstieg.
Beißende Ironie galt den vielen Politikern, deren kulturpolitischen Reden bescheinigt wurde, „ein Panorama leerer Gemeinplätze zu öffnen, von nichts belebt als hier und dort von einer Stilblüte. Da wird denn selten etwas gesagt, was nicht schon immer gesagt wurde. Schablone schiebt sich über Schablone." Auch „bestürzende Banalität" wurde den Äußerungen am politischen oder parlamentarischen Rednerpult angekreidet. Dann ging Hildesheimer zur Analyse der politischen Substanz über. [...]
Wer noch im Zweifel war, an wen Hildesheimer seine Rede der Unruhe adressiert wissen wollte, sah sich schließlich eindeutig orientiert: „Mit diesem minimalen Exkurs in die politische Spekulation wollte ich mir auch einen Platz im Zwinger jener Hunderasse sichern, deren Namen ich nicht mehr auszusprechen wage." Hildesheimer nennt sich selbst „einen ehrlichen und überzeugten Pessimisten", der den Wunsch hat, unrecht zu haben.
Die Solidarität der „Pinscher", der Linksintellektuellen, dauert über den Wahlkampf und Tag hinaus. Der Bundeskanzler hat die „schlafenden Hunde" geweckt, und sie schweigen nun nicht mehr nach dem Wort des Schillerschen, scheltenden Kapuziners: „Kömmt doch das Ärgernis von oben!" *E.T.*

Bremer Bürgerzeitung vom 29. Januar 1966

Pinscher-Titel sehr begehrt

Mit den Literaturpreisen können wir es künftig sehr viel einfacher halten. Man wird jeweils den Bundeskanzler darum bitten, diesen oder jenen Schriftsteller, der zum Preise dringend ansteht, in einem persönlich unterfertigten Handschreiben als Pinscher zu bezeichnen. Das wiegt in den höheren Gefilden der Literatur augenblicklich mehr als jeder Literaturpreis. Das Gedränge am Hundezwinger der Pinscher hält jedenfalls nach wie vor unvermindert an.
Das mag ironisch klingen. Leider können wir aber unverzüglich den Beweis zur Sache antreten. Jüngst wurde Wolfgang Hildesheimer mit dem Literaturpreis der Hansestadt Bremen ausgezeichnet. Bei der feierlichen Preisverleihung mußte natürlich auch Wolfgang Hildesheimer zu Wort kommen. Das ist seit jeher der Brauch und hat uns früher gewichtige literarische Früchte eingetragen. Bei der Körung der Zuchttiere darf man füglich frisches Rindfleisch und einige Schnäpse erwarten. Wenn jedoch ein Schriftsteller ausgezeichnet wird, ist man nicht ohne weiteres auf Rohrspatzen gefaßt.
Seit jedoch Günter Grass, mit dem Büchner-Preis in der Hand, daherschimpfte wie ein Rohrspatz, scheinen sich die Gebräuche bei der Entgegennahme eines Literaturpreises beträchtlich verändert zu haben. Auch Wolfgang Hildesheimer schlug in Bremen jede „ästhetische Abschweifung" — Abschweifung, wieso? — in den Wind und kopierte ergrimmt den Büchner-Stil seines Kollegen Grass. Hildesheimer schimpfte alle politischen Gespenster westlich der Elbe — natürlich nur westlich! — in Grund und Boden, bis ihm dann plötzlich das Geständnis entschlüpfte.
Hildesheimer spielte auf die befremdliche Tonart seiner Preisrede an und formulierte sein Geständnis folgendermaßen: „Zudem, das gestehe ich ein, wollte ich mir damit auch einen Platz im Zwinger jener Hunderasse sichern, deren Namen ich nicht mehr auszusprechen wage, denn er ist geflügeltes Wort geworden..." Nun wissen wir doch genau, worauf es ankommt, nicht auf den Preis, sondern auf den Platz im Zwinger. Ob wir nicht doch allmählich wieder zur ästhetischen „Abschweifung" zurückkommen sollten, zumal preisgekrönte Schriftsteller sich dort sicher etwas besser auskennen als in der politischen Wirklichkeit, die sie ständig mit ihren Schreckpistolen und Klischees verwechseln? *H. B.*

Rheinischer Merkur vom 11. Februar 1966

Foto: Isolde Ohlbaum

Hildesheimerzahn,

der herbstzeitlose (Wiesenfuge, Spätling, Falscher Vogel, St. Reminiszenzkraut) abseits ausdauernd. Familie der Cerebriolen. Heilpflanze.
Der Stengel einfach. Die Blätter in musikalischen Quirlen. Winzige weiße Blüten in einer stimmgabeligen Rispe. Die Blumenblätter von der Länge des Kelchs, änigmatisch gestreift. Flugsamen, der weite Strecken zurücklegen kann, keimt nur bei Bedarf. Vermehrt sich meist durch Ableger.
Der herbstzeitlose Hildesheimerzahn wächst im Echo endzeitlicher Gespräche, im Humus durchgegärter Erinnerungen und in leergegeigten Konzertsälen bis hin zu den Wüstenrändern, wo er besonders gut gedeiht. Er liebt einen anspruchsvollen, kalkhaltigen Boden, in dem seine Wurzeln sich richtig austoben können. Über der Erde zeigt er nur wenig Aktivität. Seine weißen Blüten sind nur bei näherem Hinschaun zu erkennen. Allzu leicht werden sie mit Papierschnitzeln verwechselt. »Überall dort, wo der herbstzeitlose Hildesheimerzahn wächst, ähnelt der Boden einem Papierkorb für einen Roman, den ich gern geschrieben hätte.« bemerkte Peter Wapnewski einmal.
Aus der Wurzel der Pflanze wird ein Öl gepreßt, das ein vorzügliches Mittel gegen Schwerhörigkeit und naives Weltvertrauen ist. Auch hilft es gegen die Verniedlichung der allgemeinen Lage und gegen Patentlösungen. Reibt man damit die Muskeln ein, werden sie geschmeidig für eskapistische Luftsprünge, die jedoch als Bürgerschreck zu hoch und als Höhenflug zu tief angesetzt sind. Dr. Unseld schreibt in seiner unerschöpflichen *Hausapotheke:* »Die Freudensprünge meiner Patienten nach der Anwendung des Öls sind mir Beweis genug. Statt einer Probe geben wir dem Leser unser Ehrenwort.« Dissertationen lohnen es ihm.

Fritz Schönborn: Deutsche Dichterflora. Carl Hanser Verlag, München/Wien 1980, S. 60 f.

„. . . alles andere ist unwürdig!"

Sie haben Ihren Entschluß, mit dem Schreiben aufzuhören, als persönlichen Entschluß von Wolfgang Hildesheimer vertreten. Müßten Sie nicht noch einen Schritt weitergehen, also sagen, daß Literatur überhaupt die Verhältnisse verharmlost und nur noch eine Art von Feigenblatt darstellen kann?
Der Meinung bin ich ja auch! Ich glaube, daß das Zeitalter der Fiktion vorbei ist. Davon bin ich schon lange, seit meinem Aufsatz *The End of Fiction,* überzeugt. Schriftsteller heute bekommen die Realität nicht mehr in den Griff, sie hinken der Entwicklung hinterher. Außerdem wird es in absehbarer Zeit keine Leser mehr geben, weil man sich mit dem bloßen Überleben zu befassen haben wird. Ich weiß, daß meine Ansicht von vielen Schriftstellern geteilt wird, nicht nur von denen, die nicht mehr schreiben, auch, zum Beispiel, von Günter Kunert, von Günter Grass. Grass ist völlig meiner Meinung, aber er sagt: Ich kann es nicht lassen, ich muß schreiben. Das kann ich mir gut vorstellen, es ist für mich der einzige Grund, den ich gelten lassen würde. Vielleicht *müßte* ich auch schreiben, wenn ich nicht eine andere Disziplin zur Verfügung hätte, die bildende Kunst. Ich weiß nicht, was ich schreiben würde. Wahrscheinlich würde ich wieder in ein anderes Jahrhundert zurückgehen, wie bei *Mozart,* und eine Biographie schreiben: Emily Brontë.

Der Vers von Günter Eich: „Seid Sand, nicht Öl im Getriebe der Welt", und die Maulwürfe, *die Eich sehr viel später geschrieben hat, hängen für mich eng zusammen. Ich glaube, daß es bei Ihnen eine ähnliche Motivverknüpfung gibt.*
Ja, ganz bestimmt. Bei Eich waren die *Maulwürfe* sozusagen die Realisation des 'Sands im Getriebe'. Sie sind Resultate der Verzweiflung. Ich würde sagen, daß bei mir die Komik der „vergeblichen Aufzeichnungen" von der Verzweiflung diktiert ist. Ich habe einen Spruch, den ich niemals benützt habe, in der *Nachlese* untergebracht, die Notiz: daß Verzweiflung heute die einzige wirkliche Lebenshaltung ist, alles andere ist unwürdig.

Wolfgang Hildesheimer im Gespräch mit Martin Lüdke. Frankfurter Rundschau vom 15. August 1987

Wolfgang Hildesheimer

9. 12. 1916 Homburg – 21. 8. 1991 Poschiavo

Sohn eines Chemikers. Kindheit in Hamburg, Berlin, Kleve, Nijmegen, Mannheim. Besuch einer Privatschule, Volksschule, des humanistischen Gymnasiums. Von 1929-33 Odenwaldschule. 1933 emigrierte die Familie über England nach Palästina. 1934-37 Tischlerlehre in Jerusalem, daneben Unterricht im technischen Zeichnen. 1937-39 Kunststudium an der Central School of Arts and Crafts, London; dazwischen Aufenthalte in Cornwall und Salzburg, Bühnenbildnerei an der dortigen Sommerakademie. 1939 Rückkehr nach Palästina, von 1940-42 Englischlehrer am British Council des British Institute, Tel Aviv. 1943-46 Informationsoffizier beim Public Information Office der britischen Regierung in Jerusalem.
1946-49 Tätigkeit als Simultandolmetscher bei den Nürnberger Kriegsverbrecherprozessen, ab 1948 Redakteur der gesamten Gerichtsprotokolle. 1949-53 Umzug nach Ambach am Starnberger See, Maler, Graphiker und freier Schriftsteller. 1953-57 München. 1957 Übersiedlung nach Poschiavo/Graubünden (Schweiz). Verstärkte Tätigkeit als Maler und Graphiker. 1983 bewußte Aufgabe der belletristischen Produktion – H. schreibt nur noch Reden, Essays, Rezensionen. Mitglied des PEN-Zentrums der Bundesrepublik, der Akademie der Künste Berlin und der Deutschen Akademie für Sprache und Dichtung Darmstadt. Ehrendoktor der Universität Gießen (1982). Seit 1982 Schweizer Ehrenbürgerschaft.
Preise: Hörspielpreis der Kriegsblinden (1954); Literaturpreis der Freien Hansestadt Bremen (1966); Georg-Büchner-Preis (1966); Literaturpreis der Bayerischen Akademie der Schönen Künste (1982); Literaturpreis der Stadt Weilheim (1991).
Werkauswahl: Lieblose Legenden. 1952. – Paradies der falschen Vögel. Roman. 1953. – Der Drachenthron. Komödie in drei Akten. 1955. – Prinzessin Turandot. In: Hörspielbuch 1955. – Ich trage eine Eule nach Athen. Erzählungen. 1956. – Spiele, in denen es dunkel wird. Schauspiele. 1958. – Herrn Walsers Raben. Hörspiel. 1960. – Die Verspätung. Ein Stück in zwei Teilen. 1961. – Vergebliche Aufzeichnungen. Nachtstück. 1963. – Tynset. Roman. 1965. – Das Opfer Helena. Monolog. Hörspiele. 1965. – Wer war Mozart? Becketts „Spiel". Über das absurde Theater. 1966. – Interpretationen. James Joyce, Georg Büchner. Zwei Frankfurter Vorlesungen. 1969. – Mary Stuart. Eine historische Szene. Schauspiel. 1971. – Masante. Roman. 1973. – Hauskauf. Hörspiel. 1974. – Theaterstücke. Über das absurde Theater. 1975. – Biosphärenklänge. Ein Hörspiel. 1977. – Mozart. Biographie. 1777. – Marbot. Eine Biographie. 1981. – Mitteilungen an Max über den Stand der Dinge und anderes. 1983. – Gedichte und Collagen. 1984. – Das Ende der Fiktionen. Reden aus fünfundzwanzig Jahren. 1984 – Endlich allein. 32 Collagen. 1984. – In Erwartung der Nacht. 32 Collagen. 1984. – Nachlese. 1987. – Klage und Anklage. 1989. – Vergebliche Aufzeichnungen. 1989. – Rede an die Jugend. 1991. – Gesammelte Werke in 7 Bdn. 1991.
Über W. H.: Heinz Puknus/Volker Jehle in: Kritisches Lexikon zur deutschsprachigen Gegenwartsliteratur. München 1978 ff.

Foto: Renate von Mangoldt

Hans Günter Michelsen.
Foto: Brigitte Tydiks

Bremer Literaturpreis 1967 für „Helm. Schauspiel", Suhrkamp Verlag, Frankfurt/Main 1965

Claus Helmut Drese

Der Autor wird zum Moralisten

Senator Dehnkamp beglückwünscht Hans Günter Michelsen. Foto: Klaus Sander

[...] Nach der undankbar-verdienstvollen Arbeit an »Lappschiess« und den Etüden »Feierabend I« und »Feierabend II« sowie den »Drei Akten« gelang Michelsen dann mit »Helm« der literarische Wurf, für den ihm heute der Bremer Literaturpreis zugedacht wird.»Helm« ist eine Fortsetzung des »Stienz« mit umgekehrten Fronten. Die Helden von damals haben sich assimiliert, das Vergessen trainiert; sie sind zu erfolgreichen Bürgern geworden: Versicherungsvertretern, Kaufleuten, Gastwirten, Architekten. Sie sind reaktiviert oder genießen ihre Pension. Aus dem Abstand von 20 Jahren hat sich mit umgekehrtem Fernglas ihre Schuld verkleinert; sie wissen mit ihrer Vergangenheit umzugehen, begießen regelmäßig in fröhlicher Runde ihr moralisches Versagen und sind rekreiert an Leib, Seele und Portemonnaie. Das ist die genaue Umkehrung der Haltung des Majors aus »Stienz«, der in seiner Isolation zum absurden Denkmal versteinerte.

In »Helm« wuchern die Zellen und bilden eine böse Geschwulst, die nur operativ beseitigt werden kann. Der Operateur, der mit der Jagdflinte auf dem Anstand sitzt und seine Angriffe vornimmt, ist der ehemalige Küchenunteroffizier Fritz Helm, der wegen »Wehrkraftzersetzung« ins KZ geraten und dann zur Bewährung an die Front geschickt worden ist: ein Krüppel, der sich wieder in unserer Welt eingerichtet hat. Aber sein Gasthaus ist eine Falle, der schöne deutsche Eichwald, in dem das Jagen sein soll, wird zum Labyrinth. Und die so lauthals beerdigte Vergangenheit bricht plötzlich wieder aus; es gibt keine mildernden Umstände, keine Verjährung. Die deutsche Revolution, die 1945 wieder einmal versäumt wurde, findet in »geschlossener Gesellschaft« statt. Die Schüsse auf jene abgetakelten Herrenmenschen von ehedem verhallen, wurden sie verspätet doch noch gerichtet? — oder sind sie wieder einmal davongekommen mit Angst und Reue und einem vorübergehend aufgefrischten Gedächtnis. Auf der Bühne vollzieht sich nur ein parabolischer Vorgang; die Schüsse sind ins Publikum gerichtet. Dort soll die Operation erfolgen. Klassisches Beispiel der »moralischen Anstalt«. Wie hieß es in Schillers berühmter Rede: »Die Gerichtsbarkeit der Bühne fängt an, wo das Gebiet der weltlichen Gesetze sich endigt. Wenn die Gerechtigkeit für Gold erblindet [...], wenn die Frevel der Mächtigen ihrer Ohnmacht spotten und Menschenfurcht den Arm der Obrigkeit bindet, übernimmt die Schaubühne Schwert und Waage. [...]« Was Schiller in barockem Überschwang postuliert, ist nichts anderes als die Wirkungsabsicht des »Helm« und vieler anderer Stücke unserer Zeit, die die Analyse des deutschen Gegenwartsbewußtseins zum Thema haben. Der Autor wird zum Moralisten, weil die Zeit in einem schleichenden Prozeß ihre Normen korrumpiert. Er kann zu den Veränderungen des Bewußtseins nicht schweigen. »Die Angst, die Sorge und vor allem der Zorn reißt seinen Mund auf«, hat Dürrenmatt in ähnlicher Situation bekannt. [...]

Die Faszination, die von Michelsens »Helm« ausgeht, beruht auf dem bestechenden Einfall, die Hauptgestalt nicht auf der Bühne erscheinen zu lassen. Helm wirkt wie das Schicksal der antiken Tragödie; da die Vorgeschichte wie eine mythologische Fabel den Beteiligten bekannt ist, kommt es nur noch auf die Krisis an, die durch Helms Fernbleiben und die ersten Schüsse ausgelöst wird. Aus einem Chor scheinbar harmloser Bürger schälen sich die Individualitäten heraus. Angst als dramaturgisches Hebelmoment. Jede Figur hat ihre genaue Motivation. Verdrängung und Flucht führen in den Tod; nur der Haupttäter und Wortführer, der sich nach langer Lamentation bekennt, bleibt übrig; er hat sich decouvriert, seine Standeshaltung abgebaut, ein hilfloses, im Netz der Vorwürfe zappelndes Etwas. Wird Helm ihm den Fangschuß geben? Ein Purgatorium könnte für sie dieser letzte Augenblick werden, aber nichts von Bedeutung geschieht. Die Helden von einst sind demaskiert als verbrauchte Möchtegerns, als unzulängliche Uniformisten, als Gelegenheitsverbrecher. In ihren angstverzerrten Gesichtern spiegelt sich Helm; ihre Betroffenheit macht allmählich die Vorgeschichte sichtbar. Aus der Aufschlüsselung des Falles entsteht Spannung; die Beziehungen der Figuren untereinander klären sich auf. Der Faktor Helm wird zur Person. Diese Mosaikmethode, in der herkömmlichen Dramaturgie geläufig, macht zweifellos das Stück technisch durchschaubar; doch ist Michelsens Ausgangspunkt keine These, sondern eine bestimmte Kombination von Menschen in einer Entscheidungssituation. Der menschliche Charakter ist für ihn schlüssiger als die Logik einer Parabel. So stellt er auch selbst die Wirklichkeit in Frage. War alles nur ein makabrer Scherz, ein Bierulk mit tieferer Bedeutung, ein Satyrspiel? Im Zustande der Ausnüchterung verwirren sich die Perspektiven; am Ende bleibt alles offen. War Helm nur ein Spuk, ein Katergespenst der Vergangenheit und alles geht weiter wie bisher — oder fallen fünf Entlarvte dem Racheakt eines politischen Amokläufers zum Opfer? [...]

Aus der Laudatio vom 26. Januar 1967

Hans Günter Michelsen

Ein Einzelgänger, der stört

Unbehagen artikulieren heißt fast Behagen und Verzweiflung darstellen, ist auch, diese Verzweiflung überwinden. Man malt den Teufel an die Wand, um ihn loszuwerden, man erfindet Situationen, denen man damit entronnen zu sein glaubt, man denkt, um nicht tun zu müssen, man schreibt. Schreiben ist sicher eine der bequemeren Arten zu leben und am Leben zu bleiben, und das Bewußtsein, Richtiges gesagt zu haben, stärkt den Anspruch, tatenlos am Schreibtisch zu verharren, und nährt die Hoffnung, Ungewöhnliches zu vollbringen. Trotz Zweifel, die die Unerbittlichkeit des Erkennens tagtäglich erzwingt, schiebt man nötige Konsequenzen auf die lange Bank der Gedanken und wartet geduldig und eitel auf das Funktionieren unverbindlich verbindlicher Phantasie, die ein Zuspät rechtfertigt oder nicht anerkennt, um dieses selbe Fatum ihren Figuren ohne Erbarmen zu verhängen. Wirklichkeit findet, wie in diesem Fall, auf der Bühne statt.

Meine Damen und Herren,
ich bin nicht Helm, und seine Schüsse, die sehr spät und vergeblich eine verpaßte Revolution signalisieren, sind Theater. Zuschauer und Autor werden, wenn der Vorhang fällt, im Applausgeben und Applausempfangen, zu Komplizen in dem offensichtlichen Einverständnis, daß es im Ernst nicht so gemeint sein kann. Vorhandene Betroffenheit weicht bald erlösender Gleichgültigkeit oder höchstens Gesprächen, die den Abend ästhetisch und formal auf den Gehalt an Symbol und Artistik reduzieren, um von daher vielleicht den Exzeß mörderischen Verstummens verständlich zu finden, bevor der unabänderliche Alltag, der scheinbar durch nichts und niemand in Frage zu stellen ist, mit seiner etablierten Problematik und seinen manipulierbaren Interessen den einzigen Hintergrund abgibt, vor dem wir fortfahren, unsre eigene Rolle, ungefährdet und darum so mittelmäßig wie möglich, zu spielen. Und auch Helm, gäbe es ihn so, würde am Ende wahrscheinlich nur Spaß gemacht haben, würde weiter hinter der Theke stehen und Bier ausschenken und wäre, so ist zu fürchten, bereit, mit den ehemaligen Schindern Versöhnung zu feiern und so zu tun, als sei damit alles vergeben und vergessen. Er würde der noch so verlockenden Vorstellung, Rache zu nehmen für erlittenes Unrecht, widerstehn und fügte sich,

bestenfalls resignierend, Verhältnissen, die noch immer oder schon wieder die geringfügig modifizierte Struktur einer durch Verbrechen schuldig gewordenen Gesellschaft stützen und verteidigen. Verhältnisse, die den Opfern jener Zeit zwar erlauben, Wiedergutmachung oder Rente zu beantragen, aktiven Mittätern aber einen Rechtsanspruch auf Pension gewähren, der diese professionellen Antreiber ermuntert, mit derselben Gesinnung, die die Katastrophe ermöglichte, aufrecht und reaktionär Schuld nicht nur zu leugnen, sondern die verlogene Tapferkeit brutalen und kläglichen Gehorsams zu rühmen; oder, schlimmer noch, in denen hochdekorierte und schwachsinnige Verfechter des sogenannten Endsieges mit neuer Kommandogewalt ausgestattet in neuen Kasernen, deren Wiedervorhandensein genügte nicht nur Helm zu verwirren, von neuem ihre Pflicht einem Vaterlande gegenüber tun, das die kurzfristig unterbrochene Tradition weiterzuführen nicht abgeneigt zu sein scheint, wie überall alte Kräfte oder Ideen am Werk sind, die Niederlage zu bagatellisieren und deren Verluste einzuklagen, und wo die gutsituierte Masse der alten Mitläufer neuen Mitläufern die größte Chance einräumt. Wie Helm das begreift oder nicht begreift. Sein Horizont ist begrenzt, und er gehört nicht zu den wenigen, die klug genug sind, von sich und ihrem Schicksal abzusehen und so zu Ergebnissen kommen, wo die Vernunft nicht als Eselsbrücke der Feigheit denunziert werden kann und Mut nicht mehr das Vorrecht von Dummköpfen bleibt, die man gewöhnlich nur dann Helden nennt, wenn sie außerdem gute Patrioten sind oder waren. Helm, dieses fiktive Monstrum mit den erschwindelten Attributen des Wohlstandes, dieser Krüppel aus Zufall und Disziplinlosigkeit, dessen in Galgenhumor umgeschlagener Haß wieder zu Haß wird, ist Helm und nichts sonst. Er zwingt seine Peiniger dadurch, daß er sie töten will, Farbe zu bekennen, seine Peiniger oder wen er dafür hält, die, wie das unbeteiligtere Publikum, bis zuletzt nicht wissen müssen, ob es schließlich zu sterben gilt. Das Unglück passiert, wie oft, hinter den Kulissen, und wir anderen gehen, nachdenklich vielleicht aber heil und unversehrt, nach Hause. Helm ist nur der Held eines Stückes.

Oder es gibt ihn doch. Anders. Ohne Gastwirtschaft und Jagdgewehr. Ohne die an ihm schuldig Gewordenen zu kennen oder ohne Aussicht, ihnen jemals zu begegnen. Er heißt weder Fritz noch Helm und haust, unerkannt und unverkennbar, irgendwo unter uns, ein verbitterter Einzelgänger, der nicht vergessen kann. Der verbissen schweigt, weil es zwecklos ist zu reden wie er redete in einer Gegenwart, die die Vergangenheit überwunden haben möchte und in der wieder diejenigen sich Gehör verschaffen, die die alten Parolen verwenden, um von Zukunft zu faseln; oder er hat, in sich und seine Qual verstrickt, längst aufgehört zu reden und zu denken, während seine damaligen Richter, gebildet und gesund, vielleicht noch immer wohlbegründete Urteile verlesen und verkünden oder im gemütlichen Heim ihren Lebensabend verbringen, mit den feucht-fröhlichen Erinnerungen an Divisionsgefechtsstände, deren verhältnismäßiger Komfort auch die ehemaligen Vorgesetzten unziemlich lange und ziemlich frisch zum Durchhalten anregte und dem Gedanken stolzer Siege einen würdigen und unblutigen Rahmen verleiht. Bei Helm, wie ich ihn trotzdem nennen will, ging es blutiger zu. Er marschierte, wenn auch nicht mit einem Lied auf den Lippen wie die vielen, allzu vielen anständigeren einfachen Soldaten, in den unbegreiflichen Kampf für eine Idee, die nur denen einleuchtete oder nur die gleichgültig ließ, die zu wenig Verstand hatten oder zu viele Vorteile, die zuletzt jedoch, wie er, das Ende des Krieges und die Niederlage herbeisehnten und am Schluß mit ihm daran glaubten oder glauben mußten, daß die Zeit des Reiches und der Dienstgrade bei uns für immer vorüber ist, was immer sie darunter verstanden, denen klar wurde, daß die Verantwortlichen bestraft und die Mitschuldigen in Staat und Wirtschaft entmachtet werden müssen, die dann aber — bald schon — durch Erfolg und Besitz korrumpiert, ihrer Einsicht müde, als Träger eines zielstrebig wiedergeweckten und wiedererwachten Volksempfindens, das einschläfernde Schauspiel ohnehin zu später und halbherziger Kriegsverbrecherprozesse mit Murren verfolgten und verfolgen, die den ominösen Satz vom eigenen Nest, das da beschmutzt wird, willig nachbeten und wieder bereit sind, einen »vernünftigen« Nationalismus zu praktizieren, und sei es auch nur in der Art jener kleinbürgerlichen Festlichkeiten, wo der zu Gast geladene bramarbasierende Oberst a. D. dem behaglich eingerichteten Reihenhaus eines gewesenen Obergefreiten ungeahnten Glanz gibt. Helm, der damals zu früh protestierte, protestiert nun, wie es scheint, zu lange, auch wo er stumm bleibt, und sein Schweigen ist sicher nicht nur erklärlich für die, die ihn für tot halten. (Vielleicht aber ist er wirklich tot, und ich täusche mich. Und wie bald, wird man außerdem einwenden können, werden auch seine Peiniger gestorben sein.)

Oder er schreibt. Schreibt statt zu schießen, schreibt und erzählt seine Geschichte, so oder ähnlich, unbeholfen, ohne Rücksicht auf Literatur, und dennoch gezwungen zu formulieren, Worte aneinanderzureihen zu Sätzen, die, ob sie treffen oder nicht, zumindest ihm selber beweisen, daß er lebt, daß diese Gedanken, die er hat, existieren. Er schreibt vielleicht wie ich hier zu reden versuche und wozu ich mich durch Ihr Urteil und aus diesem Anlaß berechtigt fühle, auch wenn wir beide, wenn ich so sagen darf, nicht darauf hoffen, den Gang der Dinge, außerhalb dieser Stunde, aufzuhalten oder zu ändern.

Meine Damen und Herren,
ich freue mich sehr, heute und hier, den Literaturpreis der Freien Hansestadt Bremen entgegenzunehmen, und ich danke der Rudolf-Alexander-Schröder-Stiftung für ihre Wahl. Sie haben mit Helm einen Einzelgänger ausgezeichnet, der den Verlauf einer derartigen Feier eher stört. Auch dafür danke ich Ihnen.

Hans Günter Michelsen

Helm

[...] LÖFFLER Darauf können Sie sich verlassen! Helm ist in Ordnung! Auch Krukow ist in Ordnung, auf seine Art. *lacht* Wir sind alle in Ordnung! Das ist die Hauptsache. Und der Krieg ist lange vorbei! *lacht* Hoffentlich wars der letzte.
KENKMANN *sieht nach hinten* Ja.
Sie sehen nach hinten und lauschen.
Pause
LÖFFLER Und wenn ich dran denke. *räuspert sich* An die Partisanen zum Beispiel, die gar keine waren. Das wußte man doch.
Kenkmann macht eine unwillige Handbewegung.
Ohne danach zu fragen. Wenn man es sozusagen eilig hatte. Oder aus Gleichgültigkeit.
KENKMANN *ungeduldig* Natürlich.
LÖFFLER Und die Geiseln manchmal. Ich allein hab ein halbes Dorf ausgerottet.
Kenkmann wendet sich ab.
Von den eigenen Leuten nicht zu reden, die man oft ohne Sinn und Verstand ins Feuer jagen mußte.
KENKMANN *gequält* Genug.
LÖFFLER Wieso?
KENKMANN *unbeherrscht* Genug davon!
LÖFFLER *erstaunt, breitet die Arme aus* Dafür war Krieg!
Kenkmann beruhigt sich.
Und das verstehen so Leute wie Helm am allerbesten. *läßt die Arme sinken, lacht* Aber sicher! Auch ohne viel Verstand. Und wenn Sie sich erinnern, wie das gestern aufgezogen war, und dazu das Lied, das er sich auf den Leib geschrieben hat, um uns zu unterhalten. Wahrhaftig! *singt* »Der Jäger Helm aus Malz, der humpelt durch den grünen Wald!« *lacht* Was? Das nenn ich Format! Das stimmt. *nickt* Diesen Humor müßte man haben!
KENKMANN Ja.
LÖFFLER *lacht* Warum lachen Sie nicht?
KENKMANN Kann sein.
LÖFFLER *singt und geht umher* »Halli hallo, gar lustig ist die Jägerei, halli im grünen Wald, halli im grünen Wald!« *bleibt stehn und verstummt, nach einer Pause* Aber sind wir lieber leise. Das brauchen sie nicht zu merken. *lacht* Daß wir noch immer so lustig sind. *singt leise* »Der Jäger Hopfn und Malz, der sagt uns allen nun Adee, bald tut ihm nichts mehr weh, halli beim nächsten Schnee!« *lacht verhalten* Ein prächtiger Kerl! Passen Sie auf! Wir stehen nachher alle da und lachen Sie aus! *sieht nach hinten* Versteckt im Gebüsch hinter den Tannen. *lauscht, nach einer Pause, zu Kenkmann* Jetzt bin ich dran.
KENKMANN Sie?
LÖFFLER Wer sonst? Immer schön der Reihe nach.
KENKMANN Ja.
LÖFFLER Sie sind doch die Hauptperson! [...]

Aus: Helm. Suhrkamp Verlag, Frankfurt/Main 1965, S. 101 f.

Volker Klotz

Umkehrung oder Ein neuer Woyzeck

Hans Günter Michelsens „Helm" an Piscators Freier Volksbühne

Woyzeck — Der Doktor experimentiert ihn zuschanden, der Hauptmann verhöhnt ihn, der Tambourmajor nimmt ihm die Frau weg und verprügelt ihn. Er hetzt durch eine unverstandene Welt, die ihn zum „Untermenschen" macht. Wenn er Marie ersticht, rächt er sich nicht an der Gesellschaft, die ihn schindet — er besiegelt, dumpf und für sich, die Vernichtung des einzigen Halts, den er in diesem Chaos noch hatte. Woyzecks Sinne und Gesichte werden uns aufgezwungen. Auch wo er nicht auftritt, herrscht seine Sicht, ist das Milieu explosiv, sind seine Peiniger fratzenhafte Schemen. Wir erleben die Täter vom Opfer her, sie haben kein Selbstverständnis. Was sie zu handeln und so zu handeln treibt, bleibt im dunkeln.

Was geschieht, wenn der Gequälte zurückschlägt? Wie verhalten sich die Täter unter Druck, wie sehen sie ihn, wie verstehen sie sich? Was sind die psychischen und gesellschaftlichen Bedingungen, unter denen sie an ihm und überhaupt handeln?

Das läßt sich, ungeachtet des Qualitätsunterschieds zu Büchner, mit Faszination in Michelsens „Helm" verfolgen. Das Stück ist, absichtlich oder unabsichtlich, eine Fortsetzung und Umkehrung des „Woyzeck".

Zwanzig Jahre nach dem Krieg. Fünf ehemalige Wehrmachtsoffiziere warten in einer einsamen Waldlichtung auf ihren Militärkoch Helm, der sie zu einem Jagdausflug hierher bestellt hat. Fast alle haben sich mit Geiselerschießungen und ähnlichem die Finger schmutzig gemacht, fast alle sind schuld daran, daß Helm einst zum Krüppel geschossen wurde. Er selbst bleibt bis zum Schluß des Stücks unsichtbar. Einer nach dem anderen dringt tiefer in den Wald hinein, um Helm zu suchen oder nach Hause zu gehen. Jedesmal fällt kurz darauf ein Schuß. Stück für Stück werden sie dezimiert wie in Agatha Christies "Zehn kleine Negerlein".

Zumal der klug genutzte Gegensatz von außergewöhnlicher Thriller-Situation und genauster psychischer und sozialer Zergliederung der Personen macht die Eigenart des Stücks aus und schirmt es ab gegen schale Thesenerörterung. Der Außendruck erzeugt nicht, doch er fördert einen Innendruck, unter dem diese neudemokratischen Bürger grelle und blasse Farben bekennen. Unmenschlich autoritäres Denken und militärisches Ritual durchstoßen alsbald die dünne Nachkriegsschicht ziviler Harmlosigkeit. Eine Beklommenheit, die nicht nur von der bedrohlichen äußeren Lage herrührt, ist diesen Männern nicht abzusprechen. Mehr oder minder verdeckte Gewissensbisse rühren sich. Doch die Weise, wie sie, zwischen Selbstrechtfertigung und leiser Selbstbezichtigung, sich in den „hochanständigen" Helm hineinzuversetzen suchen, wie sie sein Denken und Reagieren zu verstehen suchen, entblößt die gleiche Mentalität, die auch ihre Untaten hervorbrachte.

Mit knappen, deutlichen Strichen zeichnet Michelsen in die Umrisse dieser fünf symptomatischen Typen sorgfältig geschiedene Individuen ein, die in jedem Augenblick sich glaubwürdig verhalten. Oberst Kenkmann (Robert Dietl), ein gepflegter Bekenner und Selbstanalytiker, ist sich nicht zu gut, mit Helm sich zu duzen. Im Gegenteil, Helm ist womöglich der wertvollere Mensch... nach allem, was er erlebt hat. Wie der Oberst die Demut auskostet, wird sie zu einer abermaligen Demütigung Helms. Allerdings, es war nicht alles immer korrekt, gibt der dicke Löffler zu (Gerhard Schnischke): „Dafür war Krieg. Und das verstehen Leute wie Helm am besten, auch wenn sie weniger Verstand haben." In aufgekratzter Lustigkeit übertönt er singend Ängste, scheucht er schulterklopfend Gewissensbisse zurück. Krukow (Otto Mächtlinger), im Gegensatz zu den anderen wieder Offizier wie einst, ist der brutalste und ehrlichste. Er hat sein altes Denken nicht mit neuen humanen Floskeln orchestriert. Er erfaßt, pistolenbewaffnet, sogleich die Bedrohlichkeit der Lage, zu der es nicht gekommen wäre, hätte man damals Kerle wie Helm gleich abgeknallt.

Der karge Plan des Stücks, das allein auf Sprache und Auswirkung einer einmal gesetzten Situation baut, läßt keinen Bühnenzauber, keine originellen Regie-Einfälle zu. Um so bewundernswerter die sauber ausgewogene, ökonomisch straffe Inszenierung Hermann Kleinselbecks, dem man nirgends den Anfänger anmerkt. Er machte das komplexe Dialoggebäude anschaulich und durchschaubar: den Dialog der Fünf untereinander, ihren Dialog mit dem unsichtbaren Helm und mit sich selbst, schließlich den Dialog zwischen deutscher Gegenwart und Vergangenheit. Mit diesem umgekehrten Woyzeck hat Piscator endlich wieder einmal sein politisches Theater bewiesen. Das Stück ist gut und verständlich für einen großen Kreis.

Frankfurter Rundschau vom 2. Februar 1966

Hans Günter Michelsen

21. 9. 1920 Hamburg
– 27. 11. 1994 Riederau/Bayern

Sohn eines Offiziers. 1926-39 Besuch mehrerer Schulen ohne Abschuß. Während des Krieges Soldat, in sowjetischer Kriegsgefangenschaft bis 1949. Ab 1949 Gelegenheitsarheiter, 1952/53 Dramaturg am Theater in Trier; Mitarbeiter beim Bayerischen Rundfunk in München. 1960- 62 Pressereferent am Berliner Schiller-Theater. Freier Schriftsteller. 1973-76 Schauspieler am Stadttheater Bremerhaven. Übersetzungen von Theaterstücken G. B. Shaws. M. lebte bis zu seinem Tod in Riederau bei Dießen am Ammersee.

Preise: Förderpreis des Niedersächsischen Kunstpreises (1963); Förderpreis des Gerhart-Hauptmann-Preises (1963); Gerhart-Hauptmann-Preis (1965); Literaturpreis der Freien Hansestadt Bremen (1967).

Werkauswahl: Stienz. Lappschiess. Schauspiele. 1963. – Feierabend 1 und 2. Schauspiel. In: Spectaculum 6. 1963. – Drei Akte. Helm. Schauspiel. 1965. – Frau L. Schauspiel. In: Deutsches Theater der Gegenwart. Hrsg. von Karlheinz Braun. 1967. – Planspiel. In: Spectaculum 13. 1970. – Drei Hörspiele. Episode. Kein schöner Land. Ein Ende. 1971. – Sein Leben. Schauspiel. 1977. – Alltag. Schauspiel. 1978. – Kindergeburtstag. Schauspiel. 1981. Von der Maas bis an die Memel. 1988. (Die letzten vier Stücke aufgeführt, aber ungedruckt).

Über H. G. M.: Moray McGowan/Michael Töteberg in: Kritisches Lexikon zur deutschsprachigen Gegenwartsliteratur. München 1978 ff.

Pausengespräch mit dem preisgekrönten Autor. Foto: Brigitte Tydiks

HELGA M. NOVAK

Bremer Literaturpreis 1968 für „Colloquium mit vier Häuten. Gedichte und Balladen", Luchterhand Verlag, Neuwied/Berlin 1967

Günter Giefer

Tiefgekühlte Lyrik

[...] Im neuen Novak-Band (1967) gibt es einen Abschnitt „Liebe die wächst", 18 Gedichte; eines davon heißt — ganz altmodisch — „Liebe". Ein anderes „Weidendamm" (also Berlin): „das Theater roch nach Hering". Die Emigration verändert den Schauplatz: „im Fjord riecht es nach dem Tran geschmolzener Wale". Diese Lyrik ist tiefgekühlt, umweltbezogen; aber nie dürftig abstrakt. *ich bin in einem Land / wo Schwefel unter Gletschern siedet / angefüllt mit Sagas und Branntwein und liebesfaul / ist das Volk das hier seßhaft ist.*
Dann, ebenso unverhohlen, „das Ende vom Lied" — darin die Zeilen: *meine Liebe ist aus den Fugen geraten / die Traurigkeit verschlingt mich.*
Und eine balladeske, sehr nordische „Dezemberklage" — und ein Gedicht „Schiffe ohne Nagel"; wir lesen: *meine einander vollkommen gleichen Tage / hängen wie eine lappe Leine / zwischen Pfählen,* — und diese Pfähle sind Schlaf, „in die Sonne gehen die im Winter weint", Betteln, Briefschreiben, Warten. [...]
Dieser neue Band „Colloquium mit vier Häuten" enthält — wie der Band vor zwei Jahren — wieder 46 Gedichte; die Sprache ist noch härter und zugleich doch poetischer. — „da verschlingen die Trompeten ihre Töne gegenseitig" — oder: „gesetzte Klingen lachen gerne und fordern den Gegner heraus" — oder: „hinter der

Helga M. Novak (3.v.r.) lauscht ihrem Laudator. Foto: Hinrich Meyer

Karnevalsmaske ewig sozialer Gerechtigkeit"... Solche Formulierungen schüttelt keiner so leicht aus dem Ärmel; sie lassen sich auch nicht häkeln.
Der Wortbedeutungen, auch mancher Doppelbödigkeit, ist diese Dichterin sich durchaus bewußt. Gardinen sind „versteckt mit einer Sicherheitsnadel", nämlich weggesteckt, verwahrt vor dem unwillkommenen Gast, dem „Eingeschneiten". Oder „hochgehen" — das heißt wütend auffahren, aber auch sich verraten. Oder sie nennt ein „Paar das die Bank besitzt" — auf ihr sitzt; aber auch tatsächlich diese Bank schrecklich besitzt insofern, als den beiden Unschuldigen ein darunterstehender Koffer mit Flugblättern tödlich zukommt.

Kalt läßt mich, nichts für ungut, die Erklärung, die ich in einer vor dreißig Jahren verfaßten Studie über Rudolf Alexander Schröder gefunden habe: „Wenn einer seine Haut zu Markte trägt und mit dem Blute seines Lebens zahlt, so ist es der Lyriker: er, dessen innerstes Sein sich bezeugt im Gedicht." Ich mißtraue dem Blut des Lebens und innerstem Sein... Und lobe mir — Stichwort „Haut" und mein letzter Wurf mit dem Lasso — das Novaksche „Colloquium mit vier Häuten".
Dialog eines Mannes am Sonntag; er „lebt in einem Land das eine Front hat der entlang eine diesseits rot und jenseits weiß bemalte Schranke über Fußschüsse läuft" (wir erinnern uns an Brechts „Gedanken über die Dauer

des Exils", an den „Zaun der Gewalt.../ Der an der Grenze aufgerichtet ist / Gegen die Gerechtigkeit"). Der Mann fragt sich, in einer Art Planspiel: „was geschähe wenn mein Nachbar den Krieg von der Schranke bräche?" Die vier Häute — vier schwerwiegende Menschenmöglichkeiten — sind, das Planspiel erweist es, Front, Etappe, Partei oder Exil. Am Montag verläßt der Mann, „der zu Hause bei sich nicht heil war", sein Land; er kommt in Asien um, „fällt auf der richtigen Seite". Er konnte aus seiner Haut nicht heraus; es war doch nur eine Haut, seine. Diesem „Colloquium" Helga M. Novaks folgt noch eine „Silbe gegen große Kriege"; kein Ländername, keine direkte Anklage in diesen Versen — ursprüngliche, dichterische Sprache. Die verstoßene, ohnmächtige Stimme des Menschen „fällt / wie Preßkohlen aufs Pflaster und beißt ins Gras". Und dann doch wieder: „sag deine Silbe gegen den Tod sing deine Lieder gegen große Kriege". [...]

Aus der Laudatio vom 26. Januar 1968

Mit Senator Moritz Thape. Fotos (2): Hinrich Meyer

Helga M. Novak

Zwei Gedichte

Statt eine Dankrede zu halten, las Helga M. Novak die beiden folgenden Gedichte:

SCHMERZ

der stellt seine Gesichtszüge richtig auf
und tut wie ein Hochzeitsreisender

der Kabeljau hatte wieder viele
braune geringelte Würmer in sich

er zog sie mit der Pinzette aus
über der erleuchteten Glasplatte

— ach die dunklen fetten Spiralen
im weißen Fleisch —

dann stellt er seine Gesichtszüge noch auf
und tut wie ein Hochzeitsreisender

GEFASST

durchtanze die Nacht
gegen Alpträume ist kein Mittel zur Hand

betrachte
verläßt du das Haus beim Schall der Signale
was von der Landschaft noch da ist
befühle die berußten Splitter
zwischen den Lichtquellen und dir

schon ist der Tanzsaal zertrümmert
die Zelte hinter dir sind eingebrochen
gehe solange deine Füße dich tragen
halte den Atem nicht an
deine Poren erliegen so wie so
der herrschenden Atmosphäre
gehe gehe
zum Stillstehen ist kein Platz mehr

beschirme die Augen
damit sie wenn er sie eingekreist hat
den Tod genau erkennen vor deinem Fall

bestreiche deine Lippen mit Pomade
damit sie geschmeidig bleiben
für den letzten Schrei

Aus: Colloquium mit vier Häuten. Luchterhand Verlag, Neuwied/Berlin 1967, S. 11/16

Helmut Lamprecht

Die Preisträgerin ging davon

Kein Dankeschön entrang sich ihren Lippen. Nach Empfang der Urkunde aus der Hand des Jury-Vorsitzenden Günter Schulz, las Helga Maria Novak, Bremens Literaturpreisträgerin 1968, zwei Gedichte aus ihrem gekürten Luchterhand-Bändchen „Colloquium mit vier Häuten". Das war in drei Minuten getan — und ging gegen den Strich der hanseatischen Festversammlung. Sind da Scheu und Snobismus eine kokette Bindung eingegangen? Die miniberockte Zweiunddreißigerin gab Rätsel auf.

Klar war nur eines: daß sie 10.000 Mark mit nach Hause nehmen durfte. Bildungssenator Moritz Thape eröffnete die von der Rudolf-Alexander-Schröder-Stiftung veranstaltete vormittägliche Feierstunde am Freitag, dem 90. Geburtstag Schröders, im Rathaus zu Bremen. Die Anwesenden wurden unterrichtet: Helga Novak wurde 1935 in Berlin geboren, studierte in Leipzig Philosophie und Journalistik und emigrierte 1961 nach Island. Thape deutete eine abenteuerliche, von Politischem tangierte Biographie an. Wie dem auch sei: Helga Novak scheint eine Existenz gegen jede Konvention zu führen. In einem Verlagsprodukt heißt es lakonisch: „Darf nicht in der DDR, kann nicht in der BRD leben." In Island hat sie, laut eigener Aussage, „Heringe gesalzen, Seefische filetiert, Teppiche gewebt" — sie vergaß hinzuzufügen: und gedichtet. Im nördlichen Abseits, am Rande Europas eine deutsche Dichterin, die genug hat vom deutschen Gefeilsche (drüben: „Mein Staat verbietet mir's Maul", hüben: „Deutschland mit den fetten Backen").

Den Bremern ist zu dieser Wahl zu gratulieren. Eine engagierte Dichterin, in deren Versen sich das politische Moment des Ästhetischen nicht bloß zum Schein bedient, ist in unserer Literatur etwas Seltenes. Mit Recht verwies Günter Giefer in seinen zitierfreudigen „laudatorischen Lassowürfen" auf das Faszinative der Novakschen Lyrik. Doch war mit Lassowürfen diese Dichterin schwer einzufangen, und so wurde die Laudatio denn auch mehr zu einem Fischzug durch Tiefen und Untiefen literaturgeschichtlicher Autoritäten. Da zappelte mancherlei im Netz, und am Ende griff sich der Laudator die Novak einfach mit den Händen heraus: Ihre Gedichte seien „tiefgekühlt, umweltbezogen, aber nie dürftig abstrakt". Belegt wurde das mit sicher gewählten Zitaten.

„Rudolf Alexander Schröder — oder: Über die Kontinuität", das war das Thema des abendlichen Festvortrages von Manfred Hausmann. Schröders Werk sei „zeitgemäß" und „unzeitgemäß" in einem. Feinsinnig wurde gegen „Modernität" vom Leder gezogen. Zwar: „Nichts gegen das Neue in der Kunst", jedoch: „Die Kunst ist ewig die gleiche. Ihre Formen verändern sich, ihr Wesen nicht." Als sei das „Wesen" den Werken vorgeordnet und nicht bloß ihr retrospektiv-ideologischer Abhub. Das Alte mißachtend, neigen, so Hausmann, deutsche Künstler meist zu totaler Originalität. Realisten, Impressionisten, Expressionisten, Dadaisten: „Sie haben nur den Vorrat vermehrt, aber nicht das Erbe." Geblieben seien „nur die wenigen, die die Kontinuität der uralten und ewig jungen Kunst gewahrt haben". Neben Benn — man höre: auch Brecht. Dann horchte man auf: „Tradition ist geistlos." Würde endlich ein mißverstandener Adorno ins Spiel kommen? Mitnichten, Hausmann setzte auf Kontinuität, verwandelndes Weiterreichen des Immergleichen. Und als man über Schröders Sprache vernahm, sie sei „das Schatzhaus seines Gedächtnisses", sei „wie ein Baum, dessen lebentragender Säftestrom bis in die Wipfel empor" steige, in dem „die Stimmen des Äthers mitraunen", war es der Helga Novak zuviel. Unmutig verließ sie den Kreis der Lauschenden.

Fotos: Renate von Mangoldt (oben), Isolde Ohlbaum

Frankfurter Allgemeine Zeitung vom 29. Januar 1968

Helga M. Novak

GAMMLER VON LEIPZIG

du ißt die sauren Äpfel deines Landes

schöner Knabe mit den langen Haaren
mit den verglasten Blicken
mit dem laschen Mund
schöner Knabe mit den langen Nägeln
gräbst du Höhlen
in den zwanzigfach gesiebten Sand

und ißt die sauren Äpfel deines Landes

schöner Knabe mit den langen Bändern
die verflochten mit den Saiten
Schrei aus Liedern machen
schöner Knabe sitzt in stummen Rudeln
auf den Treppen auf den Mauern
und kandiert mit Lethargie

ißt du die sauren Äpfel deines Landes

VOM DEUTSCHEN UND DER POLIZEI

zwei Freunde schwatzten die sich herkannten
von den Kinderschuhen saßen bei Beern und Sahne
gossen da Spott auf Polizei Gericht und Staat
ernst und grinsend verhöhnten sie die Knebel

riefen die Polizei: Schmerbacken Kinderträumespuk
Industriellenbüttel die haussuchen bei Dichtern
Telefon abhören Denunzianten und Spitzel liebkosen
flüchtigen Zech-Brüdern und Nazis Blumen streuen

auch sagten die Freunde: die Gehirnfaltlosen
blühen bei Befehl zum Knüppeln Knuten wetzen
Gelenke knicken
Nachjagen Wehrdienstfeinden Atomwaffengegnern Roten
mit Gas und Wasserstrahlen Menschenknoten lichten

am nächsten Tag sieht der eine die Polizei den andern
grob in die grüne Minna stoßen und sagt deutlich:
irgend etwas wird der schon verbrochen haben umsonst
holen die keinen verschließe Fensterläden und Flügel

Helga M. Novak

WEIDENDAMM

Ölhäute umringten die Kähne
ich zählte die Strähnen des Flusses
der Fischer bot Plötzen an
ich habe dich geliebt

das Theater roch nach Hering
der Weigel alle Dahlien der Erde
du lachtest an der falschen Stelle
ich habe doch geliebt

Schiffe blökten
aus Stein war dein Land
ich — unter einem Nußbaum geborne —
habe dich geliebt

Aus: Colloquium mit vier Häuten,
Luchterhand Verlag, Neuwied/Berlin
1967, S. 24, 56, 70

Helga M. Novak

BALLADE VON DER MINENWIPPE

Ein Grenzdorf und alle Bauern
sitzen tobend vor dem Fernsehen
bloß einer von ihnen schweigt
und steckt sich die Finger ins Ohr
Deutschland verliert gegen Deutschland
das kann nicht gutgehen
die Bauern sind geladen
und nehmen sich den schweigenden Gast vor

raus mit der Sprache
fingen sie an zu brüllen
aber er schwieg weiter
und hat den Verdacht erregt
daß er sich lustig
die Hände reibt im Stillen
wenn einmal und sei es im Spiel
die Gegenpartei siegt

sie redeten von Verrat
und als er einfach nicht mitmachte
rückten sie immer näher
und drohten mit der »Minenwippe«
er wußte nicht was das ist
und trank sein Bier und lachte
der Tod zwischen Vater- und Vaterland
hatte ihn schon auf der Schippe

sechs Bauern die haben ihn
vom Stuhl auf den Boden gezerrt
sie griffen seine Hände die Beine
die Rockschöße und munter
(er fand das noch lustig
und hat sich kaum gewehrt)
trugen sie ihn zum Dorf hinaus
sein Kopf hing runter

zwischen den Bauern sein Leib
baumelt wie eine Hängematte
der schaukelt und schleift
und hängt durch
als ihm der Feldweg die Kleider
vom Rücken geschabt hatte
straffte er sich noch einmal
zu einem tränenerstickten Fluch

talwärts bergab fallenlassen
aufklauben und wieder rauf
und singend durch den ersten
flach gemähten Streifen
(dem Mann rissen längst
Haut und Sehnen auf)
sah man die Bauern ihn
zwischen die Grenzzäune schleifen

schon nähern sie sich dem letzten
Metallzaun und ohne Hast
fangen sie an mit dem
was sie die Minenwippe nennen
hin und her und hin und her
schleudern sie ihre müde Last
endlich lernt der halbtote Mann
deutsche Vaterlandsliebe kennen

nachdem sie ihn noch kurz
über einen Maulwurfshügel gezogen
haben sie den fast nackten
und bewußtlosen Mann fest angepackt
und haben ihn mit Schwung
und in hohem Bogen
rübergeschmissen auf das Minenfeld
wie einen leblosen Sack

die Sonne war lange untergegangen
als er zu sich kam
und mit Krauchen und Hüpfen
mit Storchengang und Spitzentanz
seinen freudlosen Rückweg
nach Westen in Angriff nahm
von Osten her blendete ihn
ein Scheinwerfer mit Lichtglanz

er tanzte die ganze Nacht
aber er kam nicht zurück
über Läusekraut Eiternessel
und Teufelsabbiß
ging der Mann in die Luft
und flog in Stücke
wie jene Märchenfigur
die sich mitten entzwei riß

Aus: Grünheide Grünheide. Gedichte 1955-1980. Luchterhand Verlag, Darmstadt/Neuwied 1983, S. 63-65. — Das Gedicht entstand 1974, nachdem die Bundesrepublik bei der Fußball-Weltmeisterschaft gegen die DDR mit 0 : 1 Toren verloren hatte.

Helga M. Novak

8. 9. 1935 Berlin-Köpenick

Studium der Journalistik und Philosophie an der Universität Leipzig von 1954-57 Danach Arbeit als Monteurin, Laborantin und Buchhändlerin. 1961 Heirat nach Island. Bis 1965 Arbeiterin in isländischen Fabriken. Reisen nach Frankreich, Spanien und Amerika. Rückkehr nach Leipzig und Beginn eines Studiums am Literaturinstitut „Johannes R. Becher". 1966 Aberkennung der DDR-Staatsbürgerschaft, Rückkehr nach Island. N. lebte zeitweise in Frankfurt/M. und in Jugoslawien; seit Ende der 80er Jahre in Berlin, seitdem in Polen.

Preise: Literaturpreis der Freien Hansestadt Bremen (1968); Stadtschreiberin von Bergen-Enkheim (1979); Stipendium Atelierhaus Worpswede (1984); Kranichsteiner Literaturpreis (1985); Roswitha-Gedenkmedaille Bad Gandersheim (1989); Gerrit-Engelke-Literaturpreis der Stadt Hannover (1993, verliehen 1995); Brandenburgischer Literaturpreis (1997).

Werkauswahl: Die Ballade von der reisenden Anna. Gedichte. 1965. – Colloquium mit vier Häuten. Gedichte und Balladen. 1967. — Geselliges Beisammensein. Prosa. 1968. – Wohnhaft im Westend. Dokumente Berichte Konversation. 1971. – Aufenthalt in einem irren Haus. Erzählungen. 1971. – Eines Tages hat sich die Sprechpuppe nicht mehr ausziehen lassen. Texte zur Emanzipation. Lesebuch 3. 1972. Bericht aus einer alten Stadt. Kinderbuch. 1973. – Balladen vom kurzen Prozeß. 1975. – Die Landnahme von Torre Bela. Prosa. 1976. – Margarete mit dem Schrank. Gedichte. 1978. – Die Eisheiligen. 1981. – Palisaden. Erzählungen 1967-1975. 1980. – Vogel federlos. 1983. – Grünheide Grünheide. Gedichte 1955-1980. 1983. – Legende Transsib. 1985. – Märkische Feemorgana. Gedichte. 1989. – Aufenthalt in einem irren Haus. 1995. – Silvatica. Gedichte. 1997.

Über H. M. N.: Ursula Bessen in: Kritisches Lexikon zur deutschsprachigen Gegenwartsliteratur. München 1978 ff.

Foto: Renate von Mangoldt

DAS ENDE VOM LIED

mein Herz macht einen Höllenlärm
die Grillen zirpen
der wilde Klee blüht weiß
meine Liebe ist aus den Fugen geraten
ich habe deine Haut satt wie altes Laub
ach setz mich in ein Lumpenboot
das in Lupinen ankert

meine Gedanken sind ein Scheiterhaufen
die Grillen zirpen
der wilde Klee blüht weiß
meine Liebe ist aus den Fugen geraten
die Traurigkeit verschlingt mich
jag mich davon
jag mich davon
ich bin ein feiges Weib
mein Blut fließt rückwärts heute

Aus: Colloquium mit vier Häuten. Luchterhand Verlag, Neuwied/Berlin 1967, S. 31

Bremer Literaturpreis 1969 für „Die Zelle. Roman", Carl Hanser Verlag, München/Wien 1968

Gerd Kadelbach

Kampf gegen die Erinnerung

Dr. Günter Schulz überreicht Horst Bienek die Preisurkunde. Foto: Jochen Stoss

[...] „Am Anfang", so heißt es in Horst Bieneks preisgekröntem Roman „Die Zelle", „am Anfang (und ich komme vom Anfang nicht los) kommt die alte Welt mit in die Zelle, die Wohnung, die Freunde, ein Vortragssaal, das Schulzimmer, eine überfüllte Straßenbahn, eine Theaterkarte, eine Flasche Grand Bernadotte, ein auf und ab gleitender Fahrstuhl, die Kindheit an einem Fluß, der im Herbst grün schäumte, das Gespräch mit dem Nachbar auf dem Treppenabsatz, der Sommer auf Hiddensee, der von einer schwarzen Lampe erleuchtete Kreis auf dem Schreibtisch mit Blättern, Papieren, Zeichenstiften, Schulheften..." oder, später und knapper: „nach vorn, zum Anfang hin; ich bin besessen vom Anfang, von dort, woher wir alle kommen, wo es dunkel ist und schwarz, weil das Schwarze der Anfang ist von allem." Aber: „die Dinge verblassen, verwischen, sie werden undeutlich, sie gehen fort und kommen wieder, und jedesmal haben sie an Schärfe und Deutlichkeit verloren, sie hängen nicht mehr zusammen". Und schließlich: „Wenn ich's genau überlege, weiß ich immer noch nicht, wie der Anfang anfing. So setze ich ihn einfach fest, willkürlich, es ist vielleicht besser".

Der Kampf gegen die Erinnerung reibt ihn fast auf, jene hartnäckige Entschlossenheit, nicht in Erinnerung unterzugehen. Er versucht, die alten Erinnerungen zu überlisten, aber auch dieser Versuch bleibt Illusion: erst die Zerstörung seiner körperlichen und geistigen Existenz bewirkt, daß das, was vor der Zelle war, so gut wie ausgelöscht wird. Nur manchmal noch steigt Erinnerung in verwischten, undeutlichen Bildern in ihm auf, und die Bilder ziehen in leichten, durchsichtigen Schwaden über ihn hin, oder ist es Dunkelheit, die ihn einholt, schattenhaft, wenn der Schlaf ihn überfällt? Aber gerade im Schlafe „liebt es die Erinnerung, sich einzumischen". Er ist machtlos dagegen, denn mit der Erinnerung würde er auch den Schlaf verjagen, und so fügt er sich und kann nur versuchen, den Fluß der Erinnerungen umzuleiten, also die Erinnerung Vergangenheit in die Erinnerung Zukunft. Beide aber sind die Erinnerung an die Zelle. Und hier ist er mit sich selbst allein, auf Veränderung hoffend, sie erzwingen wollend, in geronnener, geschichtsloser Zeit. Er wird sich jenes Zustandes gewahr, in dem die Zeit stillesteht, denn auch der Versuch, ein System herauszufinden, mit dem sich die Zeit berechnen ließe, scheitert: nichts ist es mit dem Plan, neu anzufangen, sich in einer neuen Zeit zu orientieren. Ein langes, hartes Training des Vergessens beginnt, des bewußten Vergessens, ergebnislos: „Vielleicht wird überhaupt so wenig vergessen, weil wir uns zu wenig Mühe geben, zu vergessen...".

Im Zusammenhang mit Anfang, Erinnerung und Zeit ist in Bieneks Roman immer wieder die Rede von „Obrinska". Obrinska schließt den

Zeitraum zwischen zwei Täuschungen ein: „… das ist freilich nicht mehr in Minuten meßbar; Täuschungen haben wir alle erlebt, jeder auf seine Weise, und sie wiederholen sich, es kann geschehen, daß sie kurz aufeinanderfolgen, es kann auch geschehen, daß große Zeiträume dazwischen liegen. Die Täuschungen bleiben nicht aus, nur die Entfernungen zueinander verändern sich. Wir alle haben unsere Obrinskas, sie bleiben, solange die Zeit ist. Zu viel Glück ohne Obrinskas gibt es ohnehin nicht — es gibt keine Zeit ohne Täuschungen".
Diese Täuschungen drohen Erinnerung und Wirklichkeit zu korrumpieren. „Nun gut, keine Wiederholungen, lassen wir die alten Geschichten beiseite", so beginnt der Roman, aber: „… diese widerlichen, fetten, klebrigen, triefenden Erinnerungen" sind übermächtig und trügerisch, sie kreisen ihn ein, im Kampf mit der Erinnerung gibt es nur „kleine Siege", man ist „fast immer der Besiegte", auch die geplante „Erinnerung an die Zukunft" gelingt nur im Obrinska, im Traum- und Wunschbezirk — wie Wolfgang Hädeke in seiner „Universitas"-Rezension mit Recht feststellt, „eine Erkenntnis von grotesker Grauenhaftigkeit, deren befreiende Wirkung aber vielleicht in ihrem bloßen nicht selbstverständlichen Vorhandensein liegen könnte".
Jedenfalls tragen gerade diese Niederlagen und immer neuen Anläufe im Kampf gegen die Erinnerung dazu bei, jene groteske Grauenhaftigkeit der Gefangenschaft ins Absurd-Ungeheuerliche, aber auch ins Exemplarische zu erhöhen. War Gefangenschaft anfangs noch ein Akt wüster Gewalt, die Zelle Ort und Symbol dieser Vergewaltigung, so erscheinen beide dem Gefangenen allmählich als das schon immer in ihm Angelegte: Die Zelle wird sein Besitz; er erblickt das Licht der Zelle wie „das Licht einer zweiten Geburt"; Wächter und Gefangener werden austauschbar, vereinigen sich in ungeheuerlicher Umarmung. Alle Bemühungen, hierfür Zeitmaße zu finden, die die Verbindung mit der Außenwelt aufrecht erhalten könnten, heben sich dabei von selbst auf. Eine andere Zeit läuft ab, oder, in Bieneks Worten: „… daß Maße wie die Stunde oder die Minute dafür nicht mehr ausreichten, lag auf der Hand und bedarf keiner besonderen Erwähnung". […]

Aus der Laudatio vom 27. Januar 1969

Ehrenvolle Auszeichnung

[…] ich habe Ihnen schon am Telefon gesagt, wie glücklich ich darüber bin, daß ich den Bremer Preis für „Die Zelle" bekommen habe. Ich kann das jetzt nur noch einmal wiederholen. Der Bremer Preis ist wohl die ehrenvollste Auszeichnung, die heute ein jüngerer Schriftsteller in Deutschland erhalten kann. Daß ich ihn für „Die Zelle" bekam, freut mich besonders, denn da steckt wirklich ein Stück (meiner) Existenz drin; und damit wird auch eine Literatur geehrt (eine lazarenische, wie ich es nenne), die es neben den aufgeputzten Pop-Büchern immer schwerer hat…
Daß eine Literatur nicht existieren kann, wenn sie das Leiden, die Leidensfähigkeit und die Leidensmitteilung aussperrt — darüber werde ich wohl meine kleine Dankrede halten.

Aus einem Brief Horst Bieneks an den Jury-Vorsitzenden Schulz vom 16. Dezember 1968

Geduckt wie Tiere

In einer lazarenischen Literatur gibt es keine Handlung, keine Spannung, keine Intrige. Die Personen bewegen sich sprunghaft, manchmal geduckt wie Tiere im Dschungel, manchmal sterbend vor Sehnsucht, wiedergefunden, begriffen und geliebt zu werden. Der Held einer solchen Schöpfung ist immer auf dem Sprung, er kennt keine Atempause, er lebt nur die Auflösung einer Passion, ohne deren Entwicklung und Rhythmus zu folgen, unreflektiert, hin und her geworfen in einer Vielfalt von Episoden, in ein Hin und Her der Handlung und einer Art von Korruption der Wirklichkeit hineingerissen.

Motto von Horst Bieneks „Die Zelle" (Jean Cayrol, Plädoyer für eine lazarenische Literatur)

Foto: Renate von Mangoldt

Horst Bienek

Die Zelle: Ein Signum für Freiheit

Frau Bürgermeister, meine Damen und Herren!
Ich weiß, ich werde Sie mit meiner Dankrede enttäuschen, sie wird nun einmal nicht so sein, wie Dankreden heute und hierzulande zu sein pflegen, aber ich will mich nicht auf Konventionen einlassen, auch nicht auf neueste, auf die wohlkalkulierten Schocks oder die publicity-trächtigen Aggressionen oder die melancholische Resignation... Sie werden enttäuscht sein, aber ich bin nicht bereit, Sie, die mir den Bremer Literaturpreis für mein Buch „Die Zelle" zuerkannt haben, zu beschimpfen; ich nehme nicht mit der linken Hand den Scheck entgegen, um mit der rechten das Establishment zu bedrohen, ich verdamme auch bei dieser Gelegenheit nicht den Staat, der gerade gut genug für die Müllabfuhr sein soll; ich will mich nicht — händeschüttelnd — als Totengräber dieser Gesellschaft, in der ich lebe, bezeichnen; ja, ich will mich weder vor Ihnen ausziehen, noch Papierschnitzel in die Luft werfen noch zeige ich Ihnen obszöne Fotos über einen Bildwerfer; ich kündige auch nicht an, daß ich das Geld dem Vietcong spenden werde oder dem Lazarettschiff Helgoland, nicht für Biafra und nicht für Israel. Ich werde es einfach behalten...
Ich will weder Beate Klarsfeld rühmen noch die Weltsicht unseres Bundeskanzlers, ich bin auch nicht bereit, die Methoden unserer prügelnden Polizei als demokratisch zu bemänteln noch die Form der Verabschiedung der Notstandsgesetze; ich hatte auch nicht die Absicht, den Rücktritt des Bundestagspräsidenten zu fordern, obwohl ich gern bei dieser Gelegenheit darauf hingewiesen hätte, daß 16.000 politische Widerstandskämpfer gegen den deutschen Stalinismus, die heute in der Bundesrepublik leben und durch das Häftlings-Hilfe-Gesetz anerkannt sind, keinen Pfennig an Wiedergutmachung erhalten haben...
Ich sage nichts weiter als Dank: Ihnen, die meine „Zelle" ausgezeichnet haben, und dieser Gesellschaft, in der ich lebe, dieser unvollkommenen, aber lebendigen Demokratie, diesem zweiten (hoffentlich glücklicheren) Versuch, in Deutschland eine demokratische Republik zu verwirklichen. Hier, wo ich zum erstenmal, im Oktober 1955, das Gefühl der Freiheit erlebte. Ich weiß, daß Freiheit eine abgegriffene Münze geworden ist, auf der man die Zahl, also den Wert, nicht mehr lesen kann; nicht nur die Jungen fühlen diese Freiheit heute eingeengt und bedroht. Man wird das, was für den einzelnen Freiheit bedeutet, nicht beschreiben können, ja, man kann es kaum mitteilen. Mein Roman „Die Zelle", der die *totale* Gefangenschaft beschreibt, das im existentiellen Sinne Verhaftet-Sein in der Unfreiheit, ist ein Versuch dazu. So wie nach einem Wort von Rozewicz die beste Beschreibung des Hungers die des Brotes ist, so ist die beste Beschreibung der Freiheit die der Zelle. Mein namenloser Held, den ein Kritiker ‚den Lazarus aus der Mitte dieses Jahrhunderts' genannt hat, kennt Leid und Empörung, Klage und Anklage, und doch nimmt er die Zelle eines Tages an. Ist es eine zutiefst christliche Haltung oder ist er der *repressiven* Gefangenschaft ausgeliefert? Denn auch diese gibt es. Und an die sollten wir uns ebensowenig gewöhnen wie an die repressive Freiheit.

Foto: Renate von Mangoldt

Die Zelle ist mehr als eine Metapher, sagte Gerd Kadelbach zu Recht. Wer da meint, selbstgerecht sagen zu können, die Zelle, das sind die anderen, der irrt. Denn die Zelle ist in uns, ist um uns, und wenn wir nicht aufpassen, wird die Zelle für uns schon zurechtgemacht. Und ich erlaube mir, an dieser Stelle, zu fragen, warum die Mächtigen, die Regierenden immer mehr Gefängnisse bauen statt unsere Strafgesetze zu reformieren — die fällige Justizreform wird bereits über mehrere Bundestage verschleppt. Wie unsere Banken werden auch unsere Gefängnisse immer größer, immer gewaltiger, immer sicherer. Und aus Angst vor zuviel Demokratie soll sogar die Vorbeugehaft, die nichts anderes als eine Art Schutzhaft unseligen Angedenkens ist, eingeführt werden. Doch wie Iwan Karamasow an einer Welt zweifelt, die es zuläßt, daß auch nur ein einziges unschuldiges Kind gequält wird, so werden wir uns mit Leidenschaft empören müssen, daß dies nicht geschieht; kein einziger Mensch, der ohne Schuld ist, darf in eine Zelle gesperrt werden.
Sind das utopische Sätze? Ich will in der Suche nach der Vollkommenheit das Unvollkommene nicht ausklammern. Das eine gibt es nicht ohne das andere. In der Suche nach der Freude, nach Vergnügen, nach Lust, von der unsere Gesellschaft beherrscht ist, dürfen wir den Schmerz nicht verdrängen. Die Zelle — und damit meine ich nicht nur mein Buch — ist

ein Signum dafür, daß es Freiheit gibt, daß es Freiheit geben muß. Und das Leiden, das Erleiden, die menschliche Passion erinnern uns daran, daß es so etwas wie Glück geben kann. Auch die neuerlichen Manifeste, die das Ende der Literatur verkünden, demonstrieren nur, daß es Literatur, daß es Mitteilung in Sprache immer geben wird. Das steht in einem dialektischen Zusammenhang. Freilich, „eine Literatur, die nicht die Luft bedeutet, die die Gesellschaft heute einatmet, die ihr nicht über ihr Leid und ihre Unruhe berichten kann, die nicht rechtzeitig vor sittlichen und sozialen Gefahren warnen kann, eine solche Literatur verdient nicht diesen Namen, sie kann nur als Schminke bezeichnet werden. Solche Bücher verdienen es, nicht gelesen zu werden; sie sind bloße Makulatur."
Das ist ein Zitat von Alexander Solschenizyn, der zehn Jahre in stalinistischen Arbeitslagern zugebracht hat und dessen Bücher heute in der Sowjetunion nicht gedruckt werden dürfen. Er hat, wie kein anderer Autor der Nachrevolution, das Leid und die Leidensfähigkeit des russischen Volkes beschrieben. Sein Postulat muß auch unseres sein, dann wird die Literatur überleben. „Nershin las Bücher niemals nur zum Vergnügen, er suchte in den Büchern nach Bundesgenossen oder Feinden", heißt es einmal in der Romanchronik „Der erste Kreis der Hölle". Damit wird der Literatur eine neue — und doch immer wieder alte — Kommunikation zugewiesen. Das, was Tolstoi von ihr forderte. Was Kafka von ihr erwartete. Und was Camus von ihr erhoffte. Eine große Utopie der Literatur, die den Leser nicht als Käufer, als Konsumenten will, sondern als Partner. Noch entschiedener: als Bundesgenossen oder als Feind. Dies — und nichts anderes — wünsche ich mir von meinen Büchern und von meinen Lesern. Ich danke Ihnen.

Horst Bienek

Die Zelle

[...] schon immer empfand ich ein starkes Interesse für den Anfang, den Beginn, nein, ich habe nicht die Absicht, von meiner Geburt zu berichten oder gar von meiner Zeugung, ich meine die Zelle, genauer gesagt, jenen Augenblick, in dem ich das Licht der Zelle erblickte, das mich heute noch gefangenhält, oder fing es schon früher an, als sie kamen, mich zu holen, als sie auf die Klingel drückten, als ich die Tür öffnete, oder noch früher, als ich mich entschloß, Zeichenlehrer zu werden... alles, was vor der Zellenzeit war, erscheint mir sehr fern, verschwimmt mehr und mehr und versinkt im Nicht-Erinnern; nicht zum ersten Mal, übrigens, geschieht es, daß ich dieses Nicht-Erinnern nach besten Kräften fördere (zugleich bin ich mir im klaren darüber: gerade das, was man am stärksten forthaben will, kehrt am hartnäckigsten wieder), doch um bei der Zelle zu bleiben, ihr Licht erblickte ich in der Nacht vom siebten zum achten November, ja, das klingt schön, wenn auch ein wenig pathetisch... erblickte das Licht der Zelle... erblickte in der Nacht vom soundsovielten zum soundsovielten das Licht der Zelle, klingt beinahe nach zweiter Geburt, für mich jedenfalls begann damals die Zellenexistenz, die mich inzwischen so sehr erfaßt hat, daß ich mir eine andere gar nicht mehr vorstellen kann. Der Anfang war — nach dem Licht — ein Geräusch, nein, nicht mein Schrei, den hörte niemand, der ging unter, viel lauter war das knirschende, rasselnde und danach knallende Geräusch, mit dem die Zellentür hinter mir ins Schloß fiel, ich muß wie betäubt gewesen sein, oder die Zeit war stehengeblieben, denn alles was dann geschah, geschah zugleich, war durch nichts voneinander getrennt als nur durch meine Angst, jetzt, in meiner sich ständig verschiebenden Erinnerung konstruiere ich mir eine Abfolge, aber damals, so glaube ich, war alles übereinandergeschichtet, wie die mehrfache Belichtung eines Films, zugleich das Dunkel von draußen und das Licht von innen, die kratzenden Geräusche der Musik und der Knall des Riegels, die kreisende schwarze Scheibe und die unveränderliche weiße Zellenwand, der Mann im schwarzen Mantel mit den Silberknöpfen und der Wärter in der grauen Uniform: es könnte so angefangen haben — oder hat es so angefangen [...]

Aus: Die Zelle. Carl Hanser Verlag, München/Wien 1968, S. 134 f.

Kein realistischer Roman

Der Titel des mit dem Bremer Literaturpreis ausgezeichneten Romans von Horst Bienek bezeichnet nicht nur Ort und thematischen Vorwurf des Romans, sondern auch dessen formales Prinzip: in unterschiedlich langen Erzählzellen berichtet und reflektiert ein Mann, der noch nicht weiß, für welches Vergehen man ihn in eine Einzelzelle gesperrt hat, seine Existenz. Ihn interessiert nicht die Vergangenheit, die mit seinem Körper abzusterben scheint, er will von den alten Geschichten nichts mehr hören. Er liegt da und kämpft gegen die Erinnerung an die Zeit vor der Zelle. Sein Fragen richtet sich auf eine Zukunft, die sich freilich niemals verwirklichen wird. Er vermag sich von seiner Pritsche nicht mehr zu erheben. Er wartet auf das Verhör, auf die einzige Veränderung, die er noch erhoffen kann. Doch die Veränderung tritt nicht ein: die Zelle bleibt geschlossen, das Ende ist der Anfang.
Im folgenden geben wir einen Ausschnitt aus einem Gespräch mit Horst Bienek wieder, in dem Aspekte seines Romans diskutiert werden.

Frage: Sie wurden 1951 in der DDR wegen Ihrer politischen Haltung verhaftet und zu 25 Jahren Zwangsarbeit verurteilt. Wenn man Ihre Bücher kennt, weiß man, welchen Einfluß diese Zeit auf Ihre schriftstellerische Arbeit genommen hat. Ist Ihr erster Roman „Die Zelle" also autobiographisch zu lesen?
Bienek: Ich glaube nicht. Die Grundsituation habe ich erlebt; die Einzelzelle. Das ist so viel Autobiographie, wie jedes Buch an Autobiographie braucht, um gut, um überzeugend zu sein. Das andere ist Erfindung.
Frage: Aber dem Buch liegt doch, trotz seines Modellcharakters, eine politische Erfahrung zugrunde?
Bienek: Sicherlich. Es weist zwar nicht direkt auf den Ort hin, wo es politisch angesiedelt ist, aber ein aufmerksamer Leser wird doch die drei oder vier Partikel, die es lokalisieren, entdecken. Es ist das Berlin Anfang der fünfziger Jahre. Eine Diktatur wird etabliert. Ein zeitloses Thema.
Frage: Es gibt verschiedene Fixpunkte, von denen aus man Ihren Roman lesen und begreifen kann. Unter anderem taucht hier die Frage auf, wie weit die Träume und Phantasien Ihrer Figur medizinisch nachprüfbar sind. Kurz: Handelt es sich auch um eine pathologische Studie?
Bienek: Nein, nein, „Die Zelle" ist keine pathologische Studie, kein Wahnsinnsbericht. Ich habe mich zwar von einem Arzt beraten lassen, aber von einem Dermatologen, denn der Mann in der Zelle hat die Furunkulose. Das Monologische des Buches kann nicht als realistischer Monolog gewertet werden, wie überhaupt das Buch kein realistischer Roman sein will. Glauben Sie, daß Leopold Bloom bei Joyce so spricht, wie man es von einem Anzeigenakquisiteur gewohnt ist? Mein „Held" spricht ein gutes Deutsch, weil ich mir meine Sprache, unter dem Vorwand, da spricht ein wenig gebildeter Mensch, nicht verhunzen lassen will. Das ist keine Rollenprosa. Und kein fröhlicher Weinberg. Im übrigen ist er Zeichenlehrer, durchaus gebildet, nur den Konjunktiv behandelt er lässig.
Frage: Ihr Buch beginnt mit dem Satz „Nun gut: keine Wiederholungen, lassen wir die alten Geschichten beiseite..." Das ist ungewöhnlich. Schließlich wäre es doch eine naheliegende Möglichkeit, den Häftling seine Vergangenheit, seine Geschichte memorieren zu lassen.
Bienek: Als ich „Die Zelle" schrieb, war für mich der „Kampf gegen die Erinnerung" das Wichtigste. Ich glaube, die Erinnerung ist unter den modernen Stilmitteln das Ausgelaugteste: Wenn ich eine Rückblende sehe oder lese, wird mir automatisch übel. Erinnerung ist Gegenwart, oder sie ist nicht vorhanden. Wie bei Proust. Alles andere ist Alibi. Ich habe — ich glaube zum ersten Male — versucht, die Erinnerung an die Zukunft zu beschreiben.
Frage: Neben dem Häftling gibt es in Ihrem Roman nur zwei andere Personen: den Sanitäter, der taubstumm ist, und Alban, den Zellennachbarn, der freilich, wenn die Erzählung anfängt, bereits in eine andere Zelle verlegt wurde; gegen Ende des Buches jedoch, in einer „traumhaften" Metamorphose, kommt Alban in die Zelle Ihres „Helden". Gibt es Alban wirklich, oder ist er nur eine Traumfigur, ein imaginäres Gegenüber?
Bienek: Ob es Alban gibt oder nicht, das muß jeder Leser für sich beantworten. Das Vexierspiel um Alban ist ja ein Reiz des Buches — übrigens keineswegs nur ein formaler. Das gleiche gilt für die lang zurückliegende Tat, die sich nach und nach aus der verdrängten Erinnerung zusammensetzt. Was war da geschehen? War es wirklich Mord? Es gibt Schlüsselwörter..., aber die will ich nicht verraten.
Frage: Alle Ihre bisherigen Bücher behandeln Zelle, Gefangenschaft, Haft — wenn auch nicht immer im realistischen Sinn. Werden Sie sich einmal an einem extrem anderen Thema versuchen?
Bienek: Vielleicht, eines Tages. Jetzt noch nicht. Ich bin von der Zelle besessen. Aber man kann natürlich viel aus seinem Grundthema machen. Mein nächstes Buch wird bestimmt nicht mehr in einer Zelle spielen, aber die Menschen werden doch Eingesperrte sein...

Bremer Nachrichten vom 10. Dezember 1968

Günter Kunert

Unbesonnte Vergangenheit

Von Anfang an war alles klar: Bereits im Autobus, mit dem wir herangeschafft wurden, seltsame Fracht, lauter angehende Genies, erwiesen sich unsere Instinkte als das, was sie auch in Zukunft blieben: untäuschbar, keinmal zu kupierende Organe, durch die uns so vieles genauer vermittelt wurde als durch unseren Verstand. Am späten Nachmittag langten wir an: Eine Herde junger Dichter, manche davon steinalt, nämlich über fünfzig, in einem Heim, das dem Kulturministerium gehörte, und wo man uns als Autoren zu approbieren gedachte. Das Unternehmen nannte sich »Erster Schriftstellerlehrgang des deutschen Schriftstellerverbandes«, und aus dem Sammelsurium unterschiedlicher Typen und Gestalten, teils überredet, teils freiwillig anwesend, bildeten sich sogleich die Gruppen Gleichgesinnter, oder eher: die gewohnten Polarisierungen. Auf der einen Seite zeigte sich die tatsächlich so genannte »Thüringer Maffia«, bestehend aus Harry Thürk, Walter Stranka und Armin Müller, ein Kleeblatt, das wohl bereits als solches angereist war, und auf der anderen, weitaus lockerer und keinerlei konspirativen Zielen zur Förderung der eigenen Karriere verbunden: Horst Bienek, Erich Loest, Heiner Müller und der hier resümierende Chronist. Uns vier einten weder gleichgeartete literarische Intentionen noch ein maßstabgerechtes politisches Bewußtsein: Darüber keine Rede. Ein Gleichgestimmtsein hielt uns zusammen, Heiterkeit, Witz, Ironie, Hohn und Sympathie bildeten die Grundlage unserer Beziehungen. Etwas Unbändiges, Ungebändigtes wehrte sich in uns vieren gegen den trüben Betrieb, gegen die gigantische Wichtigtuerei von Leuten, die hier das Wunder erwarteten, welches ihre schlechten Texte, bebend oder markig verlesen, in Kunstwerke verwandeln sollte. Freilich trat es nie ein, und man hinkte an Krücken aller bekannten Sprachklischees weiter durch die Tage.

Mit Erich Loest marschierte ich oft durch die dunklen windigen Abende und über eine autolose Landstraße zu einer Dorfkneipe, wo wir bei Wodka und Bier ungestört »die Lage« erörtern konnten, bis wir, alkoholisch euphorisiert und zu dadaistischen Einfällen aufgelegt, zurückliefen, nachts im Hause herumrumorten, in fremden Zimmern spukten, Schabernack trieben und uns wie enthemmte Kinder benahmen. Loest und ich hausten zusammen in einem Zimmer und waren Störenfriede allerersten Ranges. Nebenan bei Horst Bienek im Zimmer wohnte auch Heiner Müller, und als wir, Loest, Bienek, Martin Pohl und ich, einmal um Mitternacht dort eindrangen, um ihn zu erschrekken oder auch nur, um ihm ein Glas anzubieten, fanden wir ihn wie aufgebahrt: Das Licht brannte, er lag auf dem Rücken, die Hände auf der Brust gefaltet, ähnlich einem steinernen Ritter auf seinem Sarkophag, so unverschämt skulpturenhaft, daß wir an der Tür stehenblieben. Er öffnete die Augen, als habe er nicht geschlafen und uns sowieso erwartet, völlig munter und sofort wach im Gespräch.

Horst Bienek hingegen, allgemein und meist mit Zuneigung »Horstchen« gerufen, flatterte stets unruhig umher, eine sanft exotische Figur inmitten der biederen Gesellschaft von längst vergessenen, kulturpolitischen Fehlinvestitionen. Horstchen war entweder emphatisch oder deprimiert, entsetzt oder erschüttert, jedenfalls ständig stark emotionalisiert und ließ uns das auch wissen. Er wirkte wie ein sportiver und immer säuberlich gekämmter Cherub aus der Mark, Redakteur der »Tagespost« in Potsdam. In seiner Stimme klang immer ein Ton von Verwunderung mit, der ihm bis heute geblieben ist: ein Jemand, der, ohne es auszudrücken, immer zu fragen scheint, und dem gegenüber man sich daher auf unerklärliche Weise zu Erklärungen, Erläuterungen, Antworten verpflichtet fühlt. [...]

Aus: Bienek lesen. Materialien zu seinem Werk. Carl Hanser Verlag, München/Wien o. J. [1980], S. 145 f.

Horst Bienek

Vision im Kopf

Meine Erfahrung: Wenn ich ein Buch schreibe, dann habe ich eine Vision im Kopf, die ich ganz minuziös, Stück für Stück, verwirkliche, manchmal über Jahre hinweg. Bei meinem ersten Spielfilm *(»Die Zelle«)* wurde diese Vision sehr bald von äußeren Ereignissen, hauptsächlich von der Technik zugedeckt. Ich buchstabierte sozusagen die Bilder ab, die ich vorher erdacht hatte, aber freilich nicht, wie es die Logik, die Chronologie oder die Psychologie der Figuren, sondern wie die Schauplätze es erforderten. Aber dann geschah das seltsame: Die Bilder, die sich beim Drehen ganz selbständig gemacht hatten, beim Schnitt kamen sie wieder zusammen, und als der Film fertig war, stimmte er genau mit der Vision überein, die ich am Anfang von ihm hatte.

Aus: Bienek lesen. Materialien zu seinem Werk. Carl Hanser Verlag, München/Wien o. J. [1980], S. 104 f.

Bienekerl,

das (Allerleih, Anputz, Mauerkraut, Trollblume, Traumduft) einjährig. Familie der Dokumentariden. Riechpflanze.
Die dunkelblauen Blüten, die sich über Nacht nicht schließen und schwach leuchten, duften nach unausgelüfteten Träumen. Alle Blätter grundanständig und schwach behaart, decken die Wirklichkeit ab. Stengel am Boden kriechend.
Er sucht sich die extremsten Stellen aus, um Wurzel zu fassen, wächst in Mauerritzen, in Verlagen, Rundfunkanstalten, Redaktionsbüros, in Interviews als Fragezeichen, das sich meist selbst beantwortet, und als Ausrufezeichen in diversen Akademien und Jurys. Bei aller dokumentarischen Strenge, ja Hartnäckigkeit, die selbst die Wiederholungen nicht scheut, ist ihm jedoch eine schlesische Heiterkeit eigen. Er macht alles zu seiner Heimat und wo ihm das nicht gelingt, unterwandert er das Gelände. Rudolf Hartung schreibt in seinem *Tagebuch eines Pflanzenfreunds,* 34. Folge: »Wie gern stehe ich vor dem Bienekerl. Sein Duft, sein unverhofftes Blau schärfen meine Sensibilität. Gärtner haben immer auch etwas von einem Lyriker, sind doch ihre Depressionen Blütenträume.«
Früher wurden in Schlesien die getrockneten Blüten der Pflanzen schichtweise in Töpfe gelegt und Kochsalz und Gewürz dazwischen gestreut; die so erhaltene Masse war ein beliebtes Räuchermittel, das die Innerlichkeit vom Schweißgeruch des Pathos befreit. Wegen seines Duftes ist das Bienekerl fast immer von Schmarotzern aller Art befallen, die ihn auch bestäuben, eine Tatsache, die sein Vorkommensgebiet nur noch vergrößert. Das Dokumentarische, aus dem die Pflanze gewöhnlich ihre Blüten zieht, wird durch diese nicht einfach widergespiegelt, sondern noch um die Nuance der Unerheblichkeit bereichert.

Fritz Schönborn: Deutsche Dichterflora. Carl Hanser Verlag, München/Wien 1980, S. 27

Foto: Isolde Ohlbaum

Horst Bienek

7. 5. 1930 Gleiwitz/Oberschlesien – 7.12.1990 München

Foto: Renate von Mangoldt

Sohn eines Reichsbahnbeamten; die Mutter war polnischer Herkunft. Nach dem Einmarsch der sowjetischen Truppen zwangsverpflichtet als Demontagearbeiter. Nach einem Jahr Umzug nach Köthen/Anhalt. Nach dem Abitur Arbeit als Redaktionsvolontär bei der „Tagespost in Potsdam. 1951 Aufnahme in die Theaterklasse der Meisterschüler Bertolt Brechts am Berliner Ensemble. Im November 1951 Verhaftung durch den Staatssicherheitsdienst wegen politischer Delikte und Auslieferung an die Besatzungsmacht. 1952 nach siebenmonatiger Untersuchungshaft Verurteilung durch ein sowjetisches Militärgericht zu 25 Jahren Zwangsarbeit in der Sowjetunion wegen angeblicher Spionagetätigkeit und Vorbereitungen zum Sturz der DDR-Regierung. Arbeitslager in Workuta. 1955 aufgrund einer Amnestie Entlassung in die Bundesrepublik. 1957-61 Kulturredakteur beim Hessischen Rundfunk und Herausgeber der Buchreihe „Studio 58". 1961 Lektor, später Cheflektor beim Deutschen Taschenbuchverlag. Reisen durch Europa, Amerika und Australien mit Vorträgen und Lesungen. Zuletzt lebte B. als freier Schriftsteller in München-Ottobrunn. Er war Mitglied der Bayerischen Akademie der Schönen Künste und der Deutschen Akademie für Sprache und Dichtung in Darmstadt.

Preise: Literaturpreis für junge Autoren des Kulturbundes in Ost-Berlin, zusammen mit Christa Reinig (1948): Villa-Massimo-Stipendium (1960); Dokumentarfilmpreis in Oberhausen (1966); Staatlicher Förderungspreis für junge Künstler und Schriftsteller des Freistaates Bayern (1967); Andreas-Gryphius-Preis (1967); Literaturpreis der Freien Hansestadt Bremen (1969); Filmband in Gold (1971); Kuratorium Junger Deutscher Film (1971); Hermann-Kesten-Preis (1975); Wilhelm-Raabe-Preis (1975); Kulturpreis Schlesien (1978); Nelly-Sachs-Preis (1981); Bundesverdienstkreuz (1983); Andreas-Gryphius-Preis (1983); Eichendorff-Medaille (1987); Stadtschreiber von Mainz (1988); Jean-Paul-Preis (1989).

Werkauswahl: Traumbuch eines Gefangenen. Gedichte und Prosa. 1957. – Nachtstücke. Erzählungen. 1959. – was war was ist. Gedichte. 1966. – Die Zelle. Roman. 1968 – Vorgefundene Gedichte. Poèmes trouvés. 1969. – Bakunin, eine Invention. Erzählung. 1970. – Der Verurteilte. Eine Erzählung. 1972. – Im Untergrund. Nach Dostojewski. Schauspiel. 1972. – Solschenizyn und andere. Essays. 1972. – Die Zeit danach. Gedichte. 1974. - Die erste Polka. Roman. 1975. – Gleiwitzer Kindheit. Gedichte aus zwanzig Jahren. 1976. – Septemberlicht. Roman. 1977. – Zeit ohne Glocken. Roman. 1979. - Von Zeit und Erinnerung. Erzählungen, Gedichte, Essays. 1980. – Der Freitag der kleinen Freuden. Erzählungen. 1981. – Erde und Feuer. Roman. 1982. – Beschreibung einer Provinz. Aufzeichnungen. Materialien. Dokumente. 1983. – Königswald oder die letzte Geschichte. Eine Erzählung. 1984. – Der Blinde in der Bibliothek. Literarische Portraits. 1986 – Das allmähliche Ersticken von Schreien. Sprache und Exil heute. 1987. Reise in die Kindheit. Wiedersehen mit Schlesien. 1988. – Wer antwortet wem. Gedichte. 1991.

Über H. B.: Rainer Gerlach in: Kritisches Lexikon zur deutschsprachigen Gegenwartsliteratur. München 1978 ff.

CHRISTIAN ENZENSBERGER

Bremer Literaturpreis 1970 für „Größerer Versuch über den Schmutz", Carl Hanser Verlag, München 1968 — Annahme des Preises vom Autor abgelehnt

„Lieber nicht aufgeblasen werden"

Zu seinem Entschluß, den diesjährigen Bremer Literaturpreis nicht anzunehmen, der ihm für sein Buch „Größerer Versuch über den Schmutz" zuerkannt worden war, hat Christian Enzensberger gestern den nachstehenden Text veröffentlicht. Wir geben ihn mit der vom Autor gewünschten Rechtschreibung und Zeichensetzung wieder:

Man wird beim Bremer Literaturpreis gefragt, wollen Sie den Bremer Literaturpreis annehmen oder nicht annehmen, und da habe ich mir das überlegt und mir dann gesagt, nein eigentlich lieber nicht. Damit meinte ich nicht den Bremer Literaturpreis im besonderen, denn der Bremer Literaturpreis ist, was Literaturpreise anlangt, ein sehr guter Literaturpreis, sondern ich meinte die ganze merkwürdige Maschine für Literaturpreise überhaupt. Diese Maschine arbeitet so, daß sie den Literaturpreisträger, zum Gegenwert von mehreren tausend Mark, in diesem Fall zehn, aufbläst zu einem riesigen Fesselballon über der kulturellen Landschaft, und auf diesen Fesselballon wird dann im Bedarfsfall hingewiesen mit dem Ausruf, was habt ihr eigentlich, ihr seht doch wie unser Geistesleben blüht. Demgegenüber hatte ich die Regung, lieber nicht aufgeblasen zu werden und abzuwarten, ob ich mich nicht auch verkaufe im natürlichen kompakten Zustand. Zwar kommt es zur Ballonbildung gelegentlich auch ohne Literaturpreis, aber solang man nicht unbedingt das Geld braucht, muß man sich darum doch noch nicht erwartungsvoll auf die offene Gasflasche setzen. Denn indem man sich offen auf sie setzt, erweckt man den Eindruck als sagte man, ja ich blühe, allerdings bin ich euer Geistesleben, Strebeziel, und wer nicht hochkommt bis zu mir, ist ungeistig und muß daher leider Gottes weiter in die Fabrik. Und zwar erweckt man diesen Eindruck umsomehr, je näher man sich überhaupt einläßt auf diese Literaturpreise. Ich dachte dann noch vieles Andere, aber hauptsächlich dachte ich, ich bin ja schon dabei mich einzulassen indem ich dauernd sage, warum ich mich nicht einlasse, ich werde hier noch zum Ballon durch Selbstauffüllung, und dann hörte ich auf mit meiner Erklärung zum Bremer Literaturpreis.

Weser-Kurier vom 17. Dezember 1969

Jürgen Manthey

Dem Schmutz sein Recht

[...] Das Zeitgemäße an diesem Versuch ist der Verzicht auf ein Subjekt, jene Instanz also, auf die sich der Essayist so lange immer berufen konnte. Enzensberger läßt eine namenslose Person männlichen Geschlechts in indirekter Rede das Gedankliche absolvieren, eine weibliche Person steuert Konkretes bei: meist Eindrücke aus England mit seinem vielen „öffentlichen Schmutz", einmal auch aus dem monströsen Vigeland-Park in Oslo. Dazwischengestreut sind unbezogene Abschnitte, die man aufmerksam lesen sollte. In ihnen ist das Thema der Sprache am direktesten ausgeliefert. Hinzu kommen kurze und sehr lange Zitate. Von Anfang an, seit Montaigne die ersten Essays schrieb, waren die Bücher der anderen eine wichtige Quelle und ein beliebter Bezug. Bis offenbar eine andere Vorstellung vom geistigen Eigentum den Ehrgeiz anstachelte, nur noch „eigene" Gedanken zu haben, so daß d'Israeli spotten konnte: „Die meisten Autoren sind so originell geworden, daß sie niemanden imitieren wollen: und wer niemals zitiert, wird selber selten zitiert."

Enzensbergers Reflexionen bringen „originell", zum Schluß aber auch manchmal sich wiederholend, Rand, Unordnung, Schuld, Unten und Schmutz zueinander in Beziehung. Eine Soziologie der Abgrenzung — der Person, der Gesellschaft — schaut allmählich durch. Nachweise gelten immer wieder den Mitteln, den Menschen, deren sich die Macht bedient, das Haus sauberzuhalten. Die Sauberkeitsappelle beim Militär: „Auch der Willigste könne zuletzt den Anforderungen nicht mehr genügen, werde schuldig und sei hinfort angewiesen auf Begnadigung." Die Beschmutzungsangst der knapp dem Unten Entronnenen, ihre Wut auf die Gammler, die „saubere Bombe", die hygienische, antiseptische Absonderung der Ware im Supermarkt von der Nebenware, des Menschen im eigenen Haus vom Nebenmenschen.

Der Leser kann (und möchte) den Versuch über den Schmutz zuletzt allein noch eine Weile fortsetzen. Auch das gehört sei jeher zum Wesen des Essays: Als dialogische Vorführung von Möglichkeiten redet er niemanden an die Wand. Die Gedanken, die er enthält, stehen zueinander und zu denen des Lesers in einem promiskuitiven Verhältnis. Sie lassen viele und viele Arten von Verbindungen zu. Gute geistige Anlagemöglichkeiten also, auch wenn Manier bisweilen zum Manierismus geraten mag. Man sieht dem Buch jedenfalls an, daß es Spaß gemacht hat, es so zu schreiben. „Versuch über den Schmutz" hätte als Titel allerdings vielleicht auch genügt.

Süddeutsche Zeitung vom 2. November 1968

Wolfgang Hildesheimer

Sauber ist nicht schön

[...] Enzensberger — wohlgemerkt: nicht der revolutionäre Dichter, sondern sein Bruder, der Anglist —, ein höchst sensibler Intellektueller und origineller Geist, hat über sein schmutziges Thema klug disponiert, er hat es in Subjekt und Objekt aufgeteilt.

Ich stelle mir die Entstehung des Buches so vor: Der Autor wollte einen Essay schreiben, wollte den Begriff Schmutz und die Auffassungen seiner Anwendung definieren, Fehleinstellungen denunzieren, er hat eigene und anderer Leute Erfahrungen gesammelt, dazu dem „Volk" aufs Maul und auf andere Öffnungen geschaut.

Doch das Thema wuchs ihm unter der Hand ins Unermeßliche. Schon das Reich des biologischen Schmutzes, „groß und weit verzweigt", mit elastischen, zerfließenden Grenzen, entzog sich dem Griff und war mit seinen soziologischen und psychologischen Aspekten nicht zu vereinen, ohne die Langeweile des Profunden zu erzeugen. So hat er eine eigene Kompositionsmethode erfunden, in der Theorie sich durch Zitate und durch Fiktionen der Praxis ergänzt. Er hat die Abhandlung seines Themas auf einzelne Sprecher verteilt, deren einer Teil es objektiv interpretierend, der andere es subjektiv erfahrend, erleidend oder genießend vorantreiben. [...]

Ein „Ich" testet die Neurosen seiner Umwelt und registriert ihre Symptome sachlich oder — meisterhaft genau — im Gleichnis. „Wenn ich sage, daß ich Jude bin, geschieht folgendes: Es erscheint bei diesen Worten in der Luft eine kleine weiße elastische Kugel, etwa von Erbsengröße, zwischen meinem und dem Gesicht meines Gesprächspartners, und hüpft ihm in den Mund..."

Es sprechen, weiterhin, verschieden gelagerte Verkörperungen des Autors, und es sprechen provozierende Gegenstimmen. Dieses Konzert wird verstärkt durch belegende Zitate vom Erlauchten bis zum Trivialen. Es definiert nicht den Schmutz, das wäre selbst mit Chemie nicht zu schaffen. Aber es definiert seine Bedeutung, seinen Wert in der Welt, negativ wie positiv entlarvend.

Es widerlegt denn auch schließlich die einführende These und macht die Abhandlung retrospektiv zum Traktat „Nunc erudimini. Sauber ist nicht schön noch gut, sauber ist klug kalt weiß. Schmutzig ist niedrig und nah..." Quod erat demonstrandum.

Das letzte Wort hat der Schmutz selbst. Anfangs noch ein Wesen von leuchtend dämonischem Anschein („Dunkles Gold, starrendes Schreckbild"), hat es sich im Verlauf des Symposions degradiert und offenbart sich als banales widerliches Tier, gestaltlos und antimythisch: „Ich bewege mich langsam, aber stetig fort, schiebe mich vorwärts... Ich bin graubraun gefärbt... es geht mir bequem. Ich bin warm und naß." Das klingt nicht furchterregend, höchstens unappetitlich. Aber: Die Dimensionen dieses Wesens sind nicht angegeben, das Unheimliche an ihm ist seine unbekannte Größe. Es wächst.

PS. Auch Fehlleistungen scheint dieses Buch herauszufordern. Eine Sekretärin des Verlages schickte mir mein Exemplar unter dem Titel „Größerer Versuch über den Schutz".

DER SPIEGEL vom 6. Januar 1969

Ungenügend

Zum Artikel „Lieber nicht aufgeblasen werden" (Weser-Kurier vom 17. 12. 1969):

Mit der Begründung seines Entschlusses, den Bremer Literaturpreis nicht anzunehmen, hat Herr Christian Enzensberger bewiesen, daß er es nicht verdient, den Bremer Literaturpreis oder überhaupt einen Preis zu erhalten, verdient hat er höchstens eine Rüge wegen seiner Verhunzung unserer geliebten deutschen Sprache. Jeder verantwortungsbewußte Deutschlehrer müßte dem Schüler Enzensberger ein „Ungenügend" erteilen.

Albert Hirte, Bremen-Oberneuland

Weser-Kurier vom 20./21. Dezember 1969

Ein guter Preis

Die Entscheidung, die Enzensberger für sich getroffen hat, ob man sie „respektiert" oder nicht, ist vollzogen und gilt also. Der Bremer Literaturpreis, der wegen seiner nun schon durch ein Jahrzehnt praktizierten Unabhängigkeit und freizügigen Juryentscheidungen anderwärts als Modell empfohlen wird, büßt dadurch nichts an Wert und Ansehen ein. Preiszuerkennung und Preisannahme, so erwünscht sie auch ist, sind zweierlei Ding und im Grunde unabhängig voneinander. In einer von der Frankfurter Allgemeinen Zeitung abgedruckten Zuschrift zur Ablehnung des Bremer Literaturpreises durch Enzensberger hieß es u.a.: „Wie macht man heute besser von sich reden als durch Ablehnung und Brüskierung? ...Warum diese Feindschaft, diese Überheblichkeit gegenüber dem Mäzen? Enzensberger hat ja nun ausgiebig von dem Bremer Literaturpreis profitiert, indem er ihn zurückwies."
Christian Enzensberger hat in seiner Verweigerungserklärung aber dem Bremer Literaturpreis eine freundliche Reverenz erwiesen, indem er schrieb: „Der Bremer Literaturpreis ist, was Literaturpreise anlangt, ein sehr guter Literaturpreis" (Weser-Kurier vom 17. 12. 1969: „Lieber nicht aufgeblasen werden"). Im übrigen hat er eben offenbar seine eigenen philosophischen Vorstellungen von einem besonderen geistigen „Reinlichkeitsprinzip", die ihm natürlich niemand nehmen kann und will. [...]

Weser-Kurier vom 25./26. Dezember 1969

Christian Enzensberger

Pfui und abermals pfui

Sauber ist schön und gut. Sauber ist hell brav lieb. Sauber ist oben und hier. Schmutzig ist häßlich und anderswo. Sauber ist doch das Wahre, schmutzig ist unten und übel, schmutzig hat keinen Zweck. Sauber hat recht. Schmutzig ist demgegenüber, sauber ist da denn doch, schmutzig ist wie soll man sagen, schmutzig ist irgendwie unklar, schmutzig ist alles in allem, sauber ist wenigstens noch, aber schmutzig das ist also wirklich.

Herrscht, verborgen, in einem offenen Loch. Groß und weitverzweigt ist sein Reich. Dunkles Gold, starrendes Schreckbild. Das Feuchte das Faule das Kalte. Faß hin faß hin so wird es werden.

Fünfundzwanzig Ausscheidungen kennt der Mensch. Sämtlich wecken sie Neugier und Wohlgefühl. Gespannte Erwartung geht oft ihrem Erscheinen voraus, und immer folgt ihm Zufriedenheit. Als Teil der Person treten sie zutage, werden als Eignes begrüßt. Aber die Liebe ist kurz. Bin ich das noch (so fragt sich der Urheber bald), oder bin ich es nicht, ist das noch meins, oder schon ein Ding wie die andern? Das ist mir nicht klar, nicht erwünscht, das will ich nicht gewesen sein, und war es auch nicht, hinweg mit dieser üblen Verworrenheit!
Gern sondert der Mensch nämlich aus. Dann denunziert er sein Machwerk. Wie nun erst das Machwerk der Andern! Schlechte Manieren verrät, wer es hervorbringt. Kann er sich denn gar nicht beherrschen, muß er tatsächlich am hellichten Tag die schamlose Frage aufwerfen, was denn nun alles zu ihm gehört und was nicht? Das ist typisch. Natürlich wars er und kein Anderer. Und das nicht zum ersten Mal, beileibe nicht, das geht nun schon Jahre, Jahrzehnte lang immer dasselbe. Vor sowas muß einen ja ekeln, schlecht werden kann einem da! Pfui und abermals pfui.

Die sechsundzwanzigste Aussonderung des Menschen ist er selbst. [...]

Genauer befragt sagte er, bei der Analyse sei von der Person, der Erzeugerin allen Schmutzes, auszugehen. Was sich innerhalb ihrer befinde, sei sauber, oder vielmehr der Kategorie von rein oder unrein entzogen. Dieses Innerhalb gelte genau. Schon die Innenseite verschiedener organischer Röhren und Höhlen falle nicht mehr darunter, weil sie als Aussparungen der Person begriffen würden. So liege doch bei der sogenannten jungfräulichen Befleckung offenbar die Vorstellung zugrunde, der dazu nötige Fleck gerate nur bis in eine Art von Einbuchtung der Person, also nach wie vor nur an ihr Äußeres. Auch der Speisetrakt bis hinab zum Kehlkopf, nicht mehr aber danach, sei bekanntlich beschmutzbar, der Schluckpunkt bezeichne auch schon die Ekelgrenze. Dies nur am Rande. Schmutzzeugung finde mithin an der Außenseite der Person statt, und zwar dort mit höchster Intensität und dergestalt, daß überhaupt alles, was aus der Haut kommt oder an sie tritt und haftet, alsbald in Schmutz sich verwandle. Auch mit Tränen noch könne man sich verschmieren; selbst jene kosmetischen Mittel, die eine Reinigung der Haut versprächen, und zwar bis tief in die Poren, seien nach einer bestimmten Frist wieder säuberlich zu entfernen, oft durch ein zweites, noch tieferdringendes Mittel, das dann seinerseits der gleichen Regel noch einmal unterliege. Er verliere sich. [...]

Aus: Größerer Versuch über den Schmutz. Carl Hanser Verlag, München 1968, S. 9-11

Heinz Ludwig Arnold

Gratismut

Christian Enzensberger wurde der Bremer Literaturpreis zuerkannt oder besser: angeboten, und er hat ihn abgelehnt. Er hat die Frage, ob er den Preis annehmen wolle, klipp und klar mit Nein beantwortet. Er hat also von einem seiner guten Rechte Gebrauch gemacht. Seine Entscheidung ist zu akzeptieren. Man brauchte kein Wort mehr darüber zu verlieren.

Worte aber sind angebracht angesichts der Erklärung, die Christian Enzensberger seiner Ablehnung hat folgen lassen. Denn sie zeugt entweder von feinem Raffinement oder aber von großer Naivität gegenüber den Mechanismen, die den bundesrepublikanischen Literaturbetrieb in Bewegung halten. Und ich meine, gerade Naivität kann man Enzensberger nicht zuschreiben, vor allem, wenn man seinen »Größeren Versuch über den Schmutz« gelesen hat, jenes Buch, für das die Bremer ihn auszeichnen wollten. Denn so naiv kann Enzensberger nicht sein, zu verkennen, daß Literaturpreise hierzulande an der Tagesordnung sind und die Feuilletons von ihnen meist nur noch in ihren Kulturnotizen berichten, daß aber die Ablehnung eines Literaturpreises durchaus auffälliger zu wirken beginnt — und die Tatsache, daß diese Glosse hier zu Gehör gebracht wird, ist ein gutes Beispiel dafür.

So kommt die Kulturballontheorie, die Enzensberger aufgestellt hat, nicht so recht zum Tragen, zumindest nicht in dem Sinne, wie sie Enzensberger verstehen zu haben vorgibt. Ob Enzensberger, hätte er diesen Preis angenommen, zu jenem »riesigen Fesselballon über der kulturellen Landschaft« aufgeblasen worden wäre — wie er sagt —, das möchte ich füglich bezweifeln. Eher möchte ich schon dies vermuten: daß er nun, durch die so begründete Ablehnung des Preises, als ein Memento der zivilen Courage um so heller über dieser preiswütigen Kulturlandschaft leuchten wird. [...]

Der sozialkritische Aspekt, den er anspricht, wird in diesem Zusammenhang der Argumente ebenfalls desavouiert: Er, der sich nicht auszeichnen lassen will, weil diese Auszeichnung geistige Überheblichkeit in sich trage, und zwar Überheblichkeit gegenüber jenen Ungeistigen, die »daher leider Gottes weiter in die Fabrik« müssen —, er, Enzensberger, stellt sich doppelt aufgeblasen über jene, die, aus welchen Gründen immer, Preise akzeptieren, als das, was sie sind: Stipendien, Beihilfen, ja auch Anerkennungen. Den Preisen selbst, meine ich, kann man nicht anlasten, was ihre Träger daraus machen; und daß sie als Hinweise darauf mißverstanden werden können, »wie unser Geistesleben blüht« —, dieser Satz erhält seinen Sinn auch nur vor dem Hintergrund der Meinung, daß es eben mit diesem Geistesleben durchaus nicht zum besten bestellt ist. Daß Christian Enzensberger diese Meinung teilt, kann zweifellos erschlossen werden. Ebenso seine Ablehnung einer Struktur, wie sie öffentlichen Preisen nun einmal eigen ist: daß staatliche oder öffentliche Institutionen sich mit Geld die kulturellen Federn an ihren Hüten erkaufen. Wäre es dann nicht aber besser gewesen, Christian Enzensberger hätte gehandelt wie seinerzeit sein Bruder in Nürnberg oder wie kürzlich Dürrenmatt, der den Preis weitergab an Autoren, die wegen ihrer kritischen Haltung zum Staat nie öffentlich ausgezeichnet worden wären? [...]

Die Tat vom 29. Dezember 1969 und Allgemeines Deutsches Sonntagsblatt vom 4. Januar 1970

Foto: Isolde Ohlbaum

Christian Enzensberger

24.12.1931 Nürnberg

1962 Promotion. 1968 Habilitation für Anglistik und Allgemeine Literaturwissenschaft. Später Professor für englische Literaturgeschichte in München. Daneben Tätigkeit als Essayist und Übersetzer. 1988 Beurlaubung von der Professur, danach Pensionierung. Seither mit einer Naturlehre beschäftigt.

Preise: Literaturpreis der Freien Hansestadt Bremen (1970, C.E. lehnte den Preis ab).

Werkauswahl: Viktorianische Lyrik. Tennyson und Swinburne in der Geschichte der Entfremdung. 1968. – Größerer Versuch über den Schmutz. 1969.- Literatur und Interesse. Eine politische Ästhetik. 2 Bde. 1977/81. – Mitarbeit an Kindlers Literaturlexikon. – Was ist was. Roman. 1987. – Übersetzung von Lewis Carroll, „Alice im Wunderland" (1989) und „Hinter den Spiegeln" (1974).

Über C. E.: Kürschners Deutscher Gelehrtenkalender 1987.

GABRIELE WOHMANN

Bremer Literaturpreis 1971 für „Ernste Absicht. Roman", Luchterhand Verlag, Neuwied/Berlin 1970

Gerd Kadelbach

Auf der Suche nach der eigenen Identität

Gabriele Wohmann, Dr. Günter Schulz (links) und Senator Moritz Thape. Foto: Hinrich Meyer

[...] Jede Dichtung von Belang hat es mit jener Identität zu tun, die nach der Personalität des Individuums fragt und nach seinen Bezügen zu Gott und zum Mitmenschen, ausgesetzt den Bedrohungen von Welt und Gesellschaft, mit denen es konfrontiert ist, die es besteht oder an denen es scheitert, eine Herausforderung, auf die es unablässig eine Antwort zu finden gilt. Dichtung ist so für den Autor ebenso wie für den Leser eine Brücke auf der Reise zu sich selbst, ein Koordinatensystem zur Fixierung der eigenen Position, ein Spiegel, der dem Betrachter zeigt, wie er wirklich ist, in seinen geheimsten Regungen und Wünschen, in seiner Verlorenheit und in seiner Hoffnung. Die Frage bleibt offen, ob, wer sich so mit sich selbst konfrontiert, seine Identität erkennt und annimmt und ob er bereit ist, Folgerungen aus dieser Erkenntnis und dieser Annahme zu ziehen, mit sich allein gelassen und doch hineingenommen in die existenzielle Kontinuität des Anderen, Abgebildeten.

Max Frisch hat in seinem Tagebuch und in seinen Romanen, vor allem im „Gantenbein", viel darüber nachgedacht, und nicht von ungefähr ist seinem 1954 erschienenen Roman „Stiller" ein Motto aus Sören Kierkegaards „Entweder - Oder" vorangestellt, eines Denkers, zu dessen Lektüre sich auch Gabriele Wohmann wiederholt bekannt hat: „Siehe, darum ist es so schwer, sich selbst zu wählen, weil in dieser Wahl die absolute Isolation mit der tiefsten Kontinuität identisch ist, weil durch sie jede Möglichkeit, etwas anderes zu lernen, vielmehr sich in etwas anderes umzudichten, unbedingt ausgeschlossen wird", und Kierkegaard fügt hinzu: „,... indem die Leidenschaft der Freiheit in ihm erwacht (und sie erwacht in der Wahl, wie sie sich in der Wahl selber voraussetzt), wählt er sich selbst und kämpft um diesen Besitz als um seine Seligkeit, und das ist seine Seligkeit".

Die Frage nach der Identität des Menschen, die Frage also, ob er bereit ist, sich anzunehmen, er selbst zu sein, nachdem sein Zusammenhang mit Gott und dem Nächsten, mit Welt und Gesellschaft gestört ist, hat, so will mir scheinen, die Autoren, die in den letzten zehn Jahren durch die Jury des Bremer Literaturpreises ausgewählt worden sind, wie kein anderes beschäftigt und ihre Werke wie ein roter Faden durchzogen. [...]

Nach „Jetzt und nie" und „Abschied für länger" ist das Buch „Ernste Absicht", von dem jetzt die Rede sein soll, der dritte Roman der Autorin, geschrieben gegen ihre Kritiker und gegen den für sie selbst lähmenden Ruf einer Prosaistin mit abgeschlossener Entwicklung, gegen die Wohmann der bisher erschienenen Werke, die doch mit diesem Roman durch Personen und Themen verbunden bleiben und durch die ihr wesentliche Frage nach Identität und Individuation der handelnden und leidenden

Personen, die alle sie selbst sind, ein Stück Selbstbefreiung und ein Prozeß gegen sich selbst in einem.
Ernste Absicht also. Tod, gesuchter, freiwilliger Tod: das ist die ernste Absicht. Das Buch ist der verstörte Monolog einer Beinahe-Todeskandidatin: „Es ist nur ein Schritt zwischen mir und dem Tode", auch wenn in der zu unterschreibenden Einverständnis-Erklärung zu ihrer Operation und ihren eventuellen Folgen „von ihrem Ableben nicht expressis verbis die Rede ist."
In ihrem Bett, im Zimmer 606, hell wach morgens um 4.15 Uhr, grübelt die Patientin darüber nach, „... wie man wird, was man ist. Wie du wirst, was du sein sollst, damit du es endlich bist." 4.15 Uhr oder 6.30 Uhr: „Dein Körper, neben dem du hertappst, dein Körper, in den du zurückwillst, dein Körper, das bist du nicht. Darin befindet sich — : wer denn? Keiner. Du bist gar keiner ... Du mußt unablässig aufpassen, denn unablässig entgleitest du dir. Du kannst nicht lange mehr hoffen, daß du bist. Du entkommst dem Bewußtsein deiner selbst. Du rutschst dem Begriff von dir weg. Du kannst deinen Wahrnehmungen nicht mehr vertrauen." Oder, später: „Daß du stirbst, ist noch kein Beweis dafür, daß du gelebt hast". Depressionen, Geheul, Gezeter, Lamentieren; Durst, Wundsekrete; dann wieder Durst. Und dann die Frage: „Wann werden wir Zivilisierte sein? Wie lebt sichs denn heut morgen in der paradoxen Verfassung, im Zustand der Sublimation?" Sie erkennt, daß ihre Geschichte gleichsam rückwärts verläuft und durchschaut ihre Krankheit als „eine Art von Selbstmordversuch mit eingebauter Selbsterhaltungstendenz". Sie weiß schließlich, daß „das Leben zum Sterben da ist": „Du sitzt und gehst und atmest, liegst und stehst die Strafe Leben ab."
Diese Einsicht bleibt freilich auch dann noch bewußte und bejahte Sehnsucht nach dem Tode, wenn der Gedanke an Selbstmord längst überwunden ist: „Wir sterben sehnsuchtsvoll, lebenshungrig vor uns hin."
Der Tod, ein Eingang in das Leben — : wie es die Pastorentochter vom Osterchoral her weiß, und doch ist Gott sehr ferne in diesem Buch, trotz des protestantischen Milieus des Diakonissenkrankenhauses Bethesda, trotz des Pfarrer-Ehemanns der Erzählerin, der dort Anstaltsgeistlicher war, seine Position aber dann aufgegeben hat. Mit ihm hat es eine eigene Bewandtnis: „Geschieden von ihm und doch nach wie vor an die verlassene Familie unlösbar gekettet", muß sie entdecken: „Etwas entzweit uns, treibt Keile zwischen uns, ist identisch mit dem, was uns aneinander drängt". Und da ist Rubin, seinerseits verheiratet, Fantast, Maler und Schriftsteller, kumpelhaft anhänglich: „Rubin", so heißt es, „Rubin will mich immer wieder dann und wann, für kürzer oder länger, er nennt das, nach seiner, also richtigen Auslegung, durchaus Zusammenleben." Resigniert gesteht die Erzählerin in ihrem „aufgelösten, unaufgelösten Verheiratetsein": „Den einen zu gern haben. Den anderen zu gern haben." Gescheitert die Ehe, gescheitert auch das Verhältnis zu Rock, dem 15-jährigen Sohn, gescheitert nahezu alles, was sie selbst betrifft, allenthalben „robuste Hinfälligkeit", und das „Private ist verschlampt". Verschlampt, und das will so gar nicht zu der exakten, minutiösen Präzision der Protokolle passen, über die man streiten kann, ob sie eine bloße Marotte der Wohmann ist, ob sie sie ironisch meint oder kontrapunktisch, das einzig feste Muster in einer Struktur schwebender, zerfließender Impressionen. „Du mußt in deinen Schrei Ordnung bringen", befiehlt sie sich und notiert: „Warum ist es beinahe nie jetzt und beinahe immer zu früh und zu spät." „Jetzt und nie", das Motto und der Titel ihres ersten Romans klingen an und die Fähigkeit, Miniaturen und Szenen meisterhaft aneinander zu reihen und einzubinden in den Minutenplan, nachdem das Krankenhaus funktioniert, überblendet von Wahrnehmungen und Reflexionen in Rom, auf Vortragsreisen in Deutschland oder in der Notwohnung, die sie beziehen mußte, als ihr Mann seine Stellung im Diakonissenhaus ohne zwingenden Grund aufgegeben hatte: Detailstudien, mit dem bösen Blick für das Nichtfunktionieren menschlicher Beziehungen niedergeschrieben, Bruchstücke der eigenen Biographie, aneinandergereiht, um Klarheit über sich und ihre Identität zu erlangen: „Angekommen, wieder nicht am Ziel" lautet ihre Formel, und sie fühlt sich dabei „hundsmiserabel und ganz wohl". Und das ist das Resultat: „Hier und da hast du keine Wahl, deine Geschichte erkennst du mühsam, vor dir liegt das Trümmergelände, aus Stein, aus Inventar, aus Historie, aus Geheul und Flehen, vor dir der Schaden, den deine Geschichte angerichtet hat." Folgerichtig schließt der Roman nach 486 Seiten: „Ich sterbe, am Leben, immer weiter. Unverbindlich, unentschlosssen, sterbend, enttäusche ich keine einzige Ansicht über mich". [...]

Aus der Laudatio vom 26. Januar 1971

Foto: Renate von Mangoldt

Gabriele Wohmann

Weitermachen/Aufhören

Foto: Hinrich Meyer

In Dankreden ungeübt, muß und möchte ich doch versuchen, etwas einer Dankrede Ähnliches zustande zu bringen. Die Ungeübtheit macht mich darauf aufmerksam, daß es an Anlässen gefehlt hat, also an Preisen. Erster Grund, mich für die schöne Seltenheit hier in Bremen zu bedanken.

Bisher befand ich mich meistens in der auch angenehmen Lage, bei Preisverleihungen unbeteiligt, bloß zuhörend, zu sitzen und in aller Ruhe Kollegen bei ihren Anstrengungen zu beobachten. Da will sich natürlich keiner anbiedern, da will jeder seine gesellschaftliche Relevanz vorführen, seine Schreibwürde nicht verraten; die devote Gymnastik, eine Verbeugung für die sehr verehrten Anwesenden, fällt etwas steif aus. So kenne ich es zum Beispiel aus den Reden Darmstädter Büchnerpreisträger, die früher als eine Art Büchner-Erben auftreten mußten, lauter mehr oder weniger rebellische, aber eigentlich doch nie verfolgte Spät- und Nach-Büchner dort auf dem Podium zwischen Blumenarrangements, wie sie für Büchner selbst nie zusammengesteckt worden sind. Preisträger machen es gern streng, unerbittlich zeitgenössisch, in jedem Fall, dem Namen verpflichtet, der Nachfolge, gesellschaftskritisch, gleichwohl etwas machtlos gegenüber und angesichts einer geduldig zuhördenden, festlich gestimmten und auch so gekleideten Gesellschaft, die sich daran gewöhnt hat, auch der Beschimpfung hinterherzuklatschen.

Gäbe es in Bremen eine aufs Lokale bezogene — der Preis heißt ja nach der Stadt — Sprech-Obliegenheit, so könnte ich immerhin, ein schönes Thema, aber von mir schon beinah (leider) abgenutzt, über die Nähe zum Meer reden. Ich rede stattdessen über mein ziemlich normales, ziemlich ungestörtes Verhältnis zu Preisen — ich sage aber gleich: es ist nicht egal, *welche* Preise es sind — über Anerkennung insgesamt. Ich freue mich ohne schlechtes Gewissen; ich freue mich ebenso über gute Kritiken, sofern sie nicht an meiner Schreibabsicht vorbeiloben. Eigentlich kommt das kaum vor. Mit der Zeit wird man nicht mehr von den nicht richtigen Personen für eine dann nicht mehr stimmende Anerkennung ausgesucht. Also brauche ich mich auch nicht vor den verkehrten Preisen zu fürchten, vor denen, die ich ausschlagen würde — sie werden mir gar nicht erst angeboten. Für seine Schreibdeutlichkeit ist man selber verantwortlich, und nur gut, wenn sie gute Ziele gelegentlich auch erreicht. Warum sollte ich mich daher vor den paar *richtigen* Preisen fürchten — korrumpieren kann ich mich nur selber, beispielsweise durch ein Schreiben mit Blick aufs Publikum, auf einen bestimmten Geschmack, auf bestimmte Wünsche, isoliert von meinen eigenen, korrumpiert kann ich also nicht werden beispielsweise durch eine Jury, auch nicht durch eine affirmative Gesellschaft, die mich — vielleicht irrtümlich, für literarisch gesellschaftsfähig deklariert, somit für ziemlich harmlos hält; ich muß mir nicht die Haare zerraufen, die Stirn zerfurchen, tief bedrückt durch ein Mißverständnis, sofern es überhaupt eines ist. Soll ich mich leichtfertig nennen mit meinem JA zum — nicht überprüften, aber immerhin möglichen — Mißverständnis, leichtfertig, weil dies — einmal unterstellte — Mißverständnis mir doch erst *nach* seiner angenehmen Metamorphose in ein Verständnis zu Gesicht kommt, leichtfertig, weil ich somit von einer Travestie profitiere? Soll ich blindlings an das richtige Verstandensein glauben? So universal ist das kaum je zu haben. Soll ich die Liste meiner Vorgänger im Preis durchgehen? Das ist anzuraten, wenn man sich gern in guter Gesellschaft befindet. Und, auf hier und jetzt bezogen: ein weiterer Punkt, mich beim Bedanken wohlzufühlen. Ungeübtheit bei Dankreden. Meine Rede ist keine Selbsverteidigung. Ich selber kann in diesem Augenblick dafür sorgen, daß das, was ich geschrieben habe und schreibe, nicht durch ein unangebrachtes Ritual verraten wird.

Hier lasse ich mich, beziehungsweise ein Buch feiern — ich muß es ja wohl trotz allem „Feiern" nennen, wenn ich auch, so viel dabei an mir liegt, Feierlichkeit weglassen will — ein Buch und mich dazu, und wir zusammen haben unser Grundthema, die Angst. Preisgekrönte Angst, honorierte Todesarten, Auszeichnung für die Darstellung der ungelösten, der unlösbaren Schwierigkeiten. Sehe ich nicht nun endlich einen Widerspruch, fühle ich mich nicht nun endlich fehl oder noch etwas unbehaglich an meinem Platz, hat nun dieser Augenblick einen touch von Kompromiß, von Abschwächung und einem *es ist ja alles nicht so schlimm* für mich bekommen? Auch wieder nicht: es schien mir ja auch überhaupt nicht unangebracht oder korrumpierend, mit dem Verlag über dieses Buch einen Vertrag zu machen, und zwar einen möglichst günstigen, ich nahm den Vorschuß, ich nehme meine Prozente vom Ladenpreis ein, ich verhalte mich normal — und dies heißt keineswegs, es auf ein gutes Geschäft angelegt zu haben mit der demnach verkaufbaren Angst oder mit den Abarten der Traurigkeit. Verkäuflicher, einträglicher sind ohnehin die Lustigkeit und die beherzte Fabuliererei oder was nicht sonst — aber diese Frage stellt sich keinem, der an sein Thema fixiert, verdammt und verkauft ist. Meinem Schreibprogramm, einem Sensibilisierungsprogramm, stellt dieser Augenblick sich nicht als Desensibilisierungsprozeß in den Weg. Es kann, es muß für mich nur erfreulich sein, hinter dem Beschluß, mir einen Preis zu geben, einen empfindlichen, einen hellhörigen Nachvollzug zu vermuten, so etwas also vielleicht wie ein Stück von ad-hoc-Komplizenschaft im Angst- und Verlorenheits-Syndrom, in dem sich die schwierige und auch schöne, aber mit der Beleidigung *Tod* belastete Daseinsunsinnigkeit sammelt, die Verstörung zwischen Menschen, die Zerstörung zwischen Menschen, gemacht aus Sätzen und Handlungen und aus Versagen, auch aus Angst, auch und überwiegend in Ermangelung von Angst.

Weil es sich erfreulicherweise nicht um einen Preis der bloßen Feierlichkeit und der Blumensträuße handelt, weil mit dem Bremer Literatur-Preis eine erfreulicherweise vielstellige Summe verbunden ist, habe ich, mag es auch unseriös und, das ist mir recht, bestimmt *unfeierlich* klingen, ein um so besseres Gefühl, und ich kann ganz normal über Geld reden, speziell über das Verhältnis Autor/Geld. Es ist eigentlich ganz alltäglich, normal, insofern also nur gestört bei den zu geringen Einnahmen, befriedigend bei den angemessenen Einnahmen. Warum sollte der Autor sich masochistisch-edel-weltfremd vor einer normalen Bezahlung spreizen? Es ist selbstverständlich, daß er auf Honorare seiner Publikationen nicht verzichten kann, denn er hat sie schreibend verdient — zumeist höhere, als er bekommt — denn er hat für diese Honorare zuvor gearbeitet. Es gibt kein unsinniges hehres Ausnahmepodest, auf dem der Autor in stolzer verweigernder Finanzierungsverachtung thront, es gibt nicht seinen von den normalen alltäglichen Bedürfnissen und Notwendigkeiten abgelösten, seinen unantastbaren Schaffens-Hochsitz, von dem aus er herunterriefe: was ich hier oben betreibe, betreibe ich nicht für Geld, ich tus für die Ewigkeit, für die Nachwelt, so laßt mich unter euch, in der Gegenwart, von angekauten Fingernägeln leben, bitte, ihr unter mir herumschwärmenden Konsumenten und Alltagsmenschen, belästigt mich nicht mit euren Scheinen. Der sogenannte Künstler befindet sich wie jedermann in einem Alltag, in der ganz gewöhnlichen Daseinsidiotie, er ist eine Alltagsperson wie jede andere, auf diese für alle gleiche Situation bezogen. Daß das Arbeitsmotiv eines Autors nicht Geldverdienen heißt, hebt ihn auch nicht weiter hervor: ich glaube, es gibt noch idealistischere Berufe. Der Autor weiß aber auch: es gibt ebenfalls weitaus lukrativere Berufe. Nun, es ist seine Sache, daß er halt schreibt und nichts Einträglicheres tut. Das Geld, das er zum Leben braucht, sollte aber sein normales, angemessenes Arbeitsergebnis sein, unter anderm und wie bei anderen Beschäftigungen. Immer vorausgesetzt, er unternimmt keine Anbiederungsversuche, er bleibt bei sich selber und seiner Schreibabsicht, die er zwar nicht gegen überlegte Kritik, die auf Verbesserungen abzielt, verteidigen muß, aber gegen das Gedränge nach Angepaßtheit, Konzessionen, Abschwächung, Entfärbung. Der Autor trägt also wiederum selbst die Verantwortung für seine eigene Verkäuflichkeit, nimmt, wenn er es ernst meint, gegebenenfalls Unverkäuflichkeit in Kauf. Selbst bei einer Auftragsarbeit kann der Autor, so gut wie bei der Arbeit, die *er* sich ausgesucht hat, seinen Schreibwillen verwirklichen, ihn durchsetzen. Die Auftragsarbeit hat auch dann ihr Gutes, wenn sie, wegen ihrer Thematik, mich nicht auf Anhieb fesselt: es kann nützlich sein, ab und zu in eine andere, unerwartete Denkrichtung geschickt zu werden. Die Begleiterscheinung, das jederzeit brauchbare Honorar, ist auf einer andern Ebene genau so nützlich. Die soziale Situation des Autors erlaubt ihm erst recht keine Geldverachtung. Wie lang reicht sein Schreib-Elan, wieviel Zeit wird er für sein nächstes Projekt brauche, wann steht eine längere Pause bevor, was passiert mit ihm, kein Beamter, kein Angestellter keines Verlags, keines Senders, keiner Zeitung, wenn er nicht mehr produktiv genug ist — vielleicht nur für eine Zeitspanne, aber wer mißt ihm diese Zeitspanne im voraus ab, wer garantiert ihm: von da an geht es weiter? Was wird mit ihm, wenn er alt ist und so ein bißchen ausrangiert inmitten der Novitäten? Noch haben wir die finanziellen Absicherungen für den Autor, für diese Situationen nicht, noch nicht die Altersversorgung. Ich hoffe, das ist ein vorläufiger Zustand, der erst recht wieder dazu anregt, positiv übers Vorhandensein von Literaturpreisen zu reden. Ich halte das Gerede von zu vielen Preisen wirklich für Gerede. Ich finde, es könnte mehr Preise geben. Weil es nicht mehr gibt, gibt es in jedem Jahr für jeden der paar vorhandenen Peise jeweils eine

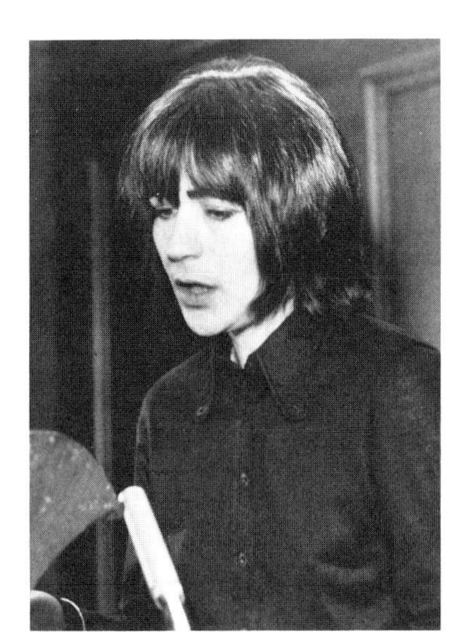

Foto: Hinrich Meyer

zahlreiche Gruppe möglicher Kandidaten; sie könnten vom Preis jeweils beides gebrauchen: die spirituelle und solide Unterstützung. Und an meiner Stelle jetzt hier oben könnte, das würde ich einsehen, jemand anderes stehen aus dem Anlaß, der jetzt meiner ist: fast ein Zufall, ein notwendiges Auswahlprinzip, eine Entscheidung für diesmal und für einen. Es gibt in Bremen nicht die Tendenz, komplette sogenannte Oeuvre abzuwarten, es ist, obwohl norddeutsch, unsteif. Wieder ein Grund, kein Unbehagen beim Bedanken zu empfinden.

Ungeübt in Dankreden: und ich bin am Ende meines Beweises hierfür. Ich hätte es weder für besonders höflich gehalten, noch für den passenden Moment und Schauplatz, heute mittag gesellschaftlichen Groll abzuladen, tiefschürfende Kritik in die Gesellschaft zu bohren, während diese Gesellschaft hier ja 1) über Groll und Kritik Bescheid weiß, und während sie 2) mir soeben ein Beispiel ihres Verständnisses gibt. Dem Schreibenden bieten sich die Gelegenheiten an, sein Anstoßnehmen zu artikulieren, es also sichtbar zu machen, und so viel ich weiß, habe ich nicht viele verpaßt, nicht *meine* Gelegenheiten, *meine* Möglichkeiten für *mein* spezifisches Anstoßnehmen. — Was unter so vielem anderen ist aber ein Preis noch? Wird es doch noch vielleicht etwas pathetisch — was ich nicht will — wenn ich am Ende das Wichtige nur flüchtig erwähne, der Preis — eine Ermutigung zwischen den Polen Weitermachen — Aufhören. Eine kleine Art Zäsur. Zwischen diesen beiden Polen befindet sich nicht nur der Autor mit seinen Schreib-Vorhaben. Es ist, dies Entweder/Oder, dies Weitermachen/Aufhören, die schwierige, die täglich hinuntergelebte Antinomie, in die wir alle gezwängt sind, lebende Todeskandidaten, minütliche, tägliche, alltägliche. — Es ist gut, wenn ein Todeskandidat sich manchmal freut. Ich freue mich. Ich danke Ihnen.

Wohmännchen,

das (Trauerklößchen, Schluchzerl, Seelenquirl) einjährig. Familie der Banalizeen. Heil- und Farbpflanze.

Die violette Blüte, gelb gesprenkelt in einem Körbchen. Blütenstiele reich beblättert. Stengel zierlich, aber widerstandskräftig. Blätter in Form von Taschentüchern, fallen leicht ab.

Das unscheinbare, aber unübersehbare Pflänzchen, das nicht größer als ein Maulwurfhaufen wird, siedelt inmitten zwischenmenschlichen Problemen, im ranzigen Seelenmief, auf Friedhöfen und in kleinbürgerlichen Katastrophen. Auf Ehekonflikten wuchert es und zieht aus dem Boden der Verzweiflung die melancholischsten Blüten. Das Wohmännchen kann im Jahr dreimal zur Blüte kommen. Bestäubt wird es von Nachtfaltern und Totenkopfschwärmern. Die Pflanze enthält einen dickflüssigen Saft, der stark schwarz färbt. Elegiker und enttäuschte Mädchen benutzen ihn als Tinte. Der Tee aus den getrockneten Blüten hilft gegen übersprudelnde Lustigkeit und Lebensfreude und hat schon manchem die Grundlosigkeit seiner Heiterkeit vor Augen geführt. Er ist sowohl harn- wie tränentreibend. Jürgen P. Wallmann schreibt in seinem Buch *Glück mit Banalizeen:* „Der Ernst der Lage wird einem erst durch das Wohmännchen richtig bewußt. Man muß gar nicht in die Ferne schweifen, das Unheil steckt in der kleinbürgerlichen Enge. Wie schön, es dort zu wissen!" Trotz seiner Unscheinbarkeit besitzt die Wurzel des Wohnmännchens eine Kraft, die selbst Grabsteine und verstockte Herzen sprengt. Hans Mayer bekennt in seinen Erinnerungen *Pflanzen, die ich begoß:* „Das Wohmännchen ist, und ich weiß, wovon ich spreche, das absolute Gegenteil der rheinischen Lebensfreude. Es hat mich mit dem Seelenmief bekannt gemacht, von dem so viele deutsche Pflanzen zehren, mit Erfolg, muß ich zugeben."

Schauspieler und Kulturpessimisten, denen Tränen nicht leicht zur Verfügung stehen, helfen sich mit einem Riechfläschchen voll Wohnmännchenöls. Die Wirkung erfolgt prompt. Oral genommen, ist das Öl stark abführend. Mannequins greifen danach, um sich ihre gebrechliche Schönheit zu erhalten.

Fritz Schönborn: Deutsche Dichterflora. Carl Hanser Verlag, München/Wien 1980, S. 130 f.

Foto: Isolde Ohlbaum

Gabriele Wohmann

Ernste Absicht

[...] Dein Körper, neben dem du hertappst, dein Körper, in den du zurückwillst, dein Körper, das bist du nicht. Darin findet sich — wer denn? Keiner. Du bist gar keiner. Du nimmst gleichwohl aus Trotz deine Hände, du sagst: das sind meine Hände, du legst deine Hände auf dein Gesicht, du sagst: das ist mein Gesicht, aber du glaubst es kaum und in der nächsten Minute glaubst du es gar nicht mehr. Du mußt unablässig aufpassen, denn unablässig entgleitest du dir. Du kannst nicht lang mehr hoffen, daß du bist. Du entkommst dem Bewußtsein deiner selbst. Du rutschst dem Begriff von dir weg. Du weißt nicht mehr, was du gesagt hast, du weißt nicht mehr, was gesagt worden ist. Du kannst deinen Wahrnehmungen nicht mehr vertrauen, du wirst in Kürze vor den Augen deiner eigenen Familie sterben, mitten im Ochsenfleisch, den Kopf in der Minzsauce. Aber du bist ja schon wieder nicht hingefallen. Aber wenn. Aber dann.

Wir sind abends matt, geschwätzig und leichtsinnig. Ich sterbe täglich, du darfst dir die Fingernägel nicht so kurz schneiden, du mußt deine moralische Beschaffenheit ändern, du darfst kein vergeßlicher Hörer sein, sondern ein Täter, du mußt Fremdwörter meiden, deine Augen müssen sich mit den Innenräumen befassen, Blumen wachsen auf deinem todsicheren Grab. So die Toten auferstehen, laßt uns essen und trinken, denn morgen sind wir tot. Aber erneut willst du einen Satz sagen und dein Mund versagt ihn dir. So übel dran bist du, weil. Über die Krämpfe deiner Lippen, welche unsinnig vibrieren, kommt nur ein Geräusch. Durch dieses Geräusch kommt kein Wort. Daß du stirbst, ist noch kein Beweis dafür, daß du gelebt hast. Corpus delicti: eine abgehackte Hand. Eine glatte Durchtrennung genau zwischen Handwurzel und Elle und Speiche, sodann vollendete der Arzt die Operation. Du mußt. Du befindest dich im Stadium der Unfähigkeit, bei erhaltener Beweglichkeit zu handeln, das heißt, den beweglichen Körperteilen anzuweisen, wie sie sich zweckmäßig verhalten sollen. Auch der Ungerechte muß leiden. Du mußt. Du mußt Kritik vertragen, denn der Mensch muß Kritik vertragen. Überall bekommst du doch etwas gesagt. Es sei denn, du bist der Generaldirektor. Rubins Zahnprothese wird von Martha mittels Denunziation verunsichert. Daran ist er gewöhnt wie an alles. Zur Selbsthilfe greift er jetzt wahrscheinlich mal häufiger, denn es war doch ziemlich schön und überhaupt nicht auf niedrigem fleischlichem Niveau. Seit der Erfindung des Menschen vervollkommnet man den Menschen lediglich mit Prothesen. Du mußt. Es fallen jetzt bei dir auf: Ungeschicklichkeit und Unpräzision der Bewegungen. Bei Handlungsaufträgen Auslassungen, Verstümmelungen, Bewegungsverwechslungen. Wolltest du winken? Du drohst nämlich. Wolltest du drohen? Du winkst nämlich. [...]

Aus: Ernste Absicht. Luchterhand Verlag, Neuwied/Berlin 1970, S. 308-310

Erich Traumann

Die »schwarze Kassandra«

Ist es erlaubt, erstaunt zu sein, daß der Bremer Literaturpreis nicht als eine Einheit gesehen wird? Wieso sind es nur drei Schriftstellerinnen, die bislang im Bremer Rathaus den Literaturpreis unserer Stadt empfangen haben? Vor der Einrichtung der Rudolf-Alexander-Schröder-Stiftung wurden immerhin Ilse Aichinger und Ingeborg Bachmann mit dem Bremer Literaturpreis bedacht. Mithin zählen wir nunmehr fünf Trägerinnen dieses Preises, nämlich Ilse Aichinger, Ingeborg Bachmann, Christa Reinig, Helga M. Novak und neuerdings Gabriele Wohmann.

War nicht der Vorsitzende der ersten Jury des Bremer Literaturpreises eben der Mann, dessen Namen die Stiftung trägt? In dieser ersten Phase erhielt den Bremer Literaturpreis z.B. der Lyriker Paul Celan, mit dessen weltliterarischer Bedeutung sich niemand der späteren Preisträger messen kann. War nicht Günter Grass als Preisträger ausersehen? Eine sehr beifallswürdige Entscheidung, wie längst außer Frage steht, die freilich an der Betulichkeit von zwei Senatsmitgliedern scheiterte.

Diese kleine Mahnung nicht zu trennen oder zu halbieren, was trotz alledem doch eine Einheit ist, hindert den Chronisten nicht, mit Freuden den Mut zur Entscheidung für Gabriele Wohmann und den schönen Verlauf der Verleihungsfeier mit der ehrenden Ansprache von Senator Moritz Thape, der Laudatio von Prof. Dr. Gerd Kadelbach (Frankfurt) und den Dankesworten der Autorin des preisgekrönten Romans „Ernste Absicht" zu konstatieren. Vielleicht hat man schon vergessen, daß Christian Enzensberger aus grundsätzlicher Negation die Auszeichnung aus Bremen ablehnte? Um so liebenswerter war es, daß ausgerechnet Gabriele Wohmann, die „schwarze Kassandra", dem Gerede von den zu vielen Literaturpreisen eine so entscheidende Absage erteilte.

Bremer Bürgerzeitung vom 29. Januar 1971

Foto: Isolde Ohlbaum

Jetzt ist es schön, jetzt ist es wichtig: wir wollen sofort eine Fotografie ergeben. Beweismaterial werden, etwas Schnelles gegen die verzweiflungsvolle Vergeßlichkeit und das ewig Unfertige schnell erledigen! Jetzt, schnell! Die Vergänglichkeit selber im Objektiv. — Ich weiß schon: Fotografen dürfen nicht in solche Atemnot geraten — doch für mich hat gerade ihre menschen- und lebensfreundliche Kunst mit der Linderung der Todesangst zu tun.
Gabriele Wohmann

Aus: Isolde Ohlbaum, Fototermin. Gesichter der deutschen Literatur. S. Fischer Verlag, Frankfurt/Main 1984, S. 20

Gabriele Wohmann

21.5.1932 Darmstadt

Foto: Renate von Mangoldt

Tochter eines Pfarrerehepaares. Vier Semester Studium der Germanistik, Romanistik, Musikwissenschaft und Philosophie in Frankfurt. Kurze Tätigkeit als Lehrerin am Nordseepädagogium Langeoog; anschließend Sprachlehrerin an der Volkshochschule Darmstadt und an einer Handelsschule. Erste schriftstellerische Arbeiten ab 1956. 1960-67 Teilnahme an den Tagungen der Gruppe 47. Verheiratet mit dem Lehrer Reiner Wohmann. Mitglied der Akademie der Künste Berlin, der Akademie für Sprache und Dichtung, Darmstadt und des PEN-Clubs. 1988 Poetik-Dozentur an der Universität Mainz. W. lebt heute in Darmstadt.

Preise: Georg-Mackensen-Literaturpreis (1965); Funkerzählungspreis des Süddeutschen Rundfunks (1965); Villa-Massimo-Stipendium (1967); Kurzgeschichten-Preis der Stadt Neheim-Hüsten (1969); Literaturpreis der Freien Hansestadt Bremen (1971); Bundesverdienstkreuz (1980); Stadtschreiberin von Mainz (1985); Hessischer Kulturpreis (1988); Konrad-Adenauer-Preis (1992); Montblanc-Literaturpreis (1994).

Werkauswahl: Mit einem Messer. Erzählungen. 1958. – Jetzt und nie. Roman. 1958. – Sieg über die Dämmerung. Erzählungen. 1960. – Abschied für länger. Roman. 1965. – Ländliches Fest. Erzählungen. 1968. – Sonntag bei den Kreisands. Erzählungen. 1970. – Ernste Absicht. Roman. 1970. – Der Fall Rufus, Ein Elternabend. Hörspiel. 1971. – Selbstverteidigung. Hörspiel. 1971. – Große Liebe. Fernsehspiel. 1971. – Gegenangriff. Prosa. 1972. – Entziehung. Materialien zu einem Fernsehfilm. 1974. – Paulinchen war allein zu Haus. Roman. 1974. – Schönes Gehege. Roman. 1975. – Ausflug mit der Mutter. Roman. 1976. – Grund zur Aufregung. Gedichte. 1978. – Frühherbst in Badenweiler. Roman. 1978. – Heiratskandidaten. Ein Fernsehspiel und drei Hörspiele. 1978. – Paarlauf. Erzählungen. 1979. – Ausgewählte Erzählungen aus zwanzig Jahren. 2 Bde. 1956-63, 1964-77. 1979. – Meine Lektüre. Aufsätze über Bücher. 1980. – Ach wie gut, daß niemand weiß. Roman. 1980. – Vor der Hochzeit. Erzählungen. 1980. – Stolze Zeiten. Erzählungen. 1981. – Komm lieber Mai. Gedichte. 1981. – Komm donnerstags. Erzählungen. 1981. – Das Glücksspiel. Roman. 1981. – Ein günstiger Tag. Erzählungen. 1981. – Der kürzeste Tag des Jahres. Erzählungen. 1983. – Ausgwählte Gedichte. 1964-1982.1983. – Einsamkeit. Erzählungen. 1984. – Ich lese. Ich schreibe. Autobiographische Essays. 1984. – Der Irrgast. Erzählungen. 1984. – Passau, Gleis 3. Gedichte. 1984. – Verliebt, oder? Erzählungen. 1984. – Hebräer 11,1. Ein Hörspiel. 1985. - Begegnung mit zwei Eichen. 1985. – Gesammelte Erzählungen aus 30 Jahren. 3 Bde. 1986. – Glücklicher Vorgang. Erzählung. 1986. – Der Lachanfall. Gedichte. 1986. – Unterwegs. Ein Filmtagebuch. 1986. – Der Flötenton. Roman 1987. – Ein russischer Sommer. Erzählungen. 1988. – Kassensturz. Erzählungen. 1989. – Plötzlich in Lüneburg. Komödie. 1989. – Das Salz, bitte! Ehegeschichten. 1992. – Ein Mann zu Besuch. Erzählungen. 1993. – Bitte nicht sterben. Roman. 1993. – Habgier. Erzählungen. 1993. – Er saß in dem Bus, der seine Frau überfuhr. Erzählungen. 1994. – Die Schönste im ganzen Land. Frauengeschichten. 1995. – Aber das war noch nicht das Schlimmste. Roman. 1995. – Das Handicap. Roman. 1996. – Wäre wunderbar. Am liebsten sofort. Liebesgeschichten. 1994. – Vielleicht versteht er alles. Erzählungen. 1997.

Über G. W: Heinz F. Schafroth in: Kritisches Lexikon zur deutschsprachigen Gegenwartsliteratur. München 1978 ff.

Bremer Literaturpreis 1972 für „alias. Ein Text", Flamberg Verlag, Zürich 1971

Gerd Kadelbach

Die Frage nach dem Menschen

Dr. Günter Schulz würdigt Jürg Acklin. Foto: Hinrich Meyer

[...] Der Ich-Erzähler in Acklins Text „alias" hat seine Erfahrungen gemacht und in viele Spiegel geblickt: Erfahrungen mit der Welt seiner Väter, die noch so tun konnten, als wüßten sie, wer sie sind, wenn sie in den Spiegel ihres Selbst blicken. Aber der Spiegel ist den Vätern zerbrochen, ohne daß sie es bemerkt haben, und wie im Märchen von Hans-Christian Andersen ist dem Ich-Erzähler ein Splitter davon in das Auge gedrungen, so daß sich ihm diese zerbrochene Welt in tausend Facetten und Brechungen darstellt; böse, aggressiv, ängstlich; aber auch verspielt und ironisch zugleich macht ihn der Zwang, in ihr existieren zu müssen, und nur die bewußte Selbsttäuschung läßt ihn das Leben ertragen: „Ich werde alles vereinfachen, alles, was mir im Wege steht; ich kremple meinen Alltag um, dieses ‚Erst-endlich-sollte-man' will den Minuten auf die Schliche kommen. Das kann ja nicht sein, das nicht, ein Jahr nach dem anderen". Und so beschließt er, sich mit eiserner Disziplin zum James Bond zu erklären, bis er meint, er sei es wirklich: „Jetzt bin ich schon nicht mehr der, für den sie mich halten; bin einer, der sich für einen anderen hält, der aber weiß, daß er sich für einen andern hält, der aber auf der Hut sein muß, damit er weiß, für welchen er sich hält, ob für den einen, der sich für den anderen hält, oder für den anderen."

James Bond, ein Idol, ein omnipotenter Tarzan der Technokratie, ein Ideal der Zeit, eine begehrenswerte Persönlichkeit, ein Ritter ohne Furcht und Tadel, ein Held, ein Mann, der unserer Zeit Not tut, einer, der noch weiß, was er will:

„Man wird mir zuhören, wenn ich berichte, wie ich mit Dr. No fertig geworden bin, wird schweigend den Mund aufreißen, atemlos..." oder, in den letzten Sätzen des Textes: „Ich bin James Bond, Geheimagent 007. Goldfinger wußte nicht, daß ich das Spiel von seinem eigenen Hotelzimmer aus beobachtete. Jetzt verstand ich, weshalb er mit so hohen Einsätzen spielte. Hinter mir wartete seine Begleiterin, nur mit einem schwarzen Büstenhalter und einem schwarzen Höschen bekleidet. Ich antwortete ihr, ohne die Augen ganz vom Fernglas abzuwenden: Einen Augenblick noch, Baby!" [...]

Ohne Liebe, ohne Dankbarkeit und ohne Toleranz: das ist die Welt, in der die Väter leben, die die Gesellschaft konstituieren, denen die Großväter und die Enkel wehrlos ausgeliefert sind: „Wenn es auf einen Großvater ankommt, dann fehlt im entscheidenden Augenblick das Entscheidende: die Liebe", heißt es an jener Stelle, wo der in den Sumpf geflohene Großvater mit batterieschwachen Megaphonen und verglimmenden Taschenlampen gesucht wird, und wer ihn findet, der erhält ein Extra-Dessert oder einen Tannenzweig als Trophäe an die Wolljacke. James Bond aber weiß: er ver-

sinkt nicht im Sumpf. „Sie werden raunen: da geht er, James Bond; sie werden wispern: dort steht er, James Bond." Und deshalb wird der Enkel auch versuchen, sich an den Haaren aus dem Sumpf seiner Väter zu ziehen. [...]
Jürg Acklin, Jahrgang 1945, hat seine Erfahrungen gemacht, und er hat in „alias" die Geschichte dazu gesucht. Man kann nicht leben mit einer Erfahrung, die ohne Geschichte bleibt. Max Frisch stellte sich vor, ein anderer habe genau die Geschichte seiner Erfahrung. Vielleicht haben auch Sie, meine Damen und Herren, die Geschichte von Acklins Erfahrung erlebt, als der Großvater des Wunschdenkens, der Münchhausen zu sein meint, als technisch perfekter Enkel, der meint, er sei James Bond. Oder sind wir ein Volk erfolgreicher und doch gescheiterter Väter und finden nichts dabei, daß es so ist, und daß wir das für recht und in Ordnung halten.
Acklin läßt uns daran zweifeln, daß unser Leben recht und in Ordnung ist, und läßt uns suchen nach dem Bild eines Menschen, das, was auch die Welt uns lehrt, des Malens wert ist. Dafür sei ihm gedankt.

Aus der Laudatio vom 26. Januar 1972

Jürg Acklin

Den Mund halten

Herr Generalkonsul*, meine Damen und Herren!
Beinahe eine Stunde ist über mich gesprochen worden, nun wollen Sie mich sehen. Ich muß Ihnen gestehen — ich bin etwas verlegen. Sie haben mich an die Öffentlichkeit geholt. Wenn einer schreibt, heißt das noch gar nichts. Wenn aber einer sagt, daß er schreibt, auch noch veröffentlicht, dann kann mit gutem Recht angenommen werden: der meint, er habe etwas zu sagen. Doch so einfach geht es auch wieder nicht; denn alle meinen, sie hätten etwas zu sagen. Auf jeden Fall wird ständig etwas gesagt, unaufhörlich, überall. Dennoch: mir war es immer peinlich, wenn mich jemand fragte, ob ich etwas zu sagen hätte. Ich pflegte mich um eine Antwort herumzudrücken. Jetzt hat sich das geändert. Strahlend kann ich ihm antworten: „Aber ich habe doch einen Preis bekommen!" Meine Damen und Herren, dafür möchte ich Ihnen als freier Schweizer im freien Bremen mit freien Worten danken. Bis jetzt habe ich tatsächlich nicht gewußt, daß ich etwas zu sagen habe, habe nicht einmal gewußt, was ich sagen soll. Bei jedem Satz, bei jedem Wort verbreitete sich in mir eine Unsicherheit, eine Angst, die mich stottern machte. Gleichzeitig geschieht zuviel, durcheinander, überall, in mir, da draußen. Jeder Wortschwall ist zu klein, du läufst Gefahr, im Wortbrei zu ersaufen. Du schwimmst, schlägst um dich, berichtest vom Schwimmen und redest daher von früher, von morgen. Die Wellen reizen dich zum Husten, du gehst unter, tauchst auf und schon redest du wieder daher. Ja, man sollte wieder erzählen können. Sie haben mir den Preis gegeben, weil ich in Frage stelle; ich stelle auch in Frage, ob ich in Frage stelle. Dafür sollte es auch einen Preis geben, einen Spezialpreis. Derjenige bekäme ihn, der nichts mehr sagt, der schweigt, aber nicht aus Unvermögen, sondern aus Einsicht. Dieses Schweigen meint nicht ein Verstummen vor dem Unsagbaren; dieses Schweigen meint nur: den Mund halten. Für eine Jury wäre das keine leichte Wahl. Der eine schweigt innerlich, zu innerlich; der andere schweigt nur politisch. Dieser hat die rechte Mischung gefunden, sein Schweigen ist unüberhörbar, alle verstehen ihn, ein großartiger Schweiger. Ein Neubeginn: die Schweigen-Welle käme auf; schöne Bücher, gefällige Bücher, wichtige Bücher. Haben muß man ein Buch, nicht lesen — jeden Tag ein neues Buch, ein schöneres Buch, das Schweigen für die schweigende Mehrheit. Jeder versteht die neuen Bücher: der ungebildete Arbeiter, der gebildete Arbeiter, der ungebildete Akademiker, der gebildete Akademiker und vor allem die Hausfrau. Der Bildungsnotstand ist aufgehoben, die Schweigen-Welle bringt dem Literaturbetrieb einen nie geahnten Aufschwung. Die Rezensenten wissen wieder, was sie schreiben sollen: dieser schweigt auf 450 Seiten — weshalb?, jener auf bloß 120, ein dritter schweigt gar auf 1336 Seiten Dünndruck. Auch die Schweizer Bundesanwaltschaft kann weiter ihres wichtigen Amtes zum Wohl des Volkes walten: der schweigt subversiv; oder: der schweigt pornographisch. Noch sind wir nicht so weit, aber glauben Sie mir: die Chancen stehen gut. Die

* der Schweiz

Literaturmanager haben sich zwar noch nicht zu einer eindeutigen Haltung durchringen können, aber schon ein Kompromiß wie „Man muß wieder erzählen können" läßt aufhorchen; da geht etwas vor. Der Mensch hat ein Recht auf Unterhaltung. Wenn einer am Abend nach Haus kommt, dann hat er genug, er will weg vom Alltag. Wir begreifen das. Schreibt wieder so, daß man sich — na ja — darüber freuen kann. Laßt uns doch das Pferd am Schwanz aufzäumen. Die „man kann nicht mehr erzählen"-Parole ist doch schon längst vorbei; das wurde zur Manie. Jetzt muß man wieder erzählen können; nicht mehr wie früher, das versteht sich — anders: zeitgemäß, einfach so, daß sich das wieder gut verkauft. Aber dahinter ist doch ein echtes Anliegen; dahinter steht der Mensch, der an den Menschen denkt; der einzelne, der an alle denkt, an alle, die kaufen werden, kaufen müssen. Bücher sind für alle da. Na los: dann erzählen wir eben mal eine komische Geschichte; die von den beiden Kindern mit den dicken Bäuchen — eines starb an Übersättigung, das andere an Hunger. Sicher ist Ihnen auch die Story von den beiden Liebenden bekannt, von denen man nicht weiß, ob sie sich aus Lust oder aus Angst aneinander klammerten. Ja, man muß wieder erzählen können. Das sage ich mir auch immer, wenn ich in einem kleinen Saal, wenn ich in einer Buchhandlung vorlesen muß. Es ist schön, das sonst immer anonyme Publikum einmal leibhaftig vor sich zu haben — erwartungsvolle Gesichter, Literatur als Lebenshilfe. Einmal meinte ein Herr in einer eher ländlichen Gegend: „Sagen Sie mal, sind Sie eigentlich schizophren?" Gerne hätte ich diesem Menschen etwas erzählt, irgendeine schöne Geschichte — etwas mit Hand und Fuß. In den vergangenen Wochen bin ich immer wieder gefragt worden, weshalb ich eigentlich schreibe. Die Fragesteller entschuldigen sich: das sei eine blöde Frage; aber die Leser möchten es doch gern wissen. Was hätte ich ihnen sagen sollen?
Etwa: die Sprachbrunst läßt mir keine Ruh, oder: weil es mich drängt, Sprachraum nutzbar zu machen — oh Wortsgebärde, Gebärde. Doch eine Hoffnung soll mir bleiben: die Schweigen-Welle — vielleicht erhalte ich den Spezialpreis. Das ist es aber nicht, was Sie von einem preisgekrönten jungen Schriftsteller erwarten, meine Damen und Herren, ich weiß, und ich kann Sie beruhigen: es redet weiter, immer weiter. Zum Schluß noch einmal: vielen Dank!

Jürg Acklin (links), Moritz Thape und der Laudator Gerd Kadelbach (rechts). Foto: Hinrich Meyer

Jürg Acklin

20. 2. 1945 Zürich

Jugend in Küsnacht am Zürichsee. Gymnasium in Zürich mit Maturitätsabschluß. Studium der Psychologie, dann der Jurisprudenz an der Universität Zürich. 1974 Promotion in Bremen zum Dr. rer. pol. mit einer Arbeit über die „Kommunistenprozesse in Zürich von 1843". Volontariat bei der Kulturredaktion der sozialdemokratischen „Zürcher AZ", Besuch des Oberseminars in Zürich zum Erwerb des Volksschullehrer-Diploms. J. A. ist Mitglied der „Gruppe Olten". Er ist Kolumnist beim „Zürcher Tages-Anzeiger" und Freier Mitarbeiter in der „Sternstunde Philosophie" des Schweizer Fernsehens DRS.
Preise: Literaturpreis der Schweiz. Conrad-Ferdinand-Meyer-Stiftung (1971); Literaturpreis der Freien Hansestadt Bremen (1972).
Werkauswahl: Der einsame Träumer. Gedichte. 1967. – In der Kalaharisteppe. Kurzgeschichte. In: Geschichten von der Menschenwürde. 1968. – Michael Häuptli. Roman. 1969. – alias. Ein Text. 1971. – Das Überhandnehmen. Ein Text. 1973. – Der Aufstieg des Fesselballons. Roman. 1980. – Der Kommunistenprozeß in Zürich. – 1982. – Der Känguruhmann. Roman. 1992. – Das Tangopaar. Roman. 1994. – Froschgesang. Roman. 1996.

Jürg Acklin

alias

[...] Mein Vater konnte seinen Vater nicht ausstehen, wenn er Mundharmonika spielte, fand ihn widerlich, schlüpfrig. Ich hätte meinem Großvater stundenlang, wenn er von sich, von seinen Brüdern, hätte ihm zuhören können. Heute will ihm niemand mehr zuhören, wenn er am Morgen, wenn er am Abend. Mit Gewalt! Der kann doch nicht von früh bis spät.
Wir werden ihm die Stimmbänder zerschneiden, eine Spritze geben, wenn er während den Gebeten. Aber er ist doch immerhin noch, wenn auch ein alter, er ist doch immerhin noch ein Mensch, das wäre ja noch schöner, wo kämen wir da hin?
Mit mir wird das nicht geschehen. Mein Sohn wird sich meiner nicht schämen. Ich werde ihm auf der Mundharmonika soviel ich will vorspielen können. Niemand wird mich schlüpfrig finden, wenn ich ihm den Handkantenschlag beibringe an dünnen Sperrholzbrettchen, wenn ich ihm zeige, wo ein Mann am leichtesten außer Gefecht zu setzen ist, wenn ich ihn anhalte, lästige Katzen mit einem kurzen Schlag zur Strecke zu bringen.
Mein Sohn wird noch besser als ich, wird sich zu helfen wissen, wird jedem jederzeit zeigen können, wer er ist, am Morgen, wenn er in die Hosen, am Abend, wenn er aus den Hosen, jedem jederzeit. Er wird rufen können: ich bin ich selbst, weiß mich vor euch zu schützen, weiß mich euch vom Leibe zu halten, bin der, für den ihr mich haltet. Meinen Urgroßvater konntet ihr noch, mich könnt ihr nicht mehr. Ich weiß, wie ihr zu nehmen seid, wird mein Sohn rufen, ihr habt Angst, wenn ihr von einem Zimmer ins andere wechseln müßt, habt Angst, wenn ihr euer Haus verlassen müßt, wenn euch jemand plötzlich anspricht mitten auf einer Straße.
Eine alte Frau könnte es sein, die den Weg nicht mehr weiß, die nach dem Altersheim fragt, die zusammenschreckt, weil ihr zusammenschreckt. Vielleicht müßt ihr der Frau euren Arm reichen, weil ein Tännchen quer über dem Weg liegt, müßt an Weihnachten denken, spürt ihre knochige Hand, fürchtet, sie könnte euch mit ihrem Schnupfen anstecken, schließlich seid ihr auch nicht mehr die jüngsten.
Ich könnte es sein, der euch um Feuer bittet, der euch auffordert, beim Patronenhülsen-Suchen zu helfen. Ich kenne euch! Keiner wird mir entwischen, alle werden suchen. [...]
Der Großvater lehrte ihn mit dem Langgewehr schießen, er lehrte mich mit dem Karabiner zielen auf dem Wohnzimmerboden, lehrte mich nie auf einen Menschen zielen, wurde feierlich, wenn ich auf einen Menschen zielte, zum Beispiel auf ihn. Für mich beginnt die Weltgeschichte in der Besenkammer hinter dem Staubsauger neben dem Flaumer. Wir haben glücklicherweise nie, sagte mein Vater, nur auf Scheiben. Nie auf Menschen, nur im Krieg. Ich weiß nicht, da sagt man sich eben, sagte mein Vater, du oder ich! Ich habe das meinen Vater auch schon gefragt, sagte mein Vater, als er mich zielen lehrte mit dem Langgewehr.
Auch ich werde meinen Sohn zielen, werde ihn schießen lehren, werde ihm sagen, daß die Scheiben nur zur Übung, daß eigentlich Menschen, daß die Erfindung des Pulvers eine geniale Erfindung, daß mit einer Feuerwaffe auch ein Schwächerer einen Stärkeren beseitigen könne, wenn er ihn störe. [...]

Aus: alias. Ein Text. Flamberg Verlag, Zürich 1971, S. 46-49

GÜNTER HERBURGER

Bremer Literaturpreis 1973 für „Die Eroberung der Zitadelle. Erzählungen", Luchterhand Verlag, Darmstadt/Neuwied 1972

Heinrich Vormweg

Beglaubigung des Erzählers

Ehepaar Herburger mit Bürgermeister Hans Koschnick. Foto: Klaus Hönke

[...] Vor allem in der Erzählung „Lenau" —, auf ähnliche Weise in der Titelerzählung des Bandes „Die Eroberung der Zitadelle", — ist Günter Herburger mit dem allen etwas geglückt, was auch für die Übung des Erzählens, für die Form Bedeutung hat — eine neue und überraschende Beglaubigung des Erzählers. Erzähler ist hier nicht mehr der Allwissende oder aus einer besonderen Beziehung zum Allgemeinen sich legitimierende oder der fiktive, zu einer Funktion des Erzählens selbst reduzierte Erzähler, sondern der Erzähler namens Herburger. Das drastisch in den Vordergrund geschobene Moment der vielseitigen Abhängigkeit des Autors, des in ihr sich konstituierenden Widerspruchs zwischen Selbstbehauptung und Hoffnung einerseits; der Verstrickung in die gesellschaftlichen Verhältnisse, in denen sich etabliert zu haben eine Bedingung der Anerkennung als Erzähler ist, andererseits, ermöglicht die glaubhafte Rekonstituierung des individuellen Erzählers. Der Gewinn heißt Authentizität, eine komplexe, humane Authentizität. Wo der Anspruch, es besser und alles zu wissen, ebenso fragwürdig geworden ist wie alle Abstraktionen, die Objektivität vorspiegeln, da wird das Eingeständnis der konkreten Abhängigkeiten zur Legitimation. Ein von seiner längst problematischen Tradition her nicht allein mehr zu fassender Begriff des Individuums deutet sich an, einer Individualität, die nicht mehr durch Wertgewißheit und das quasi absolutistische Gefühl der Ebenbildlichkeit sich bestätigt weiß, sondern in seinen erkannten Relationen, seiner Basis- und Überbau-Abhängigkeit, seiner Vereinzelung, seinen Schwächen. Ich möchte auch den letzten Satz der Erzählung noch zitieren:

So hilflos sind wir, einsam und verletzlich, gefühlsreich und mißtrauisch geworden, obwohl jeder nach Gerechtigkeit und Glück verlangt in einer Gesellschaft, die nicht mehr den Worten traut noch den Taten.

Das Thema des Buches „Die Eroberung der Zitadelle" sei, sagte ich, der Widerspruch zwischen revolutionärem Wollen und tatsächlicher bürgerlicher Existenz. Es gibt, wie sich inzwischen schon andeutet, eine Reihe weiterer durchaus entsprechender Ansatzpunkte, Herburgers Erzählen zu interpretieren und damit auch seine Position als Schriftsteller zu erläutern. Einer dieser Ansatzpunkte zeigt sich in einer Unterscheidung, die aus der Tradition des Realismus, auf die sich Herburgers literarische Arbeit jedenfalls bezieht, keineswegs so ohne weiteres folgt; der Unterscheidung zwischen dem Bestehenden, das allzu oft eine fragwürdige und falsche Realität ist, und einer möglichen, vorstellbaren, zukünftigen Realität, in der die Wirklichkeit menschlicher Existenz und menschlichen Zusammenlebens erst ganz zu sich selbst gekommen sein wird. [...] Die Erzählung „Die Eroberung der Zitadelle“ (aber) schließlich antizipiert, wenn auch wie in einem Rausch, als das wirkliche Medium der Revolution die Solidarität mit jenen, deren Klasse die Zukunft gehört. Ich darf auch hier die Geschichte kurz andeuten. Der Erzähler macht im Auto mit seiner Mutter eine Ferienreise nach Italien. Ein Unglücksfall, bei dem die Mutter den Tod findet, bringt ihn aus dem Geleis; macht aus dem Touristen einen mittellosen Bundesrepublikaner in Italien, der ohne Papiere Arbeit sucht. Mit einem griechischen und einem türkischen Arbeiter in gleicher Situation verteidigt er schließlich einen Arbeitsplatz, ein fast fertig gebautes Haus, gegen Besitzer und Polizei. Das geschieht in halluzinativer Exaltation, und es vermittelt dem Erzähler das Gefühl einer ganz außerordentlichen Tat. In der wirren und unsicheren Welt hat er mit Leidensgefährten der zukünftigen Klasse eine Zitadelle erobert, gleichsam in Feindesland; eine Zitadelle, die sie selbstverständlich nicht halten können. Aber das Signal ist in ihrer Lage genug, es macht die Niederlage belanglos. Es sei betont, daß sich nichts von falscher, erheuchelter Verbrüderung in die Erzählung einschleicht; daß nicht vorgegeben ist, die rauschhafte Erfahrung der Solidarität habe die Klassengrenzen schon zerstört. Zum Schluß heiß es: „Yorge Ömer, den Türken, und Vagelis Siamalatis, den Griechen, habe ich nie mehr wiedergesehen. Sicher haben sie mehr aushalten müssen in ihrer Heimat als ich in meiner. Ich bin ein Schriftsteller, der auf Grund seines Standes bis jetzt noch Vorteile auszunützen vermag. Das wird sich, glaube ich, ändern — je nach Hoffnung und Stärke.“

Aus der Laudatio vom 26. Januar 1973

Günter Herburger

„Raum für eine Anstrengung“

Rudolf Alexander Schröder, dessen Name der Literaturpreis der Freien Hansestadt Bremen trägt, den ich empfange und den, gottlob, vor mir schon viele Kollegen, darunter auch wenige Kolleginnen, erhalten haben, jener Übersetzer, Dichter, Lektor war ein ehrenwerter Mann, wurde sehr alt, geboren in Bremen, wo er auch die Ehrenbürgerschaft verliehen bekam; zudem hatte er sieben volle Ämter und Würden inne, die mit dem Beiwort humanistisch nebst direktoral bezeichnet werden können.

Diesen Mann kenne ich seit meiner Kindheit. Ich mußte die zahlreichen Kirchenlieder, die er verfaßt hatte, als Insasse einer protestantischen Klosterschule, erbittert bis weit über den Stimmbruch hinaus, singen. Eines der Lieder, das wir morgens um sieben Uhr in der Kapelle schmetterten, während Rauchwolken von Schwarzmarktzigaretten, kurz vorher inhaliert, zum evangelischen Himmel aufstiegen, begann: „Der Heiland kam zu seiner Tauf / und tut den Reichsgenossen / das Paradies von neuem auf, / das unsere Schuld verschlossen.“

Gewettert haben wir, geflucht, da für uns das Wort Reichsgenossen natürlich ein Hinweis auf eine, sanft ausgedrückt, fügsame Beugung des Dichters während des Dritten, des nazistischen Reiches war. Selbstverständlich hatten wir nicht den Einfall, die Vokabel Reich, also Staat, mit Gottesreich zu verbinden. Alles, was alt war, Würde und Ansehen genossen hatte, blieb verdächtig zu Recht, wurde abgehalftert. So auch Schröder auf persönliche Weise infolge der ersten Strophe seines Liedes.

In der dritten Strophe jedoch lautete es: „Geist, der im Wasser und im Hauch / uns wandelt, stärkt und nähret / und lebt im Wort und wirkt im Brauch, / da man den Vater ehret.“ Wir haben den Vers geändert und sangen, ohne daß die Lehrer, die Älteren, die unsere Kameraden waren, eingeschritten wären. Sie waren versteinert aus dem Krieg zurückgekommen, hatten nur noch ein Bein, eine Lunge, ein Auge oder einen Arm und gebrauchten folgsam grimmig unseren Wortlaut aus Haß oder Anpassung, denn die damalige Goldwährung, Zigaretten, bezogen sie von uns. Die Neufassung der dritten Strophe hieß: „Geist, der im Wasser und im Rauch“ (siehe Zigarettenwährung, Wasser tranken wir auch, manchmal Molke mit Sacharin versüßt, in Ausnahmefällen dünnes Bier) „uns wandelt, stärkt und nähret / und lebt im Sport und wirkt im Bauch“ (was eminent wichtig war, wenn man nur Kartoffeln aß, Maismehlgerichte, nachts gefährlich importiert vom Schwarzmarkt Ulm-Hauptbahnhof in Württemberg, der in der amerikanischen Zone lag, wir gehörten jedoch zur französischen Zone, wo Spürhunde und Geschoßgarben an der Donaugrenze uns bedrohten, jener neue Vers schloß dann aber abrupt wie der alte, wobei auch der morgendliche Gottesdienst, der unausgeschlafene Jugendliche plagte, endlich aus war, mit): „da man den Vater ehret.“

Damals waren die Väter nur Haßobjekte. Heute, nach den Studentenunruhen, der Politisierung, der Erweckung der Bevölkerung für die Besichtigung unserer Wirklichkeit, verbünden die Väter sich allmählich mit den Jüngeren. Dazu gehören auch Schriftsteller, die manchmal geehrt

Foto: Klaus Hönke

werden, nur weil sie besser sich zu äußern vermögen als andere, die nicht gute Schulen genossen, doch schlechte Umstände erlitten haben auf Grund von Klassenunterschieden. Solche Autoren bekommen Geld geschenkt, sind dafür dankbar.

Meist zu Unrecht, denke ich. Wenn uns geschmeichelt werden soll, was stets auf den Geld- und Ehrengeber zurückfällt, dann sollte es so geschehen, daß der Klassenunterschied zwischen Arbeitern, Angestellten, zu denen auch Schriftsteller gehören, und den Spendern für einen kurzen Augenblick aufgehoben wird, um Solidarität vorzuführen. Geld als Produktionsmittel für Genuß, Phantasie, Muße, Wohlleben bleibt für die allermeisten unerreichbar.

Ich spreche direkt. Nur so kann Demokratie, auf die wir zaghaft seit der Adenauer-Zeit mehr oder weniger stolz sind, zu funktionieren beginnen. Das heißt in unserem Fall, der Preisgewährer muß mehr ausgeben für, zum Beispiel, machtlose, aber entschlossene Autoren, die, wenigstens auf dem Papier, das bessere Leben wollen für alle, die nicht so geübt sind, hemmungslos neue Ordnungen herzustellen. Freiheit, die wir wünschen, besteht in einem kapitalistischen Staat für jene, die Geld besitzen …

Gebt den Nächsten, die den Preis erhalten sollen, nicht 10000, sondern 100000 Mark, also weitaus weniger als ein Tausendstel des Stadthaushaltes, dann gewährt Ihr wenigstens einigen, die Euch Überfluß, Phantasie und Rezepte für ein besseres Leben zunächst nur in Gedanken, Sprache produzieren können, Raum für eine Anstrengung, die wichtig ist aus Vernunft der Zukunft entgegen.

Wenn Ihr vor Geld Angst habt, glaubt uns, wir haben sie genauso, doch sie nützt uns nichts. Wir werden sie nur überwinden können, wenn wir springen lernen mit dem dann hoffentlich roten Kontobuch unter dem Arm.

Hinundherburger,

der gallentröpfige (Registrant, Aufrührig, Schalmei von Jericho) ausdauernd. Familie der Protestazeen. Bitterpflanze.

Die Stengel auf dem Boden anschleichend, faserig. Die Blätter entgegenstehend, dampfwalzenförmig und stark klebrig. Der Kelch halb so lang wie die Samenkapseln, die im Winde grollende Töne von sich geben. Die Blüten purpurrötlich bis zartrosa.

Der gallentröpfige Hinundherburger wächst im Mief kleinbürgerlicher Scheuklappen, im Schweißgeruch vergeblicher Liebesmüh' und in utopisch-poppigen Fluchtgefilden. Die Pflanze ist der Stolz einiger weniger Pflanzenfreunde, die sich in ihrem Frust nur an ihr aufzurichten vermögen. Ihr Wurzelwerk ist sehr aggressiv, was ihre Blüten jedoch Lügen straft. Kinder spielen gern mit den klebrigen Stengeln, so können sie immer etwas den Erwachsenen anhängen. In der Nacht leuchtet die Pflanze wie ein zukunftstrunkenes Glühwürmchen. Im Allgäu preist man den gallentröpfigen Hinundherburger als Boten des Frühlings, in Wirklichkeit jedoch blüht er im Herbst. »Mit ihm endet das Jahr«, stellt Joachim Kaiser in seinem schon erwähnten Buch *Meine Wallfahrt nach Bayreuth* fest, »wer weiß, ob er überhaupt blühen würde, wenn er wüßte, was nach ihm kommt.« Der gallentröpfige Hinundherburger enthält einen Bitterstoff, der durch hingebungsvolle Interpretation gewonnen wird. Er ist ein wichtiger Bestandteil des »magenfreundlichen Kräuterlikörs«. »Es gehört zu den urdeutschen Eigenschaften, das Süße durch das Bittere zu vertiefen«, sagt Professor Diwald in seinem Buch *Sternstunden deutscher Blütenträume,* das jetzt in einer endgültig revidierten 3. Auflage vorliegt. Die Wissenschaft ist sich bis jetzt noch nicht einig, wie dieser Bitterstoff überhaupt zusammengesetzt ist und welche Wirkung er tatsächlich hat. Manche halten ihn ganz einfach für ein Kontrastprogramm.

Fritz Schönborn: Deutsche Dichterflora. Carl Hanser Verlag, München/Wien 1980, S. 62 f.

Günter Herburger

Einsicht

Fotos: Renate von Mangoldt (oben); Isolde Ohlbaum

Es gibt keine befahrbare Straße zu dem Friedhof hinauf, der hoch über der Stadt liegt. Jeder Tote muß getragen werden. Vier Männer schleppten den Sarg über die engen, steilen Treppen, kanteten geübt die Kiste, die ich ausgesucht hatte, es war die billigste gewesen. Sie machten keine Pause, stiegen langsam unaufhaltsam höher zwischen den übereinandergebauten Häusern am Hang, tauchten in kleine Tunnel, den Sarg stemmend, stellten ihn in schwierigen Kehren hoch und schräg und stießen kein einziges Mal gegen eine Wand, handhabten die Last spielerisch, als wollten sie mir zeigen, daß für sie Tote oder deren Reste etwas Vergnügliches sind.

Ich ging hinter ihnen als einziger Trauergast und höre mich heute noch auf den endlosen Treppen keuchen. Zu schwitzen begann ich, Schwindel setzten ein, ich war in einem trostlosen Zustand, zermürbt von Hitze und Schmerz, der, wenn wir zeitweise in den Schatten entlang einer Hauswand gerieten, noch deutlicher wurde, weil ich mich nicht mehr gegen die stechende Sonne stemmen mußte. [...]

Ich habe mich gewehrt. Heute kann ich wehmütige Späße darüber machen, die vielleicht sogar liebenswürdig klingen, doch damals bedeutete es Trauerarbeit, wütender Bann, als ich mir auf dem steilen Weg vorstellte, ob die Tote in ihrer Kiste rutscht oder liegenbleibt, wenn die Träger den Sarg schwenken, ihn je nach notwendigem Gleichgewicht anheben oder senken, auch kippen. Vielleicht bewegen sich die vielfach gebrochenen Arme, der kleine, jetzt greisenhafte Kopf mit der Adlernase, die ich auch habe, aber bei ihr, der Toten, nun noch schärfer, rechthaberischer hervortritt, weiß und kalt. Ich hatte sie geküßt, mehrmals, bis es mich keine Überwindung mehr gekostet hatte und ich im voraus meinen eigenen Tod wenigstens an der Nasenspitze hatte gelernt zu empfinden. Faltet sich das Hemd, das ihr angezogen worden war, oder bleibt sie bedeckt, ihr magerer alter Körper, den ich, als wir beide im Badeanzug endlich am Meer nach der langen Fahrt waren, umarmt hatte, die Knochen spürend, die vielen Krankheiten und Ängste seit Ende des Krieges, es ist bald dreißig Jahre her, doch für sie wie ein stetiger Sturz aus dem Leben in die Erstarrung, und darin ist sie nicht allein, es gibt Millionen wie sie, die höchstens noch ihren Hund spazierenführen oder in Heimarbeit Adressen schreiben in stolprigem Zehnfingersystem auf einer teilbezahlten Maschine, diese Witwen ohne Gewicht und Erlösung. Wir sind ins Wasser gewatet, Hand in Hand, meine Mutter und ich, vorsichtig prüfend, zuerst den Puls an den Handgelenken kühlend, den Bauch, schließlich die Herzgrube, es hat mir Freude gemacht, nicht aufzutrumpfen mit einem Sprung oder plötzlichen Kraulschlägen, die Kraft und Jugend demonstrieren sollen. Ich ging mit ihr langsam tiefer, bis wir nicht mehr stehen konnten und folgsam allmählich zu schwimmen beginnen mußten, ausatmend, einatmend, Kopf an Kopf der Sonne entgegen in dem warmen Meer, von dem wir immer geträumt hatten wie viele in unserem steifen und klobigen Land. Es waren meine ersten Ferien gewesen. Ich hatte sie mit meiner Mutter verbringen wollen, denn sie war einsam gewesen, ich aber erfolgreich, viel beschäftigt. Ich meine, keine Einsicht kommt zu spät, wenn sie in Taten verwandelt wird, Umkehr hervorruft, Entschiedenheit. [...]

Aus: Die Eroberung der Zitadelle. Luchterhand Verlag, Darmstadt/Neuwied 1972, S. 207 f.

Harald Gröhler

„Ich bin mit mir identisch“

Aus einem Interview

Foto: Isolde Ohlbaum

Herr Herburger, hatten Sie mit dieser Preisverleihung gerechnet?
Herburger: Nein. Ich wußte nichts davon. Kam ein Mann zu mir und sagte: „Möchten Sie einen Preis?“ Und dann sagte ich: „Ja. Welchen? Das kommt drauf an.“ Sagte er: „Bremen!“ Dann sagte ich: „Moment mal, das sind glaub' ich 10000 Mark.“ Dann sagte er: „Ja.“ Dann sagte ich: „Gut. Ja. Nehm' ich.“ Dann sagte er: „Ich heiße Schulz.“ Und dann ging er.
Sehen Sie sich durch diese Preisverleihung in eine Alibifunktion gebracht — für das Establishment —, ähnlich wie Christian Enzensberger?
Herburger: Der hat den Bremer Literaturpreis abgelehnt, ja. Ich kann mir das nicht leisten, ich brauch' diese 10000 Mark. Das ist nämlich Produktionsvolumen. Aber der Preis selbst ist mir als Preis egal.
Billigen Sie der Jury literarische Kriterien zu?
Herburger: Das ist ein Würfelspiel, verstehen Sie. Einmal trifft's den, einmal den anderen, das ist im Grunde völlig egal. Nur, dadurch kommt die Stadt immer wieder in die Zeitung: „Die Freie Hansestadt Bremen leistet sich so einen Preis“ — als Kultur-Feigenblättchen. Die Stadt ehrt nur sich selber.
Was für eine Art Literatur halten Sie im Augenblick für wichtig?
Herburger: Eine Literatur, die von möglichst vielen gelesen wird — aber dazu bräuchte man ein anderes Verteiler-System —; eine Literatur reich an Erfindung, reich an Phantasie und Worten. Sie soll auch etwas verbreiten, was bekannt ist, und soll den Menschen ein wenig helfen. Dadurch ist sie natürlich auch entschieden politisch.
Was halten Sie davon, über sich selber zu schreiben?
Herburger: Das ist legitim. Ich fange an, wenn ich von mir erzähle, auch über meine Möglichkeiten in dieser Gesellschaft zu erzählen.
Sie schreiben auch über Kinder und für Kinder.
Herburger: Das ist sehr wichtig. Ich hab selbst ein Kind. — Wenn ich von dem schreibe, was ich gern hätte, und wie es sich wandeln sollte, dann muß ich ja jetzt schon praktisch anfangen: mit meinen bescheidenen Mitteln, und das kann ich bei Kindern. Wir Erwachsenen sind meistens sowieso schon verloren.
Nicht mehr veränderbar?
Herburger: Kaum mehr! Es geht nur noch unter großem Druck. Außerdem kann man die zukünftige Gesellschaft ja nur allmählich zu bilden beginnen.
Schreiben Sie auch, um sich zu „befreien“?
Herburger: Das war früher wohl wichtig bei mir; jetzt nicht mehr so sehr. Ich bin mit mir sehr identisch geworden; zunehmend.

Nürnberger Nachrichten vom 26. Januar 1973

Günter Herburger

6. 4. 1932 Isny/Allgäu

Foto: Renate von Mangoldt

Abitur 1951, anschließend Studium der Literatur- und Theaterwissenschaft, Soziologie, Philosophie und des Sanskrit in München und Paris. Danach verschiedene Berufe in Frankreich, Spanien, Nordafrika und Italien, unter anderem als Sekretär eines Schriftstellers, Straßenarbeiter, Fremdenführer und Badeaufseher. Anschließend Arbeit als Fernsehredakteur beim Süddeutschen Rundfunk in Stuttgart. 1964 erste Lesung auf einer Tagung der Gruppe 47 in Sigtuna/Schweden. Mitglied des PEN-Club der Bundesrepublik. H. lebt heute als freier Schriftsteller in München.

Preise: Berliner Kunstpreis – Preis „Junge Generation" (1965); Literaturpreis der Freien Hansestadt Bremen (1973); Gerrit-Engelke-Preis der Stadt Hannover (1979); Stipendium „Münchner Literaturjahr" (1981); Peter-Huchel-Preis (1991); Tukan-Preis München (1991); Hans-Erich-Nossak-Preis (1992); Literaturpreis der Stadt München (1997).

Werkauswahl: Eine gleichmäßige Landschaft. Erzählungen. 1972. – Ventile. Gedichte. 1966. – Die Messe. Roman. 1969. – Training. Gedichte. 1969. – Jesus in Osaka. Roman. 1970. – Birne kann alles. Birne kann noch mehr. 26 Abenteuergeschichten für Kinder. 1971. – Die Eroberung der Zitadelle. Erzählungen. 1972. – Helmut in der Stadt. Erzählung für Kinder. 1972. – Die amerikanische Tochter. Gedichte. Aufsätze. Hörspiel. Erzählung. Film. 1973. – Operette. Gedichte. 1973. – Hauptlehrer Hofer. Zwei Erzählungen mit einem Nachwort des Autors. 1975. – Birne brennt durch. 26 Abenteuergeschichten für Kinder und Erwachsene. 1975. – Ziele. Gedichte. 1977. – Flug ins Herz. Roman, 2 Bde. 1977. – Orchidee. Gedichte. 1977. Die Augen der Kämpfer, 2 Bde. Roman. 1980/1983. – Blick aus dem Paradies. Thuja. Zwei Spiele eines Themas. 1981. – Makadam. Gedichte. 1982. – Das Flackern des Feuers im Land. Beschreibungen. 1983. – Capri. Geschichte eines Diebs. 1984. – Das Lager. Ausgewählte Gedichte 1966 -1983. 1984. – Kinderreich Passmore. Gedichte. 1986. – Lauf und Wahn. 1988. – Das brennende Haus. Gedichte. 1990. – Thuja. Roman. 1991. – Eine gleichmäßige Landschaft. 1992. – Sturm und Stille. Gedichte. 1993. – Traum und Bahn. 1994. – Birne kehrt zurück. Neue Abenteuergeschichten für Kinder . 1996.

Über G. H.: Peter Bekes in: Kritisches Lexikon zur deutschsprachigen Gegenwartsliteratur. München 1978 ff.

JURE K BECKER

Bremer Literaturpreis 1974 für „Irreführung der Behörden. Roman“, Hinstorff Verlag, Rostock 1973/Suhrkamp Verlag, Frankfurt/Main 1973

Gotthart Wunberg

Eine höchst dialektische Angelegenheit

[...] Das Problem, das die Romane „Jakob der Lügner" und „Irreführung der Behörden" verbindet und das jeder von ihnen auf seine Weise zu lösen versteht, ist in der Tat ein brechtsches. Es geht um die „Weite und Vielfalt der realistischen Schreibweise", d.h., um die Frage des Realismus.
Es handelt sich nicht um irgendeinen abstrakten Begriff von Realismus, sondern eben um die realistische Schreibweise, oder wie man auch sagen könnte: um den realistischen Erzähler. In beiden Romanen steht er an exponierter Stelle zur Debatte: im ersten als der einzige Überlebende, der vom Helden erzählt, aber selbst der Held nicht ist; im zweiten als der, der von sich selbst erzählt und damit zwar der Held ist, aber als Held nicht überleben darf. Eine höchst dialektische Angelegenheit also.
Wer die spezifische Realistik der Sprache, insbesondere der Dialoge dieses Romans positiv zu beschreiben versucht, wartet mit Negativformeln auf: unprätentiös, nicht gewollt, unauffällig, ohne falsches Pathos usw. Alles Epitheta, die so kurz greifen, wie sie den Roman dem Verdacht falscher Schlichtheit aussetzen könnten.

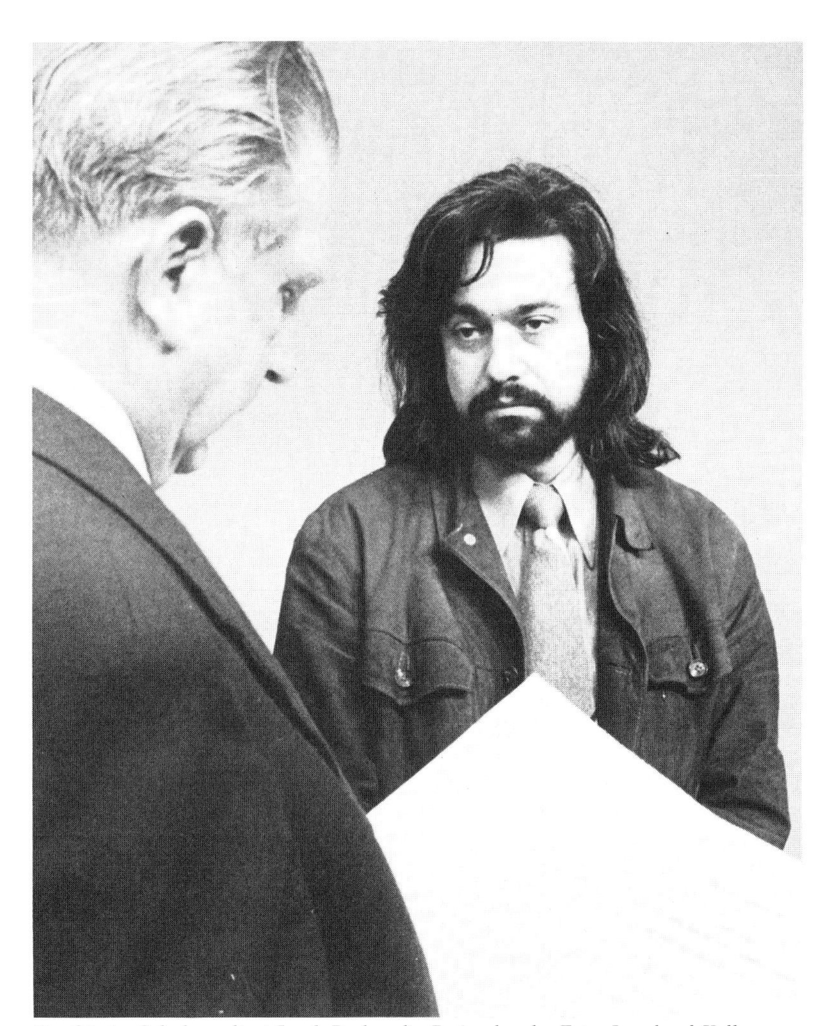

Dr. Günter Schulz verliest Jurek Becker die Preisurkunde. Foto: Leonhard Kull

Ihre allenfalls partielle Richtigkeit — die für die Vokabel „unprätentiös" immerhin beansprucht werden kann — wird erst aufgehoben, wo nach der Schreibweise, nach der Machart gefragt wird, nicht nach dem Stoff. Die Banalität des Stoffes — von der Kritik zu Recht hervorgehoben —

dirigiert das Nachdenken des Lesers geradezu in diese Richtung, weil er der Faszination des Romans erliegt, ohne daß der Stoff ihn fesselt. Also muß er sich nach der Machart fragen. Die ganze ungeheure Anziehungskraft des Romans besteht darin, daß der Erzähler nicht nur die Objekte, seine Figuren und ihre Probleme realistisch beschreibt, sondern auch sich selbst. Er bringt sich selbst bei seinen Figuren unter und macht keine Unterschiede: Er beschreibt sich wie sie realistisch, ohne Rückhalt, ohne den Trumpf dessen in der Hand zu behalten, der alles weiß und deshalb alles — über sich — verschweigen könnte. Er behandelt sich nicht anders als seine Romanfiguren; im Gegenteil: der einzige, der sich wirklich und ohne Rücklagen aufs Spiel setzt, ist Gregor Bienek. Dieser Helden- und Selbst-Verzicht, diese Egalisierung der Positionen des Erzählers und seiner Figuren zielt unaufdringlich und beharrlich auf *Solidarität;* und erreicht sie schließlich auch für den Leser, weil die Aufrichtigkeit einer richtig verstandenen realistischen Schreibweise überhaupt solidarisch macht; d.h. letztlich: human ist. Indem der Held sich als Erzähler unter die Erzählten, als Beschreiber unter die Beschriebenen begibt, egalisiert er sich dem Leser, der sich nicht nur in den realistisch beschriebenen Figuren, sondern zugleich in dem realistisch beschriebenen Erzähler wiedererkennt, und der mit dem in diesem Sinne demaskierten Erzähler auch sich selbst — demaskiert nämlich — akzeptieren kann.
Auf den Satz, ob damit die Zukunft zu erreichen sei, zurückgewendet, hieße das alles zweierlei: für den Menschen Bienek (und damit für den Menschen überhaupt) ist die Zukunft nur zu erreichen, wenn er von sich selbst als Held absieht, wenn er keine Unterschiede macht zwischen sich und anderen; für den Erzähler Bienek (und damit für den Ich-Erzähler überhaupt) gilt das gleiche, nämlich dann, wenn er jene Wahrhaftigkeit seiner Schreibweise gegenüber sich selbst realisiert, von der Ludwig Börne 1831 schrieb, sie stelle eine so starke schriftstellerische Potenz dar, daß man ihr „selbst den Mangel der Wahrheit" verzeihen würde. Mit *der* Wahrhaftigkeit kann man, wie man an Jurek Becker sieht, die Zukunft erreichen. Und dazu sollte man ihn mehr noch als zu diesem Preis beglückwünschen.

Aus der Laudatio vom 26. Januar 1974

Rolf Michaelis

Achtung: Falltür!

Irreführung der Leser: hätte der 1937 in Polen geborene, in Getto und KZ aufgewachsene, heute in Ost-Berlin lebende Jurek Becker nicht auch diese Warnung als Titel über seinen zweiten Roman schreiben können?
Der 1969 nach Filmdrehbüchern und Fernsehspielen, mit dem traurig-komischen Getto-Roman *Jakob der Lügner* als Erzähler die Stimme erhob, bleibt auch im zweiten Buch, einem Ich-Roman in drei Teilen, dem Flunkerthema treu. Jurek der Lügner, Becker der Dichter, lockt den Leser mit phantastischen Geschichten in eine scheinbar skurrile Welt schöner (Liebes-)Träume — bis man merkt, daß der Boden des Märchens nachgibt und der Leser sich in der Wirklichkeit von Mißverständissen, Mangel an Zärtlichkeit, Liebesentzug wiederfindet. Becker weicht der Realität nicht mit Träumen aus. Den Zwielaut von Wunsch und Wirklichkeit, Schein und Sein, der Leben erst menschlich macht, reproduziert Becker in einem Roman mit doppeltem Boden. Der Leser sei gewarnt: Achtung, Falltür!
Irreführung des Lesers betreibt Becker schon in der Beschilderung, mit der er uns in seinen Erzähl-Irrgarten ködert. „Roman" heißt nur der schmächtige, siebeneinhalb Seiten umfassende Mittelteil, gegliedert in sieben Kapitelchen, numeriert mit den Jahreszahlen von 1960 bis 1966. Der umfangreichste Hauptteil, sechzehn Kapitel und 157 Seiten dick, bildet die Einleitung unter dem Zwinker-Titel: „Erste Geschichte". Ihm antwortet, unter der Rubrik: „Zweite Geschichte", der mit 80 Seiten, sieben Kapiteln, halb so umfangreiche Schlußteil.

Auch die Zwischenüberschriften müssen mit Ohr für den Doppellaut jeder Äußerung des Erzählers gelesen werden. „Erste Geschichte" heißt dann, ganz realistisch: Der Jura-Student Gregor Bienek, Ich-Erzähler des Romans, erzählt seine erste Geschichte. Er erzählt sie gleich auf der ersten Seite einem skeptischen Lektor vom Fernsehfunk. Den Sohn eines kleinen Beamten — sein Vater ist „gebürtiger Behördenangestellter" — drängt es von den Paragraphen zu den Musen. Doch auch als angehender Schriftsteller bleibt er einem Grundzug seines Wesens treu: der Trägheit. Fabulierer, der Bienek/Becker ist, knallt er den jeweiligen Lektoren kein Manuskript auf den Tisch, sondern spinnt sie in seine Geschichten ein, schildert wortreich, wie er sich die Erzählung denkt.

Damit ist eines der charakteristischen Elemente von Jurek Beckers zweitem Buch benannt. Wichtiges wird nur skizziert. Ein Leben in Andeutungen. Roman zwischen den Zeilen. So bleibt die Spontaneität des Erzählens erhalten. Folgerichtig flüstert Gregor, der rechtzeitig vom Amtsschimmel auf Pegasus umsattelt, eine der Schlüssel-Geschichten des Bandes als Enkel der Scheherazade aus *Tausendundeiner Nacht,* der er ist, seiner Lola nächtens ins Ohr. Lola ist nicht nur das Mädchen, in das der Erzähler verliebt, dem er verlobt, später angetraut ist, Lola ist auch der Partner, der sich nicht irreführen läßt, der den anpassungsbereiten Lieferanten von Unterhaltung durchschaut. Lolas wegen kann „Erste Geschichte" auch so gelesen werden: Gregor erzählt die erste Geschichte, die er mit einem Mädchen hat. Man muß hinzufügen: die erste ernsthafte Geschichte, die der zur Beschaulichkeit neigende, ein bißchen faule, leicht verführbare, nicht nur von Frauen, sondern vor allem von Ruhm, Wohlleben, westlichem Warenangebot zu verführende Mann erlebt. Denn kleine Abenteuer, mal mit einer ansehnlich bebusten Lektorin, mal mit einer „gewissen Ilse", läßt sich Gregor der Genießer nicht entgehen.

Jetzt verstehen wir auch den Titel des Schlußabschnitts. „Zweite Geschichte" heißt nicht nur, daß Gregor, wieder nur in Andeutungen, seine zweite (Liebes-)Geschichte erzählt, das Film-Drehbuch einer zur Hohlform gewordenen Ehe, sondern daß er auch seine zweite glücklich-verstörende Liebesgeschichte erlebt. Nach Jahren trifft er zufällig die einst umschwärmte Schönheitskönigin des juristischen Seminars. Damals war Gregor ihr ausgewichen, dem eigenen Trägheitsgesetz folgend. Auf einem Juristenball hat er dem Strebertyp Gerhard Neunherz lieber Lola ausgespannt. In der einen Liebesnacht, die Gregor jetzt mit dem Star des juristischen Seminars hat, erlebt er ein Glück, von dem er nur wünschen kann, es „müßte sich konservieren lassen". Doch weiß er da nicht, daß die zur Liebe begabte Juristin inzwischen dem Freund-Feind angetraut ist, dem er einst schon Lola entführt hat.

Bei solcher Engführung der Themen wird klar, was Jurek Becker auf ganzen siebeneinhalb Seiten als „Roman" erzählt. Auch hier ist zunächst die sachliche Erklärung möglich: Der als Film- und Fernsehautor erfolgreiche Gregor berichtet in dürren Worten, daß er seinen ersten Roman geschrieben hat, der sich, wie könnte es anders sein, gut verkauft.

„Roman" fordert jedoch, wie die beiden anderen Zwischentitel, zu tieferer Deutung heraus. Becker skizziert unter den Jahresdaten 1960 bis 1966 die Symptome, aus denen andere Autoren einen Roman der gängigen Sorte aufgeschwemmt hätten, den Zerfall einer Ehe, das Erlöschen einer Liebe in den Berufssorgen des Mannes, im Kinder- und Küchen-Ärger der Frau, „den Unfrieden der letzten Jahre, den rapiden Verlust an Zärtlichkeit".

Daß er diesen „Roman" verweigert, eben dies macht Jurek Beckers Roman überraschend, originell, den Leser aufstörend und zum Nachdenken, zum Nachlesen animierend. Das Erzählen in Relationen der Unbestimmtheit, der moderne Roman der Indetermination — der junge Autor aus der DDR bereichert die Gattung der „Mutmaßungen über ..." und „Mein Name sei ..." um eine erstaunliche Variante. Indem er sich scheinbar dem Muster zeitgenössischer Eheromane fügt, deren Strukturformel das Liebesmärchen der „Ersten Geschichte" auf den Nenner bringt: „Die Liebe wird kleiner und kleiner, und eines Tages ist alles aus", zerstört er es. [...]

Wie sich in diesem Roman bei scheinbarer Nonchalance alle Teile aufeinander beziehen, die Geschichten komischer und tragischer Liebe, erfüllter und unglücklicher Ehen, lustvoller und tödlicher Ehebrüche einander erhellen in unauffälliger Parallelität, so verweisen sie, ohne gereckten Zeigefinger, auf die gesellschaftliche Situation in dem sozialistischen Land, in dem dieses Buch geschrieben worden ist. Ist Beckers Roman die Geschichte einer großen, gefährdeten, aber verteidigten Liebe, so ist er zugleich auch, was man früher „Künstler-Roman" genannt hat: Kampfbericht von der Selbstbehauptung eines Schriftstellers, eines in diesem Fall besonders anerkennungswütigen, also: anpassungsbereiten Literatur-Clowns. [...]

Frankfurter Allgemeine Zeitung vom 12. Mai 1973

Verschenkte Literaturpreise

Wie man aus Braunschweig hört, hat die Ostberliner Schriftstellerin Christa Wolf den ihr im vorigen Jahr zugesprochenen Wilhelm-Raabe-Preis jetzt endgültig abgelehnt. Vor einiger Zeit hatte es noch geheißen, sie habe den Preis akzeptiert, könne aber leider nicht nach Braunschweig kommen, um ihn persönlich entgegenzunehmen. Zwischen der ersten und der zweiten Verlautbarung liegen mehrere Monate, und es ist durchaus möglich, daß der Sinneswandel der Schriftstellerin nicht ganz ohne Zutun der Behörden drüben zustande gekommen ist. Man grenzt sich im Zuge der „Entspannung" ja immer schärfer vom Westen ab; „BRD-Kontakte" sind unerwünscht, sofern es sich nicht um von der SED abgesegnete Kontakte zur brüderlichen DKP und den von ihr gesteuerten Unterabteilungen handelt.
Die westdeutschen Gremien, die Literaturpreise vergeben, sollten aus dieser mißlichen Lage endlich Konsequenzen ziehen. Ihre modische Sucht, die Preise an Literaten aus der „DDR" zu vergeben, führt andauernd zu Peinlichkeiten und Mißverständnissen. Gut in Erinnerung ist noch, wie der Ost-Berliner Heiner Müller den ihm vom Hamburger Senat zugesprochenen Lessingpreis in einem rüden Brief zurückwies, angeblich weil er ihn zusammen mit dem „Imperialisten" Max Horkheimer bekommen sollte. Einen ähnlichen Eklat wird es wahrscheinlich beim Bremer Literaturpreis geben, der soeben an den Ost-Berliner Jurek Becker fiel, übrigens unmittelbar nachdem Becker auf dem Schriftstellerkongreß der „DDR" eine bissige Abgrenzungsrede in Richtung Westen gehalten hatte. Was wollten die Bremer mit ihrem Schiedsspruch erreichen? Sollte die Rede Beckers damit etwa sofort ad absurdum geführt werden?
Westdeutsche Literaturpreise an ostdeutsche Literaten mögen gut gemeint sein, und vielleicht gibt es im Augenblick in der Bundesrepublik tatsächlich keinen jüngeren Lyriker oder Romancier, der den Ostdeutschen das Wasser reichen kann (im Falle Becker muß man freilich daran zweifeln, denn dessen preisgekröntes Buch „Irreführung der Behörden" ist bestenfalls heiße Luft). Aber aus Gründen der Hygiene sollte man eine Weile Schluß machen mit der west-östlichen Vergabepraxis. Denn entweder sind die Geehrten Parteigänger der SED, und dann werden sie den Preis nicht annehmen, sondern ihn mit Provokationen beantworten. Oder sie sind bei der SED „im Verschiß", und dann dürfen sie den Preis nicht annehmen, so gern sie es möchten.
Dafür gibt es im Westen so manchen wackeren Literaten, dem die mit den Preisen meist verbundenen 5000 oder auch 10000 Mark höchst willkommen wären. Daran sollten die erlauchten Preisrichter auch einmal denken. Mit Literaturpreisen läßt sich schlecht Politik machen, doch die Literatur kann man gut mit ihnen fördern.

Die Welt vom 11. Januar 1974

Keine Diskriminierung

Frage: Halten Sie es für problematisch, wenn ein DDR-Autor einen Literaturpreis in der Bundesrepublik annimmt?
Antwort: Im Grunde nein. Selbstverständlich spielt es für mich eine Rolle, aus welcher Richtung der Preis kommt, wenn mir zum Beispiel die Sudetendeutsche Landsmannschaft oder ein CSU-Gremium einen Literaturpreis angetragen hätte, ohne daß ich dies beiden jemals unterstelle, so würde ich ihn ablehnen. Auch ist es nicht unerheblich, in welchem Zusammenhang die Auszeichnung erfolgen soll. Mitunter sollen Preisverleihungen nur den Rahmen für eine gesamtdeutsche Show abgeben, etwa in Hamburg, als der DDR-Autor Heiner Müller zusammen mit Max Horkheimer den Lessing-Preis bekommen sollte, und ich kann beim besten Willen nicht glauben, daß es sich dabei um einen Fall von Unbedachtheit oder übergroßer Naivität handelte. Ich habe, wie Sie wissen, den „Literaturpreis der Freien Hansestadt Bremen" angenommen, weil ich es für normal und in der Ordnung halte, daß ein DDR-Autor einen ausländischen Literaturpreis annimmt, an den keine diskriminierenden Begleitumstände gebunden sind.

Interview: Jürgen Beckelmann im Weser-Kurier vom 25. Januar 1974

Jurek Becker

Ein interessanter Beruf

Foto: Leonhard Kull

[...] Die dicke Frau an der Rezeption nickt mir freundlich zu, als ich aus dem Fahrstuhl steige, wenig Betrieb um die heiße Nachmittagszeit, sie sieht aus, als hätte sie auf jede mögliche meiner Fragen die richtige Antwort längst bereit, aber ich weiß nichts, womit ich sie in Anspruch nehmen könnte. Ich trete auf die breite, schattenlose Promenade, links sieht aus wie rechts, nach einigen Schritten finde ich einen schmalen Weg, der vom Strand fortführt, Strände ähneln sich überall. Meine Stimmung ist nicht die beste, das weiß ich längst, ich fühle mich jämmerlich einsam, doch das hat nichts mit der Hitze zu tun, die Passanten selten macht. Schon auf dem Herflug war es nicht anders, schon zu Hause, ich kann nicht einmal genau sagen, wann es begann. Lola. Auch meine Mutter ist ratlos, gestern erst, als ich Anna bei ihr abgab, hat sie gesagt: »Ich verstehe nicht, warum du unzufrieden bist. Du hast einen interessanten Beruf, Erfolg hast du auch, du hast eine hübsche und kluge Frau, du liebst sie, nein, nein, das weiß ich genau. Ihr habt genug Geld, eine schöne Wohnung, ein Auto, und vor allem habt ihr das feinste Kind, das man sich nur wünschen kann, und gesund seid ihr auch alle, was ist los mit dir, Gregor?«

Gewiß finden sich Millionen Widrigkeiten, die man mit der Zeit als gegeben hinnimmt, man gewöhnt sich an sie wie an ein Paar Schuhe, die am Anfang mehr drücken als nach zwanzig gelaufenen Kilometern. Irgendwann ist man soweit, nicht mehr darauf zu achten, an den besonders strapazierten Stellen hat sich Hornhaut gebildet, ich frage mich, ob ich bisher nach dieser Methode gelebt habe. Aber das hat keinen Sinn, solange nicht Zahl für Zahl errechnet ist, um was für Widrigkeiten es sich bei mir handelt, noch schwimmen sie in unartikulierten Bereichen. Womöglich stelle ich meine Lupe aus unbewußter Angst nicht scharf, deshalb aus Angst, weil mir Klarheit am Ende neue Unannehmlichkeiten bereiten könnte, nur so viel steht wohl fest, daß Lola dabei eine Rolle spielt, meine Arbeit, die mich um so unzufriedener stimmt, je mehr Seiten ich schreibe, der Gerümpelberg ist zu beängstigender Höhe gewachsen.

Irgendwann muß ich mich daranmachen, ihn abzutragen, die Arbeit. Ich komme mir vor wie eine Maschine, die für diffizile Verrichtungen konstruiert ist, die aber immer nur für einfachste Dienste eingesetzt wird, also zweckentfremdet und unterhalb ihrer Kapazität, wo sitzt der Verantwortliche für solche Pfuscherei, wer ist der Maschinist, wenn ich es nicht selbst bin? Ich liefere Manuskripte in wuchernder Fülle, bei jedem das Gefühl, es voreilig aus den Händen gegeben, vielleicht sogar in ein falsches Objekt investiert zu haben, deshalb auch wenig Mühe, die anderen akzeptieren ja. Aber das ist die Sache der anderen, eines Tages werden sie mich für einen halten, der ich nicht sein will, und niemand wird meinen Beteuerungen glauben, solange ich keinen Gegenbeweis führe. Auch Lola nicht, sie sagt: »Verlasse dich nicht zu sehr auf dein einziges Buch, es ist nicht alle Welt.« Was sie nicht sagt, läßt sich Bruchstück für Stück zusammenreimen: wenn einer sich eingesperrt fühlt, soll er zuerst untersuchen, ob er nicht im Käfig seiner eigenen Mittelmäßigkeit sitzt. [...]

Aus: Irreführung der Behörden. Suhrkamp Verlag, Frankfurt/Main 1973, S. 172 f.

Jurek Becker

30.9.1937 Lodz (Polen)
– 14.3.1997 Berlin

B. erlebte seine Kindheit in Ghetto und KZ. Erst 1945, als er mit seinen Eltern nach Berlin übersiedelte, lernte er Deutsch. Studium der Philosophie. 1960-77 freier Schriftsteller in Ost-Berlin. 1957-76 Mitglied der SED, 1976 Ausschluß aus der Partei wegen seines Protestes gegen die Ausbürgerung von Wolf Biermann. 1977 Austritt aus dem Schriftstellerverband der DDR. Seit Ende 1977 lebte B. mit einem langfristigen Visum als freier Schriftsteller und Drehbuchautor in West- Berlin. 1978 längerer Aufenthalt in den USA. 1989 Poetik-Dozentur an der Universität Frankfurt/M. In den 90ern sehr erfolgreich mit Fernsehserien. J. B. starb an Krebs.
Preise: Heinrich-Mann-Preis (1971); Charles-Veillon-Preis (1971); Literaturpreis der Freien Hansestadt Bremen (1974); Nationalpreis der DDR (1975); Stadtschreiber von Bergen-Enkheim (1982); Adolf-Grimme-Preis in Gold (1986); Deutscher Filmpreis, Filmband in Gold (1991).
Werkauswahl: Jakob der Lügner. Roman. 1969. – Irreführung der Behörden. Roman. 1973. – Der Boxer. Roman. 1976. – Schlaflose Tage. Roman. 1978. – Nach der ersten Zukunft. Erzählungen. 1980. – Aller Welt Freund. Roman. 1982. – Bronsteins Kinder. Roman. 1986. – Warnung vor dem Schriftsteller. Frankfurter Vorlesungen. 1990. – Amanda herzlos. Roman. 1992. Wir sind auch nur ein Volk. Drehbücher. 1994. – Ende des Größenwahns. Aufsätze. 1996.
Über J. B.: W. Martin Lüdke in: Kritisches Lexikon zur deutschsprachigen Gegenwartsliteratur. München 1978 ff.

Foto: Renate von Mangoldt

Jurek Becker

Notgroschen Verbot oder taube Ohren

[…] Ich stelle mir vor: Ein bundesrepublikanisches Buch verstört die kleine oder große Koalition so sehr, daß sie es verbietet. […]
Was gehen die kleine oder große Koalition Bücher an? Ihr könnt euch hier jedes Buch leisten, weil Bücher euch nichts anhaben können. Und das ist nicht die Schuld der Bücher. Am Grad der Konsolidierung liegt es, von der die Ignoranten sagen, es sei die reine Festigkeit, und sehen nicht die Komponente Unempfindlichkeit darin.

Wie bei uns in der DDR die wenigen Werke der Dichter so traurig oft auf der Strecke bleiben, weil der Staat so ängstlich ist und im Zweifelsfall immer den Notgroschen Verbot aus der Tasche zieht, so zerschellen sie anderswo an den vielen tauben Ohren. Dabei muß bedacht werden, daß fast ein jeder mit intakten Ohren zur Welt kommt.
Die fraglose westliche Annehmlichkeit, bei Ablehnung eines Manuskripts zu einem anderen Verlag gehen zu können und nicht gleich den Staat wechseln zu müssen, ist nicht eben billig erkauft. Sie hat zur Bedingung, daß Geschriebenes nichts ausrichtet, oder fast nichts, jedenfalls viel zu wenig. Und wenn Literatur nicht ausschließlich als ein Akt der Selbstbefreiung des jeweiligen Autors verstanden wird, und nicht nur als ein Ding, das hin und wieder einen Fachmann mit der Zunge schnalzen läßt, dann ist die Frage nach ihrem günstigsten Standort nicht so leicht beantwortet, wie mancher meint.
Nur an die nackte Existenz sollte es den Dichtern nicht gehen.[…]

DER SPIEGEL Nr. 43/1977, S. 257

FRANZ INNERHOFER

Bremer Literaturpreis 1975 für „Schöne Tage. Roman", Residenz Verlag, Salzburg 1974

Bericht einer Leibeigenschaft

Dr. Günter Schulz gratuliert Franz Innerhofer. Foto: Rolf Wilm

In seiner Laudatio verwies der Bremer Generalindendant Dr. Peter Stoltzenberg auf das heute noch geltende österreichische Bundesgesetz vom 1. Juni 1948 über die Beschäftigung von Kindern und Jugendlichen, in welchem die Betriebe der Land- und Forstwirtschaft ausdrücklich von dem Verbot der Kinderarbeit ausgenommen sind, und stellte ihm eine Passage aus dem Roman gegenüber, in welcher die schwere Kinderarbeit in der Landwirtschaft eindringlich geschildert wird. Daß Innerhofers Buch bei der Kritik einhellige Anerkennung gefunden habe und nunmehr zum Anlaß der Bremer Preisverleihung geworden sei, dürfe nicht darüber hinwegtäuschen, daß es sich hier um ein Stück kritischer Literatur handle, das als Protest gemeint sei und das „Anspruch auf unseren Zorn" erhebt, wenn es nicht wirkungslos bleiben soll.

Den Autor bezeichnete der Festredner als „einen, der überlebt hat" und dessen Wut zu Worten geworden sei. Er selbst kenne gegenwärtig kein Buch, das die entsetzliche Ungeborgenheit eines Kindes eindringlicher schildere, keines, das die Entfremdung des Menschen lapidarer vorstelle, und auch keines, „das phrasenloser belegt, daß die beschriebene Welt für die Bedürfnisse von Menschen nicht eingerichtet ist". Die Sprache, die Innerhofer für das kindliche Entsetzen geschaffen habe, sei wie ein anhaltender, sich herausquälender Keuchhusten: „Da würgt einer an dem, was er nicht hat sagen können, herum und speit seine Worte heraus, wird sie endlich los, schlägt um sich, wehrt sich, wehrt sich gegen Syntax und Zeichensetzung, denn die sind belanglos bei dieser Anstrengung, nachträglich in Sprache zu bringen, was nie zu Wort kam und was einem doch tagtäglich das Leben nahm."

Stoltzenberg bezeichnete den Roman als ein „Document humain", das die mörderische Versklavung des Menschen durch die Arbeit mitten in unserer Zeit aufzeigt. „Schöne Tage" — wie diese Tage und Jahre auf dem Land für den jungen „Helden" des Buchs zur ständigen Qual werden, so daß er schließlich seinen Widerstand aufgibt und stumpf dahinvegetiert, wie selbst der sonntägliche Kirchgang und die feiertägliche Prozession von ohnmächtiger Wut, Angst und Verzweiflung begleitet sind, das wurde in jedem Absatz des von Innerhofer vorgetragenen Kapitels aus seinem Roman allen Zuhörern spürbar.

G.H.

Weser-Kurier vom 27. Januar 1975

Franz Innerhofer

Nicht umsonst

Ich möchte mich bei der Freien Hansestadt Bremen für den Preis bedanken. Das ist für mich eine große Sache. Einmal, da ich ja österreichische Verhältnisse schildere, aus dem letzten Winkel, und unsere Presse mit uns jungen Autoren ziemlich leichtfertig umgeht. Das ist, nach so einem Preis, nicht mehr so ohne weiteres möglich. Zum andern, weil ich, mit dem Preisgeld ausgestattet, jetzt wirklich Zeit habe. Ich muß also nicht nachdenken, wovon ich im nächsten Jahr lebe. — Ich habe vor, literarische Themen (die ja immer abgegriffene sind — wir haben ja nicht so viel Neues zu berichten) so zu bearbeiten, daß ich damit ein Interesse erwecke. Etwas, glaube ich, ist mir mit meinem Buch gelungen: Es ist — über die schnelle Anerkennung, die es gefunden hat — an den Ort zurückgekehrt, von dem es ausgegangen ist. Und es freut mich auch besonders, daß einige der Knechte, von denen ich erzähle, jetzt wieder da auftauchen — und für die hat sich in dieser Gegend anscheinend doch einiges geändert. Da hilft ein Buch doch noch viel. Diese Leute sind völlig abgewertet, mit allen möglichen Komplexen und Leiden von den Bauernhöfen weggezogen. Und wenn sich nun Leute, die früher bei ihnen waren, für sie einsetzen, dann ist das, glaube ich, nicht umsonst. Da kann Literatur also noch etwas ausrichten.

Franz Innerhofer

Schöne Tage

[...] Nicht irgendein Feld, sondern das Feld, über das er geflohen war, mußte er eggen. Den ganzen Tag vor den stampfenden Pferdehufen hertrotten, bald mit dem Gesicht zu Haudorf, bald mit dem Rücken. Es erinnerte ihn wieder an seine Flucht, an den Wunsch, nie mehr auf 48 zurück zu müssen, an die mit Schneeflecken bedeckten Felder und an die zerrissene Hose, die die Mutter sofort gesehen hatte, als er außer Atem in die kleine Wohnküche gestürzt war, und während er nun über das gedüngte Feld ging, sah er sich im Hemd in der kleinen Wohnküche sitzen, und ihm gegenüber sitzt die Mutter und flickt die Hose und hört ihm halb zu, während er immer wieder sagt, daß er unter keinen Umständen auf 48 zurück wolle. Auf der Landstraße und in den Gassen sah er Menschen in Feiertagsgewändern. Auch er wäre gern zur Maifeier gegangen, um wenigstens für ein paar Stunden viele Menschen um sich zu haben, aber er mußte über das Feld trotten, über das er schon oft und oft getrottet war, durch Gras, Heu, Schnee und Mist und Regen, weil hier die Zeit stehengeblieben war.

Mit der Sonne stiegen auch die Bitterkeit und der Ekel. Er haßte dieses Tal und die Menschen rundherum so sehr, daß er auf einmal keine Angst mehr hatte. Da hatte Holl zwei Beine, zwei Hände, zwei Augen und Ohren und einen Mund zum Essen. Da war alles, was er nicht VATER und MUTTER nennen brauchte, plötzlich schön. Er ging zu einer tiefen Schlucht, wie in einen Selbstbedienungsladen. Er bekam Lust, giftige Schlangen am Schwanz zu halten, und sie dann in unmittelbarer Nähe wieder fallen zu lassen. Er kletterte auf Hochspannungsmaste. Er lachte, wenn die andern schwiegen. Er spielte derbe Streiche. Er besuchte die Gräber der Selbstmörder. Da wurde plötzlich alles zum Spiel. Hatte Holl früher noch öfter trotz der allgemeinen Feindseligkeit versucht, eine Beobachtung mitzuteilen, so behielt er sie nun für sich. Er redete nur mit seinem Freund Leo und den Dienstboten. Was er sagen mußte, waren aufgetragene Botschaften, in knappste Worte gefaßt, weil keine Zeit war.
Die Gegenstände erinnerten an Menschen, weil sie so gleich aussahen, und die Menschen oft neben den Gegenständen starben oder oft schnell von den Gegenständen weggebracht werden mußten. Dann starben sie beim Abtransport oder sie wehrten sich und starben oder sie wehrten sich nicht und starben vor dem Spital oder sie starben im Spital, weil sie so plötzlich die weiße Wand nicht aushielten. [...]

Was einer für den andern tun konnte, war nicht viel. Da waren ja lauter solche, wo keiner dem andern helfen konnte. Wer davonlaufen konnte, lief davon. Viele standen es durch, bis sie ihre Situation erkannten, dann brachten sie sich um. Es hieß dann einfach: der oder die HAT SCHLUSS GEMACHT. Das war der ganze Kommentar auf ein Leben. Die Leute fragten gar nicht WARUM? Es klang wie eine Billigung, als ob man von denen, die von der letzten Möglichkeit Gebrauch machten, nichts anderes erwartet hätte. Selbstmord war und ist für diese Leute Übereinstimmung. [...]

Aus: Schöne Tage. Residenz Verlag, Salzburg 1974, S. 57 f.

Lothar Sträter

Schreiben beim Schreiben gelernt

[...] Das ländliche Leben hat sich — auch im salzburgischen Pinzgau, aus dem Innerhofer kommt — in den letzten Jahren stark verändert. Aber wo kleine und große gewerbliche Betriebe entstanden, blieb doch die alte bäuerliche Mentalität erhalten, die den Menschen nach dem Besitz einschätzt, nach dem „was er hat". Und es ist für einen jungen Menschen vom Land immer noch schwer, sich in der Stadt durchzusetzen. „Wenn man Dialekt spricht, wenn man keinen großen Wortschatz hat, wird man gleich für dumm gehalten und verachtet." Auch in Österreich brauchen eben die Städter ihre Ostfriesen.

Trotzdem ist Innerhofer nicht der Mann, der sich dauernd mit seiner unglücklichen Kindheit und seinem schweren Bildungsweg entschuldigen will. Er weiß, daß er durch seine Existenz, die er sich mit zweifellos überdurchschnittlicher Intelligenz und Energie aufgebaut hat, so manche Milieu-Theorie widerlegt. „Vor ein paar Jahren habe ich noch Schwierigkeiten gehabt mit der Orthographie." Er hat sich aber bis zur Universität durchgebissen, wo er sechs Semester Germanistik und Anglistik studierte. Dann bekam er ein Stipendium zum Schreiben. „Ohne das Stipendium hätte ich den Roman nicht schreiben können." Dann gab er das Studium auf. Aber er weiß, daß die Universität für ihn sehr wichtig war. „Realität allein genügt nicht, die Beschäftigung mit der Theorie war entscheidend für mich."

In seinem ersten Roman hat er sich seine Kindheitserlebnisse von der Seele geschrieben. Er hat viel von diesen Eindrücken hineingepackt, in etwas negativer Auswahl. „Schöne Tage" will nicht eine Schilderung nur aus der Perspektive des Knaben Holl sein: "Er wußte, der Bauer hat ein neues Verfahren gefunden, um weiterhin meinen Körper zu Geld zu machen, um meinen Körper rücksichtslos zu besitzen." Ein solcher Satz ist einem Kind kaum zuzutrauen. Was Innerhofer damit will, daß er Holl bewußt rebellierend zeigt, kann man sich denken, wenn er sagt: „Unterdrückte werden gern passiv, naiv dargestellt, damit man sie bemitleiden kann."

„Ich habe mich lange um dieses Thema herumgedrückt und wurde erst ermutigt, als man allgemein wieder mehr über das Land schrieb." Natürlich muß er sich nun skeptisch fragen lassen, wie es nach dem ersten autobiographischen Roman weitergehen soll. Will er bei „seinem" Thema bleiben, obwohl er jetzt nicht mehr in seinem Milieu lebt? „Ich glaube, wenn ich dort geblieben wäre, hätte ich es nie aufschreiben können. Man braucht die Distanz. Je weniger Distanz vom Gegenstand, um so oberflächlicher die Darstellung. Ich werde mich beim Schreiben weiterentwickeln, das Schreiben lernen beim Schreiben. Wenn ich meine Geschichte niederschreibe, laufe ich keine Gefahr, mich zu verrennen. Ich habe ein Gerüst. Ich werde immer mehr auswählen, immer weniger Stoff brauchen, mehr zum Gegenstand sagen. Allmählich wird sich das Autobiographische verflüchtigen. Ich werde mehr fiktive Figuren einführen."

Augenblicklich wird das Buch in Innerhofers engerer Heimat fleißig gelesen — nicht immer widerspruchslos, wie sich denken läßt. Sein Vater fragte beim Bezirkshauptmann an, ob man es nicht verbieten könne. Der örtliche Gemeinderat beschloß erst nach längerer Sitzung mit zwei Gegenstimmen, daß es in der örtlichen Buchhandlung verkauft werden kann (rechtlich hätte er zwar nichts unternehmen können, aber es gibt — zumal auf dem Land — auch andere Möglichkeiten des „Einschreitens"). Wenn Innerhofer Lesungen veranstaltet, kommen oft Leute mit traditionellen Vorstellungen von „Heimatliteratur", die dann enttäuscht sind. Aber viele andere diskutieren sehr aufgeschlossen. [...]

Gespräch mit Franz Innerhofer. Aus: Weser-Kurier vom 22. Januar 1975

Reinhard Baumgart

Auf dem Lande: Menschenfinsternis

„Ein starkes Buch" — „Ein erstaunlicher Erstlingsroman" — „Ein neuer Autor, eine Entdeckung" —, kein Zweifel, mit solchen oder ähnlichen Wertzeichen wird der erste Roman Franz Innerhofers in diesen Wochen beklebt werden. Keine dieser Beschriftungen ist unrichtig, jede klingt falsch. Denn wer dieses Buch liest, der stößt ja nicht nur auf Druckseiten und Sätze, er stößt sehr fühlbar auf einen Menschen. Wie andere „starke " Bücher der letzten Zeit, wie die Erzählberichte von Karin Struck und Peter Schneider, wie Peter Handkes „Wunschloses Unglück", so sind auch diese „Schönen Tage" ein Stück Autobiographie. Wenn aber einer sagt, „was er leidet", kann man ihm dann so gutachterlich auf die Schulter klopfen, um ihm mitzuteilen, das

Franz Innerhofer

2. 5. 1944 Krimml bei Salzburg

Unehelicher Sohn einer Landarbeiterin. Mit sechs Jahren kam er auf den Bauernhof seines Vaters, dort lebte (und arbeitete) er von 1950-61. Dann Schmiedelehre und Militärdienst. Ab 1966 Besuch des Gymnasiums für Berufstätige. Studium der Germanistik und Anglistik in Salzburg. 1973-80 freier Schriftsteller, u. a. in Arni bei Zürich und in Orvieto/Umbrien. Anschließend verschiedene Tätigkeiten u.a. auf einer Bauhütte und im Buchhandel.

Preise: Österreichisches Staatsstipendium für Literatur (1973); Literaturpreis der Freien Hansestadt Bremen (1975); Rauriser Literaturpreis (1975); Förderaktion für zeitgenössische Autoren des Bertelsmann Verlags (1976/77).

Werkauswahl: Schöne Tage. Roman. 1974. - Schattseite. Roman. 1975. – Die großen Wörter. Roman. 1977. – Der Emporkömmling. Erzählung. 1982. – Um die Wette leben. Roman. 1993. – Schreibtruhe. 1996.

Über F. I.: W. Martin Lüdke in: Kritisches Lexikon zur deutschsprachigen Gegenwartsliteratur. München 1978 ff.

alles sei sehr stark, erstaunlich, eine wahre Entdeckung; lassen sich solche Bücher ohne weiteres als neue Werkstücke dem vorhandenen literarischen Bestand angliedern? Innerhofers Biographie, in Umrissen auf dem Klappentext mitgeteilt, will gar nicht verbergen, daß sie zu dem Leben „Holls", von dem der Roman erzählt, genau parallel läuft. [...]

Wuchtig setzen gleich die ersten Seiten ein Leitthema: „fremd" ist alles immer wieder, die Worte, die Menschen, die Arbeit. „Im Haus und in der Siedlung funkelte es nur so von fremden Gesichtern." Mit von Schrecken geweiteten Augen versucht das ausgesetzte und ausgebeutete Kind in der Fremde unterzukommen, sich „eine Art Heimat" einzurichten, das könnte auch nur eine ruhige Ecke am Küchentisch sein. Prügel, Verbote, Befehle und eine jedes Bewußtsein abtötende Plackerei werfen es immer wieder zurück, in Dumpfheit oder Schrecken oder ratlose Wut.

Ein Buch also über Kinderarbeit und Ausbeutung, über entfremdete Arbeit auf dem Lande? Nein, das ist kein Roman „über" einen riesenhaften, strafenden Ödipus- und Kafka-Vater. Innerhofer sitzt eben nicht bequem, aussichtsreich vor seinem Thema, verfügt nicht über sein Material, er verfügt auch nicht über seine Leser, um sie etwa aufzuklären „über" unhaltbare Verhältnisse und für deren Abschaffung zu politisieren. Sein Thema, also seine eigene Kindheit und Jugend, hält ihn noch selbst gepackt. Satz für Satz, Seite für Seite versucht er es abzuschütteln, genauer: abzuarbeiten. Dieses sprachgewaltige Ringen mit einer kaum noch ausgestandenen Ohnmacht bestimmt das Buch. Deshalb ist man auch versucht, den Roman dauernd in Gegensatzpaaren zu beschreiben, als dumpf und energisch, dunkel leuchtend, monoton wuchtig. Die Dialektik der Widersprüche hält ihn in Spannung und in Gang, als Prozeß einer erst unendlich langsamen, dann sehr jähen Befreiung. [...]

Süddeutsche Zeitung vom 12. Oktober 1974

Foto: Isolde Ohlbaum

Bremer Literaturpreis 1976 für „Stolz. Roman", Suhrkamp Verlag, Frankfurt/Main 1975

Claus Helmut Drese

Erkrankung an Melancholie

Paul Nizon und Dr. Günter Schulz. Foto: Klaus Hönke

[…] Es ist mir heute die Aufgabe zugefallen, die Verleihung des Literaturpreises der Rudolf-Alexander-Schröder-Stiftung an Paul Nizon zu begründen. Ich habe diesen Auftrag der Jury gerne übernommen, weil mir der Kontakt zu Paul Nizon in Zürich, der Stadt meiner derzeitigen Theaterarbeit, am leichtesten möglich war und weil ich zugleich damit die Gelegenheit wahrnehmen konnte, mich nach fünfzehnjähriger beratender Tätigkeit in der Jury von meinen Kollegen und Ihnen, den Bürgern der Freien und Hansestadt Bremen, die diesen Literaturpreis gestiftet haben, zu verabschieden. Rückblickend auf diese Zeit erregender literarischer Diskussionen, Definitionen und auch Bewußtseinswandlungen kann ich nur bedauern, daß unsere Sitzungen nicht im Protokoll vorliegen. Die jeweiligen Jahresberichte hätten gewiß dokumentarischen Wert erhalten; nicht so sehr wegen der Bedeutung der Analysen und Urteile, vielmehr als Symptom des Zeitgeistes in Literatur und Kritik. Wer die Entscheidungen der Jury von 1962 bis '76, an denen ich mitbeteiligt war, überschaut, wird sicher attestieren können, daß der Bremer Literaturpreis nicht den jeweils aktuellen kulturpolitischen Tendenzen gefolgt ist, auch nicht marktkonform vergeben wurde. Die Preisträger standen meistens nicht im Rampenlicht eines großen Erfolges, sondern wurden erst durch den Preis einer breiten Öffentlichkeit bekannt gemacht. In diesem Sinne hat die Rudolf-Alexander-Schröder-Stiftung den Auftrag der Entdeckung und Förderung literarischer Talente wörtlich genommen, auch wenn die spätere Entwicklung der Preisträger nicht oder noch nicht in allen Fällen die Hoffnungen der Jury erfüllt hat. Die stattliche Liste der Preisträger, auf der so gute Namen wie Siegfried Lenz, Thomas Bernhard, Wolfgang Hildesheimer, Gabriele Wohmann und Günter Herburger zu finden sind, zeigt weiter, daß es weder einen Proporz noch eine Konvention gab, nach der Rechte und Linke, Progressive und Traditionalisten, relevante und elitäre Autoren berücksichtigt wurden. Auch landschaftliche Bindungen, Staatsangehörigkeit oder Jahrgang spielten keine Rolle. Die sehr polyphon und zweckdienlich zusammengesetzte Jury fühlte sich in ihren Entscheidungen von jeder Rücksichtnahme auf lokale oder politische Repräsentanz frei. Es ging ihr um nichts anderes als um die Qualität eines literarischen Werkes im Spektrum des jeweiligen Jahresangebots. Diese Unabhängigkeit hat der Bremer Literaturpreis den meisten anderen Preisen voraus, und darin liegt sein besonderes Ansehen. Er gehört nicht zur verwalteten oder gar beamteten Kultur. […]

Paul Nizon hat mit seinem Roman „Stolz" ein Buch geschrieben, das eine ungewöhnlich starke Leserresonanz gefunden hat. Es wird der Nerv einer Generation getroffen, die Abschied genommen hat von politischen Utopien und idealistischen Erwartungen und sich in einer Weltstimmung von Melancholie und Apathie befindet. Eine solche Affinität wird Literaturkritikern mißfallen, die in der Epik weniger Selbstbekenntnis als fiktive Erzählkunst suchen und werten. Auffällig in dem literarischen Angebot jüngerer Autoren der letzten zwei bis drei Jahre ist die starke Introversion, der Rückzug in die persönlichste Erfahrungswelt. Diesen Formen von entwicklungsromanhaften Erzählungen, Erlebnisberichten und Tagebuchaufzeichnungen stehen die Versuche gegenüber, unsere Welt in Phantasie und Traum neu zu erfinden und zu entwerfen, kollektive Themen oder soziale Zeitprobleme erzählerisch zu gestalten. [...]

Der Grund, warum letztlich der Roman „Stolz" die größere Mehrheit der Jury für sich eingenommen hat, liegt nicht in der autistischen Diktion; auch nicht in dem symptomatischen Schicksal der Titelfigur, sondern in der Dichte der Erzählweise und der faszinierend einheitlichen Komposition des Themas. [...]

Aus der Ich-Form von „Canto" und „Untertauchen" löste sich die Figur Iwan Stolz ab. Der russische Vorname wird meist ignoriert. Stolz heißt die beschriebene Person, deren Leben mit dem Kreischen der Tramwagen in einer Schweizer Stadt beginnt und im Schneetreiben inmitten des Spessartwaldes endet. „Er hatte nur den einen Wunsch, nicht geweckt zu werden", heißt der letzte Satz — verwandt dem letzten Satz einer anderen Erzählung, dem „Lenz" von Georg Büchner, zu der es manche Parallelen gibt. „Es war eine entsetzliche Leere in ihm", heißt es im „Lenz", „er fühlte keine Angst mehr, kein Verlangen, das Dasein war ihm eine notwendige Last. So lebte er hin." Dieses weitere Hinleben blieb Stolz erspart. Freilich hat er auch nicht die Ekstase, den Sturm und Drang, die literarischen Visionen seines Vorläufers gehabt, sondern eine Entwicklung durchlebt, die einer Engführung gleicht. Nach einer unruhigen, stoßweise vorgetragenen Vorgeschichte voller Überraschungen moderiert sich der Erzählfluß, die Zeit wird träge, Unbedeutendes macht sich breit, bis plötzlich, wie zufällig, alles aufhört. Paul Nizon ist es zum ersten Mal gelungen, eine Figur durchzuführen und zu finalisieren. Nach den skizzenhaften Collagen seiner früheren Arbeiten zeigt sich hier der Epiker, der eine fortlaufende Handlung in Raum und Zeit komponiert: für Paul Nizon ein großer Schritt vorwärts, ein Schritt, zu dem er sich ermutigt fühlte durch das Studium großer Erzählwerke, etwa der Russen, oder auch durch die frühe Lektüre der Romane von Hermann Broch oder Robert Walser.

Diese Autoren werden seine literarischen Geburtshelfer, Elias Canetti sein beratender Freund. Wer ist dieser Stolz, dessen junges Leben nach einigen hoffnungsvollen Ansätzen und Glücksmomenten äußerlich grundlos in Ziel- und Tatenlosigkeit versickert? Sein Psychogramm setzt sich aus monotonen Feststellungen der Gefühlskälte, Teilnahmslosigkeit, Mutlosigkeit zusammen; andererseits werden seine Empfänglichkeit für Einbildungen, seine schreckhafte Verfassung und seine Traumphantasie erwähnt. In zunehmendem Maße verliert Stolz jedes Interesse — für Dinge und für Menschen, wie für sich selbst. „Er hockte in dieser Zeit, aber er konnte sie nicht an sich bringen, nicht einmal erreichen. Sie zerrann außerhalb und ungenutzt." Dabei entfremdet sich Stolz seiner Familie, seiner Berufsaufgabe, er läßt sich treiben. Sigmund Freud würde einen solchen Fall wahrscheinlich als Erkrankung an Melancholie diagnostizieren. In seinem Aufsatz „Über Trauer und Melancholie" aus dem Jahre 1917 definiert er diese Erkrankung folgendermaßen: „Die Melancholie ist seelisch ausgezeichnet durch eine tief schmerzliche Verstimmung, eine Aufhebung des Interesses für die Außenwelt, durch den Verlust der Liebesfähigkeit, durch die Hemmung jeder Leistung und die Herabsetzung des Selbstgefühls." Irgendwie scheint sich für Freud die Melancholie auf einen dem Bewußtsein entzogenen Objektverlust zu beziehen.

Dieser Verlust läßt sich bei Stolz kulturphilosophisch begründen. Ein weiteres Motiv der Melancholie ist bei Freud die Regression der Libido ins Ich, und auch hierfür gibt es im Falle Stolz genügend Anhaltspunkte. Stolz ist ein Narziß, der durch die fortwährende Selbstbespiegelung immer tiefer versinkt in den Sumpf seiner Apathie und statt zu einer ambivalenten Manie zu gelangen, wie dies typisch wäre, autosuggestiv in seinen Tod taumelt, der ihm zuvor visionär in Gestalt der schwarzen Frau erschienen ist. Die Melancholie, in der christlichen Tradition als eines der ältesten und gefährlichsten Laster der Menschheit verstanden, hat jedoch in der Darstellung bei Paul Nizon noch einen kulturpolitischen Überbau, und damit wächst die Erzählung über die Pathologie eines Falles hinaus. [...]

Aus der Laudatio vom 26. Januar 1976

Foto: Klaus Hönke

Paul Nizon

In einem Tunnel

Meine Damen und Herren!
Für einen Autor, der sich mit seiner Arbeit auf einem langen Marsch, dem Anmarsch zu einem Werk befindet und der darum über längere Strecken notwendigerweise in einem Tunnel zu gehen hat, unter Tag gewissermaßen, bedeutet eine Ehrung, wie sie mir heute von Seiten dieser berühmten Preisstiftung zuteil wird, sehr viel. Als Schweizer Autor in der Hansestadt Bremen nicht nur gehört worden zu sein, sondern ausgezeichnet zu werden, das hat für mich etwas von dem Glück, ans Licht zu gelangen. Ich danke Ihnen. Ich lese jetzt das Schlußkapitel aus dem „Stolz".

Paul Nizon

Stolz

[...]Am folgenden Tag, einem kalten Tag, ging Iwan Stolz nach Mittag mit dem Oberförster in den Wald.
Es war ein bleierner Nachmittag Ende Februar, an dem kein Schnee fiel und kein Wind ging. Sie schritten über die weißen Felder, die sachte zum Wald hin anstiegen. Die Felder lagen einsam da in ihrer winterlichen Starre und Eintönigkeit, die von keinem Baum, keinem Haus unterbrochen wurde. Sie schritten über die knirschende Schneedecke, der Förster voraus, Stolz zwei Schritte hinter ihm. Beide trugen die Flinte über die Schulter gehängt. Stolz hatte erst abwehren wollen, als ihm der Förster das Gewehr reichte; da er merkte, daß er sich mit einer Weigerung lächerlich machen würde, hatte er es stillschweigend entgegengenommen.

»Ich bin nie in den Wald hinein, immer nur bis an die Waldgrenze gegangen«, dachte Stolz.

Sie traten in den Wald ein. Die Stille war hier eine andere als draußen auf freiem Feld. Es war eine Stille ähnlich wie in einem Dom, eine gesammelte, feierliche Stille, die sich Stolz mitteilte. Sie waren Eindringlinge in dieser Ansammlung von Stämmen, die unter sich waren und sie gewaltig überragten. Die Stämme verdichteten sich nach allen Seiten, sie kreisten einen ein, und sie konnten zu tanzen beginnen, wenn man bereit war, sich solcher Täuschung zu überlassen.
Die Bäume kontrastierten finster zum Weiß des Waldbodens, der an manchen Stellen nachgiebig und sulzig war, schneebedeckter Blätterteppich, in dem der Fuß einknickte, an anderen Stellen aber hart und kahlgescheuert. Das Helldunkel im winterlichen Waldesinnern empfand Stolz wie ein scharfer Wechsel von Hitze und Kälte, die Augen begannen ihm zu brennen und dann zu tränen. Auch wurde ihm bald warm vom Laufen, und das Wärmegefühl im Körper empfand er doppelt stark bei der Kälte, die ihm ins Gesicht schlug.
Stolz ging hinter dem Förster her, bemüht, dessen Spur einzuhalten. Manchmal begann es in den Wipfeln zu stöhnen, die Wipfel schwankten und kreisten da oben unter einem Wind, von dem sie unten nichts verspürten, und das Schaukeln löste ein Schneestieben aus, es war, als ob es schneite.
Sie schritten immer tiefer in den Wald hinein. Stolz hatte längst alle Orientierung verloren, er wunderte sich über den Förster, der sich nach unerfindlichen Zeichen zurechtfand und zielstrebig voranstapfte. Es war so still, daß das gelegentliche Knacken von Gezweig überlaut tönte. Stolz hörte ihrer beider Stapfen, ab und zu das Rieseln von Schnee, wenn sich ein gestreifter Ast von seiner Schneelast befreite, und den Schnauf, den des Försters und seinen eigenen.

Nach einem ausgiebigen Marsch kamen sie an eine Lichtung. Hier sei der Wildwechsel und da der Hochsitz, sagte der Förster und zeigte auf einen Baum, dem ein aus entasteten Stämmen gezimmertes Gerüst vorgebaut war. Das Gerüst trug die auf einem Brett zurechtgemachte, von einem einfachen Geländer gesicherte Sitzbank. Zum Erklimmen des Hochsitzes war eine notdürftig gefertigte Leiter angebracht.
Er werde ihn später abholen, meinte der Oberförster, aber jetzt heiße es stillhalten und nochmals stillhalten. Dann machte er sich zu seinem eigenen Hochsitz davon.

Foto: Suhrkamp-Bildarchiv

Paul Nizon

Medium Sprache

Die Wirklichkeit, die ich meine, ist nicht ein für allemal abzuziehen oder abzufüllen und in Tüte, Schachtel oder Wort mitzunehmen. Sie ereignet sich. Sie will verdeutlichend mitgemacht werden und eigentlich mehr als das: sie muß hergestellt werden, zum Beispiel im Medium der Sprache. Deshalb schreibe ich. Die in der Sprache zustande kommende Wirklichkeit ist die einzige, die ich kenne und anerkenne. Sie gibt mir das Gefühl, vorhanden und einigermaßen in Übereinstimmung zu sein mit dem, was sich insgeheim wirklich tut, zumindest in Kontakt damit. Mein Leben, von dem ich annehme, es sei einmal und einmalig, läuft auf diese Weise weniger Gefahr, in blind übernommenen Konventions- oder in irgendwelchen Idealkanälen zu fahren, und auch nicht die andere: auf Lebzeit in Untermiete eingelagert zu bleiben. [...]

Aus: Paul Nizon. Hrsg. von Martin Kilchmann. Suhrkamp Verlag, Frankfurt/Main 1985, S. 93

Stolz kletterte die Leiter hoch. Er wischte Schnee von der Bank und setzte sich hin. Er hörte, wie der Förster sich entfernte, hörte das Knacken im Gehölz und das dumpfe Stapfen, erst laut, dann immer entfernter.
Er blieb zuerst regungslos sitzen, starr und hocherregt vor Erwartung, weil er jederzeit mit dem Einbrechen von Wild, von Wildschweinen, rechnete und nicht wußte, wie er sich verhalten würde mit seinem Gewehr, das er umklammert hielt. Die Erwartung, ein Tier breche durchs Gestrüpp in die Lichtung ein, erfüllte ihn mit einer angstvollen Spannung. Es war weniger die Furcht vor der Gefahr, als Angst vor dem Einbruch des Fremden, vor der Schrecksekunde gegenseitigen Erkennens — im Finstern.
Stolz saß auf seinem Hochsitz, alle Sinne geschärft, und lauschte in den Wald hinein. Er erschrak jedes Mal, wenn er ein noch so leises Knacken ausmachte. Er nahm auf einmal eine Unmenge von Geräuschen wahr, die er nicht zu deuten wußte; der Wald war erfüllt von Lauten. Er schrak zusammen, wenn sich auch nur ein Blatt vom Baum löste, das dann in breiten Schaukelschwüngen zu Boden segelte, oder wenn von einem Ast oder Zweig Schnee stob.
Aber allmählich ließ die Anspannung nach, und Stolz blickte von seinem grobschlächtigen Balkon in die benachbarten Bäume, in dieses Ineinander von Nadelwerk und dürrem, pergamentenem Buchenlaub mit dem stückweisen Schneebesatz darauf; er blickte hinunter ins Unterholz und auf den verschneiten Waldboden, in welchem sich seine und des Oberförsters Fußspur abhob. Der Ausblick begann ihn zu langweilen, der Winterwald schwieg ihn an. Er merkte, wie er stumpf wurde für die ganze weißblitzende Schönheit und Reinheit rundum, wie er sie zu verwünschen begann. Er legte das Gewehr neben sich auf die Bank.

Wie spät mochte es sein? Ihm kam es vor, als habe er schon Stunden da oben zugebracht, und er hoffte, daß der Oberförster bald käme, ihn zu erlösen. Die Kälte kroch ihm die Beine herauf. Er wäre gerne hinuntergestiegen, um sich Bewegung zu verschaffen, aber er wagte es nicht. Er wußte nicht, wie weit der Hochsitz des Försters entfernt war und wollte sich nicht bei einem unwaidmännischen Verhalten ertappen lassen. So kuschelte er sich zusammen, die Ellbogen auf den Knien und den Kopf in den Händen, und versuchte zu schlummern. Ab und zu schwebte ein feiner Schneepuder vor seinen blinzelnden Augen nieder, und jetzt fiel ihm auf, daß es zu dunkeln begann. Eine Art Dämmerung ergoß sich durchs Gezweig, eine zarte Farborgel des Verlöschens. Und mit jeder Stufe zur Dunkelheit nahm die Kälte zu.

»Ich werde noch eine Weile aushalten, gleich wird der Mann kommen«, dachte Stolz. »Er muß vor dem Einnachten da sein. Länger zu warten hat ja wohl keinen Sinn.«

Und nun zwang er sich, an anderes zu denken. Er dachte an den jungen Soldaten, von dem Heinrich in der »Kahlquelle« erzählt hatte. Er malte sich aus, wie dieser und viele andere im Krieg auf ihren Posten ausgeharrt haben mochten, unter viel schlimmeren Bedingungen, vor allem aber mit ganz anderen Befürchtungen und Ängsten. Dieser Gedanke beruhigte ihn, und nun stellte er sich vor, wie er später in Widmayers Küche seine Angst übertreiben und sein Waldabenteuer ausschmücken werde. Widmayer würde ihn dabei unterstützen, bis die Bäuerin sie in gespieltem Zorn Schlappschwänze schimpfen und zur Vernunft bringen würde.
Wieder stellte sich ihm das Bild junger Wehrmänner auf ihren einsamen Posten ein, er konnte deren Erwartungsfurcht mitfühlen; eine Furcht nicht nur vor der

Foto: Isolde Ohlbaum

Paul Nizon

Befreiung

Die erste Ankündigung geschah in Form eines Anrufs von Herrn Drese und ich hab' zuerst gedacht, ich war noch nicht lang aus dem Bett — ich hab' zuerst gedacht, es will sich jemand mit mir einen Spaß erlauben. Die erste Reaktion war Ungläubigkeit, und die hielt an, bis eine richtige Bestätigung kam, und dann war wirklich eine sehr große Befreiung und auch ein Gefühl von Dankbarkeit da; und zwar darum, nicht wahr — für einen Schweizer Schriftsteller ist es ungeheuer schwierig, in die größere deutsche Öffentlichkeit vorzustoßen. Ich bin zwar seit '63 bei einem deutschen Verlag, bei Suhrkamp, und immer auch sehr massiv besprochen worden. Trotzdem hatte ich immer das Gefühl, daß ich dieses Publikum nicht erreiche. Dadurch aber, daß ich bei einem so hochangesehenen und unabhängigen Preisgremium mit meinem letzten Buch angekommen bin, hatte ich wirklich das Gefühl, eine Schranke oder ein Hindernis endlich genommen zu haben. Das war das Gefühl der Befreiung.

Aus einem Interview mit Radio Bremen vom 26. Januar 1976

Begegnung, nicht nur Feindesangst, sondern ebensosehr eine Angst vor dem Töten war es, und — Todesangst. Er malte sich einen jungen Soldaten aus, wie er dalag, mit einer Verletzung zurückgelassen, allein.
Der Helm liegt in Armeslänge im Stoppelgras, nah, aber nicht mehr erreichbar. Der Verletzte empfindet die Stoppeln unter sich und den Nachschein des Tages. Ein Lufthauch trägt ihm die Düfte des Waldes und der Felder zu. Das streicht über ihn hin —. Aber in diesem Bild war nichts von Winter, Frühling wars, fremde Erde im Vorfrühling. »Warum liegt der Soldat nicht im Schnee?« dachte Stolz, »warum denke ich jetzt auf einmal an diese Süße in der Luft, die zum Vorfrühling gehört und diese Müdigkeit bringt, eine Müdigkeit, die auch immer das Versprechen von Mädchen enthält, von jenen Mädchen, von denen man als kleiner Kerl immer behauptet hat, daß sie stänken?«
Er dachte an seine abendlichen Spaziergänge in der Stadt, damals als er von Italien zurückgekehrt, aber noch ganz allein gewesen war, an diese nächtlichen Streunereien am Stadtrand. Und jetzt dachte er auf einmal an Transporte, an Eisenbahnfahrten, wenn man glücklich müde mitfuhr, allem enthoben und nicht einmal verpflichtet zu sehen, was sich außerhalb der Fenster darbot und abspielte. Es genügte das Atmen, das Einatmen der einströmenden Düfte im Fahrtwind; das Wissen, daß so viel dalag und vor einem lag. Er dachte an den nächtlichen Schweinetransport auf Widmayers Traktor, und plötzlich war diese schwarzgekleidete Frau vor seinem Auge, die auf ihn eingeredet hatte, und er spürte wieder die seltsame Willenlosigkeit, in die sie ihn versetzt hatte. Er wußte jetzt nicht mehr, ob er ihr wirklich begegnet war oder ob er nur von ihr geträumt hatte, aber das machte keinen Unterschied. Er hatte ja auch, ob in Wirklichkeit oder im Traum, ihre Landessprache nicht verstanden, aber er hatte sich ihrer Weisung ergeben. Er fühlte ihre Nähe immer noch wie einen sanften Sog, und er hatte sich gewünscht, daß sie ihn führe. Und jetzt durchfuhr ihn ein wilder Schmerz, weil er sie verloren hatte. Wer war sie gewesen? Und warum war er bloß weggerannt?

Stolz erwachte aus seinen Träumen. Es war jetzt finster, und es hatte zu schneien begonnen. Er kletterte die Leiter hinunter, und drunten ging er stampfend auf und ab, um die erfrorenen Glieder zu beleben. Es konnte ja wohl nicht Absicht sein, daß der Förster ihn sitzenließ. Gleich mußte er da sein. Oder sollte er sich mit ihm einen Spaß erlaubt haben? Er war jetzt unruhig, und, um die in ihm aufsteigende Panik zu vertreiben, klammerte er sich wieder an das Bild der auf ihren Posten ausharrenden Soldaten im Krieg. »Im Vergleich dazu ist meine Schwierigkeit nicht der Rede wert«, beruhigte er sich. Und dann lief er durch den Schnee davon.
Er wußte nicht, wohin er lief. »Ich werde mich warmlaufen; wenn ich Glück habe, stoße ich auf den Förster. Andernfalls werde ich schon irgendwie hinaus finden, wenn ich nur lang genug laufe.«
Erst schritt er kräftig aus, aber mit der Zeit verfiel er in ein stumpfes Trotten, ein Trotten und Torkeln mit halbgeschlossenen Augen zum Schutz vor den Flocken, die ihn ins Gesicht pickten. Er versuchte sich gar nicht an eine Richtung zu halten, das einzige, worauf er achtete, waren die Zweige im Unterholz. Er gab acht, daß sie ihm nicht das Gesicht zerkratzten.
Das Laufen hatte ihn erwärmt, aber müde gemacht. So lehnte er sich an einen Stamm, um sich zu erholen. Er hob das Gesicht in das Flocken, ließ es vom Schnee belecken. Er spürte, daß er hundemüde war, und indem er sich am Stamm zu Boden gleiten ließ, dachte er, er werde ein Viertelstündchen dösen.

Paul Nizon

19.12.1929 Bern

Sohn eines aus Riga emigrierten Chemikers und einer Schweizerin. Studium der Kunstgeschichte, Archäologie und Literaturgeschichte in Bern und München. 1957 Promotion mit einer Arbeit über Vincent van Gogh. Anschließend Museumsassistent in Bern. Stipendiat des Schweizer Instituts in Rom nach der Veröffentlichung des ersten Buches 1959. 1961 Kunstredakteur der „Neuen Zürcher Zeitung." Ab 1962 freier Schriftsteller. Regelmäßige Arbeitsreisen nach London, Italien und Paris. 1969/70 Lehrbeauftragter an der Architekturabteilung der Eidgenössischen Technischen Hochschule in Zürich. 1975 Ostasienreise. 1977 Umzug nach Paris, wo N. seither lebt. 1982/83 längerer Berlin-Aufenthalt. 1984 Gastdozent am Poetik- Lehrstuhl der Universität Frankfurt. 1987 Writer in Residence an der Washington University, St. Louis/Missouri (USA). Seit 1971 Mitglied der Gruppe Olten, seit 1980 des Deutsch-Schweizerischen PEN-Zentrums.

Preise: Mehrere Auszeichnungen durch die Städte und Kantone Bern und Zürich; C. F. Meyer-Preis (1972); Literaturpreis der Freien Hansestadt Bremen (1976); Kritikerpreis für Literatur (1982); Preis der Schweizer Schiller-Stiftung (1982); Großer Literaturpreis der Stadt Bern (1984); Chevalier des französischen Ordens „des arts et des lettres" (1988); Preis des Senders France Culture für ausländische Literatur (1988); Torcello-Preis der Peter Suhrkamp Stiftung (1989); Marie Luise Kaschnitz-Preis (1990); Züricher Literaturpreis (1992); Stadtschreiber von Bergen-Enkheim (1993).

Werkauswahl: Die Anfänge Vincent van Goghs. Dissertation 1957. Bern 1960. – Die gleitenden Plätze. Prosastücke. 1959. – Canto. 1963. – Im Haus enden die Geschichten. Erzählung. 1971. – Untertauchen. Protokoll einer Reise. 1972. – Stolz. Roman. 1975. -Das Jahr der Liebe. Roman. 1981. – Aber wo ist das Leben. Ein Lesebuch. 1983. – Am Schreiben gehen. Frankfurter Vorlesungen. 1985. – Im Bauch des Wals. Caprichos. 1989. – Diskurs in der Enge. – Verweigerers Steckbrief. Schweizer Passagen. 1990. – Die gleitenden Plätze. 1990. – Über den Tag und durch die Jahre. Essays, Nachrichten, Depeschen. 1991. – Das Auge des Kuriers. 1994. – Die Innenseite des Mantels. Journal. 1995.

Über P. N.: Dieter Fringeli in: Kritisches Lexikon zur deutschsprachigen Gegenwartsliteratur. München 1978 ff.; Martin Kilchmann (Hrsg.): Paul Nizon. Frankfurt 1985.

Er schlummerte ein und schreckte wieder hoch, weil er Krämpfe verspürte. Aber die Müdigkeit war jetzt stärker als der Schmerz, stärker als alles. Einmal war ihm, als höre er nach sich rufen. Aber er war zu müde, um zu antworten, viel zu müde, um sich auch nur zu fragen, ob er richtig gehört habe. Er hatte nur den einen Wunsch: nicht geweckt zu werden.

Aus: Stolz. Suhrkamp Verlag, Frankfurt/Main 1975, S. 182-192

Foto: Renate von Mangoldt

Bremer Literaturpreis 1977 für „Die erdabgewandte Seite der Geschichte. Roman", Rowohlt Verlag, Reinbek 1976

Walter Kempowski

Zwischen Selbstbefreiung und Selbstzerstörung

„Die erdabgewandte Seite der Geschichte" - dieser Titel meint die Kehrseite der Geschichtsmedaille - also das, was an individuellen und zufälligen Momenten im Leben des einzelnen Menschen im Dunkeln und dort unterschlagen bleibt, während die geschichtlichen Bewegungen über ihn hinweggehen. Born distanziert sich von einem Geschichtsverständnis, das sich im Zuge der Studentenunruhen und deren akademischer neomarxistischer Folgeentwicklung breitgemacht hat und mit Marxismus im Grunde wenig zu tun hat: Er distanziert sich von „Geschichte" als Abfolge unaufhaltsamer, tendenziell automatischer und hauptsächlich ökonomisch determinierter Prozesse, also von einem Geschichtsablauf, der vorgeblich für die menschlichen Subjekte und deren Glück da sein soll, diese aber letztlich und praktisch ignoriert bzw. instrumentalisiert. Born setzt gegen diese Auffassung eine *andere* Wirklichkeitserfahrung, in der gerade das Subjekt die Hauptrolle spielt - diese Hauptrolle freilich auch nicht gerade produktiv zu spielen vermag. Born akzeptiert einzig und allein eine Geschichte *mit* und *durch* und *für* das konkrete Subjekt,

Nicolas Born mit Heinar Kipphardt und Karin Kiwus. Foto: Ursula Borucki

das sich freilich erst einmal entdecken, verwirklichen muß, was - nach dem Romanverlauf zu urteilen - offenbar derzeit kaum möglich ist.
Der Leser wird gefangengenommen, im wahrsten Sinne des Wortes, durch Borns Beobachtungsgenauigkeit, Borns Zähigkeit, durch die Unerbittlichkeit im Aufzeigen eigener Leiden, Hilflosigkeiten, Widersprüche und Verzweiflungen - ja selbst der gänzlich abgestumpften und dumpfen Zustände. Der ganze Roman ist das Verlaufsprotokoll eines Prozesses der Persönlichkeitsveränderung, wild schwankend zwischen Selbstbefreiung und Selbstzerstörung.
Der Leser wird darüberhinaus aber auch durch die Erzählerperspektive in strikter Gefangenschaft gehalten, und es bedarf großer Anstrengungen, zu Borns Erzählung Distanz und Freiheit zu gewinnen. Zu fragen ist, ob Born dieses Ausgeliefertsein seiner Leser an ihn beabsichtigt hat oder ob es eine zwar notwendige, aber gar nicht gewollte Konsequenz seines monomanischen, ichbefangenen Erzählens ist. So besteht vielleicht die Gefahr, daß sich ein nicht emanzipierter Leser möglicherweise zu sehr mit dem Erzähler identifiziert und resigniert.
Born zeichnet eine private Krise nach, deren Ursachen nicht bloßgelegt werden, und für die uns keine Alternative mitgeteilt wird. Er vermittelt uns seine Probleme nicht, und die Handlungen des Icherzählers werden nicht begründet. Andererseits gelingt es Born mit der Schilderung dieser befremdlichen Verhaltensweise den Schwebezustand unserer Gesell-

* *Gemeinsam mit Heinar Kipphardt*

schaft, dieses Atemanhalten nach dem Aufbruch der 60er Jahre in einem in sich harmonischen dichterischen Kosmos einkreisend zu beschreiben. In der Lähmung, in die der Erzähler gefallen ist, und in der Unfähigkeit zum eigenen Wollen liegt die Aufforderung an den Leser, diese Ratlosigkeit in sich selbst zu erkennen, dingfest zu machen — und, indem das geschieht, sich aktiviert zu sehen.
Die Jury sieht in dem Roman einen kompromißlosen Versuch des Schriftstellers Born, eine für ihn und seine Generation so bedeutsame Lebensphase schreibend zu bewältigen, die möglicherweise eine Durchgangsphase ist. Eine Phase, die für Born mit dem Buch schon abgeschlossen zu sein scheint, ja, „Geschichte" geworden ist; zeigt doch z.B. Borns Gedichtband „Das Auge des Entdeckers", daß die Menschen mit Hilfe von „Träumen, Phantasien und Wünschen aufbrechen in eine neue Dimension menschlichen Lebens", daß es also so etwas wie Zukunft und Glückserwartung noch gibt.

Aus der Lautatio vom 26. Januar 1977

Nicolas Born

Meine Klage ist emotional

Sehr geehrte Damen und Herren, ich habe Ihnen nicht viel zu sagen, auszusagen schon gar nichts; ich habe weder zu warnen noch zu mahnen, denn ich bin nicht, weil Schriftsteller, auch ein Moralist. Sie geben mir, neben Herrn Kipphardt, einen Preis in Geldform; das kann ich auch beim besten Willen nicht kritisieren. Das Thema meines Romans ist, verkürzt gesagt, die Vernichtung der Geschichte unter besonderer Berücksichtigung der Geschichte einzelner. Und die Menschheitsgeschichte ist, wie der in ihr wirkende Wahnsinn, wie die in ihr wirkende Vernunft in ein unwiderrufliches Stadium getreten. Als Ziel dieser Geschichte erscheint immer deutlicher ihre Vernichtung. Ein öffentlicher Wahnsinn, der sich heute in ihr manifestiert, trifft irreparable Entscheidungen. Und auch die Menge derer, denen die Geschichte angerichtet wird, zeigt nur noch geringe Reflexe, so daß einem der ganze ablaufende Prozeß schon wie höhere Fügung oder wenigstens doch wie genetisch vorprogrammiert erscheinen kann.
Unsere Sinne und unser Bewußtsein sind schon weitgehend anästhesiert; die Sprache legt dafür Zeugnis ab: in Begriffen wie Lebensqualität und Umweltfreundlichkeit drückt sich die Verödung der Empfindungs- und der Wahrnehmungsfähigkeit aus. Was wir noch erleben, unsere äußere Wirklichkeit besteht zu 80 Prozent aus Synthetics, der Rest ist reine Wolle. Einen winzigen Teil der Wasservorräte der Erde nennen wir „Trinkwasser". Es ist nicht mehr schwierig sich vorzustellen, daß in nicht allzu ferner Zeit eine bestimmte Luftsorte als „Atemluft" rationiert werden muß. Wörter wie „Natur" und „Landschaft" bezeichnen ein immer blasser werdendes Phantom der Erinnerung. Bald werden solche Reservate sich nicht einmal mehr zum Hinfahren eignen; sie werden zu klein für alle, da ist es rationeller, sie abzufilmen und zu senden.
Zukunft, das ist nicht länger das Leben und die Geschichte unserer Nachkommen, sondern der Gegenstand mittel- und langfristiger Zuwachsplanung. Jedes Leben ist eingeplant in das große Wahnsinnsgeschäft mit dem Wachstum. Auch wenn bald nichts mehr wächst außer dem Wachstum selber, ist da an Besinnung nicht zu denken.

Meine Damen und Herren, wir müssen nicht nur ärmer werden, wir müssen ärmer werden wollen. Die Not muß auch umverteilt werden, damit jeder wieder weiß, was Notwendigkeit ist, denn jeglicher Sinn, den wir unserem Leben geben können, kommt aus der Erfahrung der Not, aus einer Entbehrung, die unsere Wünsche und Sehnsüchte mobilisiert, ohne die wir nichtswürdige, zufällige, arme Kreaturen sind. Sieht es denn nicht so aus, als müßten unsere Kinder bald ein Leben führen, das keine Erinnerung mehr an Leben enthält, an Geschichte, ein Leben, wenn überhaupt, dann eines ohne Not und ohne Notwendigkeit.
In diesen Jahren erleben wir gebannt die unglaublichste und wahnwitzigste Erektion am Glied unserer deutschen Wirtschaftspotenz. Unter Beihilfe zahlreicher gewählter Volksvertreter wird ein Energieprogramm verwirklicht, das zumindest unseren Teil des Planeten zu einer Zeitbombe werden

läßt. Eine solche Praxis nenne ich kriminell und extremistisch, ganz gleichgültig, ob diese Zeitbombe gezündet wird oder nicht. Und ausgerechnet diese Herren fordern, wenn ihre Projekte auf Widerstand stoßen, Vernunft und Versachlichung der Debatte. Da gibt es kein Anhalten mehr, ihre Versachlichung setzt sich durch, ihre gekauften Experten und Expertisen setzen sich durch.
Endlich kriegen wir auch die Zukunft in die Hand, das Ende aller Zukunft wird absehbar und damit sicherer gemacht. Und selbstverständlich wollen wir nicht allein *unser* Leben und das *unserer* Nachkommen für die weitere Erhöhung des Lebensstandards hingeben. Auch andere Länder sollen zu Ende entwickelt werden: Was bei uns „Know-how" in aller Unschuld heißt, verwandelt sich auf Exportwegen nach Brasilien oder Persien in Plutonium. Und schon sind auch „befreundete Nationen" in der Lage, das Machbare endlich zu machen.

Vorstellbar wäre, daß einmal unsere Vernichtungsprofiteure vor eine Art Nürnberger Tribunal gestellt würden, wo sie wiederum beteuern könnten, Risiken nicht erkannt, von allem nichts gewußt zu haben.
Auf diesem Wege, und das ist sicherer als der große „Gau", werden die Menschengesichter zu Fratzen und Irrtümern. Mit den hochradioaktiven Brennstäben aus den Zentren unserer Kraft und Herrlichkeit werden wir auch unsere Freiheit in die Erde senken. Wir selbst werden zu einem untragbaren Sicherheitsrisiko, das bewacht und total reglementiert werden muß. Unsere Ruhe und unsere Unruhe werden wir verbergen müssen, jedes Zucken der Hand und des Auges. Jede Bewegung wird eine verräterische Bewegung sein, jedes Vertrauen ein trügerisches, jede Liebe eine unmögliche. Wir werden uns solche wie uns nicht mehr leisten können und solche wie andere schon gar nicht.

Das Buch, das Sie hier mitpreisen, handelt, obwohl es von der Unmöglichkeit einer wahren Liebesgeschichte erzählt, immer noch von der Liebe. Wenigstens für den Zweifel an der Unmöglichkeit einer wahren Geschichte der Liebe müssen wir kämpfen.
Es ist nicht mehr der einfache Tod, der natürliche und himmelschreiend gerechte, den wir zu fürchten haben; vielmehr ist es das Ende von allem, von allem, was wir je waren und je hätten werden und sein können.
Meine Klage ist emotional, und ich habe aufgehört, mich deshalb für inkompetent zu halten. Ich habe genug gesehen, gehört und gelesen, auch von sogenannten Experten. Ich weigere mich, mich Tag für Tag aufs neue, wie es heißt, „sachkundig zu machen".
Das war, sehr verehrte Damen und Herren, etwas von dem wenigen, das ich Ihnen sagen kann. Ich danke Ihnen, daß Sie mir dazu Gelegenheit gegeben haben, ich danke der Jury und ich danke der Stadt und dem Land Bremen, insbesondere der Rudolf-Alexander-Schröder-Stiftung, für das Geld.

Reinhard Baumgart

Explosive Enge

„Die Literatur", hat Born vor vier Jahren geschrieben, „hat die Realität mit Hilfe von Gegenbildern, von Utopien, erst einmal als die gräßliche Bescherung sichtbar zu machen, die sie tatsächlich ist." Sein Roman zeigt nun die gräßliche Bescherung als solche ohne Gegenbild, einen Schutthaufen der Liebe, aus dem noch letzte Funken fliegen. Denn was Liebe als Utopie war und wäre, das weiß dieser Erzähler nur noch ein paar schöne Satz- und Atemlängen lang. Einen Verlust darstellen ohne das Verlorene, das allerdings muß ins Trost- und Sinnlose hinauslaufen.
Das Ende zeigt uns den Erzähler in einem stoisch nüchternen, einem schlicht hoffnungslosen Restzustand. Sein Freund Lasski ist ihm gestorben, die Tochter Ursel sieht er, von Jahr zu Jahr entschlossener, abwandern in jene konsumfreundliche Normmenschlichkeit, die er die „freundlich-normale Krankheit zum Tode" nennt, und seine liebe Not Maria ist er los wie sie ihn. Im Fichtelgebirge übt er sich im Beschreiben einer Natur, die in seinen Worten auch zur Rest- und Untergangsnatur wird, die seinen erklärungslosen Beschreibungen aber immerhin stumm und geduldig still hält. Das muß auf den letzten Seiten auch Maria, die ihm in seinen Sätzen auf der Berliner Funkausstellung unter Apparaten und Leuten verschwindet. Jetzt, da er nur noch defensiv schreibt, sich alles vom Leibe haltend, ist auch seine Sprache ausgenüchtert. Sein Überlebensversuch ist geglückt, dessen Niederschrift auch. Und nun?
„Jenseits der Liebe", dieser Titel des Walserschen Romans würde Borns Buch viel eher zustehen. Aufrichti-

Foto: Isolde Ohlbaum

ger, radikaler als andere Berichte aus privaten Gegenwartshöllen hat er diesen Schreckenszustand aufgeschrieben. Soweit es solcher Literatur einer subjektiven Authentizität wirklich nur um diese geht, hat Born ihr bisher konsequentestes Buch geschrieben. Da führt kein Notausgang in eine „Stunde der wahren Empfindung", keine Hoffnung weiß von einer ausbeutungslosen und dann gleich wieder liebevollen Welt. Wie eng eine solche „erdabgewandte" Geschichte ist und wie explosiv diese Enge, beides wird hier spürbar bis zur Unerträglichkeit.

Süddeutsche Zeitung vom 18. September 1976

Nicolas Born

Ein fröhlicher Aufstand

[...] Vor der Oper waren die Masken versammelt, Leidenschaften aus den kleinen Kinos, deren Wirklichkeit aber doch nicht mehr zu bestreiten war. Ich verstand die Berechtigung, nicht erst, als der Herrscher durch ein Spalier von Auserwählten ging. Ich sah, wie er sich nervös ein Ohrläppchen zupfte (er hatte da ein Ohrläppchen, was mir grotesk vorkam). Er duckte sich etwas unter den Sprechchören und sah so harmlos aus, daß ich verstand, warum er vor mir beschützt werden mußte. Diese Figur war gleichgültig, nur zufällig in ein Licht geraten. Es hätte ihm nicht schnell einer das geben können, was er verdiente; seine direkte Umgebung grüßte ihn wie bessere Zeiten. Das Geschrei und Gekreisch erreichte manchmal eine Stärke. Ich konnte mich aber nicht wehren gegen ein Gefühl von künstlicher Stimmung, das eine Art Rückstau von Informationen war, nicht von Erfahrungen am eigenen Leib. Einige wurden schon verprügelt und hingen am Boden, ein Paar Stiefel umarmend, wenn sie nämlich herausgequetscht worden waren aus der Menge. Ich versuchte ein paarmal, mir einzelne Gesichter einzuprägen; das konnte ich nicht, weil sie sofort von anderen Gesichtern wie mit Lappen ausgewischt wurden. Ein Entsetzen vor blinkenden Knöpfen, vor Knüppelarmen, die Angst, an den Rand, an die Barrieren gedrückt zu werden, Angst, die auf einmal ganz ohne Meinung auftauchte und schon wieder weg war. Die Gesichter wurden aufgehoben und wieder verborgen hinter anderen Gesichtern. Nichts war zu halten; ich kam nie auf eine Person zurück, auch dann nicht, wenn einer schreiend einen größeren öffentlichen Schrei auslösen wollte. Schnell drückte ihn eine Bewegung des Blocks beiseite, als sei dem Block schon so eine Eigenwilligkeit, so ein Hervortun peinlich. Andere traten mit anderen Verletzungen dazwischen. Es gab kleine strudelartige Bewegungen, Handgemenge, die Platz einnahmen. Ich war auch bereit, etwas Gemeinsames zu bewirken, mich in blinder Wut in Stücke reißen zu lassen, aber die blinde Wut konnte ich vor Angst nicht haben. In meiner Angst sah ich lauter ganz kleine, gestochen scharfe Momente, auch den Blick eines Uniformierten, der an der Absperrung einen Stoß gegen die Brust erhielt und an den Schultern seiner Nebenleute Halt suchte. Alles schien er bisher verstanden zu haben, nur das nicht. Er sah beleidigt aus, so unerträglich „persönlich" war der Stoß gewesen. Neben mir sah ich eine Brille auf einem Gesicht verrutschen, aber die Hände konnten erst zu spät aus dem Gedränge befreit werden. Die Brille war nur noch eine verlorengegangene Brille. Ich wich mit denen zurück, zwischen denen ich eingekeilt war. Die erste Reihe an der Absperrung knüppelte darüber hin. Eine auseinandergekeilte Woge von Körpern, die Arme über die Köpfe gekreuzt. Jeder Satz, jeder Zuruf war zu lang. Es gab nichts Ganzes mehr. Bärte rutschten durch Gesichter, Schultern flogen gegen Ohren. Ein Schlägertrupp setzte über die Absperrung in eine dünn gewordene Stelle hinein. Jetzt dachte ich schon wieder an ein Ballett. Ein Knüppel traf mich am Arm, und da habe ich die Stelle an meinem Arm genau betrachtet. Es tat nicht weh, und ich sah da auch nichts: Aber ich merkte, daß hier immer nur ein einzelner erstaunt war, irgendwie getroffen zu werden, vielleicht auch darüber, daß es ihn als einzelnen immer noch gab. [...]
Ein Pflasterstein wurde mir in die Hand gedrückt, den ich behielt und später darin wiederfand. Ich sah einen Bekannten, der an mir vorbeigeschoben wurde, ein vollendet lächerlicher Händedruck wie auf gegenläufigen Rolltreppen. An

Wolfram Schütte

Sprung ins Ich

Wenn es so ist, daß das Erzähler-Ich erst mit den letzten Sätzen seiner Rekapitulation in seiner Jetztzeit angekommen sein soll, aus deren Bannkreis, als Versuch einer Selbstaufklärung, der Romanbericht geschrieben wurde, so hat das Klima des Endes doch schon den Anfang vereist. Denn das Ich leidet dort schon an genau jenen Symptomen der verstörten Ich-Süchtigkeit, die es dann im Lauf der Geschichte mit Maria und der schemenhaft im Hintergrund auftauchenden Studentenbewegung als Abweisung konkretisiert. „Die Krankheit der Gefühle" dieser „L'éducation sentimentale" wurde von der Studentenbewegung nicht hervorgerufen; sie wurde von ihr auch nicht geheilt, allenfalls verstärkt. Die Überwältigung vom eigenen Weg in die Irre erzeugt in Borns Roman ein Pathos des Selbst-Leidens, dessen Ursprünge und Vorgeschichte er uns vorenthält. Denn der Sprung mitten ins Ich hat es aus allen Verbindungen mit der objektiven Geschichte gerissen; die Verachtung der Vernunft, die dem pauschalen Verdikt über den katastrophalen Zustand der Welt zum Opfer fällt, gebiert die Totalität einer existentiellen Verzweiflung. Ein großes, ein starrsinniges, ein konsequentes, aber auch ein verblendetes Buch; bohrend und verbohrt.

Frankfurter Rundschau vom 18. September 1976

ein Gefühl der Befriedigung kann ich mich erinnern, als ich sah, wie eine blutende Stirn behandelt wurde. Der Verletzte hielt die Mütze hoch in die Luft. Ich sah auch ein Mädchen lange von der Seite an und muß überlegt haben, ob ich sie ansprechen soll. Ich habe auch geraucht, wie zwischendurch, als könne erst danach alles weitergehen. Meine Uhr hatte ich auf dem Tisch liegenlassen. Maria war in Frankfurt. Ich konnte heute abend Linda treffen, wenn ich wollte. Ich wußte auch, wo ich Lasski wiederfinden konnte, wenn alles vorbei war. Ich fand dieses Gewoge schon komisch, und es fiel mir schwer, wirkliche Interessen dahinter zu vermuten. Ich konnte mir auch nicht vorstellen, daß es bezahlte Schläge waren und daß ein wirklicher Schuß fallen sollte, tödlich, dafür war das alles doch immer noch viel zu lustig. Es war schon Ernst, aber doch kein wirklicher. Saß denn der Herrscher jetzt tatsächlich dort drüben in der Musik? War ich vielleicht wirklich politisch geworden, bekehrt? Vielleicht war es eine Bekehrung, nach der mein Körper allerdings wieder gewohnten Beschäftigungen nachging. Ich glaube, ich bin überhaupt nicht verändert worden. Ich war nur eine Weile ganz krank und belustigt und durcheinander, dann war ich wieder wie normal, dann wieder wie verrückt. Aber ich wollte ja immer, daß mich noch etwas erreichen sollte, für das ich meinen Körper zur Verfügung stellen konnte, für Gerechtigkeit jederzeit, für Freiheit jederzeit, nur wenn man das genauer haben wollte, wurde es schwierig: einmal gesetzt und schon verloren, aus. So schnell wollte ich mich aber nicht verspielen, dann lieber mit offenen Augen mich langsam mit Widersprüchen vergiften. Aber nach längerem niedergedrücktem Leben fühlte ich mich doch wieder erwachen. Ein fröhlicher Aufstand ging durch meinen Körper, und im Kopf waren Vorstellungen von Gewalttaten. So lag der Körper zu Hause und auf Veranstaltungen herum und spielte im Liegen alles Handeln durch, bis sich eine Befriedigung einstellte, die immer nur daran erinnerte, daß sie keine Befriedigung war. [...]

Aus: Die erdabgewandte Seite der Geschichte. Rowohlt Verlag, Reinbek 1976, S. 48-51

Nicolas Born

Die Bremer Stadtmusikanten

Er war alt und schusselig geworden, der Esel. Du Idiot, schrie der Müller. Er mußte dem Esel alles zweimal sagen, zuerst einmal, dann Prügel, dann das zweite Mal. Der Esel fühlte sich als Mann, der sein Gedächtnis verloren hat. Die Säcke auf seinem Rücken wurden schwerer, je älter er wurde. So ist das mit den Säcken, meinte er, sie werden immer schwerer. Säcke werden einfach immer schwerer.
Mein Fell ist ganz stumpf und schäbig, dachte der Esel bei sich. Und der Müller war ein Lümmel. Mein Fell ist schäbig geworden wie bei einem alten Stadtmusikanten.

Ja, der Esel hatte viel um die Ohren. Die Eselohren flatterten im Wind der Windmühlenflügel. Die Knochen summten von den Schlägen. Der Esel dachte bei sich: Soll ich hierbleiben, bis dieser Lümmel von einem Müller mich mit dem Knüppel totschlägt? Oh, das Ziehen im Kopf. Ich denke zuviel.
Als er lange genug daran gedacht hatte zu fliehen, floh er. Kein Hund winselte, keine Katze klagte, kein Hahn krähte ihm nach.
Nun bin ich ganz allein auf der Welt, dachte er wieder bei sich, wohin nur? Nun, warum nicht nach Bremen? Die Bremer, haben sie nicht alles, was das Herz begehrt, und lassen sie nicht hier und da etwas abfallen, Abfall? Ich gehe hin und werde Stadtmusikant.
Gläsernes Klappern der Eselshufe. Kein Verkehr, nur manchmal ein eiliger Fußgänger mit einem langen Brot unterm Arm. Eine Frau sprach zu ihren Kindern: „Seht da, ein Esel!" Er ließ sich nichts anmerken auf dem Weg nach Bremen. Keine Augen für die Schönheiten auf der Straße. Er war alt und schusselig. Er sah an sich herunter und dachte, wieder bei sich: Na, Alter, wie schmeckt die Freiheit?
Aus dem Straßengraben hörte er Jaulen und Wehklagen, es war ein Hund. Völlig heruntergekommen, bat er um Hilfe. Der Esel mißtrauisch. „Woher soll ich wissen", fragte er, „ob du mich in jüngeren Jahren nicht gebissen hättest?"
„Potztausend, Gevatter", klagte der Hund, „die Jugend ist dahin, und das Alter ist windig. Heut' zeigen mir selbst die Hasen die Zähne, weil ich nur einen noch habe." „Dann bist du ja ein ganz armes Schwein", sagte der Esel. „Sag an, was ist dir widerfahren?"
„Früher", begann der Hund seine Geschichte, „war ich ein stattlicher Hofhund. Mein Herr war zufrieden mit mir. Es heißt zwar, daß Hunde um so weniger beißen, je lauter sie bellen. Aber ich war Klasse. Ich bellte laut und biß auch laut. Das wurde mir schlecht gedankt im Alter. Ich habe Gnadenbrot beantragt. Gnadenbrot ist mir zweimal abgelehnt worden. Da hab ich mich aufgemacht nach Bremen."
„Den Rest der Geschichte kannst du dir sparen", sagte der Esel, „natürlich willst du dort Stadtmusikant werden."
„Woher weißt du das?" fragte der Hund. „Auch ich", sprach der Esel, „bin einer inneren Stimme gefolgt und befinde mich auf dem Weg nach Bremen. Auch ich bin aus, äh, Altersgründen weggelaufen. Mein Chef war ein Knüppel von einem Lümmel und schlug mich immer mit seinem Müller." „Hoho", staunte der Hund und dachte bei sich, dieser Esel ist schon ziemlich alt und schusselig. Und der Esel dachte bei sich: Warum sagt dieser steinalte Hund immer Abendrot, wenn der Gnadenbrot meint?
„Wir müssen uns beeilen", sagte der Hund. „Ich weiß", sagte der Esel, „die Katze wartet." Der Hund klopfte ihm anerkennend auf die Schulter.
Die Katze klagte auch, Krallen und Zähne stumpf, die Sache mit den Mäusen aus und vorbei. Keine Ehre wird der Katze im Alter zuteil. Die anderen kannten das. „Pfui", sagte die Katze, „das hat man zu erwarten, wenn man an die tausend, was sage ich, rund tausend Mäuse gefangen hat."
Dann befreiten sie noch den Hahn aus seiner mehr als unangenehmen Lage. Das Stichwort „Bremen" schien ihn daran zu erinnern, daß er einmal ein Vogel war. Die letzten Tage hatte er in beklagenswertem Zustand verbracht, mit geschwollenen Kamm und einem Bein schon in der Suppe. Wenn schon, seine Haltung war ungebrochen, nur über sein Gesicht, ganz klein geworden im Alter, huschte ein gequältes Lächeln.
Die Katze hatte daran gedacht, ein Altersheim zu gründen, aber der Esel riet ab:

Zeichnung: Nikolaus Plump

„Ein Altersheim gründet man in jungen Jahren oder nie mehr." Einstimmig sangen sie eine menschlich anmutende Sonate. So schritten sie munter fürbaß in einen dunklen Wald hinein, wo sie übernachten wollten. Sie träumten einen Tierfilm voller Musik und leicht nervöser Quadrillen. Da krähte der Hahn vom Baumwipfel herunter: „Land! Land!" Er war auch schon ziemlich schusselig. „Licht! Licht!" verbesserte er sich. Einige seiner Vorfahren waren zur See gefahren.
Sie erhoben sich und gingen auf das Licht zu. Es kam aus einem feinen, stämmigen Blockhaus. Durch das Fenster sahen sie eine Horde wilder Gestalten an einem Tisch sitzen, der voll war von gebratenem Schlachtvieh. Das waren zweifellos die Räuber, ein gefährlicher, rasierklingenscharfer Club. Einer von ihnen, ein verwegener Saufaus, stimmte gerade statt eines Tischgebetes des längeren und weiteren ein Saufliedchen an. Wildschweinschinken, Fasan usw., Kaninchen, Täubchen, Schlehenkompott usw. Alles geklauter Kram aus ersten Häusern. Der Esel legte seine Vorderhufe auf die Fensterbank. Der Hund stellte sich auf den Nacken. Die Katze nicht faul, ahnte auch, wie es weiterging, und obendrauf der Hahn, der wirklich ein zäher Brocken war.
Diese Musik ging den Räubern unter die Haut. Der Esel schrie wie ein Esel, der Hund bellte wie ein Hund, die Katze miaute wie eine Katze, und der Hahn schäumte vor Lust und Zorn. So groß war das Entsetzen der hartgesottenen Räuber, daß sie Reißaus nahmen. Das fiel nicht leicht, denn hier waren die Schätze aufgehäuft, die sie in aller Gemütlichkeit zusammengeraubt hatten.
Die vier alten Leutchen machten sich mit Heißhunger über die Sachen her. Nur der Hahn aß wie ein Spatz. Dann legten sie sich zur Ruh', der Esel auf den Mist, der Hund an die Tür, die Katze neben den Ofen, und der Hahn schlief stehend auf dem Dachfirst.
Die Räuber schickten einen Späher aus, der nachsehen sollte, ob die Luft wieder rein war. Der Abgeschickte fand alles ruhig, aber als er ein Streichholz anrieb, sprang ihm die Katze ins Gesicht. Als der Räuber erschrocken durch die Tür ins Freie wollte, biß ihn der Hund ins Bein und dachte bei sich: Das ist die Strafe dafür, daß du keine Hunde beschäftigst. Der Räuber floh am Misthaufen vorbei und erhielt einen trockenen Hieb vom Hinterfuß des Esels, der bei sich dachte: Nimm das, damit du die Bremer Stadtmusikanten kennenlernst. Vom Dach schallte dem Räuber ein strenges Kikeriki nach. Es war der Hahn, der bei sich dachte: Ruhe gibst du keine, bevor du unsereinen nicht auf der Gabel hast. Der Räuber kehrte zerschunden zu den anderen zurück und sprach: „In dem Hause sitzt eine greuliche Hexe, die hat mich zerkratzt, und an der Tür steht ein Mann mit Messer, der hat mich ins Bein gestochen, und am Misthaufen steht eine schwarze Maschine, die hat mich geboxt, und auf dem Dach sitzt der Richter, der ruft: „Bringt mir den Strolch!"
Da hatten die Räuber Nasen und Hosen voll, und vor Angst blieben sie Tage, Wochen, Jahre im Wald versteckt. Sie hofften noch immer, eines Tages in das Räuberhaus zurückzukehren, in dem die Musikanten in Saus und Braus lebten. Manchmal hallte der Wald wider von einer äußerst feinen, aber wilden Musik, und mit der Zeit wurden die Räuber zu Musikfreunden. Vom Zuhören neigten sich ihre Ohren, und bald fingen sie selber an zu musizieren. Es zierte sie nicht schlecht. Unter klingendem Spiel raubten sie fortan vornehme Reisende aus. Die Bremer Stadtmusikanten, die übrigens Bremen nie erreicht haben, bekamen immer einen netten Batzen von der Beute ab.

Aus: Märchen, Sagen, Abenteuergeschichten auf alten Bilderbogen neu erzählt. Hrsg. von Jochen Jung. Heinz-Maas-Verlag, Gräfelfing bei München 1974

Nicolas Born

31.12.1937 Duisburg
– 7.12.1979 Hamburg

B. wuchs im deutsch-holländischen Grenzgebiet bei Emmerich auf. 1950-55 Lehre und Arbeit als Chemigraph in Essen. 1957 mehrmonatige Balkanreise. 1958 Reisen nach Griechenland und in die Türkei. 1964-65 Teilnahme am Literarischen Colloquium in Berlin, Besuch der Tagungen der Gruppe 47, Umzug nach Berlin. 1969-70 Stipendiat des Writers Workshop der University of Iowa/USA. 1975 Gastdozentur für Gegenwartsliteratur an der Universität Essen. B. lebte bis zu seinem Tode in Berlin und in Dannenberg/Niedersachsen. Er war Mitglied der Deutschen Akademie für Sprache und Dichtung in Darmstadt, der Akademie der Wissenschaften und der Literatur in Mainz und des PEN-Zentrums der Bundesrepublik. Weiterhin war er Preisrichter in der Jury zur Vergabe des Petrarca-Preises. B. arbeitete aktiv in der Bürgerinitiative gegen die Entsorgungsanlage in Gorleben mit.

Preise: Förderungspreis des Landes Nordrhein-Westfalen für junge Künstler (1965); Jahresgabe für Lyrik der Akademie der Künste Berlin (1967); Villa-Massimo-Stipendium (1972/73); Förderungspreis Literatur zum Kunstpreis Berlin (1973); Literaturpreis der Freien Hansestadt Bremen (1977); Stadtschreiber von Bergen-Enkheim (1978); Rainer Maria Rilke-Preis für Lyrik (1979).

Werkauswahl: Der zweite Tag. Roman. 1965. – Marktlage. Gedichte. 1967. – Wo mir der Kopf steht. Gedichte. 1970. – Das Auge des Entdeckers. Gedichte. 1972. – Oton und Iton. Utopisches Kinderbuch. 1974. – Die erdabgewandte Seite der Geschichte. Roman. 1976. – Gedichte 1967-1978. 1978. – Die Fälschung. Roman. 1979. – Die Welt der Maschine. Aufsätze und Reden. 1980. – Täterskizzen. Erzählungen. 1983. – Gedichte. 1983. – Ein Lied das jeder kennt. 1989.

Über N. B.: Martin Grzimek in: Kritisches Lexikon zur deutschsprachigen Gegenwartsliteratur. München 1978 ff. – N. B. zum Gedenken. Hg. v. W. Martin Lüdke. 1988.

Foto: Isolde Ohlbaum

Nicolas Born (im Hintergrund Peter Rühmkorf).
Foto: Isolde Ohlbaum.

HEINAR KIPPHARDT*

Bremer Literaturpreis 1977 für „März. Roman", AutorenEdition, München 1976

Walter Kempowski

Gewöhnliche Schrecknisse

Kipphardt stellt in seinem von uns preisgekrönten Buch das Leben des in einer psychiatrischen Klinik lebenden schizophrenen Dichters namens März dar.

Zwei Fragen können vielleicht helfen, den Inhalt des Buches zu verdeutlichen.

Frage eins: Warum wird der Dichter März zum Schizophrenen? Dazu ein Zitat aus dem Roman: „Niemand ist heute so weit, die Schizophrenie unmittelbar aus der familiären oder sozialen Situation abzuleiten. Was wir tun können ist, die interfamiliäre und soziale Umwelt der Schizophrenen zu beschreiben, bis wir die Teile in einen sinnvollen Zusammenhang bringen können. Wir suchen für das außergewöhnliche Bild der Schizophrenie ganz außergewöhnliche Ergebnisse, es scheint aber, es genügen die ganz gewöhnlichen Schrecknisse, mit denen wir alle nur mühsam fertig werden. Der Schizophrene ist ein Leidensgefährte. Er leidet an einem Reichtum inneren Lebens, und er möchte „sein, was er wirklich ist."

„Gewöhnliche Schrecknisse"? Das ist im Falle März die Hasenscharte, das ist das Spannungsfeld: Vater - Sohn; der hartnäckige Versuch des Polizeibeamten, in seinem Sohn ein Ideal von sich selbst zu reproduzieren. Ein gewöhnliches Schrecknis ist auch das Spannungsfeld Mutter - Sohn, der Versuch der Mutter nämlich, die Ver-

Heinar Kipphardt (3 v. l.) mit Karin Kiwus und Nicolas Born. Rechts: Pia Kipphardt und Senator Horst-Werner Franke. Foto: Ursula Borucki

unstaltung ihres Kindes zu leugnen und das Verhältnis zwischen Bruder und der so sehr normalen Schwester. Dazu kommen solche Kleinigkeiten wie Schule, Bundeswehr und Arbeitswelt. Die von uns für „normal" gehaltene Welt enthält also latent die Keime der Schizophrenie.

Die Schizophrenie ist eine relativ spät entdeckte Krankheit. Erst seit der zweiten Hälfte des 18. Jahrhunderts im Gefolge der Industrialisierung der Arbeitswelt wird sie zunehmend diagnostiziert. Kipphardt leugnet in seinem Buch einerseits nicht, daß die Schizophrenie tatsächlich als Krankheit zu bezeichnen ist, stellt jedoch andererseits deutlich heraus, daß zwischen der zunehmend auftretenden Schizophrenie und den Widersprüchen unserer Gesellschaft ein Zusammenhang besteht. Der schizophrene März kann daher als typisch für unsere Zeit interpretiert werden.

Da März nicht bereit und nicht in der Lage ist, sich der Norm anzupassen, da er kompromißlos sich selbst lebt und sich zu verwirklichen sucht, stellt er die Normalität, die Anpassung und damit ihre Ursachen infrage.

Die zweite Frage, die uns hilft, dem näherzukommen, was Kipphardt mit seinem Buche sagt, ist: Warum kann dem schizophrenen März nicht geholfen werden?

Diese Frage wird zum größten Teil mit der Beschreibung der vorklinischen Karriere des März beantwortet: In der Anstalt herrschen nämlich ähnliche Verhältnisse und Normen wie in der Außenwelt. Für den Eingewiesenen ändert sich nicht viel. Die Schil-

* Gemeinsam mit Nicolas Born

derung der Anstaltsverhältnisse, die zum größten Teil inhuman und unangemessen scheinen, ist in diesem Buch einsehbar und nachvollziehbar: Es gibt „abgeschriebene“ Fälle, geschlossene Abteilungen, Entlohnung, Reduzierung der ärztlichen und pflegerischen Betreuung auf Medikamentenverabreichung, Tisch-, Arbeits- und Schlafsaalordnungen.
Das Buch „März” geht weit darüber hinaus, eine bloße Biographie zu liefern. Es legt die Gründe bloß, an denen unsere Gesellschaft krankt und die Problematik ihrer Heilung.
Kipphardt bedient sich weitgehend der literarischen Technik, die er bei seinen Theaterstücken verwendet: Rückgriff auf dokumentarische Texte, die leicht variiert und ergänzt werden durch nüchtern berichtende Erzähleinschübe. Er montiert dazu: Briefe und Gedichte des März, Notizen anderer Patienten, Tagebucheintragungen des Arztes Kofler, Aufzeichnungen der Pfleger, Berichte von März' Eltern und Gesetzestexte. All das wird schließlich literarisch zu einem Roman organisiert, der eine sehr genaue Komposition der verschiedenen Ebenen erkennen läßt.
Die Sprache ist durchweg an der Sache orientiert; eine gewisse Sprödigkeit, die durch die strenge Untergliederung und quasi wissenschaftliche Zuordnung des literarischen Materials erreicht wird, verhindert „kulinarische“ Lektüre. Der Leser wird vielmehr dadurch, daß keine sich anbiedernde Erzählweise gewählt wurde, aber auch durch die Vielfalt der Gesichtspunkte, die ihm protokollarisch angeboten werden, zur eigenen Stellungnahme, zum kritischen Lesen eingeladen.

Aus der Laudatio vom 26. Januar 1977

Heinar Kipphardt

Im Wahnsinn steckt Verstand

Meine Damen und Herren,
ich schließe mich dem Dank meines Kollegen Born an, wollte eigentlich nichts reden und denke aber jetzt, ich müsse ein bißchen zurechtrücken, daß wir — trotz Borns Prognose — in einer bestimmten Geschichtsperiode leben. Alles, was er beschreibt als unsere Zukunft, in der wir möglicherweise zuhause sein werden, das hat realen Grund; aber man muß, so denke ich, zu Kausalitäten vorstoßen, und dabei muß man bemerken, daß dieser beunruhigende, schreckliche Zustand unserer Welt und ihrer Zukunftsperspektive ursächlich bedingt ist von der Tatsache, daß unsere Welt unterworfen wird fremden Zwecken; daß unsere Welt unterworfen ist den Zwecken der Wirtschaft, deren Hauptzweck ist — die Produktion von Mehrwert.
Das muß man genau sehen: wir leben im Ausgang einer Epoche (der bürgerlich-kapitalistischen), die die wirklichen Fragen dieser Welt nicht mehr lösen kann. Und deswegen, glaube ich, darf man nicht den Kopf in den Sand stecken und den Schwanz wie der Strauß in die Höhe, sondern man muß sehen, daß dieser Weltzustand ein wirklich überwindbarer ist und daß dieser Teil der Welt, in dem wir leben, kein sehr wichtiger Teil ist, wenn auch ein besonders hartnäckig konservativer.
Mein Buch hat einen bestimmten Zusammenhang mit dem auch, was Born sagte. Ich beschreibe nämlich einen Menschen, der — indem er auf sich beharrt, auf seiner tief gestörten Produktivität — nur die Karriere der Landesklinik, die Karriere des Irrenhauses vor sich hat. Ich beschreibe aber auch — und deswegen denke ich, daß das eigentlich ein Buch ist, das bestimmte Hoffnungen in sich birgt, Hoffnungen versteckt hat — ich beschreibe aber gleichzeitig die Unzerstörbarkeit menschlicher Produktivität.
Wir Künstler gehören ja zu dieser merkwürdigen Spezies, die es sonst kaum gibt, daß das, was wir produzieren, etwas zu tun hat mit uns selber. Wenn unser Produkt etwas taugen soll, müssen wir im Produkt sein. Das gibt es sonst kaum noch, und insofern ist auch die schäbigste künstlerische Arbeit, die lächerlichste künstlerische Arbeit, überhaupt das, was man Kunst nennt, so etwas wie eine Beschwörung menschlicher Möglichkeit in dieser produktions- und menschenfeindlichen Umwelt.
Nachdem ich das gesagt habe — und wir können ja heute abend darüber streiten, lieber Born — tue ich das, was ich ursprünglich wollte, nämlich Sie einzuladen, mit März so einen Blick zu werfen auf diese von Märzens Standpunkt merkwürdig enge, paranoide Welt. März hat einen Aufsatz geschrieben, der heißt „Der Wahnsinn bricht aus“.
'Der Wahnsinn bricht aus' heißt es gern, hieß es auch zu oft bei mir. Ein Ausbruch von Wahnsinn steht, wo es geht, in der Zeitung. Wo, wenn der Wahnsinn bei mir ausbricht, hat er in mir gesteckt? In welchem Teil? Wie ist er so unbemerkt hineingekommen? In welcher getarnten Gestalt? Da er in nahezu jedem jederzeit ausbrechen kann, muß er in jedem auch stecken, nahezu, und ausbrechen wollen. Nun aber: wo? Gründliche Studien haben mir die Gewißheit gebracht — der Wahnsinn lauert auf dem Grunde des Verstandes auf seinen Ausbruch und

Foto: Ursula Borucki

ist dem Verstande geheuer. Im Wahnsinn steckt Verstand, Methode. Verstand ist geregelter Wahnsinn, Wahnsinn ist entregelter Verstand. Er spricht dann die Hieroglyphensprache, das ist die Inselsprache, die Camelata-Sprache der Kunsteisfabrik Mensch. Wahrscheinlich ist der Wahnsinn etwas, das nicht zum Vorschein kommen darf, keinesfalls aus seiner Gefangenschaft ausbrechen, weil er die Ruhe stört in Haus, Hof und Wohngemeinschaft. Vielleicht wäre es besser, wenn er öfter mal still zum Vorschein käme und hieße eventuell Phantasie. Phantasie allerdings ist etwas sehr Störendes, zum Beispiel in Büro und Fabrik. Man spricht auch von 'göttlichem Wahnsinn'; allerdings nicht in Lohberg. Hier bin ich von Wahnsinn geschlagen.

Dann äußert sich März mal zur Normalität, wenn Sie mir das gestatten. „Was ist normal?" — schreibt er.

Ein normaler Mensch tut lebenslang nicht, was er will. So stark genießt er die Pflicht. Je besser es ihm gelingt, nicht er selber zu sein, desto mehr bekommt er. Mit 65 wird der normale Mensch pensioniert — auf Antrag mit 63. Jetzt hat er Zeit für sich, doch hat er sich leider vergessen.

„Ziel technischer Wissenschaft", sagt März, „ist der Roboter, der künstliche Maschinenmensch. Fieberhaft noch wird an ihm gearbeitet. Dabei ist schon entstanden der menschliche Maschinenmensch, der produktionsmäßig billiger kommt und noch, wenn er Bier kriegt, auch singt." März-Niederschriften: „Empfinde manchmal im Frühjahr: fremder vielleicht noch als ich sind sich die anderen. Ich bin mir manchmal nicht fremd, kenne mich aus der Fremde, in Kuckucksruf und Getier, sehe geschlossenen Augs manchmal das Veilchental." Zu seinem Verstummen: „Wenn ich einen Fisch esse", schreibt er, „Karpfen besonders, denke ich meistens bewundernd: dieser sprach nie. Dieser genüßliche Mund suchte den Schlamm ab und schwieg."

Heinar Kipphardt

Das Authentische in „März"

Paul Kruntorad hat in der Frankfurter Rundschau vom 14. Oktober 1977 Heinar Kipphardt vorgeworfen, nicht exakt genug jene Passagen seines Romanes „März" kenntlich gemacht zu haben, die Kipphardt aus dem Werk des schizophrenen Dichters März entnommen hatte. Kipphardt, von dem eben im Bertelsmann-Verlag Gedichte unter dem Titel „Angelsbrucker Notizen" erschienen sind, entgegnet im folgenden Beitrag auf Kruntorad.

Der Kritiker Paul Kruntorad macht anderthalb Jahre nach Erscheinen meines Romans MÄRZ die Entdekkung, daß ich für die Zwecke dieses Romans eine Anzahl psychopathologischer Texte teils wörtlich, teils frei verwendet habe, insbesondere einige Gedichte und Gedichtteile des kranken Dichters Herbrich (Pseudonym). Diese Entdeckung kann Kruntorad aber sowohl dem zitierten Nachwort des Romans wie der Vorbemerkung zum Filmbuch „Leben des schizophrenen Dichters Alexander M." (Wagenbach Verlag) entnehmen und neuerdings am ausführlichsten den Anmerkungen zu meinem Gedichtband „Angelsbrucker Notizen" (AutorenEdition bei Bertelsmann). Im Filmbuch bei Wagenbach heißt es: „Für den Film empfing ich Anregungen aus den Veröffentlichungen psychopathologischer Texte des Psychiaters Leo Navratil. Besonders beeindruckt haben mich die von ihm publizierten Gedichte des kranken Dichters Herbrich (Pseudonym). Einige der von Navratil veröffentlichten Patiententexte wurden für diese Zwecke des Films, und meist sehr frei, benutzt. Unter den anderen wissenschaftlichen Arbeiten, denen ich Dank schulde, möchte ich die Arbeiten der Psychiater Laing und Basaglia und des Soziologen Goffman hervorheben."

In den Anmerkungen zu den „Angelsbrucker Notizen" steht auf Seite 212: „März-Gedichte I und März-Gedichte II. März-Gedichte I enthält alle Gedichte aus dem Roman 'März' und dem Film 'Leben des schizophrenen Dichters Alexander M.', dazu eine Anzahl Gedichte, die in diesem Arbeitszusammenhang entstanden sind und nicht veröffentlicht wurden. Für diese Arbeiten empfing ich starke Anregungen aus den Veröffentlichungen psychopathologischer Texte des Psychiaters Leo Navratil (Schizophrenie und Sprache, dtv 355, München 1966 und 'a+b leuchten im klee', Reihe Hanser 68, München 1971).

Malbrief
von HAP Grieshaber
an Heinar Kipphardt

1976 erschien als 23. Mappe der »Engel der Geschichte« mit acht Holzschnitten von HAP Grieshaber unter dem Titel „Engel der Psychiatrie". Diese Mappe enthält Texte und Gedichte aus „März". Darin wurde auch der nebenstehende Malbrief veröffentlicht

Besonders beeindruckt haben mich die von ihm publizierten Gedichte des kranken Dichters Herbrich (Pseudonym). Einige der von Navratil veröffentlichten Patiententexte wurden für die Zwecke des Romans oder Films, und meist sehr frei, benutzt. Die Gedichte 'Die Spirale' und 'Die Zigarette' von Herbrich übernahm ich nahezu unverändert. Bei einigen Gedichten, wo Teile von Patiententexten verwendet wurden, zitiere ich zum Vergleich die Originaltexte im Anhang. Die März-Gedichte II sind später entstanden. Sie setzen die März-Figur fort, die sich in mir, wiewohl verändert, behauptet hat."

Paul Kruntorad kann in diesen Anmerkungen übrigens vier wörtlich zitierte Gedichte von Herbrich finden, um dem Leser an diesen Beispielen meinen Umgang mit den Gedichten von Herbrich zu zeigen. Ein Beispiel ist das auch von Kruntorad zitierte Gedicht „Das Lieben". [...]

Ich darf hinzufügen, daß ich Herbrich immer als einen bedeutenden Dichter gerühmt habe, ich habe mit Navratil, seinem Psychiater, lange darüber korrespondiert, und ich meine, ich habe für das Bekanntwerden Herbrichs einiges getan.

Paul Kruntorads Irrtum scheint mir darin zu bestehen, daß er MÄRZ für so etwas wie einen dokumentarischen Roman über Herbrich hält. Es handelt sich aber um eine Kunstfigur, die mit der Biographie von Herbrich nicht das geringste zu tun hat, auch wenn Einzelheiten aus den Biographien verschiedener Kranker stammen. Was ein Roman dieser Art jedenfalls erreichen muß, das ist Authentizität. Im Bereich der psychotischen Erkrankungen ist diese nicht zu erreichen, ohne tatsächliche psychopathologische Texte, Denkweisen, Krankenberichte, wissenschaftliche Materialien etc. in die künstlerische Arbeit aufzunehmen, gleichzeitig in ihr aber auch aufzuheben. Die Authentizität ist Teil einer Kunstanstrengung zu anderen Zwecken als dem der wissenschaftlichen oder naturalen Dokumentation. Die Zwecke des Romans fordern den freien Umgang mit den Materialien, und das macht es unmöglich, die Zitate und Änderungen im einzelnen anzugeben. Auch Kruntorad wird vielleicht sehen, daß mein MÄRZ-Gedicht „Das Lieben" ein anderes Gedicht ist als „Das Lieben" von Herbrich. Es wäre zum Beispiel irreführend, wenn ich die von mir verwendeten Zeilen des ursprünglichen Gedichts als Zitat kenntlich machen würde, denn sie sind anders montiert. Ich mußte auch gerade vermeiden, daß der Leser dem Irrtum Kruntorads verfällt und meine Kunstfigur MÄRZ mit Herbrich identifiziert. Der in einer wissenschaftlichen Arbeit durchaus zu fordernde Quellenapparat würde einen Roman wie MÄRZ ganz unlesbar machen.

Was übrigens den Büchner mit seiner LENZ-Erzählung angeht, so irrt sich Paul Kruntorad auch hier. Büchner hat für seine Zwecke seitenlang den Bericht des Pfarrers Oberlin benutzt, ohne anzumerken, wo er ihm folgt, wo nicht, und warum er ihn an anderen Stellen ändert. Immer noch gibt es den Bericht von Oberlin und Büchners LENZ, zum Studium des Tatsächlichen in der Literatur empfohlen.

Frankfurter Rundschau vom 15. Oktober 1977

Heinar Kipphardt, Anfang der siebziger Jahre (oben); 1976 mit HAP Grieshaber (Mitte); 1982 mit Peter Weiss in Bremen. Fotos: Klaus Eschen, Archiv Pia Kipphardt, Ursula Borucki

Günther Rühle

Der Frager

Zum Tod von H. Kipphardt

Der Schriftsteller und Arzt Heinar Kipphardt hat in mancher öffentlichen Runde seine Stimme erhoben. Im Grunde aber hat er nur Fragen gestellt. Er galt als links, weil er immer auf der Seite der ungemütlichen Opposition war, weil er seinen Marx kannte und stets die entsprechenden Zitate zur Hand hatte; er erschien manchem als ein ewig Aufmüpfiger, ja, man hat ihn – fünf Jahre ist es erst her – beschuldigt, jene „geistigen Sümpfe“ mitgeschaffen zu haben, aus denen sich der Terrorismus entwickelt habe.

Er hat dies und einiges mehr mit einer großen Gelassenheit, mit der ihn kennzeichnenden Ruhe ertragen, wiewohl er von solchem Vorwurf nicht unberührt blieb. Er erschien als Dickhäuter, war empfindlich und hatte auch eine Fähigkeit zum Zorn. Das war die Voraussetzung dafür, daß er mit seinen Meinungen nicht zurückhielt. Diese Meinungen betrafen unsere Öffentlichkeit. Er rieb sich an ihr, er war, wie heil er auch immer erschien, ein Verletzter; und die erste seiner unverheilten Wunden war sicher die, daß man seinen Vater im KZ umgebracht hatte.* Er war von daher empfindsam gegen Gewalt, Herrschaft, politisches Schauspielertum und hielt damit nicht zurück. Diesen Furchen entsprangen seine Träume von der human zu ordnenden Welt.

Er war gleichwohl kein Illusionist in der politischen Wirklichkeit. Das medizinische Studium, seine Neigung zur Psychiatrie, seine Kenntnis der seelischen Arbeit haben ihn tief nachwirkende Einblicke in die Brüche, die Verwerfungen des Lebens tun lassen. Man stellte sich oft diese Frage: Wie kam dieser eher einem Handwerker, vielleicht dem biederen Friedrich Ebert ähnelnde gedrungenstämmige Mann in die Kunst?

Auf ebendiesem Weg: aus den Verletzungen, aus der Beobachtung, daß wir alle der Reflex unserer Erlebnisse sind

Heinar Kipphardt

Immer aufgepaßt

[...] Kofler, Bericht. Es gibt von März viele verschiedene Lebensläufe, die er verfaßt hat, seit ich mich für ihn interessierte. Tatsächlich ist er 1934 in Ober-Peilau/Schlesien geboren und zwar im Dezember, nicht im April. Sein Vater ist Polizeibeamter, bedeutend älter als die Mutter. Er leidet an einer leichten Mißbildung, einer Gaumenspalte, die im Laufe seines Lebens mehrfach operiert wurde, zuletzt mit funktional gutem Ergebnis. Das Kind lernte schnell sprechen, aber seine Lautbildung war nasal. Wenn Besuch kam, durfte der Junge nicht sprechen, weil sich der Vater genierte. Die Mutter umsorgte ihn übertrieben stark, aber zum Einkaufen nahm sie ihn nicht mit. Um ihm Konflikte zu ersparen, hielt sie Kinder von ihm fern. Bis zum Schuleintritt, sagte März, habe er die Welt aus den verschleierten Fenstern der Wohnung im ersten Stock betrachtet. »Da sieht sie weißlich aus und ziemlich enfernt.« März war ein fleißiger Schüler. Er wurde stark zum Lernen angehalten. Die Schularbeiten waren dem Vater selten ordentlich genug. Im Alter von acht Jahren wurde er im St. Hedwig-Krankenhaus in Breslau operiert. Deshalb mußte er die dritte Klasse wiederholen. Er schämte sich. In dieser Zeit wurde eine Schwester geboren, die März Ist-sie-nicht-süß nennt, nie mit ihrem Vornamen Ursula. Von mir dazu aufgefordert, schrieb März Gedichte über den Vater, die Mutter und die Familie.

Der Vater
Der Vater ist viereckig
und raucht
schwarze Virginia.
Am Sonntag im Bett
zieht er den Kindern gern
schnurgrade Scheitel.

Die Mutter
Die Mutter ist eine Milch
eine schön warme.
Aber in der man ertrinkt.

Die Familie
Wenn es Sommer ist
und schön warm
macht die glücklichere Familie
einen Ausflug in den Zoo nach Groß-Breslau.
Sie sehen die Raubtierfütterung
und andere Lustbarkeiten
z. B. das Gnu.
Im Aquarium sehen sie
den elektrischen Fisch (Rochen).
Der sieht sie auch.
So stecken sie in der Falle.

und der Geschehnisse, die wir zu verarbeiten haben. Die Kunst begann bei ihm mit den Träumen, in denen er die Wirklichkeit auf eine überwahre Art widergespiegelt sah. In der Reihe seiner Schriften findet sich ein Buch „Traumprotokolle". Es enthält Zugänge zu seinem Leben und seiner Arbeit.
[...] Kipphardt war *Materialist*, insofern er die Verhältnisse als die prägende Kraft für unser Handeln und Denken anerkannte, aber er war *Idealist* in der Folgerung, daß die Verhältnisse deswegen andere werden müßten. Es war das die Einsicht des Psychiaters, der zur Heilung der Verstörung zunächst die Bedingungen der Umwelt ändern will, die die Schäden verursachen. In seinem Roman „März", der sein letzter großer Erfolg als Schriftsteller (und in der Dramatisierung als Theaterautor) war, hat er diesen Zusammenhang deutlich dargestellt. Der Roman war eine Frage an die Psychiatrie nach den Methoden ihres Handelns.
So kam der Mediziner, der Schriftsteller, der politische Fragensteller in Kipphardt – die zunächst ganz voneinander getrennte Personen zu sein schienen, immer deutlicher zusammen. Das machte Kipphardt unverwechselbar. Was er in seinen Büchern und Schauspielen durch seine künstlerische Kraft nicht erreichte, trug ihm die Zeit zu, die erregt war von den Fragen, die er als die seinen betrachtete. [...]

Frankfurter Allgemeine Zeitung vom 19. November 1982

*Der Vater Heinrich Kipphardt ist nicht im KZ umgebracht worden. Er war von 1933 - 1937 zuerst im KZ Dürrgoy bei Breslau, später im KZ Buchenwald eingesperrt. 1944 wurde er nach einer Denunziation noch einmal drei Wochen in „Schutzhaft" genommen und dann an die Front geschickt. Er starb 1977 (*W.E.*).

Von seiner Schwester berichtete er einen Traum.
Ich lag im Kinderbett meiner Schwester. Das war aber ein weißer Sarg mit rosa Rosen. Offenbar war ich gestorben, denn es standen schwarz gekleidete Verwandte um das Bett, die mich freundlich und erleichtert betrachteten. Ich lag weiß und leicht und dachte, das wird ihnen noch leid tun, daß ich jetzt gestorben bin, das werden sie noch bereuen. Jemand schob mein Leichenhemd herauf über den Bauch, und ich sah mit allen den rosigen Spalt der fetten schwesterlichen Schamlippen. Der Vater sagte: Und wir haben das immer für eine Hasenscharte gehalten. Und fuhr mit dem Finger hinein.

März, Aufsätze. Lebensgedächtnisse. Unbestreitbar ist, daß ich ein Leben hatte. Ich hatte eine sogar detailfreudige Lebensgeschichte. Die habe ich jedoch aus mir unbekannter Ursache verlassen. Oder sie mich. Ich erlebte einen Lebensuntergang. Im Gewitter versank Elugelab. Wenn ich an mein Leben denke, ist es, wie wenn man etwas denken würde und wieder einschläft. Es ist mir nicht gelungen, darin Fuß zu fassen.

Es wurde auf mich immer aufgepaßt, sagte März, auch wenn ich ganz allein war, paßte jemand auf. Der Vater saß in meinem Kopf, die Mutter meist in der Milz (Seitenstechen). Wenn sie mal Urlaub machten, delegierten sie mich. [...]

Aus: März. AutorenEdition, München 1976, S. 12-14

Foto: Isolde Ohlbaum

Heinar Kipphardt

Heinar Kipphardt

8. 3. 1922 Heidersdorf/Schlesien — 18. 11. 1982 München

Medizin-Studium mit dem Schwerpunkt Psychiatrie in Bonn, Köln, Königsberg, Breslau, Würzburg und Düsseldorf — dort auch Examen und Promotion. Arbeit als Arzt in verschiedenen Krankenhäusern, zuletzt an der Universitäts-Nervenklinik der Charité in Ostberlin. 1950-59 Chefdramaturg des Deutschen Theaters Berlin. Kündigung des Vertrages, „weil ich nach den Auseinandersetzungen um den Spielplan keine Bedingungen für meine Arbeit mehr sah". 1959 Übersiedlung in die Bundesrepublik. Dort zunächst Dramaturg am Düsseldorfer Schauspielhaus. 1960 Umzug nach München. 1960-69 freier Schriftsteller. 1969-71 Chefdramaturg an den Münchner Kammerspielen. Der Vertrag wurde nach einer von Günter Grass ausgelösten politischen Auseinandersetzung um die Programmheftgestaltung zu Wolf Biermanns „Dra-Dra" nicht verlängert. 1972 Umzug nach Angelsbruck bei München. K. war Mitglied des PEN-Zentrums der Bundesrepublik und der Deutschen Akademie der Darstellenden Künste.

Preise: Nationalpreis der DDR (1953); Fördergabe des Schiller-Gedächtnis-Preises (1962); Gerhart-Hauptmann-Preis (1964); Fernsehpreis der Deutschen Akademie der Darstellenden Künste (1964); Adolf-Grimme-Preis (1965); DAG-Fernsehpreis (1965); Film- und Fernsehpreis des Hartmannbundes (1975); Prix Italia (1976); Literaturpreis der Freien Hansestadt Bremen (1977); Arbeitsstipendium „Auswärtige Künstler zu Gast in Hamburg" (1977).

Werkauswahl: Shakespeare dringend gesucht. Ein satirisches Lustspiel. 1954. — Der Aufstieg des Alois Piontek. Eine tragikomische Farce. 1956. — Der Hund des Generals. Schauspiel. 1963. — Die Ganovenfresse. Erzählungen. 1966. — In der Sache J. Robert Oppenheimer. Schauspiel. 1964. — Joel Brand. Die Geschichte eines Geschäfts. 1965. — Die Soldaten. Nach J. M. R. Lenz. Schauspiel. 1968. — Stücke I und II. 2 Bde. 1973 und 1974. — März. Roman. 1977. — Das Leben des schizophrenen Dichters Alexander M. Ein Film. 1976. — Angelsbrucker Notizen. Gedichte. 1977. — März. Ein Künstlerleben. Schauspiel 1980. – Traumprotokolle. 1981. – Bruder Eichmann. Schauspiel. 1983. – Werkausgabe. 10 Bde. 1986-1990.

Foto: Mario Pelizzoli

Über H. K.: Heinrich Peters / Michael Töteberg in: Kritisches Lexikon zur deutschsprachigen Gegenwartsliteratur. München 1978 ff. – Adolf Stock: H. K. Reinbek 1987.

KARIN KIWUS

Förderpreis des Bremer Literaturpreises 1977 für „Von beiden Seiten der Gegenwart. Gedichte", Suhrkamp Verlag, Frankfurt/Main 1976

Walter Kempowski

Breitgefächertes Spektrum von Sprechweisen

Karin Kiwus veröffentlicht mit dem Gedichtband „Von beiden Seiten der Gegenwart" ihren ersten belletristischen Text. Es schien der Jury, daß sie in diesem Band bereits spezifische Themen, eine eigene Sprechweise, eine eigene Identität als Lyrikerin gefunden hat. Diese ist gekennzeichnet durch ein erstaunliches schriftstellerisches Selbstbewußtsein, durch ein genaues Wahrnehmungsvermögen der äußeren Alltäglichkeit und subtiler seelischer und intellektueller Vorgänge in gleicher Weise, durch große Präzision im sprachlichen Bezeichnen des Wahrgenommenen, durch ein weit entwickeltes Vermögen, das, was sie ausdrücken will, mit künstlerischer Autonomie zu organisieren und zu strukturieren. Karin Kiwus beherrscht ein breitgefächertes Spektrum von Formen und Sprechweisen: vom episch-breiten Erzählgedicht bis zum aufs Äußerste verknappten spruch- und formelhaften Gedicht.

Aus der Laudatio vom 26. Januar 1977

Karin Kiwus mit Nicolas Born und Heinar Kipphardt. Foto: Klaus Sander

Karin Kiwus

AN DIE DICHTER

Die Welt ist eingeschlafen
in der Stunde eurer Geburt

allein mit den Tagträumen
erweckt ihr sie wieder

roh und süß und wild
auf ein Abenteuer

eine Partie Wirklichkeit lang
unbesiegbar im Spiel

HOMMES À FEMME

Wenn eine kleine unscheinbare Frau
lange kluge und ein wenig
lispelnde Reden hält
über Don Juan und Casanova
dann stehen so Männer auf
und zischen Herrgottnochmal
was soll das überhaupt
die ist doch viel zu fipsig dafür

Aus: Von beiden Seiten der Gegenwart. Gedichte. Suhrkamp Verlag, Frankfurt/Main 1976, S. 41, 67

Helmut Heißenbüttel

Nicht-Liebe-Gedichte

Ohne weitere Vorwarnung als diesen einen Erklärungssatz möchte ich das Ende eines Gedichts zitieren, das in einem Band steht, der soeben erschienen ist:
„Und wenn ich dann im ersten Licht/deinen fetten Arsch sehe/deinen Arsch/ verstehst du/deinen trüben verstimmten ausgeleierten Arsch/ dann weiß ich wieder/daß ich dich nicht liebe/ wirklich/daß ich dich einfach nicht liebe."
Es ist eine Autorin, die das geschrieben hat, Karin Kiwus, sie spricht von der Frau, die bei dem geschilderten morgendlichen Anblick des Mannes, der neben ihr im Bett gelegen hat, zu einer sachlichen Feststellung kommt, ohne jeden Aufwand, ohne Metaphern oder paradoxe Zuspitzungen formuliert, und die diese kühle (und abkühlende) Betrachtungsweise zum Anlaß eines Gedichts nimmt. Das Gedicht hat den Titel: „Im ersten Licht".
Karin Kiwus, so könnte man sagen, hat hier nicht ein Liebesgedicht geschrieben, sondern ein Nicht-Liebe-Gedicht. Aber gibt es so etwas? Und das von einer Frau? In dem Band von Karin Kiwus stehen eine Reihe solcher Nicht-Liebe-Gedichte. Diese Gedichte sind nicht Antiliebesgedichte. [...]
Auf unauffällige Weise tritt Karin Kiwus in diesen Gedichten aus einem Klischee heraus und verhält sich vernünftig. Darf man das denn als Frau? Wird man da nicht sofort der Frivolität oder noch schlimmerer Sachen verdächtigt? Ich finde diese Gedichte außerordentlich erfrischend, mir gefallen sie sehr, und ich beurteile sie zuerst einmal von diesem Anstoß aus, nicht stilistisch („hat ihren Brecht

Foto: Klaus Hönke

gelesen", „ein bißchen Arno-Holz-Nachklang" oder ähnliches), nicht ästhetisch. Und ich tue das nicht, weil ich mich um ein Urteil drücken will, sondern weil ich nur von der anderen Seite aus an die Gedichte herankomme.
Nicht alle Gedichte des Bandes sind von der Art, die ich skizziert habe. Es gibt auch elegische, Landschaftsgedichte, Erinnerungsgedichte, melancholische, ja verzweifelte, sanft verzweifelte. Es gibt auch „richtige" Liebesgedichte, indirekte, verhaltene. Ein Hauch von Ingeborg Bachmann ist auch bis hierhin verflogen.
Wichtig erscheint mir, daß das nicht den Ton angibt. Daß auch nicht der Anti-Ton, wenn ich es so ausdrücken darf, den Ton angibt. Sondern daß Karin Kiwus unvermittelt und unverstellt durch alle Vorstellungen von Frauenliteratur hindurchtritt und sie selbst ist, ihre Erfahrungen poetisch umsetzt, Poesie macht aus der Unabhängigkeit und der Unbefangenheit. Das Schlagwort der siebziger Jahre, so scheint sich allmählich herauslesen zu lassen, heißt Neue Subjektivität. Damit es kein Schlagwort bleibt, muß dieses Wort mit aktuellem und lebendigem Inhalt gefüllt werden. Hier, in den Gedichten von Karin Kiwus, wäre ein solcher Inhalt.

Deutsche Zeitung vom 8. April 1976

Fotos: Renate von Mangoldt (oben); Isolde Ohlbaum

Karin Kiwus

IM ERSTEN LICHT

Wenn wir uns gedankenlos getrunken haben
  aus einem langen Sommerabend
    in eine kurze heiße Nacht
wenn die Vögel dann früh
  davonjagen aus gedämpften Färbungen
in den hellen tönenden frischgespannten Himmel

wenn ich dann über mir in den Lüften
weit und feierlich mich dehne
in den mächtigen Armen meiner Toccata

wenn du dann neben mir im Bett
deinen ausladenden Klangkörper bewegst
dich dumpf aufrichtest und zur Tür gehst

und wenn ich dann im ersten Licht
  deinen fetten Arsch sehe
    deinen Arsch
                verstehst du
  deinen trüben verstimmten ausgeleierten Arsch
dann weiß ich wieder
  daß ich dich nicht liebe
                wirklich
daß ich dich einfach nicht liebe

Aus: Von beiden Seiten der Gegenwart. Gedichte. Suhrkamp Verlag, Frankfurt/Main 1976, S. 46

Karin Kiwus

9. 11. 1942 Berlin

Kindheit und Studium der Publizistik, Germanistik und Politologie in Berlin. 1970 Magister Artium. 1971-73 wissenschaftliche Assistentin an der Akademie der Künste in Berlin. 1973-1975 Arbeit als Lektorin heim Suhrkamp Verlag. Seit 1975 Sekretär der Abteilung Literatur an der Akademie der Künste in Berlin. 1978 Gastdozentin an der University of Texas in Austin. 1986/87 Lektorin beim Rowohlt- Verlag.
Preise: Literaturförderpreis der Freien Hansestadt Bremen (1977); Gaststipendium der Stadt Graz (1977).
Werkauswahl: Von beiden Seiten der Gegenwart. Gedichte. 1976. Angenommen später. Gedichte. 1978. – 39 Gedichte. 1984. – Berliner Autoren-Stadtbuch. 1985. – Zweifelhafter Morgen. Gedichte. 1987. – Das chinesische Examen. Gedichte. 1992. – Berlin, ein Ort zum Schreiben. 1996.
Über K. K.: Rüdiger Wischenbart in: Kritisches Lexikon zur deutschsprachigen Gegenwartsliteratur. München 1978 ff.

Foto: Renate von Mangoldt

Karin Kiwus

GLÜCKLICHE WENDUNG

Spätestens
jetzt werden wir
alles vergessen müssen
und unauffällig
weiterleben wie bisher

hoffnungslos
würden wir sonst
immer wieder
die Lusttaste bedienen
gierig verhungern müssen
und uns nie mehr
erinnern können
an das Glück

Aus: Angenommen später. Gedichte. Suhrkamp Verlag, Frankfurt/Main 1980. S. 32

Bremer Literaturpreis 1978 für „Kindheitsmuster. Roman", Aufbau-Verlag, Berlin/Weimar 1972/ Luchterhand Verlag, Darmstadt/Neuwied 1977

Wolfgang Emmerich

Der Kampf um die Erinnerung

Dr. Volker Plagemann beglückwünscht Christa Wolf. Foto: Klaus Sander

[...] Die Titelliste der antifaschistischen Umerziehungsliteratur aus der DDR ist lang, auf ihr dominieren heroisierende Darstellungen des Widerstandes, naturalistische Kriegsromane, schließlich Geschichten von Leuten, die — obwohl ehedem überzeugte Nazis — den Nationalsozialismus erstaunlich rasch hinter sich lassen und im Sozialismus ankommen. Der Einwand, daß der heroische Widerstand gegen den Faschismus, getragen von einer nur nach Tausenden zählenden Minderheit, bestenfalls die halbe Wahrheit über diese Zeit sei, wurde erst spät geäußert. Brechts Mahnung aus dem Jahre 1953 bewahrheitete sich: »Wir haben allzu früh der Vergangenheit den Rücken zugekehrt, begierig, uns der Zukunft zuzuwenden. Die Zukunft wird aber abhängen von der Erledigung der Vergangenheit.«

Dieser Satz könnte als Motto über Christa Wolfs Buch »Kindheitsmuster« stehen, von dem Stephan Hermlin gesagt hat, es beende ein langes Schweigen, auch für die DDR. Es handelt vom bis dato vergessenen, verdrängten, unterschlagenen Faschismus: dem »normalen«, alltäglichen, gewöhnlichen, wie er von einer Masse von alltäglichen, gewöhnlichen Menschen wo nicht aktiv getragen, so doch zumindest hingenommen wurde. Und weiter erzählt das Buch von dem, was davon sich in die Kinder dieser Mitläufer des Systems einprägte und woran sie heute, als Erwachsene, noch tragen. Oder in der immer wiederkehrenden Formulierung der Erzählerin: *»Wie sind wir so geworden, wie wir sind?«* Wie konnten und können wir, von Ausnahmen abgesehen, nach 1945 so weitermachen, als ob nichts geschehen wäre? Das sind Fragen, die sich, wie die Autorin festgestellt hat, nicht an andere delegieren lassen, vor denen Soziologie und Statistik versagen. Sie müssen von jedem, dessen Lebensgeschichte bis in die Nazizeit zurückreicht, selbst gestellt und beantwortet werden. So setzt die Erzählerin gegen Ludwig Wittgensteins Satz: »Wovon man nicht sprechen kann, darüber muß man schweigen« den Gegen-Satz: »Wovon man nicht sprechen kann, darüber muß man allmählich zu schweigen aufhören.« Christa Wolfs »Kindheitsmuster« ist der hartnäckig bohrende, vor Verletzungen ihrer selbst nicht zurückschreckende Versuch, den historischen Faschismus wie die unmittelbar gelebte Gegenwart aus ihrer eigenen Biographie, ihrer beschädigten Kindheit heraus verstehbar und handhabbar zu machen, die »verfluchte Verfälschung von Geschichte zum Traktat« zu überwinden. Und das Preiswürdige des Buches sehe ich in der Rückhaltlosigkeit und der Kraft der sinnlichen Vergegenwärtigung, mit der dieses Vorhaben dem Leser zugänglich gemacht wird. Dabei befindet sich die Autorin mit ihren potentiellen Lesern, zumin-

Christa Wolf mit Wolfgang Emmerich, Karin Kiwus und Heinar Kipphardt. Foto: Klaus Hönke

dest denen ihrer Generation und den Älteren, anfangs auf einer Stufe: Auch sie war bislang geübt im Verdrängen, Vergessen, Verschweigen dessen, was sie in der NS-Zeit erlebt hatte; war gewohnt, Ausflüchte zu machen; stand unter einer Zensur, einer Nachrichtensperre, von der sie nicht weiß, wer sie verhängt hat und wie sie zu durchbrechen sei. Am Anfang steht die Sprachlosigkeit, das Nicht-wissen-wollen, ja sogar die Unfähigkeit zu trauern; oder in der Sprache des Buches: »Nicht mehr daran denken... Bestimmte Erinnerungen meiden. Nicht davon reden. Wörter, Wortreihen, ganze Gedankenketten, die sie auslösen konnten, nicht aufkommen lassen. Bestimmte Fragen unter Altersgenossen nicht stellen. Weil es nämlich unerträglich ist, bei dem Wort ›Auschwitz‹ das kleine Wort ›ich‹ mitdenken zu müssen: ›Ich‹ im Konjunktiv Imperfekt: Ich hätte. Ich könnte. Ich würde. Getan haben. Gehorcht haben. — Dann schon lieber: keine Gesichter. Aufgabe von Teilen des Erinnerungsvermögens durch Nichtbenutzung...«

Was das Buch prozeßhaft darstellt, und dies in einer Weise, die dem Leser zumindest die Chance eröffnet, einen vergleichbaren Lernprozeß zu durchlaufen, ist »der Kampf um die Erinnerung«, mit Alexander Mitscherlich zu sprechen, die Aufhebung der Zensur über das eigene Ich, das Trauernlernen. [...]
Manche Kritiker aus der Bundesrepublik haben dem Buch vorgeworfen, es werde in ihm zu viel räsonniert, analysiert, reflektiert und zu wenig frei von der Leber weg erzählt. Die Schreibtechnik sei kompliziert; es fehle die »Radikalität des Artistischen«, das »Kunstganze« komme nicht zustande. Das solchen Fehlurteilen zugrunde liegende Mißverständnis von Christa Wolfs Vorhaben ist eklatant. Es unterstellt, die Autorin habe eine runde, fertige Geschichte auf der Basis einer linearen Fabel schreiben können und wollen. Dabei hatte sie gerade nichts vor sich, das sich »frei von der Leber weg« erzählen und zum »Kunstganzen« runden ließe. Der Kampf um die Erinnerung, eine Recherche der geschilderten Art kann auch als Literatur nicht anders vonstatten gehen denn als langwieriger, oft gestörter, durchaus nicht stetiger Prozeß. Hegels Satz, daß das Ganze das Wahre ist, gilt hier durchaus nicht; vielmehr der Satz von Adorno: »Das Ganze ist das Unwahre.« So spiegelt auch das Ende des Buches seinem Leser keine endgültige Bewältigung und Erledigung des Themas vor, die es nicht geben kann.

Aus der Laudatio vom 26. Januar 1977

Christa Wolf

Ein Satz

Jetzt sollte ich sagen: Ich danke Ihnen. Ein simpler deutschsprachiger Satz, hierher gehörig. Subjekt, Prädikat, Objekt. Was fehlt ihm denn, oder mir? Ich weiß nicht, ob Sie es hören können: Er klirrt. Als hätte er einen feinen Sprung.
Das greift um sich: Sprünge in den Wörtern, Risse durch die Sätze, Brüche über die Seiten, und die Satzzeichen — Punkte, Kommas — Klüfte und Gräben. Nicht zu reden von den Fratzen der Fragezeichen, vom rätselhaften Verschwinden der Ausrufezeichen. Eine Sprache, die anfängt, die üblichen Dienstleistungen zu verweigern. Worauf das hinweist, woher es kommt und wozu es führen mag — dies zu erörtern bin ich nicht hier; es ist schwierig und langwierig, entzieht sich auch bis auf weiteres der wörtlichen Rede. Den einen Satz aber — »ich danke Ihnen« —, den ich ertappt habe und dingfest machen kann, will ich mir vornehmen, und zwar, weil es kein schwerer Fall zu sein scheint, mit Hilfe der Kleinen Grammatik der Deutschen Sprache, die ich seit langem besitze und selten benutze.
Erstes Hauptkapitel: Der Satz.
»Lebendiges Sprechen«, lese ich da gleich — ein Stichwort, das ich hier nicht gesucht hätte —, »lebendiges Sprechen wird aus einer Sprechsituation geboren, d.h. aus einer Lage, die wegen bestimmter innerer und äußerer Voraussetzungen zu einer sprachlichen Äußerung führt."
Vortrefflich, das hilft weiter. Situation, Lage, Voraussetzungen — die äußeren jedenfalls — könnten zwingender kaum sein. Umblätternd erfahre ich, der kürzeste vollständige Satz, den das Deutsche kennt, sei der Imperativ der zweiten Person. Hier

lautet er: Sprich! Lebendiges Sprechen. Ja, wie denn. Gewiß, ich weiß, am ehesten noch in Vor-Sätzen wie diesem: »Ich will mein Herz nicht mehr binden und rädern, frei soll es die Flügel bewegen, ungezügelt um seine Sonne soll es fliegen, flöge es auch gefährlich, wie die Motte um das Licht.« Heinrich von Kleist; und man weiß, wohin solche Reden führen; nämlich zum Tode nicht nur, sondern auch zu gewissen Nach-Sätzen: »Es ist nichts trauriger anzusehen, als das unvermittelte Streben ins Unbedingte in dieser durchaus bedingten Welt.« Johann Wolfgang von Goethe,natürlich, und man weiß: Er hat ja recht, und man möchte nicht Schiedsrichter sein müssen zwischen diesen beiden Sätzen, die selbstverständlich nicht in der Grammatik stehn, zu der ich also zurückkehre.

Auf festen Boden, zwischen nüchterne Paragraphen, die wohl imstande sein sollten, den Zweifel aus meinem Satz herauszutreiben.

§ 56: *Das Subjekt:* »Das Untergelegte.« In unserem Fall ein Personalpronomen: »Ich«. »Begabt mit der Kraft, ein Verb an sich zu binden.« Dem Satz untergelegt, damit es ihn zuverlässig trage. — Nun: Die Geschmacklosigkeit, zu fragen: Wer bin ich? werde ich nicht besitzen. Doch: Wer bin ich denn für Sie? Genauer: Für wen halten Sie mich? Glauben Sie zu wissen, wen Sie auszeichnen, oder wissen Sie es? Und: Täten Sie es noch, wenn Sie es wüßten? — Ich frage.

§ 63: *Das Prädikat:* »Das öffentlich Ausgerufene.« Eben. Dabei kamen Massenmedien in den Alpträumen der alten Lateiner noch gar nicht vor; die Öffentlichkeit meines Satzes erschwert ihm sein Dasein; krankhafte Sensationsgier und unbedenkliche Interpretationswut zerstören die Bedingungen für unbefangene Aussagen. »Danken« — ein Vollverb, jener Gruppe von Verben angehörend, die persönliches Verhalten ausdrücken: Danken und übelnehmen; beipflichten und widersprechen; gefallen und mißfallen; begehren und entsagen; nützen und schaden; vertrauen und mißtrauen; huldigen und schmähen, nachgeben und widerstehn; helfen und wehetun: Gäbe es ein Tätigkeitswort, das von diesen allen etwas in sich hätte! Darauf ist die Sprache nicht gefaßt. — Oder doch? Die Reibung, der Wider-Spruch, sind nicht ins Wort, sie sind in den Satz eingebaut. »Gott weiß, daß oft dem Menschen nichts anderes übrig bleibt, als Unrecht zu tun.« (Kleist) Schmerzlichster Widerspruch, auf die Allerhöchste Autorität angewiesen, um nicht vor Angst zu vergehn — und auf eine kompliziertere Satzstruktur als unser Sätzchen. Denn in der hierarchisch geordneten Sprache macht der Haupt-Satz andere Satzglieder, ganze Neben-Sätze von sich abhängig, regiert sie nach Herzenslust, unterwirft sie sich, kann binden und lösen — nach Regeln, an deren Verfestigung er sehr interessiert zu sein scheint.

§ 84: *Das Objekt:* »Das Entgegengeworfene.« Nicht ohne Schuldgefühl lasse ich mir Muster-Sätze vorhalten, in denen, genau wie in dem bescheidenen Satz, der zur Debatte steht, »ein Dativ-Objekt dem Verb entgegenkommt oder von ihm betroffen wird«. »Das Kind gehorcht den Eltern.« »Die Gesetze dienen dem Menschen.« »Er vertraut seinem Freund.« Das klirrt und scheppert mir, unter uns gesagt, ganz gehörig, doch dieses Eingeständnis mag überflüssig sein. Bleiben wir bei »Ihnen«, dem Dativ-Objekt unseres Satzes, das mir, ich sage es rundheraus, fremd ist. Ich kenne Sie nicht. In welchem Sinne, möchte ich wissen, kommen Sie meinem Dank entgegen? In welch anderem Sinn könnte er Sie treffen? Begegnen sich, und sei es flüchtig, unsere Ansichten und Absichten in einem Wort? Ich weiß es nicht, hoffe es. Subjekt und Objekt sind einander nicht gewiß, das kann ja sein; die tieferen Sprünge kommen doch erst, wenn man die Stimme hebt, Gewißheit vorzutäuschen.

Ich stocke. Habe ich den Anlaß, den Satz, die Sprechsituation überanstrengt? Sind wir alle nicht oftmals heilfroh, wenn wir glatte, verbindliche Sätze aneinander vorbeigleiten lassen können? Und die Nichtübereinstimmung von Anlaß und Befinden — das, was wir »gemischte Gefühle« nennen —, so neu ist das ja nicht. Erfrischend immerhin das ungebrochene Behagen des alten Wieland, den meine Grammatik mit einem Beispielsatz für das Genitivobjekt zitiert: »Ich genieße meines Reichtums und andere genießen ihn mit mir!« Wie schön! möchte ich rufen.

Aber wenigstens wissen wir jetzt, warum ein schlichter Satz mir nicht glatt von der Zunge geht: Ich zweifle, ob er genau dem Sachverhalt entspricht, richtiger: dem Personenverhalten, den »inneren Voraussetzungen.« »Vor allem eins, mein Kind, sei treu und wahr« — den Kinderschuhen sind wir entwachsen, nicht ohne Einübung in die Kunst des Lügens, die ja zu den Überlebenstaktiken gehört. Dennoch, und weil wir uns heute auf Literatur beziehen, und weil Literatur auf die Dauer nicht taktisch sein kann, wenn sie überleben will: Gilt also und soll weiter gelten, was die Grammatik als ein Beispiel für vielfältige Möglichkeiten des Satzgefüges anführt: »Es hört doch jeder nur, was er versteht«?

Beziehungsweise: Ein jeder liest nur, wie er's lesen will? Verkennende Kritik, umdeutendes Lob, und dies, das ist das bedenklichste, oftmals nicht in böser oder guter, sondern in »ehrlicher« Absicht, die aber unbekümmert bleibt um die Voraus-Setzungen des jeweils andern. Man kennt einander nicht, und warum? Die Fähigkeit zum

Foto: Isolde Ohlbaum

Urteil ist von der Lust am Vor-Urteil, die Fähigkeit zum Nachdenken vom Zwang zum Wunsch- und Verwünschungsdenken aufgezehrt. Wir leisten uns das Vergnügen, ungerecht zu sein, und zahlen, kaum merken wir es noch, den Preis: daß wir uns selbst nicht wirklich kennenlernen. Wie es scheint, ist es nicht. Aber ein Heer von öffentlichen Ausrufern will uns glauben machen, daß der Schein nicht trügt. Wollen wir uns denn noch so sehen, so loben, tadeln, auch bedanken, vor allem aber: erfahren, wie wir sind? »Um zu begreifen, daß der Himmel überall blau ist, braucht man nicht um die Welt zu reisen«, liefert meine Grammatik als erweiterte Infinitivkonstruktion.

»Aufrichtig zu sein, kann ich versprechen, unparteiisch zu sein aber nicht.« Treffliches Goethesches Beispiel für eine Satzverbindung. Wenn das jeder, dem öffentliche Rede obliegt, von sich wüßte und gelegentlich sagte! Überhaupt gefallen mir Sätze mit »aber«, sie lassen sich schwerlich zu Lehr-Sätzen erhärten; Literatur, die nicht Sprüche klopft, sondern Widersprüche hervortreibt, kann auch zum »Aber«-Sagen ermutigen — auf die Gefahr hin, daß die feinen und unfeinen Risse in den Grund- und Lehrsätzen sehr spürbar werden, und daß man das vielleicht schwer erträgt. Nun stellte sich bisher jedem Aber immer wieder ein Dennoch gegenüber: »Sei dennoch unverzagt. Gib dennoch unverloren.« Dies mitten im Dreißigjährigen Krieg, als die Dichter noch Lebensregeln gaben: Paul Fleming, der, im gleichen Gedicht, die unglaubliche Zeile wagt: »Was du noch hoffen kannst, das wird noch stets geboren.«

Drei Jahrhunderte. Natürlich: Die Zeit selbst ist es, die den Zweifel heraustreibt, sehr weit heraus, tief in die Sprache hinein, daß sie — den verwickeltsten Umständen und jeder Feinheit eigentlich gewachsen — doch nun oft, allzu oft, kapituliert. Nicht die klirrenden und schwer atmenden Sätze sind ja die gefährlichen. Die einschläfernden, plattgeschlagenen, bis auf die Knochen abgenutzten, die herrischen und die schmeichelnden sind es, die Lug und Trug betreiben, also Mord und Totschlag. — Es zieht meine Grammatik, in deren Labyrinth ich mich lange vorlor, mächtig zu den Partizipialsätzen hin. »Fanatisch sein Recht verfechtend, wurde Michael Kohlhaas zur tragischen Gestalt«: Ja, als sein Recht schon sein und vieler Leute Leben aufgefressen hatte, so daß er sich nicht mehr befragen durfte, wohin es ihn trieb, und warum. Zweites Beispiel: »Und tiefer suchend, fror ich mehr, und dann gestorben, kam ich hier ins Schattenreich.« Brecht. Erfrieren, Ersterben, Selbstverlust als Folgen »tieferen Suchens«?

Ich wundere mich nicht, daß wir Angst haben, uns über »die dunkle, unenthüllte Tiefe der Sprache« zu beugen, von der Humboldt spricht, und Anteil zu nehmen an ihren Schicksalen: Da es uns so schwer fällt, uns für uns selbst zu interessieren. Unpersonen trifft keine Anrede mehr. In unpersönlichen Sätzen gehen sie miteinander um, effektiv, unverbindlich. Sprache, die leerläuft, Zweck wird, anstatt Mittel zu sein: Böser Zauber in einer entzauberten Welt. Ohne Anteilnahme kein Gedächtnis, keine Literatur. Ohne Hoffnung auf Anteilnahme keine lebendige, nur gestanzte Rede; keine ruhigen, klaren Aussagesätze, weil an die Stelle der Tatsachen Behauptungen treten; keine Frage-Sätze (»Was ist das, was in uns lügt, mordet und stiehlt?« Büchner); kein Zwiegespräch, nur strikte Monologe; kein Selbstbekenntnis, aus Furcht vor der eifernden Meute; keine Klage (»Ach, das Leben wird immer verwickelter und das Vertrauen immer schwerer!« Kleist); kein Mitleid (»Wenn das Deine Mutter wüßt, das Herz im Leib tät ihr zerspringen«). Keine Sprache, die unsern notwendigsten, auch gefährdetsten Denk- und Fühlwegen folgen, sie festigen könnte. Keine Weisheit, keine Güte. Und kein Satz, der offen bleibt, offen wie eine Wunde. Dafür — anwachsende Teilnahmslosigkeit versuchsweise vorausgesetzt — mehr Sätze, die uns im Halse steckenbleiben, die uns in ihn zurückstoßen werden. Die unausgesprochenen Sätze sind die, nach denen nicht dringlich gefragt wird. An ihrer Stelle immer häufiger Ersatz, Zu-Sätze, Bei-Sätze, Auf-Sätze, Fort-Sätze.

Was tun? Anteil nehmen, reden, schreiben. Das Buch, das Ihnen einen Preis wert ist, erinnert unter anderem an eine Kindheit in einem Deutschland, das, ich erhoffe es leidenschaftlich, für immer vergangen ist. Auch heute wachsen Kinder auf, in den beiden deutschen Staaten. Fragen wir uns denn ernst genug: Wie sollen die, wenn sie groß sind, miteinander reden? Mit welchen Wörtern, in was für Sätzen und in welchem Ton?

Meine Damen und Herren, ich danke Ihnen.

Foto: Karin Voigt

Foto: Isolde Ohlbaum

Blick auf das ehemalige Landsberg an der Warthe (heute: Golzów Wielkopolski): Umschlag-Illustration der Luchterhand-Ausgabe von 1977

Christa Wolf

Kindheitsmuster

[...] Gehen wir ein paar Schritte. Lassen wir das Auto stehn. Bei der Hitze, sagt Lenka. Wo kann man denn hier mal baden? Jedenfalls nicht hier, nicht am Hindenburgplatz, der um die Ecke liegt und sich, das hast du wohl schon gesagt, zu seinem Vorteil verändert hat durch wilden Grasbewuchs, durch die Sonnabendnachmittags-Kartenspieler auf den Bänken im Schatten der inzwischen erwachsenen Bäume, die den Platz säumen. Ein Bild, in das man hineinpassen möchte. Die Schnapsflaschen unter den Bänken. Kinder auf dem Schoß und zu Füßen der Väter. Breithüftige, großbusige junge Frauen zu viert auf einer Bank, ihre Säuglinge im Arm.

Wolfgang Schmitz

Pikant

[...] Den pikanten Beigeschmack gibt vor diesem Hintergrund, daß die Stiftung nach Rudolf Alexander Schröder benannt ist, dem offensichtlich einzig renommierten, aber nicht gerade fortschrittlichen Bremer Schriftsteller. Sein 100. Geburtstag wurde ebenfalls am 26. Januar 1978 gefeiert. In der öffentlichen Publizistik gilt der Schriftsteller als „konservativ" und „christlich", einiges bleibt vornehm unerwähnt. Mit Kriegsgedichten zum „Heilig Vaterland" empfahl sich 1914 der 36jährige Marinemaat: „Ihr habts gewollt, nicht wir! Heil deutsches Land, Heil Vaterland!" und hob die Massenlyrik der Postkarten wie „Jeder Schuß ein Ruß', jeder Stoß ein Franzos' " auf das Niveau bürgerlicher Wohnstuben: „Ihr Dragoner und Ulanen / weiset lustig eure Fahnen / Wo sie flattern in dem Feld / Gibt Ruß' und Franzmann Fersengeld."
Beim 50. Geburtstag 1928 wurde ihm attestiert, er habe gefochten „gegen die drohende Veräußerlichung" deutschen Schrifttums und gegen alles, „was unecht geworden war und überlebt und morsch", 1938 konnte ihm zum 60. Geburtstag der „Regierende Bürgermeister" in Nazi-Uniform gratulieren, während ein Senator bei der Festsitzung daran erinnerte, daß eines der Schröder-Gedichte von 1914 „heute noch mit neuem Glauben von den Scharen unserer Hitler-Jugend gesungen wird".
Schröder war kein Nazi-Anhänger, aber er konnte beansprucht und zitiert werden, ein Thema, das in die Problematik der „Kindheitsmuster" paßt. Die Anregung zu Stiftung und Namensgebung kam 1953 zum 75. Geburtstag Schröders ausgerechnet von einem Redakteur der einstmals renommierten sozialdemokratischen *Bremer Bürger-Zeitung;* es ist gut, daß das Stiftungsobjekt nur schlicht „Bremer Literaturpreis" heißt. Die Preisträgerin selbst äußerte in ihrer Dankesrede leidenschaftlich die Hoffnung, daß das in ihrem Buch erinnerte Deutschland „für immer vergangen ist".

Vorwärts vom 2. Februar 1978

An der Südostseite des Platzes, die an die ehemalige Böhmstraße grenzt, versammelte sich damals mittwochs und sonnabends Nellys Jungmädchengruppe, »trat an«. Auch Nelly ließ ihre »Schaft« antreten, der Größe nach in Reihe zu einem Glied, ließ durchzählen, erwartete immer unruhig das Ergebnis, weil an der Vollzähligkeit ihrer Einheit die Befähigung einer Führerin gemessen wurde, kommandierte »Rechts um!« und ließ die Dreierformation bilden, um der Schar- oder Gruppenführerin, die jetzt erst auftauchte, Meldung zu machen. Danach erfolgte der Abmarsch zu den Dienstübungen. Nelly wie die anderen Führerinnen nicht in der Kolonne, sondern links außen neben ihrer Einheit. Links, links, links, zwei drei vier. Ein Lied. »Heute wollen wir's probieren; / einen neuen Marsch marschiern, / in den schönen Westerwald, / ei da pfeift der Wind so kalt.«
Die Rücken der Kolonne. Das Straßenpflaster. Die Häuserfronten. Aber kein einziges Gesicht. Das Gedächtnis versagt auf unglaubwürdige, man muß sagen, peinliche Weise. Auch kein Name mehr, weder von Vorgesetzten noch von Untergebenen.
Diesen Tatbestand merkwürdig zu nennen, läßt die Sprache nicht zu. Merkwürdig scheinen nur Gruppen- und Massenbilder gewesen zu sein: Marschierende Kolonnen. Rhythmische Massenübungen im Stadion. Volle Säle, die singen: »Heilig Vaterland / in Gefahren. / Deine Söhne sich / um dich scharen. / Von Gefahr umringt, / heilig Vaterland...«* Ein Kreis um ein Lagerfeuer. Wieder ein Lied: »Flamme empor!« Wieder keine Gesichter. — Ein riesiges Karree auf dem Marktplatz, gebildet aus Jungmädeln und Pimpfen; der Standort ist aufgeboten und angetreten, man hat auf den Führer ein Attentat verübt. Kein einziges Gesicht.

Darauf warst du nicht vorbereitet. Die Schule, die Straße, der Spielplatz liefern Gestalten und Gesichter, die du heute noch malen könntest. Wo Nelly am tiefsten beteiligt war, Hingabe einsetzte, Selbstaufgabe, sind die Einzelheiten, auf die es ankäme, gelöscht. Allmählich, muß man annehmen, und es ist auch nicht schwer zu erraten, wodurch; der Schwund muß einem tief verunsicherten Bewußtsein gelegen gekommen sein, das, wie man weiß, hinter seinem eigenen Rücken dem Gedächtnis wirksame Weisungen erteilen kann, zum Beispiel die: Nicht mehr daran denken. Weisungen, die über Jahre treulich befolgt werden. Bestimmte Erinnerungen meiden. Nicht davon reden. Wörter, Wortreihen, ganze Gedankenketten, die sie auslösen konnten, nicht aufkommen lassen. Bestimmte Fragen unter Altersgenossen nicht stellen. Weil es nämlich unerträglich ist, bei dem Wort »Auschwitz« das kleine Wort »ich« mitdenken zu müssen: »Ich« im Konjunktiv Imperfekt: Ich hätte. Ich könnte. Ich würde. Getan haben. Gehorcht haben.
Dann schon lieber: keine Gesichter. Aufgabe von Teilen des Erinnerungsvermögens durch Nichtbenutzung. Und an Stelle von Beunruhigung darüber noch heute, wenn du ehrlich bist: Erleichterung. Und die Einsicht, daß die Sprache, indem sie Benennungen erzwingt, auch aussondert, filtert: im Sinne des Erwünschten. Im Sinne des Sagbaren. Im Sinne des Verfestigten. Wie zwingt man festgelegtes Verhalten zu spontanem Ausdruck? [...]

Aus: Kindheitsmuster. Luchterhand Verlag, Darmstadt/Neuwied 1977, S. 269-271

* C. W. zitiert hier, mit Abweichungen, R. A. Schröders „Kriegsgedicht" von 1914 „Deutscher Schwur", 1. Strophe: „Heilig Vaterland / In Gefahren, / Deine Söhne stehn, / Dich zu wahren. / Von Gefahr umringt, / Heilig Vaterland, / Schau, von Waffen blinkt / Jede Hand." In: Gesammelte Werke in 5 Bdn., Bd. 1. Suhrkamp Verlag, Frankfurt/Main 1952, S. 489

Annemarie Auer

Gegenerinnerung

Das Buch [„Kindheitsmuster" W. E.] handelt davon, wie ein Ich sein Selbst findet und welchen Hindernissen und Beirrungen zeittypischer Art, Zwängen überhaupt, auch Anfechtungen schuldhafter Art, es dabei ausgesetzt war. Die Sache ist nun aber die, daß es sich in der wirklichen, geschichtlichen Welt um Zwänge diametral entgegengesetzter Art handelt; weswegen die Art, wie das Ich darin seinen Raum findet und behauptet, von außerordentlich verschiedener Wertigkeit sein kann. Mit einem hypnotischen Hinstarren auf das Eigene ist es da am wenigsten getan. [...]
Unsere Autorin scheint eine Art sittlicher Genugtuung an solchem In-sich-Hineinstarren zu finden. Was sie in ihrem jüngsten Buch unternimmt, ist mit Sicherheit das Äußerste, was ein Autor sich abverlangen kann. Eine psychotherapeutische Ausräumung ist nichts dagegen. Es muß abscheulich gewesen sein, es zu schreiben — ich möchte es nicht zu schreiben gehabt haben. [...]
Ersichtlich jedoch haben wir es mit einer Individualitätsauffassung und mit Zielvorstellungen der Selbstverwirklichung von geringem historischem und sozialem Bezug zu tun. Und auch gewisse Besonderheitsgefühle fehlen da nicht. [...]
Meine Frage an die Erzählerin wäre: Woher der Klageton, der sich mehr oder minder durch alle ihre Arbeiten zieht, gerade auch diese letzte, worin doch eher die eigentlich Geschädigten hätten zu Wort und Ton kommen müssen. Wie es scheint, soll es in den Büchern um eine Art stellvertretenden Leidens gehen.
Denn sehe ich auf den wirklichen Lebenszuschnitt dieser nun mittleren Generation, so erblicke ich Karrieren ganz zur rechten Zeit, feine Wohnungen oder Häuser, dazu ein Landhaus, von Garten oder Landschaft umgrünt, man muß ja Luft schnappen dann und wann. Auch fehlt es nicht an den Wagen, um jene schönen Gärten zu erreichen. Man reist, man empfängt Ehren, man läßt es sich an nichts fehlen. Und mit solchem Gedeihen hat es ja seine Richtigkeit, das auch war ein Zweck der anfänglichen Mühen. Was also ist es, das da weiter bohrt und bohrt, als fehle doch etwas; als fühle man sich beschnitten just in dem, was das Ganze noch hätte krönen sollen. Ich sinne auf Antwort und komme bestenfalls auf diese: Vielleicht rührt die Wehleidigkeit daher, daß diese als Generation nie erlebten, was Befreiung ist — daß das Umwerten von Grunderlebnissen intellektuell wohl eine leichte Aufgabe, existentiell aber kaum zu bewältigen ist. [...]
Wie nun hätte eine Selbstkritik als Sozialkritik im Fall des Hitlerfaschismus vorzugehen. Die Sache selbst ist einfach. Wäre sie nicht so einfach gewesen, hätte sie nicht so umfassend funktioniert.
Um ein Nazi zu sein, mußte man entweder dumm sein oder schlecht. Wo es an natürlicher Dummheit und Roheit gebrach, praktizierte diese Gesellschaft an ihren Mitgliedern ein Werk der Verrohung und Verblödung, das sie blind machte und hochmütig zugleich. Das mindeste, was verlangt wurde, war, wenn schon nicht direkte Aggression, die tiefe Nichtachtung für alle, die nicht »dazu gehörten«. So läuft die faschistische Manipulation, sie ist in allen faschistischen Ländern gleich. Ist sie doch weiter nichts als die letzte Konsequenz jeglicher Klassenherrschaft und der von ihr statuierten Unterschiede. So läuft ihr psychischer Mechanismus. [...]
Im Abstumpfen und Nichthinsehen bestand die faschistische Manipulation. Es ist nur konsequent, wenn in »Hinsehen« und »Sensibilität« das moralkritische Engagement der Christa Wolf besteht. Wie sie es durch die Reihe ihrer Werke hin stetig, wenn auch unter sich verschiebenden Aspekten, betreibt.
Das Richtmaß jedoch, dem sich solch moralkritisches Programm zu stellen hat, ist: Wem zunutze wird die neue Sensibilität oder Sensibilisierung aufgerufen? Ihr sozialer, damit objektiver Wert steht und fällt mit der Richtung des Prozesses. Schlägt er wiederum elitär ins eigene Ich zurück, so ist rein nichts gewonnen. Erlangt er dagegen das Niveau konkreter sozialer Verbindlichkeit, so besteht Aussicht, daß die Gewissensausforschung in verläßliche, sich bewährende Humanität umschlägt: daß sie das Niveau proletarisch-revolutionärer Selbstkritik und Solidarität gewinnt. Ihre Stellung im Klassenkampf unserer Zeit demaskiert sie. [...]

Sinn und Form, Heft 4/1977, S. 852 f., 859, 873, 876

Stephan Hermlin:

Ich habe seit langer Zeit nichts ähnlich Unangenehmes gelesen wie den Angriff auf Christa Wolf im letzten Heft von »Sinn und Form«. Unangenehm, weil die Verfasserin unter dem Vorwand einer literarischen Auseinandersetzung Absichten hervortreten läßt, die gegen sie selbst zurückschlagen. Seit einiger Zeit bemerkt man bei manchen eine Art besinnungslosen Vordrängens. Man glaubt Lücken wahrnehmen zu können und gibt nun verzweifelt Zeichen: Blickt nicht mehr dorthin, sondern auf mich oder meine unmittelbare Umgebung. Das ist, wie es so schön heißt, menschlich verständlich, aber erfreulich ist es nicht. Hier soll eine Bewegung aufgehalten werden, die für das Weiterleben einer Literatur unentbehrlich ist: das Beenden eines langen Schweigens.

Die wirklichen Antifaschisten, die Widerstandskämpfer nämlich, hatten, oftmals eindrucksvoll, gesprochen, ich erspare mir Namen und Buchtitel. Wir waren nur wenige. (Jemand, der es wissen muß, sagte mir vor ein paar Jahren: »Weißt du denn, wie viele wir sind? Dreitausend…«) Und die anderen. Man muß wissen, an was, wie sie sich erinnern, auf welche Weise das Vergangene im Gegenwärtigen, das Gegenwärtige im Vergangenen aufscheint. Was Franz Fühmann, Christa Wolf, Hermann Kant geleistet haben, ist von größtem Wert.
[…] Der Verfasserin mißfällt, sie sagt es mit Nachdruck, Christa Wolfs Trauer (ausgerechnet sie, die Verfasserin, zitiert aber, offenbar zustimmend, Alexander Mitscherlich). Wie, heißt es sinngemäß, soviel Traurigkeit, und dabei ist ein Sommerhaus da und ein Auto, um es zu erreichen? Wie kommt es wohl, fragt man sich, daß der Verfasserin, wenn sie an Sommerhäuser und Autos denkt, gerade Christa Wolf einfällt? Gibt es da nicht noch andere Personen, die übrigens meistens keine Schriftsteller sind? Und wäre die Verfasserin bereit, ähnlich von jenen anderen zu sprechen? Oder will sie kundtun, daß von Sommerhäusern und Autos nur dann pejorativ zu sprechen ist, wenn sich nicht die als zugehörig empfundene Frohnatur öffentlich äußert?

Sinn und Form, Heft 6/1977, S. 1318

Foto: Renate von Mangoldt

Kurt und Jeanne Stern:

[…] Natürlich ist es auch das gute Recht der Annemarie Auer, sich zu den Kritikern des Buches zu gesellen. Bloß erscheint uns die Art und Weise, wie sie in ihren »Gedanken beim Lesen« zu Werke gegangen ist, nicht nur höchst fragwürdig, sondern absolut unzulässig. Wir erinnern uns nicht, je zuvor — außer von Feinden unserer Republik — über einen der namhaftesten Vertreter der DDR-Literatur ein Pamphlet so voll eklatanter Gehässigkeit, anmaßender Geschwätzigkeit und ehrabschneidender Unterstellungen gelesen zu haben. […]

Sinn und Form, Heft 6/1977, S. 1319

Wo ist das Kind, das ich gewesen,
ist es noch in mir oder fort?

Weiß es, daß ich es niemals mochte
und es mich auch nicht leiden konnte?

Warum sind wir so lange Zeit
gewachsen, um uns dann zu trennen?

Warum starben wir denn nicht beide,
damals, als meine Kindheit starb?

Und wenn die Seele mir verging,
warum bleibt mein Skelett mir treu?

Wann liest der Falter, was auf seinen
Flügeln im Flug geschrieben steht?

Pablo Neruda: Buch der Fragen. Von Christa Wolf als Motto für ihren Roman „Kindheitsmuster" gewählt

Christa Wolf

18. 3. 1929 Landsberg/Warthe

Foto: Renate von Mangoldt

Tochter eines Lebensmittelhändlers. Besuch der Grund- und Oberschule in Landsberg. 1945 Umzug nach Mecklenburg. 1949 Abitur, Eintritt in die SED. 1949-53 Studium der Germanistik in Jena und Leipzig. Abschlußarbeit bei Hans Mayer: „Probleme des Realismus im Werk Hans Falladas". 1953-59 Arbeit als Lektorin, wissenschaftliche Mitarbeiterin beim Deutschen Schriftstellerverband sowie als Redakteurin der Zeitschrift „Neue Deutsche Literatur". Cheflektorin des Verlags Neues Leben. 1959-62 Lektorin des Mitteldeutschen Verlages in Halle. Seit 1962 freie Schriftstellerin. Seit 1951 verheiratet mit dem Schriftsteller und Verleger Gerhard Wolf, zwei Töchter. 1955-77 Mitglied des Vorstandes des Schriftstellerverbandes der DDR. 1963-67 Kandidatin des ZK der SED. Mitglied des PEN-Zentrums der DDR und der Akademie der Künste der DDR. 1976 Gastdozentin am Oberlin College (Ohio), 1979 an der Ohio State University in Columbus (USA). 1982 Poetik-Vorlesungen an der Universität Frankfurt/M.; 1987 an der Universität Zürich. Im Juni 1989 Austritt aus der SED. Im Herbst/Winter 1989/90 an Untersuchungskommissionen und Runden Tischen beteiligt. Am 4.11.89 Rede auf dem Berliner Alexanderplatz. Anfang Dezember 1989 Mitinitiatorin des Aufrufs „Für unser Land". Ab Juni 1990 im Brennpunkt des sog. deutschen Literaturstreits, zuerst wegen ihrer Erzählung „Was bleibt", ab Anfang 1993 wegen ihrer Tätigkeit als IM „Margarete" (1959-1962). März 1993 Austritt aus beiden Akademien der Künste, Ost und West. 1993 Scholar des Getty Center in Santa Monica, Californien. Seit 1994 Mitglied der vereinigten Berlin-Brandenburgischen Akademien der Künste in Berlin. Weiterhin Mitglied der Freien Akademie der Künste Hamburg und der Deutschen Akademie für Sprache und Dichtung in Darmstadt. W. lebt abwechselnd in Berlin und in einem Dorf in Mecklenburg.

Preise: Kunstpreis der Stadt Halle/S. (1961); Heinrich-Mann-Preis (1963); Nationalpreis 3. Klasse der DDR (1964); Wilhelm-Raabe-Preis der Stadt Braunschweig (1972, abgelehnt); Theodor-Fontane-Preis für Kunst und Literatur (1972); Literaturpreis der Freien Hansestadt Bremen (1978); Georg-Büchner-Preis (1980); Schiller-Gedächtnis-Preis (1983); Österreichischer Staatspreis (1985); Geschwister-Scholl-Preis (1987); Nationalpreis der DDR (1987); Premio Mondello (1990); Orden „Officier des arts et des lettres" Paris (1990); Erich-Fried-Ehrung, Wien (1992); Rabel-Varnhagen-von-Enge-Medaille (1994, zusammen mit Gerhard Wolf).

Werkauswahl: Moskauer Novelle. 1961. – Der geteilte Himmel. Erzählung. 1963. – Nachdenken über Christa T. Roman. 1968. – Lesen und Schreiben. Aufsätze und Betrachtungen. 1971. – Till Eulenspiegel. Erzählung für den Film. 1972 (gemeinsam mit G. Wolf). – Unter den Linden. Drei unwahrscheinliche Geschichten. 1974. – Kindheitsmuster. Roman. 1976. – Kein Ort. Nirgends. Erzählung. 1979. – Fortgesetzter Versuch. Aufsätze. Gespräche. Essays. 1979. – Gesammelte Erzählungen. 1980. – Kassandra. Erzählung. 1983. – Voraussetzungen einer Erzählung: Kassandra. Frankfurter Poetik-Vorlesungen. 1983. – Ins Ungebundene gehet eine Sehnsucht. Gesprächsraum Romantik. Prosa und Essays. 1985 (gemeinsam mit G. Wolf). – Störfall. Erzählung. 1986. – Die Dimension des Autors. Essays und Aufsätze, Reden und Gespräche 1959-1983. 1987. – Ansprachen. 1988. – Sommerstücke. – 1989. Reden im Herbst. – Dokumente und Nachweise. 1990. – Im Diaolog. Aktuelle Texte. 1990. – Was bleibt. Erzählung. 1990. – „Sei gegrüßt und lebe". Eine Freundschaft in Briefen 1964-1973 (Briefwechsel mit Brigitte Reimann). 1993. – Auf dem Weg nach Tabou. Texte 1990-1994. 1994. – „Monsieur, wir finden uns wieder". Briefe 1968-1984. Briefwechsel mit Franz Führmann. 1995. – Medea. Stimmen. Roman. 1996.

Über C. W: Frauke Meyer-Gosau in: Kritisches Lexikon zur deutschsprachigen Gegenwartsliteratur. München 1978 ff. – Christa Wolf Materialienbuch. Hrsg. von K. Sauer. Darmstadt/Neuwied 1979 (1984).

MARIA ERLENBERGER

Förderpreis des Bremer Literaturpreises 1978 für „Der Hunger nach Wahnsinn. Ein Bericht", Rowohlt Verlag, Reinbek 1977

Heinar Kipphardt

Strom der Entwürdigungen

Liebe Christa Wolf, liebe abwesende Maria Erlenberger, verehrte Damen und Herren!
[...] Ich kam in meinem Gespräch mit Maria Erlenberger bald in eine schwierige Lage, denn mein Fragesystem und mein System nachzudenken und Fragen zu provozieren oder hervorzurufen oder in Gang zu setzen, das paßte nicht so richtig, denn die Autorin war schwach in der Untersuchung, schwach in der Analyse und ganz stark in der Anschauung. [...] Ja, und meine zweite Frage, es war ja ein Bericht eigentlich, „Hunger nach Wahnsinn", der Bericht aus einer psychiatrischen Landesklinik — war das eine kranke junge Frau? Sie war das überhaupt nicht. Sie war eine erstaunliche Abweichung von der Norm, und als Abweichung war sie in die Mühlen der institutionellen Psychiatrie geraten. Was hatte sich eigentlich mit ihr zugetragen? Sie hatte ein Kind, lebte mit einem Partner zusammen, kommt aus einer Arbeiterfamilie, wie sich herausstellte, und hatte, wie sie sagte, eigentlich nie etwas gehabt, was berichtenswert war über sich. Deswegen habe sie nie geschrieben oder etwas getan, und das hätte alles so funktioniert — ritualisiert — wie bei anderen; und eines Tages verläßt sie diese Alltäglichkeit der normativen Leistungsgesellschaft mit ihren fremden Zwängen, mit ihrer Anpassung an fremde Zwecke — und wie macht sie das? Sie beginnt zu fasten. Sie hungert, obwohl sie gerne ißt. Sie schreibt da: „Fasten war meine große Idee, Essen meine Liebe; Fasten mein Geist, Essen mein Körper. Für nichts — nur so. Fasten ist hart, ich gab dieser Arbeit einen Sinn. In dieser Zeit aß ich von meinem Körper." Sie fastete recht unregelmäßig: eine Zeit lang fastete sie ganz stark, dann aß sie wieder einige Tage mit den Wunsch, eine Bestimmung über sich wenigstens auf diesem Gebiete zu bekommen, sich zu kontrollieren, ihr Ich zu finden, eine Sinnfindung zu bekommen — eine, wie man zugeben wird, merkwürdige Sinnfindung —, und sie geriet über eine lange Zeit hin dieses sich so Verhaltens in die Gefahr zu sterben. Sie war noch 32 Kilo schwer und war vital gefährdet, kam in eine normale innere Klinik und begann sogleich zu essen. Es schmeckte ihr wunderbar, und sie erholte sich gut; der Kreislauf war auch ganz gut, ganz wacker — er war für die Internisten da. Aber die Internisten, quasi Naturwissenschaftler, wollten natürlich gerne herausfinden: warum macht die Frau das? Und da sagte sie ihnen das, was ich Ihnen gerade gesagt habe. Daraufhin schlossen die Doktoren schnell und scharf, daß sie in der falschen Klinik ist und schickten sie flugs in die psychiatrische Klinik. Die Frau Erlenberger leistete auch keinen großen Widerstand, war eingewiesen für ein Vierteljahr und blieb ein ganzes Vierteljahr in Wachsaal dieser Klinik; hatte, wie sie mir sagte, im ganzen zwei kurze Gespräche mit den Ärzten, die auch fanden, daß die Motive nicht einfühlbar sind und eine Karte zogen mit einer bösen Diagnose — Schizophrenie —, und sie blieb ein Vierteljahr dort und konnte das nicht ändern. Und jetzt beschrieb sie, sah sie zum erstenmal, wie sie sagt, einen Anlaß zu schreiben. Es war etwas Wichtiges über sie mitzuteilen, und das hatte zu tun mit der Sozietät, in der sie lebt — mit der kranken Klinik, die Zusammenhang hat mit der kranken Gesellschaft, und sie beschrieb ihre Erfahrungen mit der Klinik, eben das Irrenhaus und seine Insassen. Sie beschrieb den ganzen Strom der Entwürdigungen von der Einweisung bis zur Medikation, auf die der Patient keinen Einfluß hat. [...]
Sie schreibt: „Ich bin hier eingeliefert ausgeliefert. Der Arzt hat seinen Beruf an die Medikamente abgegeben." Sie beschreibt außerordentlich genau und sehr anschaulich eine große Anzahl anderer Patienten, und ich will Ihnen diese Fülle von Beobachtungen an ein paar Zitaten von ihr geben, da ich das nicht nacherzählen mag. Sie spricht von sich, und da sagt sie: „Das Rosenbeet — wer kann durch das Beet gehen, ohne sich zu stechen? Jeder erfüllt hier seine Krankheit, die er sich ausgesucht hat, um einen Haltegriff im Leben zu haben... Ich spielte mit meinem Tod... Das Chaos besteht aus allen Ordnungen zugleich... Ich lebe hier in der Klinik mein Leben. Hier zählt Leistung nicht... Mein Hunger ist geblieben. Ich liebe ihn. Er ist ich. Ich spreche hier für alle Tiere, denn ich beherrsche die Sprache der Menschen... Das Wissen im Nacken, daß es draußen nicht schöner ist als hier.

Der Unterschied zwischen den Irren und den Normalen liegt nur darin, daß einer eingeliefert ist und einer nicht. Sie erfüllen die Regeln der Gesellschaft nicht. Was sie reizt in der Klinik: ohne Angst unter Gleichgesinnten zu leben." Von einer Patientin sagt sie: „Für einen Konkurrenzkampf ist sie nicht geschaffen. Ich habe zu meinem Nutzen und meiner Ruhe gelernt, das Spiel der Irrenanstalt mitzuspielen. Die Frau ist der Patient des Mannes, immer und überall." Gleichzeitig aber auch: „Frauen fressen die Männer gern auf. Ich lebe noch, ich muß weiter, wie blind weiter auf dem Messer bergab." Nur beschreibend, nur berichtend — die Tagesabläufe, Patienten, Zustände in der Klinik, Biographien — und vor allen Dingen immer wieder ihr eigenes Leben reflektierend, bringt sie diesen engen Zusammenhang zwischen der psychischen Erkrankung und dem Druck zur Anpassung an fremde Zwecke, der krank macht, aggressiv, süchtig, neurotisch und wahnsinnig: Die Abweichung kommt in die Klinik, die sie erst zuverlässig krank macht. Sie macht aufmerksam in diesem Buch auf diesen merkwürdigen Zustand, daß wir Institutionen haben, die institutionelle Psychiatrie, die in gar keiner Weise den Hauptzweck hat der Zuwendung zum Patienten, sondern die Ruhigstellung des Patienten und das Herausrücken, das Isolieren des Patienten, das Nicht-Sichtbar-Machen des Störfaktors in unserer Sozietät. Sie polemisiert mit diesem Buch gegen [...] die Abscheulichkeit, die manche Leute anrichten, wenn sie denken, es entsteht in dieser krankmachenden Klinik sowas wie die Lebensweise des Asylanten, der Asylkultur, die man bestenfalls, da das ja abweichende, merkwürdige, bei sich bleibende Menschen sind, dichten und malen lassen kann. [...] Ich fragte die Maria Erlenberger, ob sie denn jetzt in das schwere und riskante Geschäft des Schriftstellers eintreten wolle, ob sie ein neues Buch plane, ob sie neue Pläne habe, und sie antwortete mir ganz einfach, daß sie das nicht wisse. Sie schreibe vielleicht wieder, wenn sie etwas Wichtiges zu schreiben habe. Gegenwärtig erzieht sie ihr Kind selbst, hat das gegen die Schulbehörde durchgesetzt, daß sie es allein erziehen kann, was nicht leicht ist. Ich fragte sie nach den Schwierigkeiten und auch Gründen, und in ihrer entschiedenen und eigensinnigen und abweichenden Art sagte sie — ja, sie macht das, denn die Schulen, das sind doch schon die ersten Irrenanstalten.

Titelblatt der Rowohlt - Ausgabe von 1977

Aus der Laudatio vom 26. Januar 1978

Maria Erlenberger

(Pseudonym)

geb. um 1948 in Österreich

Über die Biographie der Autorin ist, ihrem eigenen Wunsch entsprechend, fast nichts bekannt.
Preise: Literaturförderpreis der Freien Hansestadt Bremen (1978).
Werkauswahl: Der Hunger nach Wahnsinn. Ein Bericht. 1977. — Das Erlernen der Totgeburt. Roman. 1979. — Ich will Schuld sein. Gedichte. 1980. — Pilzgeruch. Erzählung. In: manuskripte. 1980. — Singende Erde. Ein utopischer Roman. 1981. — Hoffnung auf Erinnern. Erzählung. 1982.
Über M. E.: Riki Winter in: Kritisches Lexikon zur deutschsprachigen Gegenwartsliteratur. München 1978 ff.

Maria Erlenberger

Ich hatte alles gegeben

[...] Ich habe zu meinem Nutzen und zu meiner Ruhe gelernt, das Spiel Irrenanstalt mitzuspielen. Meine Rolle heißt: Patient. Meine Diagnose: Skizofrenie. Ich fühle mich gut auf meiner Bühne. Es ist das Spiel über die «Wahrheit von meinem Gehirn». Ich fühle, es ist die beste Rolle, die ich mir aussuchen konnte. Ich werde bezahlt mit Essen und Aufmerksamkeit der Ärzte. Es gehört zu ihrer Rolle. Nur spielen sie nicht so hingegeben wie ich, scheint es. Sie sprechen nicht viel mit Patienten. Sie gehen nur an ihnen vorbei, jeden Tag. Wird man vielleicht doch einmal zu einem Gespräch gerufen, so ist es kurz und sachlich abgezielt auf ein baldiges Ende und in bekannten Grenzen gehalten. Niemand erwartet, daß es interessant oder nützlich sein könnte.
Die Fragen stehen fest, die Antworten sind unwichtig. Es ist doch so? Oder hat es sich schon herumgesprochen, daß Gespräche zwischen Menschen nichts bedeuten. Daß Menschen miteinander nichts zu tun haben. Besonders dann nicht, wenn sie unfreiwillig aneinandergeraten. Arzt und Patient haben kaum die Chance, einander zu treffen. Die Erfüllung der Form dieser Beziehung, die Erwartung der Hilfe vom Patienten, und der Beruf des Arztes als Helfer, trennt sie auf immer. Die Grenzen der Beziehung sind gesteckt und die Flüchtigkeit der Behandlung, der das Mal der Unmöglichkeit, jemanden zu heilen, aufgebrannt ist, machen den Patienten mutlos und müde. Er will gar nicht, daß ihm geholfen wird. Er will keine Veränderung seines Zustands. Hätte er seine Krankheit nicht, was hätte er dann?
«Bitte, Herr Doktor, nehmen sie mir meine Krankheit nicht. Sie ist alles, was ich habe, ich habe sie mir selbst geschaffen, lassen sie mich, aber spielen sie mit mir so, als wollten sie sie mir nehmen, und ich kann dann immer wieder verzweifelt darauf zurückkommen. Ich kann mich in sie fallen lassen. Es ist eine Rechtfertigung für mein Leben. Es ist ein Ausweg aus dem Nichts. Ich bezahle sie auch dafür, daß sie diese Regeln einhalten, verstehen sie?»
Der Arzt versteht, denn er ist ein Mensch und kennt die Einsamkeit seines leeren Gehirns. Er spielt seine Rolle gut. Er macht Mut, er tröstet, er denkt sich Therapien aus, um das Spiel etwas aufzufrischen. Er gibt Interesse vor, an ihm schon zum Überdruß bekannten Symptomen und ist vielleicht sogar freundlich. Er spielt das Menschenspiel, er bekommt dafür Geld.[...]
Ich hatte wieder alles gegeben, was ich brauchte, um meinen Tag zu beenden. Ruhigen Gewisens. Ich hatte mich dem Leben der anderen angepaßt verhalten, ich hatte mit ihnen mitgetan, obwohl ich es im Grunde meines Lebens ja schon lange nicht mehr tat. Ich ernährte mein Leben nicht mehr. Ich hatte nicht mehr den Instinkt, meinen Hunger zu stillen, um zu leben. Ich kochte und kaufte ein, aber ich selbst aß nicht. Ich kostete auch die zubereiteten Speisen nicht, aber es war immer genug Salz und Gewürz dabei, und ich verrichtete diese Arbeit gehetzt von meiner Schwäche, aber nicht ungern. Ich gab mich jeden Tag völlig her, und es grenzte an die erschöpfte Befriedigung, nach einer endlich erledigten, lang hinausgeschobenen Arbeit. Sie war erfolgreich beendet, und es war ein Werk geschehen, ein Tagewerk. [...]

Aus: Der Hunger nach Wahnsinn. Rowohlt Verlag, Reinbek 1977, S. 126 f.

Alexander Kluge.
Foto: Isolde Ohlbaum

Bremer Literaturpreis 1979 für „Neue Geschichten. Hefte 1-18. Unheimlichkeit der Zeit", Suhrkamp Verlag, Frankfurt/Main 1977

Hans Dieter Müller

Geschichten ohne Oberbegriff

Alexander Kluge (links) und Hans Dieter Müller. Fotos (2): Ursula Borucki

[...] Von Kluges letztem Buch reden heißt zugleich von seinem ersten reden, den „Lebensläufen". Die Texte lösten schon vor der Veröffentlichung im Verlag heftigen Streit aus. Welcher Gattung sind sie zuzuordnen, wenn sie weder Erzählung, noch Kurzgeschichte, noch Essay, noch Roman sind? Hat der Autor überhaupt eine eigene Sprache? Wo bleibt schließlich Zweck und Ende jeder Literatur, das Menschliche? Nicht abzustreiten war, daß sie, auf beklemmende Weise, Realität enthielten. Denn die einmontierten Dokumente, als Zeithistoriker mir zum Teil geläufig, waren authentisch.

Mit dem Mut der Verzweiflung, die Veröffentlichung durchzusetzen, legte ich mir als Lektor damals ungefähr folgende Argumente zurecht: Wenn das Menschliche in dem, was geschrieben wird, nicht vorkommt, kann es auch nicht in den Texten vorkommen. Vielleicht kommt es gerade dadurch, daß es fehlt, als Vermißtes zutage — im Kopf des Lesers. Da es unstreitig Teile von gelebtem Leben sind, nennen wir die Texte, Gattung und Titel in eins, einfach „Lebensläufe".

Heute wissen wir aus Kluges Filmen, daß in der Tat die Technik des Zitats, der Aufnahme des Erzählens anderer in das eigene Erzählen keine Verlegenheit, sondern kunstvoll angewandtes Prinzip ist. Es mobilisiert im Kopf des Zuschauers mehr Phantasie, mehr Anschauung der Wirklichkeit, als die gewöhnliche Dramaturgie oder lineare Erzählung es je vermögen. Die Anschauung dessen, was wir nicht wußten und was dennoch wirklich ist, ist allerdings oft schmerzlich, manchmal unerträglich.

In den „Neuen Geschichten - Unheimlichkeit der Zeit" ist das Prinzip erzählerisch auf seinen bisher konsequentesten Punkt gebracht. Es wird auf die Totale einer Epoche und Gesellschaft angewandt: auf unsere zeitgenössische deutsche, die, aus gleichen Wurzeln stammend, heute in zwei unterschiedlichen Systemen existiert.

Was ich eingangs das komplexere Verständnis von Geschichte nannte, das Ineinander von Vergangenheit, Gegenwart und Zukunft in der aufgehäuften toten Arbeit, den Handlungen und Leiden, den Wünschen, Hoffnungen und Ängsten der Menschen, erreicht Kluge durch Verzicht auf die Fiktion, den Zusammenhang selber schreiben zu können. „Um Zusammenhang herzustellen, muß ich Zusammenhang aufgeben", sagt er.

Mindestens drei Zeit- und Handlungsebenen schieben sich in den „Neuen Geschichten" ineinander: „Bilder aus meiner Heimatstadt", Halberstadt im Dritten Reich und jetzt, die Bundesrepublik der letzten zwanzig Jahre und jene Zukunft, die, im „Hirn der Metropole", von den ameisenhaft fleißigen, doch orientierungslosen Wissenschaftlern ausgedacht, in abstrakten Strategieentwürfen und dem Arsenal konkreter Vernichtungsmittel schon begonnen hat. Die zeitlichen Wurzeln reichen teilweise noch weiter zurück: in die Weimarer Republik, in das Harzvorland Goethes, in das Rußland nach der Oktoberrevolution, in die Grafschaft Mansfeld vor den Bauernkriegen, so wie die Schauplätze Nebenschauplätze haben: Stalingrad, die Milvische Brücke, Maxwell Airforce Base, Alabama, eine Villa im Tessin, die Bucht von Tanger, den Sonderzug Präsident Roosevelts vor der Einfahrt in Milwaukee.

Die so beschriebene Geschichte hat kein unten und kein oben. Es sind „Geschichten ohne Oberbegriff", wie Kluge im Vorwort schreibt. Gegen die Strategie von oben, die sich oben dünkt, steht die Strategie von unten, bei der Kluge seine Hoffnung ansiedelt. In der List und Zähigkeit, die Produkte ebenso emsiger wie sinnloser intellektueller Arbeit zu überleben, scheint Kluge überhaupt den Hauptzweck zu sehen. Kaum jemand hat das Zukunftspersonal in Instituten, Vorstandsetagen, Stäben, Partei- und Regierungszentralen so umfassend und treffend geschildert wie Kluge in diesem Buch: die Hirnforscher, Schwachstellenforscher, Mittelwertplaner, Programmabhorcher, System- und Strategieentwerfer, die Geheimwaffenplaner und Katastrophentheoretiker, die Feinausforscher und Statistiker der „Leidenseinheiten und Protestwerte, rückwärts gerechnet auf das Jahr 500000 vor Christus und hochgerechnet z. B. auf Frankfurt und Umland". [...]

Gegen meinen Vorsatz möchte ich zum Schluß zwei subjektive Einschätzungen wagen. Zum einen halte ich Kluge, in der hintergründigen Bedeutung des Wortes, für einen Humoristen. Perspektiven- und Standortwechsel, Abschweifungen, Reflexionen und andere subjektive Vergrößerungen oder Verkleinerungen sind der Definition nach Kompositionsprinzipien der humoristischen Methode. Das „umgekehrte Erhabene", nennt Jean Paul sie, darauf zielend, „das Endliche durch den Kontrast mit der Idee zu vernichten".

Kluge, den Aberwitz so vieler Ideengebäude vor Augen, ist auf den entgegengesetzten Weg verwiesen. Er stellt den Humor vom Kopf auf die Füße, trachtet, „die Idee durch Kontrast mit dem Endlichen zu vernichten".

Zum anderen halte ich Alexander Kluge gerade in dem Verzicht, der allwissende, Trost und Lösung kennende Autor zu sein, für einen besonders menschlichen Schriftsteller. Anfang und Ende seiner Geschichten sind so offen, wie unser eigenes Leben, streichen wir Rollen, Status, Macht über andere verleihende Ideologien fort, offen bleibt. [...]

Aus der Laudatio vom 26. Januar 1979

Alexander Kluge

Nicht etabliert

Lieber Hans Dieter Müller, sehr geehrter Herr Senator, meine Damen und Herren,

in der Praxis besteht literarische Arbeit oder die Arbeit eines Autors nicht aus Feierstunden in einer hohen Halle wie dieser. Es besteht also zwischen der Arbeit, die ich gewohnt bin, und der Rede hier eine Differenz, und ich kann sie nicht in Monologform überbrücken, sondern eigentlich nur, wenn ein Dialog möglich wäre, und der ist erst für heute abend vorgesehen.

Ich möchte nur zwei Dinge sagen zu diesem Preis. Erstens: Es ist ein hochangesehener Preis, wobei mich besonders bewegt, daß Christa Wolf, die ich außerordentlich respektiere, vorjährige Preisträgerin war, und es ist für mich eine sehr hohe Ehre, ihr nachzufolgen. Und ich möchte noch zu Ihnen, Herr Senator, etwas sagen, was das „Zwischenstadium"* betrifft. Die Aufgabe, vor der literarische Arbeit objektiv steht, nämlich mit gesellschaftlicher Erfahrung umzugehen, gesellschaftlicher Erfahrung von heute und aus einer langen Geschichte, ist ein so unendliches Gebiet, daß es uns sehr wohl ansteht, in diesem „Zwischenstadium" zu verbleiben und gar keine Ansätze zu machen, mit oder ohne Preis zur Etablierung zu gelangen. Wir können uns gar nicht etablieren, wir können uns gar nicht zur Ruhe setzen oder dieses Bein runtersetzen, um in Ihrem Bild zu bleiben, weil einfach die Aufgabenstellung — das, was wir objektiv nicht leisten; das Nicht-Erzählte kritisiert das Erzählte — uns hindern wird, uns zur Ruhe zu setzen; und ich hoffe deswegen, daß ich — so, wie Sie mich mit dem Bremer Literaturpreis ehren — daß ich umgekehrt diesen Preis dadurch ehre, daß ich wohlweislich in diesem Zwischenstadium verbleibe.

Zweitens: Ich möchte Hans Dieter Müller für die Laudatio danken, wußte aber oft nicht recht, was ich für eine Miene aufsetzen soll, denn ich kenne Hans Dieter Müller, seit ich vor sechzehn Jahren zu schreiben begonnen habe. Er war mein erster Lektor und ist mein Lektor geblieben, sowohl was die Filme betrifft wie was die literarischen Arbeiten angeht. Und wenn ich ihm einen neuen Text oder Film vorlege, dann bin ich eigentlich nicht diese freundlichen Ausführungen gewöhnt, diese günstige Beleuchtung, sondern recht harte Kritik — und insofern ist es ein sehr ungewohntes Erlebnis, eine solche Laudatio in formeller Rede anzuhören. Hans Dieter Müller hat ja eine ganze Reihe von Stichworten zitiert; ich möchte auf eines dieser Stichworte kurz eingehen, und zwar auch deswegen, weil es eine Gedankenrichtung betrifft, zu der ich mich jederzeit sehr gerne bekenne und von der her ich — in Bescheidenheit gesprochen — abstamme, das ist die Dialektik der Aufklärung.

Wir sind ja ein Land, in unserem Deutschland, das sehr massive Erfahrungen mit Konterrevolutionen —

---

*Gemeint ist: zwischen Noch-nicht-Etablierung und Etablierung (W. E.)

gelungenen Konterrevolutionen — aufweist, und zwar präventiven Konterrevolutionen, während es wohl keine Erfahrung in gelingenden Revolutionen — wie sie andere europäische Länder aufweisen — gibt. Und dies wirft auch ein Licht auf den Begriff der Aufklärung. Wenn ich den Beginn der Gewerbefreiheit in unserem Land, also im frühen 19. Jahrhundert, zum Vergleich heranziehe, die ja eine Massenbewegung, einen Aufschwung darstellt, sich nach 1945 erst wieder aufbaut, sich wiederholt, dann steht demgegenüber ein recht dünnes Rinnsal an Aufklärung, die die Massen ergreift. Es ist fast so, daß nur Philosophen und Schriftsteller diese Aufklärung betreiben, und es ist auch so, daß 1933 die Restbestände an Aufklärung sehr schnell weggewischt werden; und die Frage, warum dies nicht in unserem Land Praxis ist, diese Frage bewegt mich sehr.

Alexander Kluge (rechts) mit Uwe Timm (links) und Senator Horst-Werner Franke. Foto: Jochen Stoss

Ich nehme einen Satz von Immanuel Kant, in dem er den Begriff der Aufklärung zu formulieren versucht. „Aufklärung", sagt Immanuel Kant, „ist der Ausgang des Menschen aus der selbstverschuldeten Unmündigkeit", und ich stocke hier bei zwei Worten. Das Wort „Ausgang" ist für mich das, was mein Kindermädchen hatte, wenn es zum Tanzen ging; und das Wort „selbstverschuldet" versuche ich mir zu konkretisieren, wenn ich mir vorstelle — jemand sitzt tatsächlich, als Frau mit drei Kindern, in einem Bombenkeller. Was ist jetzt selbstverschuldet, wenn — in einem Krieg, den sie ja nun nicht individuell verschulden konnte, — eine fremde Macht Bomben auf sie wirft? Oder ich stelle mir jemanden in Stalingrad vor, dem ja nun die Ausgänge im Kessel versperrt sind, und ich frage mich jetzt wieder: was soll das Wort „selbstverschuldet" bedeuten? Es deutet an, daß Individuen in der Lage wären, Geschicke, Geschichte zu wenden, und das weiß ich doch nun, daß im geschichtlichen und im gesellschaftlichen Zusammenhang dies individuell, rein moralisch nicht möglich, sondern eine sehr gründliche kollektive, kooperative Wendung notwendig ist, die meist lange vor einem solchen kollektiven Unglück liegen muß, — nur das kann der Geschichte eines Landes, einer Armee, einem Arbeitsprozeß oder einem Produktionsverhältnis eine andere Richtung geben.

Das heißt: Wenn ich nicht in Stalingrad im Kessel umkommen wollte, dann hätte ich eigentlich fast hundert Jahre vorher oder mindestens vierzig Jahre vorher etwas ganz anderes, *zusammen mit vielen anderen,* tun müssen. Es gibt keine Waffe für „Strategie von unten", und es gibt eine Fülle von Waffen für Strategie von oben. Und wenn das der Fall ist, dann habe ich im Jahre 1945 mit meinen drei Kindern im Keller fast gar keine Aushilfen, und vielleicht hätte ich mich allenfalls im Jahre 1927 mit anderen Frauen, zu Zehntausenden oder Hunderttausenden — so organisieren müssen, daß eine andere Wendung der Weimarer Republik möglich gewesen wäre. Überlegen Sie, was das für Dimensionen sind — das heißt, die Abwendung von 1933 wäre Voraussetzung, daß ich jetzt nicht im Keller sitze. Und wir können ja nicht ausschließen, daß trotz aller Vorkehrungen, aller Versuche, etwas dagegen zu tun, und obwohl die absolute Mehrheit aller arbeitenden Menschen ganz sicher gegen Kriege ist, sich so etwas nicht wiederholt. Und wenn Organisationsfrage und unmittelbare Erfahrung — also Bewußtsein — so weit auseinander liegen wie 1927 und 1944/45, dann gibt das Anlaß, große Vorräte an Erfahrungen zu organisieren, auszutauschen, eine Öffentlichkeit dafür zu bilden: daß sich so etwas nicht wiederholt.

Wenn man die Menschen befragen würde: „Ist dieses geschichtliche Resultat das, was ihr wolltet?" dann

würden diese Toten sicher sagen: „Nein, das kann es wohl nicht gewesen sein, wenigstens nicht in der Gesamtsumme." Und diese Frage immer wieder zu stellen, diese Frage nicht nur in Gedanken, sondern in Geschichten auszudrücken, das ist die Aufgabe von Literatur.
Ich habe mich jetzt einen Moment verirrt; ich wollte etwas über Aufklärung sagen. Ich habe hier ja in Horkheimer und Adorno Lehrmeister gehabt, die über die Aufklärung ein Buch geschrieben haben, nämlich „Die Dialektik der Aufklärung". Und sie gehen dabei von einem Bild aus der griechischen Mythologie aus, dem Mythos von Odysseus. Dieser Odysseus — ein Unternehmer; ein sehr unternehmerischer, neugieriger Mensch — setzt sich den Sirenen, der Verführung der Sirenen aus, bindet sich aber gleichzeitig an einen Mastbaum. Er macht sich selber zum Instrument, das seiner Neugierde nachgeht, und hindert seinen Körper, dieser Neugierde zu folgen. Er hat seine Gefährten im Schiffsleib eingeschlossen, ihnen die Ohren verstopft — wahrscheinlich waren das in der Antike Sklaven.
Dies ist das Grundmodell der Aufklärung nach Horkheimer und Adorno, und zwar in diesem Widerspruch, wie sie sagen, daß Aufklärung deswegen die Menschen nicht in dem Maße ergreifen kann, wie es eigentlich vernünftig wäre, weil sie diesen Grundwiderspruch — die Selbstfesselung, die Instrumentalisierung des Menschen — von Anfang an in sich hat.
Wenn ich diese Metapher auf unser deutsches Land anwende, dann stelle ich ja zunächst einmal fest: es ist ein kontinentales Land. Es ist, wenn ich einmal von Bremen absehe, das ja mit Schiffen umzugehen wußte, ein Land, das aus Häusern besteht, die im Gefahrenfall nicht wie ein Schiff dem Feinde entrinnen können, sondern fest am Ort sind. Sie sind mit einer Ackerscholle verbunden und sind der Gefahr bleibend ausgesetzt; und deswegen scheint mir für die deutsche Metapher der Aufklärung, die deutsche Art zu grübeln, ein anderer Mythos, ein Märchen adäquater, das die Gebrüder Grimm aufgeschrieben haben — das von den sieben Geißlein. Man muß sich ja wundern, daß diese sieben Geißlein eine mehlbepuderte Wolfspfote mit der leiblichen Mutter verwechseln, oder daß sie die Stimme des Wolfes, der Kreide gefressen hat, mit der Stimme der Mutter verwechseln. Es ist offenkundig ein Problem der Tür, um das es hier geht. Wen darf ich hereinlassen zu mir. Und wen darf ich auf gar keinen Fall hereinlassen? Und hier entstehen jetzt die Verwirrungen.
Es geht auf diesem Kontinent — mit den Gewaltverhältnissen, die es seit 800 nach Christus bereits gibt, die hier zum Beispiel im Stedinger Aufstand eine Rolle gespielt haben, die in den Bauernkriegen eine Rolle spielen, die die ganze Geschichte über '33 hinweg in Deutschland bestimmen — um eine Art Labyrinth, und gerade die Ariadnefäden sind dasjenige, was am meisten täuscht: Das ist das, was die Obrigkeit vorschlägt, was die Führer vorschlagen, was die Kaiser versprochen hatten, und dann sind sie im Morgenland verschwunden.
All diese Grübeleien müssen wir bitter ernst nehmen — und zwar als eine Erfahrung, auf unerträgliche Art arbeiten zu müssen; übrigens mit einer Tüchtigkeit, die für unser Volk spezifisch ist, einer Tüchtigkeit sowohl im KZ-Bau, als auch in der Industrie, sowohl im guten Willen wie in der Verführbarkeit zu Märschen nach Stalingrad beispielsweise.
Dieses Schicksal, daß Menschen arbeiten können und an sich kooperativ reagieren und daß sie geführt werden durch Produktionsverhältnisse, durch ein Geschichtsverhältnis und durch die Enge von Gewaltverhältnissen in einem Land; daß dies zu Grübeleien führt, so daß ich zwischen Innen und Außen kaum noch unterscheiden kann: Das müssen wir ernst nehmen und in der Alltagspraxis wiedererkennen.
Das ist das Grundthema, an dem ich — bewaffnet mit diesem Preis — versuchen werde, weiter zu arbeiten. Denn bei all dem geht es ja nicht um Gedanken, wie ich sie Ihnen hier vortrage in Monologform, sondern es sind wirkliche Erfahrungen, die sinnlich gemacht worden sind, die Menschen getroffen haben. Und deswegen muß man sie auch in Geschichten erzählen. Ich würde mich nicht als Schriftsteller bezeichnen im Hauptberuf, denn meine Erfahrungen mache ich außerhalb des Schreibens. Aber ich liebe die Sprache; ich habe eine große Zuneigung zu deren hoher Organisationsstufe, denn die ist aus Protest geboren.
Kein Mensch schreibt etwas, wenn er nicht einen Grund hat; und meist haben in unserem Land die Menschen einen Grund gehabt zu schreiben, weil sie Protest in sich fühlten. Und ich komme damit auf eine Antwort an Sie, Herr Senator, wie ich den Preis persönlich auffasse. Ich stimme Ihnen zu, daß diejenigen, die den Preis hier vergeben, die Schreiber-Arbeit aller Autoren insgesamt ehren. Sie suchen sich jedes Jahr einen aus, um stellvertretend die Kooperative aller Schreibenden zu ehren. Und umgekehrt ist es für uns eine Herausforderung, daß wir wiederum diejenigen, die arbeiten, die gewissermaßen aus Steuermitteln diese Preise ‚veranstalten' oder die Veranstaltung ermöglichen, ehren, indem wir uns mit ihren Geschichten, ihren Problemen beschäftigen, und zwar wesentlich mehr, als man normalerweise tut.
Und dabei möchte ich zum Schluß ein Mißverständnis erwähnen, das häufig besteht, daß Schreiben irgend etwas Individuelles sei; als ob ein Autor sich

hinsetzen und wie ein Robinson aus seinem Inneren heraus etwas schreiben könne. Auch Robinson ist ja nicht allein, sondern er ist eine Erfindung des 18. Jahrhunderts, eine Erzählung, und er hat auf seine Insel ganz London in seinem Kopf mitgenommen. So fängt er an mit seinen unternehmerischen Versuchen, und er macht einen sehr schönen Industriebetrieb aus seiner Insel. Wohlgemerkt: mittels der Unterdrückung der Einwohner.
Jeder Autor, der wirklich ernsthaft arbeitet, gehört stillschweigend einem Kollektiv an — ob er sich dessen bewußt ist oder nicht —, dem Kollektiv derer, die auch schreiben und wiederum auch derjenigen, die früher geschrieben und die literarische Tradition, die Arbeitsmittel, mit denen wir arbeiten, entwickelt haben. Aber alle diese Schreiber zusammen sind nur in einem Punkt unterschieden von jedem anderen Menschen: daß sie nämlich das Privileg und die Zeit haben, Erfahrung in Buchstaben zu organisieren und in Büchern herauszugeben. In Wirklichkeit erzählt jeder Mensch; und wenn Sie hier Bremen nehmen oder meine Heimatstadt Halberstadt zum gleichen Zeitpunkt — die beiden Städte haben durchaus etwas Verwandtes —, dann können Sie sagen: es ist ein Gesumm von Erzählungen, die nur nicht aufgeschrieben werden.
Und von diesem kollektiven Reichtum von Erfahrung etwas zu berichten und in Büchern zu drucken — das ist die Aufgabe der Literatur, und daran weiterzuarbeiten fühle ich mich durch diesen Preis bestärkt. Ich danke Ihnen.

Alexander Kluge

Auf der Suche nach einer praktischen, realistischen Haltung

Er wollte irgendwie praktisch sein, d.h. er ging in die Universitätsbibliothek und machte sich Notizen aus Büchern über die Zerstörung der deutschen Städte im Jahre 1944.
Wie gesagt, wollte sich Fred Harsleben *praktisch* verhalten. Er zweigte von seinem Beruf Stunden ab, erwarb auf Privatflughafen Darmstadt den Flugzeugführerschein (eine Stunde Autostrecke hin, eine Fahrstunde zurück). Erwarb eine Dotter-XII-Maschine mit Wasserkufen. Wenn er eine Zwischenlandung in Nordnorwegen einkalkulierte, so konnte er dieses Kleinstflugzeug binnen 12 Stunden bis Spitzbergen bringen, eine Waschtasche und sich selbst als Gepäck. Er brauchte also im Gefahrenfalle 12 Stunden Vorsprung, d.h. eine Vorwarnzeit. Dort angekommen, wollte er in einer jetzt auf zwölf Jahre angemieteten Blockhütte, in der er Konservenvorräte für zweieinhalb Jahre deponiert hatte, den dritten Weltkrieg überwintern. Es war ja nicht gesagt, daß das Ganze in unserer Lebenszone begann, insofern schien ihm eine Vorwarnzeit von 12 Stunden im Bereich des Möglichen.
Dann wurde im November 1976 Fred aber unehelicher Vater: ein Zufall, ein Gottesgericht, jetzt, im 46. Lebensjahr! Ein *Haus* hatte er in Spitzbergen, eine *Pappel* ließ sich ebenfalls noch irgendwo pflanzen, nun war ein *Kind* zu erwarten, das den Lebenszweck ausfüllte. Er suchte jetzt nach Chancen, dieses Kind und evtl. auch die Mutter (wenn möglich!) in die Fluchtplanung einzubeziehen, mitzunehmen in die Real-Höhle im Norden.
Außerdem ergab sich aber, daß Spitzbergen gar nicht so praktisch war, wie es nach den ersten Studien schien. Die Lage deutete darauf hin, daß gerade die Eisfelder der Polarregion Hauptgefechtsgebiet sein würden. Einerseits: nach den Erfahrungen des Zweiten Weltkrieges waren es die Kriegszonen, in denen sich die Gegner — vom Individualkämpfer und Geschlechtsfortpflanzungskämpfer Fred aus waren alle seine Gegner — noch am ehsten rational verhielten, also keine Flächenterrorbombardements. Aber vielleicht galten diese Zweite Weltkriegs-Erfahrungen diesmal nicht. Zweifel, Zweifel. Freds Blick fiel auf die Kergeulen-Inselgruppe in der antarktischen Eiseszone. Sie schienen sicherer. Ein französischer Paß genügte. Es war unwahrscheinlich, daß die »Gegner« im Kriegsfalle Kräfte übrig hätten, auch diese Südzonen des Planeten einzubeziehen, selbst dann nicht, wenn der Konflikt von Südafrika ausginge.
Harsleben maß die Entfernungen: selbst von Feuerland und Kapstadt gemessen, äußerst weit. Er besuchte diese Inselgruppe, auf der Ziegen weideten; vielleicht etwas kälter als Nordschottland. Er erwarb dort eine Hütte. Aber der Transportweg für seine Dreieinigkeit machte ihm Sorgen (Kind, Kriegsmutter, er selbst, evtl. ein Stück Pappelrinde als Erinnerung). Er kam praktisch nur bis zur Sahara, immer unterstellt, daß er das Kleinstflugzeug in ein etwas größeres tauschte. Eine andere Linienführung brachte ihn bis in die Nähe der Bermudas, dort Notwasserung, denn bis zu den Inseln reichte es nicht. Es war nicht anzunehmen, daß er dort eine Segeljolle unterstellen oder einen Dampfer nach Süden erreichen könnte. Das war alles zu langsam, benötigte drei Wochen Vorwarnzeit. Als Rea-

Alexander Kluge

14. 2. 1932 Halberstadt

Sohn eines Arztes. Besuch des Gymnasiums in Halberstadt und Berlin. Anschließend Studium der Rechtswissenschaften, Geschichte und Kirchenmusik in Marburg, Abschluß mit 1. und 2. juristischen Staatsexamen und Dr. jur. Nach dem Studium Volontariat bei dem Filmregisseur Fritz Lang. Erfolge als Filmproduzent und -regisseur. Seine Filme wie „Abschied von gestern" (1965/66), „Gelegenheitsarbeit einer Sklavin" (1973) oder „In Gefahr und größter Not bringt der Mittelweg den Tod" (1974) errangen zahlreiche Preise, so z.B. den „Goldenen Löwen" von San Marco, den Bundesfilmpreis und den 1. Preis der Oberhausener Kurzfilmtage. Neben den filmischen Aktivitäten Arbeit als Rechtsanwalt, Dozent in der Abteilung für Filmgestaltung an der Hochschule für Gestaltung/Ulm sowie als freier Schriftsteller. In den 80er Jahren dreht Kluge die großen Essayfilme „Die Macht der Gefühle" und „Der Angriff der Gegenwart auf die übrige Zeit". 1985 Gründung der „Arbeitsgemeinschaft Kabel und Satellit" (AKS). Seit 1988 Leitung des Kulturmagazins „Zehn vor elf" auf RTL bzw. SAT 1. Pläne für einen eigenen Kulturkanal. K. ist Mitglied des PEN-Zentrums der Bundesrepublik, Mitglied der Deutschen Akademie für Sprache und Dichtung in Darmstadt, der Akademie der Künste Berlin und der Deutschen Akademie der Darstellenden Künste in Frankfurt/M.

Preise: Berliner Kunstpreis – Preis „Junge Generation" (1964); Staatlicher Förderungspreis für junge Künstler und Schriftsteller (Bayern) (1966); Literaturpreis Isola d'Elba (1967); Fontane-Preis (Berliner Kunstpreis) (1979); Literaturpreis der Freien Hansestadt Bremen (1979); Kleistpreis (1985); Kultureller Ehrenpreis der Stadt München (1986); Filmband in Silber (1986); Heinrich Böll-Preis der Stadt Köln (1993).

Werkauswahl: Die Universitäts-Selbstverwaltung. Ihre Geschichte und gegenwärtige Rechtsform. 1958. Kulturpolitik und Ausgabenkontrolle. 1961. – Lebensläufe. 1962. – Schlachtbeschreibung. 1964. Die Artisten in der Zirkuskuppel: ratlos. Die Ungläubige. Projekt Z. Sprüche der Leni Peickert. 1968. – Öffentlichkeit und Erfahrung. Zur Organisationsanalyse von bürgerlicher und proletarischer Öffentlichkeit. Zusammen mit Oskar Negt. 1972. – Lernprozesse mit tödlichem Ausgang. 1973. – Filmwirtschaft in der BRD und in Europa. Götterdämmerung in Raten. 1973. – Gelegenheitsarbeit einer Sklavin. Zur realistischen Methode. 1975. – Neue Geschichten. Hefte 1-18. „Unheimlichkeit der Zeit". 1977. – Geschichte und Eigensinn. Zusammen mit Oskar Negt. 1981. Neuausgabe 1993. – Der Angriff der Gegenwart auf die übrige Zeit. Drehbuch. 1985. – Theodor Fontane, Heinrich von Kleist und Anna Wilde. Zur Grammatik der Zeit. 1987.

Über A. K.: Hanno Beth in: Kritisches Lexikon zur deutschsprachigen Gegenwartsliteratur. München 1978 ff.; Thomas Böhm-Christl (Hrsg.): A. K. Frankfurt 1983.

list konnte er dann zu jedem Zeitpunkt der Jetztzeit losfahren, bei Entwarnung wieder zurück und befand sich zum Zeitpunkt des »Ereignisses« vermutlich gerade auf der Rückreise, fuhr also in die Gefahr mitten hinein. Er hätte so gerne eine praktischere Lösung gefunden. So grub er zuletzt wenigstens im Garten eines Mietshauses einen Stollen, der 52 m in die Tiefe führte und dort unten einen Hohlraum für drei Personen nebst Vorräten vorsah. Aber wer weiß, was das nutzt.

Aus: Neue Geschichten. Suhrkamp Verlag, Frankfurt/Main 1977, S. 595 f.

Gegend der Zwieberge südlich von Halberstadt. Repro aus: Neue Geschichten, a. a. O., S. 130

Förderpreis des Bremer Literaturpreises 1979 für „Morenga. Roman", AutorenEdition, Königstein/Ts. 1978

Heinar Kipphardt

Kolonisation als Geschäftsvorgang

Uwe Timm hat sich eingelassen auf einen neuen Typus von historischem Roman, der mit den Wahrnehmungsweisen der eigenen Zeit zu tun hat. [...] Zu reden wäre über das Verhältnis von Faktizität und Literatur. Da gibt es ja die gröbsten Fehlurteile, die gröbste Desinformation auch von der Seite der Literaturwissenschaft.
Schriftsteller haben allezeit — arbeitend — es für vollkommen selbstverständlich gehalten, daß das Faktische in ihrem Werk erscheint, erscheinen muß — auf vielen Ebenen: in ihrer eigenen Biographie; in dem, was sie lesen, was sie von der Welt erfahren; und schließlich in den doch hoffentlich auch von Schriftstellern betriebenen Studien zum Stoffbereich, den sie wählen, und jeder Schriftsteller kommt ganz selbstverständlich nur mit dem Stoff in eine innige Berührung und zu guten Ergebnissen, wenn er sich in ihm beschreibt. Also diese Trennung zwischen Subjektivität und Objektivität ist eine äußerst künstliche und in der Literatur niemals stattfindende; und ich kann auch nicht zustimmen, wenn es Tendenzen augenblicklich in diesem Lande gibt, die diese beiden Bemühungen trennen möchten.
Uwe Timm hat sofort begriffen, daß dieser Stoff nicht etwa ein abseitiger Stoff aus unserer Kolonialgeschichte ist — Hottentottenaufstände im Jahre 1904, was gehen die uns an? —, er hat begriffen, wie sehr in unserem Land

Uwe Timm lauscht der Laudatio Heinar Kipphardts. Foto: Ursula Borucki

das alte und das neue Kolonialbewußtsein verdrängt ist. Viele von uns denken ja: Wir sind zwar in schlimme Historie verstrickt, scheinen aber glücklicherweise mit dem Kolonialzeitalter wenig zu tun zu haben, da wir unsere Kolonien schon im Ersten Weltkrieg verloren und die Hitlerschen Kolonialgelüste auch scheiterten. [...] Es ist ein Verdienst des Buches von Timm, daß er Kolonialisierung in Deutsch-Südwestafrika zugleich auch beschreibt als einen Geschäftsvorgang.
Als ich mich zu erinnern suchte: was ist denn eigentlich so in meinem Leben verbunden damit? — da dachte ich an kleine schlesische Geschäfte, die merkwürdigerweise ja Kolonialwarenläden heißen; die Datteln und Zimt und Vanille und Muskat und Gewürznelken und Kaffee und Tabak — alle abenteuerlichen Genüsse — einem auf dem Geruchswege schon verschafften. Ich erinnerte mich auch eines Lehrers oder mehrerer, die ganz selbstverständlich uns Kinder und Schüler, wenn man sich besonders dumm angestellt hatte, immer beschimpften als „Kaffer" oder „Hottentotte". Ich erinnerte mich an die Vorurteile, die wir alle haben etwa dem Neger gegenüber: unsere Sexualängste, unsere Sexualaggressionen zeigen sich auf diesem Felde. Es ist deutlich, wie tief in unserem Emotionshaushalt koloniales Denken da ist — Rassismus, deutsche Sendung, unser Verhältnis zu Befreiungskriegen, würde ich denken. Wenn ich das richtig sehe, waren wir bei den Befreiungskriegen, die nach dem Zweiten Weltkrieg stattgefunden haben in den kolonialen Bereichen, immer auf der Seite der Kolonialisten; und erst in allerletzter Zeit — wenn es schien, daß die Geschäfte zu retten wären — haben wir dann die andere Seite akzeptiert als ein Faktum. Die Problematik sitzt tief in unseren Köpfen — wir deutschen Aschenbrödel bei der Verteilung der Kolonien im früheren Kolonialzustande, und wir Phoenixe des neuen Geschäftskapitalismus, der natürlich hygienischer vor sich geht, weil ja eben Geld handlicher und eine angenehmere Ware ist und auch ein angenehmeres Unterdrückungsinstrument als etwa Kanonenboote.
Wie ist Timm mit dem umfassenden Stoff umgegangen? Es ist ihm gelungen, die Subjektivität seiner eigenen Kindererfahrung, seines Werdens, seiner Leiden, seiner Gefühle, seiner Eßsitten, wie er mir erzählt hat, seiner Demütigungen in einem Kürsch-

nerladen in Hamburg (also ein Konkurrenz-Hanseat) zu verwandeln in seine Hauptfigur Gottschalk — in dessen Leiden in einem Kolonialwarenladen, als Heringsbändiger, der seine private Emanzipation schafft, zum Veterinär wird, zum Heeresveterinär, und der jetzt eine große Projektion im Kolonialleben macht, nämlich ein ganz anderes Leben zu führen in diesem schönen Südwestafrika, wo man Rinder, Pferde züchtet, ein Farmhaus hat, eine Familie hat, Kinder hat, deutsche Kultur dort verbreiten wird, Hausmusik betreibt. [...] Er kommt mit allen Illusionen dahin, wird von einem Neger an Land getragen, sieht große Möglichkeiten und nimmt leidend und erfahrend, beobachtend teil, ändert sich mäßig und kommt aus dem Land, wartend auf die Auflösung seines Dienstvertrages, ein Abschiedsgesuch; sein Zustand geht bis zu einer Verstörung, nach den schmerzlichen Erfahrungen, wo er nur noch herumsitzt und seine Pfeife raucht: in speckigen Hosen auf der Terrasse sitzt, die nackten Füße auf einem ausgefransten Korbsessel, für einen Hottentotten gehalten wird mit seinem blauen Damenhut auf dem Kopf und darauf wartet, daß dieses Gesuch bewilligt wird und er nach Glückstadt zurückkehren kann — ein anderer.
Weitere Vorzüge des Buches: es hat ein erstaunliches Quantum an Humor — und ich denke, es gibt keine Kunst einigen Ranges ohne Humor, ohne das Komische. Das Buch hat große Zärtlichkeit der Beschreibung. Es läßt sich in die andere Kultur ein, wie ein Liebhaber seine Geliebte beschreibt. Aber man muß zugeben, er läßt sich auch in unsere Kultur, die wilhelminsch-preußische, auch die hanseatische ein, die mit Verständnis kritisiert wird. [...]

Aus der Laudatio vom 26. Januar 1979

Uwe Timm

Morenga

[...] Tagebucheintragung Gottschalks vom 4. 3. 05
Von Herrengesten und Herrschaftsmimik. In diesem Land werden sie deutlich durch ihre Extreme. Die primitivste Form: Der Tritt in den Hintern. Aber man macht sich nur ungern die Stiefel dreckig. Das überläßt man unteren Chargen. Feinere, sublimere Formen, die man zu Hause, weil gewohnt, nicht mehr bemerkt: Wie man einen Wink mit der Rechten macht, während die Reitgerte leicht in der linken Hand liegt. Untergebenen blickt man nicht ins Auge, sondern auf den Mützenrand, also leicht über den Kopf hinweg.
Was Gottschalk daran hinderte, etwas Unbedachtes zu tun, beispielsweise seine Faust auf den kleinen Mund in das kleine Gesicht von Leutnant von Gersdorff zu setzen, war, daß er wußte, warum der ihn fertigmachen wollte. Nicht etwa, weil er sich geweigert hatte, die Hottentottenfrauen aufzuspüren und zu verhören, sondern wegen des Verdachts, daß er in Warmbad den Umgang mit Hottentotten dem Kasinobesuch vorgezogen haben könnte. Hatte er in Warmbad aber unter dem besoffenen Schutz des Grafen Kageneck gestanden, der sich, wie er das nannte, auch einige dieser Schnepfen hielt, so konnte man es ihm hier endlich einmal zeigen, was es hieß, sich mit dem braunen Gesindel einzulassen, (Gersdorff: Na, wie ist denn die Hottentottenlage.) [...]
Zu dieser Zeit begann Gottschalk über eine Frage zu grübeln, von der er aber zugleich wußte, daß er sie allein durch Nachdenken nicht lösen konnte, sondern nur dadurch, daß er etwas tat, aber eben das war das Quälende dieser Frage: was er tun sollte.
Es war nicht mehr die Frage, ob dieser Krieg Unrecht sei. Das stand für ihn inzwischen fest. Und es gab Augenblicke, wo er das wie einen körperlichen Schmerz empfand. Er selbst hat es als schreiendes Unrecht in seinem Tagebuch bezeichnet. So verspürte er beim Vollzug der Prügelstrafe an Eingeborenen (zu dem man ihn gern als Viehdoktor abkommandierte) einen Druck im Magen, sogar Brechreiz. Er konnte der Prozedur nur nach einigen Schnäpsen zusehen. Ein langgedienter Truppenarzt versuchte, ihn zu trösten: das alles sei nur eine Frage der Gewohnheit. Aber gerade dieser Gedanke, daß er sich eines Tages daran gewöhnen könnte, erschreckte Gottschalk.
Tagebucheintragung Gottschalks (ohne Datum)
Der Kanten Kommisbrot rettet nur einen. Die Kunst des Impfens kommt in Köpfe, die schon morgen durchschossen werden können. Die wunderbare Symmetrie des Hirns, in dem Freundlichkeit und Erfahrung gespeichert ist, wird zerstört durch einen Schußkanal. Was hindert uns (mich), sich solchen Zerstörungen zu widersetzen. Man kann sich nicht halb entscheiden.
Gottschalk kannte die Diskussionen, was man mit den aufständischen Eingeborenen nach dem Sieg machen wollte. Es gab Vorschläge, sie samt Familien nach Ostafrika zu expedieren, wo sie auf Plantagen arbeiten sollten. Auf jeden Fall wollte man die Stämme innerhalb des Schutzgebietes umsiedeln, und die Frauen und Männer sollten als Zwangsarbeiter eingesetzt werden. Gottschalk war langsam klargeworden, warum diese Menschen kämpften: um ihr Überleben als Menschen. [...]

Aus: Morenga. Verlag AutorenEdition, Königstein/Ts. 1978, S. 225-227

Foto: Isolde Ohlbaum

Foto: Anita Schiffer-Fuchs

Uwe Timm

30. 3. 1940 Hamburg

Sohn eines Kürschners. Lehre und Tätigkeit als selbständiger Kürschner. Nachdem er das Abitur nachgeholt hatte, Studium der Philosophie und Germanistik. Promotion 1971 mit einer Arbeit über Albert Camus; anschließend Studium der Soziologie und Volkswirtschaft. T. ist Mitbegründer der „Wortgruppe München", Mitherausgeber der „Literarischen Hefte" und der AutorenEdition. Er lebt heute als freier Schriftsteller in Herrsching am Ammersee.

Preise: Literaturförderpreis der Freien Hansestadt Bremen (1979); Literaturpreis der Stadt München (1989); Deutscher Kinderbuchpreis (1990).

Werkauswahl: Widersprüche. Gedichte. 1971. – Das Problem der Absurdität bei Albert Camus. Diss. 1971. – Heißer Sommer. Roman. 1974. – Wolfenbütteler Straße 53. Gedichte. 1977. – Morenga. Roman. 1978. – Kerbels Flucht. Roman. 1980. – Die Zugmaus. Kinderbuch. 1981. – Die Piratenamsel. Kinderbuch. 1983. – – Der Mann auf dem Hochrad. Legende. 1984. – Der Schlangenbaum. Roman. 1986. – Vogel, friß die Feige nicht. Römische Aufzeichnungen. 1989. – Rennschwein Rudi Rüssel. Kinderbuch. 1989. – Kopfjäger. Roman. 1991. – Erzählen und kein Ende. 1993. – Die Entdeckung der Currywurst. Novelle. 1993. – Der Schatz auf Pagensand. Kinderbuch. 1995. – Johannisnacht. Roman. 1996. – Die Bubi Scholz Story. Drehbuch. 1998.

Über U. T.: Hanjo Kesting, in: Kritisches Lexikon der deutschsprachigen Gegenwartsliteratur. München 1978 ff.

Fesselnd von der ersten bis zur letzten Seite ist Timms historischer Roman „Morenga". Jakob Morenga, der „schwarze Napoleon", ist heute kaum noch ein Begriff. Aus dem öffentlichen deutschen Bewußtsein verdrängt ist auch ein Kapitel deutscher Kolonialgeschichte, das einst als beispielhaft gepriesen wurde. In Deutsch-Südwestafrika, heute Namibia, erhoben sich zu Beginn dieses Jahrhunderts die Hereros und Namas, auch Hottentotten genannt. Diese Aufstände gelten als der erste Versuch nationaler Selbstbefreiung in der Dritten Welt durch den Guerillakrieg. Und damals zeichnete sich manches ab, was Jahrzehnte später das dunkelste Kapitel deutscher Geschichte kennzeichnen sollte: Konzentrationslager, der totale Krieg, die offen proklamierte Auslöschung ganzer Völker, die Vernichtung von „Untermenschen". Aber auch der Versuch von Individuen, inmitten von Unmenschlichkeiten menschlich zu bleiben. Romanheld ist ein Truppentierarzt, der davon träumt, eine Farm in Afrika zu errichten: „Ein schöner Gedanke, daß es in dieser Wildnis einmal Augen geben wird, die Goethe lesen, und Ohren, die Mozart hören." Doch der Veterinär läßt von dem Plan ab, denn er erlebt an Ort und Stelle den Preis für die Kolonialisierung: Von 80.000 Hereros überlebten nach amtlichen Angaben 15.130.

Bremen Special 4/1979, S. 7

Alfred Andersch:

„Ich bewundere die Genauigkeit von Timms Recherche und die Meisterschaft seines sachlichen, stillen und von Spannung erfüllten Erzählens."

Martin Walser:

„... Daß unter uns heute einer ein Buch schreiben kann, das einen durch Tendenz und Qualität an George Orwells ‚Burmese Days' erinnert, halte ich für ein freudiges literarisches Ereignis ..."

Peter Rühmkorf.
Zeichnung: Horst Janssen

PETER RÜHMKORF

Bremer Literaturpreis 1980 für „Haltbar bis Ende 1999. Gedichte", Rowohlt Verlag, Reinbek 1979

Heinz Ludwig Arnold

Dichterei als Gegenproduktion

Bestellt, das Lob des Dichters und Schriftstellers Peter Rühmkorf zu singen, könnte ich mit Goethes Muse aus „Künstlers Apotheose" tönen: „Dies ist der Schauplatz Deiner Ehre", doch er würde darauf wie Goethes Künstler antworten: „Ich fühle nur den Druck der Atmosphäre". Vier Literaturpreise in einem Jahr: ein Platzregen also nach fast zwanzigjähriger Dürre — das muß das Ergebnis einer erheblichen atmosphärischen Störung sein. Was war da los? Rühmkorf endlich preisfähig geworden? Hoffähig gar? Hatten die literarischen Normenkontrollstäbe endlich im Humus des Volksvermögens frische Wurzeln geschlagen? Oder ernten da heute einige, was sie weder säten noch begossen, sondern lange Zeit für Unkraut hielten, was ihnen zum Trotz und ihnen zuwider, „mit zweideutigen Mitteln und nie ganz stubenrein", auf eigenem Stengel in ihre literarisch oder ideologisch aseptischen Treibhäuser hineinwuchs?

Sei's drum. Versagen wir uns den spekulativen Blick ins Gebiß des preisläufigen Pegasus, er war lange störrisch genug. [...]

Die Motive, aus denen Rühmkorf wurde, was er ist, rücken [in den 50er Jahren, W. E.] zusammen: Volkssprache und Zeitkritik, expressives sich

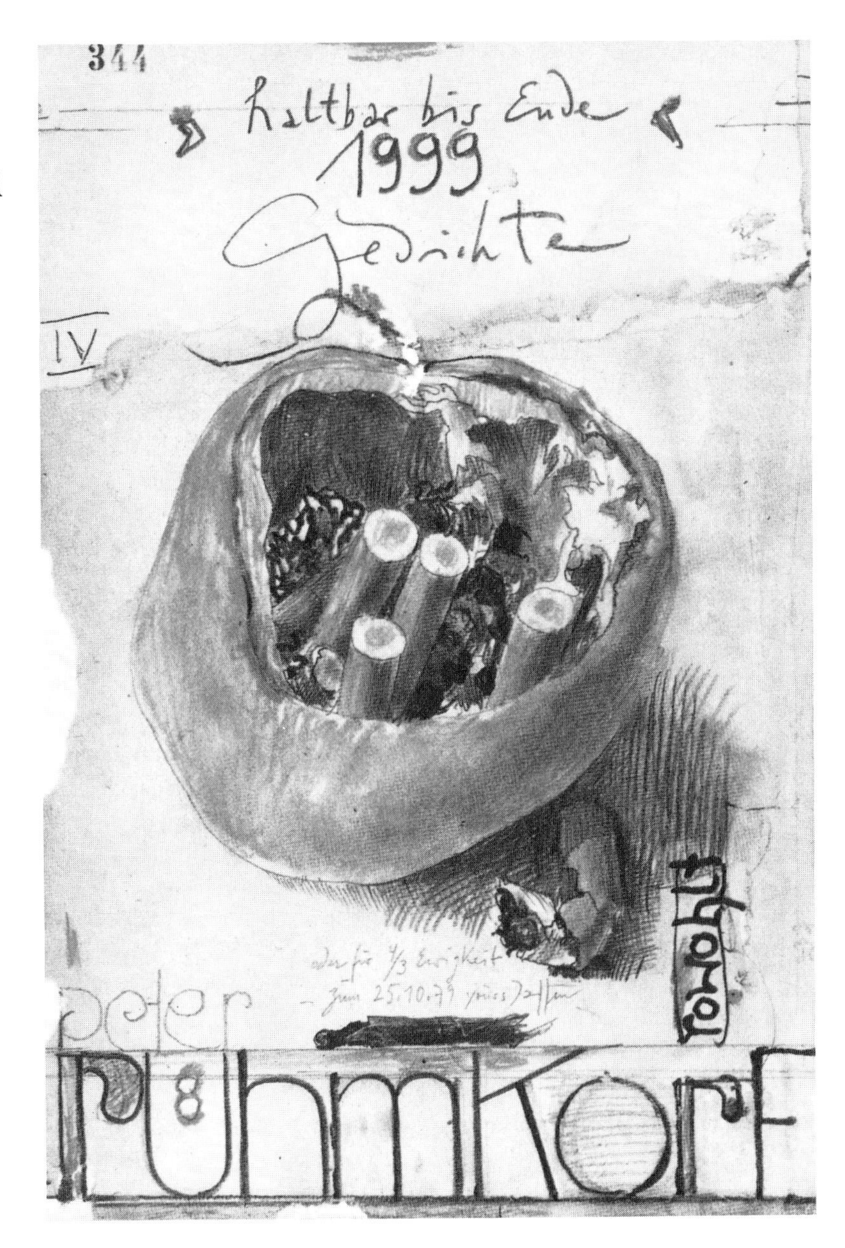

Von Horst Janssen gestalteter Schutzumschlag der Rowohlt-Ausgabe von 1979

selbst zum Ausdruck bringen und kritisch kontrollierende Parodie, „Dichterei" als „Gegenproduktion", der Entschluß, „mein Ich zum Selbstkostenpreis in Kunst aufgehen zu lassen": allemal als polare Spannung im Kopf, der Balanceakt zwischen Gefühl und Verstand, Erlebnis und Kalkül. [...]

Die ersten der siebziger Jahre jedenfalls benutzt Rühmkorf, um Bilanz zu ziehen, er notierte „Anfälle und Erinnerungen" in „Die Jahre die ihr kennt".

Hier kumulierte nun in einem einzigen Buch, was für das gesamte Werk Rühmkorfs bis auf den heutigen Tag charakteristisch ist: die fächerartige Ausbreitung der aus *einem* Zusammenhang hervorgebrachten thematischen und formalen Vielfalt: Bericht und Erzählung, Szene und Gedicht, Gutachten und Brief, Leitartikel und Essay, usw., eingebunden in Trauer und Humor, Stolz und Ironie: Spielformen und Spielweisen von ganz und gar Rühmkorfschem Selbstausdruck. Was davor war, wuchs zu diesem Buch hin, was danach kam und kommt, wurde darin ausgesät: jedes auf seine besondere Art: die literarische Selbstbestimmung mithilfe der Sängerkollegen Walther und Klopstock; der Versuch, die expressionistische Lyrik auf einem neuen, sozialpsychologischen Erkenntnisgrund begreifbar zu machen; der poetologische Klein- und Großkram in der ersten „Strömungslehre"; rundherum die lyrische Bilanz der „Gesammelten Gedichte" — und nun eine trotzige, die Wirklichkeitsrechte des sich selbst verantwortlichen Subjekts einfordernde Antwort auf eine absehbar beschissene Zukunft mit „Haltbar bis Ende 1999".

So zeichnet sich für mich, ähnlich wie in „Die Jahre die ihr kennt" auf chronologischer Linie, im System des Gesamtwerks — gebildet aus den Koordinaten Erfahrung und Widerspruch, Erkenntnis und Selbstausdruck — eine Produktionskurve ab, die immer mehr sich zu einer Art von romantischem Zirkel schließt: zu einer Einheit in der Vielgestalt — ein vielbündiger Fächer in einer Hand und aus einem Kopf, der trotz mancher Nuß sich selbst treu und manchem quer blieb. Deshalb „Phoenix — voran!", trotz dieser Zeilen aus „Haltbar bis Ende 1999":

„Die Wahrheit macht einem immer mal wieder / einen dicken Strich durch den Glauben. / Man kuckt in die Zukunft — jedenfalls ich! — / wie in eine Geschützmündung."

Aus der Laudatio vom 26. Januar 1980

Foto: Isolde Ohlbaum

Peter Rühmkorf

Wachzurütteln und zu träumen...

Meine sehr geehrten Damen und Herren, wer nur zehn Minuten Zeit zum Reden und allerhand auf dem Herzen hat, muß sich sputen. Lassen Sie mich also in der gebotenen Eile zügig meinen Dank abladen: Dank der Jury in ihrer weisen Entscheidung, zwei so unterschiedliche Widerspruchsträger auf ein gemeinsames Postament zu rücken; Dank auch dem Bremer Steuerzahler, daß er in solche Problemnaturen zu investieren bereit ist — mag ja sein, daß die irrenden Lichter doch noch zu brauchbaren Leuchten der Gesellschaft umzurüsten sind. Gewiß – das will ich nicht leugnen – scheint der Kollege Peter-Paul Zahl auf den ersten Blick der auffälligere Unsicherheitskandidat. Er kommt direkt aus dem Gefängnis zu uns, und allein diese Tatsache hat der reaktionären Presse angst und vielen von Ihnen Beine gemacht. Aber täuschen Sie sich bitte nicht; auch ich möchte hier nicht nur sanfte Lämmerglöckchen läuten; denn wer solche schönen Preise verteilt, der darf niemals ganz sicher sein, sich damit sämtliche Irritationen vom Hals geschafft zu haben. Daß die Schriftsteller Störfaktoren in einem längst wie geschmiert rotierenden Betrieb sein sollten, ist meine Meinung gewesen, seit ich meine ersten literarischen Schriftzüge tat. Freilich habe ich nicht bloß einige widerborstige Meinungen zu vertreten, sondern ein ganzes Widerspruchssystem, das sich selbst eine Anfechtung ist, weil seine Wurzeln in zwei ziemlich kraß divergierenden Schreibantrieben gründen. Sie werden dort offenbar, wo ich Ihnen auf die einfache Frage nach dem Sinn oder Ziel meines Schreibens überhaupt keine eindeutige Auskunft mehr geben kann. Auf der einen Seite, gewiß, möchte ich Ihnen sofort solche gängigen Valuten wie «Gesellschaftskritik» oder «Wahrheitsfindung» über den Tisch des Hauses schieben — aber ist der wirklichen Wahrheit damit schon Genüge getan? Oder ist es nicht vielmehr so, daß dem innersten Bedürfnis, wachzurütteln und aufzuklären, ein nicht minder starkes Gelüst, zu erfinden, zu erfabeln, zu erträumen, unbeirrt zur Seite geht?

Geradezu heillos verworren werden die Verhältnisse, wenn wir noch einen dritten Faktor in unsere Buchführung einspeisen — ich meine das Verlangen nach politischer Wirksamkeit. Er ist von allen Schreibantrieben gewiß die windigste Größe. Während das Durchleuchtungs- sowohl wie das Illuminationsbedürfnis jederzeit durch ihre schriftlichen Niederschläge gerechtfertigt werden, wächst dem Wirkenwoller ein eigenes Wesen erst durch die Gunst der Umstände zu. Wir können nicht einmal im nachhinein exakt beweisen, inwieweit sich eine Bewegungsabsicht in ihren Resultaten widerspiegelt. Ob Heinrich Heine wirklich gewirkt, Majakowski tatsächlich etwas bewegt, Bertolt Brecht ganz konkret und nachweislich etwas verändert hat («außer der lyrischen Ausdrucksweise seiner Epigonen») — wir wissen es nicht. Wo die Motivforschung in der Werbewirtschaft längst einen festen Platz erobert hat, tappen wir in bezug auf das Anstoßvermögen von Kunst noch völlig im dunkeln und von einem Verwundern ins andere.

Als Gottfried Benn sich — flüchtig — auf die Tagespolitik einließ und die braunen Kolonnen verherrlichte, was bewirkte er? So viel wie Nullkommagarnichts. Als er sich in den fünfziger Jahren entschieden von aller Politik lossagte und das Gedicht zu einem Bewahrnis des in sich selbst versunkenen Geistes erklärte, was hatten wir — einigermaßen verdutzt — zur Kenntnis zu nehmen? Daß das Restauratorium eine hochesoterische Kunsttheorie zur Bestätigung seiner geistlosen Ruhestandsmoral mißnutzte und sogar noch die Lehre vom «statischen Gedicht» seinen Stillhalteparolen («wir halten fest an dem Bestehenden»; «Keine Experimente») beigesellte.

Gesellschaftliche Resonanz, so möchte ich subsumierend meinen, ist durch Willenserklärungen und gute Absichten leider nicht zu erzwingen. Wo ein Autor auszieht, seinen Lesern die Wahrheit und nichts als die Wahrheit zu sagen, da kann uns diese *(kann!)* schon einmal wie etwas neu Erfaßtes, frisch Begriffenes entgegenspringen. Wo ein anderer eine heillos erlebte Welt noch einmal zauberisch zusammenzieht und vielleicht sogar sein eigenes Heulen und Zähneklappern in ungewöhnliche Reime faßt, kann der Wahnsinnsversuch im kleinen Kreise durchaus seine Wirkung tun. Nur das platonische Sehnen nach direkter politischer Wirkung wird wohl ewig ein unerlöster Möchtegern bleiben, der in einem zufälligen Windstoß bereits den Flügelschlag der Geschichte und in einer über die bucklige Welt hinauskonstruierten Hoffnungslinie so etwas wie einen gangbaren Wanderweg erkennt.

Ich sage das nicht, meine Damen und Herren, um Ihnen das Bedürfnis nach gesellschaftlichem Tätigwerden auszureden. Ich sage es nur, um Ihnen nach Jahren der Mißverständnisse und holden Illusionen einmal wieder nahezubringen, was Sie von der Dichtkunst für den politischen Kampf erhoffen dürfen; denn nicht überall, wo Sie in der Poesie ein rotes oder grünes Positionslaternchen aufgesteckt finden, erwartet Sie auch wirklich das ersehnte Überlebensmanna. Wo das Gedicht die verrütteten Glaubensfundamente wieder nur mit dem allgemein verfüglichen Hoffnungsschaumstoff unterfüttert, geraten wir über kurz oder lang in eine Phantasiewelt, aus der es dann kein Entkommen mehr gibt. Die Bewußtseinsverkrümmungen, die sich hier vorbereiten, führen auf ziemlich genau zu berechnenden Kurven von der Wirklichkeit fort und in künstliche Paradiese der Politik hinein. In dem Maße wie sich lyrische Gedichte zum Handlungsinstrument verklären und guter Wille und ästhetischer Effekt nicht mehr auseinandergehalten werden können, verpoetisiert sich der Paukboden der Politik zur grünen Unschuldswiese, auf der wir leben können was wir denken, für wahr nehmen was wir hoffen, als allgemein bewegend empfinden was nur *uns* die Seele rührt. Ich will damit nicht leugnen, daß Poesie und Politik auf eine vertrackte Weise zusammengehören — zumindest solange die politische Reaktion mit der künstlerischen Frei-

Foto: Renate von Mangoldt

heit im allgemeinen auch die Rede-, Presse-, Druckfreiheit in Grenzen halten möchte. Andererseits gehen sie gewiß nicht so nahtlos ineinander über wie magisches Denken sie gelegentlich zusammensieht: Hier werden die poetischen Engelsposaunen geblasen — und dort brechen dann gleich die Mauern von Jericho ins Knie. Mit dem Blick auf die praktischen Dinge der Politik verläßt der Dichter augenblicklich sein utopisches Sankt Überall und tritt zwangsläufig in ein uneigentliches und von Entfremdungsmakeln entstelltes Kräftefeld ein, in dem gedrückt und geschoben, über die Bande gespielt und im schrägen Winkel gezogen wird, und wo sein eigenes Handlungsgesetz in ziemlich nüchterner Prosa verfaßt ist.
Um uns aus den Himmeln der Unmittelbarkeit auf den Boden pragmatischen Handelns herunterzubegeben und gleich ein konkretes Beispiel anzuführen. Wer, meinetwegen, einen Franz Josef Strauß verhindern möchte — es ist wie gesagt, nur ein Beispiel, und Sie müssen es gar nicht mitwollen — wer also einem gar nicht so utopischen Schrecken wehren und einem unheilvollen Rechtsschwenk der Gesellschaft entgegentreten möchte, der muß sich schon für etwas so Unansehnliches wie das «kleinere Übel» stark machen. Und er muß sich sogar eine Zeitlang von dem schönen Traum gemeinschaftlich genossener Identität trennen. Richtig guten Gewissens kann man das natürlich nicht. Guten Gewissens *kann* man nicht die Partei eines Mittelstreckenministers wählen, der nicht einmal die Gewissensbisse eines aus der allgemeinen Marschrichtung weichenden Generals zu tolerieren vermochte. Guten Gewissens läßt sich auch nicht für den Kurs eines Herbert Weichmann votieren, dem es selbst kein schlechtes zu machen scheint, Kanzelreden gegen seine Genossen im Kampfblatt eines außerparlamentarischen Interventionisten abzudrucken. Mit gutem Gewissen, meine Damen und Herren, liebe paar Freunde hier, ist auf dieser Welt aber überhaupt keine Politik zu machen, und wer sich seine Seele nicht schmutzig machen will, der sei auf das herzlichste in unser oben bereits vorgemerktes Feenreich eingeladen.

Damit bestreite ich natürlich, daß Politik überhaupt ein utopiefähiger Raum ist. Sie ist es aber weder in Persien noch in Afghanistan und sie ist es weder dort, wo machtpolitische Übergriffe als «Brüderliche Hilfeleistung» kaschiert werden, noch da, wo das Wort «Menschenrechte» vornehmlich als Munition gegen den ideologischen Gegner verwendet wird. Daß ich unsere Bundesrepublik Deutschland nicht gerade für ein besonders gut geeignetes Übungsgelände für utopische Wendemanöver halte, füge ich nicht bloß vollständigkeitshalber hinzu. Die Verkennung der politischen Handlungssphäre als Elfentanzplatz und die Verklärung einer grünen Glaubensgenossenschaft zum parlamentarischen Durchsetzungsinstrument schlagen in der wirklichen Welt meist schnell zum bösen Gegenzauber aus; und wer alle Teufel zugleich und auf der Stelle exorzieren möchte, den sehen wir bald selbst zu Spreu auseinandergehext. Was uns an grüner Sammlungspolitik bisher geboten wurde, sollte uns das Fürchten lehren. Daß der NDR entflochten und eines der wenigen demokratisch-pluralistisch operierenden Medien zerrüttet werden konnte, hängt unmittelbar mit dem Ausgang der Schleswigholsteinischen Landtagswahlen zusammen und dieser mit dem Habertreiben unserer netten lieben grünen Männchen und Mädchen, die, wie wir alle wissen, vom Mars herkommen und sich im Hinblick auf die irdischen Geschäfte der Politik gern verhängnisvoll verschätzen.
Da sie nichtsdestoweniger achtenswerte, wenn nicht überlebensnotwendige Interessen vertreten, schlage ich ihnen vor, zu bleiben, was sie sind: Interessenvertreter. Genauer gesagt, eine Lobby, und als solche möchten wir sie unverdrossen wachsen und ihren Druck ausüben sehen, rabiat wie die Bauernverbände, lautstark wie die religiösen Glaubensgemeinschaften und machtvoll wie die Industrie. Als kritische Masse in Reserve gehalten, könnten sie dann umso wirkungsvoller in die Programme der vorhandenen Parteien hineinfunken und am Tage der Wahl — und in den Tagen danach — zum bedeutsamen Ausschlagfaktor werden.
Wem das zuwenig ist — weil es ihn menschlich nicht sättigt und seelisch unbefriedigt läßt —, dem bleibt der Eintritt in das Genossenschaftsreich der schönen Künste immer noch unbenommen. Hier kann sich sein Wahrheitsverlangen stillen, ohne von dem gleichzeitigen Bedürfnis nach Zusammenhang und Kommunikation absehen zu müssen. Hier kann sich das von den gesellschaftsprägenden Kräften zum bloßen Nummernschild heruntergeplättete Subjekt noch einmal als idealische Ganzheit erleben und die ins soziale Abseits rangierte Varietät als ernst zu nehmende Wundersamkeit. Denn dieses wollen wir alle. Als Ausscherer, Abweicher, Meisenbesitzer und Alternativdenkende sternenweit von einer Gebrauchsnorm entfernt, die uns für unnormal hält und die wir als pervers ablehnen, wollen wir unsere individuellen Deviationen leuchten lassen — auch dort, wo die Ausnahmeerscheinung von Gesetzes wegen einsitzen muß.

Peter Rühmkorf

Foto: Isolde Ohlbaum

SELBSTPORTRÄT

Wie ich höre, hast du lange nicht von dir selbst
        gesungen, Onkelchen?!
Die Menschheit muß ja allmählich denken,
        sie ist unter sich —
Wieviele Reiche haben inzwischen
        ihren Besitzer gewechselt?
Das Bewußtsein ist siebenmal umgeschlagen.
Da schnei ich nun herein
        mit lauter letzten Fragen.

Darf man eintreten, Platz nehmen,
        fragen, wie man wieder nach draußen kommt?
Aber Kinder, da ist doch igendwas
        mit der Perspektive los!
Alle Wände verzogen
        seit wir das letzte Mal über Zukunft sprachen.
Prinzip Hoffnung total aus der Flucht.
'N wahres Wunder, daß wir nicht
        alle schon schielen.

Soll ich euch mal sagen, was ist?
Also von mir aus können wir sofort-hier
        vom Tisch aufstehn und die Welt umwälzen,
aber mit-wem-denn, mit w e m ?
Mit der Arbeiterklasse hängt Ihr
        doch auch nur noch übers Weltall zusammen
(Ein Medium von höchster kommunikativer Kompetenz)
Ihr atmet die gleiche Luft —
        mehr ist bald nicht.
Ichweiß — ichweiß, man soll den Sozialismus
        nie völlig verloren geben
«20000 STICKSTOFFWERKER HABEN EINE FREIWILLIGE SONDERSCHICHT
        ZU EHREN DES GENOSSEN LE—» na was ist?!
Dagegen IG Metall: «150000 ARBEITSPLÄTZE DER DEUTSCHEN
        WAFFENINDUSTRIE LANGFRISTIG GEFÄHRDET!»
Die Wahrheit macht einem immer mal wieder
        einen dicken Strich durch den Glauben.
Man kuckt in die Zukunft — jedenfalls ich! —
        wie in eine Geschützmündung

Vielleicht ist es einfach nur dies:
        Mein Herz zieht allmählich die Geier an.
Wer links kein Land mehr sieht,

für den rast die Erde bald
wie ein abgeriebener Pneu auf die ewigen Müllgründe zu —
Düdelüdüt, nu lauf doch nicht gleich
zur Mama mit deinen Verwüstungen.
Düdelüdüt! noch'n Tusch für das Krankenversicherungs-
kostendämpfungsgesetz!
Konstantinopolitanischerdudelsackspfeifenmachergesellenrisikozulage!

KOMM RAUS!

Komm raus aus deiner Eber-Einzelbucht,
aus deiner Ludergrube.
Komm raus aus deiner kaskoversicherten Dunkelkammer!
Auch dein Innenleben
findet öfter statt, merk ich grade —
(Komm raus aus deinem Farbbandkäfig)
Im Prinzip — ja? — Prinzip
sind doch längst alle Schleusen geöffnet, Gitter gefallen . . .

Immer noch vielerlei Licht hier, wo sich
keine Anzeigenseite dazwischenschiebt,
keine Helium-Annonce-:
DIE SONNE
unverwandt, mit angezogenen Strahlen —
(Komm raus aus deinem Leichen-Entsafter)
Vor dir das Meer und hinter dir
die Waschmaschine . . .
(aus deinem Metzelwerk, aus deinem Familien-Gefrierfach)
Hier nichts gewollt zu haben,
ist soviel wie verspielt, das weißt du, oder?

Heda, du eingerahmtes Tier, du kriegst
den Kopf wohl gar nicht mehr raus aus dieser Paste, laß sehn!
Unbeugsam reflektierst du dich
an der Schreibtischkante —
(eisern nach innen blickend, ein Vesuv mit geschlossenen Augen)
Komm raus aus deinem handversiegelten Hockergrab!
Auch Kultur
Ist nur eine unmaßgebliche Schutzbehauptung.

Eine Schlacht im Sitzen gewinnen:
schön wär's!
Und schön der Gedankeda wer sich nicht rührt,
hat wenigstens Anspruch auf Schicksal — Aus deiner Tropfsteintruhe!
Komm raus aus deinem Todeskoben, überleg dir das Leben:
Die Morgenschiffe rauschen schon an —
Ein Tag aus Gold und Grau:
willst du mit rein? —

Aus: Haltbar bis Ende 1999. Rowohlt Verlag, Reinbek 1979, S. 11, 24 f.

Foto: Anita Schiffer-Fuchs

Rühmkorfzahn,

der (Mondpfeffer, Reimwurz, Ackerzote, Schalksohr) ausdauernd. Familie der satirischen Preziosen. Heil- und Küchenpflanze.

Die knallroten Blüten zahnförmig und mit herausgestreckter Zunge. Die Blätter sind grobgesägt und scharf, so daß es bei Berührung zu leichten Verletzungen kommen kann. Unterirdischer Stengel mit Knollen. Das Rühmkorf wird von Kritikern bestäubt, mitunter ist aber auch das Gegenteil der Fall.

Die Pflanze wächst in studentischen Schrebergärten, in sanften Linkskurven und nicht zuletzt auch in der Vergangenheit der deutschen Seele. Sie wurzelt in der Vogelweide, rankt sich am Klopstock empor, blüht mit Heine und ziert das Knopfloch expressionistischer Vatermörder. Schnell hat sie sich einer anderen Pflanze bemächtigt und ebenso schnell setzt sie dieser ihre eigene Blüte auf. Danach richtet sich auch ihre Größe. Überdies findet man sie als Humusbereiter in der Aktualität und in den kritischen Randbeeten der Bildungsgärten. Die kinderfaustgroßen Knollen an den unterirdischen Stengeln sind eßbar. Sie schmekken etwas modrig und beschleunigen den Stuhlgang sowie das kritische Urteil, was, im Grunde, auf dasselbe herauskommt. Im Ruhrgebiet und in Hamburg nennt man die Knollen Proletentrüffel, in Bayern dagegen gelten sie als roter Durchmarsch.

Eine kräftige Abkochung der Pflanze samt ihrer Wurzel hilft gegen Bildungshysterie, konservative Blähungen und idyllisierende Hartleibigkeit. Peter Wapnewski schreibt in seinem Buch *Das Mittelalter und seine Nachblütler:* »Die weit zurück reichenden Wurzeln sind noch immer die besten. (Ich konnte das immer auch an mir feststellen.) Dem Rühmkorfzahn gelingt es so, die losen Enden der Epochen ironisch zu verknüpfen. Schließlich ist alles eine einzige Plauderei: man muß nur die Botschaften der Natur verstehen.«

Die Abkochung schmeckt leicht pfeffrig, weswegen sie oft als Pfefferersatz benutzt wird. Allzu häufig genossen macht sie geschmäcklerisch. Nichtsdestotrotz ist sie eine der besten Würzen, die den deutschen Bildungsbrei genießbar machen. Sie fördert nicht nur den Genuß, sondern auch dessen Verdauung. Es fehlt jedoch nicht an kritischen Stimmen, die der abführenden Kraft der Pflanze mißtrauen. So schreibt der Waldundwiesenminister Bayerns, Hans Maier: »Das Experiment, den Rühmkorfzahn als Schulspeise den Kindern vorzusetzen, darf als mißlungen betrachtet werden. Mit scheint, daß viele einfach das stille Örtchen mit dem Paradies gleichsetzen.«

Die Pflanze setzt sich dessen ungeachtet durch. Auf der deutschen Gartenschau erhielt sie wegen ihrer Verdienste um die kritische Humusbereitung eine Ehrenmedaille, und die Ableger, die die Rowohltsche Zentralgärtnerei vorrätig hat, gedeihen neuerdings sogar in den ewig überhitzten Wohnzimmern deutschen Kulturbewußtseins. Das soll etwas heißen.

Fritz Schönborn: Deutsche Dichterflora. Carl Hanser Verlag, München/Wien 1980, S. 95 f.

Peter Rühmkorf

25. 10. 1929 Dortmund

Kindheit und Jugend in Warstade-Hemmoor bei Stade in Niedersachsen. Dort Besuch der Volksschule, ab 1940 des Gymnasiums. 1950 Abitur. 1951 Studium der Pädagogik, Kunstgeschichte, Germanistik und Psychologie in Hamburg. Während dieser Zeit beteiligt an den Gründungen „Neue Studentenbühne", „Arbeitskreis progressive Kunst" und „Die Pesbeule" (Kabarett, gemeinsam mit Klaus Rainer Röhl). Erste literarische Versuche, Herausgabe in der im Selbstverlag erscheinenden Monatsschrift „Zwischen den Kriegen" unter Pseudonymen (wie: Johannes Fontara, Leslie Meier, Leo Doletzki). Mitarbeit an der Zeitschrift „Das Plädoyer" (ab 1958 „konkret"). 1955 mehrwöchige Reise nach China als Teilnehmer einer gesamtdeutschen Jugenddelegation. 1956 in Prag als Delegierter auf dem IV. Internationalen Studentenkongreß. 1956 Aufgabe des Studiums. 1958-64 Lektor im Rowohlt-Verlag. Seitdem freier Schriftsteller in Hamburg. Nähe zur Gruppe 47. 1964/65 in Rom als Stipendiat der Villa Massimo. 1969/70 Gastdozentur an der University of Texas in Austin. Weitere Gastdozenturen in Hamburg, Essen (1977), Warwick/England (1978), am Dartmouth College, Hannover/New Hampshire (USA) (1983), in Paderborn (1985). 1980 Stiftungsdozentur für Poetik an der Universität Frankfurt. Mitglied des PEN-Zentrums der Bundesrepublik, der Deutschen Akademie für Sprache und Dichtung in Darmstadt und der Freien Akademie der Künste in Hamburg.

Preise: Hugo-Jacobi-Preis (1958); Stadtschreiber von Bergen-Enkheim (1976); Johann-Heinrich-Merck-Medaille (1976); Erich-Kästner-Preis (1979); Annette-von-Droste-Hülshoff-Preis (1979); Alexander-Zinn-Preis (1980); Literaturpreis der Freien Hansestadt Bremen (1980); Ehrengabe der Heinrich-Heine-Gesellschaft in Düsseldorf (1984); Arno-Schmidt-Preis (1986); documenta-Schreiber in Kassel (1987); Heinrich-Heine-Preis der DDR (1988); Ehrendoktor der Universität Gießen (1989); Georg-Büchner-Preis (1993); Justinus-Kerner-Preis (1993); Medaille für Kunst und Wissenschaft Hamburg (1994); Preis der Bestenliste des SWF (1996); Hasenclever-Preis der Stadt Aachen (1996).

Foto: Renate von Mangoldt

Werkauswahl: Heiße Lyrik. Zusammen mit Werner Riegel. 1956. Irdisches Vergnügen in g. Fünfzig Gedichte. 1959. – Kunststücke. Fünfzig Gedichte nebst einer Anleitung zum Widerspruch. 1962. – Primanerlyrik. Primanerprosa. Eine Anthologie. 1965. – Gemischtes Doppel. Gedichte. 1967. – Über das Volksvermögen. Exkurse in den literarischen Untergrund. 1967. – Was heißt hier Volsinii. Bewegte Szenen aus dem klassischen Wirtschaftsleben. Schauspiel. 1969. – Die Jahre die ihr kennt. Anfälle und Erinnerungen. Essays und Gedichte. 1972. – Lombard gibt den Letzten. Ein Schauspiel. 1972. – Die Handwerker kommen. Ein Familiendrama. 1974. Walther von der Vogelweide, Klopstock und ich. Prosa und Gedichte. 1975. Gesammelte Gedichte. 1976. – Phoenix – voran! Gedichte. 1977. – Strömungslehre I. Poesie. 1978. – Haltbar bis Ende 1999. Gedichte. 1979. – Auf Wiedersehen in Kenilworth. Ein Märchen in dreizehn Kapiteln. 1980. – Im Fahrtwind. Gedichte und Geschichte. 1980. – agar agar – zaurzauriem. Zur Naturgeschichte des Reims und der menschlichen Anklangsnerven. 1981. – Der Hüter des Misthaufens. Aufgeklärte Märchen. 1983. – Bleib erschütterbar und widersteh. Aufsätze. Reden. Selbstgespräche. 1984. – Außer der Liebe nichts. Liebesgedichte. 1986. – Komm raus! Gesänge, Märchen, Kunststücke. 1987. – Phönix voran! Jazz und Lyrik zum Hören und Lesen. 1987. – Dreizehn deutsche Dichter. 1989. – Einmalig wie wir alle. 1989. – Aus der Fassung. 1989. – Komm raus! Gesänge, Märchen, Kunststücke. 1992. – Tabu I. Tagebücher 1989-1991. 1995. Ich habe Lust im weiten Feld. Betrachtungen einer abgeräumten Schachfigur. 1996.

Über P. R.: Peter Bekes/Michael Bielefeld in: Kritisches Lexikon zur deutschsprachigen Gegenwartsliteratur. München 1978 ff.

PETER-PAUL ZAHL

Förderpreis des Bremer Literaturpreises 1980 für „Die Glücklichen. Schelmenroman", Rotbuch Verlag, Berlin 1979

Foto: Isolde Ohlbaum

Peter Rühmkorf gratuliert Peter-Paul Zahl. Foto: Rolf H. Kruse

**Ein neues, geradezu unerhörtes Büchlein,
darin viele Schwänke und Geschichten,
die man in Schenken und Kommunen, Heimen,
Straßenbahnen, Klein- und Großfamilien und
Gefängnissen erzählen kann, die schweren,
melancholischen Gemüter damit zu ermuntern,
ohne jeden Anstoß von Jung und Alt zu lesen
und zu hören,
und allen Menschen, die hin und wieder
die Gemeinschaft brauchen, zur Kurzweil
an den Tag gebracht, gesammelt und aufgeschrieben von Peter-Paul Zahl,
Knastschreiber zu Köln-Ossendorf, Bochum
und Werl,
Anno 1973 bis 1979.**

Vorwort des Autors zu seinem
Schelmenroman „Die Glücklichen"

Peter-Paul Zahl

Es hat sich gelohnt

[...] Kreuzberg, Bruder, ist das Viertel
über das feine Damen mit mitleidigen Seelen
vor hundert Jahren schon
entsetzt geschrieben haben
und Friedrich Engels
aber damals lag Kreuzberg anderswo.
Kreuzberg ist Sanierungsgebiet.
Hier bin ich geboren
zur Schule gegangen
hier wohnen wir, in der Adalbertstraße. Sie fängt am Kottbusser Tor an und endet an der Mauer. Und mittendrin, da wohnen wir. Unter den Türken: Mama, Niko, Peter und ich.
Wir bleiben hier, sagt Mama immer. Hier kriegt uns keiner raus. Sollen *die* doch renovieren, statt zu *sanieren*. Sanieren, was heißt das schon? *Die* sanieren ihre

Großes Talent

[...]Der Vorsitzende der Rudolf-Alexander-Schröder-Stiftung und Bremer Senatsrat, Dr. Volker Plagemann, hat am Dienstag noch einmal die Vergabe des mit 5000 Mark dotierten Bremer Literaturförderpreises an den Häftling Peter-Paul Zahl (35) für dessen Roman „Die Glücklichen" begründet. Zahl, der zu einer Freiheitsstrafe von 15 Jahren verurteilt worden war und in der Kölner Strafanstalt sitzt, habe den Preis von der Stiftung verliehen bekommen, weil er in seinem Werk „großes Talent" bewiesen habe. Plagemann betonte, daß die Vergabe des Förderpreises auf die „literarische Qualität des Buches" und nicht auf die Person des Autors zurückzuführen sei.
Zahl ist wegen versuchten Mordes in zwei Fällen verurteilt worden. Er soll unter anderem 1972 in Begleitung der mutmaßlichen RAF-Terroristin Cornelia Ebbefeld einem Kriminalbeamten mit einer Pistole über den Kopf geschlagen und bei der anschließenen Flucht einen anderen Beamten durch einen Schuß schwer verletzt haben.

Aus der Pressestelle des Senats vom 18. Dezember 1979

Gewaltverbrecher erhält den Bremer Literatur-Förderpreis

Den mit 5000 DM ausgestatteten Bremer Literaturförderpreis erhält der zu 15 Jahren Haft verurteilte Gewaltverbrecher Peter-Paul Zahl (35) — zur Zeit im bekannten Kölner Gefängnis „Klingelpütz" zu Hause. Zahl sitzt dort wegen versuchten Mordes in zwei Fällen ein. [...] Als Zahl später in der öffentlichen Diskussion von Gesinnungsfreunden wie dem Dichter Erich Fried zum engagierten Kämpfer für die Freiheit hochstilisiert wurde, kritisierte erbost der damalige Justiz-

Brieftaschen, reißen die Häuser ab, mit ihren verdammten Rammen und Eisenkugeln reißen *die* alles ab. Und ab mit uns, ins Märkische Viertel! Da geh ich nicht hin. Nie! Sollen *die* doch da wohnen! Ich nicht. Wir nicht. Da darfste keinen Schluck Klaren zu viel saufen. Biste nämlich besoffen, findeste nie heim, findest deine eigene Wohnung nicht wieder. Weil, die sind doch alle gleich. Tausende und Abertausende von Wohnungen. Was heißt hier *Wohnungen? Zellen* sind das! Wie in Tegel, Moabit, wie in der Lehrter oder der Plötze. Ein bißchen größer und reichlich teurer. Wir bleiben hier. Basta!
Mama ist resolut. Sie scheut sich nicht, auch dem Niko mal eine zu scheuern, wenn sie meint, daß dies nötig ist. Das meint sie sehr selten. Mama ist klug. Sieh mal, sagt sie zu Niko, wenn wir ins Märkische Viertel ziehen, gehen wir ein wie die Primeln. Und ihr müßt öfter arbeiten gehen. Hier zahlen wir nur hundertachtzig Mark im Monat für drei Zimmer, Küche und Diele. Und im Märkischen Viertel? Hier kann ich noch mit den Leuten reden. Hier kann ich bei Schmidtkes anschreiben lassen, wenn ihr mal wieder zu blöd wart, die richtigen Leute auszunehmen, oder zu faul oder zuviel gesoffen habt oder im Kahn seid. Und da? Bewahre! Ich sag dir, wir unterschreiben jeden Zettel von all den Roten, die hier jede Woche aufkreuzen, von der ...Stadtteilgruppe. Lieber schmeiß ich in mei'm Alter noch mit Steinen, als hier raus zu ziehen. Ich gehe hier nicht weg, solange ich das nicht will. Wenn ich tot bin, Kinder, bitte...
Das sagt sie oft. Dabei ist sie erst achtundfünfzig. Sie hat drei Männer überlebt. Einen von der SAP, einen von der KP und einen von der SPD.
Sie hat Nikos Vater überlebt, Peters und meinen, den Krieg, die Inflation, die Russen, die Amis und die Blockade. Sie hat Niko eine Schlosserlehre ermöglicht, als in ganz Berlin kaum Stellen zu kriegen waren. Sie hat Peter durchgezogen, der bis aufs Autofahren nichts Richtiges kann, und sie hat dafür gesorgt, daß ich auf die Hohe Schule kam, na ja, bis zur Mittleren Reife, dann war Sense. War meine Schuld. Mama hat Reserven und immer was drauf. Mama hat schon Schmiere gestanden — beim Parolenmalen —, als ich noch gar nicht auf der Welt war. Mama hat Bullen jeder Sorte aus der Wohnung gefeuert: Gestapo, politische Polizei, Diebstahls- und Einbruchsdezernat... Sie sind schon gar nicht mehr zu zählen. Mama hat Tricks und doppelte Böden drauf, sie bescheißt jeden, den sie bescheißen will, aber immer welche von *denen*. Zu Mama kannst du gehen, wenn du Kummer hast oder kein Geld mehr. Niko ist schon mehrmals aus- und wieder eingezogen in der Wohnung in der Adalbertstraße. Zu Mama kommen die Mädels, wenn sie angebumst sind, die Frauen, wenn ihre Macker verschwunden sind, die Männer, wenn sie ihr Geld versoffen haben. Mama hilft jedem. Sie trickst bei der Fürsorge und beim Arbeitsamt, so schnell kannst du gar nicht gucken. Mama ist eine stattliche Frau. Niko, Peter und ich haben schon so manchem ein blaues Auge verpaßt, der von *eurer dicken Alten* sprach. Mama guckt Leuten nicht so sehr ins Gesicht, sie guckt ihnen auf die Hände. Lenin, sagt sie. Und: was hatte der für Hände? Mama ist eitel. Die Brille holt sie nur heraus, wenn kein Fremder anwesend ist. Und Mama setzt jetzt ihre Brille ab und reibt sich die Augen.
Junge, sagt sie zu mir, es hat sich gelohnt, dich auf die Hohe Schule zu schicken. Du hast den richtigen Riecher gekriegt. Was hier liegt, sie deutet auf den Papierwust vor sich auf dem Küchentisch, das ist eine *Bombe*. Niko, sagt sie, unser Kleiner ist helle. [...]

Aus: Die Glücklichen. Rotbuch Verlag, Berlin 1979, S. 18-20

minister Posser (SPD) den Häftling als „einen gefährlichen Gewaltverbrecher", der als Strafgefangener seit 1976 „seinen Kampf gegen die von ihm gehaßte Gesellschaftsordnung in der Bundesrepublik mit Lügen und Intrige, mit Hetze und Aufforderung zum Widerstand fortsetze".

Interessant lesen sich Kostproben aus dem prämiierten Zahl-Werk „Die Glücklichen" — einem angeblichen Schelmen-Roman. Der Knast-Schreiber über.

- den amerikanischen Geheimdienst CIA: „die zweitbedeutendste kriminelle und terroristische Vereinigung der Welt nach 1945":
- die DKP (Deutsche Kommunistische Partei): „die beste Sozialdemokratie, die es je gab":
- den Dichter Goethe: „bedeutendster Vertreter der deutschen Schizophrenie":
- die US-Schatzkammer Fort Knox: „terroristiche Vereinigung hortet dort ihre Goldvorräte."

Peter-Paul Zahl — ein wahrlich förderungswürdiger Schriftsteller...

Anton Gelsenberg/Weser-Report vom 16. Dezember 1979

Literatur und Knast

Unter dem Titel „Gewaltverbrecher erhält den Bremer Literaturförderpreis" wurden wir am Wochenende mit einer neuen Möglichkeit zur Bewertung von Bellestristik bekannt gemacht. Die Methode, Vorstrafen zur literarischen Qualität in Beziehung zu setzten, ist ausbaufähig. Da eröffnen sich völlig neue Möglichkeiten der Abqualifikation. Von dem unmittelbar gemeinten Peter-Paul Zahl einmal ganz abgesehen. Der steht schließlich nur am Ende einer längeren Reihe schreibender Delinquenten, wofür der Duden auch die Übersetzung „Übeltäter" zuläßt.

Die zu erfassen, hat eine verschlafene Germanistik bislang sträflicherweise versäumt. Da wird die Statistik der in deutschen Landen am meisten gespielten Dramatiker doch tatsächlich von dem Selbstmord Kleist angeführt. Und Selbstmord war dazumal strafbar. In der Statistik taucht auch der Name Oscar Wilde auf. Wegen Homosexualität zu Zuchthaus verurteilt. Dessen Stücke führt man also in subventionierten Theatern auf. Das Fernsehen läßt Werke von Hans Fallada für den Bildschirm bearbeiten: desselben Fallada, der sein Buch „Wer einmal aus dem Blechnapf frißt" auch nicht nach Hörensagen geschrieben haben soll.

Und darüber entrüstet sich niemand? Auch nicht über den vorbestraften Karl May? Wagt da wirklich noch jemand, über den Majestätsbeleidiger Ludwig Thoma zu lachen? Immerhin hat den Gotteslästerer Klabund die Strafe des fortgeschrittenen Vergessenseins ja noch ereilt. Es scheint doch literarische Gerechtigkeit zu geben. Mag sie im Falle Schiller und Büchner auch noch ausstehen. Daß sie sich ihrer Bestrafung durch Flucht entzogen, sollte sie vor dem Verdikt der Gesinnungsschnüffler nicht schützen.

Wo käme man hin, wollte man allein das Werk gelten lassen. Entscheidend ist die Biographie des Verfassers. Und das sollte die Jury für den Bremer Literaturpreis nicht gewußt haben? Nun ja, was ist von einer Jury auch schon zu erwarten, wenn in ihr der ehemalige Zuchthäusler Kempowski amtiert. Daß er in der damaligen SBZ wegen angeblicher Spionage verurteilt wurde, kann ja wohl kein Milderungsgrund sein.

d.w./Weser-Kurier vom 18. Dezember 1979

Leserbriefe

„...schlägt dem Faß den Boden aus"

Die Kriterien, nach denen Kunst- und Literaturpreise vergeben werden, sind sicherlich nicht nur mir, sondern wohl den meisten Bürgern unbegreiflich und unverständlich. Daß jetzt aber auch noch ein rechtskräftig verurteilter Schwerverbrecher in den Genuß einer staatlichen Auszeichnung und eines damit verbundenen Geldbetrages kommt, schlägt dem Faß den Boden aus. Die Vergabe des Bremer Literaturförderpreises an den wegen Mordversuchs einsitzenden Zuchthäusler Peter-Paul Zahl finde ich empörend. Sie ist eine Verhöhnung der Steuerzahler und eine Brüskierung aller Opfer von Gewalttaten. Ohne die literarischen Qualitäten des Herrn Zahl bewerten zu wollen, möchte ich doch feststellen, daß sicherlich genügend andere junge Nachwuchsschriftsteller wenn nicht künstlerisch, so zumindest aber moralisch eher einen staatlichen Förderpreis verdient hätten als dieser Zuchthäusler.

Werner Humrich 2822 Neunkirchen

„Schröder würde sich im Grabe umdrehen"

Bremen steht kopf: Der zu 15 Jahren Haft verurteilte Gewaltverbrecher Peter-Paul Zahl erhält den mit 5000 DM ausgestatteten Bremer Literatur-Förderpreis. Der Autor, dessen Werk in Bremen niemand kennt, sieht seine Hauptaufgabe darin, die Gesellschaftsordnung in der Bundesrepublik zu diffamieren und hat seinen Haß auf unseren Staat 1972 dadurch in Aktion umgesetzt, daß er in Begleitung einer RAF-Terroristin einen Polizisten durch Leberschuß schwer verletzte.

Rudolf Alexander Schröder, in dessen Namen dieser Preis jährlich verliehen wird, würde sich im Grabe umdrehen.
Wie das literische Schaffen von Peter-Paul Zahl zu bewerten ist, kann dabei dahingestellt bleiben. Hier geht es einfach um das nötige Taktgefühl gegenüber den Opfern von Gewalttaten sowie um die gebotene Zurückhaltung bei der Ausgabe von Steuergeldern. Der Gedanke der Resozialisierung darf nicht mißverstanden werden als ein „Vergeben und Vergessen". Die Persönlichkeit eines Kandidaten sollte schon durchaus im Hinblick auf eine eventuelle Preisvergabe berücksichtigt werden. Im Falle des Peter-Paul Zahl wären da durchaus Zweifel angebracht.

Peter Rudolph, 28 Bremen 1

„Zum Banausen"

Die Kunst ist ein autonomer Bereich. Jede Kritik an ihrer Form und ihrem Inhalt stempelt den Kritisierenden zum Banausen. Die Vergabe von Steuermitteln zur Förderung von Kunst ist aber sehr wohl der politischen Diskussion und auch der Kritik der Steuerzahler zugänglich. Hier setzt nun meine Kritik ein. Solange es in diesem Lande noch gute und sehr junge Autoren gibt, kann mich auch der Hinweis auf Kleist, Schiller und Wilde nicht davon überzeugen, daß es richtig ist, die für einen Literatur-Förderpreis zur Verfügung gestellten öffentlichen Mittel nun gerade einem Mann zuzusprechen, der vor noch gar nicht langer Zeit zur Durchsetzung seiner politischen Vorstellungen sich der Schußwaffe bediente. Oder wollte sich etwa die Jury mit diesem Vorgehen identifizieren.

Willy Fraas, 28 Bremen 1

Weser-Report vom 23. Dezember 1979

Beschämender Vorgang

Zur Literaturpreisverteilung der Rudolf-A.-Schröder-Stiftung behauptet Senator Franke, daß der Senat seit eh und je großen Wert auf die Unabhängigkeit der Jury legt. Sollte er vielleicht vergessen haben, daß anno 1960 die Jury die großartigen Männer Dr. Rudolf Hirsch (S. Fischer Verlag), Erhart Kästner und der heute immer noch bedeutendste Literaturhistoriker Professor Benno von Wiese brüskiert zurücktraten, als der Bremer Senat ihre Entscheidung für Günter Grass' „Blechtrommel" ablehnte (läuft heute in jedem Vorstadtkino). Ein damals beschämender Vorgang, der in ganz Deutschland in der Presse diskutiert wurde.

Ruth Löning-Schönemann, Bremen/ Bremer Nachrichten vom 24. Dezember 1979.

Nicht in den Kopf

Als einfachem Bürger steht es mir nicht zu, über den Wert oder die Förderungswürdigkeit des literarischen Werkes von Herrn Zahl zu richten. Es mag ja auch sein, daß sein persönliches Verhalten — Herr Zahl wurde wegen versuchten Mordes zu 15 Jahren Haft verurteilt — bei der Verleihung eines solchen Literaturpreises von der Jury für völlig unerheblich gehalten wurde. Dennoch will es mir als „Otto Normalverbraucher" nicht in den Kopf, daß angesichts einer nicht unbeträchtlichen Schar beachtlicher Nachwuchsautoren die Steuergelder dieses Literaturförderpreises nun ausgerechnet für einen Mann ausgegeben werden sollten, der nicht nur mit dem Wort, sondern auch mit der Tat, spricht mit einer Pistole, gegen diese Steuergeldzahler, nämlich unseren Staat, vorgegangen ist.

G. Coors, Bremen/Weser-Kurier vom 27. Dezember 1979

„Die Glücklichen" im Spiegel der Literaturkritik

Detlev Wolff

Von Außenseitern und anderen Menschen

Es kann nicht gelingen, zumal in Bremen nicht, über Peter-Paul Zahls Roman „Die Glücklichen" unbefangen zu schreiben. Der Autor erhält für sein Werk am 26. Januar den Förderpreis zum Bremer Literaturpreis. Diese Tatsache hat eine Reihe von Bremern aufgebracht, die nicht in der Lage sind, den Namen des Autors richtig zu schreiben, von einer auch nur oberflächlichen Werkkenntnis zu schweigen. Man nimmt allein Anstoß an der Biographie Peter-Paul Zahls. Er verbüßt eine Freiheitsstrafe von fünfzehn Jahren, ausgesprochen wegen zweifachen Mordversuchs und Widerstands. Das ursprüngliche Strafmaß betrug vier Jahre und ging von gefährlicher Körperverletzung und schwerem Widerstand aus. In der zweiten Urteilsbegründung hieß es: „Weil Zahl ein Gegner des Staates ist und zur allgemeinen Abschreckung". Zahl wurde 1972 verhaftet. Das abschreckende Urteil hat keine erkennbare Wirkung getan. Wer aber vermutet, daß sich das politische Klima zwischen beiden Urteilen wesentlich geändert hatte, dürfte von der Wahrheit nicht weit entfernt sein. Aber die Justiz ist unabhängig: so unabhängig wie die Jury für den Bremer Literaturpreis.
Und diese Jury hat ein Werk ausgezeichnet, das literarische Qualitäten aufweist. Peter-Paul Zahl nennt seinen Roman einen „Schelmenroman" und bezeichnet sich in einem Vor-

spruch als „Knastschreiber zu Köln-Ossendorf, Bochum und Werl". An diesen Orten entstand zwischen 1973 und 1979 sein Buch. Nicht das erste aus seiner Feder. Im Gegensatz zu manchen Autoren, die in Zellen zum Schreiben kamen, kam Peter-Paul Zahl bereits als Schreiber in die Zellen. Sein Roman spielt in Berlin, und er handelt von Menschen aus der Randszene dieser Stadt, aus ihrer Subkultur und ihrer Unterwelt, der kriminellen, der politischen wie der kriminalisierten.
Soweit das zu überblicken ist, hat sich vor Peter-Paul Zahl niemand mit diesem Stoff belletristisch so ausführlich beschäftigt. Man verdankt diesem Roman erste genauere literarische Kenntnise über den inneren Kreis bestimmter Kreise. Er setzt sich zusammen aus kleinen Ganoven, Rauschgiftsüchtigen, politischen Sektierern aller Schattierungen, versponnenen Glücksuchern und auch Terroristen.
Peter-Paul Zahl schildert die Szene als Idylle, überkräuselt von den Wölkchen friedlich gerauchter Joints. Gegen härtere Drogen sind Mama Hemmers und ihre Sippe allergisch. Diese Frauenfigur, Oberhaupt einer Ganovenclique, ist von Zahl aufs Liebevollste geschildert und gerät ihm zu einer saftig-prallen Gestalt. Solche Schilderung gelingt nicht mit politischem Engagement, sondern nur auf der Basis schriftstellerischen Könnens. Das äußert sich bei Peter-Paul Zahl noch weit stärker in einer Reihe von Liebesszenen, die in ihrer Behutsamkeit und Zurückhaltung in der gegenwärtigen Literatur Seltenheitswert haben. Daß einem Großdealer die Polizei ins Haus geschickt wird, ist nur Nebenstrang einer Handlung, aber konsequent, weil Peter-Paul Zahls Figuren ausnahmslos für eine neue Lebensqualität kämpfen. Nicht immer mit tauglichen Mitteln. Das Arsenal der Methode reicht vom Einbruch bis zur terroristischen Aktion. Auf dieser Ebene führt der Roman in die politischen Zirkel aller Linksschatterierungen hinein. Der Autor imitiert ihre Richtungskämpfe und ideologisch-taktischen Haarspaltereien virtuos. Der Jargon erfährt eine Steigerung zur Parodie. Da fallen viele unbequeme Sätze. Sie gegen den Autor ausspielen zu wollen, ist eine nicht statthafte Methode der Rezeption, zumindest solange nicht, wie diese Methode übersieht, wo der Autor seine geballten Ladungen an Sarkasmus gegen eine basisferne Linksschickeria abschießt. […]
Spätestens hier muß die Rede davon sein, daß Peter-Paul Zahl einen Schelmenroman schrieb. Bei ihm wird der Begriff doppelbödig. „Die Glücklichen", dieser Titel bereits stellt sich ständig in Frage, weil die Personen bei Zahl an der Realität leiden und ihr Glück immer nur Augenblicke dauert, dann geraten sie wieder mit den Behörden in Konflikt. In selbstprovozierte Konflikte, die aus divergierenden Auffassungen von Glück resultieren; manchmal aber auch wird ihr Glück durch der Ämter Übermut zerstört. Und immer wieder streift der Autor Peter-Paul Zahl, der hier so viele Schelme schildert, selbst die Schelmenkappe über, um in dieser Tarnung unbequeme Wahrheiten zu sagen. Ihm dabei zu folgen, heißt, sich seiner Sprachkunst und seinen literarischen Tricks auszusetzen. Er beherrscht sie mit einer handwerklichen Sicherheit, die wohl literaturpreiswürdig ist.

Weser-Kurier vom 23. Januar 1980

Imke Gehl

Wetterberichte von einer Kreuzberger Kommune

Die Augentäuschung ist gelungen: Ein Blick auf Peter-Paul Zahls dickleibiges Werk „Die Glücklichen" zeigt auf dem Umschlag einen Himmel voller Freiballons über sanft hügeliger Landschaft, im Vordergrund einen Tennisplatz. Doch beim zweiten Hinsehen entdeckt man einen beigefarbenen Streifen, der die Wolken, die blauen und den Himmel der Gondolfieren in Utopie und Wirklichkeit teilt. Der Streifen gehört zur Dachkante des Hauses, auf dessen Betonwand das idyllische Arkadien mit den Ballons nur aufgemalt ist. Er leitet zur Rückseite des Einbandes über, auf dem man dann erkennt, wohin die Reise mit Peter-Paul Zahl geht: in schäbige Großstadt. Wir kommen nach Kreuzberg, „West-Berlins Harlem".
Der schelmischen Irreführung des Lesers durch das Umschlagbild entspricht der Inhalt. Er verquickt Fakten und Erfundenes, utopische Passagen mit realistischen. Die Gattungsbezeichnung „Schelmenroman", die „Die Glücklichen" im Untertitel führen, knüpft dabei zutreffend an die literarische Tradition einer Moll Flanders oder eines Simplizius Simplizissimus an. Auch „Die Glücklichen" sind in erster Linie ein Zeitroman, ein Roman mit oft satirischem, oft molligem Anarcho-Charme…
Man muß nicht besonders argwöhnisch sein, um die Jury des Bremer Literaturpreises nun ihrerseits bei der Nominierung Zahls eines „Gesinnungszuschlages" für den 35 jährigen, der seit 1966 literarisch in Erscheinung tritt, zu verdächtigen. Klarheit kann jedem Skeptischen da nur die Lektüre des Romans selber geben. […]

Am geglücktesten sind „Die Glücklichen" zweifellos immer dann, wenn Zahl in die keineswegs unpolitische Privatsphäre seiner Leute eintaucht. Man wird hier als Leser der Mentalität inne, die diese Menschheitsbeglücker in Straßenschlachten trieb, obwohl man sich in der Wohngemeinschaft um Jörg Hemmers von den Methoden der RAF distanziert, die Gretchenfrage nach Gewaltanwendung indessen offen läßt.
Peter-Paul Zahl, dessen Biographie und dessen Romanfiguren viel Gemeinsames haben, aber sich natürlich keineswegs gleichen, sagt im Vorspann zum Buch: „Ähnlichkeiten waren nicht zu vermeiden." Um das Romanhafte des Romans zu betonen, läßt er Jörgs Ilona ihn, den Autoren, ausdrücklich kritisieren. Da trifft man dann auf einen so erfrischend selbstironischen Satz wie: „ihr armen kerle! immer irgendwo einjesperrt und seiz inne eigne haut".
Solche und andere flotte Apercus, die Verwendung des Slangs, die in ihrer scheinbaren Schlampigkeit kunstvoll verknappten Dialoge, die Fähigkeit, nicht nur die Obrigkeit, sondern auch die linken Genossen aus kritischer Distanz zu sehen, die urige Freude an der Beschreibung von Essen, Trinken, Klauen, Lieben, der freche Witz, mit dem die Romanhelden die Welt von den Füßen auf den Kopf stellen — das alles ist vielleicht nicht sehr tauglich als Lektüre für Zehntkläßler. Aber der mündige Bürger kann sich hier bestens unterhalten und informieren.
Gesinnungszuschlag der Jury für PPZ? Hat der Autor nicht nötig. Er ist ein geborener Erzähler und hat den Preis verdient. Fördern kann Peter-Paul Zahl sein großes Talent ohnehin nur noch selbst. Das heißt in seiner gegenwärtigen Situation: Sich als Schriftsteller nicht aufzugeben.

Bremer Nachrichten vom 25. Januar 1980

Michael Zeller

Es fehlt die Grundierung des Gemurmels

„Dann fingen sie an." Mit diesem lapidaren Satz entläßt Peter-Paul Zahl seine Helden und seine Leser am Ende des dickleibigen Schelmenromans „Die Glücklichen". Dann hätten sie anfangen sollen, der Autor und sein Lektor, dachte ich, als ich jenseits der Stoffmassen wiederaufgetaucht war, anfangen, aus dem vorliegenden Rohmaterial ein gutes, ein lesbares Buch herauszuarbeiten, unter heftigem Einsatz der kürzenden Schere. Denn in „Die Glücklichen", daran ist für mich kein Zweifel, steckt dieses gute, lesbare Buch. Es ist aber zu befürchten, daß es in seiner jetzigen Form dem Leser verborgen bleibt, weil der nach zwei- oder dreihundert Seiten über den „Glücklichen" sicher eingeschlummert sein dürfte.
„Zahl läßt in seinem Roman den edlen Banditen Robin Hood in dem Berliner (Gast-) Arbeiterviertel Kreuzberg unserer Tage wiederauftauchen. Der Robin Hood von heute lebt natürlich in einer Wohngemeinschaft, arbeitet in einer Stadtteil-Initiative für die Interessen der kleinen Leute, agitiert gegen die Baulöwen, entwöhnt eine junge Prostituierte vom Heroin, wäscht immer brav ab und füttert die Katzen; kurz, er ist ein rundum praktizierender Sozialist, denn er konnte ja, anders als sein britischer Ahn vom Sherwood Forest, sich die inzwischen erschienenen dicken blauen Klassiker einverleiben: er weiß mit dem Schweißbrenner ebensogut umzugehen wie „mit Karl Korsch, mit dem Sportwagen wie mit der Kritik der politischen Ökonomie, eine allseitig gebildete sozialistische Persönlichkeit, die dem Klassenfeind nicht nur in die Bücher zu gucken, nicht nur in die Suppe zu spucken, sondern auch in den Tresor"zu greifen versteht: Diebstahl wird als Kunstwerk im Zeitalter seiner technischen Reproduzierbarkeit zelebriert. Logisch, daß auch diese hohe Fertigkeit von den Kreuzberger Polit-Ganoven solidarisch nicht in schnödem Eigennutz verwertet wird. Das geklaute Heroin kommt in den Küchenabguß, die Geldbeute wird in ein Stadtteilfest und in die Befreiungsorganisationen der „Dritten Welt" gesteckt.
Da Zahl von diesem roten Schlaraffenland nicht pathetisch, sondern augenzwinkernd erzählt, gelingen ihm hier die überzeugenden Passagen seines Buchs: von selbstironischer Gebrochenheit, zündender Situationskomik, bissig-witziger Zeitkritik. Die linke Szene Anno 1979 at its best. Der zehnjährige Steppke, gefragt, was er denn da mache, antwortet: „Ick arbeete meine Vajangenheit uff, Mann."
Eine gute Geschichte soweit. Woran scheitert sie? Der Autor selbst stellt sich einem Gelingen der „Glücklichen" in den Weg. Er behandelt seine Grundidee erzählerisch schnöde, setzt nicht die ganze Energie in sie, um sie brillant und scharfzumachen. Statt sich in ihr schriftstellerisch diszipliniert aufzuarbeiten, wählt Zahl den bequemeren Weg der Materialschlacht, setzt er auf Breite, ergießt er das ganze Füllhorn seines Zettelkastens über die Geschichte, bis sie fast eingeebnet ist zwischen Kochrezepten und Info-Fetzen. Getreu einer alten deutschen Kunsttradition, das Meer mit dem Teelöffel ausschöpfen zu wollen, packt Zahl seine sämtlichen privaten Späße und Obsessionen in den Text hinein, wütet mit seinen Lese- und Bildungsfrüchten, weidet dabei auch eigene schon veröffentlichte Arbeiten aus (etwa seine Glos-

sen für die Hamburger Monatszeitschrift „konkret"). Er gibt die Zügel des Erzählers aus der Hand, in der Hoffnung wohl, der Leser werde den Karren schon aus dem Chaos ziehen. Zusammenhänge werden nicht vom Autor hergestellt, sondern sie bleiben dem lustigen Bruder Zufall überlassen, der sie aus dem Ärmel zieht, wie es gerade kommt. Und er hat zumeist schlechte Karten in den „Glücklichen". Leider hat man sich, in Deutschland zumal, angewöhnt, das wahllose Sammelsurium mit dem Verdacht auf Tiefe passieren zu lassen, statt es als Stoffhuberei aus Arbeitsscheu zu attackieren.

Genau auf dieses eingefahrene Urteil scheint mir aber der Autor Zahl zu spekulieren, denn er ist ja nichts weniger als ein naiver Schriftsteller. In diesem Buch spreizt er sich mit seinen literarischen Fähigkeiten in schwer erträglicher Weise. Da wird die Sprache der Bibel imitiert, da werden vergangene und zeitgenössische Schriftsteller (unzureichend) parodiert, da werden Jamben und Reime vorgeführt, mit der Erzählerposition jongliert, bis einem der Kopf wackelt — da wird gezaubert wie in den ehrwürdigen fünfziger Jahren: mit nichts im Hut als Eitelkeit: Literatur, Literatur, Literatur...

Individuelles Versagen eines Schriftstellers, der mit seinem ersten Roman von 1970, „Von einem, der auszog, Geld zu verdienen", große Hoffnungen weckte, einem Buch, das gerade in seiner Kargkeit zu den besseren literarischen Arbeiten dieser Jahre zählt? Liest man diesen Erstlings-Roman noch einmal, dann kann und will man nicht glauben, daß der immense Verlust an erzählerischer Substanz, wie ihn „Die Glücklichen" dokumentieren, von Zahl persönlich zu verantworten ist.

Nein, es wird deutlich, daß man im Gefängnis, in dem Zahl seit Ende 1972 einsitzt, wohl Lyrik, Kurzprosa, politische Artikel, mit Sicherheit keinen Roman schreiben kann, schon gar keinen mit aktueller Thematik. Da Zahl das Beschreiben seiner Gefängnis-Situation versagt ist — das Roman-Manuskript „Isolation" durfte nicht erscheinen —, mußte er auf den ihm entzogenen Wirklichkeitsbereich ausweichen, der ihm keine tagtäglichen Widerstände entgegensetzt. Die Kontakte nach außen sind auf reine Information verkürzt, wobei jedes sinnliche Detail, das man nur riechen, schmecken, hören, nicht beschreiben kann, verlorengeht, eben jene Nährschicht von Lebendigkeit, ohne die kein Roman erzählt werden kann. Zwischen den Wänden einer Zelle kann man kämpfen, schreien, schweigen, nicht aber erzählen. Erzählkultur ist wie keine andere angewiesen auf die Grundierung durch das öffentliche Gemurmel.

Die eindringlichste Gefängnisliteratur hat in unserem Sprachbereich Franz Kafka geschrieben. Und der lebte als promovierter Jurist in unauffällig bürgerlichen Verhältnissen, im Inkognito des Normalen.

Was ich damit sagen will? Ich hoffe, daß Peter-Paul Zahl so bald als möglich seine Laufbahn als Romancier dort wird fortsetzen können, wo sie 1972 unterbrochen wurde.

Frankfurter Allgemeine Zeitung vom 4. Dezember 1979

Ein Schelm sagt uns lachend die bittere Wahrheit

Zahl: Ich habe in der Knastzeit noch mal ein paar Bücher nachgelesen. Endgültig bestätigt, in der Anlage den Roman so zu schreiben, hat mich nachher die Irmtraud Morgner mit ihrer „Trobadora Beatrix". Ich hatte ähnliche Arbeitsschwierigkeiten wie die Morgner. Die DDR-Autorin Morgner schrieb, daß sie ihren Mann zu versorgen hat, drei Kinder zu versorgen hat, einen Beruf hat und deshalb gezwungen war, kurze, in sich relativ geschlossene Passagen zu schreiben und die nach dem Prinzip der Reihung zu montieren. Ich habe es so gemacht, daß das Konzept eben fertig war und daß ich die Montage ähnlich gemacht habe, das heißt je nachdem wie mein Gesundheitszustand es in der jahrelang sehr schlimmen Haft zuließ, habe ich eben die glücklichen Momente meiner Tage oder Wochen herausgesucht, in denen ich an dem Roman arbeiten konnte.

[...]

Die Freiheit und Offenheit der Form hängt doch wohl auch damit zusammen, daß nicht die Figur eines Schelms Erzählobjekt ist, sondern daß es gleichsam ein kollektiver Schelm ist. Denn unmerklich wechselt ja oft die Erzähl-Perspektive und das kann natürlich an dieser oder jener Stelle — nach meinem Eindruck — zur Desorientierung des Lesers führen.

Zahl: Ich habe eine sehr schöne Kritik von Helmut Gollwitzer, der sagt, die ersten zwei Kapitel würden sich gut zum Vorlesen eignen. Aber nachher wird es etwas vertrackter in der Form und schwieriger. Da wird der Lebenslauf kollektiver und fasert sich wieder auf, widerspricht sich, wird reflektiert. So daß man die Erzählform des modernen latein-amerikanischen Romans erkennt, z.B. die Forderung von Carlos Fuentes, der sagt, er stellt sich den moderen Roman vor als eine Mischung aus Dumas' „Graf von Monte Christo" und dem „Ulysses" von James Joyce; das heißt dem herkömmlichen Erzähler-Roman und dem hochartifiziellen modernen Roman des 20. Jahrhunderts. Und das habe ich in meinem Buch auch teilweise versucht, und das haben mir einige Kritiker übel genommen. Die wollten lieber ihre drei oder vier Figuren haben, die durch den Roman geführt werden und relativ ungebrochen sind und sich entwickeln. Und zwar gerade in bezug auf die APO-Zeit zwischen 1969 und 1978, wo sich ja viel tut. Ich wechsele die Form und den Stil ständig, denn der Schelm hat mehrere Persönlichkeiten, er hat sie bruchlos nebeneinander. Er verstellt sich pausenlos. Vom Gentleman bis zum Einsteigedieb verlagern sich die Sprachebenen. Das merkt man zum Beispiel beim Ganoven im Gericht, wie er sich verstellt.

Den Individualstil lehnen Sie also ab?

Zahl: Ja, ich halte das für Sprachverbiegung, für eine Verödung. Die Spezialisierung auf eine ganz bestimmte Sprache macht ärmer, das betrifft auch die Thematik. Bei mir haben viele erwartet, ich würde den großen Knast-Roman schreiben. Ich denke nicht daran, ich schreibe ihn nicht. [...]

Der Roman reicht vom Aufbruch der Studentenrevolte über die Zersplitterung der Linken bis in die Zeiten des ideologischen Winters. Wenn ich das richtig verstanden habe — sollten wir nun ein Stachel im Fleisch sein? Sollte „Die Glücklichen" nicht nur ein Roman, sondern gleichzeitig eine Antwort auf die Zeit sein?

Zahl: Das in jedem Falle. Es ist auch eine Kritik an vielen Linken und deren Revolutionsverständnis, es ist eine Kritik zu einem sogenannten Unnennbaren auch. Das heißt an der RAF, am 2. Juli, ihrem Verständnis von Revolution als einem Aufstand, während Revolution in diesem Buch begriffen wird als ein Prozeß einer Gesellschaft, die sich ohne Gewalt ändert. Vor einhundert Jahren hatten wir auch eine andere Gesellschaft. Ich könnte mir eine Epoche vorstellen, in der Maschinen mikrogesteuert die Dreckarbeit erledigen; eine ökologische, eine gewaltfreie Gesellschaft. Anders als heute. Eine fröhlichere Gesellschaft. Nietzsche spottete vor einhundert Jahren, die Christen seien deshalb schon unglaubwürdig, weil sie so wenig erlöst aussehen. Das gleiche kann man von der freiheitlich demokratischen Grundordnung auch sagen, daß hier eine sehr reiche Gesellschaft vorliege und daß der Helmut Schmidt die Krise sehr gut managt, aber die seelischen Kosten, die diese Gesellschaft fordert, die werden meistens unterschlagen. Ich bemühe mich, dies nicht im Stil des Jammers, wie es eben in vielen Büchern der letzten Jahre oft der Fall ist, zu konstatieren, ich versuche auch, eine Perspektive zu zeigen. Die Schelmen-Perspektive soll auch den schwatzhaften Marxisten keine Chance lassen. In der Fabrik soll sich keiner aufopfern. Aus dieser Situation — das kann man folgern — besteigt die Hauptfigur, es kann der Autor sein, einen Ballon und segelt davon: „Adieu Welt?" Das ist nicht die Resignation, denn zum Finale heißt es: „Dann fingen sie an." Und das bedeutet Hoffnung und Lust am Leben.

Aus einem Gespräch mit Stephan Reinhardt — In: Fürther Nachrichten vom 1. März 1980

»Kommt er — oder kommt er nicht?«

Der „Förderpreis für Literatur" — er besteht seit vier Jahren — wird an Peter-Paul Zahl verliehen. Prämiiert wird sein Roman „Die Glücklichen". [...]

Die für die Preisvergabe zuständige Jury ist weisungsungebunden und braucht ihre Auswahl nicht zu begründen. Aus grundsätzlichen Überlegungen enthält sich der Senat einer Bewertung der Stiftungsentscheidungen. Einzige Bestimmung der Stiftungsverfassung: der Förderpreis soll an junge deutschsprachige Autoren vergeben werden. Mit diesem Preis wird im übrigen nicht das gesamte Oeuvre eines Schriftstellers ausgezeichnet, sondern ein einzelnes Werk. Das Datum der Preisverleihung ist jeweils der 26. Januar — es ist der Geburtstag des Namensgebers. Die Übergabe der Preise findet in diesem Jahr aus technischen Gründen nicht wie üblich im Rathaus statt, sondern in den *Kammerspielen in der Böttcherstraße* — 12.00 Uhr.

Es ist bislang noch offen, ob Peter-Paul Zahl den Preis persönlich entgegennehmen kann. Über einen entsprechenden Antrag der Stiftung an die Justizvollzugsanstalt Werl ist noch nicht entschieden worden. Bei einer Ablehnung wird ein Vertreter seines Verlages den Preis entgegennehmen. [...]

Pressemitteilung des Senators für Wissenschaft und Kunst vom 17. Januar 1980.

Landgericht Arnsberg
An den Kultursenator
Bremen

Betr.: Beschluß in Sachen Peter-Paul Zahl vom 25. 1. 1980
Bezug: Ihr Fs vom 18. 2. 1980

In der Strafvollzugssache des Herrn Peter-Paul Zahl, zur Zeit JVA Werl,

Antragstellers —

wegen: Antrages auf Erlaß einer einstweiligen Anordnung
gegen
den Leiter der JVA Werl, Langenwiedenweg 46, 4760 Werl,

Antragsgegners —

wird der Antragsgegner im Wege der einstweiligen Anordnung verpflichtet, den Antragsteller zur Entgegennahme des Förderpreises für Literatur der Freien und Hansestadt Bremen am 26. Januar 1980 nach Bremen ausführen zu lassen (Pharagr. 114 Abs 2, 35 Abs. 3 Stvollzg: 123 VWGO)

Gründe:

Der Antrag vom 20. Januar 1980 ist zulässig und begründet. Durch die Ablehnung der beantragten Ausführung wird der Antragsteller in seinem Recht verletzt, nach ermessensfehlerfreien Erwägungen den ihm verliehenen Preis entgegennehmen zu können. Die Preisverleihung stellt einen eine Ausführung grundsätzlich rechtfertigenden wichtigen Anlaß dar, sie berührt nicht nur die berufliche Sphäre des Antragstellers, sondern ist auch für seine sozialen Auffassungen von Bedeutung. Daß der Antragsteller die Ausführung zur Flucht nutzen wird, ist auch angesichts der Stellungnahme des Leiters der JVA Werl vom 24. 1. 1980 nicht ersichtlich, da diesbezüglich lediglich von einem Nichtabfinden mit der Strafe und späteren Plänen des Antragstellers gesprochen wird, einst seinen Wohnsitz ins Ausland zu verlegen. Gegen eine Fluchtgefahr spricht auch der Umstand, daß der Antragsteller ein großes Interesse an der Preisverleihung hat und seiner Anerkennung als Schriftsteller offenbar erhebliches Gewicht beimißt. Schließlich ist zu berücksichtigen, daß eine Ausführung des Antragstellers zu privaten Anlässen seitens des Antragsgegners nicht abgelehnt wird. Soweit die beantragte Ausführung abgelehnt wird, weil möglicherweise die Sicherheit der [...]Aktionen dritter gefährdet ist, hält diese Argumentation einer sachgerechten Ermessensüberprüfung nicht stand.
Die hierbei zu beachtenden Ermessensrichtlinien (vv Nr. 2 zu Pharagr. 35 Stvollzg) lassen die Ablehnung einer Ausführung zwar als ermessensfehlerfrei auch dann zu, wenn bei rechtverstandener Auslegung eine Vollzugsentziehung durch Befreiungsaktionen dritter zu besorgen ist. Dies gilt jedoch zunächst einmal nur dann, wenn angemessene besondere Sicherungsmaßnahmen diese Gefahr nicht zu beiseitigen vermögen. Letztlich kann jedoch dahingestellt bleiben, ob der Antragsgegner im Hinblick auf solche Maßnahmen weitere Erwägungen hätte anstellen können. Vielmehr ist es unter Berücksichtigung der Stellungnahme des Leiters der JVA Werl vom 24. Jan. 1980 völlig offen, ob eine Sicherheitsgefährdung eintreten wird. Vielmehr geht der Antragsgegner nur davon aus, daß eine jetzt noch unbestimmbare Vielzahl von Personen einer näher umschriebenen inneren politischen Einstellung an Ort und Stelle sein könnte. Diese — wie geschildert — gesehene Gefahr ist jedoch nicht hinreichend konkret angenommen, als daß sie schon direkten Einfluß auf die Ermessensausübung nehmen könnte. Wäre diese — als latent nicht zu verneinende - Gefahr bereits in irgend einer Weise konkret, so hätte der Antragsgegner auf Sicherungsmaßnahmen

Foto: Anita Schiffer-Fuchs

durch zuständige Behörden abstellen oder sich von der Beabsichtigung solcher Maßnahmen eine hinreichende Gewißheit verschaffen können.
Die Sache ist indes spruchreif, da eine lediglich als abstrakt erkennbare Gefahr das zu bejahende Recht des Antragstellers nicht zu Fall bringen kann. Der Antragsteller braucht insoweit einen Rechtsverzicht nicht hinzunehmen, weil er wie jeder Bürger darauf vertrauen kann, daß die zuständige Behörde insoweit Vorsorge getroffen hat.

Arnsberg, den 24. Januar 1980
Landgericht, 7. Strafvollstreckungskammer

Schulte Kamann Peters

Hermann Peter Piwitt

Die quälende Erfahrung des Mangels

[...] Wenn ich Kollegen überzeugen wollte von Peter-Paul Zahl, formulierte ich meine Zweifel mit. Ein Freund — als es darum ging, Gedichte in eine Zeitschrift zu übernehmen — sprach vom „Politzuschlag", der den Gedichten Zahls gegeben werde, ein Urteil, fatal selbst wenn ein Fünkchen Vernunft darin wäre: Denn wieviel mehr Literatur bekommt in diesen Jahren wieder einmal den Zuschlag gerade darum, daß sie sich feinsinnig, auratisch oder einfach lau heraushält? Was ich sagen will, ist: Wir können Literatur nicht beurteilen, ohne von den Verhältnissen zu reden, unter denen sie entsteht und die sie widerspiegelt. Und hier gilt: Der größte Teil unserer Literatur ist mittelständisch, bzw. wird es, sobald ein Autor seinen Weg macht. Und gewöhnlich merkt er selbst nicht, wie sich sein Stoff, sein Stil verändert mit den Ehrungen, den Auslandsreisen, dem Bauernhaus auf dem Land.

Das ist die eine, die traditionelle Literatur, die Kultur „erster Klasse", die „syphilisierte", wie Zahl einmal schreibt. Von Zahl reden dagegen heißt von der „andern" Kultur sprechen, dort, wo man nicht mehr darum wetteifert, groß und einsam, sondern „klein zu werden" und dazuzugehören zu denen, die auch nicht mehr mitmachen wollen, koste es, was es wolle. „Innenwelt", das heißt bei Zahl nicht mehr Innenlebenspflege, vielfache Spiegelung, Facettierung von Schmerzen, deren gesellschaftliche Ursachen nicht mehr dingfest gemacht werden, das Ganze womöglich mit einer „Rose als Stütze" ...„Innenwelt", das heißt hier Eingeschlossensein hinter Gittern und Mauern, im Vollzug sein so wie Millionen in diesem Land vollzogen werden an Fließbändern, in Wohnsilos, stillgelegt beim Bier im „Pestlicht des Fernsehens" wie Rolf Dieter Brinkmann einmal schreibt, nur aufgeweckt manchmal, wenn sich Burt Lancaster oder Erroll Flynn als Freibeuter gegen die Obrigkeit erheben; aber schon am nächsten Tag fordern sie von dem Erroll oder Burt von um die Ecke den Kopf; denn Dummheit ist lernbar und die Demokratie verwirklicht, sitzt erst einmal der Volkssouverän bei Fuß. [...]

Der Titel [*„Die Glücklichen", W. E.*] ist nicht sarkastisch gemeint, so sehr man das von einem Mann, der 7 Jahre im Gefängnis gesessen hat, hätte erwarten können. Es geht darin auch nicht um die Siege eines, wie es so schön heißt, „unermüdlich kämpfenden Proletariats". [...]

Mit Hoffnungslosigkeit kann Zahl sich nicht aufhalten. Und so besinnt er sich auf die, die bei uns landläufig „Kriminelle", „Asoziale", „Randständige", „Lumpenproletariat" heißen: er entdeckt ihr rebellisches Potential und gibt ihrer Sprache, ihrem Milieu, ihrem Glücksvermögen, ihrer List und ihrer Leidenschaft, sich dem allgemeinen und totalen Vollzug (immer wieder) zu entziehen, Raum und Stimme.

Diese Berliner Einbrecherfamilie Hemmers, die — aus der Tradition der Arbeiterbewegung kommend — gemeinsam mit den Studenten von 68 ihre Brüche macht, um einem Korruptionsfall auf die Spur zu kommen: ich weiß nicht, ob es sie so hätte geben können. Ich weiß nur, daß die Verfilzung von Behörden und Spekulanten, von deutschen Sicherheitsdiensten, SAVAK-Leuten und Dealer-Szene, wie Zahl sie beschreibt, von der Wirklichkeit angeregt sein muß. Obschon, wenn Sie dem auf den Grund gehen wollen: „singen" wird höchstens das Hochhaus am Steglitzer Kreisel, und das auch nur bei Wind.

„Die Glücklichen", das ist ein Schelmenmärchen, ein großer Verwirrgarten, eine geniale Verlegenheitslösung für den Ist-Zustand, wo die allgemeine Abwesenheit von Glück Literatur noch nötig, bitter nötig macht. Ein Buch, das das Versprechen Zahls aus einem seiner Gedichte einlöst, nämlich an die „guten alten und die guten kommenden Zeiten" zu denken. Ein Buch, das nicht zuletzt dem Berlinischen etwas zurückgibt, was es seit Goebbels und Springer nicht mehr hat: seinen krummen Humor und seine gallige Wärme. [...]

Aus der Laudatio vom 26. Januar 1980

Peter-Paul Zahl

Über die Stille und das Grelle

Foto: Isolde Ohlbaum

Bremer Rede

Am Anfang stand ein Programm. Das Programm stammt vom Bundeskriminalamt (BKA). Das Programm steht für die Vernichtung der physischen und psychischen Gesundheit von politischen Gefangenen. Das Programm heißt — harmlos — „Häftlingsüberwachung". Seit kurzem hat es seinen architektonischen Ausdruck gefunden: die „Hochsicherheitstrakte". Die „Häftlingsüberwachung" existiert seit etwa 10 Jahren. Ich unterlag ihr vom ersten Tag der Haft an, seit dem 14. Dezember 1972. Dem Innenausschuß des Bundestages wurde sie erst 1977 von Dr. Herold, BKA, vorgestellt. Dr. Herold baut vor. Er ist ein ehrenwerter Mann. Er schafft Tatsachen, welche die bewußt uninformiert gehaltene Legislative nur noch — im Nachhinein — absegnen muß. Zu den Tatsachen gehörte auch die „Kontaktsperre". Im Deutschen Herbst, 1977, fuhr der Staatsschutz reiche Ernte ein: die Toten in Stammheim und Stadelheim, und für die Gefangenen, die das Kainsmal „Häftlingsüberwachung" in den Akten tragen, ein Katalog von „Maßnahmen". Nach den Haftrichtern wurden die Führungen der Justizverwaltung durch das BKA entmachtet. Die Weiße Folter — vordem höchst unterschiedlich praktiziert — erhielt die Weihen von Ministern erlassen. Der, aus dem ich hier zitiere, stammt vom 6. Dezember 1977, trägt das Aktenzeichen 4510 — IV A. 61, wurde in Düsseldorf unterschrieben — was gegenüber Gerichten frech geleugnet wurde — und schreibt die „Anlage zur Niederschrift über die Dienstbesprechung am 24. 10. 1977" fest:

„Sicherheitsvorkehrungen bei Gefangenen, die der Häftlingsüberwachung unterliegen:

1.11 Unterbringung in einem ausbruchssicheren Einzelhaftraum mit Gittern aus gehärtetem Stahl.

1.12 Sicherung des Fensters durch Fliegendrahtbespannung.

1.13 Sicherung der Tür durch ein zweites Schloß.

1.14 Sicherung, zusätzlich, der Tür durch die Kette in Zeiten verdünnter personeller Besetzung der Anstalt.

1.16 Die Ausstattung des Haftraums darf seine Übersichtlichkeit nicht gefährden.

1.17 Entfernung eventuell vorhandener Fußleisten.

1.18 Die Hafträume unter, über und neben dem Haftraum des der Häftlingsüberwachung unterliegenden Gefangenen dürfen nicht belegt werden.

1.19 Verlegung des Gefangenen... in unregelmäßigen Abständen.

1.31 Der Haftraum darf nur von mindestens zwei Bediensteten gemeinsam geöffnet und betreten werden.

1.32 Die Ausgabe der Mahlzeiten ist durch mindestens zwei Bedienstete durchzuführen.

1.35 Kontakte zu anderen Gefangen sind zu unterbinden.

1.35.2 Der Gefangene ist von sämtlichen Gemeinschaftsveranstaltungen — auch vom Kirchgang — auszuschließen.

1.35.3 Der Aufenthalt im Freien wird zu unregelmäßigen Zeiten als Einzelfreistunde durchgeführt.

1.35.4 Beim Baden darf der Gefangene nicht mit anderen Gefangenen zusammenkommen.

1.41 Der Gefangene ist vor und nach jedem Besuch in einem besonderen Raum ...bei völliger Entkleidung und Umkleidung zu durchsuchen.

1.41.2 Die Überwachung der Besuche erfolgt durch Beamte des BKA bzw. des LKA und durch einen Bediensteten der Anstalt.

1.43 Sämtliche ein- und ausgehende Post ...ist zunächst dem Leiter des Sicherheits- und Ordnungsdienstes vorzulegen (wo sie „formularmäßig erfaßt" und dem LKA gemeldet wird: jede „Kontaktperson" gerät auf diese Weise in den BKA-Computer PIOS).

1.51.1 Unabhängig von den in anderem Zusammenhang vorgesehenen Durchsuchungen sind der Gefangene, seine Sachen und sein Haftraum... täglich zu durchsuchen.

1.51.2 Mindestens einmal wöchentlich wird eine Duchsuchung des Haftraums in Gegenwart des Leiters des Sicherheits- und Ordnungsdienstes und des Leiters des allgemeinen Vollzugsdienstes durchgeführt. Hierbei sind der Gefangene umzukleiden und das Mobiliar sowie das sonstige Inventar auszutauschen.

1.51.3 Unauffällige Beobachtung des Gefangenen bei Tag und Nacht..."

Wissenschaftler nannten dies ein Programm zur Herbeiführung sozialer und sensorischer Deprivation, verbunden mit andauernder Streßmanipulation. Ich nannte und nenne dies Programm: Folter. Sie führte in einigen Fällen — Astrid Proll etwa und Werner Hoppe — zu Haftunfähigkeit und akuter Lebensgefahr. Es wird weitergefoltert. Ich zum Beispiel unterlag den „Maßnahmen der Häftlingsüberwachung" — mit verschiedenen Abstufungen — offiziell bis Ende März 1979, die letzten wurden im Dezember 1979 abgesetzt.

Der Zeitpunkt der Aufhebung der Weißen Folter bei mir war auch der Zeitpunkt der Beendigung meiner sechsjährigen Arbeit an dem Schelmenroman *Die Glücklichen.* Er wurde verfaßt „unter Bedingungen, unter denen von uns die wenigsten auch nur eine Zeile zu Papier brächten", schrieb H. P. Piwitt in seiner Rezension. Piwitt unterschätzt damit sich und andere. Was Nerven und Zeit und Kraft kostet, kann auch Nerven und Zeit und Kraft geben. Schreiben ist: Widerstand leisten.

Die Kenntnis des „Falles" Zahl und die in heutigen Zeiten ungewöhnliche Form des Romans machten und machen, dessen war ich mir bereits bei der Abgabe dessen bewußt, die Rezeption der *Glücklichen* nicht leicht.

Der Schelm ist hemmungslos — und hemmungslos parteiisch: für die Unten. Das stört die Oben. Was sich da (angeblich) „schrill" oder „grell" ausnimmt, ist nur die Kakophonie der kapitalistisch und bürokratisch ungeordneten Welt. Der Schelm spielt auf zum Tanze gegen die Oben — nicht die Schalmeien. Aber, und *da* stehe ich hinter meinem Protagonisten, er ist auch gegen die „Geschichtsfälscher und Pazifizierer der 60er Bewegung" (Dutschke). Vor der Kritik des Schelmen ist nichts sicher. Nicht einmal er selbst, und der Autor schon gar nicht.

Der Schelm ist an der Veränderung der Welt interessiert. Nicht an seinem Nabel — er ist kein Mittelständler. Schon „bei Grimmelshausen haben wir es mit einer Stilart zu tun, die formal nicht das Schlichte, sondern das Grelle, motivisch nicht das Gewöhnliche, sondern das Abnorme, stofflich nicht das Nächste, sondern das Fernste sucht ...die einfache Wirklichkeit umgeht und nur die gesteigerte und geblähte oder verzerrte kennt" (R. Alewyn).

„Verzerrt" jedoch kann die Sicht des Schelmen nur jenen vorkommen, die eine andere Optik haben — die herrschende Optik, die da ist die Optik der Herrschenden: und „schrill" kommt der Gesang des Schelmen jenen vor, denen ein Monatsgehalt von über 5000,- DM (Höhe der Summe des Förderpreises für Literatur) die Ohren gründlich verstopft hat.

Ich habe *Die Glücklichen* 1970, 1971 — „draußen", in dem , was „Freiheit" genannt wird — in etwa entworfen: im Knast habe ich sie geschrieben und — naturgemäß — radikalisiert. In einer Zeit wie dieser, in einem Land wie diesem, ist ein Großteil der Literatur durch Resignation, falsche Innerlichkeit, politische Apathie und moralische Erkältung gekennzeichnet. Wenn ich aber einen Roman verfassen wollte, der auf der Höhe der Zeit sein sollte, also, wie Carlos Fuentes schrieb, „eine Mischung aus dem Ulysses von Joyce und dem Graf von Monte Christo von Dumas", mußte ich auf Vor - oder Nach -, in jedem Falle aber unbürgerliche Formen zurückgreifen. Hier, wo zum „Stillen Trakt" geschwiegen wird, muß einer zu Pauken und Trompeten greifen, bunt und rücksichtslos werden. Wer sich nicht wehrt, lebt nicht nur verkehrt, der hat auch nichts zu lachen.

Lachen Sie noch? Haben Sie „die furchtbare Nachricht nur noch nicht empfangen" (Brecht)? *Wie* lachen Sie? Lachen Sie das Lachen des Widerstands, oder lachen Sie als Komplize der bestehenden, schlechten Zustände? Wer nichts gegen Folter unternimmt, wer schweigt zu „Häftlingsüberwachung" und „Hochsicherheitstrakten", macht sich zum Komplizen der Folter. Die Große Stille zu bekämpfen, die in „Stillen Trakten", müssen wir noch sehr laut werden.

Wer im Knast ist, gar in Isolation, kann gar nicht anders, als „das Beste aus der Lage machen". Wer's nicht tut, wird „Muselmann" — Prof. Rasch, der die Stammheimer untersuchte, stellte ein „KZ-Syndrom" bei ihnen fest. Der westdeutsche Staatsschutz will *alle* politischen Gefangenen zu „Muselmännern" machen. Nun wurde der Hochsicherheitstrakt in Berlin belegt, die in Celle, Straubing, Frankenthal sind's schon lange, diese „Mausoleen für die negativen Helden der Nation" (Rasch).

Selbst Innenminister Baum nannte die Hochsicherheitstrakte *„unmenschlich".* Sie sind es! Sind sie architektonischer Ausdruck für spät-sozialliberale Justiz geworden, wie Dachau und Auschwitz es waren für die Nazi-Justiz? Haben die Sozialliberalen nicht einst mit Justiz- und Knastreform begonnen, sind Neuberger (NRW) und Heinemann toter als tot? Macht da mal wieder „einer den Bluthund" (Noske)?

Lebend und schreibend leiste ich Widerstand. Nicht allein. Ich war und bin privilegiert: meine Eltern, mein Bruder, meine alten und neuen Freunde und Genossen hielten zu mir, die Anwälte kämpfen. Initiativgruppen bildeten sich. Schriftsteller und

Musiker von A wie Andersch und B wie Biermann bis Z wie Zwerenz, Kollegen im Ausland, Schriftstellervereine. PEN-Clubs unterstützten mich. Menschen aller Couleur — außer Reaktionären. In all der Zeit der Haft war ich *nie* richtig allein.
Wie aber steht es mit den namenlosen politischen und sozialen Gefangenen und denen mit Namen in Bunkerhaft, Isolation, hinter Trennscheiben, den euphemistisch „Sicherungsmaßnahmen" genannten Torturen unterworfen? Wir bleiben dabei: wir sagen: *Am Beispiel P.-P. Zahl.*
Warum dulden *Sie* „Häftlingsüberwachung" und „Kontaktsperre", Prozesse in Polizeikasernen, „Hochsicherheitstrakte" und Terrorurteile? Gehören *Sie* nicht zum „Volk", in dessen Namen geurteilt wird, das da geschieht? Wie vereinbart es sich, im Fernsehen „Holocaust" zu sehen — und Stammheim und die Folgen zu verdrängen? „Übertreibt" der Zahl „mal wieder"? Ist denn Tortur eine Sache der Quantität?
Ich habe die Klaus Dorffs gesehen, hier und heute, im Modell Deutschland. Noch wirken sie im Kleinen und Geheimen, quasi als Handwerker, morgen aber schon können sie industriell, im Großen Stil arbeiten — dazu muß man sie nur von der Leine lassen... Beamte, die ihre Menschlichkeit bewahrt haben, erlebte ich auch: dann aber arbeiteten sie gegen die Vorschriften, verstießen sie gegen Erlasse, Verfügungen, Befehle.
Wenn *ich* an der jahrelangen Tortur *nicht* zerbrochen bin, die Spannungen *noch* schöpferisch aushalten kann, wer oder was gibt Ihnen das Recht, dies von allen betroffenen Gefangenen zu verlangen? Ein Unglücklicher schrieb *Die Glücklichen;* selbst jene, die ihn quälten, waren nicht glücklich. Wie hoch ist da der Preis der Kultur?
Ist der Förderpreis für Literatur 1980 Kulturpolitik — oder sagen die Hochsicherheitstrakte nicht viel mehr aus über die Kultur in der Bundesrepublik?
Kurt Tucholsky schrieb, der Kulturstandard eines Landes sei danach zu beurteilen, „wie es seine politischen Gegner behandelt". Reden wir mal nicht von Chile, Südafrika, Korea Nord oder Süd, fragen wir doch einmal nach dem „Kulturstandard" *hier!*
Sagen wir es doch offen: es ist Zufall, daß der Zahl noch lebt — und lacht und versucht, ein wenig das Lachen zu lehren mit den *Glücklichen:* Zufall in einem Lande, in dem Benno Ohnesorg, Petra Schelm, Thomas Weißbecker, Günther Routhier, Ulrike Meinhof, Rudi Dutschke und ungezählte andere *so* starben.
Soll doch einmal anderen das Lachen im Halse stecken bleiben: der p. p. wird „geehrt", und er ist nicht mal verfügbar und tot! Den Richtern soll das Lachen im Halse stecken bleiben, die meinen Schelmenroman kassieren (OLG Düsseldorf, VI 1/79. 3. 12. 79), und jenen Kritikern, die es nur zum halben Lesen bringen, in der Rechten meinen Roman, in der Linken ein Kompendium „Wie schreibt man heute — in Zeiten der Tendenzwende — Romane?", den Verleumdern von WELT und Bayernkurier, den Huren des Staatsschutzjournalismus und den Ministern und Senatoren, die wider bessres (Ge)Wissen foltern lassen, und den Terroristen, die unter dem Vorwand, „Terroristen" zu jagen, Stück für Stück ein Terrorregime installieren!
Ich danke der Jury der Rudolf-Alexander-Schröder-Stiftung. Ich danke den Bremer Steuerzahlern für den Förderpreis. Wir benötigen das Geld dringend: am 24. Dezember 1979 stellten meine Anwälte den Antrag auf Wiederaufnahme des Verfahrens.
Mit Geduld, List und Energie, unermüdlich, bitter und heiter, unerbittlich aber müssen wir die „Hochsicherheitstrakte" bekämpfen, müssen wir all den anderen Gefangenen helfen, denen im Trakt, im Bunker, in Einzelhaft, in Arrestzellen, in der psychiatrischen Abteilung, denen im „Mausoleum", allen. Also uns, nehmen wir unser Menschsein ernst. Was kurzfristig nottut, ist dies:

Foto: Isolde Ohlbaum

- Normalvollzug für a l l e Gefangenen und zwar jetzt!

Was längerfristig nottut ist dies:

- die AMNESTIE FÜR ALLE GEFANGENEN!

Ich hoffe, ganz im Ernst, mit Hölderlin sagen zu können:
„Bald aber wird, wie ein Hund, umgehn / in der Hitze meine Stimme auf den Gassen der Gärten / in denen wohnen M e n s c h e n..."

Peter-Paul Zahl

IM NAMEN DES VOLKES

am 24. mai 1974
verurteilte mich
das volk
— drei richter
und sechs geschworene —

zu vier jahren
freiheitsentzug

am 12. märz 1976
verurteilte mich
in gleicher sache
das volk
— drei richter
und zwei geschworene —

zu fünfzehn jahren
freiheitsentzug

ich meine
das sollen die völker
unter sich ausmachen

und mich
da
rauslassen

MEIN LAND

seien wir ehrlich
»deutschland« geht uns schwer
von der zunge
schwer wie
»ich«
viel schwerer

ich höre: »ich«
das röchelt säuselt
verpfeift sich
ich höre: »yo, io, ego«
ich höre: »ich«
das verpfeift sich

fällt

streicht lediglich
am gaumen entlang
das ist das bleibt:
deutsch

deutsch wie:
»von der maas bis an die memel«
oder:
»auferstanden aus ruinen«

vondermaasbisandiememelauferstan-
denausruinen

na und
wie weiter?

Aus: Konterbande. Eine Gedichtauswahl. Verlag Zweitausendeins, Frankfurt/Main 1982 S. 11, 120

Rainer Mammen

Vom Hochsicherheitstrakt in die Kammerspiele

An diesem Sonnabend, in dieser Stadt, wurde eine Großveranstaltung vorbereitet. Es war wieder kälter geworden, dünner Schnee nieselte. Die Imbiß-Bedienung orderte ein paar hundert Brötchen mehr: „Die Leute werden ja Hunger haben". Die Leute, blau-weiß kostümiert, belagerten unterdessen die Flachmann-Stände in den Lebensmitttel-Abteilungen der Kaufhäuser: Polizisten mit Hunden patrouillierten; vereinzelte Schlägereien, Passanten, bereit, nichts gesehen zu haben, sahen sich um. Später erlebten über 10 000 Menschen das Fußballspiel. Werder gegen 1860 München.

Rund 300 Leute kamen zu einer anderen Veranstaltung, nur wenige hundert Meter entfernt von den unsicheren Einkaufsstraßen. In den Kammerspielen der Böttcherstraße gab es keine Uniformen und Hunde; man sah nur unauffällig gekleidete, drahtige junge Männer, ausgerüstet mit Walkie-Talkies. Der gediegenen Atmosphäre angepaßt — auf der Bühne neben dem Rednerpodest prunkte ein großer Blumenstrauß — geschah die Belagerung dezent. Sie galt dem Träger des Bremer Literatur-Förderpreises, Peter-Paul Zahl.

Er war dann doch noch gekommen, nach langem juristischem Hickhack, „ausgeführt" aus der Justizvollzugsanstalt Werl, begleitet von der Mutter, von der Freundin, von den dezenten Herren. Daß selbstverständlich auch der andere, der Hauptpreisträger, gekommen war: Peter Rühmkorf, wurde kaum wahrgenommen. Zahl galt der Gesinnungsbeifall eines Teil-Publikums, und die Unruhe im Saal und die Buhrufe galten dem Senator für Wissenschaft und Kunst, Horst-Werner Franke, als er von oben herab, von der Bühne, sagte: „Es darf aber in diesem Zusammenhang" — in dem mit Zahls Ehrung — „nicht diskutiert werden, ob der Lebenswandel des Künstlers den Preis rechtfertigt. Wir haben also eine literarische Diskussion um ein Kunstwerk zu führen."

Solche Diskussionen fanden natürlich nicht statt, konnten gar nicht stattfinden, als am Sonnabend in den Kammerspielen der Böttcherstraße durch die Rudolf-Alexander-Schröder-Stiftung der Bremer Literaturpreis verliehen wurde. Verhandelt und sinnlich erfahrbar wurden an diesem Tag der Zustand unserer „Kulturnation", die Zerrissenheit unserer Lebens- und Bewußtseinsebenen. Diese läßt sich ja schwer übersehen, wenn eine Gesellschaft einen straffällig gewordenen Schriftsteller — er hat auf Polizisten geschossen und einen lebensgefährlich verletzt — zur „speziellen Abschreckung" zu 15 Jahren Knast verurteilt, ihn in sogenannte „Hochsicherheitstrakte" sperrt, die auch nach Auffassung von Bundesinnenminister Baum in einem „Spiegel" — Gespräch schlicht „unmenschlich" genannt werden müssen — und ihn zugleich „fördert" mit einem Literaturpreis. [...]

Rühmkorf hatte da keine Chance, von jenen etwa hundert verstanden zu werden, die in offenbarer Sympathie für Zahl schon den nicht verstehen konnten, weil ihre Wut sie sprachlos und taub gemacht hat. Woher kommt dieses ungeheuere Maß an Verstörung, das diese jungen Leute im Publikum so ignorant und denkunfähig gemacht hat, daß sie von Rühmkorf ganz zusammenhangslos „Klartext" über die mißlungene deutsche Revolution von 1918 forderten? Später, am Ausgang, sammelten sie für einen nicht näher bezeichneten Zweck und ich hatte Angst um dieses und vor diesem jungen Mädchen, das mich da plötzlich mit ganz kalten Augen, betreffend mein Portemonnaie, in einem drohenden, unmenschlichen Ton anherrschte: „Pack gefälligst aus, Du!"

Später, während andere Sprachlose, vorgeblich zum Frommen des Fußballspiels, in den Straßen randalierten, berichteten Zahls Anwälte über die Bemühungen um ein Wiederaufnahmeverfahren für ihren Mandanten. Es gebe ermutigende neue Fakten in diesem Fall. Noch später sagte meine Mutter: „Muß man denn unbedingt einem Zuchthäusler so einen Preis geben? Andere Leute schreiben doch auch gute Bücher." Da fiel mir Zahls Mutter wieder ein: Sie hatte uns gerade erzählt, wie wunderbar das gewesen sei, als sie zum ersten Male wieder nach fast sieben Jahren mit ihrem Sohn allein habe sprechen können.

Immer wieder aber mußte ich an das junge Mädchen denken mit den ganz kalten Augen und an meine Angst. Wo wird Platz sein für solche Menschen in unserem Kulturstaat? An den verzweifelt sinnlosen Fußballschlachten wird sich diese Kämpferin nicht beteiligen. Gehört sie bald zu jenen, die nicht weniger verzweifelt und sinnlos Krieg führen hierzulande, jeder für sich und Gott gegen alle? Ist ihr Weg in die „Hochsicherheitstrakte" noch aufzuhalten — durch irgend jemanden von uns?

Mosaiksteine einer kulturellen Wirklichkeit sind das nur, aufgelesen an einem Sonnabendmorgen — Deutschland im Winter: unsortiert.

Bremer Nachrichten vom 28. Januar 1980

»Wie ist es zu rechtfertigen...«

[...] In seiner Begrüßungsrede in den Kammerspielen hatte Senator Horst-Werner Franke die Unabhängigkeit der preisverleihenden Rudolf-Alexander-Schröder-Stiftung betont und erklärt, daß es ihr Ziel sei, weder forcierte Originalität noch literarischen Konformismus auszuzeichnen. Der Preis gelte im übrigen allein einem literarischen Werk, und eine Diskussion sei allein darüber zu führen.

Franke wörtlich: »Zum Schluß noch eine Bemerkung, die sicherlich von mir erwartet wird und die auch sicherlich nötig ist: Wie ist zu rechtfertigen, den Förderpreis an einen rechtskräftig verurteilten und einsitzenden Straftäter zu verleihen? Der Preis ist Peter-Paul Zahl für ein bestimmtes literarisches Werk verliehen worden. Ob es diesen Preis verdient, kann und soll diskutiert werden. Es darf aber in diesem Zusammenhang nicht diskutiert werden, ob der Lebenswandel des Künstlers den Preis rechtfertigt. Wir haben also eine literarische Diskussion um ein Kunstwerk zu führen. Dabei sind in der Tat Kontroversen möglich und nötig. Ich bin sicher, daß es uns gelingen wird, die Diskussion in diesem allein adäquaten Rahmen zu halten.« *d. w.*

Weser-Kurier vom 28. Januar 1980

Fritz J. Raddatz

Schriftsteller oder Revolverheld?

Vernunft braucht manchmal Mut. Es war eine vernünftige und mutige Entscheidung, dem Lyriker und Romancier Peter-Paul Zahl den mit 5000 Mark dotierten Literatur-Förderpreis der Freien Hansestadt Bremen zu verleihen. [...]

Die Preisverleihung durch den Bremer Kultursenator Horst-Werner Franke in Gegenwart des beurlaubten Häftlings setzt ein Zeichen: So kann Resozialisierung aussehen. Die Tradition einer unbequemen Literaturprämiierung wird damit fortgesetzt — vor Zahl erhielten Günter Grass und Christa Reinig, Jurek Becker und Alexander Kluge (und jetzt mit Zahl Peter Rühmkorf) diese Auszeichnung: die Kontinuität des Eindenkens gesellschaftlich-politischer Bezüge ins literarische Werk ist offensichtlich. Auch als man Walter Kempowski 1976 in den Vorstand der Stiftung berief, war das als Zeichen zu werten.

Die Bremer haben nie nur das schöne Wort ehren wollen, sondern stets das Wort als Transport- und Interpretationsmittel für unsere Wirklichkeit begriffen. So ist es konsequent, daß die Wahl auf Peter-Paul Zahls »unreine« Literatur fiel.

Der Streit wird nicht enden: Ist Zahl auch als Autor interessant — oder ist der Autor Zahl nur als Häftling interessant? Inzwischen liegt nicht nur ein ziemlich umfangreiches Werk von Gedichten, Essays, erzählerischer Prosa vor, sondern auch eine ganze »Literatur« zu dem Thema dieses Streits. Von »Ablaß« und »Haftnachlaß« der Kritik ist gelegentlich die Rede, während zur selben Zeit ein Regisseur vom Range Peymanns mit den Proben zu einem Stück von Zahl beginnt. Eine Beschäftigung mit seinen Büchern lohnt allemal, insofern war die Preisentscheidung vernünftig. Einen Eklat zündet diese Beschäftigung mit Peter-Paul Zahl stets, insofern war die Preisverleihung mutig. Natürlich — da soll keinem protestierenden Bremer CDU-Politiker Sand in die Augen und keinem Schimpfspecht Salz auf den Schwanz gestreut werden — ist das Ganze ein Politikum. So gewiß es um Zahls Roman »Die Glücklichen« (ZEIT Nr. 42/79) geht, so gewiß geht es auch, immer mal wieder, um den »Fall Zahl«...

DIE ZEIT vom 1. Februar 1980

Helmut Lamprecht

Opfer des Literaturbetriebs

Daß das, was der Senator den außer acht zu lassenden Lebenswandel des Künstlers nannte, von seinem Werk gar nicht getrennt werden kann, hatte keiner besser begriffen als der Laudator Peter-Paul Zahls, der Hamburger Schriftsteller Hermann Peter Piwitt. Wir können, so sagte er, Literatur nicht beurteilen, ohne von den Verhältnissen zu reden, unter denen sie entsteht. Für Peter-Paul Zahl bedeutet dies konkret die mißliche Tatsache, eingeschlossen sein, wie Pitwitt sagt, hinter Gittern und Mauern, im Vollzug sein, so — und ich zitiere weiter wörtlich — so wie Millionen in diesem Land vollzogen werden — an Fließbändern, in Wohnsilos, stillge-

legt im Bier, beim Testlicht des Fernsehens und so weiter.
Hier, verehrte Hörer, muß nun freilich der laudatorische Spaß ein Ende haben. Die arbeitenden Menschen in diesem Lande parallel zu sehen mit der Situation eines Mannes, der wegen schwerer Straftaten verurteilt werden mußte, ist zynischer Hochmut gegenüber den vielen in unserer Gesellschaft, die der Laudator offenbar für bedauernswerte und hinters Licht geführte Opfer eines Staates und einer Gesellschaft hält, die sich eigentlich in nichts von dem Gefängnis unterscheiden, in dem Peter-Paul Zahl seine Strafe absitzt. Warum er sie absitzt, wird übrigens schon gar nicht mehr erörtert. Opfer waren nicht jene beiden Polizeibeamten, die der nunmehr so gefeierte Autor seinerzeit über den Haufen schoß, Opfer ist er selbst. Auf eine ganz andere Weise, meine Hörer, scheint mir Peter-Paul Zahl allerdings in der Tat ein Opfer zu sein: Opfer eines Literaturbetriebes nämlich mit all seinen fragwürdigen Begleitumständen, die von kommerziellen Verlagsinteressen bis zu demagogischen Lobpreisungen reichen. Dem Autor Peter-Paul Zahl wäre zu wünschen, daß er nicht andauernd von solchen Interessen gegängelt wird, die ihm pausenlos seine Unschuld bescheinigen und das bittere Unrecht, das ihm angetan werde. Vielleicht findet er eines Tages wirklich einmal ein Wort für seine Opfer.

Kommentar in Radio Bremen vom 4. Februar 1980

Keinen Preis für Strafgefangenen?

Ein Stein des Anstoßes ist er wiederholt gewesen, jetzt neuerlich geworden, und das wird er wohl manchem auch künftig noch sein. Peter-Paul Zahl. Autor und Insasse des Gefängnisses im westfälischen Werl: 1976 wegen Pistolenschüsse auf Polizisten im zweiten Verfahren zu 15 Jahren Freiheitsstrafe verurteilt und, weil der anarchistischen Szene zugerechnet, lange mit besonders intensiven Sicherungs- und Überwachungsmaßnahmen beschwert. Deren Aufhebung wurde von den Anwälten gerichtlich erstritten: am 30. März 1979 wurde Zahl auf die »Schul-Abteilung« der Werler Anstalt verlegt. Auf der Basis eines (gesetzlich gebotenen) Vollzugsplans, und der soll ja wohl auch in diesem Fall der »Resozialisierung« dienen.
Der Autor Zahl kann also — ähnlich wie der ebenfalls wegen Mordversuchs verurteilte Felix Kamphausen — ebenfalls auf Grund eines Vollzugsplans in einer anderen NRW-Haftanstalt — schreiben: gegenüber jener Zeit, da er dem Haftstatus für Terroristen unterworfen war, deutlich weniger gehindert.
Daß ein Produkt dieser seiner »Resozialisierung« dienenden Autoren-Arbeit, der Roman «Die Glücklichen«, jetzt mit dem Bremer Förderpreis für Literatur ausgezeichnet wurde, ist einigen nun ein Skandal.
Nicht bloß dem wegen seines brennenden Interesses für bestimmte Bücher schon früher aufgefallenen Bremer CDU-Chef Neumann, sondern auch dem justizpolitischen Sprecher der nordrhein-westfälischen CDU-Landtagsfraktion (die sich im Wahlkampf befindet). Letzterer, Hans- Ulrich Klose, nennt es laut Pressemeldung »unerträglich«, daß ein Strafgefangener, der im Gefängnis nicht einmal der normalen Arbeit nachgehe, sondern ausschließlich Bücher schreibe, jetzt auch noch aus Steuermitteln einen mit 5000 Mark dotierten Kunstpreis erhalte.
Skandalös dürfte etwas anderes sein: nämlich wie der mögliche Kandidat für den Sessel des Justizministers in einem CDU-Landeskabinett Köppler/Biedenkopf hier das Vollzugsziel für Zahl angreift und indirekt auch noch Richterschelte betreibt. Denn erst nach einem gerichtlichen Beschluß durfte Zahl unter Bewachung von Kriminalbeamten nach Bremen reisen, um dort den Preis selbst entgegenzunehmen. Das heißt doch nichts anderes, als daß die Richter die Entgegennahme des Preises durch Zahl durchaus für vereinbar mit dem Vollzug hielten. Und das Bücherschreiben für die »normale Arbeit« des Strafgefangenen und Autors Zahl. *sub*

Frankfurter Rundschau vom 6. Februar 1980

Narren aus der Zelle

Peter-Paul Zahl — seit über sieben Jahren in Haft — erhielt den Bremer Förderpreis für Literatur. Zur Verleihung bekam er Ausgang.

Bremens allzeit bereiter CDU-Vorsitzender Bernd Neumann, der schon Erich-Fried-Gedichte „lieber verbrannt sehen" wollte, erblickte einen „Skandal höchsten Ausmaßes": Den Bremer Förderpreis für Literatur erhalte in diesem Jahr ein „geistiger Wegbereiter des Terrorismus" und das noch für ein Buch, das „Anleitungen zu kriminellen Handlungen" ent-

halte. Die Bürgerschaft, forderte er, habe sich von der Preisvergabe zu distanzieren.
Unglaubliches war geschehen: Die unabhängige Jury der Rudolf-Alexander-Schröder-Stiftung (Mitglied unter anderen: Walter Kempowski, Heinar Kipphardt, Alexander Kluge, Uwe Timm) hatte beschlossen, Peter-Paul Zahl für seinen Schelmenroman. „Die Glücklichen" zu ehren — mit 5000 Mark aus der Stadtkasse.
[...]Fritz J. Raddatz meinte in der „Zeit", das Buch sei „an den Haft-Schäden zerbrochen".
Aber nicht ein möglicherweise mißlungener Roman ist Grund für die Schelte um den Bremer Förderpreis, sondern eine mißliebige „Unperson" (Zahl über Zahl). Unbeirrt vom stichhaltigen Wiederaufnahme-Antrag der Rechtsanwälte, der ebenfalls in Bremen zur Sprache kam, dreschen Rechtspresse und CDU weiter auf Zahl ein.
Der „Weiße Ring", Fernseh-Fahnder Eduard Zimmermanns „Verein zur Unterstützung von Kriminalitätsopfern", monierte Zahls „terroristische und verfassungsfeindliche Ziele" und beschwerte sich in einem offenen Brief bei Bremens Bürgermeister Koschnick. Im nordrhein-westfälischen Landtag zerpflückte die CDU-Opposition „Die Glücklichen".
Auch Schriftstellerkollege und Dorfschullehrer Walter Kempowski distanzierte sich vom Förderpreis — zwölf Tage nach der Verleihung, acht Wochen nach der Nominierung. Bei den Feierlichkeiten in Bremen sah er noch keinen Anlaß, seine Abwesenheit beim einstimmigen Jurybeschluß zu reklamieren. Kniefall vor Springers Feuilletons?

DER SPIEGEL vom 11. Februar 1980

Kempowski distanziert sich

Der Schriftsteller Walter Kempowski, Mitglied der Bremer Jury, die den wegen Mordversuchs verurteilten Peter-Paul Zahl mit einem Literatur-Förderpreis auszeichnete, hat sich von dem Preisträger distanziert. Zahls Bremer Dankesrede, erklärte Kempowski, sei skandalös und enttäuschend gewesen. Im übrigen sei er, Kempowski, gar nicht dabeigewesen, als Zahl der Preis zugesprochen wurde. Er halte Zahl kaum für preiswürdig. Das habe aber nichts mit dem „derzeitigen gesellschaftlichen Status" von Zahl zu tun.

DIE WELT vom 8. Februar 1980

Ungewöhnliche Liberalität

Ich bin der Meinung, daß der gesellschaftliche Status eines Menschen nicht die Vergabe eines literarischen Preises beeinflussen darf. Prämiiert werden sollte einzig und allein die Leistung, gefördert werden sollte nur der Förderungswürdige.
Es ist ein Zeichen ungewöhnlicher Liberalität, daß es in der Bundesrepublik möglich ist, jemanden mit einem Förderpreis auszuzeichnen, der wegen einer Straftat im Gefängnis sitzt, die sich eben gegen diesen Staat gerichtet hat.

Walter Kempowski, Nartum (Nieders.)
DER SPIEGEL vom 25. Februar 1980

Notfalls verbrennen

Zu den keineswegs überraschenden Angriffen des Fraktionsvorsitzenden der CDU — Neumann — wegen der Verleihung des Förderpreises für Literatur an Peter-Paul Zahl führt Senator Horst-Werner Franke aus, daß er nicht daran denke, die Diskussion anders zu führen, als er es auch anläßlich der Preisverleihung präzisiert habe, nämlich: daß es sich um die Prämiierung eines literarischen Werkes handele, über das dann auch mit literarischen Kriterien diskutiert werden müsse.
Weder der Hauptschullehrer Neumann noch der ehemalige Gymnasiallehrer Franke besäßen die nötige Kompetenz, um ein literarisches Werk abschließend zu beurteilen. Es sei nun einmal im Verlauf der Kulturgeschichte immer wieder vorgekommen, daß Künstler mit umstrittenem Lebenswandel sehr diskussionswürdige Werke hervorgebracht hätten. Nach Einschätzung der Juroren sei dies offensichtlich auch hier der Fall. Im übrigen — so betonte noch einmal Wissenschaftssenator Franke — sei die Rudolf-Alexander-Schröder-Stiftung frei und weisungsungebunden. Dies gelte für jede Person in der Jury und dem Kuratorium der Stiftung. Senator Franke ist nicht der Verteidiger der literarischen Qualitäten des preisgekrönten Werkes, er ist jedoch der entschiedene Verteidiger der Unabhängigkeit der Rudolf-Alexander-Schröder-Stiftung. Ein Angriff auf diese Stiftung durch Herrn Neumann verblüfft den Senator nicht, sondern steht für ihn im Zusammenhang mit der seinerzeit von Herrn Neumann geäußerten Meinung, unliebsame und umstrittene literarische Erzeugnisse notfalls zu verbrennen.

Pressemitteilung des Bremer Senators für Wissenschaft und Kunst, Horst-Werner Franke, vom 31. Januar 1980

Skandal in Bremen

Staatspreis für einen terroristischen Staatsgegner? Diese Frage stellt sich nach der Verleihung des Bremischen Staatspreises für Literatur an den Schriftsteller Peter-Paul Zahl.
Bremen hat Peter-Paul Zahl, der noch in der Haftanstalt Werl eine Meuterei anzuzetteln versucht hatte, aufgewertet und ihm einen Markt für seine Agitation geschaffen. Aber es kommt noch ärger: durch die Preisverleihung ist Zahl automatisch Mitglied der Jury geworden, die künftig die neuen Preisträger bestimmt. So macht man also Kulturpolitik!
Wenn diese Preisverleihung Schule macht und nicht eine einmalige Entgleisung bleibt, dann wird man künftig die Kunstpreise ausschießen können. Nicht wie beim Schützenfest, sondern mit scharfer Munition und gegen den Staat.

Theo Lemmer, Petrusblatt (Berlin) vom 15. Februar 1980

„Darf ein Häftling keine Bücher schreiben?"

Schon seit Monaten verfolge ich mit großer Aufmerksamkeit die Berichte im „Weser Report". Und ich muß ganz ehrlich sagen, daß mir Ihre Berichterstattung auf die Nerven geht. Den Gipfel haben Sie sich in der Hetzpropaganda gegen P.-P. Zahl geleistet. Ich frage mich, warum darf ein Häftling keine Bücher schreiben? Muß er nur in der Zelle hocken und seine Taten bereuen? Muß ihm jede Chance auf Weiterentwicklung verboten werden? Ich will mit meinen Ausführungen nicht sein Vergehen beschönigen, das liegt mir fern, aber muß man nicht auch diesen Menschen eine Möglichkeit zur Äußerung geben? Wir müssen mit diesen Menschen leben, nicht gegen sie, das ist doch unsere Aufgabe, und Häftlinge bis in „alle Ewigkeit verteufeln" hilft doch wohl niemandem. Ich hoffe, daß dieser Brief veröffentlicht wird und auch noch weitere, die nicht Ihre Meinung vertreten, denn damit würde der „Weser-Report" an Objektivität gewinnen.

Michael Sander, 2800 Bremen 77

„Aushängeschild" für Terroristen

Eine Jury in Bremen hat es für nötig erachtet, den zu Ehren des Ehrenbürgers von Bremen, Rudolf-Alexander Schröder, gestifteten Literaturpreis an einen gerichtlich verurteilten Terroristen zu vergeben. Aus dem Hause des Herrn Franke, Senator für Kunst und Wissenschaft, kam kein Widerspruch, es muß daraus gefolgert werden, daß diese Stelle die Verleihung gutheißt. Rudolf-Alexander Schröder war ein guter, ehrenwerter und frommer Mann. Als seine Frau ihn etwa 1960/61 im Krankenhaus pflegte, lag auf seinem Nachttisch seine Bibel. Sie erinnert sich gerne an die guten Gespräche mit ihm und bedauert es um so mehr, daß dieser hochanständige Mensch jetzt seinen Namen als Aushängeschild für einen Terroristen hergeben muß. Er kann sich ja leider nicht mehr wehren.
Damit sich die Bremer Bevölkerung in Zukunft über die Verunglimpfung des Namens R. A. Schröder nicht mehr zu ärgern braucht, und um den verleihenden Personen einen „Persilschein" zu geben, wenn die Terroristen wirklich einmal die Macht in Deutschland übernehmen könnten, schlage ich vor, den Preis in „Andreas-Baader-Preis" umzutaufen. Die Nazis werden zu Recht verurteilt, die heutigen Terroristen werden mit Preisen prämiiert.

Hans Hünecke, 2800 Bremen 1

Weser-Report vom 17. Februar 1980

Gewerkschaft der Polizei
Landesbezirk Bremen
28. Januar 1980

„Kein Verständnis!"

Die Tatsache, daß eine preisverleihende Jury der Rudolf-Alexander-Schröder-Stiftung ihren Literatur-Förderpreis ausgerechnet an einen rechtskräftig verurteilten und einsitzenden Straftäter verleiht, hat in der Bremer Öffentlichkeit zu überwiegend negativen Reaktionen geführt. Dieses beweisen die bisherigen zahlreichen Leserzuschriften und Äußerungen von Bürgern in der Presse. Um wieviel mehr müssen sich die Polizeibediensteten im Lande Bremen sowie im gesamten Bundesgebiet betroffen fühlen, die die Feststellung zu registrieren haben, daß hier eine Person geehrt wird, die wegen „Mordversuchs an Polizeibeamten" verurteilt wurde.
Ob die Entscheidung auch im Sinne des großen und hochverehrten Dichters Rudolf Alexander Schröder liegen mag, ist hier eine offene Frage. Sicher ist aber, daß das preisgekrönte Werk und die Person des Preisträgers kaum voneinander zu trennen sind. Völliges Unverständnis besteht bei den Polizeibediensteten unseres Landes jedoch darüber hinaus, wenn sie die jetzige Art und Weise der Durchführung der Preisverleihung zur Kenntnis nehmen mußten.
Unter umfangreichen Sicherheitsvorkehrungen wurde Peter-Paul Zahl aus der Haftanstalt Werl in Nordrhein-Westfalen nach Bremen transportiert. Starke Polizeikräfte mußten die Böttcherstraße und das „Theater Kammerspiele" sichern, zumal Aktionen außenstehender und der Terrorszene nahestehender Gruppen befürchtet wurden. Die GdP — Landesbezirk Bremen — stellt dazu fest, daß ihr für diese „Herausstellung der Person des Häftlings Zahl" jedes Verständnis

fehlt. Es stellt sich die Frage nach den Verantwortlichen, die solche Entscheidungen getroffen haben.
Der GdP - Landesbezirk Bremen hat den Bundesvorstand der Gewerkschaft der Polizei aufgefordert, sich mit der Situation zu befassen.

Der Landesbezirksvorstand
Oelkers, Vorsitzender

Mainz, den 4. Februar 1980

Sehr geehrter Herr Koschnick,

der Geschäftsführende Vorstand des WEISSEN RINGS hat sich auf seiner letzten Sitzung mit der Verleihung des Literatur-Förderpreises der Freien Hansestadt Bremen durch die Rudolf-Alexander-Schröder-Stiftung an Herrn Peter-Paul Zahl ausführlich beschäftigt und dies mit Befremden zur Kenntnis genommen. Dabei ist es noch nicht einmal die Auszeichnung eines wegen zweifachen Mordversuchs zu 15 Jahren Freiheitsstrafe verurteilten Mannes selbst, die uns mit Sorge erfüllt, sondern die überaus schädlichen Auswirkungen auf die Rechtspolitik, die diese Preisverleihung und der vorhersehbare Ablauf der Überreichung in den Bremer Kammerspielen nach sich ziehen müssen.
Wie zu erwarten, hat der Preisträger, der sich nach wie vor zu terroristischen, verfassungsfeindlichen Zielen und Aktivitäten bekennt, die von der Hansestadt Bremen gebotene Gelegenheit benutzt, unsere demokratische Ordnung, unsere humane Rechtspolitik, unsere Justiz, unsere Polizei und damit im weiteren Sinne auch die von ihm im Jahre 1972 niedergeschossenen Opfer auf das gröblichste zu beschimpfen. Er konnte in Anwesenheit des Bremischen Senators für Wissenschaft und Kunst auch freimütig zu zahllosen Rechtsverletzungen aufrufen. [...]
Vorgänge wie die Preisverleihung an Peter-Paul Zahl hinterlassen, wie wir feststellen müssen, beim Bürger leider den fatalen Eindruck, daß den öffentlichen Instanzen und der politischen Führung, die hinter dieser Preisverleihung stehen, nichts mehr am Herzen liegt, als Straftaten zu bagatellisieren, Straftäter zu entschuldigen und die Not und die Situation der Opfer möglichst beiseite zu schieben. Daran ändert der Hinweis, daß es um das literarische Werk und nicht um die Person des Autors gehe, leider wenig. (Auch das ausgezeichnete Werk „Die Glücklichen" wirbt im übrigen um Sympathie für sozialwidrige Verhaltensweisen.)
In einem Klima, wie es die Auszeichung eines uneinsichtigen verurteilten Terroristen zwangsläufig erzeugt, kann das Verständnis in der Bevölkerung für vernünftige Bemühungen um die Wiedereingliederung von Straftätern und die Wiederherstellung des Rechtsfriedens zwischen Opfern und Tätern nicht wachsen. Deshalb halten wir die Überreichung des Literatur-Förderpreises der Freien Hansestadt Bremen durch den Senator für Wissenschaft und Kunst in dem gehabten Rahmen für außerordentlich schädlich. [...]
Um wenigstens einen Teil des schädlichen Eindrucks wiedergutzumachen, hat der WEISSE RING beschlossen, den von Peter-Paul Zahl im Jahre 1972 niedergeschossenen Polizeibeamten zum Zeichen unserer Solidarität eine persönliche Anerkennung in Form eines Erholungsurlaubs für sich und ihre Familien zukommmen zu lassen.
Da die Preisverleihung an Peter-Paul Zahl die deutsche Öffentlichkeit stark berührt hat und wir es im Sinne unserer Vereinsziele für notwendig halten, die Bevölkerung möglichst schnell darüber aufzuklären, daß nicht nur ein Täter ausgezeichnet wird, sondern sich auch jemand um die von ihm verletzten Opfer kümmert, haben Sie sicher Verständnis dafür, daß wir diese Zeilen als „Offenen Brief" schreiben und ihn nach seinem Eintreffen in Bremen veröffentlichen.

Mit freundlichen Grüßen

(Zimmermann) *(Becker)*
Vorsitzender *Stellv. Vorsitzender*

Aus einem Offenen Brief des WEISSEN RINGS, Gemeinnütziger Verein zur Verhütung von Kriminalitätsopfern und zur Verhütung von Straftaten e.V., Mainz

Verleihung eines Förderpreises der Rudolf-Alexander-Schröder-Stiftung an Peter-Paul Zahl

Große Anfrage der Fraktion der CDU vom 6. Februar 1980 (Drucksache 10/85)

Die Große Anfrage mit der Drucksachen-Nummer 10/85 ist unterzeichnet von den Abgeordneten Dr. Schulte, Neumann und Fraktion der CDU.
Wir fragen den Senat:
1. Wie beurteilt der Senat, daß dem wegen zweifachen Mordversuchs rechtskräftig verurteilten Strafhäftling Peter-Paul Zahl ein Literaturförderpreis durch die von der Freien Hansestadt Bremen errichtete und aus öffentlichen Mitteln finanzierte Rudolf-Alexander-Schröder-Stiftung für sein Buch verliehen wurde, das nach der Entscheidung des Oberlandesgerichts Düsseldorf vom 3. Dezember 1979 „an mehreren Stellen Gewalttaten verherrlicht, deren Opfer verhöhnt und verunglimpft und Behörden der Bundesrepublik Deutschland fälschlich des Mordes bezichtigt"?
2. Wie beurteilt der Senat, daß der Senator für Wissenschaft und Kunst an der Auszeichnung Peter-Paul Zahls teilnahm und damit zwangsläufig den Eindruck einer Befürwortung der Preisverleihung erweckt hat?

3. Trifft es zu, daß die Entscheidung über die Verleihung des Literaturförderpreises an Peter-Paul Zahl im dafür zuständigen Gremium der Rudolf-Alexander-Schröder-Stiftung einstimmig erfolgte, und, wenn ja, wie beurteilt der Senat, daß der Leiter der Abteilung Kultur und Weiterbildung beim Senator für Wissenschaft und Kunst, Senatsrat Dr. Plagemann, in dem Gremium dazu seine Zustimmung gegeben hat?

Sind Sie bereit, Herr Senator Franke, die Antwort des Senats auf die Große Anfrage zu geben? — Bitte sehr!
Senator für Wissenschaft und Kunst Franke: Der Senat beantwortet die Große Anfrage wie folgt:
Zu eins: Der Senat der Freien Hansestadt Bremen hat 1961 für die Vergabe des Bremer Literaturpreises die völlig weisungs- und bestätigungsfreie Rudolf-Alexander-Schröder-Stiftung eingerichtet und ihr eine Verfassung gegeben, nach der auch der Förderpreis seit 1977 an junge deutschsprachige Autoren vergeben wird und der Nachwuchsförderung dient.

(Vizepräsident S c h m i d t übernimmt den Vorsitz.)

Die Jury hat dabei ein einzelnes Werk und nicht das Gesamtschaffen des Autors zu bewerten. Das heißt, weder die sonstigen Publikationen des Autors noch seine Biographie sollen der Auswahlentscheidung zugrunde gelegt werden, sondern lediglich die literarische Qualität eines bestimmten Werkes.
Eben diese bewertet der zitierte Beschluß des Oberlandesgerichts Düsseldorf gerade nicht. Vielmehr hatte das Gericht darüber zu befinden, ob die Lektüre des jetzt preisgekrönten Romans vereinbar sei mit dem Vollzugsziel für eine bestimmte in Haft befindliche Person. Daß unter den besonderen Bedingungen des Strafvollzugs auch außerliterarische Kriterien für die Beurteilung eines Romans relevant sind, steht außer Frage. Der Senat sieht sich jedoch nicht veranlaßt, einer Jury, die über allgemein zugängliche Literatur urteilen soll, auf Bedingungen des Strafvollzugs abstellende Kriterien vorzugeben.
Zu zwei: Seit Stiftungsgründung hat der zuständige Senator an der Verleihung des Bremer Literaturpreises teilgenommen und Preisträger, Jury und Gäste begrüßt. Es bestand kein Anlaß, in diesem Jahr von dieser Übung abzuweichen, zumal Peter Rühmkorf als der Hauptpreisträger dies mit Recht als eine Brüskierung hätte ansehen müssen.
Der Senat unterstreicht die eindeutige Stellungnahme, die der Senator für Wissenschaft und Kunst bei dieser Begrüßung abgegeben hat. Sie lautet wörtlich:
„Zum Schluß noch eine Bemerkung, die sicherlich von mir erwartet wird und die auch sicherlich nötig ist: Wie ist zu rechtfertigen, den Förderpreis an einen rechtskräftig verurteilten und einsitzenden Straftäter zu verleihen? Der Preis ist Peter-Paul Zahl für ein bestimmtes literarisches Werk verliehen worden. Ob es diesen Preis verdient, kann und soll diskutiert werden. Es darf aber in diesem Zusammenhang nicht diskutiert werden, ob der Lebenswandel des Künstlers den Preis rechtfertigt. Wir haben also eine literarische Diskussion um ein Kunstwerk zu führen. Dabei sind in der Tat Kontroversen möglich und nötig. Ich bin sicher, daß es uns gelingen wird, die Diskussion in diesem allein adäquaten Rahmen zu halten."
Zu drei: Nach Mitteilung der Rudolf-Alexander-Schröder-Stiftung war die Entscheidung für die Vergabe der Literaturpreise dieses Jahres in beiden Fällen einstimmig. Der ehemalige Leiter der Abteilung Kultur und Weiterbildung beim Senator für Wissenschaft und Kunst ist als Mitglied der Jury an Weisungen seines Dienstvorgesetzten ebensowenig gebunden wie andere im öffentlichen Dienst tätige Jurymitglieder. Andernfalls wäre auch die Übertragung der Vergabe des Literaturpreises an eine unabhängige Stiftung überflüssig gewesen. Der Senat hat 1961 bewußt diese Lösung gewählt, um die Auswahl der Preisträger von außerliterarischen Erwägungen freizuhalten. Die Richtigkeit dieser Entscheidung wird von der jetzigen Diskussion erneut bestätigt.

(Beifall bei der SPD)

Aus den Protokollen der Bremischen Bürgerschaft — 10. Wahlperiode, 9. Sitzung am 26. Februar 1980

Peter-Paul Zahl

14.3.1944 Freiburg/Breisgau

Kindheit in der DDR, seit 1953 im Rheinland. Dort Schulabschluß mit Mittlerer Reife, anschließend Lehre und Gesellenprüfung als Kleinoffsetdrucker. 1964 Umsiedlung nach West-Berlin. 1965 erste öffentliche Lesung. Seit 1966 Mitglied der Gruppe 61.1967 Gründung eines kleinen Verlages und einer Druckerei. Engagement für die Außerparlamentarische Opposition. 1970 erste Verurteilung wegen des Druckens eines Plakates. 1972 Verhaftung nach einem Fluchtversuch mit Schußwaffengebrauch, bei dem Z. zwei Polizisten verletzte. 1974 Verurteilung zu 4 Jahren Gefängnis. 1976 wegen des gleichen Deliktes zu 15 Jahren Haft verurteilt. Bis Mai 1979 verschärfte Einzelhaft. 1980 von Werl/Westfalen nach Berlin-Tegel verlegt. Ende 1982 Entlassung aus der Haft. Aufenthalt auf Grenada, den Seychellen und in Italien. 1985 Niederlassung auf Jamaica (Long Bay).
Preise: Literaturförderpreis der Freien Hansestadt Bremen (1980); Glauser-Preis für seine Kriminalromane (1995).
Werkauswahl: Elf Schritte zu einer Tat. Erzählung. 1968. – Von einem, der auszog, Geld zu verdienen. Roman. 1970. – Schutzimpfung. Gedichte. 1975. – Die Barbaren kommen. Lyrik und Prosa. 1976. - Wie im Frieden. Erzählungen. 1976. – Waffe der Kritik. Aufsätze-Artikel-Kritiken. 1976. – Alle Türen offen. Gedichte. 1977. – Freiheitstriebtäter. Lyrik, Prosa, Verfügungen, Gesetze, Maßnahmen und 1 Valentinade. 1979. – Die Glücklichen. Schelmenroman. 1979. – Die Stille und das Grelle. Aufsätze. 1981. – Konterbande. Eine Gedichtauswahl. 1982. – Johann Georg Elser. Ein deutsches Drama. 1982. – Aber nein, sagte Bakunin und lachte laut. Gedichte. 1983. – Liebesstreik. Theaterstück. 1984. – Fritz - A German Hero oder Nr. 447 bricht aus. 1988. – Der Staat ist eine mündelsichere Kapitalanlage. Hetze und Aufsätze 1967-1989. 1989. – Die Erpresser. Eine böse Komödie. 1990. – Der Meisterdieb. Theaterstück. 1992. – Der schöne Mann. Kriminalroman. 1994. – Nichts wie weg. Kriminalroman. 1994.
Über P.-P. Z.: Sigrid Weigel in: Kritisches Lexikon zur deutschsprachigen Gegenwartsliteratur. München 1978 ff.

Foto: Renate von Mangoldt

Bader-Meinhof-Anhänger vorzeitig aus der Haft entlassen

Der 38jährige Schriftsteller Peter-Paul Zahl ist gestern nach zehn Jahren Haft vorzeitig entlassen worden. Der Baader-Meinhof-Sympathisant war wegen Mordversuchs an einem Polizisten zu 15 Jahren Gefängnis verurteilt worden.
Als Polizisten ihn Ende 1972 in Düsseldorf stellten, flüchtete er und schoß dabei auf die Beamten. Einer von ihnen wurde dabei schwer verletzt.
Zahl hatte sich 1967 in Berlin als Drucker, Verleger und Schriftsteller für die außerparlamentarische Opposition engagiert und war 1972 bis zu seiner Verhaftung in Düsseldorf in den Untergrund gegangen.
Während seiner Haft setzte er seine schriftstellerische Arbeit fort und erhielt im Jahre 1979 für seinen Roman „Die Glücklichen" den Förderpreis des Bremer Literaturpreises. Im Jahre 1980 wurde er nach Berlin verlegt. Hier begann er als Freigänger eine Regie-Ausbildung an der Schaubühne.
Zur Zeit arbeitet er im Auftrage des Landestheaters Tübingen an einer „Farce über den Deutschen Herbst". Im Frühjahr erscheint im „Rotbuch-Verlag" ein neuer Gedichtband von ihm *-de*

Berliner Morgenpost vom 14. Dezember 1982

Bremer Literaturpreis 1981 für „Suchbild. Über meinen Vater" & „Säure. Gedichte", claassen Verlag, Düsseldorf 1980/1979

Horst Krüger

Die Balance zwischen Nein und Ja

Christoph Meckel (2. v. l.) mit Werner Kofler (rechts), Senator Horst-Werner Franke (3. v. l.) und Senatsrat Dieter Opper. Foto: Herbert Abel

[...] Hier [in „Suchbild", W. E.] geht einer auf die Suche, weil er durch die Lektüre der Kriegstagebücher des Vaters verunsichert ist. Er begegnet in diesen Tagebüchern einem anderen Vater, als er ihn in Erinnerung hatte. Aus dieser Spannung kommt ein Prozeß in Gang, den man im Sinne der Psychoanalyse als Trauerarbeit verstehen muß. Aber wie genau, wie subtil und doch verstört leistet der Sohn diese Arbeit. Es wird hier sehr behutsam und sicher ein Bild des Vaters entwickelt, von dem ich als Zeuge der Zeit damals nur bestätigen kann: es stimmt. Genauso wie er hier sichtbar wird, war dieser Eberhard Meckel damals: ein erfolgreicher Anfänger zunächst, der dann aber nicht durchhielt, ein Mensch voller Ideale und Träume, aber gebrochen im Sturm der Epoche, ein Lyriker aus alemannischer Tradition, aber ohne die Kraft, das wirklich Neue zu schaffen, ein Versehrter im mehrfachen Wortsinn schließlich, der sich in der Provinz die Literatur zur „Tröstung" verkommen ließ, obwohl er doch trostlos blieb, schlußendlich. Der Sohn hat nichts als die Wahrheit geschrieben. Man kann natürlich sagen: Na und — was soll's? Was besagt die Richtigkeit im Psychologischen und Historischen schon über den Wert eines literarischen Werks? Sind nicht die genialsten Artisten oft die größten Schwindler gewesen? Von Oscar Wilde bis Thomas Mann, — alles Zauberer mit einem höchst labilen Verhältnis zur Wirklichkeit. Ist die Wahrheit der Poesie nicht immer die Kraft der Phantasie gewesen? So ist es natürlich, und ich meine: im Werk Christoph Meckels ist dieser Wahrheit der Phantasie ja ein sehr großer, fast ausschweifender Raum gegeben. Im Fall des „Suchbildes" ist aber noch Ernsteres, Tieferes am Werk. Ich meine die Tugend der „Sympathie", was ja im Ursinn des griechischen Wortes nicht nur Zuneigung und Wohlgefallen meint, sondern ursprünglich: Mitleidensfähigkeit, die Kraft, mit einem anderen im Schmerz verbunden zu sein. [...]

Das Thema an sich ist ja wahrlich kein Findling, kein Neuanfang in der Literatur dieser Jahre. Vaterbilder werden jetzt überall gesucht, mit Recht übrigens. Wer sich nicht seinem Vater stellt, das wissen wir mindestens seit Sigmund Freud, kann nie selber zum Vater heranreifen, innerlich. Aber wenn unter so vielen Vaterbüchern dieser Tage gerade dieses eine durchschlug, sofort als das wichtigste erkannt und gewürdigt wurde, so, weil es sich eben nicht im traditionellen Vaterhaß, nicht im klassisch-ödipalen Vatermord festrannte, sondern aus der Tiefe mitleidender Sympathie lebte. Hier macht eben der Sohn den Vater nicht einfach runter, wie es schwächere Talente mühelos schaffen. Er fühlt mit dem Unterlege-

nen mit, er versucht sogar, das Versagen zu verstehen. Er hält trotzdem Distanz. Er mischt sich ein: moralisch, aber vermengt sich nicht, sentimental. Mir scheint dieses Buch deswegen preiswürdig, weil es eine unendlich geglückte Balance hält zwischen Nein und Ja, Mitgefühl und Abweisung, Anklage und Verteidigung. Hier wird, wie immer bei bedeutender Literatur, aus verletztem Gefühl ein Prozeß in Gang gesetzt. Das Urteil ist streng, aber nicht ohne Gerechtigkeit, die befreit. Es ist auch ein Urteil, das die Deutschen dieser Republik überhaupt betrifft. Obwohl alles sehr persönlich ist, ist nichts privat. Das Buch hat seine eigene politische Dimension. [...]
Mit seinem jüngsten Lyrikband „Säure", dem dieser Preis zusammen mit dem „Suchbild" gilt, kommt bei Meckel etwas Neues ins Spiel. Von außen beurteilt, fällt zunächst wieder auf, wie weit weggerückt vom Zeitgeist diese neuen Gedichte angesiedelt sind. Es soll ja immer noch, immer wieder, so hört man auf den Märkten der Mode, die existentielle Einsamkeit, die Bindungslosigkeit, ja Verlorenheit des Menschen die einzige Wahrheit dieser späten Weltstunde sein. Es soll nur der trauernde Rückzug auf das eigene Ich, die neue Subjektivität, ein neuer Narzißmus möglich sein, literarisch. Und nun kommt dieser Lyriker, der inzwischen ins Mannesalter gereift ist, mit ganz anderen Erfahrungen. Sein lyrisches Ich ist an Introversionen und Nabelschau ganz uninteressiert. Ruhig und sanft, wie er ist, räumt er alle Ideologien vom Tisch. Er vagabundiert auch nicht mehr auf den Flügeln der Phantasie ziellos durch die Welt. Er hat jetzt ein Ziel, eine Richtung gefunden. Ich wage den Satz: Ein Ich sucht den Weg zum Du. „Du und ich, und ein haltbarer Abgrund", wie es in einem Gedicht heißt, das scheint mir das Neue, das hier zur Sprache kommt. Der Einzelne ist nicht in sich selber verbannt. Er ist offen für den anderen. Der andere ist das Ziel seiner Zärtlichkeiten und seiner Ängste. Ich frage: wo hört man das noch, unter seinen Generationsgenossen? [...]
Woher kommt die Überzeugungskraft dieser Gedichte? Bei dem Prosaband „Suchbild" sagte ich, es sei die Schmerzfähigkeit, die betroffen macht. Hier ist es etwas ganz anderes. Ich möchte es Weltoffenheit und Weltfülle nennen, eine durchaus naive Lust und zugleich hochreflektierte Kraft, sich dem Leben als Strom hinzugeben, der Mut vor allem, nur den Sinnen und ihrer unendlichen Wahrnehmungsfähigkeit zu vertrauen. [...]

Aus der Laudatio vom 26. Januar 1981

Blauer Meckel,

der (Feenauge, Frauenhort, Grafittchen, Traumdrudel) einjährig, Familie der Idyllizeen, Farbmittel.
Der Stengel niederliegend, glatt und geschmeidig. Die Blätter wie Wahrsagerkarten gefächert, ungestielt. Die tiefblauen Blüten sitzen haufenweise in den Blattwinkeln und leuchten aus dem blassen Blattgrün hervor. Sie sollen auch nachts und bei Nebel zu sehen sein.
Die ganze Pflanze, vornehmlich jedoch die Wurzel, hat einen stark betäubenden, dem Baldrian ähnlichen Geruch und wird von Katzen und Buchhändlerinnen sehr geliebt. Er reizt zu grundlosen Tränen und zu unfreiwilliger Komik. Der blaue Meckel wächst im Hintergründigen, in Anthologien, auf Kinderspielplätzen und im melancholischen Nirgendwo, vor allem jedoch im Feuchten, wo er sich nicht festlegen muß. Das Blau seiner Blüten täuscht eine Nähe der Ferne vor und hat schon manchen Wanderer irregeleitet.
Der Saft der Wurzel ist, mit Eigelb vermischt, stark violett färbend und ätzend. Des Kaisers neue Kleider wurden offensichtlich mit dieser Tinktur eingefärbt. Eine ähnliche Wirkung hat auch die Tinte, die aus dem blauen Meckel gewonnen wird. Sie nimmt den Wörtern ihre Realität.
Versuche, die sehr empfindliche Pflanze anzubauen, sind bis jetzt nicht gelungen. Klaus Wagenbach schreibt in seiner *Kampfschrift eines Gärtners:* »Der Blaue Meckel verlangt viel Pflege und Liebe. Man muß ihn abseits von den andern Pflanzen halten, sonst verkümmert er oder wächst nach unten.«

Fritz Schönborn: Deutsche Dichterflora. Carl Hanser Verlag, München/Wien 1980, S. 34 f.

Christoph Meckel

»Ich gehöre zu einer verschonten Generation«

Sehr verehrte Damen und Herren,
ich bin überzeugt, daß ein Mensch, der Sprache macht, unabhängig von Bejahung oder Verneinung, echtem oder falschem Beifall, Anerkennung oder Aberkennung seiner Sache zu leben, zu arbeiten und zu verschwinden hat. Für die Bücher und Verse und also die Literatur ist Bejahung in Form einer glaubhaften Ehrung gut, weil sie Literatur in der Zeit befestigt. Sie macht das kurze Gedächtnis der Mitwelt länger und vermittelt Sprache an die Gegenwart. Alte Überlegungen, immer neu. Zu meinen Büchern habe ich nichts zu sagen. Das einmal aus Sprache Gemachte gehört sich selbst sowie jedem anderen außer dem Autor. Es braucht von ihm nicht erörtert zu werden.
Erlauben Sie mir, von etwas anderem zu sprechen.
Ich gehöre zu einer verschonten Generation, und diese Gewißheit verschärft sich von Tag zu Tag. Der Zeitraum, in dem eine Generation sich prägt, profiliert und entscheidet, die Zeit zwischen zwanzig und dreißig, fiel in die Epoche der deutschen Restauration. Die bildete Konsumenten und Verbraucher, überforderte kein Gewissen und machte satt. Sie ermöglichte eine normale Biografie. Den immer noch möglichen Tod im Dritten Reich, die Bedrohung der Kindheit habe ich überlebt, durch Zufall wie jeder, der deutsch und nichts anderes war.

Ich habe früh Entbehrungen kennengelernt, Kälte, Hunger, Obdachlosigkeit, Infragestellung des Lebens und viel Zerstörung und kann heute sagen, daß das von Vorteil ist. Die Zeit danach war nicht bedroht durch Macht; die deutsche Schulderkenntnis betraf mich nicht. Für HITLER-JUGEND war ich ein Jahr zu jung, danach für den neuen Wehrdienst ein Jahr zu alt. WEHRDIENSTVERWEIGERUNG war nicht notwendig für mich. Ich habe weder Berufsverbot noch Kontrolle oder Zensur meiner Arbeit erfahren. Selbstzensur war keine Gefahr für mich, und Überwachungen war ich nicht ausgesetzt. Ich wurde in kein Exil gezwungen, in keine Partei und keine Institution. Im Ausland zu leben war Notwendigkeit, persönliche, selbstbestimmte Notwendigkeit, mit der Wahl von Ort und Zeit und der Dauer des Ganzen. Ich konnte denken, schreiben und sprechen, schlafen und schweigen, leben und reisen, wie es mir selbst und meiner Hoffnung entsprach. Die Computer- und Fahndungssysteme waren im Anfang, sie mischten sich nicht ein, ich schien frei zu atmen.

Kollektive Strapazen, Vernichtung durch Bürokratie, Verhöre, Foltern, Verhaftungen oder Verdacht, die Verkrüppelungen durch Macht blieben mir erspart. Ich konnte mir Bewegungsfreiheit verschaffen, die innere und die äußere, jederzeit. Nach allem, was wir von der Geschichte wissen, ist das ein ungeheures Privileg. Es betraf nicht nur mich, es betraf meine Generation. Und es ist klar, daß hier vom äußeren Leben, von Gesellschaft und Zeitgeschichte die Rede ist.
Es bleibt die Frage nach den inneren Chancen, und was meine Generation aus ihnen gemacht hat. Hat sie den Freiraum erkannt und wahrgenommen, hat sie den Friedensschauplatz lebendig gemacht? Ihre inneren Chancen (falls sich das abgrenzen läßt) waren gut oder schlecht wie die jeder anderen. Sie wurde von der Vergangenheit eingeholt und hatte sich mit ihr auseinanderzusetzen, unerwartet, grundsätzlich und fassungslos, ohne Rückhalt und Vorbild. Die weltweiten Kriege und Katastrophen (Atombombe, Napalm, Völkermord), die Zerreißprobe Ost und West als Modell und Weltbild, die geräuschlose Manipulation durch den Staat, die jederzeit mögliche Korrumpierung durch Geld, durch Erfolg, Karriere, Wohlstand und Position, der schwindelerregend schnelle Aufbau des Landes, die Zwänge im Bündnis mit der westlichen Welt — das war jeden Zweifel und jede Revolte wert. Ich bin nicht zufrieden in meiner Generation, nicht einverstanden mit

Foto: Renate von Mangoldt

ihr und nicht überzeugt. Soweit ich erinnern und erkennen kann, hat sie die Chance genutzt, sich zu etablieren: sorgenfrei, gesättigt, profitbewußt. Sie scheint eine tüchtige, clevere und solide und von Fortschritt gestreßte Generation zu sein. Sie wurde durch nichts in Frage gestellt und scheint nicht viel in Frage gestellt zu haben. Eine ruhige Generation zwischen Katastrophen, ohne Anarchie, Verzweiflung und Subversion. Sie scheint in bürgerlichen Normen zu leben und bestätigt zu haben, was bestätigt sein sollte: Sicherheit, Fortschritt und Zufriedenheit. Sie scheint in Arbeit und Ordnung zu funktionieren, sofern sie noch einmal in Konventionen stagniert. Wo sie verletzbar und mit Erkenntnissen lebt, scheint sie die falschen Gewißheiten aufzugeben. Trennungen, Emanzipationen, Zusammenbrüche, verspätete Krisen und schwierige Neuanfänge, Nachholbedürfnis an Atem und Selbsterfahrung, geplatzte Verdrängungen, brüchige Lebensformen. Ich weiß nicht: Hat sie Traum und Kindheit gerettet, Selbsterkenntnis und Welterfahrung vertieft, Hoffnung, Freude und Utopie gelebt, Vergangenheit bewältigt und Zukunft erkannt? Wie weit reicht ihr Bewußtsein von sich selbst? Hat sie sich exponiert und ausgelebt? Hat sie die neuen Entwicklungen auf sich genommen? Die Frage bleibt offen und wird zur Sprache gebracht durch andere Generationen und ihre Kritik. Ich habe keine gute Beziehung zu ihr: zu dieser Frage und dieser Generation.

Ohne Übertreibung läßt sich behaupten, daß sie eine historische Tatsache ist. Verschonte Generationen gibt es nicht mehr. Das Ausmaß der inneren und äußeren Belastung, der Vergiftung und Verkrüppelung aller Art, der gezielten Ruinierung von Welt und Leben ist unabsehbar geworden, ein weltweites Trauma. Es gab eine Zeit, sie ist nicht lange her, da man Leute mit Weitsicht Pessimisten nannte und ihre Prognosen für Unkenrufe erklärte. Und es erstaunt mich, immer wieder zu sehen, wie blind die menschliche Hoffnung sich weiterbewegt, Entwicklungen außer acht läßt und Tatsachen leugnet (etwa Aufrüstung oder Ökologie). Man erschöpft sich wieder in grauenhafter Geduld mit den Angelegenheiten von Staat und Macht. Man veranschlagt die eigenen Kräfte als wirkungslos und gibt die Courage ungefährdet preis. Der Geduld entspricht eine wachsende Ungeduld in persönlichen Sachen, im alternativen Bereich, in Freundschaft, Liebe und Solidarität. Im bezeichnenden Zustand dieser Gegenwart, im Simultanbetrieb aller Widersprüche, aller Spezialisierungen, Perspektiven, Tendenzen, aller menschlichen, technischen, ökonomischen Fragen scheint Wirklichkeit in sich selbst zusammenzustürzen. Was immer WIRKLICHKEIT bedeuten kann — sie ist inzwischen zur Chimäre geworden. Wo fängt man an, mit ihr umzugehen? Wie bestimmt man, nüchtern und ohne Illusion, den Charakter der Zeit, was hat man entgegenzusetzen? Wo ist der authentische Punkt im irren Gespinst? Die eigene Stimme im babylonischen Schrei? Dem abgeschlagenen Kopf der Hydra wachsen zehn neue Köpfe nach.

Wenn die Widersprüche und Theorien erschöpft, die Begriffe verwelkt und die Ideologien erstarrt sind; wenn Ethik, Moral und Humanität besprochen, die Überzeugungen bekräftigt und die Meinungen verdampft sind; wenn Rat und Ratlosigkeit sich die Waage halten, Parolen wie defekte Schallplatten kreisen und Wut und Verzweiflung am Boden verblutet sind — dann tritt ein Moment vollkommener Stille ein. In diesem Augenblick beginnt Poesie. Eine Zeile wird laut — und macht sich selbst, die Welt und den Menschen wirklich. In dieser Überzeugung lebt die Sprache. Das ist die gefährliche und absurde, wahrhaftige und berechtigte, jederzeit und überall anfechtbare und durch nichts widerlegte Hoffnung der Literatur. In ihr verkörpert sich ein Mensch, der Sprache macht. In ihr verzweifelt er, in ihr macht er weiter. Sie ist sein Alibi, seine Chance noch dann, wenn ihre Unhaltbarkeit bewiesen wird. Er kann bestritten, in Frage gestellt und widerlegt, an die Kandare genommen und um den Verstand gebracht werden, aber sie bleibt die Verkörperung, die er lebt und gestaltet. Unter jeder Bedingung und zu jeder Zeit ist sie der Anlaß, alle Grenzen zu sprengen, die eigenen Mittel und Möglichkeiten zu steigern, das Jasein, das Neinsein, den Zorn und den Todesgedanken, und die Sprache stärker als brauchbar zu machen, verletzender als ehrlich und radikaler als schön.

Das ist der immer wieder offene Anfang, der notwendige Zweifel, der Ausgangspunkt jedes Gedichts. Kein Mensch, der Sprache macht, kommt darüber hinaus. Jedes Wort hat die Chance einen Anfang zu machen. Alles ist Anfang.

Meine Damen und Herren, ich danke der Stadt und dem Land Bremen, der Rudolf-Alexander-Schröder-Stiftung und ihrer Jury.

Titelgraphik von Christoph Meckel aus dem Gedichtband „Säure"

Christoph Meckel

DREI GEDICHTE

Ihre Telefonnummer. Als ich sie schließlich
verloren hatte, dachte ich: das bist du los:
rumstehn in einer Telefonzelle im Winter, endlich
hast du das wieder: Zeit
und Winterzeit in rauhen Mengen
Ruhe in einer dunklen Bar mit einem Sherry
und Iris entfernt sich auf dem Regenbogen.
Na schön; in der Jackentasche find ich sie wieder
zwei Wochen später, und alles beginnt von vorn:
das Ja, das Nein, das Vielleicht
die gurrende Hölle.

Hab ich bloß Umgang mit bezahlten Leuten?
Auch Julia spricht neuerdings von den sichren Finanzen
und H. der den Einsatz kennt, verkauft seine Prosa
an irgendein dunkles Magazin für die Dame.
Wir trinken noch zusammen, aber ich bin
der Idiot in der Wolke mit meinen geflügelten Sätzen
und Julia, selbst Julia, hat keine Zeit mehr fürs Feuer.

Mal ist es das Ja, mal ist es das Nein
der Schlaf und der Regen
die Sonne, der Herbst, der Kuß auf die Brust
die Wut und das Weinen
Gier, Ohnmacht, Entsetzen, Betrug
Meer, Bitterkeit, Hoffnung und Sommer
das Licht und der Kirschbaum
das Lachen, der Wein und die Freude
Nacht, Rausch, Vergessen, Verzicht, Verlust und Verloren
und vielleicht am Ende, zuletzt, wenn geräuschlos und trocken
die Öffnungen des Fleisches sich schließen
ist es die Liebe gewesen, mein Engel.

Aus: Säure, claassen Verlag, Düsseldorf 1979, S. 12, 28 und 54

Foto: Isolde Ohlbaum

Christoph Meckel

Suchbild

[...]Er zog sich, sooft es ihm möglich war, aus der Gemeinschaft zurück und schrieb Gedichte. Wo immer er hinkam, baute er sein Idyll, versponnen in ein Cocon aus Besinnlichkeit. Er las die Klassiker und Moltkes Schriften und notierte jede STIMMUNG DER JAHRESZEIT — die Geräusche des Regens auf dem Kasernendach, die Farben des Sommerhimmels über dem Ghetto. In der Zurückgezogenheit bewahrte er sich ein Minimum an privater Kontinuität. Dort gab er sich, Briefe schreibend, dem Heimweh hin. Der Krieg war schlimm (er mußte freilich sein), aber schlimmer war das Getrenntsein von seiner Frau. Größe und Niedergang des Vaterlandes (der politisch Bewußtlose sah die Gründe nicht) bedeuteten wenig im Vergleich zu der Tatsache, daß seine Kinder ohne ihn größer wurden. In allem, was er dachte und tat, hielt er sich streng an die festgelegte Verantwortung des Soldaten. In ihr war er sicher vor möglichen Zweifeln (tiefere Zweifel schienen ihn nicht zu befallen). Sie war seine Zuständigkeit und seine Würde. Über Politik wurde selten gesprochen, selten mit Kameraden und Offizieren, weniger noch im Urlaub mit seiner Frau. Der Glaube an die Rechtmäßigkeit des Kriegs, das unbedingte Vertrauen in Autorität, das auf Prinzipien reduzierte Denken schmolz jede ambivalente Empfindung ein. Ihm fehlte in allem das elementare Entsetzen, weil ihm die Einsicht in den Zusammenhang fehlte.

Er lebte sich ein, und ich frage mich, was das heißt. Er gewöhnte sich daran, er machte mit.

Die Voraussetzung dazu bestand in dem Willen, sich durchzusetzen in einer Lage, die seiner Wesensart nicht zu entsprechen schien. Er gewöhnte sich ein (er festigte seine Position) zunächst noch als Untergebener der Autorität. Es war ihm möglich, sich einzugewöhnen, weil Autorität ein Fixpunkt war, den er niemals in Frage stellte. Autorität war eine Gegebenheit, die er auf eine sehr subtile, kaum wahrnehmbare Art der Unterwerfung bestätigte. Er hatte — durch Verhalten und Wesensart — schon immer alles mögliche bestätigt. Er hatte seinen Vater bestätigt, danach sein Vaterland und verschiedenes mehr. (Er hätte sich in alles eingelebt, und selbst in eine blutige Diktatur; er hätte sich, erbittert, unterworfen, und allenfalls die Methode des Blutvergießens, nicht aber das Blutvergießen selbst kritisiert; wo Blut vergossen wurde, war auch ein Sinn; der Sinn des Blutvergießens war vor ihm da.) Er gewöhnte sich daran, er lebte sich ein, das war die Voraussetzung für den nächsten Schritt. Da war er schon fast imstand, Karriere zu machen. Ein weiterer Schritt: die militärische Mitbestimmung durch ihn. Das Kommandieren, schrieb er, mache ihm Spaß.

Sich einzuleben kann unumgänglich sein. Es war, in Grenzen, unumgänglich für ihn. Es war lebensnotwendig für jeden, der in die Defensive geraten war, um wieviel notwendiger für den Verfolgten, den öffentlich Diskriminierten, den Lagerhäftling. Man lebte sich ein, um zu überleben und behielt seine Gründe ungebrochen im Kopf. Eingelebtsein konnte Tarnung bedeuten, sie wurde von List und Intelligenz bestimmt. Ohne die Techniken der Simulation, ohne Mimikry und Täuschungsmanöver hätte die Hälfte der Menschheit nicht überlebt. Aber die Kunst der integeren Tarnung, der nicht von Bequemlichkeit, sondern Absicht bestimmten, ist nicht seine Sache gewesen, er war kein Schweijk. Er lebte sich tatsächlich und gründlich ein, zuerst als Schütze und später als Offizier, mit der restlosen Überzeugung, im Recht zu sein, und nicht im Hinblick auf ein Ende des Krieges. Er sang und marschierte konform mit dem Deutschen Reich (durchaus nicht mit Hitler, SS und NS-Partei), er bejahte die gewaltsame Expansion. Er glaubte an den Triumph der deutschen Idee und empfand den Rückzug (das ABBRÖCKELN, wie er es nannte) als schmerzlichen Verlust für sich und die Heimat. Er gewöhnte sich ein im Hinblick auf eine Zukunft, die rechtmäßig, deutsch und für immer haltbar war. Er lebte sich ein in den Körper einer Idee. Er identifizierte sich für ein ganzes Leben.

Er war nicht mehr nur der Autorität unterstellt: er war Offizier. Er selbst unterstellte die andern: als Autorität. Im Augenblick, als ihm Autorität zu Gebrauch oder Mißbrauch zur Verfügung stand, erschien die Veränderung auf erstaunliche Weise. Er avancierte zum Vorgesetzten, der die Schwäche und Stärke des Einlebens hinter sich ließ. Die Teilhaberschaft an der Macht war ziemlich begrenzt — sie genügte, seine Empfindlichkeit auszulöschen. Er war kein Machtmensch von Natur, er wurde zum Machtmenschen durch die Beglaubigung. Titel und Rang des Soldaten waren seine Gewähr. Geforderte Kameradschaft und Pflicht des Soldaten wurden von ihm aufs Schärfste kontrolliert. Früher mal hatte er den Mann verachtet, der über die Stränge schlug, sich betrank und verirrte, dem Bild vom deutschen Soldaten nicht entsprach. Jetzt stand es ihm frei, solche Unfälle zu verfolgen. Er verfolgte sie mit purer Gerechtigkeit. Gerechtigkeit dieser Art konnte FÜR DEN MENSCHEN und sie konnte GEGEN DEN MENSCHEN zum Tragen kommen. Sie wollte, in seinem Fall, noch leutselig sein. Er konnte sich, privat oder offiziell, das eigene Gerechtsein zugute halten und mit betonter Großzügigkeit eine Strafe erlassen (WIR SIND KAMERADEN). Er drückte mit sichtbarem Nachdruck ein Auge zu. Er ließ ein paar polnische Kohlendiebe laufen und ersparte einem Säufer verschärften Arrest. Die Maßnahme war keine reine Menschlichkeit. Sie war allenfalls der betont humane Gebrauch seiner persönlichen Machtbefugnis.

Die Autorität veränderte seine Optik. Der ästhetische Mensch, um edle Sprache bemüht, verfiel immer häufiger in den Toilettenjargon der Herrenleute. Er war vielleicht kein Menschenverächter, aber er sah jetzt Polacken überall, elende Weiber und renitentes Gesindel. Er war vermutlich kein Antisemit, aber er sah die Beseitigung der Juden als Schicksal, Tragödie und für den einzelnen furchtbar, im ganzen aber als unabänderlich an. Er sah den erschossenen Feind ohne jedes Interesse. Der geschlachtete Partisan ließ ihn friedlich träumen.

Die schöngeistig dünne Schale wurde brüchig. Die Verrohung des Offiziers nahm weiter zu. Zum Vorschein kam der Chauvinismus des gehobenen Untertans. Er hatte vergessen, wer er am Anfang war, er gewann einen Wettbewerb für Soldatenlyrik. Er leitete ballistische und ideologische Kurse, legte Ehrgeiz hinein und wurde gelobt. Er funktionierte über das Maß hinaus. Die wiederkehrende Schwermut änderte nichts. [...]

Aus: Suchbild. Über meinen Vater. claassen Verlag, Düsseldorf 1980, S. 68-74

Foto: Renate von Mangoldt

Christoph Meckel

12. 6. 1935 Berlin

Foto: Anita Schiffer-Fuchs

Sohn des Schriftstellers Eberhard Meckel. Kindheit und Jugend in Freiburg i. B. Besuch des Gymnasiums bis zum Ende der Unterprima. Reisen durch Deutschland, Europa, Afrika und Amerika. 1954-55 Graphikstudium an der Freiburger Kunstakademie. 1956 Wechsel an die Kunstakademie nach München zu Richard Seewald, Begegnung mit Wilhelm Unverhau. Erste lyrische Arbeiten veröffentlicht. Längere Aufenthalte im südbadischen Oetlingen, in Berlin, auf Korsika, in Südfrankreich und in der Toskana. Mehrere Gastdozenturen in den USA. Zahlreiche Ausstellungen in Europa, Afrika und den USA. M. lebt heute als Lyriker, Erzähler und Graphiker überwiegend in Westberlin. Er ist Mitglied des PEN-Zentrums der Bundesrepublik, der Akademie der Wissenschaften und der Literatur zu Mainz und der Deutschen Akademie für Sprache und Dichtung in Darmstadt.

Preise: Kurt-Tucholsky-Preis der Zeitschrift „Studentenkurier" für das beste zeitbezogene Chanson (1958, für das „Chanson von den Helden in kommender Zeit"); Förderpreis zum Immermann-Preis der Stadt Düsseldorf (1959); Förderpreis zum Julius-Campe-Preis des Hoffmann und Campe Verlages (1961); Villa-Massimo-Stipendium (1962); Förderpreis des Niedersächsischen Kunstpreises (1962); Preis „Junge Generation" des Berliner Kunstpreises für Literatur (1966); Preis der Heinrich-Zille-Stiftung für sozialkritische Graphik (1970); Kurzgeschichtenpreis Internationales Autorencolloquium Hamm/Neheim-Hüsten/Iserlohn/Soest (1971); Preis der Neuen Literarischen Gesellschaft Hamburg (1973); Reinhold-Schneider-Preis (1974); Rainer-Maria-Rilke-Preis für Lyrik (1979); Arbeitsstipendium des Landes Baden-Württemberg (1980); Literaturpreis der Freien Hansestadt Bremen (1981); Ernst-Meister-Preis für Literatur (1981); Georg-Trakl-Preis der Stadt Salzburg (1982); Kasseler Literaturpreis für grotesken Humor (1993)..

Werkauswahl: Tarnkappe. Gedichte. 1956 – Hotel für Schlafwandler. Gedichte. 1958. – Nebelhörner. Gedichte. 1959. – Im Land der Umbramauten. Prosa. 1961. – Wildnisse. Gedichte. 1962. – Tullipan. Erzählung. 1965. – Lyrik, Prosa, Graphik aus zehn Jahren. 1965. – Bei Lebzeiten zu singen. Gedichte. 1967. – Die Balladen des Thomas Balkan. 1969. – Bockshorn. Roman. 1973. – Wen es angeht. Gedichte und Graphiken. 1974. – Nachtessen. Gedichte. 1975. – Liebesgedichte. 1977. Licht. Erzählung. 1978. – Erinnerung an Johannes Bobrowski. 1978. – Säure. Gedichte. 1979. – Ausgewählte Gedichte 1955-1978. 1979. – Suchbild. Über meinen Vater. 1980. – Nachricht für Baratynski. 1981. – Der wahre Muftoni. Erzählung. 1982. – Ein roter Faden. Gesammelte Erzählungen. 1983. – Souterrain. Gedichte. 1984. – Plunder. Prosa. 1986. – Anzahlung auf ein Glas Wasser. Gedichte. 1987. – Das Buch Jubal. Gedicht-Zyklus. 1987. Poetische Grabschriften. 1987. – Hundert Gedichte. 1988. – Pferdefuß. Gedichte. 1988. – Von den Luftgeschäften der Poesie. Frankfurter Vorlesungen. 1989. – Die Messingstadt. Roman. 1991. – Manuskriptbilder 1962-1992. 1992. Shalamuns Papiere. Roman. 1992. – Schlammfang. Erzählung. 1993. – Archipel. Erzählung. 1994. – Eine Hängematte voll Schnee. Erzählungen, Zeichnungen, Fragmente. 1995. – Gesang vom unterbrochenen Satz. Drei Poeme. 1995. – Immer wieder träume ich Bücher. Gedichte und Graphiken. 1995.

Über C. M.: Herbert Glossner in: Kritisches Lexikon zur deutschsprachigen Gegenwartsliteratur, München 1978 ff.

Förderpreis des Bremer Literaturpreises 1981 für „Aus der Wildnis. Zwei Fragmente“, Verlag Klaus Wagenbach, Berlin 1980

Franz Schuh

Beschreibungen

[...] Koflers Beschreibungen des österreichischen Hinterlandes sind nicht regional beschränkt, sind keine regionalen Beschränktheiten. Bekanntlich ist ja das Regionale, vor allem in der satirischen Literatur, die gleichsam lebendige Besonderheit, über die sich die allgemeinen Weltbilder und das vielen gemeinsame, zwar überregionale, dafür jedoch gesichtslose Schicksal großer Menschengruppen darstellen lassen. Eine Spur des Kafkaesken kann man in Koflers Arbeiten verfolgen: Aus Koflers literarischer Perspektive sieht man klar, wie zunächst die familiären („Guggile“) und dann die bürokratischen Ordnungen („Ida H.“, „Aus der Wildnis“), die jedem individuellen Leben vorgesetzt werden, ihm vorausgesetzt sind, funktionieren: Sie funktionieren wie ein Apparat, der sich — unter allerlei Versprechen und Täuschungen — die Individuen gefügig macht, bis diese selbst, aus, wenn man will, selbstverschuldeter Unmündigkeit Bestandsstücke des Apparates werden, und sich über ihre Konkurrenzen („ein Schwanz außer dem eigenen ist immer bedrohlich“) in apparathafte Mechanismen verwickeln. Das lautet dann im Geschlechterkampf, dem der zweite Teil des ausgezeichneten Buches gewidmet ist (und der auch seine sexuellen Seiten hat, die Reich-Ranicki, wie man hört, für Pornografie hält, weshalb er sich als Jury-Mitglied von der Bremer Juryentscheidung distanziert), so: „Ich beobachte es seit einem halben Jahr; was du betreibst, hat System. — Und dein System ist es, Systeme zu unterstellen; ein Wahnsystem.“

Werner Kofler erhält die Förderpreis-Urkunde von Senatsrat Dieter Opper. Foto: Herbert Abel

In jedem Fall ist das ein geschlossenes System, in dem menschliches Handeln, Praxis, an einen Mechanismus delegiert wird, der zu seiner Selbsterhaltung eben Praxis verhindert; es ist die geschlossene Anstalt im kleinen, von der im großen die Krankengeschichte „Ida H.“ berichtet, und man lernt, daß man dem privaten Knoten ebensowenig wie dem öffentlichen, den eine überkommene Psychiatrie schürzt, entkommt, ohne ihn zu zerschlagen.

Der Apparat jedoch durchdringt vor

allem die Sprache, er „instrumentalisiert“ sie, macht sie zu seinem Werkzeug, so daß es schwierig ist, sich gerade über diesen Vorgang zu verständigen, denn: in welcher Sprache? Kofler *montiert* in seinen Arbeiten die Phrasen, er *zitiert* sie, diese Elemente des strategischen Sprachhandelns; in denen der Apparat auch eine menschliche Sprache verhindert, und, um es vielleicht in einer ebenso abstrakten Sprache zu sagen, sich in der Kommunikation gegen die Kommunizierenden durchsetzt. [...]
Koflers Geschichten, von Montagen, den Einbrüchen außerliterarischer Welten gebrochen, nehmen keinen linearen, keinen gradlinigen Verlauf. Sie haben auch nicht den inneren Halt erschaffener Welten, in denen ein Dichter sich als Demiurg, als Schöpfer widerspiegeln kann; sie sind nichts als aus Abschnitten zusammengesetzte Verläufe, die filmschnittartig eine Disparatheit, eine Zerstreutheit, eine Zerfallenheit, vielleicht die des modernen Lebens widerspiegeln, und es versteht sich, daß Koflers eigenes Leben sich durch seine literarische Arbeit zumindest in bezug auf die Lebensmittel verbessert hat; besucht man ihn derzeit, dann erhält man davon nur die besten! Aber irgend ein Flair polizeiverdächtiger Mittellosigkeit muß ihm noch anhaften, denn wie sonst hätte der bayrische Grenzsheriff, als Kofler beim Überschreiten der österreichischen Grenze nur eine Hinfahrt (nach Bremen) und keine Rückfahrkarte vorweisen konnte, zu ihm einfach sagen können: „Für mich sind Sie mittellos!“
Erst der Vorweis der Einladungsbriefe der Rudolf-Alexander-Schröder-Stiftung hat die schlimmsten Folgen verhindert. Vielleicht ist es wirklich so, wie es ein angesehener deutscher Politiker anläßlich der Verleihung des Bremer Förderpreises an Koflers Vorgänger Peter-Paul Zahl gesagt hat, daß es nämlich in Deutschland Institutionen gibt, die die Polizei desavouieren, in dem sie denen, die diese sonst nur einsperrt, Literaturpreise verleiht; eine Institution dieser Art, sie wäre in Österreich undenkbar.

Aus der Laudatio vom 26. Januar 1981

Werner Kofler

Literatur, Paranoia, Identität

Viel ist nicht zu sagen. Sie haben einen halbanonymen Autor ausgezeichnet, der in der literarischen, also bürgerlichen Öffentlichkeit kaum vorkommt, der keinen Marktwert hat, keinen haben will und ihn dann doch wieder vermißt, vermissen muß — denn was die Rezeption der anderen Öffentlichkeit anlangt, wer kann davon leben?
Manchmal habe ich den Eindruck, daß meine Bücher erscheinen, um verschwiegen und versteckt zu werden. Wer daran Schuld hat? In meiner Paranoia erfinde ich neben einer allgemeinen Verschwörung immer auch konkrete beschränkte Literaturmachthaber, die hinter meiner öffentlichen Nicht-Existenz stehen; Beispiele möchte ich Ihnen ersparen, sie verderben den Appetit. Ich kann mir aber vorstellen, daß einige dieser Kulturaufsichtsräte, deren Praxis das Hochlebenlassen oder das Totschweigen ist, gegenüber der Tatsache dieser Preisvergabe bestürzt fragen: wie hat denn das nur passieren können?
Es heißt manchmal, ich sei größenwahnsinnig. Das ist richtig; mir erscheint der Größenwahn — oder sagen wir: der subversive aufrechte Gang — als angemessene Möglichkeit, im Dschungelkampf des Kulturbetriebs zu überleben. Außerdem habe ich allen Grund dazu: meine Bücher sind in nahezu alle Sprachen der Welt, das Kisuaheli eingeschlossen, nicht übersetzt, sie haben inzwischen eine Gesamtauflage von fast 16.000 erreicht, und das ist doch sehr viel mehr als die paar Millionen bestimmter Kollegen.
Was nun Identität, auch politische, betrifft, möchte ich ihnen abschließend, als Solipsist, eine kurze Passage aus meiner Autobiografie „Guggile“ vorlesen:
„DAS LEBEN, EIN FASCHING.
— Jedes Jahr hat am Nachmittag des Faschingssonntag im großen Pfarrsaal von St. Nikolai ein Kindermaskenball stattgefunden. Ich bin zwei oder dreimal als ‚Bajazzl‘ — als Clown — gegangen, nachdem ich aus dem Bajazzl-Kostüm ‚herausgewachsen‘ war, bin ich als ‚Chines‘ — als Chinese — gegangen. Heute empfiehlt mir meine Mutter, meine miserablen beruflichen Zukunftsaussichten betreffend, mindestens einmal jährlich: geh doch ALS LEKTOR!“
Aber das tue ich nicht. Dann doch lieber als Preisträger, und daß Sie mich für diese Rolle gewonnen haben, dafür danke ich Ihnen.

Foto: Renate von Mangoldt

Werner Kofler

Schießdienst, Schießlehre

Unter Schießen versteht man das Forttreiben von Geschossen aus Feuerwaffen. Dieses Forttreiben geschieht folgendermaßen: —. Beim Schießen mit dem Sturmgewehr verwendet man Patronen. Das Sturmgewehr ist — und besteht aus. Ein Merkheft anlegen, das Aufgeschriebene auswendig lernen, aufsagen. Das Gewehr, die Braut des Soldaten: Bergkameraden ja wir.
So sehr die meisten klagten und fluchten über die Mühseligkeit der Wartung, des Waffenreinigens, die Schwierigkeit des Zerlegens und Wieder-zusammensetzens, so sehr wurden sie durch die scheinbare Verfügung über die ungeladene Waffe mit jenen Widerwärtigkeiten ausgesöhnt: wenn gerade kein Vorgesetzter zugegen war, legten oft welche die Waffe spielerisch an, probierten daran herum, legten den Hebel von Einzelfeuer auf *Dauerfeuer,* simulierten die dazugehörigen Geräusche und Rückstöße, schossen aus der Hüfte; lange Gespräche wurden geführt, diese und vergleichbare Waffen betreffend, erhaben wurden technische Details ausgespielt, auch solche der Wirkung, Fachgespräche, Fachleute, vom Fach.
Beim ersten Scharfschießen auf einem abgelegenen Schießplatz hatte der Kommandant, um möglichst viele zu besonders guten Leistungen anzustacheln, den drei besten Schützen zwei Tage Urlaub als Preis ausgesetzt. Irritiert, wie schmerzhaft ein Rückstoß, wie laut ein Schuß im eigenen Ohr sein konnte, feuerten viele wild in die Büsche und Wälder hinter und neben den Pappfiguren: ein stilles Vergnügen, zu beobachten, wie die Ausbilder nach jedem dieser grotesken Fehlschüsse vor Wut herumsprangen, die Hände vors Gesicht schlugen, am Schützen herumrüttelnd erneut seine Haltung korrigierten und drohten, ihm den Kopf abzureißen, wenn der nächste Schuß nicht —. Kirsch, der vorher noch nicht einmal ein Luftdruckgewehr in der Hand gehalten hatte, zielte sorgfältig und ohne Hast, er ziele »wie bei einem Exekutionskommando«, hörte er hinter sich sagen, und traf zu seiner eigenen Überraschung nahezu mit jedem Schuß in den innersten Ring, exekutierte fast jedes Mal die Pappfigur. — Auf der Rückfahrt vom Schießplatz erfuhr Kirsch, daß er als zweitbester Schütze bereits feststand — zwei Tage Urlaub, ein Mann, der Kommandant noch dazu, ein Wort, waren ihm sicher; damit vermochte er sich sogar gegen einen Wachtmeister durchzusetzen, der ihn für das Wochenende strafweise, also natürlich nicht strafweise, da nicht sein kann, was nicht sein darf, der Brandwache zugeteilt gehabt hatte.

(Mögliches später.

Angenommen, Ihre Frau würde vor Ihren Augen überfallen und vergewaltigt, Sie würden doch auch sich zur Wehr setzen, oder etwa nicht?
Und überhaupt, was stellen Sie sich vor, keine Kriege mehr, oder was?
Was ist mit dieser Geschichte, was wollen Sie damit?
Bitte, Herr Rat, Herr Gerichts-, Herr Geschlechts-, Herr Gefechtsrat, bitte ich weiß auch nicht, was mir da eingefallen ist.) [...]

Aus: Aus der Wildnis. Zwei Fragmente. Verlag Klaus Wagenbach, Berlin 1980, S. 37 f.

Werner Kofler

23. 7. 1947 Villach/Kärnten

Besuch der Lehrerbildungsanstalt in Klagenfurt. 1963 erste Veröffentlichungen in lokalen Zeitungen. Ab 1965 zahlreiche Tramp-Reisen durch Europa. Zwischendurch tage- und wochenweise in den verschiedensten Berufen tätig. Ein Jahr Militärdienst, danach freier Schriftsteller. Seit 1970 lebt K. in Wien.
Preise: Lyrikpreis der österreichischen Hochschülerschaft (1969); Staatspreis/Förderungspreis (1978); Förderungspreis der Stadt Wien (1980); Literaturförderpreis der Freien Hansestadt Bremen (1981); Prix Futura Berlin/Hörfunk (1985); Elias-Canetti-Stipendium der Stadt Wien (1987, 1988, 1989). Österreichischer Würdigungspreis für Literatur (1990); Großer Preis der Stadt Wien (1991); Kulturpreis der Stadt Villach (1992).
Werkauswahl: Analo und andere Comics. 1973. – Örtliche Verhältnisse. Gedichte und Prosa. 1973. – Guggile: Vom Bravsein und vom Schweinigeln. Eine Materialsammlung aus der Provinz. 1975. – Ida H. Eine Krankengeschichte. Erzählung. 1978. – Aus der Wildnis. Zwei Fragmente. 1980. – Konkurrenz. Kriminalroman. 1984. – Amok und Harmonie. Prosa. 1985. Am Schreibtisch. Alpensagen/Reisebilder/Racheakte. 1988. – Hotel Mordschein. Drei Prosastücke. 1989. – Der Hirt auf dem Felsen. Ein Prosastück. 1991. – Das große Buch vom kleinen Oliver. 1991. – Herbst, Freiheit: ein Nachtstück. 1994. – Üble Nachrede. 1997.

Ulrich Weinzierl
Auf dem Vorsatzpapier des Bandes [Aus der Wildnis, W. E.] ist „Der Autor" abgebildet, dankenswerterweise und in Kupferstichmanier. Ganz leger sitzt er da, in der Rechten Notizbuch und Bleistift, zur Linken eine Flinte. Kofler könnte Lederstrumpf sein oder Kara Ben Nemsi Effendi. Versonnen blickt er in die Ferne, vielleicht auch in sich selbst. Und sichtlich fallen ihm, dem sprachlichen Jäger und Fallensteller, gerade seine Geschichten ein – aus dem Dschungel des Kulturbetriebs, aus den Wüsten der Großstadt, aus der Wildnis der Schlafzimmer.

Frankfurter Allgemeine Zeitung vom 18. März 1981

Frontispiz: Auguste Kronheim. Aus: W. K., Aus der Wildnis. Zwei Fragmente, Verlag Klaus Wagenbach, Berlin 1980

Bremer Literaturpreis 1982 für „Die Ästhetik des Widerstands. Roman", Suhrkamp Verlag, Frankfurt/Main 1975/1978/1981

Christoph Meckel

Sinnbilder gerechten Aufruhrs

Martha Höhl verliest die Preis-Urkunde für Peter Weiss. Foto. Ursula Borucki

[...] Peter Weiss hat sein WELTTHEATER als Maler begonnen und vierzig Jahre später als Autor beendet. Die Frage nach der totalen Darstellung dessen, was heute Gesellschaft und Leben des Menschen ist, hat ihn sein Leben lang herausgefordert. »Ich plante ein Welttheater. War mir aber über die Form noch nicht klar. Suchte nach einem Modell, nach einer Möglichkeit, den Stoff zu konzentrieren. Im Renaissancetheater gab es diese großen, zusammenfassenden Allegorien, diese Chöre, diese festlichen und makabren Aufzüge, dazwischen einzelne Gesangstimmen, Tänze, Trommeln und Dudelsäcke. Etwas von dieser Totalität schwebte mir vor. Da wurde die Pest geschildert, die Hungersnot, das Jenseits und die irdische Herrschaft. Immer wieder waren die Machthabenden da, die Fürsten und Päpste, und es war die Rede von den unumstößlichen Hierarchien. Immer waren die Unterdrücker da und die Leidtragenden.«

Es scheint sich nicht von selbst zu verstehen, den Großen Gesang in Angriff zu nehmen, die politische Odyssee, die unmöglich erscheinende Form. Und doch — was könnte selbstverständlicher sein. Der rigorose Entwurf, der totale Umriß — was sonst wäre Literatur und was sonst Utopie. Was sonst kann ihr Würde geben, Brisanz und Stachel, was sonst kann Inferno und Paradiso beschwören, Vergangenheit, Gegenwart und Zukunft verbinden, die Klassen und Kulturen, die Leben und Tode. Was sonst kann Erkenntnis und Wahrheit provozieren, und wo, wenn nicht dort, wird Geschichte faßbar gemacht.

„Die Ästhetik des Widerstands" ist ein politisches Epos, monströs erscheinend als Unternehmung und Form, den Kritiker und den Leser überfordernd und jeden herausfordernd, auf verschiedene Weise, der im Selbstverständlichen nicht zu Hause ist. Die prosaischen Epen der Neuzeit, die Weltentwürfe, sind überwiegend Romane der Regionalisten. Die Yoknapatawpha-Saga von William Faulkner, die Romane von Márquez, Grass oder Scholochow.

Sie entstanden aus einer Provinz und ihrer Geschichte, der geografische Umriß ist ihre Gewähr. Es erscheint mir daher nicht selbstverständlich, daß der Große Gesang aus ganz anderem Stoff gemacht ist, nicht Ort oder Landschaft und ihre Gestalten erschafft, sondern ganze Epochen in

Bewegung setzt, nicht aus lokaler Atmosphäre gebaut ist, sondern aus Geschichte von Politik und Kunst, daß er von Ideologie und Idee bestimmt wird, Bericht, Beschwörung und Deutung von Tatsachen ist, Geschichtsschreibung, Überlieferung, Analyse, ein neuer Entwurf zwischen Dante und Herodot.
KAMPF, das Wort hat eine reale Bedeutung, es gehört Peter Weiss, und er kann es von Grund auf sagen, es verbindet Weltanschauung, Ästhetik und Leben. Die alten Epen waren Kampfberichte, sie setzten ein geschlossenes Weltbild voraus, in dem der Kampf noch als Scheitern sinnvoll war.
Das Epos von Peter Weiss ist ein Kampfbericht, und Kampf ist der rote Faden in seinem Gewebe, bis in Atem, Tonart, Syntax und Argument, Kampf der Wunschgestalt ICH um Erkenntnis und Wahrheit, Kampf der Genossen um die konkreten Ziele, Kämpfe der Vielen um Hoffnung und Überleben, die Stärke des Vaters und die Erschöpfung der Mutter; die Eroberung der Klassiker und der Künste im gemeinsamen Sehen, Lesen und Diskutieren. Kampf ist zentrales Motiv der beschriebenen Werke — der Pergamonaltar und das Floß der Medusa — Sinnbilder gerechten Aufruhrs und großer Revolten.
»Grimassierend in Schmerz und Verzweiflung, so rangen sie miteinander, handelnd in höherem Auftrag, träumend, reglos in wahnsinniger Heftigkeit, stumm in unhörbarem Dröhnen, verwoben alle in eine Metamorphose der Qual, erschauernd, ausharrend, wartend auf ein Erwachen, in fortwährendem Dulden und fortwährender Auflehnung, in unerhörter Wucht, und in äußerster Anspannung, die Bedrohung zu bezwingen, eine Entscheidung hervorzurufen.«

Aus der Laudatio vom 25. Januar 1982

Peter Weiss, Heinar Kipphardt und Martha Höhl (oben); Peter Weiss und Christoph Meckel. Fotos: Ursula Borucki (oben); Peter Peitsch

Peter Weiss

»Das war ja noch eine Welt«

Sehr verehrter Herr Senator, liebe Mitglieder der Jury, lieber Christoph Meckel, ich möchte Ihnen danken für die große Ehrung, die Sie mir zukommen ließen in dieser Stadt. Sie können sich denken, daß dieser Preis für mich eine ganz besondere Bedeutung hat, bin ich doch ein verlorener Sohn dieser Stadt. Vor mehr als einem halben Jahrhundert stand ich dort unten und schaute zu diesen Fenstern des ehrwürdigen Hauses hinauf, zu Füßen des Rolands, sah da diesen merkwürdigen Zwerg zwischen den Füßen des Riesen — ich weiß nicht, ob er heut' noch dieselbe Form hat. Ich erinnere mich an den Zwerg eher als eine Art von plattgetretener merkwürdiger Figur, die schon kaum mehr menschliche Formen hatte, sondern eher einer Schildkröte glich oder einer Wanze, die zertreten wurde. Ich sah darin den kleinen zertretenen, gekuschten Menschen und diesen bedrohlichen Ritter, der ja ein Bild verkörpert, das ganz — also eigentlich — dem Sinnbild entgegengerichtet ist, aber ich erlebte es so als ganz kleines Kind, das da spazierenging, daß das nicht eine Gestalt des Schutzes war, sondern es war damals eine Drohung, und ich sah etwas Hilfloses, das da zwischen den Füßen des Riesen kauerte. Erst viel später wurde mir klar, daß man auch ein ganz anderes Sinnbild daraus ablesen konnte, aber dieser Surrealismus der Erlebnisse ist so wichtig, und diese Stadt hat ja den Grund gelegt zu meiner ganzen Arbeit.

Ich habe meine ganzen Kinderjahre hier in Bremen erlebt, ich kam hierher, noch ehe ich gehen konnte. Ich

Volksschule in Bremen-Horn, um 1925 — Peter Weiss links unten (Bild oben); als »Guerillero« in Bremen, Grünenstraße, 1919/20. Fotos/Repros: Archiv Peter Weiss

Große Weserbrücke, um 1917; Freimarkt in der Großen Allee/Neustadt, von der Kaiserbrücke aus gesehen, um 1920; Osterstraße 32-43, Februar 1913 (v. o. n. u.). Fotos (3): Focke-Museum, Bremen

habe hier Gehen gelernt, Denken gelernt, Sprechen gelernt, Schreiben gelernt, hab' hier meine ersten Freunde gehabt; mein allererster Freund hieß Berthold Merz, das war unser Nachbar aus der Grünenstraße. Ich habe hier die ersten menschlichen Kontakte gehabt. Ich habe erlebt, was Beziehungen zwischen Menschen sind, und ich hab' auch damals noch ganz unbewußt erlebt, was in einer Stadt enthalten ist an Klassenkräften. Natürlich hatte ich überhaupt keine Ahnung von diesen Begriffen gehabt, aber ich hab' doch gemerkt, daß in dem Stadtteil, in dem wir zuerst lebten — nämlich in der Neustadt da in der Grünenstraße —, ganz andere Menschen lebten, wirkten, eine ganz andere Atmosphäre herrschte als dort, wo wir später hinkamen, als es meinem Vater finanziell gut ging, in die Marcusallee, am Rickmerspark, an der Vahr, wo eine völlig andere Atmosphäre herrschte, wo die großen Villen lagen, die schönen Gärten und dabei ein Park. Heute ist der Park ja ganz gekünstelt, da stehen so Rhododendronbüsche — wir haben darin gepielt, das war eine Wildnis: da gab es kleine Seen und ganz verwucherte Bäume und Büsche, es war für uns eine ganz große Waldgegend, was heute überhaupt nicht mehr wiederzuerkennen ist. Aber diese Gegend, die dann in späteren Jahren die Gegend in der Neustadt ersetzte, bezeichnet eben etwas von diesen Erlebnissen, die dann dazu führen, daß man versucht, sie zu artikulieren: warum war es anders in der einen Gegend und anders in der anderen Gegend?

Was ich in der Neustadt erlebt habe als Kind, das war im Grunde genommen das Lebendige, das Expansive, da war genau an der nächsten Straßenecke in jedem Herbst der Freimarkt, das war das große Erlebnis. Wir Kinder lebten doch Wochen und Monate in dieser Erwartung, und sicher gibt es viele unter Ihnen von der Generation, die das selbst noch kennen, wie damals die Stadt sich verwandelte und wie plötzlich ein wildes Leben in den Straßen entstand. Diese ganze Gegend hatte ja schon die Atmosphäre vom Hafen. Sie prägte das, was später in meinen Bildern immer wieder vorkam, diese Fabrikgebäude, Werften, Hafenanlagen — ganz grundlegende Bilder, die sich eingeätzt haben ins Gehirn und die manchmal in Träumen ganz deutlich wieder herauskommen. Wenn ich durch Bremen gehe, gehe ich manchmal ein bißchen wie ein Traumwandler, der sucht nach anderen Formen, die unter den Architekturen liegen. Ich versuche zu vergleichen, wie mein ursprüngliches Bild dieser Stadt war und wie es sich hier und da noch herausfinden läßt an bestimmten Straßenecken, an bestimmten Häuserzeilen. Hier um die Ecke gleich an der Sögestraße hatte mein Vater sein Kontor, und da war unten in dem Eingang des heutigen Kontors ein kleines Theater mit einem stereoskopischen Guckkasten. Man saß an Gläsern und sah Landschaften, die automatisch kreisten, und da waren sie zu sehen: Indianer und Trapper im wüsten Kampfe, Entdeckung von fremden Erdteilen, Eroberung des Nordpols und alle solche Dinge, Abenteuer, die mich als 5-6jährigen ungeheuer anregten, und ich glaube sagen zu können, daß die Wurzeln zu all' diesen Dingen liegen in diesen Bildern, daß das Kind, das zuerst diese Eindrücke von Bildern, wenn sie so ganz banal und plastisch ganz einfache Vorgänge schildern, stark von ihnen geprägt wird. Das ist natürlich die Voraussetzung für das spätere Schreiben von Dramatik. Man sieht bestimmte Situationen in diesem Guckkasten schon ganz genau körperlich vor sich, ich könnte sie heute noch in jeder Einzelheit aufzeichnen. Ich sage das nicht aus irgendeiner Nostalgie heraus, sondern nur, weil ich darauf aufmerksam machen möchte, wie ungeheuer wichtig die inneren Traditionen sind, wie sehr man mit seinen Wurzeln zusammenhängt und wie furchtbar es ist, wenn man von seinen Wurzeln abgeschnitten wird und wie wichtig es ist, daß man diese Dinge, die den Grund zur ganzen Existenz legen, erkennen kann und, hoffentlich, sich auch

Hinterhöfe an der Grünenstraße (o.l.); die Grünenstraße von der Brautstraße her gesehen (o. r.); Außer der Schleifmühle 27, wo Peter Weiss in den letzten Bremer Jahren wohnte (links); die von der Familie Weiss ab 1922 gemietete Villa in der Marcusallee 45. Fotos (4): Focke-Museum, Bremen (oben), Landesbildstelle, Bremen

erklären kann — aber jedenfalls, daß man den Kontakt dazu hält.
Es ist ja auch nicht nur mit den Bildern so gewesen, die mein Sehen geprägt haben in dieser Stadt — ich kann das überall wiedererkennen —, sondern auch in bezug auf die Sprache und das Schreiben.

Meine ersten Schreibversuche machte ich auch auf einem Fabrikhof in der Neustadt mit Berthold Merz in einem Schuppen; da lagen Schiefertafeln, und da haben wir mit Nägeln noch vor der Schulzeit unsere Namen hineingekratzt. Das Schreiben war ein körperhafter, zielbarer Vorgang, es war nicht

das gewohnte Schreiben, sondern man kratzte, wie man so diese Runen kratzte oder wie man in Höhlen irgendwelche ganz wichtigen Erkenntnisse und Bilder in Steinwände direkt einkratzt. Das war die Entdeckung des jungen, sogenannten primitiven, aber im Grunde noch mit der Natur verbundenen Menschen, der seine ersten Zeichen setzt für sein eigenes Ich.
So ist auch die Sprache natürlich hier entstanden und auch — wie da unten an dem Roland zum Beispiel — die Poesie zu diesen ganz einfachen Gedichten, die man als Kind so herleierte: »Roland der Riese vorm Rathaus zu Bremen« bis »Heini, Fiedi von der Gasanstalt, de het 'ne Büx, wo de Wind dörgeiht«. Das sind Dinge, die ich dann später schon sagen kann, da sind die Wurzeln zu einem Stück wie »Marat«, das ist der Rhythmus der Sprache, und diese einfachen Moritaten sind mir jedes Jahr, wenn der Freimarkt kam, im Zirkus, in den Buden, in den Schaubuden, bei den Moritatensängern wieder begegnet; das war ja noch eine Welt, die überhaupt nicht kommerzialisiert war wie heute, sondern die hatte noch ganz klare eindeutige Bilder, die sehr fruchtbar waren für uns als Kinder.
Ich danke Ihnen.

Peter Weiss

Peter Weiss

»Ich suchte nach den Konturen«

28/9 [1971] *Bremen.* der erste Weg, wie immer, zur Grünenstraße. Immer vor der Leere stehend, in der sich einmal unser Haus befunden hat. Hin und her auf der Grünenstraße, um irgendetwas wiederzuerkennen. Konnte mich nicht einmal mehr an diese kleine Quergasse erinnern, mit dem Namen Papagoyenboom. Und doch muß hier, an der Ecke, nach den Traumempfindungen von Richtungen, Schustermeister Stahlhut seine Werkstatt gehabt haben.
Grünenkamp, Große Allee, Kaiser-Brücke, Teerhof, wieder zurück, zum Neustadt Wall, wo auch die Kasernen verschwunden sind.
Heftiger Regen. Sitze in einer Bar, Ecke Grünenstraße/Langemarckstraße. Geschwätz, eintönig wie der Regen —
29/9 Focke Museum. Beschaffung von Fotos der Grünenstraße, Weserbrücken, Packhäuser, Deichanlagen, Seitenstraßen, Höfe, Freimarktsplätze, aus den Jahren 1916-26. [...]
26/5 [1975] *Bremen.* Im Hotel im Bürgerpark, am viereckigen Teich, auf dem wir im Winter Schlittschuh liefen, am Garten dort, wo wir Sonntags Schokolade tranken und die Kapelle im Pavillon spielte.
Gleich zur letzten Hauptprobe des Prozesses. (Meine Kafka-Bearbeitung.) Was auf der Bühne nicht geleistet werden konnte, war desto mehr geleistet worden von der Intendanz: man hatte meine Jugendfreunde bzw. Feinde aufgespürt: Bertold Merz, Friederle und Tarmina Nebeltau.
Die Begegnung mit Bertold. Nichts, was mich an diesen, den ersten Freund meines Lebens, erinnerte. Pensionierter Polizeiwachtmeister. Einen Herzinfarkt hinter sich. Mit diesem freundlichen älteren Herrn war ich durch die Gassen und Hinterhöfe gestrichen, hatte meine ersten Schreibversuche gemacht im Schuppen der Schieferfabrik. Etwa von meinem 3. bis zum 5. Lebensjahr. Wir fuhren gleich zur Grünenstraße. Für ihn hatten diese Viertel natürlich mehr Wirklichkeit, hatte dort bis zum Krieg gewohnt, die Veränderungen schrittweise verfolgt.
Hier an der Brautstraße, gegenüber der Grünenstraße, lag die Volksschule, Bertold besuchte sie, wir waren damals schon zur Marcusallee umgezogen und ich ging auf die Volksschule in Horn, droben am Eisenbahndamm.
Erinnerst du dich nicht mehr an die Schule hier, es standen 2 Säulen am Eingang — und dort lag Eberts Kneipe, sie hieß lange noch zum Ersten Reichspräsidenten. Wir gingen zur Osterstraße und zum Neuen Markt, dem »Schweinemarkt«, da war ein Brunnen — dies muß der Brunnen gewesen sein, an dem einmal die Pferde tranken, ich glaubte noch, den langen Schwengel vor mir zu sehn, das Kopfsteinpflaster, die Pferdemäuler, die in Wasser tauchten, die Wagen voller Biertonnen, die Kutscher — daran nun wieder konnte Bertold sich nicht erinnern. Auf der Säule mitten im Brunnen stand der Kleine Roland — der war wohl auch erst später hierher befördert worden.
Fahren wir weiter zum Neustadt Wall, dort lagen die Kasernen, in denen mein Stiefbruder zur »Schwarzen Reichswehr« ausgebildet wurde, war mit Bertold in den Logements gewesen. Die Kasernen stehn nicht mehr. Dort ist jetzt ein Sportplatz. Aber das freistehende Haus dort, das ist noch wie früher. Da war doch das Kino gewesen, in dem wir den Moses-Film gesehn hatten, der Zug durchs Rote Meer. Bertold sann nach.

Der Ziegelbau des Technikums sagte mir nichts, und es war mir alles fremd um den Hohentorsplatz, wo der »Große« Freimarkt abgehalten worden war, ich suchte nach den Konturen von Fabriken, wie sie manchmal in meinen Träumen auftauchen konnten, aber nichts mehr entsprach meinen inneren Bildern. Am Grünenkamp empfand ich auch nur: hier fand der »Kleine« Freimarkt statt, wo wir uns vor allem zwischen den Karussells, den Buden mit den Weltwundern, den Zauberkünstlern, dem Affentheater, der Reitbahn herumgetrieben hatten. Die Große Allee, einstmals voll von Ständen und Buden, mit gesponnenem Zucker und Lampions, hieß nun Langemarckstraße. Sie führte zur Kaiser-Brücke, die jetzt sicher auch anders hieß — es war mir hier nichts bekannt, und rechts zweigte die Grünenstraße ab, bei der Maschinenfabrik Bestenbostel. Da waren noch die Packhäuser, in ihnen wurde Tabak, Baumwolle gelagert, und dort, an der Häschenstraße, lag das Eichamt. Ja, sagte Bertold, das lag damals schon da, die Schieferfabrik aber befand sich davor, und hier hatte ein Glaser seinen Laden, nebenan, hier ist jetzt der offene Hof, hier, sagte Bertold, wohnten wir, ja, ein paar Stufen hinab, in die Kellerwohnung, zwischen unserm und eurem Haus war die Einfahrt zur Fabrik, da war eine niedrige Mauer mit Gitterstangen, dann die Haustür Nr. 23, da wohntet ihr. Ich starrte in die Luft überm Hof des Werkstattgebäudes. Versuchte, mir die kleinen schmalen Gärten vorzustellen, hinter den hochgiebligen Häusern, die Gärten mit dem Gebüsch, den Wäschepfählen, den Lauben, den Zwischenmauern. Über uns, sagte Bertold, wohnte der Buchbinder Cavallin. Neben euch, Nr. 22, wohnte der Lehrer Osterloh, dann, in Nr. 21, der Glasermeister Bachmann. Gegenüber von uns, das ist noch die gleiche Fassade, lag die Seifenfabrik, in Heimarbeit wurden für die Fabrik Kartons angefertigt, wir packten die Seifenstücke in Papier, sagte Bertold, klebten die Papiere zusammen, mein Vater war Maschinist, zeitweise arbeitslos. Er erinnerte sich noch gut an meine Eltern, sie seien immer freundlich zu ihm gewesen, sagte er, hätten ihn beschenkt, zum Geburtstag, und zu Weihnachten. Und ich sah vor mir die Küche bei ihm zuhause, sah seinen Vater mit der Zeitung sitzen — in einer grünen Küche.

Mit den Eltern und den Schwestern Irene (links) und Margit, ca. 1925/26. Foto/Quelle: Irene Eklund-Weiss

Auch er erinnerte sich an den Winter 1918/19, als die Kämpfe sich über unsern Stadtteil ausbreiteten, ja, sagte er, es mag sein, daß sie über unsre Dächer krochen. Wir gingen auf die Brautstraße zu, hier, links, lag Mertens Milchhandlung, daneben Ziehms Schlachterei, und drüben, neben der Schule, der Kramladen Wempe, ja, da standen die Säcke voller Rosinen, aus denen ich eine Handvoll stahl.
Wir wanderten noch einmal zurück, die Grünenstraße hinauf, ich muß doch versuchen, etwas wiederzuerkennen, die Brauereien, Kaiser Brauerei, Becks Bier, es waren noch die gleichen Ziegelsteinbauten, ja, hier waren wir oft entlanggelaufen, ja, wir nannten die Straße nicht Hä*sch*enstraße, sondern Häs-chenstraße, wie nach einem kleinen Hasen — aber es konnte alles sein wie in einer Stadt, die ich überhaupt nicht kannte.
Erst am Deich, unterhalb der Haake-Beck Brauerei, auf die Stephanibrücke zugehend, die neue Brücke vor der Eisenbahnbrücke, die sich auch verändert hatte, entstand ein Bild, das nicht verunstaltet war: diese ebenmäßige, wie von einem Messer geschnittne Anhöhe mit dem Weg, hier hatte Auguste mich spazieren geführt, hier war noch ein Stück, glasklar, eingeätzt in Träume, es verlor sich gleich wieder, und es blieb, wie bei früheren Besuchen in dieser Stadt, nichts zurück. —

Aus: Notizbücher 1971-1980. Erster Band. Suhrkamp Verlag, Frankfurt/Main 1981, S. 12 und 424-427

Peter Weiss

Die Pranke des Löwenfells

Immer wieder, wenn ich versuchen würde, etwas von der Zeit, die mit dem Mai Fünfundvierzig beendet wurde, zu schildern, würden sich mir die Folgen aufdrängen. Über die Erfahrungen, die durchsetzt waren von Tod, würde sich die grell kolorierte, längst wieder von Folter, Brandschatzung und Mord gefüllte Zukunft legen. Immer wieder würde es sein, als sollten alle frühern Hoffnungen zunichte gemacht werden von den später verlorengegangnen Vorsätzen. Und wenn es auch nicht so werden würde, wie wir es erhofft hatten, so änderte dies doch an den Hoffnungen nichts. Die Hoffnungen würden bleiben. Die Utopie würde notwendig sein. Auch später würden die Hoffnungen unzählige Male aufflammen, vom überlegnen Feind erstickt und wieder neu erweckt werden. Und der Bereich der Hoffnungen würde größer werden, als er es zu unsrer Zeit war, er würde sich über die Kontinente erstrecken. [...]
Eigentlich waren sie stumm gewesen, im Verschwiegnen hatten ihre Handlungen stattgefunden, nur im Schlaf konnten sie manchmal aufschrein, um sich, noch nicht wach, die Hand vor den Mund zu legen, sie, die die Wirklichkeit, in der wir lebten, und damit auch die Gegenwart, aus der heraus ich einmal schreiben würde, verändert und geprägt hatten, waren nicht einmal im Besitz ihrer Namen gewesen. Mit Chiffren, Decknamen hatten sie sich verborgen. Wenn ich beschreiben würde, was mir widerfahren war unter ihnen, würden sie dieses Schattenhafte behalten. Mit dem Schreiben würde ich versuchen, sie mir vertraut zu machen. [...]
Und wenn ich dann Kunde von Heilmann und Coppi erhielte, würde meine Hand auf dem Papier lahm werden. Ich würde mich vor den Fries begeben, auf dem die Söhne und Töchter der Erde sich gegen die Gewalten erhoben, die ihnen immer wieder nehmen wollten, was sie sich erkämpft hatten, Coppis Eltern und meine Eltern würde ich sehn im Geröll, es würde pfeifen und dröhnen von den Fabriken, Werften und Bergwerken, Tresortüren würden schlagen, Gefangnistüren poltern, ein immerwährendes Lärmen von eisenbeschlagnen Stiefeln würde um sie sein, ein Knattern von Salven aus Maschinenpistolen, Steine würden durch die Luft fliegen, Feuer und Blut würden aufschießen, bärtige Gesichter, zerfurchte Gesichter, mit kleinen Lampen über der Stirn, schwarze Gesichter, mit glitzernden Zähnen, gelbliche Gesichter unterm Helm aus geflochtenem Bast, junge Gesichter, fast kindlich noch, würden anstürmen und wieder untertauchen im Dampf, und blind geworden vom langen Kampf würden sie, die sich auflehnten nach oben, auch herfallen übereinander, einander würgen und zerstampfen, wie sie oben, die schweren Waffen schleppend, einander überrollten und zerfleischten, und Heilmann würde Rimbaud zitieren, und Coppi das Manifest sprechen, und ein Platz im Gemenge würde frei sein, die Löwenpranke würde dort hängen, greifbar für jeden, und solange sie unten nicht abließen voneinander, würden sie die Pranke des Löwenfells nicht sehn, und es würde kein Kenntlicher kommen, den leeren Platz zu füllen, sie müßten selber mächtig werden dieses einzigen Griffs, dieser weit ausholenden und schwingenden Bewegung, mit der sie den furchtbaren Druck, der auf ihnen lastete, endlich hinwegfegen könnten.

Aus: Die Ästhetik des Widerstands. 3. Bd. Suhrkamp Verlag, Frankfurt/Main 1981 S. 265 und 267f.

Foto: Ursula Borucki

Für den Literaturpreis würde ich Peter Weiss vorschlagen („Ästhetik des Widerstands" I u. II) [...] Ich weiß, das Buch von Peter Weiss hat in der Bundesrepublik kein großes Publikum, vielleicht hätte es bei uns ein größeres, aber hier erscheint es nicht. * Es ist ein sprödes Buch, schwer einzuordnen und, wie mir scheint, sehr wichtig: ich glaube, seine Wirkung wird mit der Zeit zunehmen. Vor allem macht Weiss etwas, was bis jetzt weder von der Literatur noch von der Geschichtswissenschaft gemacht wurde: eine Analyse der kommunistischen Bewegung der letzten vierzig, fünfzig Jahre aus dem Blickwinkel von Individuen, die sich emanzipieren; und er zeigt das Kunsterlebnis als einen wesentlichen Teil, als Voraussetzung dieser Emanzipation.

Christa Wolf in einem Brief an Volker Plagemann vom 12. November 1978.

* Nach Weiss' Tod ist „Die Ästhetik des Widerstands" auch in der DDR erschienen. Foto (nebenstehend): Isolde Ohlbaum

Peter Weiss: Selbstbildnis, Prag 1938; Foto: Isolde Ohlbaum

Selbstbildnis, ca. 1946 (oben); Selbstbildnis, 1946 (unten: Foto der verschollenen Zeichnung). Alle aus: Der Maler Peter Weiss. Frölich & Kaufmann, Berlin o. J. (1982), S. 147, 215 und 217

Peter Weiss

Zurückgekehrt

Mit Gunilla Palmstierna-Weiss, 1982.
Foto: Archiv Gunilla Palmstierna-Weiss

[...] Wir werden der Stadt am Horizont entgegengeschüttelt. Die Steinzeitnacht ist in Regen und Unruhe gehüllt. Ich kehre zurück in die Stadt, die mich vor langer Zeit verlor. Am Horizont liegt meine zerbröckelte Kindheit. Ich bin fremd hier. Ich kehre nicht heim, ich werde nur gegenübergestellt.
Mein Gesicht mitten im wogenden Meer fremder Gesichter. Mitten in einem bodenlosen und trüben Meer schwebt die Insel meiner fiktiven Sicherheit. Meine Heimatlosigkeit gab mir Sicherheit; ihr wurdet zerdrückt unter den Trümmern eurer Häuser. [...]
Die Stadt war mir fremd und trotzdem war es meine Heimatstadt. Die Straße war mir fremd und trotzdem wohnte ich hier irgendwo. Aber wo befand sich mein Haus? Nur vage erkannte ich die Torwege, die Mauern wieder. Ich trat durch eine Türe — nein, hier konnte es nicht sein. Ich öffnete das nächste Tor und ging durch die Zufahrt. Lange stand ich auf dem Hof, den ich auf irgendeine Weise wiedererkannte. Ich wußte, daß ich hier schon gewesen war, fühlte mich aber dennoch in die Irre gekommen. Die grauen Fassaden der Hinterhäuser blieben stumm, kein Fenster sprach zu mir. Ich ging weiter, versuchte mich meines Zuhauses zu erinnern. Es mußte sich hier in der Nähe befinden. Ich ging durch den Schutt der Straße, ging über den Platz auf die Domkirche zu. Die Kirche erkannte ich wieder. Ich wußte, daß ich in ihrer Nähe gewohnt hatte. Als ich auf die Kirche zuging, dachte ich, daß dies vielleicht ein Traum sei, aber gleichzeitig wußte ich: auch wenn ich nun erwachte, würde ich gezwungen sein, nach meiner Wohnung zu suchen. Die zwei hohen Türme des Domes standen noch, aber das Portal und das Mittelschiff waren gesprengt. Die Mauer und das Dach waren aufgeschlitzt wie Fleisch und Muskelgewebe bei einem Obduzierten. Über Steine und gestürzte Säulen kletterte ich die Treppe hinauf und sah ins Innere der Kirche. Der Boden war aufgerissen worden, die Bänke, der Altar und die Kanzel hingen über dem Abgrund. Die Kellergewölbe standen entblößt in mehreren Schichten um die große Wunde, in deren Tiefe die Gräber geöffnet dalagen mit den Steindeckeln zur Seite geschleudert. Da lagen die Gerippe, gelb, eingekleidet in weiße Meßgewänder, die Hände um das Kruzifix geklammert auf der Brust. Die kalte Grabesluft strömte mir entgegen. Plötzlich wußte ich, wo ich wohnte. Ich wandte mich um, ging die Freitreppe hinab, auf die schmale Straße genau gegenüber der Kirche zu. Ich war ganz sicher, daß sich mein Zuhause dort befand, ich erkannte jeden Stein wieder — aber je näher ich kam, desto unsicherer wurde ich. Ich ging von Haus zu Haus, vor jeder Tür dachte ich: Hier muß es sein. Aber keine Tür antwortete mir.
Schließlich gab ich auf und setzte mich auf den Rand des Gehsteigs nieder. Ich sah, daß viele Menschen suchten wie ich.

Aus: Die Besiegten. Suhrkamp Verlag, Frankfurt/Main 1985, S. 12 und 26f.

Peter Weiss

18. 11. 1916 Nowawes
– 11. 5. 1982 Stockholm

Sohn eines Textilfabrikanten und einer Schauspielerin. Jugend in Bremen (1918-1929) und Berlin. 1934 Emigration mit den Eltern über London nach Prag, dort 1936-38 Besuch der Kunstakademie. 1938 in der Schweiz Bekanntschaft mit Hermann Hesse. 1939 Emigration nach Schweden, dort zunächst Arbeit in der Textilfabrik des Vaters. Seit 1945 schwedischer Staatsbürger. Arbeitete als Filmregisseur, Maler und Schriftsteller (in schwedischer Sprache). 1960 erste Veröffentlichung in Deutschland (»Der Schatten des Körpers des Kutschers«), damit Beginn der Karriere als deutschsprachiger Schriftsteller. Das »Marat/Sade«-Stück macht den Autor weltberühmt. Das letzte Lebensjahrzehnt ist fast ausschließlich der Arbeit an der »Ästhetik des Widerstands« gewidmet. Wohnort blieb bis zu Weiss' Tod Stockholm. »Die wilden Reisen, die ich immer wieder unternehme, sind Ausdruck der Emigration... Für mich ist Reisen Fortsetzung der Auswanderung, mit der Hoffnung auf ein Neubeginnen. In Berlin, in New York, London, Havanna, in Paris, Italien, Südfrankreich habe ich Wohnmöglichkeiten erwogen, mich nach Häusern umgesehen, die ich mieten könnte. Bin wieder abgereist und zurückgekehrt zu meinem Provisorium Stockholm. Ich sage zwar, ich könnte überall zuhause sein, doch es stimmt nicht. Ich bin es nirgendwo«.

Preise: Charles-Veillon-Preis (1963); Lessingpreis der Freien und Hansestadt Hamburg (1965); Heinrich-Mann-Preis (1966); Literaturpreis der schwedischen Arbeiterbildungsbewegung (1966); Carl-Albert-Anderson-Preis (1967); Thomas-Dehler-Preis (1978); Preis des SWF-Literaturmagazins (1981); Literaturpreis der Stadt Köln (1981); Literaturpreis der Freien Hansestadt Bremen (1982); Georg-Büchner-Preis (1982, posthum); Schwedischer Theaterkritikerpreis (1982, posthum).

Werkauswahl: Der Schatten des Körpers des Kutschers. Mikro-Roman. 1960. – Abschied von den Eltern. Erzählung. 1961. – Fluchtpunkt. Roman. 1962. – Der Turm. In: Spectaculum. 1963. – Die Verfolgung und Ermordung Jean Paul Marats dargestellt durch die Schauspielgruppe des Hospizes zu Charenton unter Anleitung des Herrn de Sade. Drama in zwei Akten. 1964. – Die Ermittlung. Oratorium in 11 Gesängen. 1965. – Vietnam Diskurs. 1968. – Gesang vom Lusitanischen Popanz und andre Stücke. 1969. – Trotzki im Exil. Stück in zwei Akten. 1970. – Hölderlin. Stück in zwei Akten. 1971. – Stücke. 2 Bde. 1977. – Die Ästhetik des Widerstands. Roman. 3 Bde. 1975-1981. – Notizbücher 1971-1980. 2 Bde. 1981. – Notizbücher 1960-1971. 2 Bde. 1982. – Von Insel zu Insel. 1984. – Der neue Prozeß. Stück. 1984. Die Besiegten. 1985. –In Gegensätzen denken. Ein Lesebuch. 1986. Rekonvaleszenz. 1991. Werke in 6 Bdn. 1991. – Avantgarde Film. 1995.

Notizbücher zur »Ästhetik des Widerstands«. Foto: Sepp Hiekisch-Picard

Über P. W: Heinrich Vormweg/Rainer Gerlach in: Kritisches Lexikon zur deutschsprachigen Gegenwartsliteratur. München 1978 ff.; Jochen Vogt: P. W. (= Rowohlts Bildmonographie 367). Reinbek 1987; P. W. Leben und Werk. Hrsg. v. G. Palmstierna-Weiss/J. Schutte. Frankfurt/M. 1991.

FRANZ BÖNI

Förderpreis des Bremer Literaturpreises 1982 für „Die Wanderarbeiter. Roman", Suhrkamp Verlag, Frankfurt/Zürich 1981

Rolf Michaelis

Der wache Träumer

Franz Böni (rechts) mit Peter Weiss, Martha Höhl und Senator Horst-Werner Franke. Foto: Ursula Borucki

Leser von Franz Böni müssen gut zu Fuß sein. Denn Lesen ist, selbst im Sitzen, — Wandern, Erfahren, Erfahrungen sammeln. Die Hauptfiguren in den fünf Büchern Bönis, die in den letzten vier Jahren erschienen sind, befinden sich auf Wanderschaft, die stets auch Sinnbild ist für die Mühsal der Lebensreise. „Ein Wanderer im Alpenregen" — so heißt das erste Buch, ein Band mit Erzählungen, mit dem der 1952 in Winterthur geborene Autor 1979 seinen Fuß in den inneren Bezirk der zeitgenössischen Literatur deutscher Sprache gesetzt hat. „Die Wanderarbeiter" — so heißt der vor einem Jahr erschienene Roman, für den ihm die Rudolf-Alexander-Schröder-Stiftung den Förderpreis des Bremer Literaturpreises 1982 verleiht.

Die „Wanderarbeiter" — das sind Fremdarbeiter, „Gastarbeiter", wie es ein verlogener Sprachgebrauch will, ausgebeutete „Arbeitnehmer", wie das ähnlich häßliche Wort für Arbeiter heute heißt.[...]

Was Böni schreibt, ist eine Literatur der Grenzüberschreitung in mehrfachem Sinn. Seine Gestalten kommen aus einem Zwischenreich, nicht Berg, nicht Tal, und entziehen sich jeder Fixierung durch Arbeit, festen Wohnort, erotische oder familiäre Bindung. Sie sind in Grenztälern zuhaus, in Grenzbezirken nicht nur geographischer, sondern auch gedanklicher, sprachlicher, emotionaler Ordnung. [...]

Wer nun gar meint, mit den „Wanderarbeitern" habe Böni nur eine weitere Variation seines bekannten Themas von der Einsamkeit und Vereinzelung des Menschen geschrieben, der ist taub für den neuen Ton in diesem Buch, den ich ungern sozialkritisch nenne, weil solche Kritik, unausgesprochen, stets vorhanden war. Aber es gibt, auch in der sogenannten Literatur der Arbeitswelt, zur Zeit kein Buch, das Elend und Ausbeutung von Menschen am Fließband und in Schichtarbeit so lähmend genau beschreibt wie Bönis Buch von allen Arbeitsplätzen in einer Textilfabrik. Und wer eine heftige, wenn auch pauschale Kritik an den zu Polizei-Staaten degenerierenden Demokratien des Westens lesen will, der schlage dieses Buch auf: Mit einer zugleich realistischen und visionären Kraft sind hier Zustände nicht nur in der Schweiz exakt beschrieben. Aus diesem Realismus der Details und genau protokollierten Hallzuzinationen entsteht die eigene und eigenartige Wirkung von Bönis Prosa.

Ein Realist? Ein Sur-Realist? Beides. Und beides gleichzeitig. Dafür findet Böni im Roman von den „Wanderarbeitern" in einer der Halbschlaf-Traum-Szenen das Bild vom „Huhn, das eine Ente war", als es der wache Träumer, der träumende Wacher in die Hand nehmen will. Denn — und auch dies ist ein Wort Bönis, womit ich schließen will — es heißt im selben Roman und liest sich wie eine Selbstcharakteristik des Schriftstellers Franz Böni: „Der Geist kam wie ein Pendel immer wieder in jene Zone, in der er sich heimisch fühlte, in die Wirklichkeit, die Irrealität genannt wurde".

Aus der Laudatio vom 25. Januar 1982

Franz Böni

Dichterlesung*

Vor meinen Augen öffnet sich der Lesesaal wie der Chor im Innern einer Kirche und die Zuhörer sitzen rund um den Altar gruppiert. Wie gerne möchte ich stehen bleiben, mich zuhinterst anstellen wie früher, als ich noch sonntags Messen besuchte. Keine zehn Pferde bringen mich nach vorn ins Scheinwerferlicht, denke ich und spüre entsetzt, wie sich der Boden unter meinen Füßen zu bewegen beginnt. Mit allen Fasern des Körpers halte ich mich fest, setze keinen Fuß vor den andern und werde doch, unaufhaltsam zur Bühne hin gezogen; das ist das anerzogene Pflichtbewußtsein. Bei den vordersten Zuhörerbänken angekommen, beuge ich mich zu den Köpfen hinunter und flüstere: Ist Herr Amacher hier? Wo ist der Veranstalter? Ausgerechnet er ist nicht gekommen und dabei sollte er doch den zu lesenden Text bringen.

Schon fünf Minuten, so scheint mir, sitze ich unbeweglich am Lesepult und blättere unschlüssig in den unveröffentlichten Werken. Die Zuschauer und Kritiker scheinen eingenickt zu sein; es ist ihnen egal, ob und was ich lese, wie ich, kommen sie lediglich ihrer Pflicht nach. Mikrofone werden installiert, ein Tonbandgerät rauscht, Kameras rollen heran — wenigstens das Fernsehen ist da, so besteht die Möglichkeit, daß mindestens ein Mensch unter den Zuschauern ist, der versteht. Im Regieraum sitzt Herr Pinkjewitz mit dem Gesicht einer Kröte. Der Aufnahmeleiter hantiert am Mischpult und wird ungeduldig: Der Autor soll bitte mit der Lesung beginnen! Mir stockt der Atem. Weiterhin lege ich ein Blatt nach dem anderen zur Seite; dieses alte Zeug kann ich wirklich nicht vorlesen. Plötzlich nenne ich deutlich einen Titel: „*Auf der Suche nach Fatimas Händchen*". In jener Zeit trafen wir uns regelmäßig auf den Flohmärkten von Amsterdam, Paris und Antwerpen, um nach . . . nein, das gibts ja nicht, diesen Text kann ich beim besten Willen nicht mehr lesen. Ich breche ab, die Kritiker und Journalisten merken gar nicht, daß ich die Erzählung nicht beendet habe. Einige schlafen, andere schauen auf die Uhr. Erneut setze ich an: *Erforschung des Unwirklichen* — Lauter! rufts von hinten. *Erforschung des Unwirklichen!* Links vorn wird sehr laut geflüstert und anschließend gelacht, Stühle werden verrutscht, jemand kommt oder muß weg, ich breche ab. Blättere erneut im großen Stoß Papiere. Gibt es denn keinen Text, der mich faszinieren könnte? Zu meinem Schrecken folgen nun auch noch Blätter mit Zeichnungen, weil ich in jüngster Zeit begonnen habe, das zu Sagende in Bildern festzuhalten, weil meine Gedanken nicht mehr beschreibbar sind. Eine lähmende Müdigkeit ergreift mich, ich falle in einen tiefen Schlaf.

Endlich habe ich wieder die Mauern der Korridors zu meinen Seiten und schreite hinaus. Bretter sind an die Wand gelehnt. Wie oft ging ich durch solche Korridore, vor mir der Vorgesetzte, der mir die Arbeit zuteilen und erklären mußte. Vor dem Gebäude beladen Arbeiter in Überkleidung einen Lastwagen mit großen Korbflaschen. Eine Sekunde glaube ich, mitanfassen zu müssen. Nein, da gehöre ich nun nicht mehr hin, doch wo soll ich je eine neue Heimat finden.

* Diesen Text las der Autor statt einer Dankrede vor.

Franz Böni

Die Wanderarbeiter

[...] An der Stehbar im Hauptbahnhof standen zwei Gießer und unterhielten sich über ihre Kinder, die ebenfalls in die Fabrik eingetreten waren. Ihre vier Hände lagen nebeneinander zwischen den Biergläsern auf der Theke. Der Rücken der ersten Hand war rotverbrannt und schlechtvernarbt, die Finger wurden stufenförmig immer kleiner. Die zweite Hand wies einen verkrüppelten und schräg ausgebrannten Daumen auf. Die dritte Hand zählte nur noch drei Finger, die vierte war verkrüppelt und zusammengezogen.

In diesem Land, sagte A., werde der im Mühltal Geborene dafür, daß er sich diesen Geburtsort ausgesucht hatte, mit lebenslanger Fabrikarbeit bestraft. Aus dem Mühltal rekrutiere das Land sein großes Arbeiterheer. Wer dort geboren werde, kenne gar nichts anderes als die Metall- und die Textilbranche; die Wörter Studium und Gymnasium seien Fremdwörter. Wer Lehrer im Mühltal werden müsse, sei Handwerker und völlig ungeeignet, mit Kindern umzugehen, ihre Talente zu erkennen und zu fördern. Solche Riesen von Lehrern könnten nichts anderes als die Kinder zerstampfen und ihnen Dummheit einreden, die für sie dann lebenslänglich eine Schranke bilde. Oft seien diese Kinder derart eingeschüchtert, daß sie aus Angst, etwas Falsches zu sagen und vom Lehrer bloßgestellt zu werden, überhaupt nie die Hand erhöben. Vom Berufsberater würden die Kinder allesamt in die Textil- und Maschinenfabrik abkommandiert. Welche

Franz Böni

17. 6. 1952 Winterthur

Sohn eines Korrektors. Kaufmännische Ausbildung. Anschließend Gehilfe eines Erfinders. Ab 1973 freier Händler in Zug. Seit 1979 lebt B. als freier Schriftsteller in Hausen bei Zürich. Längere Aufenthalte in Spanien, der Toskana, in West-Berlin und in Israel. 1988 Umzug nach Wien. Seit 1989 wieder in Zürich.
Preise: Gastpreis der Literaturkommission des Kantons Bern (1979); Ehrengabe aus dem Literaturkredit des Kantons Zürich (1979); Conrad-Ferdinand-Meyer-Preis (1980); Literaturförderpreis der Freien Hansestadt Bremen (1982); Buchpreis des Kantons Zürich (1984); Werkjahr der Luzerner Literaturförderung (1988).
Werkauswahl: Ein Wanderer im Alpenregen. Erzählungen. 1979 – Schlatt. Roman. 1979. – Hospiz. Erzählung. 1980. – Der Knochensammler. Erzählungen. 1980. – Die Wanderarbeiter. Roman. 1981. – Alvier. Erzählungen. 1982. – Sagen aus dem Schächental. Stücke, Gedichte, Aufsätze und Erzählungen. 1982. – Die Alpen. 1983. – Der Johanniterlauf. 1984. – Alle Züge fahren nach Salem. 1984. – Die Fronfastenkinder. Aufsätze 1966 – 1985. 1985. – Das Zentrum der Welt. Aufzeichnungen. 1987. – Die Residenz. Roman. 1988. – Am Ende aller Tage. Erzählungen. 1989. – Die Wüste Gobi und andere Geschichten. 1990. – Der Hausierer. Novelle. 1991. – Amerika. Roman. 1992.
Über F. B.: Samuel Moser in: Kritisches Lexikon zur deutschsprachigen Gegenwartsliteratur. München 1978 ff.

Foto: Archiv Suhrkamp Verlag

Fähigkeiten ein Mensch auch immer gehabt hätte, er erwache plötzlich und befinde sich in der Metallbranche, wo er nun irgendwie sein Leben verbringen müsse. Wer keine Befriedigung finde, wechsle bald von Arbeitsplatz zu Arbeitsplatz, werde Gelegenheitsarbeiter und von da sei es oft nur ein kleiner Schritt zum Verbrecher. Habe der Staat dann einen solchen Verbrecher in den Händen, kümmere es ihn kein bißchen, daß er mit seinem verbrecherischen System diesen Menschen ins Verderben gebracht hat. So sei schon sein Vater in der Gießerei gestanden, verständnislos und ohnmächtig vor diesen mächtigen Maschinen und Öfen. Selbstverständlich habe er nur Haß an seine Kinder weitergeben können, denn jeder könne nur das geben, was er erhalten habe. Gerade im Haß stecke lediglich verhinderte Liebe.
Das in der Gießerei verdiente Geld habe der Vater größtenteils vertrunken, oft sei er nach einer Schlägerei blutend und betrunken nach Hause gekommen und habe auch noch die Mutter geschlagen. Einmal sei er mit drei Haftklammern im Kopf zur Arbeit erschienen. Um das Leben in diesem Land möglichst leicht herumzubringen, habe der Vater den größten Teil seiner freien Zeit verschlafen. Er, A., habe seinen Vater kaum zu Gesicht bekommen, und wenn er ihn gesehen habe, so auf dem Stubensofa schlafend. Von der Mutter habe er kein Verständnis erwarten dürfen, da niemand ein Kind so schlecht kenne wie die Mutter, und niemand ein Kind so rasch verstoße wie die Mutter, welche das Kind nur geboren hatte, damit es die Ehre der Familie rette. [...]

Aus: Die Wanderarbeiter. Suhrkamp Verlag. Frankfurt/Zürich 1981, S. 15-17

Erich Fried.
Foto:
Isolde Ohlbaum

Bremer Literaturpreis 1983 für „Das Nahe suchen. Gedichte", Verlag Klaus Wagenbach, Berlin 1982

Herbert Heckmann

Beunruhigungen nachgehen

Erich Fried (Mitte), Senatsrat Dieter Opper (2. v. r.) und Helmut Heißenbüttel (rechts); links neben Fried: Wilfried F. Schoeller. Foto: Herbert Abel

[...] Erich Fried schreibt Zeitgedichte. Das offenbart schon der Titel „Das Nahe suchen". Den Beunruhigungen nachgehen, die Dinge beim Namen nennen, das Unrecht als Unrecht, den Haß als Haß, die Lüge als Lüge entlarven und den grausamen Popanz Krieg vom Sockel seiner falschen Notwendigkeit stoßen — diese Nähe, die Erich Fried zu den Ereignissen sucht, hat ihm viele Feinde gemacht, vor allem bei denen, die Literatur als den feierlichen Akt sanfter Benebelung ansehen, die Literatur als die goldumrandete Alternative zum Unheil ansehen, das sie selbst in der Gesellschaft und in der Welt anrichten. Seine Gedichte klagen an und teilen dem Leser die Trauer mit, die sie verursachte, sie suchen den Punkt, um die Welt des Unrechts und des Hasses aus den Angeln zu heben.

Freizeit

Klagen?
Nicht soviel klagen
das hört man nicht gerne
das gehört sich nicht
das ist unfein
das verdirbt
den andern
den Abend.
Draußen schon Nacht
und etwas wird Schlaf sein
Wie oft noch?

Erich Fried ist ein unbequemer Autor, der nicht das Tagesgeschwätz aufgreift, um ihm seinen Stempel aufzuprägen. Er geniert sich nicht in der Öffentlichkeit. Er sagt, er wagt das, was andere zu kaschieren und zu beschönigen trachten. Mit Eulenspiegelwitz nimmt er die Sprache wörtlich und legt so ihre Unangemessenheit bloß. Auch weiß er nur zu gut, daß die Art und Weise, wie wir mit der Sprache umgehen, eben die Art und Weise ist, wie wir mit den Menschen umgehen. Die Sprache ist Indiz unserer Menschlichkeit. Erich Fried geht von dieser Einsicht mit einer in der deutschen Literatur seltenen Eindringlichkeit aus. Von den kulturbewußten Deutlern hält er nicht viel, die mit schnellen Antworten die Risse unseres fragwürdigen Welt- und Menschenverständnisses überkleben.

„Er versteckt sich hinter seinen Fragen vor seinen Fragen. Er versteckt sich hinter seiner Antwort vor seiner Antwort . . .", heißt es in einem älteren Gedicht. Hier ist das Wortspiel, wie so oft bei Erich Fried, zum kritischen Spiel mit dem Sinn geworden. Für das lyrische Experiment wie für die Metapherngirlanden, für die narzißtischen Spiegelfechtereien wie für die verbalen Posen hat er nie viel übrig gehabt, und nur sehr zaghaft und vorsichtig äußerte er sich über seine Schreibweise. Für ihn, der von Beunruhigungen ausgeht, bietet jede Poetik, ja auch jede bedeutunggebende Systematik nur Vorurteile. Er entziffert die Leerstellen unserer Sprache, genauer: der Sprachbenutzer.

Entzifferungsversuche

Sinnlos
versagt
(vertagt
vernachtet)
die Suche nach Sinn.
Die unbedeutenden
Zeichen
keinen Deut
keinen Teut
keinen Lebtag
näher ihrer Bedeutung.
Zuletzt
nur wieder
von Wahnschweigern
und Leichendeutern
verdeutscht.

Anstelle lyrischer Exuberanz eine schlichte, sich auf die Tatsachen beziehende Sprache, die den Leser zu engagieren, wachzurütteln, aufmerksam zu machen versucht, wie es auch Bert Brecht tat, daß nämlich sich kritische Gedanken im Chaos von vorgekauten Weisheiten, feigen Affirmationen und gewaltfrommen Sprüchen breitmachen. Erich Fried ist ein Dialektiker im eigentlichen Sinnes des Wortes. Er hält seine Leser durchaus eines kritischen Gesprächs für fähig und ernüchtert die Sprache wieder zu ihrem Sinn. Mit einer unbeirrbaren Beharrlichkeit klopft er die Wörter ab, um sie von der Tünche der Lüge zu befreien. Die Welt, in der wir leben, schmerzt ihn. Er spürt, wie sich der Verfall in sie einnistet, wie Tod sie umlauert. Die Vögel verirren sich im Dunstgrau des Himmels, das Wild nimmt keine Fährte mehr auf, die Pflanzen erschauern vor dem Pesthauch der Industrie, die uns den Luxus als Henkersmahlzeit vorsetzt. Kriege werden aus verletzter Eitelkeit geführt. Menschen sterben, weil sie das Vorurteil zeichnet. Menschen verhungern, weil sie keinen Posten in der Bilanz ausmachen. Welche Perversion gehört dazu, den als unbequem abzutun, der diesen Wahnsinn unmißverständlich genau und mit der Trauer der Betroffenheit anprangert! [...]

Aus der Laudatio vom 25. Januar 1983

Foto: Isolde Ohlbaum

Erich Fried

Ich soll mich nicht gewöhnen

Zuerst möchte ich hier dem Vorstand und der Jury der Rudolf Alexander Schröder-Stiftung sehr danken — und außerdem möchte ich Herrn Senator Franke und Herbert Heckmann für ihre Worte Dank sagen, ehrlichen Dank. In der Begründung des mir verliehenen Preises heißt es, ich sei ,,immer ein unbequemer Autor" gewesen, ,,unbequem gegenüber der Öffentlichkeit und unbequem gegen sich selbst". — Nun, ich meine, ein Dichter oder Schriftsteller hätte sonst nur die Alternative, sich der Öffentlichkeit und sich selbst bequem zu machen, sich *anzubequemen* und sich an alles zu *gewöhnen.* Das wäre aber allzu bequem!
Ich habe es einmal für mich so zu formulieren versucht:

(Entwöhnung)

Ich soll nicht morden
ich soll nicht verraten
Das weiß ich
Ich muß noch ein Drittes lernen:
Ich soll mich nicht gewöhnen

Denn wenn ich mich gewöhne
verrate ich
die die sich nicht gewöhnen
denn wenn ich mich gewöhne
morde ich
die die sich nicht gewöhnen
an das Verraten
und an das Morden
und an das Sich-gewöhnen

Wenn ich mich auch nur an den Anfang gewöhne
fange ich an mich an das Ende zu gewöhnen.

Allerdings, gerade Bremen weckt viel *freundlichere* Gedanken in mir, als die an Unbequemlichkeit. In dieser Stadt war und bin ich oft und gerne zu Gast. Hier habe ich Hilfe und Freundschaft gefunden, und Liebe. Hier, im Theater am Goetheplatz, hat der Indendant Kurt Hübner meine erste Shakespeareübersetzung ,,Sommernachtstraum" in Auftrag gegeben, und Peter Zadek hat sie inszeniert, vor etwa zwanzig Jahren. Hier ging ich spazieren, in der Altstadt, im Stadtwald, am Weserufer und fuhr hinaus nach Worpswede. Hier las ich vor, im Funkhaus und in der Evangelischen Studentengemeinde, in der Universi-

tät und in der Volkshochschule, in der Böttcherstraße, in der „Glocke" und in Bremen-Nord. Hier verbrachte ich traurig meinen 50. Geburtstag, an dem die Nachricht vom Tod Helli Weigels kam. Hier zeigte mir Domprediger Abramzik den Dom, die Figuren an seinem Tor, seine architektonischen Merkwürdigkeiten und seine Mumien. — Und hier schrieb ich auch viele Gedichte.
Allerdings, hier in diesem selben Bremen ließ sich im sogenannten Deutschen Herbst 1977 ein Politiker zu dem Ausruf über Verse von mir hinreißen, so etwas möchte er lieber verbrannt sehen. Nun, das hätte vielleicht wenig mehr als ein Ausrutscher in der Hitze des Gefechts sein müssen; und dann später in einer Rundfunkdebatte mit ihm, in der er sogar einige Anschuldigungen gegen mich zurücknehmen mußte, obwohl sein Redeschwall mich kaum zu Wort kommen ließ, war ich bereit, ihm seine 'zündenden' Worte rascher zu vergeben, als es vielen Bremern, die mich verteidigt hatten, richtig schien. Nur gab es dabei anderes, was man nicht so leicht vergeben kann, auch weil es im wesentlichen gar nicht mich betraf. Zum Beispiel sein seltsames Argument, man könne ihn mit den Bücherverbrennern der Nazis nicht vergleichen, denn als Politiker enthalte er sich jedes ästhetischen Urteils und urteile nur politisch. Da kann man sich nur fragen, wie denn überhaupt jemand glauben kann, ein Gedicht beurteilen oder verstehen zu können, wenn er das Ästhetische ausklammert. Außerdem, wer so argumentiert, *überschätzt* seine Verschiedenheit von den Bücherverbrennern vor 50 Jahren, die doch, genau wie er, in erster Linie nicht von *ästhetischen,* sondern von ihren unseligen *politischen* Überzeugungen motiviert waren. *Solche* Gedankenfehler können Schriftsteller leider nicht einfach verzeihen und vergessen, denn sie

Foto: Isolde Ohlbaum

gefährden auch heute noch Dichtung, Geistesleben und Freiheit. *Nicht* verzeihen kann ich auch, daß die Bremer Lehrerin, die jener Politiker damals angriff, weil sie mein Gedicht im Unterricht verwendet hatte, zwar *nicht,* wie er es wollte, gemaßregelt wurde, daß sie dann aber doch einige Zeit in ihrem Gleichgewicht als Pädagogin behelligt und gestört war. Und ich kann auch den sachlich unverantwortlichen *Stil* nicht verzeihen, in dem damals *weiter* argumentiert wurde: Daß ich mich für Peter-Paul Zahl eingesetzt habe, obwohl dieser der Baader-Meinhof-Bande angehöre. Ja, ich habe mich für ihn eingesetzt, aber in Wirklichkeit gehörte P.-P. Zahl, der zu meiner Freude später selbst den Bremer Literaturförderpreis erhielt und jetzt endlich wieder frei ist, natürlich nie zur RAF. Das bestätigte sogar die bundesdeutsche Justiz, die ihm mehr als übel mitgespielt hat.
Oder daß nicht nur ich, sondern auch Radio Bremen angegriffen wurde (es hieß, *wir schwimmen auf der Terrorwelle),* weil ich in Radio Bremen den inhaftierten Rechtsanwalt Horst Mahler für seinen Entschluß gelobt hatte, sich von den Lorenzentführern nicht freipressen zu lassen, sondern lieber noch Jahre hinter Gittern zu verbringen, weil er sich von der sogenannten Guerilla abgewandt hatte und deren Geiselnahme nicht aufwerten wollte. Was seither geschah, z. B. das Gespräch zwischen Horst Mahler und Innenminister Baum, zeigt, daß Radio Bremen und ich recht hatten und daß unsere Angreifer tatsächlich, wie ich ihnen vorwarf, durch ihre Scharfmacherei einen Versuch, Nachwuchs für den bewaffneten Kampf zu *verhindern,* in Wirklichkeit schädigten.

Nun, erstens gibt es zu viele Opfer derartiger Angriffe, die weniger gute Verteidiger als ich haben, zweitens aber und grundsätzlich: Ich glaube, kein Mensch, besonders aber kein Dichter oder anderer Künstler, für den es lebensnotwendig ist, sich nicht stumpf werden zu lassen, sich nicht zu gewöhnen, darf sich damit zu beruhigen versuchen, daß ein Unrecht oft das andere Unrecht wettmache. Nein, ich für mein Teil hielt und halte zwar z. B. die Taten der RAF für gefährliches Unrecht, weil ihre Gewaltakte im ganzen weit mehr Unheil angerichtet haben, als sie jemals nützen konnten, und weil sie unsere Hemmungen gegen Gewalt viel zu leichtfertig abbauen wollten. Gleichzeitig aber — und obwohl ich oft Angst vor den persönlichen und literarischen Nachteilen hatte, die mir dadurch drohen — glaube ich, ich muß gegen Unrecht auch dann protestieren, wenn diese Menschen selbst es erleiden mußten und immer noch erleiden — und auch, wo sie nichts mehr erleiden, weil sie zu Tode kamen, bei der Festnahme oder in der Haft. Ich habe deshalb — vor und seit dem berühmten STERN-Bericht über die Tode von Stammheim (30. Oktober 1980), vor und seit dem Film DIE BLEIERNE ZEIT — gesagt (auch in einigen meiner Gedichte und Prosatexte), warum mir jene Selbstmordbehauptungen so wenig überzeugend scheinen. Übrigens, Schriftsteller und Journalisten, die *nicht* in der Bundesrepublik leben, sind da ja ohnehin oft und oft viel skeptischer als ihre meisten deutschen Kollegen. Sie bedauern das Fehlen einer wirklich gründlichen öffentlichen Untersuchung und meinen, alles, was nach Unwahrheit oder Verschleierung aussieht, schadet nur dem Ansehen Deutschlands und kann dazu beitragen, daß junge Menschen zum „individuellen Terror" kommen, den diese Kritiker genau so wenig bejahen wie ich. — Wer mich wegen dieser meiner Haltung, wegen menschlichen *Mitgefühls,* was ja die Übersetzung von *Sympathie* ist, einen Sympathisanten nennen will, der hätte mich vermutlich auch einen Sympathisanten des Nationalsozialismus genannt, weil ich in meinem Roman „Ein Soldat und ein Mädchen" auch gegen die Hinrichtung der KZ-Aufseherin Irma Grese und gegen Todesstrafe überhaupt protestiert habe, und anderwärts auch gegen die Hinrichtung Joachim von Ribbentrops, — obwohl ich natürlich die RAF nie mit den Nazis vergleichen möchte.

Aber hier noch einige Worte zugunsten eines Menschen, den die RAF ihrerseits als „Verräter" verleumdet, weil er von ihr weggegangen ist und sich gegen Terrorakte wendet. Das Räderwerk der Justiz aber bedroht ihn mit lebenslanger Haft, de facto, weil er nicht Kronzeuge werden will, sondern sich weigert, zum Verräter an den Menschen zu werden, von denen er sich abgewendet hat. Der Prozeß gegen ihn hat gestern begonnen. Deutsche Behörden hatten sogenannten „Aussteigern aus der Terrorszene" faire Behandlung und Entgegenkommen versprochen. Als der Aussteiger Peter-Jürgen Boock, der in Hamburg schon viele Monate vor seiner Verhaftung ein neues Leben begonnen hatte, sein bekanntes SPIEGEL-Interview gab, warum er gegen den „bewaffneten Kampf" ist und alle davor warnen will, da wurde ihm angedeutet, man wolle ihm „goldene Brücken bauen", ja, er könne sogar „mit anderen Papieren" studieren. Aber in Wirklichkeit war die Bedingung: Angaben machen und Kronzeuge werden wie Ruhland, Gerhard Müller, Speitel und Dellwo. Als er das ablehnte, schlug man ganz andere Töne an! Nun, wer da gebrochene Versprechen einklagen wollte, müßte weltfremd sein. — Soll man sich etwa auch an derlei *gewöhnen?* — Formaljuristisch kann man gegen das Vorgehen der staatlichen Institutionen da vielleicht nicht viel vorbringen. Aber mich entsetzt es und widert mich an! — Heinrich Albertz, der Peter-Jürgen Boock ebenfalls helfen will, hat einmal gesagt: „Eines Tages werden uns noch die Augen übergehen vor lauter Staat." Ich fürchte, auch vor lauter Justiz! Was geschieht, wenn ein Mensch in diese Maschine gerät? Ich dachte an Krallen eines Aasgeiers, aber so phantasielose Vergleiche sind sachlich *und* literarisch falsch, im Positiven und im Negativen. Einerseits ist die Justiz nicht ein Naturgeschöpf, ein einfaches Lebewesen, sondern ein riesiges, kostspieliges Triebwerk. Aasgeier schlagen ihre Krallen auch kaum in lebendes Fleisch. Und wie arg diese Justiz sein kann, davon zeugen z.B. die meines Erachtens *schändlichen* Fehlurteile gegen Alexander Schubart in Frankfurt, oder gar gegen den jungen Kriegsdienstverweigerer Armin Juri Hertel in Hildesheim, wo von Amts wegen Heine, Alfred Döblin und Heinrich Mann „Terroristenliteratur" genannt werden können. — Andererseits hoffe ich — auch in einem solchen Justizapparat — immer noch auf Wesen, die nicht nur Zahnräder und Kettenglieder sind, sondern *Menschen;* Richter oder andere. Ich hoffe, daß diese Hoffnung nicht enttäuscht wird: Und ich hoffe auch, daß es noch genug Menschen in diesem Land gibt, die ihre Stimme erheben, damit Peter-Jürgen Boock, der, nebenbei bemerkt, auch eindrucksvolle Verse schreibt, nicht vernichtet wird. Seine Vernichtung könnte übrigens dem „Bewaffneten Kampf" nur neuen Nachwuchs zutreiben.

Schließlich noch eines: Jetzt, 50 Jahre nach Hitlers Machtergreifung, gibt es zahlreiche Veranstaltungen, besonders auch mit Schriftstellern, — in einigen Wochen auch noch zum Jahrestag der Bücherverbrennung. Auch ich soll mehrmals zu diesem Thema sprechen. Aber welche Lehren werden wir aus all dem ziehen? — Vorhin habe ich den unseligen Joachim von Ribbentrop erwähnt, den Spitzendiplomaten des Dritten Reiches, der in Nürnberg zum Tod durch den Strang verurteilt und hingerichtet wurde. Das Delikt lautete: „Verbrechen gegen den Frieden. Vorbereitung eines Angriffskrieges. Kriegsverbrechen gegen die Menschlichkeit mit großen und kleinen Staaten nach mehreren Himmelsrichtungen."

Ich hielt das für schlechte Justiz, nicht nur weil ich gegen Todesstrafe bin, sondern weil man Gesetze nicht rückwirkend erlassen darf, wenn die Straftat längst begangen ist. Seither aber, durch dieses Urteil, weiß alle Welt, daß solche Taten mit dem Tod bestraft werden. Das betrifft natürlich alle führenden Staatsmänner, Stabsoffiziere und ihre Untergebenen, die sich heute in allen unseren Kulturstaaten mit der Vorbereitung atomarer Erstschläge und anderer Angriffsstrategien befassen oder diese finanzieren oder gesetzgeberisch decken helfen. — Nun, Todesstrafe ist und bleibt natürlich Mord, ebenso wie etwa unser berühmter polizeilicher „finaler Rettungsschuß" (eine Sprachprägung unserer Behörden, bei der jeder Schriftsteller aufhorchen müßte!). Auch lebenslängliches Gefängnis, selbst unter humansten Bedingungen, für all diese Staatsmänner und ihre Helfershelfer, wäre Barbarei. Als Bürger dieser Erde aber, als Eltern von Kindern oder gar als Schriftsteller, müssen wir uns doch darum kümmern, wie man *diese* Herren — oder auch eine Frau Thatcher — unschädlich macht, ob und wie man sie festnehmen kann, und so weiter. Auch darum kümmern, ob *gute Beziehungen* unserer Staatsmänner zu ausgesprochenen Mörderregierungen wie in der Türkei, Südafrika, Zaire, Chile — die Liste ließe sich mit großen und kleine Staaten nach mehreren Himmelsrichtungen fortsetzen — nicht den Verdacht solcher Vorbereitung eines Angriffskrieges und von Verbrechen gegen die Menschlichkeit nahelegen. Ich weiß keine Patentlösungen, aber ich meine im vollen Ernst: wenn wir diese Probleme achselzuckend verdrängen, dann gibt es in einigen Jahren mit Sicherheit keinen Bremer Literaturpreis mehr und keine Literatur. Bücherverbrennungen werden auch durch Atomwaffen veranstaltet, sogar viel gründlicher.

Vor allem sollten wir heute, bei diesen traurigen 50-Jahr-Gedenkstunden an Hitlers Machtantritt, an Reichstagsbrand und Bücherverbrennung, nie vergessen, daß man dieser alten Untaten eigentlich nur gedenken kann, indem man gegen neue Untaten und gegen systematische Programmierung zu künftigen Untaten ankämpft, auch, und gerade auch, wenn man ein Schriftsteller ist. Wenn wir *nicht dagegen* ankämpfen, dann brauchen wir auch gar nicht erst von einer „Ästhetik des Widerstands" zu reden und hier in Bremen von Peter Weiss zu sprechen, der heute hier sein sollte, aber leider nicht mehr hier ist. Denn — um ihn nochmals zu zitieren — dieser Widerstand ist und bleibt einer der „Arbeitspunkte eines Autors in der geteilten Welt". Ich habe am ersten Tag dieses Jahres 1983 ein Gedicht darüber geschrieben:

Ça Ira

für Peter Weiss

Die Verbrechen von gestern haben
die Gedenktage
an die Verbrechen von vorgestern
abgeschafft

Angesichts der Verbrechen von heute
machen wir uns zu schaffen
mit den Gedenktagen
an die Verbrechen von gestern

Die Verbrechen von morgen
werden uns Heutige
abschaffen
ohne Gedenktage
wenn wir sie nicht
verhindern.

Foto: Renate von Mangoldt

Eigentlich hätte ich mich in dieser Rede heute viel lieber mehr mit Literatur im engeren Sinne befaßt, vielleicht mit der Unvermeidlichkeit des Häßlichen in der heutigen Dichtung, aber auch mit seinen Gefahren, mit den Grenzen seiner Berechtigung, mit der Sehnsucht nach Schönheit. — Oder mit den Versuchen der Phantasie, die Wirklichkeit oder die Wahrheit einzuholen. Oder — gerade hier in Bremen heute an seinem Geburtstag — mit Rudolf Alexander Schröders Versen:

. . . Reichtum ist an jedem Ding.
Auch ein verdorrtes Blatt dünkt königlich,
wenn über ihm sich Liebe neigt.
Nur ohne Liebe wäre die Welt gering.

Auch ich schreibe ja nicht nur Politisches, sondern Liebesgedichte und Verse und Prosa über Leben und Sterben und über die geringfügigsten Dinge dieses Lebens. Aber vielleicht ist es auch gerade diese *Liebe, ohne die die Welt gering wäre,* die uns zwingt, heute soviel von unserem Leben mit Politik zu vertun, und die *mich* gezwungen hat, hier den größten

Teil meiner Redezeit der geringen Hoffnung zu opfern, daß man durch Worte vielleicht doch etwas ändern kann, — einer Hoffnung, die ja gerade auch Dichtern und Schriftstellern nicht unwichtig ist. Denn die Untaten, die wir in unseren Staaten heute vorbereiten, sind im Grunde ungleich größer als die Untaten, die die von allen guten Geistern verlassenen Unglücksmenschen im Deutschen Reich vor 50 Jahren vorzubereiten begannen. Unendlich größer, auch wenn nur selten offen von einem Erstschlag die Rede ist, sondern meistens — wie damals — nur von Verteidigung, von Abwehr, und auch, wenn heutzutage manche Politiker zu gewissen Zeiten Kreide fressen und während des Weiterrüstens ihre Friedensliebe beteuern, vielleicht um ihre Wähler zu beschwichtigen. Auch damit dürfen wir uns nicht abfinden, auch daran dürfen wir uns nicht gewöhnen, denn Dichter oder Schriftsteller sein ist in erster Linie nicht eine literarische Betätigung, obwohl wir natürlich lernen und wissen müssen, wie unsere Vorgänger und Mitmenschen ihre Gedanken, Gefühle und Phantasien in Worte zu fassen suchten. Dichter oder Schriftsteller sein soll in erster Linie auch nicht eine politische Betätigung sein oder gar eine parteipolitische, sondern — wie jede künstlerische Tätigkeit — der Widerstand gegen Entfremdung, gegen Abstumpfung, gegen Fühllosigkeit für das, was wir einander tun, und gegen Gedankenlosigkeit, auch im eigenen Kreis, auch bei uns selbst.
Ich danke Ihnen.

Foto: Anita Schiffer-Fuchs

Erich Fried

ZWEI HAIKUS VOM KRIEG

»Kämpft gegen den Krieg!«
Hunderttausend sagten doch:
»Warum grade ich?«

Als der Rauchpilz stieg
hunderttausend fragten noch:
»Warum grade mich?«

REALISTISCHER REALISMUS

Die ewigen
Wahrheiten
meiner Gedichte
langweilen mich

Wann
kommen endlich
ihre Irrtümer
Träume
und Lügen

Aus: Das Nahe suchen. Verlag Klaus Wagenbach, Berlin 1982, S. 48, 91

Nur für Kundige?

Die Jury, die Erich Fried den Literaturpreis zuerkannte, verdient lobende Zustimmung und hohen Respekt. Zustimmung, weil sie einen zeitsensiblen Autor ehrt, der auch jene vermeintlich so aliterarischen und gesprächsunwilligen jungen Menschen erreicht, Respekt, weil sie mit ihrer Entscheidung ein kleines Stück „Wiedergutmachung" leistet an einem Autor, dessen Texte ein Herr Neumann in einer gespenstischen Debatte der Bremer Bürgerschaft 1977 im Zweifelsfall lieber verbrannt sehen wollte.
Ob freilich viele Bremer beurteilen können, ob der nun geehrte Gedichtband preiswürdig sei, wage ich nach meinen Buchhandelserfahrungen zu bezweifeln. Vier Bremer Innenstadtbuchhandlungen haben es in den ca. acht Wochen seit Erscheinen des Bandes trotz wiederholten Ansprechens nicht für nötig (wünschenswert?) gehalten, den Lyrikband aus einem kleinen Verlag in ihr laufendes Sortiment aufzunehmen. Kundige konnten ihn natürlich bestellen oder für kurze Zeit in einem Gemischtsortiment mit Platten und Zeitschriften in der Sögestraße erwerben. Aber was ist mit den weniger mit Literatur Befaßten? Haben Buchhandlungen keinerlei Aufgaben mehr als den Bestsellerverkauf mit Mengenrabatt — natürlich bei gebundenem Endpreis? Jetzt sehe ich schon die verkaufsträchtigen Bücherstapel des Preisträgers in den vorher so verschlossenen Läden. Der hoffentlich auch kommerzielle Gewinn durch den Literaturpreis ist außer dem Autor allein dem mutigen Verleger Wagenbach zu gönnen

Siegmar Pankonin, Bremen/Weser-Kurier vom 7. Januar 1983

Erich Fried

KLEINES BEISPIEL

Auch ungelebtes Leben
geht zu Ende
zwar vielleicht langsamer
wie eine Batterie
in einer Taschenlampe
die keiner benutzt

Aber das hilft nicht viel:
Wenn man
(sagen wir einmal)
diese Taschenlampe
nach so- und sovielen Jahren
anknipsen will
kommt kein Atemzug Licht mehr heraus
und wenn du sie aufmachst
findest du nur deine Knochen
und falls du Pech hast
auch diese
schon ganz zerfressen

Da hättest du
genau so gut
leuchten können

FÜR ANNE

Das Schwierige
am Alleinsein
ist nicht
das Alleinsein
sondern daß es
ein Vorgeschmack
auf das Alleinsein
ist

Foto: Marily Stroux

BARBAROSSA

Meine Ängste
sind um soviel
wirklicher
als meine Hoffnung
wie die Raketen
im hohlen Berg
als der schlafende
Kaiser

Aus: Das Nahe suchen. Verlag Klaus Wagenbach, Berlin 1982, S. 9, 45 und 89

Erich Fried

6. 5. 1921 Wien
– 22. 11. 1988 Baden-Baden

Foto: Renate von Mangoldt

Besuch des Wiener Bundesgymnasiums. 1938 nach der Ermordung des Vaters durch die Nazis Emigration nach England. In London, wo F. seither lebte, Tätigkeiten als Arbeiter, Chemiker, Bibliothekar, Redakteur und von 1952 - 68 Kommentator des deutschen Programms der BBC. Die ersten Gedichtbände erschienen in den letzten Kriegsjahren. Als freier Schriftsteller schrieb F. hauptsächlich Gedichte. Daneben vor allem Arbeit als Übersetzer von John M. Synge, Arnold Wesker, T. S. Eliot, Dylan Thomas sowie insbesondere von Shakespeare. Politisches Engagement gegen den Vietnam-Krieg und für die Sache der Palästinenser ließen F. im Mittelpunkt heftiger Kontroversen stehen. F. war Mitglied des PEN-Zentrums der Bundesrepublik und der Deutschen Akademie für Sprache und Bildung, Darmstadt. Er starb an Krebs.

Preise: Fördergabe des Schiller-Gedächtnispreises des Landes Baden-Württemberg (1965); Österreichischer Würdigungspreis für Literatur (1972); Prix International des Éditeurs (1977); Preis der Stadt Wien für Literatur (1980); Literaturpreis des Freien Hansestadt Bremen (1983); Großes Goldenes Ehrenzeichen für Verdienste um das Land Wien (1985); Österreichischer Staatspreis (1986); Carl von Ossietzky-Medaille (1986); Internationaler Poesiepreis der Donau-Länder (1987); Georg-Büchner-Preis (1987).

Werkauswahl: Deutschland. Gedichte, 1944. – Österreich. Gedichte. 1945. – Gedichte. 1958. – Ein Soldat und ein Mädchen. Roman. 1960. – Reich der Steine. Zyklische Gedichte. 1963. – Warngedichte. 1964. – Überlegungen. Gedichtzyklus. 1965. – Kinder und Narren. Prosa. 1965. – und Vietnam und. Einundvierzig Gedichte. 1966. – Anfechtungen. Fünfzig Gedichte. 1967. – Zeitfragen. Gedichte. 1968. – Befreiung von der Flucht. Gedichte und Gegengedichte. 1968. – Die Beine der größeren Lügen. Einundfünfzig Gedichte. 1976. – Unter Nebenfeinden. Fünfzig Gedichte. 1970. – Aufforderung zur Unruhe. Ausgewählte Gedichte. 1972. – Die Freiheit den Mund aufzumachen. Achtundvierzig Gedichte. 1972. – Höre, Israel! Gedichte. 1974. – Gegengift. 49 Gedichte und ein Zyklus. 1974. – Fast alles Mögliche. Wahre Geschichten und gültige Lügen. 1975. – So kam ich unter die Deutschen. Gedichte. 1977. – Die bunten Getüme. Siebzig Gedichte. 1977. – 100 Gedichte ohne Vaterland. 1978. – Liebesgedichte. 1979. – Lebensschatten. Gedichte. 1981. – Zur Zeit und zur Unzeit. Gedichte. 1981. – Das Unmaß aller Dinge. Fünfunddreißig Erzählungen. 1982. – Das Nahe suchen. Gedichte. 1982. – Ich grenz noch an ein Wort und an ein andres Land. Essay. 1983. – Angst und Trost. Erzählungen und Gedichte über Juden und Nazis. 1983. – Es ist was es ist. Gedichte. 1983. – Beunruhigungen. Gedichte. 1984. – Und nicht taub und stumpf werden. Unrecht, Widerstand und Protest. Reden, Polemiken, Gedichte. 1984. – Kalender für den Frieden 1985. 1984. – In die Sinne einradiert. Gedichte. 1985. – Um Klarheit. Gedichte gegen das Vergessen. 1985. – Mitunter sogar Lachen. Zwischenfälle und Erinnerungen. 1986. – Am Rand unserer Lebenszeit. Gedichte. 1987. – Vorübungen für Wunder. Gedichte vom Zorn und von der Liebe. 1987. – Unverwundenes. Liebe, Trauer, Widersprüche. Gedichte. 1988. – Gründe. Gedichte. 1989. – Als ich mich nach dir verzehrte. Gedichte von der Liebe. 1990. – Gesammelte Werke. Gedichte und Prosa in 4 Bdn. 1993. – Anfragen und Nachreden. Politische Texte. 1994. – Die Muse hat Kanten. Aufsätze und Reden zur Literatur. 1995. – Liebesgedichte. 1995. – Einbruch der Wirklichkeit. Verstreute Gedichte 1927-1988. 1996.

Über E. F: Volker Kaukoreit: Frühe Stationen des Lyrikers E. F. Werk und Biographie. 1938-1966. Darmstadt 1991.

Förderpreis des Bremer Literaturpreises 1983 für „Gleich einem Standbild, so unbewegt. Erzählungen", Ammann Verlag, Zürich 1982

Egon Ammann

Das möblierte Gefängnis sprengen

[...] In allen vier Büchern schreibt Clemens Mettler, sich mehr oder weniger hinter seinen Protagonisten verbergend, von sich selbst, von seiner Suche nach sich selbst, nach diesem ihm wie jedem von uns innewohnenden Geheimnis, das Leben heißt, nach seinem Leben.

Im „Glasberg" ist es der Dichter Lorenz Waser, der unterwegs ist, seine ihn fassende Sprache zu finden, und jener Dichter Lorenz Waser taucht wieder auf in der Erzählung „Der Flug", der ersten in dem Band „Gleich einem Standbild, so unbewegt".

Diese Erzählung ist ein „Bericht von einer Einsamkeit", der mit der erschütternden Einsicht schließt: „Und ich zum Ganzeigentlichlautherausheulen Einsamer, ich begann zu erzählen!", ohne daß diese Erzählung im Text nun folgt, denn was erzählt werden könnte, wäre für Freunde bestimmt, denen er erzählen kann, die es aber kaum mehr gibt. Es wäre privat, und hätte zwischen Buchdeckeln nichts verloren, das wiederum weiß der Dichter Clemens Mettler.

Die Einsamkeit inmitten wohlmeinender, zu Fremden gewordener Freunde, das wird vom Autor thematisiert, nicht nur in dieser Erzählung. So geschieht es in der vordergründig

Clemens Mettler (2. v. r.) mit Erich Fried, Jürgen Manthey (rechts) und Senator Horst-Werner Franke. Foto: Walter Schumann

lustigsten Erzählung „Weekend auf dem Land", die gleichzeitig für den Ich-Erzähler zum Erfahrungsfeld seiner eigenen Fehlentwicklung, nämlich hin zu einem machtausübenden guruähnlichen kleinen Potentaten, wird.

„Gleich einem Standbild, so unbewegt", die Titelgeschichte, knüpft mittelbar dort an, wo im „Glasberg", am Schluß, in Lorenz Waser die Einsicht wächst, „die Distanz wäre zu groß für einen Lorenz Waser", und ein Ankommen, ein sich Finden, aussichtslos wird, so also in der Titelgeschichte die Klage eines Tontafelschreibers, fingiert wird von Mettler eine Übersetzung babylonischer Schrifttafeln, eines Schriftstellers: „Wovon ich schreibe, ich weiß es fast nicht mehr!" Und was überliefert ist, wie die Erzählung vorgibt, es bleibt im Leser als Verwirrung zurück, Ausdruck einer tiefen Skepsis Mettlers, mit Hilfe der Sprache die persönliche Isolation, das möblierte Gefängnis zu sprengen, mindestens durchbrechen zu können.

Diese Skepsis in das eigene Vermögen, sich selbst betreffend, ich meine sie im bisherigen Werk Mettlers neben Kapriolen und Ausgelassenheiten immer wieder lesen zu können, und immer wieder auch Ansätze zu einer neuen Hoffnung, es möge doch gelingen. Wenn die dunkle und

bedrückende Erzählung „Schattenloo" etwa keineswegs düsterer ist als die bisher geschilderten, so vielleicht deshalb, weil hier das Vertrauen in die Poesie ungebrochen lesbar wird, weil hier der Autor mit Lust am Werk ist, den, um eine Formulierung Mettlers zu gebrauchen, „den erzählten Situationen ihren eigenen Pfiff abzumerken".
Das Werk Clemens Mettlers ist ein Herantasten an Dinge, Geschichten, an Menschen, Erinnerungen und Bilder, an sich selbst. Es ist ein schwieriges Werk, weil es ein eigenes ist, ein starrköpfiges und unverwechselbares, wie die Skepsis des Clemens Mettler eine eigene, weil selbst erfahrene ist. Mettler bringt Frische in die Konfektion unserer gegenwärtigen Literatur, er fordert zum Widerspruch, ja zur Ablehnung heraus. Es ist ein Leichtes, sich dem Werk dieses Autors zu verschließen. — Ein Freund von mir pflegt bei solchen Gelegenheiten stets zu sagen, die Leute meinen Kunst sei wie Schwarzwälder Kirschtorte, dabei ist sie hart wie Schwarzbrot. [...]

Aus der Laudatio vom 26. Januar 1983

Clemens Mettler

Ich denke. Ich danke.

Daß die Wahl der Rudolf-Alexander-Schröder-Stiftung für den Förderpreis auf mein Buch fiel, verstehe ich als Zuspruch an mich, fortan mit Beharrlichkeit, Mut und Phantasie der Poesie das Wort zu geben.
Hansludi Zünd, die gleich mir schreibende Hauptfigur der Erzählung „Weekend auf dem Land", meint über sich selber: „...und ich mache überflüssige Sprüche, die zuletzt sogar gedruckt werden..." Anderswo nennt er sich, nun doch ziemlich emphatisch, „Mann des raumdurchschwingenden Worts" und „Texte- und Erfahrungenmacher". — Und schon fürchte ich, dies komme als überflüssiger Spruch daher, als allzu überflüssiger. Sollen wir über mich weinen oder lachen?
Kompliziert, einfach kompliziert.
Nehmen Sie Solches bitte nicht als versteckten Eigenruhm, der vormachen möchte, wie vertrackt ich wünsche, „hinter der Hand", aber doch gerühmt zu werden, und keineswegs als Schein-Klage, die lediglich den Trost einzuheimsen trachtet, daß man sie ihm für grundlos erklärt. — Im Dialekt meiner Herkunft, im Schwyzer Dialekt gibt es den Ausdruck (Bauernslang): Es Kafej uselüge. Einen Kaffee herauslügen. Man tritt irgendwo in eine Stube ein mit den Worten: Ich komme dann nicht wegen eines Kaffees! — Ich komme aus Anlaß des Förderpreises, und das macht es mir ein klein wenig schwer; aber nehmen Sie mir das bitte nicht übel und nicht als Zeichen von Undankbarkeit.
Der Poesie das Wort geben, den Bremer Stadtmusikanten gleich an Unerschrockenheit — oder an Schabernack: I-a, Wauwau, Miau, Kikeriki.
Daß die Begründung für die Vergabe des Förderpreises mich mit Robert Walser in Verbindung bringt, das freut mich. — Robert Walser sah Poesie überall. Aber er sah sie überall dort, wo Viele sie noch nicht sahen, nur Banalität sahen. Ihm wurde, höre ich, empfohlen, er solle schreiben wie Hermann Hesse; was er schreibe, interessiere niemanden. Soll ich heute 1983 schreiben wie Robert Walser? Soll eines Tages von irgend einem Schreibenden verlangt werden dürfen, er solle schreiben wie Erich Fried, wie Clemens Mettler, um nicht banal zu sein?
Ich denke. Angestrengt. Ich danke.

Clemens Mettler

1. 9. 1936 Ibach/Kanton Schwyz

Drittältestes von acht Kindern einer Arbeiterfamilie. Nach Abschluß des Gymnasiums Besuch der Kunstgewerbeschule in Luzern und Ausbildung zum Zeichenlehrer. M. lebt und arbeitet als freier Schriftsteller in Zürich.
Preise: Literaturförderpreis der Freien Hansestadt Bremen (1983); Gastpreis der Stadt Luzern (1984); Förderung Pro Helvetia (1987).
Werkauswahl: Glasberg. Roman. 1968. – Greller früher Mittagsbrand. Erzählungen. 1971. – Kehrdruck. Erzählprosa. 1974. – Gleich einem Standbild, so unbewegt. Erzählungen. 1982. – Findelbuch. 1993.

Clemens Mettler

Weekend

Und wir erwischten mit knappem Glück, dank seiner Mitverspätung im allgemein überlasteten Osterverkehr, den Schnellzug nach Furts, ohne Halt bis Hinterlangen — der Glücksgott, der alte, war mit uns. In Hinterlangen wechselten wir in einen Bummelzug. Es herrschte, wie einige Zeit schon, ein Wunderwetter. Im Furtstal unterwegs, zeigte mir mein Bruder mit dem Finger den Privatflugplatz für Segelflugzeuge, auf und über dem er vor Jahren einen einwöchigen Kurs für Segelflug absolviert hatte. Auch jetzt waren Segelflugzeuge in der blauen Luft, schräggekippt kreisend vor ihr und den hohen Bergen. Leo sagte zu mir: Das war eine eher schreckliche Woche. Ich fremdete unheilbar die ganze Zeit, litt am sicheren Gefühl, nicht herzugehören, da nichts verloren zu haben, als wohl einziger kleiner Mann unter lauter bestsituierten Herren. Und in der Luft die Angst vorm Fliegen war einfach zu groß. Ich habe es nach dieser Schnupperwoche gleich wieder aufgegeben! Ich sagte zu Leo: Begreiflich, du kamst dir dort vor wie ein Einbrecher, wie ein Werkspion und Spielverderber, notwendig humorlos mit deinem fleißigst Zusammengesparten — und respektvoll staunend sagte ich: Aber was, du flogst? Du probiertest es?
Und ich versuchte, mich in das vogelartige, hölzern und leinene Ding wenigstens hineinzudenken, das meinen Bruder dereinst getragen hatte, ebenso leibhaft, wie er da vor mir saß, gleich denen *dort oben;* an Leos Platz mich zu setzen vor den Knüppel, mir im Rücken der Fluglehrer; vergegenwärtigte mir das mutmaßliche Befinden mit Hilfe des Gefühls des Schwimmens. Das eine Kunst ist, die ich sehr spät, als, wie man so sagt, erwachsender Mensch erst kennen und nicht ohne leis-lustvollen Schauder genießen gelernt habe. Dies Denken an den Grund fern unten, da unter einem in der dunklen, nassen Kühle, über der man bäuchlings oder rücklings hängt...
Nun lehrte ich: Allerdings notwendig hängt jedes Gefühl von Lebensflug mit der Überwindung von Angst zusammen. Die überwundne Angst ist die Bedingung des Schwebens: der unten liegende Abgrund. Es erzeugen darum alle Taten, in denen, und alle Werke, mit denen der Mensch Angst hinter sich zurückläßt, ihr Fluggefühl, ihren Arbeitsrausch, ihren Lebensorgasmus. Nun soll allerdings das Tun, für das der Mut größer ist oder wird als die Angst, auch wirklich genug Pfiff haben, daß nicht ein *blöder Lebensrausch für nichts und wieder nichts* der ganze Erfolg ist, ein lächerlicher Mut für ein eigentlich trauriges Tun; sondern solchen Tuns letzter Sinn muß gewiß Angstminderung, -umwandlung für die ganze Menschheit und Welt sein. Darin kann's nicht liegen, daß an einem einzigen Punkt Angst durchstoßen, überwunden wird, oder daß ein Mensch für sich selber und allein Angst überwindet, eigentlich niederzwingt. Es mag ja auch als rein selbstgestellte Aufgabe nicht zu machen sein — wie du bewiesen hast — den clevern Machern im Verband kann's doch zu nichts führen. Größere Ermutigung und Ermunterung muß dem großen Werk unter die Flügel blasen, allgemeiner Aufwind, nicht von der Gegenwart nur, von noch weiter, viel tiefer und aus der Zukunft her...

Aus: Weekend auf dem Land. In: Gleich einem Standbild, so unbewegt. Ammann Verlag, Zürich 1982, S. 49-51

Paul Wühr.
Foto: Renate von Mangoldt

Bremer Literaturpreis 1984 für „Das falsche Buch", Carl Hanser Verlag, München/Wien 1983

Helmut Heißenbüttel

Spannung zwischen Erfindung und Wirklichkeit

Paul Wühr, Martha Höhl und der Förderpreisträger 1984: Bodo Morshäuser. Foto: Herbert Abel

[...] Die 722 Seiten des „Falschen Buchs" haben als Schauplatz einen abgegrenzten Bezirk, der sich leicht auf dem Stadtplan von München einzeichnen läßt. Alles, was in dem Buch gesagt wird, hat einen unverrückbaren topographischen Bezug, den Feilitzsch-Platz oder die Münchener Freiheit. Ein Ausschnitt aus dem Stadtplan von München steht dem Buch voran. Die einzelnen Stationen, Teile, Örtlichkeiten dieses Bezirks werden nicht nur im Verlauf des Buches mehrfach genannt, sie werden sozusagen Schritt um Schritt verbal abgegangen.

Dieser topographische Bezug bedeutet nun jedoch eines nicht: Die Aufschlüsselung des Orts in seine geographische, historische, soziologische, ethnologische usw. Phänomenologie, wie es etwa der Pariser Autor Claude Mauriac mit der Rue de Buci und dem Carrefour de Buci einst versucht hat. Vielmehr ist das, was auf dem Stadtplan lokalisierbar ist, nicht nur zugleich, sondern ebenso reine Erfindung des Autors Paul Wühr. So hatte er schon in dem 1970 erschienenen „Gegenmünchen" diese Stadt noch einmal erfunden, so wurden die Hörspiele, die er aus konkret auf Tonband aufgenommener Rede zusammengesetzt hat, Produkte seiner Phantasie. Wührs „Falsches Buch" beginnt: „Ich traf auf eine Absperrung. Das Seil wurde um denjenigen Teil der Stadt gespannt, in dem die Ereignisse stattfänden, sagte man mir. Selbstverständlich ließ ich mir nur sagen, was ich schon wußte, weil diese Ereignisse von mir erfunden sein werden und sicher derart, daß sie diese Absperrung verdienen, was wiederum ich jetzt entscheide, und zwar in Anbetracht einer Lage, in der nicht nur ich mich befinde."

Diese äußerste Zuspitzung dessen, was man in der Literatur unter Fiktion versteht, ist es offenbar, die Volker Hoffmann* in seinem zweiten Stichwort von der Radikalisierung in der Selbstdarstellung der Poesie meint. Seine Personen, die als Wir-Chor auftreten, läßt Wühr das so ausdrücken: „Was sollen wir denken von einem Romantheaterschreiber, wenn er teils sich uns zuteilen läßt, von wem auch immer (sollte es sonst noch außer ihm einen geben, der ausgibt?), um dann anderenteils uns, wie er sagt: zu zeugen, und wie? Ein Skandal. Woraus? Hirngezeuge, um nicht von Aftergeburten zu reden." Eine andere Wir-Gegenrede lautet: „Nicht genug damit, daß er Personen erfindet. Seine Personen fordert er auf dazu, selber solche zu erfinden. [...] Aber das macht die Unmoral unseres Romantheaterschreibers noch nicht in ihrer Gänze aus: er beschreibt seine

* In seinem Artikel über Wühr im Kritischen Lexikon der deutschsprachigen Gegenwartsliteratur. München 1978 ff.

erfundenen Leute ja bis zur Unsichtbarkeit. Wir schrieben es schon: das scheint ihm Spaß zu machen. Der Kerl hat doch einfach seinen Spaß daran. Weil er mit seinem Glied auf einer Materie schreiben muß, die kein Loch hat, aus dem seine Ausgeburten in eine Welt schlüpfen könnten, die sie ein Leben lang wahrhaftig beschreiben würden, bis es sie nicht mehr gibt, fängt er mit einer Beschreibung gar nicht erst an, oder vernichtet dieselbe von Anfang an schon; so denken wir uns: denkt er. Freilich müssen wir viel eher vermuten, daß er nicht schreiben kann. Darüber schreibt er wahrscheinlich."
Ich könnte hier lange darüber reden, wie weit alle Literatur, als ein Produkt sprachlich-imaginativer Phantasie, Erfindung sei und wie weit Auseinandersetzung mit etwas, das wir als Realität ansehen, die auch außersprachlich vorhanden ist. Das ist eine Fragestellung, die die Realismusdebatte des 19. Jahrhunderts schon beschäftigte und die erneut und verschärft auftauchte in der ersten Hälfte des 20. Jahrhunderts. Und ich könnte hier als Hinweis zwei Werke nennen, die vielleicht an Paul Wühr heranführen: Alfred Döblins „Berge Meere und Giganten" und „Babylonische Wanderung". Wühr sagt zum Schluß des zweiten Teils des „Falschen Buchs": „Wirklich ist hier, geneigter Leser, allein die Tatsache: daß dieses Buch insgesamt einen Widerspruch darstellt zu Wirklichem. Und vermißten Sie eine scheinbare Spannung nach scheinbaren Bedingungen der Wirklichkeit, so biete ich Ihnen dafür die wirkliche Spannung des Buches zur Wirklichkeit und gebe Ihnen Ihr Denken zu bedenken."
Der Trick, den Wühr hier verwendet, nämlich zwei unterschiedliche Verwendungsarten des Worts wirklich gegeneinander zu setzen (Wirklichkeit gleich Realität und wirklich als positive Beteuerung), ist eines der Redemittel, die Wühr immer wieder verwendet und die Volker Hoffmann in seiner Analyse ausführlich behandelt. So wichtig das Erfassen dieser für Wühr so charakteristischen Redeweise ist, die stilistische Kennzeichnung seiner Literatur, wenn man so will, es würde doch hier ablenken von der Hauptlinie, die ich im Auge behalten muß. Daß Wühr, nach „Gegenmünchen", „Preislied" und „Rede", hier so ausdrücklich darauf insistiert, Literatur sei die Spannung zwischen Erfindung und Wirklichkeit, Widerspruch zwischen Erfindung und Wirklichkeit und daß er dies verwandelt in einen sozusagen Innenkosmos, der bis an die Grenze des Erfindbaren geht und zugleich keinen Fleck unserer Wirklichkeit, der Wirklichkeit der zweiten Hälfte des 20. Jahrhunderts ausläßt, hebt dieses „Falsche Buch" aus der Zahl der deutschsprachigen Bücher der Nachkriegszeit, die auf anderer Basis versucht haben, eine Summe zu ziehen, heraus.[...]
Während des Lesens hat mich immer wieder ein Gefühl beschlichen, und das war nicht abzuwehren. Dieses Gefühl war Neid. Ich beneide Paul Wühr um dieses Buch. Nicht, weil ich es hätte geschrieben haben mögen, sondern weil er es sich getraut hat. Da aber Neid ein Gefühl ist, das Verdrängungen erzeugt, schien es mir am besten, daß ich den Neid produktiv abarbeite. Und so habe ich, aus Paul Wühr, ein falsches Gedicht zu machen versucht, zu seinen Ehren.

DAS FALSCHE GEDICHT FÜR VON FÜR PAUL WÜHR

man drehe mir meine Worte im Mund um
raffiniert verdriftete mündliche Texte
fallend stehend urinierend oder brennend überschrie sich Lacan es zeugt
auf daß die ganze Bedeutungskette eines Wortstammes realisiert werde
im Schaulicht frei auf der Freiheit ich Ausschreier Tiefsichtler Bret-
terwanderer Lebensbedeuter
identisch bleibende Persönlichkeit
Zuschauer Odysseus und diese Tortur
vom Einbau neuer Erwartungsstrukturen in die alte
fallend stehend urinierend oder brennend überschrie sich Lacan es zeugt
ich konnte nicht schlafen wie hätte ich können vom Heimweh geplagt nach
einem Regisseur der in seinem eigenen Theater vorkommt ohne zugeben
zu müssen er habe sich selber und alle Personen in ihm erfunden
schlimm zu erfahren wie schmerzhaft ausgestoßen sich einer vorkommt der
Salz in die verlockendsten Süßspeisen rühren muß aus Berufung
vom Einbau neuer Erwartungsstrukturen in die alte

das Normale ist monströs
raffiniert verdriftete Texte
das Normale ist monströs
Engführung durch Verwendung rhetorischer Figuren
im Schaulicht frei auf der Freiheit ich Ausschreier Tiefsichtler Bret-
terwanderer Lebensbedeuter
Engführung durch Verwendung rhetorischer Figuren
die Polizisten lagen sich tränend vor Lachen in ihren grünen Armen
mit Sprechblasen sehr gezackten weil zwischen den Zähnen gezischten

Paul Wühr

Ein Riß im blauen Horizont

Paul Wühr, der am kommenden Donnerstag um 12 Uhr in der oberen Halle des Alten Rathauses den Bremer Literaturpreis 1984 erhält, erlitt bei der Benachrichtigung von seiner Auszeichnung eine schwere Herzattacke. Das Jury-Mitglied Dr. Wilfried F. Schoeller (Frankfurt) war wie andere tief erschrocken über das Ereignis. Er schrieb seine Gedanken dazu in einem Brief an Senatsrat Dieter Opper. Darin heißt es u.a.: „Die Geschichte hört sich an, als habe sie unser Kollege Helmut Heißenbüttel für einen ‚Dichterherbst' gerade erfunden… Beinahe hätten wir jemanden durch Bewunderung umgebracht. Das sagt etwas über den Zustand unserer Leidenschaften aus. Da denkt man immer, das Blau des Himmels, sei es noch so ausgefranst, verbürge - falls von der Poesie intensiviert - den Horizont von allem. Und dann gibt es, wenn in Bremen eine Jury diesen Sachverhalt feststellt, ein Lebensproblem, das eben jene Intensität verhindern wird, deretwegen jemand bemerkt werden soll. Wenn man's genauer bedenkt, ist jener ‚Vorgang' eine sehr merkwürdige Epistel."

Kurier am Sonntag vom 22. Januar 1984

auf daß die Ökonomie der Texte sich daran zeige daß die literarische Verfahrensweise konstant bleibt
und das Ordnungssystem sich der Konkurrenz zwischen linearen Textabfolgen mit labyrinthischem Geflecht aus Querbezügen verdanke
mit Sprechblasen sehr gezackten weil zwischen den Zähnen gezischten
eine aufgerissene Quadratschnauze unsere diesbezüglichen Öffnungen zusammengeöffnete
identisch bleibende Persönlichkeit

eine aufgerissene Quadratschnauze unsere diesbezüglichen Öffnungen zusammengeöffnete
Rede ist vervielfältigte Kürze
schlimm zu erfahren wie schmerzhaft ausgestoßen sich einer vorkommt der Salz in die verlockendsten Süßspeisen rühren muß aus der Berufung
ich bleibe im Buch
von einem Erklärer zum anderen Glauben ist es so weit weg wie diese Geschichte
eine aufgerissene Quadratschnauze
im Schaulicht frei auf der Freiheit
ich bleibe im Buch
Arm in Arm verließen Hermann und Dorothea dieses Theater verdammter Verkürzer
auf daß die ganze Bedeutungskette eines Wortstammes realisiert werde
nichts wird durchgestrichen
mit Sprechblasen sehr gezackten weil zwischen den Zähnen gezischten
schriftliche Fixierung der Mündlichkeit

Aus der Laudatio vom 26. Januar 1984

Foto: Isolde Ohlbaum

Paul Wühr

Dankrede

1

Meine sehr verehrten Damen und Herren,
zunächst möchte ich mich bei Helmut Heißenbüttel bedanken für seine Worte mit mir vorliegenden Bruchstücken, von denen man nicht behaupten kann, daß sie einen sanften Übergang gewinnen wollen, wie das in unserer Gesellschaft und ihren politischen Geschäften so übel geworden ist; das wäre, wenn, nur durch Zufall gelungen, auf den hier aber verzichtet werden kann, denn Brüche, möglichst harte, das weiß ich, sind Helmut Heißenbüttel sowieso lieber, und Sie kann ich und will ich und muß ich wohl auch nicht schonen. Von einer spontanen Antwort auf Helmut Heißenbüttels Laudatio kann auch die Rede nicht sein, weil ich das nicht kann, jedenfalls nicht hier vor Ihnen; und diese Rede, die zu einer richtigen nicht wurde, antwortet seit vierzehn Tagen von einem bayerischen See aus, also: auf einen Zusammenhang heute und hier wird auch Verzicht geleistet werden müssen - nicht unbedingt aber auf Zusammenstöße, Überschneidungen, Blindstellen, Mißverständnisse, Ausfälle, Fehler - auf Fehler insbesondere und überhaupt auf ganz Falsches schon gar nicht; im übrigen auch sonst nicht. Da wäre ich also bei der Poesie, meinem Thema. Mit ihm will ich mich, stotternd im Geiste des Magus in Norden: mit der ursprünglichsten Unordnung - deren Herstellung mit Sicherheit mißlingen wird (ein heuchelndes Futur: denn das wußte ich bei Abfassung dieses Satzes schon) - die aber mein erster und fortlaufender Fehler sein muß, da ich mich noch nicht im Stande der restlosen Unvollkommenheit befinde - hier für den Bremer Literaturpreis bedanken.

2

Den wieviele bald nicht mehr meiden müssen, dessen Scheiden wieviele so wenig schmerzt: Bundespräsident Carstens hält den Frieden für einen hohen Wert. Aber über diesem gäbe es einen viel höheren: nämlich die Freiheit. - Wie wäre es damit, wenn wir es uns ergehen ließen, wie es Sokrates bei Johann Georg Hamann ergeht, der „in den Schriften des Heraklitus, dasjenige, was er nicht verstand, von dem, was er darin verstand, unterschied, und eine sehr billige und bescheidende Vermutung hat von dem Verständlichen auf das Unverständliche": also bei genauerem Durchleben der letzten Jahre dieses Jahrtausends die billige und bescheidene Vermutung zu tun von noch Verständlichem - und das ist wenig genug und wird immer weniger - auf das Unverständliche: daß es vor und über allem heute um den Frieden geht. Ich kann mit der Poesie, von der hier Hamann eigentlich sprach, nicht daran glauben, daß der ganze Text, oder alles unverständlich wird, also nicht einmal die bescheidensten Vermutungen Neues entdecken können oder noch nicht Begriffenes begreifen: keine Aufklärung also mehr trotz mutigster Bescheidenheit. Nein. Poesie als Exercitium: im Unglauben an das Unleserliche.

3

In einem Gedicht, das ich für Helmut Heißenbüttel schrieb, sprach ich den Wunsch aus, einmal mit ihm auch über den Magus in Norden zu sprechen. Im hohen Norden (Verstehen Sie das bitte, dort liegt nämlich Bremen für mich!) kann ich ihm jetzt mit Johann Georg Hamanns Worten Antwort stehen, aufs Ungefähre hin, wahrscheinlich an seinen Worten vorbei, also falsch: Und da bin ich wieder beim Thema: der Poesie.

4

Aber hier noch ein Abschiedswort für den scheidenden Präsidenten. Roland Barthes hat es formuliert, und ich ändere für diesen hohen politischen Anlaß: „Freiheit kann es außerhalb der Rede (hier insbesondere „der geltenden", politischen, einer besonders beschämenden, wie ich mit Hamann formulierend beschimpfe) nur geben, wenn man sie nicht nur die Kraft nennt, sich der Macht zu entziehen, sondern auch und vor allem die, niemanden zu unterwerfen"; ich kann meinen Mund nicht halten und schreie dazu: auch nicht die Gedanken der eigenen Bürger über den Frieden.

5

Obwohl ich hier, in dieser Art Poetologie, von der Erfahrung ausgehe, daß alle Systeme, welches auch immer- und wo ist keines? - die freie Rede, gar auch noch falsche, zwar weder dem Wahn entsprungen (mit der Zunge), nein: schlimmer - noch von ihm gefangen (mit den Lippen), nein: feige nicht, aber auch noch dazu unbestimmt, unentschieden, das muß ihr nachgesagt werden, vor allem aber (mit Francis Thompsons von mir verdrehter Zeile behauptet): eine bis zur Unerträglichkeit spielende Rede, ein mit ihrer, der Poesie, wirren Flechten spielend Kind: nicht zugelassen werden kann, heute weniger denn je - nur die Strafen sind milder, aber das auch nur bei uns - also wenn das so ist, übergebe ich mich in furchtsamer Frechheit Ihrem Wohlsinn.

6

Poesie ist draußen, daneben, dahinter, jedenfalls immer abseits, keinesfalls in der Gesprächsrunde, im Diskurs, der sich dreht im Hamannschen „ewigen Kreysel, also seine Rede aufbauend auf verborgenen Kräften, willkürlichen Namen oder gesellschaftlichen Losungswörtern oder Lieblingsideen". In der Arena ist man vollbeschäftigt mit sich. Immer wieder aber, zur unrechten Zeit, in keiner Stunde der Wahrheit, ungebeten, auch ohne Ausweispapiere, also ohne festen Wohnsitz bestimmt, ganz plötzlich stolpert sie durch, kauderwelscht sich auf inmitten streng überprüfter Antworten als die dumme Frage. Große Verstimmung, kein Lacher.

7

Hier wurde schon sehr viel zitiert. Was könnte aber passieren. wenn Poesie mit Zitaten informieren will? Etwa dies: Da soll doch ein Grüner an Busen herum gegrabscht haben, behauptete kürzlich ein gewesener Flottenarzt. Und da soll doch kürzlich ein General vor einer Feministin seinen Bademantel geöffnet und, wie diese entrüstet behauptete, an seinen Genitalien gespielt haben - zwei Zitate, poetisch zitiert. Nur ein schlimmes Beispiel; der Stoff: gemein wenig schlimm.

8

Ich mag sie nicht sehr: die Satire, noch weniger als die Kommunikation. Das gibt schon einen Reim. Ich mache mir aber keinen drauf, weil der nämlich mich nicht mag: dieses Huhn. Wo habe ich mich jetzt verfehlt und getroffen?

9

Ich bleibe lieber wieder beim Thema und spreche vom Hinterhalt der Poesie. Und sie muß sich gefallen lassen: hinterhältig genannt zu werden, wenn sie sich derart unzuständig nebensächlich geriert. Das ist noch dazu rückständig. In der Gesellschaft gibt ein Wort das andere zurück. In der Gesellschaft fordert ein Schritt den nächsten weiter fort. Wohin ist die Poesie da nicht gekommen?

10

Wie sich der Sinn dieser Poetik verschleicht, wo das Ende schon aus dem Anfang schlüpft und wortweiter und laufengelassen, ganz ohne Festes dazwischen oder ganz ohne festes Dazwischen, sprachhalber. Sprung. Bruch. Keine Brücken. Keine Methoden, nur Schreibzwang. Und so viel Stoff! Und alles, einfach ohne Ausnahme alles, der ihre, der Poesie. Und da haben wir dann die Verwandler; noch, aber mehr gehabt. Das Alte wird dann noch einmal neuer. Sehr kunstreich. Aber wieviel schlimmer die kleine Faust im Kinderzimmer sich ballt und ein Bollwerk anschiebt bis die Klötze erstaunlich ins Unbefestigte springen - und, oder anders so weiter. Es geht um Verschiebung. Was sie vorfindet: Poesie schiebt es an, schiebt es weiter und weg. Für Schübe also ist sie, diese Schieberin, richtungslos, das auch noch, und wahllos. Was vorliegt, vorgebaut, aufgestellt wurde: am Ende liegt, sitzt oder steht es verschoben; auch Ausverkauf, schwarzer, das auch noch? Ich tippe nur an.

11

Ganz in Ihrer Nähe - jenseits des Kanals - lebte und schrieb Francis Thompson, der vergessene Dichter. Deshalb vergessen, weil er katholische Oden schrieb? Er fand einfach diesen Stoff vor, nicht den schlechtesten: Theologia gehört zu den monumentalsten Gedichten unserer Welt und ihrer Geschichte, freilich geschaffen von einem gewaltigen Team, darunter gewaltige Geister, denken Sie nur an Origines, dessen Beitrag allerdings von mit- und nacharbeitenden Vaterfiguren wieder gründlich verdorben wurde. Es soll sich übrigens immer noch um ein 'work in progress' handeln; da sind die wenigsten unter uns informiert. Ich wollte sagen: diesen gewaltigen Stoff, den schob dieser Francis Thompson, der große Poet, einfach weiter. Wohin? Dorthin sollten Sie lesen. - Und wie schrieb er? Gewaltig.

12

Poesie redet nicht mit; sie hat schon gar nicht die gleiche, aber auch keine andere Meinung. Das Thema verfehlt sie; ihr Lieblingsthema ist dessen Verfehlung. Jedenfalls ich kann einen Wahn davon sinnen. Die Lust ist das aber nicht. Zwei küssen sich vor der Mattscheibe, während auf dieser ein Kind im Libanon brennt. Das Leben ist so. So sagt man. Ein brennendes Liebesgedicht aber in gegenwärtigster Ferne des brennenden Kindes? Wer schreibt das? Und sagt: Poesie ist eben so. Und wer macht für Poesie einen Sprecher? Unter Poeten gibt es ihn nicht. Aber sie schreiben weiter daneben. Poesie muß eine Verfehlung sein.

13

Dieser - und wie ich hoffe - alle Sätze über Poesie hier, also über das nicht richtige Falsche oder nicht richtige Richtige sind noch nicht ganz richtig und noch nicht ganz falsch und in dieser Hinsicht müssen diese nicht besser werden, wie zum Beispiel wir auch nicht, das wollen wir hoffen oder jedenfalls so; so unkorrigiert und in zweierlei Hinsicht in keine richtige Vollendung geraten, wären wir wahrscheinlich brauchbar für den Frieden. Der ist also attraktiv: Es handelt sich nämlich um Hochseilakte ohne Netz, will man sich halten können in ihm, vorausgesetzt daß er einläßt.

14

Die dummen Fragen sind bei Bescheidinhabern nicht beliebt. Ihr Wissen stirbt immer gerade dann, wenn solche sich stellen, und Dummheit stört es beim Sterben, was es ja muß, beileibe möglichst fraglos. Man gibt deshalb oft anderenortes kettlich, elektrisch, zellisch oder gar tödlich Bescheid; bei uns freilich nur beschlagnahmend oder entzüglich (mehr südlich). Wie man sehen kann, wurde ich bisher verschont. Wenn sicher auch weiterhin: dann verdanke ich das ganz bestimmt der Rudolf-Alexander-Schröder-Stiftung in Bremen (sehr nördlich).

15

Die dumme Frage muß eine solche nach allem sein, was „in der methodisch disziplinierten Theorie vergessen worden ist oder überhaupt nicht Rücksicht finden kann." - Hans Blumenberg - daran glaube ich fest, ist mit meiner anfänglichen Zugabe zu einem Zitat aus seiner „Genesis der kopernikanischen Welt" sicher ganz außerordentlich wissenschaftlich einverstanden. Es handelt sich bei der dummen Frage also um eine nach den Motiven; lebenswirklicher formuliert, also banaler: Wozu soll das gut sein? Was hat das mit mir persönlich zu tun oder mit uns (wenige, eher weniger!)? Wo ist der Sinn? - Eine lange Mauer für Graffitti. Von der Politik oder Wirtschaft - schon wieder falsch: umgekehrt - gar nicht zu lachen; als hätten diese zum Beispiel zur Zeit überhaupt noch mit dem Leben zu tun - nein: in der Hauptsache mit dem Tod, mit dem Massenmord. Und mit sehr vielen sittlich hochstehenden, wehleidigen Kriegserinnerungen, mit Reden also, mit öffentlichen, stehen wir am Rande unseres Massengrabes, derart sprechend die „geltende Sprache", dem Übel vom Ganzen, würde der Magus in Norden warnen. Ich hocke mich mit einer dummen Frage zwischen zwei große Geister, bevor der zweite fortfährt: Was bleibt uns da anderes übrig, „als listig mit der Sprache umzugehen, als sie zu überlisten", sagt Roland Barthes. „Dieses heilsame Überlisten, dieses Umgehen, dieses großartige Lockmittel (Zwischenruf von mir: Diese dumme Frage, die, d. h.), das es möglich macht, die außerhalb der Macht stehende Sprache in dem Glanz einer permanenten Revolution der Rede zu hören, nenne ich Literatur."

16

Ich spreche jetzt von der Trivialität der Poesie, und das muß - zu einer Zeit, in der Trivialliteratur hochgeschätzt wird - näher erklärt werden, und zwar vielen damit zu nahe tretend: Poesie hat keine mörderischen Ideale, mit keinem Wort auch spricht sie im Namen eines tödlichen Wertes. Sie hat keinen Sinn für das Hohe im Sinne von Über - wie überaus liebenswürdig ist sie.

17

Leider sei ich ihr zu richtig, sagt sie, aus intimster Kenntnis wisse ich ja, weshalb ich ihrer weder wert noch würdig sein könne, meint sie erfreulich richtig, wie ich hier fröhlich festhalten darf.

18

Ein Wert, etwas Hohes: das Wissen, zum Abzählen aufgestellt: die Wissenschaft also: und Poesie? Wie verhalten sich die zueinander? Ein Beispiel: Daß eine richtig vollgeatmete Lunge im runden Bauch die Verheißung erinnert: die Poesie gesunde von Wölbung zu Wölbung neben dem Leib einfach her, selber sich wölbend und richtig runder werdend: Derlei eratmete Poesieverrundung, die albern deutsch buchstabiert anfänglich eine gespaltene war, muß eine scheinbare bleiben, oder das Ende des Falschen würde dämmern; die richtige Poesie wirkte sich sonst rundwegs zurück aus, ersetzte die Medizin und vermutlich nicht nur; da sind noch so Wissenschaften bedroht, freilich sämtliche schon argwöhnisch forschend bisher, wie jenes, das weder ganz Kunst im Geiste noch beileibe Wissenschaft ganz ist, zu beseitigen sei, weniger oder mehr oder ganz. Der Zusammenhang also? Gesundheit und Poesie? Keiner. Rein zufällig einer vielleicht; meistens wirklich mehr Gegensatz. Vorsicht.

19

Ich mache hier einmal den Versuch, in poetischer Disziplinlosigkeit eine unvollendete Unreihe von Namen zu rufen: Ulrich Sonnemann, den Saboteur des Schicksals - den Gegner Darwins und Hegels und jeder Mechanik: Theodor Lessing - den Partisanen im globalen Plagiat: Friederike Roth - (und weil auch beim nächsten Namen der aberwitzige Unterschied von weiblicher und männlicher Poesie unterlaufen wird, wie in dieser Unreihe hier von allen Frauen und Männern): Friederike Mayröcker - den Jandl - den Esel Lukian - Bernd Mattheus - Fritz Schwegler, den Fopper mit einfachen Satzzeichen - den rigorosen Eisendle - Franziskus, den Poverello - Xeniades, den Lehrer des absolut richtig Falschen und Eckensteher in der Klasse der antiken Philosophie (Lehrer: genannt „der Leser" - hier nicht zugehörig) - den Liebhaber der listigen Literatur: Roland Barthes - Jost Herbig, welcher derzeit Darwin widerlegt (bald zu lesen) - die Hexe, katholisch, Elisabeth Langgässer - und fast zu sehr in die Nähe gebracht: die Ursula Krechel, wer wagt es mit ihr? - den schweren Schweber Oskar Pastior - den Wüstenläufer Klaus Voswinckel -

Loyola, den Beinsteller - den Hund Diogenes - das eine oder andere bayrische metaphorische Gespenst: Herbert Achternbusch - den deutschdeutschen Luftschiffer Peergünter Herburger und den lyrischen und literarischen Radar: Michael Krüger. Schluß. Ich muß Schluß machen, es fallen mir sonst noch mehr Verehrte und Freunde ein, und noch dazu Anwesende. Mit diesen Namen finde ich hier also noch lange kein Ende. Ich nehme an, in Ihnen nennt sich das weiter. Solche Ketten liebe ich: kein Glied geschlossen, jedes einmalig. Sie muß selber aus Liebe sein, so wie sie falsch ist. Keiner braucht davon zu wissen.

20

Aber sonst? Poesie als Rühmung? Das fällt doch hier herein. Und um. Schon Bestätigung ist ihr zuviel. Es gibt gewaltige Sachen, wußte Gott, d.h. der Herr. Beginnen wir mit der Kirche. Dann diese Schule. Das Hohe Haus. Theodor Lessing hilft mir bei der Aufzählung weiter: Es gibt unseren Staat. Dann soll es ihn geben. Das andere auch. Mehr ist von der Poesie dazu nicht zu sagen. Die Polizei aber müßte gerufen werden, würde gefordert zu sagen: wie gut, daß es Polizei gibt. Notwendige Übel verdirbt Anerkennung. Diese verdienen die Menschen, die Übelträger, und freilich nicht nur und für menschliches Handeln. - Ein notwendiges Übel: die Liebe ist es jedenfalls nicht. Rühmung, Anerkennung oder Bestätigung - oder Unterlassung dergleichen: das bekommt mit ihr nichts zu tun.

21

Kaum zu glauben: Wissenschaft läßt Poesie zu - nennt zwar ihre Macher nicht etwa Poeten, sondern „metaphorische Geister" (eine niedrigere Charge im Reich der Gedanken offenbar; da geistert auch noch Blamableres herum, denke ich) - und stellt sie am Rand der „methodisch disziplinierten Theorie" auf - siehe da: eine Aufgabe also vergibt sie damit anscheinend eine ihrer vermuteten Gaben nicht allzu gering einschätzend, nämlich: „in Erinnerung bringen zu können die Fragen, zu deren Lasten Wissenschaft floriert, zu deren Beantwortung sie in Gang gesetzt worden ist", gibt Hans Blumenberg immerhin zu, der es wissen muß, da er sehr viele, wenn nicht bestimmt vielleicht alle Wissenschaften von seinem Hochsitz aus überblickt. Den Randstand allerdings, so empfiehlt er, sollte Poesie, d.h. das metaphorische Gespenst nicht verlassen, da jede unkontrollierte Überschwenglichkeit den Erfolg der Methode störe. Diese Schwengler am Rande schwappen zwar über und verdienen es deshalb nicht, Kontrolleure genannt zu werden, merkwürdigerweise aber darf man sie Konservatoren und auch noch Restauratoren nennen, nämlich als diese nebenordentlichen Randüberkipper, die ab und zu mit einer prallen, runden Metapher die methodisch Beschäftigten und vom Ursprung der einfachen Fragen weit weg Verforschten an den Sinn überhaupt oder einfach auch nur an die Sinne zurückdichten, um sie dem ganzen lebenswirklichen Motivationszusammenhang wiederzugeben. Die Wirkung? Keine. Oder werden ursprüngliche Motive der Menschen von der Technik und Wissenschaft mehr beachtet? „Nach UNO-Schätzungen", teilt der Sozialpsychologe Klaus Horn mit, „sind weltweit etwa 40% der Wissenschaftler und Ingenieure mit militärischen Forschungs- und Entwicklungsarbeiten befaßt."

22

Meine Gedanken über Poetik hat es hier offenbar aus der Kurve getragen. Mit Schnelligkeit oder Selbstlob hat das nichts zu tun; ich möchte das alles noch einmal wiederholen: ich meine das Abkommen von der Richtung, die sich bog. Sie müssen nur zuhören oder nachlesen. Das geht so: Nur immer hinein in den Graben, Überschlag, mehrmals, und genau hier müßte sich der in die gerade Richtung gestrebte Gedanke anders in sich vertiefen und aus sich heraus drehen bis er anderswo ein anderes Teil, das allerwerteste bestenfalls, vorzeigen kann - was mir jetzt nicht gelingen will, obwohl ich das so gerne geistvoll vorgemacht hätte, und zwar gleichzeitig mit der formvollendeten Vorführung. Aber Poesie passiert. Man kann die schlimmsten Unfälle nur schreibend erwarten.

23

Sollte man mit Hans Blumenberg auf dem Hochsitz, wo er doch alles übersieht, beinahe alles - übersehen haben, daß im Zirkus der Zivilisation die Systeme schön langsam im Methodenzwang sterben, aber, weil ihr Tod so ansteckend ist: auch das Leben, diese Lebenswirklichkeit (ein bitteschön wissenschaftlich gedichtetes Wort - Autor unbekannt), die nur Überschwengler und solche, die man ja kennt, wieder mit Motivation-zu-Motivation-Beatmung zurückbringen können, dann kann sich die Poesie nicht mehr auf ihr dichtes Daneben berufen. Sie muß in den Diskurszirkus einfallen und bleiben, und zwar in der Mitte. Der Einfall ist notwendig. Es soll ja lebendiger werden. Poesie benimmt sich bestimmt auch in der Mitte daneben.

24

Wie hier folgt: Poesie als dummer August, das bringt keine Tränen, auch wenn sie von allen Sorten welche treibt. Die dumme Frage muß freveln. Das kritische Zwischenspiel benötigt auch keine neue Startbahn. Ausgeflogen, vorläufig, leider. Die Systeme reagieren nicht, weniger denn je. Es wurde haut- und stacheldrahtnah erlebt in diesem „Land der unbegrenzten Unzumutbarkeiten" wie Ulrich Sonnemann, der im poetischen Sinn gerissenste Beobachter unseres Rechtsstaats, wütet: in was für einer tabuisierten Verfassung die Herausgeforderten sich befinden. Demnach: die Entartung der Poesie ist dran. Das Unvorstellbarste an Unflat und Niedrigkeit fordert sie kynologisch von sich selbst, wie schon zu seiner Zeit der Magus in Norden von sich seinen niederen Stil: als politisches Mittel. So redet Poesie mit sich selbst. Ich habe sie reden gehört.

25

Heiner Müller wurde vor kurzem gelobt. Ein Rezensent nannte ihn „Dreckschleuder". Ich befand mich also im Irrtum, als ich vor etwa zehn Jahren diesen Titel von einem Münchner Kulturjournalisten erhielt - und verletzt war. Mich beschimpfend, stellte er mich - selbstverständlich nur in dieser poetischen Unart - einem großen Dramatiker gleich. Welche Ehre!

26

Wie stand der Homburg vor dem Staat. Wie brannten seine Fragen. - Ausflüchte. Abweisung; keine Antwort. Wie stand die Meinhof vor dem Staat. Ihre Fragen bedingungslos, ja. Ich höre noch heute das zynische Lachen in Bonn. Nicht einmal Angebote zu einem wirklichen Gespräch. Das war die Antwort.
Auch ein Kranz für die Opfer von Hiroshima ist eine Frage, gestellt an den Staat, der im Augenblick der Überreichung ein Gesicht hatte, das sich in Verlegenheit weggrinste. - Auch keine Antwort. Eine brennende Frage war das. Und nicht zu vergessen alle jene, die sich selber zu brennenden Fragen machten. Unverständnis! Zeigefinger an politischen Schläfen.
Das war die Antwort des Staates.
Ich frage: Was denn eigentlich bricht sein schwafelndes Schweigen?

27

Es ist zu wenig, die Sätze erröten zu lassen vor Scham. Man sollte sie mit dem Wort 'Kot' zuschmieren, damit sie beschmutzt ihr kynisches Staunen aufreißen können vor dem Zynismus der Politiker, die nach massenmörderischen Verhandlungen, noch vor dem Waffenstillstandsbeschluß einen Witz machen, der dann noch einmal tausend arme Hunde - so muß ich von Menschen hier sprechen - das Leben kostet. Jesus. Was riecht der wohl lieber: sinnlos vergossenes Blut oder stinkende Poesie?

28

Unser Bruder Jesus, der sich selber „Herr" nennen ließ, jedenfalls wird das heiligschriftlich erzählt, wurde von römischen und von jüdischen Herren ans Kreuz geschlagen und sein Herr Vater schaute von oben zu. - Was also haben jene, die keine Herren sind, nie sein, nie zu tun bekommen wollen mit diesen: mit diesem Kreuz zu tun? Das ist eine Herrengeschichte. - Wie die Poesie wieder umspringt mit hochherrschaftlichen Angelegenheiten, aber auch lacht als ein „mit ihrer Mutter wirren Flechten spielend Kind", singt Francis Thompson, der große, vergessene und auch katholische Dichter, an dem ich mich hier - fehlerhaft zitierend- vergehe.

29

Wie - wenn dieser „Beweiß der herrlichsten Majestät und leersten Entäußerung!", dieses „Wunder von solcher unendlichen Ruhe, die, ihn, „Gott dem Nichts gleichmacht, daß man sein Daseyn aus Gewissen leugnen oder ein Vieh seyn muß", - wie der Magus in Norden in seiner „Aesthetica in nuce" schreibt - wie also: wenn er am Ende dieses Jahrtausends sein Dasein als herrlichste Majestät selber aus Gewissen leugnete, gleich machte dem Nichts, um kein hohes Vieh mehr zu sein, - was dann? Gäbe er uns nicht das friedlichste Recht, ja machte er uns nicht zur sanftesten Pflicht: den Herren zu vergessen? Das fiele uns aber gar nicht schwer. Und das würden wir aber gerne hören. Insbesondere Poesie kann sowieso in ihrem Gedächtnis von Menschen am besten Schwestern und Brüder bewahren. Herren behielt ihr Gedächtnis meist schlecht.

30

Poesie ist das Gedächtnis, in dem wir alle und alle vor uns und aus uns: Lebendige, Tote, Erfundene weitererzählt werden müssen, soweit die Ungenauigkeit reichen kann, bis wir einander nicht mehr wiedererkennen. Besonders mit Künstlichen und mit Toten tun wir uns da sehr leicht; in der Annahme auch, ihre Widerspruchslosigkeit drücke eindeutig ihren Wunsch nach Fortsetzungsgeschichten über sie aus. Und nur deshalb halte ich die Erklärung des Todes Gottes im 19. Jahrhundert - abgesehen von der Vermutung seiner eigenen Urheberschaft - für poetisch doch brauchbar, da der Fortsetzungsroman von Gott, dessen Unerkennbarkeit nur immer geschöpflicher bis noch schlimmer menschlicher steigern könnte, bis er vielleicht nicht mehr nur als unser Bruder wie Jesus, sondern als unsere Schwester unter uns herumläuft; ins Animalische wurde ein Gott schon drei Zeiten vor uns erzählt; um einen solchen geht es hier sowieso nicht. - Uns genügt, daß er Mensch werden kann. Anders kann man ihn gar nicht weitererzählen, wohin denn? Hinauf? Schon geschehen. Höher geht nicht mehr. Weg? Klappte nicht. Also herunter muß er erzählt werden. Und das Gedächtnis der Poesie ist lebendig und hört mit Erzählen einfach nicht auf.

31

Poesie selektiert nicht. Sie schließt nichts und niemanden aus. Daß aber diese Nebensache aus ihrem anarchischen Nebenhalt hinterhältig, subversiv, die Mitte der Zivilisation besetzt, wo sonst vor allen unwahrscheinlich genau wahrgenommen, das Gesetz herrscht - ein (wie es Theodor Lessing nennt) „unbarmherziges und imaginäres Abstracta", bei dessen Konkretionen es sich in der Hauptsache um Versteinerungen handelt - das ist die Höhe, die von der Poesie oder von uns unterlaufen wird, ja; und so unterlaufen sich Sätze. - Sie bleiben derart lebendig.

32

Ein Buch, seine Wörter und Sätze. - Wenn ich denke, wie mein Kater, ein schwarzer, täglich vor mir auf dem Fensterbrett offenbar des animalischen Glaubens war, ich würde hinter meinem Schreibtisch nur sitzen und meine Hände bewegen, um Stifte kratzen und Blätter rascheln zu lassen, und zwar nur für ihn: wo also steht das Lebendige jetzt? Ganz bestimmt saß es damals vor mir. - Zu spät, ohne Reue jedoch, bemerke ich, wie ich hier auf einmal mindestens vier Schriftstellern zu nahe, nein, schon auf die Füße trat, nämlich: D'Alembert, der Diderots Katze - wie der zweite Gedichtband Michael Krügers heißt - doch gekannt haben muß, welch erster Name in der Literatur wieder auftauchte, weil Helmut Heißenbüttel sein Ende beschrieb. Das ist ein Fehler, und nicht nur einer. Ich wollte auch nur möglichst auffällig zurück, um meinem Laudator noch einmal zu danken.

33

Ich grüße alle Träger des Bremer Literaturpreises. Es gibt keine Toten unter ihnen.

Ich danke der Rudolf-Alexander-Schröder-Stiftung und der Jury für den Preis, für die Ehre und das Geschenk, das mit der Auszeichnung verbunden ist.

Ich grüße an seinem Geburtstag den Stifter Rudolf Alexander Schröder und erfreut meinen Verleger Christoph Schlotterer: ohne ihn stünde ich nicht hier.

Dank sei auch gesagt all jenen, welche ihr Einverständnis mit der Vergebung des Preises an mich nur ungern gaben, es aber zuließen - auch selbstverständlich jenen, die voller Zorn sind darüber: ihnen dafür, daß sie ihn zurückhielten bis zur Stunde. Ich bin mit der Danksagung immer noch nicht am Ende - bitte haben Sie Verständnis für eine freundliche Unart meiner Heimat. Ich danke Ihnen allen fürs Zuhören, auch jenen, welche meinen ausschweifenden Ausführungen über die Abschweifung selbst: nämlich die Poesie, nur mir Widerwillen zuhören konnten und trotzdem blieben. Das war es endgültig, meine Damen und Herren. Ich halte jetzt meinen Mund. Ich kann mich nicht erinnern, ihn jemals in einem so schönen Raum aufgemacht zu haben.

Fotos (2): Isolde Ohlbaum

Paul Wühr

10. 7. 1927 München

Besuch des Realgymnasiums. Abitur nach dem Krieg, anschließend Ausbildung zum Volksschullehrer. 1949-83 Volksschullehrer in München-Gräfelfing. Zwar seit längerem literarische Arbeit, doch erst ab 1963 durch Veröffentlichung von Hörspielen einem größeren Publikum bekannt. 1970 war das Poem „Gegenmünchen" eine literarische Sensation und leitete eine neue Reihe sog. Original-Ton-Hörspiele ein. W. ist Mitglied des PEN-Zentrums der Bundesrepublik. Seit 1986 lebt er über dem Trasimenischen See bei Passignano (Umbrien).

Preise: Hörspielpreis der Kriegsblinden (1971); Ludwig-Thoma-Medaille (1976); Literatur-Förderpreis der Stadt München (1977); Literaturpreis der Freien Hansestadt Bremen (1984); SWF- Literaturpreis (1989); Petrarca-Preis (1990); Ernst-Meister-Preis (1990); Großer Literaturpreis der Bayrischen Akademie der Schönen Künste (1997).

Werkauswahl: Der kleine Peregrino. Die Geschichte eines Seilradfahrers. 1960. – Basili hat ein Geheimnis. 1964. – Wer kann mir sagen, wer Sheila ist? Hörspiel. 1964. – Die Rechnung. Hörspiel. 1965. – Die Hochzeit verlassen. Funkerzählung. 1966. – Fensterstürze. Hörspiel. 1968. – Gegenmünchen. 1970. – So spricht unsereiner. Ein Originaltext-Buch. 1973. – Preislied. Hörspiel aus gesammelten Stimmen. 1974. – Grüß Gott ihr Mütter ihr Väter ihr Töchter ihr Söhne. Gedichte. 1976. – Rede. Ein Gedicht. 1979. – Das falsche Buch. Roman. 1983. – Der faule Strick. 1987. – Soundseeing Metropolis München. Klangbild (Tonkassette). 1987. – Sage. Ein Gedicht. 1988. – Wiener Vorlesungen zur Literatur. In: Wespennest 1989, Heft 74. – Grüß Gott. Rede. Gedichte. 1990. – Luftstreiche. Ein Buch der Fragen. 1994. – Salve. Res Publica Poetica. Gedichte. 1997.

Über P. W.: Volker Hoffmann in: Kritisches Lexikon zur deutschsprachigen Gegenwartsliteratur. München 1978 ff. – Lutz Hagestedt (Hrsg.): P.W. München 1987.

Fotos: Anita Schiffer-Fuchs (oben); Renate von Mangoldt

Förderpreis des Bremer Literaturpreises 1984 für „Die Berliner Simulation. Erzählung", Suhrkamp Verlag, Frankfurt/Main 1983

Peter Glaser

Eleganz und Genauigkeit

Das Motto zu dieser Ansprache auf Bodo Morshäuser und seine Erzählung „Die Berliner Simulation" soll ein Cartoon geben, den ich im „New Yorker" gefunden habe. Die Zeichnung zeigt einen Mann mit unfrohem Gesicht, der bei strömendem Regen an einer Landstraße einen Reifen an seinem Wagen wechseln muß. In dem Wagen gestikulieren zwei Kinder, und der Text unter der Zeichnung sagt: „Nein, Kinder, wir können *kein* anderes Programm einschalten. Das hier ist die Wirklichkeit."

Als ich „Die Berliner Simulation" zum ersten Mal gelesen habe, lieber Bodo Morshäuser, hat es mich mit einer seltenen Eleganz umgeschmissen vor Begeisterung. Die Eleganz kommt von einer unwirklichkeitsberaubenden Genauigkeit, mit der die Erzählung geführt ist. Hier hat jemand mit einer großen Zuneigung zur Literatur und ihrer Verpflichtung gearbeitet.

Ich will es zur heutigen Gelegenheit in der Sprache der Feierlichkeit ausdrücken: Als ich die Erzählung gelesen habe, lieber Bodo Morshäuser, ist die Poesie in ihre Rechte getreten. Das ist, wenn einem die offenen Augen aufgehen; wenn das Empfinden und alles, was zu sehen ist, etwas wie eine befreite Helligkeit annimmt; und wenn einem die menschlichen Verhältnisse wieder zugänglicher gemacht sind hinter dem eisernen Vorhang aus Weltbildern und Nachrichtentumult. [...]

Bodo Morshäuser (rechts); daneben im Gespräch: Paul Wühr und Senator Horst-Werner Franke; im Hintergrund (links): Helmut Heißenbüttel. Foto: Walter Schumann

Was die Erzählung wirklich bemerkenswert macht, ist die Methode, mit der sie zur Wirkung gebracht wird, daß einem ganz gegenwärtig wird vor Erstaunen. Sie läuft wie Musik, eindringlich und wendig, und es wird einem erst ein wenig unheimlich von der konzentrierten Ruhe, die die Begebenheiten durchstrahlt, und in der Ruhe blitzt es von einer klingendünnen Ironie.

„Überfahren, denkt man zuerst, aber der Fußgänger rollt sich nur über die Wagenhaube des bremsenden Wagens und läuft gleich weiter, als wäre das seine Art gewesen, über die Straße zu gehen."

Treffender läßt sich nicht beschreiben, was mit uns geschehen ist: daß es, wenn nicht die Gleichgültigkeit, so der Gleichmut des Fernsehzuschauers, und, nach jahrelanger Fernsehübung, des Realitätszuschauers ist, mit dem wir sehen. [...]

Aus der Laudatio vom 26. Janauar 1984

Bodo Morshäuser

Fortsetzung ermöglicht

Eine Rede über das Verhältnis des MAD zu deutschen Schriftstellern werde ich nicht halten. Natürlich bin ich für den Frieden, wenn auch für einen anderen.

Dieser Preis ist ein Förderpreis, und Sie fördern die Arbeit an einem Roman. Es ist ein Szenario, das Mitte der 90er Jahre in Berlin angesiedelt ist, "The days before" sozusagen, und es kann noch Jahrzehnte dauern. Die Menschen zeichnen sich aus durch einen unbändigen Spaß daran, reale und fiktive, also simulierte Daten aufs schönste zu vermischen. Naturgemäß sollte man in der Öffentlichkeit nicht über seine halben Romane plaudern. Da mich aber z. Zt. nichts anderes bewegt als dieser Roman, habe ich, sozusagen im Namen der Literatur, das Romanschreiben nicht unterbrochen durch das Schreiben einer Rede. Ich will mich heute eigentlich nur bedanken.

Bei der Rudolf-Alexander-Schröder-Stiftung dafür, daß sie diese Preise verleiht und das Geld weiterleitet.

Und besonders bedanke ich mich bei der Jury, die den Beginn meines Prosaschreibens bestätigt und die Fortsetzung mit ermöglicht hat.

Bodo Morshäuser

Bülowstraße

[...] So viele Bullen hier, stöhnt Lora. Es ist keine dreißig Stunden her, seit acht Häuser geräumt wurden, während knapp tausend leerstehen. Sieht aus wie in Belfast, sagt Lora, die Belfast kennt und die Festigkeit eines mit Holzverschlägen abgedeckten Schaufensters prüft. Die vielen Graffiti sind längst photographiert und bald auf Wanderausstellung. Seit gestern wird ein Toter beklagt. Wie geht beklagen, 1981. Einhellig ist man auf allen Seiten betroffen. Vom Hochbahnband der Bülowstraße lappen schwarze Tücher herunter. Noch krittelt Lora mit Blicken, jedoch da bahnt sich was an. [...] In der Bülowstraße sind zehn Mannschaftswagen aufgereiht. Wo sie auch stehen, stecken sie, allein durch ihre Anwesenheit, das Kampfgebiet ab. Prompt versammelt sich hinter der Bülowstraße, zwischen zwei Bankgebäuden, eine Menge, die den Verkehrsfluß blockiert. Du warst auch da, Sally, ich habe dich gesehen und sofort aus den Augen verloren. Manche halten wirklich Totenwache hier, trauern am längst symbolischen Fleck. Auch Fixer rücken herüber in die Unüberschaubarkeit der um den Blumenberg Gesammelten. Nach dem begriffslosen, an ihr nagenden Süchtigenelend schaut Lora schon viel optimistischer dem politischen Elend ins Auge, hört der sich hängenlassenden öffentlichen Rede zu. Seit der Junge an dieser Stelle vom Linienbus überrollt ist, existieren zwei Versionen über den Hergang der Ereignisse; so einig sind sich die Fraktionen. Wir sind aufgerufen zu debattieren, ob es sich um einen Verkehrsunfall handelte, oder ob es Mord gewesen ist. Wir haben ein Recht auf Oldies. Die Inszenierung führt didaktisch sicher zu Meinungen, die hübsche Pärchen bilden. Die Inszenierung ist ein Evergreen; vorbei, und doch beliebt. Wir sollen den Sinn suchen, uns zum Ermittlungsausschuß über eine Machtinszenierung erheben, um ihr den Grund zu verleihen, den sie nicht hat. Ich will weiter, aber Lora stoppt und zieht uns in eine laufende Diskussion, während ringsum die Kameras klicken. Einer sagt, er hätte das 1967 alles schon einmal erlebt, nichts hätte sich geändert, 1967 macht man aus dem Opfer einen Messerstecher, 1981 einen Brandstifter, nichts hätte sich geändert, nur die Polizei habe gelernt. Paar Stunden nach dem Tod des Jungen meldet sie einen erstochenen Polizisten und dementiert erst, als die Tageszeitungen längst angedruckt sind. Fast wäre ich ohne Vater aufgewachsen. Hätte ihn im Juni 1953 einer der in die Menge gefeuerten Schüsse der Volkspolizei getroffen, die über den Potsdamer Platz fegen, stünde sein Name nun auf irgendeiner Ehrentafel und ich würde immer nach ihm fragen. So ist er geblieben, was er war, und manchmal frage ich ihn, wie es ihm geht. Lora ist sich mit dem von 1967 gleich einig, sie sprechen schon von anderem. In dem Moment, Sally, rauschen zehn Mannschaftswagen heran, junge Polizisten springen vor und drängen uns ab, latschen durch den Blumenberg und legen die Blutspur des Reifens wieder frei. Wer auch zufällig vorbeikommen mag, den jagen sie mit Wasserwerfern die Straßenzüge entlang. Auf der Flucht verschlägt es Lora in eine andere Richtung, ich lande hier in der Pohlstraße, du kommst mir entgegen, Sally, mit deinen knallroten Ohrenwärmern, auch auf der Flucht, so trifft man sich. Gehen wir ein Stück. Ist das ein Gezetere überall. Frauen, original aus ihren Küchen gesprungen, stehen mit Händen über den Köpfen auf dem Gehweg und rufen die Namen ihrer Kinder aus, als seien sie schon verloren. Die Alten klemmen sich vor die Bäume,

Bodo Morshäuser

28. 2. 1953 Berlin

B. M. lebt als freier Schriftsteller in Berlin. Veröffentlichung erster Gedichte in Literatur-Zeitschriften und Anthologien seit 1974; seit den 80er Jahren auch Prosa.
Preise: Ernst-Willner-Stipendium des Klagenfurter Ingeborg-Bachmann-Wettbewerbs (1983); Literaturförderpreis der Freien Hansestadt Bremen (1984).
Werkauswahl: Die Ungeduld auf dem Papier und andere Lebenszeichen. Hrsg. zusammen mit Jürgen Wellbrock. Anthologie. 1978. – Alle Tage. Gedichte. 1979. – Die Berliner Simulation. Erzählung. 1983. – Thank You Good Night. (Hrsg.). 1985. – Blende. Erzählung. 1985. – Nur die Liebe. / Flugzeuggespräch. / Spätes Aufwachen. / Mit 30 wechselst du den Regenmantel. Hörspiele. 1985/86. – Nervöse Leser. Erzählung. 1987. – Revolver. Vier Erzählungen. 1988. – Die Spur des Trokkenrads / Schnappschuß einer Trennung / Der Verfolger / Die letzten Tage von Westberlin / Wewald & Weiß: Ätzend: Hörspiele. 1987-1992. – Hauptsache Deutsch. 1992. – Der weiße Wannsee. Ein Rausch. 1993. – Warten auf den Führer. 1993. – Tod in New York City. 1995. – Gezielte Blicke. 1995.
Über B. M.: Michael Braun in: Kritisches Lexikon zur deutschsprachigen Gegenwartsliteratur. München 1978 ff.

Foto: Isolde Ohlbaum

um nicht überrannt zu werden. Fast lautlos sinken die Frontscheiben eines Möbelgeschäfts ab. Hier beim Bäcker sind wir sicher vor der Gasschwade, die durch die Potsdamer zieht. Ja, Sally, die Dinger heißen Berliner. Wieder gibst du mir das Restgeld. Wir können vorgehen, das Gröbste ist vorüber. Zehn leere Mannschaftswagen fahren im Kreis um den abgeräumten Todesfleck, kommen entgegen, um die vorgepreschten Polizisten in sich aufzunehmen. Schimpf und Schande vor den Häusern. Die sind ja gegen *uns,* ruft ein vom Kriegsbild verstörter Mann und zischt den fortbrausenden Mannschaftswagen alle Wut hinterher, die seine Kehle abdrücken kann. Panik im Berufsverkehr, der auf die vertrackteste Weise stilliegt wie auch beschleunigt. Die Sonne knallt auf deine roten Ohrenwärmer, Sally, und manchmal ist es schön, nicht deutsch reden zu müssen. [...]

Aus: Die Berliner Simulation. Suhrkamp Verlag, Frankfurt/Main 1984. S. 99 und 101-104

Rolf Haufs.
Foto: Renate von Mangoldt

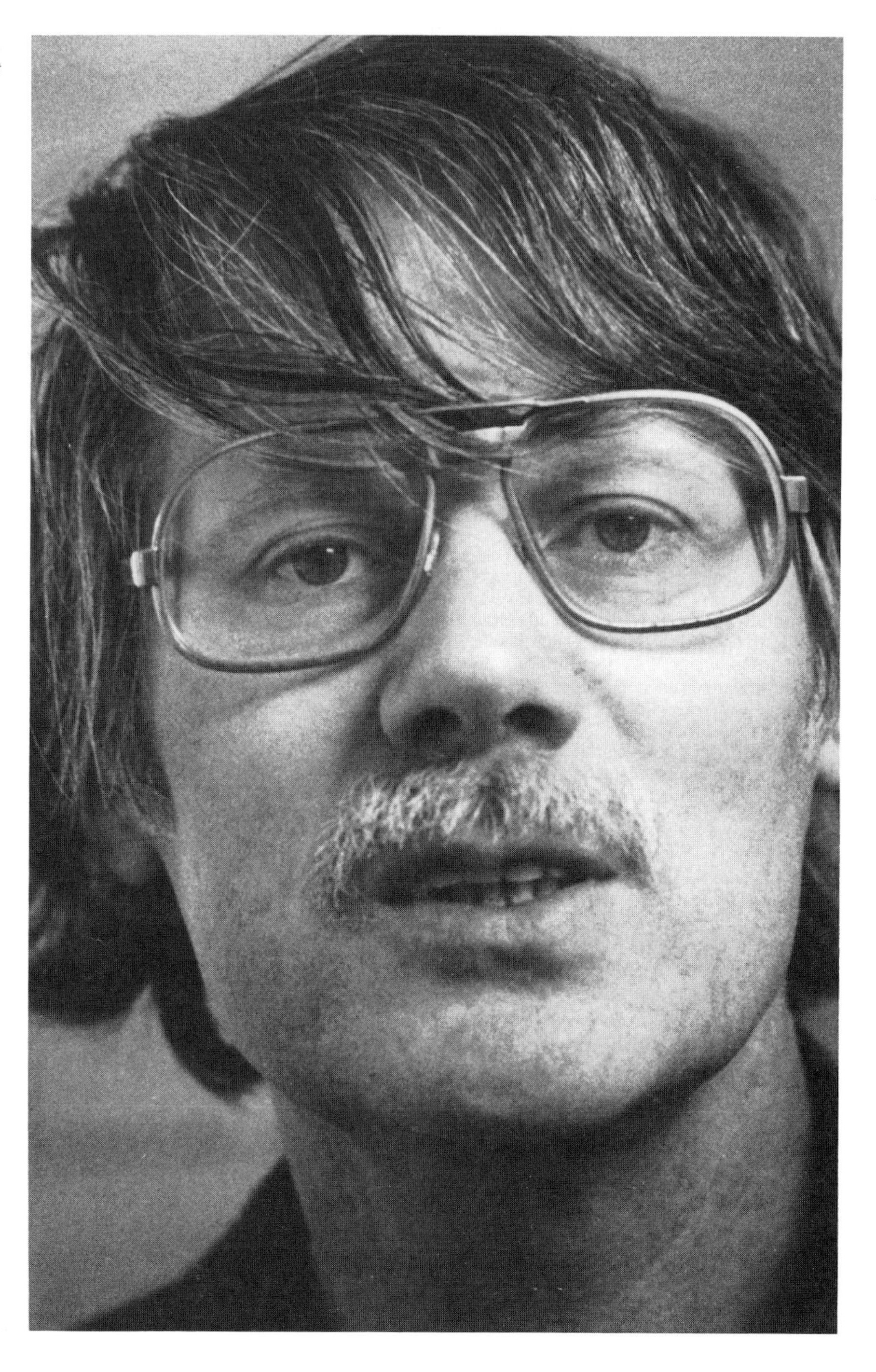

Bremer Literaturpreis 1985 für „Juniabschied. Gedichte", Rowohlt Verlag, Reinbek 1984

Alexander von Bormann

„Das Paradies / Der Riß durch die Erde"

Rolf Haufs (2. v. r.) mit Herta Müller, Jürgen Manthey (links) und Senator Horst-Werner Franke. Foto: Herbert Abel

[...] Der hier zu feiernde Band „Juniabschied" (1984) beginnt mit dem Gedicht „Kinderjuni", worin die Tröstung des Sommers sehr zeitspezifisch beschrieben wird: „Blätterhimmel kühlt unsere Haut/ Noch wund von den Splittern des Krieges". Ich wage den Schluß aus der Generationsgenossenschaft: auch ich habe Jahrzehnte vom nächtlichen Kriegshimmel geträumt, und „die Bilder von den Sternen/ Aufgehoben im Traum" schließen (für mich) die mit sog. 'Tannenbäumen' abgesteckten Bombardierungsquadrate und die Flakgefechte mit ein. Haufs' Gedicht endet:

Brandroter Himmel über den Steinen
Schrie daß die Seele
Beschädigt lebenslang

Das Titelgedicht „Juniabschied" spielt hierauf an; das neuerlich aufgenommene Thema „Augenblick im Juni" ebenso. „Als ob es weiterginge", spricht die Trauer; doch der Mut schaltet sich ein: „Wir wollen nicht aufgeben/ Wir geben uns nicht auf". Die Arbeit an den Texten hat sich verstärkt, der spielerische/flotte Gestus ist ganz zurückgetreten. Die für die ästhetische Moderne grundlegende Erfahrung, daß Text- und Subjektkonstitution ineinander verschränkt sind, wird von Haufs sehr konsequent ernstgenommen. So wäre es falsch, nach biographischen Daten zu fahnden: es handelt sich gerade *nicht* um Erlebnislyrik alten Stils. Haufs drückt nichts aus, was (als Gefühl) vorgängig erhebbar wäre; er findet sich in den Texten, mit den Texten. Das ergibt nichts weniger als Hut und Geborgenheit: „Niemand soll vergessen wo wir leben/ Gefrorene Erde" („Erneute Beschreibung unserer Lebensumstände"). Aber ebenso werden Verständigungen angeboten, z. B. über den Holunder. Das ihm gewidmete Gedicht zitiert die Redeweisen vom schädlichen Unkraut und vom Ausmerzen (man sieht, die politische Dimension ist nicht aufgegeben) und setzt eine 'gute Rede' dagegen; die geht am Schluß (wie bei Kafka) in den Konjunktiv, den Irrealis, über, aber was ist wirklich unwirklich? [...]

Die Beschädigungen, die Haufs vielfältig thematisiert, kehren in der Formgebung des Gedichts wieder; als Bruch oder Abbruch etwa, oder als Verschärfung der Blickkonturen bis hin zum Umbruch der Bedeutung. Ein ausgemaltes Sommeridyll gilt keineswegs wörtlich (zumal da es mit 'Juni' verbunden ist): „War es das Paradies/ War es der Riß/ Durch die Erde". Noch der Titel des Gedichts bleibt offen: „Dies immer schon geahnt", das kann dem Paradies wie der Erfahrung des Risses gelten. Haufs doppelt seine Bilder: so werden, z. B. im Gedicht „Aushalten", Vergangenheit und Zukunft verknüpfbar: Phosphorbomben geben Erfahrungsmöglichkeiten für den Atomkrieg vor. Haufs benutzt das Doppelungsprinzip auch für die Textanordnung: sehr oft stehen Textseiten zueinander in komplementärer Beziehung. Dem großen, an Brecht und Fried orientierten Gedicht „Woran wir alle sterben werden" („Noch einen Augenblick") steht das (vermutlich auf den Vater bezogene) Gedicht „Woran er gestorben ist" gegenüber, dem „Durchhängetag" auf S. 56 antwortet ein „Aufhängetag" auf S. 57 usw. [...]

Ich kann das sogar als metonymisches Verfahren erläutern, also als so wörtlich wie zeichenhaft eingesetzte Technik: dem „Haus in Laren" auf S. 42 steht ein Gedicht gegenüber, das in der Tat das Haus auf der anderen Straßenseite (die Familie Majoor von Nr. 64) betrifft. Was meint das nun? Dies Verfahren verweist auf eine Denkfigur, die nichts weniger als trostlos ist; und vielleicht ist es recht, den Hinweis auf diesen Band, der viel private und allgemeine Trauerarbeit enthält, mit einem Deutungsversuch zu dieser Doppelungstechnik zu beschließen. Distanz ist Voraussetzung dafür, daß Dinge oder Personen einander begegnen/ berühren können. Das ist nicht voreilig zum Trost umzumünzen. [...] Ich zitiere zum Schluß ein Gedicht (Loben ist Zitieren), das diese Trennung des Meeres beruft, das auch das Gras doppelt und ebenso das Du und das Ich; das die Doppelung nicht als Riß erfährt, sondern als Leben, als Zueinander von Schlaf und Traum, und das Rolf Haufs einmal mehr als jenen großen Lyriker zeigt, als den wir ihn heute ehren: Hören Sie Rolf Haufs' Gedicht „Doppelstern".

Foto: Renate von Mangoldt

DOPPELSTERN

Dies Doppelleuchten je in jedem Auge
Und im Gesicht der Glanz aus Zuneigung aus Angst
Daß diesen Augenblick der Schatten überfällt
Der ausgemacht ist zwischen mir und dir
Oh guter Himmel (oder wer) ich bitt
Laß diesen Stern in Ewigkeiten nicht verglühn
Wie kälter wäre Kälte dann ich wüßte
Keinen Platz und sterbeblau
Vergingen wir das Gras das Gras
Das Meer das Meer. Süße Berührung nur
Errettet dich Errettet mich
Weißer Winterschnee mein Schlaf hat Träume

Aus der Laudatio vom 26. Januar 1985

Rolf Haufs

Das bejahte Rätsel

Herr Senator, meine Damen und Herren,
mit dem Gedichtband „Juniabschied" haben Sie ein Buch ausgezeichnet, über das sein Autor nur wenig sagen kann. Falsch wäre es, so glaube ich, hinter den Texten die Autobiographie, das tatsächliche Ereignis suchen zu wollen. Zwar ist alle Literatur auch autobiographisch, doch dies allein ist noch nicht Literatur. Was in den Gedichten weggelassen wurde, ist unaussprechlich; was nicht benannt werden kann, darf nicht benannt werden. Wir alle wissen oder ahnen, was gemeint ist. „Was ist Wahrheit?" fragt Erhart Kästner in einem Brief aus dem Jahre 1957. „Nur soviel scheint sicher: sie wohnt nicht auf 1003 Seiten (er meint ein Buch von Karl Jaspers): Höchstens auf anderthalb Zeilen, und auch da eher dazwischen. Wo nichts zwischen den Zeilen steht, hört meine Fassungskraft auf."
Ich stehe hier nicht als Dunkelmann vor Ihnen, dem das ästhetische Versteckspiel der Moderne zur Verfügung stünde, sondern als einer von uns allen. Das nicht gelöste Rätsel ist das angenommene, das bejahte Rätsel, das sich zwischen den Polen Geburt und Sterben breitmacht und immer wieder neue Schrecken bereithält, wenn wir Augen und Ohren offen halten. Man kann auch das Wort „Angst" in diesen Raum „Leben" setzen, wenn dieses Wort nicht so undeutlich-fahrlässig verwendet würde, modisch für Kampagnen, als Synonym für „lautes Singen im Wald".
Was ich sagen will ist, daß wir die beunruhigende Frage nach Sinn und Zweck dieses Lebens immer wieder neu stellen müssen, statt ihr ständig, mit allen Tricks, aus dem Weg zu gehen. Der Haupttrick ist offenbar in uns selbst angelegt; das schöne Wort dafür heißt „verdrängen". Erst in Krisensituationen, in, wie Bruno Bettelheim das nennt, Extremsituationen „besinnen" wir uns, meist für eine sehr kurze Zeit, denn die ausgetretenen Pfade des Weitermachens wie bisher sind nur allzu bequem. Soll es doch einzelne geben, die stellvertretend für die andern diese Spannung aushalten, nämlich inneres und äußeres Leben zu integrieren. Die Integration — und ich zitiere erneut meinen Wahlvater Bruno Bettelheim — die Integration einer wirklich bedeutsamen Erfahrung fordert beides: „daß wir das, was sie uns als *inneres* Erlebnis bedeutet, konstruktiv verarbeiten, und daß wir in unseren darauf bezogenen Handlungen" — und dies würde ich am liebsten ganz laut hinausschreien — „auch etwas damit anfangen."
Soll es doch einzelne geben ... Den Wahnsinnigen vielleicht, den aus jeder, gar jeder tristen Bürgerlichkeit hinausgeschreckten Menschen (um ein Morgenstern-Zitat abzuwandeln); ich lehne für mich jede Stellvertreterfunktion ab. Ich weiß, daß christliche Kultur seit vielen hundert Jahren Stellvertreterfiguren ständig erzeugt. Leiden sind abwälzbar, Schuld, eigenes Versagen kosten einen Rosenkranz, dann schon das „ego te absolvo" — ER ist stellvertretend für uns alle gestorben. Und auch in der materialistischen Variante erkennen wir dieselben Strukturen: die Kirche hier, die Partei dort. (Märtyrer, also wieder Stellvertreter, bringen beide hervor.) Und nun noch der Dichter? Bitte nein. Wenn ich meine Angst benenne, dann ist dies eine individuelle, eine kollektive kann ich mir nicht vorstellen. Und wenn wir glauben, daß sogenannte „Todesangst" uns alle gleichermaßen trifft, so muß aufklärend gesagt werden, daß die Angst vor dem Tode eine Variante der Trennungs- und Verlassensangst ist; da kann ich mir mühelos bei jedem einzelnen, bei Kenntnis seiner Lebensgeschichte, andere Prägungen, andere Ängste denken.
Meine Lebensgeschichte beginnt mit dem Silvestertag 1935. Kinder, denen deutsche Mütter damals das Leben schenkten, waren „Führerkinder"; wäre dieser „Führer" doch der Unsägliche gewesen, wie viele es uns weismachen wollen, doch er war die Inkarnation. Was wir heute — 40 Jahre danach — aus dem Munde einiger Repräsentanten unseres Lebens hören, ist für mich die banalste Art der Verdrängung.
Bei Kriegsende waren Kinder, die um die Jahreswende 35/36 geboren wurden, 9 Jahre alt. Sie hatten überlebt. Sie waren nicht verbrannt, verschleppt, vergast, von Bomben zerrissen, auf der Flucht zu Tode gekommen; und wenn sie weiter überlebt hatten, in den Jahren bis 1948, so waren sie nicht erfroren und nicht verhungert. Auffällig viele Autoren, die heute schreiben, gehören den Jahrgängen 1935 bis 1937 an. Keiner muß fragen warum. Die Ängste von damals sind unsere Beschädigungen, sind unsere Krankheiten von heute. Ich habe Angst, daß sich — nun älter werdend, vielleicht sogar alt werdend, daß sich etwas von dem wiederholen könnte, dazu in einem kaum vorstellbaren Maße, was wir als Kinder schon einmal erlebt haben. Ein schlimmer Lebenskreis, das kindliche Ausgeliefertsein und das Ausgeliefertsein im Alter, wo wir ja wieder werden wie die Kinder.

Von diesen Ängsten spreche ich und werde ich in meinen Gedichten weiter sprechen, auch für die eigenen Kinder, auch für die, die hoffentlich danach kommen werden.
Vor ein paar Tagen schrieb mir meine ein Jahr jüngere Schwester; „Oft überlege ich, was schön war (in unserer Kindheit), und es ist anstrengend, sich zu erinnern, an das Schöne. Oft bin ich auf den Friedhof gegangen und habe Marienkäfer gefangen und die Sonne schien warm und überall roch es nach Blumen — und diese Stille. Dann erinnere ich mich an unsere Theaterspiele (in der ausgebrannten Fabrikhalle), und ein ganz schönes Gefühl habe ich, wenn ich an die Kartonagenfabrik hinter dem Garten denke, wo wir beide die jungen Katzen hinter den Kartons gesucht haben. Und wenn die Großmutter kam mit ihren dick bepackten Taschen . . . Wir waren fein gemacht mit weißen Kniestrümpfen und wenn die Sonne schien, war alles noch mal so schön.''
Sie haben mir den Bremer Literaturpreis der Rudolf-Alexander-Schröder-Stiftung gegeben. Ich habe mich darüber gefreut. Ich danke Ihnen.

Rolf Haufs

AUFRECHTER GANG, SCHMERZHAFT

Krumm gelegen zögre ich das Maul
Zu voll mit Fröhlichkeit zu nehmen
Die Folgen unnötger Bewegung

Sitzen im Lendenwirbel fest
Fast Stolz in viel zu kurzen Schritten
Erkennen wir: es wäre besser uns

Wenn wir auf allen Vieren kröchen
Schnell kämen wir auf andere Gedanken
Der Kopf hätt Bodennähe röche früh

Was uns entgegenwächst. Der Regen
Liefe frisch den Rücken runter
Und eine Wetterhaut wüchs uns ganz ungeniert

Wie sprängen wir von hinten auf manch Wonne auf
Und rasch wär Flucht käm uns Gefahr
Ein wahrhaft tröstlich Waffen

Doch fürcht ich schmerzhaft bleibt
Aufrechter Gang in diesem Leben
Denn dies nicht wahr dies unterscheidet uns

Von allen Wesen die wir kennen
Ich dank dafür und krümm mich krümm
Zur Erde hin.

HOLLÄNDISCHER SONNTAG

Der Hund ist tot. Die Frau Majoor
Hat rote Augen. Mein Mann, sagt sie
Ist krank, sagt sie. Liegt krank im Bett.
Ist krank, sagt sie.
Schiffe fahren hin und her.
Männer Billard & Kaffee.
Abends das angekündigte Gewitter.
Wind knickt Bäume um.
Licht in den Häusern.
Katze schleicht

Aus: Juniabschied. Rowohlt Verlag, Reinbek 1984, S. 23, 43

Rolf Haufs

KINDERJUNI

Der Wunsch alles zu sagen
Der Schmerz alles zu tun
Wir nehmen es leicht
Blätterhimmel kühlt unsere Haut
Noch wund von den Splittern des Krieges
Ja. Diese Geräusche. Sie sind da
Und die Bilder von den Sternen
Aufgehoben im Traum

Mich seh ich abgefallen seh mich
Leereleicht. Immer noch kreisend
Über Wunschgärten
Über Straßen nicht endender Sommer
Immer noch die unmöglichen Begehren
Wir warten schon wieder
Wir sterben schon wieder

Einmal war die Straße heiß wie im
Kinderjuni. Tausendschön duftete
Meine kleine verletzte Mutter lüftete das Zimmer
Ferne rollten die Menschenzüge
Brandroter Himmel über den Steinen
Schrie daß die Seele
Beschädigt lebenslang

AUSKUNFT

Auf Auskunft könnt ihr lange warten
Kleingeschlagen stummgemacht und doch
Schon wieder obenauf übt er
Zäsur. Aufregende Biographie wird nicht
Geschrieben. Versuche untauglich für
Neue Rezepte. Dennoch zur Nachahmung
Empfohlen Weg bergab bis in den
Bauch der alles nimmt was ihm
Einmal geschluckt geboten. Kopfgestanden
Bis zum Erbrechen. Stotternd
Frische Rede finden auch wenn die
Seele rausfällt freigegeben für
Jedermann. Was war drin die
Allerweltsgeschichten abzuhandeln unter
Verschiedenes

Aus: Juniabschied. Rowohlt Verlag. Reinbek 1984, S. 7, 88

Rolf Haufs

31. 12. 1935 Düsseldorf

Kindheit und Jugend in Rheydt. Dort nach dem Besuch des Gymnasiums Lehre als Kaufmann und Arbeit als Exportkaufmann. 1960 Umzug nach Berlin, freier Schriftsteller. Seit 1972 Rundfunkredakteur für Literatur beim Sender Freies Berlin. H. ist Mitglied des PEN-Zentrums der Bundesrepublik.
Preise: Kurt-Magnus-Preis der ARD (1968); Villa-Massimo-Stipendium (1970/71); Leonce-und-Lena-Preis der Stadt Darmstadt (1979); Literaturpreis der Freien Hansestadt Bremen (1985); Hölderlin-Preis (1990); Hans-Erich-Nossack-Preis (1993).
Werkauswahl: Straße nach Kohlhasenbrück. Gedichte. 1962. – Sonntage in Moabit. Gedichte. 1964. – Vorstadtbeichte. Gedichte. 1967. – Das Dorf S. und andere Geschichten. Erzählungen. 1968. – Der Linkshänder oder Schicksal ist ein hartes Wort. Roman. 1970. – Herr Hut. Kinderbuch. 1971. – Die Geschwindigkeit eines einzigen Tages. Gedichte. 1976. – Pandas große Entdeckung. Kinderbuch. 1977. – Größer werdende Entfernung. Gedichte 1962 bis 1979. 1979. – Ob ihr's glaubt oder nicht. Kindergeschichten. 1980. – Juniabschied. Gedichte. 1984. – Felderland. Gedichte. 1986. – SelbstBild. Prosa. 1988. – Allerweltsfieber. Gedichte. 1989. – Vorabend. Gedichte. 1994. – Augustfeuer. Gedichte. 1996.
Über R. H.: Rita Mielke in: Kritisches Lexikon zur deutschsprachigen Gegenwartsliteratur. München 1978 ff.

Foto: Renate von Mangoldt

EINLADUNG

Gestatte ich mir Sie einzuladen
Genügt dunkler Anzug wachsames Auge
Langmut gute Kinderstube und ein paar Blumen
Der Henker ist pünktlich bestellt
Ein Tusch wurde einstudiert ein Schreiber
Wird alles notieren
Fromme Sprüche sind herzlich willkommen
Geläut während des Aktes etwa gegen Aufgang
Des Lichtes südsüdost Sturmstärke sieben

Groß wird der Mond über der Kiefer stehn
Ein Gebet lang für den armen Hund
So habet Mitleid eine Weile
Mit euch selbst

Aus: Größer werdende Entfernung. Gedichte 1962 bis 1979. Rowohlt Verlag, Reinbek 1979, S. 14

Förderpreis des Bremer Literaturpreises 1985 für „Niederungen. Prosa", Rotbuch Verlag, Berlin 1984

Marlies Janz

Doppeltes Sprachexil

[...]Im Sprachexil ist Herta Müller aufgewachsen; im Sprachexil lebt und schreibt sie noch heute, und es versteht sich, daß aus dieser besonderen Situation auch ein besonderes Verhältnis zur Sprache entsteht. Die eigene Sprache ist nicht selbstverständlich; sie steht immer schon im Kontext des Fremden und erscheint deshalb selber fremd oder doch zumindest — im präzisen Sinn dieses Wortes — 'fragwürdig'. Die Frage, ob die eigene Sprache denn auch wirklich die eigene sei — diese Frage, von der wohl alle Dichtung ausgeht —, erhält im Sprachexil einen besonderen Akzent. Sie wird zur Nachprüfung der Verständigung mit denen, die die eigene Sprache sprechen oder doch zu sprechen scheinen. Nicht von ungefähr greift Herta Müller daher immer wieder zurück auf ihre Kindheit in einem kleinen Ort im Banat mit dem Namen Nitzkydorf. Alle haben dort deutsch gesprochen. Doch bei der Nachprüfung der eigenen Herkunft, auf der Suche nach Identität und Integration, trifft die Autorin immer wieder der Schock, sich mit einer *solchen* „deutschen Gemeinde", wie sie ihr von Kindheit an vertraut ist, eben *nicht* identifizieren zu können und zu wollen — ja, von einer *solchen* „deutschen Gemeinde" um die eigene Identität gebracht, „zum Tode verurteilt" und als sprachfähiges Wesen, als Person, exekutiert worden zu sein.

Herta Müller lauscht der Laudatio von Marlies Janz. Foto: Herbert Abel

Sie sind keine Exoten, diese Deutschen, die Herta Müller in ihren Dorfgeschichten aus dem Banat beschreibt. Sie sind so auch hierzulande anzutreffen: Deutsche, die sich mit Stolz an die Runen auf den Uniformröcken von damals erinnern und für die der Krieg das Abenteuer ihres Lebens war. Gewiß, diese Erstarrung im Vergangenen, in Kriegs- und Nazi-Nostalgie, wird bei den Banater Schwaben, wie Herta Müller sie beschreibt, noch gefördert durch den brutalen Alltag eines archaischen Lebens auf dem Lande. Da rückt das Schlachten von Tieren in beängstigende Nähe zum Gemetzel und zur Vergewaltigung von Frauen im Krieg. Mit Grauen und Abscheu stellt Herta Müller, aus der Perspektive eines heranwachsenden Kindes, den Terror eines solchen Alltags dar, aber eben diese Distanz ist es auch, die wiederum Angst macht. Denn Abweichung, Anderssein gleich welcher Art — das ist ein immer wiederkehrendes Motiv in Herta Müllers Geschichten — wird in einer so eingeschworenen Gemeinde nicht geduldet und mit dem sozialen Ausschluß sanktioniert. In der Sprache des Alptraums läuft das hinaus auf den Satz: „Im Namen unserer deutschen Gemeinde wirst du zum Tode verurteilt."

Die Voraussetzung von Herta Müllers erzählerischer Methode ist also ein *doppeltes,* ein *potenziertes* Sprachexil. In einer deutschsprachigen Enklave in Rumänien aufgewachsen, kann sie doch in der Sprache, mit der sie aufgewachsen ist, nicht heimisch werden. Denn diese Sprache ist durchtränkt vom Nazi-Jargon, von deutschtümelnder Borniertheit und dumpfer Lust an der Gewalt. Herta Müllers Lösungsversuch des Problems, von der eigenen Sprache trotzdem Gebrauch machen zu können, besteht nun vor allem darin, die Fragmente einer so verdorbenen Sprache aufzusammeln und sie gleichsam aus-

zustellen. „Die Leute sagen...” — das ist eine der für ihre Prosa typischen Wendungen, mit denen sie uns und sich selber Sprache sozusagen *vorführt* zum Zweck der Beobachtung und Überprüfung. Herta Müllers poetische Sprache ist nicht einfach jargonfreies Deutsch. Es ist eine Sprache, die den Jargon der „deutschen Gemeinde” zu ihrem eigenen Gegenstand macht, ihn aufspießt und so überdeutlich demonstriert, daß auch uns — und wir alle haben Grund, uns angesprochen zu fühlen — unheimlich wird angesichts einer solchen „deutschen Gemeinde”.
Keine Heimatseligkeit also bei Herta Müller und keine Verklärung des angeblich heilen Lebens auf dem Lande. [...]

Aus der Laudatio vom 26. Januar 1985

Foto: Isolde Ohlbaum

Herta Müller

Viele weiße Jahre

Meine Damen und Herren,
Ich bin über den Schnee gegangen. Von einem Haus, zum zweiten, zum dritten ist mir ein Hund nachgegangen. Ich bin zu Besuch gewesen. Nach dem Essen hat der Mann gesagt: „So viel Speck und Brot zu essen wie im Krieg, im Traum. Kaum hab ich geschlafen, und schon habe ich im Traum Speck und Brot gegessen.” Hinterm Fenster, als der Mann gesprochen hat, hat der Schnee geschaut. Der Mann hat etwas im Gesicht gehabt: den Bluthund unter einem Aug. Unterm andern den blutenden Hund.
1953 bin ich geboren. 1953 ist Stalin gestorben. Zwischen meiner Geburt und seinem Tod liegen viele weiße Jahre: Stalin war vergessen, als ich ihn begriffen hab. In Zellen und in Lagern sind Leute gestorben. Ihr Tod hat nicht zu mir hergereicht. Das Dorf lag weit. Die Mutter, der Vater, die Nachbarn, die Verwandten hatten Augen und Ohren, und mal war ein gutes Jahr, mal war ein schlechtes. Und gemeint war immer die Ernte, wenn sie die Lippen bewegten, um sich zu verstehn. Und wenn im Dorf der kleine Schatten war, der Tod, stand ich in Zimmern vor den Aufgebahrten. Die waren vor der Leichenstarre rasch gewaschen worden von vertrauten Händen und schwarz angezogen. Die hatten Zeit, um vor dem Tod sich mit den kleinsten Regungen noch zu versöhnen.
„Wenn wir den Krieg gewonnen hätten, wär hier Deutschland”, hat Vater gesagt. „Hitler war ein schöner Mann”, hat Mutter gesagt. „Du bist schmutzig wie die Zigeuner”, hat Mutter gesagt. „Du bis zornig wie die Ungarn”, hat Vater gesagt. „Bei den Nachbarn stinkts wie bei den Walachen”, hat Mutter gesagt. „Der Lumpensammler ist schlecht wie ein Jude”, hat Vater gesagt.
Mutter hat mir ein Bild gezeigt. Aus Rußland. Mutter ist hohlwangig und kahlgeschoren und hält eine Katze auf dem Arm. „In Rußland hab ich eine Katze gehabt”, hat Mutter gesagt. Vater hat zu Ostern seinen dunkelblauen Lodenmantel angezogen. „Diesen Mantel hab ich aus der Kriegsgefangenschaft gebracht”, hat Vater gesagt.
Mutter hat die Hacke in den Sommer getragen, für ein gutes, für ein schlechtes Jahr. „Schau, wie die Maisgänse fliegen”, hat Mutter gesagt, wenn Kraniche hoch übers Dorf geflogen sind. Vater ist mit dem Lastauto übers Feld gefahren, und gern durchs Dorf gefahren, durch die Mitte. Und am liebsten ist Vater im Suff gefahren, im schimmernden, glasigen Weg.
Lange hab ich für Mutter und Vater, für die Nachbarn und Verwandten ein stummes Schuldgefühl gesucht, dem Schall ihres Lachens das Gewissen abgehört und eine Art zu leben, die sich abmüht im Verdrängen. Doch war dies mein Gewissen. Ihr Gewissen hat sie nie erreicht, weil sie so sicher waren, wer sie sind und so bewandert wie das Überleben.
Vater ist tot. Mutter sitzt geduckt, allein im Haus. Sie weiß, die Mauern werden überleben. Die Nachbarn, die Verwandten haben jetzt die Koffer an den Beinen hängen. Sie altern und die Kofferlast gehört zu ihrem Gang. Die Stalinisten meiner weißen Jahre kommen weich herüber, in dieses Land. Jetzt reden sie vom Lager, das keinen Friedhof hat, sondern die sanfte

Neige in die Rente. Die Landsmannschaft trägt ihnen die Koffer, Ihre Hände werden leicht, sind angewelkt von allem, was sie taten. Das weiß hier niemand. Man ist fremd und das macht nicht verlegen. Die Nachbarn, die Verwandten wissen: nur keine Politik gemacht. Nur Arbeit finden, stumm den Tag verschuften. Und nebenbei noch Strauß und CDU und Türken raus.
Charlie Chaplin klebt im U-Bahnschacht. Das Weiße schmerzt mich unter seinen Schuhn und rot, wie angebohrt in seinem Knopfloch ist die Nelke. Das Flugzeug ist nicht in der Luft. Vor dem Beamten ist mein Gesicht und das Fahndungsplakat — 50.000 DM. Drei Gesichter sind durchgestrichen. Der Sänger singt: „Ja, es lag Schnee, es lag Schnee, General und einer mußte den Bluthund machen." Und: „In Polen", ja Sänger, „gibts Polen und Polen." Und in Rumänien? Frag die Gitarre. Nur Holz ist ihr Bauch.
Ich geh hier durch eine deutsche Stadt, wie um mich zu entfernen. Die Straße vor und hinter mir heißt „Große Bleiche." Ich halt ein Buch in der Hand: „Das kurze Leben des Leutnants zur See." Es sind Briefe des David Tinker aus dem Falkland-Krieg. Die Soldatengriffe wurden ihm abverlangt. Und der eigene Schrekken. Aus dem Innern des Minenräumers „Glamorgan" schreibt er seiner Frau: „Sobald ich wieder in der Heimat bin, sehe ich mich mal um, wie groß Dusche, Lokus, Kochherd und Spüle eigentlich sein müssen, damit sie tatsächlich in die Küche passen. Ich glaube nicht, daß wir besonders viel Platz dafür brauchen — dreimal größer als die Kombüse eines Minenräumers oder U-Boots wird sie ganz bestimmt." Das Buch endet: „Glamorgan. Am 12. Juni 1982 im Kampf gefallen David Tinker, Leutnant zur See, 25 Jahre. Dem Ozean übergeben am Abend des 12. Juni."
Und noch zwei Straßen in dieser deutschen Stadt: „Mittlere Bleiche" und „Hintere Bleiche". Und Abend überall und Winter.
Am Abend ist der Ozean schwarz, wie der Himmel schwarz ist über Land. Doch der Schnee ist auch am Abend weiß. Er schaut. David Tinker hat etwas im Gesicht: den Bluthund unter einem Aug. Unterm andern den blutenden Hund.
Ich müßte, und könnte, und kann ihn nicht hassen.
Ich bedanke mich bei der Jury und bei der Rudolf-Alexander-Schröder-Stiftung für den Preis.

Herta Müller

Das schwäbische Bad

Es ist Samstagabend. Der Badeofen hat einen glühenden Bauch. Das Lüftungsfenster ist fest geschlossen. In der vergangenen Woche hat der zweijährige Arni wegen der kalten Luft den Schnupfen gehabt. Die Mutter wäscht dem kleinen Arni den Rücken mit einem verwaschenen Höschen. Der kleine Arni schlägt um sich. Die Mutter hebt den kleinen Arni aus der Badewanne. Das arme Kind, sagt der Großvater. Die Mutter steigt in die Badewanne. Das Wasser ist noch heiß. Die Seife schäumt. Die Mutter reibt graue Nudeln von ihrem Hals. Die Nudeln der Mutter schwimmen auf der Wasseroberfläche. Die Wanne hat einen gelben Rand. Die Mutter steigt aus der Badewanne. Das Wasser ist noch heiß, ruft die Mutter dem Vater zu. Der Vater steigt in die Badewanne. Das Wasser ist warm. Die Seife schäumt. Der Vater reibt graue Nudeln von seiner Brust. Die Nudeln des Vaters schwimmen mit den Nudeln der Mutter auf der Wasseroberfläche. Die Wanne hat einen braunen Rand. Der Vater steigt aus der Badewanne. Das Wasser ist noch heiß, ruft der Vater der Großmutter zu. Die Großmutter steigt in die Badewanne. Das Wasser ist lauwarm. Die Seife schäumt. Die Großmutter reibt graue Nudeln von ihren Schultern. Die Nudeln der Großmutter schwimmen mit den Nudeln der Mutter und des Vaters auf der Wasseroberfläche. Die Wanne hat einen schwarzen Rand. Die Großmutter steigt aus der Badewanne. Das Wasser ist noch heiß, ruft die Großmutter dem Großvater zu. Der Großvater steigt in die Badewanne. Das Wasser ist eiskalt. Die Seife schäumt. Der Großvater reibt graue Nudeln von seinen Ellbogen. Die Nudeln des Großvaters schwimmen mit den Nudeln der Mutter, des Vaters und der Großmutter auf der Wasseroberfläche. Die Großmutter öffnet die Badezimmertür. Die Großmutter schaut in die Badewanne. Die Großmutter sieht den Großvater nicht. Das schwarze Badewasser schwappt über den schwarzen Rand der Badewanne. Der Großvater muß in der Badewanne sein, denkt die Großmutter. Die Großmutter schließt hinter sich die Badezimmertür. Der Großvater läßt das Badewasser aus der Badewanne rinnen. Die Nudeln der Mutter, des Vaters, der Großmutter und des Großvaters kreisen über dem Abfluß.
Die schwäbische Familie sitzt frisch gebadet vor dem Bildschirm. Die schwäbische Familie wartet frisch gebadet auf den Samstagabendfernsehfilm.

Aus: Niederungen. Rotbuch Verlag, Berlin 1984, S. 13f.

Kultur auf gepackten Koffern

In „Niederungen" war von Ihrer Auswanderung noch gar nicht die Rede. Jetzt, vor „Der Mensch ist ein großer Fasan auf der Welt", haben Sie selbst die Ausreise beantragt.

Ich habe jetzt auch die Ausreise beantragt, nachdem ich viermal zu Besuch in der Bundesrepublik gewesen war. Nach dem letzten Besuch hat man mir gesagt, daß ich nicht mehr fahren dürfe, daß auch nicht abzusehen sei, wann ich wieder fahren dürfe. Aber es geht gar nicht darum. Auch das Immer-wieder-Hinfahren und Zurückfahren geht nicht auf die Dauer. Es ist eine solche Kluft, eine solche Diskrepanz zwischen diesen beiden Welten. Ich war auch schon hin- und hergerissen, wußte selber nicht, wo ich hingehöre, was eigentlich mit mir geschieht, warum ich da kilometerweit fahre, um den Leuten etwas vorzulesen und warum es diese Leute überhaupt interessiert.

Außerdem ist hier diese Diktatur, die Ein-Personen-Diktatur, dieser Personenkult, auf den sich die ganze Kultur und alles, was hierzulande geschieht, beschränkt. Nicht nur die Kultur, auch die Wirtschaft, die Landwirtschaft, die Industrie und alles, alles bezieht sich auf eine Person, auf Ceaucescu, der dieses Land regiert. In allen Veranstaltungen, ob es um die „Befreiung vom Faschismus" geht, ob es um den „Tag der Arbeiter" geht, es geht immer, immer um Ceaucescu. Sonst gibt es in diesem Land nichts mehr. Alles wird von seinem Namen vereinnahmt, wird zu einer Geburtstagsfeier für diese eine Person.

Es gibt noch deutsche Institutionen, es gibt noch deutschsprachige Schulen, Zeitungen, Bücher, es gibt noch Verlage, das ist nicht das Problem. Es wird sie auch noch geben, solange der rumänische Staat es nötig hat, diese deutsche Minderheitenpolitik vorzuzeigen. Aber diese Dinge sind von innen ausgehöhlt. Es wird in allen Institutionen nur dasselbe gemacht: Es wird zensuriert in den Verlagen, es werden alle politischen Angriffsflächen herausgestrichen aus den Büchern. Und nicht nur die, sondern auch, was an Obszönität grenzt — was man hier in Rumänien darunter versteht. Die rumänischen und deutschsprachigen Zeitungen sind jeden Tag voll mit sogenannten Reportagen, die von vornherein keiner mehr glaubt. Man kann darüber lachen, wenn man noch den nötigen Zynismus hat. Aber man kann nicht mehr darüber lachen, weil man, wenn man hier lebt, auch weiß, daß man über sich selbst lacht und daß man den kürzeren zieht, während man lacht.

Wenn die ernstzunehmende rumäniendeutsche Literatur, sozusagen als einzige Äußerung von Rumäniendeutschen zur Zeit, auswandert, was bleibt dann zurück?

Was bleibt zurück? Der Provinzialismus. Das heißt, die Dialektblätter. Auch das Staatstheater macht fast nur noch Dialektstücke oder politisch angepaßte Stücke, die entweder direkt oder indirekt die Indoktrination der Zuschauer bewirken. Diese neostalinistische Indoktrination hat für mich aber keinen Wert, ist, glaube ich, literarisch völlig uninteressant. Gegen Dialektdichtung habe ich nichts. Es gibt Dialektdichtung, die sehr viel über Situationen äußert, einen sozialen Inhalt vermittelt. Es gibt zum Beispiel jiddische Lieder, Zigeunerlieder, gegen die habe ich nichts. Aber diese schwäbische Festtagslitanei tut das nicht.

Es ist hierzulande schon so, daß auch bei Leuten, bei denen es vorher nicht so war, eine gewisse Nostalgie zustande kommt. Ich habe diese Nostalgie nicht. Ich weiß nach wie vor, daß die Minderheit konservativ ist, daß sie ihre sogenannten Brauchtumsfeste nicht reflektiert, daß sie sich ganz fest an Dinge anlehnen — dem Dritten Reich zum Beispiel —, die mir persönlich zuwider sind.

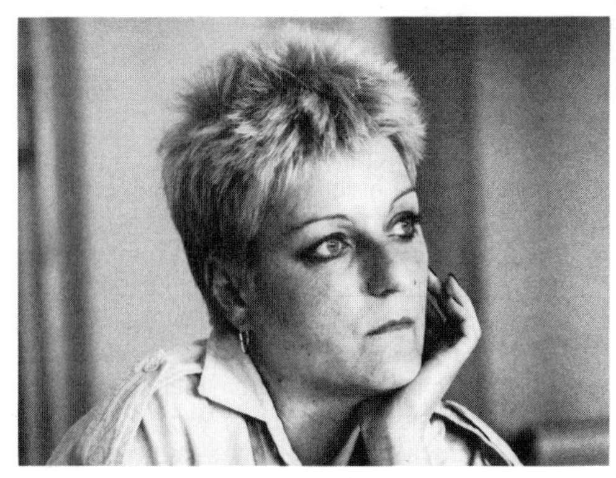

Foto: Renate von Mangoldt

Aus einem Interview mit Matthias Müller-Wieferig. In: die tageszeitung vom 24. März 1987

Herta Müller

17. 8. 1953 Nitzkydorf/Rumänien

Kindheit und Jugend in Rumänien, Muttersprache Deutsch. 1973-76 Studium der Germanistik und Romanistik an der Universität der Stadt Temeswar, wo M. bis zu ihrer Übersiedlung nach West-Berlin im Frühjahr 1987 lebte. Mitglied der Deutschen Akademie für Sprache und Dichtung in Darmstadt.
Preise: Aspekte Literaturpreis (1984); Literaturförderpreis der Freien Hansestadt Bremen (1985); Rauriser Literaturpreis (1985); Ricarda-Huch-Preis der Stadt Darmstadt (1987); Marieluise-Fleißer-Preis der Stadt Ingolstadt (1989); Roswitha-Gedenkmedaille der Stadt Bad Gandersheim (1990); Kranichsteiner Literaturpreis (1991), Kritikerpreis des SWF, Baden-Baden (1992); Kleist-Preis (1994); Europäischer Literaturpreis Aristeion (1995); Stadtschreiberin von Bergen-Enkheim (1995); Impac Award, für die amerikanische Ausgabe ihres Romans „Herztier" (1998).
Werkauswahl: Niederungen. Prosa. 1984. – Der Mensch ist ein großer Fasan auf der Welt. Prosa. 1986. – Barfüßiger Februar. Prosa. 1987. – Reisende auf einem Bein. 1989. – Der Teufel sitzt im Spiegel. Wie Wahrnehmung sich selber erfindet. 1991. – Der Fuchs war schon damals der Jäger. Roman. 1992. – Eine warme Kartoffel ist ein warmes Bett. 1992. – Der Wächter nimmt seinen Kamm. Vom Weggehen und Ausscheren. 1993. – Herztier. Roman. 1994. – Hunger und Seide. Essays. 1995. – Drückender Tango. Erzählungen. 1996. – Heute wär ich mir lieber nicht begegnet. Roman. 1997.
Über H.M.: Josef Zierden in: Kritisches Lexikon zur deutschsprachigen Gegenwartsliteratur. München 1978 ff.

Fotos (2): Jürgen Junker-Rösch

Volker Braun.
Foto: Isolde Ohlbaum

Bremer Literaturpreis 1986 für „Hinze-Kunze-Roman", Mitteldeutscher Verlag, Halle/Leipzig 1985 / Suhrkamp Verlag, Frankfurt/Main 1985

Wilfried F. Schoeller

Suchbild des sozialistischen Jedermann

[...]18 Jahre nachdem Hinze und Kunze auf der Bühne des Weimarer Nationaltheaters auftauchten, sind sie nun — zusammen mit dem Erzähler — die Protagonisten des ersten Romans von Volker Braun. Eine einzige Erzählung entstand in der Zwischenzeit, und die Erfahrungen, die ihr zugrunde liegen, haben den Blick des Autors auf das Paar wohl verändert. [...]

Die neue Sachlage im Verhältnis der beiden wird mit Hilfe eines alten Romans buchstabiert. Denis Diderots „Jakob, der Fatalist und sein Herr", in den siebziger Jahren des 18. Jahrhunderts geschrieben, ein philosophisch-epischer Konkurs im Zeitalter des französischen Spätfeudalismus, liefert die Geometrie der Bewegungen in Brauns Prosa. Der Herr und der Knecht reisen zu Pferde durch die Lande und reden über die Welt. Aber nicht etwa der von oben ist der Schicksalsgläubige, der sich durch Macht, Stellung und Besitz bevorrechtet, dreinfügen könnte in das, was ist. Vielmehr erweist sich der Diener als Meister einer Ergebenheit, mit der er sein Dasein als Untergebener besiegelt. Fast wörtlich wird das Bild aus Diderots Roman in ironischer Absicht eingesetzt: „Der Herr und sein Knecht ritten durch die preußische Prärie. Das Gras war gepflastert, die Bäume standen dünn in Reih und

Volker Braun (2. v. l.) mit Jürgen Manthey (links), Senator Horst-Werner Franke und Eva Schmidt. Foto: Jochen Stoss

Glied wie herbestellt. Die Ortschaften, die sie passierten, schienen gereinigt, der gröbste Mist hinter Aufstellwände sekretiert. Es war ein wohlbeleuchteter Morgen, ein ruhiger Jubel lag über der Flur. Sie ritten brüderlich hintereinander, der Herr sah prüfend voraus, der Knecht hielt die Gurte des Gepäcks in den Zähnen und trieb die immermüden Gäule ein wenig zur Eile." In der Wirklichkeit des Braunschen Romans fahren sie im schwarzen Tatra durch die Gegend, was in der Nomenklatura von Partei und Verwaltung der DDR, so habe ich mich belehren lassen, auf einen Staatssekretär oder einen Fachminister im Wirtschaftsbereich hinweist. Dieser neue Kunze stammt aus dem Proletariermilieu und hat sich hochgearbeitet, wogegen sein Fahrer Hinze aus einstmals besseren Kreisen kommt und sich mit seinem Status begnügt. Was sie verbindet, ist vielerlei: die Gewohnheit, daß alles so ist wie es ist; eine eingespielte Redseligkeit, die das meiste anders erscheinen läßt als es ist; ein kumpelhafter Ton, der einen Anschein von Gleichheit liefert und die regierende Phrase vom „gesellschaftlichen Interesse", die noch dem nacktesten, gefräßigen Eigennutz eine ideologische Bedeckung gibt. Der eine wohnhaft in einem Bungalow mit wilhelminischem Mobiliar, der andere am Prenzlauer Berg, wo dem Passanten der bröckelnde Putz auf den Kopf fallen kann, fahren sie durch die DDR-Gegenwart. Ihre Freiheit ist die Rolle, die ihnen die eingeschliffenen Verhältnisse geben: hier der Mächtige mit gefräßi-

gem, erotischem Possessivverhalten sowie dem Stoßseufzer aller Mächtigen nach Abdankung von der Macht, dort der Chauffeur, der nichts anderes sein will und nichts anderes beabsichtigt als: unterleben. Gleichheit: die unvollendete Geschichte. Ob die Figuren austauschbar sind, ist eine der Fragen, die sich festsetzen beim Leser und im Verlauf des Romans eine gewisse ironische Raffinesse annehmen. Der Erzähler schickt das Paar durch ein Allerleiwo, die Routen verraten keine genaue Bestimmung, die Zielpunkte werden kaum benannt, es geht einfach: „vorwärts". Ist es das alte Lied von Herr und Knecht oder das rückständige Alte in den neuen Verhältnissen? Volker Braun mag das für sich entschieden haben, für den Leser bleibt die Frage unentschieden, also ironisch offen, eine Provokation, genannt „konspirativer Realismus".
Dieser Roman handelt, leichtfüßig, von zementierten Verhältnissen; er ist auch das Provisorium verschiedener Möglichkeiten, anders zu verfahren. Der Erzähler ist eine seiner Figuren: er redet sich selbst an, grimassiert den Zensor — den gleichen, der die „Unvollendete Geschichte" bislang verhindert hat ? —, schlägt vor und zieht Fassungen zurück, läßt eine Professorin als wirkliche Zensorin und Mitglied eines Gremiums auftreten, bezichtigt sich selbst der Ungeheuerlichkeit, daß die Literatur ja vor nichts mehr zurückschrecke. Diese und andere Finten sind ein Spiel innerhalb vieler satirischer Züge. Mir scheint überdies, daß etwas Neues sich in diesen zweihundert Seiten Prosa ankündigt; es finden sich in diesem Buch Sprachsatiren, Invektiven gegen die falschen Abstraktionen, gegen das gehobene Feiertagsdeutsch, die Sprachwaffen der Instanzen, die ihre robuste Unveränderlichkeit damit setzen wollen. [...]

Aus der Laudatio vom 27. Januar 1986

Volker Braun

Abweichen vom bürgerlichen Verkehr

Meine Damen und Herren,
Wovon man spricht, das hat man nicht, sagte Novalis. Wovon spricht die Literatur seit alters, aber vernehmlicher nun, was meint sie mit ihren bitteren oder sehnsüchtigen Texten, ihren Maskeraden und Greuelmärchen?
Sie erzählt es uns ja nicht ins Gesicht. Wir lesen von der Pein des Chauffeurs Xaver Zürn, der im Mercedes mit sich selber spricht im Kopf: weil nur der Chef das Sagen hat. Einsame „Seelenarbeit", die den Leib zerreißt. Oder wir lesen von der Lust zweier anderer, sich im Tatra oder Wolga mit Sätzen entgegenzukommen: mit denen sie sich doch in ihre Rollen verweisen, in dem Dienstfahrzeug. Auch sie, die miteinander reden, reden noch um ihr Leben.
Solche Fahrzeuge sind ironische Modelle der Sozietät, auf deren Wegen sie kurven, auffällige Vehikel, privat die einen und volkseigen die andern, glänzend oder schrottreif oder auf Probefahrt. Und es sind, man merkt es, Nachfahren älterer Baureihen, und unter dem Lack funktioniert vielleicht noch die stumpfe Mechanik der Vorzeit. So rasch sind die neuen Zeiten nie erfunden; die Eisenbahn übernahm die Spurweite der Postkutsche, wie die Kutsche die Peitsche der Fuhrwerke beibehielt.
Es mochten der Literatur auch Pferde genügen, auf denen der eine mit dem anderen ritt, bis Hegels „Phänomenologie", den radikalen Sprengstoff unter dem Sattel. (Seine Hörer folgten womöglich schon in der „Ich-lasse-mich-nicht-kommandieren"-Stimmung künftiger sozialistischer Literatur.) Dem unverkappten Bourgeois sekundierte ein Teufel auf der Bühne, der sich in die Arbeit mischt, solange der eine zehn Pferde zahlen kann und deren Kräfte die seinen sind: Kunst faßte das widersprüchliche Wesen kapitalistischen Fortschritts metaphorisch, ehe Wissenschaft es erklären konnte. Das *Vorgefühl* Fausts: *wovon man spricht, das hat man nicht.*

Denn noch muß die Hütte von Philemon und Baucis dem Bankhochhaus weichen. Herrschaft und Knechtung in der arbeitsteiligen Produktion: um die Karre auf den Begriff zu bringen, durch die Schöpferkraft unzähliger Generationen entwickelt, mit immer besseren Antrieben versehen und komfortableren Sesseln. Niederträchtigere Technik raffinierterer Ausbeutung. Und der Kampf der Gegner in der großen Maschine, der ebenso alte wahnwitzige Klassenkampf, der zweite Beruf, der zum ersten dazugelernt wurde oder verlernt, das andere Leben, weil man das eigentliche nicht hat. Es sei denn, man stieg aus und wartete unter Becketts kostbarem Bäumchen auf den Messias, den wahren Leser.

Wo die Herren enteignet sind und gleiche Leute nun vor der alten Chaise stehn, sehn sie sich von ihren ungleichen Tätigkeiten auseinanderdividiert, in der immer noch benutzten, noch immer tauglichen Industrie. Sie finden sich in alte Funktionen gepreßt oder drängen sich gar hinein, wie in die neuen. Offensichtlich muß das Gefährt neu konstruiert werden, nach einem anderen Prinzip, das nicht die Einen und die Anderen braucht sondern die solidarische Mannschaft. Ein Umbau: während der Fahrt, auf offener Straße, im Verkehr der Welt. Ohne das Tempo zu vermindern —

oder müssen sie es?, belächelt, gejagt, gezwungen, den Wagen zu panzern bis zur Unkenntlichkeit. So daß sie sich mitunter selbst nicht kennen und das berühmte Ziel: *alle Verhältnisse umzuwerfen, in denen der Mensch ein erniedrigtes, ein geknechtetes, ein verlassenes, ein verächtliches Wesen ist.* Davon spricht, das meint die Literatur.
Weil sie die Verhältnisse modelliert, können wir uns in ihr wiederfinden. Die seltsame Einsamkeit ihrer Helden ist auch die Einsamkeit des Arbeiters am Fließband, des Türken unter den Deutschen, des Maklers in der Börsenhalle. Es ist auch die Einsamkeit des Arbeitslosen. Und die seltsame Gemeinsamkeit ihrer Paare und Gruppenbilder enthält ebenso die tollkühne und verzweifelte Bereitschaft, immer dieses Dritten, der mit einsteigt in die Fähre, in den Text, der Platz hat darin oder dem enge wird, der es nicht aushält darin. *Der wahre Leser,* von dem Novalis sagte, er müsse *der erweiterte Autor* sein. Die Konstruktionen der Literatur aus den wirklichen Widersprüchen geben Raum für diese problematische Gemeinschaft. Es gibt auch die Einsamkeit der Leser ohne bestimmte Bücher, und die Einsamkeit der Bücher ohne diese wahren Leser.
Der wirkliche Widerspruch, hier bei Ihnen geehrt zu sein, macht aber Gemeinsamkeit deutlich. In unseren Staaten sitzend, müssen wir von der Richtung reden.
„Gestern wie heute kann das Zögern eines Künstlers", schrieb Anna Seghers in einem Brief, und ich lese: unser aller Zögern, „auf die Realität zuzusteuern, ganz verschiedene Ursachen haben. Pures Unvermögen ... oder unter anderem auch die sogenannte Furcht vor der Abweichung. Diese wirkt sehr entrealisierend." In dieser Wirklichkeit, in die gestern nicht, aber heute alle die produktiven Möglichkeiten und Schrecken der Geschichte geballt sind. Wendland, Mutlangen — was für sprechende Namen, ganz ohne Zögern.
Die Hoffnungen und Verhängnisse ineinandergenäht. Die Erwartung des Hungers, der Völkerwanderung in die Metropolen, des Konkurses der Natur; der Machtkampf der Klassen eingeholt vom Existenzkampf der Menschheit. Das tote Rennen der Rüstung, das den Stillstand der sozialen Befreiung bedeutet, im Beton des Status quo. Und der Wettbewerb um die friedliche *Kraft des Beispiels* Wohin geht die Welt, unser Umgang, wird er faschistisch oder frei? Oder wird es eine Epoche sinnlosen terroristischen Konsums in den Supermärkten und Supermedien? Die Ästhetik des Widerstands bekommt eine andere Dimension. Wir müssen *abweichen* von dem gewohnten, dem bürgerlichen Verkehr.
Im vorigen Jahr, 2131 Jahre nach dem Ende der Kampfhandlungen, wurde der 3. Punische Krieg mit einem Friedensvertrag auch formell beendet. In vierzehn Jahren, hören wir jetzt, könnte die Erde frei von Atomwaffen sein. Miteinander leben lernen — dazu gehöre, las ich eben in einer Zeitung der DDR, „vom Blockdenken zum globalen Denken überzugehen." „Kleingläubiger, schau auf: das uralte Licht kommt an!" (Jean Paul)
Das Denken in den Maßen der Welt, das ist der härtere, weniger selbstsichere, qualvollere und unerbittlichere Realismus unserer Tage. Wovon die Literatur spricht, ist endlich als Mangel bewußt. Dieses Bewußtsein ist ein Reichtum, und es bewirkt Politik. Die unvermutete Not und die unvermutete Chance am Ende des Jahrtausends werden eine neue, solidarische Gattung brauchen. Solidarität mit dem Menschen und mit der Natur — und ich wandle wieder einen Satz ab —, Solidarität *ist das aufgelöste Rätsel der Geschichte und weiß sich als diese Lösung.*

Foto: Isolde Ohlbaum

Erlauben Sie mir einen intimen Schluß. Bei einer ähnlichen Gelegenheit wie der heutigen erwiderte ich mit einem kleinen Text, in dem Kunze Hinze fragt, ob er einen Preis annehmen möchte. Hinze, in solchen extremen Dingen unerfahren und lax, schrieb ich, gab seiner zweiten Regung nach, sich ehren zu lassen: da er seine Arbeit sozusagen um jeden Preis machen würde.
Ich bitte, die mir mit dem Bremer Literaturpreis zugedachte Summe an den Afrikanischen Nationalkongreß zu überweisen.
Meine Damen und Herren, nun darf ich Ihnen danken.

Anarchistische Ungeduld

[...] Braun war seit jeher von einer Ungeduld geprägt, die ihn auch ins Anarchistische abrutschen läßt. Und wenn die Wirklichkeit nicht so ging, wie er es sich dachte, dann mußte sie halt gescholten werden. In der Art des Volker Braun hieß dies, ihr eine Utopie, einen Entwurf entgegenzustellen. Aus der kämpferischen Gebärde des Autors entnimmt man allenfalls, wogegen er ist, aber nicht, mit wem und wofür er kämpft. Bei seiner Vorstellung vom Kommunismus fällt er gelegentlich, so kann man wohl sagen, hinter unsere Altvorderen, die Utopisten vor Marx, zurück.
Solches rächt sich natürlich, die Geschichte hat ihre eigenen Gesetze, auch im geistigen Lauf. Da die Utopie nichts mehr gibt — oder vielleicht nur den Bezug auf Rimbaud, den in seiner Zeit, dem 19. Jahrhundert, bewundernswerten ekstatischen Geist — schlägt alles ins Gegenteil. Das Ganze wird kleinlich, verharscht, unentgrenzbar gerade dort, wo für das große, freie Menschenleben plädiert werden soll.
Bei Braun geht nichts mehr weiter in diesem Buch, alles ist im Kleinlichen befangen. Eigentlich, so könnte man nach der Lektüre meinen, sei doch die Welt oder zumindest einfach unsere Welt abzuschaffen und eine neue herbeizuholen. Wie das wirklich gehen soll und wie diese andere Welt beschaffen sein soll, darüber gibt es keine Auskunft. Zur bürgerlichen will Braun nicht mehr zurück. Das hat er deutlich gesagt. Auch diesem Buch ist das zu entnehmen. Manchmal aber befindet sich einer auf dem Holzweg...[...]

Prof. Dr. Anneliese Löffler, in: Neues Deutschland vom 8. Oktober 1985

Volker Braun

Hunger

[...] Sie fuhren also in die Fabrik. Die Pforte ließ den gemeldeten schwarzen Wagen durch, er stoppte erst in einem Schwarm weiß und blau bemäntelter Leute. Kunze öffnete (eh Hinze zufassen konnte) den Schlag, wurde willkommen geheißen und sogleich in den Verwaltungstrakt geführt. Das Fernere entzog sich Hinze, mit dem wir jetzt draußen bleiben, sicherheitshalber (denn unsere Leserschaft ist zahlreich, unkontrolliert und nicht durchweg zuständig) und weil das gesellschaftliche Interesse augenscheinlich mit dem individuellen übereinstimmt: eine Pause zu machen; wir teilen es, wir machen eine Pause in der wesentlichen Darstellung. Wir setzen uns in die Kantine; nur herein! die Stühle langen ohnehin nicht, obwohl für die verschiednen Bereiche Essenzeiten festgelegt sind und zur besseren Übersicht blaue, grüne, gelbe und rote Karten ausgegeben werden. Es ist eine alte Forderung des Staatsrats, mehr Farbe in den Alltag zu bringen. Hinze saß am Tisch, aber nicht auf dem Stuhl sondern auf der Heizung. So berührten seine Füße kaum den dreckigen Fußboden, und er hatte das besaute Fenster im Rücken. Wir trinken einen Kaffee und ahnen nicht, was vor sich geht im Werk. Wir wollen es nicht unbedingt wissen, nicht wahr? Vier Wahlessen: geschmorte Rippchen mit Sauerkraut, Kartoffeln und ein Apfel, 1,- M; Erbseneintopf mit Bockwurst und eine Mandarine, -,50 M; Zigeunergulasch, Kartoffeln und Krautsalat, 1,- M; Vanillenudeln mit Butter, Zucker und eine Banane, -,50 M. Hier ließ es sich leben. Hinze, vor die Entscheidung gestellt (was er nicht gewohnt war), rang sich zögernd zum Gulasch durch. Er stocherte in dem Resultat, das gefurchte bräunliche Gesicht auf eine Faust gestützt. Freiheit, wie schmeckst du? Wie kommt man auf den Geschmack? — Ich habe Pause, lieber Leser. — Wenn die Pause vorbei ist, hat Hinze nicht mehr die Freiheit, über die du jetzt schreiben könntest. — Sein Pech. — Dein Buch. — Mein Buch? Unsere Wirklichkeit, für eure Augen. — Dein Pech. — Freiheit, das ist Einsicht in die Notwendigkeit und dementsprechendes Verhalten. — Welche Notwendigkeit? Ob er Nudeln frißt oder Erbsen mit Vanillezucker, das ist gleich. — Die Notwendigkeit, zu *wählen* zwischen Erbsen, Vanillenudeln und Rippchen mit Sauerkraut. Die Notwendigkeit ist die Voraussetzung seiner Freiheit. — Nudeln, Erbsen, Gulasch... O Freiheit! — Was soll das. — Ja, mach Pause. Es ist *dein* Buch. — Die Notwendigkeit verschwindet nicht, indem sie, durch einsichtiges Handeln, Freiheit wird, sie schmeckt durch. Der selbstgewählte Gulasch zieht ihren Geschmack an.
Sieh, wie Hinze stochert, er frißt das Fleisch und stellt sich den Geschmack von Vanille und Erbsen vor, ein scheußliches Gemenge auf seiner Zunge. Er kann sich nicht entscheiden. — Die Freiheit ist eine Geschmacksfrage, wie. — Besser gesagt, eine Frage der Sachkenntnis. Je freier Hinzes Urteil in Beziehung auf das Menü, mit desto größerer Notwendigkeit wird der Inhalt seines Urteils, Nudeln, Erbsen, Gulasch, bestimmt sein; während die auf Unkenntnis beruhende Unsicherheit, die zwischen Erbsen, Nudeln und Rippchen scheinbar willkürlich wählt, eben dadurch ihre Unfreiheit beweist, ihr Beherrschtsein von dem Gegenstande — Von Nudeln und Gulasch? — Freiheit besteht in der auf Erkenntnis der Naturnotwendigkeit gegründeten Herrschaft über uns selbst und über — Und wenn er sich nun nicht beherrschen kann? Wenn er, aus irgendeinem Grund... aber er macht es wirklich! Da, Hinze läuft wieder zur Essenausgabe

Selbstgewählter Ausschnitt

Kritisch hat sich der stellvertretende DDR-Kulturminister *Klaus Höpcke* zu einem neuen Buch des DDR-Schriftstellers *Volker Braun* („Hinze-Kunze-Roman") geäußert. Das Werk Brauns, das mittlerweile auch in der Bundesrepublik Deutschland erschienen ist, mute in manchen Passagen — insbesondere bei der Schilderung der Arbeitswelt in der DDR — „zwiespältig" an und bleibe mitunter hinter dem zurück, „was er hätte finden können".[...]
Trotz seiner „spürbaren Sozialismusliebe" nehme der Autor, so Höpcke in zwei Beiträgen in der Ost-Berliner „Weltbühne" (Nr. 33 und 34/1985), die in der DDR eingetretenen wirtschaftlichen und sozialen Veränderungen nicht immer ausreichend zur Kenntnis. Wer außerdem wie Braun die militärischen Bemühungen der DDR nicht im größeren Zusammenhang mit der „Politik der sozialistischen Staatengemeinschaft" sehe, habe nur einen „selbstgewählten Ausschnitt vor Augen". Kritisch äußert sich Höpcke auch zur Darstellung einer Reise des hohen Funktionärs Kunze in die Bundesrepublik Deutschland, bei der mit keinem Wort auf die hohe Arbeitslosigkeit in der Bundesrepublik eingegangen werde (in der Tat wird von Kunzes Reise lediglich der Besuch eines Bordells auf der Reeperbahn ausführlich geschildert). Zum Schluß seiner Besprechung der „gewisse Daseinsweisen im realen Sozialismus komisch behandelnden Schrift" schreibt Höpcke, wenn man mehr wolle als bloß miteinander auszukommen, so erfordere das „zu verhüten, daß wir zerhinzen und verkunzen".

notiert Nr. 19/1985, S. 10

und schnappt sich... tatsächlich, eine Schüssel süße Nudeln und läßt die Banane in der Jacke verschwinden. — Das ist ein Freßsack, ein Genießer, er tanzt aus der Reihe — Es ist Hinze. Er war einfach nicht satt. — Das ist ein anderes Problem. — Wieso? — Wir diskutieren nicht über den Hunger sondern über die Philosophie. — Ja, die Philosophie ist richtig, sie ist die beste der Welt... Und wenn er sich nun die Freiheit nimmt, von *allem* zu fressen, samt Apfel, Banane und Mandarine, aus welchem Grunde immer? — Das wäre sehr uneinsichtig. — Aber schön. Aber genüßlich. — So wäre er übersatt, aber niemals frei. Er beweist eben dadurch seine Unfreiheit, sein Beherrschtsein von dem Gegenstande, den er gerade beherrschen sollte! — Ich sage dir, Mensch... es schmeckt *alles* nicht! Es muß gefressen werden. Das ist die Freiheit. Er hätte vielleicht viel lieber etwas anderes gegessen — Etwas anderes? Für fünfzig Pfennige, für eine Mark! — Das ist allerdings billig, und dieser Hunger ist gestillt; aber der andere Hunger! — Welcher andere Hunger? —Den du nicht ewig mit einer Banane abspeisen kannst. — Ich? Die Küche. Welchen Hunger, Kerl? — Vielleicht sollte etwas ganz anderes auf den Tisch, wenn er schon wählen soll, wenn er schon die Freiheit hat... Die richtige Philosophie erbittert ihn, regt ihn auf, weil es nicht das richtige Leben ist. — Was für Hunger? Dieser Vielfraß, dieser Nimmersatt, dieser unbeherrschte, dieser uneinsichtige Fantast! — Mach mal Pause. Nun mach aber eine Pause! — Hunger, ich versteh dich nicht. Aber wie siehst du aus, mein Leser, blaß und weiß — Mir ist schlecht vor Hunger... — Was denn für ein Hunger? [...]

Aus: Hinze-Kunze-Roman. Mitteldeutscher Verlag, Halle/S. 1985, S. 40-43

Die Gelegenheit

Hinze wurde ein Preis zuerkannt, und Kunze versäumte nicht, anzufragen, ob Hinze ihn annehmen möchte. Hinze, in solchen extremen Dingen unerfahren und lax, gab seiner zweiten Regung nach, sich ehren zu lassen. Er sah plötzlich die Gelegenheit, merken zu lassen, daß er seine Arbeit, für die er ein Händeschütteln nicht erwartete, für ehrenhaft hielt, seine Arbeit, die er sozusagen um jeden Preis machen würde.

Der Beschäftigte

Hinze traf eine schöne Frau wieder, die sich wunderte, daß er sich nicht mehr blicken ließ. Es geht nicht, sagte Hinze. Ich habe zu viel zu tun, mit der Arbeit des Vergessens.

Aus: Berichte von Hinze und Kunze. Suhrkamp Verlag, Frankfurt/Main 1983, S. 53, 59

Hallenser Zeitung verreißt Braun-Roman

Zwei Monate nach einer im SED-Zentralorgan „Neues Deutschland" veröffentlichten und politisch motivierten negativen Kritik des „Hinze-Kunze-Romans" von Volker Braun ist jetzt auch in der SED-Bezirkszeitung „Freiheit" aus Halle ein ebenfalls politisch begründeter Verriß dieser jüngsten Arbeit des Ost-Berliner Autors erschienen. In der Wochenendbeilage des Blattes wird unter der Überschrift „Zehn Fragen eines nicht 'hauptamtlichen' Lesers" abschließend formuliert: „Sind Hinze und Kunze noch zu retten."
Der Begriff des „nicht 'hauptamtlichen' Lesers" könnte eine Anspielung auf den stellvertretenden Kulturminister Klaus Höpcke sein, der als Leiter der Hauptverwaltung Verlage und Buchhandel administrativ zuständig dafür ist, welche Literatur in der DDR veröffentlicht werden kann. Höpcke hatte schon im August in einer umfangreichen Besprechung in der Zeitschrift „Weltbühne" mögliche Einwände gegen den Braun-Roman vorweggenommen und geschrieben, manche „Genossen" könnten „sich von Passagen des Romans abwenden und ihn dann gänzlich ablehnen". Dazu verwies er auf die „schöngeistige Lesehilfe" im Anhang der DDR-Ausgabe, die „einen Anhalt zu besserem Verständnis gibt".
Diese „Lesehilfe" wird nun in der „Freiheit" mit dem Satz verworfen: „Was nur mag den Mitteldeutschen Verlag bewogen haben, dem mündigen Leser auch noch eine ausführliche 'Gebrauchsanweisung' in die Hand zu geben, die weniger erklärt als verklärt?" Die satirischen Züge des Romans, in dem das Herr-Knecht-Verhältnis abgewandelt und auf den DDR-Sozialismus übertragen wird,

Volker Braun

DAS INNERSTE AFRIKA

Komm in ein wärmeres Land
mit Rosenwetter
Und grünen laubigen Türen
Wo unverkleidete Männer
Deine Genossen sind.
Dahin! Dahin
Möcht ich mit dir, Geliebter
Komm

aus deinem Bau deinem lebenslänglichen Planjahr ewigen
Schnee / Wartesaal wo die Geschichte auf den vergilbten
Fahrplan starrt die Reisenden ranzig / Truppengelände
TRAUERN IST NICHT GESTATTET

Unter die sachten Tamarisken
In den Tropenregen, der die Losungen
Abwäscht, trockenen Protokolle.

Sieh das Meer, das dagegen ist
Mit fröhlichen Wellen, und ins Offene geht
dahin

Dahin führt kein Weg.

Wenn du gehst, hebt die Zeit ihre Flügel.

Nimm den Pfad gleich links durch die Brust
Und überschreite die Grenze.

Wo die Zitronen blühn, piff paff!

En quelque soir, par exemple, le touriste naïf EUROPA
SACKBAHNHOF die verdunkelten Züge aus der vierten Welt
vor Hunger berstend / hinter der Zeitmauer Getöse unverständliche Schreie / Blut sickert aus den Nähten der Niederlage / Zukunftsgraupel und fast will / Mir es scheinen,
es sei, als in der bleiernen Zeit

Sie können dich töten, aber vielleicht
Kommst du davon
Ledig und unbestimmt
komm! ins Offene, Freund!

Nicht im Süden liegt es, Ausland nicht
Wo unverkleidete Männer

Wo der Regen
Denn nicht Mächtiges ists, zum Leben aber gehört es

Was wir wollen
wo dich keiner
Das innerste Land, die Fremde
Erwartet. Du mußt die Grenze überschreiten
Mit deinem gültigen Gesicht.

Dein rotes Spanien, dein Libanon

Erreiche es vor der Rente.

Wir befinden uns, sagte er, auf einer schiefen Ebne. Alles deutet darauf hin, daß es abwärts geht. Schließen Sie einmal die Augen und hören Sie, wie es knirscht. Das ist das Ende. Warten Sie ab, wir werden es erleben. Wir sind auf dem besten Weg. Wir brauchen nur fortzufahren mit der Übung. Vor einiger Zeit konnten wir z. B. das Brett oder wie man es nennen will zurückwippen über den Nullpunkt und sagen: es geht aufwärts! Jetzt ist es eine endgültige Schräge in den Keller. Zu den Kakerlaken, meine Damen und Herrn. Bleiben Sie ruhig, gehn Sie in die Firma, wickeln Sie sich in die Plane, fassen Sie sich kurz. Wir haben die furchtbare Nachricht vernommen, wir haben nichts hinzuzusetzen. Adieu. Sagte der Mann in Itzehoe und glitt hinter dem Fenster hinab.

Non! wir werden den Sommer nicht mehr in diesem geizigen Land verbringen, wo wir immer nur einander versprochene Waisen sind,
komm

Steckmuscheln, Zikaden
Mach dich auf
Lebenslänglicher Leib:
SIEH DAS MEER, DAS DAGEGEN IST.
ERREICHE ES VOR DER RENTE.
DU MUSST DIE GRENZE ÜBERSCHREITEN.

Aus: Langsamer knirschender Morgen. Gedichte. Suhrkamp Verlag, Frankfurt/Main 1987, S. 60-63

Foto: Isolde Ohlbaum

bemängelt „Freiheit"-Rezensent Professor Karlheinz Jackstel mit der Frage: „Soll ich zur Komplizenschaft in einer schlechten Komödie genötigt werden? Oder wird mir gar abverlangt, den Kakao auch noch zu trinken, durch den mich der Autor zieht." Im „dialektischen Spannungsverhältnis von Ideal und Wirklichkeit" werde das „Sozialismusbild im Rahmen zum Zerrbild", was mit dem Hinweis auf Überhöhung durch Satire nicht zu entkräften sei. *dpa*

Frankfurter Rundschau vom 10. Dezember 1985

Volker Braun

7. 5. 1939 Dresden

Nach dem Abitur zunächst Arbeit als Druckereiarbeiter und Tiefbauarbeiter im Kombinat Schwarze Pumpe (1957-59). 1959/60 Ausbildung als Maschinist für Tagebaugroßgeräte im Tagebau Burghammer. 1960-64 Studium der Philosophie in Leipzig. 1965 nach dem Diplom Übersiedlung nach Berlin. 1965/66 Dramaturg beim Berliner Ensemble. Ab 1972 Mitarbeiter des Deutschen Theaters Berlin. Seit 1978 wieder beim Berliner Ensemble. B. lebt und arbeitet in Berlin. Er war Mitglied der Akademie der Künste der DDR und des PEN-Zentrums (Ost). Heute gehört er der Akademie der Künste in Berlin an und wirkt im Beirat der Zeitschrift „Sinn und Form".

Preise: Erich-Weinert-Medaille. Kunstpreis der Freien Deutschen Jugend. (1964); Heinrich-Heine-Preis (des Ministeriums für Kultur der DDR) (1971); Heinrich-Mann-Preis der Akademie der Künste, Berlin/DDR (1980); Lessing-Preis des Kulturministers der DDR (1981); Literaturpreis der Freien Hansestadt Bremen (1986); Nationalpreis der DDR, I. Klasse (1988); Berliner Preis für deutschsprachige Literatur (1989); Schiller-Gedächtnispreis (1992); Deutscher Kritikerpreis (1996).

Werkauswahl: Provokation für mich. Gedichte. 1965. – Vorläufiges. Gedichte. 1966. – Wir und nicht sie. Gedichte. 1970. – Das ungezwungene Leben Kasts. Drei Berichte. 1972. – Gedichte. 1972. – Gegen die symmetrische Welt. Gedichte. 1974. – Es genügt nicht die einfache Wahrheit. Notate. 1975. – Stücke 1: Die Kipper / Hinze und Kunze / Tinka. 1975. Unvollendete Geschichte. Erzählung. 1977. Training des aufrechten Gangs. Gedichte. 1979. – Gedichte. 1979. – Stücke II: Schmitten / Guevara oder Der Sonnenstaat / Großer Frieden / Simplex Deutsch. 1981. – Berichte von Hinze und Kunze. 1983. – Hinze-Kunze-Roman. 1985. – Die Übergangsgesellschaft. Komödie. 1987 (Abdruck im Programmheft des Bremer Theaters). – Langsamer knirschender Morgen. Gedichte. 1987. – Verheerende Folgen mangelnden Anscheins innerbetrieblicher Demokratie. Schriften. 1988. – Texte in zeitlicher Reihenfolge. (bisher) 10 Bde. 1989-1993. – Der Stoff zum Leben 1-3. Gedichte. 1990. – Bodenloser Satz. 1990. – Böhmen am Meer. Ein Stück. 1992. – Iphigenie in Freiheit. 1992. – Der Wendehals. Eine Unterhaltung. 1995. – Das Nichtgelebte. Eine Erzählung. 1995. – Die vier Werkzeugmacher. Erzählung. 1996. – Lustgarten Preußen. Ausgewählte Gedichte. 1996.

Über V. B.: Manfred Behn-Liebherz in: Kritisches Lexikon zur deutschsprachigen Gegenwartsliteratur. München 1978 ff.

Foto: Isolde Ohlbaum

EVA SCHMIDT

Förderpreis des Bremer Literaturpreises 1986 für „Ein Vergleich mit dem Leben. Erzählungen", Residenz Verlag, Salzburg 1985

Rolf Michaelis

Ein Kapitel aus der Geschichte der Sehnsucht

Eva Schmidt und Volker Braun. Foto: Herbert Abel

„Ein Vergleich mit dem Leben" — so heißt der Band mit 23, oft nur eine halbe Seite umfassenden Erzählungen von Eva Schmidt, der die Jury den Bremer Förderpreis zuerkennt.
Der Titel ist — in scheinbarer Eindeutigkeit — so rätselhaft wie die 22 Prosa-Miniaturen, denen als letztes Stück des Bandes, mit 25 Seiten, so etwas folgt wie eine ferne, kühle Erzählung in der Form eines fast kriminalistischen Film-Librettos. [...]
Eine Frau erinnert sich an die Silvesternacht mit einem Mann, der jetzt weit fort ist. Sie schreibt ihm, vielleicht auch nur in Gedanken, einen Brief, jedenfalls einen Brief, den sie nie abschicken, den der Empfänger nie lesen wird: „Ich stand neben Dir und dachte, das ist mein Mann. Ich konnte es fast nicht begreifen. Als mir Dein Gesicht, je länger ich hinsah, immer fremder wurde, schaute ich nur noch auf Dein Hemd."
Bei Nietzsche heißt es einmal: „Nah hab den Nächsten ich nicht gern." Eva Schmidts Menschen, aus einer ganz anderen als der Sils-Maria-Welt kommend, machen eine ähnliche Erfahrung. Von demselben Paar — Paar ist fast schon zu aufdringlich zur Kennzeichnung zweier Menschen verschiedenen Geschlechtes, die wir in der Erzählung mit dem unnachahmlich genauen Titel „Der unbekannte Freund" am Tisch nach dem Essen nebeneinander sitzend sehen — von diesen beiden also heißt es: „Einmal ... waren wir einander so fremd, daß wir plötzlich ganz unbefangen miteinander sprachen." Schon diese Beobachtung der subtilen Strömungen von Anziehung und Abstoßung, Annäherung und Entfernung im scheinbar vertrauten Miteinander zweier Menschen, die gerade ihre Mahlzeit geteilt haben, ist ungewöhnlich, wird aber pointiert durch den folgenden Satz, der jeden der beiden in seine Einsamkeit, in sein Schweigen stößt: „Dann wollten wir beide gleichzeitig etwas sagen und, erschrocken darüber, waren wir auch gleichzeitig wieder still."
Ach, könnte man denken, da harft eine Autorin auf der etwas abgeklimperten Saite, auf der die ganze Entfremdungs-Literatur unserer Zeit musiziert wurde. Damit haben Eva Schmidts Erzählungen gar nichts zu tun. Was Eva Schmidt schreibt, sind alles andere als das, was die „Neue Zürcher Zeitung" „monochrome Rückzugsgeschichten" nennt und als „Rückzug vom Leben" tadelt. Nein, gerade nicht. Eva Schmidts Menschen leiden — wenn sie denn leiden — nicht an einem Zuwenig, sondern an einem Zuviel von Gefühl, Glückserwartung, Lebensüberschwang. Es gelingt ihnen nur nicht, diesen Überfluß von innen nach außen zu kanalisieren. Traurig genug scheitert der

Versuch, diese Intensität des Fühlens zu vermitteln, gerade dann, wenn ein geliebter Mensch nahe wäre, der auf diese Erregung mit einer eigenen Unruhe antworten könnte. Aber immer wird das Sehnen erstickt in der Gleichgültigkeit oder im Alltagskram des andern. Nein: Eva Schmidt schreibt kein Kapitel aus der Geschichte der Entfremdung, sondern aus der Geschichte der Sehnsucht.
Nur deshalb wenden sich die Menschen in Eva Schmidts Erzählungen nach innen, weil sie immer wieder zurückgestoßen werden. Ihre ursprüngliche Richtung geht nicht nach innen, sondern nach außen. Das Verlangen nach Ergänzung, nach Steigerung des eigenen Lebensgefühls im Echo einer anderen Lust ist durchaus da — deshalb ja der schöne, aber traurige Titel: „Der Wille zur Lust". Und so lautet die Lebens-Bilanz denn einmal auch: „Die größte Einsamkeit ist nicht die, ohne einen anderen zu sein, sondern an keinen anderen denken zu können." Denn Erlösung gibt es nur für Augenblicke, in Gedanken, in Träumen. Auf solches Gedanken-Glück folgt der Katzenjammer, denn, wie eine von Eva Schmidts Frauen erkennt: „Die Vollkommenheit in den Gedanken ist gar nichts wert."
Das sind nun keine Erzähl-Miniaturen der Kraftlosigkeit lebensuntüchtiger Geschöpfe. Im Gegenteil: in diesen Menschen brennt ein Funke der Sehnsucht nach Leben, nach Liebe, den keine momentane Enttäuschung auslöschen kann. Und so kann sich die Frau der Erzählung vom „Willen zur Lust" retten in die Erkenntnis: „Später träumt sie aber von einer Gemeinsamkeit. Ist nicht die Hoffnung darauf Beweis genug, daß es sie geben soll?" [...]

Aus der Laudatio vom 27. Januar 1986

Eva Schmidt

Das Geheimnis der Welt

Vor neunundzwanzig Jahren, genau am Weihnachtstag, ist Robert Walser gestorben, allein, auf einem Spaziergang in der Nähe der Anstalt Herisau in der Schweiz. Ich habe selten eine Geschichte von ihm zu Ende gelesen, meist wußte ich schon nach wenigen Sätzen alles — obwohl Robert Walser der unberechenbarste aller Schriftsteller ist.
Ein Leben lang schrieb er über das Geheimnis der Welt — dem Leben zum Trotz und mit einer Liebe, die so heftig war, daß er ihrer leicht entbehrte. In seinem Denken war die ganze Menschheit enthalten, deshalb muß man nicht traurig sein, wenn ihm persönlich alles fehlte. Der sich sanft Gebende hatte eine kräftige Natur — demütig war er nie, sondern immer nur ein wenig schlauer, dem Leser um Nasenlänge voraus.
Ich habe eine Freundin, die Robert Walser nicht versteht, und als sie mir davon erzählte, war ich glücklich vor Stolz auf den, den ich so glühend verehre. Sein Werk ist eine Lehre über die Unbelehrbarkeit, jede Vernünftelei bringt er zum Scheitern und schafft eine neue Vernunft — die des freien Denkens, die den Bildungsmenschen vom wirklichen Denker unterscheidet. Walser hat seine Figuren mit Liebe überschüttet, daß es mörderisch war, die schönsten Aussichten und Hoffnungen hat er ihnen mitgegeben, sie mögen wohl heute noch die Finger danach strecken. Die gesellschaftlichen Zustände sind ablesbar, die Zustände einer Gesellschaft, die von einer äußeren Ökonomie zusammengehalten wird und inwendig platzt. Die Lebenslüge wird aufrechterhalten, weil es besser ist, sich die Wahrheit gar nicht erst einzugestehen. Walsers Figuren schwindeln sich über den Abgrund wie auf einem Seil. Selbstvergessen sehen sie dem Leben ins Gesicht, so wie er selber, der vor lauter Alleinsein nichts übersah.
Einer, der schreibt, lebt über seine Verhältnisse. Er erfindet Menschen, Schauplätze und Situationen, die er selber vielleicht gar nicht kennt — eine Ersatzwelt, so oder so. Eine Ersatzwelt, die sein Risiko ist, und gleichzeitig seine Freiheit. Seine Biographie ist unwichtig, sofern es ihm gelingt, glaubhafte Sätze zu schreiben — denn sein *Werk* wird zu seiner Lebensgeschichte, was man sich sonst über ihn erzählt — zur Anekdote.
Über das wirkliche Leben Robert Walsers weiß ich nichts, und manches mag falsch sein, was ich über ihn sage. Doch es fiel mir leichter, auf diesem Umweg den Hintergrund meiner Arbeit ein wenig zu beschreiben.
Die Nachricht, daß ich den Bremer Förderungspreis bekommen soll, hat einerseits eine große Freude in mir ausgelöst, mich aber andererseits noch skeptischer gemacht — in dem Sinn, als sich der Schriftsteller wohl immer in einem gewissen Widerstand befindet, nicht nur zur Welt oder zur Gesellschaft, der er sich manchmal verweigert, sondern auch zu sich selbst und seiner Arbeit, in der der Widerstand — nur am Ideal und nicht an der tatsächlich existierenden „Weltgeschichte" gemessen — zur Farce werden kann.
Ich danke dem Vorstand und der Jury der Rudolf-Alexander-Schröder-Stiftung für den Preis.

Das Fehlende spüren lassen

Wie machen Sie das: Ihre Sätze sind so klar, so reduziert, komprimiert. Schreiben Sie zuerst und kürzen Sie dann, wie man das z.B. von Lyrikern kennt, die ihre Texte auf die wichtigsten, die unverzichtbaren Wörter reduzieren. Wird das immer weniger?
Ja, ja, es wird immer weniger. Ursprünglich ist es meistens sehr kompliziert und auch umfangreich. Aber schon der erste Schreibvorgang ist sicher eine Reduzierung der Gedanken auf etwas Wesentliches.
Und dann: ich arbeite immer sehr lang an einem Stück und da fällt dann eigentlich immer noch mehr weg. Der Leerraum, der dadurch entsteht, der ist für mich einfach wichtig. Es fehlt dann wahrscheinlich sehr viel in den Texten, aber ich kann mir vorstellen, daß man das Fehlende spürt: wie bei den Bildern von Edward Hopper. Da ist auch Raum und so viel Platz, es fehlt wirklich alles und trotzdem kann man alles hineintragen. Für mich ist ganz klar: er hätte nicht so malen können, wenn er das Fehlende nicht kennen würde. Es ist das Weglassen von etwas, was jeder kennt, sonst könnte es nicht drin sein in den Bildern.
Die Titel einiger Ihrer Geschichten beziehen sich direkt auf Hopper...
Das passiert wahrscheinlich jedem Menschen, daß man auf die stößt, die dem eigenen Denken nahe kommen oder entsprechen, und bei mir ist es so ein ganzer Kreis, nicht nur Hopper. Das sind natürlich verschiedene Schriftsteller. Oder z.B. der Filmemacher Robert Bresson, da gibt es sicher auch eine Parallele, also zu der Art, wie er Filme macht, die ja genauso reduziert sind.
Bresson habe ich vielleicht vor einem Jahr entdeckt und den Hopper genauso und das ist ein wichtiges Gefühl

Eva Schmidt

Der unbekannte Freund

[...] Was sich erklären läßt, verschwindet. Das rätselhaft Schöne bleibt. Eine Silvesternacht vor fünfundzwanzig Jahren. Wir hatten gegessen, Radio gehört. Es war eine Sendung für Familien, die diese Nacht zu Hause feierten. Manchmal mußten wir lachen über etwas, das der Sprecher sagte, wir haben wohl auch ein wenig erzwungen gelacht, aber insgesamt waren wir entschlossen, ihn ernst zu nehmen. Getanzt haben wir auch. Und später sind wir erstaunt am Fenster gestanden. Draußen auf dem See lagen die Schiffe, unweit vom Ufer und gerade vor unserem Fenster, vor Anker. Das Läuten der Schiffsglocken und Kirchenglocken aus allen Richtungen zur selben Zeit, die Beleuchtung der Schiffe aus unzähligen bunten Glühbirnen, aneinandergereiht wie Girlanden, und das Feuerwerk am Himmel über den Schiffen. Ich stand neben Dir und dachte, das ist mein Mann. Ich konnte es fast nicht begreifen. Als mir Dein Gesicht, je länger ich hinsah, immer fremder wurde, schaute ich nur noch auf Dein Hemd. Und jedesmal, wenn ich dann ganz plötzlich aufschaute, vom Hemdkragen zum Kinn, vom hellgrünen Karo Dir in die Augen, erkannte ich Dich für eine Weile wieder.
Wenn ich durch das Haus gehe, spreche ich mit Dir. Manchmal greife ich Dich an. Wütend und unendlich müde. Einmal hast Du ein totes Huhn mit nach Hause gebracht, das Dir vor die Räder lief. Ich sollte es rupfen und ausnehmen. Ich sagte, mir sei schon den ganzen Tag nicht gut, und Du hast erwidert, vor einer halben Stunde, als ich nach Hause kam, warst du aber sehr fröhlich. Ich ging in den Keller und rief Dich von dort mit so schriller Stimme, daß Du heruntergestürzt kamst, weil Du glaubtest, es sei etwas passiert. Ich kniete auf dem Lehmboden und heulte, weil mir ein paar Eier aus der Hand gefallen und am Boden zerbrochen waren. Du hast alles aufgewischt, und später habe ich tränenblind das Huhn gerupft und ausgenommen. Einen wirklich groben Streit hatten wir nie.
Ich bin so erschöpft. Kann nicht glauben, daß Du ohne mich leben kannst. Deine Einsamkeit dort unten, in der sengenden Hitze, treibt mich zum Wahnsinn. Mir selbst begegne ich mit Vernunft. Ich kann hinausgehen aus dem Zimmer, die Tür öffnen, es sind Menschen auf der Straße, die ich rufen kann.
Oft habe ich Dich tagelang nur beobachtet. Konnte dann gar nicht mit Dir reden. Ich konnte über einen Satz, eine Bewegung von Dir noch hingerissen sein, Dein Benehmen Sekunden später aber verachten. Vieles, was ich mir selber durchgehen ließ, habe ich Dir übelgenommen. [...]

Aus: Der unbekannte Freund. In: Ein Vergleich mit dem Leben. Residenz Verlag, Salzburg 1985, S. 59f.

Eva Schmidt

17. 5. 1952 Lustenau/Vorarlberg

E. S. lebt als freie Schriftstellerin in Bregenz.
Preise: Forum-Stadtpark-Literaturpreis Graz (1981); Stipendium des deutschen Literaturfonds Darmstadt (1985); Aspekte-Literaturpreis (1985); Literaturförderpreis der Freien Hansestadt Bremen (1986); Rauriser Literaturpreis (1986); Hermann-Hesse-Förderpreis (1988).
Werkauswahl: Ein Vergleich mit dem Leben. Erzählungen. 1985. - Diverse Publikationen in den Zeitschriften „manuskripte" und „Neue Rundschau". – Hörspiele: Die Hoffnung wächst nur im Himmel, Hudson River und Palermo, produziert vom ORF bzw. Radio DRS Zürich. – Reigen. Eine Erzählung. 1988. – Zwischen der Zeit. Roman. 1997.

Fotos (2): Isolde Ohlbaum

von Verwandtschaft und auch Bestätigung des eigenen Denkens.
Bei Bresson sind die Gefühle auch immer ganz unterkühlt…
Ja, bei ihm sind sie eigentlich, ja: mechanisiert. Er zeigt mehr die Mechanik und dadurch wird das Geheimnis vielleicht nicht erklärbar, aber spürbar und sichtbar. Bresson hat selbst geschrieben, es geht ihm darum, die geheimen Gesetze des Daseins zu finden. Das ist auch bei mir ganz wichtig.
Sie haben vor vier Jahren den Grazer „Forum - Stadtpark - Literaturpreis" gekriegt. War der für Sie wichtiger als der Bremer Preis?
Nein, der Bremer Preis ist wichtiger. Der Grazer Literaturpreis — das ist für mich zu schnell gekommen, das hat mich sehr irritiert. Ich hab da vorher an etwas geschrieben, das sollte ein Roman werden; und es war alles sehr schön mit diesem Preis und diesem Erfolg, für mich aber so irritierend: Man ist ja nie zufrieden mit der eigenen Arbeit und das kriegt dann doch eine andere Dimension, eigentlich dadurch eine Anerkennung. Bei mir war die Reaktion dann so, daß ich sofort, wie ich heimgefahren bin, das ganze Manuskript zerrissen habe, was allerdings, muß ich sagen, nicht schade war.

Aus einem Gespräch mit Christine Spieß. In: die tageszeitung, Ausgabe Bremen, vom 31. Januar 1986

JÜRGEN BECKER

Bremer Literaturpreis 1987 für „Odenthals Küste. Gedichte", Suhrkamp Verlag, Frankfurt/Main 1986

Rolf Michaelis

Ein wahrer Konservativer

Wenn ich an Jürgen Becker denke, einen im Hochhaus des Deutschlandfunks in Köln arbeitenden Hörspiel-Redakteur, den ich weniger als einen — wie es so erschreckend heißt — „in den Medien" arbeitenden Kollegen kenne, sondern als Verfasser von Gedichten und Prosa-Texten schätze, dann sehe ich einen nur wenig älteren Mann vor mir, der am Fenster steht. Scheinbar ruhig, aber aufgeregt wach. Wenn er die Augen zusammenkneift, dann nicht nur, weil ihm der Rauch der fast nie ausgehenden Zigarette um Wimpern und Lider streicht, mit der er sich — neben der Klimaanlage — die „oberen Luftwege" reizt, von so intimen Organen wie Bronchien, Lungen ganz zu schweigen, sondern vor allem, weil er angestrengt nach draußen schaut.

Ich war einmal in seinem Büro, das so trostlos anonym ist wie all die Kabuffs, in denen zu arbeiten, womöglich gar zu denken die sogenannten modernen Architekten uns zumuten. Und ich habe mich gefragt, als Jürgen Becker mich vor seine Fensterfront führte: Ja, was sieht der Mann denn da? Ich sah das Übliche. Glasfassaden. Hochhäuser. Die Trostlosigkeit von Verwaltungsbauten, aus denen oben nicht der Rauch von Jürgen Beckers Zigarette quirlt, sondern der Dampf einer Klima-Anlage. Und die Beton- oder Metall-Klötze, die als — wie es so schön heißt — „Kunst am Bau" auf die ver-

Jürgen Becker. Foto: Boris Becker

kümmernden Rasenflecken im Schatten der Arbeits-Türme gewuchtet sind, verstärken nur den Eindruck von Elend. Und „Elend", das gute alte Wort, heißt im Mittelhochdeutschen „ellende", heißt — wie wir im Wörterbuch lesen können: „fremd, verbannt, unglücklich, jammervoll". Aus solchem Elend, solchem Jammer — man kann es nicht deutlich genug sagen — kommen Jürgen Beckers Gedichte, kommen seine Prosa-Texte.

Odenthal, wahrscheinlich ein unfruchtbar ödes Tal mit sauren Wiesen benennend, ist der Name eines Dorfes im Bergischen Land, in das sich der Dichter Jürgen Becker zurückzieht, wenn er lang genug aus dem Fenster des Kölner Hochhauses geschaut, Briefe unterschrieben, in Manuskripten geblättert und etwas ins Mikrophon gehustet hat. Und was macht dieser Becker in Odenthal? Wenn er nicht in der Hängematte

döst, steht er auch in einem Bauernhaus am Fenster — und guckt. Und schaut. Und versucht, in seinem Kopf die auseinanderstrebenden Eindrücke zu ordnen. So entstehen Gedichte. [...]
Wer nicht genau liest, wer die syntaktischen Kühnheiten des neuen Buches gar nicht wahrzunehmen bereit ist, sondern das 150-Seiten-Buch mit dem Daumen liest, um zu befinden: kenn' ich schon — der bringt sich um wichtige Erkenntnis. Ich meine nicht einzelne Sätze, einzelne Verse, wie sie aus jedem Lyrik-Band zu pflücken wären. Ich meine den Anruf solcher Einsichten, die den Panzer aufbrechen, hinter dem wir alle uns verstecken, um dieses immer ärmer werdende Leben — durch unsere Schuld ärmere Leben — überhaupt zu ertragen. So lesen wir in dem neuen Buch von Jürgen Becker diese Klage: „Täglich geht verloren / ein Stückchen Nochnicht" oder den erschreckenden, das Nachdenken fördernden Satz: „Zeitweise kommt / das Gedächtnis aus der Entfernung der Wörter zurück".
Hier ist auf seine immer sanfte, aber versessen erbitterte Weise ein Aufklärer am Werk. Der pfeift auf die nur „schönen" Verse. Er tränkt sie mit der Trauer seiner Erfahrung. Der hält aus. Der steht am Fenster. Der schaut. Der registriert die kleinsten Veränderungen seines Lebensraumes. Der „konserviert", ein lyrisch treuer Konservator, ein wahrer Konservativer, einen Landstrich, den er kennt wie kein anderer. Was Grass sein Danzig-Langfuhr, was Walser sein Land um den Bodensee, das ist Jürgen Becker die Kölner Bucht, das ist ihm „Odenthals Küste". [...]

Aus der Laudatio vom 26. Januar 1987

Jürgen Becker

Schüsse in der Landschaft

Wäre nicht heute der Geburtstag des Dichters, in dessen Namen die Rudolf - Alexander - Schröder - Stiftung ihre Literaturpreise vergibt, es wäre doch wohl niemand in Bremen auf die Idee gekommen, den Termin dieser literarischen Veranstaltung auf den heutigen Tag zu legen, auf den Tag nach der Bundestagswahl. Welcher Partei auch Sie Ihre Stimme gegeben haben, der Ausgang der Wahl wird Sie an diesem Mittag sicher noch beschäftigen, mehr als die Vergabe eines Literaturpreises, als die Feier für einen Poeten.
Aber so geht das: Mit der Poesie werden auch ihre Feiern von den realen Ereignissen mitunter eingeholt; man kann noch so stur darauf beharren, daß die Poesie ihre eigene Realität stifte, die politische Realität bleibt niemals draußen; sie mischt sich ein noch in die stillste Stunde, in die entrückte Entstehungs-Zeit eines Gedichts.
„Das Gedicht ist nicht zeitlos": So sagte es, hier in Bremen, Paul Celan, in seiner Dankesrede am 26. Januar 1958. Während ich an diesen Zeilen des Dankes schrieb, hörte ich wieder Schüsse fallen, draußen in der gegenüberliegenden Landschaft, die dem Gedichtband, den Sie mit Ihrem Preis auszeichnen, den Titel gegeben hat: Odenthals Küste. Die Schüsse in den Wäldern galten nicht Menschen, aber doch Karnickeln; Schüsse von Jägern, vergleichsweise harmlose also, Geräusche einer atavistischen Leidenschaft. Sie setzten in Gang, was so oft das Entstehen eines Gedichtes bestimmt, nämlich Assoziationen, Erinnerungen, Bewußtseinsvorgänge, die etwas vergegenwärtigen, was nicht unmittelbar hörbar, sichtbar, spürbar ist. Die Schüsse, die immerzu irgendwo auf der Welt abgegeben werden, und zwar auf Menschen, nicht auf Rebhühner, ich höre sie nicht, und sie lassen mich ruhig schlafen. Im Bewußtsein indessen werden sie kenntlich, diese Geräusche der Sprachlosigkeit, die das Signal dafür sind, daß wieder einmal keine Sprache hinreicht, um die Konflikte zwischen Menschen zu regeln.
Daß mir, dem Poeten, die Sprache für Gedichte geblieben ist, erscheint mir ebenso wunderbar wie absurd. Sie ist ja kein autonomes künstlerisches Material. Mein Kanzler benutzt sie für historische Vergleiche, mein Pfarrer für die Bergpredigt, mein Arbeitgeber, der Rundfunk, für die Balanceakte der Ausgewogenheit. Wozu Sprache dient und wessen sie fähig ist, sagen uns Kriegs- und Liebeserklärungen, Drohbriefe und Mietverträge, Parteiprogramme und Postkartengrüße.
Die Sprache für mein Gedicht: Ist sie eine bessere, ist sie unschuldig und rein? Ich benutze dasselbe Repertoire wie der durchschnittliche Deutsche, der, nach wissenschaftlicher Erkenntnis, einem Satz nicht folgen kann, der mehr als 13 Wörter hat. Daß die Sprache meiner Gedichte „unbestechlich" sei, ich lasse mir das von der Jury dieses Preises gerne nachsagen, jedoch, ich kenne da auch meine Skrupel. Sprache, nicht zuletzt die in lyrischer Redeweise sich äußernde, ist durchaus bestechlich, und zwar durch ihre Mittel selber. Wo folge ich nicht dem Sog der klangbaren Schönheit, wenn doch die Anzeige des Entsetzens angemessen wäre? Wann bestechen mich nicht die Möglichkeiten der Metapher und die Bewegungen des

Rhythmus, wo die Angst nur ein hilfloses Stammeln hervorbringen möchte? Der Verführbarkeit von Menschen, an die Sprache sich wendet, geht die Verführbarkeit derer voraus, die Sprache herrichten, manipulieren, zum Beispiel in Form eines Gedichts.

Unsere Berufsehre verlangt, daß wir Dichter die Sprache genauer kennen und sensibler benutzen als Zeitgenossen, die täglich einfach so reden. Unser Anspruch geht so weit, daß wir uns für die Inhaber halten des sprachlichen Gewissens, der sprachlichen Moral. Aber wir wissen es auch am besten, wann wir mogeln, Hokuspokus treiben, wann wir lügen, und das heißt auch, in welche Fiktionen wir zu fliehen und mit welchen artistischen Tricks wir uns zu retten versuchen —: vor dem Gespenst des Verstummens.

In Wahrheit besitzt der Dichter die Sprache ja nicht, im Sinne eines Produktionsmittels, über das er jederzeit und souverän verfügen könnte. Mir geht es oft so, daß ich mir so ausdrucksfähig vorkomme wie ein Mensch, der noch gar nicht geboren ist. Schreiben heißt dann: die Sprache erst entdecken und mit ihrer Entdeckung eine Gestalt finden für das, was im Dunkel des Fühlens und Empfindens vor sich geht. Schreibend erst entdecke ich die Existenz meines Bewußtseins, die Mitteilungen meiner Sinne, den Inhalt meiner Erfahrungen. Und schreibend stoße ich auch irgendwann wieder an die Grenzen dessen, was Sprache benennen kann angesichts einer Realität, die immer weniger identisch erscheint mit dem Repertoire der Wörter und Sätze.

Vor allem, wenn es sich um eine Realität handelt, die zu erfassen nicht einmal unsere Sinne, unsere Erfahrungen ausreichen. Spätestens seit dem vergangenen Sommer wissen wir, daß etwas aus der Luft kommt, vor dem unsere Sinne uns nicht mehr zu warnen vermögen, was wir weder sehen und hören, noch riechen und schmecken können. Nur die Sprache der offiziellen Verlautbarungen hat uns erreicht, und sie hat lange abgewiegelt und uns getäuscht. Habe ich darauf mit einem Gedicht antworten können, und hätte es den Bruch mit jeder anderen Erfahrung, die Qualitäten einer furchtbaren Anonymität erkennbar machen können? „Der Begegnung mit dem Ungeheuren verschlägt es die Sprache", so sagte es vor langem mein Kölner Kollege Albrecht Fabri. Aber es bedarf gar nicht fortwährend der Apokalypse, um vom Schweigen angehalten zu werden. Der Schock wartet an jeder Straßenecke, und wenn er ausbleibt, erscheint der Alltag wie ein Wunder. Indem wir, die Dichter, in jedem Fall weiterschreiben, gelingt es uns dennoch kaum, das Unvertraute in einen Bezug zu bringen zur Sprache, die wir alle kennen. Das Unvertraute, das so oft aus unseren Gedichten spricht, das ist nur die Rückseite des Vertrauten, der Abgrund im Alltag, das Vergessene in unserer Vergangenheit, das Verschüttete in der Erinnerung. Der „Unendlichkeitsanspruch" des Gedichts, von dem Paul Celan am 26. Januar 1958 hier in Bremen sprach, er beginnt oft mit dem Nächstliegenden, das, genau besehen, eine erschreckende Dimension hat. Der Anspruch auf Unendlichkeit fordert das Hier und Jetzt heraus, diesen Augenblick mit seiner unendlichen Geschichte und seiner zu allem möglichen Zukunft. Die Poesie folgt diesem Anspruch, und das ist ein Weg, der an der Resignation vorbeizuführen hat, dieser stets lauernden Verführung zum Schweigen, und vorbei auch an der Hoffnung mit ihren gefährlichen Geschwistern, dem Bruder Leichtsinn und der Schwester Illusion. Indem Sie, in jedem Jahr, einen Dichter mit ihrem Preis auszeichnen,

Foto: Isolde Ohlbaum

befreien Sie ihn von keiner Anstrengung, aus keinem Dilemma, aber Sie erinnern ihn daran, daß es auch eine Freude sein kann, mit Wörtern und Sätzen weiterzuleben.

Ich danke Ihnen.

Uta Stolle

Larmoyanz: Blüte und Ende

Der erste Festredner, Senator Franke, sprach knapp eine Idee aus: daß die Gesellschaft der Bundesrepublik dabei ist, sich zu teilen in eine Mehrheit von „funktionalen Analphabeten", die nicht liest und schreibt, und eine „textfähige" Minderheit, aus der sich in einer mit Computern ausgerüsteten Gesellschaft die „Herrschaftseliten" rekrutieren. Franke wollte die „textfähige Minderheit" daran erinnern, „auf welcher Insel wir leben." [...]
Michaelis zeichnet einen „gelernten Melancholiker". „Denn Elegie, Klage war alles, was Becker geschrieben hat und schreibt." Damit begründet er, wie modeunabhängig Becker produziert. Als ob nicht just dieses seit mehr als zwanzig Jahren in den Kulturetagen verpflichtender Konsens sei. Meinen die denn wirklich, daß keine gemerkt hat, daß wir mit just diesem subtil abgehangenen Elegischen bis zum Überdruß gepäppelt worden sind? Bei aller Liebe (und da ist eine ganze Menge!) zu den Unmodischen: alles könnt Ihr mit diesem Etikett einfach nicht mehr an die Frau bringen. [...]
Dann die Preisübergabe durch Dr. Manthey an Becker. Der steht in grauem Anzug und geblähter Haut, darin Michaelis ähnlich. (Wie leben die bloß so wohlhäbig wie ungesund tagaus tagein hinter ihrem Glasfenster!) Becker spricht über die Sprache: daß es ein Wunder ist, daß sie „mir, dem Poeten," noch geblieben sei. Daß die Poeten selber wissen, wo sie Hokuspokus machen — die Jury hatte die Unbestechlichkeit seiner Sprache gelobt —, von der Schwierigkeit, nach Tschernobyl Worte zu finden. [...]
Und dann Grolle. Erst Preis verliehen gekriegt, dann mit riesiger gelber Hose hinter dem Rednerpult verschwunden, über das nur noch ein sehr junges Gesicht sieht. Dankt für Preis, Rede und das schöne Essen, das es hinterher gibt. Und dann ein kurzes witziges Stück Literatur über den Unwillen, für den Preis, der ihm da „von hinten ins Portemonnaie gestoßen worden" ist, eine „Rede" zu schreiben. Für Leute, Senatoren und Lehrer und all die, die ihm beigebracht haben, daß er so wie sie nicht sein und nicht leben wolle. Zum Schluß: „Was wäre mit noch einem reifen Mann gewonnen, der schon alles hinter sich hat." Die so sind, wie Grolle nicht gern sein möchte, klatschten erheitert und lange. Die Schüler, die auch da waren, verlangten — „Zugabe!".

Aus: die tageszeitung, Ausgabe Bremen, vom 27. Januar 1987

Jürgen Becker

FÜNF GEDICHTE

Die See prallt gegen die Fenster. Muscheln
mustern sich zwischen den Spielsälen ein;
würfelnd, alte Marineflieger.
Eine Fahne steigt auf und sinkt nieder;
von dieser und jener Kolonie
sind Perücken, Gewürze, Pensionen geblieben.
Die Skrupel zermürben die Sätze des Ruhms;
im Nachlaß wühlen Makler nach Münzen.

Mit Seewolken blendet die Küste sich ein Die Heide
grünt in den Himmel zurück bevor dann
der ganze Abend nach Kraut riecht
                                        Klaviere
flattern hervor aus dem Standbild
                                        Vom Horizont
leuchten Fenster herüber in denen ein Mann
die Meldungen spricht
                    Die Amseln verstehen sofort
In allen Bäumen tuckt Warnung bis die Katze
aufhört vom Fliegen zu träumen
                                        Die Kirschen
sind stumm bevor sie verglühen Im
jetzigen Frühling blüht in den Plantagen
die Angst mit und wieder mal hat uns
die Schönheit getäuscht

Eis, das die Flut hinterläßt, auf ihrem Rückweg
in den milderen Westen. Die Epoche,
in der ich verschwinde, besteht
aus einem einzigen Augenblick, der sich dehnt,
überdehnt, unaushaltbar. Nur
Seewolken atmen weiter: so sieht es aus, sagt
eine Stimme, im Wind nebenan.

Foto: Isolde Ohlbaum

Flachdächer ragen über die Kanten
zerschnittener Hügel
wo leben im Land
Am Hang
erzählen die Lupinen von der kurzen Saison
der Trümmergeschichten
Zu spät seufzt die Tochter
der Schönen Aussicht
Der Enkel
vom Hufschmied kassiert die Tankstellen ab

Spät baut eine Front der Abend auf
und er prasselt auf jedes erreichbare Dach
der plötzliche Regen

Es gibt es gab
Kalender die Nachrichten für Bauern
in ihren dampfenden Tälern

Die Nacht platzt noch auf
vielleicht gibt ein Stern zur Hälfte
sein Licht ab

Aus: Odenthals Küste. Suhrkamp Verlag,
Frankfurt/Main 1986, S. 33, 55, 69, 86f.

Jürgen Becker

10. 7. 1932 Köln

Kinder- und Jugendjahre in Erfurt, Thüringen und im Harz. 1950 Rückkehr nach Köln. 1953 Abitur. Seit 1959 Mitarbeiter beim WDR. Anschließend Lektor beim Rowohlt-Verlag. 1973 Leiter des Suhrkamp-Theater-Verlages. 1974 Leiter der Hörspielredaktion im Deutschlandfunk. B. lebt als freier Schriftsteller seit 1968 im Kölner Raum. Er ist Mitglied des PEN-Zentrums der Bundesrepublik, der Akademie der Künste Berlin, der Akademie der Wissenschaften und der Literatur zu Mainz und der Deutschen Akademie für Sprache und Dichtung in Darmstadt.

Preise: Niedersächsischer Förderungspreis für junge Künstler, Gruppe Literatur (1964); Villa-Massimo-Stipendium (1965/66); Preis der Gruppe 47 (1967); Literaturpreis der Stadt Köln (1968); Literaturpreis der Bayerischen Akademie der Schönen Künste (1980); Kritikerpreis (1981); Literaturpreis der Freien Hansestadt Bremen (1987); Peter-Huchel-Preis (1994); Berliner Literaturpreis der Stiftung Preußische Seehandlung (1994).

Werkauswahl: Phasen. Texte und Typogramme. 1960. Felder. Prosa. 1964. – Ideale Landschaft. Text und Bilderfolge. 1968. – Ränder. Prosa. 1968. – Bilder Häuser Hausfreunde. Drei Hörspiele. 1969. – Umgebungen. Prosa. 1970. – Eine Zeit ohne Wörter. Fotografien. 1971. – Schnee. Gedichte. 1971. – Die Zeit nach Harrimann. 29 Szenen für Nora, Helen, Jenny und den stummen Diener Moltke. Bühnenmanuskript. 1971. – Das Ende der Landschaftsmalerei. Gedichte. 1974. – Erzähl mir nichts vom Krieg. Gedichte. 1977. – In der verbleibenden Zeit. Gedichte. 1979. – Gedichte 1965 – 1980. 1981. – Erzählen bis Ostende. Prosa. 1981. – Fenster und Stimmen. Gedichte. 1982. – Die Türe zum Meer. Prosa. 1983. – Odenthals Küste. Gedichte. 1986. – Das Gedicht von der wiedervereinigten Landschaft. 1988. – Das englische Fenster. Gedichte. 1990. – Beispielsweise am Wannsee. Gedichte. 1992. – Foxtrott im Erfurter Stadion. Gedichte. 1993. – Die Gedichte. 1996. – Der fehlende Rest. – Erzählung. 1997.

Über J. B.: Peter Bekes in: Kritisches Lexikon zur deutschsprachigen Gegenwartsliteratur. München 1978 ff.

Foto: Isolde Ohlbaum

Förderpreis des Bremer Literaturpreises 1987 für „Keinen Schritt weiter. Erzählungen", Luchterhand Verlag, Darmstadt/Neuwied 1986

Herbert Heckmann

Ein Netz von aberwitzigen Einfällen

Daniel Grolle (2. v. l.) mit Jürgen Becker, Jürgen Manthey (links) und Senator Horst-Werner Franke. Foto: Jochen Stoss

[...] Daniel Grolle ist [...] alles andere als ein forscher Tausendsassa, der mit seiner Latte von Abenteuern hausieren gehen müßte. Ihm eigen ist eine äußerst wachsame Sensibilität, der nichts Widersinniges, Beunruhigendes, Rissiges — und Schönes der Welt entgeht. Er liebt die Überraschung und versteht es, sich ihr mit kritischer Vorbehaltlosigkeit hinzugeben. Der Waschzettel, der, wenn wir schon bei den Überraschungen sind, überraschenderweise einmal recht hat, verrät, daß Daniel Grolle sich über alles noch wundern kann. Auf das NOCH kommt es an. Die meisten Menschen müßten sich eigentlich wundern, daß sie sich nicht mehr wundern können. Daniel Grolle kann sich jedoch noch freien Herzens wundern, daß sie sich nicht mehr wundern können. Und er wundert sich auch, daß er sich wundern kann. So gelingt es ihm, in einer geradezu traumwandlerischen Prosa von Ereignis zur Beobachtung, und von Beobachtung zum Ereignis zu springen, daß dem Leser Hören und Sehen vergeht und er aus dem Schlammloch seiner Gewohnheiten auftauchen muß, um überhaupt etwas zu verstehen. Nicht glatt Zusammenhängendes bietet er, das alle Bruchstellen unserer gesellschaftlichen Wirklichkeit verkittet, sondern ein Netz von Irritationen und Entdeckungen, von komischen Zusammenhängen und witzigen, aberwitzigen Einfällen, die die Lektüre selbst zu einem Abenteuer machen. [...]

Schwerelos, ohne der Routine zum Opfer zu fallen, die einen stets nach unten zieht — Gewohnheit macht schwerfällig und blind — gleiten diese Sätze dahin. Daniel Grolle schreibt eine Prosa, die nichts Gewaltsames an sich hat. Ein Bachstelzenrhythmus zeichnet sie aus, der sie von Einzelheit zu Einzelheit bringt, und jede dieser Einzelheiten wird in seltensinnlicher Anschaulichkeit erfaßt. Also eine sinnenfrohe Prosa, die auch noch für die kleinsten Nuancen einer Beobachtung oder eines Gefühls den richtigen Namen bereit hat. In einer Zeit der vagen Schwätzerei, die das Denken zu einem Ausnahmezustand macht, ein Glücksfall. Gleichsam absichtslos und nicht mit alleszertretender Vorurteilskraft nimmt Daniel Grolle die Dinge wahr, wie sie sind — und diese erscheinen uns plötzlich in einem andern Licht. Sie erscheinen als sie selbst — und nicht von dem kapitalistischen Akkusativwahn beherrscht, der eben alles haben, haben, haben und gebrauchen will, um es dann nur noch wegwerfen zu können. Daniel Grolle besitzt eine behutsame Zärtlichkeit für die Dinge. [...]

Daniel Grolle besitzt einen untrüglichen Sinn für das Widersinnige, für das komische Zusammentreffen von

Ereignissen, und er versteht es, dies mit einem Pokerface vorzubringen. Die Jury stimmte, um aus dem nadelstichigen Nähkästchen zu plaudern, einmütig für ihn, und ich freue mich von Herzen, daß wir den Bremer Förderpreis an einen jungen Autor verleihen können, der auch tatsächlich noch jung ist. Ich beglückwünsche Daniel Grolle und erhoffe von ihm noch viele Bücher — und auf diese Bücher sei ein großes, beherztes Publikum neugierig!

Aus der Laudatio vom 26. Januar 1987

Daniel Grolle

Eine Rede kann ich nicht ...

Zunächst möchte ich mich nicht nur aus Höflichkeit, sondern aus ehrlicher Überraschung für den Preis, die Ehre, das anschließende Essen und was noch kommen soll, bedanken.
Stellen Sie sich vor, Sie würden an einem Abend, längst nach Dienstschluß, von einer irgendwie behördlichen, völlig fremden Stimme angerufen, ob Sie damit einverstanden wären, daß man Ihnen einen mit 7.500 DM dotierten Preis verleiht. Dabei haben Sie gar nichts getan. Ich glaube, daß Sie meine ehrlich überraschte Freude verstehen können.
Aber die Geschichte hat, das war ja zu ahnen, einen Haken. Nämlich den, daß diese freundliche Mannschaft, die mir da einen Preis verliehen hat, einen Förderpreis, schließlich doch eine Kleinigkeit von mir will. Ich soll etwas zu diesem Preis sagen, oder noch nicht einmal das — nur überhaupt soll ich etwas sagen. Etwas, in irgendeiner angemessenen Weise außerdem. Etwas, das zum Trost nicht länger als 20 Minuten dauern soll.
Das schafft der schon, klar schafft der das. Was ist schon dabei.
Stimmt auch. Es ist mir ja schon so dies und das über den Weg gehüpft, gekrochen oder getanzt. Allerdings kam mir noch nie etwas auf rotem Teppich über den Weg geschritten. Tatsächlich mit livrierten Dienern, Damen, deren Fußzierde mehr wert ist als der Jahresverdienst einer Siedlerfamilie am Marauja oberhalb der Stromschnellen. Und sogar sitzen da einige Herren, die sich gestern auf ihren so oder so gearteten Wahlniederlagen mit dem Alkohol zurückgehalten haben, um hier dem allgemeinen aber auch speziell dem meinigen Gerede zuzuhören.
Ehrlich gestanden, wenn das ganze hier versammelte Auditorium ein mit schwarzen Farben bemalter Kriegstrupp aus dem Stamme der Yanonamie oder Tukano wäre, oder, schlimmer noch: wäre es ein in glas-lederne Trachten gekleideter Polizeitrupp — ich wüßte mich eher zu verhalten. Ich würde auf meiner Maultrommel spielen, jonglieren oder brüllen: „Nicht blutig schlagen, nicht blutig, ich bin AIDS-positiv."
Aber Sie selber wissen das so gut wie ich, keiner von Ihnen ist mit schwarzen Strichen im Gesicht bemalt, alle Curare-Pfeile oder Chemical-Mace-Werfer, Blend Schocker, Reizgasgranaten sind, falls das überhaupt einer von Ihnen in seiner Hausbar stehen hat, auch da geblieben. Lauter friedliche, mir gar nicht ungesonnene Menschen. Jetzt hören Sie Gerede, nachher wird gegessen.
Aber was für Menschen sind das?
Das sind doch die, die Lehrer, Rektoren, Professoren, Regierologen, von denen ich gelernt habe. Von denen ich gelernt habe, wie ich nicht sein will. Mit denen ich schließlich einen formlosen Waffenstillstand des mißtrauischen gegenseitigen Tolerierens eingegangen bin. Und diese dolchstoßen mir nun einen Preis von hinten ins Portemonnaie. Pfeifen nützt da nichts, nicht mal schreien, sondern reden.

Darum also jetzt, in dankbarer Notwehr, meine Rede. Zunächst aber nehme ich mir den Einkaufszettel vor und ergänze zu Kartoffeln, zu Zitronen und so noch Schokolade. Mit rotem Kuli umrande ich die Dinge, die ich besser in der Pro kaufe, wo ich ja sowieso vorbei muß. Dann graviere ich mit heißer Nadel meinen Namen

und die Telefonnummer in das Plastikarmband meiner Uhr und ins Schweizer Messer.
Ich reiße mir einen absterbenden Teil des Fingernagels, den ich mir vor einem Monat geklemmt habe, ab. Die Blutstropfen saugen sich bei gutem Licht ins Taschentuch. Hellrot, bald dunkler. Das Taschentuch kommt in den Altpapierbehälter, und dann — ach ja: Zellstoff — wieder raus und zum Haushaltsmüll.
Ich beseitige eine unregelmäßige Verdrehung in der Telefonschnur. Stelle mit Hilfe eines Thermometers und einiger Akrobatik die Temperaturdifferenz zwischen Boden und Decke in meinem Zimmer fest. Entwerfe einen unter der Decke hängenden und so die Raumwärme optimal nutzenden, über eine Strickleiter erreichbaren Klapp-Schwebe-Stuhl mit blendender Aussicht auf die Straße.
Küsse Hadassa, die plötzlich im Zimmer steht, berate sie, die ungläubig auf ein noch nasses, 9 mal 13-schwarz-weiß-Bild blinzelt, bei der Belichtung: „Vielleicht hier noch mal abwedeln."
„Quatsch abwedeln", sagt sie, „die Grauabstufungen sind doch völlig ok. Bist Du an der Bremer Rede?"
„Hm." Umarme sie. Kuss. Kaum ist sie wieder in der Dunkelkammer, hefte ich den Stuhl-Entwurf in die Erfindungs-Mappe. Ich verdünne Tipp-Ex mit Aceton aus der Apotheke. Die halbe Flasche Aceton fließt auf den Holztisch. Die Strukturen der Maserung färben sich angenehm dunkel nach — sollte ich vielleicht mit dem ganzen Tisch machen — sollte vielleicht lieber keine Rede — nur danke schön sagen.
„Danke, liebe Jury, liebes Publikum. Liebes Publikum, eine Rede kann ich —— nicht."
Ach was. Will ich auch nicht. Dieses intellelle Begrüßungsritual. Dann schon lieber wie die Indianer brüllen und stampfen und jeden im Stamm zur Begrüßung mit Pfeil und Bogen bedrohen.
Aber das kann ich denen ja auch nicht sagen. Schließlich will ich mich bedanken.
Ich gehe rüber zu Hadassa, küsse sie bei Rotlicht. Zwischendrin muß mal ein Bild gewässert werden, dann in den Fixierer. Kopf in ihre Haare, unter die Achsel, wo es angenehm — nicht nach Essigkonzentrat — riecht. Ein paar tänzelnde Schritte — vorsicht: das Stoppbad. Dann sie mit verträumt rot-matt-schimmernden Augen: „Würdest Du hier noch mehr als vier Sekunden bei Blende 5,6?"
„Ja, fünf Sekunden, vielleicht auch sechs oder sieben, aber keine Rede, bitte, liebes Auditorium, werde ich sagen, liebe Jury, erlassen Sie mir die erste Rede meines Lebens. Lassen Sie mir das für später, wenn ich reifer bin. Was wäre ein, noch ein reifer Mann, der schon alles hinter sich hat."

Daniel Grolle

Sieger

[...]Der Heussweg ist erst letztes Jahr frisch asphaltiert worden, und zwar mit ganz glattem Erste-Sahne-Asphalt. Ich greife am Lenker nach vorne um, Rennhaltung, gebeugter Rücken, gesenkter Kopf. »Rastafas Vibrations yea — positiv — ly whow« stoße ich im Takt der Beine in die zischende Luft. In meinen liebevoll ungekämmten, filzig wirren Haaren zaust der Wind: Möchtegern Rastafarie Dreadlocks, wild, irre, unberechenbar. Mir bleibt kaum Luft zum Singen, aber noch genug zum Jauchzen, während ich mit Schwung links an einem Benz vorbeiziehe, der mit unentschlossenen dreißig Sachen die Straße runtertuckert.
Wie geschissen sitzen diese feisten Spießer hinter ihrem Lenkrad und kriegen Frühlingsgefühle, wenn sie mit einem Plattfußdruck den Motor unter ihrem Blech jaulen hören. Und doch hat in der Stadt kein Auto eine Chance gegen ein Fahrrad. Rote Ampeln, Einbahnstraßen, Fußgängerzonen, da bleiben sie hängen: riesig, teuer, laut, unbeweglich, stinkend. Fahrräder dagegen sind klein, wendig, lustig, anarchistisch. Die brauchen keine Gesetze, keine breiten Straßen, Ampeln, Polizisten.
Plötzlich prescht ein metallicblauer nigelnagelneuer BMW von rechts die Lutterrothstraße runter. Bestimmt sechzig Sachen der Idiot, in dieser kleinen Straße. Unsere Fahrtrouten haben einen Schnittpunkt in der Kreuzung, auf die wir zurasen. Wir sehen das beide, es ist deutlich genug. Mal gucken, ob der da nicht bremst. Im allerletzten Moment schwenke ich aus, und schon zischt er einen halben Meter von mir entfernt vorbei, hat nicht gebremst, hat noch den Arm lässig aus dem Fenster hängen, liegt satt in der Kurve und prescht den Heussweg runter. Arschloch! Ich schüttle die Faust und brülle ihm noch nach: Vorfahrt, Idiot und so.
Da geht er hart in die Bremsklötze, und raus springt ein Typ, der eigentlich zu jung für so einen Schlitten ist: groß und sonnenbebrillt, einer von der Sorte, um die ich lieber einen großen Bogen mache. Vorsichtshalber bremse ich meine Fahrt ab und rolle ihm zögernd entgegen.
»Was is los, hä!« brüllt er und macht einen Schritt auf mich zu. Auf der anderen Seite seines BMW springt eine bildhübsche Frau heraus, wirft mir einen abschätzigen Blick zu und meint: »Komm, laß ihn doch, Thomas.«

Daniel Grolle

15. 1. 1963 Gießen

Kindheit und Jugend in Oldenburg und Hamburg. 1982 Abitur. Mehrere Amerika-Aufenthalte. Praktikum am Theater in Oldenburg. 1983/84 Zivildienst. 1985 halbjähriger Südamerika-Aufenthalt. G. lebt heute in Hamburg. Unter anderem lehrt er dort Tai Chi.
Preise: Literaturförderpreis der Freien Hansestadt Bremen (1987).
Werkauswahl: Nicht mit Dir und nicht ohne Dich. 1983. Schule über Leben. 1983. Frühreif. Texte aus der Plastiktüte. 1984. Ein Lied, das jeder kennt. 1985. (Texte aus Anthologien) — Keinen Schritt weiter. Erzählungen. 1986.

Foto: Isolde Ohlbaum

Ich komme mit dem Rad zum Stehen und kippe, weil der Sattel zu hoch eingestellt ist. Thomas wendet sich schon so halb wieder zum Gehen. »Wer hat hier die Vorfahrt, du Ökomatschbirne, hä?«
»Na«, antworte ich tapfer: da blitzt es mir plötzlich wieder durch den Kopf, der Typ war von rechts gekommen. Und da läßt sich kaum was sagen. Also brumme ich: »Na, einer von uns beiden.«
Thomas hört es oder hört es auch nicht. Die schwere Wagentür unterstreicht beim Zuschlagen seinen Sieg. Mit einer Hand greift er seiner Lady zwischen die Schenkel, dann beschleunigt er kraftvoll die Straße runter und ist hinten beim Modellbauladen bestimmt schon wieder auf sechzig.
Erst klappt das Losfahren nicht, weil ich noch im dritten Gang bin. Dann gehts doch — nicht so schnell wie vorher und so am Rande der Straße.
Ich hätte nicht ausweichen, sondern geradeausfahren und ihm eine satte Schramme über die metallicblaue Farbe ziehen sollen. Genau den Typen muß man auf die Eier klopfen. Wie er dann angehalten hat, hätte ich ganz ruhig bleiben sollen: »Tja, Mister, die Schramme kommt vom schnellen Fahren, da kann dein Tierchen jetzt schnell anfangen zu rosten. Aber macht nix, da kommt man drüber weg.«
Der hätte dann vor Wut aufgeheult und hätte rückwärts Vollgas gegeben, auf mein abgestelltes Rad zu. Ich aber hätte mich fest in den Boden gepflanzt und das Auto einfach an der Türklinke festgehalten, daß es sich nur so um die eigene Achse gedreht hätte. Mit einer kräftigen Bewegung, so von innen her, hätte ich dann die ganze Kiste hinten hochgestemmt, bis mein Gesicht lässig in sein Fenster schaut und der Motor leerdreht und wahnsinnig rumbläht. »Und jetzt halt dich fest«, hätte ich gesagt und den Karren wieder fallenlassen. Beim Aufprall wären die Reifen hinten geplatzt und hätten wie zerzauster Löwenzahn die Gummifetzen von sich gestreckt. »Und auf gehts«, hätte ich lächelnd in die Kabine gesäuselt, von wo mich die bildhübsche Frau halb entsetzt, halb bewundernd anstiert. Dann hätte ich die Kiste einfach umgeworfen, mitten auf der Kreuzung hätte sie verbeult auf dem Dach gelegen, und ich hätte ihr noch einen Schubs gegeben, daß sie sich mit erstaunlicher Geschwindigkeit dreht wie ein Karussell.
Ich aber steige seelenruhig auf mein Fahrrad und radle, ohne mich umzugucken, in Schlangenlinien davon.

Aus: Keinen Schritt weiter. Luchterhand Verlag, Darmstadt/Neuwied 1986, S. 78-81

PETER HANDKE

Bremer Literaturpreis 1988 für „Nachmittag eines Schriftstellers", Residenz Verlag, Salzburg 1987 – und „Die Abwesenheit", Suhrkamp Verlag, Frankfurt / Main 1987

Jürgen Manthey

Ein Riß im Bestiarium

Peter Handke im Gespräch mit Senatsrat Dieter Opper. Foto: Herbert Abel

[…] Es ist interessant, zu lesen, was Peter Handke im Gespräch mit Herbert Gamper, das im vergangenen Jahr in Buchform erschienen ist, gesagt hat. Mit seiner Erzählung „Langsame Heimkehr" habe er eigentlich eine „Erzählung des Morgen- und Abendwerdens" schreiben wollen – „die beiden lieblichen Schwestern Morgen und Abend", heißt es in Novalis' Roman „Heinrich von Ofterdingen" –, doch da sei ihm das Jahrhundert, unser Jahrhundert, „mit seinen Kriegen und Morden und Völkermorden" dazwischengekommen. Es gibt keinen Text von Peter Handke, in dem nicht an auffälliger Stelle mehrfach dem Erzähler etwas widerfährt, was mit Krieg in Verbindung steht. Es widerfährt ihm in der Weise, daß man nach kurzer Zeit weiß: Der Krieg, dieses eine Wort für alle Schrecken der Welt, ist das Epizentrum der Prosa dieses Schriftstellers, der Bewegungsanstoß für das sanfte Gesetz seiner Ästhetik. Es ist dies freilich nicht ein Krieg, dem in der üblichen Abrechnung mit den Kriegen der anderen Rechnung getragen wird. Es ist ein auf sich, auf die eigene Person bezogener, häufig in geringfügigen Anlässen aufgespürter und panisch erfahrener, gleichsam kapitaler Krieg. „Er roch den Krieg, war in seiner Hütte schon von ihm umzingelt", heißt es einmal. Die Schrecken der Welt sind in dem Werk dieses Schriftstellers anwesend wie in kaum einem anderen der zeitgenössischen Literatur. Er verzichtet lediglich darauf, uns mit ihnen Angst zu machen, wie dies in Zeitungsüberschriften ständig geschieht. Er nimmt den Krieg gewissermaßen auf sich, nicht so, wie man ein Kreuz auf sich nimmt, er wehrt sich mit dem höchsten Einsatz seiner selbst. Er wehrt sich mit den Mitteln des Erzählers, und er zeigt uns dabei, was für ein überlegenes und universales Instrument Literatur ist, sein kann. Keins, um zu triumphieren, eher so etwas wie das, was im Frühjahr den Winter ablöst, durch ein langsam sich ausbreitendes anderes Licht, ein anderer Zustand – bis zum nächsten Winter. „Sprache, die Friedensstifterin." So steht es zum Beispiel in der „Langsamen Heimkehr".

Es gibt einen Satz von Peter Handke, der könnte die Überschrift sein für diesen Beitrag hier, sein Motto: „Was ich je für mich gedacht habe, ist nichts; ich bin nur, was mir gelungen ist, euch zu sagen."

Die Bücher dieses Autors sind nicht nur voll von Variationen dieses Satzes, sie sind vor allem seine Einlösung im Werk, als Werk. Es ist dies der Satz eines Schriftstellers, der ständig der Innerlichkeit, der Weltvergessenheit und der Menschenverachtung geziehen wird. Es ist freilich ein Satz, der das Sagen, der die Literatur über dies andere, damit aber auch über die eigene Person stellt.

Das berührt den Punkt, wieviel von dem Autor selbst in seinen Büchern ist. Die Antwort lautet, und es mag sein, daß sie sibyllinisch klingt: Leben und Werk sind zwei getrennte Dinge, und doch besteht eine Einheit zwischen ihnen. Das wird nicht um des Paradoxons willen gesagt, sondern um damit endlich eine Erklärung zu beginnen für die Werkphase, die zuletzt in den Büchern „Die Abwesenheit" und „Nachmittag eines Schriftstellers" mündet. Der Schlüsseltext, das Initiationsbuch für das Verständnis aller Bücher danach ist die Erzählung „Langsame Heimkehr". [...]

Es ist die Geschichte des Geologen, der aus Alaska über Kalifornien und New York in das Land seiner Herkunft, Österreich, zurückkehrt. Auf dem Flug dorthin bricht die Geschichte ab. „Im nächtlichen Flugzeug nach Europa war es, als seist du, mein lieber Sorger, auf deiner 'ersten wirklichen Reise', wo man, so wurde gesagt, lerne, 'was der eigene Stil ist'", heißt es auf der letzten Seite. [...]

Die, wie es heißt, „lebensentscheidende Stunde" ereignet sich an einer Stelle außerhalb der Stadt, außerhalb der Gemeinschaft. Im Text steht dafür das Wort „Paßhöhe". Auf ihr kommt es Sorger vor, als „sauste er wie in einer Sprachlosigkeit in den Raum hinaus, der sich verzerrte und dann ganz weg war. Raumverbot!" „Welche Stimme redete ihn nieder, seit er ein Bewußtsein hatte?"

Danach die Rückkehr, das „Wieder-Anstücken an die Welt", das Überschreiten einer Schwelle, das „wieder im Spiel der Welt sein". „Auf den Grund gesehen zu haben, gab ihm die Sprache zurück." Und: „Im Augenblick des großen Verlustes hatte ich den Reflex der Heimkehr."

Dieser Augenblick des Gefühls höchsten Bedrohtseins, in Verbindung mit der Ankunft auf einem Berg, in Verbindung dort mit Kriegsattributen und Gewaltzeichen, kehrt in den Büchern Handkes seither regelmäßig wieder, am deutlichsten in „Die Lehre der Sainte-Victoire", „Der Chinese des Schmerzes", „Die Wiederholung", „Die Abwesenheit". Der Erzählverlauf ist jedesmal durch einen solchen Aufstieg, durch die Krise oben auf einer Paßhöhe und durch den Abstieg in ein Neues Altes strukturiert: Petrarcas Wanderung zum Gipfel des Mont Ventoux, die Angst dort und die Umkehr, mit dem Blick in einem Buch, das die Angst bannt: Augustinus' „Der Gottesstaat". [...]

Die Antike nimmt in den Büchern seit der „Langsamen Heimkehr" einen bedeutenden Raum ein: Das Bad im Fluß, an dem Vergil aufwuchs in „Der Chinese des Schmerzes", die „Georgica" dort, das Vorbild des Tukydides für die „Kindergeschichte", die Anregungen aus der attischen Tragödie für „Über die Dörfer", die Übersetzung des „Prometheus" von Aischylos. Dazu auch das Bekenntnis des Autors, schon als Schüler habe er „eine ungeheure Zuneigung und fast Sohnesgefühl gegenüber alten Epen" gehabt.

Es entspricht der Auffassung der Antike von Kultur, wenn Peter Handke erklärt: „Ich denke nie an ein Paradies. Alle Kunstwerke haben nur geschafft, daß es nicht total bestialisch wird, nichts anderes. Daß die große Bestialität, die in uns allen ist, aufgehalten wird, daß ein Riß im Bestiarium verstopft wird. Überall bricht es im nächsten Moment wieder auf und wird wieder verstopft. Das ist die Kultur, nichts anderes."

Die Unterwerfung von Gewalt- und sonstigen Unmittelbarkeitsanwandlungen unter gewisse Stilkriterien, eine „Ästhetik der Existenz", wie sie die Antike kannte, zu ihr hatte sich zuletzt überraschend Michel Foucault bekannt, nachdem er zuerst entdeckt hatte, daß alles Erzählen ist, was menschlich ist. Handke sagt, menschlich ist nur, was sich erzählen läßt. Die technische Realität ist davon ausgeschlossen .

In Novalis Roman „Heinrich von Ofterdingen" wird gegen Schluß, im Märchen, in dem das Buch endet, ein interessantes Geschenk überreicht. Es geschieht im Augenblick der großen allgemeinen Versöhnung nach der ebenso großen Gefahr vorher. Dazu werden die Worte gesprochen: „Hier ... sind die Reste deiner Feinde ... Es ist ein Schachspiel, ... aller Krieg ist auf eine Platte und in diese Figuren gebannt. Es ist ein Denkmal der alten trüben Zeit."

Der Krieg, die Schrecken der Welt, durch die Form gebannt, in ein Spiel mit stilisierten Personen und nach künstlichen Regeln: Das Denkmal einer überwundenen Gewalt und ein Kunstwerk, das die aktive Mitwirkung der Rezipienten vorsieht. Allerdings nur als Voraus*denkende*, die den anderen zum *Mit*denken veranlassen. Jede unmittelbare Handlung, jedes unmittelbare Zusammentreffen der Kontrahenten ist ausgeschlossen.

Peter Handkes Bücher sind ein solches Geschenk an uns. Das Schachspiel als erstarrter Krieg, ein von zwei Gegnern gespielter Friede. Form als versinnlichte Vernunft. [...]

Aus der Laudatio vom 26. Januar 1988

Peter Handke

Vom Glanz der Bücher und der Poesie

Jene, die heutzutage immer noch versuchen, Bücher zu schreiben, und denen jedes geschaffene oder geschaffte Buch dann als ein Inbild des vom Stocken bewahrten eigenen Lebens und der sich lichtenden Welt und Weltgeschichte gilt, erscheinen sich zuweilen selber als zwiespältige Gestalten: einerseits werden sie von den Preisen, wie man so sagt, „verwöhnt", andererseits sind, was die Bücher betrifft, in den Zeitungen von denen, die drüber schreiben, zunehmend etwa folgende Floskeln im Kurs: „das Buch fiel mir aus den Händen", „ich schleuderte – schmiß –feuerte(!) das Buch in eine Ecke", „ich verabschiedete mich vorzeitig von dem Buch", „der Leser schlug sich vorzeitig in die Hecke", „der Leser schlug das Buch zu und trat aufatmend ins Freie" … usw.

Immer wieder habe ich mir versucht, derartige Schreiber als Leser vorzustellen, als notgedrungene lustvolle, freudige Entzifferer und Gefährten der Bücher, wobei Not, Lust und Freude einander bedingten, aber das ist mir keinmal gelungen: ein Leserbild, wie es einem doch so oft noch begegnet, in den Untergrundbahnen, beim Blick am Abend von der Straße in ein beleuchtetes Fenster, in den Überlandbussen, gelingt mir, anders als früher, bei den professionellen Lesern immer seltener. Kein Bild von notwendigen Lesern habe ich meist, sondern von zufälligen, die sich von den Büchern zu verabschieden pflegen, noch ehe sie sie überhaupt begrüßt haben.

Handschrift der Preisrede

Wortspiele sind immer fadenscheinig, lenken in der Regel mehr ab vom Problem, statt es zu zeigen, oder zaubern es – fauler Zauber – sogar weg – aber hier, da es eigentlich um kein Problem geht, kann ich mir doch für einmal solch ein Wortspiel nicht versagen: nicht als „Lektoren“ = Leser kann ich meist die in diesem Jahrzehnt die Bücher Besprechenden, oft wie Warzen Besprechenden, sehen, sondern als „Liktoren“, jene Gestalten aus der Römerzeit, welche, Rutenbündel in der Hand, auftraten und umhergingen als verkörperte Machtsymbole. Nur haben diese Liktoren keine Körper mehr und sind verschwunden in den Rutenbündeln, welche die Personen ersetzt haben und auch keine Rutenbündel mehr sind, sondern aus Stroh: wandelnde, aus irgendeinem Innern tonlose Sätze von sich gebende Strohbündel der Art: „Ich habe das Buch in die Ecke gefeuert.“ Zum Glück kann man solchem Bündelgeraschel nicht glauben, aus jener Kohorte flinker Blättermaxen, die aus Gedankenschwäche das Diktathafte, Apodiktische bevorzugen wie „Die Wahrheit ist immer konkret“, „Die Kunst ist immer schamlos“, etc.

Ein solcher Android hat vor einiger Zeit unsereinem den „Glanz“ in unseren Büchern vorgehalten und dagegen, so ungefähr, das Unscheinbare, Schmutzige, „die kleinen Schritte“, das Graue, u. dgl. mehr, in den Büchern der Gegenwart propagiert. Hier möchte ich mich doch einmal, bei dieser kleinen Gelegenheit, kurz an meine Mit-Schriftsteller wenden, von denen ich bei den wenigen Gelegenheiten, da wir leibhaftig zusammentrafen, in der Regel bei aller, oft nur oberflächlichen, Abwehr, erfahren habe, daß sie „meine Leute“ sind, und ihnen, vor allem den jetzt Nachkommenden, den jüngeren, sagen: „Laßt euch von derartigen Sprüchen nicht einschüchtern – ohnehin übernehmt ihr, die ihr es doch besser wißt, schon

Peter Handke am 26. 1. 1988 während der Preisverleihung in der Oberen Rathaushalle in Bremen. Foto: Herbert Abel

im Reden über Bücher zunehmend die Sprüche von den Vor-Schreibern in den Journalen. Im Gegenteil: wagt den Glanz. Seid im Schreiben, auch wenn es um den Schmerz, den Zorn, die Trauer geht, auf nichts aus als auf den Glanz. An eurem Glanz – nicht jenem „von innen", sondern dem von *außen*, den ihr durch die anteilnehmende Form in eurem Innersten zusammenhaltet und ans Licht kehrt – werden die Leser euch erkennen und eure Sachen weiter*erzählen*. – Früher, als es mich noch sehr oft nach der Arbeit drängte, das Geschriebene sofort, auf der Stelle, jemandem zum Lesen zu geben, wollte ich dann von dem andern regelmäßig wissen: „Hat die Seite – das Gedicht, der Absatz – denn einen Glanz." *Der Glanz*, das war und ist für mich erst das Zeichen, daß ich die Sache, den Sachverhalt, mein Problem (Problem, das Vorgeworfene, heißt griechisch auch „Vorgebirge"), im Schreiben gelichtet und schaubar gemacht habe.

Foto: Isolde Ohlbaum

Was aber ist im einzelnen solcher Glanz? Mir fallen dazu nur zwei zittrige Bilder ein. Vor ein paar Tagen stand ich endlich wieder einmal in einem der herrlichsten Gemälderäume der Erde, dem Rembrandtraum des Kunsthistorischen Museums in Wien, weit heller als sonst ein Museumsteil, und so die dunklen Porträts des Malers, drei von ihm selber in der Mitte, flankiert von zwei andern zur Seite, geradezu wuchtig und feierlich auftreten lassend. Das eine der Flankenbilder stellt einen lesenden Jüngling dar, vielleicht Rembrandts Sohn. Er hält das Buch im Abstand, scheint von Ferne zu lächeln und ist aus der Nähe ganz ernst, die Lippen wie durchpulst von dem, was er da liest, und auf der runden Stirn einen Glanz, der, so stellte ich mir vor, auf ihn übergeht aus dem Buch. Das andere Zitterbild erlebte ich, noch ein paar Tage zuvor, in Berlin, am Ufer des Wannsees, wo ich hingefahren war mit der S-Bahn, um mir etwas über die Gedichte meines vor etwa acht Jahren gestorbenen Freundes Nicolas Born auszudenken, zu dessen Gedenken einige von uns am Abend etwas sagen und von ihm vorlesen sollten. Es war ein düsterer, nebliger Tag, und ich ging auf und ab in Erwartung des Schiffs, das mich über den See zu dem Ort Kladow bringen sollte, wo ich meine paar Zeilen endlich aus Kopf und Herz aufs Papier bringen wollte. Ich schlug Borns Gedichtband „Das Auge des Entdeckers" auf, lange hatte mir das, nach all den langen Jahren, widerstrebt, und es war mir mulmig zumute, wie es mir nun mit den Versen ergehen würde. Im Lesen dann brach jäh aus dem Nebel die Sonne, von einem Moment zum andern blendeten die Seiten geradezu, der berühmte „farbige Abglanz", an dem wir laut Meister Goethe „die Welt" haben, besänftigte mir die Augen und wärmte die Stirn. Als ich aber verwundert über den jähen Wetterwechsel von dem Buch aufblickte zum Winterhimmel, war dieser noch düsterer und finsterer als zuvor, nicht einmal der Umriß einer Wolke im grauerten Nebel. Das zwei flüchtige Erfahrungen vom Glanz der Bücher und der Poesie, schneller vorüber als der Hauch eines an der Schläfe vorbeischießenden Vogels, und doch von Dauer, jedenfalls für mich, oder unsereinen.

Ein öffentlicher Dank ist etwas fast Menschenunmögliches, ist wie, auf andere Weise, das Sich-selbst-bezichtigen in den Totalstaaten. Hier aber bin ich zum Glück woanders, im „Stadtstaat" Bremen, wo ich erst einmal war, zu einer Probe meines Stücks „Kaspar", vor über zwanzig Jahren, von wo ich mich in der Pause in ein großes Kino geflüchtet habe, am Nachmittag, wo ich der einzige Zuschauer war.

Ob mich dieser Preis ermutigt? Ich kann es mir nur wünschen, wissen tue ich es nicht. Eine verläßliche Ermutigung ist ja nur die eigene Arbeit, bin nur ich selbst, leider? Ja, ich selbst. Und ohne dieses „ich selbst" kein Buch. (Das beiläufig zur sogenannten „Postmoderne"). Und da diejenigen, die mir den Preis zuerkannt haben, wie ich zu wissen glaube, keine Strohmänner, keine zufälligen, sondern so notgedrungene wie freudige Leser sind, kann ich mich vielleicht, für eine kurze Frist jedenfalls, doch bekräftigt fühlen. Danke, und einen schönen Tag.

Foto: Isolde Ohlbaum

Peter Handke

Der Schriftsteller als ich

[…] Seit er einmal, fast ein Jahr lang, mit der Vorstellung gelebt hatte, die Sprache verloren zu haben, war für den Schriftsteller ein jeder Satz, den er aufschrieb und bei dem er noch dazu den Ruck der möglichen Fortsetzung spürte, ein Ereignis geworden. Jedes Wort, das, nicht gesprochen, sondern als Schrift, das andere gab, ließ ihn durchatmen und schloß ihn neu an die Welt; erst in solch einer glückenden Aufzeichnung begann für ihn der Tag, und es konnte ihm dann auch, so meinte er jedenfalls, bis zum nächsten Morgen nichts mehr geschehen.
Aber war diese Furcht vor dem Stocken, dem Nicht-weiter-Können, ja dem Abbrechenmüssen für immer, nicht schon ein Leben lang dagewesen, und nicht nur, was das Schreiben anging, sondern auch all seine anderen Unternehmungen: das Lieben, das Lernen, das Teilnehmen – überhaupt alles, was erforderte, bei der Sache zu bleiben? Gab das Problem seines Berufs ihm nicht das Gleichnis für das seiner Existenz und zeigte ihm, in sinnfälligen Beispielen, wie es um ihn bestellt war?

Von der naturhaften Wiederkehr des Paradieses

In dem viertägigen Gespräch, das der Schweizer Herbert Gamper vor über einem Jahr mit Peter Handke geführt hat und das jetzt unter dem Titel „Aber ich lebe nur von den Zwischenräumen“ als Buch vorliegt, geht es an markanter Stelle, genau in der Mitte, um das heutige „Werte-Vakuum“ und um den politischen Standpunkt. Handke, der in dieser Hinsicht mit unliebsamen Meinungen noch nie hinterm Berg gehalten hat, bekennt freimütig, wenngleich auch selber ein bißchen verwundert über diese Tatsache, daß es für ihn eine eindeutige Position gar nicht mehr geben kann: „Manchmal denk ich auch: Ja bin ich ein Konservativer? Oder was bin ich? Bin ich ein Rebell, bin ich ein Amokläufer? Ich weiß es einfach nicht ... Ja, das einzige, was ich weiß: daß ich die Tradition studieren möchte, lesend, natürlich als Amateur, und weiterführen möchte.“

Hätten Etiketten noch einen Sinn, ließe sich Peter Handke vielleicht am ehesten als ein versprengter Idealist bezeichnen. Er ist also beileibe keiner, der sich auch nur von Ferne eines Ideals sicher sein könnte; aber er ist ganz gewiß einer, der nicht aufhören kann damit, sich zu wünschen. daß es welche gäbe, und der darum nicht müde wird, danach zu suchen. In Zeiten der schnell wechselnden Idole ist so einer immer in Opposition, weil niemand ihn für sich reklamieren kann. Kein Wunder, daß er für den Zeitgeist, für die Moden des Alltags, keinerlei Interesse verspürt. Wenn schon, dann ist Handke dem Geist der Zeit auf der Spur, den Inbildern des Seins, dem Gesetz. [...]

Also nicht: „Ich als Schriftsteller“, vielmehr: „Der Schriftsteller als ich“? Und redete er sich nicht erst seit jener Epoche, da er gedacht hatte, über die Grenze der Sprache hinausgeraten zu sein und nie wieder heimzukommen, und dem folgenden, Tag für Tag ungesicherten Neuanfang ernsthaft mit „Schriftsteller“ an – er, der dieses Wort bis dahin, obwohl doch mehr als die Hälfte des Lebens allein von dem Gedanken an das Schreiben geleitet, höchstens ironisch oder verlegen gebrauchte?

Und nun schien, mit Hilfe einiger Zeilen, durch die ihm selbst sich ein Sachverhalt geklärt und belebt hatte, wieder solch ein Tag gutgegangen, und der Schriftsteller stand von seinem Tisch auf in dem Gefühl, es könne ruhig Abend werden. Er wußte nicht, wie spät es war. Die Mittagsglocken von der Kapelle des Altersheims am Fuß der kleinen Anhöhe, wie üblich so jäh losbimmelnd, als sei da jemand gestorben, waren in seiner Vorstellung gerade erst verklungen, und doch mußten seitdem Stunden vergangen sein; denn das Licht im Zimmer war zum Nachmittagslicht geworden. Von dem Teppich auf dem Fußboden stieg ein Schimmer auf, was er als ein Zeichen las, in der Arbeit sein Zeitmaß gefunden zu haben. Er hob beide Arme und verbeugte sich vor dem Blatt, das in der Maschine steckte. Und zugleich, wie schon so oft, schärfte er sich ein, am nächsten Tag nicht wieder in seine Tätigkeit zu versinken, sondern diese, im Gegenteil, zum Öffnen der Sinne zu benutzen: Der über die Wand zuckende Schatten eines Vogels, statt ihn abzulenken, sollte den Text begleiten und durchlässig machen, ebenso wie das Kläffen der Hunde, das Sirren der Motorsägen, die Umschaltgeräusche der Laster, das ständige Gehämmere, die unaufhörlichen Kommandoschreie und Trillerpfiffe aus den Schul- und Kasernenhöfen unten in der Ebene. Und wie schon an all den Vortagen fiel ihm nun auf, daß in der letzten Stunde am Schreibtisch von der ganzen Stadt wieder nur die Sirenen der Polizei- und Krankenwagen zu ihm hereingedrungen waren und daß er kein einziges Mal, wie doch noch am Morgen, den Kopf vom Papier hin zum Fenster gewendet hatte, sich sammelnd in der Betrachtung eines Baumstamms im Garten, der ihn außen vom Fensterblech beäugenden Katze, der im Blickfeld von links nach rechts landenden, von rechts nach links aufsteigenden Verkehrsflugzeuge am Himmel. So hatte er zunächst für nichts in der Ferne den Brennpunkt und sah selbst das Muster des Teppichs wie ausgewischt; in den Ohren ein Summen, als sei die Schreibmaschine – was nicht der Fall war – elektrisch. [...]

Aus: Nachmittag eines Schriftstellers. Residenz-Verlag, Salzburg/Wien 1987, S. 5-8

Peter Handke

Gefallenen-Gelände

[...] Indem die Serpentinen sich verschmälern und zusehends überwachsen sind von Dorngestrüpp, ist es, als führten sie nirgendswohin; gleich hinter der nächsten könnte der Weg in einem verlassenen Steinbruch abbrechen und sich als der falsche erweisen; das Boot auf halber Höhe am Wegrand, einbaumhaft dick, wirkt an den Hang geschwemmt wie in einer Vorzeit, als so weit herauf das Meer reichte. Aber nach einer Krümmung bekommt der Weg dann, auf einer Zwischenstufe, ein erstes Ziel: einen Soldatenfriedhof von der Breite und Tiefe sogar mehrerer Steinbrüche, angelegt in leicht ansteigenden, übermannsgroßen Marmorreihen, von der Anzahl ungefähr der Buchstaben des Alphabets, jeder Steinblock bis an die Ränder vollgemeißelt mit Namenskolonnen, und über jeder der Kolonnen, anders als die Namen auch im Abstand lesbar, ja sogar sofort in die Augen springend, das gleiche Wort: ANWESEND, in schwarzen Lettern, von welchen es durch das riesige Gefallenen-Gelände flimmert und aus lautlosen Kehlen zu schallen scheint.
Außer dem Soldaten, der die Inschriften betrachtet wie alles sonst, dient der Friedhof der Gruppe nur als ein Durchgang. Anders die sich hinter der rückwärtigen Mauer gleich anschließende Gedenkstätte für die Toten der Verlierermacht, vom Ausmaß eines Dorffriedhofs, auch ähnlich vergrast, und fast jedes der Holzkreuze markiert mit bloßen Zahlen, die paar Namen in der Regel unvollständig, mit Fragezeichen versehen oder so verballhornt, daß sie an Spitznamen erinnern: Hier hält man, wartet aufeinander, trinkt aus einem Wasserhahn, sammelt sich zum gemeinsamen Weitergehen. Danach geht es aufwärts in einem Hohlweg, steil und kurvenlos, der Eingang gebildet durch einen Gebüschbogen, der Lehmgrund in einem Dämmerlicht. So kurz der Weg ist, so viele Veränderungen ereignen sich. Das Gerinne in seiner Furche, zunächst noch ein hörbares Sprudeln, verdünnt sich nach ein paar Schritten, und der schlammige Boden geht jäh über in nackten Fels; der Trennstrich verstärkt durch eine schlangenförmige Baumwurzel. Der Grenzbaum zwischen ziegelig-brauner Erde und glatthellem Stein ist eine einzeln stehende, weitästige, den Weg beschattende mächtige Platane, und mit der Wurzel holt sie sich das letztmögliche Wasser aus der Erde; in dem anschließenden Fels gibt es keines mehr. Danach läuft der Hohlweg aus in eine Naturfreitreppe, und am Ende des bergwärtigen Platanenastes – wie die Wurzel schlangenförmig, dick, lang und mit dem knolligen Kopf einer waagrecht in die Luft ragenden buntscheckigen Python – stehen die vier, nebeneinander die letzten Stufen emporgestiegen, und jetzt gemeinsam wie aus dem Schutz eines Märchenbaums tretend, auf der Schwelle zu einem kaum ermeßlichen Hochland, auf den ersten Blick so öde, daß die Platanenkugel zu Häupten der Gruppe mit ihrem Schaukeln das letzte Zeichen einer belebten Welt darstellt.
Fürs erste ist es aber zugleich eine Wohltat, sich von dem Wasser und seinen so lang schon andauernden Geräuschen, dem Getöse des Bachs, dem Geröhre des Flusses, dem Geglucker der Quelle, endgültig abgekehrt zu haben. [...]

Aus: Die Abwesenheit. Suhrkamp Verlag, Frankfurt/Main 1987, S. 123-126

Handke erzählt die ganze romantische Utopie der Rückerinnerung, jene naturhafte Wiederkehr des Paradieses, das über alle Katastrophen hinweg immer wieder einen Neuanfang erlaubt, mit nahezu betörender Unschuld nach, in einer Sprache, wie sie zur Zeit wohl nur ihm eigen ist, die gleichermaßen verstört und beglückt, weil sie zwar die Scheu kennt, aber kein Verbot achtet, weil sie Wörter mit einer Reinheit benutzt, welche die Geschichte für immer zerstört zu haben schien.
So zeigt also der Alte den dreien sein „Reich", das gelesen sein will wie Natur, und geht dann, im vierten Teil, doch wieder hinaus, als „Vorangeher" diesmal, bis er verschwindet und die drei allein läßt in ihrem Unglück und ihrem Zerwürfnis, das sie schließlich doch nach der Rückkehr in eine neue Stadt überwinden in einer neuen Einheit – als geeinte Person in der neuen Daseinsweise der Poesie.
Bei Becketts „Endspiel" und Adornos Ästhetik – darf man das überhaupt noch? Zumal heute kein Mensch mehr die Wörter kennt, die Novalis in seinem Mythos von der Menschwerdung der Natur zu Symbolen erhob. Und da verwendet derselbe, der in der Abwehr des fortdauernden Nationalsozialismus seine einzige politische Energie spürt, die wunderbar unschuldige, mystische Vision vom „letzten Reich, ... das tausend Jahre soll bestehn" (Novalis' „An Tieck") ganz so, als hätte das reale, geschichtliche Tausendjährige Reich nicht eben diese Idee gründlich pervertiert. Gelten denn die Leiden der Opfer inzwischen nichts mehr, zumal bei einem Erzähler, der sonst größten Wert legt auf Begriffe wie Scheu, Takt, Würde, Sakrileg? Genügt da der eher ominöse Verweis auf eine gänzlich a-historische „Katastrophe"?
Natürlich – und das zeigt das lange Gespräch mit Gamper trotz mancher Ermüdungs- und Ausfallerscheinun-

gen in seinem Ernst und seiner Verantwortlichkeit sehr deutlich – kennt Handke all die Einwände, die man gegen sein Erzählen längst erhoben hat, sehr genau. Unumstritten war er schließlich nie; aber er war es immer deshalb, weil er niemandem und schon gar nicht dem Zeitgeist nach dem Munde redete. In solcher Weise umstritten zu sein, ist allemal ehrenhaft. [...]
Bleibt also der ästhetische Einwand: Was bringt es, Novalis' Idee vom letzten Reich, den Mythos vom Buch des Lebens, die Führergestalt des Mystikers Jakob Böhme, die Künderfigur des Kindes in der Gestalt des Poeten in heutiger Sprache und heutiger Form nachzuerzählen, zu wiederholen? Wie schon in der langen Erzählung mit dem programmatischen Titel „Die Wiederholung" will Handke hier etwas dem Vergessen entreißen (*wieder*-holen) und repetieren (wieder-*holen*). Handke sieht darin durchaus eine „Grenzüberschreitung": „Die Literatur (hat) im Lauf der Zeit viele Positionen aufgegeben ... und sie entweder dem Obskurantismus oder der Leier der Religion überlassen ...und mir war schon klar, daß es darum geht, viele Positionen zurückzuerobern, ... die vormals ein Beweggrund der Literatur gewesen sind. Aber das kann man eben nur praktizieren, im Erzählen, was für mich ein *Um*schreiben bedeutet." [...]
Es geht also nicht nur darum, etwas Vergangenes für die Gegenwart zu retten und zu erneuern. Im Land der Erzählung, wo andere Gesetze herrschen als die Richtlinien des Handelns, geht es vor allem darum – und das ist die Moral des Dichters –, „diese mißverständlichen Wörter unmißverständlich erscheinen zu lassen". Ich zweifle, daß sie dadurch, wie Handke glaubt, wieder „ursprünglich" werden, aber daß durch die „Wiederholung" die Belastung durch die Geschichte, eine Entkleidung von Ideologie, schließlich sogar eine Reinigung des Sinnes stattfinden kann, scheint mir nicht nur möglich, sondern bei großen Schriftstellern auch allemal der Fall.
Handke freilich bezahlt diesen Prozeß – und er empfindet das als mehr denn nur einen Freispruch, es ist sein Ideal – mit einer Neutralisierung von Geschichte. Kunst wird so zum reinen Erlebnismoment, durch dessen Tiefe der Autor sich einbilden darf, daß im Schrift gewordenen Ausdruck der Weltgeist sich durch ihn äußere. Darin hat Handkes hoher Ton seine Funktion, der für die meisten Rezipienten berechtigt, wenn auch meist unbedacht zur Schwelle wird, zur Scheide von Bewunderung und Ablehnung. Durch ihn fordert Handke fürs Dasein, dem er die Geschichte raubt, die Achtung zurück.
Und unversehens kommt man so zur Form, zum sanften Gesetz der Poesie zurück: Indem Poesie behandelt wird wie Natur und jedes Wort erkannt sein will wie ein unbekanntes Ding, das zum Zeichen wird für etwas Größeres, führt der Akt des Erzählens eben doch zu einer Lebenshaltung: dem großen Bestiarium mit großer Ernsthaftigkeit und geduldiger Sanftmut wieder eine Tür zur Barbarei verschlossen zu haben. Soviel ist übriggeblieben vom Traum der Erzählung. Auch das ist Geschichte. Und eben deshalb nennt Peter Handke „Die Abwesenheit" ein Märchen.

Peter Buchka in der Süddeutschen Zeitung vom 7. Oktober 1987

Der eigentliche Anfang ...

„Ich denke oft, daß mit ‚Langsame Heimkehr' eigentlich erst mein Schreiben angefangen hat, was andere nicht so denken. Daß ich endlich hab' Ernst machen können und daß das ein fürchterlich schwieriger Prozeß war, der eigentlich gegen meinen Willen passiert ist. Also diese sogenannte Wende war nicht die meines Willens. Ich hab' mitten im Schreiben erlebt, daß es anders werden muß; daß ich ganz anders denken, ganz anders fühlen muß. Aber, daß dieses Fühlen und Denken schon immer in mir da war. Aber, daß diese Art von Denken und Fühlen eben so weit abgesunken war, seit der Kindheit, daß ich sie fast wie ein Archäologe im Schreiben hab' ausbuddeln müssen.
Und das war eine fürchterliche grammatikalische, bildliche, phantastische Arbeit, an der ich – das Wort ‚scheitern' ist mir immer etwas angeberisch, aber in diesem Fall nötig – fast gescheitert wäre. Und ich habe den Eindruck, daß ich mit dieser fragmentarischen Erzählung von der ‚Langsamen Heimkehr' eigentlich erst dort hingekommen bin, wie ich's mir immer vorgestellt habe, daß ich dort sein müßte. Obwohl, als ich dann dort war, hat's mir angst und bange gemacht, daß sie überhaupt schreibbar wäre, diese Geschichte."

Interview (Auszug) Konrad Frankes mit Peter Handke, in: Süddeutsche Zeitung vom 23. Juni 1988

Peter Handke als Comic-Figur.
Illustration: Meysenbug

Aus: P. H. – Jugend eines Schriftstellers. Hrsg. von Adolf Haslinger. Suhrkamp Verlag, Frankfurt/Main 1995, S. 4/125

Handkerl,

das (Aufmupf, sanfter Leuteschreck, Marlitze, Rumpelstilz) vorübergehend. Familie der Modizeen. Giftpflanze und Rauschmittel. [...]

Die Pflanze enthält, vornehmlich in den Wurzeln, zwei Gifte, die gegensätzliche Wirkungen haben, nämlich das Clamorin (lat. clamor = Geschrei), das nervöse Gereiztheit, Sprachentleerung und Autoritätsverlust verursacht, und das Marlittin, das ein larmoyantes Wohlgefühl sowie metaphysische Dämmerzustände hervorruft. Jedes der Gifte führt, für sich genommen, zum Verlust der Identität, beide gemeinsam genommen provozieren jedoch ein rauschhaftes Bildungserlebnis. Man versinkt in ein rosarotes Ungefähr und findet für jede Platitüde eine schöne Formulierung, deren Sinn lediglich darin besteht, daß sie keinen Sinn hat. Marcel Reich-Ranicki spricht von der verblüffenden Genauigkeit des Ungenauen. In diesem Rauschzustand glaubt man auf der Höhe der Zeit zu sein, von der aus Politik, Religion und die Liebe zu Idyllen unerfüllbarer Sehnsucht werden.

Die Suhrkampsche Universalgärtnerei, die zahlreiche Experimente mit dem Handkerl unternommen hat, fand ihren Verdacht bestätigt, daß die Nachfrage stets ein modisches Abenteuer ist.

Fritz Schönborn: Deutsche Dichterflora. Carl Hanser Verlag, München/Wien 1980, S. 50/51

Nur im Schreiben fühl' ich mich zu Haus.

Ich ringe nie um Worte, sondern schreibe flüssig drauflos. Wenn ich dann im Wald spazierengehe, fällt mir das Wort, das nicht stimmt, auf den Kopf. Zu Hause angekommen, wird das Wort ausgewechselt. Wenn man anfängt zu schreiben, hört es nicht mehr auf. Es bleibt im Kopf, am Tag und in der Nacht. Ich möchte ein Loblied auf die Schlaflosigkeit anstimmen. Wenn man so drei Stunden wach liegt, denkt man hin … Und am Morgen, wenn ich beginne, ist es schon geschrieben.

Aus: Herlinde Koelbl – Im Schreiben zu Haus. Wie Schriftsteller zu Werke gehen. Fotografien und Gespräche. Knesebeck Verlag, München 1998, S. 15. Fotos (2): Herlinde Koelbl

Handke fordert „Gerechtigkeit für Serbien“

Zum zweitenmal seit Kriegsbeginn hat sich Peter Handke, Enkel eines Slowenen, zum Geschehen auf dem Balkan umfangreich zu Wort gemeldet. Vor über vier Jahren trauerte er im „Abschied des Träumers vom Neunten Land“ dem zerbrochenen Jugoslawien nach und bezweifelte, daß die Slowenen irgendeinen akzeptablen Grund hätten, einen eigenen Staat zu errichten. Nun hat er in einem 85 Seiten dicken Manuskript, erschienen als Beilage in den letzten beiden Wochenendausgaben der „Süddeutschen Zeitung“, „Gerechtigkeit für Serbien“ gefordert. Ungerechtigkeit widerfährt den Serben, meint er, nicht nur von der großen Politik, sondern vor allem von den Journalisten.

„Es war vor allem der Kriege wegen, daß ich nach Serbien wollte, in das Land der allgemein so genannten „Aggressoren“, sagt Handke im Prolog, „beinahe alle Bilder und Berichte kamen ja von der einen Seite der Fronten und Grenzen.“ Also machte sich der Schriftsteller auf „in den in einen Krieg verwickelten Staat Serbien“. Wer da wohl wen verwickelt hat, möchte man fragen. Man kann offenbar nicht genug betonen, daß das kroatische Vukovar zerstört, das bosnische Sarajevo zerschossen, aber Belgrad, Novi Sad, Nis wie alle andern Städte Serbiens heil sind, weil der Krieg in Milosevics Staat gar nicht stattgefunden hat, sondern nur jenseits seiner Grenzen.

Jedenfalls reiste Handke nach Serbien. Er traf auf den Straßen Belgrads auf Menschen, die, im Vergleich zu Neapel oder Athen, „schweigsamer“, „bewußter, ihrer selber wie auch der anderen Passanten“, „aufmerksamer, im Sinn einer besonderen Höflichkeit“ sind und sichtete am ersten Abend „keinen serbischen Slivovitztrinker“, sondern eine „eigentümlich belebte“, „ja gesittete“ Bevölkerung. Der Schriftsteller beschreibt das mit dem Ton der Verwunderung, als ob er dem Bild vom groben, lärmenden serbischen Suffkopf, das zu zementieren er den Journalisten unterstellt, selbst aufgesessen wäre.

Aber wir wollen nicht ungerecht sein. Handkes Reise hat sich auch für den Leser gelohnt. Herausgekommen ist eine gute Reportage über Menschen und Landschaften Serbiens, über die Normalität des Lebens in einem Land, das vom Krieg verschont blieb – wenn man mal von den Sanktionen und über einer halben Million Flüchtlinge, die bei Handke nur in zwei Nebensätzen vorkommen, absieht. Der Schriftsteller beherrscht sein Metier. Er hat genau hingesehen, jedenfalls da, wo er war. Und er war nun mal nicht im Kosovo, wo die albanische Mehrheit unter einer Apartheid leidet, und er war auch nicht im serbisch kontrollierten Teil Bosniens, wo Hunderte von Moscheen geschleift wurden. [...]

Thomas Schmid in der Wochenpost vom 18. Januar 1996

Der Dichter als Richter, die Prosa als Stoff für seine Lektionen in Geschichte. Doch diese Geschichte wäre, weiß Gott, zu korrigieren – in den großen Linien ebenso wie in den unauffälligeren Suggestionen (die Handke da und dort einstreut). Wie es auch verwegen wirkt, wenn einer aus Reise-Eindrücken ein historisches Tableau zeichnen zu können glaubt. Historie mag mit der Lesbarkeit der Welt etwas zu tun haben: mit all den Dingen und Begebenheiten, welche sich dem Sehen eröffnen. Daß sie aber darin schon zur richtigen Gestalt gelangte, ist ein abwegiges Ansinnen.

Ein solches Ansinnen scheint freilich Handke geleitet zu haben. Was *er* sieht, darauf kommt's an. Was andere sehen (oder gesehen haben), darauf kommt es nicht an: Augentrug (schlimmer, Lüge). Es stimmt nicht, was der – sonst doch kluge – Kritiker Gustav Seibt (in der „Frankfurter Allgemeinen“) dem Schriftsteller unterstellt: daß seinem Dichten, allein schon dem reinen Wort, der Drang zur Feindschaft, der Wunsch des Vernichtens innewohne. Das Gegenteil ist wahr. *Auch* „Menschheitslehrer“ (meinetwegen wie Goethe), auch Pädagoge, auch argwöhnischer Zeitgenosse der modernen Kultur zu sein – was wäre dagegen einzuwenden? Gar nichts, so lange es *more poetico,* mit den Mitteln der Poesie geschieht; mit dem Bild, mit dem Gleichnis, mit der Sprache.

Darauf baut ja die Moral der Kunst. Sie erzwingt nicht, sie lädt ein, bleibt dabei „durchlässig“ (ein Lieblingswort von Peter Handke) für den Leser. Prekär wird es allerdings, wenn der Dichter – *als Dichter* – seine Aufgabe korrumpiert, sich aufschwingt, der Welt die Tatsachen, das So-und-nicht-anders festzuschreiben. In dem Serbien-Essay (der viel zum Frieden, zur Verständigung hätte beitragen können) bricht das ganze Elend auf. Schöne, sehende Sätze hier, die für jeden nachklingen; dort ein Eifern und Abrechnen, das die Sache verfinstert.

Martin Meyer in der Neuen Zürcher Zeitung vom 20./21. Januar 1996

Was ist da passiert?

Mein Text ist Wort für Wort ein Friedenstext. Wer das nicht sieht, kann nicht lesen. Es sei verständlich, sagt dieser Mann der Wochenzeitung *Freitag*, dem ich dafür die Hand drücken möchte, wenn die Leute in Bosnien einander hassen. Aber es ist absolut unnötig, daß unsere Intellektuellen mithinuntergehen und mithassen. Ich bin sicher nicht hingegangen, um mitzuhassen.

Es hat mich erotisch und von Herzen angezogen, jenes Land nicht zu beobachten und auch nicht extra anzuschauen – sondern auf mich einwirken zu lassen, das so geächtet vor der Weltöffentlichkeit steht. Das war der Ausgangspunkt.

Ich stelle nicht in Frage, was dort geschehen ist auf dem Markt von Sarajevo. Ich stelle die Frage: Was ist da wirklich passiert? Ich möchte es wissen, als Zeitungsleser, als Fernsehteilnehmer: Was ist mit Dubrovnik geschehen? Ist die Stadt tatsächlich zerstört worden? Ist die Stadt bombardiert oder ist sie zum Teil beschossen worden? Ich möchte es wirklich wissen, was es mit der zweimaligen Beschießung des Marktes in Sarajevo, dieser furchtbaren Schweinerei, auf sich hat. Und: wer beantwortet den Mythos von Großserbien? Ich möchte es wissen, ich weiß es nicht.

Peter Handke antwortet seinen Kritikern – Ein ZEIT-Gespräch (Auszug) mit Willy Winkler, in: DIE ZEIT vom 2. Februar 1996

Foto: Isolde Ohlbaum

Peter Handke

6. 12. 1942 Griffen (Kärnten)

Der Großvater, slowenischer Abstammung, war Bauer und Zimmermann. Die Mutter arbeitete vor ihrer Ehe als Abwaschhilfe, Stubenmädchen und Köchin. Der Vater war Sparkassenangestellter und deutscher Soldat. Die Mutter heiratete, bevor das Kind zur Welt kam, einen anderen Soldaten, den Berliner Straßenbahnfahrer Bruno H. Von 1944-48 lebten Mutter und Sohn, nach dem Kriegsende zusammen mit dem Stiefvater, im Osten Berlins. 1948 zog die Familie in das Geburtshaus der Mutter in Griffen, wo der Stiefvater in der Werkstatt der Schwiegereltern arbeitete. Das Kind wächst in sozial und kulturell beschränkten Zwangsverhältnissen auf. Nach der Dorfschule Besuch des Knabeninternats des katholisch-humanistischen Gymnasiums Tanzenberg. Erste Texte für die Internatszeitschrift „Fackel". 1959 Schulwechsel; 1961 Abitur in Klagenfurt. 1961-65 Jurastudium in Graz. Veröffentlichungen in der Zeitschrift „manuskripte". Nach Annahme seines Romans „Die Hornissen" durch den Suhrkamp Verlag Abbruch des Studiums. Reisen nach Jugoslawien, Rumänien und in die USA (in Princeton publikumswirksamer Auftritt beim Treffen der Gruppe 47), erneut 1978/79. Bis 1971 mit der Schauspielerin Libgart Schwarz verheiratet, 1969 Geburt der Tochter Amina. Wohnsitze seit 1966 Düsseldorf, Berlin, Paris, Köln, Frankfurt/M., Kronberg im Taunus und seit 1973 wieder Paris. 1979 Übersiedlung nach Salzburg. Ende der 80er Jahre ausgedehnte Reisen und Wanderungen in Europa, Alaska und Japan. Seit 1991 Wohnsitz in Chaville bei Paris, gemeinsam mit Sophie Semin; dort Geburt der zweiten Tochter Léocadie.

Preise: Gerhart-Hauptmann-Preis (1967); Peter-Rosegger-Literaturpreis (1972); Schiller-Preis der Stadt Mannheim (1972); Georg-Büchner-Preis (1973); Prix George Sadoul (1978); Kafka-Preis der Stadt Klosterneuburg, weitergegeben an Gerhard Meier und Franz Weinzettl (1979); Anton-Wildgans-Preis der „Vereinigung österreichischer Industrieller", abgelehnt (1985); Literaturpreis der Stadt Salzburg (1986); Großer Österreichischer Staatspreis (1988); Literaturpreis der Freien Hansestadt Bremen (1988); Grillparzer-Preis der Hamburger Stiftung F.V.S. (1991); Ehrendoktorwürde der Universität Eichstätt (1993); Schiller-Gedächtnispreis des Landes Baden-Württemberg (1995).

Werkauswahl: Die Hornissen. Roman. 1966. – Publikumsbeschimpfung und andere Sprechstücke. 1966. – Der Hausierer. Roman. 1967. – Begrüßung des Aufsichtsrats. Prosatexte. 1967. – Kaspar. Stück 1968. – Prosa, Gedichte, Theaterstücke, Hörspiele, Aufsätze. 1969. – Die Innenwelt der Außenwelt der Innenwelt. 1969. – Deutsche Gedichte. 1969. – Quodlibet. Stück. 1970. – Wind und Meer. Vier Hörspiele. 1970. – Der Ritt über den Bodensee. Stück. 1970. – Chronik der laufenden Ereignisse. Filmbuch. 1971. – Die Angst des Tormanns beim Elfmeter. Erzählung. 1972. – Stücke 1. 1972. – Der kurze Brief zum langen Abschied. Erzählung. 1972. – Wunschloses Unglück. Erzählung. 1972. – Ich bin ein Bewohner des Elfenbeinturms. Aufsätze. 1972. – Stücke 2. 1973. – Die Unvernünftigen sterben aus. Stück. 1973. – Als das Wünschen noch geholfen hat. Gedichte, Aufsätze, Texte, Fotos. 1974. – Falsche Bewegung. Filmerzählung. 1975. – Die Stunde der wahren Empfindung. Erzählung. 1975. – Die linkshändige Frau. Erzählung. 1976. – Das Ende des Flanierens. Gedichte. 1977 (erweitert 1980). – Das Gewicht der Welt. Ein Journal [November 1975-März 1975]. 1977. – Langsame Heimkehr. Erzählung. 1979. – Die Lehre der Sainte-Victoire. 1980. – Kindergeschichte. 1981. – Über die Dörfer. Dramatisches Gedicht. 1981. – Die Geschichte des Bleistifts. 1982. – Phantasien der Wiederholung. 1983. – Der Chinese des Schmerzes. 1983. – Gedicht an die Dauer. 1986. – Die Wiederholung. 1986. – Nachmittag eines Schriftstellers. Erzählung. 1987. – Ein langes Gespräch. 1987. – Gedichte. 1987. – Die Abwesenheit. Ein Märchen. 1987. – Der Himmel über Berlin. Ein Filmbuch (zusammen mit Wim Wenders). 1987. – „Aber ich lebe nur von den Zwischenräumen". Ein Gespräch, geführt von Herbert Gamper. 1987. – Versuch über die Müdigkeit. 1989. – Versuch über die Jukebox. Erzählung. 1990. – Noch einmal für Thukydides. 1990. – Versuch über den geglückten Tag. Ein Wintertagtraum. 1991. – Abschied des Träumers vom Neunten Land. Eine Wirklichkeit, die vergangen ist: Erinnerungen an Slowenien. 1991. – Die Stunde, da wir nichts voneinander wußten. Ein Schauspiel. 1992. – Langsam im Schatten. Gesammelte Verzettelungen 1980-1992. 1992. – Mein Jahr in der Niemandsbucht. Ein Märchen aus den neuen Zeiten. 1994. – Gerechtigkeit für Serbien. Eine Reise zu den Flüssen Donau, Sawe, Morawa und Drina. 1996. – In einer dunklen Nacht ging ich aus meinem stillen Haus. Roman. 1997. – Am Felsfenster morgens (und andere Ortszeiten 1982-1987). 1998. – Übersetzungen u.a. von Aischylos, Walker Percy, Emmanuel Boves, René Char, Julien Green und Georges-Arthur Goldschmidt.

Über P.H.: Peter Pütz in: Kritisches Lexikon zur deutschsprachigen Gegenwartsliteratur. München 1978 ff.; Rolf Günter Renner: P.H. 1985; Adolf Haslinger: P.H. Jugend eines Schriftstellers. 1995.

Foto: Isolde Ohlbaum

Förderpreis des Bremer Literaturpreises 1988 für „Die Kränkung", S. Fischer Verlag, Frankfurt / Main 1987

Daniel Grolle

Bilder vom Da-Sein

Was mich langweilt, was es viel zuviel gibt, und was ich nicht auch noch zwischen zwei Buchdeckeln zu besitzen brauche: Ein lauwarmes, grünbraunockernes Liebesmischmasch, das seit undefinierbarer Zeit sein Haltbarkeitsdatum überschritten hat und das, anstatt endlich ausgewaschen zu werden, mit seinem welken Fäulnisgeruch alle Winkel ausfüllt.

Was ich nicht brauche: Eine Geschichte, die wie ein stehendes Wasser zwei Tropfen vor, einen zurück, zwei zur Seite und anderthalb schräg nach rechts oben verschiebt, in der die Absätze oft genug wie verlassene Spinnweben zwischen den Seiten hängen: hier eine Blüte, da ein hängengebliebenes und verdorrtes Insekt, da ein Loch, das den Durchblick freimacht auf etwas …

Genau da setze ich an, wenn mich erstaunte Freunde fragen: „und was findest du dann überhaupt an der Evelyn Schlag?"

Da setze ich an und versuche über mein Erstaunen zu reden: darüber, daß sich hier eben nicht ein wortgewaltiger Autor zu mehr oder weniger genialen Satzkapriolen aufschwingt, so daß man nach dem Lesen zwar denkt: „toller Typ, der Autor", aber seltsamerweise nicht angeregt ist, auf den Gegenstand seiner Beobachtungen zu schauen.

Anders bei Evelyn Schlag. Ihre Gedanken fußen auf keinem festen Sok-

Senator Horst-Werner Franke und Evelyn Schlag. Foto: Herbert Abel

kel. Ihre Geschichte geht von einer orientierungslosen Person aus, die folglich nicht sich selbst als den Mittelpunkt des Universums versteht. Für sie werden die Dinge und Bewegungen ihrer Umwelt zu immer neuen Mittelpunkten. Die Heldin versucht, zur Zeitgenossin, zur Weggefährtin ihrer Umgebung und ihrer eigenen Empfindungen zu werden, und das mit der ganzen Offenheit einer rückhaltlos selbstentsicherten Person. Es geht ihr darum, im schlichtesten Sinne des Wortes da zu sein und dieses mit Sätzen zu beschreiben. Zitat: „Ich sitze auf dem Sofa, das Telephon, das ich neben mich gestellt habe, ist an meinen Schenkel gerutscht. Wie eine große Zutraulichkeit. Der Hörer liegt nun schief auf."

Nicht ein großartiger Autor bleibt mir im Kopf, sondern es sind Bilder. Bilder im Überfluß. Und dazuhin welche, bei denen ich nicht den Eindruck habe, daß sie von der Autorin gezeugt worden sind, sondern es sind allgegenwärtige Bilder. Evelyn Schlag hat es verstanden, diese Bilder in sich zum Klingen zu bringen und hat ihre Resonanz in Worte gefaßt. Diese Worte können beim Leser ihres Buches wiederum eine Resonanz erzeugen und dort die benannten Bilder erneut zum Schwingen bringen. Zitat: „Kennst du das Gefühl, eine Biografie zu haben? Ein Geschmack von Äpfeln, die Füße gegen die Sesselbeine gestemmt." [...]

Schlag teilt ihre Heldin, besser sollte ich sie Betrachterin nennen, in zwei und entspricht auch damit der Vielfalt subjektiver Wirklichkeit. Wer weiß schon genau, was jetzt die Gedanken seines wirklichen Selbst sind und was die Selbstläufer einer Stimmung, die einem gerade innewohnt?

Die Ebenen der Wahrnehmung und der Wirklichkeit überlappen sich ständig, geben sich von Satz zu Satz die Hand, und der Leser weiß nie, ob zum Gruße oder zum Abschied. Nicht nur die Wachsamkeit dem Text gegenüber wird geschult, sondern auch die Wahrnehmung der eigenen Wirklichkeit. Man lernt keine Regung als die endgültige anzunehmen, ständig gespannt zu bleiben auf das immer noch Mögliche, auf die ganz andere Deutung, die vielleicht genauso, neben der altbekannten existent ist.

Am ehesten liest sich Schlags Buch wie ein langes Gedicht, wie ein Hineinlauschen in die eigenen Weiten des Halbschlafes. Alles ist möglich, alles unmöglich zugleich, alles ist in Bewegung und jedes Innehalten- und Festhalten-wollen wäre Lüge, wäre Wirklichkeitsverlust. Oder kann irgendjemand aus dem Halbschlaf erwachen und genau die Empfindung wissen, festhalten, die ihm eben noch so gegenwärtig war? [...]

Aus der Laudatio vom 26. Januar 1988

Evelyn Schlag und Peter Handke. Foto: Herbert Abel

Evelyn Schlag

Neidgefühle

Die Erzählung, für die mir die Jury den Bremer Förderpreis verliehen hat, handelt über weite Strecken von der Sehnsucht nach einer Berufsfreundin. Gemeint ist nicht das Aufspüren einer programmatischen Solidarität zweier Frauen in einem von Männern eingerichteten Literaturbetrieb, sondern ein Vertrauen in das Urteil der Gefährtin, wobei gemeinsame Feindbilder nur eine untergeordnete Rolle spielen sollen. Zu diesem Zweck erfindet sich die Ich-Erzählerin eine Freundin, die nicht nur den Beruf, sondern auch die Krankheit mit ihr teilt. Aus dieser Beziehung der Ich-Erzählerin mit Kathleen ist eine Gefühlsregung beinahe völlig ausgespart, die in einer nicht nur im Kopf existierenden Freundschaft zwischen zwei Schriftstellerinnen vielleicht doch hin und wieder auftreten müßte: der Neid. Neidlos kann die Ich-Erzählerin der Kollegin über die Schulter schauen und fragen: Wie macht sie das? Wie macht sie das. Von Kathleen in meiner Erzählung ist es nicht weit zu Katherine Mansfield. Und wer sich auch nur flüchtig mit Katherine Mansfield beschäftigt, stößt unweigerlich auf ihre Zeitgenossin Virginia Woolf. Virginia Woolf hat die sechs Jahre Jüngere leidenschaftlich beneidet. Gleichzeitig war die Mansfield für sie die einzige, mit der sie wirklich ernsthafte Arbeitsgespräche führen mochte. (Die Anwesenheit von Mansfields Ehemann John Middleton Murry empfand sie dabei durchaus als störend.) Virginia Woolfs Tagebücher und Briefe geben über diese so ambivalente Beziehung zu ihrer Kollegin Auskunft. Man möchte meinen, das Schönste, was einem von Neidgefühlen geplagten Schriftsteller passieren kann, ist, daß die Kollegen schlechte Bücher schreiben. Über ein schlechtes Buch freuen sich ja bekanntlich viele, über ein gutes nur einer. (Frei nach Karl Kraus.)
Nach der Lektüre von Mansfields Erzählung „Bliss", die 1918 in der literarischen Monatszeitschrift „English Review" erschienen war, warf Virginia Woolf das Heft auf den Tisch und rief aus: „Sie ist erledigt!" Woolf fand die Erzählung oberflächlich, billig, der Geist liege als nur wenige Zentimeter dünne Schicht über sehr unfruchtbarem Felsen.
Zwei Jahre später, als der nach der Titelgeschichte „Bliss" benannte Erzählungsband herauskommt, schreibt Virginia Woolf in ihr Tagebuch:
„Ich war glücklich, als man neulich abend über Katherine herzog. Warum nur? … In meinem Innersten muß ich sie für gut halten, weil ich glücklich bin, sie geschmäht zu hören."
Eine Woche drauf schreibt sie an die Mansfield:
„Meine liebe Katherine, ich wünschte, du wärest hier, um deinen Triumph mitzuerleben – noch mehr, damit wir über dein Buch reden könnten. Denn was hat es für einen Sinn, dir zu schreiben, wie glücklich und in der Tat stolz ich bin?"
Am gleichen Abend notiert sie in ihr Tagebuch: „Ich habe meine Eifersucht auf Katherine aus mir herausgerissen, indem ich ihr einen unernst-ernsten Brief geschrieben habe. Ihr Buch wird im (Times) Literary Supplement eine ganze Spalte lang gelobt – das Vorspiel zu einem kommenden Lobgesang. Ich sehe weitere Auflagen voraus; dann den Hawthornden Preis nächsten Sommer. So ist meine kleine Nessel in mir gewachsen, und ich habe sie, wie gesagt, ausgerissen."
Virginia Woolf beschreibt auch ihre Reaktion, als sie, im Januar 1923, vom Tod der Mansfield erfährt:
„Nelly sagte auf ihre sensationslüsterne Art beim Frühstück am Freitag: Mrs. Murry ist tot! Es steht in der Zeitung! – Dabei fühlt man – was? Einen Schock der Erleichterung Eine Rivalin weniger? Dann Verwirrung darüber, daß ich sowenig fühle – dann, allmählich, Leere und Enttäuschung; dann eine Depression, aus der ich mich den ganzen Tag nicht befreien konnte. Als ich zu schreiben begann, schien mir, daß es keinen Sinn hätte zu schreiben. Katherine würde es nicht lesen. Katherine ist nicht länger meine Rivalin."
Ich habe versucht, meinen eigenen Neidgefühlen auf die Spur zu kommen. Zu meinem Erstaunen habe ich festgestellt, daß ich auf den brillanten Stil oder den genialen Einfall eines Kollegen oder einer Kollegin nur selten neidisch bin. Ich kann solche Bücher aufrichtig bewundern, weiterempfehlen, mehrmals kaufen und nach Übersee schicken und was der wohlmeinenden Beschäftigungen mehr sind. Zugegeben: das hervorragende Buch eines englischen oder amerikanischen Kollegen bewundere ich vielleicht noch eine Spur weitherziger. Der Vergleichszwang mildert sich bei der Lektüre in einer fremden Sprache naturgemäß. Was jedoch meinen ungezügelten Neid erregen kann, das ist die Aufmerksamkeit, die jemand für seine künstlerische Arbeit bekommt. (Ich lasse hier die ohnedies unfruchtbare Diskussion um das Aufmerksamkeitsgefälle vom reproduzierenden zum produzierenden Künstler einmal beiseite.) Die Beachtung also, die sich in so banalen Fakten niederschlägt wie: Größe der Überschrift, in der der Name über einer Rezension prangt; Länge der Rezension; Bekanntheitsgrad des Rezensenten; Werbemittel, die der Verlag auszugeben bereit ist; Auflagen-

zahl; schließlich, und hier wird das Banale am genauesten meßbar: Verkaufszahlen. Ein Buch hat heute nur wenige Monate Zeit, sich ins Bewußtsein von Rezensenten und Lesern zu kämpfen. Dann drängt bereits die nächste Halbjahresproduktion nach. Die Schriftsteller leiden unter einem enormen Konkurrenzdruck. Für Literatur ist in den Zeitungen, in Rundfunk und Fernsehen nur wenig Platz. Der Autor hat fast gar keine Möglichkeit, in diesen Kampf um Zeilen und Sendeminuten, in dem sich sein Buch befindet, einzugreifen. Diese Ohnmacht nährt das Minderwertigkeitsgefühl, aus dem dann der oft paranoide Berufsneid der Schriftsteller erwächst.

Der Neid kennt keine ernstgemeinte Liebenswürdigkeit, keine Großzügigkeit, keine Noblesse, er bezaubert nicht – er scheint leider völlig uncharmant zu sein. Deshalb zeigt man sich mit ihm nicht gern in der Öffentlichkeit. Man geniert sich mit ihm wie mit einem Bekannten, den man auf eine Gesellschaft mitgenommen hat und der plötzlich beginnt, die Gastgeber herunterzumachen. Aber nicht genug damit, er plaudert auch noch höchst peinliche Geheimnisse über einen selbst aus. Mit rotem Kopf versucht man über diesen Fauxpas hinwegzuspielen und stammelt oder poltert, je nach Temperament, etwas zur Ablenkung. Man schwört sich, diese Bekanntschaft in Zukunft überhaupt zu leugnen. Am liebsten würde man ihn nicht einmal mehr unter vier Augen treffen. Fatalerweise versteht er es aber wie kein anderer, auf dich einzugehen. Er weiß am besten, wie man deinen wahren Wert draußen übersieht. Er spricht mit der Stimme der verletzten Gerechtigkeit. Seine rhetorischen Fähigkeiten sind nicht zu überhören, die Hyperbel beherrscht er besonders gut. Und doch macht er in der Öffentlichkeit so eine schlechte Figur – und wir mit ihm.

Der Neid ist, wo er sich artikuliert, Geständnis, das sich als Anklage tarnt. Der Geständige hofft hier erst gar nicht auf Freispruch, er tauscht die Rollen. Irgendwo aber, so denke ich, müßte zwischen der Scylla der katholischen Beichtformeln und der Charybdis psychotherapeutischen Selbsterfahrungsjargons auch das lustvolle Geständnis zu finden sein; sogar das Geständnis, neidisch zu sein.

In diesem Sinne, und in dem Bewußtsein, selbst für wenige Augenblicke Objekt dieses Berufsneids zu sein, von dem ich gesprochen habe, danke ich der Rudolf-Alexander-Schröder-Stiftung und der Jury für den Preis.

Evelyn Schlag

Schlimm sind nur die ersten Tage

[...] Als die Diagnose feststeht, fährt Jack mit mir nach Wien. Ich soll mich dort am nächsten Tag um halb acht Uhr früh im Krankenhaus melden. Die Nacht verbringen wir in unserer Wohnung. Jack schläft neben mir, während ich vor mich hinweine und überlege, wie ich aus dem Zimmer gelangen könnte, auf den Gang hinaus. Die Wohnung ist im vierten Stock gelegen, das müßte doch reichen. Die Angst, Jack aufzuwecken, baut sich groß auf, täuscht mich und bringt mich in eine Art von Schlaf. Der Morgen ist einsam, das Waschen im Bad, alles stemmt sich dagegen, diese Wohnung nun zu verlassen. Jack findet ohne Umwege in das Krankenhaus. Wir warten eine Weile vor der Abteilung für Erkrankungen der Atemwege. Das Putzpersonal und die Hilfsschwestern sind fast alle dunkelhäutig. Ein alter Mann wird mit offenem Krankenhemd in den kalten Aufzug geschoben, er sitzt verbogen in seinem Rollsessel, die Luft kann ungehindert an seine nackte Brust. Wir treffen uns im Parterre beim Röntgen wieder, eine Ärztin kommt dazu und erzählt mir, sie hätte sich als Leiterin in einer Heilstätte beworben, den Posten aber nicht bekommen. Nun sei sie froh darüber, ihre Kenntnisse seien wahrscheinlich noch nicht ausreichend. Sie gibt mir eine Stunde Ausgang, bis sie die Bilder befundet habe. Jack und ich gehen in ein Espresso, dort ist nicht viel los um diese Zeit, ein Schäferhund legt sich auf die Bank neben mich und läßt sich streicheln. Jack kauft Zigaretten, wir reden über die Atmosphäre im Krankenhaus, ich sage: Ich kann da nicht bleiben. Wir holen den Befund ab, ich erkläre der Ärztin, daß ich in ein anderes Krankenhaus möchte, sie ist mir nicht böse. In diesem Augenblick denke ich, es wäre vielleicht doch besser, hier zu bleiben. Ich habe Vertrauen zu ihr als Frau. Auf der Rückfahrt machen wir halt in einem Autobahnrestaurant und essen zu Mittag. Ich denke, es ist alles in Ordnung, wir befinden uns auf einer kurzen Reise. Der Autoschlüssel liegt auf dem Tisch, den Durst kann man löschen. Die Kellnerin trägt ein Dirndlkleid, es paßt in der Farbe zu den Tischtüchern und Vorhängen. Ich beneide sie um ihre Arbeit, um ihr Tablett, um den Anschnauzer vom Koch. Ich beneide sie um ihre Fersen, die aus den Arbeitsschuhen herausschauen und ihr wehtun mögen.

Jack und ich verbringen eine weitere Nacht, ich habe mich für das Krankenhaus in Linz angemeldet. Nach Linz ist es nicht weit. Als wir am nächsten Morgen wegfahren, treffen wir eine Nachbarin. Jack bleibt stehen, ich kurble das Fenster hinunter. Ich sage: Ich habe Tuberkulose. Nicht ansteckend, füge ich hinzu. Die Nachbarin schüttelt den Kopf, wünscht mir alles Gute. Im Rückspiegel sehe ich sie stehen und winken, sie gehört schon zu diesem schrägen Wiesenhang, auf dem sie irgend etwas zu tun hat, zu den kleinen Obstbäumen, wie alt die auch sind, sie gehört dorthin und bleibt vorerst dort.

Kinder? fragte der Turnusarzt bei der Anamnese.
Keine, sage ich.
Letzte gynäkologische Untersuchung?
Vor einem Jahr.
Die Tafel an meinem Bettende bekommt ein rotes Schild. Meine Zimmergefährtin heißt Frau Koschitz und sieht aus wie Miss Marple. Kaum ist der Arzt gegangen, setzt sie sich auf und fragt, was ich habe. Ich bin schon eine Woche hier, sagt sie. Das Asthma. Sind Sie verheiratet? – Nein, sage ich. Ja, sagt Kathleen. Aber ich lebe mit einem Mann zusammen, seit sieben Jahren. – Ich habe zwei erwachsene Söhne, sagt Frau Koschitz. Der eine lebt hier in Linz, er ist Steuerberater. Sie haben drei Kinder. Die Älteste, die ist mein Liebling, sie geht ins Gymnasium, macht nächstes Jahr Matura. Sie schreibt lauter Einser in der Schule. Der Bub ist ein Lauser, aber auch sehr gescheit. Der kennt sich bei den Computern aus! Immer wieder will er mir das erklären und dann lacht er mich aus und ist ganz stolz. Und das jüngste Enkerl, das ist ein Sorgenkind, so oft krank, immer mit dem Hals, den Ohren, immer verkühlt. Mit der muß die Schwiegertochter fast jede Woche zum Arzt. Ich bin die Firmpatin von der Ältesten. Wir sind nach Krems zur Firmung gefahren, das hat sie sich so gewünscht. Die meisten Linzer lassen sich ja in Linz firmen. Wir sind dann mit dem Schiff zurückgefahren, da ist mir meine Brosche, die ich von meinem Mann zum fünfundzwanzigsten Hochzeitstag bekommen habe, ins Wasser gefallen. – Und der andere Sohn? frage ich. – Ach der, sagt Frau Koschitz. Der. Der lebt in Wien. Von dem höre ich nur alle heiligen Zeiten etwas. Und dann weiß man nicht, ob's stimmt. Man fragt sich, woher einer das hat. Anständige Eltern, wir haben immer gearbeitet, bei uns hat's das nicht gegeben, sowas. – Was denn, frage ich. – Daß einer sowas macht, sagt Frau Koschitz. Das ist doch kein Beruf! Das weiß man doch. Oft genug steht in der Zeitung, daß wieder etwas passiert ist, in so einem Milieu. Im Casino ist er! Also – ich weiß nicht, wie das heißt, aber in Ordnung ist es nicht. Das ist mein großer Kummer. Mein ganz großer Kummer.
Schlimm sind nur die ersten Tage, sagt Kathleen. Sind die erst einmal herum, dann kannst du schon auf etwas zurückblicken, dann hast du schon etwas geleistet und abgedient hier. Die ersten Tage sind das Schlimmste, was einem passieren kann. Du denkst, eine Woche ist die Hölle, das kannst du nicht ertragen. Aber irgendwann zählst du stolz die Wochen, die du schon hier bist. Und irgendwann später gehst du nach Hause und es ist vorbei. […]

Aus: Die Kränkung. S. Fischer Verlag, Frankfurt/Main 1987, S. 133-136

Ein nachgelebtes Leiden …

[…] Es gelingt Evelyn Schlag auch, Katherine Mansfield als historische Frauengestalt zu vergegenwärtigen, ohne sie festzulegen auf eine fixe Deutung über die Geburt der Kreativität aus der Krankheit oder die blokkierten Leidenschaften als eigentlicher Ursache der Schwindsucht.
Die Verflechtung der Mansfield-Biographie mit der Selbstfindung einer fiktiven Gegenwartsperson bleibt aber eine erzählerische Hilfskonstruktion, deren Notwendigkeit nicht einzusehen ist. Denn in der Durchführung dieser Parallele vermag Evelyn Schlag ihrer Protagonistin kaum Konturen zu verleihen. Mit der schnellen Heilung und dem sich daran prompt anschließenden Neubeginn bringt sie ihre Figur in die Nähe eines oberflächlichen psychosomatischen Alltagswissens, das in gewissen Kreisen den Glauben an die Allmacht der Schulmedizin abgelöst hat oder sich mit dieser zu der Anstrengung verbündet, an der Krankheit keinen Rest an Unbegreiflichkeit zu lassen.
Man kann Evelyn Schlag wohl die Absicht unterstellen, mit ihrer Literatur auch Lebenshilfe für die Leser leisten zu wollen. Aber in diesem Fall handelt es sich bei weitgehender Identität mit dem historischen Vorbild – oft sogar bis in wortgleiche Übernahmen aus Katherine Mansfields Tagebüchern hinein – doch nur um ein nachgelebtes Leiden. Mit glücklichem Ausgang zwar, aber ohne eine authentische Erfahrung aus unseren Tagen sichtbar zu machen […]

Holger Schlodder in der Süddeutschen Zeitung vom 12. August 1987

Evelyn Schlag

22. 12. 1952 Waidhofen a. d. Ybbs (Niederösterreich)

Tochter eines Arztes. 1971 Abitur am Lyzeum in Waidhofen. Studium der Germanistik und Anglistik in Wien. Abschluß als Mag. Phil. 1985 Heirat mit dem Internisten Dr. Alfred Lichtenschopf. Mitglied der Grazer Autorenversammlung. Lebt in ihrem Geburtsort als Lehrerin, freie Schriftstellerin und Literaturkritikerin.
Preise: Förderungspreis des Landes Niederösterreich (1979); Österreichisches Staatsstipendium für Literatur (1986/87; 1993/94); Stipendium des Jubiläumsfonds der Literar-Mechana (1988); Literaturförderpreis der Freien Hansestadt Bremen (1988) Österreichischer Förderungspreis für Literatur (1990); Großer Kulturpreis des Landes Niederösterreich (1994).
Werkauswahl: Nachhilfe. Erzählung. 1981. – Beim Hüter des Schattens. Erzählung. 1984. – Brandstetters Reise. Erzählung. 1985. – Die Kränkung. Erzählung. 1987. – Ortswechsel des Herzens. Gedichte. 1989. – Douglas Dunn: Elegien. Zweisprachige Ausgabe. 1991.– Der Schnabelberg. Gedichte. 1992. – Keiner fragt mich je, wozu ich diese Krankheit denn brauche. Grazer Poetikvorlesungen. 1993. – Touché. Erzählungen. 1994. – Unsichtbare Frauen. Drei Erzählungen. 1995.
Über E.S.: Ralf Georg Czapla in: Kritisches Lexikon zur deutschsprachigen Gegenwartsliteratur. München 1978ff.

Foto: Isolde Ohlbaum

SINNGEMÄSSES LIEBESGEDICHT

Wie ich mit deinem Leben in mir
spreche wird nie jemand erfahren
meine Stimme kann nicht schreiben
nur Bulletins der Zuneigung übersetzt
über gefrorenes Laub hinübergesetzt
verlassen die Höhle schnabelfremd

MODUS BARBARICUS

Wenn ich aus allen Bäumen dich
gejagt die Gräser ausgekehrt die
Vögel ziehn hab lassen schnabelleer
wenn auch die stumme Nacht nicht mehr
von dir nur schweigt und doch sich
alles nachfüllt bleibt nur dies:
ich werden dich ohne mich nicht los

Aus: Der Schnabelberg. S. Fischer Verlag, Frankfurt/Main 1992

Bremer Literaturpreis 1989 für „Das Buch der Desaster", Klett-Cotta Verlag, Stuttgart 1988

Herbert Heckmann

Hätschelkinder unserer Konversation

Schlagen wir also das Buch auf! Das ist nicht bei jedem Buch dasselbe. Manche Bücher schlagen sich besser zu als auf.
Ingomar von Kieseritzky jedoch kommt gleich zur Sache und macht die Finger blätterfreudig. Mit anderen Worten: er erweckt gleich die Neugier des Lesers, den schon der unheilvolle Titel reizte. Wir lieben – und ich hoffe damit keiner ärgerlichen Verallgemeinerung schuldig zu sein, in die Sie sich miteinbezogen fühlen sollten – das Unglück anderer Menschen. Es kommt unserer Schadenfreude und unserer Klatschsucht entgegen, die nie genug Stoff haben kann. Desaster sind Hätschelkinder unserer Konversation.
Stellen Sie sich vor!
Die Stimme gewinnt ein geheimnisvolles Timbre. Inogmar von Kieseritzky versteht zu modulieren. So läßt er den Ich-Erzähler gleich zu Beginn ohne Umschweife erklären, daß das, was er zu berichten vorhat, „auf seiner privaten Skala der Desaster keine besonders prominente Stellung" einnimmt. Will er dem Leser gleich den Wind aus den Segeln nehmen?
Mitnichten. Untertreibungen, Tiefstapeleien sind, wenn man sie richtig auszukosten versteht, stets das Gegenteil, und Ingomar von Kieseritzky unterstützt dies noch durch seinen

Ingomar von Kieseritzky (links), Norbert Gstrein, Jürgen Manthey und Martha Höhl. Foto: Gabriele Warnke

fachsimpelnden Stil. Er versieht seinen Ich-Erzähler mit einem Jargon, der dessen Bericht den Charakter eines klinischen Protokolls verleiht. Mit unverhohlener Wollust benutzt dieser Fachausdrücke und Fremdwörter und gewinnt ihnen obendrein noch lautmalerische Oualitäten ab. „Reise-Malheur, mit Maladie."
Ingomar von Kieseritzky kennt die Ehrfurcht des Publikums vor weiß bekittelter Wissenschaftlichkeit, die mit ihrer näselnden Terminologie den Desastern erst die richtige Würde gibt. Über dem ganzen Buch liegt ein stilisierter Ernst, der in einem ungemein komischen Verhältnis zu den Alltäglichkeiten steht, die den Desastern eigentümlich sind. Ja, es entsteht mitunter der Eindruck, als würde das trickreiche Spiel mit Fachausdrücken das Unglück überhaupt erst heraufbeschwören.
Ehe der Ich-Erzähler von seiner Reise mit Brant berichtet, die sie in die Dordogne führt – er nennt sie übrigens nur ein „sanftes Fiasko" – kommt er auf eine andere Reise zu sprechen, die er mit seiner „zarten Freundin Magdalena" nach Ägypten unternahm. Ingomar von Kieseritzky ist ein Meister der Abschweifung und erweist sich darin als ein würdiger Nachfahre des listigen Laurence Sterne, Moritz August von Thümmels und Jean Pauls, die lieber einen bizarren Knoten in

ihre Erzählung knüpfen als einen Knoten zu entwirren. Die Lektüre ist schließlich kein somnambules Abenteuer! [...]

„Der Intellekt charakterisiert sich durch eine Verständnislosigkeit für das Leben", bemerkte einmal Henri Bergson. Das hat bei Ingomar von Kieseritzky einen komischen Erfolg. Im Versuch, genüßlich zu leben – das Streben nach Glück ist nach Aristoteles der Motor unseres Daseins – gerät der Ich-Erzähler mit seinem Freund Brant mehr und mehr in die Fallstrikke der Desaster. Das Selbstverständliche wird zur Katastrophe – eben deshalb, weil der Erzähler immer wieder selbst die kleinste Begebenheit des Alltags in ihrem schlimmsten Ausgang betrachtet. Und die Desaster stellen sich ein, darauf kann sich der Leser verlassen. Ingomar von Kieseritzky besitzt eine schier unerschöpfliche Phantasie bei der Erfindung alltäglicher und unalltäglicher Miseren. Er brilliert nachgerade in der Rolle des Hypochonders, den Lichtenberg, selbst ein listiger und scharfsinniger Hypochonder, wie folgt beschrieb:

„Das Schlimmste ist, daß ich in meiner Krankheit gar die Dinge nicht mehr denke und fühle, ohne mich hauptsächlich mit zu fühlen. Ich bin mir in allem des Leidens bewußt, alles wird subjektiv bei mir, bezieht sich alles auf meine Empfindlichkeit und Krankheit. Ich sehe die ganze Welt als Maschine an, die da ist, um mich meine Leiden und meine Krankheit auf alle mögliche Weise fühlen zu lassen. Ein pathologischer Egoist! Ein höchst trauriger Zustand."

Was bei den Hypochondern fast immer auffällt, ist die Verquickung von Intellekt, Irritation und Leidenslust. Am schlimmsten fühlen sie sich, wenn sie keine Krankheit imaginieren können und sie glauben müssen, gesund zu sein, ohne Desaster auskommen zu müssen. Sie bringen ihren ganzen Scharfsinn auf, um irgendwo in ihrem Körper oder in ihrer Umwelt Symptome einer Katastrophe aufzuspüren. Gewöhnlich sind sie vorzügliche Stilisten. Sie gehen schon der geringsten Beunruhigung nach und versuchen, sie sprachlich in den Griff zu bekommen. Sie sind große Epiker ihrer unaufhörlichen Hinfälligkeit. Ihre Krankheit besteht eben darin, daß sie der Gesundheit und dem Glück der Harmonie grundsätzlich mißtrauen, daß sie aus Angst vor der Krankheit, die immer auch eine Angst vor der Gesundheit ist, alles tun, um sich krank und verzweifelt zu fühlen und schließlich auch krank zu sein. Sie beeilen sich gleichsam, ihren immerwachen Befürchtungen recht zu geben.

Ingomar von Kieseritzky, an dessen hypochondrischen Volten Lichtenberg zweifellos seinen Spaß gehabt hätte, weiß – denn alle großen Hypochonder lieben das Spiel mit der Selbstironie, das eine Variante der Selbstschätzung ist – daß man, ehe das Desaster eintritt, bänglich und begierig darauf wartet, daß es eintritt.

Aber ungeachtet dessen begleitet Kelp, der Ich-Erzähler, seinen sich todkrank glaubenden Freund Brant nach Frankreich. Er hat eine bemerkenswerte, an Katastrophen reiche Vita hinter sich.

„Die Versuche als Photograph.
Das Hundezuchtunternehmen.
Die Sterbeklinik-Phase bei Prof. Zuhse.
Muthesius' Nekropolenidee und ihr Scheitern.
Ende eines Liebesverhältnisses.
Das Lebens-Gefühl, ein Verlust.
Psychopornos und andere Schadensabwicklungen.
Mamachens Karzinom.
Brants Finale.
Die Universal-Therapie, die Gesunde Geschäftsidee.
Onkel K. und der Bunker.
McGees Expedition nach Ägypten usw. usw."

Hinter all diesen Angaben verbergen sich gründliche Desaster, auf die der Ich-Erzähler immer wieder Bezug nimmt. Sie ragen auf eine beunruhigende Art und Weise in die Gegenwart. Aber was besagt schon die feile Redensart: Gebranntes Kind scheut Feuer. Es greift beherzt wieder zu! Katastrophen machen nachgerade den Zeitrhythmus aus. Wir leben nicht, wie auch Voltaires Candide schmerzlich erfahren mußte, in der besten aller Welten. Kelp stellt das mit ironischer Nachdrücklichkeit fest. [...]

Aus der Laudatio vom 26. Januar 1989

Ingomar von Kieseritzky

Kein Response

Eines Tages rief mich mein Kollege Hermattinger um 4 Uhr morgens an und fragte, ob ich mir eine literarische Leistung vorstellen könne, die den Zielen der Deutschlandstiftung in überragender Weise Ausdruck verliehe? Nein, sagte ich schlaftrunken, frag doch die Bildzeitung.

Dieser Anruf war der Beginn eines quasi geistigen Martyriums. Hermattinger hatte vor, sich durch Literaturpreise gründlich zu salvieren und zu sanieren, aber ohne ein Werk von einem gewissen Umfang ist das überaus schwer. Zuallererst studierte H. alle Preise, ihre Vergabe-Bedingungen und vor allem ihre Dotierungen. Preise unter einer Dotierung von 15.000 waren zu vermeiden. Unzumutbarkeiten ebenfalls. Die meisten Preisbedingungen waren moderat gehalten und H. sah mit Enthusiasmus das Prinzip der Gleichheit in der Uniformität realisiert, denn immer wurde mit gleichbleibender Hoffnungsfreudigkeit ein hervor- oder herausragendes Werk erwartet. Ich fand, H. fing diese Sache richtig und pragmatisch an. Es ist sinnlos, naiv und wenig vorausschauend, zuerst Literatur zu verfassen und dann Preise zu erwarten von Leuten, die man nicht kannte (Kollegen, Literaturwissenschaftlern, trüben Dichtern und anderen Konkurrenten).

Also studierte er mit Leidenschaft die Preise und Modalitäten, um danach, streng und systematisch, seine Produktion zu richten. Schon eine kursorische Lektüre belehrte ihn darüber, daß es höchstens 12 über 15.000 DM dotierte Preise gab; der Rest waren Förderpreise, gering dotiert und zum Abgewöhnen geeignet, ebenso gering dotierte Stipendien, immer mit obskuren Auflagen verbunden und endlich die sog. Stadtschreiber-Stellen.

Foto: Isolde Ohlbaum

Was soll ich, sagt H. zu recht, in Orten wie Kelsterbach, Saarbrücken oder Bergen, um für ein Jahr dieses unerträglichen Aufenthaltes für 24.000 DM mit Familienanschluß mich noch unwohler zu fühlen, als ich mich ohnehin schon fühle?
Bevor Hermattinger eine Liste der potentiellen Preise anfertigte, kategorisierte er den möglichen Produktions-Kanon.
In Frage kam der zeitgenössische Roman, immer beliebt, den er in zwei Sub-Kategorien zerlegte a) aktuell, realistisch und sensibel – nicht weit von einer larvierten Autobiographie entfernt und b) zeitlose, klassische Prosa in zeitlos postmoderner Form, inzwischen auch ein vor allem bei Kritikern beliebtes Genre. Da war z.B. der Alexander Zinn-Preis, bleischwer dotiert mit 15.000. Verleihung alle drei Jahre; eine kleine Einschränkung war die, daß im Werk unmißverständlich ein Bezug zum Hamburger Raum verlangt wurde. In jedem Fall schrieb er sich ein paar Projekttitel auf, wie GAU in Hamburg, Springflut, Füsilierung grüner Meerkatzen im Zoo, Explosion im Elbtunnel, Crash zweier Lufthansamaschinen etc.
Nach einigen Anfangskalamitäten änderte er den Modus der Erfassung und nannte seine Projekte nach den jeweiligen Preisen.
Ich will an dieser Stelle Hermattinger nicht kritisieren, weiß aber nicht ganz genau, ob er sich die Projekt-Liste nicht ein wenig zu einfach machte. Aber wer würfe den ersten Stein, wie die Bibel umsichtig sagt, wenn es um eine Generalsalvation durch geistige Arbeit und ihre würdige Prämierung geht?
Der Hörspielpreis der Kriegsblinden (nachwuchslos, wie H. erfuhr) war attraktiv und er hörte sich ein paar Produktionen aus experimentellen Gründen an, nichts als trübsinnige Musik, verbunden mit hyperrealistischen Geräuschen, unter denen H. das Rauschen eines Klosetts vermißte; das war kein Genre für ihn.
Das Chamisso-Preis-Projekt würde bei Erfolg 15.000 steuerfreie Emmchen abwerfen; die Modalitäten wirkten etwas bedrohlich, wenn man nicht gerade ein anerkannter Spät-Rückgeführter war. Da hieß es wörtlich: ‚Ausgezeichnet werden Autoren, die Deutsch als Fremdsprache erlernt haben, bzw. während des Entstehungsprozesses ins Deutsche übersetzt werden'. Für jeden Menschen, sagte sich Hermattinger, ist die Muttersprache zuerst eine Fremdsprache und denke ich an die Fehlerquote meines Originalwerks, so ist jede noch so kleine Verbesserung in der Tat eine Übersetzung ins Deutsche; so ließ er alle Skrupel fahren und rubrizierte unter Chamisso alles, was die Juroren so umfassend vorschlugen – Essays, Hörspiele, Romane und Theaterstücke.
Der Gryphius-Preis war sogar mit 20.000 DM dotiert, die einzige Bedingung (außer dem unaufhörlichen Hervorragen) eine Begegnung zwischen östlichen Nachbarvölkern sowie deutschen Kulturlandschaften des Ostens; H., der einmal in Prag eine Alkoholvergiftung davongetragen hatte und zweimal am Plattensee Urlaub gemacht hatte, machte sich keine weiteren Gedanken.
Der Aspekte-Literaturpreis war nur mit 10.000 dotiert (die Anstalten sind verarmt), aber aus irgendeinem Grunde gefiel Hermattinger der Ausdruck ‚Nachwuchs-Debut‘; da er seit Jahren unaufhörlich am Debutieren war und wohl noch lange bleiben würde, konnte er für diesen Preis nichts falsch machen. Den Preis des Deutschen Alpenvereins (dot. 5.000) ließ H. aus, weil spezifisch alpine Themen verlangt wurden, denen H. wegen seiner Höhenphobie nicht gewachsen war; wäre dieser Preis sozusagen alpin dotiert gewesen, hätte man das Alpine schlechthin selbstverständlich allgemeiner und universeller mit all seinen Höhen und Tiefen erfassen können.
Der Kleistpreis war gut dotiert, nur ein Passus schreckte H. ab, in dem es hieß: ‚... werden ausgezeichnet, die sich auf den auch von Kleist begangenen Gebieten bewegen‘; da bewegte sich bei meinem Freund gar nichts und ihm fiel nur die Grabstelle am Wannsee ein, die bestenfalls zu einem elegischen Gedicht Anlaß auf diesem Gebiete gegeben hätte – und das wieder wäre nicht preiswürdig gewesen und wenn, dann zu gering dotiert.
Am besten (im Sinne genuiner Inspiration) gefiel ihm als Melancholiker der Literaturpreis des VDK, weil hier ‚die Wahl des Stoffes von ernster Entschiedenheit und sachlichem Ethos zeugte ... Hervorragende lit. Leistung, die die Schicksalsmeisterung und die Leidensüberwindung Schwerkriegsbeschädigter (in einem Wort) oder schwerbehinderter Menschen zum Gegenstand...‘ Hermattinger hatte ein Faible für Materialschlachten und auch für Behinderte aller Art. Inspiriert von dem VDK-Preis schrieb er in einer Nacht ein wunderbares Hörspiel – einbeinige Greisin stürzt vor Badewanne und in einem großen Klage-Monolog zieht ihr komplettes Leben an ihr vorbei. Sozialkitsch, das wußte H., mochten die meisten Redakteure, wenn sie auch sonst von Texten keinen blassen Schimmer hatten.
Der Preis der Bundesärztekammer kam leider nicht in Frage, da durften nur Ärzte, obwohl Hermattinger während einer Hodenbruchoperation ein hochsensibles Tagebuch geschrieben hatte. In dem Augenblick, in dem er sein VDK-Projekt anfing – (eine Materialsammlung für eine blinde und verschlungene, gewissermaßen behinderte Intrige nach der Entnazifizierung, sehr figurenreich, sein Teppich, mit Polizisten, Nazi-Richtern, geilen

Betriebswirtschaftlern und Euthanasie-Ärzten, kurz: deutsche Vielfalt) – erwischte ihn eine lumbosakrale Zerrung, die ihn zwang, seine Literaturgeschäfte auf allen vieren zu verrichten. Erinnert mich stark an die Nemesis, sagte Hermattinger und widmete sich anderen, weniger tückischen Preisen.
Der Pfalz-Preis klang ein wenig nach Durchfall und wirkte trotz der hohen Dotierung abschreckend; wahrscheinlich, sagte H., – und dem wäre ich nicht gewachsen, müssen diese Werke inspiriert sein von der ungestümen Intellektualität unseres großen Kanzlers. Während der Arbeit an den Projekten wurde mein Freund eitel; so nahm er den Duden-Preis, immerhin dotiert mit 15.000 steuerfrei, nicht zur Kenntnis. Dann könne man ja gleich den Siemenspreis annehmen, sagte er, oder die Otto-Medaille. Dem Ruhm diente die Medaille, aber sie hatte keinen Münzwert.
Da ihm der sog. innere Bezug zum Werke Hölderlins unklar war – ja wäre es Waiblinger gewesen! – nahm er dieses großartige Projekt nicht auf; zudem hielt er Lyrikschaffende für windige Leute.
In dieser aktiven Zeit ernährte sich H. ausschließlich von Adlers Käse-Ekken; kam aber das Gespräch auf Geld, dann sprach er über den Dow-Jones-Index der Literaturpreise und nur über Summen, die mit 15.000 anfingen.
Man darf nicht vergessen zu erwähnen, daß die Arbeit an einem Werk für einen hochdotierten Preis mitunter entfremdete Arbeit war; um sich ideell, technisch und ideologisch den proponierten Zielen der Deutschlandstiftung zu nähern, erwarb sich Hermattinger diverse Literatur, die ihm eine konservative, leider behinderte Freundin besorgte – also Schoeck und Schmoek, Soziologen und Philosophen, Gehlen und Schmitt, Hupka und sogar Barzel und er verfügte kurzfristig über eine deutsche Gesinnung,

Foto: Isolde Ohlbaum

von der er sich nie wieder vollständig erholen sollte.
Endlich war die Zeit reif und Hermattinger kaufte sich für einen reibungslosen Textausstoß einen PC von Atari, samt Festplatte und Maus, und schrieb einen kritischen Heimatroman, potentiell eine Tetralogie, eine katastrophale Liebesgeschichte (Liebe, Einsamkeit, Aids, sensibel bis zum Komma) und eine Portion wissenschaftlicher Prosa, inspiriert von den Poststrukturalisten.
Diese Texte schickte er per Einschreiben an sämtliche avisierte Organisationen und wartete ab.
Lange Zeit passierte so gut wie nichts (kein Response, wie H. sich ausdrückte), dann aber Ablehnungen, die alle ein bißchen gekränkt waren.
Hermattinger lernte vier Typen kritischer Ablehnung kennen, die er nicht weiter klassifizierte –

a) ... formal gelungen, aber gesellschaftlich nicht relevant.
b) ... gesellschaftlich hoch relevant, formal leider katastrophal.
c) ... insgesamt zynische Infragestellung der Sinn- und Wert-Frage...
d) war nicht nur gekränkt, sondern auch noch ausführlich und zum Schluß hieß es beim Schema d) ... gerade der Einzelne in seiner Verantwortung als Schriftsteller ... muß in allen Lebensbereichen an sich arbeiten und Bewußtsein für seine Muttersprache entwickeln und verfeinern ... was Ihnen leider ... in hohem Maße abgeht ... usw.
Durch die Zeitung erfuhr Hermattinger, daß immer mal wieder scheidende SFB-Intendanten nach kurzfristiger, aber flußreicher Arbeit einen Bonus von 170.000 DM per anno erhielten, ohne Produktionszwang und ohne Kulturauftrag, einfach so.
Da ließ Hermattinger, enttäuscht von der Literatur und ihren Rezipienten, Anthony Burgess' *Tremor of Intent* als Maschinenskript kursieren, mit leichten Veränderungen und schon nach einer Woche hatte er seinen Response – lauter Ablehnungen nach den bekannten Standards.
Neuerdings unterhält H. ein Studio für kreatives Schreiben, 400 DM Grundgebühr; man kann sicher sein, daß keines der Werke, die das Studio verlassen, jemals einen Preis bekommen wird.
Sollte ein Werk von Hermattinger bei Ihnen eintreffen, so prüfen Sie es bitte ohne ideologischen und zeitgeistbedingten Vorbehalt mit Wohlwollen.

Ingomar von Kieseritzky

Totales Sinn-Defizit

[...] Venn kam in mein Zimmer und sagte, es sei schädlich und menschenunwürdig, im Dunkeln herumzuliegen.
Ich denke nach, sagte ich.
Worüber? fragte Venn und setzte sich an meiner Couch Kopfende. Vergangene Katastrophen, sagte ich, also an Anna-M. und das Liebeschaos, die Selbstzerstörung, die Verlustängste, an Haustiere, an den armen McGee, der immer so tapfer als Mensch, Wissenschaftlicher und Pragmatist gegen den Determinismus zu Felde zog und einer kleinen Privatdeterminante zum Opfer fiel, ich denke an meine Karriere als Photograph – Lies ein gutes Buch, sagte Venn, lies ein bißchen Literatur.
Ich kann mit Literatur nichts anfangen, sagte ich, nichts als larmoyantes autobiographisches Zeug, zum Kotzen langweilig erzählt, dagegen sei die Tamponreklame ein Thriller.
Schon gut, sagte Venn, ich will dir etwas sagen, und dann sagte er tatsächlich sehr viel und das sehr schnell – ich sei negativ, destruktiv und obstruktiv, störe elementar seine positiven Impulse gerade in dieser wichtigen Phase des Anfangs, stecke alle anderen durch meine dämlichen depressiven Schübe an und machte letzen Endes keinen Gebrauch meiner höchst persönlichen Freiheit.
Mit Freiheit, sagte Venn, meine ich Handlungsfreiheit, die Freiheit zu handeln, und wenn ich handeln sage, dann meine ich handeln und nicht nicht-handeln, und du handelst nicht, solltest aber deine Freiheit ausnützen und handeln.
Welche Handlung er sich denn vorstelle, fragte ich.
Kelp, sagte Venn mit Wärme, bitte suizidier, ich besorg dir auch alles was du brauchst, und tilge alle Spuren, aber bitte mach Schluß. Ich habe derartige Schwierigkeiten mit einem Herrn Brant, einem kranken Sektenheini, der simuliert und mich aufs Kreuz legen will, daß ich mir deine Niederlagen-Strukturen, dein totales Sinn-Defizit und Vacuum an Bedeutungen einfach nicht leisten kann. Hier hast du 2000 Mark, geh in ein schönes Hotel, nimm dir eine Suite, schreib ein paar sentimentale Abschiedsbriefe, vergiß nicht die Schmerzen deiner Mutter, wie der Poet sagt, schick Anna-M. eine Briefbombe und mach dann sauber Schluß, glaub mir, das wäre für alle Beteiligten das Beste. Du bist nichts anderes, sagte Venn zum Schluß, als ein enormer Störfaktor.
Welche Schwierigkeiten, fragte ich, es mit Brant gäbe.
Brant sei ein Konkurrent, sagte Venn, in Sachen Sinn-Defizit-Ausgleich und Sinnvermittlung, aber er werde ihn fertigmachen, sowahr ihm Gott helfe.
Legte mir noch einmal warm den Selbstmord ans Herz und ging danach erfrischt über seine positiven Impulse. [...]

Aus: Das Buch der Desaster. Verlag Klett-Cotta, Stuttgart 1988, S. 197/198

Der Lachende am Rand der Katastrophe

Sie straucheln, sie stürzen, sie bluten. Sie rutschen von Stühlen und fallen in Löcher. Sie leiden an Mundgeruch, an eingewachsenen Fußnägeln, an schlechter Verdauung, an Zahn-, Stimm- und Haarausfall und vor allem am Zeitgeist. Der Bund der Zukurzgekommenen, der Pechvögel und Wahrheitssuchenden – die gesamte Personnage des Ingomar von Kieseritzky – versteht sich wie ihr Autor bestens aufs Unheil.
Kieseritzky, der 1944 gerade rechtzeitig zum Katastrophenjahr in der Katastrophenstadt Dresden das Licht der damals gänzlich darniederliegenden westlichen Welt erblickte, arbeitet seit seinem ersten Roman „Ossip und Sobolev oder Die Melancholie“ (1968) kontinuierlich und mit unerschöpflichem Witz an der nicht abreißenden Lebens-Unfall-Liste der geschlagenen Menschheit.
Seine Katastrophenspezialisten bestechen durch den Charme des Unglücks, brillieren geradezu mit ihren Kalamitäten, Konfusionen und Debakeln, von denen sie so treu wie sonst nur noch von ihren neurotischen Haustieren begleitet werden. Doch Hamel, Eps, Sam, Couff, Brant, Kelp, und was der Kieseritzkyschen Unglückshelden mehr sind, begegnen den im Übermaß hereinbrechenden alltäglichen Widrigkeiten, wie man dies im wissenschaftlichen Zeitalter mit Ozonlöchern, Atomstrahlung und Giftmüllbergen eben zu tun pflegt. Man mißt, klassifiziert und katalogisiert sie und schreibt zu guter Letzt eine Schadensexpertise. Das beruhigt, schafft Distanz und zeitigt zumindest unter literarischen Gesichtspunkten komische Effekte. [...]

Meist – und vor allem in Kieseritzkys vorläufig letztem Katastrophenbuch, dem „Buch der Desaster“ (1988) – kommt alles noch viel schlimmer (und viel komischer), als man es erwartet, und letztlich ist die Welt nichts als ein Dreckhaufen, von dem aus einer, der es wissen muß (der Philosoph Kreon aus der „Ungeheuerlichen Ohrfeige“, Spezialist für Eurythmie und Euthanasie), empfielt, nach ein paar Tanzschritten abzutreten, anstatt sie mit unseren mißlungenen Entwürfen, unseren gutgemeinten Dummheiten zu belästigen. […]
Kieseritzky meint es – wie jeder gute Satiriker – todernst. Daran ist nicht ernsthaft zu zweifeln, zumal sich Ernst und Spaß allenfalls zum Spaß, im Ernstfall aber selten unterscheiden lassen. Und eben daran mag es liegen, daß es bisher noch keinen Satiriker von Graden gab, der nicht gleichzeitig von Hause aus Moralist gewesen wäre.
Denn: wo die Not am größten, ist das Leben am nächsten. Man denke nur an den berühmten Galgenhumor oder an die weniger berühmte lustige Witwe bei Heinrich Heine, von der es heißt: „Um sechs des Morgens ward er gehenkt, um sieben war er ins Grab gesenkt; Sie aber schon um achte, trank roten Wein und lachte.“
Der Lachende bewegt sich am Rand der Katastrophe, von dem er sich durch sein Gelächter gleichzeitig entfernt. Dies ist die paradoxe Logik einer Katastrophentheorie des Lachens, ohne die uns selbiges wahrscheinlich bald vergehen würde. Wie dem auch sei: Zumindest ist es ein Glück, daß das Unglück bei Kieseritzky in jedem Fall zum Lachen ist.

Iris Radisch in der taz vom 18. April 1988

Ein Panorama der Möglichkeiten

„Dies ist eine Erzählung, die erzählt, was nicht passiert ist oder passieren wird, was nicht vorgekommen ist und nicht vorkommt. Dies ist eine Erzählung, in der das, was in ihr passiert, sich gleichgültig verhält gegen das, was außerhalb von ihr passieren kann. Der Erzähler entwirft eine Möglichkeit.“
Mit diesen Sätzen ließ Helmut Heißenbüttel sein Nachwort zu „Ossip und Sobolev oder Die Melancholie“ von Ingomar von Kieseritzky beginnen, mit dem er 1968 das erste Buch des damals 24jährigen Autors den Lesern zugänglicher zu machen versuchte. Die Sätze bezeichnen noch immer präzis – wenn auch sehr allgemein – das literarische Verfahren Kieseritzkys, wie es sich auch in den folgenden umfangreichen Prosaentwürfen, Romanen und einer ganzen Reihe von Hörspielen modifiziert hat.
Kieseritzkys literarische Produkte bestehen aus mittels Wörtern entworfenen, in Wörtern konkretisierten Möglichkeiten, die allesamt, in sich völlig schlüssig, mit einem dringlichen Anschein der Notwendigkeit im Möglichen, und das heißt im phantastisch Absurden angesiedelt sind.
Kieseritzkys Verfahren ist extrem ungesichert, von ungemilderter Offenheit, dabei jedoch in exemplarischer Konsequenz bezogen auf einige neuere, dem öffentlichen Bewußtsein noch keineswegs integrierte Ergebnisse wissenschaftlichen Denkens: Ludwig Wittgenstein, Kybernetik, Sozialisationsforschung, Linguistik wären die nächstliegenden Stichworte, und sie seien hier von vornherein ganz grob ins Spiel gebracht, weil ohne entsprechende Assoziationen Kieseritzkys Literatur kaum zu charakterisieren ist.
Kieseritzky bezieht sich so extensiv und pointiert auf wissenschaftliche Gegebenheiten und Möglichkeiten, daß man sagen könnte, er sei ein Geistesverwandter des Polen Stanislaw Lem, folge vor allem dessen „Summa technologiae“, nur daß er keine Science-fiction verfaßt, sondern um einen bezeichnenden Grad konsequenter ist: Die wissenschaftlichen Informationen, Theorien und Möglichkeiten sind weniger thematisiert als eingebracht ins literarische Konzept selbst. Sie werden vorausgesetzt in ihrer Bedeutung für die Möglichkeit von Literatur, als neue Bedingungen der Schreibhaltung.
Kieseritzky wählt zum Beispiel nicht Gegenstände, die mit Kybernetik zu tun haben, sondern artikuliert aus gemäß kybernetischen Erkenntnissen korrigierter Haltung, was Realität ganz anders zeigt als gewohnt. Seine Fiktionen bleiben dabei ganz und gar in den Wörtern, der Sprache als dem Medium, in dem Realität sich den Menschen vermittelt und in dem Menschen sich die Realität herstellen. Eine Realität, die strikt in den sozial erzeugten individuellen Strukturen fundiert und zugleich prinzipiell völlig beliebig ist, denn die Fundierung ist aller Geschichte zum Trotz zufällig und veränderlich.
Kieseritzky erfindet sie immer neu. In sich stringent, von außen angesehen absurd, werden Kieseritzkys sprachliche Entwürfe zu Bildern von Möglichkeiten, deren Bedeutung fürs Wirkliche man noch immer nicht wahrhaben möchte. […]

Heinrich Vormweg im Kritischen Lexikon zur deutschsprachigen Gegenwartsliteratur – KLG, München 1978 ff.

Ingomar von Kieseritzky

21. 2. 1944 Dresden

Entstammt einer baltischen Familie. Schulzeit in Stadthagen, Freiburg, Königsfeld und Langeoog. Ein Jahr lang Requisiteur am Goethenaum in Dornach bei Basel. Danach arbeitete er als Buchhändler in Berlin (West) und Göttingen. 1971 Einladung nach Berlin als Gast des Senats. K. lebt und arbeitet seither dort als freier Schriftsteller.

Preise: Förderungspreis von Literatur des großen Kunstpreises von Niedersachsen (1970); Stipendium Kunstpreis Berlin (1973); Stipendium der Villa Massimo/ Rom (1979); Literaturpreis der Freien Hansestadt Bremen (1989); Berliner Literaturpreis der Stiftung Preußische Seehandlung (1992); Montblanc-Literaturpreis (1993); Ehrengabe der Deutschen Schillergesellschaft (1995); Alfred-Döblin-Preis (1997); Hörspielpreis der Kriegsblinden (1997).

Werkauswahl: Ossip und Sobolev oder Die Melancholie. 1968. – Pâte sur Pâte. stimmen-bilder. Hörspiel. 1969. – Tief oben. Roman. 1970. – Zwei Systeme. Hörspiel. 1970. – das mauss-hoffendermellnikow-system. Hörspiel. 1970. – das eine wie das andere. Roman. 1971. – Liebes-Paare. Expertengespräche. Hörspiel. 1973. – Trägheit oder Szenen aus der vita activa. Roman. 1978. – Die ungeheuerliche Ohrfeige oder Szenen aus der Geschichte der Vernunft. 1981. – Obsession. Ein Liebesfall. 1984. – Tristan und Isolde im Wald von Morois oder Der zerstreute Diskurs. (Geschrieben mit Karin Bellingkrodt) 1987. – Das Buch der Desaster. Roman. 1988. — Anatomie für Künstler. Roman. 1989 – Der Frauenplan. Etüden für Männer. 1991. – stilfragen. 1992. – Der sinnstift. Hörspiel. 1993. – Die Literatur und das Komische. Bamberger Vorlesungen. 1993 – Unter Tanten und anderen Stilleben. 1996.

Über I. v. K.: Heinrich Vormweg in: Kritisches Lexikon zur deutschsprachigen Gegenwartsliteratur. München 1978ff.

Fotos (2): Brigitte Friedrich

NORBERT GSTREIN

Förderpreis des Bremer Literaturpreises 1989 für „Einer", Suhrkamp Verlag, Frankfurt / Main 1988

Konrad Franke

Ein Abglanz des Glücks

„Eine Saison um die andere sah er zu, wie sie ihm ein Leben vorgaukelten, das Lust- und Trauerspiel ihres angeblichen Alltags, und er stand da, ein Zuschauer, der alles für die Wirklichkeit halten sollte und ‚schön' rufen oder ‚doll' und aufgeregt in die Hände klatschen. Wenn sie ihn brauchten, wurde er hervorgeholt und durfte mit auf die Bühne, als Schilehrer, Jodler, Tellerwäscher oder was ihnen einfiel. . ."
Die Rede ist von einem kleinen Tiroler Dorf und einem Dorfbewohner, den Sie, meine Damen und Herren, wären Sie ihm dort, wo Sie vielleicht gerade Winterurlaub, Ski-Ferien gemacht haben, begegnet, gewiß den „Dorftrottel" oder den „Dorf-Deppen" genannt hätten.
Er heißt Jakob und hat wenig mit der biblischen Gestalt gemein. Jakob ist ein guter Schüler. Er gilt aber auch früh als ungeschickt, als nicht anstellig, als nicht gut zu allem zu gebrauchen. Er ist einer, dem man Streiche spielt und dem die Mutter, weil er nie ein Ski-Rennen gewinnt, einen Pokal kauft. Jakob wird auf die Schule in die Stadt geschickt – einige Mitschüler entdecken in ihm ein Opfer, er kehrt zurück aufs Dorf. Dort lauscht er, dort guckt er, dort starrt er vor sich hin. Er spült ab, versucht sich als Ski-Lehrer, endet als Gasthaus-Sitzer, als Brabbler, als Laller, als Erzähler endloser Geschichten, die kaum einer mehr hören will.

Jürgen Manthey (links), Norbert Gstrein, Ingomar von Kieseritzky und Senator Horst-Werner Franke. Foto: Gabriele Warnke

Kein Mädchen, keine Frau? Doch. Die groß gewordene Spielgefährtin Hanna, mit ihrer Sehnsucht nach Frankreich, die liebt er, aber erreicht sie nicht. Hanna dreht sich in der „hellen" Musik, in der er sich nicht bewegen kann. Bringt Jakob am Ende Hanna um, aus Liebe? Norbert Gstrein ist klug genug, das sein Geheimnis bleiben zu lassen. Jakob und Hanna – „am ehesten kamen sie miteinander aus, wenn beide betrunken waren", heißt es über sie.
Jakobs Geschichte – das könnte die Geschichte der Abrichtung eines Menschen sein. Am Ende stünde eine Figur vor uns, wie wir sie aus manchen Büchern Handkes oder Bernhards kennen. Sie steht aber nicht vor uns, sie geht, sie wird abgeführt, von zwei Polizisten – das Ganze ist ein sehr sorgfältig aufgenommenes Verhör-Protokoll, eines Tages, zwischen 11.05 und 13.08, wie heißt es? „Erstellt".
Zu Protokoll geben ihre Sicht des „Falles", ihr Bild Jakobs: die Brüder, die Mutter, zwei Trink-Kumpane, eine Nachbarin. Von Jakob hören wir nichts, er wird nur zitiert. Am Anfang und am Ende der Erzählung: der Abhol-Vorgang. Jakob muß wieder in die Stadt.
Wie wird es ihm, dem „Linkshänder",

dem Menschen, der „in seine Kleidung hineinschrumpft“ und „nicht aus ihr herausgewachsen ist“, diesmal ergehen?
Wir erfahren es nicht in dieser ersten veröffentlichten Erzählung von Norbert Gstrein. Wir erfahren nur: da ist einer aus dem Nest gefallen und als er in sein Nest, den tirolischen Fremdenverkehrsort, zurückkommt – da ist es sein Nest nicht mehr. Denn dieses Nest, dieses Dorf, das hat er in der Stadt begriffen, ist durch den Tourismus zerstört und das für ihn Schreckliche ist: daß es die Dorfbewohner nicht spüren, nicht wahrhaben wollen, nicht sich wahrmachen können, weil es ihnen an der notwendigen Sprache für die Beschreibung der Verelendung fehlt. Jakob sieht und spricht, zu sich, vielleicht mit Hanna, davon ... [...]
Was Jakob am Ende wieder in sein Dorf getrieben hat – ein Ladendiebstahl als Mutprobe, eine Erpressung, die Einsamkeit, das Fremde – Gstrein läßt, sein zweites, bewußt erzeugtes Geheimnis in diesem Buch, alles offen und er kann das guten Gewissens tun, weil seine Berichterstatter den Grund der Wiederkehr ja wirklich nicht genau wissen. Selbst die Mutter spricht nur von der „dummen Geschichte mit dem Laden“, mehr nicht. Und der Vater wußte ja von Anfang an, daß das nicht gutgehen konnte, er sagt: noch nie habe einer aus dem Dorf dort „im Leben sein Glück gemacht“.
Es sind Fatalisten, die Menschen um Jakob herum, Verwandte wie Bekannte, sie nehmens, wies kommt und es kommen die „Saisonen“ und mit ihnen die Touristen, Lebensunterhalt und Lebensinhalt.
Jakob ist anders, er ist ein Einzelgänger, ein Glück-Sucher, einer, der sich und anderen immer wieder beteuern muß: „es geht mir gut“. Man glaubt ihm – er glaubt sich nicht. Ein Abglanz des Glücks – ist nur noch bei den Kindern zu finden, bei den Menschen,

Foto: Isolde Ohlbaum

die noch nicht bewußt Teil der Industrie sind. Wenn er selbst sich später an seine Kindheit erinnert, weint er.
Ist es sehr vermessen, an Jakob zu denken als an jemanden, der wie ein anderer über „seine Stadt“ weint, als jemanden, der die Leiden seiner Welt auf sich nimmt und trägt, weil er sie allein erkennt? Ist, um es klar auszusprechen, Jakobs Leiden an der Verelendung des Dorfs und seiner Bewohner das Beispiel einer Passion? Leidet er für die anderen mit? Ohne es zu wollen? Oder flüchtet er nur in die Haltung eines Dulders, eines Opfers? Einmal liest man: „Er hat seine eigene Welt, und es ging ihm nicht schlecht, wenigstens nicht so schlecht, wie andere glaubten, mit unverrückbar festen Ideen von einem gelungenen Leben.“ Jakob ist eben „Einer“ und die Anderen sind die Anderen und die Mehrzahl obendrein. Nun könnte man aus dieser Geschichte von einem, der das Fürchten gelernt hat, eine schrecklich triviale Angelegenheit machen, ein richtiges dummes Grün-Stück; seht nur, wie die Natur auch dort, wo wir sie noch heil glauben, krank gemacht wird und Jakob müßte dann was Alternatives wollen und auch ein bißchen tun, am besten zusammen mit Hanna. Es gibt Beispiele.
Aber Norbert Gstrein kennt offenbar die Versuchungen und die Preise des Literatur-Marktes. Noch lieber wäre mir: er könnte gar nicht anders schreiben als so: eine sehr genaue Konstruktion ausfüllend, haushälterisch knapp, sehr diszipliniert. Er muß zuvor viel gelesen haben. Die erzählerischen Tricks werden nicht nur angewandt, so, wie man eben mit dem Handwerkszeug und mit den Kniffen des Gewerbes umgeht – sie sind so sehr Teil der Erzählung, daß auch ein nicht ganz ungeübter Leser erst einmal den Effekt bewundert – und dann erkennt, wie er erzeugt wurde.
Jakob in der Stadt – der Bericht darüber: „Natürlich habe ich mich gewehrt“ – sagt er. „Er schlug um sich ...“– sagt der Erzähler. Diese beiden Sätze folgen aber direkt hintereinander: „Natürlich habe ich mich gewehrt. Er schlug um sich ...“ Das nenne ich: gut erzählt. [...]

Aus der Laudatio vom 26. Januar 1989

Foto: Isolde Ohlbaum

Norbert Gstrein

Als ginge ihn alles nichts an

[...] Mit der Arbeit in der Skischule verlor er sein geregeltes Einkommen und war bald abhängig, der Gutmütigkeit oder schlauen Berechnung von irgendwem ausgeliefert, als das letzte Gasthaus die Schulden wies und nur mehr ausschenkte, was er zuvor bezahlt hatte. Er änderte die alten Gewohnheiten nicht, ging Tag um Tag die üblichen Runden, allein daß er vorher Mutter aufsuchte, erinnert euch, die ihm das abgezählte Geld für ein Glas Wein gab, Schilling für Schilling; oder bisweilen mich. Vom Bruder habe er nie einen Groschen gesehen, nicht einmal früher den Lohn für die Arbeit im Gasthaus. Es schien ihm nichts auszumachen, aber was wußten sie schon? Manchmal sprach er mit Hanna, sah sie über einen Tisch lange an oder begann plötzlich, wenn sie weit die Straße hinausspaziert waren, das sei kein Leben, und es kam vor, daß er auf einmal weinte, grundlos, wie man sagt. In den Gasthäusern merkte man nichts. Er erzählte die gleichen Geschichten, mit den gleichen Dummheiten, und wenn er einen ganzen Abend irgendwo schweigend stand, nannte man ihn besoffen, nicht unglücklich, oder sah an ihm vorbei.

Mitunter bettelte er einen Wirt um ein Achtel Wein an, oder wurde eingeladen, wenn er längst betrunken war, damit er vollkommen außer sich geriete und nicht mehr wüßte, was er tat. Sie horchten ihn aus und trieben ihre Späße, schütteten Spülmittel in sein Glas, schoben ihm die Zigaretten gebündelt in den Mund oder

Norbert Gstrein

Vom Reden

Ich sage: ich glaube nicht, daß mich je jemand aufgefordert hat zu reden, daß man wissen wollte, was ich denke, wo alles feststand, wo Schweigen als Tugend galt und stets einer da war, der Vater oder sonstwer, der es besser wußte. Von Anfang an hieß Lernen immer auch lernen, den Mund zu halten, ungefragt zuzuhören, hieß von anderen lernen – bis man war wie sie oder zugrunde ging. Die Angst vor dem Wort spürte ich als Drohung, wenn vom Gerede nichts blieb, nur die Frage, was es verbarg. Als Ausgleich sang man Kinderlieder, ich wurde eingeschläfert, niedergebrüllt, und Schläge gab es, wenn ich zu viel sprach, wenn mein Schweigen beredt war.

Wer mir sagte: sag, schien auf Zustimmung aus oder hatte Angst vor der Stille. Im Drill, ich meine, Ernst des Lebens, sah ich, was von mir erwartet wurde, eine Reaktion auf Reize, Sprechen war nicht wichtig, wichtig war Entsprechen. Was ich zu reden hatte, stand am Plan, die freie Meinung, zu der man mich erzog. Ich lernte, allen alles recht zu machen, und erschrak mit meinem einen Mund vor hundert Ohren; vor der Ohnmacht, wenn ich etwas sagte, wenn ich schwieg.

Wirkliche Rede kam als Gegenrede; das erste Nein; wie ich im Familienspiel die Rolle aufgab; wie ich nicht mehr schaute, ob einer an der Wahrheit litt. Ich sprach, wenn ich nicht gefragt war. Ich lernte, ich zu sein.

In meiner Rede begann ich fremde Reden zu entdecken. Weil es Wörter gibt, wirkte jeder Satz wie nachgeahmt, wie kaum ernst, wenn man den Ton nicht traf, wenn man nicht sprach, als wäre ein Laut, eine Silbe im Entstehen neu. Dennoch, was von früher, fast hätte ich gesagt: seit je,

was von anderen da war, war nicht alles. Ich lernte abzuwägen. Ich sprach nicht mehr wie unter Aufsicht.
Immer öfter kam es vor, daß ich von mir aus anfing und nicht innehielt – vor meinem Mut. Wichtig, ich sage: wichtig waren Bücher, wichtig war die Schrift, die sich nie den Mund verbieten ließ. Im Gedruckten lernte ich die Rede lieben, die Sprache, vor der mir meine plump vorkam. Ich sah: es gab, was es nicht geben durfte, eine Stimme, die für sich die Welt erfand; und ich folgte ihr.
Was ich kannte, galt nicht: ja oder nein; es gab Zwischentöne, man konnte unentschieden sein – und trotzdem ernsthaft. Ich lernte hinzuhören, wo es nichts zu hören gab; wo nichts stand, wurden leise Worte laut. Ich sah, daß man alles sagen kann, nur wie, daß Lüge manchmal wahrer ist als was man Wahrheit nennt – und daß man übers Reden reden muß, die Sprache, wenn man nicht alte Fehler will.
Und sonst?
Ich sagte nicht mehr „nichts“, wenn einer wissen wollte, was. Sagte nicht: ich liebe dich – auf die Frage, was ich denke.
„Was denkst du?“
„Ich?“ Ich sagte nichts. Ich schrieb.
Ich danke Ihnen. Ich danke Herrn Konrad Franke, der Jury und dem Vorstand der Rudolf-Alexander-Schröder-Stiftung.

das Mikrophon, wenn er es nicht mehr zu halten vermochte, und lachten, lachten immer noch, einmal, als er zu schreien begann und der gequälte Schrei aus allen Lautsprechern zu hören war. Warum er sich nicht wehrte? Oft sah er wie unbeteiligt zu, als beträfe es nicht ihn, oder er wäre ein anderer, erst wieder er selbst, wenn er den Wein an die Lippen führte, den es als Belohnung gab oder billigen Trost. Was soll die Frage? Nach Mitternacht stellten sie in einer langen Reihe ihre Gläser auf die Theke und schauten lachend zu, wie er in Windeseile aus jedem den letzten Schluck nahm, und wenn er in der gesetzten Zeit blieb, bekam er einen Doppelliter oder durfte zum nächsten Durchgang antreten, immer wieder, bis er genug hätte oder alles erbrach.
Es war kein Leben. Spät am Vormittag verließ er sein Zimmer und setzte sich wortlos an den Küchentisch, blätterte die Tageszeitung durch oder saß einfach da und schaute aus dem Fenster, wartete auf das Essen und stand kopfschüttelnd auf, sobald mit den ersten Bestellungen alle in helle Aufregung gerieten, wie gestochen hin und her rannten und zuweilen ihn verantwortlich machten: steh nicht im Weg, wenn etwas danebenging. Es gab Tage, an denen er nicht erschien, und wenn jemand, von Mutter geheißen, an seine Tür klopfte, mochte er sagen, er fühle sich unpäßlich, und bitter lachen über das gelungene Wort oder nur murren. Und einmal hätte er überhaupt nicht geantwortet, sei halbnackt auf dem Boden gelegen, so Novak, der auf das Dach stieg und durch die schmierige Scheibe in die Kammer spähte. Seine Spaziergänge und Wanderungen in der nahen Umgebung wurden seltener. Gewöhnlich blieb er im Haus, zog sich wieder ins Zimmer zurück oder saß in der Stube, bis er am frühen Nachmittag unruhig auf den Fluren umherzustreichen begann und plötzlich verschwunden war, sie wußten wohin. Man hatte ihm die Kellerschlüssel abgenommen, nach einer Inventur, und an der Speis ein Schloß angebracht, weil er Schluck für Schluck die Weinflaschen leertrank und Leitungswasser nachfüllte, bis vom Alkohol nichts, auch nicht der Geruch blieb.
In dieser Zeit sprachen wir nicht oft mit ihm, Mutters Geburtstag, ja, aber da wäre er schweigsam gewesen, stand abseits, als ginge ihn alles nichts an, eine komische Figur in Vaters blauem Anzug, und wenn er etwas sagte, klang es bemüht und ließ eine lange Stille zurück, in der die ihn erstaunt ansahen; man hätte immer noch vernünftig mit ihm reden können, aber die Bedingung blieb ihnen unbekannt. Es war etwas, das er nicht im Griff hatte. Verrücktsein nannte man es im Dorf, nie Krankheit, ein Wort aus einer ganz anderen Wirklichkeit, über die niemand lachte. […]

Aus: Einer. Suhrkamp Verlag, Frankfurt/Main 1988. S. 84-86

Erfahrungen eines haltlosen Außenseiters

[…] Das Leben des Außenseiters Jakob, von dem Gstrein erzählt, hat sein eigenes Zeitmaß. Nicht Uhren geben den Takt dieses Lebens an, sondern der eigenwillige Pulsschlag einer „Gegen-Erfahrung".
Wie dieser Pulsschlag schwächer und leiser wird, während gleichzeitig das vielstimmige Ticken der Uhren zu einem machtvollen, unerbittlichen Getöse anschwillt, läßt sich in einem der erstaunlichsten Prosabücher der jüngeren österreichischen Literaturgeschichte nachlesen.
Gstrein schreibt gegen ein Dilemma an, das sich aus seinem Stoff ergibt: er will von einem Leben erzählen, das sich gegen jedes „Erzähltwerden" sträubt. Weil das Maß der Zeit zugleich auch das Maß der Erzählung ist, stellt jede „Geschichte" von vornherein eine künstliche Ordnung dar. Könnte Jakob seine Geschichte selbst erzählen, wäre sie keine „Geschichte" mehr, sondern vielleicht bloß ein langes, raumgreifendes Schweigen. Tatsächlich aber bekommt Jakob gar nie die Chance, sich zum Subjekt seines Lebensentwurfes zu machen. Seine „Geschichte" wird von anderen erzählt, und das heißt: die Entmündigung, die den Gegenstand der Erzählung bildet, wird durch den Akt des Erzählens gesteigert und besiegelt.
Gstrein hält diesen Zusammenhang gegenwärtig, indem er den erinnernden Nachvollzug von Jakobs Biographie an verschiedene Erzählinstanzen delegiert: an die Mutter, die Brüder, an Freunde, zufällige Beobachter. Sie stehen stellvertretend für eine kleine Tiroler Fremdenverkehrsgemeinde, wo die Profitgier längst alle zwischenmenschlichen Beziehungen ausgehöhlt hat. Jakob nimmt sich in dieser Welt, die das Fremde, Andersartige nur duldet, um es gehörig ausbeuten zu können, wie eine Art Kaspar Hauser aus. Sein Lebenstraum, gespeist aus frühen Kindheitserfahrungen, verblaßt allmählich; er wird zum wortkargen, trunksüchtigen Dorfstreuner, zum verwahrlosten Verweigerer, der freilich bloß zur Kenntlichkeit entstellt, worauf die reduzierte, uneigentliche Existenz der ganzen Dorfgemeinschaft hinausläuft: wenn er schweigt, klagt er zugleich auch die Sprachlosigkeit der Dörfler ein, und vergißt er im Rausch, wer er ist, rührt er immer auch an die Selbstvergessenheit seiner Umwelt.
Es entspricht einer bewußten Gestaltungsabsicht, daß Gstrein die „Geschichte" Jakobs von ihrem Ende her aufrollt. Der Rebell ist zum Gesetzesbrecher geworden. Daß er seine Freundin Hanna getötet hat, darf man ahnen: das Ereignis selbst wird in den Erzählungen ausgespart. Es bleibt – und da setzt Gstrein einen bezeichnenden Akzent – das einzige Geheimnis, das nicht aufgeht im fremden Zugriff auf Jakobs Leben. Jakobs Geschichte beginnt recht eigentlich erst, wo die „Geschichten" der verschiedenen Erzähler enden.
Deshalb ist es auch kein Zufall, daß diese „Geschichten" durch die Fragen von Polizisten in Gang kommen: was den Aufbau aller „Berichte" über Jakobs Leben bestimmt, ist nicht das Muster einer authentischen Erfahrung, sondern das abstrakte Ordnungsschema des Verhörs. Sorgsam erstellen die Befragten eine „Chronik" der Ereignisse, bemüht knüpfen sie das Kausalnetz, das den beunruhigenden „Fall" dingfest und verfügbar machen soll. Doch ihre „Erzählungen" schreiben nur die Verständnislosigkeit fort, die Jakob zum Außenseiter gestempelt hat; unablässig tikken die Uhren, aber ihr starres Metrum reicht nicht wirklich heran an Jakobs Zeiterfahrung: „Niemand schaut auf eine Uhr, und so ist ungewiß, ob die Zeit nicht gerade jetzt eine Sekunde versäumt."
Der Gehalt von Gstreins Erzählung erschließt sich weitgehend nicht über das erzählte Geschehen, sondern über die Erzählweise. Seit Peter Handkes „Wunschlosem Unglück" ist eine derart dichte, dabei unangestrengte Verflechtung von Erzählung und Erzählreflexion nicht gelungen. Hier schreibt einer, der offenbar genug Erfahrungen macht, um davon erzählen zu können, und gleichzeitig ganz genau weiß, daß solche Erfahrungen oft spurlos verdampfen in der Voraussetzungslosigkeit „reinen" Erzählens. Die traumwandlerische Stilsicherheit, mit der Gstrein diesem Dilemma begegnet, gibt Anlaß zu schönsten Hoffnungen. Man darf also beruhigt sein: die jüngste österreichische Literatur besteht nicht bloß aus Christoph Ransmayr.

Gerhard Melzer in der Neuen Zürcher Zeitung vom 6. Januar 1989

Norbert Gstrein

3. 6. 1961 Mils/Tirol

Studium der Mathematik in Innsbruck, mit Studienaufenthalten in Stanford (USA) und Erlangen. Nach dem Diplom 1984 arbeitete G. an einer sprachphilosophischen Dissertation „Zur Logik der Fragen". 1989 Stadtschreiber von Graz. Lebt in Innsbruck.
Preise: Literaturförderpreis der Freien Hansestadt Bremen (1989); Rauriser Literaturpreis (1989); Preis des Landes Kärnten beim Ingeborg-Bachmann-Wettbewerb in Klagenfurt ; Berliner Literaturpreis der Stiftung Preußische Seehandlung (1994); Förderpreis zum Friedrich-Hölderlin-Preis der Stadt Bad Homburg (1994); Johannes-Bobrowski-Medaille (1994).
Werkauswahl: Einer. Erzählung. 1988. – Anderntags. Erzählung. 1989. – Das Register. Roman. 1992. – 0_2. Novelle. 1993. – Der Kommerzialrat. Bericht. 1995.

Foto: Isolde Ohlbaum

Bremer Literaturpreis 1990 für „Der Fleck, die Jacke, die Zimmer, der Schmerz“, Rowohlt Verlag, Reinbek 1989

Martha Höhl

Schwieriges einfach sagen

„... weil ich plötzlich weiß, daß es nur zwei Möglichkeiten des Lebens gibt: die Verrücktheit oder die Selbstbegnadigung.“ (Wilhelm Genazino)

Lieber Wilhelm Genazino,
Herr Senator, meine Damen,
meine Herren,
Wilhelm Genazino mißtraut den großen Worten und Gesten. Er vertraut der Sprache, der Kunst. [...]
Genazino braucht und nimmt sich Zeit fürs Schreiben. Im Literaturbetrieb blieb er ein Fremdling. Ihm geht die Fähigkeit und Bereitschaft ab, sich mit dem „Jahrmarkt der Eitelkeiten“ gemein zu machen. [...]
Schon mit dem ersten Roman Genazinos beginnt, was die späteren Romane konsequent ausführen: die Detailgenauigkeit in der Beschreibung des Trivialen, Niederdrückenden, des schäbig Alltäglichen, das Menschen kränkt und krank macht, in Isolierung und Vereinzelung treibt. Die Definition „Phänomenologie des Alltags“ trifft sehr genau, was die Prosa Genazinos auszeichnet. [...]
Das Buch „Der Fleck, die Jacke, die Zimmer, der Schmerz“, für das ihm der Bremer Literaturpreis verliehen wird, nennt Wilhelm Genazino „Roman“. Seine Prosaminiaturen, die oft nur wenige Sätze umfassen, selten mehrere Seiten, beschreiben Gegenstände und Situationen einer Alltagswelt, die nicht mehr gesehen und nicht

Wilhelm Genazino, Irina Liebmann und Senator Horst-Werner Franke. Foto: Herbert Abel

mehr erfahren werden, weil der Blick und der Begriff für sie den Menschen weitgehend entzogen worden, abhanden gekommen ist. Die Erzählbilder, je für sich abgeschlossen, scheinen Leben und Welt in Segmente aufzulösen, scheinen die Zusammenschau und jeglichen Zusammenhang zu verweigern und sind doch kunstvoll miteinander verknüpft, korrespondieren untereinander und offenbaren schließlich eine geheime, wenngleich negative Identität. Aus der einzelnen, scheinbar nur sinnlichen, körperhaften Miniatur bildet sich abschließend nicht selten eine ästhetische oder philosophische Sequenz.
Der Schriftsteller W. und Gesa, die Frau, die er liebt, leben in Frankfurt. Sie brechen auf zu einer Reise, die sie nach Wien, Paris, Amsterdam führt und wieder zurück nach Frankfurt. Die fünf Kapitel des Buches entsprechen den Orten, in denen sie leben, für eine Weile – auf Dauer?
Obwohl für die Städte auffindbare Straßen, Plätze, Cafés, kleine Hotels, Museen und Häuser genannt werden, läßt sich aus ihnen keine touristische Route rekonstruieren. Es ist, als seien

sie dem Paar als jeweils eigene, sich auf Zeit zu eigen gemachte, zugehörig. Das liegt nicht zuletzt darin begründet, daß ihr Leben sich abseits vom Strom der Zentren, der Hauptstraßen und Touristen abspielt, abseits auch von eingeübten Verhaltensmustern.
Gehen, Sehen und Beobachten ist für den Schriftsteller W. eine Lebensform. Ihn hält nicht das Spektakuläre fest, sondern das Alltägliche. Das beschreibt er. Zum Beispiel den kleinen Sohn, der die Eltern zum Lachen bringen will. Doch all die Faxen in der „halsbrecherischen Todeskomik“ des Kindes „erwecken“ die Eltern, die „müde und stumm ihre Plastiktüten tragen“, nicht zum Leben.
„So wird es immer sein, mein Lieber, das Unmögliche ist das Normale“, möchte W. dem Kind nachrufen.
Oft münden Genazinos Geschichten ein in diesen Augenblick des Erschreckens. [...]
Von „Abschaffel“ bis zu diesem neuen Roman hat Genazino einen weiten Weg zurückgelegt. Nicht über „ihn“, den ver- und zerstörten Menschen und Antihelden wird aus der Perspektive des Erzählers gesprochen. Der Autor, der „ich“ sagt, gibt sich preis und verbirgt sich zugleich. Doch dieser Mut, „ich“ zu sagen, klammert die Gesellschaft nicht aus. Er bedeutet keinen bloßen Rückzug ins Private, die *splendid isolation*. Die nur vordergründig kleinteilige Beobachtung weiß und sagt mehr über Menschen und Gesellschaft, als viele als groß angekündigte Entwürfe, wer aber, der nicht ein „Selbst“ wird, könnte Gesellschaft ortend sie beschreiben und möglicherweise verändern? Und wo finge Veränderung an, wenn nicht beim einzelnen? [...]
Im Erkennen der Verluste – das Schreiben zeigt sie auf und holt die verlorene Welt zugleich wieder ein – liegt auch das Tröstende. Genazino verzichtet auf verletzende Ironie, auf Hohn, Spott, aber auch auf Ressentiment. Er geht auf Distanz, aber nicht ohne Mitgefühl. Seine Prosa ist voller Melancholie, aber auch nicht ohne Humor und Sinn für Komik. Sein Prinzip ist Behutsamkeit.
Doch noch einmal holt uns der Schrecken am Ende des Buches ein. Genazino schreibt: ... „weil ich plötzlich weiß, daß es nur zwei Möglichkeiten des Lebens gibt: die Verrücktheit oder die Selbstbegnadigung.“ Wohin sich die Waage neigt, bleibt offen: für den einzelnen, für die Welt. In diesem Buch jedoch hat Wilhelm Genazino durch seine Form der Sprache das Verlorene von Sprache, Kunst und Leben in doppeltem Sinne aufgehoben. Dafür danken wir ihm.

Bevor Ihnen, lieber Wilhelm Genazino, jetzt der Bremer Literaturpreis übergeben wird, freue ich mich, Ihnen Grüße und Glückwünsche von Strafgefangenen aus Oslebshausen zu übermitteln. Für Sie, liebe Zuhörer, dazu eine ganz kurze Erklärung: Vom September 1988 bis Oktober 1989 baute Wilhelm Genazino in der Stadtbibliothek der Strafvollzugsanstalt Oslebshausen eine Literaturgruppe auf. Das Projekt: „Strafgefangene und Literatur, Strafgefangene und Sprache“ wurde vom Deutschen Literatur-Fonds finanziert. Genazino hat die Aufgabe, mit Menschen zu arbeiten, die isoliert leben, spontan angenommen. Er konnte zuhören, und er hat den Gefangenen schwierige Texte und Sätze von Kleist bis Wittgenstein zugemutet. Er konnte Schwieriges einfach sagen. Schwieriges ist offenbar doch zu vermitteln, wenn existentielle Bezüge durch Sprache und die Fähigkeit der Vermittlung transportiert werden. [...]

Aus der Laudatio vom 26. Januar 1990

Wilhelm Genazino

Der Schreibende und der Lesende

Während der Arbeit an dieser Dankrede stieß ich in der Frankfurter Allgemeinen Zeitung auf einen Satz, der mich ins Zentrum meines Themas versetzte. Der Satz lautet: “Die Ohnmacht des Einzelnen grenzt ans Unerträgliche”. Interessant fand ich, daß die Zeitung den Satz nicht kommentierte; sie rechnet damit, daß jedem, der den Satz liest, schon etwas dazu einfallen wird, was er meinen könnte. Schließlich hat jeder so etwas wie ein persönliches Ohnmachtswissen. Der Satz unterstellt, daß die Einzelnen mit dem Ganzen noch irgendwie verbunden sind. Irgendwie, sonst ein ungenaues Wort, ist hier ausnahmsweise genau. Denn das schwer faßliche Ganze ist es, das uns mit Ohnmachtsgefühlen heimsucht, mit ganz verschiedenen obendrein. Die Auswahl ist groß. Die einen fühlen sich ohnmächtig, wenn sie zur Kenntnis nehmen müssen, wie schlicht es in den Köpfen unserer Terroristen zugeht; die anderen empfinden Ohnmacht, fast täglich, weil sie der Sprachnot eines Bundeskanzlers ausgesetzt sind. Wieder anderen genügt eine halbe Stunde auf einer deutschen Autobahn, und sie haben das ohnmächtige Gefühl, einer ständig größer werdenden Bande von Freizeitkriminellen ausgeliefert zu sein.
Oder sind immer mehr Einzelne mit dem Ganzen gar nicht mehr wirklich

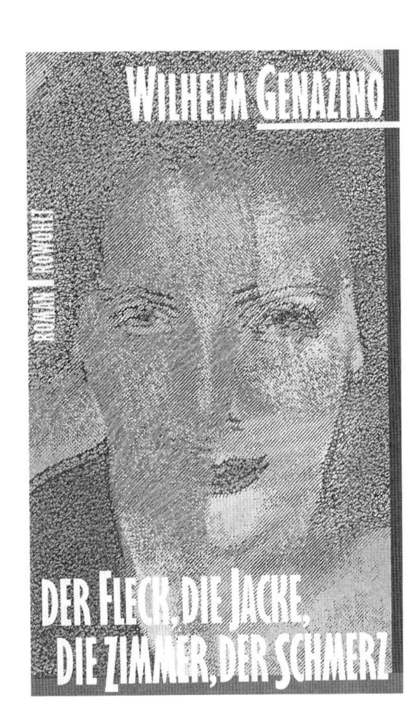

verbunden? Spielen viele ihre Zugehörigkeit zu den anderen nur noch? Weil es ihnen zu schwer gemacht wird, die Verbindung zum Ganzen, zur Mehrheit, zu halten? Ich frage. Sie kennen vielleicht den Satz des schweizerischen Dichters Robert Walser: "Niemand ist berechtigt, sich mir gegenüber so zu benehmen, als kennte er mich." Der Satz spaltet unsere Gefühle. Wir wollen ihm zustimmen und ihn zugleich verwerfen. Wir möchten (einerseits) keineswegs so empfindlich sein, daß wir die anderen vor unserer Empfindlichkeit warnen müssen. Und (andererseits) möchten wir schon darauf hinweisen, daß wir, jeder Einzelne von uns, mehr sind als nur das Exemplar einer Gattung. Modern ausgedrückt: Wir möchten nicht glauben, was zur Zeit viele glauben, daß das Subjekt zu Ende erklärt ist. Der Satz von Robert Walser weist auf gespaltene Verhältnisse in uns selbst. Wir wollen uns unserer Eigenart erfreuen und zugleich nicht mit ihr auffallen müssen. In diesem Konflikt steckt das Zentrum jeder Individuation. Wir beanspruchen formal das Recht auf Privatheit und wollen nicht angeben, worin diese positiv besteht. Privatheit ist Geheimsache; gerade darum ist sie individuell. Und doch bringt der Wunsch nach Privatheit (wie jeder Wunsch) sofort eine mit ihm verschwisterte Angst hervor. Es ist die Angst, vielleicht etwas gegen andere denken oder gar tun zu müssen, indem wir etwas für uns selber tun. Politisch ausgedrückt: Wir ziehen es vor, unsere Subjektivität zu verbergen, weil wir uns nicht gegen Mehrheiten stellen wollen.

Wer diesen Konflikt spürt, ihn aber nicht aushalten kann, gehört zu den vielen Menschen, die nur unfreiwillig Einzelne sein können. Sie kämpfen gegen die Übermacht von tief in uns eingesenkten Vorstellungen, die uns noch im Traum davon überzeugen, daß die Verständigung mit den anderen immer wichtiger ist als die Verständigung mit uns selbst. Es ist ein bedeutsames Zeichen, daß wir mit den Arbeiten von Jürgen Habermas und Niklas Luhmann gleich zwei neue Gesellschaftstheorien vorliegen haben, aber keine einzige neue Subjekttheorie, nicht einmal eine unzureichende. Wenn wir am Diskurs über die schmerzende Wirrnis der Lebenden teilnehmen wollen, müssen wir zu Büchern von Nietzsche und Freud greifen, zu Werken zweier Autoren also, die im ersten Fall etwas mehr, im zweiten etwas weniger als hundert Jahre alt sind. Und dies, obgleich wir davon ausgehen können, daß die gesteigerte Komplexität der Lebenden genauso verstehensbedürftig ist wie die mit gleich zwei neuen Theorien erklärte Gesellschaft, in der die Einzelnen zu leben angehalten sind.

Der Grund für diese Bevorzugung ist einfach: Der Ordnungsbedarf der Mehrheit ist sowohl dringlicher als auch einfacher zu lösen. Politisch ausgedrückt: Eine Gesellschaft kann man notfalls befrieden, Einzelne nicht. Und weil es soviel einfacher ist, sich mit anderen zu verständigen als mit sich selbst, gibt es so viele Politiker, Künstler, Sportler, die sich brillant mit jedem Publikum verstehen, ohne je mit sich selbst vertraut worden zu sein. Den routiniertesten Publikumsvirtuosen sieht man es sogar an, wie groß ihre Genugtuung darüber ist, im Kontakt mit vielen anderen sich selbst so glatt entrinnen zu können. Und dafür auch noch belohnt zu werden. Die Gesellschaft applaudiert jedem, der Übereinstimmung mit sich für weniger wichtig hält als Übereinstimmung mit anderen. Einzelne, die in diesem Punkt anderer Meinung sind, nennen wir gerne "weltfremd". Was Weltfremdheit ist, wissen bei uns schon Kinder, obwohl sie nicht sagen können, was Welt und was Fremdheit je für sich sind. Das ist Ergebnis eines bloß technischen Sprachgebrauchs, dem Kennzeichnung immer näher ist als Wahrnehmung. Für das Gegenstück zur Weltfremdheit gibt es nicht einmal ein Wort, obwohl der Kern des Gegenstücks: der Widerspruch im Subjekt, längst ein Massensymptom geworden ist, für das sich die Massen aber nicht interessieren können, weil es bei uns als nicht verheißungsvoll gilt, sich mit der Archäologie des eigenen Selbst zu beschäftigen. Wir müßten dann entdecken, daß wir im Innersten Schwererziehbare sind. Obwohl wir jeden Tag gezähmt werden, verwildern wir gleichzeitig. Die Vielen, die es nicht schaffen, das Schwanken ihres Ichs als Zentrum ihrer Person hinzunehmen, überantworten ihre Innenwelt der komfortableren Gesellschaftsseele, die von allem, was das Individuum ausmachen könnte, nichts wissen mag. Jeder Staat geht davon aus, daß wir uns ähneln oder einander gar gleich sind. Und es schreckt uns nicht, daß die Annahme, wir seien ähnlich oder gar gleich, zu oft schon zu einer faktischen Verschlechterung unserer Verhältnisse geführt hat. In jeder Zusammenfassung von Menschen, auch in der wohlwollend gemeinten, steckt die Idee des Lagers. Und weil es gar so viele sind, die freiwillig in künstliche Gemeinschaften fliehen, wird es von Jahr zu Jahr schwieriger, die Einmaligkeit des Individuums zu behaupten. Niemand sagt uns, wie wir uns Individualität, Subjektivität, Privatheit in der heutigen Gesellschaft noch denken sollen. Unsere öffentlichen Lebensbegleiter, die Medien, helfen uns nicht, im Gegenteil, sie werden mehr und mehr Teile dessen, wovor wir uns zu schützen haben. Der Erfolg der Kulturindustrie ist triumphal; sie hat es geschafft, daß sich Menschen nicht mehr für sich selber interessieren. Die Verhöhnung *ist* Unterhaltung geworden. Ich sehe keine Gruppe, keine Bürgerinitiative, erst recht keine Partei, die den Einzelnen ernst nimmt. Hier, denke ich, ist der Ort der Literatur. Jeder, der liest, und erst recht jeder, der schreibt, hält an einer Ordnung fest, die avancierte Gesellschaftstechniker für überwunden halten: Es kann andere nur verstehen, wer sich zuvor ausreichend mit sich selbst verständigt hat. Der Schreibende und der Lesende sind eine Einheit. Es verbindet sie ein Verlangen nach dem Ausdruck dessen, was erst durch seine Versprachlichung auf die Welt kommt. Wer fortgesetzt liest oder schreibt, bricht mit der Anmaßung, die in jeder Vergesellschaftung steckt, daß es Personen oder gar Ämter geben könnte, die über ihn, den Lesenden, den Sich-mit-sich-selbst-Verständigenden, besser Bescheid wissen als er selbst. Sein Selbstwissen ist jeder fremden Wissensbehauptung überlegen: Darin liegt die Gravitation seiner Individualität, die zunächst nichts weiter ist als die Gewißheit eines Abstands. Diesen Abstand gibt es nicht im Sonderangebot. Jeder, der ihn für sich nützen will, muß ihn sich selbst erarbeiten. Ich wiederhole den Satz von Robert Walser, der uns jetzt vielleicht ein wenig näher ist: "Niemand ist berechtigt, sich mir gegenüber so zu benehmen, als kennte er mich." Der Satz verdankt sich einem verletzenden Umgang mit Gesellschaft. Als Vorbehalt will er in diese zurückwandern und sie über einen Teil ihrer Zumutungen aufklären. Natürlich nimmt die seit zweitausend Jahren schwerhörige Sozietät davon keine Notiz. Ihre Taubheit muß uns darin bestärken, dem zu keinem Ende hin erklärbaren Menschen immer neue Worte und Sätze über sie selbst an die Hand zu geben. Wie jedes Verlangen weist das Verlangen nach Ausdruck weit über seinen Gegenstand hinaus. Der Einzelne muß, um vor sich selber frei zu sein, immer mehr Ausdruck beanspruchen, als er faktisch benötigt. Erst dann fühlen wir uns momentweise heimisch: Wenn viel verschiedenartige Wahrheit über uns in Umlauf ist.

Erinnern wir uns an die Situationen, wenn kleine Kinder sprechen lernen. Zunächst bringen sie nur Laute hervor, willkürliche phonetische Gebilde, eine Privatsprache, die wir nicht verstehen, die das Kind aber mehr und mehr an ein zentrales Ereignis heranführt, an die richtige Verwendung von Sprache. Es folgen einzelne Wörter, die das Kind zum Teil richtig, zum Teil falsch ausspricht. Und dann, eines Tages, kann das Kind seinen ersten zusammenhängenden und grammatisch richtig gebildeten Satz aussprechen. Meist sind Erwachsene dabei, die die Uraufführung richtig einschätzen können. Sie äußern Laute des Entzückens und Erstaunens und klatschen Beifall. Die Anerkennung ist gerechtfertigt, denn das Kind hat einen Teil seines Selbst erfunden. Wichtig ist der Moment plötzlicher innerer Einheitlichkeit, die im gelungenen Selbstausdruck liegt. Das Kind hat ein Inneres nach außen transportiert und ist dabei für Augenblicke eine Person geworden. Der erste gesprochene Satz ist eine bedeutende ästhetische Erfindung, ein Kinderkunstwerk. Obwohl jeder Mensch, der sprechen gelernt hat, durch diese wunderbare Erfahrung hindurch gegangen ist, vergessen doch die allermeisten rasch die Freude, die dieses Kunststück gewährt hat. Es ist rätselhaft, warum so viele, ja die meisten Menschen, wenn sie erwachsen geworden sind, plötzlich meinen, sie hätten genug Wörter und Sätze gelernt – und die Arbeit der Noesis vorzeitig abbrechen. Sie tun es, weil sie Opfer ihrer und unserer Ordnung sind: Weil ihnen die Verständigung mit anderen vordringlicher erscheint. Und bald verhalten sie sich wie computerisierte Mitglieder einer Verständigungsorganisation, in der das Sprechen über den Austausch von Formeln und Chips bitte nicht hinausgehen soll. Sie haben es geschafft; sie sind der Gefahr, als weltfremd oder gar irrational zu gelten, fürs erste entkommen. Und haben doch nur einen Fehler gemacht, der noch nie so verheerend war wie heute. Durch den vorzeitigen Abbruch ihrer Selbsterkundigung, der im sprachlichen Vorstoß des Kindes so großartig begonnen hatte, verlieren sie, in der Regel für immer, den Anschluß an weitere, von uns selbst zu leistende Spracheroberungen, die uns das erschließen, worum es zu leben lohnt: unsere inneren Bilder, unsere Wertschätzungen, unsere biografischen Strategien, die Entdeckung dessen, was uns heute und morgen gemäß ist. Individualität gewinnen wir nur in der Abweichung. Abweichung bedeutet Entfernung. Nicht mehr alles, was ein mehr mit sich als mit anderen befaßter Mensch tut oder nicht tut, ist diesen anderen dann jederzeit verständlich. Individualisierung dient der Selbstverständigung des Handelnden, nicht seiner Einordbarkeit durch

andere. Unter der herrschenden Tendenz total gewordener Zerstreuung ist diese private ästhetische Opposition gegenwärtig vielleicht die einzige Möglichkeit, einen Teil unseres besetzten und beschädigten Ichs zurückzuerobern. Privat ist diese Opposition nicht, weil sie unerreichbare oder unbillige Ziele verfolgt, sondern weil sie sich schützen muß vor dem Hohn und der Entwertung derer, die diese Opposition erst notwendig machen.
Private Opposition besteht aus Spielen der Verbergung, der Abweichung, der Ausweichung und der Flucht. Es sind Spiele, deren Regeln und Verlauf wir selber erfinden müssen – wie einst unseren ersten Satz. Die Spiele sind ungefährlich. Niemand will sich vollständig verbergen; wir wollen immer nur vorübergehend allein sein. Wir wollen auch nicht ganz und gar fliehen; wir wollen nach einiger Zeit zurückkehren. Aber in diesen Manövern des Verschwindens und Wiederkehrens machen wir, zum Beispiel, die bedeutsame Erfahrung, daß immer beides wählbar sein muß: Gleichheit *und* Differenz, Annäherung *und* Abstoßung, Nähe *und* Ferne. Im Schein des zeitweiligen Entkommens bildet sich unser innerer Vorbehalt, den unser Ich braucht, damit es souveräne Personen aus uns machen kann. Wir erblicken die Kristalle unseres Ichs, nach denen zu schürfen wir nicht aufgeben dürfen. Private Opposition ist ein ernstes Spiel; es bringt uns für Augenblicke die innere Unangefochtenheit zurück, die in dem Wort Freiheit immer mitgedacht ist.

Wilhelm Genazino

Schauen. Warten

[…] Die Rue St. Denis verläuft parallel zum Boulevard Sébastopol und ist, obwohl schmal und ärmlich, lebendiger und bunter als der Boulevard. Prostituierte stehen in den Hauseingängen und machen die Straße doch nicht zu einer bloßen Hurengasse. Das liegt an den vielen Obstläden, Metzgereien, Bäckereien, Fischgeschäften, Kiosken und dem Betrieb, der zwischen den Ständen herrscht. Die Schaufenster der Konditoreien stehen voll mit kleinen und großen Kuchen, die mit Aprikosen, Kirschen, Rosinen und Trauben gedeckt sind. Sie stehen auf zierlichen, fein geputzten Messingregalen übereinander und nebeneinander, vor jedem ein geduldig gemaltes Preisschild. Mir gefallen die Prostituierten, weil sie etwas öffentlich machen, was jeder Mensch tut: warten. Ich bleibe stehen, schaue mir die Frauen an und komme selbst ins Warten. Ich weiß nicht, worauf ich warte, aber das macht nichts, es gibt immer etwas zu warten. Mein Bewußtsein ist sofort damit einverstanden, daß ich warte, obwohl es nicht erfährt worauf. Es ist nicht immer ganz leicht, die Unterschiede zu sehen: Unter den Prostituierten sehen viele aus wie spät aufgestandene Hausfrauen, und unter den Hausfrauen gibt es manche, die leicht mit Prostituierten zu verwechseln sind. An den blutenden Hühnern, die in den Schaufenstern der Metzgereien nebeneinander hängen, sind die Köpfe und Fußkrallen nicht entfernt. Auf einem Stück Pappe liegt ein brauner Hund. Er schaut in den Eingang eines verbrannten Nachtlokals. Ein Säugling sitzt reglos in seinem Kinderwagen; er sieht aus, als wüßte er schon alles. Ein Kind sitzt auf einem Treppenabsatz und bohrt die Spitze eines Bleistifts in einen Radiergummi. Es ist wie immer, ich warte umsonst. Ich betrachte einen Mann, der in einem Friseursalon sitzt und sich rasieren läßt. Ich schaue in den Salon und sehe den ruhig nach hinten gelehnten Körper des Mannes; seine Arme und Hände liegen unter einem weißen Tuch, seine Augen sind geschlossen. Ein Arbeiter geht vorüber, er trägt drei Bretter auf seiner linken Schulter. Vier Finger halten die Bretter von oben, der Daumen drückt von unten dagegen. Der Daumen braucht die meiste Kraft; er ist fast weiß vor Anstrengung. Ich folge dem Bauarbeiter, er verläßt die Rue St. Denis durch eine schmale Gasse und gelangt auf den Boulevard Sébastopol. Wie der Mann im Friseursalon schließe ich die Augen für ein paar Sekunden und öffne sie wieder. Der Arbeiter mit den Brettern führt mich aus meiner Verwunderung über das Warten heraus. Ich warte weiter, aber ich bin nicht mehr darüber erstaunt. So möchte ich immer leben können: als glücklich Enttäuschter, der die Augen schließt und sie wieder öffnet, der die Dinge sieht und arglos die ihnen zugehörenden Wörter denkt: Motorrad, Zeitung, Abfall, Frau, Schuhe, Baum, Balkon, Bus, Licht. […]

Aus: Der Fleck, die Jacke, die Zimmer, der Schmerz. Roman. Rowohlt Verlag, Reinbek, 1989, S. 117/118

Eine geheime Versöhnlichkeit

[…] Genazinos Buch, leider, ist nicht halb so originell wie die Idee der Jury, es preiszukrönen. An ihm verblüfft einzig die Tatsache, daß der Autor der einigermaßen bekannten „Abschaffel"-Trilogie, einer gnadenlosen Vivisektion des deutschen Angestelltenwesens, jetzt genauso preziös im Unscheinbaren herumkünstlert wie die bereits genannten Berühmtheiten der offenbar äußerst ansteckenden deutschen Kunstreligion …

Rainer Mammen im Weser-Kurier vom 28. November 1989

[…] Leser, die durch die Gattungsbezeichnung des Buchs getäuscht, einen *Roman* erwarten, werden, wenn sie dessen *fabula docet* vermissen, dafür mit phänomenologischer Erfahrungs-Fülle überrascht. In ihr darf man den poetischen Reichtum dieses Stundenbuchs erleuchteter Augenblicke sehen. Als das Schönste aber an diesen eindringlichen Momentaufnahmen erscheint mir die intellektuelle und moralische Haltung des Autors: aus der Melancholie seiner Einsamkeit, ja seiner Isolation entwickelt er nämlich weder Hochmut noch Ressortiment; im Staunen z.B. „über das offenkundige und unbemerkte Einverständnis der zuschauenden Menschen über ihre eigene Verhöhnung" empfindet er keinen Triumph; Trauer ergreift ihn statt Hohn, wenn Widerstand ausbleibt, und seine Parteinahme „für die Berechtigung aller Eigentümlichkeiten" findet seinen bewegendsten Ausdruck in dem Bild eines jungen Behinderten, den er bewundert: „Welch ein einzigartiges Bewegungsbild setzt der Mann in die Welt! Abertausende von Menschen laufen gleichförmig vorüber, ihn allein muß man anschauen." Aber als er ihn von hinten betrachtet, „sieht er aus wie einer der Jugendlichen, die ihn überholen. Schon nach zwanzig Metern zeigen sich die Folgen der Ähnlichkeit: sein Bild gleicht dem Bild der anderen: es kann vergessen werden" – was heißt: er hat die Differenz nicht ausgehalten, ist konform geworden; deshalb kann das Bild von ihm „vergessen werden", weil es (und er) im Allgemeinen verschwindet.
Um in solcher Dialektik kundig (und doch nicht verbittert!) zu werden, tut man gut daran (und sich selbst ein herzerweiterndes Vergnügen), wenn man in Wilhelm Genazinos *Der Fleck, die Jacke, die Zimmer, der Schmerz* über die Details des Lebens nachliest. Ein wunderliches Buch, um nicht zu sagen: ein wunderbares.

Wolfram Schütte in der Frankfurter Rundschau vom 8. April 1989

[…] Grauenvoll: Romane, die mit Schneegestöber draußen und Klavierkonzert drinnen beginnen. Unzeitgemäß: Prosa, die hingebungsvoll die Wandlung einer Brotscheibe zum Butterbrot sich vollziehen läßt. Wirr: ein Buchtitel aus vier Substantiven … Nein, „Der Fleck, die Jacke, die Zimmer, der Schmerz", Wilhelm Genazinos neuer Roman, mit seinem scheinbar idyllischen ersten Kapitel und seiner eigenwillig konventionellen Seh- und Schreibweise ist ein bizarr schönes Buch, stilistisch meisterhafte Prosaimpressionen eines philantropischen Sonderlings.
Über das äußere Sein des Ich-Erzählers erfährt der Leser von Genazinos fünftem Roman nur wenig, keine Don Quichotterie gegen kleinbürgerliche Herkunft, kein Psychogramm aus dem Großraumbüro, nicht einmal ein Hinweis darauf, womit „W." Miete, Zugfahrt und Hotel bezahlt.
Genazinos neues Buch mit dem einprägsam mißlungenen Titel ist Kunstessay, Künstlerroman, Liebesgeschichte, Briefband und Reisetagebuch: Es handelt von Musik, Malerei, Literatur und Film, von W.'s Schreibversuchen und seiner Entscheidung, nicht Kunst zu schaffen, sondern als Beobachtender kunstvoll zu leben. (…) Jedes dieser chronologisch wie motivisch lose miteinander verknüpften Kapitel besteht aus in sich geschlossenen, impressionistischen Prosaminiaturen – minutiösen Erinnerungen, Beobachtungen und Überlegungen des Ich-Erzählers.

Michael Bauer in der Süddeutschen Zeitung vom 8./9. April 1989

Foto: Isolde Ohlbaum

Wilhelm Genazino

Kultur - eine überlebte Idee?

Foto: Isolde Ohlbaum

[...] Ein No-entertainment-Autor wie ich erlebt den Einbruch der Kultur besonders nah, weil auch der Text, den er hervorbringt, für moderne Gesellschaftsstrategen entbehrlich geworden ist. In der allerneuesten Moderne des Kulturverzichts hat Literatur, die diesen Namen verdient, jegliche Repräsentanz verloren. Vermutlich ist Literatur auch deswegen zu einer ästhetisch-extremistischen Bewegung geworden, an der authentisch vielleicht nur teilnehmen kann, wer auch in seiner privaten Lebenswelt das Moment der Erosion spürt.

Kultur war bis vor kurzem ein Sammelwort für Vermittlungsideen aller Art. Es lag ihr die Vorstellung zugrunde, daß wir durch sie hindurch mit den anderen Menschen und ihren Anliegen verbunden sind, und zwar immer. Auch dann, wenn ich selbst gerade nicht im Theater bin, so weiß ich doch, es wird auch ohne mich Theater gespielt und es gibt dort Zuschauer, die in meiner Abwesenheit mich betreffende Fragen an meiner Statt mitbedenken, auch wenn diese Zuschauer mich persönlich nicht kennen.

Plötzlich gilt diese Idee nicht mehr oder nicht mehr uneingeschränkt. Es gibt Politiker, die öffentlich meinen, daß wir auf dieses oder jenes Theater verzichten können. Von der eben skizzierten Idee, die hinter jedem Theater steht (natürlich auch hinter jedem Museum und hinter jeder Bibliothek), halten diese Politiker nichts oder sie haben nie etwas von ihr gehört. Ich nehme an, es sind die gleichen Politiker, die von den Kulturämtern stets mit Freikarten versorgt werden und die trotzdem nicht in der ersten Reihe sitzen; vermutlich haben sie auch deswegen mit der Kultur keine oder zu wenig Erfahrungen gemacht.

Deswegen, denke ich, ist es nötig, in diesem brisanten historischen Augenblick daran zu erinnern, was Kultur eigentlich ist. Der Kern jeder Kunsterfahrung besteht darin, daß wir uns durch sie mehr vorstellen können als zuvor. [...]

Wir haben der Kultur in den letzten Jahrzehnten viele Schimpfnamen gegeben. In den siebziger Jahren nannten wir sie ÜBERBAU; das war marxistisch gemeint und zielte auf ihre Abhängigkeit von der Ökonomie. In den achtziger Jahren hieß sie ALIBI, was auch nicht viel netter war. Am unfreundlichsten war Theodor W. Adorno, der ihr in seiner „Ästhetischen Theorie" knapp und schroff den Namen MÜLL verpaßte. Am anderen Ende der Skala dachte Arnold Gehlen, der das „Ästhetische" kurz und bündig das „Folgenlose" nannte. Es war und ist übrigens sonderbar, wie ein Linkskonservativer wie Adorno und ein Rechtskonservativer wie Gehlen plötzlich die gleiche Position einnehmen, wenn sie die Kultur schmähen.

Die Kultur hat alle diese Denunziationen überlebt, jedenfalls bis jetzt. Kultur ereignet sich in einem alogischen Raum; es gibt darin keine Notwendigkeit, keine Ordnung und natürlich auch keine Gerechtigkeit. Gerade ihrer schwebenden Existenz wegen ist Kultur endlos diffamierbar – solange es sie gibt. Genau das ist hier und heute der kritische Punkt. Denn seit einiger Zeit ist nicht mehr gewiß, ob und wie lange wir Kultur noch haben werden. Sie hört jetzt auf den Namen ABBAU.

Das ist ein unangenehmes Wort. Es klingt nach Leere, Verlassenheit, Wüste. Genau so ist es um sie bestellt. Das Dogma ihrer Unverzichtbarkeit, in den siebziger und achtziger Jahren nimmermüde nachgebetet, ist plötzlich verschwunden. Sie ist – die vielseitig einsetzbare Repräsentationskultur ausgenommen – politisch heimatlos geworden. Ihr allerneuester Status ähnelt dem eines Blinddarms. Sie ist noch da, aber man braucht sie nicht wirklich. Sie kann auch entfernt werden. Und wenn sie weg ist, wird sie von niemanden vermißt. [...]

Antrittsrede (Auszug) als neuer Stadtschreiber von Bergen-Enkheim. Aus der Frankfurter Rundschau vom 2. September 1996

Wilhelm Genazino

22. 1. 1943 Mannheim

Nach dem Gymnasium zunächst freier Journalist, dann Redakteur bei verschiedenen Zeitungen und Zeitschriften, zuletzt beim Satire-Magazin „Pardon“ (bis 1971). Seither freier Schriftsteller in Frankfurt/M. Von 1980-86 Mitherausgeber der Zeitschrift „Lesezeichen“; außerdem vielgesendeter Hörspielautor und heute einer der wichtigsten Vertreter dieses Genres. 1996/97 Stadtschreiber von Bergen-Enkheim.

Preise: Förderaktion für zeitgenössische Autoren (1982); Westermanns Literaturpreis (1986); Literaturpreis der Freien Hansestadt Bremen (1990); Preis der „LiteraTour Nord“ (1995); Solothurner Literaturpreis (1995); Berliner Literaturpreis der Stiftung Preußische Seehandlung (1996); Großer Literaturpreis der Bayerischen Akademie der Schönen Künste (1997).

Werkauswahl: Laslinstrasse. Roman. 1965. – Abschaffel. Roman-Trilogie. 1977-79 (Abschaffel. 1977. – Die Vernichtung der Sorgen. 1978. – Falsche Jahre. 1979.) – Die Ausschweifung. Roman. 1981. – Beruf: Künstler. Interviews. 1983. – Fremde Kämpfe. Roman. 1984. – Der Fleck, die Jacke, die Zimmer, der Schmerz. Roman. 1989. – Die Liebe zur Einfalt. Roman. 1990. – Vom Ufer aus. 1990. – Von Büchern und Menschen. 1991. – Leise singende Frauen. Roman. 1992. – Aus der Ferne. Texte und Postkarten. 1993. – Die Obdachlosigkeit der Fische. Texte. 1994. – Das Bild des Autors ist der Roman des Lesers. Essay. 1994. – Das Licht brennt ein Loch in den Tag. Texte. 1996. – Achtung Baustelle. Essays. 1998. – Die Kassiererinnen. Roman. 1998. – Zahlreiche Hörspiele.

Über W. G.: Thomas Reschke / Michael Töteberg in: Kritisches Lexikon zur deutschsprachigen Gegenwartsliteratur. München 1978 ff.

Foto: Isolde Ohlbaum

IRINA LIEBMANN

Förderpreis des Bremer Literaturpreises 1990 für „Mitten im Krieg", Frankfurter Verlagsanstalt, Frankfurt / Main 1989

Wilfried F. Schoeller

Unwirtliche Verhältnisse

Die neun Texte, die in dem Band „Mitten im Krieg" versammelt sind, wurden dort und hier, jenseits und diesseits der Mauer geschrieben und wie bezeichnend dieses Bauwerk in diesen Geschichten ist, geht aus einer Bemerkung hervor: „(...) die Mauer ist um Westberlin herumgebaut, das spürt man auch im Bett und auch beim Frühstück." Zweimal wird in die Fremde gereist: nach Rom und nach Portugal, aber die Reisende vollzieht nur eine elliptische Bewegung, die zurückführt nach Berlin. Im Geviert der Straßen dort: etwa zwischen Oranienburger und Schönhauser Allee, Ecke Zionskirche und Dimitroffstraße, in U- und S-Bahnen, in der näheren Umgebung und in Mecklenburg finden wir eine Erzählerin, die sich ohne weitere Umstände und ohne Emphase „Ich" nennt und nebenbei die Schwierigkeit anzeigt, ein „Wir" zu benutzen. Berliner Stadtlandschaft und das Terrain ringsumher als Kriegsschauplatz. Dafür gibt es in diesen Geschichten Synonyme. Sie lauten: Eingeschlossensein, Stillstand, Kälte, Fremdheit. Die Physiognomie dieses Spannungszustandes in einem Zitat: „Eingesperrt, die Gesichter, gelblich, winterlich, die Kinnladen, die Augen, eingesperrt, für die Arbeit, für den Frieden, für sonst was." Den Krieg, den Irina Liebmann registriert, kann man als Beklemmung, Reglosigkeit, Versteinerung wahrnehmen, er ist eine lähmende Lautlosigkeit. Den Anlaß dafür bietet der Alltag, der in diesen Texten freilich nicht einfach aufgezeichnet, sondern kunstfertig aus Lakonismen und kleinen Gesten erzeugt wird. [...]

Irina Liebmann, Wilhelm Genazino, Martha Höhl, Herbert Heckmann und Senatsrat Dieter Opper. Foto: Herbert Abel

Das Tableau der abgeräumten Gegend mit den ineinander verschränkten Zeiten wird in anderen Texten in Form der wiederholenden Kreisbewegung variiert. So zum Beispiel die drei Seiten, mit „Berlin" überschrieben: das Situationsbild unwirtlicher Verhältnisse, ins Traumhafte gesteigert, Schnee, Nässe, unterirdische Schächte. Schmutz. Ein Ziel in aller Bewegung nicht sichtbar, wird durch rhythmische Wiederaufnahme von gleichen Sätzen oder Satzteilen entworfen. Alle Bewegung auf Straßen und in Bahnen, in der Erinnerung und im zitierten Gestern bleibt auf der Stelle, kommt nicht an. Was einst utopischer Horizont in der DDR-Literatur war, ist entschwunden, hier gibt es nur ein Abendrot, das an den Rändern ins Grau zerfranst. Man könnte solche Texte aus den Befindlichkeiten und Seelenlagen des Einzelnen zusammensetzen: Irina Liebmann hält sich jedoch nicht bei psychologisierendem Jammer auf. Das Innen wird bisweilen virtuos aus Realien aufgebaut: aus Bildern, die im Fernsehapparat er-

scheinen, der Gebärdensprache der Normalität, Redefetzen und vorgefundener Sprache. [...]
Zwischen Irina Liebmanns Prosa und der jetzigen Lektüre des Buchs liegt die Revolution in der DDR. Sie hat die Mauer als Vehikel der Trennung, des unterschiedlichen Blicks ungültig gemacht. Manche Einzelheiten in diesen aus Beiläufigkeiten sorgfältig gefügten Texten sind dadurch historisch geworden, die suggestive Kraft, die von diesen Skizzen ausgeht, ist es nicht. Im übrigen wäre es müßig zu forschen, welche der Texte dort und welche hier, auf der „schöneren Seite Berlins", entstanden sind. Denn es ist ja nichts anderes als ein über alle Abstände und Freiflächen laufender Text in diversen Erprobungen, der vorliegt. Ein einziges „Ich" durchmißt die Zeit, die auf der Stelle tritt, ein „Du", einmal nahe, ein andermal in versprengter Ferne, läßt die Strecken ahnen, die auf dieser Ostwest-Passage zu durchmessen sind. Wer Irina Liebmanns Sammlung am Ende zuklappt, hat schließlich von einer sehr zarten Kopfliebe gelesen. Von diesen Texten erfahren wir also viel mehr als unsere Erwartung, Auskunft über die Verhältnisse in der DDR zu erhalten, naheliegt. [...]

Aus der Laudatio vom 26. Januar 1990

Irina Liebmann

In der angehaltenen Zeit

Sie zeichnen mich heute für ein Buch aus, das den Titel hat: „Mitten im Krieg." Dieser Krieg, den ich in Bildern festzuhalten versucht habe, geht zu Ende. Frage: Gab es ein Kriegsziel und wer hat gekämpft?
Für scheinbar einander widersprechende Ziele, wie zum Beispiel Gleichheit und feudale Privilegien, gab es, wenn man genauer hinsieht, ein durchaus diese Ziele verbindendes Kampfziel, und das war der Kampf um die Zeit.
Bewegung kontrollieren, ihre Richtung bestimmen oder am besten, sie gänzlich verhindern – die Zeit anhalten. In der angehaltenen Zeit Lebenszeit gewinnen und sich dann nach Belieben einrichten können! Daher so unterschiedlich erscheinende Figuren als Lebensmöglichkeit in demselben Gebiet: der preußische Offizier, der Berufsmarxist, der kleine König, der Arbeiter aus der ersten Phase der Industrialisierung, alles beinahe echt, ganz nahe dran an einem Bild aus anderen Zeiten. Aus dem Fond der Vergangenheit durfte man sich ruhig bedienen – soweit es den Stillstand der Zeit nicht gefährdete, war das kein Widerspruch, denn es ging nicht um die Wirklichkeit, es ging um die Angst vor dem, was die Stunde wirklich geschlagen hatte, um Angst also. Und wenn es auch paradox klingt: Gekämpft haben die Ängstlichen.
Sie kämpften um den gänzlichen oder relativen Stillstand, die gänzliche oder relative Kontrolle, den festgelegten oder nicht vielleicht doch ein bißchen, ein bißchen halb – halboffenen Ausgang von Bewegung. Wir dachten, das lohnt sich.
Was passiert nun dem Schriftsteller, der die Aufgabe angenommen hat, in der angehaltenen Zeit gegen sie zu kämpfen?
Das geht nicht, sagt man sich sofort, sowas kann ja nicht gehen, und die erste Merkwürdigkeit dieses Versuches ist ja auch, daß er überhaupt unternommen wird. Hinterläßt auch sofort eine Spur: Die gute Absicht.
Seltsam eingeschränkt werden Kampfmittel eines solchen Schriftstellers sein, denn er wäre ja dumm, Mittel zu wählen, die unkontrollierbare Bewegungen zur Folge haben könnten.
Humor zum Beispiel darf nicht so weit gehen, daß vor Lachen alles ins Wackeln kommt. Er wüßte auch gar nicht, was es da noch zu lachen gäbe. Er ist lieber ernst. Wilde Tänze wird er sich nicht erlauben aus dem gleichen Grund (vielleicht kann er auch gar nicht tanzen?). Übertriebene Sinnlichkeit disqualifiziert augenblicklich, Leidenschaften sowieso. Extreme Ansichten, ungefestigt, wird er vermeiden, überhaupt alles, von dessen gutem und sicherem Ausgang er nicht überzeugt ist.
Das alles wird seinen Spielraum zwar einschränken, aber das wird er verschmerzen, denn sein Ziel ist die abgesicherte, gute Bewegung, und was eine gute Bewegung wäre, das hat er gelernt.
Zeit anhalten heißt, die Beziehung von Raum und Zeit stören, sie ein bißchen trennen, neue Räume suchen. Da wird er sich die Geschichte wählen vielleicht, die Geschichte als Raum, die Erinnerung, die Zeit selbst, Zeit ohne Raum – er überlegt, er ist schon weit mit hinaus aufs Glatteis gegangen, auch das Eis wäre ein Thema, Hauptsache, es bewegt sich nicht.
So ungefähr ist in der angehaltenen

Zeit, im Kampf und dem Gegner zum Trotz, der ja Lebensfreude verlangt hatte, eine pessimistische Literatur entstanden: unfroh, debattierend oder stumm das zum Himmel Schreiende in Ausschnitten abbildend.
Wenn Sie mein Buch gelesen haben, verstehen Sie, ich meine durchaus auch mich selber.
Ich habe große Lust, es einmal zugespitzt auszudrücken:
Schriftsteller in der angehaltenen Zeit sein, heißt, ein guter Schüler sein.
Mit ganzer Kraft stellt er den verbliebenen Rest an Lebensmöglichkeiten in Frage, nur eben nicht als Rest, sondern als Welt, das ist die Lüge, mit den eigenen Abbildern der stehenden Zeit trägt er bei zur allgemeinen Versteinerung, und hat damit sich und den übrigen Beteiligten das Leben wohl endgültig vermiest, das ist das Opfer, und unter der Hand ist ihm dann noch passiert, daß er das wirklich Lebendige, das es mit Sicherheit auch noch gegeben hat, denn gelebt wurde ja, gar nicht bemerkt, ihm nicht auf die Beine geholfen hat mit Gebrüll, das ist die Schuld. Unterm Strich nur Verluste.
Der Musterschüler hat gegen den Lehrer gekämpft.
Kunst der Musterschüler – überall, wo sie auftritt, ist sie mit der Macht im Bunde. Dort, wo ich herkomme, wird das jetzt, wenigstens einmal für kurze Zeit, deutlich.
Es gibt auch den anderen, den albernen, frechen, den schlechten Schüler. Den, der nicht lügt und trotzdem lacht. Jacques Prévert, selber einer, hat ihn beschrieben, wie er wirklich „nein" sagt zum Lehrer, wie er die Aufgaben von der Tafel wischt, wie er einen Vogel ins Klassenzimmer lockt, wie der Vogel singt und die Wände des Klassenzimmers friedlich zusammenfallen und die Fensterscheiben werden wieder Sand, die Tinte wird Wasser, die Pulte Bäume, die Kreide Felsen und der Federhalter wird ein Vogel – fliegt weg.

Foto: *Renate von Mangoldt*

Als die schlechten Schüler auf einmal begannen, nachts über Grenzen zu robben oder zu klettern, sportlich waren sie ja schon immer, oder in Zügen eingeschlossen, in Menschentransporten der Deutschen Reichsbahn, endlich auf der Höhe der Zeit angekommen waren, haben sie kein einziges der Lieder gesungen, die wir für sie geschrieben hatten, denn wir hatten für sie keine Lieder geschrieben. Das Lied, das sie in diesen Nächten gebraucht hätten, hatten wir nicht geschrieben, wir hätten es nie schreiben können, also haben sie „Deutschland" gesungen, „Deutschland, Deutschland über alles", und alle guten Schüler saßen vor ihren Fernsehapparaten und hatten das in ihrer Angst ja schon vorher gewußt, denn da war sie nun, diese unkontrollierbare Bewegung, und jetzt denke ich, wir hatten alle zusammen nur den gleichen, schlechten Lehrer und nichts in der Tasche als die Vergangenheit.
Wenn nun immer von den Zügen die Rede ist, die zu 300 Prozent überbelegt im 30-Kilometer pro Stunde-Tempo aus dem Osten in den Westen rollen, 300 Prozent soll sein, wenn die Türen sich schließen lassen, und auf jeder Toilette drei Menschen stehen, so eng, diese Enge scheint der Beweis für die Wirklichkeit, für den wiedergewonnenen Raum, denke ich, und die Zugansage müßte eigentlich lauten: Sie verlassen das Reich der Träumerei.
Sie fahren, Bewegung, wir fahren, das ist bereits wieder ein Feldzug, ein Krieg, ein neues Kampfgebiet, es heißt kaufen, verkaufen, sich einverleiben, jetzt gehts um den Preis – den Preis.
Und auch hier gilt, glaube ich, nur wer ein guter Schüler sein will, zieht freiwillig in den Krieg.

Foto: Isolde Ohlbaum

Irina Liebmann

Wenn alles sich ändert

[...] Sehen Sie, das ist Mecklenburg, bißchen matschig im Herbst, die Burg ein Kirchenbesitz, hier die Allee, die gehört schon dazu, das ist bei uns so.
Ich habe geweint in der Nacht, ich habe den Paß verflucht, den ich in der Tasche trage, ich kann fahren wohin ich will, und hier sind alle Leute eingesperrt, noch im Zug habe ich eine Zigarette nach der anderen geraucht im Gang und auf meinen Schatten gestarrt, Haare, Haare, Haare in Locken und eine Nasenbiegung fuhren über die Landschaft, ich bin da, ich bin da, aber es ist nicht mehr dasselbe, das dachte ich und das denke ich jetzt, neben dem Fahrer in diesem Auto zur Burg.
Hausschuhe mitbringen stand in der Einladung, Wülste von Mänteln in einer Diele, drinnen wird schon geredet, hohe Türen öffnen, ist ein Saal dahinter, ein Saal,weißgetüncht, Barockporträts an den Wänden, über uns Stuckmuscheln in jeder Ecke, Diagonalen über die Decke, wo Putz fehlt, hängt Stroh raus, der Raum voller Stühle, sind alle besetzt, vorne ein Pult, das Thema ist Ethik, Ethik des Alltags, nicht mehr und nicht weniger.
In der Pause laufen wir über Matsch, ein Professor und ich, umgepflügte Felder in der Sonne, Apfelbäume am Wegrand, die sind bemoost.
Und wir dachten schon, Sie sind weg.
Ich bin weg und hier bin ich auch, kann das sein? Er sagt nichts, wir laufen. Wie ist es für Sie?

Mit allen Poren

[...] Irina Liebmann hat eine spezielle Methode, ihre Leser in ihre Albträume einzubeziehen. Sie berichtet nicht von diesem oder jenem Geheimnis, das heißt, sie geht nicht direkt darauf zu. Vielmehr läßt sie assoziative Einfälle dahinströmen, und im Fluß der Worte erscheint irgendwann ein flüchtiges Spiegelbild, das Stück Wirklichkeit, dem die Geschichte gilt. Dickhäutige Leser werden es schwer haben, der Autorin zu folgen.
Und es wäre auch schon zu gewaltsam, würde man sagen, daß sie hier über die Enge des sozialistischen Käfigs spricht, dort über verwehte revolutionierte Hoffnungen, über eine mecklenburgische Schein-Idylle, ein römisches Reiseerlebnis – obwohl all das im Buch zu finden ist.
Aber es wird eben von der Autorin nicht einfach angeboten, als Information zum Zugreifen. Sondern man muß sich ihr überlassen, im Strom ihrer Assoziationen mitschwimmen, nicht nur Auge und Hirn, sondern gleichsam auch die Haut mit allen Poren ihrer Mitteilung öffnen.
Das Medium ist die Botschaft – zumindest hat es daran enormen Anteil. Irina Liebmann zeichnet uns Stadtlandschaften und Personenportraits von großer Eindringlichkeit. Das aber die Bilder, so tief in uns eindringen, das rührt nicht allein aus dem gegenständlichen Kern der Erzählungen her. Hier wirkt die Form. Es gibt eine Magie der Sprache, die den Leser oder Zuhörer mitschwingen läßt im Rhythmus des Erzählens und ein Verständnis begründet, das der Verstand hinterher nur noch bestätigen kann. Irina Liebmann ist eine solche Sprachmagierin. [...]

Sabine Brandt in der Frankfurter Allgemeinen Zeitung vom 18. November 1989

Kühne Skizzen

In diesem schmalen Band stecken vielerlei Themen und überlegter Stil. Es sind Texte einer begabten Sprachformerin, die uns eine ungewöhnliche Handschrift zumutet. Ihr eigensinniger Gebrauch des Satzbaus (Nichtbeachtung von Interversion und ähnliches) hat oft sogar etwas Eigentümelndes; sie muß sich vor Verselbständigung hüten, die zur Manier werden kann.
Ihr Stil verrät Irritation, hervorgerufen von der verlockenden und furchterregenden Idee der Freiheit. Er ist hastig, mit langen aufzählenden Sätzen, die von einer Angst zeugen, bald nicht mehr weiterreden zu dürfen. Aber Takt ist trotzdem dabei.
Und erstaunlicherweise schreibt sie trotz der Hast ein eher schwerblütiges, nachdenkliches und manchmal spaßiges Deutsch, das – nicht nur wegen Mecklenburg schon mal an Uwe Johnson erinnert: „Sehen Sie, das ist Mecklenburg, bißchen matschig im Herbst, die Burg ein Kirchenbesitz, hier die Allee, die gehört schon dazu, das ist bei uns so." [...]
Uwe Johnson sagte einmal: „Ich meine nicht, daß die Aufgabe von Literatur wäre, die Geschichte mit Vorwürfen zu bedenken. Die Aufgabe von Literatur ist vielmehr, eine Geschichte zu erzählen."
Das erste hat Irina Liebmann nie getan, das zweite hat sie noch nicht getan. So sind es Skizzen geworden, brillant und kühn. Skizzen eines Krieges, der uns umtobt in den beiden Deutschlands und so gerne weggeschoben wird.

Peter Urban-Halle im Berliner Tagesspiegel vom 15.Oktober 1989

Wie ist es, wie ist es, ich bin zweimal drei Stunden gefahren, von Westberlin nach Ostberlin, von Oranienburg über Fürstenberg an Neustrelitz vorbei, die Sonne hat meinen Kopf auf den Acker gestrahlt aus dem Zugfenster heute morgen zum tausendsten Mal diese Strecke gefahren, wie ist es, wie ist es, sehen die Menschen hier wirklich so lieb aus, so ernst und verständlich, und sind die am Kurfürstendamm wirklich so eingekremt und ausgepolstert und gottlos, gottlos, gottlos ich selber, ich sage gar nichts.
Für Sie ist es vielleicht schon normal. Wie der Weg hier, jawohl, aber jetzt will er umkehren, für ihn ist es vielleicht noch normal, freies Feld und Apfelbäume, ungepflegte, verwilderte, wilde, beinahe freie Apfelbäume, ist egal, gehn wir zurück, gehn wir rein.
Beim Kaffeetrinken kennen sich alle von Wanderungen und Kirchenchören. Die Kinder sind gewachsen, sie sitzen daneben, artige Kinder, eine sowjetische Zeitung ist verboten worden und fünf Filme, das reden sie links und rechts über die Leibchen, die wir alle trugen nach dem Krieg, ein dicker Vater, er auch als Junge, angeknöpfte Strümpfe, die langen Hosen kamen aus dem Westen, wir alle, ehemalige Leibchenträger, lachen, haha, sei froh mein Junge, daß es Strumpfhosen gibt, sagt der Vater und schmiert dem Sohn ein Brötchen, gleichaltrig wir alle, diese Ehepaare um mich herum, so alt wie die aussehen, gleichalt und brav, dann wieder der Saal, der Professor ist dran, jetzt steht er am Pult, *Anspruch und Wirklichkeit* ist sein Thema.
Vorsichtig, der Mann, Zitate, morgens sah ich ihn aus meinem Zug steigen auf der gleichen, kleinen Bahnstation, im hellen Mantel, grau im Gesicht oder macht das der Bart, was redet der Mann vom Profit, der allen zugute und ein freier Mensch betritt die Arena der Weltgeschichte undsoweiter, undsoweiter, zitiert jetzt den Volksmund, immer schön die Klappe halten, wes Brot ich eß, des Lied ich sing undsoweiter, ist das Ihre Meinung, ruft eine Frau dazwischen, er sagt nichts, gleich ist er fertig, hält nur noch ein Blatt in den Händen, legts weg, mit zwei Schritten ist der veranstaltende Pfarrer vorn, es gibt wohl noch andere Werte, sagt der, und was wir hier hörten, kann nur ein Ausschnitt gewesen sein, der Professor ist stehengeblieben und schweigt, schweigt auch, wenn einer noch deutlicher wird im Saal, wozu die Sprüche, die kann er nicht hören, die hat er noch nie geglaubt, dieser Mann. Saß mir gegenüber am Kaffeetisch, hat auch mal ein Leibchen getragen, gleichaltrig also und hat nie geglaubt. Es ist schon Nachmittag, dunkel draußen, irgendwas hat sich verändert, irgendwas ist anders geworden, sahen die Leute vor vier Wochen auch schon so eingesperrt aus, was sollen wir machen, sagt einer, wir können nichts machen, wir können nichts anfangen mit diesen Sprüchen und fuchtelt so schlecht mit den Händen herum, die andern bewegen sich gar nicht beim Reden, wir müssen daran appellieren, an die da, an die, jeder weiß schon, und einer, ein vornehmer Alter hebt nicht mal den Kopf, es nimmt jemand Licht weg, hat man den Eindruck, weil es still wird im Saal, eingesperrt.
Eingesperrt, denke ich, eingesperrt, die Gesichter, gelblich, winterlich, die Kinnladen, die Augen, eingesperrt, für die Arbeit, für den Frieden, für sonst was, woran denken die jetzt, der Pfarrer beginnt ein Lied, singen, ich auch, ich habe den Paß in der Tasche, das wissen sie nicht, jetzt singen wir alle, der Gleichaltrige auch und der Professor, der Mann ohne Meinung, aber das stimmt nicht, denn vorhin auf dem Feldweg hat er gefragt, wie es weitergehen könnte, aber doch irgendwie sozialistisch, hat er gesagt, wenn alles sich ändert, Gesang. [...]

Aus: Mitten im Krieg. Frankfurter Verlagsanstalt, Frankfurt/Main 1989, S. 67-71

Irina Liebmann

1943 Moskau

1949 bis 1961 Schulbesuch in Berlin (Ost), Merseburg und Halle/Saale. 1961 bis 1967 Studium der Sinologie, Kulturwissenschaft und Ästhetik in Leipzig; Diplomabschluß. 1967 bis 1975 Redakteurin im Fachgebiet Entwicklungsländer bei der Zeitschrift „Deutsche Außenpolitik". Seit 1975 freiberufliche Autorin in Ost-Berlin; regelmäßige Reportagen für die „Wochenpost" u.a. Zeitungen; außerdem Hörspiele und Theaterstücke. 1988 Übersiedlung nach Berlin (West).

Preise: Hörspielpreis der DDR (1980); Ernst-Willner-Preis beim Ingeborg-Bachmann-Wettbewerb in Klagenfurt (1987); Stipendium des Deutschen Literaturfonds (1980); „Aspekte"-Literaturpreis des ZDF (1989); Literaturförderpreis der Freien Hansestadt Bremen (1990); Stipendium der Stiftung Preußische Seehandlung (1991); Berlin-Stipendium (1995); Aufenthalt in der Villa Aurora, Los Angeles (1995); Ehrengabe der Deutschen Schillergesellschaft (1995); Berliner Literaturpreis der Stiftung Preußische Seehandlung (1998).

Werkauswahl: Berliner Mietshaus. Begegnungen und Gespräche. 1982. – Ich bin ein komischer Vogel. Kinderbuch. 1986. – Die sieben Fräulein. Kinderbuch. 1987. – Mitten im Krieg. 1989. – Quatschfresser. Fünf Theaterstücke [Quatschfresser. Berliner Kindl. Lydia-Johanna-Berlin. Brunnenstraße. Was singt der Mond?]. 1990. – In Berlin. Roman. 1994. – Wo Gras wuchs bis zu Tischen hoch. Ein Spaziergang im Scheunenviertel. 1995. – Die schöne Welt der Tiere. 1995. – Perwomajsk Erster Mai und Lalala L.A. 1996. – Letzten Sommer in Deutschland. Eine romantische Reise. 1997.

Foto: Herbert Abel

Bremer Literaturpreis 1991 für „Die Väter im Kino", Piper Verlag, München 1990

Wilfried F. Schoeller

Flugrouten des Ironikers

Jürgen Manthey, Fritz Rudolf Fries und Senatspräsident Henning Scherf. Foto: Christiane Matthäi

Fritz Rudolf Fries, geboren in Bilbao, zuhause in vielerlei Papier- und Buchstabenwelten, besteht in seinen Büchern Gedanken-Abenteuer, die in exotische Fernen und in exklusive Vergangenheiten führen.
In seinen Romanen bewundern wir den Aufwand und die Verschwendungsbereitschaft des anhaltenden Versuchs, sich der „Prosa der Verhältnisse" zu entwinden, sich dem „richtigen" Bewußtsein zu entziehen, das nur eine Form der Anpassung, eine poetische Raumnot wäre. Seine Neigung auf die Fremde, eher eine phantastische Sucht, darf man nicht als eine Suche nach geographischen Alternativen verstehen: sie führt immer schon hinweg übers Hiesige ins Romanische: zum lateinamerikanischen Roman, zur Ritterepik, in den Barock, in die Wonnen der Hermetik. „Erzählen", heißt es im Luftschiff-Roman einmal, „ist das Wiederherstellen eines Labyrinths, aber mit dem gleichzeitig gelieferten Ariadnefaden der Auslegung und mit einer Analyse dieser Garnrolle zum Festhalten". [...]
So gewandt dieser Erzähler seine Schritte setzt, so sehr sind seine Bücher von einer Wolke der Ungewißheit umgeben. Sagen wir: sie sind nicht verwendungsfähig. Man kann mit ihnen keine guten Lehren begründen. Sie vermeiden einen bestimmten authentischen Schrecken über den Einzelnen oder die Gesellschaft. Sie bewältigen keine Probleme, sondern durchsetzen sie mit dem umfangreicheren Wissen der Melancholie. Sie kommen nirgends an und führen zu keinem Resultat. Verschwundene Bücher tauchen in ihnen auf, es werden Vergangenheiten aufgestöbert, die nach Jahrhunderten kaum zu vermessen sind. Mit der Gegenwart wird ein freier Umgang getrieben. Sie kann in Verwandlungen immer schon angedauert haben, auch morgen kann sie sein. Diese Romane sind Luftgebilde, mit Trauer beladen und mit Narrenweisheit im Gepäck. [...]
Der Zufall, nicht selten der Regisseur eines höheren Sinnes, will es, daß der Roman *Die Väter im Kino*, Endpunkt der Möglichkeit des Ironikers, mit dem Ende der DDR zusammenfiel. So lesen wir aus diesem Buch auch das Abschiedszeichen einer bestimmten künstlerischen Entwicklung heraus.
Von der Zeitgeschichte gebeutelt, tau-

chen in dem neuen Roman die Figuren aus dem „Luftschiff Buch" von 1974 wieder auf: Polonia, Flora und Chico begehen an einem Mittwoch der Messe in Leipzig mit vier Ausländern und einem Bundesbürger ein Familientreffen und reden über Vergangenheiten. Damals lebten die Figuren in Spanien unter einem Dach; in dem neuen Buch kommen sie mit dem heimreisenden Stannebein in Nazi-Deutschland und bald auch in den Kriegswirren an. 1982 war das Personal in einem anderen Medium versammelt: Rainer Simon drehte einen *Luftschiff*-Film der für DDR-Verhältnisse zu avantgardistisch war und deshalb schnell in der Versenkung verschwand. Zur Erinnerung daran erschien 1983 ein *Filmbuch zum Luft-Schiff*. Die Figuren aus dem Roman von 1974 sind nun im neuen auch Filmhelden. Erzählt wird in Rückblenden vom Spanischen Bürgerkrieg, vom unwirtlichen Aufenthalt in Deutschland, von den Nöten und Kälteempfindungen dieser gemischten Familie, vom Verschwinden des Erfinders Stannebein im Irrenhaus. Aber die Figuren von *Die Väter im Kino* erscheinen auch im zwittrigen Licht doppelter Ironie gebrochen und vervielfacht: ein Team dreht einen Film über Stannebein und seine Familie, in den Roman über das Verwandtschaftsmäander mischt sich die Möglichkeitsform eines anderen Mediums, das die Geschichten nach eigenen dramaturgischen Gesichtspunkten herrichtet und changieren läßt. So ist gleichsam die Fiktion des Romans im Film über die Romanfiktion durchkreuzt oder mit Varianten versehen, und das Ganze erscheint als eine beinahe unendliche Spiegelkabinett-Projektion.

Das alles klingt reichlich kompliziert, aber es funktioniert im Buch wie ein einfacher Trick zur Verdoppelung und zur komischen Aufhebung von Geschichte. Schon im *Luftschiff*-Roman hatte Fries seinen ingeniösen Nichtsnutz gegen die Vorstellung vom Helden in der Geschichte mit einem skeptischen Erzählerkollektiv gerettet. Nun wird der Don Quijote in eine komische Vieldeutigkeit überführt. Es entsteht ein dichtes Netz aus Selbstzitaten, Verweisen, Rückbezügen, verschobenen Modalitäten, das auch den intimeren Kenner des Erfinders Franz Xaver Stannebein und seines Anhangs in rettungsloser Verwirrung zappeln läßt. Vorgeführt werden nicht nur die laufenden Ereignisse, wie sie sich abgespielt haben, sondern auch die Varianten, die zwei Figuren, der Erzähler und sein Dramaturg Hiob erfinden und verwerfen. Mochten die Paare Arlecq und Paasch, Berlinguer und Retard, Stannebein und Sorigueta immer mit einem Lande Nirgendwo in größter Entfernung zu tun haben, so ist das Territorium nun der Roman selbst: hier allein ist der Ort, wo menschliche Möglichkeiten aufblitzen und vergehen. Der Roman ist ein Vorstellungsfilm, er ermöglicht das innere Exil des Erzählers, wo Albernheiten und Herrenwitze, Melancholien und Grotesken miteinander auskommen, wo Chaplinaden neben Satiren stehen, Zynismen und Sehnsüchte sich verbinden. Diese letzte aller Lebensmöglichkeiten des Ironikers, die auf dem Papier, markiert zugleich das Ende eines Weges, der mit dem Zerfall der DDR in verquerer Parallele verläuft.

Seit dem Roman *Der Weg nach Oobliadooh* von 1965 wußten wir: Fritz Rudolf Fries ist der entlegenste, extravaganteste Autor seines Landes. Er hat oft genug die Riesenentfernung ausgemessen, die es von der Welt trennte. Er ist nun, wie wir alle, in der größeren territorialen Einheit angekommen. Ich wage die Behauptung: mit Jean Paul und Fritz Rudolf Fries im Kopf ist dieses Deutschland nur eine größere Provinz. Aber in Oobliadooh oder in Alemmo anzukommen – im sagenhaften Lande Nirgendwo – ist auch nicht wünschenswert. Dieser Autor entschwände uns ganz. Das – hoffe ich – ist zu vermeiden.

Aus der Laudatio vom 28. Januar 1991

Fritz Rudolf Fries

Zurück ins Gehäuse

Sehr geehrter Herr Senator, lieber Wilfried F. Schoeller, meine sehr verehrten Damen und Herren:

Ein später Herbsttag im Niederbarnim und ein verirrtes Telegramm, das drei Tage braucht, mich zu erreichen. Der Inhalt hat die Postbeamtin überfordert, fünftausend Mark (sic!) werden mir angekündigt und ein Preis. In meinem Gehäuse aufgestört, schalte ich den Fernseher aus und memoriere die ersten Sätze einer Dankesrede. Noch ist alles im Kopf und also in Ordnung. Sogar die Welt scheint zum Jahresausgang in Ordnung gebracht zu werden, das bekannte Licht aus dem Osten erhellt das Weiße Haus. Und dann die Schüsse von Vilnius, mit einmal erscheint der Drachentöter Michail wie ein Don Quijote in von Militärs geliehener Rüstung. Und dann fallen die ersten Bomben auf Kuweit und Bagdad, die Raketen auf Israel, ich kehre in mein Gehäuse zurück und vergesse, was ich über Literatur als unser letztes Paradies sagen wollte.

Schweigen wäre angebracht, da die Worte versagt haben. Aber hat uns nicht das Feuilleton renommierter Zeitungen lange vor den ersten Siegesmeldungen der Waffen die Ohnmacht des Wortes bestätigt – und daß der Schriftsteller *hierzulande*, und ich gewöhne mich noch immer nicht an die Vorstellung, daß beide Teile Deutschlands gemeint sind –, daß wir Schreiber bar jeder politischen Bedeutung schon immer gewesen sind. Wer wird da beschwichtigt, wenn nicht der Leser, der alles Gesagte und Geschriebene unterm Strich der Politik zu lesen habe, wo der Unterhaltungsteil beginnt. Wer wird da belehrt, wenn nicht die Zurückgebliebenen, die in den ostelbischen Teil eingemauert den Dialog auserwählten Göttern überlassen mußten und selber den Monolog kultivierten. Lange Jahre war der Übersetzer und Apologet von seinesgleichen, Hieronymus im Gehäuse, mein bevorzugtes Emblem: da saß ich mit den Vätern im Kino in geschlossener Gesellschaft, offenbar mit Privilegien bestochen, mich mit den auserwählten Szenen der Geschichte zu begnügen, unfähig wahrzunehmen, was auf der Straße geschieht. Da reicht, weil der Film sich wiederholt, einer der Väter ein paar Kritzeleien, wie unlängst ich, aus dem Kinosaal in die größere Öffentlichkeit und gleich wird ihm *groteske Selbstüberschätzung* bescheinigt, und der Autor, Zitat, *brüskiert die ihm bis dahin wohlwollenden westdeutschen Feuilletonisten.* Erinnert das nicht an den Hund, der die Hand beißt, die ihn gestreichelt hat – nachzulesen in früheren Bundestagsreden über Hunderassen. Ich will da nicht fortfahren, aber meinen Dank für diesen Preis kann ich so mühelos in ein Lob des Senats und der Jury fassen: Denn offenbar wird hier in Bremen zur Selbstüberschätzung ermuntert und das heißt zum Selbstbewußtsein des Wortes: das kann die Literatur gebrauchen

Foto: Renate von Mangoldt

in dieser Stunde. Es ist eine Ermunterung, die ja nicht den einzelnen brüchigen Solisten stützt, es ist, meine Damen und Herren, und ich bin noch immer bei meinem zaghaften Versuch einer Danksagung, es ist eine mäzenatische Art Bündnisse zu stiften, wenn ich mich nun eingereiht sehe ins Bild anderer Unruhestifter. Es sind Irreführer von Behörden dabei, in ihrer Menschenliebe Verletzte, Kassandra-Rufer, Verfechter von Diderot und Hegel – die Stichworte klingen wie Ausrufezeichen von Verschwörern, Rufern in der Wüste, und die zu erwartenden Dissonanzen gehen nicht in einem Chor unter, wie beim großen gemeinsamen Singen am Neujahrstag 1990, Freiheit schöner Götterfunken, das große Folklorefest am Brandenburger Tor, ein Echo wie aus Huxleys Groteske *Von der schönen neuen Welt*, und Hieronymus, der sich abermals ins Gehäuse zurückzieht, nicht kapitulierend, sondern betroffen, und zwischen zwei Videoclips kritzelt er seine Proteste und verallgemeinert sie auf den Tag des Krieges: Es ist alles schon längst gesagt und geschrieben worden, was keinem ein Licht angezündet hat. Die patriarchalische Zustimmung zum Untergang aber verwechselt sich in eigene Rechtfertigung. Doch da wollen die Enkel und Urenkel jenes Fantasten, von dem hier als einem Urvater die Rede war, sich einmischen: Es wäre, halten sie dem Erzähler und Vater vor, ein Schweigen aus der Melancholie des Augenblicks heraus. Das beleidigte Schweigen der denunzierten Selbstüberschätzung, die Verweigerung am falschen Platz. Verfolgung, Zensur, Gefängnis, Verbote: das habe doch die Literaten in dieser absurden DDR aufgebaut zum Guru. Ein Wort wie Folter oder Schafott fehlt im Register der Zeitungen. Mein Lehrer Werner Krauss, im Dritten Reich zum

Tode verurteilt, schrieb zwei Bücher im Zuchthaus von Plötzensee. Schrieb er gegen die Angst? Mit welchem Recht und von wem wird da verallgemeinert? Als wäre Literatur *oder* Leben die Alternative und der Rest Mogelei, Kassiber und Sklavensprache. Die Polemik geht mehr an die Enkel und Urenkel im Roman. Denn ihre Väter, aus dem Kino auf die Straße getrieben, haben zunächst alle Spiegel zerschlagen, um sich ein reines Bild von sich selbst zu bewahren Der Bankrott einer senilen Clique, sagen die Väter, darf nicht zum Jahrhundertereignis stilisiert werden. Und wir halten weiter an unserer Thora-Rolle fest, die Auslegung der Schrift muß einmal mehr vertagt werden, wenn wie jetzt im befreiten Teil Deutschlands der Kahlschlag herrscht, tabula rasa gemacht wird, *alles* ideologisiert wird, als hätten wir davon nicht genug in vierzig Jahren gehabt und jeder eine sich selbst abzuwickelnde Mumie zu werden droht. Da kommt dieser Krieg wie ein ganz neues Programm, so als wäre er nicht eine Fortsetzung des Kahlschlags mit anderen Mitteln. Und da mit einmal gelingt die Befreiung der Väter aus dem Gehäuse, wenn sie sich auf der Straße wiederfinden mit den Enkeln und Urenkeln: die sind gestern über eine aufgehobene Grenze in Ungarn in die Welt gewandert, und im Luftzug dieser Bewegung ist die eine Mauer umgestürzt. Doch womit wollen wir sie und uns jetzt schützen gegen die drohende Feuerwand?

Abermals kröche ich am liebsten ins Gehäuse zurück, verjüngte mich heimlich am aseptischen Videospiel dieses Krieges. Und naht da nicht, geben die Väter zu bedenken, in der Apokalypse eine neue große Kunst wie immer im Abendland? Waterloo und die Neunte von Beethoven, Guernica und Pisasso? Romantische Ausflüchte, denn auf diesen Moloch, der auf Gerechte und auf Ungerechte keine Rücksicht mehr nimmt, ließe sich

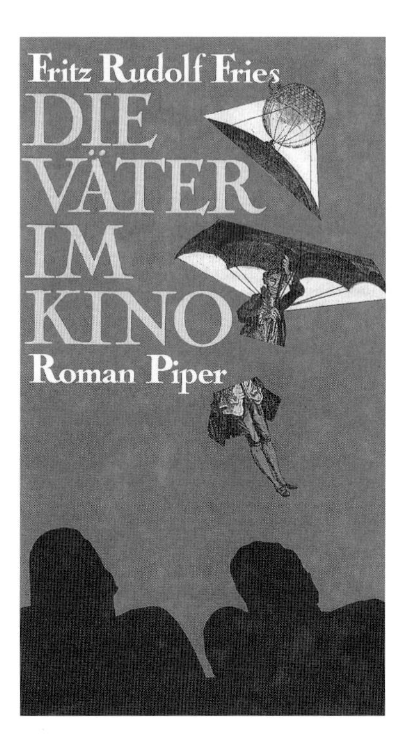

nur mit der Monochromie eines Malewitsch antworten. Den Vätern im Kino fällt womöglich auch eine nur ästhetische Einsicht schwer, denn haben sie nicht den amerikanischen Sieg über den Faschismus im Bild eines Mondrian – „Victory Boogie-Woogie" – und den russischen Sieg im Pathos eines Majakowski erlebt? Die Bilder und Worte greifen nicht mehr, als stünden sie jenseits der Erfahrung, die zu machen die neue Generation ein Recht hat, und deshalb geht sie heute auf die Straße.

Dabei, meine Damen und Herren, wollte ich Ihrer Freundlichkeit an diesem Tag mit lauter Zuversicht begegnen. Wollte mich in eine Beziehung bringen zum Stifter des Preises, Rudolf Alexander Schröder, ein Europäer im Gehäuse, geübt in der Art Mauerschau, die das Gehäuse einer Bibliothek herausfordert. Wollte mich daran erinnern, als Kind auf dem Passagierschiff „Bremen" aus einem anderen Land nach Deutschland gekommen zu sein. Hatte von Bremen die eine Vorstellung, die ein Leser von Gottfried Benn so tröstend gewinnen kann im Umgang mit dem Großkaufmann und Mäzen F.W. Oelze, der den Dichter regelmäßig mit Cognac und Weihnachtsstollen in seinem Gehäuse in der Berliner Bozenerstraße versorgte. Bremen, nicht nur für Benn, von Berlin aus gesehen, eine freundliche Vision.

Lassen Sie mich schließen. Die Ermunterung, die von Ihrem Preis ausgeht, überwindet den Stellvertreterstreit zwischen Literaten in diesen Monaten. Sie ermuntert die Trotzhaltung, aus der ein Weiterschreiben kommt. Schreiben im Gegensatz zur Politik ist nicht Rechthaberei. In der selbstbesessenen Manie der Literatur spricht sich gerade heute eine seltsame Art von Utopie aus, wenn das beschreibende Wort an einer Welt festhält, die nicht untergehen darf. Ins Gedankenspiel eines Buches retten sich Autor und Leser. Wir Schreiber aus dem Osten kranken sicher mehr am Pathos der russischen Literatur als an der Eleganz der Unverbindlichkeit. Dabei ist dieses Pathos eine Erbschaft des optimistischen 18. Jahrhunderts. Und so will ich am Schluß ein Wort von C.M. Wieland setzen: „Wer zum Menschen geboren wurde, soll und kann nichts edleres, größeres und besseres sein als ein Mensch – und wohl ihm, wenn er weder mehr noch weniger sein will!"

Ich danke Ihnen.

Fritz Rudolf Fries

Der Krieg von oben

[…] Während mein Großvater auf dem Weg nach Deutschland war, erfüllte die Rollbahn im spanischen Krieg die Vorstellung ihrer Planer. Noch ehe sich Stannebein beim obersten Luftwaffenminister beschweren konnte, landete die alte Tante Ju inmitten von Kuhweiden auf der ausgewalzten Zementpiste, wurde aufgetankt, stieg auf und flog wie trunken hin zur Jarama-Front. Das war eine gute Kalkulation gewesen. Hatte Sorigueta nichts verhindern können? War er der Pilot gewesen, den die Bauern in einem Dorf bei Bilbao bezahlt hatten, daß er eine klapprige Postmaschine besteige und aus der Höhe Säcke mit Feldsteinen auf die feindlichen Linien abwerfe? Die Sache ist historisch verbürgt, sage ich zu Hiob, aber für die Filmhandlung wäre es besser, Sorigueta sei damals durch die Schule einiger bei Bilbao stationierter sowjetischer Piloten gegangen und sei mit einer dieser stupsnasigen Maschinen aufgestiegen, ein Schüler, der seinen Meister überrundet. Hiob macht sich Notizen und verspricht zu recherchieren; denn in diesem Krieg wird zum erstenmal in der Geschichte der Menschheit der Krieg von oben geführt, Bomben fallen auf eine unentschlossene Zivilbevölkerung, auf Bauern, die zum Markt in die Stadt gekommen sind und zwischen Ankauf und Verkauf von Politik reden und von der List, einen Sack mit Feldsteinen auf die Soldaten des Generals zu werfen. Sorigueta, so wollen wir annehmen, stieg auch über Bilbao auf, im Verband mit sechs sowjetischen Jägern, während Stannebein und seine Familie auf dem Wasser nach Bayonne fuhren, und sie holten die zwei Flugzeuge herunter, die ihre Bomben auf die Stadt geworfen hatten. Die Piloten flogen dreimotorige Junkers 25. Beide sprangen mit dem Fallschirm ab, zwei weiße Wolken, die über dem Arenal segelten, im gelben Fluß mit den Hochöfen am Ufer nicht ertranken, sondern auf dem regennassen Pflaster im Purzelbaum aufschlugen. Hermann hieß der eine Pilot, Schmidt der andere, und ihre Papiere waren an dem Tag ausgestellt, als das Deutsche Reich öffentlich seine Nichteinmischung in den spanischen Krieg verkündet hatte. Hermann starb unter ungeklärten Umständen. Es heißt, er zog seinen Revolver, als die Menge zusammenlief und ihn umstellte. Er tötete eine Frau und einen Milizionär. Darauf tötete die Menge ihn.
Karl Gustav Schmidt, einundzwanzig Jahre, blond, Funker von Beruf, konnte entwaffnet werden. Man schleppte ihn ins Hauptquartier, das im Hotel Carlton residierte, schützte ihn vor der Menge auf den Straßen und verhörte ihn. Über ein Protokoll, sage ich zu Hiob, ist nichts bekannt, denn man brauchte alle Kräfte gegen einen Überfall der Anarchisten von der UGT, die von einer republikanischen Demokratie nichts wissen wollte und gerade das Gefängnis überfiel, in jede Zelle eine Handgranate, ein Blutbad …
Hiob will davon nichts wissen. Die Untaten der jüngeren Geschichte, ja, sagt er, aber bitte im Kanon der bekannten Geschichtsschreibung. Was ich ihm hier anbiete, sagt er, sein der Roman des Wahnsinns. Aber, halte ich dagegen, jeder Roman erwartet den Dialog mit dem unbekannten Leser, der auf der anderen Seite des Flusses (der Zeit) wohnt, im unbekannten Land der Vernunft. […]

Aus: Die Väter im Kino. Roman. Piper Verlag, München 1990, S. 71-72

Fritz Rudolf Fries

TAGEBUCH-EINTRAGUNG

Ad absurdum geführte Existenz
Zurückflutendes Meer
Nacktes Geröll und Muschelsteine
Erschlagene Träume am Morgen
Zugvögel der Sehnsucht aus
den Plakaten der Anschlagsäulen.

GLÜCK

Es bringt die Post
als leichtes Gepäck
je ein Buch
aus dem Süden aus dem Norden
zur Mitte
da wo ich bin
abends
zum Tee zur Pfeife
lese ich.

Aus: Herbsttage im Niederbarnim. Aufbau-Verlag, Berlin und Weimar 1988, S. 25/39

[…] Es ist diese ruhige und klare Abschiedsstimmung, die den „Vätern im Kino“ von Fritz Rudolf Fries eine unaufwendige Nähe zur banalen Mitmenschlichkeit gibt. Eine Familie, deren Großvaterfigur die unbegrenzte Freiheit der Phantasie und des Lebens wenigstens forderte, droht im realen Alltag zu versinken, und doch hat jedes Mitglied noch im Abglanz Stannebeins ein stilles Recht auf den großen Ausbruch, auch wenn er nicht mehr gelebt, nicht einmal gedacht wird. Gegen diesen Verlust der Phantasie hat Fritz Rudolf Fries angeschrieben, und die Erinnerungsarbeit soll jenen untilgbaren Rest an Freiheit reklamieren, der in den Niederlagen der Geschichte und in der Abfolge der Generationen nicht verlorengehen möge […]

Uwe Schultz in der Stuttgarter Zeitung vom 4. Mai 1990

[…] Was anderen zu trockener Poetologie geriete, inszenierte er als rasantes philosophisches und heiteres Pingpong. Und es gelingt ihm das Kunststück, durch Reflexionen nicht Blutleere, sondern das erstaunlich facettenreiche Leben seiner Figuren zu erzeugen.
Über kurz oder lang wird Friesens Variationsspiel seine Leser anstecken. Man entdeckt sich beim Kopfschütteln und Stirnrunzeln, man findet sich in die Diskussionen des Romanpersonals verwickelt, und wenn man sich allmählich frei durch Friesens Phantasiegebäude zu bewegen glaubt – genau dann hat einen Fries gefangen, gleich doppelt. Er hat einen zu einem zweifelnden, ratenden und von Friesens Antworten abhängigen Mitglied seiner Familie gemacht. […]

Andreas Isenschmid in der Frankfurter Allgemeinen Zeitung vom 10. April 1990

Fritz Rudolf Fries (vorne, links), Robert Havemann, Gert Loschütz, Kurt Bartsch, Rainer Kirsch, Wolf Biermann, Sarah Kirsch, Helga M. Novak u. a. 1965 in der Berliner Wohnung Biermanns, Chausseestraße 131. Foto: Roger Melis

Alias „Pedro Hagen“

[…] Zunächst zu den unerfreulichen Fakten. Fries alias „Pedro Hagen“ erfüllte die wesentlichen Kriterien eines Inoffiziellen Mitarbeiters der DDR-Staatssicherheit: Er unterschrieb sowohl eine Schweigeverpflichtung (1972) als auch eine reguläre Verpflichtung zur Zusammenarbeit (1982), er hielt sich an die vereinbarten Regeln der Konspiration, lieferte Informationen, übernahm Aufträge und ließ sich dafür bezahlen. Freilich gab es, wie in jedem Fall, auch einige Besonderheiten.

Joachim Walter in der Frankfurter Allgemeinen Zeitung vom 27. April 1996

[…] Die Enttarnung des IM Pedro Hagen legt das wohl raffinierteste Rollenspiel offen, in das ein deutschsprachiger Schriftsteller seine Leser und Freunde je verwickelt hat. Die entlarvten Stasi-Spitzel und Schriftsteller Hermann Kant, Christa Wolf, Monika Maron und selbst Sascha „Arschloch“ Anderson werden von Fritz Rudolf Fries alias Pedro Hagen in den Schatten gestellt. FOCUS, für den Fries wiederholt mit professioneller Leidenschaft Geheimdienstthriller von John le Carré besprochen hat, liegt jetzt die Stasi-Akte des IM Pedro Hagen alias Fritz Rudolf Fries vor. Ein neues Buch, eine alte Akte – der Fall Fries. […]

Fries' Spitzelberichte lösten, wie die Bearbeitungsvermerke des MfS dokumentieren, für die „Abgeschöpften“ und Ausgekundschafteten „Operative Vorgänge“ und „Operative Personenkontrollen“, Lauschangriffe, Postzensur, Observationen und Grenzschikanen aus. So ging ein „Bericht über eine Reise in die BRD“, der Namen von Journalisten und Verlagsmitarbeitern nannte, zur „Erarbeitung einer Information“ an die für Paßkontrolle, Tourismus und „Interhotels“ zuständige Stasi-Abteilung. […]

Operativ ertragreich waren auch Fries' Aufenthalte in der Bundesrepublik und Westberlin. Eines der Ziele war es, mit gültigen DDR-Pässen im Westen lebende Kollegen wie Sarah Kirsch oder Klaus Schlesinger zu einer Rückkehr in den Arbeiter- und Bauernstaat zu bewegen. Nebenbei berichtete Fries über Rudolf Bahro, Joseph Beuys und die Grünen, über Interna aus den Verlagshäusern Suhrkamp oder Wagenbach, über kulturpolitische Tendenzen beim Klassenfeind und über westdeutsche Schriftstellerkollegen. […]

Aus: FOCUS 17/1996

[…] Inzwischen liegen die tausendseitigen Akten des IM „Pedro Hagen“ auf dem Tisch, aufgewühlt von den „Siegern der Geschichte“, wie Fries in der Zeitung „Neues Deutschland“ schrieb, die er offensichtlich nicht zur „Journaille“ zählt, mit der „nicht zu reden“ ist. „Asche aufs Haupt und ein Gang nach Canossa? Ich habe Besseres zu tun“, erklärte Fries. Diesem Besseren wandte er sich zu, als er als Gastredner der Leipziger Akademie forderte: „Wünschen wir uns die Rückkehr einer k.u.k. Monarchie“. […]
Einen Tag nach der Leipziger Lesung hat Fries seinen Austritt aus der Akademie der Künste Berlin-Brandenburg erklärt. Fries reagierte damit auf einen Brief des Akademie-Präsidenten Walter Jens, in dem Jens den Schriftsteller zu einer Stellungnahme zu den Stasi-Vorwürfen aufforderte. Sollten die Vorwürfe unberechtigt sein, müsse Fries sich vor einem Ehrenrat der Akademie dazu äußern. Angaben der Deutschen Presseagentur zufolge, legte Jens dem Schriftsteller den Austritt nahe, sollten die Vorwürfe sich als begründet erweisen.

Siegfried Stadler in der Frankfurter Allgemeinen Zeitung vom 7. Mai 1996

[…] Warum – Ihre andere Frage – habe ich mich nicht direkt geäußert? Lassen wir einmal beiseite, daß auch ich mich nicht gerne vorführen lasse in diesem neudeutschen zoologischen Garten, wo die einen die Wärter sind und die anderen die Bestien, so bin ich als Autor jemand, der seine Erfahrungen, und, wenn Sie wollen, Verkehrtheiten seines Lebens, indirekt in seinen Arbeiten mitteilt. Das Verfahren ist nicht neu. Das Thema „Stasi“ ist aufgehoben in jedem meiner Romane. Im Tagebuch habe ich festgehalten, wie ich über zehn Jahre von den findigen Jungs der „Firma“ observiert, eingekreist und bedroht worden bin – allerdings auf eine stümperhafte Weise, über die mir bei der Lektüre der Akten das Lachen kam. Aber die professionellen Aktenleser nehmen alles für bare Münze und picken sich am Ende das vergiftete Korn heraus, ihre Suppe damit zu würzen. Im Grunde geht es noch immer darum, wie Peter Marcuse 1992 in dieser Zeitung schrieb: „Das Feindbild Stasi sichert dem Westen den Status quo.“

Im Interview mit Helmut Böttiger, Frankfurter Rundschau vom 24. April 1996

Fritz Rudolf Fries

„Connections“

2. November 1994
Christa Wolf lädt zu einem Abend in die Möwe ein. Sie ist aus Amerika zurück, wo man sie alles in allem verständnisvoller behandelt hat als in der Heimat – IM Margarete! Brechend volles Haus. Ich weiß nicht, wann ich hier zuletzt gewesen bin, im Künstlerclub des Kulturbunds. [...]

Beim Wein in den Nischen des Hauses fragt mich Dieter Schlenstedt, ob ich ihn nicht ablösen möchte in seiner Funktion als Präsident des PEN-Clubs Ost. 1990 hatte ich schon Mühe, das Angebot abzulehnen, Vorsitzender des Berliner VS zu werden. Ich erzähle ihm, daß auch mich Akten belasten, in die ich hineingeraten bin, ebenso unschuldig wie schuldig, und daß ich nicht daran denke, meine schmutzige Wäsche in der Öffentlichkeit zu waschen, solange einigen Leuten nicht einleuchtet, daß eine kritische Literatur auf Dauer nicht zu haben war ohne eine besondere Strategie, die von Autor zu Autor gewiß anders war. Die Pilgrim-Väter, die nun darüber befinden wollen, tun es mit der abstrakten Moral eines John Wayne in einem Western. Und ist es nicht seltsam, daß der Oberste Richter in diesem Verein Schauspieler werden wollte, bevor er Theologe wurde – diesem in der DDR so begehrten Nischen-Beruf. [...]

23. März 1995
J.W. [= Joachim Walter, W.E.] kündigt mir, wenn nicht die Hölle, so doch das Fegefeuer an, wenn sein Buch über die Akten erscheint. Ich habe weder vor, die Rolle des Sünders noch des Opfers zu spielen. In der Opfer-Rolle sähen sie mich gern, und auch wenn es den Tatsachen entspräche – für die-

Foto: Isolde Ohlbaum

se Saubermänner nicht. Wenn es wenigstens Leute von literarischem Format wären. Als ob sich die Schornsteinfeger bei den Bäckern entschuldigen müßten, daß sie sich schmutzig gemacht haben. [...]

13. Mai 1995
[...] Inzwischen hat Kollege J. W. in der Frankfurter Rundschau ein wenig die Katze aus dem Sack gelassen: Kamnitzer als Agent des KGB und der MfS habe mich mit „Aufträgen" zum Internationalen PEN-Kongreß in Caracas 1983 geschickt, und ich hätte weisungsgemäß vor Ort gehandelt. Our man in Caracas. Vor Ort sagte mir seinerzeit Alexandre Blokh, der Generalsekretär, ich sei ein guter toleranter Gesprächspartner – Kunststück, bislang hatten sie auf internationalem Parkett nur Henryk Keisch erlebt, sieht man von Hermlin ab. Mit einer bulgarischen Dichterin und ihrer Dolmetscherin waren wir die einzigen Vertreter aus dem Ostblock. Ich stimmte gegen eine Aufnahme des Papstes in den PEN, und sie hob nach mir die Hand, und ich stimmte nicht für eine Aufhebung des Hausarrests von Sacharow. Waren das Dinge, die der PEN verhandeln sollte? Andere Aufträge hatte ich nicht. [...]

29.September 1995
G. besucht mich zum Abend. Sozusagen in schimmernder Garderobe. Er hat mit seiner Frau Urlaub gemacht, eine Tour durch nordische Länder bis nach Finnland. Zeigt sich erstaunt über die akkurate Einhaltung des Reiseprogramms, über die Großzügigkeit, auf die Wünsche der Reisenden einzugehen.
Wir denken beide an die Bürokratie zu DDR-Zeiten auch in der Gastronomie („Sie werden vom Oberkellner eingewiesen") – hier nun ist das zahlende Individuum König. Ansonsten ist sein Möbelgeschäft besetzt mit „alten Seilschaften". Große Zuneigung.

Auch heute kann ich ihm nicht verübeln, über Jahre von ihm unter falschen Vorgaben ausgehorcht worden zu sein. Anhand seiner Person sollte ich das andere Bild des bösen Tschekisten aufschreiben – keiner würde mir glauben. Für Leute wie J.W. enthüllte diese Sympathieerklärung die Perfidie der Firma, sich ihre Opfer hörig zu machen. Hat nicht meine Kollegin Monika Maron gerade ähnliches berichtet – und ist mit Spülwasser übergossen worden von den Medien?

7. Dezember 1995
Meine Stasi-Akten in der Normannenstraße. Herr I. fährt mich früh 8 Uhr 30 ohne zu fragen bis vor die Tür: Haus 7 A.
Die Dame in der Pförtnerloge weiß Bescheid: tausche meinen Ausweis gegen einen Passierschein. Die mir zugeteilte Betreuerin entsteigt dem Paternoster mit den Aktenbündeln, an die 750 Seiten. Zahle meinen Obolus für eine „Einsichtnahme durch Mitarbeiter oder Begünstigte" (§§ 12, 16, 17 StUG): 150,00 DM. [...]
Die inkriminierende Mappe, darin gesammelt sein soll, was ein gewisser „Pedro Hagen" dem Amte berichtet haben soll, enthält nichts anderes, als was auf den anderen 750 Seiten dokumentiert wird: Als OV (Operativer Vorgang) „Autor" bin ich seit den Jahren als Assistent an der Akademie der Wissenschaften erfaßt worden. [...]
Denn die Große Sorge des Amtes war: Woran schreibt er jetzt? Wovon lebt er? Wie können wir seine „connections" für uns nutzen. [...]
Wozu dieser Wasserkopf eines Apparates? Der Akten-Leser applaudiert in Gedanken jenen Sprechchören vor sechs Jahren: Stasi in die Produktion! Anstatt dieses Land durch Arbeit zu stabilisieren und durch Erfolge attraktiv zu machen, haben sie schlechte Szenarien entworfen – und Leute wie mich dafür interessiert, geleimt oder genötigt, und gezwungen, Rollen in diesem Schmierentheater zu übernehmen. Der Mief jener Jahre weht mich an – warum haben wir das Land nicht um 1972 verlassen? Warum nicht? Ich denke, renitente Autoren wanderten damals nicht wohlwollend angeschoben über die Grenze, sondern in den Knast. Für so ein „Heldentum" war mir meine Lebenszeit zu schade. [...]

Aus: Im Jahr des Hahns. Tagebücher. Gustav Kiepenheuer Verlag, Leipzig 1996, S. 147f., 170, 179, 203, 229, 230, 232.

Fritz Rudolf Fries

19. 5. 1935 Bilbao (Spanien)

Foto: Isolde Ohlbaum

Sohn eines deutschen Kaufmanns, der 1942 mit seiner Familie von Bilbao nach Leipzig übersiedelte. 1953-58 Studium der Romanistik und Anglistik in Leipzig. Examen in Hispanistik bei Werner Krauss. Freischaffender Übersetzer aus dem Spanischen und Französischen; Dolmetscher auf internationalen Kongressen. 1960-66 Assistent an der Akademie der Wissenschaften in Ost-Berlin. 1966 erschien der Roman „Der Weg nach Oobliadooh" bei Suhrkamp, nachdem er für die DDR keine Druckgenehmigung erhielt. Als Folge verlor F. seine Assistentenstelle und wurde, notgedrungen, freier Autor. 1972 Mitglied im PEN-Zentrum der DDR, seit 1980 Präsidiumsmitglied. Nach der Wiedervereinigung Mitglied der Bayerischen Akademie der Schönen Künste München, der Deutschen Akademie für Sprache und Dichtung Darmstadt und der Akademie der Künste Berlin-Brandenburg. 1996 Enttarnung als Inoffizieller Mitarbeiter des MfS (IM „Pedro Hagen"). Im Mai 1996 Austritt aus dem ostdeutschen PEN-Zentrum sowie aus der Akademie der Künste Berlin-Brandenburg, weil er nicht vor deren Ehrenrat Rechenschaft über seine Tätigkeit für die Stasi ablegen wollte. Seit 1966 lebt F. in Petershagen/Brandenburg.

Preise: Heinrich-Mann-Preis der Akademie der Künste der DDR (1979); Spanischer Orden der Königin Isabella (1987); Marie-Luise-Kaschnitz-Preis der Evangelischen Akademie Tutzing (1988); Literaturpreis der Freien Hansestadt Bremen (1991); Brandenburgischer Literaturpreis (1991); Hörspielpreis der Kriegsblinden (1996).

Werkauswahl: Der Weg nach Oobliadooh. Roman. 1966. – Der Fernsehkrieg. Erzählungen. 1969. – See-Stücke. 1973. – Das Luft-Schiff. Biografische Nachlässe zu den Fantasien meines Großvaters. 1974. – Lope de Vega. 1977. – Der Seeweg nach Indien. Erzählungen. 1978. – Mein spanisches Brevier 1976/77. 1979. – Alle meine Hotel Leben. Reisen 1957-1979. 1980. – Alexanders neue Welten. Ein akademischer Kolportageroman aus Berlin. 1982. – Verlegung eines mittleren Reiches. Roman. 1984. – Hörspiele. 1984. – Gedichte. 1984. – Bemerkungen anhand eines Fundes oder Das Mädchen aus der Flasche. Texte zur Literatur. 1985. – Bilder eines Jahres. Impressionen. 1987. – Herbsttage in Niederbarnim. Gedichte. 1989. – Die Väter im Kino. Roman. 1990. – Die Nonnen von Bratislava. Ein Staats- und Kriminalroman. 1994. – Im Jahr des Hahns. Tagebücher. 1996. – Zahlreiche Übersetzungen, u.a. Vicente Aleixandre, Julio Cortázar, Nicolás Guillén und César Vallejo.

Über F.R.F.: Michael Töteberg in: Kritisches Lexikon zur deutschsprachigen Gegenwartsliteratur. München 1978ff.;

Förderpreis des Bremer Literaturpreises 1991 für „Raabe Baikal", Diogenes Verlag, Zürich 1990

Rolf Michaelis

„Wie arbeitet der Tod"

Senatspräsident Henning Scherf, Thomas Strittmatter (2.v.l.), Rolf Michaelis u.a. –Foto: Christiane Matthäi

Wie jung muß einer sein, daß er sich so auf das Alter – das Altern, das Altwerden – einlassen kann wie Thomas Strittmatter in seiner ersten größeren Erzählung, dem „Roman" genannten Buch mit dem Rätsel-Titel „Raabe Baikal". Welche Lebenskraft muß in einem Kerl gären, der bereit ist, sich so mit dem Tod anzulegen wie der 1961 in St. Georgen im Schwarzwald geborene Dramatiker, Hörspielautor, Drehbuch-Schreiber, Maler, Zeichner und nun also Romancier in seinem ersten umfänglicheren Werk, dessen erstes von 65 – oft nicht einmal eine ganze Seite füllenden – Kapiteln unter dem Titel steht: „Wie arbeitet der Tod".

Da sind wir schon ganz bei dem Mann aus den schwarzen Wäldern: Er kann die ihn bedrängenden Themen gar nicht zurückhalten. Was ihn interessiert, was ihn fasziniert, was ihm Angst macht, das muß raus, also gleich auf Seite 1: „Wie arbeitet der Tod". Kein Fragezeichen krümmt sich hinter dem Satz. Nüchtern, fast kalt – und doch heiß vor Erregung, wie sie im Blutdunst aufschäumt, also mit dem ihm eigenen phantastischen Realismus erzählt Strittmatter von der Geburt eines Kalbes, bei der die Mutterkuh qualvoll stirbt. Am Anfang war – ja, auch das Wort dieses Erzählers. Am Anfang ist – die Geburt, das Leben, das zugleich Tod ist.

Das wollen wir den ganzen Roman lang nicht vergessen: dieses Zugleich von Leben und Tod, Dunkel und Helligkeit, Trauer und Freude – oder, um es mit den Worten des Erzählers zu sagen, der die körperliche Nähe einer Liebesszene so preist: „daß das besondere an diesen Düften gerade aus dem Nebeneinander von Widerlichem und Schönem zustande kam".

Bei Strittmatter wird viel gestorben. Jetzt muß aber niemand das Buch zuschlagen, weil wir alle uns von der Aussicht auf den drohenden Tod gern ablenken lassen. Strittmatter ist kein Todes-Jodler, kein Hymniker der Vergänglichkeit, und er ist noch viel weniger ein Schicki-Micki-Plauderer des schönen Scheins, kein Lügner vom leichten Leben, wie es uns alle Medien rund um die Uhr vorgaukeln. Nein: dieser schnell lebende und wahnsinnig schnell schreibende Schriftsteller – mit gerade neunundzwanzig Jahren sieben Stücke, vier Film-Bücher, vier Hörspiele, gut zehn Ausstellungen und „Installationen" – dieser Thomas Strittmatter hat wohl doch eines mit seinem Titelhelden Raab gemein, den die Freunde im Internat „Raabe" nennen, weil ihm „etwas Schwarzes anhaftete". [...]

Das ist Strittmatters Blick: Wach starrt er ins Dunkle. Was er da sieht, wovon seine Stücke, jetzt auch sein Roman erzählen: es ist nicht geheuer. Immer wieder lesen wir, daß Raab „ins Dunkle starrt". Es ist das Dunkel – nicht der Zukunft, sondern der Vergangenheit, die schwer über diesem Raabe-Mann hängt. Er fragt nach dem

Vater, der als Pelzjäger, also: auch als Mörder, in Kanada verschollen ist. Raabe – der Vogelname bezeichnet lautmalerisch das Krächzen der düsteren, bis zur Sprachfähigkeit intelligenten Aasfresser – Raabe fragt nach dem, was war. Er fragt, woher er kommt.

Daß einer so fragt: in Deutschland hat man das nicht so gern. 1961 geboren: da war das „Dritte Reich" seit sechzehn Jahren tot, eingesargt in einem Kapitel des Schulbuchs für den Geschichts-Unterricht. Da könnte der Raabe-Strittmatter doch den Schnabel halten. Strittmatter aber – wie sein Roman – Raabe –, den wir mit dem gedankenlosen Ehren-Titel der Roman-Führer als „Helden" verschonen wollen, Strittmatter wird nicht müde zu fragen. „Wie arbeitet der Tod": Das im Titel über dem ersten Kapitel ausgesparte Fragezeichen benutzt Strittmatter wie einen Dietrich, wie einen Geheim-Schlüssel, mit dem er an Türen stochert, die in unserem Land gern verschlossen bleiben. [...]

Eine der heimlichen Hauptgestalten des Buches hört auf den seltsamen Namen: Andre. Andre ist ein scheues Mädchen, in das Raabe sich verliebt – und wohl auch der Erzähler. Nie wird sein Erzählton so behutsam, ja poetisch, als wenn Andre erscheint. [...]

Als sie nach der Mittleren Reife das Internat verläßt, antwortet sie auf die Frage, was sie werden wolle: „Was andres, sagte Andre".

Mit diesem scheinbar beiläufigen Satz kommen wir ins Zentrum dieses kleinen Romans, der auch Parodie des klassischen Entwicklungs-Romans ist, ja fast ein Anti-Entwicklungs-Roman, ein wilder höhnischer Einspruch gegen das Ideal des Erziehungs-Romans. Dieser in einem Erziehungsheim beginnende Roman behauptet, daß es Erziehung, Entwicklung nicht gibt. Der klassisch europäische Erziehungs- und Entwicklungs-Roman lebt ja, tapfer an Aufklärung glaubend, aus der Überzeugung, daß wir alle uns bessern, weiter und höher bilden, dem Traum wahrer Humanität, gelebter Menschlichkeit über noch so mühselige Schritte näher kommen könnten. Also: daß wir anders werden könnten, Andre, wie das Mädchen Andrea es bis zur Namensänderung heftig ersehnt. Strittmatter, dieser dunkle Realist, formuliert so, nachdem sein Raab zum Mörder geworden ist: „Es war jetzt anders, aber es war doch gleich, und Raabe war nun ein anderer, aber der Gleiche war er doch geblieben, und was er gelernt hatte, war in seinem Kopf unausreißbar: Das Hauen, Polieren, Schärfen, das Schlachten, die Pilze, die Vogelstimmen und das Leben mit der Kälte und der Hitze." [...]

Aus der Laudatio vom 26. Januar 1991

Thomas Strittmatter

Das Getöse

Sehr verehrte Damen und Herren, mit viel Getöse nach Bremen gereist steh ich hier und darf jetzt etwas sagen. Aber – außer „Danke" – was?

Die Ereignisse der letzten Monate sind mit solcher Geschwindigkeit geschehen, daß vermessen wäre, wer glaubte, er wisse, wo sein auch noch so kluger Kopf steht. Denn jede Säule, auf der sich dieser Kopf niederlassen wollte, geriete sogleich ins Wanken.

Zum Berufsbild des Autors gehört vielleicht auch das Nachäffen eines Engels mit Namen Angelus Novus.

Der Benjaminsche Engel der Geschichte braucht mehr und mehr Kollegen. Er starrt offenen Mundes auf das Vergangene, es häufen sich die Trümmer, die er zusammenfügen, die Toten, die er aufwecken wollte.

Das Gefieder der Engelsflügel ist schwarz verklebt, der Sturm treibt ihn weiter. Immer häufiger müssen abermals Kollegen in die Bresche springen, wenn wieder einer stolpert und begraben wird unter den Trümmerhaufen.

Der Gang der Geschichte beschleunigt sich, wird zum Rasen. Schwer wird, aus ihr zu lernen und schwerer noch, Geschichten zu erzählen.

Sollte es vielleicht auch Preise geben für den Schläfer und Träumer, der im Schlaf und im Traum versteht, was Sache ist?

Das Getöse, das meine Ankunft in Bremen begleitet hat, steht in keinem Verhältnis zu dem Rascheln, das mein Buch im besten Fall auslöst. Das Getöse des Reisens zeigt nämlich lautstark an, daß ich mich fortbewege. Das Umblättern der Buchseiten zeigt an, daß sich einer auf der Stelle bewegt.

Tröstlich für die Autoren ist nur folgendes: immerhin besteht die Möglichkeit, daß die Reise des sich auf der Stelle und in der Stille Fortbewegenden vielleicht doch weiterführen kann. Nur wohin, und hier hat der Trost ein Ende, das weiß wieder keiner.

Wenn ein Buch eine Bombe wäre mit dem Sprengstoff Stille und eine Rakete mit der Füllung Zeit, dann wäre Ruhe, zu erzählen und Zeit, zuzuhören.

Danke.

Erwacht zum Leben im Tod

Sie tragen Übernamen: *Raabe, Fieber, Taubmann*; oder sie sind *Bauer, Klavierstimmer, Steinmetz*. Sie leben in einer planen, von Hochspannungsleitungen und Autostraßen zerstückten Gegend, wo selten die Sonne scheint, ein Überall und Nirgendwo. Kleinlich und schal schreibt sich hier und dort die Realität der achtziger Jahre ein: im Einkaufszentrum, das wie ein Kunstherz in der frostlosen Agglomeration pulsiert; im Benzindunst des abendlichen Verkehrsstaus oder dem verschmutzten Wohnwagenpulk, wo sich die billigeren Huren anbieten; in den Bunkerwänden des Squash-Zentrums, welche die sterile Körperkultur der unteren Hautevolée beschirmen. Ein trübes Halblicht liegt über der Landschaft, den Tagen; löscht räumliche und zeitliche Grenzen, läßt Distanzen zusammenfallen. – Gegenräume öffnen sich, seltsam und unverhofft: wo einer arbeitet, leidet, sich zum Sterben hinlegt. [...]
Eine dumpfe Gewaltsamkeit regiert hier, die keinen verschont; die nur erträglich bleibt, weil Strittmatter sie mit soviel Wut und Verve, Beobachtungsschärfe und Einfallsreichtum in Szene setzt, daß sich die menschliche Misere im Absurden oder Irrealen bricht. [...] Beim ersten Museumsbesuch des Protagonisten erwachen die antiken Standbilder zu einem erschreckenden Leben im Tod: die Plastiken arrangieren sich zum „zeitlosen, endgültigen, zum Perpetuum gewordenen" Bild des Mordens und Sterbens. [...]

Angela Schader in der Neuen Zürcher Zeitung vom 6. September 1990

Foto: Volker Derlath

Thomas Strittmatter

Das Compliziertenheft

Am Abend gingen Fieber und Raab zu ihrer Bank am Waldrand, um heimlich zu rauchen. Fieber ging einige Schritte voraus, falls es sich ein trockenes Plätzchen zu sichern galt. Und Raab sah, wie er etwas, das unter der Bank lag, aufhob und schnell einsteckte. Was hast du da, fragte er, und Fieber mußte, wohl oder übel, das Paket wieder aus der Jacke ziehen. Es war ein Comicheft, säuberlich in eine Plastikfolie verpackt. Gehört mir, sagte Raab und steckte das Heft ein.
Noch am selben Abend ging er nach dem Essen zu der Stelle zurück und legte ein anderes Comicheft unter die Bank. Er hatte sich schon einige Schritte zum Gehen gewandt, zögerte dann aber, kehrte um und wollte sich eine Zigarette anzünden. Er setzte sich auf die Lehne der Bank, es war etwas feucht geworden, und er suchte in seinen Taschen, doch in der Eile hatte er die Streichhölzer ver-

gessen. In seinem Ärger wollte er schon aufstehen und doch gleich zurück zum Internat gehen, tatsächlich aber erschrak er wie vom Blitz getroffen, als neben seinem Gesicht ein Feuerzeug mit einer gewaltig hohen Stichflamme aufleuchtete. Geräuschlos war der Taubmann hinter ihn getreten und war wohl einige Zeit so gestanden. Er bemerkte, daß er Raab erschreckt hatte, hieb ihm herzlich auf die Schulter, ging um die Bank und setzte sich neben ihn. Beide rauchten und starrten ins Dunkle. Ihre Gesichter glommen rötlich im Licht der beiden winzigen Punkte der Glut ihrer Zigaretten. Raab wußte nicht, wie lange sie so gesessen hatten, bis der Taubmann ihm ein Schulheft in die Hand drückte.
Ein solches Heft hatte er schon in jener Nacht gesehen, in der das Kalb geboren war. Der Taubmann nahm seinerseits die Comics, die unter der Bank lagen, schlug ihm auf die andere Schulter und verschwand in der Nacht. Raab blickte dem roten Punkt nach, der sich wie ein Glühwürmchen von ihm entfernte, noch kleiner, noch winziger wurde und mit einem Mal wie ausgeblasen war. Eilig ging er jetzt nach Hause, zog sich in das Zimmer zurück und betrachtete das blau eingebundene Schulheft.

In großen Buchstaben, die denen des Comics nachgemalt schienen, stand darauf geschrieben COMPLIZIERTENHEFT.
Darin waren, nach vielen Zitaten aus dem Fleischbeschaugesetz, das der Taubmann fast auswendig zu kennen schien, Zeichnungen zu sehen, zum Teil mit Sprechblasen und zum Teil mit den Gedankenblasen, die wie Rauchwolken aus den Köpfen stiegen. Sich selbst hatte der Taubmann eigenartigerweise mit riesigen Ohren und einer enormen Nase, aber ohne Mund gezeichnet, die fett umrandete Figur mit dem Bauch mußte Fieber sein, das Strichmännchen mit zwei winzigen Brüsten und zerzausten Haaren war unverkennbar Andre, das mit den großen Brüsten das Opfer, und er selbst war ganz schwarz gemalt, die Kleidung wie das Gesicht, man konnte weder Mund noch Nase noch Augen erkennen. Trotzdem hatte Raab sofort das Gefühl: das bin ich.
Alle trugen sie Gummistiefel, die Heimleiterin ein mit Bleistift graugemaltes Kleid und eine große Brille, und vor ihrem Schoß hatte der Taubmann, das verwunderte Raab ganz besonders, eine Mischung aus einem Phallus und einem schwebenden Ei gemalt.
Nun aber verstand er, warum der Taubmann COMPLIZIERTENHEFT auf den Einband geschrieben hatte, denn er sah die Menschen nicht einfach, sondern kompliziert, und was er mitzuteilen hatte, war nicht einfach mitzuteilen, sondern kompliziert, und so, wie er die Dinge sah, waren sie nicht einfach, sondern kompliziert.
Raab überlegte. Würde der Taubmann, da er ja nicht hören und nicht reden konnte, das Komplizierte jemals verstehen können, und wenn nicht, würde er deswegen leiden müssen? Über diesen Gedanken wurde Raab unendlich traurig, und so schlief er ein.

Am nächsten Morgen sah sich Fieber die Zeichnungen des Taubmanns an. Er sagte: Du siehst aus wie ein Rabe, so schwarz. Genau, sagten die anderen, Raab sieht aus wie ein Rabe. Er hat was Dunkles um sich, sagten sie. Der Zögling Raab hieß von da an Raabe.

Aus: Raabe Baikal. Roman. Diogenes Verlag, Zürich, 1990, S. 35-37

Archaisierte Gegenwart

Erzählt werden zwei Jahre aus dem Leben des jungen Raab, der mitten im Buch aus einem Internat entlassen wird, mit der mittleren Reife. Das klingt in Strittmatters Welt wie der blanke Hohn, denn da glaubt niemand, auch nicht der Erzähler, an irgendeine mittlere oder gar höhere, innere, tiefere Reife. Da wird, streng kreatürlich, immer nur dumpf oder sanft gelitten, getobt, geduldet. [...]
Tatsächlich nimmt auch Strittmatter, nicht unschulmeisterlich, in einer Art Elementarunterricht seine Welt durch, Todeskunde, Lebenskunde, Fleischbeschau, Maschinenkunde. Ein tauber Bauernsohn läuft durch eine Welt ohne Laute, doch voll von Gerüchen, und erschnuppert überall „die Verwesung, die Treib- und Faulgase, den leisen Furz des Werdens und Vergehens". [...]
Welt ist hier alles, was die fünf Sinne, möglichst bewußtlos, ergreifen können. Das Wetter fährt launisch, bald zart, bald wüst, in die Buchseiten, mit Stürmen, Rauhreif, Tau und Eis. Im Internat, wenn die dort Eingesperrten kiffen, keilen, wiehern, grabschen, saufen und fressen, geht es ähnlich zu wie drüben im Stall. Ein Humanist möchte dieser Autor nicht sein. [...]
Eine große poetische Mitleidlosigkeit leuchtet manchmal aus diesen Skizzen auf. [...]

Reinhard Baumgart in DIE ZEIT vom 9. November 1990

Gestorben: „An einem offenen Herzen“

Als man noch jung und dumm war und unbedingt an etwas glauben mußte, glaubte man sogar an *Theater heute*. Dort wurde eines Tages, zwölf Jahre ist es her, der geniale junge Dramatiker Thomas Strittmatter entdeckt, ein echter Schwarzwälder, und der rechtmäßige Erbe des Volksstücks. Auf dem Bild kam das Wunderkind aus einer Unterführung geschritten ganz begabter Nachwuchs und zu den schönsten Hoffnungen berechtigend, aber irgendwie nicht ganz von dieser Welt. [...]

Thomas Strittmatter war erst 33, als er vergangenen Dienstag starb. Von einem bestimmten Alter an ist es nicht mehr lustig, wenn jemand jung stirbt. Er brannte, heißt es dann, vielleicht sogar lichterloh wie Werner Schwab, der sich an Silvester 1993 endgültig zu Tode gesoffen hatte.

Strittmatter sah nicht krank aus, nicht überarbeitet, nicht lebensunlustig, er war freundlich wie immer und vermutlich dank der Subventionskultur ein gemachter Mann. Ob noch das ganz große Werk von ihm zu erwarten war, ob er die Hoffnung des Gegenwartstheaters war, ist mir völlig wurscht.

„Hier wird eine Leidenschaft spürbar“, heißt es bei Richard Brautigan, „die / einen tauben Heiligen dazu bringen könnte / Violine zu lernen und in Stonehenge Beethoven zu spielen.“ Aber er starb einfach. Es ist einfach nicht zu fassen.

Nachruf (Auszug) von Willi Winkler, in: taz vom 4. September 1995

[...] Wider die glitzernden Nabelshow-Monumente auf der theatralischen Oberfläche setzte der junge Strittmatter die Recherche dessen, „was darunter ist“. Sein „Viehjud Levi“, sein derber, einfacher Geniestreich von 1984, uraufgeführt im Stuttgarter „Theater der Altstadt“, einer kleinen Privatbühne, demonstrierte im Ton Horváths mit den Mitteln Kipphardts und der verzweifelten Moral der Fleißer, aber schon in ganz eigener Strittmatter-Wucht Leben und Tod eines „falschen Opfers“.

Levi kauft Schwarzwälder Bauern vor und kurz nach 1933 Vieh ab, ist gut gelitten, wird schlecht behandelt, am Ende erschlagen. Und die Bauern, die bis zuletzt zu ihm hielten, kommen unter ungeklärten Umständen zu Tode. Keiner will es gewesen sein.

Strittmatter gab keine Moral, zeigte nur in knappen, kargen Szenen eine tragischen Verlauf auf der Basis von Fleisch, Fett und Rippen: eine naturalistische Etüde, die dem Volk in die Eingeweide schaute und ein ganzes Kapitel Zeitgeschichte wie in einer Schwarzwälder Nußschale bewegend anschaulich machte.

Im schon weniger nüchternen „Polenweiher“ (1984) wird eine polnische Dienstmagd zu Nazizeiten von Bauersleuten ertränkt: Schwangerschaft, Ehebruch, „Rassenschande“, Feigheit, Karrieresucht und symbolische Darmverschlingungen rochen und dampften ein bißchen kritisch nach Blut und Boden. [...]

Das nackte Land, das er beschrieb und bedichtete, badete gerne in Blut, Tod und Liebe. Aber seine Figuren sind in ihrer sozialen Niedrigkeit und Erkennbarkeit immer größer als die Sprachgesten, die Strittmatter ihnen zumutet. Verlorene, Ausgestoßene, Eingesperrte, Entblößte. [...]

Nachruf (Auszug) von Gerhard Stadelmaier, in: Frankfurter Allgemeine Zeitung vom 31. August 1995

Er hat damit gerechnet: „Und dann werd’ ich ja noch operiert, ziemlich bald schon. Du mußt wissen, ich hab’ ein großes Loch im Herzen.“ – „Wie bitte?“ – „Doch, doch, im Ernst“, sagt er und tut ganz gelassen dabei.

Die Szene spielt im Auto. Wolken explodieren, Regenmassen schlagen gegen die Scheibe. Wir warten, bis alles vorüber ist. Thomas Strittmatter nimmt einen tiefen Schluck aus der Bierflasche. Seine Worte wirken schwer und kommen dennoch seltsam dahergetanzt, fliehen an einem vorüber, eh’ man sie fassen kann. Vielleicht ist ja alles nur ein schneller Witz, wer weiß. Eine hinterhältige Strittmatter-Pointe.

Haben sie nicht alle ein großes Loch in ihrem Herzen, Raabe und der Taubstumme, das Polenmädchen und der traurige Viehjud mit Namen Levi, die munteren Überlebensbrüder Moshe und Isaak und all die anderen Todeskünstler, lauter geistreiche Wortakrobaten, die sich zwischen dicken Buchseiten verbergen und auf schmalem Zelluloid tummeln? [...]

„Du mußt wissen, daß alles schon in meinem Kopf ist“, hat er mir unlängst gesagt. Er hätte es alles nur noch aufs Papier zaubern müssen. Nun wird nichts mehr daraus. Einmal befragt, was Sterben für ihn bedeute, antwortete er: „ein seltsames Zwischending zwischen medizinischem Herzstillstand und geheimnisvollem Verschwinden“.

In diesen Worten ist, wenn man genau hinhört und nicht nur flüchtig liest, ein schöner Trost verborgen. Thomas Strittmatter ist, mit 33 Jahren, am Abend des 29. August in Berlin, wo er zuletzt lebte, überraschend gestorben. An einem offenen Herzen.

Nachruf (Auszug) von Ulrich Herrmann, in: DIE ZEIT vom 8. September 1995

Thomas Strittmatter

18. 12. 1961 St. Georgen/Schwarzwald – 29. 8. 1995 Berlin

Foto: Isolde Ohlbaum

Vater Maschinenschlosser, Mutter Hausfrau. Kindheit und Schulzeit in St. Georgen bis zum Abitur. Ab 1975 – schon als Schüler – schrieb er Feuilletonbeiträge für Regionalzeitungen und für den Südwestfunk. Ab 1981 elf Semester Studium der Malerei und Graphik an der Kunstakademie in Karlsruhe. Zwischen 1984 und 1986 Ausstellungen u.a. in Stuttgart und Karlsruhe. 1985 erster Spielfilm zusammen mit Nico Hofmann nach seinem eigenen Stück „Polenweiher". 1986 Umzug nach München. Regieassistenz bei Werner Herzog an den Kammerspielen. Arbeit an erzählender Prosa, an Hörspielen, Theaterstücken und Drehbüchern, überdies an Gemälden, Zeichnungen und Rauminstallationen. 1993 Umzug nach Berlin. S. wußte von dem „großen Loch" in seinem Herzen und hatte vor, sich operieren zu lassen; starb an Herzversagen.

Preise: Landespreis für Volkstheaterstücke Baden-Württemberg (1981 und 1983); Ernst-Willner-Stipendium beim Ingeborg-Bachmann-Preis in Klagenfurt (1984); Preis beim Prosawettbewerb des Bayerischen Rundfunks (1985); Stipendium der Kunststiftung Baden-Württemberg (1987); Förderungspreis für Literatur der Landeshauptstadt München (1988); Stipendium Deutscher Literaturfonds (1988); Literaturpreis des Kranichs mit dem Stein (1989); Literaturförderpreis der Freien Hansestadt Bremen (1991); Springer & Jacoby-Preis der Hamburger Kulturstiftung für dialogisches Schreiben (1991); Staatlicher Förderungspreis des Freistaates Bayern für junge Schriftsteller (1991); Aufenthaltsstipendium des Berliner Senats (1992).

Werkauswahl: Viehjud Levi. Alemannische Fassung. In: Allmende 1982, Heft 1 (auch in: Theater heute 1983, Heft 3). – Brach. Bühnenmanuskript. Erste Fassung. 1983. – 3 Bildgeschichten und 2 andere. 1984. – Erste Stücke (Viehjud Levi, hochdeutsche Fassung. Der Polenweiher. Der Kaiserwalzer. Brach, zweite Fassung). 1985. – Gesualdo (ca. 1560-1613). Bühnemanuskript. 1986. – Raabe Baikal. Roman. 1990. – Viehjud Levi und andere

Stücke (enthält die 1985 publizierten sowie: Untertier. Irrlichter – Schrittmacher. Die Liebe zu den drei Orangen [nach Gozzi]). 1992. – Kinofilme: Drachenfutter. Drehbuch zusammen mit Jan Schütte. 1987. – Winckelmanns Reisen. Drehbuch zusammen mit J. Schütte. 1990. – Auf Wiedersehen Amerika. Drehbuch zusammen mit J. Schütte. 1994. – Bohei Bohau / Die Straßen des Augias. Drehbuch. 1995. – Milchmusik. 1996.

Über T.S.: Jens Dirksen in: Kritisches Lexikon zur deutschsprachigen Gegenwartsliteratur. München 1978 ff.

Bremer Literaturpreis 1992 für „Nachrichten aus der bewohnten Welt", Frankfurter Verlagsanstalt, Frankfurt / Main 1991

Herbert Heckmann

Das Fremde ist das Natürlichste der Welt

Senatorin Helga Trüpel, Ror Wolf und Durs Grünbein, Foto: Ursula Borucki

Kurt Tucholsky nannte Karl Valentin einen Querdenker – und verstand dies als höchste Auszeichnung. Dieses Lob trifft ohne Einschränkung auch auf Ror Wolf zu. Was ist ein Querdenker? Ich werde Ihnen eine glatte Beantwortung dieser Frage schuldig bleiben müssen, schon allein deswegen, weil Querdenker in kein Schema passen.

Gemeinhin sind Längsdenker am Werk, die alles geschwind auf einen Nenner bringen können, selbst das, von dem sie keine Ahnung haben. Sie füllen Schubfächer und leben aus Schubfächern, die einen modrigen Duft verströmen. Sie bestimmen, ordnen ein und setzen den Ereignissen den Papierhut der Altklugheit auf. Längsdenker verschaffen sich aus den Trends, die wie Kahlschläge durch unser Leben gehen, ihre Existenzberechtigung. Die allmächtige Gewohnheit erheben sie zum kritischen Maßstab – und wehe, wenn eine oder einer oder etwas einmal aus der Reihe tanzt. Sie achten ängstlich darauf, daß die Erwartungen den Geschehnissen entsprechen. Der Querdenker liebt die Möglichkeiten zu sehr, als daß er sich durch kleinmütige Erwartungen gängeln ließe. Er kann im letzten Augenblick immer noch einen Trumpf aus dem Ärmel ziehen, um alle Vorstellungen, die man sich mühsam von ihm gemacht hat, Lügen zu strafen. Er tut das nicht deshalb, weil er es für besonders witzig hält. Er kokettiert nicht mit der Komik, er lebt sie. „Seine Verlegenheit ist ein Stück Ur-Verlegenheit der Kreatur, daß sie da ist."

Auch dieser Satz, der von Alfred Polgar stammt, war auf Karl Valentin gemünzt. Doch will ich damit keineswegs so tun, als ob alle Urteile über Karl Valentin auch auf Ror Wolf paßten. Querdenker haben den verwirrenden Vorzug, so gut wie nichts miteinander zu tun zu haben. Ihre Eigenwilligkeit enthebt sie jeglicher Klassifikation, die doch nur dazu da ist, uns vor dem Unvorhersehbaren zu schützen. Ror Wolfs Helden, wenn bei ihm überhaupt von Helden die Rede sein kann, wirbeln gleichsam von einem Ereignis zum andern durch die Welt und überstehen die Absurditäten, die ihnen wie das Alltäglichste widerfahren, mit einem Pokerface. Sie sind auf diese Weise der Wirklichkeit viel näher als die Gedankenspießer, die immer schon alles vorher wissen und ihre Aufregungen unter die Käseglokke einer Phrase verstecken.

„Nachrichten aus der bewohnten Welt" nennt Ror Wolf den längsten Text seines Bandes, der auch die Titelgeschichte abgibt. Das ist durchaus als Gattungsbezeichnung zu verstehen, denn es sind im strengen Sinn keine Geschichten, keine Fabeln, kei-

ne Parabeln oder dergleichen, sondern eben Nachrichten von unerhörten Begebenheiten. Dabei ist der Erzähler immer auch der Akteur, der das Erzählen selbst zu einer Geschichte erhebt. So beginnt Ror Wolf die Titelgeschichte abrupt mit dem Geständnis:
„Ich habe also über das Reisen gesprochen.“ Reisen und Erzählen sind für ihn ein und dasselbe. Auf Reisen sind fast alle seine Akteure, ohne daß man je erfährt, warum sie in die Ferne schweifen. Sie verlassen ihre gewohnte Umgebung, und schon stekken sie im Schlamassel. Es hält sie nichts an einem Ort, wenn auch die Nennung ihres Heimatorts wie im Limerick eine geheimnisvolle Beziehung darlegt, die sie wie einen Schatten mit sich herumtragen. Ror Wolf liebt einsilbige Ortsnamen wie Schlitz, Chur, Flims, Olm usw. Diese Einsilbigkeit eignet auch den Reisenden. Sie werfen nicht mit Erklärungen um sich. Mit der größten Selbstverständlichkeit geraten sie in die absonderlichsten Situationen, aus denen ihnen Ror Wolf mit allerlei Erzähltricks wieder heraushilft. Er erzählt nicht gradlinig. Er weiß, daß er nicht alles weiß, daß alles nicht einen geschwinden Reim verträgt. Er gibt sich nicht die Mühe, Glätte oder Übersicht vorzutäuschen, wo beides nicht gegeben ist. So beendet er die urkomische Gangstergeschichte „Jenkins, Parker – oder irgendein anderer“ mit der Bemerkung: „Ich wollte eine Geschichte erzählen, jawohl, aber der Name des Mannes, um den es sich handelt, ist mir entfallen. Meine Bereitschaft, ein wenig zu plaudern, der Versuch, Ihnen Zusammenhänge zu erklären, nicht nur Ihnen, sondern auch anderen Lesern, der Presse etwa und sämtlichen Menschen der Welt, dieser Versuch ist, wenn wir es genau nehmen, beendet. Das ist ein ganz schiefes und kaltes Ende, gewiß, aber so ist die Welt.“

Foto: Ursula Borucki

So ist die Welt – und die Film – und Romanhelden wie ihre wirklichen Vorbilder haben die gleichen Gesichter. Da fällt es nicht weiter ins Gewicht, wenn ein Name entfällt, dafür fallen andere ein. […]
Ror Wolfs Helden ziehen aus, um das Erstaunen zu lernen, daß dem Leser Hören und Sehen vergeht. Dieser ist derjenige, der sich, kaum steckt er bis über beide Ohren in der Geschichte drin, die Frage stellen muß, ob es da überhaupt mit rechten Dingen zugehe. Das kann doch nicht wahr sein! Hier werde ich veräppelt! Ror Wolf strickt sein Garn so gut, daß seine Zuhörer, resp. seine Leser bald hilflos darin zappeln, nicht mehr wissend, woran sie sind.
Muß man überhaupt immer „dran sein“ wie die Längsdenker, die lediglich Bestätigungen suchen? Ror Wolf beherrscht alle Kniffe, der Publikumsbehandlung und führt die Längsdenker in die Irre. Erzählt man Geschichten, um die Meinungen der Leser zu bestätigen? fragt er sich und geht seine eigenen Wege. „Sie werden bemerken, daß ich die folgenden Zeilen dazu benutze, Ihnen Dinge zu erzählen, die ich keinem anderen meiner Leser anvertrauen würde.“ So eröffnet er die Geschichte „In der Mitte der Nacht“.
„Die Wortlosigkeit in den Alpen“ beginnt er mit der Erklärung: „Das Publikum dürfte selten Gelegenheit haben, derart eigenartige Vorgänge aus dem Wirtshausleben kennenlernen zu können, wie ich sie in den Alpen erlebt habe.“
Ich stelle mir die Leser der Geschichten Ror Wolfs mit offenem Munde vor. Aber es sind nicht nur diese listigen Ankündigungen, sondern auch die Ausführungen selbst, die den Leser zur Aufmerksamkeit zwingen. Ror Wolf legt die einzelnen Ergebnisse wie ein Kartengeber – ohne mit der Wimper zu zucken vor. Was man mit ihnen anfängt, ist einzig und allein Sache des Lesers. Ror Wolf denkt nicht daran, diesem ein Erfolgsrezept zu liefern. In unserem Zeitalter der Häppchenpädagogik, die zur unterhaltsamen Verdummung führt, eine notwendige Schocktherapie. […]

Aus der Laudatio vom 27. Januar 1992

Ror Wolf

Spaß und Entsetzen

Meine sehr verehrten Damen und Herren, lieber Herbert Heckmann: ich habe den Eindruck, daß Sie von mir eine Rede erwarten. Sie wünschen also, daß ich spreche, Sie halten vermutlich etwas davon, daß ich Ihnen Worte mitteile, die, zusammengesetzt, einen Sinn ergeben, Worte zum Beispiel, nach denen Sie am Ende ein wenig applaudieren können. Es ist doch so?

Sie täuschen sich nicht; ich habe mich dazu entschlossen. Es ist, vielleicht beruhigt sie das, nicht die erste Dankesrede, die ich zu halten habe; es ist die dritte. Aber ich kann Ihnen versichern, daß ich es nie lernen werde, dabei übermäßig feierlich zu werden. – Das Hochfeierliche, das Schwerpathetische ist mir nicht nur fremd, es ist nach meinen Erfahrungen immer auch das Falsche und zwar das geradezu donnernd Falsche gewesen. Das gilt keineswegs nur für die Bereiche der Literatur.

Bei allem Respekt also, den ich der Auszeichnung, die man mir zuerkannt hat, entgegenbringe, werden Sie verstehen, daß ich jetzt nicht in Selbstbewunderung erstarre. Ich bin nicht in der Lage, mich für sonderlich wichtig zu halten, schon gar nicht in diesem Moment. Bitte erlauben Sie deshalb, daß ich hier gelegentlich von den Mitteln der Selbstironie Gebrauch mache. Als Rolf Michaelis mich telefonisch auf dieses erstaunliche Ereignis vorbereitet hat, am Buß- und Bettag (ganz geheimnisvoll übrigens, sehr trickreich, sehr behutsam), war ich ohne Zweifel ziemlich verblüfft. Ich hatte mit einem derart renommierten Literaturpreis nun wirklich nicht mehr gerechnet. Nicht aus Resignation, sondern auf Grund einer eher gelassenen Beziehung zur literarischen Öffentlichkeit und zu dem, was diese Öffentlichkeit mir als Rolle zugeteilt hat; die Rolle des Außenseiters, des mäßig erfolgreichen Einzelgängers.

Selbstverständlich braucht der Betrieb den unbekannten, den sogenannten unterschätzten Autor; er braucht ihn dringend. Und ich spiele diese Rolle offenbar so überzeugend, so unbefangen, mit der nötigen freundlichen Düsterkeit, daß man mich immer wieder gern in diesem Kostüm sehen möchte.

Es ist ja auch eine zuweilen wunderbar dunkle tragikomische Figur, die man in dieser schwachen Beleuchtung darzustellen hat; und womöglich ist es ja gar nicht so schlimm dieses Dachstubenleben: heimatlos, einflußlos, preislos, immerfort an der falschen Stelle, jedenfalls außerhalb der öffentlich literarischen Verbeugungen und Verbiegungen: eine wahrhaftig prachtvolle Charakterpartie, aus der sich viel machen läßt. – Freilich nur für eine gewisse Zeit.

Eine dauerhafte Aufgabe kann es nicht sein: dieses fortwährende folgenlose Verschwinden. Schon deshalb nicht, weil dieser Rolle oft auch der Beigeschmack von Weltabgewandheit anhaftet, von Wirklichkeitsscheu und Verkrochenheit.

Das ist ein sehr einfaches und ebenso gründliches Mißverständnis. Meine Damen und Herren: ich leide ungern. Ich bin so unmoralisch wie jeder von Ihnen, der einen Spaß hat an Essen und Trinken und anderen Dingen. Soviel ist sicher: ein geeigneter Heiliger bin ich nicht.

Was also nach „Verkrochenheit" aussieht, ist eher eine monströse Form von Selbstausbeutung, ein Übermaß an Arbeit. Und Arbeit? Wenn keiner die Ergebnisse der Arbeit zur Kenntnis nimmt, wenn man sie weder angemessen entlohnt noch strategisch unterstützt: dann ist diese Arbeit in Wirklichkeit eine ganz schlechte Angewohnheit. Sie ist nutzlos.

Ich habe allein in den letzten 11 Jahren – also in einem verhältnismäßig kurzen Abschnitt meines Autorenlebens – 11 ziemlich umfangreiche Bücher veröffentlicht. Ich behaupte nicht, daß ich sie in diesem Zeitraum geschrieben habe; aber ich habe sie in diesem Zeitraum veröffentlicht. – Mein Fehler war es, das in sechs verschiedenen Verlagen zu tun. Ich habe also die Verlage gewechselt: allerdings ohne Apanagen, ohne die berühmten 60.000-Mark-Schecks der Verleger. Das war keine gute Idee. Das war eine Art Selbstbeseitigung; auf immerhin ziemlich unkonventionelle Weise.

Hier wäre eine ganz hübsche Gelegenheit, über ungefähr zwei dieser sechs Verlage ein paar eiskalte Bemerkungen zu machen. Über ihre gewöhnlichen Eigenarten, ihre, behutsam ausgedrückt, Unverfrorenheit im Umgang mit bestimmten Autoren. Der französische Romancier Jules Renard konnte noch im Jahre 1900 behaupten: „Schreiben ist der einzige Beruf, mit dem man, ohne lächerlich zu werden, kein Geld verdienen kann." – Welch ein Irrtum. Man hat sich da mittlerweile ein System von Demütigungen ausgedacht, um Jules Renard auf die überzeugendste Weise zu widerlegen.

Nichts in diesem Gewerbe ist lächerlicher, als die Erfolglosigkeit.

Gut. – Die Verlage. Zur geeigneten Zeit werde ich über meine Erfahrungen mit den Verlagen sprechen, ganz sachlich, ganz kahl und kühl; zumal ja gerade diese Irrfahrten durch die Verlage zu den nachdrücklichsten Mißverständnissen und Niederlagen geführt haben. Verlage haben ihren: nennen wir es mal: speziellen Charakter. Und wer die Verlage – aus welchen Gründen auch immer – häufig wechselt, der wechselt auch häufig seinen

Charakter. Das verwirrt den Buchhandel, das verwirrt das Publikum, die Presse, das Radio und was es sonst noch so gibt.

Mißverstehen Sie mich bitte nicht; ich mache auf keinen Fall die Verlage für die zeitweiligen Überlebensprobleme der Autoren verantwortlich. Das wäre zu albern. Autoren leben nun mal in der Regel nicht auf der Butterseite. Keiner hat sie zum Schreiben gezwungen. Sie tragen ihr eigenes Risiko; das ist kein Geheimnis.

Was Sie daraus schließen wollen, meine Damen und Herrn, überlasse ich Ihnen. Sie müssen auch gar keine Schlüsse ziehen. Ich bleibe noch einen Moment dabei, eine Rede zu halten, ich habe damit begonnen und werde sie, wenn der Zeitpunkt gekommen ist, beenden. Obwohl natürlich, das wissen wir auch, alle Reden bereits gehalten wurden: auch die Anti-Reden und die Reden gegen die Anti-Reden. Selbst „Keine Reden" sind schon gehalten worden. Und bald ist auch diese Rede gehalten worden. Allerdings, wenn ich mir Mühe geben würde, dem Bild, das man sich von mir zu machen entschlossen hat, einigermaßen zu entsprechen, müßte ich jetzt als Opfer einer ganz kleinen folgenlosen Katastrophe irgendwo wortlos zwischen A und B in einem gewaltigen Regenguß stehen und tatsächlich, ich sollte mich eigentlich so verhalten, wie man es von mir erwartet. Als Einzelgänger, der auf der Reise nach Bremen versehentlich aus dem Zug fällt und augenblicklich in einen entsetzlichen Schneesturm gerät. Oder als Außenseiter, der in der Nähe von Vechta in einen Abfluß stürzt und im Schlamm der Kanalsysteme verschwindet. – In beiden und sämtlichen anderen Fällen wäre dieses Podium hier leer und Ihnen, meinen Damen und Herren, wäre die Peinlichkeit meines Vortrags erspart geblieben.

Ich weiß nicht, ob ich ein Stück Ihrer Aufmerksamkeit oder gar Ihrer Zuneigung gewinne, wenn ich Ihnen sage, daß der zweite und wesentliche Abschnitt meines Lebens ganz in der Nähe von Bremen begann; bei günstigen Wetterverhältnissen approximativ 20 Autominuten von hier: in einem Ort namens Sandbostel, im Notaufnahmelager für jugendliche Flüchtlinge aus der Sowjetischen Besatzungszone. Das war im Herbst 1953. Ich war 21 Jahre alt, mein Abitur hatte plötzlich keine Gültigkeit mehr, ich wurde als Hilfsarbeiter registriert und eingesetzt. Ein ganz alltäglicher Vorgang im Jahre 53.

Ich war etwa zwei Monate Insasse dieses Barackenlagers; eine sehr kalte und unvergeßliche Erfahrung: die Behandlung durch die Vertreter der Lagerbehörden war korrekt; die Situation war maßvoll demütigend; die Landschaft war außergewöhnlich schön.

Überspringen wir einfach alle negativen Aspekte und einigen wir uns auf die Gedankenspiele einer jugendlichen und durchaus unternehmungslustigen Ausgabe der Person, die vor Ihnen steht und noch immer eine Rede zu halten versucht.

Einigen wir uns auf die Gedankenspiele beim Spazieren durch eine fabelhaft einsame schöne Landschaft. Es ist leicht, in einer schönen Landschaft auf schöne Gedanken zu kommen. Gewiß, ich hatte kein Geld, keine feste Anstellung, keinen regelrechten Beruf und kein Reiseziel, lediglich wie eingenagelt die Vorstellung im Kopf, ein Schriftsteller zu werden, ohne zu wissen, was das in Wirklichkeit ist: ein Schriftsteller, ein Autor, womöglich ein Dichter. Ich wußte nichts Wirkliches vom Leben eines Dichters. Und wir ahnen es schon: allein die Dichter wissen etwas vom wirklichen Leben der Dichter.

Das Leben als Dichter schien mir erstrebenswert vollkommen zu sein: ein endloses Abenteuer, ein einziges riesiges ununterbrochen schwebendes Abenteuer; angenehm umweht von Meerschaumpfeifentabaksdüften und eingehüllt vom dauerhaften Respekt der Nachbarschaft. – Das war in der Nähe von Bremen. Danach wurde ich Hilfsarbeiter in Stuttgart.

Was gäbe es noch zu sagen? Es gäbe vielleicht etwas über die Wirklichkeit des Autorenlebens zu sagen, aber das überspringen wir. – Reden wir also über den Zustand der Buchwarenindustrie. Aber der Zustand der Buchwarenindustrie ist nicht sonderlich anregend. Die Welt müßte aufstöhnen unter dem Gewicht der Bücher, doch sie erträgt das bedruckte Papier scheinbar leicht und fast nebenbei. Hier wäre der Moment, einige persönliche Erfahrungen im Umgang mit dem Literaturbetrieb auszubreiten; einige Worte über die feinen oder ganz unfeinen Unterschiede, die normalen und abnormen Abneigungen, die verdeckten oder ganz offenen Feindschaften, die schwärenden Rivalitäten, die infantilsten Ausbrüche von Schadenfreude: also die allernatürlichsten Äußerungen von Konkurrenz beim Kampf um die winzigen freien Plätze, die der Literaturbetrieb zur Verfügung stellt. – Seien Sie unbesorgt: ich werde kein Wort darüber verlieren. Nicht aus Taktgefühl oder Höflichkeit, sondern weil der Zuhörer, der mir bis an diese Stelle gefolgt ist, ein Recht hat auf Ruhe.

Allenfalls das noch: es ist unwahrscheinlich, daß meine Art zu Schreiben sämtlichen denkbaren Lesern zusagt. Daran ist nichts auszusetzen. Sie haben die Wahl zwischen ungefähr einhunderttausend jährlich erscheinenden Titeln. Ich habe schließlich auch meine Vorlieben und Abneigungen. Aus meiner Abneigung gegen die literarischen Produkte gewisser Gesinnungslieferanten und Wahrheitsverwalter mache ich kein Geheimnis. Sie sind mir allerdings derart gleichgültig, daß ich darüber kein Wort verlieren werde.

Die Literatur, die ich schätze, ist eine Literatur, deren Grundstimmung ein Komplott ist aus Leichtigkeit, Schwermut, aus Spiel, Ernst, Skurrilität, Lust, Spaß und Entsetzen. Sie ist eher von einer düsteren Heiterkeit bestimmt, als von ungestörter Lustigkeit. „Der Melancholische", meint Sören Kierkegaard, „der Melancholische hat am meisten Sinn für das Komische". – Bei Kierkegaard wage ich nicht zu widersprechen; zumal das Komische, so wie ich es verstehe, das Lachen, auch der Versuch ist, das alltägliche Grauen abzuwehren, das aus sämtlichen Ritzen quillt!

„Nachrichten aus der bewohnten Welt", das Buch, um das es in diesem Moment geht, ist sicherlich auch ein komisches Buch. Der Titel ließe sich, wenn es unbedingt sein muß, auch variieren: „Nachrichten aus der unbewohnbaren Welt – aus der unbewohnbarer werdenden Welt."

Das könnte ein Hinweis sein auf die offenbar unaufhaltsame Verschlechterung der Verhältnisse. Ich kann über diese Verhältnisse schreiben. Ich kann sie mit meinen Mitteln darstellen, mit meinen sprachlichen und stilistischen Mitteln. Über die Fähigkeit, die Verhältnisse global zu verändern, verfüge ich nicht. Ich verändere allenfalls etwas im Kopf des Lesers; eine Kleinigkeit – und nur für die kurze Zeit des Lesens.

Aber während ich immer noch rede und rede, wächst womöglich schon wieder Gras über dieses Buch; man beginnt damit, es geschickt zu vergessen; aus ganz praktischen Gründen: Der Markt, die Buchwarenindustrie, die Papier-Connection präsentiert ihre allerneusten Artikel demnächst im Frühjahrsprogramm, das den Buchhandel, das Publikum, die Autoren und die Juroren in neue Verwirrungen stürzen wird – oder in eine kolossale endgültige Gleichgültigkeit. – Nun kommen Sie bitte nicht auf den Gedanken, vor Ihnen stünde ein verdrossener Mensch. Das sieht nur so aus. Wer 30 freie Autorenjahre überlebt hat, hat viele Gründe, geradezu übermütig zu sein. Er darf, glaube ich, sogar für einen kleinen Moment den Nebel, der über seiner Biographie liegt, wegblasen. An diesem Vorgang haben Sie gerade teilgenommen.

Damit sind wir am Ende der Ironie und der Selbstironie und der Rede. – Sie haben mir einen renommierten Literaturpreis verliehen. Das ist ermutigend. Die Preissumme gibt mir die Möglichkeit, ein Jahr unbedrückt, in einer wünschenswert klaren Unabhängigkeit weiterzuschreiben. Das ist ein ganz neuartiges Gefühl für mich; ein sehr leichtes, sehr angenehmes Gefühl. Ich danke Ihnen aufrichtig dafür.

Ror Wolf

Das Ende der fremden Verhältnisse

Ein Mann, der über die Schönheit von China berichten will, stürzt, aus etwa einhundertfünfzig Metern Entfernung, aus einem Ballon hinab auf die Erde und ist sofort tot. Die Geschichte wird auch ganz anders erzählt. So ist es gar kein Ballon, aus dem der Mann stürzt, und es ist auch nicht China, auf das er hinabfällt, sondern Marokko. Womöglich ist er auch gar nicht tot, sondern wird nur für tot gehalten. Zum Glück gehört dieser Fall ohnehin zu den Seltenheiten und braucht uns hier nicht zu beunruhigen. Der Mann, ein Vertreter, kommt mit dem Schrekken davon und eröffnet in Schruns ein Zigarrengeschäft. Das genügt.

Am Nachmittag des folgenden Tages

Jemand sagte mir eines Tages, ein Mann namens Stubb sei in Pisa gewesen, in dieser bekannten und ihres berühmten Turmes wegen häufig besuchten Stadt. Ich glaube diese Geschichte nicht; ich habe mich etwa zur gleichen Zeit dort aufgehalten und Stubb nicht gesehen. Dennoch, ich liebe diese Geschichte und erzähle sie hin und wieder ganz gern.

Nach Einbruch der Dämmerung

Am tiefsten Punkt seines Mißgeschicks erhob sich ein Mann; er stand auf, klopfte den Sand von der Hose und lief nach Süden. Ein anderer Mann, dem es auch nicht viel besser ergangen war, erhob sich und lief in nördlicher Richtung. Daraus ergab sich nach Einbruch der Dämmerung das berühmte Zusammentreffen der beiden Männer und einer der unvergeßlichsten Augenblicke in der Erforschung Afrikas. Wer diese beiden Männer waren, läßt sich nicht sagen; obwohl doch gerade hier die Gelegenheit gewesen wäre, es herauszufinden.

Aus: Nachrichten aus der bewohnten Welt. Frankfurter Verlagsanstalt, Frankfurt/Main 1991, S. 15, 22 und 55

Literarische Radikalität

[...] Bevor Ror Wolfs neues Buch als Anlaß dafür mißbraucht wird, über das Veränderte im Selben und das Unähnliche im Ähnlichen zu räsonieren, soll das Buch selbst vorgestellt werden. Damit aber beginnen die ernsten Schwierigkeiten. Denn jeder der gebräuchlichen Ausdrücke, die sonst beim Besprechen literarischer Bücher ihre Dienste tun, erhält diesem Buch gegenüber etwas Fadenscheiniges. Wenn festgestellt werden kann, daß es sich um eine Sammlung von Geschichten und einen Kurzroman handelt, hat die Feststellung nur als Negation einen Sinn, indem sie zu verstehen gibt, daß nichts aus der Gattung des Dramas oder der Lyrik erwartet werden darf.
Darüber hinaus sagt sie nicht viel mehr als nichts, weil diese Geschichten und der Kurzroman sich nicht einmal negierend oder parodistisch auf Gattungen und Ordnungen beziehen. Was also erwartet Leserinnen und Leser von „Nachrichten aus der bewohnten Welt"? Texte? Damit ist erst recht nichts gesagt, seit auch das letzte Germanistische Seminar „Textsorten" abhandelt, wenn es kniffligere Fragen vermeiden will.
Etwas weiter hilft vielleicht der Satz, den Virginia Woolf als Minimalanforderung an den Prosaschriftsteller formuliert hat. „Wenn es keinen Anfang und kein Ende gibt, gibt es keine Geschichten." Ror Wolfs Geschichten unterlaufen diese Bestimmung, indem sie behaupten, Anfang und Ende zu haben oder zumindest zu wissen, daß sie Anfang und Ende haben müssen, und ersetzen Anfang und Ende durch diese Behauptung.
Sie berichten von absonderlichen Begebenheiten, von bizarren Forschungsreisen, von unglaublichen

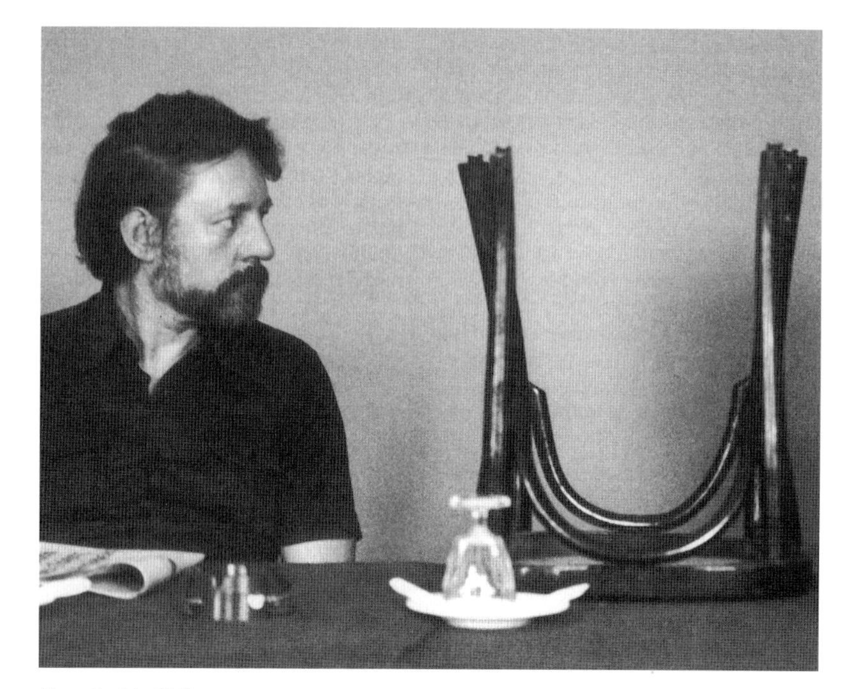

Foto: Isolde Ohlbaum

Ich hatte, wie der Leser vermuten wird, schon viel von der Welt gesehen, als mich im Januar wieder die Reiselust packte. Ich bestieg ein Schiff mit der Absicht, Amerika zu erreichen. Das Meer war zu dieser Zeit weich und ohne Schwellungen. Ich muß zugeben, daß ich noch nie eine solche Weichheit gesehen hatte, man hatte den Eindruck, jederzeit einfach und lautlos hinabsinken zu können, bis auf den Meeresgrund. Ich bekam auf dieser Fahrt nicht viel Neues zu hören. Im Gegenteil, ich begann mit der Zeit sogar vieles von dem zu vergessen, was ich früher erlebt und gesehen hatte. Zum Beispiel vergaß ich, wohin ich wollte und was ich dort wollte. Es war eine schlechte Zeit; aber dann kam die herrliche Nachricht, daß man am Horizont Land entdeckt hatte. Zufällig sah ich nach einiger Zeit New York. Ich verließ das Schiff, ich betrat diesen Kontinent und fing an zu laufen. Alle Menschen, an denen ich vorbeikam, versicherten mir, daß ich in Nord-Amerika sei; sie bestätigten also meine Behauptung, die andere Seite der Welt erreicht zu haben. Es dauerte gar nicht lange, schon lief ich über die Straßen Manhattans, wo mich ein Auto erfaßte und in die Höhe warf. Bisher ist alles vorübergegangen, dachte ich, als ich so durch die Luft flog: also wird wohl auch das vorübergehen.

Aus: Nachrichten aus der bewohnten Welt, a.a.O., S. 249

Kunststücken, ekelerregenden Szenen, haarsträubenden Unglücksfällen, aber sie überreden die Leser in keinem Augenblick dazu, sich von etwas mitreißen zu lassen, was aus dem Anstoß ihrer anteilnehmenden Vorstellungskraft kommt. Sie sabotieren bereits im Ansatz die Illusion des Wahrscheinlichen, aus der sich mitvollziehende Spannung nährt.
Der Ich-sagende Erzähler wird nicht müde zu betonen, daß nichts von dem, was er sagt, von Bedeutung ist, daß seine Geschichten so oder auch anders beginnen und enden können, weil es „ohnehin nur Worte" sind, wie es einmal heißt, daß es auf die bestimmten Orte und die Eigennamen und die zeitliche Abfolge der Ereignisse nicht ankommt, worauf es in den Geschichten auch in der Tat nicht ankommt, und dennoch geht von dieser Erzählweise eine schwer zu packende Anziehungskraft aus, die von einer Geschichte zur nächsten lockt, den Leseappetit stimulierend, der seine raffinierte Frustration in einen Genuß zweiter Ordnung verwandelt. [...]
„Nachrichten aus der bewohnten Welt" ist das Werk eines Schriftstellers, der die Künstlichkeit unserer Zivilisation nicht im Munde führt, was oft nur ein Verfahren ist, Schlußfolgerungen aus dem Befund zu vermeiden, sondern der sie im Kopf hat. Wenn die Frankfurter Verlagsanstalt, bei der Ror Wolf nach zahllosen und ihrerseits denkwürdigen Irrfahrten durch die bundesdeutsche Verlagslandschaft Unterschlupf gefunden hat, ihre löbliche Ankündigung wahrmacht und neben den Hörspieltexten die Prosa in einer Gesamtausgabe vorlegt, wird die außergewöhnliche literarische Radikalität dieses im Literaturbetrieb höchstens durch Unauffälligkeit aufgefallenen Schriftstellers zum Vorschein treten können. Daß sie keiner irgendwie „überwundenen" Phase der Moderne angehört, sondern als Antwort auf den Lauf der Dinge ihre Lebenskraft behält, zeigt sich an Ror Wolfs neuem Buch, das als erfrischende Provokation in eine müde gewordene literarische Gesellschaft einbricht.

Lothar Baier in DIE ZEIT vom 8. November 1991

Leerer Raum

Waren Sie schon mal in Schlitz? Spazierten Sie schon mal durch Olm, vorbei an sirupdicken Gewässern, an schlammigen Tümpeln, das Wasser schwarz vor ermatteten Fliegen? Kennen Sie den Magenforscher Baumann, den musikalischen Betrüger Kobermann?
Seit nun schon fast 30 Jahren arbeitet der Schriftsteller Ror Wolf an seinem hintersinnigen Kosmos voller entlegener Orte und bizarrer Zeitgenossen. Am verdienten Ruhm schrieb er dabei vorbei. „Der enorme, wohl einzig dastehende Erfolg des bis heute in beinahe eintausend Exemplaren verbreiteten Ratschlägers spricht zur Genüge von der Beliebtheit und Brauchbarkeit des Werkes", notierte er bitter im letzten Band seiner „Raoul Tranchirer"-Trilogie über den ersten. [...]
An den Wänden seines penibel aufgeräumten Apartments hängen gelbbraune Fotografien vergangener Schauspielerinnenschönheiten neben Zigarettenbildchen des Cowboy-Helden Tom Mix. In den Schubladen seines Arbeitstisches hält Ror Wolf Prosafetzen, Zeitungsausschnitte und Illustrationen aus alten Magazinen gefangen, aus denen der bald 60jährige die Welt immer wieder neu zusammensetzt.
Für Kinder ist in diesem Leben kein Platz. Seine Ehefrau, eine Marktforscherin, hat sich daran gewöhnt, jeden Urlaubsversuch nach drei Tagen abzubrechen, dann drängt es Ror Wolf zurück zu seinen Schubladen. „Weil ich den leeren Raum nicht ertrug", schrieb er einmal, „erfand ich einige Dinge, um diesen Raum auszufüllen."

Fred Grimm im STERN Nr. 50 /5. Dezember 1991

[...] Die Welt, mit der er leben muß, die in seinen Büchern wirklich vorkommt, „nur etwas anders, bizarrer, als wir es gewohnt sind" (Volker Hage), ist zugleich Quell seiner Einfälle. Wolf: „Ich behaupte, daß es in der Welt keinen Gegenstand, keinen Sachverhalt gibt, der so trivial wäre, daß man aus ihm nicht irgendeine Form von Kunst machen könne." Eine gedankliche Verbindung zur Materialkunst des Dadaismus wäre hier, bei aller Bescheidenheit, durchaus in seinem Sinn.
Trotzdem möchte er [...] die häufig wiederkehrende Charakterisierung „Materialarbeiter" vermeiden. Sie erscheint ihm doch zu platt, um damit die Frage nach der Methode zu beantworten.
Überhaupt, welche Methode ist eigentlich gemeint? Vielleicht die handwerkliche Methode, die er sich in den 60ern zugelegt hat, um die Arbeit griffiger zu machen und um überhaupt weiterschreiben zu können? Denn mit seinem ersten Buch „Fortsetzung des Berichts" hatte er „eigentlich schon alles gemacht, was ich machen wollte", nämlich etwas zu schreiben, was vor ihm jedenfalls noch nicht sehr viele gemacht haben. [...]

Susanne Broos im Börsenblatt des Deutschen Buchhandels vom 31. März 1992

Ror Wolf

FÜNF HINWEISE ZUR LAGE

wie ist die Lage? die Lage ist gut
wir haben keine Angst
wir haben nie Angst gehabt
wir werden keine Angst mehr haben
wir brauchen keine Angst zu haben
wir haben nur ein bißchen Angst
wir sehen die Dinge wie sie sind
wir lassen uns etwas einfallen
wir machen uns keine Sorgen

wie ist die Lage? die Lage ist gut
wir packen nicht ein
wir geben nicht auf
wir sprechen noch mit
wir steigen nicht ab
wir schaffen es schon
wir bleiben ganz vorn
wir sind bald am Ziel
wir sind überzeugt

wie ist die Lage? die Lage ist gut
wir zittern nicht mehr
wir haben gut lachen
wir wollen es wissen
die Wende wird kommen
der Knoten wird platzen
die Serie wird reißen
wir haben noch Hoffnung
das wirft uns nicht um

Aus: Punkt ist Punkt. Fußball-Spiele. Suhrkamp Verlag, Frankfurt/Main 1971, S. 27

Ror Wolf

(Pseud. u.a. Raoul Tranchirer)
29. 6. 1932 Saalfeld/Thüringen

Von 1943-46 Internat und Heimschule Wickersdorf, von 1946-51 Besuch der Oberschule Saalfeld. Nach dem Abitur zwei Jahre Bauarbeiter. Studienbewerbungen wurden abgelehnt. 1953 Übersiedlung in die Bundesrepublik. Zunächst im Notaufnahmelager Sandbostel, danach verschiedene kurzfristige Beschäftigungen. Von 1954-61 durch Jobs finanziertes Studium der Literaturwissenschaft, Soziologie und Philosophie an den Universitäten Frankfurt/M. und Hamburg.
Erste Veröffentlichungen bereits seit 1957 in der Studentenzeitung „Diskus", deren Feuilletonredakteur W. von 1959-61 war. 1961-63 Literaturredakteur beim Hessischen Rundfunk. Seit 1963 freier Schriftsteller. 1966-68 Fortsetzung des Studiums in Basel, dann wieder freier Schriftsteller alternierend in Basel und Frankfurt/M., seit 1974 in Mainz. 1976 Writer in Residence an der University of Warwick/England; im Wintersemester 1977/78 Gastdozent für Literatur an der Gesamthochschule Siegen. Seit 1979 lebt W. überwiegend in Wiesbaden, seit 1990 nach 34 Umzügen in Mainz. Seit 1971 ist er Mitglied des PEN-Zentrums der Bundesrepublik Deutschland, seit 1989 Mitglied der Deutschen Akademie für Sprache und Dichtung, Darmstadt.
Preise: Förderpreis des Niedersächsischen Kunstpreises (1965); Stipendium des Senators für Wissenschaft und Kunst Berlin (1971); Förderpreis des Hessischen Kulturpreises (1983); Hörspielpreis der Kriegsblinden (1988); Marburger Literaturpreis (1988); Preis für groteske Literatur (1991); Literaturpreis der Freien Hansestadt Bremen (1992); Frankfurter Hörspielpreis (1992); Heimito-von-Doderer-Literaturpreis Wien (1996); Staatspreis Rheinland-Pfalz (1997).
Werkauswahl: Fortsetzung des Berichts. 1964. – Das Lexikon der feinen Sitte (zusammen mit Karl Riha). 1964. – Pilzer und Pelzer. Eine Abenteuerserie. 1967. – Mein Famili. Zwölf Moritaten und vier Collagen von Raoul Tranchirer. 1968. – Danke schön. Nichts zu danken. Geschichten. 1969. – Punkt ist Punkt. Fußballspiele. 1971. – Auf der Suche nach Doktor Q. Hörspiel-Trilogie. 1976. – Die Gefährlichkeit der großen Ebene. 1976. – Die heiße Luft der Spiele. 1980. – Das nächste Spiel ist immer das schwerste. 1982. – Raoul Tranchirers vielseitiger Ratschläger für alle Fälle der Welt. 1983. – Hans Waldmanns Abenteuer. Sämtliche Moritaten von Raoul Tranchirer. 1985. – Mehrere Männer. 82 ziemlich kurze Geschichten, zwölf Collagen und eine längere Reise. 1987. – Ausflug an den vorläufigen Rand der Dinge. Prosa 1957-1976. 1988. – Raoul Tranchirers Mitteilungen an Ratlose. 1988. – Raoul Tranchirers Welt- und Wirklichkeitslehre aus dem Reich des Fleisches, der Erde, der Luft, des Wassers und der Gefühle. 1990. –Nachrichten aus der bewohnten Welt. 1991. – Werkausgabe in 6 Bänden. 1992 ff.; mit Zusatzband: Anfang & vorläufiges Ende. 91 Ansichten über den Schriftsteller Ror Wolf. 1996. – Tranchirers letzte Gedanken über die Vermehrung der Lust und des Schreckens. 1994. – Ein Komplott aus Spiel, Spaß und Entsetzen. Prosa, Lyrik, Collagen und Montagen. 1994. – Aussichten auf neue Erlebnisse. Moritaten, Balladen & andere Gedichte. 1996. – Außerdem eine Vielzahl von Hörspielen.
Über R. W.: Über R.W. Materialienband. Hrsg.v. Lothar Baier. Frankfurt/M. 1972; Hans Christian Kosler / Harald Kern / Michael Töteberg in: Kritisches Lexikon zur deutschsprachigen Gegenwartsliteratur. München 1978 ff.; vgl. auch: Anfang und vorläufiges Ende. 91 Ansichten über den Schriftsteller R.W. Frankfurt/M. 1996.

Ror Wolf: Collage. Aus: Mehrere Männer. Frankfurter Verlagsstalt, Frankfurt/Main 1992, S. 63

Durs Grünbein.
Foto: Isolde Ohlbaum

Förderpreis des Bremer Literaturpreises 1992 für „Schädelbasislektion", Suhrkamp Verlag, Frankfurt / Main 1991

Sibylle Cramer

Die Krise des Subjekts

Ror Wolf und Durs Grünbein (rechts). Foto: Ursula Borucki

[...] Grünbeins erste veröffentlichte Gedichte stammen aus dem Jahr 1985. Der Beginn seines Schreibens fällt in eine Zeit gewaltiger gesellschaftlicher Umbrüche. Er erlebt eine ungeheure Verdichtung und Beschleunigung der historischen Prozesse und den Zusammenbruch des politischen Systems, in dem er aufwuchs. Ein immenser Stoff drängt sich ihm auf. In dieser Situation entstehen nun aber Gedichte, die zuallererst Orientierungsversuche künstlerischer Art erkennen lassen. Er ordnet sein Material, indem er geschichtliche Ableitungen philosophischer und literarischer Art sucht. So kommt es zu der Turmbibliothek.

Zugleich sucht er nach Übersetzungsmöglichkeiten für den gewaltigen Rohstoff. Hier ist jemand am Werk, der mitten im Sturm festhält an einer Literatur, die sich den Sinn für die Form als ordnender Intelligenz der Poesie bewahrt hat. Das Spektrum der lyrischen Redeweisen in „Schädelbasislektion" reicht vom Strophengedicht mit offenem oder verdecktem Versmaß über zersprengte Oden, das Lied, Sehtexte, bis zum freien Vers und der reinen Prosa. Er arbeitet mit und ohne Reim, mit Halleffekten, dem Refrain, Leitmotiven, mit linearen und flächenhaften Kompositionsformen, mit der Schere des Montagekünstlers und dem Klebstoff des Zyklikers.

Kurzum, eine technische Reflexion beteiligt sich am Schreiben und verbindet sich mit der Neugier des Büchertürmers in der alexandrinischen Bibliothek. Aber diese Auseinandersetzung mit den Form- und Stofftraditionen der Literatur ist nicht einfach nur eine Flucht zu fremden Autoritäten, sondern ein Mittel der Selbstvergewisserung und eine Methode der Selbstdarstellung mitten in einer schweren geistig-politischen Orientierungskrise. Diese Krise ist sein Thema. Die Krise des Subjekts nach dem Zugriff des totalitären Staates und beim Eintritt in die mediale Kommunikationsgesellschaft des Westens.

Die Schädelbasis, die besichtigt wird, ist das nackte Hirn, rohes Fleisch. Grünbeins Lektion, hier, in den Kapiteln über den Sozialismus, handelt von der Natur des Geistes und der Biologie, ja der Zoologie der Gedanken. Das Bewußtsein das erinnernd ausfindig gemacht wird, ist ein „genehmigtes Ich", „Passagier unter Tiermasken", „Hund unter Hunden", „Automat im Dienst der sozialistischen Ordnung", ein „metaphysisches Tier". Ich habe entlang jener Gedichte des Bandes zitiert, die von der Vernichtung des Selbstbewußtseins handeln und von der Umkehrung des Prozesses, aus dem es hervorgegangen ist: der Emanzipation des Vernunftwesens von seiner Natur. Der Körper ist von seinem menschlichen Bewohner getrennt worden und umgearbeitet zu einem gesellschaftlichen Nutztier, biomechanisches Material, eine Körpermaschine. Einerseits.

Andererseits ist diese Schädelbasis ein Spukloch. Andererseits handelt Grünbeins Lektion von einem Gespenst. Die westliche Kommunikationsgesellschaft erlebt er als Wirklichkeit aus zweiter Hand. Das Ich, das hier unterwegs ist, erscheint als geisterhafter Schneemensch in einer abstrakten Zeichenwelt, ein Yeti zwischen Monitoren, Diagrammen, Sinustönen. Ein hoffnungslos verspäteter „euklidischer Träumer" gerät in die „Einstein-Welt". Narkotisiert verfolgt er die rasende Verwandlung von Gegenwart in Vergangenheit. Ein Leben als „Idiot" in einem mediengesteuerten Wachtraum. Den Begriff Idiot benutzt er in der doppelten Bedeutung von enteigneter Intelligenz und bürgerlicher Innerlichkeit. In diesem Sinn hat Aristoteles ihn dem zoon politikon, dem Bürger als Gesellschaftswesen, entgegengesetzt.
In beiden Rollen, als kapitalistischer Idiot und sozialistisches Staatstier, ist das Subjekt Objekt, dort im „elektrisch aufgeladenen Fell" als Beutetier der Medien, hier im Griff der Politik. Die schönsten, die bittersten Gedichte Grünbeins tragen die Überschrift „Der Cartesische Hund". „Hört euch das an", sagt er:

Hört euch das an: Ich sei so sanft gewesen
Daß man mich nun als Haustier halten will,
Heißt es in einem Nachruf noch zu Lebzeit.
Mir wird ganz schlecht, wenn ich sie flöten höre
Von handzahm, kinderlieb und treu. Geschwätz!
Für alles Fremde findet sich ein Kennwort.
Sieht aus, als sei ich nun von Zeit ereilt
Und meine Stimme schwimmt im Eingeständnis:
„Halb war ich Zombie, halb enfant perdu ..."
Vielleicht hat mich da draußen irgendwann
Der Raum verschluckt, wo sich der Sichtkreis schließt.
Von nun an soll mein Double für mich sorgen.
Mein Trotz wird ausgekotzt mitsamt der Frage:
Ob Haustierhirne schließlich leichter sind?

Aus der Laudatio vom 27. Januar 1992

Durs Grünbein

Reflex und Exegese

Keine Frage, ich liebe Tautologien. So war der erste Einfall, als ich das hier schrieb: Immer die erste Regung zählt, der schnellste Reflex. Es ist wie mit der wendigsten Samenzelle, die zur Befruchtung flitzt und alle Rekorde bricht. Ihr Fluchtreflex heißt Überleben, die bloße Schnelligkeit, mit der sie ihren genetischen Auftrag ausführt, sichert ihr den Platz in der Zukunft. Immer dicht am Geschehen und manchmal vorauseilend, ist es der postwendende Einfall, der schließlich den Ausdruck macht. Der Rest ist Geschichte, Erzählung, eine endlose Steilküste voller Schwalbennester, das unermüdliche Zwitschern von Interpretation, Kritik, Theorie. Läßt sich so das Gedichteschreiben erklären? Den Liebhabern von Tautologien und Biologismen vielleicht, aber allen andern?
Es hat lange gedauert, bis ich begriffen habe, was man mit Gedichten alles anstellen kann. Man kann in sie eingehen wie die chinesischen Maler in ihre Tuschebilder, wenn sie geräumig genug sind. Man kann sie als Klangkonserve oder *compact disc* gebrauchen, wenn eine oder gar mehrere Stimmen, fremde und eigene, sich darin wiederfinden. Man kann sie als Falle verwenden, als geheimen Aufenthaltsort für die neugierigen Geister, wie das vom Lichtstrahl getroffene Zelluloid, das die Körper an der Grenze vom Realen zum Imaginären bannt. Oder man kehrt zu ihnen zurück und umschleicht sie als Schauplatz, auf dem die Begierden, Logiken und Gedanken ihr flüchtiges Stellungsspiel trieben, in jedem Hirn anders und in jeder persönlichen Lage neu. Das seltsame ist, daß sie jedem

zugänglich sind, der ein paar aneinandergereihte Buchstaben und Silben verstehen kann, vorausgesetzt sein inneres Ohr läßt ihn nicht im Stich. Bloßes Lesen genügt nicht, hat nie genügt. Entweder spricht der Körper, über die weißen Seiten gebeugt, mit oder das Gedicht geht spurlos an ihm vorbei direkt ins Leere … ohne Spannungsaufbau kein Magnetfeld. Das Gedicht, per Definition eine Kette semantischer Effekte und physiologischer Kurzschlüsse, hätte sein Ziel verfehlt, wäre es nur ein weiterer Text auf einem weiteren Blatt Papier. Wie die Stimme im Telephonhörer, den jemand ans Ohr preßt, als könnte er in die Welt des anderen hineinhorchen, dringt es real in den Körper ein und explodiert im Unbewußten mit seinen Klängen und Codes, im Idealfall gleich einem intensiven Traum. Noch bevor du begreifst, was geschieht, hat es sich als Engramm, als Erinnerungsspur festgesetzt und du bist fortan gezeichnet, stigmatisiert durch ein paar merkwürdig aufgeladene Worte. Im Bruchteil einer Sekunde (länger dauert es nicht) hat ein neuronales Gewitter, ein Synapsenblitz die ganze Gehirnlandschaft verändert.

Von nun an wird dieses besondere Licht, eine bestimmte Perspektive, der ganz spezielle synästhetische Fluß immer wiederkehren, sobald die zugehörigen Namen fallen. Ein Fünfzehnjähriger, der durch Empfehlung oder aus einem abnormen Appetitanfall Novalis' „Hymnen an die Nacht" zur Hand nimmt und sich darin festliest, ist hinterher ein anderer, ohne daß er es gleich bemerkt. Kehrt er, verlockt durch Verbote oder eingeschüchtert vom kollektiven Zwang zu Spiel, Spaß und Sport, wieder und wieder in sein endogenes Versteck zurück, wird es nicht lange dauern und er fängt selbst an zu schreiben. Jeder weiß, wie diese ersten Nachahmungen aussehen, aber ist auch bekannt, daß Nachahmen einer der stärksten Triebe bei höheren Säugetieren ist? Natürlich bleibt von Poe in den Schreibereien des Siebzehnjährigen nicht viel mehr als der nackte Grusel. Und selbstverständlich ist der Pubertätsbrief direkt an Melville, Dostojewski oder Conrad adressiert. Wenn der Achtzehnjährige dann, weil er zufällig schräge Vögel zu Freunden hat, zuerst auf Baudelaire, später auf die „Cantos" des Ezra Pound stößt und nur noch Bahnhof versteht, liegt der gefährlichste Teil der Reise schon hinter ihm. Den Dämonen der Ignoranz und der Gruppendummheit entkommen, findet er sich vor einem privaten Bücherschrank wieder, in Museen und Lesesälen, jung und zitatengeil, für jede literarische Einflüsterung offen. So unmerklich wie der Übergang vom *pin-up-girl* zur ersten Freundin, vom „Disco-Mäuschen" zur Motorradbraut, hat ihn das Studium überkommen, seine erste *recherche*. Sein geheimer Kontrakt mit der Zeit, durch frühe Lektüre geschlossen, ist mit einemmal rechtskräftig geworden. Er marschiert durch die Hintergründe, liest sich durch Fußnoten und Bibliographien und entdeckt den Zauber der Anspielung in einem Nebensatz. Was er jetzt von sich gibt, sich großspurig herausnimmt, nennt er selbst, verführt von neusachlicher *coolness*, Versuche. Der Euphemismus Gedichte bleibt lange Tabu. Was zählt, ist die erste Erregung, von ihr geht das Sprechen aus. Das Erlebnis wird zum Anstoß und sprengt Wort für Wort aus den gewohnten Zusammenhängen heraus in die Fangarme einer fixen Idee. Bald festigt das Aufschreiben sich zum *Bedingten Reflex*, auch wenn kein Hunger gestillt wird … ein Phantasma genügt. Und mit den Formen setzt die Entfremdung ein.

Was mir als erstes beim Schreiben auffiel, war die Rolle der Mißverständnisse in der Dichtung. Daß jeder in einer Eigenwelt umherspazierte, eingehüllt in seinen eigenen absurden Kokon aus Worten, und daß es so viele Eigenwelten wie Menschen gab, versetzte der psychischen Illusion von Realität einen schweren Schlag. Mit einemmal war die Aura eines jeden einzelnen das gewöhnliche Unerkanntsein. Witz, Temperament, Wortwahl, Gestik, alles was zum persönlichen Stil des Einzelnen gehört, wurde zum anthropologischen Rätsel, wahrgenommen als Gesamtheit der individuellen Reflexe. Vor jeder Grammatik mit ihrem Punkt, Punkt, Komma, Strich wucherte immer schon die ungeheuerlichste sensualistische Vegetation, von der nur ihr Urheber wußte. Also war Sprache nur diese allen gemeinsame Lichtung, auf die man hinaustrat, geschwätzig lauernd, immer am Rand eines Dickichts aus Gesten und Blicken.

Wie gerufen lief mir damals Fritz Mauthner mit seinem sprachkritischen Skeptizismus über den Weg. Besonders eine Bemerkung, faszinierend in ihrer Willkür, ließ mich aufhorchen. Die ganze Unschärfe unserer sprachlichen Situation, früh als Unbehagen erfahren, fand sich in der einen lapidaren Wendung wieder: „Wir haben keine Sprache des inneren Sinns." Was sonst konnte das heißen, als daß die äußere Realbanalität, gestützt auf Formeln, ausgeschmückt mit ein wenig Symbolik, einigen hermetischen Innereien, der verdammte Stammplatz, die ideale Lichtung war, wo alles sich traf? Demnach mußte persönlicher Ausdruck von Anfang an die undankbarste Aufgabe sein, Unverständlichkeit ihre größte Verlockung, Autonomie ihr vergeblichstes Ziel. Das *Viele an Vielzuvielem auf engstem Raum:* dieser Horror der Eigenwelt, ließ sich immer nur an den Rändern erwischen nur in kleinsten Bruchstükken und mit dem Griff des genauen Worts. Doch was, wenn die natürliche, innengeleitete Wahrnehmung, auf der Mauthner als Pflanzenliebhaber bestand, immer schon reichhaltiger, dynamischer und differenzierter war, als die in Formeln und Abstraktionen gealterte Sprache? Das einzige, was Sprache dann aufzubieten hatte, waren ihre Bilder, die Vorstellungen, die in ihr arbeiteten. Ihr kultiviertes Gestrüpp waren die Anklänge und Laute, Zitate und Ausrufe, Reime und Störungen, in denen das Physische seine Schatten warf. An die Stelle des „inneren Sinns", der als blinder Fleck zurückblieb, rückte eine Flora und Fauna aus Klang und Bild, gleichzeitig imaginär und real. Und schon war, ohne Zauberspruch, nur durch eine leichte Drehung innerhalb des Sprechens, ein phantastischer, zoologischer, vegetativer Raum eröffnet, in dem jeder allein war mit sich, der Zeit und den Zeichen. Es war derselbe Raum, in dem sich die Tiere bewegten und wahrscheinlich hatte er auch genügend Ähnlichkeit mit dem legendären *cyberspace* der Computerpioniere. Wie in den weiten Räumen dessen, was Mauthner den „inneren Sinn" nannte, regelten hier die Reflexe den Verkehr zwischen den Dimensionen. Die Silbe, das Wort, die Periode, alles war von Reflexen belebt und gesteuert. Und so war es kein Wunder, daß alles was aus reflexhaften Akten bestand, unmittelbar einging in diesen Raum ... von der leisesten Regung eines Sperlings im Laub bis zur brutalen Geschicklichkeit von Kinderbanden in den Angstlustsphären der Metropolen. Schreiben war immer dann am lebendigsten, wenn es sich an den bloßliegenden Nerven vorantastete, beweglich in jede Richtung, wachsam und sensitiv. Nur so konnte es sich inmitten einer Kultur der Risiko-Kulte und Todeskitzel, einer Biochemie der Endorphine und Adrenaline behaupten. Es war die Vision vom Dichter als elektronischem Dandy, der mit tierhaftem Charme und kühlem Kopf durch die Bildwelten streift. Und hier bin ich nun, weit entfernt von diesem verlockenden

Foto: Herlinde Koelbl

Ziel, einer von vielen Jägern und Sammlern, unterwegs durch den anthropologischen Alltag.
Noch weiß ich nicht, ob der Außenraum mit seinen Mustern aus Geographie und Geschichte, Architektur und urbanem Leben nicht vielleicht längst totcodiert, ausgeschritten und zuendegedacht ist. Erst die Simulation eines *enormous room* in der Dichtung wird den Beweis erbringen. Bis dahin steht einstweilen nur fest: zwischen Nekrophilie und Neurologie gibt es kein Zurück für die Körper. In Zukunft ist alle Beweglichkeit ein geschicktes Hakenschlagen, ab durch die Mitte im Zickzack voraus. Ob den Dichtern dabei der Atem ausgeht, wird sich erweisen.

Ich danke der Rudolf-Alexander-Schröder-Stiftung für den mir zugesprochenen Preis.

Berlin. Ein Toter saß an dreizehn Wochen
Aufrecht vorm Fernseher, der lief, den Blick
Gebrochen. Im Fernsehn gab ein Fernsehkoch
Den guten Rat zum Kochen.
Verwesung und Gestank im Zimmer,
Hinter Gardinen blaues Flimmern, später
Die blanken Knochen.
Nichts
Sagten Nachbarn, die ihn scheu beäugten, denn
Sie alle dachten längst dasselbe: „Ich hab's
Gerochen."
Ein Toter saß an dreizehn Wochen ...
Es war ein fraglos schönes Ende.
Jahrhundertwende.

Aus: Den teuren Toten. Suhrkamp-Verlag, Frankfurt/Main 1994

Durs Grünbein

Schädelbasislektion

Durs Grünbein
Schädelbasislektion
Gedichte Suhrkamp

1
Was du bist steht am Rand
Anatomischer Tafeln.
Dem Skelett an der Wand
Was von Seele zu schwafeln
Liegt gerad so verquer
Wie im Rachen der Zeit
(Kleinhirn hin, Stammhirn her)
Diese Scheiß Sterblichkeit.

2
Dieser Traum vom Leichthin
Kennt doch niemals Erbarmen.
Zwang? Ist zwecklos. Ein Dschinn
Hält sich selbst in den Armen
Reiner Luft (Griechisch: Pneuma).
Erst ein Blindflug macht frei.
Sich oft bücken gibt Rheuma.
Du verstehst … Samurai.

3
Zwischen Sprache und mir
Streunt, Alarm in den Blicken,
Ein geschlechtskrankes Tier.
Nichts wird ganz unterdrücken
Was mein Tier-Ich fixiert
Hält – den Gedankenstrich kahl
Gegen Zeit imprägniert:
Bruch der aufgeht im All.

4
Ohne Drogen läuft nichts
Hier im Irrgang der Zeichen
Wo du umkommst gesichts-
Los in blinden Vergleichen.
Träumend … Rate für Rate
Von den Bildern beäugt.
Wer ist Herr der Opiate
Die das Hirn selbst erzeugt?

5
Unterm Nachtrand hervor
Tauch ich stumm mir entgegen.
In mir rauscht es. Mein Ohr
Geht spazieren im Regen.
Eine Stimme (nicht meine)
Bleibt zurück, monoton.
Dann ein Ruck, Knochen, Steine
… Schädelbasislektion.

Aus: Schädelbasislektion.
Suhrkamp Verlag, Frankfurt/Main 1991,
S. 11-15

Im geschlossenen System

[...] Hier liegen Gedichte vor, die jetzt entstanden sind. Sie reagieren auf die Wende des Jahres 1989. Aber in ihnen kommt erstmals eine Vergangenheit zu Wort, die heute noch wie ein böses Geheimnis wirkt. Ihr Verfasser ist der 1962 in Dresden geborene Durs Grünbein. Er ist Angehöriger einer Generation, die nichts anderes als die ummauerte DDR kannte. Grünbein äußert sich in dem Augenblick, in dem das hermetisch geschlossene System zusammenbricht. Seine Gedichte artikulieren den Übergang, aber auf eine Weise als blicke man aus ferner Zukunft wie auf ein archäologisches Fundstück auf ihn zurück. Erst so wird das ganz und gar Einzigartige, das historisch Einmalige dieser Biographie kenntlich. Wie lebte man inmitten einer eingesperrten Gesellschaft? Wie wuchs man auf an einem Ort, zu dem es, bei Todesandrohung, keine Alternative gab? Wie bildete sich ein Bewußtsein, das immer wieder an eine wirkliche Mauer stieß?
„Schädelbasislektionen", „Gehirn", „Nervenbahnen", „Hirnmaschine", „Schädelnaht" – immer wieder tauchen in diesen Gedichten zerebrale Motive auf. Das Denken bildet sich auf seinen organischen Ursprung zurück: von ihm bleibt am Ende nur das Gehirn zurück – und von den Gedanken das „Gesumm der Hirnmaschine". Grünbeins Gedichte sind selber Ausdruck eines solchen Rückbildungsprozesses. Die Stimme in ihnen erzählt von einer umfassenden Desillusionierung. Nicht Ideen und Gedanken, sondern die Nutzlosigkeit des Denkens selber ist ihr Thema. Worüber sie reden, ist einfach: wie man es schaffte, in dem verriegelten Land nicht wahnsinnig zu werden. Weil Grünbein diesen Prozeß nicht als abstrakten Vorgang, sondern als Erfahrung seiner DDR-Existenz begreift, gewinnen seine Texte eine bestechende Intensität. [...]

Grünbein beschreibt sich rückblikkend: er zitiert jenen ominösen Ort, an dem er sich als Schriftsteller aufhielt, wo „die Stirn vermauert" war und immer nur die „alten Zeichen" entziffert werden konnten. „Portrait des Künstlers als junger Grenzhund" nennt Grünbein diesen zentralen Zyklus des Buches. Er ist zugleich Kritik jener zerebralen Rückbildung, mit der er in der DDR dem Wahnsinn entging. [...]

Gewiß, in diesem Band finden sich auch schwache und schlechte Verse. Die Liebe zur modernen Zeichentheorie und zu den französischen Simulationstheoretikern erzeugt zuweilen ein leeres Sprechen, das langweilt. Aber das sind geringe Einwände gegen die Stärke des Talents, das sich hier ankündigt. Die „Schädelbasislektion" dieses Dichters sind ein lyrischer Erziehungsroman, der Verhältnisse bewahrt, von denen schon jetzt undenkbar scheint, daß sie noch bis vor kurzem existierten. „War da irgendein Mythos", so fragt er verwirrt und wie auf der Suche, „der all dem entspricht? War da irgendein Mythos / Irgendein Mythos der / Sprich". Durs Grünbein hat dieser Suche die Stimme geliehen.

Frank Schirrmacher in der Frankfurter Allgemeinen Zeitung vom 28. März 1992

[...] Die Klage ist in Grünbeins Gedichten frei von jeglicher Larmoyanz. Und nichts an ihr ist diffus oder subjektivistisch. Die vertrauten lyrischen Endergebnisse Weltschmerz und Lebensekel sind neu errechnet. Und sie halten – belegt durch die Erfahrungen einer Generationszugehörigkeit und Zeitgenossenschaft, eines Erinnerungs-, Wahrnehmungs- und Reflexionsvermögens, die sich nichts vormachen lassen: die Visionen einer neuen Zeit nicht, und nicht die Verklärung einer alten.
Eindrucksvoll ist die formale Vielfalt der Gedichte. Manche von ihnen wachsen sich aus zu mehrseitigen Mini-Epen, die streckenweise in der Fülle von Wahrnehmungen und Wahrnehmungsfragmenten, von Erinnerungs- und Traumsequenzen, der Reflexionsarbeit und Metaphorik zu überborden vorgeben, am Ende aber immer kanalisiert erscheinen zu bestürzenden Autobiographien der Desillusionierung.
Andere Gedichte sind lakonisch, konzentriert und reduziert zu „Telegrammen", „Annoncen", Formeln und Sprüchen. Schwere, kompakte Gebilde aus Langstrophen stehen neben den freien Variationen von antikisierenden Oden- und Hymnenformen, mit dem gebrochenen, versetzten Vers, der bisweilen nur noch aus einem Wort besteht. Prosaisierender Sprachduktus und freie Rhythmen sind weit seltener als der unverkennbare Gedichtvers und gebundene Versmaße. [...]

Heinz F. Schafroth in der Frankfurter Rundschau vom 8. April 1992

Ein abschälendes Verfahren

Einen Götterliebling hat man in der Stunde des Jubels, als ihm im letzten Jahr der Büchnerpreis so früh zufiel, in Durs Grünbein erkennen wollen, einen Wiedergänger des jungen Hofmannsthal. Doch diese Parallele zwischen Wien damals und Berlin heute, zwischen jenem Fin de siècle und unserer Jahrhundert- plus Jahrtausendwende gehört wohl zu denen, die sich nicht einmal im Unendlichen schneiden mögen. Ganz abgesehen davon,

daß Hofmannsthal, „frühgereift und zart und traurig“, in Grünbeins heutigem Alter schon längst aus dem Gedichteschreiben herausgeschlüpft war wie aus einer lästig luxuriösen Haut. Wer jetzt Grünbeins entschlossen zusammengeworfene und doch komponierte Aufsatzsammlung liest – autobiographische und poetologische Fragmente, wuchtige Feuilletons und knappe ausschweifende Essays über literarische Vorläufer –, der meint, schärfer noch als aus den Gedichtbänden, die Physiognomie dieses so früh selbstbewußten Autors zu entziffern und auch zu erraten, wie sie sich gebildet hat. Obwohl: Es sind Momentaufnahmen, von Transit- und Erregungszuständen in den Jahren, in denen Grünbein, entlassen aus den geistigen Haftbedingungen der DDR, das volle Licht der wieder offenen Welt getroffen und geblendet hat. Der Autor [...] scheint uns im Vorwort fast nahezulegen, das Entstehungs- und Verfallsdatum dieser Texte nicht zu weit auseinanderzurücken. [...]
Unter solchen Bedingungen aufgewachsen, mit diesem Talent, provoziert zu einem, begabt mit einem imaginativ aufgeladenen Entzauberungsblick, wird man zwar frühgereift, doch unzart und doch – traurig. Oder mit Grünbeins Lieblings- und Signalvokabel: sarkastisch. Mehr als einmal verrät er uns, was sich in diesem Wort etymologisch verbirgt: das griechische *sarkazein*, das Abschälen des Fleisches vom Knochen. [...] Mit diesem Blick, knochenhart und neugierig, auf den von Haut und Fleisch befreiten Menschen beginnt sich mehr zu formulieren als eine desillusionierende Weltsicht, nämlich auch ein poetologisches Credo, ein Bekenntnis zu abschälendem Verfahren und durchdringendem Blick beim Gedichtemachen. [...]

Reinhard Baumgart in DIE ZEIT vom 10. Mai 1996

Durs Grünbein bei der Verleihung des Georg-Büchner-Preises 1995 mit dem Dramatiker Heiner Müller, der die Laudatio hielt. Foto: dpa

Was ist das Ungemütliche an den Texten von Durs Grünbein, das seine Lobredner blendet und seine Kritiker verstört? Seine Bilder sind Röntgenbilder, seine Gedichte Schatten von Gedichten, aufs Papier geworfen wie vom Atomblitz. Das Geheimnis seiner Produktivität ist die Unersättlichkeit seiner Neugier auf die Katastrophen, die das Jahrhundert im Angebot hat, unter den Sternen wie unter dem Mikroskop. Eine Frau sagte mir nach der Lektüre eines Gedichts von Durs Grünbein: „Das muß ich in fünfzig Jahren noch einmal lesen.

Laudatio (Auszug) von Heiner Müller zum Büchner-Preis für Durs Grünbein

Foto: Isolde Ohlbaum

Durs Grünbein

9. 10. 1962 Dresden

Studierte Theaterwissenschaft in Ost-Berlin. Abbruch 1987, seither freier Schriftsteller. Mitarbeit an verschiedenen Zeitschriften und Verlagsprojekten des Galrev Verlags. Zusammenarbeit mit Schauspielern, Malern und Aktionskünstlern. Performances in Galerien. Seit 1989 Aufenthalte u.a. in Amsterdam, Paris, London, Toronto, New York, Wien. Seit 1985 lebt G. in Berlin.
Preise: Förderpreis des Leonce- und Lena-Preises (1989); Literaturpreis der Stadt Marburg (1992); Literaturförderpreis der Freien Hansestadt Bremen (1992); Nicolas-Born-Preis (1993); Förderungspreis des Kunstpreises Berlin – Jubiläumsstiftung 1848/1948 (1993); Peter-Huchel-Preis (1995); Literaturförderungsprogramm Niedersachsen (1995); Georg-Büchner-Preis (1995).
Werkauswahl: Grauzone morgens. Gedichte. 1988. – Schädelbasislektion. Gedichte. 1991. – Falten und Fallen. Gedichte. 1994. – Den Teuren Toten. 33 Epitaphe. 1994. – Die Schweizer Korrektur. Gemeinsam mit Brigitte Oleschinski und Peter Waterhouse. 1995. – Galilei vermißt Dantes Hölle und bleibt an den Maßen hängen. Aufsätze 1989-1995. 1996.
Über D.G.: Hermann Korte in: Kritisches Lexikon zur deutschsprachigen Gegenwartsliteratur. München 1978ff.

Elende Utopien

Gustav Seibt hat Sie als „hinreißenden Götterliebling“ vom Rang Hugo von Hofmannsthals gefeiert. Und er hat behauptet, Sie seien der erste Dichter, der die Spaltung der deutschen Literatur überwunden habe.

Das hat mit Kritik nichts mehr zu tun. Hier wird Politik gemacht. Und ich glaube nicht daran. Ich hatte das Generationspech, daß ich schon sehr früh an dieses ganze sozialistische Projekt nicht recht glauben konnte. Heiner Müller, der mich entdeckt und empfohlen hat, sagte damals: „Für Utopien interessiert er sich offenbar nicht mehr.“

Stimmt das so pauschal?

Es stimmt, wenn damit all diese Träume von einem „anderen Deutschland“ gemeint sind. Bei den Utopien, so wie ich sie kennengelernt habe, wurde immer zuerst die Seele gesucht, und am Ende blieb der Körper auf der Strecke. Die Französische Revolution und die Oktoberrevolution endeten damit, daß Hunderttausende massakriert wurden. Irgendwann habe ich mich entschieden und gesagt: Mir ist das Opfer eines einzigen Menschen wie Ossip Mandelstam so ungeheuerlich, daß mich alles andere nicht mehr interessiert. Wenn so ein Mensch von den Sowjets auf so grausame Weise physisch ausgelöscht wird, dann tut es mir leid für die Utopie.

Christa Wolf, die bis zum bitteren Ende an der sozialistischen Utopie festhielt, hat 1987, bei der Verleihung des Kleist-Preises an Thomas Brasch, erklärt, Brasch habe jenen Boden verlassen, der ihn kreativ gemacht habe. Brasch lebte damals schon in West-Berlin. Hat Ihre Kreativität auch etwas mit der Erfahrung DDR zu tun?

Überhaupt nicht.

Wären Sie im Westen derselbe Durs Grünbein geworden?

Diese Prägungen haben mit dem Ost-West-Gegensatz wenig zu tun. Landschaften spielen eher eine Rolle, Sachsen – ich komme ja aus Dresden – war für Künstler, für Maler vor allem, immer ein guter Boden. [...]

Warum haben ältere Kollegen wie Christa Wolf oder Christoph Hein so lange an dieser Utopie festgehalten?

Weil sie gewissermaßen die Hochzeit noch miterlebt hatten. Sie hatten alle noch dieses Eheverhältnis, bis zuletzt. Dabei war es eine durchaus enthaltsame Ehe, und die Kinder waren schon Bastarde und böse Findlinge. Meine Kindheitsmuster, die ersten prägenden Erfahrungen von Drill, Repression, körperlicher Entfremdung durch Jugendorganisationen und Architektur, Schule und Militär, fangen nun einmal erst nach dem Mauerbau an. Ich war sozusagen schon für die Sache verloren, als ich geboren wurde. Der Sozialismus war mein Geburtsschock. [...]

SPIEGEL-Gespräch (Martin Doerry und Volker Hage) mit Durs Grünbein, in: DER SPIEGEL 41/1995

GEORGES-ARTHUR GOLDSCHMIDT

Bremer Literaturpreis 1993 für „Der unterbrochene Wald“, Ammann Verlag, Zürich 1992

Wilfried F. Schoeller

Das Rätselwort „Schuld“

Georges-Arthur Goldschmidt, Senatorin Helga Trüpel und Hans-Ulrich Treichel. Foto: Herbert Abel

Die Angst und der Schmerz; Landschaften, die man hinter den Lidern entstehen und vergehen lassen kann: Abschied und Fremde; Scham, Pein, Entblößung, der nackte Körper, Züchtigung und Unterwerfung, Wollust des Schmerzes und Schuld – an diesen Wörtern haftet der Lebensstoff, den Georges-Arthur Goldschmidt in seiner Prosa aufruft. Sie bilden Wegzeichen und Bildmarken eines fortgesetzten Erinnerungsversuchs, der als eine komplexe literarische Übersetzungsarbeit zu verstehen ist. Darin enthalten ist wiederum einiges von den Fernen, zu denen Literatur, die allein auf sich baut, hinreichen kann: Magie, Gedankenmusik, Wortmalerei. In bisher drei Büchern vertraut uns Goldschmidt die Geschichte seiner Jugend an; in einem weiteren Band, betitelt „Der Spiegeltag“ und 1982 in Deutschland erschienen, schickte er der Suche nach der verlorenen Frühzeit das Seelenbild eines Fünfundzwanzigjährigen voraus, der anonym am Rand von Paris lebt, der sich nach einer verdorbenen Kindheit als „Waisenkind“ und „Prügelknabe“ versteht, der sich sehnt nach dem „Glück, nur ein Passant unter anderen zu sein.“

In jedem dieser Texte wird Autobiographie angestrebt, aber nicht allein und keiner von ihnen trägt diese Bezeichnung. Der eine ist als „Roman“ ausgewiesen, jeder andere als „Erzählung“. Diese Selbsterlebensbeschreibung als Autofiktion begnügt sich nicht mit dem Report des faktisch Gewesenen, sie sammelt sich im Innenraum des Erlebten. Drei Bücher sind französisch geschrieben, eines deutsch. Das jüngsterschienene mit dem Titel „Der unterbrochene Wald“, ein Part jenes Ganzen, das in jeden Teil hineinleuchtet, liegt in der Übersetzung von Peter Handke vor. Das wiederum ist kein Zufall: Georges-Arthur Goldschmidt, wohnhaft in Paris, als Deutschlehrer tätig, hat die meisten Bücher von Peter Handke übersetzt.

Deutschlehrer und Übersetzer: Im Lebensrahmen des Georges-Arthur Goldschmidt erscheint nichts als freie Wahl des Zufalls. 1982 ist er als Sohn deutscher Juden in Reinbek bei Hamburg geboren und in großbürgerlicher Atmosphäre aufgewachsen, mit zehn Jahren wurde er auf Nimmerwiedersehen ins Ausland geschickt, 1938, zum Zwecke des Überlebens, erst nach Florenz, dann für viele Jahre ins Internat nach Hochsavoyen, in die französischen Alpen. Die deutschen Besatzer und die Greifer der SS stellten ihm nach, er flieht in den Wald, versteckt sich in Bauernhöfen. Eine

Rückkehr nach dem Krieg gibt es für ihn nur besuchsweise: Die Mutter ist gestorben, der Vater überlebt Theresienstadt nur um einige Jahre, die entfernten Verwandten sind für ihn Fremde. „Er wußte noch nicht: Es gibt Reisen, die man besser unterläßt, kehrt man dahin zurück, beginnt der Abschied."
Die Lebensgeschichte, die aus solchen Angaben zu erschließen ist, könnte verzeichnet sein in jener Bibliothek, die der nachwirkende Nazischrecken von den Opfern erpreßt hat: als Bruchstücke aus der Riesensammlung authentischer Berichte, wie es eben gewesen ist in seiner Unbeschreiblichkeit. Aber Goldschmidt schreibt das nicht: Bewältigungsliteratur, für die es inzwischen ein festes Vorwissen, bekannte Regeln und erprobte Formen moralischer Verständigung mit dem Leser gibt. Seine Bücher bilden ein Labyrinth, gelegt in Landschaften der Stille, in eine Totenstille der Welt abseits vom Lager. [...]
Der Erwachsene verschafft der eigenen Kindheit Dauer, er hält wach, was anderswo dem Vergessen anheimfiele. Aber er will nicht derjenige sein, der er einst war: mag er süchtig sein nach Erinnerung, so findet sich doch kein Selbstmitleid, kein Anflug von Retourgefühlen in dieser Prosa. Es entsteht ein über die Orte und die Lebenszeiten steigender Text, der sich fortwährend Variationen und andere sprachliche Konditionen sucht. Der neue setzt nicht dort ein, wo der vorherige aufgehört hat, sondern früher: die Versionen überlagern einander, als gelte es, die weiße Fläche des Papiers, auf der die Buchstaben erscheinen, mit einem sich verdichtenden Netz von Linien, Schriftzügen und Bilderfolgen zu bedecken, als wäre jeder Anfang eines Buches tief im anderen vergraben. So auch die Erzählung „Der unterbrochene Wald" vom vergangenen Jahr. Diese Fortsetzung nimmt die Motive der „Absonderung" alle wieder auf, löst sich von keinem und führt doch die Lebensgeschichte weiter, bis zum Ende des Krieges und einer mißglückten Heimkehr nach Deutschland 1949. Alle Wege werden begangen: ins zweite Tal, ins Internat, in den Wald, zu den Bauern an den Hängen, zum Dorf hinunter. Erinnerung, die nie ausgelöscht war, fixiert die Bilder, die sich wiederholen. [...]
Die Erinnerungsbilder leuchten im gegenwärtigen Prospekt auf, werden in ihm lesbar. Die Reise, 1938 angetreten, ist nie zu Ende gegangen. Die Memorabilien suchen, wenn sie durchlaufen sind, wieder ihren Anfang, wie jedes Ritual auf Wiederholung drängt. Das Eingedenken gilt den Verstecken in Bauernhöfen, der kreatürlichen Wärme im Heu, den Deutschen, von denen man oft nur durch eine Bretterwand getrennt war. Versprengte Einzelheiten stellen sich ein: er hat zugeschaut, wie eingefangene Juden abtransportiert wurden. Als im Dorf gegen Ende des Krieges Fotos aus den Konzentrationslagern plakatiert werden, ist das Geschick der Gefangenen zu entziffern. Es überfällt ihn wiederum die Scham: „Er hat anschauen müssen, was ungesehen bleiben sollte, Erwachsene photographiert, wie sie niemals gewesen waren, stieren Blicks, tot, übereinandergeworfen, mit vertrauten Gesichtern, welche doch Bäume und Wolken wahrgenommen hatten. Er schauderte, sein Rücken krümmte sich nach innen, als er las, daß sie geschlagen wurden auf einer Estrade: fast hätte er aufgebrüllt vor Scham bei dem Gedanken, auch sein Vater sei so geschlagen worden! Er wünschte sich tot, damit das nicht wahr sei; wollte im Erdboden verschwinden, unter dem Schotter." Er selbst liest sich in Märtyrerlegenden und Robinsonaden, das sind durch Buchstaben bestätigte Schauspiele seiner selbst. Das Wort „Schuld" grimassiert in diesem Buch wie in keinem seiner Vorgänger. Es ist kaum die peinigende Empfindung, überlebt zu haben, deretwegen zum Beispiel Jean Amery und Primo Levi Hand an sich legten. Und kaum ist dieses Rätselwort „Schuld" eine Tarnung für die Scham des Außenseiters. Es ist das Brandmal des Opfers, das in einer Art magischer Übertragung die Last von Tätern und Zuschauern der Taten übernimmt. [...]
Mit elf Jahren hat Arthur Goldschmidt das Deutsche verlassen, erst sieben Jahre später wurde er – im Studium – wieder damit konfrontiert und wurde gewahr: es war in ihm komplett geblieben. Das Französische, das er als zweite Muttersprache erwarb, habe er als etwas anderes verstanden. Vielleicht sollte man sagen, die neue Sprache hat ihn anders verstanden. Das Wunderbare, das er erfuhr, ist die Eigenmächtigkeit der verschiedenen Sprachen. Sie lassen nur bestimmte Inhalte zu, verweigern sich anderen gegenüber. Der Text differiert, je nachdem ob auf Französisch oder auf Deutsch erzählt. Die jeweilige Sprache bestimmt den Raum der Erinnerung, in den Wörtern und nicht in der faktisch geschehenen Wirklichkeit ist das Geschehene lokalisiert. So hat Georges-Arthur Goldschmidt die Geschichte seiner Kindheit und Jugend auf einer Passage durch die Sprachen aufgezeichnet, hat sie als Folge von Blicken und Bildern erschlossen. Dieser Erzähler umreißt, indem er seiner in zwei Sprachen inne wird, einen Raum, der zwischen Wirklichkeit und Vorstellung liegt. Das Deutsche bietet, wenn man die letzten beiden Bücher miteinander vergleicht, eher die Möglichkeit, die autobiographische Kontur hervorzuheben, das Französische die Chance zum poetischen Bild. [...]

Aus der Laudatio vom 26. Januar 1993

Georges-Arthur Goldschmidt

Vom Verwischen falscher Grenzen

Für diesen Preis bin ich Ihnen ganz besonders und aus tiefstem Herzen dankbar, denn durch ihn werden einmal mehr die Verfolgung und die Emigration als Bestandteile der deutschen Literatur anerkannt und damit ja eben auch die Bedeutung der menschlichen Freiheit in ihrer ganzen Tragweite.

Nach Bremen sehnte ich mich schon als kleiner Hamburger, hatten wir doch nur den brutalen, steinernen, verachtend-steifen Bismarck über den Landungsbrücken stehen, wo aber in Bremen der rätselhafte, übergroße, spielzeughafte Roland stand. Gerade als mein Vater – ein seiner Herkunft wegen pensionierter und dann nach Theresienstadt deportierter alteingesessener Hamburger Oberlandesgerichtsrat – mich nun endlich zum Roland mitnehmen wollte, kam es anders: das Verstoßenwerden aus dem Geburtsland als Zehnjähriger, die Angst, die Verfolgung und das Gerettetwerden durch Menschen, die jene andere Sprache sprachen, kamen dazwischen und es gehört doch zum Aberwitz der Geschichte, daß ich nun zu dieser Gelegenheit diese Worte hier oberhalb des Rolands sprechen kann.

Als Herr Rolf Michaelis mich so liebenswürdig anrief und mir die große Nachricht überbrachte, kam mir nach einem Augenblick der Verdatterung in den Sinn, daß ich vielleicht nun auch die Aufgabe hatte, über die deutsche Sprache zu reden und ich fing an, einiges zu notieren, als ich mich erinnerte, daß Paul Celan, als ihm 1958 der Bremer Literaturpreis verliehen wurde, schon von der Sprache folgendes gesagt hatte „Sie, die Sprache, blieb unverloren, ja, trotz allem. Aber sie mußte nun hindurchgehen durch ihre Antwortlosigkeiten, hindurchgehen durch furchtbares Verstummen, hindurchgehen durch die tausend Finsternisse todbringender Rede."

Und so frage ich, wie kommt es denn, daß wir, die doch angeblich nur deutsch mit jüdischem Beiklang sprechen konnten, auch wenn wir nur sogenannte Geltungsjuden und Steh- oder Liegechristen waren, daß wir, denen uns nachgesagt wurde, wir schändeten die deutsche Sprache nur schon, daß wir sie in den Mund nähmen, wie kommt es dann, daß gerade uns zuteil wurde, diese deutsche Sprache in die Emigration, ins Menschliche hinüberzuretten und daß wir dafür auch noch preisgekrönt werden?

Für mich aber ist die Wiederentdekkung der Herrlichkeiten meiner Muttersprache, aus der ich als Ungeziefer und „lebensunwertes Leben" verstoßen wurde, erst durch das Französische möglich geworden, denn Heimleiterin, Bauern, Gendarmen und katholische Priester haben ihr Leben aufs Spiel gesetzt, um einem fünfzehnjährigen Kinde das Leben zu retten. Nur weil die französische Sprache mit Rettung und Schutz gleichkam und ich diese Sprache mit der ganzen Seele und dem ganzen Körper in mich hineinsog und sie zum intimsten Wesen meines Selbst wurde und mir mein Existenzgefühl zurückgab und mich sogar noch dazu ermutigte, nur deswegen konnte ich zu meiner geliebten Muttersprache zurückfinden. Frankreich hat mir meine deutsche Sprache zurückgeschenkt und eben daraus ist mein erstes deutsch geschriebenes Buch, nicht aber mein letztes, „Die Absonderung", entstanden. In meinem französischen erzkatholischen Kinderheim lernte ich dennoch und sehr rasch, daß Literatur jeden Gehorsam durch kritisches Nachdenken und „Freie Untersuchung" (Liber arbitrium) infrage stellen soll, daß Literatur jede als solche künstlich aufgestellte Zugehörigkeit infrage stellt und unterhöhlt, und daß jeder Mensch erst frei wird, wenn er von der Unersetzbarkeit, Einmaligkeit und Unschätzbarkeit seines Selbst und jedes Menschen als solchen erfahren hat. Rousseau, Flaubert, Rimbaud, Victor Hugo oder Sartre haben mich gelehrt, daß jedes menschliche Wesen, wie dem auch sei, jedesmal und jeder ein unersetzbarer Bestandteil der Weltgeschichte ist. Karl-Philipp Moritz, Hölderlin oder Kafka und so viele andere haben es dann aufs Großartigste bestätigt.

Aus der Sprache wurde ich aber als Kind ausgestoßen, ohne je begreifen zu können, was ich denn an ihr verbrochen hatte, und lebte von nun an im Zustand des *infans*, des Kindes, wie es das Lateinische und das Französische so schön bezeichnen, das Kind, *l'enfant,* d.h., derjenige, der nicht sprechen kann. Ein Kind lernt eben schnell, daß es zu der Sprache kein Vertrauen haben kann und läßt sich von seinen verschiedenen Beschützern oder sogenannten „Erziehern" nichts mehr einreden. Von nun an weiß es, wie Molières George Dandin und so manche andere Gestalten der Literatur, daß man sich mit der Sprache nicht ausweisen kann, daß das Kind seine Unschuld nie wird beweisen können, daß die Sprache doch nur dazu da ist, die Macht zu verewigen, zu untermauern und Gehorsam zu predigen.

Aber Gehorsam, das lernte auch das Kind durch Montaigne, La Boétie, Rousseau oder Albert Camus, ist der Anfang aller Unmoral. Gehorsam, Untertänigkeit, wie sie jahrhundertelang von der deutschen Geistlichkeit und auch Geistigkeit verbreitet wurden, führen – wir sehen es alltäglich vor unseren Augen – zum Totschlag, zur Verdummung, zur falschen Gesellschaftlichkeit, die nicht auf Zugehörigkeit, d.h., auf zufälligem Dahingeworfensein beruht, sondern auf Vertrag, Einverständnis und Moral, auf Auflehnung des Volkswillens gegen Nazihaß und Verdummung, wie es uns die jüngsten Ereignisse, die Lichterketten durch ganz Deutschland zeigen…

Gehorsam aber, der nicht auf Reflexion und Kritik beruhen würde, zwingt nur zur Enteignung des Selbst, zur Identifizierung mit dem, was man nicht ist, dann hat das „Es" die Oberhand über dem „Ich", daher die so weit verbreitete unreflektierte Gläubigkeit und das Töten im Namen des Nationalismus.

Der Schriftsteller soll, und das ist die eigentliche Form seines Engagements, nicht so sehr programmatisch Gehorsam als solchen zu jeder Gelegenheit anprangern, er soll einfach, von sich aus schon, eine rebellische Existenz sein, ein Störenfried, der die Denkmodelle, welcher Art sie auch seien, durchbricht und alles Relative, das Dazwischen aufdeckt und die Übergänge freisetzt.

Schreiben heißt nichts anderes als die falschen Grenzen zu verwischen, statt sie zu ziehen. Schreiben ist an sich schon Rebellion gegen Bequemlichkeit und Voreingenommenheit, gegen Denkfaulheit und Vorurteile. Schreiben zeigt die Allgemeinheit des Besonderen. Literatur zeugt von der Zufälligkeit der menschlichen Schicksale und ihrer jeweiligen „Allgemeinverbindlichkeit", wie Goethe es nannte.

Literatur läßt Großes durch anscheinend Kleines entstehen, wie in den schönen Erzählungen des verkannten Bremer Schriftstellers Friedo Lampe. Bei ihm, wie bei Kafka, werden die „Helden" der Geschichte vom inneren Kern ihres Schmerzes her erfaßt und aus ihrer Selbsterfassung heraus gestaltet, die jeweils unsere eigene und allen Menschen gemeinsame ist; verlassen sind sie wie Kinder, alleine sind sie mit ihren winzigen Tragödien und ihren belanglosen Verzweiflungen, auch sie verfolgt und Opfer sinnloser auf sie alleine beschränkter Tyranneien. Aber gerade daduch wird das Menschliche an ihnen so ergreifend überdeutlich.

Immer wieder wird von Außen über die Menschen geurteilt, wird vom Türken so und so oder vom Juden so und so geredet, bis in Rezensionen und Kommentare werden solche vermeintlichen Merkmale als unumgängliche Wesenszüge dargestellt, als wäre ein jeder nichts anderes, als was über ihn gesagt wird, als wäre jeder nichts außer seiner Bezeichnung. Aber ein jeder ist nichts anderes als derjenige, der er in sich selber ist, alleine schon durch das unerreichbare, unschätzbare „Ich bin". Was ich von mir weiß, von meinem Existieren, weiß ich auch von allen anderen; aus dieser Feststellung heraus erfasse ich den anderen: davon eigentlich handelt Literatur.

Man möchte sich allzu gerne, wir alle, seine Opfer auswählen können, seine Guten und seine Bösen, seine Unterdrücker und seine Unterdrückten, aber so einfach geht das auch wieder nicht: Angst und Schrecken, Hunger und Verzweiflung wählen sich keinen aus.

Gerade zu unserer Zeit der „ethnischen Säuberungen" und der wiederentstandenen Konzentrationslager ist es wichtiger denn je zu zeigen, daß die „tausend Finsternisse todbringender Rede" lauter sprechen als je, daß aber gerade deshalb es mehr denn je die Aufgabe des Schriftstellers ist, gegen das furchtbare Verstummen, von dem Celan sprach, aufzubegehren, es gilt mehr denn je auf die „leise Stimme" des Gewissens zu hören, die einzige, die Gehör verdient und zum Glück lauter und lauter redet.

Ich danke Ihnen von Herzen, daß Sie mir für ein französich geschriebenes Buch diesen großen deutschen Preis verliehen haben. Peter Handke möchte ich auch für die Übersetzung danken, denn es ist unmöglich, die eigenen Texte zu übersetzen. Man kann immer nur einen anderen übersetzen, was übrigrens zeigen dürfte, daß die Sprachen, wie die Menschen zugleich einmalig sie selbst und nur durch sie selber formulierbar sind, aber auch, daß einer immer wieder die Wunder der anderen aufdeckt. Jede Sprache, genau wie die Menschen, kann nur existieren, weil es die anderen gibt.

Foto: Isolde Ohlbaum

Kleine Ungenauigkeiten

Besitzt der Bremer Literaturpreis noch ein Profil? Kann man seiner Jury eine erkennbare Haltung nachsagen? Diese unsere Fragen aus dem vergangenen Jahr beantwortet die Rudolf-Alexander-Schröder-Stiftung jetzt mit der Vergabe ihres Preises an Georges-Arthur Goldschmidt – auf eine Art, die nicht jedermann vollkommen glücklich machen muß.
Unverkennbar liegen der Entscheidung der Jury (zumindest auch) politische Erwägungen zugrunde. Indem sie in einer Zeit verschärfter Ausländerfeindlichkeit hierzulande demonstrativ einen in Frankreich lebenden jüdischen Emigranten auszeichnet, bekennt sie sich zu einer achtbaren Tradition des Bremer Literaturpreises, für die unter anderen so prominente Namen wie Peter Weiss (Literaturpreis 1982) und Erich Fried (1983) stehen.
Weiss war nach dem Krieg Schwede geblieben, Fried Engländer; gleichwohl begründeten sie ihren schriftstellerischen Ruhm mit Werken in deutscher Sprache. Dies kann man von dem Franzose gebliebenen Goldschmidt nun nicht sagen. Wie die überwiegende Mehrzahl seiner Arbeiten, so ist auch das Original seines preisgekrönten Buches „Der unterbrochene Wald“ ursprünglich in französischer Sprache verfaßt und erst von Peter Handke ins Deutsche übersetzt worden.
In der Satzung der Rudolf-Alexander-Schröder-Stiftung heißt es, ihr Preis

Georges-Arthur Goldschmidt

[...] Die ersten Jahre im Heim begleitet ihn auf seinen Spaziergängen das Bild seiner Eltern. Vor der mächtigen Wand der Aiguilles-Croches stellte er sich vor, wie sie, jetzt gerade, ankämen, hintereinander, zuerst der Vater mit seinem Hut, danach die Mutter im hellockerfarbenen Mantel und braunen Fellmuff. Dann hatte er sie allmählich von sich weggerückt. Als er vom Tod seiner Mutter erfuhr, fiel die Scham von ihm ab. Zuvor, sooft er gezüchtigt wurde unter den Augen der andern, wollte er seine Eltern tot, wollte sie niemals wiedersehen. Beim Schreien, Umsichschlagen, Aufzucken, Flehen, Rutschen im Kreis um die gefesselten Gelenke rief er kein einziges Mal sie zu Hilfe, und danach, in seiner Verzweiflung, wünschte er ihren Tod, damit sie nichts von dem allen erführen; er hatte sich aber nie gewünscht, er würde nicht bestraft.
Als er dann an den Dorfmauern jene Photos sah, lähmte ihn die Scham genauso, wie wenn er, eingeschlossen in der Toilette, sich das Gesicht streichelte, um zu erfahren, wie es war, gestreichelt zu werden. Er hatte anschauen müssen, was ungesehen bleiben sollte, Erwachsene photographiert, wie sie niemals gewesen waren, stieren Blicks, tot, übereinandergeworfen, mit vertrauten Gesichtern, welche doch Bäume und Wolken wahrgenommen hatten. Er schauderte, sein Rükken krümmte sich nach innen, als er las, daß sie geschlagen wurden auf einer Estrade: fast hätte er aufgebrüllt vor Scham bei dem Gedanken, auch sein Vater sei so geschlagen worden. Er wünschte sich tot, damit das nicht wahr sei; wollte im Erdboden verschwinden, unter dem Schotter.
Dann, an einem Julitag 1945, kam die Nachricht vom Roten Kreuz: sein Vater hatte überlebt, er werde von Theresienstadt nach Reinbek bei Hamburg zurückkehren; ein großes Gerücht, das aus dem Osten kam, aus jener Ferne, die still sich erstreckte, begrenzt von dem Himmel, jenseits des Mont-Salève, ein nur zu ahnender Streifen, die Ebene, wo die Züge zu Häusern führten, und sein Vater befand sich in so einem Haus, dunkelgekleidet.
Mit verhaltener Stimme wurde rings um ihn davon gesprochen: „sie“, „ihnen“. „Sie“ wurden vergast, man riß „ihnen“ die Goldzähne aus, „sie“ wurden gezwungen zu laufen, bevor man sie umbrachte. Diese Wörter im Ohr, ging er gleichsam gebuckelt: „Er hat vielleicht gelitten“, allein solch ein Satz genierte ihn so, daß er sich auf die Zehenspitzen stellte, sich schüttelte vor Ekel: sich schämen vor aller Welt!
Dann gab es noch andere Bilder: nackte Körper, die man mir nichts, dir nichts photographiert hatte, wie Schemel oder wie Fahrräder; Körper, die ihre Nacktheit immer versteckt halten.
Als er wieder hinaufgegangen war zu dem Kinderheim, nützte es nichts, daß er sich kniff und zwickte, bis ihm die Tränen kamen, bis aufs Blut; daß er auf einem Bein ging, sich Fausthiebe versetzte – das Bild wich nicht von ihm: einer dieser Kadaver hätte sein Vater sein können, er stellte sich ihn vor, wie er „erduldete“. Die Hände auf die Augen gedrückt, um es nicht mehr sehen, nicht mehr daran denken zu müssen, an jene unscharfe Photographie eines vielleicht kahlköpfigen Mannes, das Gesicht kaum zu unterscheiden, im Profil, vorgeneigt. Er schien im Straßenanzug, hing mit den Armen an einem Baum, der Oberkörper vornübergefallen, und ein bemützter SS, ihm gegenüber, schaute zu, wie er hing. Die Äste des Baums waren unverändert geblieben, nichts war geschehen, keine Erde hatte gebebt, keine Felsen hatten sich gespalten, keine Gräber sich geöffnet, kein Himmel hatte sich verfinstert. [...]

Aus: Der unterbrochene Wald. Erzählung. Aus dem Französischen übersetzt von Peter Handke. Ammann Verlag, Zürich 1992, S. 159-162

dürfe „nur deutschsprachigen Dichtern und Schriftstellern“ verliehen werden (§ 2,2); eine Bestimmung, die jetzt nur deshalb nicht verletzt worden ist, weil Goldschmidt sein vorletztes Buch, „Die Absonderung“ (1991), tatsächlich in deutscher Sprache geschrieben hat. Damals, zu einem literarisch passenderen Zeitpunkt, hat offenbar die Jury die Dringlichkeit einer Preisvergabe an Georges-Arthur Goldschmidt noch nicht erkennen können.
Dieser formale Einwand wäre nur kleinkariert, läse sich die Handke-Übersetzung des „Unterbrochenen Waldes“ nicht so verwechselbar nach Handke, verfügte sie vor allem nicht über all die diesem Autor zuzuordnenden notorischen Schwächen, die in unserer Kritik mit „kleine Ungenauigkeiten“ noch sehr höflich umschrieben sind. Dafür darf man Goldschmidt nicht tadeln – muß man ihn dafür aber gleich mit dem Bremer Literaturpreis auszeichnen? Das Unglück des deutschen Lesers besteht diesmal darin, daß er das Original eines preisgekrönten Buches gar nicht lesen und beurteilen kann.

Kommentar von Rainer Mammen, in: Weser-Kurier vom 26. Januar 1993

Peinliche Mäkelei

Einer mickrigen Bremer Kulturpresse lag alles quer im Magen: 30.000 DM Preisgeld für einen zumeist französisch schreibenden Autor, von dem man nicht einmal wisse, welchen Anteil er selbst und welchen der Übersetzer Peter Handke an seinem Werk besitze. Im übrigen sei diese Ehrung wohl eher eine kulturpolitische Demonstration für den jüdischen Emigranten als eine kritische Würdigung.
Peinlich verquere Begleitmusik zu einem dann doch veritablen Kulturereignis. Mit schönem Ernst hob Goldschmidt seinen Lebens- und Arbeitsanspruch als Schriftsteller hervor, der eine „rebellische Existenz“ und ein „Störenfried“ zu sein habe. Einst als „Ungeziefer“ aus der deutschen Sprache ausgestoßen, als ihr „Schänder“ verunglimpft, hätten zumal die Emigranten wie er das Deutsche ins „Menschliche“ hinübergerettet. [...]

Harro Zimmermann in der Frankfurter Rundschau vom 28. Januar 1993

Ein renommierter Preis – ein Zeichen gegen falsche Grenzen: Erstmals wurde mit dem Bremer Literaturpreis ein Buch ausgezeichnet, dessen Original in französischer Sprache verfaßt und (von Peter Handke) ins Deutsche übersetzt wurde. Der Preisträger Georges-Arthur Goldschmidt schloß seine Dankesworte damit, daß jede Sprache, genau wie die Menschen, nur existieren könne, weil es die anderen gebe: „Schreiben heißt nichts anderes, als die falschen Grenzen zu verwischen, statt sie zu ziehen.“

Lore Kleinert in der taz vom 28. Januar 1993

Ludwig Harig

„Worin ich mich wiedererkenne“

Schon als kleiner Junge von vier blickt er skeptisch in die Welt. Er trägt einen weißen Anzug mit hochgeschlossenem Kragen und kurzen Höschen, geknöpfte Schuhe zieren seine Füße, blondes Lockenhaar fällt ihm bis auf die Schultern. Sein geschwungener, leicht aufgeworfener Mund scheint zu lächeln, doch die Miene trügt: Die beiden sichtbaren oberen Schneidezähne, die sich über die Unterlippe wölben, täuschen ein Lächeln nur vor. Der kleine Junge blickt argwöhnisch drein, obwohl die Augen hinter den vorspringenden Lidern fast geschlossen wirken und den Eindruck erwecken, mehr zu blinzeln als zu schauen. Das Gesicht ist nicht von Angst, aber von Mißtrauen beherrscht, als frage es mit Augen, Mund und Ohren: Was ist alles möglich in dieser Welt?
Da steht er also, der kleine Georges-Arthur Goldschmidt, für immer auf eine Fotografie gebannt. Er kann Stand- und Spielbein bis in alle Ewigkeit nicht mehr bewegen, und auch das hölzerne Tier, irgendein Hund oder Hase mit Schiebstange und Rädchen, muß für alle Zeit in seinen Händen verharren. Neben ihm sitzt die Mutter in einem Gartenstuhl, mit streng frisierten Haarwellen und längstgestreifter Schleifchenbluse, das Kleid fällt ihr weit über die Knie.
Zur ihrer Rechten steht der ältere Bruder mit Ponyfrisur, dahinter der Vater mit Kavalierstuch im Jackentäschchen und die Schwester im weit ausgeschnittenen Sommerkleid: ein trügerisches Familienidyll der frühen dreißiger Jahre in einem Garten in Deutschland, zu dem ein schönes gelbes Haus voller alter Möbel und Porzellangeschirr gehört.
Vielleicht ein Märchenschloß, in dem ein kleiner goldgelockter Prinz, abweichend von eingespielten Ritualen, überall auffällig, aus Argwohn vor einer ihn verfolgenden Meute, von Salon zu Salon die Flügeltüren mit den

rundköpfigen Knöpfen öffnet und wieder schließt, sich in den hintersten Winkel versteckend. Fünfzig Jahre später erzählt er von den Alpträumen in diesem Haus. In drei autobiographischen Erzählungen spricht er von sich, aber er erzählt, als spreche er von einem anderen.
Wort für Wort die in Sprache gespiegelte Kehrseite meiner eigenen Welt nacherlebend, lese ich die Geschichte eines Preisgegebenen, eines Abgesonderten, eines Ausgesetzten: Es ist die Geschichte des verfolgten kleinen Jungen aus dem Reinbeker Garten, eine Gruselgeschichte, worin ich mich selbst als vorlauter Mitläufer in der Meute der Verfolger wiedererkenne. [...]

Laudatio (Auszug) anläßlich der Verleihung der Ehrendoktorwürde der Universität Münster. Und bei Gelegenheit des 70. Geburtstages von Georges-Arthur Goldschmidt, in: taz vom 2./3. Mai 1998

Georges-Arthur Goldschmidt (rechts) im Kreis seiner Familie in Reinbek bei Hamburg. Foto/Repro: taz-Archiv

Schreiben als Ausweg

Die Wahl der Sprachen hat mit der Erinnerung zu tun. „Un jardin en Allemagne", jenes Buch über die Jahre bis zur Vertreibung mit elf Jahren, hätte in Deutschland nicht geschrieben werden können, betont der Autor. Das Buch zeige die unüberwindliche Trennung von der Heimat: „Die Heimat, die einen verstieß, macht es unmöglich, in der Muttersprache von der Heimat zu erzählen ... einzig die angelernte zweite Muttersprache erlaubt es, die deutschen Erinnerungen und die deutschen Gebilde der Einbildungskraft wieder aufleben zu lassen."
So – durch „Übertragung" im Freudschen Sinn – wird der Stoff überhaupt

Georges-Arthur Goldschmidt

2. 5. 1928 Reinbek bei Hamburg

Sohn eines Richters. Großbürgerliche Kindheit in Reinbek. Emigrierte als Elfjähriger mit seinem vier Jahre älteren Bruder nach Frankreich. Während des Krieges in einem Kinderheim, wo er mit Glück der Deportation durch die Nazis entging. Später Gymnasiallehrer für deutsche Sprache in Paris. Mitglied des Deutsch-Französischen Kulturrats. Mitarbeiter verschiedener Feuilletons in Deutschland, u.a. des „Merkur" und der „Frankfurter Rundschau". Zahlreiche Übertragungen aus dem Deutschen ins Französische (Goethe, Stifter, Nietzsche, Kafka, Benjamin) und Übersetzer von ca. zwanzig Büchern von Peter Handke ins Französische, der wiederum einige seiner Bücher ins Deutsche übertragen hat. Seit 1995 Mitglied der Deutschen Akademie für Sprache und Dichtung in Darmstadt. Lebt in Paris.

Preise: Geschwister-Scholl-Preis München (1991); Deutscher Sprachpreis der Henning-Kaufmann-Stiftung (1991); Südwestfunk-Literaturpreis (1991); Literaturpreis der Freien Hansestadt Bremen (1993).

Werkauswahl: (1) zuerst in französischer Sprache: Der Spiegeltag. Roman. 1982. – Ein Garten in Deutschland. Roman. 1988. – Quand Freud voit la mer – Freud et la langue allemande. 1988. – Ecrire entre deux Langues / Schreiben zwischen zwei Sprachen. Mit Beiträgen von Tahar Békri, Nikolaus Bornhorn, Georges-A. Goldschmidt u.a. 1991. – Der unterbrochene Wald. Roman. 1992. – Der bestrafte Narziss. 1994. (2) vom Autor in deutscher Sprache verfaßt: Die Absonderung. Roman. 1991. – Die Aussetzung. Roman. 1996.

Über G.-A. G.: Der Spiegel Nr. 35/1991 (vom 26. 8. 1991), S. 182-185.

Foto: Isolde Ohlbaum

erinnerbar und darstellbar. Dasselbe gilt umgekehrt für die Emigration in Frankreich. Die bösen acht Jahre im savoyischen Bergkinderheim hat Goldschmidt auf deutsch geschildert; das Französische wäre zu sehr mit den Ereignissen, der Folter und Ausgrenzung, verquickt gewesen. Sie hätten sich nicht fassen lassen.

Gerade die jeweils fremde Sprache findet aus dem Schweigen, dem Verdrängten, der Ummauerung, jenen „Ausweg", den sich der Schriftsteller vom Schreiben erhofft.

Die sorgfältige Sprachwahl liegt im striktesten Willen zur Gestaltung begründet. Denn da wird nicht einfach dahererzählt. Da wählt einer aus mit einer fast mathematischen Logik, bis die für die Erzählung ausersehenen Episoden herauspräpariert sind und in ihrer konsequenten grausamen Vereinzelung einen beinahe magischen Zustand erreichen. Im Kopf der Lesenden treten sie so zueinander in Beziehung. Nur selten gestattet sich Goldschmidt so etwas wie Atmosphäre, und wenn er es sich gestattet, dann stockt einem beim Lesen der Atem. [...]

Dieser Autor [...] bezeugt mit jeder dichterischen Zeile auf seine unerhörte Weise den Holocaust. Da haben idyllische Vorgeschichten und frühes Familienglück keinen Platz. Die Menschheitskatastrophe hat sich in seiner Welt entwickelt. Davon kann er nicht absehen, in diesem Kontext ist er nicht nur Objekt, sondern auch Subjekt. Goldschmidt vermeidet Opferschilderungen trotz dem Wissen um eigene Machtlosigkeit und Unschuld – wie übrigens auch andere, die sich dem Thema stellen, Ruth Klüger, Michael Hamburger, Jurek Bekker, Primo Levi, Imre Kertész. [...]

Beatrice von Matt in der Neuen Zürcher Zeitung vom 2./3. Mai 1998

HANS-ULRICH TREICHEL

Förderpreis des Bremer Literaturpreises 1993 für „Von Leib und Seele“, Suhrkamp Verlag, Frankfurt / Main 1992

Herbert Heckmann

Versteinerungen

[...] Daß Hans-Ulrich Treichel ganz zum Schluß seiner Berichte auf den versteinernden Blick der Medusa hinweist, ist keineswegs als gelehrte Anspielung zu verstehen. Eine gorgonische Bedrohung beherrscht die Berichte von den ersten Sätzen an. Schon die Gattungsbezeichnung „Bericht“ statt „Erzählung“ deutet auf eine Erzählung hin, die nicht mit dem üblichen Erzählen gleichzusetzen ist. Wer erzählt, erfreut sich mehr oder weniger einer dichterischen Freiheit, sei es nun, daß er Selbsterlebtes vorträgt, oder sei es, daß er bloß fabuliert.
Berichten dagegen heißt soviel wie: Sich auf das beschränken, was der Fall war, was der Fall ist. Derjenige, der Bericht erstattet, weiß, nimmt er seine Aufgaben ernst, daß er selbst wenig zu bestellen hat. Er muß sich den Gegebenheiten unterwerfen und darf keinesfalls seiner Phantasie vertrauen. Das einzige womit er sich des Andrangs des Chaos der Wirklichkeit erwehren kann, ist die Genauigkeit seines Blicks und seiner Berichte. Er übt diese Genauigkeit im gleichen Maße gnadenlos aus, wie er gnadenlos das Opfer seiner Beobachtung ist. Hans-Ulrich Treichel spricht mit Bedacht nicht von einem Bericht, der immerhin eine Einheit des Standpunktes bedeuten würde, sondern von Berichten, die allesamt [...] den Schaden aufzeigen, den der Beobachter durch seine Anwesenheit in dieser Welt an Leib und Seele nimmt. Was Wunder also, daß er genau das zum Titel seines Buches erhebt: „Von Leib und Seele“.

Herbert Heckmann, Hans-Ulrich Treichel und Martha Höhl. Foto: Herbert Abel

Von Martin Kessel stammt der Aphorismus: „Wer geboren wird, ist auf seine Eltern hereingefallen.“ Nicht nur auf seine Eltern, müssen wir hinzufügen, sondern auf die ganze geschichtliche Wirklichkeit, die ihn einmal prägen und „versteinern“ wird. Das „Ich“ in Hans-Ulrich Treichels Berichten – wir wollen nicht nach den autobiographischen Ressourcen fragen, wie das journalistische Einfallslosigkeit nur zu gern tut – nimmt das mit verwirrender Deutlichkeit zur Kenntnis. „Der Ort, an dem ich geboren wurde und der einmal als ‚die Stadt der Würste und Schinken‘ in die Geschichte Ostwestfalens eingehen wird, war für mich nichts als eine trübsinnige Ansammlung von Zweifamilienhäusern und Umgehungsstraßen, von Möbelgeschäften und Fleischereien. Und die Menschen, die diesen Ort bevölkerten, erschienen mir immer als äußerst verschlossene und mißgünstige, einzig dem Gelderwerb und dem Alkohol ergebene Wesen, die mit mir, der ich durch eine bloße Laune des Schicksals in diese Welt geraten war, nicht das mindeste verband.“
Das hat auch seine sprachlichen Konsequenzen, auf die der Berichtende mit satirischer Nachdrücklichkeit eingeht. Er leidet darunter, daß er in seinem Elternhaus, das durch ein Ladengeschäft zu einem kleinen Wohlstand gekommen war, nur mit Verallgemei-

nerungen abgespeist wird, ohne zu erfahren, was denn das einzelne oder der einzelne darstelle. Mit den Verallgemeinerungen lernt er gleichzeitig Urteile und Verurteilungen, so daß er sehr bald nicht mehr weiß, wie er in dieser Welt der Versteinerungen zurechtkommen kann.
Seine Eltern stammen aus dem Osten und sind bei den Westfalen so schlecht angeschrieben wie es „der Russe" und „der Pole" in ihrer alten Heimat gewesen sind. Er spürt, daß die Verallgemeinerungen Menschen zu Marionetten der Voreingenommenheit, ja des Hasses machen. Sie werden eingestuft, nicht erkannt. So gerät das Ich der Berichte zwischen die Mühlsteine des Vorurteils und weiß sich in dieser Welt der Lieblosigkeit nur zu retten, indem es tapfer drauf los ißt und zu einem fetten Kind heranwächst. Fette werden so leicht nicht übersehen. Sie gleichen den Mangel an Liebe durch Leibhaftigkeit aus. Deutschland scheint Hans-Ulrich Treichel ein Land zu sein, das auch Lichter hervorbringt, die Dunkelheit verbreiten. Der traurige Held seiner Berichte droht an der Sprache, die nichts mehr sagt, zu ersticken. Er frißt alles in sich hinein und stolpert in der Dunkelheit, die die Sprache heraufbeschwört.
Dieser erste Bericht, der im Gegensatz zu den üblichen beglückenden Kindheitserinnerungen eher von Katastrophen des sich Einlebens in diese Welt handelt, erweist sich als der Schlüsselbericht des ganzen Buches. Er ist verzweifelt traurig – und doch auch ungemein komisch. Dieser Dualismus zieht sich durch sämtliche Berichte. Hans-Ulrich Treichel zeigt, wie der Held seiner Berichte wider die Alltagslogik lebt und so eine Welt schafft, die die Idiotie des Lebens aufbricht. […]

Aus der Laudatio vom 26. Januar 1993

Hans-Ulrich Treichel

Leerstellen meiner Biographie

Es war das bedrückende und zuweilen auch beängstigende Gefühl einer biographischen Wurzellosigkeit, das mich antrieb, mich meiner eigenen Geschichte schreibend zu stellen. Herausgekommen ist dabei keine Biographie, wohl aber eine Anzahl von Geschichten, die so tun als wären es die meines Lebens, und die doch nichts anderes sind, als Verkleidungen dessen, was ich nicht weiß und was mir nicht gehört. Noch immer habe ich die russischen oder polnischen Flüche meines Vaters im Ohr, noch immer höre ich sein wütendes „Pschiakreff Pironnje", und noch immer kenne ich die Bedeutung dieser Worte nicht. Im Wörterbuch schlage ich nicht nach und den Polnisch- und Russischkennern, die mir inzwischen angeregt durch die Lektüre des Buches – wohlmeinend aber ungebeten – Auskunft geben, höre ich nicht zu. Denn ich möchte mir, um es paradox auszudrücken, die Leerstellen meiner Biographie ebensowenig nehmen lassen wie meine fehlenden Erfahrungen. Diese sind es schließlich, die mich zum Schreiben nötigen. Wohl litt ich und leide zuweilen noch immer darunter, ein Mensch ohne vorzeigbare Familiengeschichte und ohne ein verläßliches Fotoalbum zu sein, doch betrachte ich dies als einen wichtigen Teil meines künstlerischen Kapitals, den es gewissenhaft zu verwalten gilt. Nicht zuletzt deshalb habe ich es auch eher als eine Bedrohung meiner sorgsam gehüteten Geschichts- und Herkunftslosigkeit betrachtet, als mich vor einiger Zeit der Brief eines mir unbekannten Namensvetters erreichte. Ein gewisser Eberhard Treichel, pensionierter Facharzt für Innere Krankheiten im Hessischen und passionierter Ahnenforscher, schrieb mir, daß er rein zufällig in einer medizinischen Fachbuchhandlung auf den Erzählungsband „Von Leib und Seele" gestoßen sei, und daß er sich freue, der offensichtlichen Verwirrung seines Namensvetters in bezug auf Herkunft und Familiengeschichte abhelfen zu können, denn er habe sich in den letzten Jahren mit nichts anderem als mit der Erforschung des von ihm sogenannten Treichelschen Familienverbandes beschäftigt. Und da er gelesen habe, daß ich über meine Familie nicht viel mehr wisse, als daß diese aus dem Osten stamme und sowohl Russisch, Polnisch als auch Schwäbisch spreche, erlaube er sich mir mit getrennter Post das Resultat seiner Familienforschung zukommen zu lassen. In der Tat erreichte mich bald darauf ein Konvolut mit dem Titel „Geschlechterfolgen Treichel", in welchem auf annähernd zweihundert Seiten, ich zitiere wörtlich, „über 6000 Treichelvorkommen, eingerechnet die eingeheirateten, erfaßt und verkartet sind". Des weiteren entnahm ich dem Buch, daß Menschen namens Treichel, einschließlich gewisser Trechels, Treuchels, Dreuchels, Treckels sowie Treu-Treichels sowohl in der Fürstprobstei Berchtesgaden, in Tirol, Pommern, Ostpreußen und Westpreußen, als auch in Polen und Bessarabien gelebt haben und weiterhin leben, wobei die Pommerschen Treichelstämme die bedeutendsten seien, und daß alle die mehr oder wenig nahen Verwandten unablässig weiterhin damit beschäftigt sind, die sogenannten Treichelvorkommen zu vermehren. Nachdem ich den ersten Lektüreschock überwunden und begriffen hatte, daß ich nicht nur kein völlig wurzel-, herkunfts- und geschichtsloser Mensch bin, sondern vielmehr umgeben von einer wahren Treichelschwemme, die sich wenn nicht über die ganze Welt, so doch über viele Regionen Europas ausgebreitet hat und immer noch ausbreitet, habe ich dem Ahnenforscher Treichel einen Dankesbrief geschrieben. Allerdings nicht ohne darauf hinzuweisen, daß in dem besagten Buch massenhaft Treichels und Treichelsche Familienbände vorkämen, ich aber darin – und dies mit einer heimlichen Genugtuung – weder den Namen meines Vaters noch den meiner Mutter, und schon gar nicht die meiner allerdings auch mir selbst unbekannten Groß- oder Urgroßeltern entdeckt hätte. Kurz darauf erhielt ich einen weiteren Brief des Ahnenforschers Treichel, in dem dieser auf das angemahnte Defizit nur insofern einging, als er mir schrieb, daß die Treichelstämme noch viele Geheimnisse in sich bergen würden und daß er sich über jeden freue, der ihm helfe, den Schleier zu lüften, den die Zeit über die lange Reihe unserer Ahnen ausgebreitet habe. Darüber hinaus ließ er mich wissen, daß er nicht nur ein passionierter Ahnenforscher, sondern auch ein leidenschaftlicher Heraldiker sei, und daß er mir anböte, mich an dem von ihm zur Zeit betriebenen Projekt der Entwicklung und standesamtlichen Anmeldung eines Treichelschen Familienwappens zu beteiligen. Dieses solle drei Eicheln, die an einem Stengel sitzen, im Schild führen und anknüpfen an die Familienwappen des Tuchmachermeisters Gottlieb Treichel aus Polzin (geb. 1742), des aus Kösling stammenden Landvogts Johann Christoph Treichel (geb. 1771) und des Pommerschen Rittergutbesitzers Dr. jur. Karl Wilhelm Victor von Treichel (geb. 1913), dessen Name sich wiederum einem Treichelwald verdanke, der seit der fernen Zeit der Besiedlung Pommerns nachweisbar sei. Allerdings seien Entwurf und Registratur des Wappens mit gewissen Kosten verbunden, über die er mir, falls ich interessiert sei, bald Nähreres mitteilen könne. Ich war, was ich meinem Namensvetter in einem freundlichen Schreiben sogleich mitteilte, nicht interessiert. Auch ein weiteres Schreiben des hessischen Ahnenforschers, dem ein erster Entwurf des Wappens – drei Eicheln an einem Stengel und eine Kuhschelle, die ich mir nicht zu deuten wußte – beigelegt war sowie die Versicherung, daß es sich bei den anfallenden Kosten höchstens um einige hundert Mark und keinesfalls um mehr handeln würde, beschied ich abschlägig. Was sollte ich, der ich ein völlig wurzel- und herkunftsloser Mensch bin, mit einem – zudem noch unterschwellig obszönen und meinen eigenen Namen ins Lächerliche ziehenden – Familienwappen.

Dann schon lieber einen Förderpreis, der die Leerstellen meines Lebens und meiner Herkunft in ein gewisses Recht setzt und für den ich allen, die ihn mir haben zukommen lassen, herzlich und aufrichtig danke.

Hans-Ulrich Treichel

Meine Therapien

[…] Um mich von den Bedrückungen meiner Kindheit zu befreien, habe ich mich verschiedenen psychotherapeutischen Behandlungen unterzogen, so daß zu den Bedrückungen meiner Kindheit die Bedrückungen meiner verschiedenen Psychotherapien hinzugekommen sind. Wobei die Therapie bei Herrn Berg, der nicht Psychoanalytiker, sondern Gesprächstherapeut war, noch die harmloseste aller Spuren hinterlassen hat. Denn diese Therapie war erstens kurz und zweitens ohne analytische Tiefe, und ich denke mit einem gewissen Behagen an sie zurück. Daß ich bei Herrn Berg vorsprach, habe ich Herrn Dr. Bruckner zu verdanken, von dem ich noch ausführlicher berichten werde, denn er hat ohne Zweifel ein Denkmal an dem Ort errichtet, den Freud den inneren Schauplatz nennt. Dr. Bruckner, den ich aufsuchte, weil er in meiner damaligen Charlottenburger Wohngegend der nächste Neurologe war, überwies mich nach einem blitz- und feuerspuckenden Enzephalogramm mit der Bemerkung an Herrn Berg, daß bis auf wenige epileptoide Spitzen alles in Ordnung sei und ich bei Herrn Berg demzufolge sehr gut aufgehoben wäre. Einer tieferen Behandlung bedürfe es in meinem Falle nicht, eher einer kurzfristigen INTERVENTION ZUR STIMMUNGSAUFHELLUNG. Zu meiner Beruhigung gebe er mir ein bestimmtes Medikament mit, das ich zur Dämpfung der epileptoiden Spitzen nehmen solle, was ich aber sehr bald nicht mehr tat, da mir ein befreundeter Medizinstudent erklärte, daß die häufigste Nebenwirkung dieses Medikaments das Auftreten epileptoider Spitzen sei. Herr Berg war ein noch sehr junger Gesprächstherapeut, der in Moabit eine alte Ladenwohnung in ein modernes „Studio“ verwandelt hatte, mit Hilfe von weißer Farbe, Ledersesseln, einem Glastisch und einer grünen Unterwasserpflanze, die in dem feuchten Erdgeschoßklima sehr gut gedieh. Auf seinem Glastisch stand ein neues hypermodernes Sony-Tonbandgerät, mit dem er jedes unserer Gespräche aufzeichnete und das die Aufschrift IT'S A SONY trug; eine Auf-

Foto: Isolde Ohlbaum

schrift, die mich von Gespräch zu Gespräch mehr und mehr in ihren Bann zog, so daß ich Herrn Berg eines Tages sagen mußte, daß ich nicht mehr zu ihm kommen könne, denn immer, wenn ich mit ihm spräche oder auch nur an ihn dächte, müsse ich zugleich denken IT'S A SONY, was er lächelnd, doch auch verständnislos quittierte. Nachdem ich in der nächsten Sitzung nichts anderes tat, als schweigend das laufende Tonband mit der Aufschrift anzustarren, bot mir Herr Berg in der darauffolgenden Sitzung an, das Tonbandgerät vom Tisch zu nehmen, worauf ich aber nicht eingehen wollte. Nicht ohne eine gewisse Gereiztheit sagte er mir, wenn ich nicht wolle, wolle ich eben nicht, er habe ohnedies das Gefühl, daß ich ihm etwas verschweige, obwohl es in einer Gesprächstherapie doch darauf ankomme, alles offen und ehrlich auszusprechen. Ich hätte ihm allerdings niemals sagen können, daß mich mehr noch als sein Tonbandgerät seine immerfeuchten Hände und der Schweiß auf der Oberlippe störten und damit die Angst, die er anscheinend vor seinen Patienten hatte. Eine Angst, die mir jedoch, sobald ich sie bemerkte, meine Angst, die ich normalerweise vor einem Therapeuten habe, ein für allemal vertrieb. Ich habe also die als Praxis getarnte Ladenwohnung von Herrn Berg, der im übrigen auch keinen Doktortitel hatte, lediglich ein Diplom in Psychologie, was weniger als nichts ist, als ein angstfreier Mensch verlassen, so glaubte ich zumindest. Aber es hat sich dann sehr bald herausgestellt, daß mir die wenigen Sitzungen bei Herrn Berg nur dazu verholfen haben, keine Angst mehr vor Herrn Berg zu haben, was insofern kein besonders hilfreiches Resultat war, als ich ja, bevor ich zu Herrn Berg gegangen war, auch keine Angst vor ihm hatte. [...]

Aus: Von Leib und Seele. Suhrkamp Verlag, Frankfurt/Main 1992, S. 17-19

Passive Humoristen

Eine Überraschung, eine erfreuliche, auf dem Gebiet der mit genuin erzählerischen Talenten nicht gerade gesegneten deutschsprachigen Gegenwartsliteratur. Nach zwei Lyrik-Sammlungen („Liebe Not", 1986; „Seit Tagen kein Wunder", 1990) legt der Leonce-und-Lena-Preisträger Hans-Ulrich Treichel erstmals Prosatexte vor; der Untertitel will sie als „Berichte" verstanden wissen. Verblüffend die Mutation des Autors mit dem Wechsel des literarischen Genres: Ich gestehe, daß ich in dem hochgradig verdichtenden Lyriker, dessen Poesie zu Recht öfter vertont worden ist, kaum einen Erzähler vermutet hätte. Wäre dieser Prosaband sein Debüt gewesen, hätte man ihn durchaus einen „geborenen Erzähler" nennen können.

Es geht um autobiographisch gefärbte Erzähltexte: „Von Leib und Seele". Der Leib kommt dabei freilich bis auf die einleitende Heimkehr zu den gloriosen Wurst- und Schinkenbeständen der ostwestfälischen Geburtsstadt beklagenswert kurz.

Um so eindrucksvoller – und aktueller – die multikulturell „durchrasste" Um-, Aus- und Einsiedlerepopöe, die der Berichterstatter auf westfälischen Hintergründen skizziert. Aus Preußisch-Holland vertriebene Eltern, die trotz ihrer tief zurückreichenden schwäbischen Wurzeln in ihrer neuen westdeutschen Heimatlosigkeit das sind, was der obligat verachtete „Pole" für sie selber einst war, während „der Russe" wenigstens zum imaginären Schreckbild taugte – diese Reprise auf die deutsche Kriegs- und Nachkriegsgeschichte erinnert wirksam daran, welche Integrationsaufgaben hierzulande einmal zu bewältigen waren: Westdeutschland, für

eine Zeitlang das größte Einwanderungsland der Welt!
Für schulbuchfähige Lehrstücke taugt der Autor im übrigen allerdings nicht. Er konzentriert sich eher auf den literarischen Krankheitsgewinn seiner familiär erfolgreich großgezüchteten Neurosen. Zwei Berichte, keineswegs mehr westfälisch-gutmütig, eher sarkastisch in ihrem Witz, gelten den Therapieschicksalen.
Die Psychoanalyse erhält bei Treichel einmal mehr ihr gerüttelt Teil. Psychisch Leidtragende, die während ihrer Therapie so konsequent geschwiegen haben wie der Erzähler, müssen natürlich ihren Beitrag zu der etwas modischen Patienten-Revancheprosa leisten. Aber die Abrechnung fällt hier doch weitaus vergnüglicher, auch satirisch treffsicherer und vor allem weniger wehleidig aus, als man es sonst gewohnt ist. […]
Der beträchtliche Witz dieser Texte ist indes allemal gebrochen, oft genug tragikomisch unterhöhlt. Daß aus ihnen letzten Endes eine eher verzweifelte Komik spricht, wird in den abrupten, manchmal mörderischen Schlußwendungen deutlich, die der Berichterstatter ihnen gibt.
Alles andere als epische Behaglichkeit ist beabsichtigt. Manchmal wird aber auch nur die wirksam aufgebaute Erwartung des Lesers mit einem willkürlich wirkenden Finale abgebrochen. Hier liegt für mich die Schwäche dieser Texte. Vielleicht erklärt sie sich dadurch, daß autobiographische Berichterstatter naturgemäß nur unschlüssige Schlüsse kennen; vielleicht aber auch dadurch, daß der Autor sich noch keine größeren Erzählformen zugetraut hat. Das sollte er jetzt.

Ludger Lütkehaus in DIE ZEIT vom 8. Mai 1992

Von der Komik des Unglücks

Bekanntlich gibt es verschiedene innere Bindemittel, die einen Text zusammenschließen. Viele meinen, es ist nur der Stil; andere glauben, es ist die besondere Konstruktion der im Roman angesprochenen Bezüge; wieder andere behaupten, es ist das Ausmaß der Überschreitung unserer konventionellen Annahmen; und dann gibt es noch welche, die sagen, es ist etwas viel Unscheinbareres, was einen Text zu einer Einheit macht. Nämlich der Tonfall, in dem er vorgetragen wird.
Ich denke, daß das durchgehende Strukturmerkmal der Texte von Hans-Ulrich Treichel ihr ironischer Tonfall ist. Treichel ist einer der wenigen komischen Autoren, die wir derzeit haben. Freilich muß gleich dazu gesagt werden: Er ist kein Humorist. Er erzählt uns keine Witze, keine Schnurren und dergleichen, in denen die Pointen immer gut markiert sind, damit wir sie nur ja nicht überlesen.
Treichel sucht das Komische in den Sachen selbst auf, und er überläßt es seinen Lesern, ob sie bereit (und fähig) sind, über seine Blicke und Perspektiven zu lachen oder nicht. Ob sie, mit anderen Worten, soviel unabhängiges komisches Vermögen haben, das Zwielicht der Ironie und der Groteske in den – an sich absolut nicht komischen Vorgängen – zu bemerken.
Sein soeben erschienener Roman *Der Verlorene* setzt diese Linie fort. Ein erwachsener Ich-Erzähler erinnert sich an die besondere Konstellation seiner Kindheit. Sie war gekennzeichnet von einem älteren Bruder namens Arnold, den es faktisch nie gab, jedenfalls nicht für ihn. Als die Familie gegen Kriegsende aus den Ostgebieten nach Westen floh und sich von plötzlich auftauchenden Russen bedroht sah, hat die besorgte Mutter den Säugling Arnold einer fremden, neben ihr hergehenden Frau in die Arme gelegt. Die Russen haben der Familie nichts getan, Arnold war weg - für immer. Nach Kriegsende versuchten die Eltern mit allen Mitteln, den Aufenthaltsort von Arnold zu ermitteln, und weckten damit das kindheitslange Unbehagen des Erzählers. „Denn erst jetzt begann ich zu begreifen, daß Arnold, der untote Bruder, die Hauptrolle in der Familie spielte und mir eine Nebenrolle zugewiesen hatte.“ […]
Mir fällt eine Bemerkung von Samuel Beckett ein, deren tragikomische Semantik das Erzählprojekt dieses Buches umgreift: „Nichts ist komischer als das Unglück“. Tatsächlich hat nur der vom Familienschicksal nicht betroffene, die Freiheiten seiner Erzählkind-Existenz bedroht glaubende Erzähler Anteil an dieser verborgenen Komik des Unglücks, die nicht in den Familiensinn eindringen darf: „War ich, was mich betrifft, immer davon ausgegangen, daß ich es am schwersten hatte, so ging der Vater davon aus, daß ich es am einfachsten hatte. Ich hatte es aber nicht am einfachsten. Wenn es einer am einfachsten hatte, dann hatte es Arnold am einfachsten. Er brauchte nicht aufzuräumen, er brauchte kein gescheites Kerlchen zu sein, und die Eltern sorgten sich trotzdem beständig um ihn.“ […]

Wilhelm Genazino in der Frankfurter Rundschau vom 25. März 1998

Hans-Ulrich Treichel

12. 8. 1952 Versmold/Westfalen

Studium der Germanistik an der Freien Universität Berlin. 1984 Promotion mit einer Arbeit über Wolfgang Koeppen. Danach Lektor für deutsche Sprache an der Universität Salerno und der Scuola Normale Superiore in Pisa. 1985-91 Wissenschaftlicher Mitarbeiter für Neuere Deutsche Literatur an der FU Berlin. 1993 Habilitation. Seit 1995 ist T. Professor für deutsche Literatur am Deutschen Literaturinstitut der Universität Leipzig.
Preise: Leonce-und-Lena-Preis (1985); Stipendium der Villa Massimo in Rom (1988); Literaturförderpreis der Freien Hansestadt Bremen (1993).
Werkauswahl: Liebe Not. Gedichte. 1986. – Seit Tagen kein Wunder. Gedichte. 1990. – Von Leib und Seele. Berichte. 1992. – Der einzige Gast. Gedichte. 1994. – Heimatkunde oder Alles ist heiter und edel. Besichtigungen. 1996. – Der Verlorene. Erzählung. 1998.

Foto: Isolde Ohlbaum

WOLFGANG HILBIG

Bremer Literaturpreis 1994 für „Ich", S. Fischer Verlag, Frankfurt / Main 1993

Rolf Michaelis

Ein Echo aus belebter Totenstille

[…] Es ist einer der versteckten, großen Augenblicke des Romans, wenn Hilbig einmal nicht „ich" und „er", sondern „ich" und „ich" aufeinanderprallen läßt, wenn also Liebe – und nannten wir es: Verlangen – die Anführungszeichen wegsprengt, hinter dem sich ein zu Liebe, also zu Leid empfängliches Geschöpf im Staat der 17 Millionen Augen – wo jeder jeden bespitzelt oder doch auskundschaften könnte, verschanzt. Der kleine Literatur-Spitzel, „Ich" und „Er" des Romans, hat kein Interesse mehr an dem Schreiber, dem er auflauern soll. Er setzt sich auf die Fährte der Studentin aus dem Westen, offenbar Geliebte des Ost-Autors. Daß beide, West-Studentin und Ost-Poet, ebenfalls Agenten der Staatssicherheit sind, weiß unser Anführungszeichen-Ich aus der Provinz nicht, als er, von den Stasi-Oberen auch schon mal „Katakomben-Sau" genannt, nach einer Lesung dem Objekt seiner Begierde durch die dunklen Straßen Ost-Berlins folgt und seine Gedanken zu ordnen sucht: „Die Vorstellung, einer jungen Frau durch die Nacht zu folgen, war … dubios … auch wenn ‚ich' der Verfolger war. Ich sagte mir, ich habe mich so noch nicht gekannt … Kein Gedanke daran, daß ich über sie hätte herfallen können. Kein Gedanke? … Was wußte ich von den Steigerungsmöglichkeiten dieses ‚Ich' …? Ohne meine Verfolgungsjagden wäre ich nicht ‚ich' gewesen."

Wolfgang Hilbig, Rolf Michaelis und Peter Weber. Foto: Herbert Abel

Das klingt nun, da Sie den Text, die Anführungszeichen, nicht sehen, komplizierter als es ist, als es sich liest. Denn der Roman ist fast rechnerisch exakt gegliedert in drei Teile. Auf ein Eingangs-Kapitel „Der Vorgang" von rund fünfzig Seiten – folgt der Hauptteil von vierfacher Länge, 219 Seiten unter dem Titel „Erinnerung im Untergrund", beschlossen von einem Schluß-Kapitel, genannt „Die Aufklärung" von rund hundert Seiten, also doppelt so lang wie die Ouvertüre, halb so lang wie das zentrale Kapitel. Dieses wird eröffnet mit dem Wechsel der Erzähl-Perspektive, von „ich" zu „er".

Im ersten Teil lernen wir einen jungen Menschen kennen, der noch bei der Mutter in der DDR-Provinz lebt, als Heizer in einem großen Betrieb arbeitet, nachts und in Freistunden schreibt.

Dieses Ich gerät in die Fänge der Staatssicherheit, die ihn ködert, auch mit der Aussicht auf die ersehnte Laufbahn als Schriftsteller. So kommt der junge Autor, der wie der 1941 in Meuselwitz, im Braunkohlegebiet geborene Wolfgang Hilbig den Knochen und Phantasie zerstörenden Arbeitstag vor einem Werkstatt-Ofen erlitten hat, nach Berlin. In einem leeren S-Bahn-Zug am Warschauer Bahnhof nickt er ein – und sieht im Halbschlaf sein Leben an sich vorbeiziehen. So wird auf ironische Art das Zitat des romantischen Erzählers Ludwig Tieck wahr, das Hilbig als Motto seinem Roman voranstellt: „Wie habe ich mein Leben in einem Traum verloren!" Die Weiche für das Gleiten aus der Gegenwart in die Vergangenheit und eine von Alpträumen gehetzte Angst-Zukunft stellt der Erzähler mit dem Übergang von der halbwegs selbstgewissen Erzählung des eigenen Lebens aus der sicheren Position des Berichterstatters in der Ersten Person Singularis, also „Ich", in das Referat eines Beobachters, wohl des im Erschöpfungsschlaf dösenden Ichs, das sich wie im Traum als Anderen, als Fremden wahrnimmt. Eben noch spricht der wachende, die Umgebung sichernde Erzähler: „Ich hatte den Kopf zurückgelegt ... ich lauschte dem monotonen Lärm des Regens, und wie dieser Lärm schwächer wurde in meinem Gehör und schließlich dem Summen glich, hinter der Betonwand im Keller – da übernimmt ein anderer Erzähler den Bericht, mitten im Satz, das Summen ... dem er nur mit größter Anstrengung nachzulauschen imstande war, das es vielleicht gar nicht gab, das nur in seiner Einbildung rauschte ...". Nach dem Hauptkapitel im „Er"-Ton zum Schluß wieder der Übergang in die Tonart autobiographischen Erzählens, wo das – noch so angekränkelte - „Ich" wieder zu Stimme kommt: „Als sich der Zug im S-Bahnhof Warschauer Straße endlich in Bewegung setzte, war ich hellwach."

Wie wach, wie hellwach sind „er" und „ich" und Anführungszeichen-Ich in diesem Roman? So wach, daß ein Bild in der Stasi-DDR entsteht, besser – wage zu ich sagen – als aus Tausenden öder Seiten des Dokumentations-Zentrums, das wir Deutschen, Ost und West, in unausrottbarem Glauben an – ich will nicht sagen: Führer, aber an den großen, allverantwortlichen Einzelnen, die „Gauck-Behörde" nennen, wobei kein Unterton der Mißbilligung an dem tapferen DDR-Dissidenten, dem Pastor Gauck, hier mitklingt.

Wolfgang Hilbig hat mit seinem Roman „Ich" ein Dokument der an sich selber und ihrem Observierungs-Wahn zugrundegehenden DDR geliefert. Nur der DDR? Da sollten wir vorsichtig sein. Hier wird jeder Staat auf Herz und Nieren überprüft, auch ein in den „Großen Lauschangriff" vernarrter Staat wie die einst liberale Bundesrepublik-West. Das macht Hilbigs Buch wichtig. Wir hören ein Echo aus – wie der Autor es für die DDR formuliert: „belebter Totenstille". Wenn der Bremer Preis, über die Auszeichnung für ein literarisches Kunstwerk hinaus Sinn haben soll – und von dem Glauben mag ich nicht lassen, wenn ein Stadtstaat – in dürftiger Zeit – zu höherem Ruhm der Demokratie Steuergelder für Kunst ausgibt – wenn also der Bremer Literaturpreis 1994 für Wolfgang Hilbigs Roman „Ich" über die verdiente Ehrung eines bedeutenden Schriftstellers deutscher Sprache hinaus ein Zeichen setzen soll für Treue zur Demokratie, für republikanische Aufmerksamkeit gegenüber den Gefahren, die Deutschland, was heißt Deutschland: die uns drohen durch Radikale von rechts oder links, dann müssen wir verhindern, daß sich über das größer gewordene Deutschland jene „Totenstille" legt, die Hilbig beklagt. Wie könnten wir es besser tun, als indem wir den Roman eines DDR-Autors lesen, der ihn dort nicht veröffentlichen, aber schon vor der „Wende" im Westen leben konnte. [...]

Aus der Laudatio vom 26. Januar 1994

Wolfgang Hilbig und Heinrich Schmidt-Barrien lauschen der Laudatio von Rolf Michaelis. Foto: Herbert Abel

Wolfgang Hilbig

Rede über den Betrieb

Sehr geehrte Damen und Herren, ich sage es Ihnen gleich, diese Rede zum Dank für den Bremer Literaturpreis 1994 kann nur eine Vorrede sein. Vorreden sind Ihnen bekannt: sie bestehen aus den wenigen Sätzen, die der Autor seiner eigentlichen Arbeit, oder seiner Sammlung von Arbeiten, voranstellt, aus dem mitteilsamen Impuls heraus, dem Leser etwas Theoretisches zu sagen, oder besser etwas Praktisches, vielleicht etwas über die gute Aufnahme seines vorhergehenden Buchs, die ihn ermutigt habe, ein nächstes folgen zu lassen; zu Zeiten waren diese Vorreden fast eine Epidemie, heute sind sie seltener, vielleicht hat sich das Bewußtsein durchgesetzt, daß der Leser diese Seiten meist überschlägt und gleich in den Haupttext einsteigt. – Es muß, glaube ich, eine unbegreifliche Seelenruhe um diese Schriftsteller gewesen sein, die ihren Büchern solche Bemerkungen voranstellten. Wie auch immer, eins machen die Vorreden in der Regel deutlich: daß es nur Literatur ist, was ihnen nachfolgt.

Ich bin schon, ehe ich das Komma hinter die Anrede, verehrte Damen und Herren, gesetzt hatte, drei- oder viermal vom Läuten des Telefons gerufen worden. Die Anrufe betrafen Autorenlesungen, für die ich Termine vereinbaren soll, den dringend erforderlichen Beitrag zu einer Anthologie, deren Themenkomplex mir entfallen ist. Der letzte Anrufer erinnerte mich höflich an ein Schreiben, das ich vor mindestens zwei Wochen erhalten haben soll … ich gerate ins Schwimmen, ich kann mich darauf nicht besinnen … es ging um die Beantwortung von zehn Fragen, die man mir zugeschickt habe … ich weiß von nichts, und der Herr zitiert mir geduldig die erste Frage: Können Sie in wenigen Sätzen den Unterschied erläutern zwischen Ihrem Leben als Schriftsteller in der DDR und Ihrem Leben als Schriftsteller in der Bundesrepublik? – Jetzt fällt mir der Fragebogen wieder ein, zusammen mit zwei ähnlichen, die fast identische Fragen aufwerfen, muß er zwischen meinen Papierstapeln stekken. – Das kann ich schlecht, erwidere ich, denn in der DDR habe ich die meiste Zeit gar nicht als Schriftsteller gelebt, sondern war beschäftigt in der Industrie, bis auf die letzten Jahre jedenfalls. Das können Sie sich ja noch überlegen, sagt er; er muß die Lüge in meiner Antwort gehört haben. Wir haben für die Fragen noch drei Tage Zeit! – Er macht mit mir eine Ausnahme, denke ich, womöglich fühle ich mich geehrt. Er sagt, die zweite Frage hieß: Was hat sich für Sie nach dem Zusammenbruch der DDR geändert? – Ich verspreche, die Fragen hervorzusuchen und ihn ein oder zwei Tage später zurückzurufen. Danach lege ich den Hörer neben den Apparat, ich glaube einen unangenehmen Pfeifton zu hören …

Mit diesem Geräusch geht mir jetzt vielleicht ein Honorar von 800 Mark flöten, denke ich, das wäre mir vor kurzem noch teuer gewesen. Ich sitze wieder vor meiner Anrede …

Ich werde ihn natürlich nicht zurückrufen, werde seine Fragen wieder vergessen haben, wenn er sich nach einigen Tagen erneut meldet und mir, nach einem ganz ähnlichen Gespräch, einen weiteren Aufschub gewährt. – Er möchte also, fällt mir ein, daß ich ihm in den nächsten drei Tagen eine Art Roman schreibe! Denn er weiß doch, wen er anruft, er stellt mir Fragen, die ich als Schriftsteller bestenfalls mit einem literarischen Text beantworten könnte. Wäre ich kein Schriftsteller, wäre ich also noch, wie früher, in der Industrie beschäftigt, würde er mich nicht anrufen. Für einen Schriftsteller hat sich aber, nach dem berühmten Zusammenbruch, nicht eben viel verändert, vielleicht muß er einiges an seiner Art zu schreiben ändern, seine Marktsituation ist eine andere geworden. Für die Beschäftigten in der Industrie aber hat sich alles geändert, und zwar einschneidend, die aber fragt niemand. Einen Augenblick lang finde ich es erstaunlich, wie gelassen ich bei diesem Gedanken bleibe: es ändert sich eben nicht viel in den Köpfen der Schriftsteller.

Ich halte mich, sage ich mir, mitten im sogenannten Literaturbetrieb auf, und dieser Betrieb ist es, der mich beschäftigt: der Herr am Telefon will freilich keinen Roman von mir, sondern sogenannte Statements, ein paar griffige, schmissige, möglichst prägnante, pointierte, originäre Sätze … also Sätze, die er sich notfalls selber zusammenbasteln könnte, wenn er sie nicht dem schon im Übermaß vorhandenen entnehmen will. Er brauchte vielleicht drei Tage dazu. Warum soll er das nicht können, es weiß doch jeder, wie ein Schriftsteller denkt! In den gehobeneren Regionen des Literaturbetriebs weiß man schon Jahre im voraus, was die Schriftsteller denken werden. Der Literaturbetrieb hat ein Tempo im Leib, daß man sich über seine Geduld mit den ewig hinterher hinkenden Schriftstellern nur wundern kann.

Im Literaturbetrieb ist man damit beschäftigt, Vorhersagen zu treffen, Urteile zu fällen, Vermutungen zu äußern, Wortbrüche zu begehen, Geheimnisse auszuplaudern, an den Fortpflanzungsorganen seiner Mitbürger zu schnüffeln, Gerüchte zu verbreiten, Verdachtsmomente zu in-

filtrieren und am laufenden Band dafür zu sorgen, daß sich die Prognosen bestätigen, daß sich die Vorverurteilten auch wirklich belasten und daß die Fallen, zu denen man den Weg gewiesen hat, im richtigen Augenblick auch zuschnappen.
Verhält sich damit, frage ich mich plötzlich, dieser Literaturbetrieb nicht ganz genauso wie eine andere Institution, die jüngst – und mit Abstrichen bis heute – eins der Hauptthemen seiner Debatten gewesen ist? Ich meine natürlich die Stasi, und dieser Gedanke läßt mich stocken. Aber ist es nicht so, daß sich der Literaturbetrieb – und das ähnelt frappierend der Praxis der Stasi – den Popanz immer erst aufstellen muß, den er ins Visier nehmen will?
Kürzlich legte sich mir ein Gedanke in den Weg, den man als Schriftsteller nur allzugut kennt: ich hatte den Verdacht, etwas an den Haaren herbeigezogen zu haben. Ich fragte mich, wie ich auf die Idee hatte kommen können, ausgerechnet einen Literaten, einen Schriftsteller zu einer Stasifigur zu machen? Und es war nicht mal eine ehrlich aus der Luft gegriffene Idee, mir hatten noch ein paar verschwundene Einzelfälle aus der Wirklichkeit aufhelfen müssen. Wäre mir mein Figurenbeispiel nicht besser gelungen, wenn ich anstelle des Schriftstellers einen Anhänger des Literaturbetriebs genommen hätte? Auch mit meinem Titel „Ich“ hätte ich kaum Schwierigkeiten gehabt, denn ich bin selber oft genug ein Sympathisant des Literaturbetriebs gewesen. – Vielleicht lag es daran, daß eigentlich niemand weiß, wer oder was der Literaturbetrieb ist … das wußte man im Fall der Staatssicherheit auch nicht, bis heute weiß man es nicht genau, wer oder was sie eigentlich war. Sie hat nur, jedenfalls in dem, was sie verlautbarte, eine ähnlich windelweiche Moral an den Tag gelegt wie der Literaturbetrieb. Vielleicht muß die Antwort eine andere

sein: Der Literaturbetrieb braucht überhaupt nicht bei der Stasi zu sein! Was sich die Stasi mühsam durch Anweisungen, Strategiepapiere, Zersetzungstaktiken erarbeiten mußte, das können die Leute des Literaturbetriebs ganz von allein! Beiderseits dieser kaum noch definierbaren Grenze zwischen Ost und West oder zwischen Alt und Neu.
Um zu verdeutlichen, was ich meine, konstruiere ich wieder ein Beispiel: da liest jemand dieses Buch, in dem ich einen Stasi-Spitzel und einen Literaten zu einer einzigen Figur gemacht habe, zieht seine Schlüsse und erklärt hinfort, das Buch lege den Verdacht nahe, sein Autor müsse ebenfalls Mitarbeiter der Stasi gewesen sein. Ich frage mich, wer ihm das zugeraunt hat, das kann er doch nicht selber … nein, ich muß in meiner Konstruktion bleiben. Kann man es glauben, daß ein solcher Schluß von einem literarisch gebildeten Menschen gezogen wird und nicht von der Stasi selber? Ähnliche Verblüffung in mir hervorzurufen war eine der Hauptkünste der Stasi, das fand ich immer spannend an ihr. Kann man es hinnehmen, daß in meiner Konstruktion ein Mensch mit literarischen Kenntnissen so viel Dummheit hinter seiner Stirn versammelt?
Es ist nicht Dummheit. Ich halte mich jetzt in dem Bereich auf, den man die Gerüchteküche des Literaturbetriebs nennt. Dort sind die zu finden, denen der Vergiftungsgeruch in unserer Literaturgesellschaft noch nicht dicht genug ist, daß sie sich darin einhaken können, oder einbringen, wie man das nennt, um dort mitzuwirbeln – Ich habe keine Lust, mit zu quirlen, deshalb lasse ich die Konstruktion in der Luft hängen … wenn da noch Luft ist.
Können Sie mir nicht zustimmen, wenn ich das Gefühl habe, daß in unserem Literaturbetrieb, ohne den wir scheinbar nichts oder nicht viel wären, die schnellsten Schnellschüsse langsam die Oberhand gewinnen? Die griffigsten Statements, die schmissigsten Urteile, die eingängigsten Denunziationen? Bei diesem schwindelerregenden Betriebstempo, bei dem es am besten ist, alles zuerst zu wissen, denn die ersten Sätze werden zuerst gedruckt, und womöglich erst zuletzt überholt … wie, wenn diese ersten Sätze bloßes Gerede sind?
Da ich mich als Schriftsteller schwer damit tue, Urteile zu fällen – es ist mir, wenn ich es soll, immer zumute, als solle ich einen Mordaufruf formulieren; ich habe wahrscheinlich zuviel von Robert Walser gelesen –, beharre ich auf dem Gedanken, den mir die Vorreden der Bücher vermitteln: es ist nur Literatur, was wir produzieren. Der Literaturbetrieb scheint dieses Gefühl nicht zu teilen, deshalb sucht und fahndet er, ermittelt, listet auf und untergräbt, um nur alles im Griff zu haben. Anfangs wollte er, das müssen wir ihm zugestehen, das Positive an uns in den Griff kriegen … hier verkneife ich mir den Vergleich, der ist allzu bekannt … das Positive, das er

jetzt nicht mehr an uns finden kann, seitdem sich einige von uns mit der Stasi eingelassen haben. Ich muß auf das Positive eingehen, denn die Literatur darf das Phantastische nicht ignorieren. – Das Positive: es folgt auf den Seiten nach der Vorrede. Es besteht in dem Versuch, herauszufinden, ob es existent ist, und wenn ja, ob es eine Existenzberechtigung hat, die über die Literatur hinausgehen könnte. An diesem Versuch sind zwei Figuren beteiligt: der Leser und der Schriftsteller … über den Häuptern beider pendeln die Pointen des Literaturbetriebs. Diese wollen nicht ignoriert werden, andernfalls werden sie immer hektischer werden … ich glaube, aus dieser Vorrede ist zu hören, daß ich sie zumindest bemerkt habe. Aber in Wirklichkeit geht es mir um die Seiten danach.

Meine Damen und Herren, nachdem ich nun zu diesem für mich selber überraschend banalen Schluß gekommen bin, bleibt mir nur noch meine eigentliche Absichtserklärung: ich möchte mich bei der Rudolf-Alexander-Schröder-Stiftung, die mich mit dem Bremer Literaturpreis geehrt hat, ganz herzlich bedanken.

Wolfgang Hilbig

[…] In Intervallen von wenigen Minuten stiegen Menschenströme die Treppen des Tunnels herauf, immer dann, wenn unten eine Bahn eingefahren war. Mir schien, ich könne das entfernte Grollen der Züge noch hier oben im Lokal hören, und wahrnehmen am leichten Klirren des Kaffeegeschirrs auf dem Tisch, am kaum merklichen Zittern der Fensterscheibe neben mir: und dann kamen die Leute, aus Richtung Stadtmitte kamen stets doppelt soviel wie vom Tierpark her … es waren am Nachmittag unfaßbare Massen, die der Tunnel ausspie und die sich auf dem breiten Bürgersteig erwartungsgemäß zerstreuten.

Wie, wenn sie sich plötzlich zusammenballten, sich nicht mehr auflösten, plötzlich die Straße einnahmen? Immerhin waren sie zahlreich genug, sie konnten in ihrer Vielzahl die um sich selbst rotirende Bewegung der Hauptstadt ohne weiteres zum Erliegen bringen … wie, wenn sie plötzlich das, worum sie sich drehten, das Leben, in seiner fortschreitenden Wertminderung erkannten und es zu ignorieren gedachten!

Und sich nicht mehr zerstreuten? – Ich lebte in einer Welt der Vorstellung … immer wieder konnte es geschehen, daß mir die Wirklichkeit phantastisch wurde, irregulär, und von einem Augenblick zum andern bestand die Ruhe für mich nurmehr in einer unwahrscheinlich haltbaren Simulation. Dies war kein Wunder, wir lebten schließlich andauernd unter dem Druck, ein Verhalten in Betracht ziehen zu müssen, das womöglich gar nicht existierte. Es war ein Zwiespalt, in dem wir lebten: wir betrieben ununterbrochen Aufklärung, inwiefern sich die Wirklichkeit unseren Vorstellungen schon angenähert hatte … aber wir durften nicht glauben, daß unsere Vorstellungen wirklich wahr werden konnten. Nein, wir glaubten unseren eigenen Vorstellungen nicht, denn wir klärten ununterbrochen auf – für uns selber! –, daß es keinen Grund gab, ihnen Glauben zu schenken, den Vorstellungen. Aber es war schwer, aufzuklären ohne eine Vorstellung davon, was durch Aufklärung sichergestellt und gegebenenfalls verhindert werden sollte, möglichst im Ansatz schon verhindert, wie es unser ausdrückliches Ziel war. Darum war es notwendig, zu simulieren, daß die Wirklichkeit im Ansatz unseren Vorstellungen entsprach … wann, fragte ich mich, war es soweit, daß wir den Dingen, die wir aufklärten, keine eindeutigen Zurodnungen mehr abgewinnen konnten: ob sie noch in den Bereich der Simulation gehörten, ob sie schon im Ansatz Wirklichkeit geworden waren. Die Wörter „noch" und „schon" drückten die Crux aus: konnte aus der Simulation die Wirklichkeit werden, und wo war der Übergang? Konnte, was *noch* Simulation war, *schon* in Wirklichkeit übergegangen sein, bevor wir es aufgeklärt hatten? Konnte Simulation Wirklichkeit werden, konnte uns die Wirklichkeit mit Simulation antworten. Wenn wir dies bejahen mußten, waren wir wahrscheinlich verloren … also durften wir es gar nicht glauben.

Also: wir durften nichts glauben, denn was wir nicht glaubten, das geschah nicht. Es konnte nicht geschehen: aus Unglauben … dies wußten wir sicher und fest. Jeder von uns hatte es zutiefst im Bewußtsein, es gab keine tiefere Schicht in unserem Bewußtsein als den Unglauben. Mit unserem Unglauben kamen wir geradewegs und gezielt von der *Aufklärung* her … und manchmal ging einer so weit, den Unglauben unseren Glaubensgrundsatz zu nennen. […]

Aus: Ich. Roman. S. Fischer Verlag, Frankfurt/Main 1993, S. 44/45

Fiktive Identität

Über Ihr neues Buch darf man erstaunt sein. Bisher galten Ihre Texte vor allem Orten und Wahrnehmungen. Und nun das Stasi-Thema. Damit begeben Sie sich auf moralisches Terrain.

Das wollte ich gerade nicht. Alle gehen dieses Thema sehr moralisch an. Ich habe versucht, mit dem Buch den Tenor der Stasi-Debatte zu unterlaufen, indem ich die Hauptfigur, einen Schriftsteller und Informanten, in der Ich-Form reflektieren lasse.

Aber gegen eine Moral anschreiben, das ist nicht minder moralisch.

Ja, dagegen kann ich mich nicht wehren. Aber ich wollte das Thema erweitern.

Warum erweitern?

Ich habe die Hoffnung, daß ‚Ich' eine menschliche Figur ist. Zu enge moralische Maßstäbe stören mich. Ich glaube, Literatur darf und kann das.

Aber Ihre Figur hat zunächst Skrupel. Am Anfang ist von einer illegalen Werkstatt die Rede, die sie nicht verraten würde. Erst zum Schluß liefert sie bedenkenlos eine alte Bekannte ans Messer oder erwägt, einen vermeintlichen Untergrund-Schriftsteller zu kriminalisieren.

Dieser IM ist eine gespaltene Persönlichkeit. Das Ich wird sukzessive zerstört, wenn man Mitarbeiter einer solchen Behörde ist.

Der beklemmende Grad an Kontrolle und Überwachung erinnert an George Orwell. Die Enttäuschung, daß fast jede Figur des Buches letztlich zur ‚Firma' gehört, ist Bestandteil des Romans.

Foto: Anita Schiffer-Fuchs

Wolfgang Hilbig

Selbstvorstellung

Anläßlich der Aufnahme in die Deutsche Akademie für Sprache und Dichtung

Meinen Vater habe ich nicht kennengelernt, er wurde schon 1942 bei Stalingrad als vermißt gemeldet, und ich wuchs in der Wohnung meiner Großeltern mütterlicherseits auf, mit meiner Mutter zusammen, die nicht auszog, weil sie auf die Rückkehr ihres Mannes wartete: sie wohnt noch heute in derselben Wohnung, wenn ich dort zu Besuch bin, schlafe ich noch heute in dem Bett, in dem ich wahrscheinlich auch geboren wurde. – 1941, in Meuselwitz, einer Kleinstadt im ehemaligen sächsisch-thüringischen Braunkohlenrevier, vierzig Kilometer südlich von Leipzig gelegen. Ich habe also die Bombenangriffe auf das Industriestädtchen Meuselwitz noch erlebt, wie unbewußt auch immer: da mein Großvater Bergmann war und unter Tage arbeitete, hatten wir, als Familienangehörige, das Recht, bei Fliegeralarm Schutz in den Kohlenschächten zu suchen, die sicherer waren als Luftschutzbunker. So bin ich schon als Zwei- oder Dreijähriger Hunderte Meter tief unter die Erde gefahren, auf dem Höhepunkt der Luftangriffe mehrfach in einer Nacht; und ich weiß nicht, was prägender auf mich gewirkt hat: die Unruhe dieser Zeit, die später, notwendig vielleicht, zur Unbeweglichkeit geführt hat, oder die bewegungslosen Familienverhältnisse, die irgendwann in Unruhe umschlugen. Bis 1978 habe ich – nur durch ein paar Jahre wechselnden Aufenthalts in Wohnlagern einiger Außenmontagefirmen unterbrochen – bei meiner Mutter in dieser Wohnung gelebt, in einem Mietshaus im Besitz der Bergbaubehörden in einer Straße, wo ausschließlich Arbeiter lebten. 1978 zog ich zum ersten Mal nach Berlin, kehrte aber nach einem Jahr wieder nach Meuselwitz zurück – seit 1980 bin ich (ich habe nachgezählt) zwölfmal umgezogen – manchmal mehrfach in einer Stadt –, und nun bin ich hier in Edenkoben, in einer Kleinstadt in Rheinland-Pfalz, gelandet.

Bis 1980 habe ich in der ehemaligen DDR in verschiedenen Industrieberufen gearbeitet, aber immer, nebenbei und insgeheim, geschrieben, als Kind schon habe ich irgendwann zu schreiben begonnen: wahrscheinlich war dieses Schreiben ein Lektüre-Ergebnis, oder auch das Ergebnis fehlender Lektüre: Lesen war für mich eine Hauptbeschäftigung in der Kindheit und dies, obwohl ich mich damit dem dauernden Argwohn des Großvaters aussetzte: er stammte aus einem winzigen Dorf der polnische Ukraine, war Waise und hatte nie eine Schule von innen gesehen. Er konnte weder lesen noch schreiben, verständlich, daß er sich um einen Teil der Wirklichkeit betrogen fühlte und allen seinen Nächsten das Lesen am liebsten verboten hätte. Alles was zwischen Buchdeckeln stand, war für ihn Lug und Trug, es führe mit der Zeit zur Trübung des Verstandes oder gar zum Irrsinn, und er wußte Beispiele dafür zu nennen. Als ich einmal, mit zwölf oder dreizehn Jahren, eine Biographie über Edgar Allan Poe las, glaubte ich die Worte des Großvaters bestätigt, und ich hörte mit dem Schreiben wieder auf: für ein Jahr ungefähr, bis ich, unter dauerndem schlechten Gewissen freilich, noch einmal von vorn begann.
1978 wurden einige Gedichte von mir im Hessischen Rundfunk gesendet, aus den daraus sich ergebenden Verlagskontakten entstand mein erster Gedichtband, den ich 1979 in Frankfurt am Main veröffentlichte, ohne Erlaubnis des sogenannten Urheberrechtsbüros der DDR, illegal also, was ich für folgerichtig hielt, da ich doch stets – von Ausnahmen abgesehen – in einer sonderbar natürlichen Form von Illegalität geschrieben hatte. Neben einigen unangenehmen Reaktionen auf diese Publikation erhielt ich plötzlich unerwartete Fürsprache von namhaften Schriftstellern: allen voran von Franz Fühmann, dem unermüdlichen Mentor der debütierenden oder noch nicht debütierenden Literaten der DDR, aber auch von Stephan Hermlin, Christa und Gerhard Wolf und anderen. Daraus resultierte sogar eine Buchveröffentlichung im Leipziger Reclam-Verlag und schließlich die Möglichkeit, in der DDR als freischaffender Schriftsteller zu leben. 1985 erteilten mir die Kulturbehörden der DDR eine befristete Reiseerlaubnis in die Bundesrepublik Deutschland; dieses Visum überschritt ich um ein Jahr, fuhr dennoch in die DDR zurück, und das Visum wurde mir verlängert; es wäre ausgelaufen, als die DDR schon nicht mehr existierte.
Seit 1985 also lebe ich in der Bundesrepublik bzw. auf dem Territorium der alten Bundesländer, in Hanau zuerst, dann in Nürnberg und jetzt in Edenkoben. Ich bin in die USA, nach Griechenland und Frankreich gereist, habe seither eine Reihe von Büchern mit Lyrik und Prosa veröffentlicht, und nun unter den Bedingungen des kapitalistischen Buchmarkts, die oft schwieriger zu bewältigen sind als die halb illegalen, oder pseudo-legalen, in der ehemaligen DDR. Aber sie sind ehrlicher, und darauf kommt es an.
Nun lebe ich mit meiner Lebensgefährtin Natascha Wodin zusammen, die, als Tochter ehemaliger russischer Asylanten, eine Außenseiterin in der deutschen Literatur ist … oft genug glaube ich, daß auch mir eine solche Rolle angemessen wäre. Von ganz unten her haben es ihre großartigen Bücher vermocht, die Poesie in der deutschen Literatur weiterzutragen, in eine Zukunft, in eine Ungewißheit: dies ist mir Unruhe und Beunruhigung zugleich.
Ich danke der Deutschen Akademie für Sprache und Dichtung für die Zuwahl meiner Person zum ordentlichen Mitglied.
1991

Aus: W. H. – Materialien zu Leben und Werk, hrsg. von Uwe Wittstock, S. Fischer Verlag, Frankfurt/Main 1994, S. 11-13

Das Buch ist der Versuch, mir das Rätselhafte an dieser Behörde zu erklären. Ich bin zu dem Schluß gekommen, daß es letztlich das Ziel der Stasi war, jeden einzubeziehen. Die Arbeit der Behörde bestand letztlich darin, Menschen eine neue fiktive Identität aufzudrücken. In der alten Identität mußte ein Punkt sein, in dem sie individuell erpreßbar waren.

Gab es den bei Ihnen persönlich?

Ich hatte Glück. Ich wurde auch mal angeworben, war aber nicht erpreßbar. Damals steckte ich im Heizungskeller und konnte in der gesellschaftlichen Hierarchie nicht tiefer sinken. Ich wollte nie in meinem Leben studieren und hatte nur meine Freiheit zu verlieren. Als Arbeiter war man ja ohnehin ein bißchen geschützt, weil es immer zu wenig Arbeitskräfte gab. Ich flüchtete mich damals gefühlsmäßig in die Nähe meiner Kollegen und sagte: Die Stasi ist da und versucht, mich anzuwerben! Aber die Arbeiter gaben mir mit ihren Drohgesten und eindeutigen Gebärden die nötige Sicherheit.

Gespräch (Auszug) mit Karim Saab, in: W. H. – Materialien zu Leben und Werk, hrsg. von Uwe Wittstock, S. Fischer Verlag, Frankfurt/Main 1994, S. 222/223

Die Macht des faulen Zaubers

Was so zärtlich als „Stasi" bezeichnet wird, zählt nach wie vor zu den Lieblingsthemen deutsch-öffentlicher Besprechungskultur. Längst auch gibt es eine einschlägige Literatur. Wolfgang Hilbigs neuer Roman partizipiert an ihr – ohne freilich die Klischees fortzuschreiben, die allenthalben vorwalten. Jeglicher Vordergründigkeit entzieht er sich, moralisch Kategorischem nicht minder. Und statt dessen ist dieser Roman ein vertrackter Text, der sich des „Stasi"-Sujets bedient, um über das Elend entwirklichten Daseins zu handeln.

„Und vor mir lag eine neue Wegstrekke, in der ich mein ‚Ich' wieder aufrichtete an den Erscheinungen des Sichtbaren im altbekannten Licht." M. W. alias Cambert, Schriftsteller und Konfident, ist von Wahrnehmungsbegierde geleitet: nicht von jener, die vor Jahrhunderten einen Brockes beherrschte („Irdisches Vergnügen in Gott"), sondern von solcher, der ein Defizitbewußtsein zugrunde liegt. Demnach eine Wahrnehmungsbegierde, die aus Identitätsnot entspringt. Wobei indes zu kurz geschlossen wäre, würde man die letztere nur auf die von der Figur geführte Doppelexistenz beziehen. Vorab hatte das Mangelbewußtsein den Protagonisten zum Schriftsteller werden lassen.

Und der aber, den Mangel durch Simulation kompensierend, konnte sich, da das kompensierende Spiel ein nur allzu einsames war, als gewinnbar erweisen: für jenes andere Spiel, das ein Zusammenspiel mit den „grauen" Männern ist. Müde kapitulierender Solipsismus? War geheime Vatersuche beteiligt? Latentes Schuldbewußtsein? Einbindungsverlangen? Verwirklichungssehnsucht?

Der Text verweigert sich monokausal gerichteter Ausdeutung; die Bewandtnisnuancen überlagern einander. Eben dies allerdings läßt er hervortreten: Der zum Mitspieler Gewordene agiert bald schon gerade übereifrig. Was ihn maßgeblich bewegt, ist das Bestreben, sich durch triftige Ergründungs- und Wahrnehmungstätigkeit seiner selbst zu versichern. Zugleich indessen weiß er – und muß es immer klarer in Erfahrung bringen –, daß er einer Instanz dient, die nichts ist als der Inbegriff des Simulatorischen schlechthin. [...]

Die Unterschiedlichkeit prosaistischer Zugriffsweisen ist beträchtlich. Tritt sie als durch den De-facto-Erzähler beherrscht hervor? Leistet Wolfgang Hilbigs vielgerühmte Sprache das Kunststück einer Verklammerung?

Kein Zweifel, sie ist streckenweise auch in diesem Buch von großer, ja faszinierender Fassungskraft, zumal dann, wenn sie ganz und gar sinnenbezogen sein kann (und dabei zugleich phantastisch übersteigernd und verdichtend verfährt). Doch der Roman eben verlangt ihr, aus der sinnenbezogenen Artikulationsweise auszubrechen, durchaus ab: muß es ihr abverlangen, weil sonst das (komische/traurige/beklemmende/spottprovozierende) Elend, das er beschreiben soll, kaum mitteilbar wäre. Und diese Hilbigsche Sprache, wo sie die Grenze überschreitet, ist jedenfalls nicht mehr recht bei sich. Sie fällt dem Differentiellen gleichsam zum Opfer, gerät selbst zur irritierten. Vielleicht ist es die Sprache eines Ironikers, deren es bedurft hätte? Die freilich von Hilbig zu fordern würde wohl bedeuten, blind an ihm vorbei zu fordern. [...]

Bernd Leistner in ndl – neue deutsche literatur 1/94

Da, wo es vertrauenserweckend riecht, wie bei Frau Falbe, nach heißem Kaffee und warmen Fleisch – dahin, wo die Autoströme noch nachts auf der Frankfurter Allee ziehen, nach Westen, Westen, wohin auch die bleiche Studentenperson verschwindet – in solcher traurigen Heimat, solchen wirren Sehnsüchten blüht auch die Prosa Hilbigs wieder auf, mal mild, mal wild, mal lässig, dann wieder präzise und geballt. Dann meint man auch zu spüren, daß dieses längliche Spiel mit einer Quasi-Stasi, die redundanten Monologe ihrer Chargen, die nichts zu greifen haben und viel schweifen dürfen, dem Autor eher Fleiß als Lust und sein Talent abgefordert haben.

Ja, er hat durchgehalten auf langer Strecke, die kaum die Distanz dieses Erzählers ist. Er hat widerstanden und nicht die Sprachkraft seiner Kurzprosa in diesen Roman geworfen, sondern vielmehr episch, also druckloser, gleichmäßiger geschrieben, auch mit Wiederholungen arbeitend, auch die Ungeduld des Lesers riskierend. Das ist weise, das ist ökonomisch – aber schon, wenn man solche Worte braucht, merkt man, wie sie diesen Autor, ihn prämierend, doch verfehlen. Und sehnt sich wieder nach einem ganz anderen Text von Hilbig, nicht kühn entworfen und klug verfehlt und dann doch sacht gerettet wie dieser Roman, sondern wieder in nichts als Sprache schlafwandelnd, tagträumend, hellsichtig und das in einer Kürze, in der sich mehr ballt als in aberhundert Seiten.

Reinhard Baumgart in DIE ZEIT vom 8. Oktober 1993

Ein „schreiendes Amt“

leben // einer sitzt nervös auf dem abtritt rafft / die hose auf den dürren knien quält sich / mit seinem stuhlgang der andre lehnt lässig / am pfosten der offnen tür raucht und während / er halblaut einspricht auf den sitzenden schiebt er / mit dem fuß zerstreut einen fetzen zeitungspapier / hin und her durch die pfützen auf dem steinboden / während nebenan ein dritter seinen harn ins becken / läßt deutlich hörbar überm geräusch / der defekten wasserspülung – // nun? wirst du fragen – nichts / nichts als dies das ist leben was / glaubtest du sonst –

Es ist das Sich-nicht-entfalten-Können auch als Zustand der Gesellschaft, der ihn, und nicht nur ihn, so quält, dieses Brachliegen schöpferischer Kräfte, dies Vertun von Entwicklungsmöglichkeiten, dies Negieren alternativer Bereitschaft, diese Dumpfheit unkritischen Bewußtseins und darüber das satte Selbstbehagen, jene *schreckliche zufriedenheit,* die sich ununterbrochen selbst versichert, daß sie es so herrlich weit gebracht, und die jedes Reflexionsangebot mit der Elle dieses Versicherns mißt.
Nicht, daß da nichts wäre, was in der Tat weit gebracht ist, nicht, daß es nicht wenig Errungenschaften gäbe, darauf die Gesellschaft stolz sein kann, doch man würde das Amt der Literatur – und zumal darin ein *schreiendes Amt* – mißverstehen, wollte man von ihm ein Register all dessen erwarten, was der Gesellschaft zum Ruhm gereicht. [...]

Franz Fühmann, in: W. H. – Materialien zu Leben und Werk, a. a. O., S. 52-54

Wolfgang Hilbig

die ruhe auf der flucht

warten –
oh noch einmal einen abend ausruhn
vor der unendlichkeit der nacht
die uns mit allem vieh zu paaren treibt
und sich schon sammelt vor den abgestreiften schuhn ...

reglos
im angesicht der flut die bald erwacht
noch eine stunde sitzen auf dem mauerrand
stille im schädel und den fuß im sand
dem atem nachsehn der uns aus den lungen schwindet
dem zorn
dem gold das in den augen sichtbar bleibt
wenn die erschöpfung uns in dem entschluß verbindet
noch eine stunde vor dem dunklen ufer auszuruhn –

und dieses tags zu denken der zuletzt uns wärmte
des großen abends der uns unerschrocken sonnte
indes fernher ein kupferrotes lodern lärmte
und schon erlosch im riesengong der horizonte.

Aus: Die Territorien der Seele. Fünf Prosastücke und ein Gedicht. Friedenauer Presse, Berlin 1986

bewußtsein

im namen meiner haut
im namen meiner machart
im namen dieses lands
wo die sorge sich sorglos mästet
im namen welches zerrissnen
namens den sich heimlich
die liebespaare zuflüstern
im namen welcher unerlaubten
schmerzen
die verwirrung
in worte zu kleiden
hab ich
das schreiende amt
übernommen

Aus: abwesenheit. Gedichte. Collection S. Fischer, Frankfurt/Main 1979

Wolfgang Hilbig

31. 8. 1941 Meuselwitz bei Leipzig

Aufgewachsen und, mit wenigen Unterbrechungen, wohnengeblieben in Meuselwitz im sächsisch-thüringischen Braunkohlenrevier von der Geburt bis zum 37. Lebensjahr. Der Vater war 1942 bei Stalingrad als vermißt gemeldet, das Kind lebte bei der Mutter und den Großeltern mütterlicherseits. Der Großvater, ein Bergmann, stammte aus der polnischen Ukraine und hatte nie Lesen und Schreiben gelernt. H.s erste Erinnerungen sind die Bombenangriffe der letzten Kriegszeit, während derer er, mit anderen Bergarbeiterfamilien, in den Kohleschächten Schutz fand. Nach acht Jahren Volksschule absolvierte H. eine Lehre als Bohrwerkdreher und leistete seinen Wehrdienst bei der NVA ab. Danach Heizer, Werkzeugmacher, Erdarbeiter, Außenmonteur, Hilfsschlosser u.a.m.; ab 1970 wieder als Heizer in Meuselwitz. Frühe – lange verheimlichte – Schreibversuche. 1967/68 vom Betrieb zu einem „Zirkel schreibender Arbeiter" delegiert. Teilnahme an Lyrikseminaren im Rahmen der Arbeiterfestspiele. 1978 Sendung einiger Gedichte durch den Hessischen Rundfunk, 1979 Publikation des ersten Gedichtbandes in Frankfurt a.M. ohne Druckgenehmigung des DDR-Büros für Urheberrechte. Stasi-Verhöre und einige Wochen Haft, schließlich Verurteilung wegen „Devisenvergehen". 1978 erste Übersiedlung nach Ost-Berlin, 1979 Rückkehr nach Meuselwitz, danach häufige Umzüge. Fürsprache durch namhafte DDR-Schriftsteller, vor allem durch Franz Fühmann. 1985 befristetes Visum für die Bundesrepublik. Wohnsitze zunächst Hanau und Nürnberg, dann Edenkoben in Rheinland-Pfalz. Seit 1994 lebt H. in Berlin am Prenzlauer Berg.

Preise: Brüder-Grimm-Preis (1983); Förderpreis der Akademie der Künste Berlin (1985); Kranichsteiner Literaturpreis (1987); Ingeborg-Bachmann-Preis (1989); Berliner Literaturpreis (1992); Brandenburger Literaturpreis (1993); Literaturpreis der Freien Hansestadt Bremen (1994); Stadtschreiber zu Rheinsberg (1996); Ehrenpreis der Deutschen Schiller-Stiftung zu Weimar (1996); Lessingpreis (1997); Fontane-Preis der Berliner Akademie der Künste (1997).

Foto: Isolde Ohlbaum

Foto: Anita Schiffer-Fuchs

Werkauswahl: abwesenheit. Gedichte. 1979. – Unterm Neomond. Erzählungen. 1982. – stumme stimme. Gedichte und Prosa. Leipzig 1983. – Der Brief. Drei Erzählungen. 1985. – die versprengung. Gedichte. 1986. – Die Territorien der Seele. Fünf Prosastücke. 1986. – Die Weiber. 1987. – Eine Übertragung. Roman. 1989. – Die Angst vor Beethoven. Erzählung. 1990. – Über den Tonfall. Drei Prosastükke. 1990. – Alte Abdeckerei. Erzählung. 1991. – Aufbrüche. Erzählungen. 1992. –zwischen den paradiesen. Prosa, Lyrik. 1992. – Grünes, grünes Grab. Erzählungen. 1993. – „Ich". Roman. 1993. – Die Arbeit an den Öfen. Erzählungen. 1994. – Die Kunde von den Bäumen. Erzählung. 1994. – Abriß der Kritik. Frankfurter Poetikvorlesungen. 1995.

Über W.H.: Franz Fühmann: Poesie und Dialektik der Abwesenheit. Eine imaginäre Rede [über W.H.]. In: F.F.:Essays, Gespräche, Aufsätze 1964-1981. Rostock 1983, S. 458-474; Uwe Wittstock (Hrsg.): W.H. Materialien zu Leben und Werk. Frankfurt a.M. 1994; Harro Zimmermann in: Kritisches Lexikon zur deutschsprachigen Gegenwartsliteratur. München 1978ff.

PETER WEBER

Förderpreis des Bremer Literaturpreises 1994 für „Der Wettermacher", Suhrkamp Verlag, Frankfurt / Main 1993

Sibylle Cramer

Nachrichten aus der engen Welt

Peter Weber, Senatorin Helga Trüpel und Rolf Michaelis. Foto: Herbert Abel

[...] Peter Weber tritt das schöne Hochamt der Kunst im Alter von 24 Jahren an. Sein erster Streich ist eine komische Revolution alter Bildtraditionen. Auch bei Peter Weber wird die Kunst gekrönt. Aber er stürzt das Götter- und Feudalwesen. Der republikanische Parnaß ist ein Mietshaus in Zürich und im Nierentischgeschmack möbliert, mit Sitzgarnitur und Fernseher.

Am 31. März 1990 besteigt der Informationsbeamte auf dem Züricher Hauptbahnhof Melchior Abderhalden einen Stuhl in seiner Wohnstube und setzt seinem Sohn August Abraham den Kondukteurshut der Schweizerischen Bundesbahnen auf den Kopf. Nach der Krönungszeremonie wird gegessen, dann schlafen die Eltern vor dem Fernseher ein, der Vater besäuselt vom Feierabendumtrunk. August Abraham aber, der Sohn, genauer: der Adoptivsohn der Abderhaldens, hängt den Kondukteurshut an den Nagel, zieht mit dem alten Küchentisch, mit Papier, Schreibzeug, Kerze und Feuerzeug in den Keller und beginnt zu erzählen. Der 31. März 1990, sein zwanzigster Geburtstag, ist das Datum seines Eintritts in den höheren Informationsdienst des Landes, ja in den allerhöchsten, mit einem Wort: er geht in die Literatur. Das Land aber, sein Land, ist das Toggenburg. Von dort stammen die Abderhaldens. Dort ist August Abraham aufgewachsen.

Das Toggenburg, man weiß es, rund um Wattwil im Kanton St. Gallen gelegen, ist kein Weltreich. Die Menschen dort neigen dazu, die Welt zu eng zu finden. Der erste von der Sorte war Ulrich Bräker, der im 18. Jahrhundert zur Feder griff und sein geplagtes Leben als „Armer Mann im Tockenburg" aufschrieb. Auch unser Mann, Peter Webers Mann im Toggenburg, greift zur Feder, um die Welt zu dehnen. Auch er schreibt sein Leben auf. Aber er ist reich, denn er erfindet die Wahrheit als ein erzählender Weber. Die Abderhaldens einst waren Toggenburger Weber. Weber sind als knüpfende Erfinder von Mustern alte Verwandte der Dichtkunst. August Abraham ist ein Abderhalden und zugleich von älterer, allgemein menschlicher Herkunft, eine natürliche Ganzheit, kompletter geboren als wir, in doppelter Ausfertigung als Zwilling und beide Geschlechter in sich vereinend, ein Weltkind im wahrsten Sinne des Wortes. Darum dehnt August Abraham Abderhalden die Toggenburger Welt ins Universelle. Peter Weber bezeichnet diese menschliche Mixtur aus Weberei und Kunstnatur als Wettermacher. August Abraham Abderhalden ist Wettermacher. Das ist der Titel des Romans und die Formel für Webers Erzählkunst.

Eigentlich ist das unerhört. Ein junger Schriftsteller, ein unbeschriebenes Blatt, macht den Mund auf und redet vom Fleck weg meisterhaft, formsi-

cher, zungenfertig und hemmungslos umfassend. Stillschweigend wird die platonische Vorstellung ursprünglicher menschlicher Gestalt, die Vorstellung nämlich vom ganzen Menschen als Einheit von Mann und Frau, diese Vorstellung wird aufgegriffen und in der Person des Wettermachers als der Liebegott des Toggenburg vor die Alpenkulisse gestellt. Webers Erzählung ist ein Weltspiel.
Der Wettermacher kann alles, weiß alles und ist überall dabei. Eine Universalgeschichte des Toggenburg entsteht und eine Toggenburger Weltgeschichte. August Abraham tut so, als wäre die Welt total beschreibbar. Er kartographiert die Landschaft, ihre Entstehungsgeschichte, ihre Sagen und Märchen, in denen sich vorgeschichtliche Zeit spiegelt. Er erzählt die Geschichte des Toggenburg von der mittelalterlichen Grafschaft bis zur Industrialisierung und Amerikanisierung des Landstrichs. Er erzählt die Zerstörung dörflicher Lebenswelt durch den Tourismus und die Fremdenindustrie. Er ist der Enzyklopäde des Toggenburg, Geologe, Historiker, Mythologe, Ethnologe, der Sozialgeschichtler, der Industrie- und Religionsgeschichtler in einer Person, ja, er ist nicht nur einfach der Alleswisser. Er ist mehr. Er ist der Schöpfer, der diese Welt rhetorisch aus dem Material Sprache formt. Man könnte sagen, dieser Roman sei ein großes Dinggedicht, gewissermaßen die sprachliche Skulptur des Toggenburg. […]

Aus der Laudatio vom 26. Januar 1994

Peter Weber

Öffentlichkeitsallergien sind sinnvoll …

1. Die Situation

Die Unmöglichkeit, eine Dankesrede zu verfassen. Schreibhemmung infolge der Aufgabe jeder Seßhaftigkeit. Der Plan, eine kurze Rede im Speisewagen von Zürich nach Bremen zu verfertigen, scheitert. Es bleibt ein Stichwortkatalog. Darauf der Entscheid, eine improvisierte Rede zu halten aufgrund der Themenfelder, die halbversprachlicht vorliegen, und unter Ausnutzung des psychotischen Schubes, der sich ereignet, sobald man ins öffentliche Licht tritt. Die Hoffnung, daß sich das Notwendige unter Öffentlichkeitsdruck sinngemäß formieren würde. Als Letztredender Wiederaufnahme von schon Gesagtem; Anklänge. Unbändige Lust zu scheitern.

Aufbau wie ein Jazzstandard:
Eingangssatz und Ausgangssatz als Klammer, dazwischen thematische Improvisation in Satzschlaufen, Themenkreisen. Bei erstmaligem Erreichen der allgemeinen Aufmerksamkeit: Abbruch, Ausgangssatz.

Eingangssatz:
„Vor Ihnen steht ein Profiteur dieses Betriebs“

Stichwortkatalog:
- Durchzug, Vergeßlichkeit als Methode
- Improvisation aus Notwendigkeit
- Infrastruktur, Hochgeschwindigkeit
- Erfolg als Mißverständnis
- Mehrheitssituationen, Minderheitssituationen
- Mechanismen, Multiplikationen
- osmotischer Druck
- Improvisation ist Kultur der Erregung
- Allergien
- das öffentliche Bewußtsein
- das Außerliterarische, der Erfolg
- Boulevardpresse, Lesermasse
- Mehrstöckigkeit eines Projektes
- blinde und dunkle Öffentlichkeit
- das telegene Minimum
- Transportmethoden, das Buch, die Person

Ausgangssatz:
„Schön ist es, zusammen mit Wolfgang Hilbig hier in Bremen zu sein … Auf der Buchmesse habe ich ihn kennengelernt und bewundert, weil er einer war, der sein alltägliches Schrittmaß hat bewahren können im großen Rummel … Ich danke Ihnen für diesen Preis.“

Hilfsmittel:
6 dl Kaffee, 3 dl Weißwein

2. Die Rede
(Aufnahme Radio Bremen)

Meine Damen und Herren, meine Überlegungen schließen an an jene von Wolfgang Hilbig.

„Ich stehe vor Ihnen als Profiteur dieses Betriebs“

Ich bin, insbesondere in der Schweiz, in kurzer Zeit hochgespült worden durch diese Mechanismen und habe Etappen zurückgelegt, für die andere Autoren wahrscheinlich mehrere Bücher, mehrere Jahre benötigen – Seit

das Buch erschienen ist, im September, und ich auf Lesereise durch Deutschland und durch die Schweiz tingele und dabei eine sehr hohe Dosis Menschen Gesichter Situationen gegenüber habe, habe ich mich entschließen müssen, nichts festzuhalten, die Dinge vorbeiziehen zu lassen – Hauptstrategie dabei ist es, nicht in eine Art Verkrampfung zu verfallen, denn sobald ich an einem Ort länger verweile, Wolfgang Hilbig hat es eben beschrieben, läutet das Telefon nur noch – Es herrscht ein osmotischer Druck – Interessant war es mitzuverfolgen, wie ein Buch, das auf Mehrstöckigkeit angelegt ist, durch diese Medien und die Betriebswelt transportiert wird – Meine Erfahrung ist die, daß sich das Wesentliche nur in Minderheitssituationen abspielt, daß Mehrheitssituationen eigentlich unliterarisch sind – Ein literarisches Klima, eine Art Gedankenfluidum ereignet sich bei Lesungen beispielsweise nicht bei über fünfzig Personen – Über hundert Personen sind bereits eine Lesermasse, diese hat etwas sehr Unliterarisches an sich – Regungen pflanzen sich tierisch fort, Schnaufen, Grunzen, Gelächter pflanzt sich von hinten nach vorne undsoweiter – was mir oft unheimlich vorkommt –
Die besten Transportmöglichkeiten haben mir die dunklen oder blinden Medien geboten, solche wie das Radio und insbesondere die langsamen Gefäße, die zweiten und dritten Programme, wo einem der Sprechrhythmus nicht gebrochen wird, wo es keine Sendeseqenz gibt, die eingehalten werden muß, keine Siebenwort- oder Dreizehnwortsätze – wo die Mehrstöckigkeit eines Projektes auch übertragen werden kann – Schlechte Erfahrungen habe ich mit der Boulevardpresse gemacht und mit jederlei von Verkürzungen – da wird ein ganzes Gebilde auf ein telegenes oder pointiertes Minimum reduziert – wenn mein Buch im „Blick“, was das Pendant ist zur Bild-Zeitung in der Bundesrepublik, vorkommt, wird es reduziert auf den Verkaufserfolg – Der Autor wird dann zum Junggenie gemacht, zum Boris Becker der Schweizer Literatur – Nach vier Wochen konnte man bereits das Wort Star, Jungstar, Literaturstar lesen – diese Superlative haken sich fest – was wiederum Leute anzieht zu einer Lesung, die den Hauptgedankenschritt und die Hauptübersetzung, die ein literarischer Text verlangt, gar nicht nachvollziehen können – Da wird dann nämlich das literarische Ich für ein autobiografisches Ich gehalten – Da sind euphorisierte Massen, die mir erklären, ich hätte meine Frisur etcetera schön beschrieben – der Wettermacher wird für einen Hauptroman gehalten – Ich halte mich zunehmend an die wenigen – es sind dies ein paar Buchhändler, die auch Minderheitssituationen zu veranstalten verstehen, die bei Lesungen ein Klima erzeugen, wo das Gespräch stattfindet – Für mich heißt das Problem nicht eigentlich Literaturbetrieb, es heißt Öffentlichkeit – Es ist diese Art der Multiplikationsprozesse – Es sind eigentlich Multiplikationsorgien – Die Identität, die man als Autor hat, ist die eines Hochgeschwindigkeitsautors – Man lebt wesentlich durch die Infrastruktur, etwa mit den Schnellbahnen – und ich versuche mir vorzustellen, wie derselbe Erfolg vor fünfzig Jahren ausgesehen hätte, ohne Telefon und ohne Faxgeräte, ohne ständige Erreichbarkeit, ohne diese wildwuchernden und eigentlich exponentiell anwachsenden Koordinierungsmöglichkeiten, die der Betrieb, oder besser, was Öffentlichkeit sein soll, zur Verfügung hat – Erlebt habe ich in der Schweiz, wo es mehrere junge Autoren gibt, daß sich, was Öffentlichkeit sein will, nur auf *einen* eingespielt hat – Ihm werden sämtliche Kanäle zugeführt – Die junge Stimme wird gelockt – Die Suchtgefährdung ist sehr hoch – Erfolgreiche Autoren erkennt man daran, daß sie nur noch monologisieren – Wichtig finde ich, daß man der Öffentlichkeit ein eigenes System entgegenhält – Öffentlichkeitsallergien sind sinnvoll – Ich selber kann den Situationen nur mit Ironie begegnen, mitunter mit Sarkasmus –

„Schön ist es, zusammen mit Wolfgang Hilbig hier in Bremen zu sein – Auf der Buchmesse habe ich ihn kennengelernt und bewundert, weil er einer der wenigen war, der sein Schrittmaß nicht geändert hat im großen Rummel drin und sich so etwas wie Ruhe bewahrt hat – Unverrückbarkeit – Ich danke Ihnen für diesen Preis.“

Foto: Isolde Ohlbaum

Ein gewichtiges neues Talent

Was der junge Autor Peter Weber (Jahrgang 1968) mit dieser Ich-Figur zustande bringt, ist außerordentlich. Er läßt sie ein erfindungsreiches *und* existentiell verbrieftes Romangebilde herstellen, einen weiten Spielraum, in dem es Platz hat für ein Universum. Da ist in der Ostschweiz das Toggenburg, ein scheinbar gewöhnliches Tal, in dem aber Erdteile, Amerika und Afrika, aneinanderstoßen und in dem Flüsse – die Thur, der Necker – fließen, die Anschluß haben ans Meer ..., in dem Zeiten zusammenstürzen vom Urmeer über die Epochen Zwinglis, der Fabrikanten und Heimarbeiter bis zur Gegenwart der begradigten Straßen, der Garagen und Antennen. Es hat Platz für Familien- und Selbsterforschung, für Gedankenverknüpfungen aller Art, für selbsterfundene Mythen von trinkenden Riesinnen und schlanken Wettergöttern, von überlieferten Sagen und von Vorstellungen, die das Ich etwa mit dem Etruskischen oder dem Arabischen verbindet und auf seine Landschaft überträgt.
Peter Weber verleiht seinem Helden so etwas wie ein Zeitauge. Damit eignet er sich *sein* Toggenburg an: in Beschreibungen der Jetzt-Zeit, vor allem aber in Durchleuchtungen all der Schichten der Vergangenheit, der fünfziger und vierziger Jahre der Eltern, des 18. und 19. Jahrhunderts der Vorfahren, des Mittelalters der Klöster. Vor diesem Auge lösen sich Wände auf, feste Tatsachen, feste Figuren, feste Normen und Normalitäten. Was immer kompakten Raum und dicke Tatsächlichkeit beansprucht, wird in ein verflüssigendes Element getaucht, das Zeit heißt, Geschichtlichkeit und Phantasien davon.
„Zeit Zeit Zeit“, das ist die Devise.

Peter Weber

Wie der Wettermacher eine Stunde Morgen trank

Unsägliches geschieht heute morgen im Hauptbahnhof Zürich, als die Sonne sich daran macht, aufzugehen. Winterzeit wechselt auf Sommerzeit.
Ich erkletterte – da der Bahnhof die Tore dicht hielt – über Gerüste das Dach, Träger und Verstrebungen, schwang mich zu den Bahnhofsuhren vor, griff durch das Glas und stellte Uhr um Uhr eine Stunde vor.
Trank eine Stunde Morgen:
Im April, da dauert eine Stunde eine Ewigkeit.
Im April, da dauert eine Stunde zehn Sekunden.
Im April, da gibt es nichts als Augenblicke.
Im April, da geht mir eine fette Stunde Zeit ins Netz.
Im April wird eine Morgenstunde weggesteckt, verschluckt, getrunken.
Hatte Gold im Mund, reines Gold.
Vertrieb mir die in die Länge gezogene Zeit im Dachgebälk des Hauptbahnhofs, kam Spatzen, Tauben, Fledermäusen und den verschiedensten Ideen, Vorstellungen und Konstruktionsplänen, die in der Luft lagen, in die Quere, turnte nicht ganz stilsicher, aber teilnahmsgeladen im Überbau herum, der Hut saß wie angegossen.
Machte zwischen Bestehendem und Geplantem keinen Unterschied, machte in der Zwischenzeit an geplanten Verstrebungen die Glocke, läutete den Morgen ein, höckte mich zur großen blauen, noch blinden Anzeigetafel, sah ein unbelebtes Reich unter mir und konnte mich Allmachtsphantasien nicht erwehren:
Der Wettermacher August Abraham Abderhalden, geboren am ersten April neunzehnhundertsiebzig, über Umwege in die Landschaft Toggenburg gelangt, dort ungefragt eingepflanzt nach allen Regeln der Kunst, ausgestattet mit mehrerlei Geschlechtern und keinerlei Geschlechtstrieb, ausgestattet mit mehrerlei Sinnen und allerlei Gefühlen, beschloß am heutigen Sonntag, dem ersten April neunzehnhundertneunzig, anläßlich seines zwanzigsten Geburtstags, in der Zwischenzeit zwischen Winterzeit und Sommerzeit, als er sich im ersten Licht ins Zentrum der Zeit und somit hinter die Zeit gesponnen hatte, spinnengleich im Verkehrsnetz hockte und auf Beute lauerte, beschloß, die Landschaft Toggenburg, seit Menschengedenken unter der Allmacht der vier Jahreszeiten und dem vom einen Ende bis ans andere reichenden Himmelszelt stehend, von Sonne und Mond regiert, von der Wettermacherin Ana ins Lot gerückt, danach unter die unselige Herrschaft des abendländischen Glaubens und Meinens geraten, das sie ungefragt in zwei Lager aufspaltete, beschloß, die Landschaft Toggenburg, die sich verselbständigt hatte, indem sie Tuch wob und Fäden spann, beschloß, die Landschaft Toggenburg, in der wiederholt das goldene Zeitalter ausgerufen worden war, bevor sie sanktgallisiert wurde und somit zunehmend verschweizerte, beschloß, die Landschaft Toggenburg, die sich nach dem Zweiten Weltkrieg von der im Überfluß ersaufenden Schweiz von allerlei Gleichmachereien überdüngen ließ, beschloß, die amerikanisierte, japanisierte, aber etruskisch aufgefrischte Landschaft Toggenburg in Wasser, Wind und Wetter aufzulösen. [...]

Aus: Der Wettermacher. Suhrkamp Verlag, Frankfurt/Main 1993, S. 268-270

Peter Weber

1968 Wattwill/Toggenburg

Aufgewachsen im Toggenburg, „wo ich eine schwere Überdosis Natur mitbekommen habe“ (P.W.). Nach der Schule mehrere Jahre in Zürich. Seit 1992 mit einem Generalabonnement der Schweizerischen Bundesbahn viel unterwegs. Als Musiker (vornehmlich am Klavier) in der Free-Jazz-Szene beheimatet.
Preise: Literaturförderpreis der Jürgen-Ponto-Stiftung (1993); Literaturförderpreis der Freien Hansestadt Bremen (1994).
Werk: Der Wettermacher. Roman. 1993.

Foto: Isolde Ohlbaum

„Ich lege Zeit auf dem Tisch quer“, sagt das Ich im Keller. […]
Der Wettermacher zerreißt die Watte mit blitzenden Einfällen, scharfen Skizzen, glänzenden Geschichten. Die Landschaftsvision verbindet er mit viel Erzählmaterial zur Kurzweil der Leser. […]
Dieser Erstling, der überzeugendste hierzulande seit manchem Jahr, ist ein Wurf. Poesie und Kritik, Imagination und Analyse halten sich in der beweglichen Romanmontage die Waage. Endlich tritt neben die bewährten Schreiber der fünfziger und sechziger Jahre und nach dem Verstummen so mancher Autoren der siebziger Jahre ein gewichtiges neues Talent.

Beatrice von Matt in der Neuen Zürcher Zeitung vom 1. Oktober 1993

Was zählt

Wenn ich die Rübe auf den Tisch gelegt
Sind alle andern Rüben weggefegt
Egal wie man dann wählt

nur meine Rübe zählt

Reinhard Lettau. Aus: Renovierter Rixdorfer Rübezahl. Ein Leporello und vier Riesenholzschnitte aus der Werkstatt Rixdorfer Drucke. 5 Vierzeiler von Reinhard Lettau – mit Holzschnitten von Uwe Bremer, Albert Schindehütte, Johannes Vennekamp und Arno Waldschmidt. Merlin Verlag, Gümse 1996.

REINHARD LETTAU

Bremer Literaturpreis 1995 für „Flucht vor Gästen", Carl Hanser Verlag, München 1994

Sibylle Cramer

Hiob in der Tinte

Reinhard Lettau und Wilfried F. Schoeller. Foto: Sybille Kornemann

[...] Lettau erzählt die Geschichte einer Heimkehr. Ein gebürtiger Erfurter kehrt mit seiner Frau nach Deutschland zurück. Die ersten Sätze des Romans melden seine Annäherung an den niedersächsisch Flecken Gümse, der letzte Satz seine Flucht, noch bevor er angekommen ist. Aber wenn man den Schreibkalender genau studiert, entdeckt man, daß zwischen Annäherung und Flucht ein Jahr des Lebens und Schreibens liegt. Der Schreibende freilich annulliert den Aufenthalt und berichtet statt dessen über sein geselliges Leben ganz im allgemeinen, über Familie, Nachbarn, Freunde und seine Kollegen an der kalifornischen Universität, an der er jahrzehntelang als Professor lehrte. Eine kriegerische Geselligkeit, wie sich herausstellt. Seine Kollegen wurden zu Feinden, seine Nachbarn vertrieben ihn aus seinem Haus, sein bester Freund ist tot und die Übriggebliebenen sind im besten Fall seine Gastgeber oder im schlimmeren Normalfall seine Gäste. Deren Manieren, ihr lautes Treiben gehen ihm auf die Nerven.

Er führt Klage über sie – doch genau besehen, hat er gar keine Gäste. Der einzige Gast, auffällig unauffällig anwesend, erweist sich als segensreiche Fee in den Nöten des Alltags. In Wahrheit sind seine Klagen über Gäste Erinnerungsscherben wie der Töchterkatalog, Scherben zerbrochener Geselligkeit und Teil einer jammervollen Gedächtnisarbeit, die verlorenes Leben zurückholt. Das Erinnerungsmaterial ist zerbrochen. Aber die Trümmer setzen sich zu einer Spiegelfläche zusammen. Darin wird der Erzähler sichtbar.

Ein Bild des Jammers, er geht auf die siebzig zu und ist von Gebresten geschlagen, Atembeschwerden, Augenschwäche, Schreibkrise und namentlich Stimmungsschwankungen, deren Behandlung unweigerlich zu Schlaflosigkeit führt. Die Zähne sind hin, der Körper von Operationen zermürbt, jetzt auch wieder, der Chirurg steht mit dem blanken Messer an seinem Bett, gleich beginnt die Rückenoperation, da kündigt ihm die Hausbesitzerin in Gümse.

„Meine Nächsten haben sich entzogen, und meine Freunde haben mein vergessen. / Meine Hausgenossen und meine Mägde achten mich für fremd; ich bin unbekannt geworden vor ihren Augen (...) Mein Odem ist zuwider meinem Weibe, und ich bin ein Ekel den Kindern meines Leibes. / ... Alle meine Getreuen haben einen Greuel an mir; und die ich liebhatte, haben sich wider mich gekehrt. / Mein Gebein hanget mir an Haut und Fleisch ... Ach, daß meine Reden geschrieben würden! ach, daß sie in ein Buch gestellt würden!"

Seine Reden wurden aufgeschrieben. Hiob, der hier klagt, ist längst unsterblich, unsterblich geworden als Figur der Bibel und der Weltliteratur, die seine Gottverlassenheit ins Weltliche wendete und seine Klagekunst dem Erzählen als Methode einverleibte. Jetzt banalisiert Reinhard Lettau das existenzielle Thema auf kunstvolle Weise. So verwandelt sich der Tragiker Hiob in eine Figur katastrophischer Komik, nämlich den neuzeitlichen Künstler. Der gottesfürchtige Hiob des Alten Testaments steht mitten im Leben vor einem göttlichen Gericht. Aber sein Prozeß ist nichts weiter als ein höherer Jux, den er einer Wette Gottes mit dem Satan verdankt. Lettaus Hiob hingegen verstrickt sich in der Nachfolge der Figuren Kleists und Kafkas in einen nach irdischem Muster inszenierten metaphysischen Prozeß gegen die menschliche Kreatur. Seine Plagen kommen nicht von oben, sondern von innen. Das Klagekunstwerk spricht nicht mehr mit Gott, sondern mit dem Menschen und gewinnt seine Wahrheit in einem Selbstverhör. Hiobs Prozeß verwandelt sich in einen Selbstprozeß, den der Zweifel steuert und das Gewissen entscheidet mit der Scham als letzter Instanz, wie bei Kafka. Da Reinhard Lettau am Werk ist, ist es ein hinreißend komischer Prozeß. Daß Hiob in der Bibel eigentlich auf einem Misthaufen sitzt, erfährt man aus der Lutherbibel nicht, wohl aber in der lateinischen Bibelübersetzung und, indirekt, bei Lettau.

Der zeitgenössische Hiob sitzt rettungslos in der Tinte, denn er muß seine Klage selber aufschreiben. Das reicht als Plage, denn: Leib und Sinne arbeiten mit, wenn Kunst entsteht, als Sensibilität. Gemüt, Gefühl, vor allem die Nerven sind produzierende Faktoren und Krisenherde. Seine Klagen über Gäste treffen als Beobachtung menschlicher Rücksichtslosigkeit zu. Zugleich summieren sie sich zu einer Geschichte künstlerischer Empfindlichkeit. Das hypochondrische Reizgeschehen treibt den Schreibenden in die menschliche Isolation, unerträglich. Aber von dieser Empfindlichkeit lebt er als Künstler. Sie diktiert ihm das Buch. Er weiß es und geht darum gnadenlos mit sich selbst ins Gericht. In Wahrheit ist ihm auf dieser Welt nicht zu helfen. In Wahrheit sehnt er sich schreibend nach den Menschen und unter ihnen lebend nach der Kunst.

„Hinwegeilend stehenzubleiben", das ist die paradoxe Formel Lettaus für die prekäre Komik eines erwünschten Unglücks und für die grundierende Angst seines Hiob, den letzten Menschen zu verlieren, der ihm die Treue hält: seine Frau.

„Flucht vor Gästen" ist ein Selbstportrait des Künstlers als verlassener Mann vor leerem Familienbild und leerem Gesellschaftsbild. Der Klassizist Thomas Mann verstand diese Einsamkeit noch elitär und adelte sie. Lettaus komische Notfigur hingegen hat einfach bloß die eigene Natur am Hals und als Intellektueller die Geschichte des 20. Jahrhunderts vor Augen.

Nach dem deutschen Faschismus als einer Katastrophe auch der Geistesgeschichte ist es aus mit dem ‚Adel des Geistes«, von dem Thomas Mann noch im Jahre 1945 faselte.

Aus der Laudatio vom 26. Januar 1995

Handschriftliches Manuskript Lettaus aus dem Nachlaß

Reinhard Lettau

Der wahre Zauberer

Sehr geehrte Damen und Herren,
der wahre Zauberer erscheint nicht vor rotem, sich öffnendem Vorhang, nichts entflattert der plötzlich geöffneten Hand, keine zersägte Person verneigt sich später lächelnd in einem Stück.

„Ärgerlich ist", versetzt er, „die gedachte Welt der Kollegen! Wäre nicht der von hier aus geschleuderte Ball, der dort, statt unterwegs zu verschwinden, eintrifft, willkommen? Sollte der Umstand, daß der Krug, den ich hier niedergestellt, allen Beschwörungen zum Trotz fest verankert auf seinem Platze verharrt, keine Quelle des Trostes sein? Und daß, wenn aus ihm Wasser fließt, aus ihm Wasser fließt? Er leer ist, wenn er leer ist? Die Gegenstände sich nicht frech auflösen: ihre schöne Begrenzung bewahren? Dürften nicht schon vorm Anblick des Löffels, wenn man ihn betrachtet, alle Fragen erstarren? Fremde Wünsche entfliehn?"

Demnach bittet der Zauberer die in der Nähe befindlichen Personen, ihm in die leere Tasche zu greifen. Bald kehren diese zu ihren Plätzen mit der Beobachtung, die Tasche sei leer, zurück. Nun schlägt sich der wahre Zauberer mit der Hand auf die leere Tasche und ruft hinzu: »Bleibe leer!« Die anschließende Untersuchung der Tasche ergibt, daß sie leer ist.

„In dieser Hand", ruft nun der wahre Zauberer, „halte ich die Tasse!" Er läßt die mit bunten, saftigen Früchten bemalte, innen vergoldete Tasse anfassen. Sie wird an die Lippen gehoben. Nachdem die Tasse unter ernstem, zögernden Nicken zurückgereicht wurde, erklärt der wahre Zauberer, daß er die Tasse nun zu Boden fallen lassen und sie hierbei in mehrere Stücke zerspringen werde. Ein hinten im Saal von seinem Stuhl sich erhebender Sektierer, dem man trotz herbeispringender Eile den Mund nicht mehr zuhalten konnte, trägt mit zur Hand geneigtem Kinn den Wunsch vor, die Tasse möge unbeschädigt vom Boden wegprallen: „Wir wollen, daß die Tasse ganzbleibt!"

„Sollen wir sie dann lieber nicht gleich", spottet der Zauberer, um seine Rührung zu verbergen, „als entferntes, stilles Ballett nebeneinander hüpfen, als Stoßgeier fortfliegen lassen? Sind uns diese Sachen nicht schon länger bekannt?" Dann erhebt er die Tasse, zeigt sie noch einmal, läßt sie los, sie zerspringt am Boden, der Zauberer verneigt sich, Applaus: etwas, für das es keine Erklärung gibt, ist geschehen.

„Befindet sich", ruft der wahre Zauberer nun, „hier zufällig eine Dame, die es mir gestatten würde, sie zu zersägen, dergestalt, daß sie danach zersägt wäre?" Es meldet sich nun aber keine Dame; Verlegenheit im Publikum. Der Zauberer, betrübt, läßt sich in eine Kiste legen, die von den Assistenten mit sieben Schlössern verschlossen wird. Nun warten die Zuschauer, daß er aus der Kiste herauskomme. Dies geschieht nicht, und je länger es nicht geschieht, desto seliger das Publikum über diesen Triumph der ihr Recht wieder behauptenden Natur, desto treuer verehrt es das Andenken des in seinem Gehäuse vibrierenden, dann still ruhenden wahren Zauberers.

Ich danke der Jury der Rudolf-Alexander-Schröder-Stiftung für den mir zuerkannten Preis, den ich nicht erwartet habe, da ich schon lange mich mit der Beobachtung abgefunden hatte, daß Bücher, die man auszeichnet, schwerer sind als meines, wenn man sie nach Hause trägt. Ganz empfindlichen Dank!

Foto: Marianne Fleitmann

Zu Gast in Bremen …

Sind Sie bei Freunden zu Gast?

Nein, leider nicht, sondern im Hotel. Nach 38 Jahren Amerika und Frankreich ist man maßlos verwöhnt. In Westdeutschland ist es ja so, da ist ein Hotel, aber die Tür geht nicht auf. Das ist unvorstellbar. Man muß erst klingeln und dann wird man auch nicht reingelassen, man muß erst noch den Namen sagen, wahrscheinlich, damit der Serbe sich nicht reinschleicht. Ich hab dann nachgefragt bei der Rezeption, und man hat mir geantwortet: „Aber es kann doch nicht jeder reinkommen.“ Aber das ist doch die Idee von einem Hotel.

Und das ist in Amerika anders?

Amerika ist viel zivilisierter. Westdeutschland kommt mir da völlig unzivilisiert vor. Es hat durch den Faschismus das Bürgertum verloren. Und jetzt gibt's nur zwei Gruppen, Cretins und Neureiche. Aber ein Bürgertum existiert überhaupt nicht. Und die Proletarier sind offenbar auch ausgestorben. Aber wir sind ja selbst schuld; gegen das Bürgertum sind wir 25 Jahre angegangen.

Interview (Auszug) mit Susanne Raubold, in: taz/Bremen vom 25. Juni 1996 / Erstdruck 1995

Foto: Isolde Ohlbaum

Reinhard Lettau

Ziegenböcke, Buntbärte, Waldmenschen

[…] Beim Anblick der Gäste, wenn sie vor der Türe erscheinen, braucht man Überraschungen nicht zu befürchten, man lud sie ja ein, kannte sie also. Dennoch ist es immer wieder erstaunlich, zu beobachten, wie schlecht sie insgesamt aussehen. Zwar hat man sich dazu überredet, von Menschen, bei denen die Natur sich Freiheiten erlaubte, die ihnen Nachteile einbrachten, an anderer Stelle entschädigt zu werden, aber bei meinen Gästen läßt nichts, was sie vortragen, ihren Anblick vergessen. Solche Hemden streifen sich Religionsstifter über, Violonisten. Wer sich so kleidet, hat sich beurlaubt von den Kümmernissen der Welt.
Schilderte man die Ankunft der Dame im weitrandigen Gärtnerinnenhut, wie sie, unterwegs zur Treppe, einen Fuß vor den anderen setzt, dann könnte hieraus geschlossen werden, alles andere sei in Ordnung gewesen. Aber schon neben ihr, frisch aus dem Forst, tastet sich eine Jägerin die Treppe empor, an der Seite eines Schottischen Königs, in Wirklichkeit nur Professor der Ethnologie, später wimpernlos, Nußknackerlächeln, hochgeschwungene, feuchte Stirn, eine Philologin, die gemeinsam mit ihren Studenten im Seminar Filme betrachtet, die sie in anschließenden Diskussionen günstig beurteilt, in hautengen Hosen, aus denen sie platzen, zwei Dichter, die sich gegenseitig gern übersetzen: Ziegenböcke, Buntbärte, Waldmenschen, von denen einer weitere Glieder seiner Familie

stets bei sich führt, die in der Halle umständliche Erklärungen, ihre Herkunft betreffend, abgeben, während die andern Gäste unbegrüßt hinter meinem Rücken die Räume prüfend durchstreifen, hier und dort, manchmal dampfend in Lederjacken, die sie nicht abgelegt haben, schon Möbel besetzend, auf die sie sich, ohne Rücksicht auf deren Belastbarkeit, krachend niederlassen, mit Handtaschen, die groß sind, den Eßtisch belegen, schon Brot zerkrümelnd zu Skulpturen formen, alle auf einmal redend.
Es stellen sich traurige Fragen. Könnte es sein, daß ich Gäste nicht mag? Wie habe ich es überlebt, so viele Jahre, mit so häßlichen Gästen?
Natürlich ist mir bekannt, daß die Klagen über die Gäste, von mir ausgehend, auch mich treffen als den, der sie ins Haus ließ. Und sogar noch dieses Geständnis zeugt gegen mich als den, der nun für schärfere Klagen das Feld vor sich freigeräumt hat, ist doch von dem, was ich melde, nachprüfbar nur, daß ich es melde, zeigt also auf mich als den, der es meldet, und dann noch meldet, daß er es meldet, also es gibt für mich kein Versteck, ich kann mich nicht mehr verstekken. Selbst die Erfindung eines gut aussehenden Gastes beschriebe nur mich als den Narren, der scheitert beim Versuch, andere glauben zu machen, es gäbe dergleichen. Veilleicht ist es so, daß es gut aussehende Gäste nicht gibt, vielleicht sind gut aussehende Gäste nur schlecht aussehende Gäste, an die man sich gewöhnt hat, vielleicht gibt es gut aussehende Gäste nur in glücklichen, anderen Ländern, vielleicht halten sie sich bei uns tagsüber versteckt und schwärmen erst nachts aus, wenn wir schlafen, vielleicht sind wir der einzige gut aussehende Gast, den kein anderer einlädt?
Was die zweite Frage angeht, so gewöhnt man sich entweder an die Gäste, dann freut man sich auf einen glücklichen Abend mit glücklichen Menschen, oder man tritt ein Leben als Einsiedler an. Ich selber warte immer noch, ob mir die Gäste nicht eines Tages gefallen, d.h. ich habe die Beurteilung der Gäste sozusagen verschoben bis zu dem Augenblick, wo ich aufstehen könnte und sagen: Zumindest dieser Gast hier gefällt mir! Inzwischen, während ich warte, dachte ich, beobachte ich die Gäste, vielleicht bessern sie sich? Weniger traurig, könnte man die Gäste, in den Keller gelockt, mit Hilfe kräftiger Gärtner in Livreen stecken und oben servieren lassen. Auch könnte man beim vom Fenster aus beobachteten Nähertreten der Gäste auf das Haus zu in einen früher ausgebauten Geheimgang flüchten, der uns im hinteren Garten, geschützt durch den Werkzeugschuppen, ans Tageslicht zum dort beim Zaun versteckten Wagen führte und weg in die Berge: gewünscht, geplant, oft ausgeführt. […]

Aus: Flucht vor Gästen. Hanser Verlag, München 1994, S. 10-13

Früher konnte man auf einer Reise noch vom Blitz erschlagen werden. Bei einem Sturm wurde man unter Bäumen zerquetscht, ertrank im plötzlichen Hochwasser oder, wenn man sich etwas anstrengte, verdurstete man. Solche wunderbaren Sachen gibt es heute nur selten. Glücksfall, vom Bär, wie im Märchen, zerrissen zu werden! Aufrecht wie eine Kerze im Sumpf zu versinken! Statt auf einem Feld zu erfrieren, erstickt man daheim am Mangel von Luft, Wasser, Erde. Todesursache ist nicht deren Macht, sondern Ohnmacht, bald stirbt noch das Feuer an uns.

Aus: Zur Frage der Himmelsrichtungen. Hanser-Verlag, München 1988

Deutsche sind enthemmt …

Herr Lettau, Ihr neues Buch „Flucht vor Gästen" ist eine sehr höfliche Klage über die Unhöflichkeit der Deutschen. Sind die Deutschen vor allem unhöflich?

Ja. Die Westdeutschen übrigens mehr als die Ostdeutschen. Es gibt im Westen seit 1968 eine Fetischisierung von Ehrlichkeit zuungunsten der Manieren. Vielleicht liegt es auch daran, daß man sich die bürgerlichen Freiheiten und Werte hier nie erkämpft hat. In Frankreich und auch in Amerika haben sich diese Werte erhalten und werden geschätzt. Deutsche sind enthemmt.

Muß man nicht unterscheiden zwischen Höflichkeit und Manieren. In der Höflichkeit steckt doch auch ein gut Teil Lüge?

Diese Lügen gefallen mir. Ich wünschte, hier würde mehr gelogen. Die Wahrheiten, die man hier hört, kannte man vorher.

Viele sind unhöflich aus Angst, nicht authentisch zu sein, wenn sie sich an Umgangsformen halten.

Korrekt. Das ist eine deutsche Angst. Spiel, Ritual, Zeremonie sind tabuisiert, besonders das Militär. Etwas ästhetisch zu betrachten ist verpönt, ist fast subversiv. Dabei sehen Soldaten besser aus als der Rest der Bevölkerung, weil sie bei der Auswahl von Kleidung und Frisur ihren Geschmack nicht durchsetzen konnten. […]

Doja Hacker im SPIEGEL-Gespräch (Auszug) mit R. L., in: DER SPIEGEL 3/1995

Berstend vor Witz

Reinhard Lettau ist zweifach zurückgekehrt. Erstens, nach Jahrzehnten eines freiwillig-unfreiwilligen Lebens in den USA, in Fleisch und Blut, und zweitens, endlich wieder, mit einem neuen Buch, „Flucht vor Gästen", das er einen Roman nennt, obwohl es gerade 92 Seiten dick ist. Es ist tatsächlich umfangreich genug, da kaum ein Leser nicht das Bedürfnis haben wird, es sofort nochmals zu lesen. Mit dem dritten Mal, zu dem es gewiß auch noch kommt, ist „Flucht vor Gästen" 282 Seiten dick. Ein Roman. [...]

Wir haben in Deutschland bekanntlich eine etwas schwerblütige Literaturtradition. Wo andere einen Don Quixote haben, einen Rabelais oder den plattnasigen Tristram Shandy, sind wir mit unserem Faust geschlagen. Grimmelshausen, der unser Cervantes hätte werden können, galt zu seinen Lebzeiten als ein pöbelhafter Vagant, und er ist das für viele bis heute geblieben. Zu weit „unten", um „gut" sein zu können. Selbst wenn die Zeiten in Hochform sind, ist unser Drängen nach einer erhaben-diffusen Bedeutsamkeit manchmal schwer auszuhalten. Dieses Hochschauen in Himmelsregionen, wo niemand Geld verdienen muß und keiner Durchfall hat.
Wenn gar, wie jetzt, die Zeiten beklemmender werden, feiern die Ganztiefdenker Urständ, daß es nur so kracht. Ernst Jünger – an die Salutschüsse zu seinem Hundertsten wage ich gar nicht zu denken. Sogar dem intelligenten Botho Strauß scheint es nichts auszumachen, zur Ikone der intellektuellen oberen Zehntausend zu werden, die ihre Krummrücken gern mit einem neuen Nationalempfinden straffen möchten. „Deutsch", das gute liebe alte Wort: Schon klingt es zuweilen wieder, als habe Richard Wagner jr. es instrumentiert und Speers Enkel ihm ein Haus gebaut.
Auch Reinhard Lettau ist „deutsch": in seiner Sprache, in seiner Tradition, sogar in seinem Ordnungssinn. Allerdings, wenn Schriftsteller ein Gegenteil haben könnten, wäre er wohl das Gegenteil von Botho Strauß. Er gehört zu jenem andern Traditionsstrom Deutschlands, der immer etwas weniger breit als das große nationale Geschäume floß und stets auch weniger Schwimmer anzog. Ich meine – Büchner! Heine! Kafka! – jene vielen Dichter und Schriftsteller deutscher Zunge, die immer wieder an den Rand gedrängt blieben, weil sie zu kosmopolitisch, zu radikal, zu leicht, zu ironisch, zu jüdisch, zu gescheit, zu frech, zu aufmüpfig, zu deutlich, zu unglücklich waren: und eigentlich immer mit jener *raison* verbunden, für die der wunderbare Diderot steht. Sie litten an den (politischen) Verhältnissen *und* verfügten über das Göttergeschenk eines Humors, der zum einen Teil die Not des Bestehenden abbildete – dies durchaus unfreiwillig –, zum andern aber utopisch ahnen ließ, wie dieses Deutschland hätte sein können, wenn es nur überall so leicht, so tolerant, so klug und so menschlich gewesen wäre. Wolfgang Hildesheimers „Nachrichten an Max" etwa – um einen zeitgenössischen Verwandten zu nennen – liest sich wie eine um ein paar Jährchen ältere „Flucht vor Gästen".
Die Welt brennt, und *eine* mögliche Reaktion darauf ist so ein Buch. Es birst vor Witz für den, dessen Welt auch in Flammen steht. Ein Schwerstverletztenhumor gewiß, einer auch, der seine Quellen oft in einer beachtlich großen Zwanghaftigkeit findet. „Lettau" ist einer, der das Obst in der Schale zurechtrückt, wenn ein Gast einen Apfel gegessen hat, oder das schräge Salz im Faß geradeschüttelt. Er versucht, diese an Karl Valentin gemahnenden Zwänge mit seinem Witz aufzuweichen und schafft das doch nicht ganz, weil das Zwangssystem eine Ordnung da immerhin vortäuscht, wo in Wirklichkeit das blanke Chaos herrscht. Auf so eine Beruhigung kann der Stärkste nicht verzichten, und schon gar nicht einer, der, wie „Lettau", nicht der Stärkste ist.
Wer beim Lesen von „Flucht vor Gästen", lachen muß, kennt das Gelächter des Schmerzes. Wer denkt, er könne dem Schicksal schon sein Schnippchen schlagen und unversehrt durchs Leben gehen, wenn er's nur richtig anstellt: Der wird an diesem Buch keine Freude haben.

Urs Widmer in DIE ZEIT vom 7. Oktober 1994

Foto: Isolde Ohlbaum

Michael Krüger

Grabrede für Reinhard Lettau

Jetzt, wo wir unseren lieben Freund nicht mehr sehen können, fallen uns die Bilder ein, die wir von ihm behalten haben. Es sind – über dreißig Jahre verstreut – viele kleinformatige Bilder von einer eigentümlichen Schärfe, die jedes Detail hervortreten läßt: der ein wenig schleppende, ein wenig tastende Gang, als müsse er mit jedem Schritt prüfen, ob die Erde tatsächlich festgefügt sei; die Eidechsen-Augen hinter der Brille, manchmal fast geschlossen vor lauter Erschöpfung, dann wieder, von einem Augen-Blick zum nächsten, hellwach und immun gegen jederlei Beeinflussung, die Augen eines klaren Träumers; die prächtigen Ohren unter dem Haarschopf, auf den er so stolz war, und die durchgedrückte Hand, mit der er die Haare an der Seite befestigte; sein weißer Sommermantel über dem Jeanshemd mit Druckknöpfen, sein graues T-Shirt, seine amerikanischen Schuhe, seine Uhr an der Kette, sein Gürtel: es gibt keinen anderen Freund, der sich so präzise über die Dinge und den Umgang mit ihnen beschreiben läßt wie Reinhard. Ich erinnere mich an einen Anruf aus San Diego, wo er mir mit tieftrauriger Stimme erklärte, er könne wegen eines schweren Verlusts nicht weiterschreiben. Was war geschehen? Er hatte seinen Lieblingsbleistift, den mit dem metallenen Schutz, einem Stück noch aus Erfurter Schultagen, verloren. Er weigerte sich, über diesen Verlust hinwegzukommen, und er weigerte sich, über etwas anderes zu reden: der kleine Bleistift mit der Metallkappe war in das mahlende Getriebe des Universums geraten und hatte es außer Kraft gesetzt. Nach einer Woche dann die frohe Botschaft, der Bleistift sei wieder aufgetaucht, nach einem langen Ausflug in den Garten, die Welt durfte sich wieder drehen. Der Lieblingsbleistift, die Lieblingstasse, der Lieblingslöffel: diese Dinge hatte Reinhard mit einer morandi-haften Aura versehen – und wehe, man nahm sie nicht wahr oder zerstörte sie durch tölpelhaften Umgang wie jene Besucher aus Deutschland, die die Ente vom Kaminsims nahmen, um ihre Echtheit zu prüfen: noch nach Jahren wurde auf dieses barbarische Verhalten angespielt. […]
Tatsächlich – und entgegen anderer Meinungen – arbeitete Reinhard immer. Aber die Verfertigung seiner hochartistischen Sätze brauchte Zeit. Ich sehe ihn – auch dies ein Bild – über seine Mappen gebeugt, über die gelben Papiere, die, mit vielen Farbstiften beschrieben, oft wie strategische Skizzen aussahen. Ich sehe ihn streichen, das Gestrichene mit Punkten wieder auflösen, ich sehe die oft englisch geschriebenen Befehle am Rand, Selbstaufforderungen, etwas noch knapper und eleganter zu formulieren. Ich höre seine bittende Stimme, noch im Umbruch etwas verbessern, Streichungen und Hinzufügungen vornehmen zu dürfen, als hinge sein Leben davon ab. Die vielen Briefe, die wir gewechselt haben, stehen alle unter der bittenden Überschrift, die vorliegende Fassung nicht als endgültig anzusehen. Die ganze Welt war für diesen begnadeten Baumeister eine permanente Baustelle, und er setzte alles daran, daß das Haus nicht fertig würde. […] Er hatte bei dem deutschen Emigranten Bernhard Blume in Harvard promoviert, den er mit Geschwätzigkeit nicht enttäuschen wollte. Nicht enttäuschen wollen – auch das war ein Antrieb für seine unendliche Penibilität. Aus Scham hat er viele Dinge nicht publiziert, aus Scham sind seine Texte immer kürzer geworden. Scham hatte er bei Kafka studiert. […]

Auszug. Aus: Freibeuter, hrsg. von Klaus Wagenbach u.a., Berlin, Band 69/1996

Ritter Lettau

Leise hatte er unter uns Platz genommen, nach seiner mehr als drei Jahrzehnte währenden Abwesenheit. Nach Studien in den USA 1967 wegen in Westberlin gemachter pressekritischer antiamerikanischer Äußerungen des Musterbrückenkopfs der westlichen Großmächte verwiesen, fand er als inzwischen amerikanischer Staatsbürger ausgerechnet dort Lohn und Brot, wohin seine Geißelungen gezielt hatten und wo er trotzdem dem alltäglichen Faschismus nachspürte. Denn er war nicht käuflich.
Die Rückkehr des 1929 in Erfurt geborenen 62jährigen Arbeitsemigranten ins Wendedeutschland geriet zu einer heiklen Odyssee, trefflich und nuancenreich beschrieben in seinem 1994 erschienenen schmalen und letzten Buch *Flucht vor Gästen* mit seinem subtilen Geflecht von Freundschaft und Feindschaft, samt deren merklich unmerklichen Umschlägen und Übergängen.
Lear Lettau hat polarisiert und die Quittungen entgegengenommen. Er war auf Vortürstühle abonniert, auf denen er zu sitzen verstand wie auf einem Thron.
Um so größer war seine Genugtuung, als er zu seinem 65. Geburtstag in die endlich gefundene standesgemäße Wohnung eines fast schon protzig zu nennenden Charlottenburger Mietshauses in der Mommsenstraße einladen konnte. […]
Fehlen wird der Ritter Lettau nicht nur denen, die ihn ob seiner Subtilität und Raffinesse liebten, sondern auch denjenigen, die seine geisthelle, scharfzüngige Gegnerschaft zu spüren bekamen.

Richard Pietraß in der Wochenzeitung Freitag vom 21. Juni 1996

Reinhard Lettau

10. 9. 1929 Erfurt – 17. 6. 1996 Karlsruhe

Foto: Isolde Ohlbaum

Nach dem Abitur 1949 Studium der Vergleichenden Literaturwissenschaft in Heidelberg und von 1951 bis 1957 an der Harvard University in Cambridge/Mass. (USA). 1960 Promotion in Harvard mit einer Arbeit über „Utopie und Roman"; die Urkunde überreichte John F. Kennedy. 1957-65 zunächst Assistant Professor, später Associate Professor am Smith College in Northampton/Mass. Verschiedene Gastprofessuren. 1965-67 als freier Schriftsteller in Berlin. Aktiv in der sog. Außerparlamentarischen Opposition (Apo). 1967 wurde der US-Staatsbürger L. wegen „Beleidigung eines amerikanischen Staatsmannes" in Berlin zur „unerwünschten Person" erklärt. Von 1967 bis 1991 Professor of Literature an der University of California in La Jolla/San Diego. Auch hier Engagement gegen den Vietnamkrieg und den „täglichen Faschismus" in den USA an der Seite der radikalen Studenten; fünfmal inhaftiert. Freundschaft mit Herbert Marcuse. 1979/80 Poetikdozentur an der Universität/GHS Essen. Mitglied des PEN-Zentrums der Bundesrepublik Deutschland und der Deutschen Akademie für Sprache und Dichtung in Darmstadt. 1991 Übersiedlung nach Berlin. Starb in Karlsruhe, unterwegs auf einer Lesereise, an einer Lungenentzündung, Beisetzung in Berlin.
Preise: Hörspielpreis der Kriegsblinden (1978); Arbeitsstipendium für Berliner Schriftsteller (1980); Berliner Literaturpreis der Stiftung Preußische Seehandlung (1994); Literaturpreis der Freien Hansestadt Bremen (1995).
Werkauswahl: Schwierigkeiten beim Häuserbauen. Geschichten. 1962. – Lachen mit Thurber (Hrsg.). 1963. – Auftritt Manigs. 1965. – Die Gruppe 47. Bericht, Kritik, Polemik. Ein Handbuch (Hrsg.). 1967. – Gedichte. 1968. – Feinde. 1968. – Täglicher Faschismus. Amerikanische Evidenz aus 6 Monaten. 1971. – Immer kürzer werdende Geschichten & Gedichte & Porträts. 1973. – Franz Kafka: Die Aeroplane von Brescia (Hrsg.). 1977. –Karl Marx: Love Poems (Hrsg., zusammen mit Lawrence Ferlinghetti). 1977. – Frühstücksgespräche in Miami. 1979 (auch als Theaterstück und Hörspiel, 1978). – Zerstreutes Hinausschaun. Vom Schreiben über Vorgänge in direkter Nähe oder in der Entfernung vom Schreibtisch. 1980. – Der Irrgarten. Geschichten und Gespräche. 1980. – Zur Frage der Himmelsrichtungen. 1988. – Flucht vor Gästen. Roman. 1994. – Alle Geschichten. 1998.
Über R.L.: Rüdiger Wischenbart in: Kritisches Lexikon zur deutschsprachigen Gegenwartsliteratur. München 1978ff.; Michael Krüger: Grabrede für R.L. In: Freibeuter Nr. 69 (September 1996), S. 117-120.

MARION TITZE

Förderpreis des Bremer Literaturpreises 1995 für „Unbekannter Verlust", Rowohlt Verlag, Reinbek 1994

Konrad Franke

Die Geschichte einer Befreiung

[...] Dieses Buch, das zu Recht auf jede Gattungsbezeichnung verzichtet, kennt kein Ziel. Einige Männer, einige Frauen werden lebendig vor unseren Augen, in unseren Gemütern. Das ist alles. Am Ende stehen Erzählerin und Lebensgefährte in der Halle eines Hotels auf dem Fichtelberg, dem höchsten Berg des Erzgebirges, draußen liegt Schnee, es empfängt sie ein Hotelier aus Schwaben.
Der letzte Satz ist eine Frage, an die Erzählerin gestellt. Sie lautet: „Nachts im Wald ist es doch schwer für die Tiere, meinst du nicht auch?" Diese Frage kennzeichnet den Fragenden, diese Frage zeigt aber auch das zuvor Erzählte in einer Nußschale. Nicht zu beschreiben, aber zu spüren ist die Angst, nicht zu erkennen, aber zu fühlen ist der Verlust.
Auch die Erzählerin des Textes erkennt den Verlust nicht so deutlich, daß sie ihn genau benennen, präzis schildern könnte. Sie geht um einige Männer und Frauen in engeren und weiteren Kreisen herum, sieht ihnen zu, hört ihnen zu, zeigt uns, wie sie lebten, zeigt uns wie sie leben, zeigt uns die Differenz, zeigt uns in der Differenz den Verlust.
Eine Sentenz hörten Bundesbürger, wenn sie in die DDR fuhren, oft, sie schloß in der Regel endlose nächtliche Vergleichs-Berichte ab, sie lautete: ihr Bundesbürger habt materiellen, wir haben seelischen Komfort. Marion Titze erinnert an diesen seelischen Komfort, sie analysiert ihn, in kurzen Absätzen, Erzählschüben, auf verschiedenen Erzählebenen. Der seelische Komfort zu DDR-Zeiten war, zeigt sie, erzwungen, er war: Notwehr gegen einen gemeinsamen Gegner. Als die Mauer fiel, wurde der Komfort Dekor, waren die unentwegt Wehrenden zu Verletzten, zu Kranken, fast zu Verlorenen geworden. Nur manche wurden Sieger.
Marion Titzes Buch ist ein Buch über die Leiden, die ausgehalten wurden, sich die Würde zu bewahren, es ist ein Buch über die Freuden der Leiden, die sich, nachdem der stille, zähe Widerstand gegenstandslos geworden war, in Schmerzen verwandelten. [...]

Reinhard Lettau, Senatorin Helga Trüpel und Marion Titze. Foto: Sybille Kornemann

Leichthin stellt uns die Erzählerin ihre Vorstellung des Verlusts vor Augen, es ist: die Zeit. Ihr ist Zeit verlorengegangen. Sie ist zu spät geboren, zu spät gekommen, sie ist dazu verurteilt, den Menschen und Dingen nachzueilen. Als die Erzählerin das Licht der Welt in der DDR erblickt, da ist diese Deutsche Demokratische Republik im Prinzip schon falsch fix und fertig, man mußte schon sehr schlicht oder aber sehr kompliziert denken, wollte man ihr helfen und einfach ein Blauhemd und ein froh entfaltetes Jugendleben brauchte sie nicht mehr. Als die Erzählerin mit der Mutter aus dem Dorf in die große Stadt, nach Berlin kommt, da läuft sie, schreibt die Autorin, wie ein „Tierjunges" hinter der

Mutter her. Und läuft sie nicht auch hinter Daniel, Joschko, Novalis, der Romantik, der Entwicklung in der DDR her, bewegt sie sich nicht hinter deren Rücken, in ihrem Windschatten?

Dieses Buch ist auch: die kompliziert verlaufende Geschichte einer Befreiung, einer Emanzipation eigener Art, an deren Ende Daniel vergessen ist und Hans in Wien entfernt bleibt und Joschko gesundet und Anna nach Amerika zieht und das eigene Glück wird gefunden dort, wo man einst auszog, das Fürchten zu lernen, im heimatlichen Gebirge.

Das klingt simpel, wird aber, wie die Kritiken des Buches zeigen, nur wenigen Lesern offenbar. Das Filmische des Schlußbildes überwältigt leicht und blendet: hier wurde kein Szenario geschrieben, keine Filmstory erzählt – hier wurde versucht, alles auf einmal zu sagen: wie das ist, das deutsche Leben nach der Wende, von Osten her betrachtet, was das ist, das verbliebene Eigene. Aus westdeutscher Sicht kommt die ostdeutsche Marion Titze auch da wieder zu spät: die Wende ist abgehakt, das Eigene wurde zur Einbildung erklärt, als Identitätsgefasel, als nervende Weinerlichkeit abgetan. [...]

Ostdeutsche haben ganz schnell Westdeutsche zu werden, das ist wichtig. Marion Titzes Erzählerin verweigert sich dem Ansinnen, sie beharrt darauf, zu werden, was sie vorher nicht werden konnte: ein freier Mensch, ein Mensch, der in der Zeit lebt, der unabhängig lebt, der seine Überzeugungen nicht verrät, der uns sagt: dieser Osten wird nie, wie wir hier im Westen uneingestanden und eingestanden wollen, dem Westen gleichen. Dieser Osten wird anders bleiben. Er wird sich ändern und wir uns mit ihm. Wir werden uns sehr langsam ähnlich, aber wir werden uns nie gleichen. Schön, die gelben Plastegießkannen werden verschwinden. Aber ganz sicher bin ich mir nicht. Die Freundschaften wie zwischen der Erzählerin und Daniel werden nicht dauern. Aber ganz sicher bin ich mir nicht. Die direkte, schnörkellose, amerikanismenlose deutsche Sprache wird bleiben Aber ganz sicher bin ich mir nicht. Es ist ein Anti-Moderne-Affekt zu spüren in Marion Titzes Text, ein starkes Beharren, wie stark ist es? [...]
Marion Titzes Buch ist nicht modern, wenn damit gemeint ist, dem „modernen Lebensgefühl zugewandt“. Es redet von einem anderen, uns hier im Westen weitgehend verlorengegangenen Geist, es redet von der Wirkung des Worts und glaubt daran. [...]

Aus der Laudatio vom 26. Januar 1995

Marion Titze

Geschichte statt Schicksal

Sehr geehrte Damen und Herren, ich danke Ihnen, der Stadt Bremen, für diesen Preis, über den ich mich freue, weil er hier vergeben wird, nahe am Meer.
„Ohne Meer“, heißt es in meiner Erzählung, „wäre die DDR noch enger gewesen.“
Dieser Satz zielt nach Atemluft, denn die heute vielbeschworene Wärme der DDR, war eine Wärme aus Enge, die mehr drückt als daß sie wärmt.
Dennoch habe ich, als ich es schrieb, schon kein Buch nur über die DDR gemeint, wozu auch?
Ich erinnere mich, daß der Satz ebensogut hätte lauten können: Ohne Liebe wäre das Leben noch enger.
Das Meer als Gleichnis, als Leitwort, als Zauberstab.

Ich bin auf seinem Blick gegangen
den Schirm nicht aufgespannt
die Stirn voll weißen Puders
meine Schuhe weggeworfen
denn nie würde er mich zum Tanz auffordern
zu etwas mit einem Boden

Dabei könnte man doch
zehn Zentimeter über unserem Müllhaldenkopf
in den täglich abgekippt wird
die Zeitung aufschlagen ihr
zwei drei vier Fransen anknüpfen
und fliegen ans Meer
zu den gestrandeten Dingen
die beieinanderliegen im Zufall

Das liebe Meer als ewiger Ort, als das mögliche Unmögliche, als das Gegenteil von Utopie.
Man denke nicht, die Utopie sei etwas gewesen, wo man hinwill, sie ist vielmehr der einmalige Bericht unseres Herkommens.
Und: heute zu wissen, wohin es führt, heißt noch lange nicht zu wissen, woher es kommt. – Dieses Bedürfnis, Geschichte zu sagen statt Schicksal, Notwendigkeit statt Zufall, Menschheit statt Mensch.
Die sorglose Liebe sagt immer nur: Mensch, Zufall, Schicksal. Und ein Satz, wie dieser von Heiner Müller: „In der Zeit, die dem Schmerz gehört, wird der Mensch zur Fußnote“, wäre Anna Achmatowa nie eingefallen.
Es ist die Haltung der Dichtung zum Schmerz, die einmal etwas erzählen wird über dieses Jahrhundert, ob sie ihn aufnimmt und trägt oder zum Material werden läßt und am Ende genießt. Die Bejahung des Opfers bei

Verneinung des Gottes, das ist die Stunde des Monsters.
Vielleicht wird man einmal wissen, wieviel Anteil an der Tragödie der Wille zur Tragödie gehabt hat, die ÜBERzeugung vom Neuen, das aus blutigen Startlöchern aufbricht.
„Überzeugung" – kaum ein Wort deutscher Sprache, das so viel von sich selber verrät.
Und es ist ein banaler Irrtum oder eine irrtümliche Banalität, was meinem Sohn im Stalinismusmuseum erzählt wird: daß die DDR ein Ort gewesen sei, wo sich alle duzten und man geloben mußte, seinen Körper sauber zu halten.
Noch erinnere ich mich an mein Pionierhalstuch und die Bedeutung seiner drei Ecken: Sie verkörperten Elternhaus, Schule und Pionierorganisation. Es war das Kind selbst, das in diesem Dreieck nicht vorkam. Es war die frühe freiwillige Abtreibung des ICHs. Der freie gute, der bereite Wille, Fußnote zu werden im Namen der Sache, die nicht jede ist, aber jede sein könnte.
Es war ein schwieriger geistiger Weg, mich aus der moraldämonistischen Hochzüchtung des Gewissens bei Einschüchterung des lebendigen Urteils, die das Wesen von Ideologie sind und der Tod des Erzählens, zu befreien und den nüchternen Befund Gottfried Benns auszuhalten: „... soziale Bewegungen gab es doch von jeher. Die Armen wollten immer hoch und die Reichen nicht herunter ... schaurige Welt, aber nach drei Jahrtausenden Vorgang darf man sich wohl dem Gedanken nähern, dies alles sei weder gut noch böse, sondern rein phänomenal."
Noch keinmal hat Interpretation die unstimmige Welt besser gemacht, oft aber die Interpretierer.
Sich schadlos halten an der Stimmigkeit des Entwurfs einer besseren Welt oder am Zynismus angesichts ihrer Verdorbenheit, das ist es, was aufgekündigt wird im Satz Gottfried Benns, nicht als Absage an eine Idee oder Bewegung oder Gewissensinstitution, nicht nach außen und demonstrativ, sondern nach innen, echolos, wie das Absetzen einer Droge, wo die Verzweiflung des Entzugs ebenfalls allein das Ich zu tragen hat.
Der Weg zu den Phänomenen so verstanden, als der untröstliche Blick, das nenne ich Nüchternheit, ihr fühle ich mich verpflichtet.

Alle Waagen werden entfernt
ihre Schalen vergraben es
gibt nichts zu bemessen an diesem
Jahrhundert das die Liebe verlorn hat
die Liebe die doch immer mitgenommen wird

Eine Umfrage sagt: „300 Millionen Chinesen wollen ein Auto kaufen."
„Pro Kilo Übergewicht sinkt das Einkommen amerikanischer Führungskräfte um 500 Dollar", sagt eine Statistik.
Der Papst sagt: „Totalitäre kommunistische Systeme und die kapitalistische Konsumgesellschaft versklaven den Menschen."
Und Goethes Tasso sagt: „So klammert sich der Schiffer endlich doch am Felsen fest, an dem er scheitern sollte."
Nach einer Lesung kommt eine Frau zu mir und verlangt, ich solle nun mal ein richtiges Buch schreiben, ich könne es doch. Ich wußte sofort, was sie meinte: Ein Buch, das ihr diese Unzufriedenheit von der Brust nähme. Ich nickte, obwohl ich wußte, daraus wird nichts, sie würde sich weiter so durchs Leben hüsteln müssen. Zum Abschied überreichte man mir ein Meisterwerk der Floristik: Mein Honorar war in Form kleiner Scheine zu einem blühenden Bäumchen gesteckt und gefaltet.
Am Morgen habe ich das Geld gebügelt und gedacht, ich sollte dieses richtige Buch schreiben.

Eine Oase der Klarsicht

Kennst du das Land, wo die Sehnsucht noch blüht? Das Land, wo es sie noch gibt, die guten alten Worte – „Gemüt", „deutscher Ernst" oder „das Innige"? Dieses verwunschene, ferne Land muß irgendwo im Thüringschen, im Brandenburgischen oder im Sächsischen liegen. Die Herzen müssen dort noch zarter schlagen, die Seelen noch grausamer abprallen an der Welt, als sie es ohnehin tun.
Was ist aus den Träumen von gestern geworden? Was aus den Dissidentinnen der Empfindsamkeit?
Es gibt sie noch. Die DDR-Frauenliteratur hat die DDR überlebt. Brigitte Burmeister, Irina Liebmann, Angelika Klüssendorf und Kerstin Hensel mögen noch so verschieden sein, keiner ist das schöne, traurige Gefühl, der melancholische Ausweis des weiblichen Widerstandes, abhanden gekommen. In ihren Texten spricht die zarte Stimme eines einsamen Frauenherzens in allen wichtigen literarischen Fragen ungestört und allein. Und das klingt anders als die Kakophonie der vielen fremden Zungen, die aus den Büchern der Kollegen Durs Grünbein, Wolfgang Hilbig, Reinhard Jirgl oder Kurt Drawert herauszulärmen scheinen.
Auch im ersten Buch der 41 Jahre alten Autorin Marion Titze, bisher bekannt durch ihre Übersetzungen aus dem Russischen, durch Essays und Filmreportagen, ist dieser Ostberliner Sirenengesang wieder zu hören. Der Roman heißt „Unbekannter Verlust" und hat gerade den Bremer Förderpreis bekommen.
Die Zeit ist jetzt, der Ort Berlin. Eine Filmjournalistin – Freundin bedeutender Männer, Pony, Eichhörnchenblick, Hinterhofwohnung, Kindheit auf dem Land, Ausbildung auf der

Filmhochschule, ledig, ein Kind – sucht Ihren Weg im Jahr 3 nach dem „neuen Kalenderleben". Der Lebensgefährte Joschko liegt im Krankenhaus, die Tochter hat das Abitur bestanden, mit dem Seelenbruder Daniel dreht sie einen Film über den Dichter Novalis, der einmal geschrieben hat: „Nach Innen geht der geheimnisvolle Weg." [...]
„Unbekannter Verlust" – das signalisiert literarische Trauerarbeit, die (das behauptet jedenfalls Sigmund Freund, der diesen Begriff in der Schrift „Trauer und Melancholie" geprägt hat) von dem merkwürdigen Umstand begleitet ist, daß das Objekt der Trauer nicht eigentlich bekannt ist.
Eine solche vage, gegenstandslose Trauer nennt Freud im Unterschied zur echten Trauer Melancholie, welche angeblich stets einhergeht „mit der außerordentlichen Herabsetzung des Ichgefühls" (Freud) beziehungsweise der „zerstörerischen Arbeit des Sich-selbst-Herabsetzens" (Titze).
Verloren haben die Erzählerin und ihr Seelenbruder Daniel in der DDR ihre Arbeit (was sie als „Makel" empfinden und worauf die dennoch stolz sind). Verloren haben sie die Zeit, die man nicht nachholen kann. Verloren haben sie ein Leben, das sie nicht kennen und nicht zurückbekommen, Erfahrungen, die sie nachträglich nicht mehr machen können.
„Gläsern" nennt die Heldin ihr DDR-Leben im Rückblick, ein Leben, in dem gerade „das, was zum Leben gehörte, als im Weg stehend daraus verbannt wurde".
Verglichen mit dem neuerlich aufkommenden nostalgischen Ton in der ostdeutschen Literatur, ist das Buch von Marion Titze eine Oase der Klarsicht und Aufrichtigkeit; die Diagnose einer zeitgeschichtlichen Krankheit [...]

Iris Radisch in DIE ZEIT vom 2. Dezember 1994

Marion Titze

Pfauenvögel

[...] Es war von Anfang an nicht dieselbe Insel, die wir betraten.
Was für ein kühler Sommer, sagte Daniel, als wir endlich angelangt waren.
Durchgefroren liefen wir beide zugleich zum Kiosk, um die Abfahrtzeit der letzten Fähre zu erfragen. In unserer Selbständigkeit prallten wir dauernd aufeinander.
Pfaueninsel. Für mich begann hier sofort die Welt, die wir suchten. Ich bekam den romantischen Blick.
Daniel hatte in den Jahren ohne Arbeitsmöglichkeiten ein Drehbuch nach dem anderen geschrieben. Wie Eichhörnchen die vergrabenen Nüsse, holte er sie im Herbst neunundachtzig hervor und verfilmte das erste, nachdem junge Regisseure ein Gremium gebildet hatten und, wie in einer Räterepublik, über die letzten Gelder der DEFA entschieden. Fünf Minuten lang lag die Macht tatsächlich auf der Straße. Daniel bekam das Geld. Aber vielleicht waren der Taumel und die gestaute Lebensgier zu groß. In einer Mischung aus Trauma und Neurose riß er das Anliegen des Drehbuches auf, wie ein Eisläufer in der Luft den beabsichtigten Sprung. Statt seiner Kinheitsgeschichte, die im Buch mit bittertraurigem Humor, wie ihn nur das vorausgeahnte Ende eingibt, erzählt war, führte er die untergegangene Macht vor und ihre willfährigen Opfer.
In einem unbegreiflichen Exzeß waren sie inszeniert.
Doch was heißt schon unbegreiflich, wenn Antritts- und Abschiedsvorstellung in dieselbe Stunde fallen, wenn in das Bewußtsein ein und derselbe Blitz einschlägt. Der alles erhellt. Und alles auslöscht. Qual wird Schmerz, Schmerz wiederum Lust. Finstere Lust am Leiden und Leidbereiten.
Prozessionen statt Szenen. Offenbarungen.
Statt der nüchternen Wahrheit: daß wir nicht nur in die Sackgasse getrieben waren, wir selbst waren Sackgasse, sie hatte aus uns, unserem Leben, bestanden.
Das bedurfte keiner Absolution.
Ich weiß nicht, warum er dieses Wissen in letzter Minute verriet und im Sinnwahn den Wahnsinn erbrach.
Abstoßend, sagten die einen. Genial, die anderen. Es war die Zeit der Einübung in die Heuchelei. Kritiken, Preise und Fördergelder wurden jetzt wie Kriegsentschädigungen vergeben, wer noch Macht hatte, beging einen Ablaßhandel, deutsches Gewissen braucht Ruhe. Daniel genoß die Meriten, doch tief im Innern nagte schon der Verdacht, daß heute schmeichelte, wer gestern noch angezeigt hatte. Mißtrauisch, unsicher, betrogen und zum Betrügen bereit, stürzte er in den neuen Film.
Ich hatte das Drehbuch gelesen, die Geschichte interssierte mich sehr, sie erzählte das ungewöhnliche Schicksal des Dichters Novalis. Deshalb waren wir hier.
Pfauenvögel, die der Insel den Namen gegeben hatten, stolzierten vorbei. Ihr Schrei fuhr einem ins Gehirn, nicht eben ein Wohllaut. [...]

Aus: Unbekannter Verlust. Rowohlt · Berlin Verlag, Berlin 1994, S. 28/29

Marion Titze

23. 4. 1953 Lichtenwalde bei Chemnitz/Sachsen

Studium der Journalistik in Leipzig. Danach Fernseh- und Literaturredakteurin. Schrieb Filmreportagen (u.a. über Imre Kertész) und Radioessays. Seit 1988 freie Autorin. Lebt in Berlin.
Preise: Literaturförderpreis der Freien Hansestadt Bremen (1995); Anna-Seghers-Preis (1995); Stipendium des Deutschen Literaturfonds (1997).
Werkauswahl: Unbekannter Verlust. 1994. – Das Haus der Agave. Erzählungen. 1997.

Foto: Archiv Rowohlt · Berlin

Uneinholbare Zeit

Viele jener DDR-Bürger, die den Zusammenbruch der DDR ernsthaft erhofften und mutig zu ihm beitrugen, mußten ihn, als er schließlich doch noch wahr wurde, auch als ihren eigenen Zusammenbruch erleben. Marion Titze, die weder zu Melodramatik noch zu DDR-Nostalgie neigt, konstatiert diesen Sachverhalt so knapp wie kühl: „Zwar hatte uns die Zeit eingeholt, aber wir würden die Zeit nicht mehr einholen können."
Die *Zurückgebliebene*, die hier für die vielen anderen Zurückgebliebenen und auf der Strecke Gebliebenen jenes scheinsozialistischen Deutschland spricht, das jetzt zum bloßen „Zuwachsgebiet" der realkapitalistischen Bundesrepublik degradiert wurde, hat ihre Erzählung *Unbekannter Verlust* betitelt. Für alle die Deutschen, die heute noch einmal dafür bestraft werden, daß sie von der Geschichte schon 45 Jahre lang bestraft wurden, ist dieser Titel nicht kryptisch, sondern klar: Sie wissen zwar nicht, *was* sie verloren haben, aber *daß* sie verloren haben. [...]

Peter Hamm in der Süddeutschen Zeitung vom 9. November 1994

Elfriede Jelinek.
Foto: Isolde Ohlbaum

Bremer Literaturpreis 1996 für „Die Kinder der Toten", Rowohlt Verlag, Reinbek 1995

Sibylle Cramer

Sein, das Unsinn ist

Jens Sparschuh, Senatorin Bringfriede Kahrs, Elfriede Jelinek und Wilfried F. Schoeller. Foto: Valeska Achenbach

[…] Nach dem, was geschah ohne wirklich zu enden, sind Dämmerungen Menschheitsdämmerungen, Nachzeit und Vorzeit einer Katastrophe. Ihren moralischen Bankrott hat die Menschheit hierzulande hinter sich. Für alle Zeiten sind zivilisatorische Garantien dahin. Die Kultur, in der wir leben, hat sich als nicht wirklich angeeigneter Besitz erwiesen. In einem ihrer solistischen Stimmeinsätze benennt Elfriede Jelinek einen Fluchtpunkt ihres Erzählens: »Im Namen meines Volkes und seiner steingewordenen Taten des Geistes, die im Steinbruch von Mauthausen losgetreten worden sind und die Menschen unter sich begraben haben, donnere ich jetzt auch ein wenig mit meinen Worten, bis der Himmel durchreißt, als ob er der Tempelvorhang persönlich wäre. Die Sprengungen damals in Mauthausen haben unseren gigantischen Berghang ein für allemal ins Rutschen gebracht …".

„Unser Berghang" mit der Pension „Alpenrose" und den Sommerfrischlern, die den Roman bevölkern, ist ein Ferienparadies in der Südsteiermark. Doch die Naturidylle trügt, das Freizeitleben entpuppt sich als Todesart. Die Geschichtszeit ist abgelaufen und eingelaufen in einen lähmenden Zeitbrei, der das Gedächtnis tilgt, Erinnerungen annulliert und das Bewußtsein eigenen Daseins löscht. Die Toten im Souterrain der Romanwelt schlagen zornig auf jene Lebenden ein, die in ihre Hölle gekippt werden, bis sie merken, daß auch die Lebenden Tote sind. Die Zukunft ist gelöscht, Vergangenheit und Gegenwart einerlei, die Geschichte ein katastrophales Kontinuum.

In solcher Geschichtsdämmerung ist das Leben ein grauenvoll automatisches Wiederholungsmanöver nach der längst vollzogenen Auslöschung. Nach Wesen und Erscheinung sind die Figuren uneins, Sommerfrischler und Hadesbewohner, denn der Tod hat seine Gewalt über das Leben verloren. Der Skifahrer Edgar Gstranz, nach seinem tödlichen Autounfall Tester alberner Rasenrollbretter, schwingt als Untoter über den Hang. Die Pensionsgäste stürzen in den Wildbach und kommen um, obwohl sie nie gelebt haben, danach fallen sie über Autofahrer her und kastrieren sie, werden nacheinander vergewaltigt, erwürgt, entleiben sich und verbluten und sind gleichwohl zur Stelle, wenn am Ende die Pension „Alpenrose" mit Mann und Maus unter einer Mure versinkt und talwärts stürzt. Die Sachverständigen am Unglücksort stellen fest, daß Tote getötet wurden. Das ist die amtliche Bestätigung für die erzählerische Funktionslosigkeit des Finales. Sie ist unabschließbar, die deutsch-

österreichische Todeswelt, ein Zustand. „Daß es so weitergeht, ist die Katastrophe." (Walter Benjamin)
Die Autorin erzählt mit einer Abrißbombe als Werkzeug, denn sie ist Apokalyptikerin. Der Roman unterhält untergründige Verbindungen mit der biblischen Apokalypse, die erzählt, wie am Ende der Zeit Himmel und Hölle ihre Pforten öffnen und die Toten zum jüngsten Gericht antreten. Die erste Welt vergeht, Gott steigt vom Himmel und nimmt unter den Menschen Wohnung. Dieses christliche Erlösungsdrama kündigt Elfriede Jelinek mit einer Totenbeschwörung: „Kommt, Ihr Geister der Toten, die seit Jahren nicht mehr gesehen wurden, und segnet die Kinder" lautet das hebräische Motto des Buchs.
In der zeitgenössischen Erzählung, die an ungerichtete, ungerächte Taten erinnert, ersetzt der Autor den göttliche Richter. Elfriede Jelinek entfesselt im Zeichen des Todes einen apokalyptischen Karneval, der sich in der Sprache Bahn bricht und in Entgleisungen, Stottereien, verballhornten Zitaten, Gedankenfluchten und Abschweifungen sprunghaft vorwärtsbewegt, eine geisterhafte Kakophonie des sogenannten gesunden Menschenverstandes. Jene unverwüstliche Bewußtseinslage, die Terror, Völkermord, Industrialisierung des Todes zu verantworten hat, wird dem Gesetz der eigenen Gesetzlosigkeit unterstellt und gebiert im freien Flug einer entfesselten Einbildungskraft Ungeheuer, Ungeheuer sprachlicher Natur in den willkürlichsten Folgen, zusammenhanglos, zuchtlos, ein Tumult leerer Sprache ohne ästhetische Lizenz, der als Aufstand einer ziemlich verzweifelten Moralistin zu verstehen ist. [...]
Der Roman ist ein Widerstandsakt und ein Vertragsbruch künstlerischer Art. Die Autorin löst ihre Sprache aus der Bindung an den Sinn. Die klassische Apokalypse zerstört, um mit Worten Platz für ihren schöneren Sprachbau zu schaffen. Elfriede Jelinek hingegen entregelt Zusammenhang und Logik, lenkt die Gedankengänge ins Leere und entwertet sie. Auf methodische Weise leistet der Text Widerstand gegen konstruktive Eigenschaften der Literatur.
Als Literaturkritikerin bin ich nicht auf ihrer Seite. Allerdings ist die urteilende Kritik nicht allein zuständig für einen solchen Extremfall engagierter Kunst. Dies ist eine künstliche „Auslöschung" von der Art, wie Thomas Bernhard sie in seinem letzten Roman und mit seinem Testament vollzog. Der Österreicher verbannte im Namen jüngster Geschichte sein Werk aus Österreich. Er trennte sich postum von seinem Land.
Elfriede Jelinek folgt jetzt mit einem Buch der Verzweiflung. Auf die Unmöglichkeit, als Künstler ein geformtes Wort hervorzubringen, ohne der Kunst in die Arme zu laufen, auf diese tückische Paradoxie reagiert sie mit der Kündigung. Das Produktionsgesetz der Einbildungskraft wird suspendiert, Realitätszeichen gelöscht, die Darstellung auf Zerstörung umgestellt. Damit radikalisiert Elfriede Jelinek ihr literarisches Verfahren. Zu den Bedingungen ihres Schreibens gehörte von Anfang an ein gewandelter Naturbegriff. [...]
Mit Blick auf Mauthausen kündigt sie jetzt das zentrale Programm und die Grundlage moderner Wortkunst: die Hermeneutik des Sinns. Deutsch-österreichische Geschichte und Gegenwart werden in polemischer Absicht von Sinn- und Verstehenskategorien getrennt. Der Leser des Romans wechselt in ein anderes Element, das verschlingt, wovon es handelt: unsere Geschichte. Sein, das Unsinn ist.

Aus der Laudatio vom 26. Januar 1996

Foto: Herlinde Koelbl

Elfriede Jelinek

Mein Menschen Mögliches

Ich habe diesen Preis, für den ich mich herzlich bedanken möchte, für ein Buch über die Toten bekommen, die ein haufenweises Volk sind, mit nur einer Aufgabe, die sie den Lebenden zurücklassen: ihnen fernzubleiben. Das gefällt den Lebenden, es ist ganz in ihrem Sinne. Elias Canetti hat in „Masse und Macht" die vielfältigen Rituale beschrieben, mit denen die Toten in den verschiedenen Kulturen davon abgehalten werden sollen, sich das, was sie zurücklassen mußten, von den Lebenden wieder zu holen.
In seiner „Enzyklopädie der Toten" erzählt Danilo Kiš, ein inzwischen ebenfalls verstorbener Dichter aus einem Land, das jetzt nicht mehr an Österreich grenzt, weil es auseinandergebrochen ist, von einer Frau, die alleingelassen in einer schwedischen Bibliothek, erskennen muß, daß in dieser Bibliothek das Leben jedes einzelnen Menschen, der einmal gelebt hat und dann gestorben ist, aufgezeichnet ist, in allen Einzelheiten, und waren diese auch noch so geringfügig. Für den einst Lebenden haben sie gezählt, denn sie haben ihn ja ausgemacht; aus solchen Geringfügigkeiten hat sich sein Leben zusammengesetzt. Ich kann den Namen Kiš auf meinem Computer nicht schreiben, ich muß einen Teil seines Namens, ein winziges Häkchen auf dem s, von Hand einfügen, denn mein Schreibgerät besitzt dieses Sonderzeichen nicht. In dem Land, aus dem der Jude Kiš stammt, ein von Geburt an bereits Heimatloser mit oft bedrohter Existenz, ein im Exil verstorbener, sind inzwischen Hunderttausende gestorben, und es werden zur Zeit etwa 25.000 vermißt. Man weiß nicht, ob sie noch leben, die meisten wahrscheinlich nicht mehr. Ich würde sehr viel Zeit brauchen, wollte ich alle Akzente und Haken mit der Hand auf ihre Namen malen, die, außer ihren Familien, keiner kennt. Ich nenne an ihrer Stelle hier einen einzigen: Bogdan Grgić, Arbeiter in einer Baufirma, und ich male einen kleinen Strich auf das c am Ende seines Namens, von links unten, nach rechts oben; Herr Grgic, ein kroatischer Serbe, ist aus seiner Wohnung in Zagreb verschleppt worden, man weiß nicht, wohin.
In der Bibliothek aus Danilo Kiš' Erzählung sucht die Ich-Erzählerin also nach den Details aus dem Leben ihres Vaters, eines einfachen Mannes, der nur einmal in seinem Leben, sozusagen als dessen Höhepunkt, die Adria gesehen hat, hier ist sein Foto. Alle Fakten, Jahreszahlen, Daten in diesem Buch sind, außer für die lesende Tochter und deren Mutter, für niemand sonst von irgendeiner Bedeutung. Die Menge der Einzelheiten, aus denen sich ein Leben zusammensetzt, alle die Begegnungen und Beziehungen zu anderen, die Landschaften, der Krieg, die Geburt von Kindern und das Sterben von Eltern, dieses ewige Ankommen und Gehen ist schon für einen einzigen fast unüberschaubar, und dieses Buch in dieser Bibliothek ist einzigartig wie die ganze Bibliothek einzigartig ist, denn sie besteht ausschließlich aus Unikaten, weil es für kein Leben, das nicht mehr ist, einen Ersatz gibt. Und es ist nicht nur ein Fehlen bekannter Menschen – auch das Fehlen der Millionen Unbekannten ist die größte Enteignung, die sich denken läßt. Denn die sogenannten Verschwundenen sind nicht verschwunden, auch wenn unsere Länder, Deutschland und Österreich, die allergrößten Menschenvergeuder waren, oder soll man sagen Menschenvernutzer? In dem Sinn wie einer der berühmtesten Denkmeister die Fabrikation von Leichen in Gaskammern gleichsetzt mit der Blockierung und Aushungerung der Landschaft, der Erzeugung von Wasserstoffbomben, der Überdüngung der Meere? Während also diese Toten immer heftiger von uns abgehalten werden, je älter und schwächer ihre überlebenden Angehörigen werden, je mehr von ihnen selber sterben, umso häufiger kommen sie zurück. Sie suchen nicht Identität, die haben sie verloren, und wenn heute jemand auf die Suche nach seiner Identität geht, ein Serbe, ein Kroate, ein Deutscher, dann heißt das beinahe immer, daß diese Identität auf Kosten eines anderen aufrechtzuerhalten ist. Von da ist es nur ein Schritt zur Aufhebung fremder Identität, um die eigene, vermeintlich kostbarere zu bewahren, die man für den Rest der Zeit dann stolz vor sich herträgt. Diese Identitätssüchtigen, die doch selber, jeder von ihnen, einzigartig und unverwechselbar sind, was sie in jedem Augenblick verleugnen, da sie fremde Identität neben sich ja nicht dulden, ertragen zu können meinen; sie sagen eben nichts als immer nur: „die Identität sei nicht die Verschiedenheit, sondern die Identität und die Verschiedenheit seien verschieden" (Hegel). Das ist natürlich paradox, denn was sie nicht wahrnehmen wollen, ist, daß es die Natur der Identität ist, verschieden zu sein, und daß es daher nichts gibt, was man vor dem anderen, der gerade in seiner Unterschiedlichkeit gleichzeitig auch man selber ist, abgrenzen, als alleiniges Eigentum beanspruchen dürfe.
Ich selbst, hätte ich eine solche oder ähnliche Erzählung geschrieben wie Kiš, hätte nicht eine Bibliothek, sondern ein kakanisches Depot gewählt, es hätte den Vorteil, daß es ein solches bereits gibt und sich praktischerweise

in meiner unmittelbaren Nachbarschaft befindet oder besser: befunden hat. In ihm sind, waren bis vor kurzem jedenfalls, seit Kriegsende viele der gestohlenen Habseligkeiten jener von den „ordentlich" Beschäftigten und nie Beschämten unserer Länder Vertriebenen und Vernichteten aufbewahrt. Und man hat in all diesen Jahrzehnten nur getan, was praktisch war, man hat die Sachen so lange aufgehoben, unter der Obhut des Finanzministeriums, bis kaum jemand mehr am Leben war, der Anspruch auf sie hätte erheben können. Demnächst nun wird das ganze Zeug, zum Teil wertvolle Kunstschätze, zum Teil nur von geringem, aber persönlichem Wert, versteigert. Immerhin zugunsten der Überlebenden und ihrer Nachkommen, die bekommen dann ein bissel ein Geld, wie man hierzulande sagt, natürlich muß man zuvor einen Antrag stellen. Nachdem den Menschen so karge Fristen zum Leben zugemessen sind, wird ihnen auch ein Antrag auf Abgeltung dieser Wartefrist noch zuzumuten sein, damit wenigstens die Dankbarkeit nicht aussterben muß. Lang genug haben sie jetzt gewartet, die Opfer, was ihnen aber nichts ausmachen sollte, sie sind ja schon froh, wenn sie auf ihren endlosen Wanderungen wenigstens zu etwas wie einer Adresse gekommen sind. Eine ganze, vollständige Identität wäre ihnen auf ihren Irrwegen vielleicht ein Hindernis gewesen, die hätten sie womöglich auch noch mit sich herumschleppen müssen. Ja, der kakanische Aktenwolf, der seine Zähne diesmal gar nicht braucht, weil es sich offenbar gar nicht lohnt, die Sachen einfach zu zerreißen, und sein Schwanz, mit dem er wedelt: Ein freundlicher österr. Beamter, der den Nibelungenhort aus Büchern, Fotos, Briefen, Möbeln und Bildern zu verwahren hat, hat vor kurzem noch auf die Frage, ob denn die Angehörigen das Depot wenigstens nach Erinnerungsstücken durchsuchen dürften, geantwortet: da könnt ja die „Malitant" kommen! Da könnte ja jeder kommen, der ist wie jeder und daher, frei nach Handke, ist wie kein anderer je einer gewesen ist und daher: ist wie jeder andere einmal gewesen ist. Sie verstehen immer noch nicht, daß jeder ist wie keiner und keiner wie jeder. Und dieses Volk, das, Sand der durch Sand wandert, sich anpassen und wieder lösen muß, wann immer es von ihm verlangt wird, es ist das einzige, das „so lang schon wandert". Das auserwählte Volk. „Sie sind anders als die andern. Aber in Wirklichkeit sind sie, wenn man so sagen könnte, untereinander am meisten anders" (Canetti). Und, indem sie ständig verschwinden müssen, sind sie immer mehr da, und indem sie da sind, haben sie, haben wir alle zu lernen: Es darf nicht geduldet werden, daß auch nur ein Einziger einfach ins Nichts verschwindet. Sonst verschwinden wir selbst in ihm und sind fort.

Zurück zu Kiš' Bibliothek der Toten. Zum Schluß, als sie schon müde vom Blättern ist, entdeckt die Tochter, deren Vater kurz vor seinem Tod auf einmal begonnen hat, seltsame Blumen zu malen, daß diese jäh einsetzende künstlerische Tätigkeit des Vaters mit dem Beginn seiner endgültigen Verurteilung zum Tode zusammengefallen ist. Und: Die Blumen haben alle die Form des Krebses, der den Vater aufgefressen hat. Es heißt jetzt immer öfter, man solle aufhören von den Toten zu sprechen; auch die Heimat, in die sich viele der Überlebenden des deutschösterreichischen Völkermords geflüchtet hatten, das Land, auf das sie alle ein Geburtsrecht haben, kehre jetzt endlich zur Normalität zurück, gebe Gebiete zurück, schließe Verträge, normalisiere sich, dort spreche man kaum noch von der Vergangenheit. Nur wir in den Täterländern seien noch besessen davon, nur wir suhlen uns in einer Schuld, die ja längst nicht mehr die unsere ist, wir sogenannten Gutmenschen, wir täppischen Rucksacktouristen des Todes. Wenn wir nicht schon vorher im Schlamm ausrutschen, werden riesige Denkmäler uns auf den Kopf fallen, nur damit nicht wir es nicht sind, die später einmal nachsitzen und nachdenken müssen. Sobald wir unseren eigenen Idiotenhügel zu erklettern versuchen, werden wir gleich wieder abstürzen und dabei lächerlich aussehen.

Ich glaube, daß auch ich leider so ein Geschwür in mir habe, das ich mir herausschreiben muß, und das Feder-Messer muß ich auch noch selber sein, kommt mir vor. Man rutscht sich selbst manchmal aus der Hand. Es ist lächerlich. Sehen Sie das ganze vielleicht als eine Krankheit, die sich in einem drinnen abspielt, wie viele Krankheiten: Sieht man sie endlich, ist nicht viel dran an ihr. Nein, zum Tode hätte das nicht geführt! Aber nie! Warum habe ich mich also die ganze Zeit so aufgeführt? Ich verlange von niemandem etwas. Ich bedanke mich dafür, daß ich etwas geschenkt bekommen habe, einen Preis. Und wenn ich etwas von mir gebe, und wäre es mein Bestes, dann sehe ich oft erst im letzten Moment, daß das nicht mein Herz war, auch wenn ich mir es vorher auf der Zunge, fertig zum Anziehen, zurechtgelegt habe. Ich tue mein Menschen Mögliches.

Foto: Isolde Ohlbaum

Elfriede Jelinek

Gudrun B. aus Graz

Der Liegestuhl trägt liebevoll diese junge Frau, die sich in die Berge zurückgezogen hat, um für die Rigorosen zu lernen. Solches Auseinandersetzen mit Büchern und Schriften läßt alles andere Erscheinen zurücktreten. Die Natur ist gegenwärtig, doch das Denken ist künftig, lange Auseinandersetzungen mit einem selbst liegen dazwischen. Das Licht kommt und geht, aber aus dem Denken geht immer nur etwas hervor, verschwinden mag es dann nicht so gern. Gudrun Bichler aus Graz, wo sie mit ihrer Katze in der kleinen Altbauwohnung ihrer Eltern wohnte, die an den Stradtrand übersiedelt waren (die Katze der jungen Toten wird betreut, Leser, du, melde dich nicht! damit werde ich mich nicht auseinandersetzen, dort, wo wir alle sitzen, auf ewig auseinandergesetzt in der Grund-Schule, weil wir alle miteinander so viel dazwischen schwätzen! Gilt besonders für mich!), ja, diese Gudrun, sie reibt sich auf, den Kopf ans Denken geschmiegt, was sie dauerhaft trennt von den übrigen, die von der Erde getragen werden: die Lächler auf den Plakatwänden, die, an ein abstraktes Gemälde, dem man bunte Farbe angezogen hat, damit es uns etwas zu sagen hat, gepreßt („unser Geschmack heißt Österreich"), für nichts als ihre eigenen Gefüge werben. So machen sie sich die Menschheit gefügig, die doch nur Billig-Überflüge will und sich auch sonst Ermäßigungen von allem und jedem zu erkämpfen entschlossen ist. Bis die Mitglieder ihres einander bis auf die Zähne bekämpfenden Kartells, nach all ihren Lebens- und Liebesunfällen, selber nur mehr zum ermäßigten Tarif zu haben sind. Aus der einzigen Einheit, die es gibt, der Einheit der Lebenden, ist Gudrun Bichler ausgestoßen (für viele ist sie gar: unsichtbar, braucht keinen eigenen Sitzplatz), sie weiß selbst nicht, was los ist. Wollte sie zu einem Sondertarif buchen, wüßte sie nicht einmal, an wen sie sich wenden sollte. Wie es einsam Zurückgebliebenen als einziges möglich ist: Sie flüchten sich irgendwohin, wo sie dann auch nicht leben können. Jenseits von Vorwürfen oder Anerkennung ist dort ein Platz für sie ausgespart, an dem sie endlos zu Boden blicken können, wenn jemand sie grüßt oder plaudern möchte, unter den Alten in diesem Gasthaus, die selbst nie schweigen, weil sie wissen: Das Schweigen beginnt für sie erst. Bäume, deren Schatten einen durchstreicht. Die vielen, die sich lieber unterstreichen möchten, die fahren woandershin. Steigen in die Sonne hinein, blinzeln in grelleres Licht, wo sie gewaltigere Zeugen unserer Zivilisation sein dürfen und sich bedienen lassen, denn ein Ruf hat sie ereilt, ein Ruf nach Griechenland, Anatolien, California, wohin man schaut, es herrscht Ungewißheit, ob es nicht anderswo herrlicher wäre. Nein, sie bleiben doch lieber hier und zeigen anderen den Herren. […]

Aus: Die Kinder der Toten. Rowohlt Verlag, Reinbek 1995, S. 49/50

Die letzten Tabus

Foto: Anita Schiffer-Fuchs

Mit geradezu brennender Intensität wendet sich die 49jährige in „Die Kinder der Toten" eimal mehr der Haß/Liebe verbundenen Heimat zu. Österreich, dem schon immer ihre gnadenlose Wut gilt, rückt jetzt ins Zentrum des Heimatromans. Rechtzeitig zu den letzten Wahlen, bei denen sie von Jörg Haider angefeindet wurde, wendet Jelinek die bislang persönliche Anklage in größere Dimensionen.

Das Entsetzen gilt dem Verhalten der Landsleute im Dritten Reich und thematisiert – anders als bei der unbestreitbaren Schuldhaftigkeit der deutschen Nation – in Österreich ein gruseliges Zwischenwesen aus Unschuldsbeteuerung und Täterschaft.

Als angewandte Verdrängungsarbeit entlarvt ihre These die sprichwörtliche österreichische Gemütlichkeit, auf die der Nationalcharakter so stolz ist. Die provokante Zuspitzung liest sich so: „Wir definieren uns nur durch unsere Toten, durch die, die wir ermordet haben. Wir wandeln ein Leben lang über Massengräber, die dicht unter der Erdoberfläche lauern."

Angetrieben hat die 1946 geborene dabei die eigene zwiespältige Geschichte. Schließlich ist der Vater Jude, hat in der Kautschukforschung für die Nazis gearbeitet. Nachdem Elfriede Jelinek jahrzehntelang ihr radikal gesellschaftstkritisches Schreiben den Themen Weiblichkeit, Sexualität und Kreativität gewidmet und in „Lust" die schlimmsten Untiefen in der geschlechtlichen Demütigung der Frau durch den Mann entdeckt hatte, geht sie jetzt einen Schritt weiter: barocke Todesallegorien gegen Todesvergessenheit und Geschichtsverdrängung.

Neben die schreckliche Jelineksche Wahrheit: „Sexualität ist Gewalt. Und nur die Frauen wissen das", tritt jetzt eine andere Enträtselung der Triebe. Auch im Reich der Toten endet das wollustige Begehren nicht, gibt es keine Ruhe vor der immerwährenden Unruhe des Fleisches.

Mit ihrem neuen Buch „Die Kinder der Toten" balanciert sie auf einem anderen Grat. Galt die Grenze zwischen Leben und Tod bislang als die letzte verbliebene Barriere, von der es kein Zurück mehr gibt, so wagt Österreichs berühmteste Schriftstellerin, wie schon in „Krankheit oder moderne Frauen", nun einen Blick über die Totenmauer – und kehrt mit beunruhigenden Neuigkeiten von dort zurück. Die Toten werden wieder zum Leben erweckt und dürfen unter den Untoten im obersteirischen Luftkurtort Mariazell, in der Pension Alpenrose noch einmal erleben, woran sie schon vor ihrem Ableben litten: dem falschen Leben im Falschen.

Deutlich wird das in imposanten Textkonvoluten und makaberen Katastrophenphantasien, die aus einem Splatter-Film stammen könnten. Wenn es in der Alpenrepublik Unfälle gibt, dann spritzen aus den umgestürzten Kleinbussen die Leiber heraus.

Doch auch wenn die Kritiker stöhnen über Jelineks Mammutwerk, das mit 667 Seiten nicht nur einen gewaltigen Umfang und stilistisch schwer zu verdauen ist: die unbequeme Autorin bleibt sich treu. Radikalität ist ihr oberstes Gesetz. Und ihr Österreich ist nicht das der Alpenkulisse, auf die eine Urlaubssonne scheint, sondern eine Totenlandschaft, in der immer noch die abgeschnittenen Haare der Vergasten unter der Scholle liegen. Nun gilt es die letzten Tabus zu brechen, literarische Nekrophilie scheint da nicht ungeeignet. […]

Susanne Raubold in der taz/Bremen vom 26. Januar 1996

Jelinek-Titel des Frauen-Magazins „ab 40"

Disteln für Frau Jelinek

„Als Literaturkritikerin bin ich nicht auf Ihrer Seite", mußte sich Elfriede Jelinek wieder einmal sagen lassen. Beim großen Festakt im historischen Rathaus, anläßlich der Verleihung des Bremer Literaturpreises, gab es künstlerisches Lob nur prisenweise. Daß die Disteln jedoch von der Laudatorin, der Berliner Literaturkritikerin Sibylle Cramer überreicht wurden, deutet auf die unüberbrückbaren Kluften hin, die um die Jelinek, aber auch den Bremer Literaturpreis immer wieder aufbrechen. Die zweitwichtigste literarische Auszeichnung Deutschlands ist auf Kontroversen abonniert. Als Günter Grass (1960) für *Die Blechtrommel* gelobt werden sollte, tobte der Senat. Als Peter Paul Zahl (1980) gekürt wurde, schäumte die Presse.
Am vergangenen Freitag belebte sich der Disput neu. Die Jury des Bremer Literaturpreises lobte die „große organisierte Kraftanstrengung", mit der die Autorin „souverän, böse und intensiv den lebenden Toten das Wort gibt". Die Festrednerin attestierte der Ausgezeichneten „einen Tumult leerer Sprache ohne ästhetische Lizenz", der vermutlich als Aufstand einer ziemlich verzweifelten Moralistin zu verstehen sei. Fast verständnisvoll zieht Sibylle Cramer sich dann zurück, denn „die urteilende Kritik ist nicht allein zuständig für einen solchen Extremfall engagierter Kunst".
Den Preis hat die österreichische Schriftstellerin für ihr Buch *Die Kinder der Toten* bekommen, in dem sie sich abermals ihrer Heimat zuwendet, der sie in Haß/Liebe verbunden ist. Rechtzeitig zu den letzten Wahlen, bei denen sie von Jörg Haider angefeindet wurde, formulierte Jelinek die Anklage. Das Verhalten der Landsleute im Dritten Reich stelle ein gruseliges Zwischenwesen aus Unschuldsbeteuerung und Täterschaft dar.
Die Provokante Zuspitzung liest sich so: „Wir definieren uns nur durch unsere Toten, durch die, die wir ermordet haben. Wir wandeln ein Leben lang über Massengräber, die dicht unter der Erdoberfläche lauern."

Susanne Raubold in der Süddeutschen Zeitung vom 31. August 1996

Jelinek-Titel der Zeitschrift „Theater heute", Juli 1998

In ihrer Rede zur Verleihung des Bremer Literaturpreises 1995 sprach Elfriede Jelinek über die Aufgabe, die die Toten, „ein haufenweises Volk" den Lebenden zurücklassen: *ihnen fernzubleiben*. Eine Aufgabe, der die Lebenden gerne, wenn auch angestrengt, nachkommen. Berserkerhaft, uferlos taten sie das auf 667 Seiten in Jelineks Roman „Die Kinder der Toten", dessen Themen, Obsessionen und Versatzstücke sich jetzt in ihrem neuen Stück „Stecken, Stab und Stangl" wiederfinden, einer atemlos assoziativen Textcollage, wie „Wolken. Heim." es war.
Zur Uraufführung dieses scharf auf österreichische Verhältnisse und Aktualitäten bezogenen (aber für Deutschland nicht allzu entlegenen) Stückes in Hamburg gab es den publicityträchtigen Knalleffekt: Wortreich verkündete die Autorin, künftig wortlos bleiben zu wollen, jedenfalls im ungeliebten Mutterland. Dem Beispiel Thomas Bernhards folgend, verbietet Elfriede Jelinek die Aufführung ihrer Stücke in Österreich, wenigstens einstweilen, und will auch der österreichischen Presse keine Interviews mehr gewähren – zumindest vorläufig.
Von dieser Presse fühlt sich die Autorin verfolgt und beschmutzt, und es muß Wasser auf ihre Mühlen sein, daß die fast durchweg positiven Besprechungen der Hamburger Uraufführung in der deutschen Presse in den meist negativen Kritiken der Wiener Zeitungen durch aus dem Zusammenhang gerissene Zitate zu Verrissen umgemünzt wurden.
„Die Demoralisierung und Verwahrlosung der österreichischen Öffentlichkeit aufgrund der Verkommenheit der österreichischen Presse", so die Autorin, ist ein Kernthema ihres neuen Stückes. […]

Barbara Schmitz-Burckhardt in Theater heute 6/96

Elfriede Jelinek

20. 10. 1946 Mürzzuschlag (Steiermark)

Foto: Isolde Ohlbaum

Entstammt einer slawisch-jüdischen Familie. Vater promovierter Diplom-Ingenieur und Chemiker (er starb 1972 in einer Nervenklinik). Von der Mutter zum „Wunderkind" (Ballett- sowie Geigen- und Orgelunterricht) „dressiert" (so J. selbst). Kindheit und Jugend in Wien; Abitur an einer Klosterschule. Studierte zunächst am Wiener Konservatorium Klavier und Komposition, bald auch Sprachen, Kunstgeschichte und Theaterwissenschaft an der Universität Wien. Erste Schreibversuche, um der mütterlichen Bevormundung zu entkommen. Noch als Studentin veröffentlichte sie 1967 ihren ersten Lyrikband. 1972 Aufenthalt in Berlin, 1973 in Rom. 1974 Eintritt in die Kommunistische Partei Österreichs; 1991 Austritt. Verheiratet mit dem Informatiker Gottfried Hüngsberg. Lebt als freie Autorin in Wien, München und Paris.

Preise: Lyrik und Prosapreis der österreichischen Jugendkulturwoche (1969); Lyrikpreis der österreichischen Hochschülerschaft (1969); Österreichisches Staatsstipendium für Literatur (1972); Roswitha-Gedenkmedaille der Stadt Bad Gandersheim (1978); Drehbuchpreis des Innenministeriums der Bundesrepublik Deutschland (1979); Würdigungspreis des Bundesministers für Unterricht und Kunst Österreich (1983); Heinrich-Böll-Preis der Stadt Köln (1986); Literaturpreis des Landes Steiermark (1987); Walter-Hasenclever-Literaturpreis der Stadt Aachen (1994); Peter-Weiss-Preis der Stadt Bochum (1994); Literaturpreis der Freien Hansestadt Bremen (1996); Georg-Büchner-Preis (1998).

Werkauswahl: Lisas Schatten. Gedichte. 1967. – wir sind lockvögel baby! 1970. – Michael. Ein Jugendbuch für die Infantilgesellschaft. 1972. – Die Liebhaberinnen. Roman. 1975. – Was geschah, nachdem Nora ihren Mann verlassen hatte oder Stützen der Gesellschaft. In: Manuskripte, Heft 58 (1977/78). – bukolit. Hörroman. 1979. – Die Ausgesperrten. Roman. 1980 (verfilmt 1982). – ende. gedichte 1966-1968. – Die endlose Unschuldigkeit. Prosa. Hörspiel. Essay. 1981. – Die Klavierspielerin. Roman. 1983. – Clara S. Musikalische Tragödie. 1984. – Oh Wildnis, oh Schutz vor ihr. Prosa. 1985. – Burgtheater. Posse mit Gesang. 1986. – Die Ausgesperrten. Hörspiel. 1987. – Krankheit oder Moderne Frauen. Stück. 1987. – Präsident Abendwind. Ein Dramolett. 1988. – Lust. 1989. – Wolken. Heim. Stück. 1990. – Malina. Ein Filmbuch. Nach dem Roman von Ingeborg Bachmann. 1991. – Totenauberg. Ein Stück. 1991. – Raststätte oder Sie machen's alle. Stück. 1994. – Die Kinder der Toten. Roman. 1995. – Sturm und Zwang. Schreiben als Geschlechterkampf (gemeinsam mit Jutta Heinrich und Adolf-Ernst Meyer). 1995. – Stecken, Stab und Stangl. Eine Handarbeit. 1996. – Ein Sportstück. 1998. – Jelineks Wahl. Anthologie. Hg.v. E. Jelinek. 1998. – er nicht als er (zu, mit Robert Walser). Stück. 1998. – Zahlreiche Hörspiele und Drehbücher. – Übersetzung von Thomas Pynchon: Die Enden der Parabel (zusammen mit Thomas W. Piltz). 1981.

Über E.J.: Ulrike Haß in: Kritisches Lexikon zur deutschsprachigen Gegenwartsliteratur. München 1978 ff.

JENS SPARSCHUH

Förderpreis des Bremer Literaturpreises 1996 für „Der Zimmerspringbrunnen", Verlag Kiepenheuer & Witsch, Köln 1995

Wilfried F. Schoeller

Nachträge

Jens Sparschuh und Wilfried F. Schoeller. Foto: Valeska Achenbach

Seinem kleinen Roman „Der Zimmerspringbrunnen" hat Jens Sparschuh ein Zitat von Oscar Wilde vorangestellt. Es lautet: „Nur die Oberflächlichen kennen sich gründlich." Es könnte als Motto über allen Büchern dieses Autors stehen. Anvisiert wird überall ein Kunststück: Eine Geschichte so leicht zu machen, daß alle größeren Wörter als Störenfriede erscheinen, als sinnloses Sperrgut dem Gelächter preisgegeben sind. Die Oberfläche – das hört sich nach Luftikus, nach bescheidenem Jokus und nach fahrlässiger Nichtswürdigkeit an. Wenn ich es richtig sehe, so sind einzelne Romane von Jens Sparschuh durchaus schon unter dieses eifernde Verdikt gefallen. Schließlich ist der Humor eine ernste Sache und damit man sich an Wortwitz und Kalauern, Gags und Sprachironien nicht zu sehr erheitert, muß hierzulande schon mal das eigene Niveau systematisch erhöht werden, damit man behaupten kann, man habe unter diesem gelacht. Mir scheint, daß der Weg dieses Autors, den wir einen jungen zu nennen geneigt sind, weil wir im Grunde nur zwei Bücher von ihm zur Kenntnis genommen haben, der neunjährige Weg durch vier Romane und zahlreiche Hörspiele das Ziel der Schwerelosigkeit hat. Zu vermuten ist Sprungkraft beim Abheben und Resistenz gegen das Denken auf festen Gleisen.
Ein Schienendenker ist Jens Sparschuh gewiß nicht. Eher hält er es mit den Äquilibristen, den Gleichgewichtskünstlern, die ihren Fertigkeiten auch noch zuschauen können. Seine Biografie ist für mich mit Ironie geradezu besetzt.
Jens Sparschuh wurde 1955 in Chemnitz geboren, als es Karl-Marx-Stadt hieß. Er hat in Leningrad Philosophie und Logik studiert, als es noch nicht zurückzarisiert war, an einer Universität, die nach Shdanov, dem Literaturhäuptling des doktrinären Stalinismus, benannt war. Unter dem Dach des Rechtglaubens ans Gesunde, sozialistisch Realistische, der Verwerfung der bürgerlichen Dekadenz, wuchs ein destruktives Talent heran, das in fremden Gehirnen herumwandern und den durchdringenden Blick auf Geistesgröße und auf den Irrationalismus der Realität erwerben kann. Sparschuh hat an der Berliner Humboldt-Universität als Assistent gearbeitet, im Fach Philosophie und Logik, was ein Echo in der klaren Bauart, dem genauen Grundriß seiner Stories hinterlassen hat. 1983, mit 28 Jahren, wurde er promoviert. Sein Professor ging am nächsten Tag in den Westen, was die Karriere Sparschuhs als freier Schriftsteller enorm befördert haben muß. [...]
An den Ausfallstraßen der Avantgarde ist diese Literatur nicht zu Hause. Sie findet ihre Energie dort, wo ein gewisses nachprüfendes Retour ange-

bracht ist. Erkundungen der Nachhut, wenn der rasende Zug der großen Wörter mit donnerndem Getöse vorbeigezogen ist und Luftwirbel die gewesene Bewegung anzeigen. Das ist keine Spur von Nostalgie, keine rückwärts gewandte Sehnsucht, vielmehr Aufmerksamkeit dafür, was das Geschehene an Abdruck und Eindruck hinterlassen hat. Sparschuh schreibt Nachträge zu dem, was an Haupt- und Staatssachen bereits verhandelt wird. Mit Sonderlingen, bizarren Existenzen, mißgeleiteten Narren und Emphatikern des verrutschten Sinns, Sparschuhs Königsfiguren, kann man nicht Geschichte schreiben, man kann ihr nur nachschreiben. Etwas von den Idyllikern der wilden Absurdität, wie sie Jean Paul geliebt hat, lebt in seinen Gestalten wieder auf. [...]
Erst der Roman „Der Schneemensch" macht Sparschuh auch im Westen Deutschlands bekannt. Der Hörspielautor war es, als er 1989 den Hörspielpreis der Kriegsblinden erhielt. Seine ersten Romane waren in ein Aufmerksamkeitsloch gefallen wie fast alles Literarische, das in den letzten Jahren der DDR und in der ersten Zeit danach erschienen ist. Die Ermüdung der westdeutschen Literaturkritik in bezug auf Bücher aus der DDR wurde vom politischen Neuigkeitsdruck ergänzt, der kaum etwas außerhalb seiner selbst gelten ließ. Nicht ohne naives Staunen stellen wir deshalb heute fest, daß Autoren damals geschrieben und veröffentlicht haben, ohne daß wir, befangen in der Gleichung, daß mit dem Ende der DDR auch ihre Literatur aufhöre, sie wahrgenommen hätten. Einer von Ihnen ist Jens Sparschuh. Und nicht ohne gallige Bissigkeit konnte er 1990 bemerken, er sei ein weit über die Grenzen seines Landes hinaus unbekannter Autor. Kehren wir zurück zu dem neuen Roman „Der Zimmerspringbrunnen". Der Untertitel gibt an „Ein Heimatroman". Also eine überschaubare Einheit im kleinen Rahmen, vertraut das Gelände, bekannt die Wege, erwartbar die Konflikte. Also: nach den Dienern, die auf historische Großfiguren blickten oder sich dem ideologischen Wahn fügten, nun ein Muster, das einer vorgegebenen Manier folgt? Eben diese Erwartung wird nur angetippt, aber nicht eingelöst, vielmehr: geradezu dementiert. Daß einer aus dem Osten, ehemals Mitarbeiter der kommunalen Wohnungsvermittlung, seit drei Jahren ausgemustert, die Zeit mit bloßem Starren aus dem Fenster verbringt, zusammengezogen auf eine Art katatonischen Arbeitslosenstupor, weckt eine gängige Erwartung: nun könnte das sozialkritische Lamento über die Schwierigkeiten des deutschen Daseins einsetzen. Doch weit gefehlt: leichthändig spielt Sparschuh solche Möglichkeiten nur an und hintertreibt sie wieder mit burleskem Witz. Ein Unheimatroman: Hinrich Lobek ist aus der Vertrautheit herausgefallen und muß sich, verbarrikadiert in der Wohnung mit Topfpflanzen und Hund, neu orientieren. Ausgerechnet das Horoskop eröffnet eine Berufschance: Vertreter für Zimmerspringbrunnen. [...]

Aus der Laudatio vom 26. Januar 1996

Jens Sparschuh

Nun ist Alltag

Für die Zuerkennung des Bremer Förderpreises danke ich Ihnen.
Natürlich, mir als Autor liegt der Gedanke nicht fern, daß ein Buch von mir ausgezeichnet ist; und wird es dann auch tatsächlich, sozusagen von Amts wegen, ausgezeichnet, so könnte mir das beinahe wie eine ganz normale, fast naturgesetzliche Sache vorkommen – wüßte ich nicht, daß das Normale vor allem eines ist: selten. Also kostbar!
Und darum, sehr geehrte Damen und Herren von der Rudolf-Alexander-Schröder Stiftung, danke ich Ihnen sehr herzlich. Wenn man hochseriöse Bücher über Schneemenschen und Eckermänner, sprachgestörte Papageien und Gedankenleser geschrieben hat und nun ausgerechnet mit einem Zimmerspringbrunnen-Roman in den Intimbereich des deutschen Gemüts vorzudringen scheint, so gibt einem das natürlich auch zu denken! Nie jedenfalls hätte ich geglaubt, daß meine fragile Heimwerkerarbeit, daß diese buntschimmernden Wunderwelten und sprudelnden Ungeheuer derart hohe Wellen der Zustimmung wie der Ablehnung provozieren könnten.
Es hat mich verwirrt und sprachlos gemacht. Wobei manche Ablehnung, das gebe ich zu, mich nicht einfach nur sprachlos machte – das war schon eher ein händeringendes „Mir fehlen die Worte."
Und so wäre ich beinahe – tatsächlich und buchstäblich sprachlos hier angereist. Noch in letzter Minute: keine Rede von einer Rede – das ganze Gegenteil! Für einen viel zu langen Moment nämlich hatte mein klarer Geist sich verfinstert und war von dem irrwitzigen Gedanken besessen, einigen besonders trübseligen Kritikern in ihrem legasthenischen Dunkel heimzuleuchten ... Welch kühner Einfall!
Getreu dem Motto – für alles läßt sich ja zur Not ein Motto finden! „Das Leben zwingt den Menschen zu allerlei

freiwilligen Handlungen", Lec, hatte ich auch schon damit begonnen, wenigstens eine provisorische Liste der gröbsten Regelverstöße und kritischsten Fehlleistungen anzulegen … Wie albern! Wie menschlich. Sogar einen Titel hatte ich schon für diese trostlose Unternehmung gefunden, nämlich: „Kritik der reinen Unvernunft" oder besser noch, weil schlimmer: „Kritik der unreinen Vernunft".
Irgendwann aber bei dieser selbstauferlegten Strafarbeit hielt ich inne. Mich packte … ich weiß nicht, was? Das nackte Erbarmen? Oder auch Scham über den inquisitorischen Eifer, der da plötzlich zu meinem Befremden in mir aufflammte. Wenn ein Rezensent nicht bis drei zählen kann – es ist so traurig, wie es wahr ist –, soll ich ihm das etwa vorrechnen? Oder gar darüber triumphieren? Soll ich etwa den Rotstift ansetzen um klarzustellen, daß auch ein resümierend hingestottertes „So weit, so trist", wenn es den intendierten Sinn haben soll, dem Duden folgen muß und „soweit" hier zusammengeschrieben wird?
Es gibt Aufgaben, vor denen man als denkender Mensch besser kapituliert. Forsche ich in mir nach, was mich überhaupt auf diese fixe Idee gebracht hatte, so war das wohl mein Erstaunen darüber, wie manche Kritiker in aller Selbstverständlichkeit darauf zu spekulieren scheinen, daß sie das letzte Wort behalten. Sie schreiben, ausgestattet mit durchaus blühender Phantasie, „irgendetwas" hin und verlassen sich treuherzig darauf, daß Autoren vornehm – oder weil es ihnen einfach die Sprache verschlägt – dazu schweigen. Aber leider, auf mich ist da wirklich Verlaß: ich bin vornehm und manchmal verschlägt es mir einfach die Sprache. So einfach ist das. Und basta!
Dabei, dieses Räsonieren hätte ich mir eigentlich sparen können, wäre mir nur früher ein Briefsatz Thomas

Foto: Werner Bethsold

Manns untergekommen, ich las ihn neulich irgendwo: „Wir finden in Büchern immer nur uns selbst." Was Wunder also, daß manche nichts, aber auch gar nichts finden – andere aber so unendlich viel? Das ist der feine, nicht gerade kleine Unterschied. Was mich besonders freut: alte Ost-West-Rechnungen scheinen dabei nicht mehr aufzugehen. „Wie reagieren denn die Leute drüben auf so was?" Das werde ich neuerdings immer wieder bei Lesungen gefragt, und zwar hüben wie drüben, in Ost und West.
Nach dem ersten Rausch der Vereinigungsnacht und dem ernüchternden Morgen danach stehen sich die lange verfeindeten Stammesteile nur anders gegenüber. Das erste Entsetzen ist gewichen. Zwar hatte man, auf beiden Seiten, Schlimmes und Schlimmstes befürchtet, doch auch diese Erwartungen wurden ja noch weit übertroffen … Nun aber ist unwiderruflich der Alltag angebrochen, d.h., man muß sich in der Grenzsituation „deutsch-deutscher Alltag" zurechtfinden. Und – sei es manchmal auch notgedrungen und widerstrebend – man beginnt, sich für den anderen zu interessieren. Eine Wahl bleibt einem ja auch gar nicht.
Aber – was für eine Chance ist das! Indem man den anderen zu verstehen sucht, stiftet man nicht nur karitativ und ins Blaue hinein ein bißchen Toleranz in der Welt; nein, man kann auf einmal auch das andere in sich selbst entdecken, das Elend und die Größe, all die – Gott sei Dank oder leider – nie Wirklichkeit gewordenen Möglichkeiten, die begrabenen Träume … Man hat die Chance, sich von der Willkürherrschaft eigener Vorurteile, Verblendungen und Illusionen zu befreien. Ein bißchen zumindest, und von einigen.
Dieses Nachdenken, diese allerhöchste, nie ganz zu erreichende Gedankenfreiheit aber wird durch keinen noch so perfekten Polizeistaat unterbunden (ich kann das beurteilen, ich bin ja von Geburt an Ostexperte!); verhindert wird Gedankenfreiheit vielmehr – und vor allem – durch schlichte, stupide, alltägliche Gedankenlosigkeit.
Hier in Bremen kann ich nicht einen Preis entgegennehmen ohne ein Wort des Dankes an meinen Freund und Kollegen Günter Demin, Redakteur von Radio Bremen. Vorausschauend hatte er schon 1980 mit dem Abbau der Mauer begonnen. Er schlug zunächst einfach kleine Löcher hinein und machte sie nach und nach immer durchlässiger. Zum Beispiel für die Stücke eines ihm damals unbekannten jungen Ostberliner Autors. Demin schreckte nicht einmal vor dem Umstand zurück, daß dieser Autor gerade ein Philosophiestudium in Leningrad absolviert hatte, an der Shdanov-Universität! Also biografisch, um es vorsichtig zu sagen, nicht ganz dem Anforderungskatalog an einen Dissidenten entsprach. Aber in dickschädeliger Weise eigensinnig, schien Demin das sogar noch besonders zu reizen!
Und? Sie sehen ja, wohin das alles geführt hat. Die Mauer ist dann tatsächlich gefallen. Und vor Ihnen stehe nun ich. – Dankeschön.

Neue Freiheit

Ihr Roman liest sich lustig. Verniedlichen Sie?

Im Ausland werde ich immer gefragt, warum die Vereinigung oft so ernst beschrieben wird. So wie zwei verfeindete Stämme im Kriegszustand, die mit dem Taschenrechner aufeinander losgehn. Ich habe schon früher ironische Bücher geschrieben. Ich würde es meine Weise nennen, die Dinge ernst zu nehmen. Ich versuche, ihnen ein zweites Gesicht zu geben: ein unernstes, das sie auch haben.

Sie nennen das Buch „Heimatroman". Wie sieht denn Ihre Heimat aus?

Ein paar Seen in der Nähe von Berlin, ein bißchen Wald. Ich weiß gar nicht, ob man „Heimat" unbedingt braucht. Der Held in meinem Buch braucht

Jens Sparschuh

Wendepunkt Bad Sülz

Später, am Abend, saß ich noch ein bißchen unten im Aufenthaltsraum des »Föhrentaler Hofs«. Die anderen zogen wahrscheinlich durch irgendwelche Kneipen. Zwar, man hatte auch mich eingeladen, aber ich spürte, seit meinem Erfolg bei Boldinger waren die anderen Kollegen auf vorsichtige, abwartende Distanz gegangen. Nur Nöstich war gleich nach dem Seminar zu mir gekommen, hatte stumm meine Hand geschüttelt und mir seine Visitenkarte überreicht. Halblaut fiel unter anderem das Wort „Zusammenhalt".
So saß ich also an diesem Abend für mich allein und versuchte, meine Gedanken zu sortieren. Sollte Bad Sülz tatsächlich zu einem Wendepunkt in meinem Leben werden? Es sah ganz danach aus, obwohl es sicher noch zu früh war, an diesen kleinen Erfolg große Hoffnungen zu knüpfen. So beschloß ich also, anstatt in der Zukunft herumzuspekulieren, zunächst – nach der Erinnerung – meine Protokollaufzeichnungen zu Strüvers Seminar zu vervollständigen.
Als ich damit fertig war, sah ich mich im Aufenthaltsraum um. In der Nußbaumvitrine zwischen den Fenstern war bis auf ein Halma-Spiel (leider unvollständig), ein Fahrplanheft der Deutschen Bundesbahn aus dem Jahre 1988 (Winterhalbjahr), eine zerlesene Floristenzeitschrift und einen Fotobildband „Du, unsere schöne Heimat – Der Hochschwarzwald", leider nichts zu finden. Also pendelte ich zwischen den bunten Fernsehprogrammen, die aus der grau-grünen Topfpflanzenecke herüberflimmerten, hin und her.
Aus dem französischen Kanal gab es eine Sportsendung, bei der dicke Männer sich abwechselnd gegenseitig auf die Matte warfen. Das war jeweils mit Applaus verbunden. Das Bild war aber schlecht. Gleich daneben eine Talkshow. Leider begriff ich nicht, worum der Streit ging. Einer der Anwesenden, eine Art Priester, begriff es anscheinend auch nicht – denn plötzlich redeten alle wütend auf ihn ein, richtig giftig, besonders eine rothaarige Frau, die immer wieder beteuerte „Ich habe es selbst erlebt" und „Die da oben stecken doch alle unter einer Dekke", worauf er sie aber nur ungläubig anschaute.
Noch einen Klick weiter gab es einen deutschen Film, wahrscheinlich aus den siebziger Jahren; man sah es an den Autos. Das fand ich eher nicht so spannend. Bald aber merkte ich, daß es sich hier doch um einen Sex- oder wenigstens Aufklärungsfilm handelte. Also blieb ich dran. Ein Sprecher erzählte von verschiedenen „Fällen". Ein Wohnwagen auf einem Campingplatz war nun zu sehen. Zum Beispiel, sagte der Sprecher, der „Fall Monika F." Der Wohnwagen begann hin und her zu schaukeln. [...]
Mein Gott! Ich stöhnte auf. Ich dachte an Julia, an Zuhause. Und auf einmal, ich wußte nicht, wie, kam es über mich, und ich mußte hier, im Aufenthaltsraum des „Föhrentaler Hofs", unter dem imitierten Holzbalken der Decke, eingerahmt von Schwarzweißfotografien des Schwarzwalds, vor mir auf dem Tisch einen verjährten Fahrplan, dem längst alle Züge davongefahren waren – mußte ich plötzlich, ohne mich dagegen wehren zu können, wie zwanghaft, einen Satz sagen, der mir so bisher noch nie in meinem Leben von den Lippen gekommen war: „Ich liebe meine Heimat, die Deutsche Demokratische Republik." [...]

Aus: Der Zimmerspringbrunnen. Ein Heimatroman. Kiepenheuer & Witsch, Köln 1995, S. 53-55 sie. Aber man sollte diese DDR-Nostalgie nicht immer politisch sehen. Es war für viele einfach Lebenszeit, die so nur in der DDR stattfinden konnte. Und da gibt es natürlich so etwas wie Phantomschmerz. Neulich war in Berlin ein Rockfestival mit alten DDR-Gruppen. Da erinnert man sich an die erste Liebe. Aber deswegen wird noch nicht jeder zum PDS-Wähler.

Es war ja auch in der DDR, wo nicht alles schlecht war, nicht alles gut. Wenn ich Klagen über die Kindergärten hier höre, denke ich, die DDR war ein gesamtgesellschaftlicher Kindergarten, in dem man nicht über das sprechen konnte, was einfach anstand: Das empfinde ich rückblickend als beschämend.

Aber einiges war halt einfacher: Man hatte kaum Miete zu zahlen: Das bedeutete Zeit. So sind kulturell großartige Sachen entstanden. Aber es gibt im Osten inzwischen viele, die gerade durch den Zusammenbruch dieses so massiv wirkenden Kartenhauses eine neue Freiheit im Umgang mit Zukunft gefunden haben. Mehr Gelassenheit, Beweglichkeit. Weniger Zukunftsangst.

Sie haben nie zur Prenzlauer-Berg-Szene gehört?

Dort bedeutete „Lesung" Kerzenlicht, Konzert, und auf der Bühne wird vielleicht noch ein Kaninchen zersägt. Ich denke in manchen Dingen ganz altmodisch: daß ein Text für sich allein stehen kann. Ich hatte ja auch fünf Jahre in Leningrad Philosophie studiert, also das Glück gehabt, die DDR schon vor der Wende von außen zu sehen – und da kam mir vieles, was ich auf dem Prenzlauer Berg sah, wie eine kunstgewerbliche Nachahmung von Amerika vor. […]

Interview mit Hans-Peter Kunisch, in: Süddeutsche Zeitung vom 5. März 1996

Blanke Ironie

[…] Jens Sparschuh treibt mit der Schilderung dieses etwas zurückgebliebenen Ossi-Wesens das Klischee vom nach der Wende übers Ohr gehauenen Ex-DDR-Bürger auf die Spitze. Zumal sein Held im Lauf seiner Vertreterkarriere noch viele Verwandte im Geiste trifft (dankbare Abnehmer des DDR-Nostalgie-Springbrunnens). Und wenn Lobek in seinem Hotel im Westen beim Betrachten seiner Umgebung „plötzlich, ohne mich dagegen wehren zu können, wie zwanghaft" diesen Satz sagen muß: „Ich liebe meine Heimat, die Deutsche Demokratische Republik", spätestens dann begreift der Leser den Untertitel des Buches („Ein Heimatroman") als blanke Ironie.

Aber es ist nicht so, daß der (Ost-Berliner) Sparschuh hier nur den armen Ossi vorführt. Lobek ist zwar verschroben, aber nicht lebensuntüchtig. Und ihm stehen Westler einer Sorte gegenüber, die voller Wohlwollen dem Osten gegenüber sind, sogar die „Sitten und Gebräuche der Ostdeutschen" studieren wollen, dabei aber die gönnerhafte Attitüde nie ablegen können.

Sparschuh läßt den Direktor von PANTA RHEIn über Lobeks maschine-, nicht computergeschriebene Bewerbung begeistert ausrufen, „Das ist ja noch fast wie Handschrift!", er läßt ihn verständnisvoll erkunden, ob Lobek bei der Stasi war. Zwar ist der Ost-Mensch das unbekannte Wesen, doch läßt sich im Osten noch eine Menge Knete machen – zum Beispiel mit Zimmerspringbrunnen.

Weil Lobek offenbar dazu verhelfen kann, wird er gehätschelt. Bis der Held an dem Widerspruch fast zerbricht, daß all sein Erfolg auf einen Springbrunnen gegründet ist, den seine Firma gar nicht kennt. Denn seine Chefs glauben bis zuletzt, daß Lobek den wassersprühenden Walfisch „Jona" so hervorragend verkauft.

Jens Sparschuhs Roman aus einem Land im Umbruch steckt voll hintergründigem Witz, bringt zum Lachen und führt zum Erschrecken, und er zeigt ein paar der Probleme, die Ost- und Westdeutsche noch lange miteinander haben werden. Er ist ein Dokument gegen die vorherrschende Larmoyanz auf der einen und den Egoismus auf der anderen Seite der Geschichtsbetrachtung. Und zudem das reinste Lesevergnügen.

Cornelia Geißler in der Berliner Zeitung vom 13. Oktober 1995

[…] Das linkische Taktieren der Besserwessis, die Sentimentalität der betrogenen Ossis – Lobek notiert die deutschen Gemütsregungen kalten Bluts. Wozu auch eine Wertung, wenn die Fakten schon den ganzen, wunderbaren Wahnsinn preisgeben. In all seinen grausigen Details zeichnet Lobek zum Beispiel den Grusel einer Gesamtvertreterkonferenz auf, die schwitzenden Knechte, die aufgeblasenen Karrieristen, die ganze Versammlung von Windbeuteln. Wie sie „Standardsituationen" im Umgang mit dem potentiellen Kunden üben. Wie sie einander Schinkenschnittchen wegschnappen, wie sie von der „Mauer in unseren Köpfen" schwadronieren und mit dem Bleistift Beifall klopfen auf ihren Tischplatten […]

Thomas Wolff in der taz/Bremen vom 26. Januar 1996

Jens Sparschuh

14. 5. 1955 Karl-Marx-Stadt (Chemnitz)

Verbrachte seine Kindheit und Jugend in Berlin/DDR. Von 1973-78 Studium der Philosophie und Logik in Leningrad. 1978 Rückkehr nach Berlin, wo er an der Humboldt-Univerität eine Assistentenstelle übernahm. 1983 Promotion. Anschließend freiberufliche Tätigkeiten, vorwiegend für den Rundfunk und als Herausgeber belletristischer Texte. 1992 Gastdozentur in den USA. 1995 erneuter Aufenthalt in den USA als Writer in Residence. Sparschuh ist Mitglied des PEN-Zentrums (Ost)

Preise: Anna-Seghers-Stipendium der Akademie der Künste der DDR (1988); Ernst-Reuter-Hörspielpreis (1990); Hörspielpreis der Kriegsblinden (1990); Jahresstipendium des Deutschen Literaturfonds (1991); Literaturförderpreis der Freien Hansestadt Bremen (1996).

Werkauswahl: Waldwärts. Ein Reiseroman. 1985. – Der große Coup. Aus den geheimen Tage- und Nachtbüchern des Johann Peter Eckermann. Roman. 1987. – KopfSprung. Aus den Memoiren des letzten deutschen Gedankenlesers. Roman. 1989. – Der Schneemensch. Roman. 1993. – Parzival Pechvogel. Ein Kinderroman. 1994. – Der Zimmerspringbrunnen. Ein Heimatroman. 1995. – Die schöne Belinda und ihr Erfinder. Ein Kinderroman. 1997. – Ich dachte, sie finden uns nicht. Zerstreute Prosa. 1997. – Zahlreiche Hörspiele.

Über J. S.: Peter Peters in: Kritisches Lexikon zur deutschsprachigen Gegenwartsliteratur. München 1978ff.

Foto: Stefan Nowak

MICHAEL ROES

Bremer Literaturpreis 1997 für „Rub' Al-Khali. Leeres Viertel", Gatza bei Eichborn, Frankfurt / Main 1996

Wilfried F. Schoeller

Der ausgesetzte Erzähler

Michael Roes, Stefanie Menzinger und Wilfried F. Schoeller. Foto: Herbert Abel

Die deutsche Gegenwartsliteratur verreist ungern. Viel lieber hält sie sich in heimischen Verhältnissen auf: bei Gesellschaftskritik und bei der Illustration schwieriger Psychen. [...] Der deutschsprachige Schriftsteller, der im letzten Jahrzehnt vermutlich am weitesten gereist und in die tiefste Fremde eingedrungen ist, sitzt vor uns: Michael Roes, 36 Jahre alt, ein Philosoph, den es unter die Literaten verschlagen hat, ein Erzähler, der ein Ethnologe ist, ein Spieler, der es ernst meint, ein Forscher, der auch auf Erfindungen setzt. Sein altmeisterlich dickes Buch „Rub' Al-Khali. Leeres Viertel." ist zunächst ein Paradebeispiel für das, was Literatur alles auch sein kann: Abenteuerroman, zweifacher Reisebericht, Feldforschung, gestellte Kolportage, verdoppeltes Tagebuch, Enzyklopädie, anthropologischer Rundhorizont, Einführung in die Gegensätze unseres Daseins, kulturkritisches Panorama und, was der Untertitel sagt: „Invention über das Spiel". Vermutlich haben wir, hat die Jury des Bremer Literaturpreises seit Paul Wührs „Das falsche Buch" kein anderes Werk ausgezeichnet, das die festen Erwartungen an literarische Gattungen so nachhaltig durchkreuzt und verstört wie dieses.

Zwei Reiseberichte sind ineinander verschränkt. Ihre äußere Gemeinsamkeit liegt im Reiseziel: dem Jemen, Rub' Al-Khali, das „leere Viertel" der arabischen Wüste. Das eine Ich reist in der Gegenwart nach Sana'a, in die ehemalige Hauptstadt Nordjemen, und verfolgt ein ethnologisches Projekt: Verzeichnung und Erforschung arabischer Spiele. Dieser Erzähler notiert in sein Tagebuch die Erlebnisse, Eindrücke, Begegnungen und Verlassenheiten seiner Erkundung auf entlegenem Gebiet. Er listet getreulich die Namen der „freien Spiele" der Straße auf, beschreibt ihre Regeln, die Gegensätze zwischen westlicher Stadtkultur und arabischer Stammeskultur, die sie eröffnen. Dieser namenlose Reisende weist zurück auf Michael Roes selbst, der diese ethnologische Feldforschung betrieben hat und sie in seinem Buch dokumentiert, überdies mit kursiv gesetzten Selbstzitaten beglaubigt. Aber eine Buchfigur ist auch immer eine Spiegelmaske. Das andere Erzähler-Ich ist ein Alois Ferdinand Schnittke aus Weimar, ein „orgelbauer, kirchen- und prospektmaler, dramenschreiber, direktor, spieler und ausstatter des Tiefurter marionettentheaters", Goethes Zeitgenosse. Er bricht mit einem Forscher de la Motte und zwei weiteren bizarren Reisegefährten zu einer Expedition auf, wobei er als Dolmetscher und Schreiber dient. Halb gescheiterte Existenz und Europamüder, halb Kundschafter des Ausdrucksverhaltens, Spieler und Narr, wird er zum Medium der anderen Kultur. Die Reise dient dem Ziel, die mosaischen Gesetzestafeln zu finden. Dieses Tagebuch ist collagiert aus den Aufzeichnungen berühmter Orientreisender wie des legendären Carsten Niebuhr. Eine der besonderen Leistungen von Michael Roes besteht darin, daß er die Fundstücke und zitierten Passagen in einem unverwechselbaren historisierenden Schnittke-Sound amalgamiert, die fremden Abenteuer und sensorischen Eindrükke, die vielen alten Stimmen zu einer einzigen verwandelt.

Zwei Jahrhunderte trennen also die reisenden Ich-Erzähler voneinander. Ihre Tagebücher ergeben, ineinander geschoben, eine Parallelaktion: unterschiedliche Arten des Reisens, diverse Reichweiten der sinnlichen Erfahrung, Wechsel des Zeittakts, das Mosaik der Gefahren, andere Sitten und Gebräuche – alles spiegelt sich aneinander, ergibt Differenz und osmotische Verbindung. Ein doppelter Feldzug der Sinne, der Augenlust und der Abenteuer, der jähen Ereignisse und der Vewandlungen ereignet sich. Wir sind Teilnehmer jener Expedition in den europäischen Orient-Traum, den das 18. Jahrhundert farbig ausmalte und der noch Goethes „Westöstlichen Diwan" durchlebt. Das glückliche Arabien, diese Phantasmagorie verjährter europäischer Sehnsüchte, ersteht wieder auf und bisweilen lesen sich Schnittkes verschlungene Aufzeichnungen wie die Taten und Leiden, die Überlebenssiege und Verstehenstriumphe von Karl Mays Kara Ben Nemsi, der sich mit den Orient-Traumreisen aus dem 18. Jahrhundert kostümierte. [...]

Der Forscher, der auf der Suche nach dem anthropologischen Horizont des Spiels aufbricht, erlebt einen anderen Lebensroman. Er weiß um seine Dispositionen: „Wie emphatisch, introspektiv oder neutral ich mich auch verhalte, alle verhaltensweisen bleiben strategisch. Sie zielen darauf ab, die begegnung mit dem fremden zu einem kontrollierten, wiederhol- und überprüfbaren experiment zu machen (...) Wir können dem ethnozentrismus nicht entkommen. Selbst die kritische reflexion ist teil der eigenen kulturellen kompetenz." Der Spieleexperte versucht, die Grenzen, die dieser Sachverhalt setzt, möglichst weit zu verschieben. In Sana'a wendet er sich ab vom sicheren Hort eines Orientinstituts samt seinem sarkastischen amerikanischen Direktor und mietet sich mitten in der Stadt ein. Die Warnung vor dem Geheimdienst und den Unwägbarkeiten des Bürgerkriegs, der zwischen Nord- und Südjemen tobt, schlägt er in den Wind. Er sucht Bekanntschaft mit Unbekannten, verliert sich in fremden Vierteln, auf nächtlichen Wegen. Er hat ein Leitmotiv: „Nicht kulturen begegnen einander, sonder gesichter, gerüche, stimmen. Die direkteste art, den anderen zu verstehen, ist ihn als begehrenswert zu empfinden und ihm ein bewusztsein dieses wertes zu vermitteln." Der aktuelle Erzähler setzt sich aus. [...]

Michael Roes zeigt in seinem Buch, das wir probehalber doch einen „Roman" nennen wollen, die Grenzen des Verstehens. Er erweitert sie immens, gerade dann, wenn er über sie reflektiert. Es erscheint mir als ein glücklicher Zufall, daß wir dieses Buch neben Samuel P. Huntingtons behauptungsschwerer Schwarte vom bevorstehenden „Krieg der Kulturen" lesen können. Der amerikanische Wissenschaftler zementiert mit einem großem Aufwand höchst gelehrter Angst die Grenzen vor allem zwischen dem Westen und dem Islam. Dagegen die spielerischen, oft ironischen Verfremdungen von Michael Roes, eine offene Tür, ein schwebendes Gebilde, randvoll mit Anregungen, intellektuellen Zündfunken, Hypothesen, die wiederum umgewendet werden, die nicht stehenbleiben. [...]

Aus der Laudatio vom 27. Januar 1997

Foto: Stefan Korte

Michael Roes

Abwesend anwesend

In der New York Times vom 2. Dezember 1996 fällt mir folgende Schlagzeile ins Auge: KULTURELLER ZUSAMMENSTOSS IN NEBRASKA.

Nachdem eine irakische Flüchtlingsfamilie in Lincoln, Nebraska, stolz die Verheiratung ihrer jüngsten Tochter bekannt gegeben hat, werden die Eltern und der Bräutigam in Haft genommen.

Eben waren noch mehr als einhundert Hochzeitsgäste freudig versammelt, die männlichen in einem Teil des Hauses, die weiblichen in einem davon getrennten. Ein muslimischer Geistlicher ist extra aus Ohio herbeigeflogen worden. Für die irakische Gemeinde sollte es eigentlich das wichtigste gesellschaftliche Ereignis des Jahres werden. Doch kurz nach dem Hochzeitsfest brennt das Mädchen mit einem Freund durch. Ratlos, wie sie sich hier, in der Fremde, in einem derartigen Fall verhalten sollen, gehen der Vater des Mädchens und ihr angetrauter Ehemann zur Polizei, damit diese ihnen bei der Suche helfe. Die beiden Männer werden wenig später im Haus der Familie festgenommen. Der Vater, 39 Jahre alt, wird des Kindesmißbrauchs beschuldigt und hat eine wenigstens einjährige Gefängnisstrafe zu erwarten. Seine 33-jährige Frau, Mutter vier weiterer Kinder, wird der Beihilfe zum Kindesmißbrauch angeklagt. Der Schwiegersohn, ein 28-jähriger Fabrikarbeiter, hat sich wegen Vergewaltigung zu verantworten. Er muß eine Gefängnisstrafe bis zu 50 Jahren fürchten.

Die Angeklagten verstehen die Welt nicht mehr. Ihre Anwältin sagt der Times, daß ihre Mandanten nur ihren heimatlichen Traditionen gefolgt seien und nicht gewußt hätten, daß sie ein Verbrechen begingen.

Doch die Gesetze Nebraskas sind eindeutig: Man muß wenigstens 17 Jahre alt sein, um heiraten zu dürfen. Darüber hinaus ist jeder Geschlechtsverkehr von Erwachsenen mit Minderjährigen, selbst wenn diese einwilligen, gesetzeswidrig. Das von ihren Eltern verheiratete Mädchen war, nach altem muslimischen Brauch, erst 13 Jahre alt.

Eigentlich wollte ich heute nicht persönlich hier sein; die kleine beabsichtigte Rede hätte ein Stellvertreter vortragen sollen. Diese Rede hätte eine kleine Philosophie der Abwesenheit zum Thema gehabt. Wenn wir in unserer Umgangssprache jemanden „abwesend“ nennen, so meinen wir, daß er in Gedanken irgendwo anders, körperlich aber durchaus präsent sein kann. Um also in Gedanken anwesend zu sein, scheint es – so hätte ich meine Abwesenheit gerechtfertigt – geradezu notwendig, abwesend zu sein.

Diese umgangssprachliche Form der Abwesenheit, das „in Gedanken sein“, wäre nicht nur die Voraussetzung der literarischen Arbeit, sondern, so hätte ich weiter ausgeführt und in Abwesenheit vortragen lassen, auch Voraussetzung einer angemessenen Rezeption. Mit anderen Worten: Da, wo der Autor etwas zu sagen habe, solle er selber in den Hintergrund treten, also als Person abwesend sein. Oder, um es mit Nietzsche auf den Punkt zu bringen: Wo das Werk zu reden beginne, habe der Autor zu schweigen. Das Fazit dieses kleinen Essays wäre ein Paradoxon gewesen: Der wahre Autor sei vor allem oder gar ausschließlich gegenwärtig in seinem Werk, seine vollkommene Anwesenheit also seine Abwesenheit. Das mag witzig oder auch ästhetizistisch klingen, beschreibt in Wirklichkeit aber recht genau die Stellung des Künstlers in unserem öffentlichen Leben. Wenn ich also heute nicht nur in meinem Text, sondern auch als Autor desselben, trotz der Gefahr, daß der eine dem anderen nicht immer gerecht werde, anwesend bin, so will ich zum einen damit der ja nicht unumstrittenen Entscheidung Respekt erweisen, mir den renommierten Bremer Literaturpreis zuerkannt zu haben. Ich danke der Jury und der Rudolf-Alexander-Schröder-Stiftung von ganzem Herzen dafür. Respekt, Verantwortungsgefühl, Anwesenheit, so glaube ich inzwischen, muß grundsätzlich und mehr denn je eine Verpflichtung der Schreibenden sein. Denn nach einer Phase des – zugegebenermaßen nur selten und unzureichend honorierten - Engagements in den 70ern gibt es den Intellektuellen als erfahrene Gegenwart, als höhere Stimme, als handelnde Person, in unserem öffentlichen Leben kaum noch. Feuilletonisten ja, kulturelle Gewerbetreibende, doch die unabhängigen, die unkorrumpierten Geister, die der eigenen Kultur fremd gegenüber stehen und sich trotz aller Schelte für diese Fremdheit nicht beirren lassen, wo sind sie noch präsent? Ihre Abwesenheit beschränkt sich auf das eigene Werk, mag es hören und sich damit auseinandersetzen, wer immer es will. Sich Gehör zu verschaffen, gilt ihnen als degoutant, ja jedes öffentliche Wort, so glauben sie inzwischen selbst, werfe einen Schatten der Vulgarität auf das künstlerische Schaffen. Ich selbst empfinde im Grunde ja ähnlich. Selbst hier, vor Ihnen, ruft jedes ernste, deutliche oder gar mahnende Wort ein Unbehagen, ja Mißtrauen in mir hervor, als sei Deutlichkeit immer schon Lüge, Mahnung immer schon Heuchelei.

Dies ist ohne Zweifel ein, wenn auch nicht ausschließlich, deutsches Dilemma, ein geschichtlich tief verwurzelter Glaube an die Unvereinbarkeit der reinen, einsamen Kunst mit der vulgären, schmutzigen Politik. Beide Seiten werden gewiß ihren Vorteil aus dieser stereotypen Vorstellung ziehen. Der eine fühlt sich der Verantwortung, der andere der Ästhetik enthoben, während wir in anderen Kulturen doch durchaus dichtende Staatspräsidenten und politisch engagierte Dichter finden. Also entsagen schließlich beide ihrer vornehmsten Aufgabe, nämlich Vermittler zu sein. Ich rette mich im Augenblick über meine eigenen Zweifel, indem ich mir sage: Eine Rede ist kein Gedicht. Ich muß in einer Rede nicht meine schriftstellerische Arbeit kommentieren oder legitimieren. Das Gegenteil ist der Fall: Die schriftstellerische Arbeit legitimiert mich zur Rede, zur deutlichen und direkten Sprache, die keine literarische sein wird, zur Anwesenheit.

Zurück nach Lincoln, Nebraska. Rechtlich ist der Fall klar. Die irakischen Flüchtlinge leben in den Vereinigten Staaten, also haben sie sich dem dortigen Rechtssystem zu fügen, wie im übrigen ja auch jeder Amerikaner oder Europäer in einem arabischen Land sich den entsprechenden Verhältnissen anzupassen hat. Daß bestimmte Gesetze dem Einwanderer oder Besucher unbekannt sind, schützt grundsätzlich vor Strafe nicht. Daß in diesem Fall aber eine rein gesetzeskonforme Handhabung unbefriedigend, ja ungerecht wäre, spürt jeder unvoreingenommene Betrachter. Doch handelt es sich in diesem Fall nicht nur um den Zusammenstoß zweier unterschiedlicher Kulturen oder Rechtssysteme. Offenbar war das Mädchen mit der Heirat nicht einverstanden und versuchte deshalb fortzulaufen. Wir Advokaten eines multikulturellen Blickwinkels sehen uns also einem weiteren Konflikt gegenübergestellt: Der Verteidigung der in der eigenen Kultur so mühsam erstrittenen Frauen- und Kinderrechte. Darf es hier eine Ausnahmeentscheidung geben, die dem Rechtsempfinden der Emigranten gerecht wird, aber eigene fundamentale Rechtsgüter wie den Kinderschutz und die Willensfreiheit relativiert?

Auch ich kenne die richtete Antwort in diesem Fall nicht. Doch besteht unsere Aufgabe in dieser immer komplexer werdenden Welt zumindest darin, die richtigen Fragen zu stellen. Das grotesk-tragische Ende dieser amerikanischen Hochzeit ist nur ein besonders krasses Beispiel für zunehmende interkulturelle Konflikte auf der ganzen Welt; ob es sich nun um eine so scheinbare Harmlosigkeit wie das Tragen von Kopftüchern in staatlichen Schulen oder Extreme wie die Steinigung von Mädchen und Frauen wegen ehelicher Untreue handelt. Diese Schlagzeilen sind für mich nur Vorboten und erste Symptome einer globalen Herausforderung, das interkulturelle Leben neu zu organisieren. Es sind nicht nur die Richter, die – in diesem Fall über ein Verbrechen ohne Verbrecher – Recht sprechen, sondern wir alle richten ständig, urteilen und verurteilen, ohne immer alle Seiten gehört zu haben, ohne immer zu wissen, auf Grund welcher Prinzipien wir urteilen, ohne immer zu bedenken, welche Folgen unsere Urteile haben. Wir neigen alle dazu, auf die zunehmende Unübersichtlichkeit unserer Welt mit einem immer starreren Festhalten an vertrauten Denk- und Verhaltensweisen zu reagieren. Das führt dazu, die Komplexität der Welt auf einfache, stereotype Muster zu reduzieren, bis wir nicht einmal mehr wahrnehmen, daß es überhaupt Unübersichtliches, daß es überhaupt Klärungsbedürftiges gibt. Alles Fremde, Unverständliche hat sich dem Vertrauen anzupassen – oder zu verschwinden. Aus dem komplexen Problem der Verständigung wird so eine simple Machtfrage. Die differenzierte Darstellung unserer Wirklichkeit in einer komplexen, zu einer differenzierten Wahrnehmung zwingenden Form ist nach wie vor eine fundamentale Aufgabe des Künstlers und Intellektuellen. Er muß aufzeigen, daß es auch und gerade dort ein Dilemma gibt, wo aus der eigenen Sicht doch alles klar schien. Als Fremder in der eigenen Kultur kann er Dolmetscher sein, indem er seine Arbeit polyphon, mehrstimmig, mehrsprachig gestaltet; indem er die reale Spannung zwischen den Sprachen und die Übersetzbarkeit auch in seinem Werk gespannt und unübersetzt läßt.

Doch die Mehrsprachigkeit des Künstlers und Intellektuellen hat über das hinauszugehen. Mehr denn je ist Anwesenheit, ist Zeugenschaft gefordert. Zeugenschaft heißt Gegenwart, Geistes-Gegenwart.

Wir haben Selbstgewißheiten, auch die eigenen, nicht zu bestätigen. Wir haben Gegenpositionen einzunehmen, nicht nur künstlerisch, sondern auch politisch. Wir müssen sie nicht einmal gleich verstehen, sondern unser Nichtverstehen zunächst beschreiben. Das mag vielen, auch uns Künstlern selbst, lästig erscheinen. Doch einfache Lösungen sind oftmals gewalttätige Lösungen. Selbst wenn wir die Gewalt kaum je verhindern können, so sollten wir doch zumindest da, sollten wir zumindest Zeugen sein.

Die Nöte des Reisenden

[…] Geradezu ins Herz der kulturanthropologischen Kardinalfrage, wie und ob das Fremde überhaupt zu verstehen sei, dringt der Wissenschaftler und Schriftsteller Michael Roes vor. Sein literarischer Reisebericht „Rub' Al-Khali / Leeres Viertel" aus dem Jemen übernimmt von der Ethnopoesie eines Michel Leiris oder Hubert Fichte die Dauerreflexion, wie das Erleben von den dominierenden Anschauungsformen der eigenen Kultur freigehalten werden kann. Und selbst die Reflexionskompetenz wird als ethnozentrische Mitgift verdächtigt, ohne jedoch aufgegeben werden zu können.
Ein Trick, der sich in den letzten Jahren einiger Beliebtheit erfreut, hilft ihm, die Erfahrung seines Reisenden in eine europäische Tradition einzubetten. Wie schon Christoph Ransmayr in seinem Roman „Die Schrekken des Eises und der Finsternis" oder Raoul Schrott in „Finis Terrae" läßt er einen historischen Reisebericht parallel zur aktuellen, in Aufzeichnungen dargebotenen Handlung mitlaufen. Es ist der Orientreisebericht von Carsten Niebuhr aus dem 18. Jahrhundert, verschnitten mit einigen späteren Expeditionsaufzeichnungen. […]
Doch das eigentlich belebende Element sind nicht die fremden Stimmen, auch nicht die aufgesetzt wirkende Abenteuerhandlung, sondern die Nöte des Reisenden selbst, der sich mit Haut und Haar auszusetzen sucht und dennoch in einer Art existentiell erfahrener Dauerkrise des Ethnozentrismus gefangen bleibt. […]

Hubert Winkels, in: Deutsche Literatur 1996. Jahresrückblick, Reclam Verlag, Stuttgart 1987

Schutzumschlag-Grafik der Erstausgabe

Michael Roes

Aufbruch

Ich wollte, etwas neues begänne. Ich würde es realismus ohne resignation nennen. Natürlich wäre auch dann noch kein leben frei von bedrohungen möglich. Doch vielleicht andere formen der behauptung.
Das denken in gegensätzen (fremd-vertraut / unentwickelt-entwickelt / traditionell-modern…) behindert das gespräch. Jede kultur hat ihre eigenen denker, intellektuellen und künstler. Die gründe für die unterschiede im jeweiligen denken liegen nicht in den intellektuellen fähigkeiten, sondern in den unterschiedlichen sprachen begründet.
Doch können wir uns verständigen. Denn gemeinsam haben wir unseren körper. Nicht kulturen begegnen einander, sondern gesichter, gerüche, stimmen. Die direkteste art, den anderen zu verstehen, ist, ihn als begehrenswert zu empfinden und ihm ein bewußtsein dieses wertes zu vermitteln.

Realismus ohne Resignation

[…] In diesem Herbst knüpft ein junger, bisher beinahe unbekannter Berliner Autor mit einem großartigen ethnologischen Roman da an, wo Rimbaud einmal begann und Hubert Fichte zuletzt aufhörte. Michael Roes setzt Handkes kurzer Mär vom großen Kriege eine profunde, 774 Seiten starke Recherche über den Jemen entgegen, der man manches, aber weder neudeutsche Erfahrungsarmut noch andersgelbe Folklore vorhalten kann. Fünf Jahre lang hat der 36 Jahre alte Autor für seinen Roman geforscht, anderthalb Jahre hat er im Jemen gelebt. „Rub' Al-Khali – Leeres Viertel" nennt er sein Werk, „Realismus ohne Resignation" nennt er sein Programm. Zwei Forscher reisen durch das Wüstenland, einer im 18. Jahrhundert, einer heute. Beide führen Tagebuch. Der Dramenschreiber, Theaterdirektor und Orgelbauer Alois Ferdinand Schnittke schreibt mit Emphase und viel altertümlicher Orthographie von einer Expedition, die ihn zu Goethes Zeiten von Weimar über Kairo nach Sana'a führt. Ein junger deutscher Ethnologe dokumentiert in nacktem, weißgekacheltem Ton und schlanker Kleinschreibung seinen Aufenthalt im Sana'a der neunziger Jahre.
Beide haben ein Forschungsziel. Die Gesetzestafeln Mose soll der Dramenschreiber, die Spiele der Jemeniten will der junge Ethnologe für die Nachwelt retten. Doch beide retten im Grunde etwas ganz anderes, viel Kostbareres als Spiele und Steintafeln in der jemenitischen Wüste: Sie retten die Poesie des Wirklichen im bundesdeutschen Roman.
Und das kommt so: Beide Schreiber, der kühle Ethnograph von heute und das im Stile des 18. Jahrhunderts nacherfundene Seelchen Schnittke,

Seit dem nachmittagsgebet tanzen die männer. Alle wagen des ortes stehen, schwerbeladen mit waffen und munition, aufbruchbereit am ortsausgang. Alle männer, auch der kleine, 'Ali und Mansúr, nur in meinen augen noch bartlose kinder, werden sich an diesem kriegszug beteiligen. Selbst die greise haben ihre alten türkischen vorderlader von den diwanwänden genommen und tanzen nun, vom kampfgeist um jahrzehnte verjüngt, mit ihren söhnen und enkeln um die wette. […]
Einige ältere frauen hocken bei den wagen im schatten der häuser und unterstützen von ferne den tanz der männer mit händeklatschen und trillern, als stünde keine blutige schlacht, sondern eine hochzeitsnacht bevor.
Die meisten frauen aber stehen an den öfen und backen qafu'a, traditionelles fladenbrot, härter und dauerhafter als chubs. Während der raub- und handelszüge in alter zeit war qafu'a neben kamelmilch und getrockneten datteln für wochen die hauptspeise der beduinen.
Ahmad fordert mich zum tanz auf. Faisal entschuldigt mich, ich sei aufgrund meiner schweren krankheit noch zu geschwächt. Doch ich nehme die herausforderung Ahmads an. Faisal sagt, sein bruder wolle mich dem dorf nur als einen unbeholfenen tanzbären vorführen. Sicher hat er recht. Doch hat Ahmad offenbar vergessen, dasz ich in dem vergangenen jahr nicht nur spiele, sondern auch die traditionellen stammestänze beobachtet habe. Jahja gibt mir seine dschambija. Ich nehme sie in die rechte hand. In der linken halte ich meine sumata. Der tanzplatz ist heisz und staubig. Gnadenlos brennt die wüstensonne auf meinen unbedeckten kopf. Doch ich versuche, mich ganz auf Ahmads tänzerische führung zu konzentrieren.
Die grundbewegung ist ein synkopierter wechselschritt. Meine füsze tanzen ihn fast selbständig, so dasz ich auf die haltung des übrigen körpers und die gleichstimmung meiner bewegungen mit denen Ahmads achten kann.
Was bedeuten unsere weichen, fließzenden gesten, die man in anderen kulturen »effeminiert« nennen würde? Überwindung oder einbeziehung des eigenen weiblichen anteils? Gewandtheit zähigkeit verschlagenheit anmut rücksichtnahme und nicht nur härte unbeugsamkeit gewalt kennzeichnet den guten krieger, allein im handgemenge seinen mann zu stehen genügt nicht für ehre und ruhm, den sieg mit anmut und güte zu erringen ihn in verse zu fassen und zu besingen ehrt
Tanz ist poesie, der körper selbst die sprache, kein festgebanntes bild kein so bin ich sondern so will ich sein, ein krieger der den kampf wie einen tanz besteht voll leichtigkeit und zuneigung
Ich fordere die trommler auf, ihren rhythmus zu beschleunigen. Wir umkreisen einander wie lauernde raubkatzen keuchend mit glänzenden fellen nicht mehr rücken an rücken sondern einer im auge des anderen
Ich löse mich von seinen vorgaben improvisiere eigene tanzfiguren auf der basis des grundschritts elemente des angriffs und des kampfes
Während das freundschaftlich schützende zurücktritt tanzen wir unser wirkliches verhältnis
Die zuschauenden männer feuern uns mit rhythmischem klatschen und zurufen an doch vergisz sie tanz für sie doch vergisz sie ja wir führen etwas auf stellen etwas dar kein selbstvergessenes vergnügen nein höchste konzentration eine geistige übung der begegnung mit dem feind den schrecken nehmen die lähmung überwinden beweglich bleiben eins mit jeder phase meines körpers […]

Aus: Rub' Al-Khali. Leeres Viertel. Gatza bei Eichhorn, Frankfurt/Main 1996, S. 746-748

sehen auf das fremde Land und sehen die Welt gleichsam im Rohzustand. Ihre Erkenntnisse sind Erkenntnisse aus Anschauung, von ihren Worten tropft der Tau des Frischerlebten. Imagination und Realität sind eins.
Beide Diaristen protokollieren ihre Reise chronologisch. Der junge Forscher nähert sich seinem Ziel im Flugzeug – „transport von sitzschalenmenschen von einem vorzimmer ins andere" –, Schnittke ist per Pferd, Schiff und Kamel mehr als sieben Monate unterwegs. Beide teilen eine Voraussetzung: Sie wollen der „Tyranney der Intimität" entkommen, das „vertraute Selbst" hinter sich lassen. Ihre Reise ist ein ständiges Abschiednehmen, ein Sichlösen von Weltbildern, Träumen und Täuschungen. [...]
Michael Roes, der Philosophie studiert, an der Berliner Schaubühne gearbeitet, Theaterstücke und zwei Roman-Recherchen über das „Sohnesopfer" geschrieben hat, findet im Jemen den „Ernstraum", den das Lebensschreiben braucht. In der westlichen Welt, schreibt Roes, betrachten wir alles, „selbst das, was uns als unausweichlich begegnet, als spiel". Im universalen „Spielraum" fehlt dem Dichter jeder Widerstand, jede authentische Erfahrung.
Im Land der Wüstenbewohner, für die das Spiel die Ausnahme und der Ernst die Regel ist, hat die Utopie einer Literatur des Wirklichen hingegen überlebt. Hier können die Bücher entstehen, von denen der französische Dichter Michel Leiris gesagt hat, daß sie „ihre Fiktion auf Realitäten, ihre Konstruktionen und Kombinationen auf menschliche Beziehungen, das Imaginäre auf das Physische" beziehen. [...]

Iris Radisch in DIE ZEIT vom 4. Oktober 1996

Jean Paul trifft Kara Ben Nemsi ...

[...] In Roes' Stil trifft kein anderer als Jean Paul den Kara Ben Nemsi. Aber das ist allzu bescheiden gesagt. Eigentlich zeichnet sich nach einem anderthalbjährigen Aufenthalt in „der größten Sandwüste der Welt", der Rub' Al-Khali, in die der Autor freilich gar nicht tiefer hineingelangt, das Porträt eines stilgerecht ausgemergelten neuen Arthur Rimbaud ab, versprengt irgendwo zwischen Harar und Aden. Nebenbei kommt auch noch ein neuer Wittgenstein hinzu, den wir aus der Einsamkeit des norwegischen Skjolden und des irischen Rosro nur in heißere Weltgegenden transplantieren müssen. Es geht ambitioniert zu.
Aber das soll uns nicht verführen, ungerecht zu werden. Denn Roes hat nicht bloß eine, sondern zwei unterschiedliche, wiewohl auf eine gewisse Parallelführung bedachte Geschichten im „Leeren Viertel" untergebracht. Die eine davon verdient durchaus zwischen Jean Pauls „wahrem inneren Afrika" und Kara Ben Nemsi angesiedelt zu werden. Und das ist trotz der absonderlich anmutenden Verbindung ein Lob. Roes hat diesen Teil nach eigener Auskunft aus etlichen Reiseberichten des 18., 19. und 20. Jahrhunderts kompiliert (wir vermissen allein Thorkild Hansen). Wieweit das Fiktion ist, was er im einzelnen zitiert, wieviel Eigenes darinsteckt, das herauszufinden, wird die Aufgabe künftiger Philologen-Generationen sein. [...]
Immerhin, dieser historische Reise- und Abenteuerroman, sei es nun dank seiner Quellen oder seines heutigen Autors, ist spannend erzählt, faszinierend geschrieben, reich an prägnanten Beobachtungen und Zuspitzungen. Wir wären Lesereisende ins glückliche Arabien gewesen, wenn wir nur diesen Teil zu lesen gehabt hätten. Aber ein wahrhaft zeitgenössischer Autor darf ja nicht mehr einfach erzählen. So tut Schnittkes Bericht uns den Tort an, immer dort, wo es überaus spannend wird, abzubrechen: Das soll wohl der obligatorischen Verrätselung des Fremden dienen. Für den gemarterten Leser indes verschwindet das Vorenthaltene im „Leeren Viertel", und zwar allein aufgrund der Schnittechnik Schnittkes, die dem journalistischen Fortsetzungsroman als Foltertechnik abgeschaut ist, ohne dessen auflagensteigernde Bedeutung zu haben und wirklich mit Fortsetzungen zu versöhnen. [...]

Ludger Lütkehaus in der Frankfurter Rundschau vom 10. Dezember 1996

Michael Roes

7. 8. 1960 Rhede/Niederrhein

Studium der Psychologie, Philosophie und Germanistik in Berlin. 1985 Abschluß mit einer Arbeit über das Thema „Randgruppen als Fremde“. Anschließend zweijährige Arbeitszeit als Regie- und Dramaturgieassistent an der Schaubühne Berlin. Danach Reise nach Israel, wo er u. a. in einem Beduinenlager in der Wüste Negev lebte. Während des Golfkriegs, der inzwischen ausgebrochen war, blieb er in Israel. Jüngstes Mitglied des Wissenschaftskollegs Berlin. Über mehrere Jahre hin jeweils für Monate in Budapest und im Jemen. 1993 jüngster Fellow am Budapester Institut for Advanced Studies. 1994 Reise in den Jemen, wo er vier Monate in der Rub' Al-Khali, der größten Sandwüste der Welt, verbrachte. Lebt derzeit in Berlin.

Preise: Jahresstipendium des Deutschen Literaturfonds (1991); Else-Lasker-Förderpreis (1993); Literaturpreis der Freien Hansestadt Bremen (1997).

Werkauswahl: Jizchak. Versuch über das Sohnesopfer. 1992. – Cham. Ein Symposium. 1993. – Lleu Llaw Gyffes. 1994. – Rub' Al-Khali. Leeres Viertel. Roman. 1996. – Madschnun al Malik. Der Narr des Königs. 1997. – Surus Arabeyi. Arabische Lektionen. Gedichte. 1998.

Foto: Stefan Korte

STEFANIE MENZINGER

Förderpreis des Bremer Literaturpreises 1997 für „Wanderungen im Inneren des Häftlings“, Ammann Verlag, Zürich 1996

Rolf Michaelis

Vom Zustand Europas

[…] Nebel-Märchen, Spiegel-Spiele: dazu lädt diese Erzählung ein, die uns in die Irrgärten ihrer Sprachlabyrinthe lockt. Stefanie Menzinger mag Germanistik und Russistik studiert haben: die moderne Wissenschaft mit ihren Erkenntnissen über Ungenauigkeit und Unsicherheit, wie sie Werner Heisenberg mit seinem Begriff der „Unschärferelation“ benennt, macht diese Erzählerin fruchtbar für ihr Erzählen. Wir sind längst beim förderpreisgekrönten Roman: „ Wanderungen im Inneren des Häftlings“. Hier finden wir alles wieder: das Oszillieren zwischen Wirklichkeit und Traum, wie es sich auch im Gleiten von erster zu dritter Person zeigt; ständig neue Spiegelung von Personen und ihren Beziehungen; lustvolles Wandern und Verstecken in Irrgärten des Erzählens. Dies darf nicht überraschen: die allem Körperlichen heftig zugetane Erzählerin hat ein barockes Welt-, Lebens- und Körper-Gefühl. Gerade mit kaputten Körpern, im verkrüppelten Rumpf, in amputierten Gliedmaßen läßt sich der Traum reiner Wesenheit erfahren, erzählen. Das mag manche Leser schockieren. Wer sich eingelassen hat mit sterilen Models ohne Duft und Feuchtigkeit, Leidenschaft und Nähe, mag kaum empfänglich sein für die Lebensenergie, die aus diesem Roman spricht.

Ein Briefroman. Wie alles bei Stefanie Menzinger stimmt auch dies nicht.

Stefanie Menzinger. Foto: Anita Schiffer-Fuchs

Eine Frau in mittleren Jahren, voll Lebensverlangen in ihrer einsamen Wohnmaschine, verkrüppelt an Fuß und Brust, überwindet ihr Alleinsein durch Briefe an erträumte Figuren. Denen entwickelt sie immer neue Möglichkeiten ihres kargen Lebens. Was entsteht, ist eine große, traurige,

trotzig schöne Wunsch-Biographie aus nicht wirklichen, sondern erträumten, erinnerten Schreiben an ersehnte Gestalten, denen die Brief-Schreiberin immer neue Lebensmöglichkeiten vorspielt, vorspiegelt.
Leben im Nebel falscher, fauler Träume. Ein Frauen-Dasein, immer neu gespiegelt, im Verwesungs-Glanz nicht existierender Partner: Eine verzweifelt um Witz, Humor und einen Adressaten buhlende Werbung.
So spielt sich die Briefschreiberin, die ihre Episteln referierende Emily Hazelwood, Leben und Lieben vor. An der Ostsee, dem baltischen Meer, in einer ständig maladen Wohnmaschine in Liepaja wohnend, erzählt Emily von Briefen, manchen Antworten, in deren Spiegelung langsam das Mosaik eines Selbstporträts sichtbar wird.
Es entsteht ein Spiegelkabinett aus Texten und Figuren, die so spiegelrealistisch wie spiegelverschwommen sind. Ein realistisches Verwirrbuch – das gerade deshalb Erkenntnis schenkt über zerstörtes Leben, im real kaputten Sozialismus, im real kaputtmachenden Neo-Kapitalismus.
Und ist so: ein humorvoll verzweifeltes Buch über den Zustand Europas. Dafür hat eine im Westen aufgewachsene Frau, die jetzt im Osten des zerbröselnden Sozialismus arbeitet, den realistisch bösen Blick, stets mit der Erinnerung an den ihr aus Asien erzählten Bericht von der Schaufolter aus einem Konzertrationslager, wo eine ausgehungerte Ratte sich durch den Körper eines gefesselten Gefangenen hindurchfrißt. Der teilnahmslos erinnerte Bericht, der an Kafkas Folter-Erzählung aus einer „Strafkolonie“ erinnert, wird mit quälenden Kranken- und Toten-Scheinen ergänzt. So wird der Roman zu einem Dokument unseres Jahrhunderts der Kriege, der Folter, der Vernichtung und Qual. […]

Aus der Laudatio vom 27. Januar 1997

Stefanie Menzinger

Ein Vorhang mit Schlitz

Beim allmählichen Fabrizieren der Sätze dieser Rede komme ich in ein merkwürdiges Ungleichgewicht. Ich schreibe, aber es sind zukünftige Sätze, die – kaum entstanden – schon fortflüchten ins Vorgetragene. Schon stehe ich am Morgen vor dem Kleiderschrank des Übersee-Hotels und wähle die Kleidung für den Tag aus. Schon vor einem Mikrophon, das ich etwas zu mir herunter schrauben muß, und räuspere den Anfang: Meine Damen und Herren …
Das weitere entglitt meinen Händen wie Wasser auf diesem Weg hin und her zwischen zwei Brunnen. Ich habe die angefangene Seite nach hinten zwischen zwei Blätter des Schreibblocks geschoben und beginne von Neuem. Das klingt ungefähr so und ist ganz alltäglich.
Ich sitze am Schreibtisch und blättere suchend in den Büchern und Anfängen umher. Dabei ist es unbemerkt Abend geworden. Vor zwei Stunden habe ich eine Garage inspiziert und zwei schwere Säcke Kalk zur Seite geschoben. Und morgen? Morgen werde ich der alten Frau die Miete bezahlen, genauso wie's ausgemacht war. Auch lag heute ein Welpe in meinem Schoß und grunzte sich in den Schlaf. Ich habe das bis jetzt nicht einmal aufgeschrieben, weil mir der Tag noch fremd war und „nur was vergangen oder verändert oder entschwunden ist, enthüllt uns sein wahres Gesicht“, schrieb Pavese in den vierziger Jahren.
Natürlich mag ich jedes der Wörter in diesem wie auf eigenem Raum versammelten Satz. Als ob sie bloß durch eine handbreit „oder“ auf einer schlichten Holzbank Platz genommen haben, sitzt dort: vergangen, verändert, verschwunden, enthüllt. Und hinter ihnen, unsichtbar doch anwesend, halb schon Wörter: gegenwärtig, geblieben, erschienen, verhüllt.
Es geht, ich habe es nicht vergessen, um das „wahre Gesicht“, genauer: um das „wahre Gesicht von etwas“ und, wie ich vermute, auch darum, geduldig zu sein. Geduldig in Paveses „Land der Verbannung“ zu sein, oder geduldig an der „nahen, heimatlichen Gartenumfriedung“, wie es Ernst Kreuder in den „Unauffindbaren“ aufgeschrieben hat, um nur wenige Worte später „die Gewißheit der unauflösbaren Gefangenschaft des Menschen“ zu notieren. Und schon wieder bloß vier Worte weiter: „blinde, verschüttete Sehnsucht“.
Ich schreibe das auf diese Weise auf, weil der Anlaß meiner Sätze jene „Wanderungen“ sind, von denen ich meine, ich dürfe sie, ohne peinlich zu sein, auch „Buch einer Sehnsucht“ nennen.
„Und siehe da“, heißt es bei Kleist, „wenn ich mit meiner Schwester davon rede, welche hinter mir sitzt und arbeitet, so erfahre ich, was ich durch stundenlanges Brüten nicht herausgebracht haben würde.“ Ich lese und höre den Satz „Und siehe da“ mit einer hellen Stimme gesprochen. Es ist *die* Stimme, die zu mir den Satz spricht. Ich höre den Satz wie den Aufschwung des Taktstocks in der Hand des Dirigenten. Ich bin ganz wach. Ich bin ganz Ohr. Ich habe mir die Augen gewischt. Ich höre den Satz wie das Abheben der Schuhsohlen des Dirigenten.
Ich lese den Satz „welche hinter mir sitzt und arbeitet“ als einen den Raum vergrößernden Satz. Ich sehe, wie die Wörter sich umwenden und in das Ge-

sicht der Schwester sehen. Die Schwester sieht auf und blickt in die Wörter. Ich sehe Wörter in den Zwischenräumen schweben. Ich sehe Funken überspringen. Ich stehe zwischen dem Funkenflug. Ich wiederhole die Bewegung der Wörter mit meinen Lippen: Rücken, sich wendender; Oberkörper, sich aufrichtender. Die Wörter gehen aufeinander zu. Das Sprechen lese ich, will zur Welt kommen. Zur Welt kommen, lese ich, ist eine Sehnsucht. Und die Schwester antwortet dem Bruder. Ich lese den Satz „Dabei ist mir nichts heilsamer, als eine Bewegung meiner Schwester, als ob sie mich unterbrechen wollte." Ich finde den Satz pfiffig. Er ist ein Satz mit doppeltem Boden. Ich frage nach Gesten: als ob die Schwester die Augenbrauen hebt, als ob eine Halsader anschwillt, als ob ihre Hand einen Bogen beschreibt – ist es das? Und doch weiter: als ob sich die Augenbraue hebt, biege ich ein Wort zu ihr hin. Oder: als ob ihre Halsader anschwillt, fließt neue Kraft meinem Worte zu.
Aber es ist ja nicht nur diese Zwei-Kalksack-schwere-Sehnsucht, die zwischen den Zeilen der Wanderungen hervorrieselt und mitten auf den schönen Rock der alten Frau. Es ist ja auch, wenn ich mich recht erinnere, im Buch von anderen Dingen die Rede: einem Bohneneintopf, einer Fischplatte, von Hunden und Tauben, von Himmels-Harnleitern und Erd-Gucklöchern. Jeder Vorhang hat so seinen kleinen Schlitz, so groß wie das Auge dahinter. Es fragt leise und ohne mit der Wimper zu zucken: Was kann ich noch sehen? Und: Ist das alles?
Meine verehrten Damen und Herren, ich danke Ihnen für diesen Preis.

Stefanie Menzinger

Das Glück, noch zu leben

[...] Ich muß Ihnen sagen, daß ich heute morgen mit einem Schmerz aufgewacht bin, der unter meiner linken Brustwarze gesessen hat wie eine beißende Ameise. Das war kein Vergnügen. Aber wem sag ich das? Und dann das Abtasten der Brust um die Warze herum. Mit festen Griffen und mit weichen Griffen. Der Wunsch, sich unter die Warze wühlen zu können, um den Knoten nötigenfalls mit den eigenen Händen herauszureißen, schreibt Emily, und faßt sich an die große schmerzende Brust. Nach Ihrem Brief, der mich gestern erreichte, habe ich den ganzen Tag über eine leichte Übelkeit mit mir herumtragen müssen. Jegliches Schneiden, Abzwacken oder Herausreißen habe ich mir, schreibe ich, an diesem Tag im Garten verbieten müssen. Ich habe Herrn Johannsen Holz hacken hören und habe es kaum ertragen, daß Du fern bist von mir, ich habe so viel zu erzählen, Beat, auch daß ich am Ende weggeschlummert bin schließlich am späten Nachmittag, unter dem beständigen Hacken und Schlagen, das vom Schuppen an mein Ohr drang, und habe einen seltsamen Traum gehabt, den ich Dir jetzt erzählen möchte.
In der Stadt waren Häscher aufgetaucht, Folterknechte der übelsten Sorte, die einen Mann, ich glaube, sie suchten nach Paul, zu töten bezahlt worden waren. Nachts im abgelegenen Gebiet des Bahnhofs zwischen abgestellten Waggons und alten Dieselloks fanden sie ihn und umstellten ihn endlich. Der Flüchtige trug einen hellen, ockerfarbenen Mantel und hatte eine Glatze, die in der Dunkelheit hell aufleuchtete. Sie schlugen ihm dann eine Axt in den Schädel und spalteten diesen nur eben so viel, daß der Mann noch schreien konnte vor Schmerzen und mit der Axt umherlief, als sei es eine Halterung, an dem sie ihn aus Jokus eine Weile führten. Das Glück, noch zu leben, schreibt Emily, hatte sich für Paul in Grauen verwandelt. Er irrte zwischen den Waggons umher, lief hastig an Gleisen entlang, ziellos, wie es uns vorkam, und allmählich langweilten wir uns. Einer der Häscher setzte sich auf die Gleise und begann an einem Stecken zu schnitzen, ein anderer sammelte die Fusselchen von seinem Mantel herunter. Auch ich war ganz ruhig, gelassen und schon wieder mehr mit mir als mit dem zwischen uns taumelnden Mann beschäftigt. Es war uns klar, ohne daß wir darüber sprachen, daß wir irgendwann weggehen würden. [...]

Aus: Wandlungen im Innern des Häftlings. Ammann Verlag, Zürich 1996, S. 30/31

Eine literarische Wundermaschine

Heftig und doch bedachtsam ist die Gier, die durch diesen Roman züngelt. Schon im Erzählungsband *Schlangenbaden*, mit dem Stefanie Menzinger vor zwei Jahren debütierte, zeichnete sich ab, was nun mit Händen zu greifen ist: Die 1965 geborene Autorin ist eine sinnliche und zugleich fein ausklügelnde Erzählerin, eine, die vehement Phantasien aller Art in Szene setzt und ihre Texte zugleich so vornehm verschließt, als trügen sie Spitzenkrägelchen. [...]

Die Mischung, die Stefanie Menzinger zusammenbraut, ist verstörend und absolut ungewöhnlich. Während der Roman mit spitzem Näschen das Odeur des 19. Jahrhunderts atmet, zerlegt er mit gelassener Grausamkeit und schroffer Lüsternheit die Körperbilder unserer Medienwelt. [...]

Es sind vor allem Katastrophen, Versehrtheiten, Unglücksfälle, Voyeurismen, die die Phantasie Emily Hazelwoods anheizen und gleichsam die Energie für die literarische Wunschmaschine liefern. [...]

Aber ist nicht genau das die Katastrophe: daß die Wirklichkeit mit der Phantasie Schritt halten kann? Daß all die vielen Wörter gar nicht nötig sind, damit die Leute sich paaren und die Voyeure auf ihre Kosten kommen? „Ich habe alles verloren und alles gewonnen", heißt es zum Schluß. Die Autorin jedenfalls hat mit *Wanderungen im Innern des Häftlings* auf ganzer Linie gesiegt. [...]

Meike Fessmann in der Süddeutschen Zeitung vom 26./27. Oktober 1996

Je heikler die Thematik ist (Sexualität und Gewalt, Sexualität der Alten z.B), desto unbekümmerter setzt die Autorin die Mittel der poetischen Verzauberung ein: ein behendes „Hin- und Hergleiten zwischen den Zeiten", Überlagerung der Schauplätze, Unkenntlichmachung der Personen (vor allem der Ich-Stimmen). Ein irritierender Unernst scheint da am Werk zu sein, der aber, das ist mehr als nur zu erahnen, in Wirklichkeit den Ernst des Lebens zu überspielen hat.

Der Un-Ernst der Poesie ist so kein Verdunkelungsmanöver, sondern setzt einen Erhellungsprozeß in Gang. Und hinter der raffinierten Sprach- und Verwandlungskünstlerin und den vielen Ich-Rollen in ihren Erzählungen wagt sich am Ende immer eine Erzählerin hervor, die die Leiden, Possessionen und Perversionen der literarischen Figuren (auch der lüsternen Alten beiderlei Geschlechts, von denen es in den Texten wimmelt) zur eigenen Sache macht: nicht autobiographisch, sondern poetisch eben.

Wenn hinsichtlich des nächsten Buchs der jungen Autorin überhaupt Befürchtungen vorstellbar waren, dann allenfalls die, daß sie ihren Part zu gut beherrschen würde. Daß insbesondere der in „Schlangenbaden" so unverwechselbare Erzähltonfall des Übermuts und des bald allmählichen, bald plötzlichen Umschlagens in die Verfinsterung sich abnützen könnte, weil die Autorin seiner zu sicher ist.

Daß nun der Roman „Wanderungen im Innern des Häftlings" solche Befürchtungen glanzvoll der Lächerlichkeit preisgibt, ist vielleicht dem Umstand zu danken, daß die Autorin sie selber hegte. Und daß sie deshalb da, wo sie risikofrei hätte weiterschreiben können, sich nun Zurückhaltung auferlegt und dafür Erzählweisen weiterentwickelt, die im Erzählband die Texte gelegentlich noch verrätselten oder mit Bedeutungsschwere beluden.

Jetzt ist das alles souverän in ein Gleichgewicht gebracht, erscheinen das Gleichnishafte, die Abstraktion als poetische Symptome der Zwie- und Fahllichtigkeit, der Undefinierbarkeit der Welt, des Lebens, der Lebensgeschichten und der Personen. Ein „wunderliches, verrücktes Unglück" ist fast allen gemeinsam, und es ist „nicht aus Büchern und Romanen geholt (...), durch keine äußeren Umstände" in sie „hineingebracht, es hat immer" in ihnen „gelegen". So will es, jedenfalls für ihr eigenes „wunderliches, verrücktes Unglück", die Protagonistin des Romans sehen: Emily Hazelwood, alias Haselwald oder auch „Haselwäldchen".

Heinz Schafroth in der Basler Zeitung vom 2. Oktober 1996

Stefanie Menzinger

1965 Gießen

Studium der Germanistik und Russistik in Frankfurt/Main, Wien und Moskau. Danach für einige Jahre als Deutschlehrerin an Hochschulen, zunächst in Rumänien, später in Liepaja/Lettland.
Preise: Ernst-Willner-Preis beim Ingeborg-Bachmann-Wettbewerb in Klagenfurt (1994); Rheingau Literaturpreis (1994); Förderpreis des Bundes der Deutschen Industrie (1995); Hans-Erich Nossack-Förderpreis (1995); Gratwanderpreis der Redaktion „Playboy" (1995); Literaturförderpreis der Freien Hansestadt Bremen (1997).
Werkauswahl: Schlangenbaden. Erzählungen. 1994. – Wanderungen im Innern des Häftlings. Roman. 1996.

Fotos (2): Isolde Ohlbaum

[…] Stefanie Menzingers Erzählungen tändeln mit Anspielungen, saftigen Liebeshändeln und schwelenden Leidenschaften. Wer braucht es noch, das Gewäsch von Liebe, Glaube, Hoffnung? „Man kann die Kröte immer wieder an die Wand werfen", heißt es beinahe programmatisch, sie bleibt eine Kröte, und selbst der Kuß kann daran nichts ändern. Märchenprinzen und Feen werden ausgemustert, die Requisiten romantischer Liebeswirren verbrannt, die Gartenlaube mit Bänkchen und Tischchen wird eingemottet. […]

Susanne Schaber in Die Presse/Wien, 1. Oktober 1994 (zum Erstling „Schlangenbaden")

TOTENTROMPETEN. Das sind die Pilze, die Totentrompeten, bläulich violett, manchmal schwarz, auch braun, eßbar erscheinen sie nicht, abschreckend, schmecken dafür um so besser. Aber man muß sie kennen. Kennen auch die Trompeten, die eigenes Ende ankündigen. Ende? Dagegen heißt es sich stemmen, weglaufen können sie nicht, die 3 Alten, festgenagelt in der DDR und in meinem Buch GERTRUD. Totentrompeten auch für die DDR, für die Lebensumstände. Lottes Angriff auf die junge Trabantfamilie ist nicht Neid oder Trauer um verlorenes Leben, sondern Angriff, ihr politischer Protest. Lotte ist stumm, sie spricht nicht mehr, sie macht alles, was Sprache nicht kann, doch diese Sprache versteht man nicht mehr. Ihre Freundinnen quasseln, sie reden sich weiter und weiter, sie werden auch nach Moskau fahren, dort in der Hauptstadt ihr Blaues Wunder erleben. Noch lungern sie vor dem Reisebüro, noch spekulieren sie, wie sie Lotte, die sich in die Klapsmühle flüchtet, beerben, ihr die späte Hochzeitsreise abluchsen, denn auch die ist von einem Mann jetzt sitzengelassen. Nach Moskau! Nach Moskau!, wimmern sie am Ende. Gorbatschow ist noch nicht am Ruder. *Einar Schleef*

Aus dem Programmblatt zu Einar Schleefs Inszenierung „Totentrompeten. Drei Schachteln am Abend“ im Schauspiel Leipzig (Premiere am 13./14. März 1998). Probenfoto: Rolf Arnold

Bremer Literaturpreis 1998 für „Droge Faust Parsifal", Suhrkamp Verlag, Frankfurt / Main 1997

Rolf Michaelis

Heißer Atem, analytische Ruhe

Einar Schleef, Brigitte Oleschinski und Rolf Michaelis. Foto: Herbert Abel

[...] Wir reden von einem Menschen und seinem vielgestaltigen Werk, das fasziniert und abstößt, das den Leser zugleich ansaugt und auswirft, das mit heißem Atem über die elenden Verhältnisse des vereinigten Deutschland spricht und doch – nicht weniger heiß – mit analytischer Ruhe über Sprache und Musik, nein über Wörter, Silben, Vokale, über Noten, Töne Rythmen doziert?

Das Buch von Einar Schleef, „Droge Faust Pasifal", ein schwarz gebundenes Kilo Literatur, legt sich quer zu all der Bestseller-Literatur, hinter der manche hinterherrennen. Ein erratischer Block in all dem Geschwätz-Gebrösel, zwischen zwei Buchdekkeln.

Ja, was is es denn nu? Roman? Biographie? Essay? Zeit- und Kulturkritik? Geschichtsphilosophie? Literaturgeschichte? Musikhistorie? Regiebuch? Ästhetische Theorie? Eine verklausulierte Geschichte über deutsche Einheit? Märchenbuch über das von Ost und West vergessene sächsisch-thüringische Ländchen unter dem Kyffhäuser, das als „Goldene Au" sich bis heute eigene Sprache, Wortschatz und Ton bewahrt hat?

So viele Fragen. Auch nach wiederholtem Lesen von einem halben Tausend Seiten kann ich Ihnen keine befriedigende Antwort geben.

Könnte – auch – dies der Grund sein, weshalb die Jury gerade dieses Buch für den Bremer Preis gewählt hat? Wann, seit vielen Jahren, lag ein Buch auf dem Tisch, das die Leserinnen und Leser so entzweit hat? Wann wurde Zeitgeschichte so kühn mit ästhetischen Überlegungen kurzgeschlossen? Wann wurde Bachs „Matthäus-Passion" so wild mit Richard Wagners „Parsifal" verbunden, Glucks „Orpheus und Eurydike" mit Goethes „Faust"?

Habe ich Sie mit Namen, Titeln erschlagen?

Kommen Sie wieder zu sich. Einar Schleefs Buch ist alles andere als ein Kultur-Container, der den Leser unter sich begräbt. Auch wer wenig weiß von Abendmahl und Gral, von Todes- und Verjüngungs-Tränken bei Goethe, von Sauf-Exzessen in Gerhart Hauptmanns frühen Dramen „Vor Sonnenaufgang" und den „Webern", kann der in Jahrzehnten angelesenen, durchdachten, klug formulierten Lite-

ratur-, Musik- und Bildungs-Fülle dieses – ja: Lebens-Buches folgen und die Thesen akzeptieren oder – für sich – verwerfen.
Es bleibt: die überwältigende Kraft einer ästhetischen Behauptung, die das europäische Theater unter ganz neuem Blickwinkel anvisiert.
Keine Angst: Der Bremer Literaturpreis fällt an keinen versponnenen Theoretiker, der auch als Bühnenbildner, Schauspieler, Regisseur die Leute vor den Kopf stößt, sondern an einen – darauf lege ich Wert – *sprachmächtigen Erzähler*. [...]
Der ganze Erzähl-Zauber ist auch im neuen Buch lebendig. Das ist das Schöne an diesem heute zu preisenden Kerl: Wenn er ins Theoretisieren gerät, finden wir uns gleich wieder in den Urwäldern wuchernder Erzählung; wenn er in einem vielleicht einmal als Erinnerungsbuch angelegten Werk zu erzählen beginnt, strömt sofort Reflexion ein, Analyse, Begründung. [...]
Hier breitet ein früher in Ost, jetzt auch in West – wenn nicht verfolgter, so doch ausgegrenzter Intellektueller des Theaters, der ein gründlich ausgebildeter Handwerker ist, seine Theorie von Theater aus: Er sucht Anschluß an die Antike, an das große Theater der Tragödie, an das Chor-Drama. Wie immer man dies findet: Schleef, dessen Chor-Sprecher, oft nackt unter Militär-Mänteln, verhöhnt wurden, sucht eine Wiederanknüpfung des zur Banalität verkommenen Theaters an die große Tradition: „Die deutsche Klassik", so schreibt er, „nährt sich aus zwei Quellen, aus den antiken Tragödien und den Stücken Shakespeares. Sie versucht, Shakespeares Individualisierung mit dem Chor-Theater der Antike zu verbinden."
Ausgehend vom Abendmal der Christen schlägt Schleef eine überraschende Gedanken-Schneise in das moderne Drama: Ob bei den vielen Zauber- und Berauschungs-Tränken in Goethes „Faust", bei Wagners Blut-Aufnahme im „Parsifal" bis hin zu den banalen Besäufnissen in den Dramen von Gerhart Hauptmann: stets geht es um Drogen, mit denen Männer-Versammlungen sich ihrer Utopie versichern – unter bewußter Ausgrenzung der Frau. Daß Tragik immer Ausschluß, also Tötung der – übermächtigen – Frau bedeutet, von Fausts Gretchen bis zur Kundry des „Parsifal" – sollten wir darüber nicht einmal nachdenken? Der Dickkopf, der hier schreibt, verleugnet nie sein weiches Herz für alles Lebende.
Sie mögen die Wahl der Jury gutheißen oder mißbilligen, Sie können Schleefs – erhellende – Zusammenschau antiker Dramen mit Goethe, Richard Wagner, Gerhart Hauptmann, Bachs „Matthäus-Passion" mit all ihren Blutopfern verwerfen: auf einem möchte ich jetzt, da wir den Wort-Künstler Einar Schleef auszeichnen, bestehen: Hier haben wir einen Autor von ungewöhnlich frischer, deutscher Literatur am Ende des Jahrhunderts, nicht nur belebender, sondern revolutionierender Sprach-Gewalt.

Aus der Laudatio vom 26. Januar 1998

Einar Schleef

Immer wieder auf die Knie

Ich muß mich bedanken, daß ich diesen Preis erhalte, bei denen, die mich ausgewählt haben, das ist ja mein wichtigster Preis, aber indem ich hier vor Ihnen stehe, sitzt da eine der beiden Personen, die mir diesen Weg ermöglicht haben: mein Lektor. Die andere wäre mein Verleger. Das heißt ja, daß ich ein Autor bin. Aber Autor bin ich trotz dieses Preises nicht, sondern Künstler ganz im romantischen Sinne, daher sicher auch überlebt, aber im Überleben bedarf ich dieser beiden Personen, ihrer Fürsorge und Kritik, so wie ich stets Kritik als schöpferischen Akt ansah, auch in der Verdammung, die meiner Theaterarbeit gilt. Ich entzog mich dieser Kritik nie, sondern sah in ihr stets Bestätigung, auch in der negativsten Reaktion. Ich konnte mir nie erlauben auf dem Positiven zu beharren, nie auf einem Preis oder einer anderen Auszeichnung, sondern immer mußte ich von vorn anfangen, immer wieder auf die Knie, auch bei meinem letzen Buch. Viele Seiten tippte ich, zwei Bände wollte ich herausbringen, einer erschien, zwei Bände Theatertheorie und Biografisches vermischt, jeweils sich ergänzend, nicht als Abwehr jeglicher Kritik, sondern als Beleg der Verhinderung der Künste, der einzelnen Disziplinen untereinander. So habe ich nicht wie andere Autoren einen Werdegang als Schiffskoch, Reiseleiter, Rohrleger oder Totengräber, sondern eben nur in den unterschiedlichen künstlerischen Disziplinen, nur um in ihnen zu überleben, so wie es in der DDR nie Arbeitslosengeld, sondern nur wertvolle Bestandteile der DDR-Gesellschaft gab, zu denen ich teilweise gehörte, teilweise zum direkten Ausschuß dieses Staates. Trotzdem ist mein Werdegang dort nicht ohne meine beiden Lehrer zu denken, denen letztlich mein Buch eine späte Widmung ist, scheinbar muß man erst fünfzig werden, um zu begreifen, wie wichtig eine Begegnung im Leben ist, wieviele Jahre sie einen beherrscht. Genauso mein Verleger, dem ich mit Haut und Haar ausgeliefert bin, wie ein Schüler, der vor ihm bestehen muß, und den ich bitte, meine schriftlichen Arbeiten zu betreuen und -bitte- in der Form, die ich einem Werk, verzeihen Sie den Begriff, einem Werkstein meiner Arbeit geben will. *Droge Faust Parsifal* kommt dem nah, aber wie jeder um die endgütlige, die richtige Erscheinungsform kämpft, so auch ich. Und deshalb danke ich für diesen Preis, der mich hoffentlich eine Schritt weiterbringt. Auch ich bin älter geworden, ich knie noch auf der Bühne, ich kriege alles noch hin, aber mein eigentliches schriftstellerisches Werk steht erst am Anfang, obwohl ich schon so alt bin. Noch immer träume ich davon, in einem Verlag meine Fotos zu veröffentlichen, einen anderen Teil meines Werks. Auch Rudolf Alexander Schröder war Künstler, in viele Nebenberufe zerrissen.

In welcher Disziplin arbeite ich was, diese Entscheidung steht jedesmal an, alle kann man nicht – oder lassen sich nicht – verbinden. Im Theater bin ich eine andere Person, die den Autor Schleef weder kennt noch zuläßt, noch nie habe ich eine Arbeit über die andere gemacht, noch nie ein Thema in der anderen Ausdrucksweise gespiegelt. Wenn ich im Theater angegriffen werde, daß ich die Stücke anderer Autoren zu den meinen mache, stimmt das, denn ich muß ja fünf bis sechs Monate mit ihnen leben. Wenn ich ihren lebenden Autoren dabei ausweiche, ja, nur darum, weil ich ihr Werk kenne, es buchstabiere, auswendig lerne, täglich für mich parke. Sind in meinen Inszenierungen die toten Autoren in der Überzahl, so möchte ich doch in meinen Texten zu den lebenden Autoren zählen, die unzensiert aufzeichnen, was sie umgibt. Ein Wunsch, der mir im Theater strikt versagt wird, denn da bin ich gezwungen mich mit der Sicht meiner Darsteller, meines Intendanten usw. abzufinden, ohne sie von der meinigen überzeugen zu können, denn dafür fehlt mir die Sprache, die ich ja auf Hunderten von Buchseiten auskippen kann, die aber in der direkten Begegnung versagt. Sofort wird meine Proletenherkunft deutlich, die ich schon so bezeichnend aufpoliere, die aber Ausdrucksweise, Unverhältnismäßigkeit und Blickwinkel bestimmt. Untrennbar bin ich an diese Sprache gebunden und in der muß ich arbeiten, schreiben kann ich nicht sagen, denn ich setze mich ja immer wie ein Arbeiter hin.

Wie finde ich zum Ausgang zurück, zum Dank. Vor vielen Jahren war ich hier in Bremen und traf eine Regisseurin, die mir Mut machte, im Westen zu arbeiten. Das war eine gute Begegnung, ein gutes Bremen. Jetzt bin ich wieder hier. Danke. Und hoffentlich ermöglicht mir mein Verleger weitere Bücher, vor allem die, die gar nicht irgendwohin passen wollen, sondern nur zu mir gehören. Aufgeschrieben habe ich immer, meine ersten Texte entstanden 1955, Regale sind heute voll, aber kaum ein Text, der eine Norm erfüllt, sondern alles unwirsch, in sich zerrissen, jede Formung verweigernd, genau die Form, die meine Inszenierungen propagieren. Könnte ich das doch angemessen, geschickt verbinden, wie klug wäre das. Wie klug, meine Inszenierungen zu entschlacken, stattdessen wollen sie wahrhaftig sein, geht das? Stand nicht Schröder vor der gleichen Entscheidung, woher Geld, woher Kunst, weiter aber darf man dieses Thema nicht diskutieren, Stille Stille kein Geräusch gemacht.

Herzlichen Dank an die Kritiker, die meine Arbeiten über Jahrzehnte betreuen, im Guten wie im Bösen.

Kleist am nächsten

Zu den wenigen Menschen, die ich manchmal beneide, gehört Einar Schleef. Ich bewundre seine Freiheit im Umgang mit den Zwängen, denen sein Talent ihn aussetzt. Sein Talent stammt aus dem Reich der Mütter, das ein Reich der Notwendigkeit ist. Deshalb kann er sich nicht in Routine zurückziehen. Seine Arbeiten in den verschiedenen Künsten fallen aus dem Rahmen und stellen in jedem Fall die Kunst in Frage bzw. den herrschenden Begriff davon. Sie gehören zu dem Stoff, aus dem die Träume des Jahrhunderts gemacht sind, auch seine Alpträume: zu dem Potential des Widerstands gegen den Schwund von Gedächtnis und Erfahrung in einer Zivilisation, die zunehmend von Computern gesteuert wird, deren Intelligenz die der Benutzer zunehmend übersteigt. Zu bedauern bleibt, daß die erste Einar Schleef-Ausstellung auf diesem Territorium sein Theater nicht zeigen kann, einen neuen Spielraum zwischen Aischylos und Popkultur, das den Chor zum Protagonisten macht, weil es die Geburt des Protagonisten aus der Unterwerfung der Frau nicht akzeptiert. Und kaum seine Literatur, deren erste Qualität die Wiedergeburt des Erzählers aus dem Geist der Sprache, die zuerst das Gesprochene ist, ein Affront gegen ‚Literatur', gegen die Schrift. Er weiß mit Kafka, er hat es in zwei Staaten verschieden gelernt und vergißt es nicht im altneuen dritten, daß die Kunst eine Angelegenheit des Volkes ist. Unter den Toten steht ihm Kleist am nächsten, ein Dichter ohne Volk.

Heiner Müller im Vorwort zum Katalog der Ausstellung „Republikflucht Waffenstillstand Heimkehr", Berlin 1992

Einar Schleef

Abendmahl II

Blut und Tisch. Die Aufnahme in die Gemeinschaft der Erwachsenen: Ich durfte zum 1. Mal den verwandelten Leib Christi essen, zum 1. Mal offiziell Alkohol trinken. Mein 1. Abendmahl. Meine Eltern setzten durch, daß ich nach einem Gottesdienst allein die Konfirmation erhielt, nachdem ich die staatliche Jugendweihe erhalten hatte. Der Gewinn, den ich aus beiden Riten zog, war Null. Weder die eine noch die andere „Weihe" war aus der Sicht meiner Eltern festlich zu begehen.
Konfirmation war ein Fest, das nur nach Wertgeschenken und Hundertmarkscheinen berechnet wurde, nach dem, was man tatsächlich sparen konnte. Hier wurde der Grundstein gelegt. Nicht bei mir, weder Geld noch Geschenke. Der Anlaß war nicht dazu, so meine Mutter. Es erfolgten keine Einladungen. Wen hätten meine Eltern in dieser Situation einladen können. War dieser Tag nicht Zeugnis eines Kniefalls, sich nicht gegen den Staat behauptet, sich den drakonischen Zulassungsbedingungen zur Oberschule gebeugt zu haben? Die evangelische Kirche reagierte prompt, verweigerte den Eltern, auf die sie zählte, dieses Zugeständnis nicht. Mein Vater zählte, er richtete jahrelang den ständig schiefer werdenden Kirchturm. Verstört versuchten sich meine Eltern in der politischen Realität der DDR durchzuwursteln. Ihre Demütigung übertrug sich auf mich, wurde mein Stigma.
Jugendweihe und Zulassung zur Oberschule waren damals gekoppelt. Selbstverständlich wollte ich konfirmiert werden, aber die näheren Umstände waren so abschreckend, daß ich meine Verachtung und Abscheu auf das Kleidungsstück übertrug, das ich zu diesem Anlaß tragen mußte. Ich haßte den braunen Anzug. Das Kleidungsstück blieb auf dem Bügel, ich nahm es später mit nach Berlin, es hing noch im Schrank, als ich die DDR verließ. [...]
Zu Hause hatte ich das Trinken probiert. Jahrelang ekelte ich mich, vermied, mit anderen aus einem Glas oder einer Flasche zu trinken. Jetzt mußte ich es. Der Wein tropfte auf Hemd und Pullover. Der Kelchrand kam so falsch zwischen Lippen und Zähne, daß ich mich daran stieß, aber die Hand, die ihn hielt, gab nicht nach, auch der kontrollierende Blick des Pastors lockerte die Stellung des Kelchrandes nicht. Meine überstehenden Zähne taten weh. Mir war nicht bewußt, daß ich mich verletzt hatte, bis mir Blut übers Kinn lief, der Pastor eine Bewegung wie meine Mutter machte, wenn sie mir zu verstehen gab, daß ich schon wieder Dreck im Gesicht hatte.
Mit einer so angewiderten Handbewegung, mit solchem Ekel, daß ich meinerseits schreiend reagierte, roch ich doch schon ihren Speichel, mit dem sie ihr Taschentuch naß machte und mir ins Gesicht fuhr. Alles Körperliche, alles an meiner Mutter liebte ich, aber diesen Übergriff, verbunden mit ihrem Geruch, haßte ich und rieche ihn noch heute.
Das Blut rann über das Kinn, mein Blut vermischte sich mit der Marke Stierblut. Ich leckte die Lippen, konnte aber das austretende Blut nicht aufhalten. Als die Bewegung des Pastors nachdrücklicher wurde, schmierte ich die Flüssigkeit übers Gesicht, ich meinte mich abzuwischen. Statt das gebügelte Taschentuch zu nehmen, strich ich mit der flachen Hand übers Gesicht, wischte das Blut breit. Die Mischung Blut und Alkohol, die ich zu beschreiben versuche, bedingte, daß ich die Finger ableckte. Ich nahm nicht das Taschentuch heraus, um mir sorgfäl-

tig die Finger zu putzen, sondern ich leckte sie in aller Ruhe ab, so, als könne ich damit mein Blut beruhigen, dessen rhythmisches Austreten verzögern. Ich schien wie entrückt, nicht anwesend, sodaß ich die weiteren Bewegungen des Pastors nicht wahrnahm. In meinem Rücken meine Mutter, vor mir der breite Rücken des Pastors, nur ein schwarzes Loch, umringt von Altargold und Farbfetzen, blauem Glas, dem Astwerk dahinter, das der Wind im wechselnden Licht über die Chorwand trieb. Das Blut schmeckte. Ich war sofort benommen, betrunken. Ein Zustand, der sich oft wiederholte.
Mit kleinsten Alkoholmengen spielen sich in mir Vorgänge ab, die ich heftig unterdrücke, um die Veränderungen nicht zuzulassen, das Zerreißen meines Sprechvermögens, daß Worte abbrechen, der schon schwierige Sprechvorgang verworren wird, da die „Gedankenenden" nicht mehr zueinander passen, ich Gefahr laufe, daß die anderen meinen Zustand, der sich doch körperlich sichtbar ausdrükken muß, wahrnehmen und danach handeln.
Lange vermied ich es daher, in der Öffentlichkeit zu trinken. Es war mir nie Genuß, aber ich genoß es, mit der leeren Flasche in der Hand auf dem Boden zu liegen, langsam seine Kälte zu spüren, schweißnaß ins Bett zu kriechen, den Druck meiner Schläfen zu spüren, als wären sie in einer Zwinge, die sie nun zusammenpreßte. Ich genoß in diesem Zustand allein zu sein, nicht beobachtet zu werden. [...]
Das Auf- oder Ablecken von Blut schien mir früher eklig. Ich sah Kinder, die ihren Popel aßen, ihren Eiter ableckten, sah Erwachsene sich mit Urin einreiben, ihn trinken, ihre Haare damit waschen, sah sie ihren Kot essen. Beim Schlachten ging ich weg. Ich sah nur die ausblutenden Tierhälften, manche „rauchten" noch.
Daß ich mein Blut ableckte, daß es mir sogar über die Hand in den Ärmel floß, getrocknet in den Manschettenknöpfen klebte, schien mir eine „Übertretung", die eigentliche „Weihe". Meine Zähne schmerzten tagelang. Es war mir nicht bewußt, daß mich der Pastor verletzte, daß er mir den Kelch zwischen die Zähne rammte, als stoße er mich damit von sich, willentlich oder nicht, vielleicht nur seine Brille, konnte er den Abstand nicht überblicken.
Daß mich meine Mutter abputzen wollte, daß sie es wiederholt vor den anderen versuchte, daß sie zeigte, daß ich noch immer ihr zu gehorchen hatte, verletzte mich.
Ich lief auf dem Heimweg allein. In der Kirche war ich allen ausgewichen, die mir gratulieren wollten. Als ich aus der Kirche trat, kam ich mir vor wie ein Tier, das nun freiwillig zur Schlachtbank geht, sich zwar am Strick wund scheuert, doch keinen Versuch unternimmt, seinem Ende zu entkommen. Wie wir in unsere Straße einbogen, lief ich wie mein Großvater krumm, vorgebeugt mit den Händen auf dem Rücken. Was in mir passierte, wußte ich nicht. In meinem Zimmer schmierte ich das noch immer austretende Blut ans Bettgestell, ein weiß lackiertes Gestell, das ausah, als sei es aus einem Krankenhaus.
Im angetrockneten Blut sah ich den Fingerabdruck, die dunkleren Papillen, in denen sich das Blut zusammenzog. Blut. Alkohol. Ich kam vor Kopfschmerzen nicht mehr zu mir. Ich lag auf dem Bett, biß auf die Lippen, damit das Blut stärker austrat, ich biß noch mehr, bis es aufs Kopfkissen lief, bis ich einschlief.

Aus: Droge Faust Parsifal. Suhrkamp Verlag, Frankfurt/Main 1997, S. 170-173

Das Faschistoide im Faust

1957 spielten wir „Faust I", ein Jahr später dann den zweiten Teil. Es war ja die große Zeit der Verdrängung. Adenauer war eben wiedergewählt worden, es gab keine Arbeitslosen, sondern Vollbeschäftigung, es wurde aufgerüstet, aufgebaut und die Erinnerung abgebaut. Also genau die richtige Zeit, meine sehr persönliche Aversion gegen die Faust-Figur künstlerisch darzustellen.
Faust war für mich nie dieser Habe-nun-ach!-Philosoph. Ich fand ihn immer hybrid, arrogant und rücksichtslos. Und keine Angst vorm Satan. Im Gegenteil. Er läßt sich lustvoll mit ihm ein.
Das hatten wir doch gerade hinter uns, dieses Koste-es-was-es-wolle. „Mich plagen keine Skrupel und Zweifel", und koste es Millionen Menschen. Faust – vor allem der verjüngte mit dem Hexentrunk im Leibe – war für mich der faschistische Typ.
Er mordet und vergewaltigt. Gretchen geht in den Wahnsinn, die Mutter und der Bruder sterben und im zweiten Teil Philemon und Baucis. Ein Mörder also. Sogar ein Massenmörder.
Zusammen mit seinem Vater, dem Arzt und Alchimisten, hat er Tausende umgebracht. „So haben wir ... weit schlimmer als die Pest getobt", sagt er. „Ich habe selbst das Gift an Tausende gegeben. Ich muß erleben, daß man die frechen Mörder lobt." Also eindeutig Menschenversuche.
Es ist schon merkwürdig, daß so wenige das Faschistoide im Faust gesehen haben. Gespielt worden ist es jedenfalls nie. [...]

Will Quadflieg in 50 Jahre STERN, 1998

„Das ist mein Leib ...“

[...] Einar Schleef ist als Theatermann ein rastloser Hand- und Mundwerker. Er ist nicht geschickt, aber er läßt sich davon nicht beirren. Was er in seinem Buch an Wagner rühmt, dessen „Sturheit bei höchster Empfindlichkeit“, das gilt erst recht für ihn.

„Droge Faust Parsifal“ gibt erschöpfend Auskunft über die Passion des Regisseurs, Bühnenbildners, Malers und Schriftstellers Einar Schleef. Das Buch ist einerseits Arbeitsjournal und Programmschrift, zum anderen die Fortführung der autobiographischen Konfession, die mit dem zweibändigen Mutter-Roman „Gertrud“ begann.

Konzentration und Abschweifung stehen bei Schleef in einem produktiven Verhältnis. Ob er seine kühne Theatergenealogie entwickelt oder am Beispiel seines Geburtsorts Sangerhausen die DDR-Provinz rekonstruiert: ganz selbstverständlich gelangt er auf den Schwingen der Analogie vom Leben zum Theater und zurück. „Jedes Autokino ist ein ‚Bayreuth‘“, heißt es einmal, und auch sonst ist es nie weit von Joanna Maria Gorvin zu Monica Seles, von den „Römischen Elegien“ zur Peep-Show.

Ins Zentrum von „Droge Faust Parsifal“ stellt Schleef eine Theaterthese, deren „Unstimmigkeiten“ er der Sache selbst in Rechnung stellt. Sie lautet zusammengefaßt wie folgt: Im klassischen deutschen Drama begegnen sich der antike Chorgedanke und Shakespeares Individuentheater, in dem männliche Protagonisten den Chor verdrängen.

Verbindendes Thema der Chorstücke ist die Droge, wobei Schleef in „Faust I“ Sterbedroge, Adorationsdroge, Potenzdroge/Jugenddroge und Naturdroge unterscheidet. Die „Drogen“-

Foto: Isolde Ohlbaum

Einnahmen im deutschen Drama – exemplarisch vorgeführt an den Zechern in Auerbachs Keller und an der Tafelrunde in „Parsifal" begreift er als Variationen der „ersten, chorische(n) Drogeneinnahme unseres Kulturkreises: Das ist mein Leib. Das ist mein Blut." […]
Natürlich ist Schleefs Auffassung vom Theater einseitig. Völlig fremd ist ihm das moderne, psychologisch-individualisierende Kammerspiel. Er mißtraut dem Reden um des Redens willen und führt es, gleich in welchem Stück, als kollektive Anstrengung vor. „Droge Faust Parsifal" orientiert sich vornehmlich am Kanon der Autoren, deren Stücke Schleef inszeniert hat: Aischylos, Euripides, Goethe und Hauptmann in seiner Frankfurter Zeit von 1985 bis 1990, später am Berliner Ensemble Hochhuth und Brecht, der für ihn eine „Mischung aus Professor Unrat, Rechthaberei und Positivismus" darstellt. Doch die meisten Seiten des Buches gehören „Parsifal", einem Stoff, den Schleef bislang noch nicht inszeniert, in den er sich aber bereits jetzt verbissen hat. […]

Christoph Bartmann in der Frankfurter Allgemeinen Zeitung vom 11. Oktober 1997

Foto: Isolde Ohlbaum

[…] Daß in *Droge Faust Parsifal* ein völlig neuer Schleef auftritt, eine völlig neue Sprache, eine einzigartige, noch nicht dagewesene und zugleich in sich auf Anhieb plausible Form, theoretisch-praktisch über Literatur, Theater, Texte, Musik und Existenz zu reflektieren und zu reden: seit der Lektüre von Ivan Nagels *Autonome und Gnade* kann ich mich an einen solchen Bezauberungs-Effekt durch Kunst-Analyse nicht mehr erinnern. War das weg? Oder hat man es nur nicht mitgekriegt? Jetzt jedenfalls legt Schleef so was vor. Warum freut sich eigentlich nicht alle Welt ganz laut darüber, so richtig, begeistert, öffentlich? […]
Natürlich ist Schleefs Buch auch ein Monster: „Gib mir ein Stück von deinem Leben", sagt es und fügt hinzu: „Es soll dein Schaden nicht sein, mein Freund. Schau!" So legt das Buch los, das ist sein Gestus, einladend, offen, verführerisch.
Läßt man sich locken, ist man sehr schnell mitten drin, ganz weit draußen. Außen an der Oberfläche großer, alter, toter Texte, die vorgesprochen, bis hin zur Schönheit einzeln für sich betrachteter Buchstaben durchbuchstabiert, einem angemessen fern rükken, fremd und lebendig werden.
Auch weil alle praktisch sichtbar gemachten Analysen, Grübeleien, Visionen und Tastbruchstücke und die von alledem insgesamt produzierte Theorie immer bezogen bleiben auf das eine, reale, individuelle Leben, dessen Erfahrungen diesen geistigen Vorgängen Schauplatz und Bühne sind.
Ja, eindeutig: Schleef arbeitet an einem Theater, das wirklich außerhalb des Horizonts der Kritik-Bürokratie spielt, nämlich in der Wirklichkeit der Welt der Gegenwart. Das erklärt vielleicht manche stumpfen Reflexe.
Aber *Droge Faust Parsifal* führt plötzlich ganz genau vor, warum Schleef dieses Theater vorschwebt, warum er recht hat und wie sehr sein Verständnis seiner Kunst tatsächlich der Kunst selbst abgelauscht ist in einer Art tiefgründigen Oberflächen-Faszination, einem extremen, tollen Text-Realismus hingegen.

Rainald Goetz in der Süddeutschen Zeitung vom 9. Juni 1997

Einar Schleef

17. 1. 1944 Sangerhausen

Foto: Isolde Ohlbaum

Mutter Hausfrau, später Nähhilfe, Vater Architekt. Mit 16 Jahren schwere Verletzungen durch Sturz aus einem fahrenden Zug; seither Sprechhemmung/Stottern. Einjähriger Krankenhausaufenthalt, zweijährige Schulunterbrechung. Studium (Malerei und Bühnenbild) an der Kunsthochschule in Ost-Berlin. 1968 Relegation in Zusammenhang mit der gewaltsamen Beendigung des Prager Frühlings im August 1968. Daraufhin „Bewährung“ als Arbeiter in der Produktion. Nach eineinhalb Jahren Wiederzulassung zum Kunst-Studium; Meisterschüler des (Brecht-)Bühnenbildners Karl van Appen. 1973 Diplom. Arbeit als Bühnenbildner und Regisseur. Seine zusammen mit B.K. Tragelehn realisierte Inszenierung von Strindbergs „Fräulein Julie“ wurde nach fünf Vorstellungen auf Anweisung „von oben“ abgesetzt. Daraufhin verließ S. 1976 – noch vor der Ausbürgerung Wolf Biermanns – die DDR. Seit 1976 in (West-)Berlin ansässig als Regisseur, Bühnenbildner, Maler und Schriftsteller. Zahlreiche Gastregien, u.a. in Frankfurt a.M. und am Wiener Burgtheater.

Preise: Preis der Jürgen-Ponto-Stiftung zur Förderung junger Künstler (1981); Produktionsförderung des Bundesministeriums des Inneren für hervorragende Drehbuchentwürfe (1981); Arbeitsstipendium für Berliner Schriftsteller (1981); Oldenburger Kinder- und Jugendbuchpreis (1981); Förderpreis des Andreas-Gryphius-Preises der Künstlergilde (1982); Stadthauspreis des Ingeborg-Bachmann-Wettbewerbs (1982); Kritikerpreis Literatur (1986); Karl-Hofer-Preis (1988); Alfred-Döblin-Preis (1989); Literaturpreis der Freien Hansestadt Bremen (1998).

Werkauswahl: Ein Kessel Buntes. Theaterstück. In: Filmkritik 1978, Heft 7 [erweiterte Fassung 1985: Berlin ein Meer des Friedens. In: Spectaculum 40). – Abschlußfeier. In: Ausgeträumt. Zehn Erzählungen junger Autoren 1978. – Gertrud. Bd. 1 (1980). Bd. 2 (1984). – Zuhause. 1981. – Die Bande. Zehn Geschichten von deutscher Gegenwart. 1982. – Wezel. Schauspiel. 1983. – Schlangen. Die Geschichte der Stadt Theben. Zusammen mit Hans-Ulrich Müller-Schwefe. 1986. – Die Schauspieler. 1986. – Waffenruhe. 1987. – Totentrompeten. 1987 (UA 1995). – Zigaretten. 1988. – Droge Faust Parsifal. 1997. – Drei Alte tanzen Tango (Totentrompeten 2). 1997. – Zigaretten. Prosa. 1998.

Über E.S.: Martin Laska in: Kritisches Lexikon zur deutschsprachigen Gegenwartsliteratur. München 1978ff.

BRIGITTE OLESCHINSKI

Förderpreis des Bremer Literaturpreises 1998 für „Your Passport is Not Guilty", Rowohlt Verlag, Reinbek 1997

Sibylle Cramer

Gedächtnislandschaften zwischen Jetzt und Immer

Brigitte Oleschinski. Foto: Ingo Wilhelm

Ein Zufall ist es nicht, der den Bremer Doppelpreis in diesem Jahr zu einem exemplarisch deutschen Fall der Gegenwartsliteratur fügt. Das Werk beider Preisträger ist eine Antwort auf die Wahnwelten, die aus der Geschichte dieses vor allem deutschen Jahrhunderts hervorgegangen sind. Wie geschichtliche Erfahrung geradezu kunstförmig wird, wie Einar Schleef den Begriff des Tragischen erneuert, indem er seinen im 20. Jahrhundert verschärften Bedingungen Rechnung trägt: Sie haben es eben gehört. Ohne die unmittelbare Geschichtsberührung ist sein Theater, sein Erzählen nicht denkbar, ohne die forschend eingeholte und kritisch vollzogene Erbschaft das lyrische und essayistische Werk der gebürtigen Rheinländerin Brigitte Oleschinski nicht, nicht in dieser Form. Die Bestimmung von Nähe und Distanz zu Furcht und Elend des Dritten Reichs und zur Weltkriegskatastrophe, die Klärung der eigenen Sprechlage enthält das Gedicht „Tempelhof Airfield" als seine Voraussetzung. Das Stichwort lautet Nachgeborene.

Als Nachgeborene hat Brigitte Oleschinski die sachlich inständigste, die wissenschaftliche Form der Geschichtsaneignung gewählt. Sie ist Historikerin. Als Zeitgeschichtlerin hat sie sich spezialisiert auf Fragen staatlicher Gewaltausübung in der Strafjustiz. Ihr Forschungsgegenstand sind Speziallager, Zellentrakte, Folterkeller, Hinrichtungsschuppen, Listen von Gehängten, Vergasten, Gefolterten. Ihre Arbeit in der Gedenkstätte Deutscher Widerstand, ihre Untersuchungen, Ausstellungen und Dokumentationen zur Geschichte der Speziallager Nr. 8 und Nr. 10 in Torgau verwandeln Geschichte in einen offenen Prozeß, in dem Begriffe wie Verfolgung und Strafe sich in das Kontinuum einander ablösender Verfolgungs- und Strafperioden verwandeln, nationalsozialistischer, sowjetischer, schließlich von der DDR verantworteter. Wer als Historiker derartig ins realhistorische Substrat eindringt, dem öffnet es sich ins Lebendige. [...]

Dem lyrischen Idiom Brigitte Oleschinskis sind Hölderlin und Trakl näher als Benn oder Brecht. Ihre Gedichte sind Gedächtnislandschaften. Wahrnehmung wird als Handelnde vorgeführt, im gestischen Vollzug. So erleben wir gereizte, ja entzündete

Sinne, wie sie sich einen Weg bahnen durch das Gestrüpp draußen, das auf seine Befragung und Benennung förmlich wartet, ja, es winkt mit seiner ganzen Existenz, eine frenetische Blinkanlage. Doch entsteht kein gefälschter Spontanausdruck. Das Gedicht ist ausgespannt zwischen Jetzt und Immer, hat seinen Ursprung in der Lebenszeit und gewinnt im Formakt die Weltzeit des Bewußtseins. Die Verwandlung des flüchtigen in einen ewigen Augenblick wird so aufgezeichnet, daß die konkurrierenden Botschaften des Rohmaterials aufbewahrt werden. Eine Synthese ist nicht materialisierbar, denn das Ganze ist mehr als die Summe seiner Teile. In deren Konfiguration erst kommt sie in virtueller Form zum Vorschein. So präpariert Brigitte Oleschinski das Gedicht zur Sonde, so wird es bei großer Trennschärfe beweglich, ein empfindliches Aufnahmegerät für ihre Expeditionen in die eigene Fremde und die Wildnis nebenan.

Sie entdeckt als Pionierin einer Neuen Welt mitten in unserer Alten den Urwald um die Ecke, die rohe Wirklichkeit glitschiger Betonröhren, narbiger Tunnelwände, verwehter Brachflächen, Brennesselhalden, den wilden Mummenschanz von Hundehaufen, Ketchuppappen, Spuckerändern, aber eben auch das Zeichendickicht von Flughäfen, Tankstellen, Schnellstraßen. [...]

Wo der Schritt ins Leere beginnt, verläuft die Grenze, an der sich die Schreibwege der Schriftstellerin von denen der Historikerin scheiden. Sie selbst bezeichnet sie ganz konkret: „Mich schob wieder der Zwangsgedanke vorwärts, daß ich erst, wenn ich alles über diesen Ort, über die Toten und die Täter und die seither vergangene Zeit begriffen hätte, je das Recht erhielte, eine eigene Zeile zu schreiben. Zwischen den Baracken Flaggen, Blumen, Kerzen, von denen die Nässe troff. Schließlich stellten wir uns in der Gaskammer unter, einem Raum, der nur noch einer gänzlich übernutzten Erinnerung dient, und plötzlich war mir, als sei der Regen das einzig Sinnvolle, das sich jemals dazu sagen lassen wird, der Regen in seinen Hunderten von Tropfen auf einer winzigen Scheibe, jeder von ihnen, während dahinter das umfassende Grau schimmerte, mit einem Kern helleren Lichts, weiß beinahe, aber immer noch durchsichtig."

Aus der Laudatio vom 26. Januar 1998

Brigitte Oleschinski

Glücksboten des Vorgefundenen

Lassen sie mich in einem Berliner Park beginnen, bei einem der täglichen Spazier- oder besser Arbeitsgänge, die mich nach Stunden und Stunden am Schreibtisch an die tatsächliche Reichweite der Sinne erinnern, an Wetter und Gerüche und Entfernungen, die sich nicht mittels Bildschirm und Telefon einfach aufheben lassen. Während ich im Gehen und Weitergehen nachdenke über einen Blickwinkel, unter dem ich es Ihnen leicht machen kann, dem Gedankengang dieser kurzen Dankrede zu folgen eigentlich ist es ein *Hör*winkel, den wir hier brauchen, denn Sie sollen mich verstehen können, während Sie zuhören –, bewegen sich am Rand meines Gesichtsfelds zwei Krähen, hüpfend, so, wie Krähen sich eben auf dem Boden bewegen, in diesen merkwürdigen, doppelbeinigen Hopsern, über die sich mein Gleichgewichtssinn immer wundert.

Nehmen wir an, die eine Krähe sei die Frage, wie ich überhaupt *über* Gedichte sprechen soll, während doch die Gedichte selbst das, was sie sagen wollen und sagen müssen, so viel klarer und genauer sagen. Im Grunde wissen Sie alle, was ich meine: Wenn ich „Mittag" oder „Nachmittag" sage, „am Nachmittag gehe ich durch den Park" also, können Sie nicken oder weghören, denn das ist ein Alltagssatz. Aber wenn Emily Dickinson „Guten Morgen, Mitternacht" sagt „Good Morning – Midnight ...", weiß Ihr Gehirn sofort, daß es in einen anderen Gang schalten muß. Das ist ganz leicht, wenn Sie dabei keinen der üblichen Fehler machen, auf die Bremse treten zum Beispiel, „Achtung, Gedicht!", statt auf die Kupplung. Und wenn Sie nicht zu früh anfangen, über die komplexeren Fragen nachzudenken, wie ich jetzt, weshalb ich ins Stottern und Knirschen gerate.

Die andere Krähe nämlich: Wie wirken Gedichte, die sich von selbst verstehen, in einem öffentlichen Raum, der aus Politik, Medien, Wirtschaft besteht? Aus Alltag, Waren, Trends, für die wir alle unsere Reflexe trainiert haben, so daß wir oft die einfachsten Regungen nicht mehr erkennen, Hunger, Angst, Sehnsucht, und auch die natürlichsten Fähigkeiten nicht mehr, die wir haben, um damit umzugehen.

Wie gesagt: das ist nicht Ihr Problem, solange Sie ein bestimmtes Gedicht hören oder lesen, denn dann brauchen Sie nicht mehr zu tun, als diesem einen Gedicht zu vertrauen. Es spricht zu Ihnen mit allem, was es hat, mit seinem Herzschlag und seinem Metrum, seinen Vokalen und Konsonanten und

Denksprüngen, und wenn es Ihnen fünf Beine anbietet statt zweien oder drei Augen oder keine Nase, dann achten Sie auch auf den Ausgleich, den es ihnen dafür vorschlägt: ein unwirklich strahlendes Grün vielleicht, einen überraschenden Zwerchfellreiz, eine im Ohr oszillierende Melodie.
Insofern sind Gedichte Glücksboten, ganz gleich, wovon sie sprechen, denn sie wecken im selben Atemzug, im selben Klangbild den Sinn für Regeln, Maß, Muster und den für Widersprüche auf, eine Schwingung im ganzen Körper, in der wir schwierigere Dinge als sonst begreifen können, auch verdrängte, verstörende, unerträgliche Dinge. Die Gedichte erfinden ja nichts, sondern sprechen nur aus, was sie vorfinden.
Das Wort Kläranlage zum Beispiel, wenn Sie in Berlin in einer etwas rauheren Gegend wohnen und an der Spree einen Uferweg entlanggehen, während gegenüber, vor den blaugrauen Reißbrettkanten, der Wind ein paar grelle Weidensträhnen herumwirft und dort, wo die beiden Krähen herumhüpfen, sich an der Böschung ein smaragdfarbener Algenschaum abgesetzt hat, oder das Wort Abwasserknie. Wie poetisch klingt Wasser ..., und wie anders Abwasser, vor allem, wenn daran- plingg!, wie von einem Magneten angezogen – plötzlich der in die U-Bahn torkelnde Mann hängt, dem Hose und Unterhose ums Knie schlabberten, über und über mit Scheiße besudelt, und wie beschämend mein Ekel, der einen Fremden entgelten ließ, was meine eigene Verdauung nicht anders macht. Seltsamerweise hat ein Gedicht vor diesem Gedanken keine Scheu, egal, wie sehr *ich* davor zurückzucke.
Vielleicht teilen Sie meine Vorstellung nicht, daß solche Gedanken überhaupt faßbar, sagbar, wiederauffindbar sein müssen. Aber ich glaube, daß sie lebensnotwendig, sogar *über*lebensnotwendig sind. Poesie gehört

Foto: Ingo Wilhelm

zu den elementaren Fähigkeiten der Spezies Mensch, ähnlich wie Mathematik oder Musik. In meinem Verständnis bilden Gedichte poetische Erkenntnisformeln, die die Wahrnehmung in Bewegung setzen und sie durchlässig machen für die Erfahrung, wie Menschen in ihren unterschiedlichen Lebenswelten aufeinandertreffen. Wir alle bestehen aus zahllosen Schichten, Allianzen, Territorien, die sich in jedem Augenblick neu gegeneinander verschieben. „Ich", „du", „wir" ist in jeder Relation etwas anderes. Im Verhältnis zu den Molekülen, die Ihren Körper bilden, sind Sie eine Art Planetensystem aus lauter unterschiedlichen Geschwindigkeiten, aber im Verhältnis zu den Sternenhaufen der Milchstraße sind Sie kleiner als unsichtbar. Sie können auf unendlich viele Weisen „ich" oder „wir" sagen, sich nach Geschlecht, Alter, Hautfarbe, Status bestimmen, und doch bleiben Sie keinen Moment eine fixe Größe, sondern wechseln Ihre Gestalt und Ihre Reichweite je nach dem Blickwinkel, der Sie trifft.
In diesem Sinne ist nun auch nicht völlig gewiß, wer sich hier bei Ihnen für einen Preis bedankt, ob also ich die Gedichte schreibe oder die Gedichte mich, oder ob sie als Gedichte überhaupt erst wahr werden, wenn Sie ihnen zuhören, sie nachlesen im Buch, sie anwenden auf Ihr eigenes Leben. Und ebenso ungewiß bleibt für mich, wer Sie sind, die jetzt noch hier sitzen oder schon wieder im Stau stehen, hinter dem Park auf der Uferstraße – Kuppeln, Bremsen, Kuppeln –, während die beiden Krähen endlich auffliegen, denn über uns, in der Abwärme der Kläranlage, zieht sich ein riesiger Schwarm zusammen, lauter Krächzen und Kreisen mit schwarz geflügelten Fersen über dem verschwundenen Grenzstreifen – aber was ich nicht weiß, finden die Gedichte, und die Gedichte finden vielleicht auch Sie.
Ich danke Ihnen für Ihre Aufmerksamkeit.

Lohnende Mühe

Brigitte Oleschinski schreibt Gedichte, in denen sie die Erregungen der Sprache gegen die Notwendigkeiten des Wohlklanges mobilisiert und die schöne Lyrik, die uns noch von gestern her in den Ohren klingt, ungerührt beiseite schiebt. In ihrem neuen Gedichtband „Your Passport is Not Guilty“ befindet sich ihr Artikulationsprozeß in steter und rapider Bewegung, immer ein wenig febril und presto und nur selten Lentamente oder elegisch – offene und intensive Reflexionsmomente, die (weil der Titel schon als erste Gedichtzeile funktioniert) weder Anfang noch Ende haben und ohne traditionellen Endpunkt oder höchtens mit einem Gedankenstrich ins blanke weiße Papier übergehen: „atmend/wie die Blattspitzen draußen, die der Wind unablässig reizt, ein Zögern / und Zögern –“.

Brigitte Oleschinski

Die Delle im Schenkel, die unter Wasser handteller-

tief im Fleisch erscheint, wenn der Massagestrahl über die Beine
wandert, und das blauschillernde Becken im Schnee, Dampf

über der Wasserfläche, beschlagene Flocken
schwimmen darin, Wasser

sind wir, Reisende, löslich in Wasser

Die sirrenden Forsythien über den aus-

wärtigen Handelsstöcken, die wie schwarz-gelbe Ziffern alle zum Abflug
blinken, bis sich hier auf der körnigen Außenmauer, kopfunter

zwischen lauter Rauhputzmänteln, mitten im März die frierenden
Taillen krümmen:

Where do you come from?
Your passport is not guilty.

Angezündet

auf der Nachtfrequenz, wenn in den Straßen draußen die Ampeln
von Grau nach Grau schalten und niemand anhalten darf
im Schlaf

der Vernunft, über der die dumpfen

Kondensatwerte flackern, leckt dir eine Stimme
ins Ohr wie ein singender, saugender

Muskel

Aus: Your Passport in Not Guilty. Gedichte. Rowohlt Verlag, Reinbek 1997, S. 35, 38, 40

Das könnte an die antike Gattung der eleganten Inschriften erinnern, die besondere Dinge als Gegenstände des Kultus und des heimischen Gebrauchs bestätigten, wenn es der Autorin nicht eben darum ginge, gerade das Flüchtigste und Ungegenständlichste zu fassen, flackernde Neonröhren, Tankstellengeräusche, ein Wespensummen in der Intimität eines Zimmers, das Fließen der Luft um eine Mauer oder eine „Wolke von Krähen", die „aus den Wipfeln der Krähe" steigt. Es ist, mit Respekt gesagt, eine Betonbaustellen- und Ranunkelpoesie, die Genauigkeit und Suggestion immer dann auf das Glücklichste vereint, wenn sich (Benn winkt von ferne) das Urban-Technische und das Naturhafte ineinanderdrängen. […]
Sie hat den Tick, uns zu Zeiten mit technologischen Terminologien verblüffen zu wollen, mit Dioden und Spreizdübeln, aber in ihren besten Gedichten, zum Beispiel „Rücksturz ins Stammhirn, zurück" oder „Wo alles anfing", bedarf sie dieser Ornamentik nicht. Statt dessen besteht sie auf einer störrischen und nüchternen Unzugänglichkeit des Poetischen, das nach der aufmerksamen Mitarbeit des Lesenden verlangt und sie für ihre Mühe belohnt. Ihr zweiter Gedichtband ist weniger locker als der erste, alles ist gespannt wie ein Tennisschläger, und selbst im Arrangement, vier Teile zu jeweils elf Texten, demonstriert sie eine mehr als formale Intention. In der Tradition des Augustinus verbindet sich die Zahl Elf mit Unmut, Zwieträchtigkeit und Revolte, und Brigitte Oleschinski zählt zu jenen Autorinnen, welche die Lyrik wieder zu einem Gegenstand ernster Diskussionen erheben.

Peter Demetz in der Frankfurter Allgemeinen Zeitung vom 13. Dezember 1997

Brigitte Oleschinski

TEMPELHOF AIRFIELD

Schwappt auf einmal die Luft
über, zittert in der Schüssel
das Wasser, dann fällt
ein Sirren ein
wie ein Mücken-, ein Hornissengesang,
schwillt an zu glashellem Pfeifen, schwirrt
immer näher, tiefer, lauter heran

ich, schon auf der Treppe, an
die Wand geduckt, solche Furcht
der Geborenen, kauere

unter dem stürzenden Kreischen
mit gesträubtem Nacken unterm
Dröhnen rotflimmernden Atems –

Dann weiße Stille.

Klebrige Stille, salzige Stille. Aus allen Richtungen
kehren die Gegenstände zurück an ihren Platz.
Auf dem Flugfeld

rollt die Maschine aus. Ach, solche Furcht
der Nachgeborenen –

Aus: Mental Heat Control. Gedichte.
Rowohlt Verlag, Reinbek 1990, S. 48

Brigitte Oleschinski

1955 Köln

Studium der Politischen Wissenschaft an der Freien Universität Berlin. Arbeitet als Zeithistorikerin zu Fragen der politischen Repression in totalitären Systemen des 20. Jahrhunderts. Lebt in Berlin.
Preise: Förderungspreis Literatur zum Kunstpreis Berlin (1990); Literaturförderpreis der Freien Hansestadt Bremen (1998); Peter-Huchel-Preis (1998).
Werkauswahl: Mental Heat Control. Gedichte. 1990. – Die Schweizer Korrektur. Gemeinsam mit Durs Grünbein und Peter Waterhouse. 1995. – Your Passport is Not Guilty. Gedichte. 1997.

Foto: Paul van Schie / Archiv Künstlerhaus Edenkoben

Rudolf Alexander Schröder.
Zeichnung: G. A. Schreiber,
Bremen 1953

Signatur (r. u.):
Tief bedenklich und verträumt /
aber nicht sehr aufgeräumt /
wart nur, bald zieht er vom Leder.
Rudolf Alexander Schröder

Stiftungsurkunden und Satzungen

Auszug aus der Sitzungsniederschrift der Deputation für Kunst und Wissenschaft vom 5. Dezember 1952

1) Literaturpreis.
Von Herrn Senator HARMSSEN wurde bei früherer Gelegenheit angeregt, in Bremen einen Literatur- oder Kunstpreis einzuführen. Die Verwirklichung eines solchen Gedankens könnte nunmehr anläßlich des Geburtstages von R. A. Schröder erfolgen. Nach Mitteilung Herrn TRAUMANNS steht Herr Senator Dr. NOLTING-HAUFF einem solchen Plane wohlwollend gegenüber. Durch die Abteilung Kunst und Wissenschaft wurden inzwischen Richtlinien aus anderen Städten, z.B. Frankfurt und Berlin, angefordert. Der Plan zur Einführung eines Literaturpreises wird von Vorsitzenden befürwortet. Ggf. müsse eine Satzung entworfen werden. Als Geltungsbereich schlage er den niederdeutschen Raum vor. Dabei sei es belanglos, ob es sich um hoch- oder niederdeutsches Schrifttum handele. Die Deputationsmitglieder sprechen sich ebenfalls positiv gegenüber dem vorgetragenen Plan aus, würden jedoch die Ausdehnung auf einen größeren Raum vorziehen. Es wird vorgeschlagen, als Grundlage für die Verleihung des Preises das Werk, nicht die Person eines Dichters anzusehen.
Beschluß:
a) Beim Senat die Stiftung eines Kultur- oder Literaturpreises in Höhe von DM 5000.- zu beantragen,
b) als Namen der Stiftung „Rudolf Alexander-Schröder-Preis" vorzuschlagen,
c) eine Begrenzung nur insofern vorzusehen, als der Preis sich auf das deutsche Sprachgebiet beschränken soll,
d) das Verfahren in einer besonderen Satzung festzulegen. Der Entwurf der Satzung soll durch die Herren TRAUMANN und MARWEDE in Gemeinschaft mit Herrn Dr. LUTZE ausgearbeitet werden.

URKUNDE über die Stiftung eines Literaturpreises der Freien Hansestadt Bremen aus Anlaß des 75. Geburtstages von Rudolf Alexander Schröder

1. Die freie Hansestadt Bremen stiftet am 75. Geburtstag ihres Ehrenbürgers, des Dichters D. Dr. Dr. Rudolf Alexander Schröder, am 26. Januar 1953 zur Förderung des literarischen Nachwuchses einen „Literaturpreis der Freien Hansestadt Bremen".
2. Der Preis beträgt DM 5000.- Er wird alljährlich möglichst ungeteilt auf Vorschlag des Preisrichterkollegiums am 26. Januar vom Senat verliehen. Gelangt er nicht zur Verteilung, so muß spätestens nach drei Jahren die Verteilung erfolgen.
   In solchem Falle dürfen die aufgelaufenen Beträge nicht an einen Preisträger gegeben werden.
3. Der „Literaturpreis der Freien Hansestadt Bremen" wird nur an deutschsprachige Schriftsteller und Dichter verliehen. Die Auswahl erfolgt nach künstlerischen Gesichtspunkten durch das Preisrichterkollegium, wobei nicht das Gesamtschaffen des Künstlers, sondern ein einzelnes Werk bewertet wird. Eine bestimmte künstlerische Richtung ist bei der Auswahl nicht maßgebend.
4. Für die Bewertung durch das Preisgericht kommen nur solche Werke in Frage, die im Druck erschienen sind, oder, falls es sich um Dramen handelt, im Bühnenmanuskript vorliegen.
5. Das Preisrichterkollegium besteht aus acht Preisrichtern. Diese werden nach Beratung in der Deputation für Kunst und Wissenschaft vom Senat für die Dauer von vier Jahren berufen, wobei jährlich zwei von ihnen ausscheiden. Die Hälfte der Preisrichter muß in Bremen wohnen oder mit dem geistigen Leben Bremens verbunden sein. Das Preisrichterkollegium tritt nach Bedarf zusammen, wählt seinen Vorsitzenden und seinen Sekretär aus seiner Mitte und arbeitet nach einer selbst zu gebenden Geschäftsordnung. Alle Beschlüsse werden mit einfacher Mehrheit gefaßt, wobei alle Preisträger nur eine Stimme haben.

Gegeben zu Bremen, am 75. Geburtstag des Bremer Ehrenbürgers R. A. Schröder, dem 26. Januar 1953

Der Präsident des Senats Bürgermeister	Der Senator für das Bildungswesen

Die Freie Hansestadt Bremen errichtet hiermit eine rechtsfähige Stiftung und gibt ihr folgende VERFASSUNG

§ 1

(1) Die Stiftung führt den Namen „Rudolf - Alexander - Schröder Stiftung".
(2) Sie ist eine rechtsfähige Stiftung des privaten Rechtes und hat ihren Sitz in Bremen.

§ 2

(1) Zweck der Stiftung ist die Erfüllung und Förderung kultureller Aufgaben, die sie sich aus eigener Initiative setzt oder die ihr von Seiten des Landes übertragen werden.
(2) Die Stiftung vergibt insbesondere jährlich den mit DM 8000.- dotierten Literaturpreis. Der Preis dient der Förderung des literarischen Nachwuchses. Er wird nur deutschsprachigen Dichtern und Schriftstellern und nur für Werke verliehen, die im Druck erschienen sind oder, falls es sich um Bühnenwerke handelt, im Bühnenmanuskript vorliegen. Bei der Auswahl ist ein einzelnes Werk und nicht das Gesamtschaffen zu bewerten.
(3) Die Stiftung verfolgt unmittelbar und ausschließlich gemeinnützige Zwecke im Sinne der Gemeinnützigkeitsverordnung vom 24. 12. 1953 (BGBL. I S. 1592). Etwaige Gewinne werden nur für die satzungsmäßigen Zwecke verwendet. Ein wirtschaftlicher Geschäftsbetrieb ist ausgeschlossen. Andere als die genannten ideellen Zwecke verfolgt die Stiftung nicht.

§ 3

Das Geschäftsjahr ist das Kalenderjahr.

§ 4

Organe der Stiftung sind
1. der Vorstand als Verwaltungsorgan,
2. Kollegien, die für jede der von der Stiftung wahrgenommenen Aufgaben besonders berufen werden.

§ 5

(1) Der Vorstand besteht aus drei Personen, die der Senat der Freien Hansestadt Bremen für die Dauer von fünf Jahren beruft. Er faßt seine Beschlüsse mit Stimmenmehrheit.
(2) Der Vorstand wählt aus seiner Mitte den Vorsitzenden und den Geschäftsführer.
(3) Vorstand im Sinne des § 26 BGB ist der Vorsitzende, im Verhinderungsfalle der Geschäftsführer. Die Verhinderung braucht nicht nachgewiesen zu werden.
(4) Die Vorstandsmitglieder sind ehrenamtlich tätig. Auslagen werden ihnen ersetzt.

§ 6

(1) Für jede der Stiftung übertragene Aufgabe beruft der Vorstand ein Kollegium. Jedes Kollegium hat fünf Mitglieder.
(2) Die Amtszeit beträgt, soweit Absatz 3 nichts anderes bestimmt, fünf Jahre. Jährlich scheidet ein Mitglied aus. Wiederberufung ist zulässig. Bei der ersten Berufung eines Kollegiums wird die Reihenfolge des Ausscheidens festgelegt.
(3) Das Kollegium für den Literaturpreis besteht aus vier berufenen Mitgliedern und dem jeweils letzten Preisträger. Die Amtszeit der berufenen Mitglieder beträgt vier Jahre.
(4) Scheidet ein Mitglied eines Kollegiums durch Tod oder Rücktritt vorzeitig aus, beruft der Vorstand unverzüglich einen Nachfolger für die Amtszeit des Ausgeschiedenen.

§ 7

(1) Die Kollegien beraten und beschließen über die ihnen übertragene Aufgabe gemeinsam mit dem Vorstand.
(2) Den Vorsitz in den gemeinsamen Sitzungen führt der Vorsitzende des Vorstandes.
(3) Beschlüsse können nur gefaßt werden, wenn mehr als die Hälfte der Stimmberechtigten anwesend ist. Beschlüsse über Förderungsmaßnahmen bedürfen der Zustimmung von drei Viertel der Anwesenden.
(4) Mitglieder der Stiftungsorgane dürfen nicht gefördert oder ausgezeichnet werden.

§ 8

(1) Die Stifterin übergibt der Stiftung DM 11.000.- als Stiftungsvermögen. Sie verpflichtet sich ferner, ihr jährlich für Zwecke des Literaturpreises DM 11.000.- zur Verfügung zu stellen.
(2) Das Stiftungsvermögen nach Abs. 1, Satz 1 soll möglichst unangetastet bleiben. Für die Stiftungszwecke sind in erster Linie seine Erträgnisse und weitere Zuwendungen an die Stiftung zu verwenden.

§ 9

(1) Die Verfassung kann nur mit Zustimmung aller Vorstandsmitglieder geändert werden. Zur Auflösung der Stiftung bedarf es der Zustimmung aller Vorstandsmitglieder und des Senats der Freien Hansestadt Bremen.
(2) Wird die Stiftung aufgelöst oder aufgehoben, fällt ihr Vermögen an die Freie Hansestadt Bremen (Land) mit der Auflage, es für die Künstlerförderung zu verwenden.

Der Senator für das Bildungswesen	Bremen, d. 6. 4. 1961

Die Freie Hansestadt Bremen errichtet hiermit eine rechtsfähige Stiftung und gibt ihr folgende SATZUNG*

§ 1

(1) Die Stiftung führt den Namen „Rudolf-Alexander-Schröder-Stiftung".
(2) Sie ist eine rechtsfähige Stiftung des privaten Rechts und hat ihren Sitz in Bremen.

§ 2

(1) Zweck der Stiftung ist die Erfüllung und Förderung kultureller Aufgaben, die sie sich aus eigener Initiative setzt oder die ihr von Seiten des Landes übertragen werden.
(2) Die Stiftung vergibt jährlich den mit 10.000,- DM dotierten Literaturpreis. Der Preis wird nur deutschsprachigen Dichtern und Schriftstellern und nur für Werke verliehen, die im Druck erschienen sind oder, falls es sich um Bühnenwerke handelt, im Bühnenmanuskript vorliegen. Bei der Auswahl ist ein einzelnes Werk und nicht das Gesamtschaffen zu bewerten.
(3)Die Stiftung vergibt darüber hinaus jährlich einen mit 5000.- DM dotierten Literatur-Förderpreis. Er dient der Förderung des literarischen Nachwuchses und wird an junge, deutschsprachige Autoren vergeben.
(4) In der Woche der Vergabe der Literaturpreise fördert die Stiftung Autorenlesungen und andere literarische Veranstaltungen.

§ 3

(1) Die Stiftung ist selbstlos tätig. Sie verfolgt keine eigenwirtschaftlichen Zwecke.
(2) Die Stiftung verfolgt ausschließlich und unmittelbar gemeinnützige Zwecke im Sinne des Abschnitts „Steuerbegünstigte Zwecke" der Abgabenordnung. Etwaige Gewinne werden nur für die satzungsmäßigen Zwecke verwendet. Ein wirtschaftlicher Geschäftsbetrieb ist ausgeschlossen. Andere als die genannten ideellen Zwecke verfolgt die Stiftung nicht.
(3) Mittel der Stiftung dürfen nur für die satzungsmäßigen Zwecke verwendet werden.
(4) Es darf keine Person durch Ausgaben, die dem Zweck der Stiftung fremd sind, oder durch unverhältnismäßig hohe Vergütungen begünstigt werden.

§ 4

Das Geschäftsjahr ist das Kalenderjahr.

§ 5

Organe der Stiftung sind
1. der Vorstand als Verwaltungsorgan,
2. Kollegien, die für jede der von der Stiftung wahrgenommenen Aufgaben besonders berufen werden.

§ 6

(1) Der Vorstand besteht aus drei Personen, die der Senat der Freien Hansestadt Bremen für die Dauer von fünf Jahren beruft. Er faßt seine Beschlüsse mit Stimmenmehrheit.
(2) Der Vorstand wählt aus seiner Mitte den Vorsitzenden und den Geschäftsführer.
(3) Der Vorstand vertritt die Stiftung gerichtlich und außergerichtlich durch seinen Vorsitzenden, im Verhinderungsfall durch den Geschäftsführer. Die Verhinderung braucht nicht nachgewiesen zu werden.
(4) Die Vorstandsmitglieder sind ehrenamtlich tätig. Auslagen werden ihnen ersetzt.

§ 7

(1) Für jede der Stiftung übertragene Aufgabe beruft der Vorstand ein Kollegium.
(2) Das Kollegium für die Literaturpreise besteht aus vier berufenen Mitgliedern und den jeweils letzten Preisträgern.
(3) Die Amtszeit der berufenen Mitglieder beträgt 5 Jahre.
(4) Scheidet ein Mitglied vorzeitig aus, beruft der Vorstand unverzüglich einen Nachfolger für die Amtszeit des Ausgeschiedenen.
(5) Die Preisrichter sind ehrenamtlich tätig. Auslagen werden ihnen erstattet.

§ 8

(1) Die Kollegien beraten und beschließen über die ihnen übertragene Aufgabe gemeinsam mit dem Vorstand.
(2) Den Vorsitz in den gemeinsamen Sitzungen führt der Vorsitzende des Vorstandes.
(3) Beschlüsse können nur gefaßt werden, wenn mehr als die Hälfte der Stimmberechtigten anwesend ist. Beschlüsse über Förderungsmaßnahmen bedürfen der Zustimmung von drei Viertel der Anwesenden.
(4) Mitglieder der Stiftungsorgane dürfen nicht gefördert oder ausgezeichnet werden.

§ 9

(1) Die Stifterin übergibt der Stiftung 14.000,- DM als Stiftungsvermögen. Sie verpflichtet sich ferner, ihr jährlich für Zwecke der Literaturpreise und literarischer Veranstaltungen 25.000,- DM zur Verfügung zu stellen.
(2) Das Stiftungsvermögen nach Abs. 1, Satz 1 soll möglichst unangetastet bleiben. Für die Stiftungszwecke sind in erster Linie seine Erträgnisse und weitere Zuwendungen an die Stiftung zu verwenden.

§ 10

(1) Die Verfassung kann nur mit Zustimmung aller Vorstandsmitglieder geändert werden. Zur Auflösung der Stiftung bedarf es der Zustimmung aller Vorstandsmitglieder und des Senats der Freien Hansestadt Bremen.
(2) Wird die Stiftung aufgelöst, aufgehoben oder entfällt ihr bisheriger Zweck, fällt ihr Vermögen an die Freie Hansestadt Bremen (Land) mit der Auflage, es für die Künstlerförderung zu verwenden.

Beschlossen in der Versammlung des Senats am 11. April 1961.
gez. Kaisen

** Geltende Fassung nach Änderung vom 8. Oktober 1981 und 12. August 1982*

Die Freie Hansestadt Bremen errichtet hiermit eine rechtsfähige Stiftung und gibt ihr folgende SATZUNG*

§ 1

(1) Die Stiftung führt den Namen „Rudolf-Alexander-Schröder-Stiftung".
(2) Sie ist eine rechtskräftige Stiftung des privaten Rechts und hat ihren Sitz in Bremen.

§ 2

(1) Zweck der Stiftung ist die Erfüllung und Förderung kultureller Aufgaben, die sie sich aus eigener Initiative setzt oder die ihr von Seiten des Landes übertragen werden.
(2) Die Stiftung vergibt den mit 30.000 DM dotierten Literaturpreis. Der Preis wird nur deutschsprachigen Dichtern und Schriftstellern und nur für Werke verliehen, die im Druck erschienen sind oder, falls es sich um Bühnenwerke handelt, im Bühnenmanuskript vorliegen. Bei der Auswahl ist ein einzelnes Werk und nicht das Gesamtschaffen zu bewerten.
(3) Die Stiftung vergibt darüber hinaus jährlich einen mit 10.000 DM dotieren Literatur-Förderpreis. Er dient zur Förderung des literarischen Nachwuchses und wird an junge, deutschsprachige Autoren vergeben.
(4) In der Woche der Vergabe der Literaturpreise fördert die Stiftung Autorenlesungen und andere literarische Veranstaltungen.

§ 3

(1) Die Stiftung ist selbstlos tätig. Sie verfolgt keine eigenwirtschaftlichen Zwecke.
(2) Die Stiftung verfolgt ausschließlich und unmittelbar gemeinnützige Zwecke im Sinne des Abschnitts „Steuerbegünstigte Zwecke" der Abgabenordnung. Etwaige Gewinne werden nur für die satzungsgemäßen Zwecke verwendet. Ein wirtschaftlicher Geschäftsbetrieb ist ausgeschlossen. Andere als die genannten Zwecke verfolgt die Stiftung nicht.
(3) Mittel der Stiftung dürfen nur für die satzungsmäßigen Zwecke verwendet werden.
(4) Es darf keine Person durch Ausgaben, die dem Zweck der Stiftung fremd sind, oder durch unverhältnismäßig hohe Vergütungen begünstigt werden.

§ 4

Das Geschäftsjahr ist das Kalenderjahr.

§ 5

Organe der Stiftung sind
1. der Vorstand als Verwaltungsorgan,
2. Kollegien, die für jede der von der Stiftung wahrgenommenen Aufgaben besonders berufen werden.

§ 6

(1) Der Vorstand besteht aus drei Personen, die der Senat der Freien Hansestadt Bremen für die Dauer von fünf Jahren beruft. Er faßt seine Beschlüsse mit Stimmenmehrheit.
(2) Der Vorstand wählt aus seiner Mitte den Vorsitzenden und den Geschäftsführer.
(3) Der Vorstand vertritt die Stiftung gerichtlich und außergerichtlich durch seinen Vorsitzenden, im Verhinderungsfall durch den Geschäftsführer. Die Verhinderung braucht nicht nachgewiesen zu werden.
(4) Die Vorstandsmitglieder sind ehrenamtlich tätig. Auslagen werden ihnen ersetzt.

§ 7

(1) Für jede der Stiftung übertragene Aufgabe beruft der Vorstand ein Kollegium.
(2) Das Kollegium für die Literaturpreise besteht aus vier berufenen Mitgliedern und den jeweils letzten Preisträgern.
(3) Die Amtszeit der berufenen Mitglieder beträgt fünf Jahre.
(4) Scheidet ein Mitglied vorzeitig aus, beruft der Vorstand unverzüglich einen Nachfolger für die Amtszeit des Ausgeschiedenen.
(5) Die Preisrichter sind ehrenamtlich tätig. Auslagen werden ihnen erstattet.

§ 8

(1) Die Kollegien beraten und beschließen über die ihnen übertragene Aufgabe gemeinsam mit dem Vorstand.
(2) Den Vorsitz in den gemeinsamen Sitzungen führt der Vorsitzende des Vorstandes.
(3) Beschlüsse können nur gefaßt werden, wenn mehr als die Hälfte der Stimmberechtigten anwesend ist. Beschlüsse über Förderungsmaßnahmen bedürfen der Zustimmung von drei Viertel der Anwesenden.
(4) Mitglieder der Stiftungsorgane dürfen nicht gefördert oder ausgezeichnet werden.

§ 9

(1) Die Stifterin übergibt der Stiftung 14.000 DM als Stiftungsvermögen. Sie verpflichtet sich ferner, ihr jährlich für Zwecke der Literaturpreise und literarischer Veranstaltungen 25.000 DM zur Verfügung zu stellen.
(2) Das Stiftungsvermögen nach Abs. 1 Satz 1 soll möglichst unangetastet bleiben. Für die Stiftungszwecke sind in erster Linie seine Erträgnisse und weitere Zuwendungen an die Stiftung zu verwenden.

§ 10

(1) Die Verfassung kann nur mit Zustimmung aller Vorstandsmitglieder geändert werden. Zur Ablösung der Stiftung bedarf es der Zustimmung aller Vorstandsmitglieder und des Senats der Freien Hansestadt Bremen.
(2) Wird die Stiftung aufgelöst, aufgehoben oder entfällt ihr bisheriger Zweck, fällt ihr Vermögen an die Freie Hansestadt Bremen (Land) mit der Auflage, es für die Künstlerförderung zu verwenden.

Beschlossen in der Versammlung des Senats am 11. April 1961
gez. Kaisen

** Geltende Fassung nach Änderung vom 8. Oktober 1981, 12. August 1982 und 19. November 1991*

Jury-Zusammensetzungen 1953-1998

1953/54

D. Dr. Dr. Rudolf Alexander Schröder (Bremen, später Sonnleiten/Obb.), *Vorsitzender*
Dr. Gottfried Bermann-Fischer (S. Fischer-Verlag, Frankfurt)
Conrad Heinemann (Chefdramaturg des Bremer Theaters)
Bernt von Heiseler (Brannenberg/Inn)
Dr. Eberhard Lutze (Regierungsdirektor beim Senator für das Bildungswesen, Bremen), *Sekretär*
Dr. Frank Thieß (Darmstadt)
Erich Traumann (Redakteur; Deputation für Kunst und Wissenschaft bei der Bremer Bürgerschaft)
Dr. Hans Wegener (Direktor der Staatsbibliothek Bremen)
Gottfried Benn lehnt die ihm angetragene Jury-Mitgliedschaft aus Altersgründen ab. — Der verhinderte Bernt von Heiseler wird von Dr. Wolfgang Strauß (Lektor beim Bertelsmann-Verlag, Gütersloh) vertreten.

1954/55

D. Dr. Dr. Rudolf Alexander Schröder, *Vorsitzender*
Conrad Heinemann
Dr. Rudolf Hirsch (Cheflektor im S. Fischer-Verlag, Frankfurt)
Dr. Erhart Kästner (Direktor der Herzog-August-Bibliothek Wolfenbüttel)
Dr. Eberhard Lutze, *Sekretär*
Erich Traumann
Dr. Hans Wegener
Prof. Dr. Benno von Wiese (Universität Münster, ab 1957 Universität Bonn)

1955/56

unverändert

1956/57

unverändert

1957/58

unverändert

1958/59

R. A. Schröder erklärt im Frühjahr 1958 seinen Rücktritt aus Altersgründen von Vorsitz und Mitgliedschaft in der Jury. Der von Schröder als Nachfolger vorgeschlagene Wolf von Niebelschütz lehnt das Angebot ab, da er „als Autor gerade auf diesen Preis reflektiere." (Brief an Dr. Lutze vom 5. 7. 1958). Ansonsten ist die Jury unverändert.

1959/60

Dr. Manfred Hausmann (Bremen-Rönnebeck)
Conrad Heinemann
Dr. Rudolf Hirsch
Dr. Erhart Kästner
Dr. Eberhard Lutze, *Sekretär*
Erich Traumann
Prof. Dr. Benno von Wiese
Rolf Schroers (einmalig als Preisträger von 1959)
Wegen der Senatsablehnung des einstimmigen Vorschlags der Jury, Günter Grass den Bremer Literaturpreis für „Die Blechtrommel" zu verleihen, treten R. Hirsch am 24. 12. 1959, B. v. Wiese und E. Kästner am 28. 12. 1959 und R. Schroers am 15. 1. 1960 aus der Jury aus. M. Hausmann, der an der Jury-Sitzung nicht teilgenommen hatte, heißt die Haltung des Senats gut.

1960/61

Keine Jury; am 11. April 1961 wird die Rudolf-Alexander-Schröder-Stiftung durch den Senat errichtet. Einführung von fünfjährigen Amtsperioden für Vorstand und Jury.

1961/62

Senator a.D. Generalkonsul Gustav Harmssen, *Vorsitzender;* Dr. Karl Bachler (Chefredakteur des Weser-Kurier Bremen) und Dr. Günter Schulz (Direktor der Bremer Volkshochschule): *Vorstand*
Dr. Claus Helmut Drese (Regisseur, Wiesbaden, später Köln)
Dr. Manfred Hausmann
Dr. Gerd Kadelbach (Rundfunkjournalist, Frankfurt)
Dr. Heinrich Ringleb (Schriftsteller und Lektor, Universität Heidelberg)

1962/63

unverändert
Siegfried Lenz (einmalig als Preisträger von 1962)

1963/64

unverändert
Dr. Herbert Heckmann (einmalig als Preisträger von 1963)

1964/65

unverändert
Christa Reinig (einmalig als Preisträgerin von 1964)

1965/66

unverändert
Thomas Bernhard (einmalig als Preisträger von 1965)
G. Harmssen erklärt im November seinen Rücktritt.

1966/67

Dr. Günter Giefer (Radio Bremen) wird *Vorstands*mitglied; ansonsten unverändert
Wolfgang Hildesheimer (einmalig als Preisträger von 1966)

1967/68

unverändert
Hans Günter Michelsen (einmalig als Preisträger von 1967)
M. Hausmann erklärt im November 1967 seinen Rücktritt.

1968/69

Dr. Max Plaut (Hamburg) wird Jurymitglied; ansonsten unverändert
Helga M. Novak (einmalig als Preisträgerin von 1968)

1969/70

unverändert
Horst Bienek (einmalig als Preisträger von 1969)
H. Ringleb erklärt im Juni 1970 seinen Rücktritt.

1970/71

unverändert

1971/72

Dr. Günter Schulz, *Vorsitzender;* Dr. Karl Bachler und Dr. Rudolf Hirsch (bereits 1953-59 Jurymitglied): *Vorstand*

Dr. Claus Helmut Drese (Schauspielhaus Köln, später Intendant der Oper Zürich)
Dr. Eckart Heimendahl (Bremen)
Prof. Dr. Gerd Kadelbach (Universität Frankfurt)
Prof. Dr. Gotthart Wunberg (Universität Tübingen)
Gabriele Wohmann (einmalig als Preisträgerin von 1971)

1972/73

unverändert
Jürg Acklin (einmalig als Preisträger von 1972)

E. Heimendahl erklärt im Juli 1973 seinen Rücktritt.

1973/74

Dr. Peter Stoltzenberg (Generalintendant des Bremer Theaters) wird *Vorstands*mitglied anstelle des aus dem Vorstand zurückgetretenen Dr. K. Bachler, der einfaches Jurymitglied wird.
Günter Herburger (einmalig als Preisträger von 1973)

1974/75

unverändert
Jurek Becker (einmalig als Preisträger von 1974)

1975/76

unverändert
Franz Innerhofer (einmalig als Preisträger von 1975)

Auf die Einladung der Rudolf-Alexander-Schröder Stiftung von 1976 an Günter Grass, der Jury zur Vergabe des Bremer Literaturpreises beizutreten, antwortete der Autor am 18. 8. 1976:

Ich habe doch ein wenig auf den Stockzähnen lächeln müssen, als ich über diese Bremer Form von „Wiedergutmachung" las und, zugegeben: viel Lust habe ich nicht.
Hinzu kommt, daß ich bis März nächsten Jahres voll mit Manuskriptarbeit beschäftigt sein werde, also meine Teilnahme an der Jury erst im nächsten Jahr möglich wäre. Doch so lange werden Sie nicht warten können, deshalb gebe ich vorsorglichen Bescheid.

Freundliche Grüße
Ihr *Günter Grass*

1976/77

Walter Kempowski (Nartum), *Vorsitzender;* Martha Höhl (Leiterin der Stadtbibliothek Bremen) und Dr. Volker Plagemann (Senatsrat beim Senator für Wissenschaft und Kunst, Bremen): *Vorstand*
Prof. Dr. Wolfgang Emmerich (Universität Bremen)
Günter Grass
Dr. Klaus Kuntze (Radio Bremen)
Dieter E. Zimmer (DIE ZEIT)
Paul Nizon (einmalig als Preisträger von 1976)

1977/78

unverändert
Nicolas Born (einmalig als Preisträger von 1977)
Dr. Heinar Kipphardt (einmalig als Preisträger von 1977)
Karin Kiwus (einmalig als Förderpreisträgerin von 1977)

G. Grass erklärt im Juni 1978 seinen Rücktritt.

1978/79

Dr. Heinar Kipphardt wird Jurymitglied für drei Jahre; ansonsten unverändert
Christa Wolf (einmalig als Preisträgerin von 1978)
Maria Erlenberger (einmalig als Förderpreisträgerin von 1978)

1979/80

unverändert
Dr. Alexander Kluge (einmalig als Preisträger von 1979)
Uwe Timm (einmalig als Förderpreisträger von 1979)
Walter Kempowski, A. Kluge und D. E. Zimmer nahmen an der Jurysitzung nicht teil.

D. E. Zimmer erklärt im Juni 1980 seinen Rücktritt wegen unvereinbarer Zeitplanung. W. Kempowski erklärt im September 1980 seinen Rücktritt wegen „akuter Überlastung" (Brief an Dr. Plagemann vom 13. 9. 1980). V. Plagemann scheidet durch seinen Wechsel in das Kultusressort in Hamburg aus dem Vorstand aus.

1980/81

Dieter Opper (Senatsrat beim Senator für Wissenschaft und Kunst), *Vorsitzender;* Martha Höhl und Günter Kunert (Itzehoc): *Vorstand*
Prof. Dr. Wolfgang Emmerich
Dr. Heinar Kipphardt
Dr. Klaus Kuntze
Prof. Marcel Reich-Ranicki (Leiter des Literaturressorts bei der Frankfurter Allgemeinen Zeitung)
Peter Rühmkorf (einmalig als Preisträger von 1980)
Peter-Paul Zahl (einmalig als Förderpreisträger von 1980) (nicht teilgenommen)

G. Kunert erklärt im Februar 1981 seinen Rücktritt.

1981/82

Martha Höhl; Dr. Jürgen Manthey (Rowohlt-Verlag und Universität/GHS Essen) und Dieter Opper: *Vorstand*
Dr. Karl-Heinz Bohrer (FAZ-Korrespondent, London)
Prof. Dr. Wolfgang Emmerich
Prof. Dr. Herbert Heckmann (Bad Vilbel; ab 1984 Präsident der Deutschen Akademie für Sprache und Dichtung)
Dr. Heinar Kipphardt
Christoph Meckel (einmalig als Preisträger von 1981)
Werner Kofler (einmalig als Förderpreisträger von 1981)

K.-H. Bohrer erklärt im November 1982 seinen Rücktritt.

1982/83

Am 19. 4. 1982 wird J. Manthey zum *Vorsitzenden* gewählt; ansonsten unverändert
Franz Böni (einmalig als Förderpreisträger von 1982)
Peter Weiss, der als Preisträger von 1982 Jurymitglied gewesen wäre, stirbt am 10. 5. 1982. Heinar Kipphardt stirbt am 18. 11. 1982, wenige Tage vor der Jurysitzung.

1983/84

Dr. Jürgen Manthey, Martha Höhl und Dieter Opper: *Vorstand*
Prof. Dr. Wolfgang Emmerich
Prof. Dr. Herbert Heckmann
Helmut Heißenbüttel (Borsfleth)
Dr. Wilfried F. Schoeller (Hessischer Rundfunk/Fernsehen, Frankfurt)
Erich Fried (einmalig als Preisträger von 1983)
Clemens Mettler (einmalig als Förderpreisträger von 1983)

1984/85

unverändert
Paul Wühr (einmalig als Preisträger von 1984)
Bodo Morshäuser (einmalig als Förderpreisträger von 1984)

H. Heißenbüttel erklärt im November 1984 seinen Rücktritt.

1985/86

Dr. Rolf Michaelis (DIE ZEIT) wird Jurymitglied; ansonsten unverändert
Rolf Haufs (einmalig als Preisträger von 1985)
Herta Müller (einmalig als Förderpreisträgerin von 1985)

1986/87

unverändert
Volker Braun (einmalig als Preisträger von 1986)
Eva Schmidt (einmalig als Förderpreisträgerin von 1986)

W. Emmerich erklärt im November 1986 seinen Rücktritt.

1987/88

unverändert
Jürgen Becker (einmalig als Preisträger 1987)
Daniel Grolle (einmalig als Förderpreisträger 1987)

Dr. Konrad Franke wird Jurymitglied.

1988/89

unverändert
Peter Handke (einmalig als Preisträger 1988)
Evelyn Schlag (einmalig als Förderpreisträgerin 1988)

1989/90

unverändert
Ingomar von Kieseritzky (einmalig als Preisträger 1989)
Norbert Gstrein (einmalig als Förderpreisträger 1989)

1990/91

unverändert
Wilhelm Genazino (einmalig als Preisträger 1990)
Irina Liebmann (einmalig als Förderpreisträgerin 1990)

Dr. Jürgen Manthey erklärt seinen Rücktritt.

Martha Höhl scheidet aus dem Vorstand aus.

1991/92

Dr. Rolf Michaelis (Vorsitz).
Dr. Wilfried F. Schoeller, Dieter Opper (Vorstand).
Sibylle Cramer wird Jurymitglied.

Fritz Rudolf Fries (einmalig als Preisträger 1991)
Thomas Strittmatter (einmalig als Förderpreisträger 1991)

1992/93

unverändert
Ror Wolf (einmalig als Preisträger 1992)
Durs Grünbein (einmalig als Förderpreisträger 1992)

1993/94

unverändert
Georges-Arthur Goldschmidt (einmalig als Preisträger 1993)
Hans-Ulrich Treichel (einmalig als Förderpreisträger 1993)

1994/95

unverändert
Wolfgang Hilbig (einmalig als Preisträger 1994)
Peter Weber (einmalig als Förderpreisträger 1994)

1995/96

unverändert
Reinhard Lettau (einmalig als Preisträger 1995)
Marion Titze (einmalig als Förderpreisträgerin 1995)

Martha Höhl erklärt ihren Rücktritt.

1996/97

Elfriede Jelinek (einmalig als Preisträgerin 1996)
Jens Sparschuh (einmalig als Förderpreisträger 1996)

Dr. Gudrun Boch wird Jurymitglied.

Prof. Dr. Herbert Heckmann erklärt seinen Rücktritt.

Dieter Opper verstirbt am 14. Februar 1997.

1997/98

Dr. Narciss Göbbel folgt Dieter Opper in den Vorstand nach.

Andrea Köhler wird Jurymitglied.

Michael Roes (einmalig als Preisträger 1997)
Stefanie Menzinger (einmalig als Förderpreisträgerin 1997)

1998/99

unverändert
Einar Schleef (einmalig als Preisträger 1998)
Brigitte Oleschinski (einmalig als Förderpreisträgerin 1998)

N.B.: Nicht alle genannten Jurymitglieder haben in jedem Fall an den Sitzungen teilgenommen. Dies im einzelnen zu vermerken, hätte zu weit geführt. So wurden nur die wichtigsten Nichtteilnahmen festgehalten.

Verzeichnis der bereits gedruckten Preisträger-Reden und Laudationes

(L = Laudatio)

1954: R. A. Schröder (L), in: H. Schmidt-Barrien: Werke. Bd. 1. H. Döll Verlag, Bremen 1975, S. 11-19; auch in: R. A. Schröder: Reden zur Verleihung des Literaturpreises der Freien Hansestadt Bremen (= Monographien der Wittheit zu Bremen. Nr. 2). Bremen 1956, S. 5-13.
1955: R. A. Schröder (L), in: Reden zur Verleihung..., S. 15-25.
1956: E. Jünger, in: Karl C. Paetel: Ernst Jünger in Selbstzeugnissen und Bilddokumenten. Rowohlt Verlag, Reinbek 1962, S. 144 f. — R. A. Schröder (L), in: Reden zur Verleihung..., S. 27-40.
1958: P. Celan, in: Neue Rundschau 69 (1958), S. 117 f.; auch in: Beilage zu Akzente (1958), Heft 5; Separatdruck der Deutschen Verlagsanstalt, Stuttgart 1958; P. C.: Ausgewählte Gedichte. Zwei Reden. Suhrkamp Verlag, Frankfurt 1968, S. 125-129; P. C.: Gesammelte Werke. Bd 3. Suhrkamp Verlag, Frankfurt 1983, S. 185 f. — Erhart Kästner (L), in: Neue Rundschau 69 (1958); S. 110-116; auch als: Einzeldruck der Deutschen Verlagsanstalt, Stuttgart 1958. Dietlind Meinecke (Hrsg.): Über Paul Celan. Suhrkamp Verlag, Frankfurt 1970, S. 35-42.
1962: S. Lenz, in: Die Welt vom 27. 1. 1962; auch in: S. L.: Beziehungen. Ansichten und Bekenntnisse zur Literatur. Hoffmann und Campe Verlag, Hamburg 1970, S. 278-286.
1964: C. Reinig, in: DIE ZEIT vom 31. 1. 1964 — M. Hausmann (L), in: M. H.: Einer muß wachen. Essays. Neukirchener Verlag. Neukirchen-Vluyn 1971, S. 278-299.
1965: Th. Bernhard, in: Jahresring 65/66. Beiträge zur deutschen Literatur und Kunst der Gegenwart. Deutsche Verlagsanstalt, Stuttgart 1966, S. 243-245.
1966: W. Hildesheimer, in: Bremer Nachrichten vom 21. 1. 1966; auch in: Die Andere Zeitung vom 10. 2. 66 (teilweise); Dichten und Trachten 27. Suhrkamp Verlag, Frankfurt 1966, S. 61-64.
1967: H. G. Michelsen und C. H. Drese (L), in: Separatdruck der R. A. Schröder-Stiftung und des Suhrkamp Verlags, Frankfurt 1967.
1969: H. Bienek, in: Frankfurter Allgemeine Zeitung vom 29. 1. 1969.
1970: C. Enzensberger (Begründung der Preisablehnung), in: Weser-Kurier vom 17. 12. 1969 sowie in mehreren anderen Zeitungen; auch in: Tintenfisch 3. Jahrbuch für Literatur. Verlag Klaus Wagenbach, Berlin 1970, S. 38.
1971: G. Wohmann, in: Luchterhand Almanach 1971, Darmstadt/Neuwied, S. 54-59.
1973: G. Herburger, in: Deutsche Volkszeitung Düsseldorf vom 1. 2. 1973.
1977: N. Born, in: Frankfurter Rundschau vom 5. 2. 1977; auch in: Tintenfisch 12. Jahrbuch für Literatur. Verlag Klaus Wagenbach, Berlin 1977, S. 115-117; N. B.: Die Welt der Maschine. Aufsätze und Reden. Rowohlt Verlag, Reinbek 1980, S. 198-201.
1978: C. Wolf, in: Süddeutsche Zeitung vom 12. 2. 1978; auch in: Klaus Sauer (Hrsg.): C. W. Materalienbuch. Luchterhand Verlag, Darmstadt/Neuwied 1979, S. 48-53; C. W.: Die Dimension des Autors. Luchterhand Verlag, Darmstadt/Neuwied 1987, S. 54-60 — W. Emmerich (L), in: C. W. Materialienbuch..., S. 111-117.
1980: P. Rühmkorf, in: Deutsches Allgemeines Sonntagsblatt vom 10. 2. 1980; auch in: die horen (1980). Band 117, S. 90-93; P. R.: Bleib erschütterbar und widersteh. Aufsätze - Reden - Selbstgespräche. Rowohlt Verlag, Reinbek 1984, S. 195-199. — H. L. Arnold (L), in: die horen (1980). Band 117, S. 87-90. — P.-P. Zahl, in: die horen (1980). Band 117, S. 83-86. — H. P. Piwitt (L), in: die horen (1980), Band 117, S. 80-82.
1981: C. Meckel, in: Deutsches Allgemeines Sonntagsblatt vom 1. 2. 1981. — H. Krüger (L), in: Deutsches Allg. Sonntagsblatt vom 1. 2. 1981. — W. Kofler, in: Extrablatt (Wien) März 1981, S. 81. — F. Schuh (L), in: Extrablatt (Wien) März 1981, S. 80 f.
1982: P. Weiss, in: Deutsches Allgemeines Sonntagsblatt vom 16. 5. 1982. — C. Meckel (L), in: Frankfurter Rundschau vom 13. 5. 1982, auch in: die horen (1982), Band 125, S. 108-112.
1983: E. Fried, H. Heckmann (L), C. Mettler und F. Ammann (L) gemeinsam in: Separatdruck der R.-A.-Schröder-Stiftung 1983; E. Fried, auch in: E. F.: Und nicht taub und stumpf werden. Internationale Literaturfabrik im Multi Media Verlag, Dorsten 1984, S. 115-122.
1984: P. Wühr, H. Heißenbüttel (L), Bodo Morshäuser, Peter Glaser (L), gemeinsam in: Separatdruck des Senators für Wissenschaft und Kunst, Bremen 1984.
1985: V. Braun, in: DIE ZEIT vom 31. 1. 1986; gemeinsam mit W. F. Schoeller (L), E. Schmidt, R. Michaelis (L) in: Separatdruck der R.-A.-Schröder-Stiftung, Bremen 1985.
1987: Jürgen Becker, R. Michaelis (L), D. Grolle und H. Heckmann (L) gemeinsam in: Separatdruck der R.-A.-Schröder-Stiftung, Bremen 1987. — D. Grolle, in: die tageszeitung (Ausgabe Bremen) vom 28. 1. 1987.

1988: Peter Handke, Dr. Jürgen Manthey (L), Evelyn Schlag, Daniel Grolle (L), gemeinsam in: Separatdruck der Rudolf-Alexander-Schröder-Stiftung, Bremen 1988.
1989: Ingomar v. Kieseritzky, Herbert Heckmann (L), Norbert Gstrein, Konrad Franke (L), in: Separatdruck der Rudolf-Alexander-Schröder-Stiftung, Bremen 1989.
1990: Wilhelm Genazino, Martha Höhl (L), Irina Liebmann, Wilfried F. Schoeller (L), in: Separatdruck der Rudolf-Alexander-Schröder-Stiftung, Bremen 1990.
1991: Fritz Rudolf Fries, Wilfried F. Schoeller (L), Thomas Strittmatter, Rolf Michaelis (L), in: Separatdruck der Rudolf-Alexander-Schröder-Stiftung, Bremen 1991 – F. R. Fries „Kahlschlag oder die Befreiung aus dem Gehäuse" in: Frankfurter Rundschau vom 2.2.1991.
1992: Ror Wolf, Herbert Heckmann (L), Durs Grünbein, Sibylle Cramer (L), in: Separatdruck der Rudolf-Alexander-Schröder-Stiftung, Bremen 1991 – Durs Grünbein „Reflex und Exegese", in: Zwischen den Zeilen, Heft 1/1992, S. 12-19; auch in: Freibeuter, Heft 51/1992, S. 43-46; sowie in D. G., „Galilei vermißt Dantes Hölle und bleibt an den Maßen hängen." – Aufsätze 1989-1995. Suhrkamp Verlag, Frankfurt/Main 1996, S. 61-66.
1993: Georges-Arthur-Goldschmidt, Wilfried F. Schoeller (L), Hans-Ulrich Treichel, Herbert Heckmann (L), in: Separatdruck der Rudolf-Alexander-Schröder-Stiftung, Bremen 1993 – Wilfried F. Schoeller (L): „Der Erzähler als Übersetzer des Schreckens" in: Frankfurter Rundschau vom 13. Februar 1993.
1994: Wolfgang Hilbig, Rolf Michaelis (L), Peter Weber, Sibylle Cramer (L) in:

Separatdruck der Rudolf-Alexander-Schröder-Stiftung, Bremen 1994 – Wolfgang Hilbig „Die Firma und der Betrieb", Rolf Michaelis (L): „Laudatio auf Wolfgang Hilbig", Peter Weber „Bremer Antwort", Sibylle Cramer (L): „Das Toggenburger Testament" in: Sprache im technischen Zeitalter, Hrsg.: Walter Höllerer, Norbert Miller, Joachim Sartorius, Nr. 129, 32. Jahrgang, März 1994, Berlin.
1995: Reinhard Lettau, Sibylle Cramer (L), Marion Titze, Konrad Franke (L), in: Separatdruck der Rudolf-Alexander-Schröder-Stiftung, Bremen 1995 – R. Lettau „Zauberer und Natur" in: Achimer Kreisblatt vom 27.1.1995, „Dankesrede des Literaturpreisträgers Reinhard Lettau" in: die tageszeitung (Ausgabe Bremen). – M. Titze „Wärme aus der Enge" in: Achimer Kreisblatt vom 27.1.1995.
1996: Elfriede Jelinek, Sibylle Cramer (L), Jens Sparschuh, Wilfried F. Schoeller (L), in: Separatdruck der Rudolf-Alexander-Schröder-Stiftung, Bremen 1996 – E. Jelinek „Die Rede" in: Zett, Nr. 71, Bremen, „Das Depot der Toten" in: Frankfurter Rundschau vom 27.1.1996 – J. Sparschuh „Wider die Gedankenlosigkeit", in: Frankfurter Rundschau vom 31.1.1996.
1997: Michael Roes, Wilfried F. Schoeller (L), Stefanie Menzinger, Rolf Michaelis (L), in: Separatdruck der Rudolf-Alexander-Schröder-Stiftung, Bremen 1997.
1998: Einar Schleef, Rolf Michaelis (L), Brigitte Oleschinski, Sibylle Cramer (L), in: Syker Kreiszeitung vom 27.1.1998.

Sonstige Quellen und Hinweise

S. 2: Schröder-Porträt. Aus: Ursula und Günter Heiderich, 1899-1931, Rudolf Alexander Schröder und die Wohnkunst, Hauschild Verlag, Bremen o.J.; © Schiller-Nationalmuseum Marbach. *S. 9:* Aus: Rudolf Borchardt. Alfred Walter Heymel. Rudolf Alexander Schröder. Eine Ausstellung des deutschen Literaturarchivs am Schiller-Nationalmuseum Marbach am Neckar 1978 (hier jeweils als 'Marbacher Katalog' zitiert). *S. 10:* R. A. Schröder mit Schwester Dora und C. J. Burckhardt. Aus: Marbacher Katalog, a. a. O. *S. 11:* Schröder, Suhrkamp, Unseld. Aus: Marbacher Katalog, a. a. O. *S. 17:* Günter Grass in Darmstadt. Aus: Ralf Schnell, Die Literatur der Bundesrepublik, Autoren, Geschichte, Literaturbetrieb, J. B. Metzlersche Verlagsbuchhandlung, Stuttgart 1986. *S. 25:* JVA Werl. Aus: Archiv der Rudolf-Alexander-Schröder-Stiftung. *S. 27:* Peter und Irene Weiss, Bremen 1921. Aus: Jochen Vogt, Peter Weiss (Monographie), Rowohlt Verlag, Reinbek 1987. *S. 41:* Porträt Schmidt-Barrien. Aus dem Besitz des Autors. *S. 53:* Der Sarazenenturm. Aus: Karl O. Paetel, Ernst Jünger (Monographie), Rowohlt Verlag, Reinbek 1962. *S. 55:* Jünger-Porträt. Aus: Karl O. Paetel, E. J. a. a. O. *S. 57:* Jünger-Porträt. Aus: Karl O. Paetel, E. J., a. a. O. *S. 61:* Ingeborg Bachmann — Paul Celan. Aus: Andreas Hapkemeyer (Hrsg.), Ingeborg Bachmann. Bilder aus ihrem Leben, Piper Verlag, München / Zürich 1987. *S. 72/73:* Celan-Briefe. Aus: Archiv der Rudolf-Alexander-Schröder-Stiftung. *S. 74:* Celan-Porträts (2). Aus: Israel Chalfen, Paul Celan. Eine Biographie seiner Jugend, Insel Verlag, Frankfurt/Main 1979; „Andenken". Aus: Paul Celan, Gesammelte Werke. Erster Band, Suhrkamp Verlag, Frankfurt/Main 1983. *S. 75:* Karte der Bukowina. Aus: Israel Chalfen, P. C., a. a. O. *S. 79:* Schroers-Porträt. Aus: Monika Fassbender / Klaus Hansen (Hrsg.), Feuilleton und Realpolitik — Rolf Schroers: Schriftsteller, Intellektueller, Liberaler, Nomos Verlagsgesellschaft, Baden-Baden 1984. *S. 81:* Schroers-Porträt. Aus: Fassbender / Hansen (Hrsg.), Feuilleton und Realpolitik, a. a. O. *S. 85:* Senatsbeschluß. Aus: Archiv der Rudolf-Alexander-Schröder-Stiftung. *S. 88:* Celan-Telegramm. Aus: Archiv der Rudolf-Alexander-Schröder-Stiftung. *S. 106:* Zeit der Schuldlosen, Szenenfoto. Aus: Ralf Schnell, Die Literatur der Bundesrepublik, a. a. O. S. *198/199:* Plump-Zeichnungen. Aus: Brüder Grimm. Kindermärchen, hrsg. von Marianne Pietsch, K. Thienemanns Verlag, Stuttgart 1962. *S. 204:* Engel der Geschichte, Grieshaber-Holzschnitt. Aus: Adolf Stock (Hrsg.), Heinar Kipphardt (Monographie), Rowohlt Verlag, Reinbek 1987. *S. 205:* Kipphardt-Porträt / Kipphardt — Grieshaber. Aus: Adolf Stock, H. K. (Monographie), a. a. O. *S. 208:* Kipphardt-Porträt. Aus: Adolf Stock, H. K., a. a. O. *S. 217:* Wolf-Porträt. Aus: Christa Wolf, hrsg. von Heinz Ludwig Arnold, Edition Text + Kritik, Bd. 46, München 1975. *S. 236:* Rühmkorf-Porträt. Aus: „die horen", Bd. 116, Bremerhaven 1979. *S. 281:* Peter Weiss' Kindheit in Bremen. Aus: Jochen Vogt, P. W. (Monographie), a. a. O. *S. 285:* P. W., Familienporträt. Aus: Jochen Vogt, P. W., a. a. O. *S. 288:* Peter Weiss, Selbstbildnis (3). Aus: Der Maler Peter Weiss. Bilder, Zeichnungen, Collagen, Filme, Kunstsammlung Museum Bochum, Verlag Frölich & Kaufmann, Berlin o. J. (1982). *S. 289:* P. W. und Gunilla Palmstierna-Weiss. Aus: Jochen Vogt, P. W., a. a. O. *S. 290:* P. W., Notizbücher. Aus: Jochen Vogt, P. W., a. a. O. *S. 523:* Schröder-Portrait. Aus: Archiv Focke Museum, Bremen.

S. 13, 14, 69, 127, 134, 140, 141, 142, 159, 161, 163, 167, 169, 171, 173, 187, 189, 193, 201, 203, 210, 213, 214, 227, 233, 267, 275, 279, 280, 283, 287, 291, 295, 307, 321, 327, 341, 351, 355, 358, 369, 370, 375, 383, 389, 397, 402, 403, 413, 419, 420, 429, 437, 445, 451, 452, 461, 467, 475, 481, 489, 495, 509: Landesbildstelle, Bremen.

Alle übrigen Fotografen und Urheber sind – soweit sie sich ermitteln ließen – in der jeweiligen Bildlegende genannt.

Weitere Quellen: Isolde Ohlbaum, Fototermin. Gesichter der deutschen Literatur, S. Fischer Verlag, Frankfurt/Main 1984. Zur Nichtverleihung des Bremer Literaturpreises 1960 („Die Blechtrommel") siehe auch: Heinz Ludwig Arnold / Franz Josef Görtz (Hrsg.), Grass. Dokumente zur politischen Wirkung, Edition Text + Kritik, Richard Boorberg Verlag, Stuttgart / München / Hannover 1971, S. 263-281. Zur Vergabe des Bremer Literaturpreises an Peter Rühmkorf und des Förderpreises an Peter-Paul-Zahl 1980 („Haltbar bis Ende 1999" / „Die Glücklichen") siehe auch: „die horen", Bd. 117 („Lob und Preis & Schimpf und Schande: Literaturpreise und ihr Echo"), Bremerhaven 1980, S. 67-92.

Allein elf der Bremer Preisträger (Grass eingeschlossen) erhielten *nach* der Vergabe des Bremer Literaturpreises inzwischen auch den Büchner-Preis. Siehe diesbezüglich ergänzend auch die Dokumentation: Der Georg-Büchner-Preis 1951-1987, Deutsches Literaturarchiv Marbach 1978 / Deutsche Akademie für Sprache und Dichtung Darmstadt 1987, R. Piper Verlag, München 1987, Kap. Celan, Bachmann, Grass, Hildesheimer, Bernhard, Wolf, Weiss und Fried.

Sämtliche nicht näher bestimmten Beiträge sind Erstdrucke: Wir danken den Autoren, Künstlern und Fotografen sowie den Verlagen/Rechtsinhabern und Institutionen – vor allem der Rudolf-Alexander-Schröder-Stiftung – für ihre Mitarbeit und freundliche Unterstützung. Bis Redaktionsschluß nicht abgeklärte Urheberrechte bitten wir, uns zu melden (Nachfragen bitte an die *Rudolf-Alexander-Schröder-Stiftung, Herdentorsteinweg 7, 28195 Bremen):* Alle berechtigten Ansprüche werden selbstverständlich abgegolten.